Hamburger Edition

Randall Collins, Prof. Dr., Inhaber des Dorothy-Swaine-Thomas-Lehrstuhls für Soziologie an der University of Pennsylvania. Randall Collins lehrt außerdem Soziologie im Fachbereich Kriminologie.

Randall Collins

Dynamik der Gewalt

Eine mikrosoziologische Theorie

Aus dem Englischen von Richard Barth
und Gennaro Ghirardelli

Hamburger Edition

Hamburger Edition HIS Verlagsges. mbH
Verlag des Hamburger Instituts für Sozialforschung
Mittelweg 36
20148 Hamburg
www.hamburger-edition.de

Titel der Originalausgabe: »Violence. A Micro-Sociological Theory«

Übersetzung: Gennaro Ghirardelli, Kapitel 1 bis 6
Richard Barth, Kapitel 7 bis 12
Redaktion: Andrea Böltken
Umschlaggestaltung: Wilfried Gandras
Typografie: Jan und Elke Enns
Satz aus der Sabon von Dörlemann Satz, Lemförde
Druck und Bindung: CPI books GmbH, Leck
Printed in Germany
ISBN: 978-3-86854-389-6
1. Auflage Dezember 2023

Inhalt

Kapitel 1 Die Mikrosoziologie gewaltsamer Konfrontationen 9
Gewaltsituationen 10
Quellenlage auf Mikroebene:
Aufzeichnung, Rekonstruktion und Beobachtung 13
Situationsvergleich zwischen verschiedenen Gewaltformen 19
Kampfmythen 22
Gewaltsituationen werden durch ein emotionales Feld
aus Anspannung und Angst gestaltet 35
Alternative Theorieansätze 36
Die Evolution sozialer Techniken zur Kontrolle
der Konfrontationsanspannung 43
Quellen 51
Vorschau 55
Die Komplementarität von Mikro- und Makrotheorien 57

Teil I
Gewalt und ihre schmutzigen Geheimnisse 61

Kapitel 2 Konfrontationsanspannung und fehlende Gewaltkompetenz 63
Tapfer, kompetent und ebenbürtig? 64
Der Schlüsselbegriff für die Realität:
Konfrontationsanspannung 67
Anspannung, Angst und Nichterfüllung im militärischen
Kampf 70
Niedrige Kampfkompetenz 89
Beschuss durch die eigenen Leute und unbeteiligte Opfer 93
Unter welchen Bedingungen herrscht Freude am Kampf? 103
Das Kontinuum von Anspannung,
Angst und Kampfleistung 106
Konfrontationsanspannung bei Polizeieinsätzen
und im nichtmilitärischen Kampf 110
Angst wovor? 115

Kapitel 3 Vorwärtspanik 130
Konfrontationsanspannung und Entladung:
Aufladung, Raserei, Overkill 139
Kriegsgräuel 146

Vorbehalt: Die vielfältigen Ursachen von Gräueln 153
Asymmetrische Verstrickung von Vorwärtspanik und paralysierten Opfern 157
Vorwärtspanik und einseitige Verluste in Entscheidungsschlachten 160
Gräueltaten im Frieden 172
Massengewalt 178
Demonstranten und Einsatzkräfte 185
Der Mengenmultiplikator 194
Alternativen zur Vorwärtspanik 200

Kapitel 4 Angriff auf den Schwachen I: Häusliche Gewalt 202
Die emotionale Definition der Situation 202
Hintergrund- und Vordergrunderklärungen 204
Misshandlung der besonders Schwachen: Von der Normalität zur Gräueltat im zeitlichen Ablauf 207
Drei Wege: normaler, begrenzter Konflikt, heftige Vorwärtspanik und terroristisches Folterregime 214
Das Aushandeln interaktiver Techniken der Gewalt und der Opferhaltung 224

Kapitel 5 Angriff auf den Schwachen II: Drangsalieren, Straßenraub und bewaffnete Überfälle 233
Das Kontinuum totaler Institutionen 245
Straßenraub und bewaffnete Überfälle 258
Wie man sich an interaktiver Schwäche mästet 275

Teil II
Gesäuberte und inszenierte Gewalt 281

Kapitel 6 Inszenierung fairer Kämpfe 283
Held gegen Held 285
Die Rolle der Zuschauer bei der Begrenzung von Gewalt 291
Kampfschulen und Kampfsitten 304
Die Zurschaustellung des Risikos und die Manipulation der Gefahr bei Säbel- und Pistolenduellen 311
Der Niedergang des Duells und seine Ablösung durch das Feuergefecht 323
Ehre ohne Fairness: Die Vendetta als Verkettung ungleicher Kämpfe 329
Ephemere situative Ehre und Bocksprung-Eskalation zum Kampf mit einseitigem Schusswaffengebrauch 333

Hinter der Fassade von Ehre und Respektlosigkeit 338
Das kulturelle Prestige fairer und unfairer Kämpfe 351

Kapitel 7 Gewalt als Vergnügen und Zeitvertreib 358
Moralische Auszeiten 360
Plündern und Zerstören hält die Beteiligten bei der Stange 363
Die wilde Party als elitärer Potlach 377
Zechzonen und Ausgrenzungsgewalt 382
Gewalt derer, die kein Ende akzeptieren wollen 387
Frustrierende Zechgelage und das Schüren kollektiver Wallung 389
Paradox: Wieso führt Trunkenheit meistens *nicht* zu Gewalt? 392
Die Ein-Kampf-pro-Schauplatz-Grenze 404
Kämpfen als Action und Zeitvertreib 411
Scheingefechte und Moshpits 416

Kapitel 8 Gewalt im Sport 424
Sport als dramatisch zugespitzter Konflikt 425
Spieldynamik und Spielergewalt 429
Praktische Fähigkeiten zum Aufbau von Dominanz führen zum Sieg 447
Zum Timing von Spielergewalt: Gewalt durch frustrierte Verlierer und an Wendepunkten 456
Spielabhängige Zuschauergewalt 463
Fangewalt abseits des Spielfeldes: Sieger- und Verliererkrawalle 470
Gewalt abseits des Spielfelds als ausgeklügelte Methode: Fußball-Hooligans 476
Die dramatische lokale Konstruktion antagonistischer Identitäten 490
Die Revolte des Publikums in Zeiten der Entertainerdominanz 495

Teil III
Zur Dynamik und Struktur von Gewaltsituationen 505

Kapitel 9 Wann Gewalt ausbricht und wann nicht 507
Alltägliche, begrenzte Feindseligkeit: Lästern, Jammern, Debattieren und Streiten 508
Prahlerei und Drohgebärden 521

Der Kodex der Straße: Institutionalisiertes Prahlen und Drohen 526
Wege in den Tunnel der Gewalt 544

Kapitel 10 Die Minderheit der Gewalttätigen 558
Die kleine Zahl der aktiv und kompetent Gewalttätigen 558
Herr der Lage oder Action-Sucher: Polizisten 566
Wer gewinnt? 576
Kämpfen wie in Trance versus Gefechtsbenommenheit: Mikrosituative Techniken interaktiver Dominanz 605
Der Kampf ums Cockpit am 11. September 619

Kapitel 11 Gewalt als Dominanz der emotionalen Aufmerksamkeit 624
Was machen die anderen? 624
Gewalt ohne Publikum: Profikiller und Gewalt im Verborgenen 650
Terroristische Taktiken der Konfrontationsminimierung 666
Gewaltnischen im Aufmerksamkeitsraum von Konfrontationen 677

Kapitel 12 Epilog: Schlussfolgerungen für die Praxis 700

Bibliographie 706
Register 729

Kapitel 1
Die Mikrosoziologie gewaltsamer Konfrontationen

Es gibt viele Typen von Gewalt. Die Palette reicht von kurzen Episoden wie einem Schlag ins Gesicht bis hin zu umfassenden und organisierten Ereignissen wie einem Krieg. Gewalt kann leidenschaftlich und wütend ausfallen wie bei einem Streit oder gefühllos und unpersönlich auftreten wie bei der bürokratischen Verwaltung der Gaskammern. Sie kann Spaß machen wie bei einer Keilerei unter Betrunkenen, von Angst geprägt sein wie bei Soldaten im Kampf oder von Bösartigkeit wie bei einem Folterer. Sie kann sich heimlich und im Verborgenen Luft machen wie bei einem Lustmord oder öffentlich wie bei einer rituellen Hinrichtung. Sie dient in Form von Sportveranstaltungen, einem spannenden Drama, einem Action- oder Abenteuerfilm oder als Hauptmeldung der Nachrichten programmierter Unterhaltung. Sie ist schrecklich und heroisch, widerwärtig und aufregend, die verfemteste und verklärteste aller menschlichen Handlungsweisen.

Dieses breite Spektrum lässt sich gleichwohl mit Hilfe einer vergleichsweise knappen Theorie erklären. Denn ob und wie es zu den einzelnen Formen von Gewalt kommt, hängt im Wesentlichen von einigen wenigen Prozessen ab, die in wechselnden Kombinationen auftreten und sich mit unterschiedlicher Intensität entfalten.

Zwei Schritte sind dabei für die Analyse wesentlich. Zum einen werden wir die Interaktion und nicht das Individuum, den sozialen oder kulturellen Hintergrund oder gar die Motivation ins Zentrum der Untersuchung rücken, das heißt, wir werden den Blick auf die Eigentümlichkeiten gewaltsamer Situationen lenken. Ergo werden wir nach Daten suchen, die uns so nah wie möglich an die Dynamik solcher Situationen heranführen. Zum anderen werden wir quer zu den unterschiedlichen Gewaltformen Vergleiche anstellen. Wir müssen die üblichen Kategorien – Mord als ein Spezialgebiet der Forschung, Krieg als ein anderes, Misshandlung und Missbrauch von Kindern als ein drittes, Polizeigewalt als ein viertes und so weiter – überwinden und uns stattdessen an die Situationen halten, die sich jeweils ergeben. Nicht dass sie alle gleich wären; wir wollen vielmehr die Bandbreite der situativen Varianten vergleichen, die die Art und den Umfang der auftretenden Gewalt beeinflussen. So wird die enorme Vielfalt des Phänomens Gewalt zu einem methodischen Vorteil, weil sie uns Hinweise auf die Umstände liefert, die Aufschluss darüber geben, wann und auf welche Art und Weise sich Gewalt entwickelt.

Gewaltsituationen

Bei einer mikrosoziologischen Theorie geht es nicht um Gewalttäter, sondern um Gewaltsituationen. Wir versuchen die Situationen auszuloten, welche die Emotionen und Handlungen derer prägen, die in sie hineingeraten oder sich hineinbegeben. Denn nach Typen gewalttätiger Individuen zu suchen, die in allen Situationen gleich agieren, ist ein Irrweg. Eine Unmenge von Untersuchungen hat hier kaum überzeugende Ergebnisse erbracht. Es stimmt schon, junge Männer greifen am ehesten zu vielen Arten von Gewalt. Aber nicht alle jungen Männer sind gewalttätig. Und auch Männer mittleren Alters, Kinder und Frauen wenden in gewissen Situationen Gewalt an. Ähnlich verhält es sich mit Hintergrundvariablen wie Armut, Rasse und Herkunft aus Familien, in denen wegen Scheidung oder aus anderen Gründen nur ein Elternteil erzieht. Obwohl sich zwischen diesen Variablen und bestimmten Gewaltformen einige statistische Korrelationen feststellen lassen, erlauben diese in zumindest dreierlei Hinsicht kaum Voraussagen:

Erstens werden die meisten jungen Männer, Armen, Schwarzen oder Scheidungskinder keine Mörder, Vergewaltiger, Schläger oder bewaffnete Räuber, eine bestimmte Anzahl an Wohlhabenden, Weißen oder Abkömmlingen typischer Durchschnittsfamilien dagegen schon. Desgleichen trifft die häufig geäußerte Erklärung, dass Gewalttäter typischerweise als Kind selbst Gewalt zum Opfer gefallen seien, nur auf eine Minderheit zu.[1]

Zweitens liefert eine solche Analyse nur so lange ein plausibles Bild der Ursachen von Gewalt, solange man die abhängige Variable auf besondere Kategorien ungesetzlicher oder hochgradig stigmatisierter Gewalt beschränkt. Wenn wir alle Arten von Gewalt einbeziehen, sieht die Sache anders aus. Armut, familiäre Belastungen, Kindes-

1 Siehe Zusammenfassungen der Kapitel 4 und 10.

misshandlung und Ähnliches spielen bei Polizeigewalt oder militärischen Kampfhandlungen, bei jenen, die Gaskammern, oder jenen, die ethnische Säuberungen betreiben, keine Rolle. Niemand hat bislang nachgewiesen, dass eine Person, die als Kind misshandelt wurde, mit hoher Wahrscheinlichkeit zu einem »Cowboy Cop«, Trunkenbold oder dekorierten Kriegshelden heranwächst. Sicherlich wird es Leser geben, die an dieser Aussage Anstoß nehmen. Für sie ist Gewalt entweder »gut« oder »böse«, und »schlechte« soziale Bedingungen sollen für »schlechte« Gewalt verantwortlich sein, während »gute« Gewalt – die keineswegs als Gewalt betrachtet wird, wenn sie von staatlichen Organen ausgeht – nicht Gegenstand der Analyse sein kann, weil sie Teil der normalen sozialen Ordnung ist. In diesem Denken gibt es eine Zwischenkategorie harmloser oder »ungehobelter« Gewalt (ausufernde Zechgelage und dergleichen) oder Gewalt, die von »guten« Personen ausgeht; diese wird dann mit anderen moralischen Kategorien erklärt oder wegerklärt. Solche Unterscheidungen sind ein gutes Beispiel dafür, dass schablonenhafte soziale Kategorien soziologischen Analysen im Weg stehen können. Wenn wir uns hingegen auf die Interaktionssituation konzentrieren – den wütenden Freund mit dem schreienden Kleinkind, den bewaffneten Räuber, der beim Überfall auf sein Opfer schießt, den Polizisten, der auf den Verdächtigen einschlägt –, können wir die Konfrontations-, Anspannungs- und Gefühlsmuster erkennen, die in der Gewaltsituation wesentlich sind. In dieser Betrachtungsweise wird deutlich, dass Hintergrundfaktoren wie Armut, Rasse und Kindheitserfahrungen für die Dynamik einer Gewaltsituation nicht von Belang sind.

Drittens sind sogar gewalttätige Personen die wenigste Zeit tatsächlich gewalttätig. Man bedenke, was gemeint ist, wenn wir sagen, eine Person sei gewalttätig oder »sehr gewalttätig«. Wir stellen uns einen überführten Mörder vor oder jemanden, der eine Reihe von Morden begangen hat, jemanden, der viele Kämpfe ausgefochten und dabei Menschen mit einem Messer zerfetzt oder mit der Faust erschlagen hat. Doch sollten wir uns bewusst machen, dass sich das Alltagsleben zumeist aus Situationen zusammensetzt, in denen nur wenig Gewalt vorkommt. Dies geht auch aus ethnographischen Beobachtungen, selbst in laut Statistik äußerst gewaltbereiten Vierteln, hervor. Eine Mordrate von zehn Toten auf 100000 Personen (die US-amerikanische Spitzenrate aus dem Jahr 1990) ist zwar recht hoch, bedeutet jedoch, dass 99990 von 100000 Personen im Laufe eines Jahres nicht ermordet werden; und 97000 von ihnen erleben (wenn man wiederum die Höchstrate nimmt) gar keinen tätlichen Angriff. Außerdem sind diese gewalttätigen Vorkommnisse über ein Jahr verteilt. Die Chancen, dass jemand in diesem Jahr zu irgendeinem Zeitpunkt an irgendeinem Tag ermordet oder angegriffen wird, sind außerordentlich gering. Dies gilt sogar für jene, die im Verlauf dieses Jahres selbst einen oder mehrere Morde begehen, Raubüberfälle unternehmen oder Entführungen und Vergewaltigungen verüben (oder für Polizisten, die Verdächtige zusammenschlagen). Selbst Personen, die, statistisch gesehen, viele Verbrechen begehen, kommen selten auf mehr als eines pro Woche. Bei den berüchtigtsten Massakern, die in Schulen, am Arbeitsplatz oder an öffentlichen Orten von Einzeltätern verübt wurden, kamen bis zu 25 Personen um, in der Regel jedoch bei einem einzigen Ereignis.[2] Die entschlossensten Gewalttäter sind Serienmörder, denen über die Jahre im Schnitt sechs bis dreizehn Menschen zum Opfer fallen. Aber sie sind außerordentlich selten (auf fünf Millionen Menschen kommt ungefähr ein Opfer), und selbst diese Wiederholungstäter leben monatelang ohne zu töten, während sie einen günstigen Augenblick abwarten, um wieder zuzuschlagen.[3] Eine andere seltene Form geballter Gewaltanwendung – Gewaltorgien – kann sich durch eine Verkettung von Ereignissen tagelang hinziehen, bei denen Gefühle und Begleitumstände eine enge Verbindung eingehen, so dass ein regelrechter Gewalttunnel entsteht. Diese ausgedehnten Gewaltsequenzen lasse ich jedoch für den Moment außer Acht, wenn ich folgende Schlussfolgerung unterstreiche: Selbst Personen, die wir für äußerst gewaltbereit halten – eben weil sie bereits in mehr als einer Situation oder bei gewissen Gelegenheiten gewalttätig geworden sind –, greifen nur in bestimmten Situationen zu Gewalt.[4] Sogar die hartgesottensten Ganoven sind zeitweise außer Dienst. Die gefährlichsten, gewalttätigsten Personen sind die meiste Zeit über nicht gewalttätig. Selbst bei diesen Personen ist die Dynamik der Situation entscheidend für die Erklärung, welche Gewalt sie tatsächlich ausüben.

---

2 Hickey, *Serial Murderers*; Newman u.a., *Rampage*.

3 Hickey, *Serial Murderers*, S. 12f. und S. 241f.

4 Ich befasse mich hier hauptsächlich mit der Gewalt von Einzelpersonen und kleinen Gruppen. Gewalt, wie sie im Krieg oder bei einem Genozid vorkommt, wird durch große Organisationen strukturiert und kann weit mehr Tote und Verletzte fordern. Außerdem dauern die Aktionen womöglich lange an. Aber selbst unter solchen Umständen sind die Beteiligten nicht die ganze Zeit und in jedem Kontext gewalttätig. Wenn sie sich nicht gerade inmitten ihrer gewalttätigen Routine befinden, agieren sie in der Regel ganz anders.

Quellenlage auf Mikroebene: Aufzeichnung, Rekonstruktion und Beobachtung

Erhebungen über Einzelpersonen lenken das Augenmerk unserer Theorien auf individuelle Eigenarten, die nach standardisierten soziologischen Variablen zusammengefasst werden. Um zu einer soziologischen Theorie gewaltsamer *Situationen* zu gelangen, müssen wir einen anderen Weg der Datensammlung und -analyse beschreiten. Um den tatsächlichen Ablauf des Gewaltprozesses zu erfassen, bedarf es der direkten Beobachtung gewaltsamer Interaktion. Unsere Theorien kranken daran, dass sie auf Statistiken beruhen, die *nach* dem Ereignis erhoben wurden, von der Strafjustiz oder durch Interviews mit verurteilten Straftätern oder anderen Beteiligten. Befragungen von Opfern sind ein Schritt in die richtige Richtung, ihre Aussagekraft ist aber nicht nur deshalb begrenzt, weil unsicher ist, ob die Opfer die Wahrheit erzählen, sondern auch aufgrund des Problems, dass Menschen bei dramatischen Ereignissen auf Einzelheiten und Zusammenhänge in der Regel nicht sorgfältig achten. Unser normaler Diskurs stellt uns keine Ausdrucksweise zur Verfügung, mit der sich Interaktionen auf Mikroebene angemessen beschreiben ließen. Stattdessen stehen Klischees und Mythen zur Auswahl, die vorab bestimmen, was die Menschen äußern werden. Dies gilt auch für militärische Gewalt, Aufruhr, Gewalt beim Sport oder bei gewöhnlichen Streitigkeiten. Wenn Beteiligte über Gewaltsituationen sprechen, neigen sie dazu, eine sehr zurechtgestutzte, in ihrem Sinn idealisierte Version des Geschehens zu liefern.

Mit den Möglichkeiten der Videoaufzeichnung ist – durch Sicherheitssysteme, Polizei, Nachrichtensender und Amateure – mit Blick auf das Studium der Gewalt jedoch eine neue Ära angebrochen. Wenn der normale Betrachter solche Aufnahmen sieht, ist er üblicherweise schockiert. Als ein mit einem Camcorder aufgenommenes Amateurvideo über Rodney Kings Verhaftung in Los Angeles im Jahr 1991 veröffentlicht wurde, kam es zu Unruhen. Wir interpretieren Ereignisse stets anhand herrschender ideologischer Kategorien; mit Erklärungen wie »Prügel aus rassistischen Gründen« war man daher schnell bei der Hand. Das Schockierende an dem Video zu Rodney King war jedoch nicht der rassistische Aspekt, schockierend waren die Prügel selbst, die mitnichten so aussahen, wie man sich Gewalt gemeinhin vorstellt. Visuelles Beweismaterial zeigt uns eine Seite der Gewalt, auf die wir nicht vorbereitet sind. Dabei ist das Muster mehr oder weniger gleich, wenn man sich eine große Bandbreite von Vorfällen ansieht, und es ist unerheblich, welche ethnischen Gruppen daran beteiligt sind, ob überhaupt mehr als eine ethnische Gruppe im Spiel ist oder ob die Auseinandersetzung quer zu ethnischen Grenzen verläuft (wir werden in Kapitel 2 und 3 einige Beispiele dafür noch näher untersuchen). Rassismus kann zur Entstehung gewisser Gewaltsituationen beitragen, aber er ist nur eine auslösende Bedingung unter vielen und noch nicht einmal eine notwendige oder hinreichende Voraussetzung. Die Gewaltsituation selbst entwickelt eine Dynamik, die über Rassismus weit hinausgeht.

Bei Gewalt, wie sie in der Realität sichtbar wird, geht es darum, dass sich Gefühle wie Angst, Zorn und Aufregung auf eine Art verflechten, die der konventionellen Moral normaler Situationen zuwiderläuft. Diese schockierende und unerwartete Eigenschaft der Gewalt wird heute vom kalten Auge der Kamera erfasst und liefert einen Hinweis auf die emotionale Dynamik, die im Zentrum einer mikrosituativ ausgerichteten Theorie über Gewalt steht.

Wir leben in einer Zeit, in der unsere Kapazitäten zu sehen, was sich in realen Situationen abspielt, gegenüber früher erheblich zugenommen haben. Diese neue Sicht verdanken wir einer Kombination aus Technik und soziologischer Methode. Die Ethnomethodologen der 1960er und 1970er Jahre traten als intellektuelle Bewegung auf, die sich der neuen tragbaren Kassettengeräte bediente. Damit ließ sich zumindest der hörbare Teil sozialer Interaktionen im wirklichen Leben aufnehmen, wiederholt abspielen, verzögern und der Analyse auf eine Weise zugänglich machen, wie es mit flüchtigen Beobachtungen in Echtzeit kaum möglich gewesen war; daraus entstand die Gesprächsanalyse.[5] Als Videorekorder handlicher und überall einsetzbar wurden, konnte man auch andere Aspekte des Verhaltens auf Mikroebene – wie Bewegungsrhythmen, Haltungen und Gefühlsausdruck – festhalten. Es überrascht daher nicht, dass mit Beginn der 1980er Jahre das Goldene Zeitalter der Emotionssoziologie anbrach.[6]

Dass ein Bild tausend Worte aufwiege, ist nicht wörtlich zu verstehen. Die meisten Menschen sehen nicht, was alles in einem Bild steckt, oder erkennen nur die am leichtesten erfassbaren Klischees. Es bedarf des Trainings und eines analytischen Vokabulars, um über den

5 Sacks/Schegloff/Jefferson, »Simplest Systematics«; Schegloff, »Repair«.
6 Katz, *Emotions*, und viele andere.

Gehalt eines Bildes sprechen zu können und zu wissen, wonach man suchen muss. Ein Bild wiegt nur für jene tausend Worte auf, die das entsprechende Vokabular bereits beherrschen. Dies gilt vor allem dann, wenn wir uns in der Erfassung von Mikrodetails üben: etwa der Bewegung von bestimmten Gesichtsmuskeln, die ein falsches Lächeln von einem spontanen unterscheiden; oder von Bewegungen, die Angst, Anspannung und andere Gefühle zum Ausdruck bringen; der Geschmeidigkeit rhythmischer Bewegungsabläufe und der Störungen, die Unstimmiges und Konflikte anzeigen; der Art und Weise, wie die eine oder andere Person die Initiative ergreift und für andere den Takt vorgibt. Die heute verfügbaren visuellen und akustischen Aufzeichnungsmethoden eröffnen uns ganz neue Bandbreiten menschlicher Interaktion. Aber unsere Fähigkeit zu sehen geht mit der Erweiterung unserer Theorien darüber Hand in Hand, welche Prozesse es da draußen überhaupt zu sehen gibt.

Das trifft auch für die Mikrosoziologie der Gewalt zu. Dank der Videorevolution stehen viel mehr Informationen als früher über die Abläufe in Gewaltsituationen zur Verfügung. Aber Aufnahmen aus dem echten Leben entstehen unter anderen Bedingungen als Hollywoodfilme: Licht und Gestaltung sind alles andere als ideal, Bildwinkel und Entfernung vielleicht nicht gerade so, wie der Mikrosoziologe sie gern hätte. Wir müssen uns von den Vorstellungen eines dramaturgisch zufriedenstellenden Films (oder Fernsehspots) frei machen, in dem die Kamera höchstens alle paar Sekunden einen anderen Blickwinkel einnimmt und ein Großteil der Schnitte auf interessante und fesselnde Sequenzen hin angelegt wird. Ein Mikrosoziologe kann den Unterschied zwischen ungeschöntem Beobachtungsmaterial und künstlerisch oder redaktionell bearbeitetem Film in der Regel nach wenigen Sekunden erkennen. Blanker Konflikt ist aus den verschiedensten Gründen nicht besonders einnehmend; wir Mikrosoziologen befassen uns nicht zum Vergnügen damit.

Wie Gewalt sich tatsächlich abspielt, lässt sich nicht nur mit Videos erschließen. Die Standfotografie machte im Laufe der vergangenen anderthalb Jahrhunderte ebenfalls bedeutende Fortschritte; die Kameras wurden kleiner und leichter, und mit modernen Linsen und hoch entwickelter Beleuchtungstechnik kann man Szenen aufnehmen, die man früher unter relativ geschützten Bedingungen hätte nachstellen müssen. Professionelle Fotografen agieren insbesondere bei Aufständen, Demonstrationen und in Kriegsgebieten immer wagemutiger (in den letzten zehn Jahren kamen weit mehr Fotografen um als je zuvor).[7] Auch das eröffnet Mikrosoziologen Möglichkeiten, obwohl die oben erwähnten Vorbehalte hier ebenfalls gelten. Fotografien sind häufig besser als Videos geeignet, emotionale Aspekte gewaltsamer Interaktionen wiederzugeben. Wenn wir ein Video einer Konfliktsituation (oder irgendeiner Interaktion) analysieren, unterteilen wir es möglicherweise in Sequenzen von Mikrosekunden (Bild für Bild bei älteren Filmkameras), um nur kurz aufblitzende Details der Körperhaltung, des Gesichtsausdrucks und die Abfolge von Mikrobewegungen herauszuholen. Ein anderes Beispiel: In den Aufstandsfotos, von denen ich in diesem Buch ausgiebig Gebrauch mache, wird die Trennung zwischen den wenigen Aktiven am gewaltsamen Geschehen und der Masse der unterstützenden Demonstranten überdeutlich. Die Gefahr besteht jedoch darin zu glauben, man könne diese Standfotografien ohne soziologische Kenntnisse lesen. Künstlerisch oder ideologisch ambitionierte Fotografien etwa sind für diese Zwecke weniger gut zu gebrauchen als die Bilder routinierter Pressefotografen; manche Fotos von Demonstrationen oder Kämpfen vermitteln eine politische oder künstlerische Botschaft, die die gesamte Komposition beherrscht. Um aber die mikrosoziologischen Aspekte von Konflikten aufzuspüren, ist eine andere Sicht vonnöten.

Die intellektuelle Einstellung, worauf zu achten sei, entwickelte sich analog zum technischen Fortschritt und ging ihm mitunter voraus. Der Militärhistoriker John Keegan machte sich in den 1970er Jahren daran, Schlachten und Kämpfe von Grund auf zu rekonstruieren und dabei zu untersuchen, was eigentlich geschehen sein musste, damit die einzelnen Truppensegmente entweder vorstürmten oder versagten, damit Pferde, Männer und Fahrzeuge sich im Kampfgetümmel verhedderten, damit Waffen richtig, nur unzureichend oder gar nicht zum Einsatz kamen.[8] Andere Militärhistoriker fanden heraus, wie viele Gewehre noch geladen waren, als man sie von den Toten auf den Schlachtfeldern wieder einsammelte, und rekonstruierten historische Schlachten mit dem Laserbeamer. Was wir über Soldaten im Kampf erfahren haben, trug zum Verständnis von Gewaltsituationen im Allgemeinen bei. Die emotionalen Beziehungen zwischen Soldaten und

---

7 Beispielsweise wurden im Jahr 2004 zwischen 53 und 56 Journalisten und Medienleute getötet; das ist die höchste Zahl seit 1994, als im früheren Jugoslawien ethnische Gewalt tobte (*San Diego Union-Tribune*, 8. 1. 2005). Ein erheblicher Anteil der Toten waren Fotografen und Videofilmer.

8 Keegan, *Antlitz*.

ihren Kameraden wie auch zwischen diesen und ihren ebenso menschlichen Feinden lieferten einen der ersten Hinweise darauf, wie sich Gewaltsituationen entfalten.[9]

In unserer gewöhnlich nach Disziplinen gesonderten Betrachtungsweise ist es zwar ein Sprung von der Militärgeschichte hin zur Rekonstruktion von Polizeigewalt, dennoch gibt es enge methodische und theoretische Parallelen. Dank Videotechnik und Rekonstruktionsmethoden wie ballistischen Analysen – wie verlief die Flugbahn von Geschossen, wie viele schlugen gezielt und wie viele ungezielt ein, wie viele gingen gänzlich daneben – können wir herausfinden, bei welchen Gelegenheiten die Polizei gewaltsam vorgeht. Althergebrachte ethnographische Methoden waren ebenfalls hilfreich; als Soziologen in den 1960er Jahren in Streifenwagen mitfuhren und dadurch einige theoretische Schlüsselkomponenten lieferten, gab es manche dieser technischen Fortschritte noch gar nicht. Technik allein verschafft kaum wirklichkeitsgetreue Einblicke, die Kombination mit dem analytischen Standpunkt ist wichtig.

Zusammenfassend lassen sich mindestens drei Methoden festhalten, um an situationsbezogene Einzelheiten gewalttätiger Interaktionen heranzukommen: Aufzeichnung, Rekonstruktion und Beobachtung. Kombiniert angewandt erbringen sie den größten Nutzen.

Die technische Aufzeichnung realer Konflikte ist aus einer Reihe von Gründen sinnvoll: So können wir auf Details stoßen, die wir sonst gar nicht sähen, auf die zu achten wir nicht vorbereitet waren oder von denen wir gar nicht wussten, dass es sie gibt. Sie ermöglicht uns einen analytischeren Standpunkt, weil wir uns von unseren alltäglichen Wahrnehmungsmustern und den Klischees unserer Alltagssprache über Gewalt lösen können. Sie erlaubt uns, eine Situation immer wieder abzuspielen, den ersten Schock (oder den Überdruss, das lüsterne Interesse und Ähnliches) zu überwinden und dann mit unserem Verstand daranzugehen, Entdeckungen zu machen oder Theorien zu überprüfen.

---

9 Eine erste Ahnung von der Bedeutung der Mikrosoziologie für die Gewaltforschung bekam ich, als ich in den späten 1960er Jahren einen Vietnamveteranen fragte, wie der Krieg eigentlich gewesen sei. Er zögerte lange, darüber zu sprechen. Als ich insistierte, sagte er schließlich, es sei bei weitem nicht so gewesen, wie man glaube. Die Männer hätten sich am Boden verkrochen, in die Hosen geschissen, wie Kinder geweint – das entsprach keineswegs dem Bild, das man sich von Helden macht, aber auch nicht dem des bösartigen Zerstörers, das die Antikriegsbewegung, in der ich mich damals engagierte, zeichnete.

Rekonstruktion ist wichtig, weil Gewaltsituationen relativ selten auftreten und bei vielen Vorfällen, die wir verstehen möchten, kein Aufnahmegerät verfügbar war. Dennoch tappen wir nicht so sehr im Dunkeln, wie wir einmal geglaubt haben: Da wir bei der Situationsanalyse dazugelernt haben und (von anderer Seite) dauernd neue Techniken zur Spurensicherung und -auswertung entwickelt werden, lassen sich mittlerweile viele Gewaltszenen rekonstruieren. Dies breit angelegt zu tun – unter Einschluss historischer Ereignisse – ist für uns von Nutzen, weil wir dadurch das theoretische Werkzeug an die Hand bekommen, die Gemeinsamkeiten wie die Variationsbreite von Gewaltszenen auszuloten.

Schließlich gibt es die Beobachtung durch Menschen. Sie kann auf traditioneller Ethnographie beruhen, insbesondere auf teilnehmender Beobachtung, wobei sich Soziologen (oder Anthropologen, Psychologen oder auch kluge Journalisten) mit wachem Verstand und geschärften Sinnen ins Geschehen begeben, um nach aussagekräftigen Details Ausschau zu halten. Eine weitere Variante ist die Selbstbeobachtung alter Schule, das heißt, man berichtet, was man selbst als Teilnehmer erfahren hat. Vieles, was wir über den Bereich der Gewalt wissen, stammt aus Berichten meist ehemaliger Soldaten und Krimineller, die reflektiert genug sind, um über die Kämpfe sprechen zu können, die sie sahen oder in die sie involviert waren – oder zum Teil noch sind. Gewaltopfer haben ebenfalls viel Wertvolles zu erzählen, auch wenn ihre Angaben von Soziologen noch nicht genügend ausgewertet wurden, sieht man von statistischen Auszählungen ab, wie oft bestimmte Formen der Viktimisierung stattfinden. Mehr noch: Je besser wir theoretisch erfassen, welche Einzelheiten auf der Mikroebene gewaltsamer Konfrontationen wichtig sind, desto genauer können wir unsere eigenen Erfahrungen ausleuchten und die rückblickenden Betrachter nach jenen Details befragen, die wir über ihre Begegnung mit Gewalt wissen wollen. Indem wir unseren Informanten ein adäquates Vokabular an die Hand geben, machen wir sie oft zu guten Berichterstattern über Einzelheiten, über die sie sonst hinweggehen würden.

Diese drei Arten situationsbezogener Belege greifen ineinander. Sie ergänzen einander nicht nur in der Methode, sondern auch realiter. Sie alle lassen eine gängige Situationsdynamik erkennen. Davon handelt dieses Buch.

Situationsvergleich zwischen verschiedenen Gewaltformen

Eine Theorie der Gewaltdynamik erfordert eine weitere Umstellung: Anstatt sich von den Spezialgebieten der Forschung einschränken zu lassen, sollte man quer zu ihnen arbeiten. Im Zentrum dieser Vorgehensweise steht der Vergleich verschiedener Gewaltformen im Rahmen eines gemeinsamen theoretischen Gerüstes. Bedeutet dies nicht, Äpfel mit Birnen zu vergleichen oder bestenfalls bei Taxonomien zu landen? Das kann man a priori nicht entscheiden. Sobald wir hinschauen, erkennen wir, dass Gewalt aus einer Reihe von Prozessen besteht, die sich alle aus einem gemeinsamen situativen Grundzug gewaltamer Konfrontationen ergeben.

Lassen Sie es mich an dieser Stelle noch kryptisch ausdrücken: Gewalt ist gleichsam ein Wegenetz, das Konfrontationsanspannung und -angst umgibt. Trotz ihrer Drohungen und selbst in Situationen scheinbar unkontrollierter Wut sind Menschen angespannt und häufig voller Angst vor einer unmittelbaren Gewaltanwendung – auch der eigenen. Diese emotionale Dynamik bestimmt darüber, was sie tun werden, wenn der Kampf wirklich ausbricht. Ob es dazu kommt, hängt von einer Reihe von Voraussetzungen oder Wendepunkten ab, welche die Anspannung und Angst in bestimmte Richtungen lenken, indem sie die Emotionen als interaktiven Prozess reorganisieren, in den alle eingebunden sind: die Antagonisten und selbst die angeblich unbeteiligten Zuschauer.

Woher wissen wir das? Der theoretische Ausgangspunkt geht aus akkumulierten Informationen über eine Vielzahl von Gewaltsituationen hervor. Der erste Durchbruch erfolgte beim Studium militärischer Auseinandersetzungen. Angst, wildes Herumschießen, Beschuss der eigenen Leute, Erstarrung – diese Merkmale hielten Offiziere fest, die das Verhalten von Fronttruppen in der Schlacht analysierten. Den Anfang machte im 19. Jahrhundert der französische Offizier Ardant du Picq, der am Kampf beteiligte Offiziere Fragebogen ausfüllen ließ. In Interviews mit den Soldaten selbst erfuhr S. L. A. Marshall nach dem Zweiten Weltkrieg mehr über die direkten Kampfhandlungen. Mit Hilfe historischer Rekonstruktionen systematisierten Keegan und andere in den 1970er Jahren das Bild vom Kampfverhalten. In den 1990er Jahren stellte der Militärpsychologe Dave Grossman eine Kampftheorie auf, die auf dem Umgang mit Angst fußt. Ein noch deutlicheres Muster von alternierend angstvollem und aggressivem Verhalten kann man ethnographischen Filmen aus den 1960er Jahren über kämpfende Stammesgesellschaften entnehmen. Der Vergleich verschiedener Arten militärischer Gewalt führt zu der theoretischen Einsicht, dass die Leistungsfähigkeit von Armeen sich danach unterscheidet, wie sie die Angst ihrer Soldaten organisatorisch unter Kontrolle halten. Verallgemeinernd können wir sagen, dass alle Gewaltformen zu einigen wenigen Mustern passen, mit denen sich die Barriere aus Anspannung und Angst überwinden lässt, die automatisch aufkommt, wenn Menschen in eine feindliche Konfrontation geraten.

Das militärische Modell lässt sich auch auf Polizeigewalt im Zuge von Verhaftungen und im Umgang mit Gefangenen anwenden. Polizeiliche und militärische Konfrontationen führen auf dem gleichen Weg zu Gräueltaten: durch eine Abfolge von emotionalen Ereignissen, die ich in Kapitel 3 als »Vorwärtspanik« bezeichne. Wenn Menschenmengen oder Aufständische gewalttätig werden, ähneln einige wesentliche Mechanismen ebenfalls denen militärischer Gewalt: Den Großteil der Zeit beschränkt sich die Konfrontation weitgehend auf lautstarke Drohungen und heftiges Gestikulieren, ohne dass großer Schaden angerichtet wird. Verhängnisvoll wird es, wenn sich auf einer Seite plötzlich Risse in der Solidarität auftun, wenn kleine Gruppen ungeschützt sich selbst überlassen sind und eine zahlenmäßig überlegene Gruppe von der anderen Seite eine oder zwei Einzelpersonen von ihren Kameraden isolieren und verprügeln kann. Dabei kommt es jeweils zu sehr hässlichen Gewaltepisoden, wenn man sich die Details anschaut; die Kluft zwischen idealisiertem Selbstbild und der entsetzlichen Realität ist indes ein weiteres situationsbezogenes Merkmal, das gewaltsamen Konfrontationen gemein ist.

Diese verschiedenen Gewaltformen sind Untertypen einer der wesentlichen Möglichkeiten, Konfrontationsanspannung und -angst zu umgehen: indem man ein schwaches Opfer findet, das man angreifen kann. Häusliche Gewalt entzieht sich häufig der direkten Untersuchung durch außenstehende Beobachter, und Aufnahmen sind in diesen Fällen so gut wie nicht verfügbar. Hier sind wir auf Rekonstruktionen angewiesen, deren Aussagekraft dadurch begrenzt ist, dass sie weitgehend auf Äußerungen nur einer der beteiligten Personen beruhen. Nach Durchsicht einer großen Menge Materials gelange ich dennoch zu dem Schluss, dass die Hauptformen häuslicher Gewalt den Situationen militärischer und polizeilicher Gewalt gleichen, die in die Rubrik »Angriff auf den Schwachen« fallen. Die gefährlichste Version ereignet sich, wenn sich ein hohes Maß an Konfrontationsanspannung aufgebaut hat und diese sich plötzlich entlädt, wenn etwa ein Gegner, der zuerst bedrohlich und entmutigend wirkt, sich als hilflos erweist, was beim anderen eine Transformation von Angst und Anspannung in eine grimmige Attacke freisetzt. Außerdem gibt es institutionalisiertere Formen des Angriffs auf den Schwachen, Wiederholungsmuster, bei denen sich die eine oder andere Seite daran gewöhnt hat, in einer dramatischen Situation die Rolle des Starken oder des Schwachen zu übernehmen. Dies schließt Einschüchterung sowie alle Formen ein, die von Spezialisten in krimineller Gewalt ausgeübt werden, von Straßenräubern oder Überfallkünstlern, die ihre Fertigkeiten bei der richtigen Wahl der richtigen Opfer in der richtigen Situation perfektioniert haben; ihr Erfolg hängt davon ab, ob sie sich an der Konfrontationsanspannung selbst mästen können. Vergleiche zwischen unterschiedlichen Gewaltformen fördern folglich ähnliche Mechanismen emotionaler Interaktion zutage.

In einer ganzen Reihe anderer Situationen werden Anspannung und Angst auf deutlich anderem Weg umgangen. Anstatt ein schwaches Opfer zu suchen, liegt der Fokus der emotionalen Aufmerksamkeit beim Publikum, vor dem der Kampf ausgetragen wird. Diese Kämpfe unterscheiden sich erheblich vom Angriff auf den situationsbedingt Schwachen, weil die Kämpfer ihre Aufmerksamkeit stärker auf das Publikum richten als aufeinander. Wie wir in Kapitel 6 noch sehen werden, übt die Haltung des Publikums eine überwältigende Wirkung darauf aus, ob und in welchem Maße Gewalt angewendet wird. Solche Kämpfe sind normalerweise stilisiert und eingeschränkt, obwohl auch das Geschehen innerhalb dieser Grenzen ausgesprochen blutig oder gar tödlich verlaufen kann. Bei einer wichtigen Variante wird Gewalt sozial als fairer Kampf organisiert, für den nur bestimmte angemessene Gegner in Frage kommen. Auch hier werden die sozialen Strukturen, die solchen Kämpfen Vorschub leisten und sie in Schranken halten, am ehesten durch den Vergleich unterschiedlicher Situationen sichtbar. Diese schließen private Kämpfe, die man auf der Straße oder an Vergnügungsstätten beobachten kann, ebenso ein wie Kämpfe unter Zechkumpanen, die üblichen Balgereien von Kindern und Scheinkämpfe, Duelle, Kampfsportarten und andere Kampfschulen, Gewalt beim Sport sowohl zwischen Spielern als auch zwischen Fans. Dieses Situationsmuster kann als Gewalt zum Spaß und um der Ehre willen angesehen werden, im Gegensatz zu wirklich tückischen Gewaltformen, die, wie oben beschrieben, darauf beruhen, ein in der Situation schwaches Opfer zu finden. Dennoch werden wir bei der Betrachtung der Mikrorealität solcher spielerischen Kämpfe und der Ehrenkämpfe erkennen, dass sie ebenfalls von Konfrontationsanspannung und -angst bestimmt werden. Auch hier sind die Menschen meistens nicht gut in Gewalt, und ihr Gelingen hängt davon ab, wie sehr sie und das Publikum, das ihnen die emotionale Dominanz über den Gegner verschafft, aufeinander eingestimmt sind.

Kampfmythen

Der Weg, der üblicherweise um Konfrontationsanspannung und -angst herum genommen wird, ist äußerst kurz und führt nicht weit: Die Menschen gehen nicht über die emotionalen Spannungen einer Konfrontation hinaus und beschränken sich auf Drohgebärden oder darauf, das Gesicht zu wahren, und bisweilen auf demütigende Rückzüge. Wenn Gewalt ausbricht, geschieht dies in der Regel inkompetent, da Anspannung und Angst bei der Ausübung erhalten bleiben.

Wirkliche Gewalt sieht unter anderem deshalb so hässlich aus, weil wir so viel mythischer Gewalt ausgesetzt sind. Deren Ausbreitung in Film und Fernsehen lässt uns glauben, so sei reale Gewalt. Weil der zeitgenössische Filmstil die Aufmerksamkeit des Betrachters auf blutige Verletzungen und brutale Aggressivität lenkt, haben viele Menschen den Eindruck, die Gewalt in der Unterhaltung werde womöglich zu realistisch dargestellt. Nichts könnte weiter von der Wahrheit entfernt sein. Die konventionelle Gewaltdarstellung lässt die wichtigsten Momente der Gewaltdynamik ganz überwiegend außer Acht: dass sie aus Konfrontationsanspannung und -angst erwächst, meist aus Drohungen besteht und dass die Begleitumstände, die die Überwindung dieser Spannung ermöglichen, zu einer Gewalt führen, die nicht unterhaltsam ist, sondern abstoßend. Doch nicht nur die Unterhaltungsmedien sind für die durchgängige Verzerrung des realen Kampfgeschehens verantwortlich; die typische verbale Angeberei und die üblichen Drohungen, das Geschichtenerzählen über Kämpfe, die wir gesehen haben, all das trägt zur Gewaltmythologie unserer Tage bei.

Ein besonders alberner Mythos besagt, Kämpfe seien ansteckend. Dies ist ein Hauptthema alter Filmkomödien und Melodramen. Eine Person versetzt in einer überfüllten Bar oder in einem Restaurant einer anderen einen Faustschlag, der Kellner stürzt mit seinem Tablett über eine andere Person, die daraufhin in Rage gerät, und in den folgenden Bildern schlägt jeder auf jeden ein. Dieser Kampf aller gegen alle hat sich in der Wirklichkeit so niemals abgespielt, dessen bin ich mir sicher. Wenn an einem überfüllten Ort ein Kampf ausbricht, besteht die typische Reaktion der Umstehenden darin, sich in sichere Entfernung zu begeben und zuzuschauen. Die höflichen Angehörigen der Mittelschicht reagieren meist mit mehr Unbehagen und Schrecken, weichen so weit wie möglich zurück, ohne offen Panik zu zeigen. Ich war zum Beispiel Zeuge eines solchen Verhaltens, als zwei obdachlose Männer vor einem Theater im Stadtzentrum ein Handgemenge anfingen, während das Theaterpublikum sich in der Pause im Freien befand. Der Schlagabtausch war kurz, gefolgt vom üblichen feindseligen Geschimpfe und von Drohgebärden. Die gut gekleideten Vertreter der Mittelschicht hielten mit stummem Missbehagen vorsichtig Distanz. Unter rauen Arbeitern und Jugendlichen wird die Menge normalerweise Raum für den Kampf schaffen und aus sicherer Entfernung dann und wann Anfeuerungsrufe und Beifall zum Besten geben. Wenn jedoch die Wut bei den Streithähnen groß ist, neigen Zuschauer dazu, sowohl stimmlich als auch körperlich zurückzuschrecken.[10] Dies gilt erst recht, wenn Kämpfe an unbelebten Orten ausbrechen: Die Umstehenden halten Distanz.

Eine ansteckende Kampfeslust, bei der jeder mit jedem zu kämpfen beginnt, sieht man dagegen nicht. Die Menschen sind nicht so leicht reizbar, dass sie ihrer Aggressivität beim geringsten Anlass freien Lauf ließen. Das Hobbes'sche Menschenbild ist, nach Belegen aus dem Alltag zu urteilen, empirisch falsch. Kampf und die meisten offenen Äußerungen von Konflikt rufen in der Regel Angst oder zumindest Vorsicht hervor.

Die Ausnahme ist dann gegeben, wenn die Menge bereits in feindliche Gruppen gespalten ist. Bricht ein Kampf zwischen Einzelpersonen aus gegnerischen Gruppen aus, können sich andere aus den jeweiligen Lagern einmischen, und der Streit wird eskalieren. Dies ist ein typisches Szenario, wenn Haufen rivalisierender Fußballfans (sogenannte Fußball-Hooligans, insbesondere britische) gewalttätig werden. Es ist ebenfalls ein Auslöser bei ethnischer Gewalt und anderen Formen dessen, was Tilly »Grenzaktivierung« kollektiver Identitäten

10 Selbst in Gemeinschaften, in denen Kämpfe gang und gäbe sind und die meisten Angehörigen ein Selbstbild der Stärke und Härte zeigen, greifen die Menschen nicht ein, wenn zwei harte Burschen mit Kampf drohen. Siehe auch den Vorfall mit bewaffneten schwarzen Männern (Anderson, *Code*), der in Kapitel 9 beschrieben wird. Die Menge war zwar aufmerksam, schaute der Konfrontation aber eher stumm zu.

Abb. 1.1 Umstehende halten sich vom Kampf fern (New York City 1950). *Elliott Erwitt/Magnum Photos/Agentur Focus*

nennt.[11] Es ist kein Krieg aller gegen alle; was unpassend »allgemeine Schlägerei« genannt wird, mag von außen betrachtet chaotisch und unstrukturiert aussehen, ist in Wahrheit jedoch strikt organisiert. Diese Organisation versetzt Einzelne in die Lage, die vorherrschende Angst zu überwinden, welche die meisten vom Kampf abhält. Gäbe es diese soziale Organisation nicht, wäre eine breite Teilnahme am Kampf nicht möglich.

Selbst in solchen Fällen sollte man mit der Annahme vorsichtig sein, dass alle Konfrontationen von Einzelpersonen, die zu feindlichen Gruppen gehören, zu massenhafter Beteiligung führen. Fuß-

---

11 Tilly, *Politics.*

Abb. 1.2 Türkische Parlamentsmitglieder kämpfen, während ihre Kollegen sich gegenseitig zurückhalten (2001).
Reuters/Anatolian Anatolian

ball-Hooligans, die in einer fremden Stadt auf Fans der einheimischen Mannschaft treffen, stoßen vielleicht Beleidigungen und Drohungen aus, lassen sich womöglich auf kleinere Geplänkel ein, laufen vor und wieder auf ihre sichere Seite zurück, in den meisten Fällen gehen sie jedoch nicht zum Vollangriff über. Das auslösende Moment findet nicht immer statt; die Teilnehmer beider Seiten geben sich häufig mit Ausreden zufrieden, besonders wenn sie es mit den Gegnern nicht aufnehmen können oder auch nur gleich stark sind. Sie beschließen, dass die Konfrontation, die sie suchen, später stattfinden soll. Solche Minikonfrontationen spielen eine wichtige Rolle in der Überlieferung der Gruppe: Über so etwas sprechen sie gern, darum kreisen die Rederituale bei ihren Trinkgelagen, wenn sie die Ereignisse der letzten Stunden oder Tage rekapitulieren. Die Pattsituation wird oft zu einer Schlacht aufgebaut oder zum Zeichen der Feigheit der Gegenseite, weil sie sich zurückgezogen habe und nicht hart geblieben sei.[12] Grup-

12 King, »Violent Pasts«; Eric Dunning, persönlicher Austausch, März 2001.

pen, die sich auf Kämpfe einlassen, schaffen Mythen über sich selbst und übertreiben das Ausmaß der Kämpfe sowie ihr Auftreten darin, während sie ihre Neigung, vor den meisten Kämpfen zurückzuweichen, herunterspielen.

Eine weitere Ausnahme zu den nichtansteckenden Kämpfen stellen freundschaftliche Kissen-, Lebensmittel- oder Tortenschlachten dar. Kissenschlachten bei besonderen Gelegenheiten, wie etwa, wenn Kinder beieinander übernachten, laufen nach Art »alle gegen alle« ab; das fördert und steigert die ausgelassene Stimmung und impliziert, dass es sich um eine sehr ungewöhnliche Situation handelt, einen außerordentlichen Spaß. Die Offenheit der Kissenschlacht begünstigt die Mitwirkung aller am kollektiven Vergnügen. In dieser Hinsicht sind Kissenschlachten wie Neujahrs- oder Karnevalsvergnügungen, bei denen man wahllos Luftschlangen auf andere wirft und ihnen mit aufblasbaren Tröten ins Ohr tutet. Dasselbe gilt für Badende, die sich aus Spaß im Schwimmbecken gegenseitig anspritzen. Nach meiner Beobachtung geschieht dies zu einem frühen Zeitpunkt, sobald eine Gruppe von Bekannten sich in das Becken begibt, das heißt, den Ort des Vergnügens betreten hat. Wird das Spiel jedoch rauer, bilden sich zwei Parteien heraus. Kissenschlachten, die etwa im Gefängnis zum Vergnügen gespielt werden, arten häufig dahin gehend aus, dass Bücher oder andere harte Gegenstände in die Kissenüberzüge gestopft und von allen auf das schwächste Opfer geworfen werden, das am ehesten unter dem Ansturm zusammenbricht.[13] Bei Lebensmittelschlachten in Speisesälen werfen die Leute Esswaren mehr oder weniger ziellos durch die Gegend; sie werfen sie im Allgemeinen auf die, die etwas entfernt von ihnen sitzen oder besser noch an anderen Tischen. In diesem Rahmen haben Lebensmittelschlachten den Charakter sowohl von spontaner Selbstunterhaltung als auch von Revolten gegen die Autorität. Lebensmittelschlachten lassen sich auch bei den verbreiteten Mittagstischgruppen in amerikanischen Highschools beobachten, doch hier geht es weniger um ein Gerangel aller gegen alle, als vielmehr des Öfteren um eine Form des Flirtens zwischen Jungen und Mädchen oder um ein ausgelassenes Spiel zwischen Freunden, eben jenen Personen, die als Zeichen der Verbundenheit auch das Essen zusammen einnehmen.[14] Wenn wir einem solchen Kampf aller gegen alle zuschauen, können wir sicher davon ausgehen, dass es sich

---

13 O'Donnell/Edgar, »Routine Victimisation«, S. 271.
14 Milner, *Freaks*, Kapitel 3.

nur um Gewalt als Spiel handelt und nicht um Ernst. Die Gefühlslage ist nicht die der Konfrontationsanspannung und -angst, und jeder merkt, ob dem so ist oder nicht.

Ein weiterer Mythos lautet, Kämpfe seien lang. In Hollywoodfilmen (nicht zu reden von Kung-Fu-Filmen aus Hongkong und ähnlichen Actionfilmen aus allen Teilen der Welt) dauern sowohl Faustkämpfe als auch Schießgefechte minutenlang an. Die Kämpfer sind unverwüstlich, stecken viele Hiebe ein, teilen sogleich wieder welche aus; sie werfen den Gegner über die Tische, zerschlagen ganze Batterien von Flaschen, prallen gegen Wände, stürzen von Balkonen, Treppen und Felswänden, fallen aus Autos und anderen Fahrzeugen und springen wieder auf. Bei Schießereien pirscht man sich entschlossen an, rennt von Deckung zu Deckung, umgeht manchmal auch den Gegner mit einem gewagten Manöver, aber zieht sich niemals zurück. Auch die Übeltäter kommen immer wieder, heimlich und auf leisen Sohlen, wenn nicht gar mit wilder Kampfeslust. In dem Film *Jäger des verlorenen Schatzes* von 1981 schlägt sich der Held vier Minuten lang mit einem bulligen Übeltäter, danach schwingt er sich gleich auf ein Pferd, um einen schnell fahrenden Lastwagen zu verfolgen, auf den er aufspringt, nachdem er ihn eingeholt hat, um einen weiteren Kampf auszutragen; das Ganze dauert geschlagene achteinhalb Minuten. Im Lauf dieser Sequenzen schaltet der Held fünfzehn Feinde sowie sieben unbeteiligte Zivilpersonen aus. Die Filmzeit entspricht selbstverständlich nicht der Realzeit. Während aber die meisten Film- und Bühnendramen die Realzeit komprimieren, um über die langweiligen, immer gleichen Momente des Alltagslebens hinwegzukommen, verlängern sie die Zeit der Kampfszenen um ein Vielfaches. Die Illusion wird auch durch Schaukämpfe unterstützt. Boxkämpfe sind bezeichnenderweise auf Dreiminutenrunden angelegt, das heißt, auf maximal 30 bis 45 Minuten Kampfzeit (im 19. Jahrhundert manchmal etwas länger); diese wird aber bewusst von sozialen und physischen Auflagen und Einschränkungen geregelt, damit bei den meisten Boxkämpfen wenigstens minutenlang mehr oder weniger anhaltende Kampftätigkeit herrscht. Selbst dann müssen die Schiedsrichter die Boxer anhalten, nicht mit Klammern Zeit zu schinden. Damit der Kampf weitergeht, ist anhaltender sozialer Druck nötig. Eine solche Kampftätigkeit ist ein gänzlich artifizielles Produkt und gerade deshalb ein unterhaltsames Spektakel, weil sie so extrem von der Wirklichkeit abweicht.

In Wirklichkeit sind die meisten ernsthaften Kämpfe zwischen Individuen und kleinen Gruppen äußerst kurz. Sehen wir von den

Präliminarien und den Nachwirkungen mit den Beleidigungen, dem Geschrei, den Drohgebärden ab und betrachten allein die eigentliche Gewaltepisode, so werden wir feststellen, dass sie häufig bemerkenswert kurz ist. Die Schießerei am O.K. Corral in Tombstone, Arizona, im Jahr 1881 dauerte tatsächlich weniger als 30 Sekunden,[15] in der Filmversion von 1957 erstreckt sie sich hingegen über sieben Minuten. Verbrechen mit Schusswaffen nehmen fast nie die Form von Schießereien zwischen zwei bewaffneten Seiten an, die aufeinander feuern. Der Großteil der Morde und Überfälle mit tödlichem Schusswaffeneinsatz wird von einer oder mehreren bewaffneten Personen verübt, die schnell eine unbewaffnete Person angreifen. Seit der zweiten Hälfte des 20. Jahrhunderts kommen Schusswaffen bei Bandenkämpfen, Kämpfen um Drogenumschlagplätze oder Ehrenkämpfen zwar öfter zum Einsatz. Üblicherweise handelt es sich jedoch nicht um Schusswechsel, sondern um äußerst kurze Ereignisse, bei denen nur eine Seite schießt.

Auch Faustkämpfe sind in der Regel kurz. Viele Prügeleien in einer Bar und Straßenschlägereien verlaufen so, dass derjenige, der den ersten Schlag tut, im Allgemeinen gewinnt. Warum ist dies so? Man bedenke, was geschähe, wenn es anders wäre. Ein beidseitig relativ ausgewogener Kampf könnte hypothetisch lange dauern. Aber eine ausgeglichene Rauferei ist wahrscheinlich wenig zufriedenstellend, wenn, wie meistens der Fall, weder großer Schaden angerichtet wird noch irgendetwas geschieht, das dramatisch auf einen Schlag Überlegenheit herstellt. In solchen Situationen begnügen sich die Kampfhähne damit, ihren Kampfeswillen zu bekunden, daraufhin die im Gang befindliche Schlägerei zu beenden und in Drohgebärden und Beschimpfungen übergehen zu lassen. Häufig kommt es auch vor, dass einer der Kämpfenden sich verletzt, indem er sich etwa bei einem Faustschlag die Hand bricht.[16] Verletzungen dieser Art werden gern als guter Grund angesehen, den Kampf zu beenden. Eine Kernfrage ist dann noch, wann ein Kampf als beendet betrachtet wird. Anders als in Hollywoodfilmen oder beim Boxkampf geben sich normale Konfliktgegner damit zufrieden, dass Kämpfe kurze dramatische Ereig-

15 Nachdruck des *Tombstone Epitaph* vom Oktober 1881.

16 Der *Philadelphia Inquirer* vom 2. Februar 2005 berichtet unter der Schlagzeile: »Phillies Aussichten beeinträchtigt. Cole Hamels, den viele im Verband für ihren besten jungen Werfer halten, hat sich bei einem Kampf in der Nähe einer Bar in Florida die Wurfhand gebrochen.« Mein eigenes ethnographisches Material enthält viele derartige Beispiele.

nisse bleiben, und halten die eigentliche Kampfzeit möglichst kurz. Sie sind bereit, in dieser Zeit zu verletzen oder verletzt zu werden, und nehmen die Verletzung zum Anlass, den Kampf, wenigstens für den Moment, einzustellen.

Ein solcher Kampf kann Teil einer Reihe gewaltsamer Konfrontationen sein. Zum Beispiel mag ein kurzer Kampf in einer Bar dazu führen, dass ein Beteiligter geht, eine Schusswaffe holt und damit zurückkommt, um den Sieger des ersten Kampfes zu erschießen. Aber dies sind normalerweise zwei Kurzepisoden einer Mikrokonfrontation. Der Zorn und das Empfinden, in einen Konflikt verwickelt zu sein, bedeuten nicht, dass die Betroffenen bei der tatsächlichen Ausübung von Gewalt entsprechend auf der Höhe sind.

Kämpfe mit Messern und anderen Stichwaffen sind ebenfalls in der Regel eher kurz. Meistens werden in dieser Situation zwar die Messer gegeneinander gezückt, die Konfrontation läuft jedoch größtenteils auf ein Patt hinaus. Kommt es zu schwereren Verletzungen, geschieht dies durch einen schnellen Hieb, wonach der Kampf als beendet betrachtet wird. Der ausgedehnte Schwertkampf, der in Filmen und Theaterstücken früherer Epochen so sorgfältig choreographiert wird, gehört daher vermutlich gleichfalls vor allem ins Reich der Mythen. Gelang es im neuzeitlichen Europa jemandem tatsächlich, einen anderen zu ermorden oder ernsthaft zu verletzen (Fälle, von denen die Behörden meist Kenntnis erhielten), dann wurde dies meistens als Hinterhalt beschrieben oder als Angriff einer Gruppe auf eine Einzelperson.[17] Dies wäre die Entsprechung zum überraschenden Faustschlag in der Bar.

Es gibt indes zwei wichtige Ausnahmen. (Ausnahmen sind für die Verallgemeinerung von Wert, weil sie es uns ermöglichen, unsere Erklärung zu präzisieren.) Wo Einzel- oder Kleingruppenkämpfe länger als nur einige Augenblicke andauern, ist der Kampf normalerweise entweder (a) äußerst eingeschränkt, so dass man ihn nicht als »ernsthaft« bezeichnen kann, oder es sind klar vereinbarte Vorsichtsmaßnahmen getroffen worden, um den Kampf nicht ausufern zu lassen; oder (b) der Ausnahmetypus fällt unter die Rubrik »einen Mann schlagen, der am Boden liegt« (auch wenn das Opfer durchaus eine Frau oder ein Kind sein kann); dann findet eigentlich kein Kampf, sondern ein Massaker oder eine Strafaktion statt.

---

17 Spierenburg, »Faces«.

Die charakteristische Ausnahme des Typs (a) hat die Struktur eines Boxkampfes oder eher einer Sparringübung zu so einem Kampf. Europäische Aristokraten im 17. und 18. Jahrhundert verbrachten viel Zeit mit Fechtunterricht; deutsche Studenten im 19. Jahrhundert gehörten schlagenden Studentenverbindungen an, deren Kämpfe nicht unbedingt siegreich, sondern dadurch beendet wurden, dass man eine Narbe, einen »Schmiss«, im Gesicht als Ehrenzeichen davontrug. Es handelt sich um kontrollierte Kampfarten, die bis zu 15 Minuten dauern.[18] Nicht nur das Ausmaß der Verletzungen bleibt dabei im Allgemeinen begrenzt, sondern auch die Konfrontationsstimmung. Es sind keine wütenden Begegnungen; hier kommt vielmehr eine Art Solidarität zum Ausdruck.

Wie eng umrissen diese Ausnahme ist, wird ersichtlich, wenn wir das Duelltraining mit den Duellen selbst vergleichen (zur näheren Betrachtung siehe Kapitel 6). Die meisten Pistolenduelle waren buchstäblich Ein-Schuss-Kämpfe, das heißt, dass nur ein Schuss für jede Seite vorgesehen war. Das Gefahrenmoment war, obwohl existent, kurz; überlebten beide Seiten, wurde die Ehre als wiederhergestellt betrachtet. Duelle hatten die gleiche Struktur wie moderne Kämpfe: Sie waren normalerweise sehr kurz, die tatsächliche Gewaltausübung beschränkte sich auf wenige Sekunden; ihnen ging eine Aufbauphase mit rituellem Austausch von Beleidigungen voraus, und terminiert wurden sie durch eine gegenseitige Vereinbarung über die Beendigung des Konflikts, entweder durch eine formelle Aufgabe nach traditioneller Art oder stillschweigend beschlossen.

Dasselbe Muster taucht im Japan der Tokugawazeit (im 17. und 18. Jahrhundert) auf. Von Samurai wurde im Idealfall erwartet, dass sie ihre Ehre im Kampf bis zum Tod verteidigten, und sie konnten auf Beleidigungen in der Öffentlichkeit ausgesprochen überempfindlich reagieren.[19] Tatsächlich waren die Samurai auf Beleidigungen geradezu erpicht; bereits ein zufälliges Anstoßen der Degenscheide im Vorbeigehen wurde als Affront aufgefasst. Ein Nebeneffekt – oder vielleicht war es auch das Hauptmotiv – bestand darin, dass Samurai herumgingen und ihre Degenscheiden auf jeder Seite festhielten, denn es war das Kennzeichen und Privileg der Samurai, zwei Schwerter zu tragen. Dies richtete ihre Aufmerksamkeit beständig auf das Symbol ihrer sozialen Identität als Kämpfer und verhinderte gleichzeitig die

---

18 Twain, *Zu Fuß*, S. 39–42.

19 Ikegami, *Taming*, und persönlicher Austausch.

meisten Ausbrüche von Gewalttätigkeiten. Kam es doch zum Kampf, dann an Ort und Stelle, ohne den ganzen Anhang von Herausforderung, Sekundanten und Vorbereitungen wie beim europäischen Duell. Die Samurai befanden sich daher eher in einem Zustand ständiger Bedrohung und Drohgebärden als im eigentlichen Kampf. Der Standeslehre der Schwertmeister zufolge sollten tödliche Kämpfe äußerst kurz sein und nur aus einem plötzlichen, entscheidenden Hieb bestehen. In Wirklichkeit waren wahrscheinlich viele Kämpfer nicht so versiert, auch wenn die Ideologie kurze Kampfhandlungen gutgeheißen haben mag. Weitaus mehr Zeit wurde in Samuraischulen darauf verwandt, Kämpfe kontrolliert auszuüben und Verletzungen und Hassgefühle zu vermeiden. Tatsächlich strebten diese Schulen nach der formalen Beherrschung von Bewegungen, die auf einen imaginären Feind ausgerichtet sind – wie die *katas*, die in Karateschulen zumeist geübt werden.

Die berühmteste Racheaktion unter Samurai war der Fall der sogenannten 47 *ronin* aus dem Jahr 1702. Ein hochrangiger Samurai wurde von einem anderen in einer Etiketteangelegenheit im Shogunpalast beleidigt. Er zog das Schwert und verwundete den Beleidiger, wurde jedoch umgehend von anderen Anwesenden entwaffnet. Es war weder ein Duell, da der Beleidiger keine Waffe zog, noch sonderlich erfolgreich, da der Mann nicht getötet wurde. Der Vorfall war offensichtlich kurz und endete nach wenigen Hieben. Weil der Angreifer sein Schwert im Palast gezogen hatte, wurde er dazu verurteilt, *seppuku* zu begehen. Seine 47 Gefolgsmänner (*ronin*) rächten den Tod ihres Meisters schließlich wiederum nicht durch ein Duell, sondern mit einem militärischen Angriff auf das Haus des Beleidigers, wo sie eine Anzahl Wächter und den Samurai, der sich nicht wehrte, töteten. Keiner der 47 wurde beim Angriff getötet, was auf ihre Überlegenheit verweist; wir haben es hier mit dem typischen Muster zu tun, dass eine starke Gruppe sich gegen eine schwächere zusammenrottet. Selbst die Folgen entsprachen nicht dem heroischen Ehrenkodex: Das Gericht entschied, dass das Rächen der Ehre in diesem Fall keine Entschuldigung sei, erlaubte den 47 *ronin* jedoch den ehrenvollen Tod des *seppuku*. Im Idealfall schnitt man sich dabei mit einem kurzen Messer den Bauch auf Magenhöhe auf; der Todeskampf wurde daraufhin abgekürzt, indem ein Mann, der hinter dem sitzenden Samurai stand, diesen enthauptete. Tatsächlich aber begingen die 47 ein »Fächer-*seppuku*«, anstelle eines Messers hatten sie einen Fächer in der Hand, mit dem sie die Bewegung des Bauchaufschneidens simulierten, woraufhin sie enthauptet wurden.[20] Es war also eine Exekution durch Enthauptung, gemildert durch die Formalitäten des rituellen Selbstmords, und so wurde das Ereignis in der Öffentlichkeit auch angekündigt und aufgenommen. Japanische Samuraifilme, die eine alte Erzählgattung weiterführen, sind genauso mythisch wie Hollywoodwestern.

Eine weitere Variante dieser unter geschützten Bedingungen verlängerten Kämpfe gerät bei der Untersuchung von Kämpfen unter Kindern ins Blickfeld. Kämpfe von Kindern sind die verbreitetste Form von Gewalt in der Familie, viel gängiger als Gewalt zwischen Ehegatten oder Kindesmisshandlung (siehe Kapitel 4). Aber Kinder verletzen sich bei diesen Kämpfen selten; das liegt zum Teil daran, dass Kinder, erst recht kleine Kinder, kaum in der Lage sind, sich bei solchen Balgereien gegenseitig zu verletzen. Vor allem aber nutzen Kinder die Gelegenheit zum Raufen normalerweise dann, wenn Eltern oder Betreuer in der Nähe sind, so dass sie Hilfe holen und den Kampf beenden können, falls er eskaliert. Ein Beispiel aus meinen ethnographischen Aufzeichnungen:

Somerville, Mass., Dezember 1994. Familie in einer Arbeitersiedlung besteigt am Sonntagmorgen das Auto. Vater sitzt am Steuer, lässt den Motor warm laufen. Zwei Jungen (etwa acht und zehn Jahre alt) spielen hinter dem Wagen (auf einer Zufahrt außerhalb des Hauses, wo der Wagen abgestellt ist) mit einem Mädchen (ungefähr drei oder vier Jahre alt); Mutter (Frau um die 30) kommt zuletzt aus dem Haus. Das kleine Mädchen setzt sich von der linken Seite des viertürigen Wagens her auf den Rücksitz; der kleine Junge stößt es mit der Tür, und es fängt an zu weinen, worauf der größere Junge den kleineren schlägt: »Schau, was du gemacht hast!« Die Mutter kommt in diesem Moment heraus; Vater kümmert sich nicht darum. Mutter versucht nun, die Jungen schnell ins Auto zu verfrachten. Sie entwischen hinter das Auto und fangen an, herumzurennen und einander zu schlagen. Der größere Junge hat einen Saft, der auf einem Baumstrunk steht; der kleinere verschüttet ihn auf den Boden. Der größere Junge schlägt ihn fest, und der kleine fängt an zu weinen. Mutter geht dazwischen, droht dem größeren Jungen, der vor ihr wegrennt. Sie macht kehrt und setzt den kleineren Jungen von der linken Seite her in den Wagen auf den Rücksitz. Der größere Junge kommt und versucht, ihn herauszuziehen: »Das ist mein Platz!« Vater dreht sich auf dem Vordersitz um und versucht halbherzig, einen der Jungen wegzuziehen. Die Mutter, die zunächst in Eile, aber einigerma-

20 Ikegami, *Taming*.

ßen ruhig ist, beginnt zu schreien und zieht den größeren Jungen aus dem Wagen. Der größere Junge wendet sich an seinen Vater und sagt, er habe etwas im Haus vergessen. Er geht ins Haus. Mutter verlangt nun von dem kleineren Jungen, auf die andere Wagenseite zu rutschen; er widersetzt sich, bis sie ihn schließlich herauszieht und zwingt, sich auf die andere Seite zu bewegen; er protestiert, er sei das Opfer seines älteren Bruders. Der ältere Junge kommt zurück; der Kampf um den Rücksitz wiederholt sich, aber kürzer; endlich sind alle im Wagen (älterer Junge hinten links), und der Wagen fährt ab.

So gesehen, handeln Kinder wie Erwachsene, außer dass Letztere Wege gefunden haben, Streitereien selbst beizulegen, während Kinder auf Außenstehende angewiesen sind.[21] Auch in Schulen brechen Kämpfe gewöhnlich in Anwesenheit eines Lehrers aus oder dann, wenn ein Lehrer schnell herbeikommen und dem Streit ein Ende setzen kann. In Gefängnissen finden die meisten Kämpfe bei Anwesenheit der Wächter statt.[22] Durch diesen Mechanismus werden Kämpfe kurz gehalten.

Die Ausnahme (b) findet sich bei länger anhaltender Gewalt, wenn zwischen zwei Seiten ein krasses Missverhältnis der Kräfte besteht, wenn etwa eine Gruppe einen isolierten Feind über längere Zeit schlägt oder ein starker Einzelner auf einen Schwächeren eindrischt. Aus dieser Ausnahme lässt sich die Lehre ziehen, dass eher die Kampfkonfrontation als die Gewalt an sich schwer über längere Zeit zu ertragen ist: die Anspannung des Kampfes von Mann gegen Mann oder zwischen gleich starken kleinen Gruppen, Schlag mit Schlag und Schuss mit Schuss zu vergelten. Wenn jedoch die eine Seite unterliegt oder in eine ungeschützte Position gerät, ist die Anspannung beseitigt, und die Gewalt kann weitergehen.

Echte Kämpfe sind also in der Regel kurz; die Beteiligten scheinen für eine längere Auseinandersetzung mit einer anderen Person keine

---

21 Kämpfe zwischen Kindern sind nicht nur eine Angelegenheit männlicher Kultur. In jungen Jahren, wenn Madchen und Jungen ungefahr gleich stark sind, schlagen, beißen und treten Mädchen ähnlich häufig wie Jungen; die Variationen liegen bei fünf Prozent, und die Mädchen überbieten darin sogar manchmal die Jungen (Tremblay, »Development«). Und in strategisch kritischen Streitsituationen, in denen die Eltern anwesend sind, kann ein kleines Mädchen sich gegenüber seinen männlichen Geschwistern alles erlauben, sie sogar angreifen, indem es sich die Ein-Junge-quält-keine-Mädchen-Ideologie zunutze macht, da der Junge für eine Revanche normalerweise bestraft wird. Ich habe diesen Vorgang bei kleinen Kindern im häuslichen Umfeld öfter beobachtet.

22 Edgar/O'Donnell, »Assault«.

Motivationsreserven zu haben. Kämpfe werden kurz gehalten, weil es den Beteiligten schnell gelingt, einen Endpunkt zu finden, den sie für dramaturgisch geeignet halten. Kämpfe können länger dauern, wenn sie bewusst als nicht ernst betrachtet werden, nicht als Teil des echten Lebens. Gewaltsame Episoden können sich in die Länge ziehen, wenn sie kontrolliert ablaufen und sowohl die Wahrscheinlichkeit von Verletzungen eingeschränkt ist als auch keine ausgesprochen feindselige Atmosphäre herrscht. Kampfübungen dauern deshalb weit länger als wirkliche Kämpfe. Selbst wütende Kämpfe finden bevorzugt an Orten statt, wo sie abgebrochen werden können.

Ein weiterer Mythos der Unterhaltungsbranche ist der lächelnde, Witze reißende Killer oder Schurke. Es kommt äußerst selten vor, dass Mörder, Räuber oder Schläger humorvoll und gut gelaunt lachen oder gar sardonischen Witz an den Tag legen.[23] Das Bild des lachenden Schurken kommt gerade deshalb so gut an, weil es unrealistisch ist und die verschlüsselte Botschaft enthält, dass die bösen Taten nicht wahr sind, sondern zum Unterhaltungsprogramm gehören. Es ist daher ein bevorzugtes Stereotyp in Karikaturen, Comics oder Melodramen und bringt eine komische Note in ein vermeintlich ernstes Drama. Das Bild gibt dem Betrachter die Möglichkeit, die Haltung eines entspannten Zuschauers einzunehmen statt der entsetzten, die eine Begegnung mit realer Gewalt hervorrufen würde. Noch einmal: Der Unterhaltungsbetrieb vermag Gewalt so darzustellen, dass ihr Hauptmerkmal – die Konfrontationsanspannung und -angst – verdeckt wird.

---

23 In meiner Sammlung aus 22 (meist von Sicherheitskameras aufgenommenen) Fotos von Bank- und anderen Räubern in Aktion gibt es keinen, der lächelt. Der Gesichtsausdruck reicht von schmallippiger Konzentration über Anspannung bis hin zu Angst. Unter 89 beobachteten Kämpfen, die meine Studenten und ich aufgezeichnet haben, gibt es nur drei Fälle gut gelaunter Kämpfer: Im einen drangsalieren zwei Jugendliche einen kleineren Jungen, indem sie einen Wasserball nach ihm werfen, in den anderen beiden belästigen junge, schwarze Fans nach einem Spiel in einem überfüllten Bus einen weißen College-Studenten. Gut gelaunte Schläger findet man also nur in Situationen, in denen die Gewalt stark eingeschränkt ist und es vor allem um Drohung geht, und wenn Gruppen in deutlichem Vorteil gegenüber ihrem Opfer sind.

Gewaltsituationen werden durch ein emotionales Feld aus Anspannung und Angst gestaltet

Mein Ziel ist es, eine allgemeine Theorie der Gewalt als situationsbedingten Prozess herauszuarbeiten. Gewaltsituationen sind durch ein emotionales Feld aus Anspannung und Angst geprägt. Damit der Gewalt Erfolg beschieden ist, müssen diese Anspannung und Angst überwunden werden, etwa durch die Umwandlung emotionaler Anspannung in emotionale Energie. Üblicherweise gelingt dies der einen Konfrontationspartei auf Kosten der anderen. Erfolgreiche Gewalt nährt sich insofern von gegenseitiger Konfrontationsanspannung und -angst, als eine Seite den emotionalen Rhythmus beherrscht und die andere als Opfer darin gefangen ist. Allerdings sind nur wenige Menschen dazu in der Lage. Denn es handelt sich dabei um eine strukturelle Eigenschaft von Situationsfeldern, nicht um eine Eigenschaft von Individuen.

Wie ich schon in einem früheren Buch geltend gemacht habe, ist die emotionale Energie ein variables Ergebnis jeglicher Interaktionssituationen, und die meisten davon verlaufen nicht gewaltsam.[24] Emotionale Energie variiert in dem Maße, in dem die Anwesenden in die Gefühle und Körperrhythmen der anderen verstrickt werden und in den allgemeinen Brennpunkt der Aufmerksamkeit geraten. Dabei stellen sich positive Erfahrungen ein, wenn zwischen allen Beteiligten Solidarität und Intersubjektivität herrschen. Aus solchen gelungenen Interaktionsritualen geht der Einzelne mit dem Gefühl der Stärke, mit Selbstvertrauen und Begeisterung für alles, was die Gruppe tut, hervor. Diese Gefühle nenne ich emotionale Energie. Wenn umgekehrt die Interaktion für bestimmte Teilnehmer nicht darauf hinausläuft, dass sie mitgerissen werden (oder wenn sie von anderen unterdrückt oder ausgeschlossen werden), dann büßen sie ihre emotionale Energie ein und gehen bedrückt weg, verlieren die Initiative und fühlen sich von den Angelegenheiten der Gruppe ausgegrenzt.

Gewalttätige Interaktionen sind schwierig, weil sie normalen Interaktionsritualen im Kern zuwiderlaufen. Die Neigung, sich mit dem Rhythmus und den Emotionen des jeweils anderen zu verbinden, hat zur Folge, dass Menschen ein alles beherrschendes Gefühl der Anspannung empfinden, wenn die Interaktion widersprüchlichen Zwe-

---

24 Collins, *Interaction.*

cken dient, es sich also um eine antagonistische Interaktion handelt. Dieses Gefühl nenne ich Konfrontationsanspannung; bei wachsender Intensität geht sie in Angst über. Und deshalb fällt uns Gewaltausübung so schwer. Wem sie leichtfällt, der hat einen Weg gefunden, Konfrontationsanspannung und -angst zu umgehen, indem er die emotionale Situation zu seinen Gunsten wendet.

Die situationsbedingten Charakteristika bestimmen darüber, ob, wann und wie welche Art von Gewalt stattfindet. Das Geschehen *vor* der Konfrontationssituation ist demnach nicht der Schlüssel dafür, ob und wie die Menschen kämpfen werden, wenn die Situation sich in diese Richtung verändert, oder dafür, wer gewinnen und welcher Schaden entstehen wird.

Alternative Theorieansätze

Die meisten Gewalterklärungen gehören zur Kategorie der Hintergrunderklärungen: Sie konzentrieren sich auf Faktoren, die außerhalb der Situation liegen und zu der beobachteten Gewalt führen und sie verursachen. Manche Hintergrundfaktoren mögen notwendige Bedingungen sein oder zumindest in hohem Maße zu Gewalt prädisponieren, sie sind jedoch gewiss nicht hinreichend. Situationsbezogene Umstände sind hingegen immer notwendige Bedingungen und bisweilen sogar hinreichend dafür, dass die Gewaltoption sich gegenüber jeder anderen Alternative durchsetzt. Armut, Rassendiskriminierung, familiäre Zerrüttung, Misshandlung und Stress sind, wie bereits erwähnt, mitnichten entscheidend für den Ausbruch von Gewalt. Dies gilt ebenfalls für die altehrwürdige psychologische Hypothese, dass Frustration zu Aggression führe, wobei die Frustration weit in der Vergangenheit zurückliegen oder auch gerade erst passiert sein kann.

Mein grundsätzlicher Einwand besteht darin, dass solche Erklärungen davon ausgehen, Gewalt falle leicht, sobald die Motivation dafür erst einmal gegeben ist. Auf der Ebene von Mikrosituationen erhobenes Beweismaterial zeigt jedoch, dass Gewalt im Gegenteil schwerfällt. Wie motiviert jemand auch sein mag, wenn die Situation sich nicht dahin gehend entwickelt, dass die Konfrontationsanspannung und -angst überwunden werden, geht es mit der Gewalt nicht voran. Ein Konflikt, und mag er noch so offen geäußert werden, ist nicht das Gleiche wie Gewalt, und der letzte Schritt dahin vollzieht sich keineswegs automatisch. Dies gilt auch für eine Frustration, die unmittelbar der Situation entspringt: Jemand kann wegen einer Enttäuschung und über die Person, die dafür verantwortlich gemacht wird, wütend sein, das reicht aber immer noch nicht zur Anwendung von Gewalt aus. Viele, wenn nicht die meisten, schlucken ihren Ärger hinunter oder machen ihm unter Drohungen und Bluffen Luft.

Naheliegend mag der Schritt zu einer mehrere Ebenen umfassenden Theorie erscheinen, die Hintergrund- und Situationsbedingungen miteinander kombiniert. Bevor man diesen Schritt tun kann, muss man sich allerdings einiges klarmachen: Die meisten Gewalttheorien befassen sich mit krimineller Gewalt im engeren Sinn. Es gibt aber eine Menge Gewalt, die von den Hintergrundbedingungen her nicht ausreichend verstanden werden kann, zum Beispiel Gewalt, die von den verhältnismäßig wenigen Soldaten begangen wird, die sich als effektive Kämpfer erweisen, oder von Aufständischen, von Polizisten, Sportlern und Fans, von Duellanten und anderen Eliten, von Zechern und dem Publikum bei Unterhaltungsveranstaltungen. Häufig kommen diese gewalttätigen Personen aus gänzlich anderen häuslichen und gesellschaftlichen Verhältnissen als jenen, die für kriminelle Gewalt verantwortlich gemacht werden. Und diese Gewaltformen weisen situationsabhängige Muster auf, in denen die emotionale Gruppendynamik überdeutlich hervortritt. Meine bevorzugte Vorgehensweise besteht darin, so weit wie möglich mit einem situationsbedingten Ansatz voranzukommen; irgendwann sind wir vielleicht in der Lage, uns zurückzuarbeiten und einige Hintergrundbedingungen einzubeziehen. Aber ich bin nicht restlos überzeugt davon, dass dies so wichtig ist, wie wir normalerweise glauben. Es mag nützlicher sein, die »Gestalt« um 180 Grad zu drehen und sich unter Ausschluss alles anderen auf den Vordergrund zu konzentrieren.

Gelegenheitstheorien und Theorien über soziale Kontrolle betonen die Situation, was sicherlich ein richtiger Weg ist. Diese Theorien bagatellisieren die Hintergrundmotive. Sie gehen allgemein davon aus, dass Motive für Gewalt weit verbreitet sind oder dass Motive für Vergehen situationsbedingt sein können. Die Routine-Activity-Theorie, die gängigste Version einer Herangehensweise, welche die Gelegenheit im Blick hat, ist eine Theorie über Kriminalität im Allgemeinen, ohne dass unbedingt Gewalt im Spiel sein muss.[25] Der typische Fall ist derjenige einer Gruppe Jugendlicher, die einen Wagen einzig aus dem

---

25 Cohen/Felson, »Social Change«; Felson, *Crime*; Meier/Miethe, »Understanding Theories«; Osgood u.a., »Routine Activities«.

Grund stiehlt, weil sie den Schlüssel stecken sieht. Wenn jedoch Gewalt ins Spiel kommt, greift die Gelegenheitstheorie zu kurz. Die Formel für Verbrechen ist die räumliche und zeitliche Koinzidenz eines motivierten Missetäters, eines verfügbaren Opfers und fehlenden Schutzes für das Tatziel, der das Verbrechen durch soziale Kontrolle verhindern könnte. Die Routine-Activity-Theorie unterstreicht Variationen der letzten zwei Bedingungen, von denen man glaubt, dass sie Veränderungen in der Kriminalitätsrate getrennt von Veränderungen der Motivationsbedingungen (wie den oben erwähnten Hintergrundbedingungen) erklären. Solche Untersuchungen haben vor allem gezeigt, dass Arbeit und Zechgewohnheiten (wie jene, spätnachts unterwegs zu sein) in Verbindung mit der demographischen Konzentration bestimmter Personentypen in bestimmten Vierteln Auswirkungen auf die Opferquote haben. Da es sich um ein interaktives Modell mit verschiedenen Variablen handelt, muss es keine Veränderung der kriminellen Motivation geben, um die Veränderung der Kriminalitätsquote zu erklären; denn die Motivation Krimineller muss tatsächlich nicht allzu stark sein, wenn die Gelegenheit besonders günstig ist. Obwohl also die Herangehensweise die situativen Bedingungen in Betracht zieht, konzentriert sich die Analyse dennoch weitgehend auf Vergleiche auf der Makroebene. Daher geht der Ansatz nicht näher auf den Prozess ein, durch den Gewalt stattfindet. Die Gelegenheitstheorie ist deshalb unvollständig, weil sie davon ausgeht, dass Gewalt leichtfalle: Tut sich eine Gelegenheit auf und steht keine Autorität der Ausübung von Gewalt im Wege, dann kommt es automatisch dazu. Aber Gewalt fällt nicht leicht, und Situationsmuster aufkommender, angedrohter Gewalt bilden Schranken, die erst überwunden werden müssen. Der auf Mikrosituationen beruhende Mechanismus muss hinzukommen.

Eine ähnliche Einschränkung gibt es bei Donald Blacks verhaltenstheoretisch formuliertem Rechtsverständnis (*behavior of law*).[26] Die Theorie ist bis zu einem gewissen Grad stichhaltig, ist aber eine Erklärung dafür, wie ein Konflikt gehandhabt wird, wenn er ausgebrochen ist. Der unterschiedliche Umfang formaler gesetzlicher Interventionen wird von sich wiederholenden, transsituativen Merkmalen der Sozialstruktur bestimmt: von der hierarchischen Entfernung der Parteien zum Streit und ihrem Grad an Vertrautheit. Die Erkenntnis, dass das Moralisieren über Gewalt eine Variable ist, die durch die Stand-

26 Black, *Social Structure*.

orte der Beteiligten und der sozialen Kontrolleure im sozialen Raum erklärt werden kann, ist ein wichtiger theoretischer Fortschritt. Aber auch hier geht die Theorie davon aus, dass Gewalt leicht auszuüben sei. Der Fokus liegt auf der gesellschaftlichen Reaktion auf den Gewaltausbruch. Es ist beispielsweise zutreffend, dass Gewalt häufig in den Bereich der Selbstverteidigung fällt, wenn bestehende Konflikte zwischen Personen, die sich nahestehen, eskalieren und dass die engen Beziehungen zwischen ihnen ein offizielles Eingreifen durch Polizei und Behörden verhindern. Aber auch Gewalt aus Selbstverteidigung entwickelt sich aus der Situation heraus. Die Barriere aus Konfrontationsspannung und -angst muss immer noch überwunden werden. Und das ist nicht leicht; es gibt weniger Gewalt aus Selbstverteidigung, als man angesichts der Menge an Personen erwarten könnte, die Anlass hätten, sich gegen Gegner aus ihrem Umfeld zur Wehr zu setzen (wie zum Beispiel bei Streitigkeiten zwischen Zimmergenossen, die Robert Emerson von der UCLA in einer unveröffentlichten Studie beschreibt).

Ein ähnliches Problem besteht bei Gewalterklärungen, die sich stärker an der Makroebene ausrichten. Das betrifft unter anderem die Theoretisierung von Gewalt als Widerstand. In Widerstandstheorien wird Gewalt als lokale Antwort auf eine untergeordnete Stellung innerhalb großer sozialer Strukturen aufgefasst. Normalerweise geht es dabei um Klassenzugehörigkeit innerhalb der kapitalistischen Ökonomie, manchmal abstrakter und allgemeiner um Herrschaftsstrukturen, die Rasse und Geschlecht einschließen.[27] Auch hier ist die Mikrothese von Bedeutung: Die Widerstandstheorie geht davon aus, dass Gewalt leichtfalle, wenn sie nur ein Motiv hat. Aber Gewalt im Widerstand ist ebenso schwierig auszuüben wie jede andere Form von

---

27 Bourgois, *In Search*; Willis, *Learning*. Zu einer kritischen Debatte über diese Sichtweisen siehe Wacquant, »Scrutinizing«; Anderson, »Ideologically Driven Critique«; Duneier, »What Kind«, und Newman, »No Shame«. Die Widerstandstheorie vermittelt wenig Anhaltspunkte für Variationen von Gewalt. Die Widerstandstheorie wird nur mit Klassen- und Rassenunterdrückung in Verbindung gebracht; aber diejenigen, die wegen ihres Geschlechts und sexueller Vorlieben herabgesetzt werden, entfalten nur ein geringes Maß an gewaltsamem Widerstand (eher noch bringen geschlagene Frauen ihren Peiniger um, als dass Homosexuelle zurückschlagen). Frauen und Homosexuelle sind vor allem Opfer von Gewalt, während Klassen- und Rassenminderheiten zu Tätern werden, wenn sie Widerstandsgewalt ausüben. Offensichtlich bedarf es einer Theorie darüber, wie Unzufriedenheit in Gewalt umgemünzt wird; diesen Grad an Spezifizierung erreicht die Widerstandstheorie jedoch nicht.

Gewalt. Wenn Widerstand mit Gewalt stattfindet – oder zumindest eine Form von Gewalt aufscheint, die glaubhaft als Widerstand ausgelegt werden kann, weil sie sich in den Unterschichten oder im Ghetto abspielt –, dann geht diese mit Situationsdynamik und Situationszwängen einher. Es sind dieselben Muster wie anderswo auch: Eine kleine Zahl von Spezialisten bezieht ihre Energie vom gewaltlosen Teil der Gruppe, benötigt die Unterstützung des Publikums und tut sich auf Kosten der emotional Schwachen hervor. Die Bedingungen auf der Mikrosituationsebene begünstigen Angriffe auf Opfer innerhalb der Gemeinschaft der Unterdrückten weit mehr als auf vorgebliche Klassenunterdrücker. Die Widerstandstheorie ist oft verdreht: Von altruistischen Außenseitern vorgebracht, die sich vor Sympathie überschlagen, heroisiert und rechtfertigt diese Interpretation gewalttätige Räuber, die ihre Gewalt in erster Linie gegen Angehörige der eigenen unterdrückten Gruppe richten.

Selbst in den Fällen, in denen Gewalt ausdrücklich Widerstand ist, etwa bei Ghettoaufständen unter dem Schlagwort der Rebellion gegen rassistisches Unrecht, bleibt sie in der Regel lokal beschränkt, und die meisten Zerstörungen geschehen in den eigenen Vierteln. Die Rhetorik des Aufstands ist eine Sache, tatsächliche Gewaltanwendung eine andere; die Angriffe bleiben auf die Umgebung beschränkt, weil dies in der Situation der einfachste Weg ist. Wenn eine ideologisch erregte Gruppe in andere Viertel eindringt, handelt es sich wahrscheinlich weniger um vertikalen Widerstand gegen die allumfassende soziale Ordnung als vielmehr um einen lateralen Überfall auf eine andere ethnische Gruppe und verliert damit in den Augen der gutmeinenden Beobachter aus den höheren Klassen den Anschein der moralischen Legitimität einer Widerstandshandlung.

Kulturelle Gewalterklärungen sind meistens Makroerklärungen; eine umfassende, über die Situation hinausgreifende Kultur wird als (notwendige und implizit auch hinreichende) Erklärung angesehen, warum Gewalt stattfindet. Hier macht sich, vom Standpunkt der Mikrosituationsanalyse aus gesehen, der gleiche Schwachpunkt wie in den Widerstandstheorien bemerkbar, auch wenn die Erklärung in die umgekehrte Richtung weist. In einigen Theorien wird Gewalt nicht als Widerstand, sondern als von oben auferlegte Disziplinierungs- und Abschreckungsmaßnahme zwecks Aufrechterhaltung der kulturellen Ordnung betrachtet. Dementsprechend wird eine Kultur des Rassismus, der Homophobie oder des Machismo als Erklärung für die Übergriffe auf Minderheiten, Frauen und andere Opfer angeboten. Diese Art der Interpretation beruht zumindest auf strengeren empirischen Grundlagen als die Widerstandsinterpretationen, da solche Angreifer normalerweise ihre Vorurteile bei ihren Angriffen lautstark äußern, während diejenigen, die angeblich Widerstand leisten, dies nicht tun. Die Interpretation leidet jedoch daran, dass nicht näher auf die Dynamik von Mikrosituationen geachtet wird. Diese bestehen zum Großteil aus Drohungen und Bluff, tatsächliche Gewalt wird durch verbale Beschimpfungen ersetzt, und manchmal wird (unter entsprechenden Bedingungen) der Kraftaufwand der Drohung benutzt, um in tatsächliche Gewalt überzuleiten. Es ist keineswegs sicher, dass die beleidigenden Äußerungen in solchen Situationen eine seit langem gehegte Überzeugung und eine tief sitzende Motivation zum Handeln verraten. Ich werde dies in Kapitel 8 im Zusammenhang mit den ritualisierten Beleidigungen unter Sportfans und Fußball-Hooligans näher ausführen. Es gibt mikrosoziologisches Beweismaterial dafür, dass Rassismus und Homophobie auch situationsbedingt sind. Die Tatsache, dass es sich bei diesen Worten um Substantive handelt, verführt uns zur Vergegenständlichung von Phänomen, die in Wirklichkeit fluktuierende und temporäre Prozesse sind.

Eine ähnliche Argumentationslinie lässt sich in Bezug auf kriminologische Erklärungen einer »Kultur der Gewalt« anwenden. Hier geht es eher um eine ethnographische Grundierung als darum, die Daten für eine politische Interpretation zu instrumentalisieren. Die Tatsache jedoch, dass wir unterschiedliche Personengruppen (etwa junge Männer in Armutsgebieten) dabei beobachten können, wie sie positiv über Gewalt sprechen, besagt nicht, dass diese Rede automatisch in ein gewalttätiges Verhalten übergeht. Gewalt fällt schwer, nicht leicht. Kein kultureller Diskurs lässt das wirklich gelten, weder Täter noch gewaltbejahende Gruppen, weder Opfer noch altruistische oder rechtschaffene Beobachter aus der Entfernung. Alle glauben, Gewalt sei leicht auszuüben, ob einer damit prahlt, sie fürchtet oder sie zu beseitigen hofft. Doch die mikrosituative Wirklichkeit zeigt, dass die Rede über Gewalt in die rituellen Muster der Drohung und des Bluffs fällt, und diese Rituale stützen eine Ideologie, welche die reale Natur der Gewalt verdeckt: dass sie schwierig zu vollziehen ist, dass die meisten Menschen darin nicht gut sind, auch jene nicht, die damit prahlen und angeben. Es gibt Kulturen der Gewalt im Sinne spezifischer Netzwerke, bei denen diese Art der Gewaltrede im Schwange ist; wir müssen sie aber nicht vollends beim Wort nehmen.

Makrokulturelle Herangehensweisen an Gewalt werden inhaltsleer, wenn sie sich auf den Begriff der »symbolischen Gewalt« einlassen. Er hilft uns in keiner Weise, wirkliche Gewalt zu erklären, sondern verschleiert nur die analytische Aufgabe. Physische Gewalt hat eine klare Ausrichtung, die wir durch Beobachtung von Mikrosituationen studieren können. Wir befinden uns in einem ganz anderen begrifflichen Universum, wenn Bourdieu von den schulischen Anforderungen als symbolischer Gewalt spricht und das gesamte Arsenal symbolischer Herrschaft heraufbeschwört, den »Einsatz der symbolischen, der sanften, unsichtbaren, verkannten und gleichermaßen frei gewählten wie aufgezwungenen Gewalt des Glaubens, des Vertrauens, der Verpflichtung, der persönlichen Treue, der Gastfreundschaft, der Geschenke, der Schuld, der Anerkennung, des Mitleids«.[28] Das ist ein rein rhetorisches Verfahren, eine Dramatisierung des Arguments, Schulleistungen, kulturelle Vorlieben und rituelle Praktiken seien Teil einer selbstreproduzierenden Stratifikationsstruktur und damit moralisch illegitim. Dieses Argument will der Autor seiner Leserschaft aufzwingen. Aber die Dynamik von Schulanforderungen und kultureller Schichtenbildung deckt sich in keiner Weise mit der Dynamik physisch gewalttätiger Konfrontationen. Letztere sind ein mikrosituativer Prozess, der sich um Emotionen wie Angst, Anspannung und Vorwärtspanik mit mächtigen Emergenzelementen dreht. Bourdieus »symbolische Gewalt« hingegen ist sanft, spannungsfrei, nicht konfrontativ, hochgradig repetitiv und unabhängig von den Zufällen der Situation.[29]

Natürlich hat jeder Kernbegriff auch Grenzgebiete. Es ist wenig hilfreich, darauf zu bestehen, dass Gewalt zu einer vorgefertigten De-

---

28 Bourdieu, *Entwurf*, S. 370.

29 Auf einer Konferenz, in der ich einen Teil der vorliegenden Theorie darstellte, stellte ein Zuhörer die Frage, warum ich nur physische Gewalt und nicht auch symbolische Gewalt berücksichtigt hätte. Er behauptete, in der vorangegangenen Sitzung selbst Opfer symbolischer Gewalt geworden zu sein, weil er bei der Diskussion nicht zu Wort kam. Es gibt mikrosoziologische Untersuchungen darüber, wem es in einer Gruppensitzung zu sprechen gelingt und zu welchem Zeitpunkt in der Reihenfolge der Redner (Gibson, »Seizing the Moment« und »Taking Turns«). Wenn man selbst auf dieser Ebene »symbolische Gewalt« als Begründung für das Geschehen ins Spiel bringt, dann nur rhetorisch und als Beschwerde; als Erklärungsmechanismus taugt dies nicht. Die Tatsache, dass gebildete Intellektuelle glauben können, dass das, was sie symbolische Gewalt nennen, irgendetwas mit physischer Gewalt zu tun habe, zeigt, wie ungewohnt es für die meisten Intellektuellen ist, in mikrosoziologischen Begriffen zu denken, und wie wenig wir mit realer Gewalt vertraut sind.

finition passt. Wenn Menschen aufeinander losschlagen oder Waffen aufeinander richten, gibt es immer eine Vorlaufzeit und Erwartungen, die untersucht werden sollten, auch wenn sie nicht in tatsächliche Gewaltausübung münden. Wir wissen, dass Schläge und Geschosse ihr Ziel oft verfehlen; bisweilen sollen sie es auch gar nicht treffen, bisweilen treffen sie unbeabsichtigt. Wo ziehen wir die Grenze? Sind Drohungen Formen der Gewalt? Zweifellos kommen sie dem nahe genug, dass wir sie in das Modell situationsbedingter Dynamik einbeziehen müssen. Und dies, obwohl es eine Menge Verwünschungen gibt, die nicht zu Gewalt führen. Aus demselben Grund werden wir die situationsbedingte Dynamik von Streitigkeiten sowie von ängstlichen, angespannten und feindlichen Gefühlszuständen im Allgemeinen untersuchen. Die methodische Regel sollte lauten, den Forschungsprozess selbst seine Grenzen finden zu lassen. Durch dieses Kriterium werden rhetorische Pseudoerklärungen ausgeschlossen, weil sie nicht in den Zusammenhang passen.

»Symbolische Gewalt« ist nur ein theoretisches Wortspiel. Es wörtlich zu nehmen hieße, die Natur tatsächlicher Gewalt gründlich misszuverstehen. Symbolische Gewalt fällt leicht, tatsächliche Gewalt schwer. Erstere folgt dem Fluss der situationsbedingten Interaktion und nutzt den normalen Hang zu interaktiven Ritualen. Letztere bürstet die Interaktion gegen den Strich. Gerade weil die Androhung realer Gewalt den Grundmechanismen emotionaler Einbindung und interaktiver Solidarität entgegenläuft, sind gewalttätige Situationen so schwierig. Ebendiese Spannung produziert Konfrontationsanspannung und -angst – die Hauptmerkmale einer mikrosituationsbedingten Interaktion, um die sich alles, was Gewalt ausmacht, dreht, wenn es denn zu einer gewaltsamen Auseinandersetzung kommt.

Die Evolution sozialer Techniken zur Kontrolle der Konfrontationsanspannung

Schließlich noch einige Worte zu einer prominenten Forschungsrichtung, die eine eindeutige Theorie zur Gewalt vorbringt: der evolutionären Psychologie. Diese Theorie schließt aus einer allgemeinen evolutionsgenetischen Theorie auf spezifische menschliche Verhaltensweisen wie Mord, Kampf und Raub oder Vergewaltigung.[30] Sie

---

30 Daly/Wilson, *Homicide*; Thornhill/Palmer, *Rape*.

stützt sich stark auf empirische Muster, wonach junge Männer auf dem Höhepunkt ihrer Reproduktionsfähigkeit die meiste Gewalt ausübten und der Beweggrund für Gewalt häufig in sexueller Eifersucht oder männlichem Imponiergehabe zu suchen sei. Gewalt wird als evolutionär bedingter Hang der Männer zum Kampf um die Reproduktionshoheit interpretiert.

Dass es genetische Komponenten im menschlichen Verhalten gibt, lässt sich nicht von vornherein ausschließen. Aber ein breites Spektrum empirischer Vergleiche legt den Schluss nahe, dass die genetische Komponente, wenn sie denn existiert, unbedeutend ist und dass die sozialen Bedingungen viel wichtiger sind. Zunächst einmal ist Gewalt nicht auf junge Männer im reproduktionsfähigen Alter beschränkt. Der verbreitetste Typus von Gewalt in der Familie findet zum Beispiel nicht zwischen erwachsenen Sexualpartnern statt; die Eltern-Kind-Gewalt überwiegt bei weitem, normalerweise in Form schwerer Körperstrafen. Diese wiederum kommt weniger häufig vor als Gewalt zwischen Kindern (siehe Kapitel 4). Gewalt unter Kindern fällt nicht sehr heftig aus. Die Gründe dafür wie auch die Neigung zu Gewalt, die von Außenstehenden begrenzt und reguliert wird (in diesem Fall von Erwachsenen), so dass sie eher chronisch als heftig verläuft, werden wir noch näher betrachten. Für die Evolutionstheorie stellt dies ein Problem dar: Kinder, und zwar oft auch kleine Mädchen, fangen früh an zu raufen, und dieser Aggression werden mit dem Heranwachsen immer mehr Grenzen gesetzt.[31] Was die Häufigkeit gewaltsamer Vorkommnisse angeht, so ereignen sich die weitaus meisten im nichtreproduktiven Alter und sind nicht auf das männliche Geschlecht beschränkt. Vielleicht übersehen Evolutionspsychologen diese Form der Gewalt, weil sie nicht besonders heftig ist und in den offiziellen Kriminalitätsstatistiken nicht auftaucht; eine umfassende Theorie sollte jedoch alle Arten und Intensitätsstufen von Gewaltausübung berücksichtigen. Die mikrosituative Theorie ist bei der Datenerhebung zu Kindern recht erfolgreich. Balgereien von kleinen Kindern folgen, wie wir noch sehen werden, denselben beiden Mustern, die wir bei der Gewalt Erwachsener ausmachen können: Die situationsbedingt Starken tun sich gegen die Schwachen und Ängstlichen zusammen, und die Kämpfe sind inszeniert und begrenzt. Es handelt sich weniger um ein individuelles als vielmehr um ein strukturelles Muster: Nimmt man Kinder aus einer Gruppe heraus und bringt sie

31 Tremblay, »Development«.

zu einer anderen, werden die Dominanzmuster neu geordnet, die Rollen von Schläger und Opfer neu verteilt.[32]

Die Evolutionspsychologie ist auch hinsichtlich ihres eigentlichen Arguments, die Neigung junger Männer zu schwerer Gewalt betreffend, anfechtbar. Alternative Erklärungen für die Gewaltbereitschaft junger Männer, die von den sozialen Bedingungen ausgehen, sind leicht auszumachen. Junge Männer haben von allen Altersgruppen den schwammigsten Status in der Gesellschaft. Sie sind an physischer Kraft und Gewalt überlegen, während sie einen niedrigen Rang einnehmen, was ihre ökonomische Position, die Achtung, die man ihnen entgegenbringt, und ihre organisatorische Macht betrifft. Ich möchte noch einmal meine mikrosoziologische Litanei vorbringen: Die Evolutionstheorie geht davon aus, dass Gewalt leichtfalle – vorausgesetzt, die Gene stimmen –, wohingegen sie in Wahrheit selbst für junge Männer schwierig auszuüben ist. Tatsächlich handelt der Großteil unseres mikrosituativ erhobenen Beweismaterials davon, dass junge Männer in puncto Gewalt versagen.

Unter Intellektuellen wird die Evolutionstheorie heute großenteils verworfen: einesteils wegen ihrer Gleichgültigkeit gegenüber kulturellen und interaktiven Modellen, andernteils wegen der traditionellen Gegnerschaft zwischen interpretatorischen und positivistischen Herangehensweisen, das heißt, zwischen Geistes- und Naturwissenschaften. Obwohl ich mich intellektuell weitgehend dem interpretativen Lager zugehörig fühle, will ich mich dennoch auf evolutionistisches Gebiet begeben und zu bedenken geben, dass die Evolutionspsychologie, an ihren eigenen Maßstäben gemessen, zwei wichtige Fehler gemacht hat.

Der erste Fehler betrifft die genetische Entwicklung. Der orthodoxen Evolutionstheorie zufolge haben die Menschen sich zu egoistischen Genverbreitern entwickelt, und die männlichen Wesen sind biologisch auf Aggression gepolt, um ihre jeweiligen Gene bevorzugt zur Vermehrung zu bringen. Meiner Ansicht nach besteht das wichtigste evolutionäre Erbe auf biologischer Ebene in etwas ganz anderem. Wie ich schon an anderem Ort im Zusammenhang mit Ausführungen zur menschlichen Erotik dargelegt habe,[33] hat die Evolution beim Menschen zu einer besonders hohen Empfänglichkeit für mikrointeraktive Signale von anderen Menschen geführt. Menschen

32 Montagner u.a., »Social Interactions«.
33 Collins, *Interaction*, S. 227f.

sind zu intersubjektiver Aufmerksamkeit prädestiniert und dazu, die Emotionen zwischen zwei Körpern in einem gemeinsamen Rhythmus zur Resonanz zu bringen. Es gibt hier eine entwicklungsgeschichtlich biologische Neigung. Menschen lassen sich situationsbedingt von den momentanen Nuancen im Nerven- und Drüsensystem ihres Gegenübers gefangen nehmen und tendieren daher zur Schaffung interaktiver Rituale, um so ein unmittelbares, persönliches Gemeinschaftsgefühl aufrechtzuerhalten. Damit gehe ich über die Allerweltsweisheit, dass Menschen sich zu Wesen mit einem großen Hirn und kultureller Lernfähigkeit entwickelt haben, hinaus. Wir sind vielmehr evolutionär auf ein Übermaß an emotionaler Einstimmung hin verdrahtet und daher für die Dynamik interaktiver Situationen besonders empfänglich.

Die Entstehung des menschlichen Egoismus ist somit alles andere als primär; er bildet sich nur unter besonderen Umständen aus und zumeist relativ spät in der Persönlichkeitsentwicklung.[34] Dies alles hat unmittelbare Auswirkungen darauf, wie Menschen mit Gewalt umgehen, allerdings auf eine Weise, die den Prämissen der Evolutionspsychologie widerspricht. Menschen sind auf interaktives Mitgehen und auf Solidarität gepolt – und ebendeshalb fällt Gewalt so schwer. Mit Konfrontationsanspannung und -angst ist nicht einfach eine egoistische individuelle Angst vor körperlicher Beschädigung gemeint (ich werde darauf noch genauer eingehen); es handelt sich vielmehr um eine Anspannung, die unserer Neigung, uns auf die Emotionen anderer einzustellen, wenn unsere Aufmerksamkeit sich auf dasselbe richtet, direkt zuwiderläuft. Wir haben uns auf physiologischer Ebene dahin gehend entwickelt, dass Kampf aufgrund der Art und Weise, wie unsere neurologische Beschaffenheit uns in der unmittelbaren Gegenwart anderer Menschen agieren lässt, auf ein tief verwurzeltes Hindernis stößt. Konfrontationsanspannung und -angst ist der evolutionäre Preis, den wir für die Zivilisation zahlen.

Menschen können wütend sein und körperliche Energien mobilisieren, um energisch und aggressiv zu werden. Auch das beruht auf physiologischen Grundlagen, die in allen Gesellschaften[35] und schon bei den meisten kleinen Kindern[36] vorhanden sind. Laut der Evolu-

34 Siehe Collins, *Interaction*, Kapitel 9: »Individualism and Inwardness as Social Products«.

35 Ekman/Friesen, *Unmasking*.

36 Tremblay u.a., »Physical Aggression«, behaupten, dass Gewalt aus der Wechselwirkung zwischen angeborener Prädisposition und sozialer Interaktion innerhalb der Familie hervorgehe. Die angeborene Gewaltbereitschaft werde

tionspsychologie ist die Fähigkeit zur Wut ein Mittel, um körperliche Anstrengung zur Überwindung eines Hindernisses zu aktivieren.[37] Wenn aber das Hindernis ein anderes menschliches Wesen ist, dann trifft die programmierte Fähigkeit zu Wut und Aggression womöglich auf eine stärkere Form von Verdrahtung: die Neigung, Aufmerksamkeit und den emotionalen Rhythmus mit anderen Menschen zu teilen. Wie können wir wissen, ob die Neigung zu interaktiver Einbindung stärker ist als die mobilisierte Aggression? Weil die in diesem Buch immer wieder überprüfte mikrosituative Evidenz zeigt, dass die stärkste Tendenz dahin geht, offene Gewalt zu vermeiden. Und wenn Gewalt dennoch ausbricht, so geschieht dies in einem interaktiven Prozess, der im Einzelnen darauf zielt, Konfrontationsanspannung abzubauen, während gleichzeitig Spuren davon zurückbleiben.

Das heißt nicht, dass Menschen nicht in Konflikte geraten können. Sie haben häufig widersprüchliche Interessen und verleihen ihrer Feindschaft anderen gegenüber oft Ausdruck. Aber diese Feindschaft wird in den meisten Fällen gegenüber Personen (oder, besser, nur vage bezeichneten Gruppen) zum Ausdruck gebracht, die sich in einiger Entfernung, wenn möglich außer Sicht- und Hörweite, befinden. Es ist die direkte Konfrontationssituation, die eine überwältigende Anspannung erzeugt; daraus erwächst erst dann Gewalt, wenn eine Si-

---

von der Gesellschaft mehr und mehr unterbunden, da aggressives Verhalten am stärksten bei kleinen Kindern ausgeprägt sei und danach zurückgehe, außer bei einer Minderheit, die kriminell werde. Die Gewalt kleiner Kinder ist jedoch, wie mikrosituativ im Detail gezeigt, äußerst begrenzt und wird von Eltern und anderen Kindern bis zu einem gewissen Grad geduldet; häufig ist sie sogar eine Methode, soziale Kontakte herzustellen und Aufmerksamkeit zu erregen. Dies deckt sich mit Tremblays Befund in »Development«, dass kleine Jungen und Mädchen Gewalt häufiger anwenden, wenn zu Hause mehrere Geschwister leben. Die Gewalt kleiner Kinder passt zu dem Muster geschützter und für ein Publikum inszenierter Gewalt, das ich in Kapitel 6 beschreibe. Die Situationsbedingungen kleinkindlicher Interaktionen bestimmen diese Gewalt ebenso wie bei Erwachsenen. Bei Tremblays in »Development« ausgewerteten Daten erreicht die kindliche Gewalt im Lebensalter von etwa 30 Monaten ihren Höhepunkt; sie bildet sich also in den ersten drei Lebensjahren aus. In diese Zeit fällt das Trotzalter in Verbindung mit der Ausbildung eines autonomen Selbst durch stärkere Verinnerlichung sozialer Vorstellungen und der Standpunkte anderer; symbolhaft interaktiv ausgedrückt, geht es stärker um die Ausbildung von »ich« und dem »anderen« als um das bloße, ursprüngliche »ich« (Collins, *Interaction*, S. 79–81 und S. 204f.).

37 Frijda, *Emotions*, S. 19.

tuation geschaffen wird, die einen Weg um dieses emotionale Feld herum eröffnet.

An dieser Stelle möchte ich auf ein zweites evolutionäres Charakteristikum hinweisen, das für die Entstehung von Gewalt relevant ist. Nun geht es nicht um die biologische Evolution der physischen Beschaffenheit, sondern um die Entwicklung von Institutionen, die sich ebenfalls als Evolution auffassen lässt, wobei einige als dem Überleben dienlich ausgewählt und andere aussortiert werden. Sind Menschen auf physiologischer Ebene von der Evolution mit Konfrontationsanspannung ausgestattet, wenn sie einander feindselig begegnen, dann muss die menschheitsgeschichtliche Entwicklung von Gewalt der sozialen Evolution von Techniken geschuldet sein, Konfrontationsanspannung und -angst zu überwinden.

Der historische Vergleich zeigt, dass soziale Organisation eine enorm wichtige Komponente dafür ist, in welchem Ausmaß Gewalt stattfindet. Die Geschichte der Armeen ist die Geschichte organisatorischer Techniken, um Menschen zum Kampf anzuhalten oder zumindest davon abzuhalten wegzulaufen, obwohl sie Angst haben. In Stammesgesellschaften sind Kämpfe kurz, meist handelt es sich um Scharmützel zwischen einigen hundert Männern oder noch weniger, die mit Unterbrechungen einige Stunden dauern und normalerweise enden, sobald jemand getötet oder ernsthaft verwundet wird. Ohne soziale Organisation, die dafür sorgt, dass die Soldaten im Glied bleiben, herrscht an der Gefechtslinie ein reges Hin und Her, wobei immer einige Männer auf einmal voranstürmen und davonlaufen, wenn sie länger als einige Sekunden im Feindgebiet gewesen sind. Die Struktur entspricht der moderner Bandenüberfälle, wenn Gangs in einer Art Vendetta wechselseitig von einem fahrenden Auto aus auf die feindliche Gruppe schießen; treffen beide Gruppen jedoch vollzählig aufeinander, dann drohen sie einander gewöhnlich nur und vermeiden eine offene Auseinandersetzung. Der Vergleich zeigt, dass die Herausbildung sozialer Techniken zur Förderung von Gewalt nicht nur eine Angelegenheit vergangener Zeiten war. In der modernen Gesellschaft sind Gruppen, die über keinen organisatorischen Apparat verfügen, um ihre Leute in einer Kampfsituation bei der Stange zu halten, strukturell in der gleichen Verfassung wie kleine, primitive Stämme.[38]

---

38 Auf die Dynamik der Kriegführung werde ich in den folgenden Kapiteln sowie in einem weiteren Buch, das sich mit der Makroebene von Konflikten aus-

Dank komplexerer sozialer Organisation konnten das antike Griechenland, Rom und China weit mehr (manchmal Zehntausende) und diszipliniertere Soldaten in den Kampf schicken und zumindest einen Tag lang dort halten. Einen Tag dauerten üblicherweise auch die Schlachten im Mittelalter. Zur Zeit der Napoleonischen Kriege bestanden die Heere zuweilen aus mehreren hunderttausend Mann, und die Schlachten zogen sich bis zu drei Tagen hin. In den Weltkriegen des 20. Jahrhunderts wurde mit Unterstützung eines großen bürokratischen Apparates mitunter sechs Monate und länger (zum Beispiel bei Verdun und Stalingrad) gekämpft. In allen historischen Epochen bestanden die Truppen zumeist aus jungen Männern auf dem Höhepunkt ihrer Reproduktionsfähigkeit, ausschlaggebend für das Ausmaß des Tötens war und ist jedoch die Art der sozialen Organisation. Der Kampf um den Fortpflanzungserfolg trägt zur Erklärung dieser Varianz nichts bei. Entwickelt haben sich indes organisatorische Techniken, um die Soldaten in Reih und Glied zu halten, wo sie einigen Schaden anrichten konnten (oder wenigstens Fernwaffen standhalten, die ihnen Verluste zufügten) – mittels Verfahren wie der geschlossenen Phalanx; dem Drill auf dem Exerzierplatz, wo ein Offizierskorps darauf achtet, dass die Männer dabeibleiben; dem politischen Appell und anderen Techniken moderner Massenarmeen zur Stärkung der Kampfmoral; bürokratischen Methoden, die darauf zielen, den Einzelnen einer unentrinnbaren Organisation zu unterwerfen, sowie Zwangsapparaten, die wie etwa die Militärpolizei die Soldaten am Davonlaufen zu hindern haben.[39]

An der militärischen Organisation lassen sich die sozialen Techniken zur Überwindung der biologischen Neigung zur Gewaltlosigkeit

---

einandersetzt, noch genauer eingehen. Auch moderne Armeen legen im Kampf von Mann zu Mann eine relativ schwache Leistung an den Tag, haben ihre Befähigung zum Töten jedoch durch Verschiedenes erhöht: durch organisatorische Methoden, die Gruppen auf dem Schlachtfeld zu halten; durch technische Möglichkeiten, Menschen aus großer Distanz zu töten, wobei die Konfrontationsanspannung geringer bleibt, weil man das Gesicht des Feindes nicht sehen kann; durch Waffen von solcher Zerstörungskraft, dass man auch mit wenig Kompetenz zumindest einige Verluste verursacht. Unsere Schlachten fordern nicht deshalb mehr Todesopfer, weil die individuelle Grausamkeit zugenommen hätte, sondern weil soziale und technische Wege zur Umgehung von Konfrontationsanspannung und -angst gefunden wurden. Siehe Grossman, *On Combat*, S. 192–218.

39 Keegan, *Antlitz*, kann als Vergleich solcher Techniken durch mehrere historische Perioden gelesen werden; siehe auch McNeill, *Krieg und Macht*.

am leichtesten nachverfolgen. Auch in anderen Sphären der Gewalt haben sich entsprechende Techniken entwickelt, so das Duell, asiatische und andere Kampfsportarten sowie die kollektiven Verhaltensmuster von Sportfans. An der Entwicklung britischer Fußball-Hooligans im 20. Jahrhundert lässt sich zum Beispiel die Entstehung von Techniken ablesen, die mit der Teilnahme an inszenierten Erregungen bei Sportwettkämpfen beginnen und dann dafür sorgen, dass die vom Spiel ausgehende Erregung sich verselbstständigt, so dass eine Kerntruppe aus Spezialisten ihre Form von »Aufruhr nach Bedarf« veranstalten kann. Dieses Thema wird in späteren Kapiteln aufgegriffen werden.

Der traditionelle Gebrauch des Wortes »evolutionär« im Sinne von Fortschritt passt nicht recht zum historischen Gewaltmuster. Wenn es ein historisches Muster gibt, dann das, dass die Fähigkeit zur Gewalt mit dem Grad der sozialen Organisation gewachsen ist. Gewalt ist nicht ursprünglich, und Zivilisation zähmt sie nicht. Eher ist das Gegenteil der Fall. Es gibt aber einen Aspekt der Evolutionstheorie im technischen Sinn, der hier von Bedeutung ist und kaum zu beruhigenden Rückschlüssen führt. In den Worten Norbert Elias' ausgedrückt: Das Muster kann ebenso »entzivilisierend« sein, wie es ein »Prozess der Zivilisation« ist.[40] Ich bin kein Anhänger der evolutionären Be-

40 Elias, *Prozess*. Elias historisierte in Wirklichkeit Freud, als er nachwies, dass raue Sitten jeglicher Art (wie Ausspucken, sich die Nase mit der Hand zu putzen oder das Essen mit den Fingern anzufassen) nach und nach gezähmt wurden, als im Zusammenhang mit der Entstehung höfischer Gesellschaften im Europa des 16. Jahrhunderts die unabhängigen Kriegsherren unter die Kontrolle des Zentralstaates gebracht wurden. Elias behauptet, Aggression sei sowohl im Kampf als auch beim Foltern, Verletzen oder Töten wehrloser Opfer als ein Vergnügen empfunden worden. Das heißt aber nicht, dass Gewalt unter den mikrosituativen Bedingungen der politisch fragmentierten, mittelalterlichen Gesellschaften oder zu noch früheren Zeiten leicht auszuüben gewesen wäre. Wir können nicht wie Freud in seiner Theorie zum Todestrieb in »Jenseits des Lustprinzips« davon ausgehen, dass es eine ursprünglich nicht unterdrückte Anlage zur Aggressivität gegeben habe, die nur durch soziale Kontrollen niedergehalten wird und hervorschießt, sobald diese Kontrollen wegfallen. Ich werde im Gegenteil zu zeigen versuchen, dass Gewalt stets ein soziales Konstrukt ist. Die Geschichte der Gewalt ist die Geschichte sozialer Techniken zur Hervorbringung bestimmter Gewaltformen. Dementsprechend ist die Zunahme von Gewalt in der neueren Geschichte nicht auf einen Prozess der »Entzivilisierung«, sondern auf die Entwicklung neuer sozialer Gewalttechniken zurückzuführen. In Kapitel 8 argumentiere ich zum Beispiel, dass die in den 1950er bis 1970er Jahren auftauchende Gewalt von Fußball-Hooligans durch eine ausgeklügelte Technik ermöglicht wurde.

grifflichkeiten, sondern neige eher dazu, historische Abfolgen im weberschen Sinne als mehrdimensionalen Wandel sozialer Organisation von Macht zu betrachten.[41] Die Techniken zur Ausübung von Gewalt müssen immer der Anforderung entsprechen, Konfrontationsanspannung und -angst zu überwinden. Wie weitreichend diese Organisationen auf der Makro- und Mesoebene auch sein mögen, ihre Wirksamkeit muss sich stets auf der Mikroebene beweisen. Der evolutionären Perspektive verdanken wir vor allem die Erinnerung daran, dass wir es mit weit zurückreichenden Entwicklungen zu tun haben. Dass die Ausübung direkter Gewalt dem Menschen aus biologischen Gründen so große emotionale Schwierigkeiten bereitet, ist ein Problem, das man mit der Entwicklung sozialer Techniken gern gelöst hätte. Erfreulicherweise widersetzt sich das Problem zum Wohle der Menschheit seiner Lösung noch immer weitgehend.

Quellen

Dieses Buch ist als theoretische Abhandlung aufgebaut, jedoch streng auf die Daten ausgerichtet. Das Ziel ist, Gewalt so anschaulich wie möglich aus nächster Nähe darstellen. Ich habe jede mir zugängliche Informationsquelle dafür genutzt, etwa Videoaufnahmen ausgewertet, wo immer es mir möglich war. Videoaufnahmen von Kämpfen sind vor allem für Gewalt bei Polizeieinsätzen, bei Sportveranstaltungen und dann, wenn Menschenmengen gewalttätig werden, verfügbar. Auch mit Blick auf zeitgenössisches Kriegsgeschehen sind Videoaufnahmen gelegentlich nützlich. Aufschlussreicher sind anthropologische Filme über Stammeskriege. Fotos haben sich als noch hilfreicher erwiesen, weil sie Emotionen einfangen können und zeigen, wie die Körper im Raum stehen. Ich habe dem Text bei aller gebotenen Beschränkung so viele Fotos wie möglich beigefügt. Für manche Verallgemeinerungen habe ich meine sämtlichen Fotosammlungen zu bestimmten Gewaltformen herangezogen.

Eine weitere wichtige Quelle ist die Beobachtung. Ich habe von meinen Beobachtungen Gebrauch gemacht, wann immer etwas daraus zu entnehmen war. Manches davon trug ich zusammen, als ich mich zu gefährlichen Zeiten in Gebieten mit einer hohen Gewalt-

41 Der umfassendste Ansatz dazu ist Mann, *Sources*, 2 Bde., sowie ders., *Dunkle Seite*.

quote aufhielt (dass ich in einschlägigen Stadtvierteln an der Ostküste gelebt habe, hat dieses Unterfangen erleichtert) oder wenn ich bei der Polizei mitfuhr. Andere wiederum sind einem Zustand ständiger Aufmerksamkeit zu verdanken, der Bereitschaft, sobald etwas geschieht, zum Soziologen zu werden, genau hinzusehen und Notizen zu machen. Es ist weniger melodramatisch, als es sich anhört. Ich bin an harmlosen Konfliktsituationen ebenso interessiert wie an heftigeren. Ich möchte einfach wissen, wie Menschen mit Konfrontationen fertig werden, von denen die meisten ja gar nicht zu Gewalt, schon gar nicht zu extremer Gewalt führen.[42]

Bei einigen Themen in diesem Buch habe ich in hohem Maße auf Aufzeichnungen von Studenten zurückgegriffen. Dabei handelt es sich um nachträglich verfasste Darstellungen von Situationen, die meine Studenten beobachtet haben. Ich habe sie darauf vorbereitet, indem ich ihnen beibrachte, worauf zu achten ist: auf Emotionen, Körperhaltungen, Einzelheiten im Zeitablauf. Ich forderte sie auf, einen Konflikt zu beschreiben, den sie mit angesehen hatten, der aber keinen gewaltsamen Ausgang haben musste. Das Material umfasst Streitigkeiten und Beinahe-Kämpfe, die einen wichtigen Teil im Bereich situationsbedingter Dynamik ausmachen. Da diese Studenten weitgehend aus der Mittelschicht stammten (wenn auch ethnisch und nach ihren Herkunftsländern weit gefächert), beschränkte sich die Gewalt, von der sie berichteten, im Allgemeinen auf Zechgelage, Unterhaltungs- und Sportveranstaltungen, auf ein gewisses Maß an häuslichen Konflikten und auf einige Beschreibungen von Demonstrationen und Unruhen. Statistische Häufigkeiten verschiedener Gewaltformen lassen sich aus solchen Daten nicht ableiten, wohl aber die Beziehung zwischen verschiedenen Situationsmerkmalen, und darum geht es mir hier.

Ich habe außerdem Personen interviewt, die auf unterschiedliche Weise Gewalt beobachtet haben oder darin verwickelt waren: Polizei-

---

42 Zum Beispiel pflegte ich zu Hause in Kalifornien in einem Arbeitszimmer im oberen Stockwerk bei gutem Wetter mit offenem Fenster zu arbeiten. Jeden Nachmittag kamen aus dem Haus direkt hinter der Gartenhecke in etwa sechs Meter Entfernung die Kinder, um draußen mit ihrer Babysitterin zu spielen. Ihr wiederholtes Quengeln ging mir auf die Nerven, bis ich merkte, dass es eine bestimmte stimmliche Gesetzmäßigkeit hatte, der ich mit Stoppuhr und Notizbuch nachgehen konnte. Die Daten dazu finden sich in Kapitel 9. Dass ich die Forscherrolle einnehmen konnte, kam außerdem meinem Seelenfrieden zugute.

beamte aus verschiedenen Ländern, ehemalige Soldaten, Musiker der Jugendszene, Türsteher und Rausschmeißer, Richter und Kriminelle. Die Betonung lag dabei stets auf ihren Beobachtungen, nicht auf ihren Deutungen oder Erklärungen (obwohl sich diese kaum vermeiden lassen). Die Interviews erstreckten sich von durchstrukturierten Befragungen (jedoch mit offenem Ende) bis zu informellen Gesprächen; wo es sinnvoll erschien, habe ich mich auf lange und wiederholte Diskussionen eingelassen. Besonders ergiebig war die Befragung anderer Ethnographen nach ihren Beobachtungen. Sie erzählten mir Dinge, die über ihre veröffentlichten Berichte hinausgehen, nicht weil sie etwas zurückgehalten hätten, sondern weil ich darauf drängte, das Material unter einem neuem Gesichtspunkt zu betrachten. Gerichtsakten konnte ich ebenfalls einige detaillierte Berichte zu unterschiedlichen Gewaltformen entnehmen. Auch meine jahrelange Mitwirkung an verschiedenen Kampfsportschulen konnte ich verwerten.

Für bestimmte Themen spielen Zeitungsberichte eine große Rolle. Sie fallen zwar zu den situativen Details recht unterschiedlich aus, aber da sich Gewalt, insbesondere in ihren entwickelten Formen, relativ selten ereignet, gibt es häufig keinen Ersatz für solche Artikel. Besonders nützlich sind diese, wenn sie über den Fortgang des Geschehens berichten, etwa über ballistische Untersuchungen der Polizei. Im Internet findet man außerdem lange Artikel (zum Beispiel über Unruhen), die weit mehr Details enthalten als die kurz gehaltenen Zeitungsmeldungen. Fernsehnachrichten sind in der Regel kryptischer und stark durch Kommentare geprägt, daher weniger hilfreich, außer sie bringen Videos. Eine wichtige Ausnahme betrifft Gewalt beim Sport. Meine Beobachtungen aus Fernsehübertragungen habe ich durchaus herangezogen, um die von Spielern und Fans ausgehende Gewalt zu analysieren. Amerikanische Sportveranstaltungen sind derart auf Aufzeichnungen ausgerichtet, dass man aus einer verschlüsselten Nachricht über den Hergang eines Kampfes oft den ganzen Kontext rekonstruieren und etwa erkennen kann, wie sich die Spieler und die Teams in dem Wettkampf geschlagen haben, der zu dem Kampf führte. Ich konnte zudem bestimmte Merkmale überprüfen, zum Beispiel wie oft Spieler von Würfen getroffen werden und wann dies Kämpfe auslöst.

Bereits veröffentlichtes Material wurde ebenfalls in die Analyse eingearbeitet. Manches davon stammt von anderen Wissenschaftlern. Als besonders hilfreich erwiesen sich die Gewalt-Ethnographen (Elijah Anderson, Anthony King, Bill Buford, Curtis Jackson-Jacobs, Nikki

Jones und andere) sowie Autoren, die das Milieu untersuchen, in dem bestimmte Arten von Gewalt stattfinden (David Grazian zum Unterhaltungsbereich, Murray Miller zu Statussystemen an amerikanischen Highschools). Zu Dank bin ich vor allem Wissenschaftlern wie Jack Katz für ihre Pionierarbeit bei der Zusammenfügung detaillierter Daten, die aus verschiedenen Blickwinkeln erhoben wurden, verpflichtet. Einige dieser Kollegen (Katz, Murray, Milner, Grazian) bedienen sich der kollektiven Ethnographie, das heißt, sie nutzen Beobachtungsberichte von mehreren Beobachtern, die nachträglich zusammengestellt werden, oder von Beobachtern, die ausgeschickt wurden, um über bestimmte Szenen zu berichten. Diese Vorgehensweise wird in der Methodenliteratur bislang nur wenig diskutiert, hat aber viele Vorteile und verdient mehr Beachtung.

Auch Interviews mit Kriminellen innerhalb oder außerhalb des Gefängnisses ziehe ich heran sowie biographische und autobiographische Berichte von an Gewalt (speziell an militärischer Gewalt) Beteiligten. Historiker sind dann hilfreich, wenn sie Einzelheiten zu Mikrobeobachtungen aus ihren Quellen mitteilen.

Literarische Quellen sind bisweilen ebenfalls von Nutzen. Hier muss man allerdings Vorsicht walten lassen, da literarische Gewaltdarstellungen wesentlich für die Mythen verantwortlich sind, die unsere Erkenntnis beeinträchtigen. Das gilt insbesondere für Kinofilme, in denen Gewalt bis auf ganz wenige Ausnahmen äußerst unzuverlässig geschildert wird. Gerade die naturalistische Literatur aus dem frühen 20. Jahrhundert ist jedoch wegen der darin genannten Einzelheiten zum Kriegsgeschehen und zu Kämpfen ebenso wie dank der Darstellung der Mikrodynamik, die zu Kämpfen führt, oder der Trinkgelage, die den Hintergrund dazu abgeben, von Interesse. Schriftsteller wie Leo Tolstoi, Ernest Hemingway und Scott F. Fitzgerald waren Mikrosoziologen, bevor diese Forschungsrichtung überhaupt erfunden war. Die ältere Literatur wie Homer oder Shakespeare ist, obwohl sie in mancher Hinsicht Mythen verbreitet, da ergiebig, wo sie die Rituale im Zusammenhang mit Gewalt zu bestimmten historischen Perioden beschreibt, wenn nicht den Ablauf von Gewalt überhaupt.

Ich berücksichtige auch quantitative Daten, etwa hinsichtlich einzelner Aspekte von Polizeigewalt (obwohl man hier schwer an Daten herankommt). Im Zentrum des erwachenden wissenschaftlichen Interesses an der Frage, wie Gewalt tatsächlich abläuft, stehen militärische Rekonstruktionen; das umfasst das Auszählen der von Soldaten abgegebenen Schüsse, der Treffer, der verbrauchten Munition und der Verluste. Einige Demonstrationen mit Todesopfern und Verwundeten (etwa beim Einsatz der Nationalgarde 1970 an der Kent State University in Ohio) wurden im Detail rekonstruiert, und ich habe Daten über Plünderungen, Verhaftungen und Zeittafeln zur Verbreitung und Heftigkeit von Unruhen benutzt.

Grundsätzlich interpretiere ich die Daten selbst. Das bedeutet oftmals, die Daten losgelöst davon zu betrachten, was der Berichterstatter oder ein früherer Analytiker für wichtig erachteten, und sich von deren Interpretationsrahmen frei zu machen. Man kann sagen, dass Soziologie zu einem Gutteil aus der Kunst besteht, die Beobachtungen anderer neu zu interpretieren. Wenn sich die Beobachtungen früherer Soziologen mit der neuen Lesart weitgehend decken, können wir von einem kumulativen theoretischen Fortschritt sprechen.

Meine Quellen sind sehr heterogen. Das muss auch so sein. Wir müssen in Bezug auf das Phänomen so viele Standpunkte wie möglich einnehmen. Methodischer Purismus steht der Erkenntnis im Weg, insbesondere bei so schwer zu fassenden Forschungsgegenständen wie der Gewalt. Sicherlich werden künftige mikrosoziologische Untersuchungen zur Gewalt besser durchgeführt werden, als ich es hier konnte; für den Augenblick zählt jedoch die Richtung, in die man sich bewegt.

Vorschau

In Kapitel 2 erläutere ich das Grundmuster: Gewaltsituationen sind voller Konfrontationsanspannung und -angst. Daher besteht Gewalt zumeist aus Drohungen und Pattsituationen, in denen eigentlich wenig passiert, oder sie wird ungeschickt ausgeübt, mit meist ungewollten Nebenwirkungen und Schäden. Damit dem Feind bewusst Schaden zugefügt wird, müssen Konfrontationsanspannung und -angst umgangen werden; wie dies aussieht, wird in den folgenden Kapiteln dargestellt.

Kapitel 3 befasst sich mit einer spezifischen dynamischen Abfolge: Eine Konfrontation wird plötzlich zugunsten einer Seite entschieden, welche dann die Übermacht erlangt. Das Resultat ist ein Phänomen, das ich Vorwärtspanik nenne. Viele berüchtigte Gräueltaten (darunter zahlreiche, die wir aus den Schlagzeilen kennen) kommen dadurch zustande.

In den Kapiteln 4 und 5 untersuche ich, wie Konfrontationsanspannung und -angst durch Angriffe auf ein schwaches Opfer umgangen werden. Hier betrachten wir die Situationsdynamik, die bei häuslicher Gewalt, Schikane, Einschüchterung und Raubüberfällen zum Tragen kommt. Manches ist dabei institutionalisierter als anderes und wiederholt sich eine gewisse Zeit lang. Die in Kapitel 3 behandelte Vorwärtspanik zählt ebenfalls zum Angriff auf einen Schwächeren, ist allerdings am anderen Ende des Kontinuums angesiedelt: Die Attacke erfolgt in dem Moment, in dem jemand plötzlich Schwäche zeigt, und der emotionale Umschwung liefert den Schlüssel zur Heftigkeit. All diese Formen des Angriffs auf den Schwachen offenbaren ein gemeinsames Merkmal erfolgreicher Gewalt: dass die Auswahl eines emotional schwachen Tatziels wichtiger ist als die eines physisch schwachen.

Diese Kapitel beschäftigen sich mit Gewalt, die bei genauer Betrachtung hässlich und moralisch verwerflich ist. Im zweiten Teil des Buchs befasse ich mich mit anderen Möglichkeiten, Konfrontationsanspannung und -angst zu umgehen. Hier steht Gewalt im Vordergrund, die als ehrenwert, erfreulich, ausgelassen wahrgenommen oder zumindest einem Zwischenbereich zugeordnet wird, in dem sie gesellschaftlich gerechtfertigt und insgeheim gefördert wird. Kapitel 6 dreht sich um den Kampf, der bewusst für ein Publikum ausgetragen wird. Die Charakteristika, die dafür sorgen, dass er begrenzt und geschützt abläuft, führen tendenziell auch dazu, dass die Ausübenden in die Sphäre einer ehrenwerten Elite erhoben werden. Selbst hier bleiben Konfrontationsanspannung und -angst erhalten und prägen wie durch Wiederkehr des Verdrängten die Gewalt.

In Kapitel 7 geht es darum, wie es bei fröhlichen Gelegenheiten wie Feiern, Zechgelagen und Unterhaltungsveranstaltungen zu Gewalt kommen kann, und auch darum, wie einige unheilvolle Gewaltformen, etwa Unruhen, den Geist eines Gelages annehmen können.

In Kapitel 8 erläutere ich, wie die strukturelle Anlage des Sports als dramatische Pseudogewalt dazu führt, dass diese in vorhersehbaren Momenten auf Seiten der Spieler wie der Fans in reale Gewalt umschlägt. Ich befasse mich außerdem mit den Umständen, unter denen Fan-Gewalt sich nicht mehr auf das Stadion beschränkt und sogar unabhängig davon wird: Das »B-Team« macht dem »A-Team« in der emotionalen Dramatik des Sportgeschehens den Rang streitig oder erhebt sich gar darüber.

Mit Kapitel 9 beginnt der dritte Teil. In diesem Kapitel gehe ich der Frage nach, warum Kämpfe ausbrechen oder nicht. Ich richte meine

Aufmerksamkeit auf die Mikrodynamik von Drohung und Bluff und untersuche, wie diese womöglich als bevorzugter Stil in den Kodex der Straße eingehen.

Die Kapitel 10 und 11 handeln davon, wer Kämpfe im Zuge der mikrosituativen Herrschaftssicherung gewinnt und verliert. Erfolg in der Gewalt ist gleichbedeutend mit der Stratifikation des emotionalen Feldes, und zwar entsprechend dem »Gesetz der kleinen Zahlen«, das die intellektuelle und künstlerische Kreativität prägt. Hier wie da geht es darum, die Dominanz über Nischen im »Aufmerksamkeitsraum« zu erringen. Diejenigen, die zur Gewaltelite werden – wobei »Elite« selbstverständlich strukturell gemeint ist und moralisch sowohl abgelehnt als auch begrüßt werden kann –, beziehen ihre emotionale Überlegenheit von allen anderen Personen im Feld. Sie mästen sich emotional an ihren Opfern, beziehen ihren Erfolg aus demselben Prozess, der ihre Gegner scheitern lässt, und erobern die emotionale Energie der unbedeutenderen Mitglieder ihres Unterstützerkreises und des Publikums.

Aus soziologischer Sicht lässt sich zumindest folgender Silberstreif am Horizont ausmachen: Eben weil Gewalt ihrem Wesen nach das Produkt eines emotionalen Feldes ist, sind ihr strukturell robuste Grenzen gesetzt. Dieselben Eigenschaften, die einer Minderheit zu erfolgreicher Gewaltausübung verhelfen, sorgen dafür, dass der Rest von uns nicht gewalttätig ist. Wie wir dieses Muster künftig konstruktiv nutzen können, bleibt abzuwarten.

Die Komplementarität von Mikro- und Makrotheorien

Da wir Sozialwissenschaftler zu Polemik neigen und gern so tun, als sei der eigene theoretische Ansatz der einzig richtige, möchte ich hier offiziell festhalten, dass die mikrosoziologische Theorie nicht alles ist. Wissenschaftler haben weiträumige Strukturen – Netzwerke, Märkte, Organisationen sowie Staaten und deren Wechselspiel auf der Weltbühne – erfolgreich untersucht, ohne auf Mikrodetails zu achten. Wir haben einige nützliche Theorien über diese Meso- und Makrostrukturen zusammengetragen, die wir keineswegs verwerfen sollten, um uns dann nur noch auf Situationen von Angesicht zu Angesicht zu konzentrieren. Es handelt sich nicht um eine ontologische Frage – was ist wahr und was nicht –, sondern um eine pragmatische: Was funktioniert und was nicht? Auf dem Spezialgebiet der Gewaltforschung haben wir, vielleicht mehr als auf anderen Gebieten, das fundamentale mikrointeraktive Muster missverstanden. Wir gingen davon aus, dass Individuen Gewaltanwendung leichtfalle. Deshalb ließen wir bis heute die Mikroebene als vermeintlich unproblematisch aus und wandten uns den Bedingungen auf der Mesoebene, den Makroorganisationen oder der dahinterstehenden Kultur zu.

Dies stellt sich als pragmatischer Fehler heraus. Gewalt ist nicht leicht auszuüben, und das Haupthemmnis sowie die entscheidenden Wendepunkte liegen auf der Mikroebene. Das heißt nicht, dass es keine Meso- und Makrobedingungen gäbe oder dass diese nicht sinnvoll in eine umfassende Theorie integriert werden könnten, wenn wir den Mikromechanismus erst richtig erfasst haben.

Dieses Buch mag manchen Lesern allzu »mikro« vorkommen. Dem Gewaltakt vorausgehende Motivationen, die sozialen Verhältnisse und die Langzeitfolgen von Gewalt werden hier ebenso beiseitegelassen wie die Art und Weise, wie Gewalt in größeren Zusammenhängen, bei der Armee oder durch Politik zum Beispiel, hervorgebracht wird. Um das Augenmerk auf die Mikrodynamik zu richten, müssen wir den Rest jedoch ausklammern. Dieser Band ist der erste von zwei Bänden. Der zweite wird sich mit dem befassen, was in diesem ausgelassen wurde: unter anderem mit unserem Wissensstand über institutionalisierte Gewalt oder besser über Gewalt, die wiederholt und strukturiert vorkommt und daher in Meso- und Makroorganisationen organisiert wird, die dafür sorgen, dass den Gewaltspezialisten laufend Ressourcen zur Verfügung stehen. Themen wie Krieg und Geopolitik werden ebenso erörtert werden wie Folter und die mannigfaltigen Kontexte und Varianten von Vergewaltigung.

Bei dieser Ausweitung der Gewaltthematik überschreitet man verschiedene begriffliche und empirische Grenzen. Die Frage, wie großräumig und langfristig angelegte Strukturen Gewalt hervorbringen, grenzt an die Konflikttheorie im Allgemeinen. Das ist ein weites Feld, da Konflikte oft nicht gewaltsam sind. Konflikt und Gewalt sind durch einen Prozess der Eskalation und Gegeneskalation miteinander verknüpft, den ich um die wichtige, häufig jedoch wenig beachtete Theorie der Deeskalation erweitern werde. Im zweiten Band wird der Fokus auf dem – gewaltsamen wie gewaltlosen – Konflikt als einem Prozess liegen, der im Laufe der Zeit an Fahrt gewinnt und wieder verliert. Ich werde versuchen, die zeitlichen Gesetzmäßigkeiten auszuarbeiten: Wann und wie treten Konflikte in manchen Momenten auf und in anderen nicht? Dadurch wird der zeitliche Ablauf als solcher zu einem Hauptmerkmal von Gewalt, unabhängig davon, welche Bedingungen die Gewalt noch befördern. Das Auftreten von Gewaltereignissen richtet sich in seinem Timing nach anderen solchen Vorfällen sowie nach dem internen Zeitablauf von Mikroereignissen. Damit könnten wir der Einsicht, dass Gewalt ein relativ seltenes Geschehen ist, das durch Umweltbedingungen nur unzureichend determiniert wird, ein ganzes Stück näher kommen.

Das angemessene Verhältnis zwischen Mikro- und Makrosoziologie besteht nicht in der Einschränkung der einen auf Kosten der anderen, sondern darin, die beiden Analyseebenen aufeinander abzustimmen, wo dies gute Ergebnisse verspricht. Für den Bereich Gewalt ist ein solches Vorgehen entscheidend. Trotz des unterschiedlichen Maßstabs gibt es einen Zusammenhang zwischen den zwei Bänden. Dieser betrifft die Theorie der Interaktionsprozesse auf emotionalem Gebiet, die ich im vorliegenden Buch mit Blick auf Mikroabschnitte in Raum und Zeit und im folgenden hinsichtlich größerer Abschnitte untersuchen werde.

Im Folgenden verwende ich die männlichen Pronomen »er«, »sein« und »ihn« beziehungsweise »ihm« bewusst. Es gibt Ähnlichkeiten zwischen Männern und Frauen im Verhalten bei Gewaltsituationen, aber die heute übliche Schreibweise »er oder sie« wäre bei diesem Thema höchst irreführend. Weibliche Gewalt gegen Frauen und die Gewalt zwischen Mann und Frau werden separat und ausführlich behandelt.

Teil I
Gewalt und ihre schmutzigen Geheimnisse

Kapitel 2
Konfrontationsanspannung und fehlende Gewaltkompetenz

Aus meinen ethnographischen Aufzeichnungen:

Somerville (ein Arbeiterviertel in Boston), Mass., Oktober 1994, ca. 23.30 Uhr an einem Werktag. Ich gehe eine Straße entlang und sehe in einem Geschäftsviertel vor einem Kaufhaus/Laden einen auffälligen Wagen an der Bordsteinkante halten. Ein junger Weißer zwischen 20 und 30 in kurzer Jacke steigt aus und schlägt die Wagentür zu. Ich gehe weiter. Weiter unten in der Straße (auf dem gegenüberliegenden Gehsteig auf der rechten Seite, wenn ich mich umdrehe und zurückschaue) befindet sich ein anderer Weißer. Er fängt an, Flaschen aus dem Müll (der für die Müllsammlung am nächsten Morgen am Straßenrand steht) zu fischen und sie auf den Gehsteig zu werfen. Er ist wütend und läuft hin und her. Er entdeckt den Typ auf der anderen Straßenseite in knapp 40 Meter Entfernung. Schreit: »Joey! [Obszönitäten]« und etwas wie: »Ich krieg dich, Joey!« Er rennt zur Straßenmitte (Hauptverkehrsstraße, ziemlich breit, um diese Zeit kein Verkehr), wohin ihm auch der andere Typ von der linken Seite entgegenläuft. (Offenbar haben sie aufeinander gewartet.) Zur gleichen Zeit kommt ein dritter Typ, ich meine, auf der rechten Seite, die Straße heruntergelaufen, knapp 50 Meter weit weg. Die zwei Verbündeten (Joey und sein Freund) gehen auf den Flaschenwerfer los. Sie holen gegeneinander aus; ich glaube nicht, dass einer der Schläge wirklich trifft. Flaschenwerfer fängt an zu schreien: »Hey, fairer Kampf, fairer Kampf! Nicht zwei gegen einen! Nur einer gegen den anderen!« Sie entfernen sich auf der Straße von der Stelle, wo ich stehe. Einige Minuten lang geht das Geschrei weiter, lässt nach und geht dann wieder los. Ich gehe (nachdem ich etwa fünf Minuten lang aus 50 Meter Entfernung zugeschaut habe; eine weitere Passantin stand neben mir und schaute auch zu; die Kämpfenden haben nicht auf uns geachtet). Es ist nicht sicher, ob auch nur einer der Schläge wirklich getroffen hat.

Die Kämpfenden fangen an, indem sie eine Schau der Stärke, Wut und Kampfeslust abziehen – sie zerschlagen Flaschen, knallen mit Türen, schreien Obszönitäten. Sie führen einige Schläge aus, die danebengehen. Schnell finden sie einen Vorwand, den Kampf zu beenden, und akzeptieren ihn anscheinend; das gilt sowohl für denjenigen, der zahlenmäßig unterlegen ist, als auch für jene, die im Vorteil sind. Das Nachspiel besteht aus ärgerlichem Geschrei, das eine Weile anhält.

Tapfer, kompetent und ebenbürtig?

Der vorherrschende Mythos über Kämpfe kann in der Formel zusammengefasst werden, dass die Kämpfenden tapfer, kompetent und einander ebenbürtig seien. In Gesellschaft und im gewöhnlichen Gespräch werden Kampflustige normalerweise nach moralischen Zuordnungen wie Held oder Schurke, ehrenwert oder tadelnswert unterschieden; aber der Bösewicht ist stets ein guter, harter Kämpfer, sonst ist das Drama verdorben und die Geschichte wirft kein so gutes Licht auf den Protagonisten. Sportveranstaltungen, die zur Unterhaltung als dramaturgisch befriedigende Konflikte organisiert werden, sind gemeinhin so angelegt, dass der Wettkampf ausgeglichen ist. In fiktionalisierten Konfrontationen ist ein Ungleichgewicht der Kräfte nur dann angebracht, wenn der Held gegen die überlegene Macht gewinnt. Das ist allerdings in der Fiktion leichter zu bewerkstelligen als in der Wirklichkeit.

In der Realität ist es fast umgekehrt. Kämpfer sind bei der Ausübung von Gewalt meist furchtsam und inkompetent. Wenn sie ebenbürtig sind, verhalten sie sich in der Regel besonders inkompetent. Gewalt ist meistens dann erfolgreich, wenn der Starke den Schwachen angreift.

In dem ethnographischen Film *Dead Birds*, der einen Stammeskrieg im Hochland von Neuguinea schildert, wird dieses Muster anschaulich illustriert.[1] Alle männlichen Erwachsenen zweier benachbarter Stämme, mehrere hundert Mann auf jeder Seite, treten gegeneinander an. Sie treffen auf ihrem traditionellen Kampfplatz an der Grenze zwischen ihren Territorien aufeinander. Der Film zeigt im Vordergrund etwa ein Dutzend Kämpfer, von denen ein oder zwei blitzschnell nach vorn springen, um einen Pfeil auf die Gegenseite abzuschießen. Wenn dies geschieht, weicht die andere Seite zurück. So wogt der Kampf in einem wellenartigen Rhythmus vor und zurück, als ob eine magnetische Kraft wirksam wäre, die selbst die tapfers-

1 Gardner, *Dead Birds*.

ten Kämpfer daran hinderte, sich weit über die Trennlinie hinauszuwagen, oder als ob der Mut zum Angriff eine Kraft wäre, die sich erschöpft, sobald ein Einzelner tiefer in das feindliche Gebiet eindringt, und sei es auch nur ein paar Meter. Das Zurückfallen wird indessen durch ein Aufwallen von Mut beim Feind ausgeglichen, der wieder nach vorn drängt. Die meisten Pfeile verfehlen ihr Ziel, und die meisten Wunden ziehen sich die Kämpfenden im Gesäß und am Rücken zu, wenn sie davonlaufen. Im Verlauf eines Kampftages kommt es offenbar zu wenig Verletzungen, nur etwa ein bis zwei Prozent der Teilnehmer werden verwundet. Die Kämpfe erstrecken sich mit Unterbrechungen über mehrere Tage, bis jemand getötet oder so schwer verwundet wird, dass mit seinem Tod gerechnet werden muss.

Wird jemand getötet, endet der Kampf. Der Leichnam wird für die Totenfeiern ins Dorf zurückgebracht, während die Gegenseite eigene Feierlichkeiten abhält. Diese Periode der Feierlichkeiten gilt als Waffenruhe; die Grenze muss nicht bewacht werden, und alle können ihren Zeremonien nachgehen. Das Ausmaß der Kämpfe wird außerdem dadurch begrenzt, dass die Beteiligten zum Abbruch bereit sind, wenn sich das Wetter verschlechtert oder Regen die Kriegsbemalung abzuwaschen droht. Sie legen auch Kampfpausen ein, um zu essen und die Leistung der eigenen Seite zu diskutieren – wobei normalerweise viel geprahlt und übertrieben wird.

Stammeskriege dieser Art haben die Struktur einer Vendetta. Im Allgemeinen gibt es ein Todesopfer, und jeder Tote muss gerächt werden; damit sind künftige Kämpfe bereits angelegt. Jeder Angehörige der Gegengruppe ist ein geeignetes Opfer. In *Dead Birds* überschreitet ein Stoßtrupp des Feindes die Grenzen des Stammesgebiets und tötet einen kleinen Jungen in einem abgelegenen Feld. Regelrechte Schlachten, an denen sich die komplette männliche Bevölkerung beider Seiten beteiligt, gehen in der Regel unentschieden aus, die Kriegführung ähnelt einem Ballett, taugt aber nicht recht dazu, den Feind zu töten. Angriffe auf einzelne, schwache Mitglieder des anderen Stammes sind wirkungsvoller. Dieses Muster lässt sich generell bei Stammeskriegen feststellen.[2] Stämme unternehmen außerdem Überfälle und versuchen, Dörfer anzugreifen, vor allem wenn die kampffähigen Männer abwesend sind, oder sie legen Hinterhalte. Wenn Stammeskrieger auf wehr-

---

2 Divale, *War in Primitive Societies*; Keeley, *War before Civilization.*

lose Feinde treffen, bringen sie diese häufig um. Lawrence Keeley erwähnt zahlreiche Beispiele nordamerikanischer Indianerstämme, die sowohl andere Indianersiedlungen als auch Siedlungen von Weißen überfielen. Die meisten Gewaltopfer sind dann zu verzeichnen, wenn die Gegner einander an Kampfkraft ganz und gar nicht ebenbürtig sind.[3]

Wenn das literarische Bild des Kämpfers so falsch ist, warum hat es dann weiterhin Bestand? Zum Teil, weil Gewalt im Unterhaltungsbetrieb wie auch im Sport als dramaturgisch befriedigende Erscheinung inszeniert wird. Dasselbe geschieht bei Gesprächen im täglichen Leben, die so etwas wie kleine Inszenierungen von Dramen darstellen, in denen jemand Geschichten über sich selbst oder andere erzählt. Der Reiz der Konversation besteht darin, Aufmerksamkeit zu erregen, unterhaltend zu sein und nicht strikt wahrheitsgetreu. Aus diesem Grund verfügen die Menschen im Allgemeinen nicht über das Vokabular, um Kämpfe genau zu beschreiben. Bei Kämpfen, in die sie selbst verwickelt waren, besteht eine starke Neigung, in Stereotype zu verfallen und sich selbst als tapfer, kampftüchtig und dem Gegner ebenbürtig darzustellen. Es gilt nicht als Tugend, über einen furchtsamen, kampfuntüchtigen Feind zu obsiegen, noch weniger, vor solch einem Feind davonzulaufen. Indes gibt es eine rhetorische Form, den Feind als Feigling zu beleidigen. Dies bedeutet gewöhnlich, dass die Attacke des Gegners erfolgreich, weil unerwartet, hinterlistig und kein fairer Kampf war. Oder es handelt sich um Wichtigtuerei zur Stärkung der Kampfmoral: Wenn man dem Gegner erst im offenen Kampf begegnet, wird man gewinnen. Soldaten, die im Kampf direkt mit dem Feind in Berührung gekommen sind, neigen dazu, ihn als mutig zu beschreiben; verweigert wird der Respekt dagegen Feinden in weiter entfernten Kampfgebieten, und auch bei Soldaten im Hinterland – sowie erst recht bei den Zivilisten zu Hause – steht der Feind

3 Keeley, *War before Civilization*, bemüht sich, der Auffassung zu widersprechen, dass es bei Stammeskriegen wenige Verluste und Opfer gebe. Dennoch zeigt er, dass die Verluste bei großen Kämpfen im Allgemeinen gering sind. Da solche Kämpfe jedoch recht häufig vorkommen können, kann die Gesamtzahl der Toten über einen Zeitraum von mehreren Jahren gerechnet dennoch erheblich höher ausfallen als bei Kriegen moderner Gesellschaften, gemessen an deren größerer Bevölkerung und dem vergleichsweise seltenen Auftreten von Kriegen. Keeley unterscheidet nicht nach mikro- und makrosoziologischen Ebenen; auf der Mikroebene stimmen seine Daten mit dem hier dargelegten Muster überein.

in geringem Ansehen.[4] Tatsächlich verhalten wir uns im Gefecht und auch bei anderen Kämpfen im Allgemeinen ziemlich ängstlich; Frontsoldaten verbreiten daher einen Mythos sowohl über den Feind als auch über sich selbst. Deshalb sind wir auf direkte Belege dafür angewiesen, wie sich Menschen in Konfliktsituationen verhalten, und dürfen uns nicht auf ihre Erzählungen verlassen.

Der Schlüsselbegriff für die Realität: Konfrontationsanspannung

Ich habe dieses Kapitel mit einer Beschreibung eines Kampfes zwischen harten Bostoner Jungs begonnen. Die einfachste Interpretation läuft darauf hinaus, dass die Kämpfenden in einen Zustand der Angst oder zumindest hoher Anspannung geraten, sobald die Konfrontation das Stadium der Gewalt erreicht. Ich bezeichne dies als Konfrontationsanspannung und -angst. Es handelt sich um ein kollektives Interaktionsgefühl, das kennzeichnend für alle gewaltsamen Begegnungen ist und das Verhalten aller Beteiligten auf verschiedene, typische Weisen bestimmt.

Das emotionale Muster wird deutlich, wenn wir uns anschauen, wie Kampf tatsächlich aussieht, und versuchen, seine nonverbale Ausdrucksweise zu analysieren. Die Abbildungen 2.1 und 2.2 zeigen Männer unter Beschuss. Einige ihrer Aktionen können als mutig bezeichnet werden, dennoch ist ihre Haltung geduckt, und ihr Gesichtsausdruck ist von Furcht gezeichnet. Selbst die aktivsten Schützen sind angespannt. Auf Abbildung 2.3 geht ein SWAT-Team (*Special Weapons and Tactics*, eine Polizeieinheit, die eigens für militärische Angriffsoperationen ausgebildet ist) gegen einen einzelnen bewaffneten Geiselnehmer vor. Das Team ist in der Überzahl und besser bewaffnet, dennoch gehen die Männer geduckt, langsam, vorsichtig, als ob sie ihre widerstrebenden Körper mit Willenskraft vorwärts schöben.

Abbildung 2.4 zeigt den Gesichtsausdruck der Abgebildeten in Nahaufnahme. Eine Gruppe Jugendlicher wirft während der palästinensischen Intifada Steine auf israelische Panzer. Die Jungen sind nicht unter Beschuss, und ihre Aktion ist im Grunde nur zur Schau gestellte Tapferkeit. Aber die mit Konfrontation verbundenen Ge-

4 Stouffer u.a., *American Soldier*, Bd. 2, S. 158–165.

Abb. 2.1 Anspannung und Angst im militärischen Kampf: Ein Mann feuert, elf Männer gehen in Deckung. Palästinensische Polizisten erwidern nahe Gaza das Feuer auf Israelis (Oktober 2000).
Reuters/Amed Jadallah

Abb. 2.2 Anspannung in Mimik und Körperhaltung: Bewaffnete Palästinenser kämpfen gegen israelische Soldaten (Ramallah 2002).
ddp images/AP/Nasser Nasser

Abb. 2.3 Ein SWAT-Team bewegt sich vorsichtig auf einen einzelnen bewaffneten Geiselnehmer in der Bar des Hotels Durant Resident zu (1990 im kalifornischen Berkeley).
ddp images/AP/Kevin Rice

fühle suchen sie alle heim. Der Junge im Vordergrund zeigt die typischen Anzeichen von Angst: hoch- und zusammengezogene Augenbrauen, gerunzelte Stirn, die oberen Augenlider sind emporgezogen, die unteren angespannt, der Mund steht offen, und die Lippen sind leicht angespannt.[5] Der Steine werfende Junge hat einen ähnlichen Gesichtsausdruck. Mut ist auch bei Angst mit im Spiel und bedeutet nicht einfach Abwesenheit von Angst. Die anderen Jungen ducken sich oder kauern und verraten in unterschiedlichem Maße Anspannung.

Was in einer Kampfsituation geschieht, ist immer von Anspannung und Angst geprägt: wie Gewalt ausgeübt wird – meistens inkompetent, wie schon erwähnt –, die Länge des Kampfes, die Tendenz, den drohenden Kampf zu vermeiden und Auswege zu finden, ihn zu beenden oder nicht daran teilnehmen zu müssen. Der Umgang mit Anspannung und Angst bestimmt auch, wann, in welchem Umfang und gegen wen Gewalt erfolgreich freigesetzt werden kann.

---

5 Ekman/Friesen, *Unmasking*, S. 63.

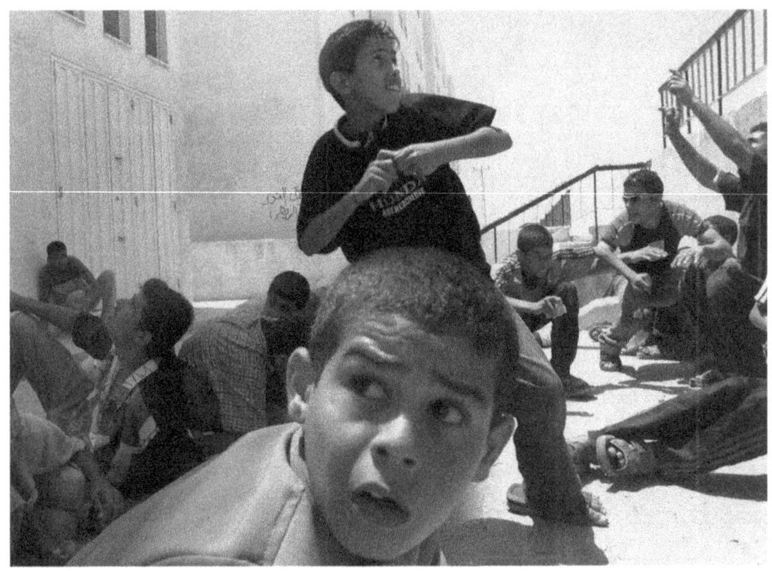

Abb. 2.4 Angst spiegelt sich in den Gesichtern und Körperhaltungen palästinensischer Jungen, von denen einige einen israelischen Panzer mit Steinen bewerfen (2002).
Reuters/Ahmed Jadallah

Anspannung, Angst und Nichterfüllung im militärischen Kampf

Die ausführlichsten Belege für Angst und ihre Auswirkungen wurden im Zusammenhang mit soldatischen Leistungen gesammelt. S. L. A. Marshall, offizieller Kriegsberichterstatter und Armeehistoriker der US-Armee 1943 im Zentralpazifik und 1944/45 in Europa, interviewte Truppenangehörige unmittelbar nach der Schlacht. Marshall stellte fest, dass normalerweise nur 15 Prozent der Frontsoldaten, höchstens 25 Prozent bei den kampffähigsten Einheiten, ihr Gewehr im Gefecht abgefeuert hatten.

> [Die] Infanteriekommandanten täten gut daran, damit zu rechnen, daß bei der Berührung mit dem Feinde nicht mehr als ein Viertel ihrer Leute wirklich kämpfen werden, es sei denn, sie würden durch beinahe überwältigende Umstände dazu gezwungen oder die untere Führung triebe sie unablässig an mit dem ganz speziellen Auftrag, das Feuer sei zu verstärken.

Die Schätzung von 25 Prozent gilt sogar für gut ausgebildete und kampferfahrene Truppen. Auch von diesen schießen 75 Prozent überhaupt nicht *oder halten mit dem Feuer* gegen den Feind und seine Werke *nicht durch*. Viele Menschen können der Gefahr ins Gesicht sehen, aber schießen wollen sie nicht.[6]

[Es] stellte sich heraus, daß während des ganzen Kampfes im Durchschnitt nicht mehr als 15 Prozent der Mannschaften auf die feindlichen Stellungen [...] gefeuert hatten [...] die Zahl [wuchs] nicht über 20 bis 25 Prozent des Totals aller Kämpfer im einzelnen Fall. [...] Die meisten der unter die Lupe genommenen Kämpfe hatten in einem Terrain und unter taktischen Bedingungen stattgefunden, die es mindestens 80 Prozent der Mannschaft möglich gemacht hätten zu schießen, und wo fast jeder früher oder später in günstige Schußdistanz zum Feinde kam. Kaum eines der Gefechte war eine belanglose Zufallsangelegenheit gewesen. Meistens handelte es sich um entscheidende lokale Aktionen, bei denen das Verhalten der Kompagnie einen entscheidenden Einfluß auf das Schicksal eines größeren Truppenkörpers hatte und wo die Einheit selbst in einer kritischen Situation war. In den meisten Fällen war die Kompagnie äußerst erfolgreich gewesen und nur in wenigen wurde sie durch das feindliche Feuer geschlagen und örtlich zum Rückzug gezwungen.[7]

In einer durchschnittlich gefechtsgewohnten Infanteriekompagnie betrug die Anzahl der Soldaten, die an einem mittelschweren Kampftag irgendeine Waffe gebrauchten, 15 Prozent des Bestandes. Bei besonders guten Kompagnien unter stärkstem Feinddruck ging die Zahl selten auf über 25 Prozent hinauf, berechnet auf den gesamten Mannschaftseinsatz vom Beginn bis zum Ende der Aktion. [...] Es ist ferner zu beachten, daß ein Soldat nicht nur dann zu den aktiven Kämpfern gezählt wurde, wenn er anhaltend oder längere Zeit feuerte. Jeder, der sein Gewehr, auch ohne zu zielen, ein- oder zweimal abschoß, oder der eine Handgranate ungefähr in der Richtung auf den Feind warf, wurde auf der aktiven Seite mitgezählt. [...] Gelände, taktische Lage, Art und Verhalten des Feindes, ja sogar die Genauigkeit seines Feuers hatten offenbar kaum einen Einfluß auf das Verhältnis von Schießenden zu Nichtschießenden. Auch Kampferfahrung in drei oder vier Unternehmungen ergab nicht, wie erwartet, einen grundlegenden Unterschied. – Die Untersuchungsergebnisse scheinen anzudeuten, daß irgendeine Konstante die obere Grenze bestimmt, die ihrerseits abhängig ist vom Charakter der Truppe oder vielleicht von unserem Unvermögen, diesen Charakter so zu verstehen, daß wir ihn richtig hätten beeinflussen können.[8]

---

6 Marshall, *Soldaten*, S. 52 (Hervorhebung von mir).
7 Ebenda, S. 56f.
8 Ebenda, S. 59f.

Die Anzahl der abgegebenen Schüsse erhöhte sich, wenn ein Unteroffizier direkt neben dem Infanteristen stand und ihm zu feuern befahl. »Aber der beste Unteroffizier«, so Marshall, »kann sich nicht allzu lange in der Schützenlinie hin und her bewegen und seine Leute mit Fußtritten behandeln, bis sie endlich schießen.« Nicht nur liefe er durch ständiges Herumgerenne Gefahr, selbst getötet zu werden, sondern würde wahrscheinlich selbst schießen, um den Feind zurückzuschlagen und damit »die wenigen, die wirklich mitmachen wollen, zu unterstützen und zu ermutigen«.[9]

Nach Marshalls Darstellung kämpft nur ein kleiner Teil der Truppen auf beiden Seiten wirklich. (Ich werde dies als SLAM-Effekt bezeichnen, nach Marshalls Spitznamen, der sich aus seinen Initialen zusammensetzt.) Aber selbst dieser Teil kämpft nicht notwendigerweise effektiv; die meisten Schüsse verfehlen ihr Ziel. Was machen die anderen? Sie sind in unterschiedlichem Ausmaß für die Gefechtssituation unbrauchbar. Von den amerikanischen Truppen, die 1900 während des Boxeraufstands in Peking einrückten, haben wir im Folgenden ein Musterbeispiel:

> Upham schilderte mit Genuß, wie ein chinesischer Soldat hinter einen Zaun flitzte »und auf uns feuerte, so schnell er laden konnte«. Ein Mann von der Vierzehnten Infanterie zeigte ihn Upham und brüllte: »›Da ist er! Erschieß ihn! Los!‹ Ich fragte ihn, warum er denn nicht selbst ein bißchen ballerte. Der Mann antwortete nicht, sondern hüpfte weiter auf und ab und schrie: ›Erschieß ihn!‹«[10]

Upham schoss und traf den chinesischen Soldaten mit dem dritten Schuss.

Manchmal laufen Soldaten davon. Dies erregt normalerweise Aufsehen und gilt als sehr unehrenhaft, außer ein ganzer Truppenteil zieht sich in Panik zurück. In diesem Fall werden die einzelnen Soldaten wahrscheinlich entschuldigt. Umfangreiche panische Rückzüge mögen Schlachten entscheiden, sie sind jedoch nicht die verbreitetste Form der Kampfunfähigkeit aus Angst. Allein davonzulaufen stempelt einen zum Feigling, andere Arten der Angst werden von den Kameraden im Allgemeinen verziehen. Indem sich alle Schande auf das Davonlaufen ohne die anderen als Sinnbild unehrenhafter Angst konzentriert, können andere Manifestationen der Angst weiterhin als ehrenhaft gelten oder werden zumindest nicht kommentiert.

---

9 Ebenda, S. 60.
10 Preston, *Rebellion*, S. 314.

Der Kontrollverlust über die Schließmuskeln ist beispielsweise nicht ungewöhnlich, das heißt, dass Soldaten sich die Hosen vollmachen.[11] Die amerikanischen Zahlen reichen im Zweiten Weltkrieg von fünf oder sechs Prozent der Männer bis zu 20 Prozent in einigen Kampfdivisionen. Solche Vorfälle werden auch für britische und deutsche Truppen beschrieben, ebenso für die US-Truppen in Vietnam. Es scheint sich auch nicht um eine vornehmlich moderne Zimperlichkeit zu handeln. Pizarros Soldaten machten ebenfalls in die Hose vor Angst, bevor sie den Inkaherrscher gefangen nahmen.[12] Krieg ist in verschiedenerlei Hinsicht ein schmutziges Geschäft. Andere physiologische Reaktionen sind heftiges Herzklopfen (von beinahe 70 Prozent aller Soldaten berichtet) sowie Zittern, kalter Schweiß, Schwächeanfälle und Erbrechen.

Manche Soldaten versuchen sich im Boden einzugraben, bedecken ihr Gesicht und den Kopf oder verkriechen sich unter Betttüchern und Schlafsäcken.[13] Ein solches Verhalten kann im Freien auftreten, mitten in einer wichtigen Gefechtsphase, wo keine Aussicht darauf besteht, vom Feind nicht entdeckt zu werden. Es handelt sich um lähmende Angst, und manchmal sind Truppen in diesem Zustand sogar unfähig, sich zu ergeben, geschweige denn zu kämpfen; sie werden getötet, wo sie sich gerade aufhalten. Auch dies ist kein Phänomen, das ausschließlich moderner westlicher Weichheit zuzuschreiben wäre. Deutsche, französische, japanische, amerikanische, argentinische, israelische und Vietcong-Soldaten sowie Kriegsteilnehmer mittelalterlicher und frühneuzeitlicher Schlachten haben sich bekanntermaßen so verhalten.[14]

Marshalls Zahlen, denen zufolge nur 15 bis 25 Prozent der amerikanischen Truppen im Zweiten Weltkrieg überhaupt geschossen haben, waren umstritten. Der Haupteinwand war methodischer Art: Marshall habe keine systematischen Interviews durchgeführt und nicht jeden Soldaten ausdrücklich gefragt, ob er geschossen habe.[15] Einige Kommandeure aus dem Zweiten Weltkrieg (normalerweise hochrangige) bezeichneten seine Zahlen als absurd, andere Veteranen stützten seine Folgerungen, dass Soldaten im Gefecht nicht schos-

---

11 Holmes, *Acts*, S. 205; Stouffer u.a., *American Soldier*, Bd. 2; Dollard, *Fear*; Grossman, *On Killing*, S. 69f.

12 Miller, *Mystery*, S. 302.

13 Holmes, *Acts*, S. 266–268.

14 Ebenda, S. 267.

15 Spiller, »S. L. A. Marshall«; Smoler, »Secret«.

sen.[16] Ein deutscher Offizier schrieb, es habe im Zweiten Weltkrieg in der deutschen Infanterie viele Soldaten gegeben, die nicht schossen, der Prozentsatz sei jedoch nicht bekannt.[17] Ein australischer Offizier stützte Marshalls zentrale These im Hinblick auf die deutsche Wehrmacht im Zweiten Weltkrieg und die britischen Commonwealth-Truppen in Korea; 40 bis 50 Prozent der Truppen in Korea hätten das Feuer womöglich nicht erwidert, wenn sie unter Beschuss gerieten.[18] Die britische Armee verglich Probeschießen unter Ausbildungsbedingungen mit den Ergebnissen im echten Gefecht. Ihr Befund deckte sich mit Marshalls Schätzung von 15 Prozent Schießbeteiligung.[19]

Die einzelnen Darstellungen lassen sich vielleicht unter einen Hut bringen, wenn man bedenkt, dass (a) unterschiedliche militärische Standpunkte der Beobachter zu Verzerrungen bei der Schilderung der militärischen Leistungen führen können; (b) wir genauer danach differenzieren sollten, wie oft und auf welche Weise Soldaten im Kampf schossen; (c) der Anteil derjenigen, die häufig schossen, derer, die gar nicht schossen, und derer dazwischen sich im Laufe der Geschichte je nach dem Stand der militärischen Organisation von Krieg zu Krieg änderte.

Wir können erwarten, dass höherrangige Offiziere dieses Problem wahrscheinlich als Letzte erkennen. In allen Organisationen sind die Personen an der Spitze diejenigen, die am wenigsten wissen, was auf der untersten Ebene, der des praktischen Handelns, vorgeht. Außerdem: Je höher der Rang, desto stärker identifiziert sich die Person mit den formalen Idealen der Organisation und desto eher wird sie die offizielle Rhetorik übernehmen. Frontsoldaten niedrigeren Ranges haben eine andere Sichtweise. Der Gegensatz zwischen genauer Beobachtung dessen, was sich in jeder einzelnen Mikrosituation abspielt, und summarischen Darstellungen, die sich an der idealtypischen Leistung orientieren, ist ein weiterer Grund für Verzerrungen. Summarische Berichte werden eher zugunsten eines vorteilhaften Bildes ausfallen, und wir gehen davon aus, dass diese Tendenz zunimmt, je weiter die Erinnerung an das Kampferlebnis zurückliegt. In dieser Hinsicht liefert die SLAM-Methode, die ganze Kampfgruppe unmittelbar nach dem Gefecht zu interviewen und jeden zu fragen, was er getan und beobachtet

---

16 Moore, »Shoot, Soldier«; Kelly, »Shoot, Soldier, Shoot«; Glenn, »Introduction«, S. 5f., und *Reading*, S. 1f. und S. 134–136.

17 Kissel, »Panic«.

18 Langtry, »Tactical Implications«.

19 Rowland, »Assessments«.

hat, noch immer die besten Daten.[20] Besonders hilfreich war Marshalls Vorgehen, alle Soldaten in einer Art Testgruppe zusammenzubringen und sie ohne Rücksicht auf ihren Rang auszufragen, bis eine vollständige und in sich stimmige Rekonstruktion erstellt war.

Wie wir bereits gesehen haben, schränkt Marshall seine Zahlen in mancher Hinsicht ein und weist etwa darauf hin, dass der Prozentsatz unter gewissen Umständen kurzzeitig über 25 Prozent liegt. Es ist offensichtlich, dass Marshall keine statistische Beweisführung vorlegt, sondern sein Urteil zusammenfasst, das auf der im Laufe zweier Jahre vorgenommenen Befragung von Kampfteilnehmern aus rund 400 Infanteriekompanien aus verschiedenen Kriegsgebieten fußte: dass die große Mehrheit der Kampfsoldaten wenig oder gar nicht geschossen habe.

Marshalls Einschätzung, so ungenau sie mitunter auch ausgefallen sein mag, beruht auf seinen detaillierten Beschreibungen einzelner Gefechte. Ein Beispiel betrifft ein Bataillon (bei voller Mannschaftsstärke sind das etwa 600 bis 1000 Mann), das sich im November 1943 gegen einen Nachtangriff japanischer Truppen auf den Gilbertinseln verteidigte. Der japanische Angriff wurde unter hohen Verlusten zurückgeschlagen. »Die meisten Verluste entstanden im Nahkampf auf eine Distanz von weniger als zehn Metern. [...] Jede Feuerstellung war von toten Feinden umringt.« Auf amerikanischer Seite »wurde etwa die Hälfte der Besatzung der vorderen Schützengräben entweder getötet oder verwundet«. Marshall fasst seine Befunde folgendermaßen zusammen:

> Wir begannen nun eine Untersuchung, um festzustellen, wie viele Personen mit ihren Waffen gekämpft hatten. Es war eine sehr genaue Untersuchung, Mann für Mann, Waffentrupp um Waffentrupp, wobei jeder genau befragt wurde, was er getan habe.

---

20 Marshall, *Island Victory*, S. 1. Marshalls Methode umfassender Berichte aus erster Hand lief nicht auf die dezidierte Frage hinaus: »Hast du mit deinem Gewehr geschossen oder nicht?« Marshalls Schätzung von 15 bis 25 Prozent geht auf die Soldaten zurück, die in den Interviews darauf bestanden, den Hauptanteil der Kampfaktivitäten bestritten zu haben. Er beschäftigte sich mit dem oberen Ende der Verteilung, nicht mit dem unteren. Es wird daher aus seinem Bericht nicht ersichtlich, ob die verbleibenden 75 bis 85 Prozent ausnahmslos in Angst und Untätigkeit verharrten. Er selbst stellte fest, dass sie häufig etwas unternahmen, um die tüchtigsten Schützen zu unterstützen. Nach Marshalls Kriterien haben manche von ihnen auch gelegentlich geschossen. Weiter unten werde ich Glenns in »Reading« vorgelegte Daten aus Vietnam ebenso wie meine eigenen Analysen von Gefechtsfotografien für eine nuanciertere Rekonstruktion heranziehen.

> Ohne Berücksichtigung der Toten fanden wir nur 36 Mann, die überhaupt mit irgendeiner Waffe auf den Feind geschossen hatten. Es waren meist die an den schweren Waffen. Die wirklich aktiven Schützen hatten gewöhnlich in kleinen Gruppen zusammengearbeitet. Einzelne Soldaten in direkt angegriffenen Stellungen schossen überhaupt nicht, nicht einmal, wenn ihre Stellung überrannt wurde.[21]

Das ist ein bemerkenswert kleiner Prozentsatz: 36 Mann (derer, die am Ende noch lebten) von insgesamt mindestens 600 hatten gekämpft. Auch wenn sich in den vorn an der Front gelegenen Schützenlöchern nur zwei Kompanien befanden und die Hälfte von ihnen getötet oder kampfunfähig wurde, beträgt das Schießverhältnis 36 zu 200 oder 18 Prozent.[22]

Marschalls Ergebnis, die Leistungen der Soldaten seien sowohl qualitativ als auch quantitativ vorwiegend unzureichend gewesen, wird von den wichtigsten Militärwissenschaftlern gestützt. Der erste, der das Verhalten im Gefecht untersuchte, war der französische Oberst Charles Ardant du Picq.[23] Er verteilte in den 1860er Jahren Fragebogen an Offiziere des französischen Heeres, und diese berichteten, dass die Soldaten wild in die Luft zu feuern pflegten. Der Historiker John Keegan, führend im Gebiet der modernen Rekonstruktion des tatsächlichen Kampfgeschehens, beschrieb die Gefechtszone als Ort des Schreckens und nicht des heroischen Angriffs. Das gilt für mittelalterliche Schlachten ebenso wie für die napoleonischen Kriege und den Ersten Weltkrieg. In den dicht gedrängten Kampfverbänden des 18. und frühen 19. Jahrhunderts wurden normalerweise direkt hinter die Schützenlinien Unteroffiziere postiert, die häufig ihre Degenspitzen auf den Rücken der Soldaten richteten, damit diese ihre Positionen hielten.[24] In den Weltkriegen verfügten alle größeren Armeen über eine Feldpolizei, für die die stärksten und imposantesten Männer rekrutiert wurden; sie hatten zu verhindern, dass die Soldaten von der Front da-

21 Marshall, *Soldaten*, S. 58f.

22 In der entscheidenden Ardennenoffensive (*Battle of the Bulge*) im Dezember 1944 beschreibt Marshall ein Bataillon, bei dem die Schießrate »bei 25 bis 30 Prozent stehen[blieb]. Aber auch so war die Feuerkraft des Bataillons mindestens gleich groß wie bei jeder anderen mir bekannten Truppe.« Marshall lobt diese Einheit, die alle Kämpfe gewann, mit folgenden Worten: »Ich glaube nicht, daß es je eine tüchtiger kämpfende Truppe in der amerikanischen Armee gegeben hat« (*Soldaten*, S. 76 und S. 75).

23 Ardant du Picq, *Battle Studies*.

24 Keegan, *Antlitz*, S. 154–166, S. 207f., S. 210, S. 213 und S. 329f.

vonliefen. Unter den Zaren setzte das russische Heer zu diesem Zweck berittene Kosaken ein, die damit zu einer Zeit, als der Einsatz von Pferden gegen moderne Schusswaffen längst anachronistisch geworden war, eine neue Aufgabe erhielten. Im Dreißigjährigen Krieg (1618–1648) hatte ein General einen ähnlichen Einsatz der Kavallerie befürwortet und außerdem vorgeschlagen, die Männer von den eigenen Rückzugslinien abzuschneiden, um Feiglingen keine Wahl zu lassen, sowie Truppen abzukommandieren, die auf zurückweichende Soldaten schießen sollten.[25] Patrick Griffith macht für den Amerikanischen Bürgerkrieg eine ähnliche Allgegenwart von Angst und Schießunfähigkeit aus.[26] Richard Holmes und Dave Grossman dokumentieren dies ausführlich für die Kriege des 20. Jahrhunderts und bestätigen Marshalls Position, nachdem sie die gegenteilige Beweisführung einer Prüfung unterzogen hatten. Gwynne Dyer schätzte das Schießaufkommen im japanischen und deutschen Heer ungefähr gleich hoch wie bei den Alliierten ein und schloss daraus, dass die Zahl derer, die nicht schossen, in allen Armeen ähnlich gewesen sei.[27]

In welchem Maße ist diese Angst vor dem Kampf frisch ausgehobenen Truppen zuzuschreiben, die das militärische Leben nicht gewohnt waren, oder dem Schock der ersten Kampfererlebnisse? Ulysses S. Grant beschreibt den ersten Tag der Schlacht von Shiloh im April 1862, als unerfahrene Truppen, die gerade erst im Kampfgebiet angekommen waren und Waffen erhalten hatten, unter dem Angriff der Konföderierten einbrachen und in Panik die Flucht ergriffen.[28] Um die vier- bis fünftausend Soldaten (im Ganzen rund eine Division der fünf Divisionen, die ursprünglich auf Seiten der Union eingesetzt waren) kauerten schließlich an einem Flussufer, das hinter den Stellungen der Föderierten lag. Grant bemerkt, er habe ungefähr ein Dutzend Offiziere wegen Feigheit eingesperrt.

Dennoch ist der Unterschied zwischen »grünen« Soldaten und »kampferprobten Frontkämpfern« nicht groß. Untersuchungen über Soldaten der Alliierten im Zweiten Weltkrieg zeigen, dass diese ihre größten Leistungen nach etwa zehn bis 30 Tagen Kampferfahrung erbrachten. Standen sie danach weiterhin im Kampfgeschehen, wurden sie nervös und hyperaktiv, und nach 50 Tagen erreichten sie einen

---

25 Miller, *Mystery*, S. 131.
26 Griffith, *Battle Tactics*.
27 Holmes, *Acts*; Grossman, *On Killing*; Dyer, *War*.
28 Grant, *Memoiren*, S. 296–304.

Zustand emotionaler Erschöpfung.[29] Die Empfehlung lautete, mit Erholungspausen abseits des Kampfgeschehens könnte das untaugliche Verhalten »um 200 bis 400 Gesamtkampftage« aufgeschoben werden.[30] Auch Offiziere erlitten nach etwa einem Jahr im Krieg einen Leistungseinbruch, selbst wenn sie Anzeichen von Angst unterdrückten (oder vielleicht gerade deshalb); zu den Symptomen gehörten Passivität, Reaktionsmüdigkeit, Apathie und Drückebergerei.[31] Die Auswirkungen des Kampfes sind nicht nur im »härter werden« zu suchen, sondern auch im »weicher werden« durch psychische und physische Belastung. Dies bestätigte sich bei britischen Divisionen im Feldzug in der Normandie 1944, wo kampferprobte Einheiten viel schwächere Leistungen erbrachten als jene, die noch nie gekämpft hatten.[32]

Tatsächlich können »abgehärtete« Truppen, die lang im Kampf standen, in ihrer Kampfunwilligkeit zu extremen Maßnahmen greifen. Meutereien brechen in Feldzügen zu einem späten Zeitpunkt und unter altgedienten Kampftruppen aus. Keegan bietet eine allgemein gehaltene Erklärung an: Wenn eine Armee 100 Prozent Verluste aufweist, das heißt, wenn jeder der ursprünglichen Truppe entweder getötet oder schwer verwundet wurde und es deutlich wird, dass jeder ersetzt werden kann, betrachten sich die Soldaten als so gut wie tot und weigern sich, weiterzukämpfen.[33] Meutereien gab es im Ersten Weltkrieg in allen Armeen, die lange in Kampfhandlungen verwickelt waren oder große Verluste hinnehmen mussten: bei den Franzosen im Mai und Juli 1917, bei den Russen im Juli und September 1917, bei den Italienern im November 1917, bei den Briten im September 1917 und März 1918, bei den Österreichern und Ungarn im Mai 1918. Als Letzte meuterten im Oktober 1918 die Deutschen, obwohl sie über weite Strecken des Krieges durch Siege gestärkt worden waren. Die amerikanische Armee bildete die wichtigste Ausnahme, aber sie befand sich weniger als sechs Monate lang in nennenswertem Umfang im Kampfgeschehen.[34]

29 Swank/Marchand, »Combat Neuroses«; Holmes, *Acts*, S. 214–222.

30 Holmes, *Acts*, S. 215.

31 Diese Zahlen betreffen schwere anhaltende Kampfhandlungen im Zweiten Weltkrieg und Schätzungen für den Grabenkrieg im Ersten Weltkrieg. In vielen anderen Kriegen mag die im Kampf verbrachte Zeit mehr Unterbrechungen mit sich gebracht haben (Holmes, *Acts*, S. 75f.).

32 Ebenda, S. 222.

33 Keegan, *Antlitz*, S. 320–323.

34 Gilbert, *First World War*, S. 319, S. 324–343, S. 349, S. 355, S. 360, S. 397, S. 421f., S. 481–485 und S. 493–498.

Die Auswirkungen von Anspannung und Angst im Kampf variieren im Lauf der Geschichte und hängen davon ab, was Armeen unternehmen, um die Angst unter Kontrolle zu halten. Marshalls Schätzung, dass eine Minderheit der Kämpfer – etwa ein Viertel des Truppenbestands – tatsächlich die Gewehre abfeuert, trifft für die Weltkriege des 20. Jahrhunderts und für ähnliche Kriege im 19. Jahrhundert zu. Doch im Koreakrieg stieg die geschätzte Schießquote der amerikanischen Truppen (von Marshall selbst dokumentiert) auf 55 Prozent, und im Vietnamkrieg erreichte sie, zumindest bei den besten Truppen, 80 bis 95 Prozent.[35] Armeen haben im Laufe der Jahre ihre Kampforganisation sowie die Ausbildung und Rekrutierung geändert. Frühere Linienformationen massierter Infanterieverbände, die gemeinsam in Reih und Glied feuerten, wiesen zwar hohe Schießraten auf, standen aber vor dem gegenteiligen Problem: Es wurden zu viele Schüsse mit einer geringen Trefferquote abgegeben, und viele Verluste entstanden durch Beschuss der eigenen Truppen (*friendly fire*). Die offenen Gefechtsformationen in den Kriegen des 20. Jahrhunderts, dazu bestimmt, dem Maschinengewehrfeuer möglichst wenig Ziele zu bieten, beseitigten die straffe organisatorische Kontrolle und ließen die Soldaten so weit wie möglich selbstständig auf dem Schlachtfeld agieren. Dies machte sie äußerst anfällig für Konfrontationsanspannung und -angst, ohne dass diese durch einen starken sozialen Rückhalt ausgeglichen werden konnten. Ausgehend von Marshalls Befunden überdachte die US-Armee das Problem nach dem Koreakrieg und gestaltete Ausbildung und Kampforganisation neu, indem sie die Schießausbildung verbesserte und den sozialen Zusammenhalt in den Kampfeinheiten stärkte – einer der seltenen Fälle, in denen sozialwissenschaftliche Erkenntnisse als Grundlage für soziale Veränderung genutzt wurden. Die traditionellen Schießstandübungen wurden durch realistische Kampfsituationen ersetzt, in denen Soldaten dazu erzogen werden, automatisch auf plötzlich auftauchende Ziele zu feuern.[36] Auch die Art der Rekrutierung hat Auswirkungen: Die Feuerleistung der Armeen, die aus Wehrpflichtigen bestanden, war schlechter als jene der Freiwilligenarmeen.[37] Die von SLAM beobachteten Soldaten aus dem Zweiten Weltkrieg waren daher wahr-

---

35 Grossman, *On Killing*, S. 35; Glenn, »Introduction«, S. 4 und S. 212f.
36 Grossman, *On Killing*, S. 257–260.
37 Dies wird aus Glenn, »Introduction«, ersichtlich.

scheinlich in allen Belangen diejenigen mit der schlechtesten Kampfleistung überhaupt.

Die Folgen dieser veränderten Ausbildungsmethoden – wie auch ihre Grenzen – können bei Glenns Befragung von Vietnamkriegsveteranen nachgelesen werden.[38] Nur drei Prozent der Truppen berichteten, sie hätten bei einer Kampfhandlung, bei der sie hätten schießen sollen, nicht geschossen. Mit anderen Worten: Die Schießquote belief sich nach ihren eigenen Angaben auf 97 Prozent. Wurden sie jedoch gefragt, ob sie einen anderen Soldaten gesehen hätten, der unter diesen Umständen nicht schoss, sagten mehr als 50 Prozent, sie hätten so etwas mindestens einmal gesehen. 80 Prozent der Männer nannten Angst als Grund für dieses Verhalten.

Wir haben nun einige Zahlen: 97 Prozent, den Selbstangaben zufolge (eine durch Selbstgefälligkeit gefärbte Angabe); 50 Prozent, die nach der Beobachtung anderer gelegentlich nicht schießen; 83 Prozent, die laut Schätzung anderer Soldaten schießen, wenn es nötig ist. Sind diese Zahlen zu hoch? Die Befragungen sind wahrscheinlich in einigen Hinsichten verzerrt: Sie wurden retrospektiv – 15 bis 22 Jahre nach dem Kampfgeschehen – erhoben, und spezielle Situationen wurden zu einer allgemeinen Erinnerung zusammengefasst. In der Stichprobe gibt es eine positive Verzerrung zugunsten höherer Dienstränge, was zu einem idealisierten Bild führen mag. Und sie wurde zugunsten entschlossener, kampffreudiger Truppen gewichtet und ist daher eher eine Stichprobe der besten, nicht der Durchschnittskämpfer.[39]

Glenns Daten können, ausgehend von den Angaben der Soldaten, auf die Verteilung des Schießverhaltens hin nachberechnet werden.[40]

---

38 Glenn, *Reading*, S. 37–39 und S. 159–161.

39 Glenns Daten enthalten zwei repräsentative Stichproben: Infanterietruppen sowie Offiziere auf Zugführerebene und Kompaniekommandanten. Aus der Infanterie-Stichprobe beantworteten 52 Prozent den Fragebogen, aus dem Offiziers-Sample 70 Prozent. Die Antwortenden aus der Infanterie waren ungefähr zur Hälfte Unteroffiziere oder Offiziere, nur zu 30 Prozent Kampfschützen oder andere Soldaten an der Waffe. Mehr als die Hälfte der Infanterie-Stichprobe waren Freiwillige, nicht Wehrpflichtige (obwohl die Kampftruppen in Vietnam im Allgemeinen stark auf Wehrpflichtige zurückgriffen). Praktisch alle Soldaten, die in Vietnam zusätzliche Einsätze über die einjährige Rotation abgeleistet hatten – ungefähr ein Fünftel derer, die auf die Umfrage antworteten –, hatten sich freiwillig gemeldet (Glenn, *Reading*, S. 7). Freiwillige hatten nach eigener Angabe höhere Schießquoten als Einberufene. Von den Freiwilligen gehörten 57 Prozent zu denen, die viel schossen, von den Wehrpflichtigen waren es 41 Prozent (berechnet nach ebenda, S. 164).

40 Ebenda, S. 162f.

Relativ wenige berichteten, sie hätten ihre Gewehre selten abgefeuert (zwischen 0 und 15 Prozent der Zeit, die sie sich in lebensbedrohlichem Feindkontakt befanden). Die Angaben der Befragten, ob sie im Grunde immer (in 85 bis 100 Prozent solcher Situationen) oder manchmal geschossen hätten und manchmal nicht, variieren jedoch beträchtlich.

Die Gruppe der häufig Schießenden macht etwa 40 Prozent der gewöhnlichen Kampftruppen aus. Das übertrifft Marshalls Zahlen aus dem Zweiten Weltkrieg; die verbesserten Ausbildungs- und Organisationsmethoden zeigten Wirkung. Kampfoffiziere – Gruppen- und Zugführer – wiesen eine höhere Quote auf (52 Prozent), was in Einklang mit den Umfrageergebnissen aus dem Koreakrieg steht, dass die Angriffslust der Mannschaften vom Rang abhängt.[41] Diejenigen, die als Besatzung Waffen bedienten (Hubschrauberbesatzungen und Maschinengewehrtrupps), waren am ehesten in der Gruppe der häufig Schießenden zu finden (76–84 Prozent), was wiederum mit Marshalls Beobachtungen übereinstimmt. Schließlich können wir jene Truppen als Vergleichsgruppe heranziehen, die nicht speziell für den Einsatz an Gefechtswaffen eingesetzt wurden, wie Verwaltungs- und andere Hilfsdiensttruppen, aber unter Beschuss gerieten und über Waffen zur Erwiderung des Feuers verfügten. Ihre Angaben entsprachen weit eher den SLAM-Schätzungen: 23 Prozent schossen häufig, wenn sich die Gelegenheit ergab. Dies wirft auch ein Licht darauf, wie sich die relativ selten Schießenden bei SLAM wahrscheinlich verteilten: Ungefähr ein Viertel schoss so gut wie gar nicht und fand einen Weg, den Kampf ganz zu vermeiden; die andere Hälfte machte gelegentlich mit. Alles in allem hat man den Eindruck, dass, ausgenommen die Besatzungen an Spezialwaffen, die nahezu ausschließlich häufig schossen, fast die Hälfte der Soldaten zu dieser mittleren Gruppe gehörte, die manchmal mitmachte und manchmal nicht. In Anbetracht der gezielten Bemühungen, die Schießquote in der Armee nach der SLAM-Ära bei der Ausbildungs- und Kampforganisation zu steigern, ist es bemerkenswert, dass immer noch ein großer Unterschied zwischen einer sehr angriffslustigen Elite und der Masse der gewöhnlichen Soldaten besteht. In dieser Hinsicht gleichen sie Fabrik- und anderen Handarbeitern: Die meisten tun gerade so-

41 Ebenda, S. 140.

Tabelle 2.1
Schießquote bei lebensbedrohlichen Feindkontakten

	geschossen			
	selten	manchmal	fast immer	Anzahl
Soldaten ohne Kampfauftrag[a]	23 %	54 %	23 %	43
Einfache Soldaten mit Kampfauftrag	12 %	48 %	40 %	73
Unteroffiziere	4 %	42 %	52 %	69
Hubschrauberbesatzungen	10 %	14 %	76 %	28
Maschinengewehrtrupps	0 %	14 %	86 %	7
Infanterie gesamt	9 %	45 %	46 %	181[b]

[a] Soldaten mit Verwaltungsfunktionen, aus Artillerie-, Pionier- und anderen Einheiten, deren Kampfaufgabe nicht im Einsatz an der Waffe zum direkten Feindbeschuss bestand, die aber dennoch mit dem Feind in Berührung kamen und über Kleinwaffen verfügten.

[b] Diese Zeile ist nach Glenn berechnet und lässt Artillerie, Luftwaffe, Verwaltung und andere außen vor;[42] es handelt sich also nicht um die Summe aus den davor genannten Kategorien.

viel, dass es aussieht, als werde die durchschnittliche Arbeitsleistung eingehalten.[43]

Eine Alternative zur Soldatenbefragung besteht in der Verwendung von Fotografien, mit deren Hilfe wir auszählen können, wie viele Soldaten schießen.[44]

---

42 Ebenda, S. 162.

43 Roy, »Quota Restriction«.

44 Das ist nicht unproblematisch. Was als Kriegsfotografie vorliegt, zeigt zum größten Teil nicht Soldaten, die dem Feind im Moment der Gewaltausübung gegenüberstehen. In elf Sammlungen von Kriegsfotografien oder illustrierten Kriegsgeschichten variiert die Anzahl der Fotos, die Truppen im Kampf zeigen, zwischen 5 und 44 Prozent, mit einem Mittel von 22 Prozent. Wir bezeichnen diese Kategorie mit (A), aber Kriegsfotos zeigen häufiger (B) Soldaten in Erwartung der Schlacht oder Soldaten, die ins Kampfgebiet einrücken oder verwundet und tot nach der Schlacht zurückbleiben; (C) Soldaten hinter dem Operationsgebiet, ob zu Fuß oder in Versorgungsfahrzeugen auf der Straße oder im Krankenhaus oder Gefangenenlager; (D) militärisches und politisches Spitzenpersonal sowie Rekrutierungs- und Ausbildungsszenen. Die Grenze zwischen (A) und (B) ist nicht immer eindeutig zu ziehen, etwa wenn

Tabelle 2.2
Prozentsatz der Soldaten, die auf Kampffotos schießen

	auf allen Fotos	Anzahl Soldaten auf Fotos	Fotos mit mind. einem Schützen	Anzahl der Fotos
Vietnam	18 %	342	46 %	133
andere Kriege im 20. Jh.	7–13 %[a]	338–640[a]	31 %	146
Irak	8–14 %[b]	63–103[b]	28–50 %[b]	10–50[b]

[a] Ein Foto zeigt einen russischen Infanterieangriff im Ersten Weltkrieg, bei dem im gesamten Bataillon von 300 Mann niemand zu schießen scheint. Der höhere Prozentsatz beruht auf dem Ausschluss dieses Fotos.
[b] Ein Foto zeigt einen Zug von 40 Mann des Marine Corps in dichter Feuerlinie. Meine Schätzung zur Anzahl der Schießenden kann ungenau sein. Lässt man dieses Foto außer Acht, gelten in der Irak-Zeile jeweils die niedrigeren Zahlen.

Soldaten auf Patrouille sind. Und einige Kampffotos zeigen das Kriegsgeschehen aus der Ferne: Flugzeuge, die Bomben abwerfen, oder Artilleriefeuer. Ich beschränke meine Analyse auf Kategorie (A) und grenze sie weiter auf Infanteristen ein, die mit leichten Waffen, inklusive Maschinengewehren und tragbaren Raketen (manchmal auch mit Messern, Macheten und Steinen), bewaffnet sind. Die Fotos sind zu drei Sammlungen geordnet: Eine umfangreiche betrifft Vietnam (in keinem Krieg wurde mehr fotografiert) – 104 Fotos (Daugherty/Mattson, *Nam*); in der zweiten sind alle anderen Kriegsfotos des 20. Jahrhunderts zusammengefasst – 72 Fotos (Arnold-Forster, *World at War*; Beevor, *Der Spanische Bürgerkrieg*; Bowden, *Black Hawk*; Gilbert, *First World War*; Holmes, *Acts*; Howe, *Shooting*; Keegan, *Antlitz*, *Kultur*; Marinovich/Silva, *Bang-Bang Club*); in der dritten befinden sich Fotos aus der Phase des konventionellen Kriegs im Irak 2003 – 17 Fotos (Murray/Scales, *Iraq War*). Da nicht immer klar ist, ob ein bestimmter Soldat schießt oder nicht, habe ich dies im Zweifel angenommen und gehe vom höchsten Prozentsatz aus. Jede Fotosammlung ist in *alle Fotos* und solche unterteilt, auf denen *zumindest ein Kombattant schießt* (oder eine Waffe benutzt). Die letzte Kategorie stellt sicher, dass es tatsächlich möglich ist zu schießen (oder eine andere Waffe zu benutzen), was die größte Aussicht bietet, dass auch andere Soldaten schießen.
Es ist natürlich möglich, dass Soldaten gerade in dem Augenblick, wenn das Foto gemacht wird, nicht schießen, wohl aber ein andermal. Siehe dazu jedoch meine Behandlung einer ähnlichen Frage in Kapitel 11 bezüglich der relativ geringen Zahl von Mitwirkenden auf Fotos von Unruhen. In Kampfverbände eingebundene Reporter und Fernsehkameraleute zeigten 2003 im Irak zwar vornehmlich Militärfahrzeuge, die durch die Wüste fuhren; die gelegentlichen Schnipsel über das Verhalten unter Beschuss widersprechen dem SLAM-Muster jedoch nicht. Letztlich mag die Möglichkeit bestehen, Videoaufnahmen unbemannter Kampfdrohnen (UAVs) für fortlaufende Daten über die Verhaltensweisen von Soldaten im Kampfgeschehen zu nutzen, wie man es bezüglich Polizisten dank in Streifenwagen installierter Kameras heute schon tut.

Das fotografische Material stützt im Allgemeinen das Gesamtbild vom relativ schießunwilligen Soldaten. Nimmt man alle Fotos zusammen, stellen wir fest, dass die Schießquoten sich auf dem SLAM-Niveau bewegen, also zwischen 13 bis 18 Prozent liegen (und womöglich sogar nur bei 7 bis 8 Prozent, wenn wir davon ausgehen, dass einzelne Fotos von vielen Soldaten den Durchschnitt verzerren). Legen wir strengere Maßstäbe an – dass zumindest eine Person auf dem Foto schießt –, erhalten wir Spitzenwerte von 46 bis 50 Prozent. Dies gilt für die amerikanischen Truppen in Vietnam und im Irak nach Anwendung neuer Ausbildungsmethoden. Bei Truppen anderer Nationen aus früheren Jahren und bei Paramilitärs der letzten Jahre ist die Quote niedriger, bewegt sich aber immer noch am oberen Ende der SLAM-Skala. Alles in allem liegt der Spitzenwert immer noch bei etwa der Hälfte der Soldaten oder darunter. Marshall hatte also nicht so unrecht. Und dem Einfluss der militärischen Organisation scheinen auf diesem Gebiet Grenzen gesetzt zu sein.

Mit dem Problem von Anspannung und Angst muss sich jede Kampforganisation auseinandersetzen. Die Beschaffenheit der Organisation und ihre Leistungsfähigkeit bemessen sich daran, welche Verfahren sie dazu anwendet. Eine Methode besteht darin, dem Soldaten die Eigeninitiative zu nehmen, indem man Truppen in Massenformationen zu konzertierten Aktionen aufmarschieren lässt. Im Westen waren solche Massenformationen zunächst im antiken Mittelmeerraum als Phalanx aus Speer- oder Spießkämpfern gebräuchlich. Im späten Mittelalter und in der frühen Neuzeit wurden solche Spießformationen in Europa wiederaufgegriffen und bis zum 17. Jahrhundert, als die Verwendung des Schießpulvers aufkam, beibehalten. Die Phalanx war normalerweise den undisziplinierten Truppeneinheiten überlegen, die auf dem Mut und der Tapferkeit des heldenhaften Einzelkämpfers beruhen, der wie in *Dead Birds* aus der Gruppe seiner Mitkämpfer nach vorn stürmt. Römische Legionen schlugen in der Regel größere Heere der Gallier und der Germanen.[45] Dies war nicht nur der größeren Disziplin in der Phalanx zu verdanken, die Vertrauen schuf und einen starken Schutz bot, sondern auch der Tatsa-

45 McNeill, *Keeping Together*; Speidel, »Berserks«. Wenn römische Heere hingegen von den Germanen geschlagen wurden, dann gewöhnlich deshalb, weil sie in dicht bewaldetem Gebiet marschierten, wo ihre Formation aufgebrochen wurde, wie etwa in der berühmten Varusschlacht im Teutoburger Wald im Jahr 9 n. Chr.

che, dass die ihnen entgegentretenden Berserker oder anderen individuellen Helden nur jeweils einen geringen Anteil der Stammeskrieger ausmachten. Unter Berücksichtigung der SLAM-Quoten waren die angriffslustigen Kämpfer der Stammestruppen den Römern, die von ihren Waffen tatsächlich Gebrauch machten, zahlenmäßig unterlegen. Wie Marshall, William McNeill und andere festgestellt haben, machen aufeinander eingespielte Gruppen am ehesten von der Waffe Gebrauch, zumal dann, wenn die Kampfgeräte von der Gruppe gemeinsam eingesetzt werden. Der Anteil derer, die in den römischen Kampfformationen ihre Speere oder Schwerter tatsächlich benutzten, musste nicht besonders hoch sein, um eine typische Stammesarmee auszustechen.

Wenn Phalanx gegen Phalanx kämpfte (etwa in den Kriegen der griechischen Stadtstaaten oder in den Punischen Kriegen und in den Bürgerkriegen), hielten sich Anspannung und Angst auf beiden Seiten ungefähr die Waage. Antike Autoren beobachteten, dass die Phalanx tendenziell nach rechts strebte, weil jeder zunehmend Schutz hinter dem Schild des Mannes auf der rechten Seite suchte.[46] Bei der Phalanx ging es vorrangig darum, die Männer im Glied zu halten und am Davonlaufen zu hindern; bei den Schlachten schoben die Formationen einander hin und her, wobei relativ wenig Schaden entstand, es sei denn, eine Seite gab ihre Aufstellung auf. Selbst dann war es in den Kriegen zwischen griechischen Stadtstaaten nicht üblich, eine aufgebrochene und fliehende Phalanx zu verfolgen, so dass sich die Verluste im Allgemeinen schlimmstenfalls auf höchstens 15 Prozent beliefen.[47]

Vom 17. Jahrhundert bis zur Mitte des 19. Jahrhunderts setzten die europäischen Armeen auf Exerzierformationen. Zum einen diente dies dazu, durch massenhaften Drill das Wiederladen der Schusswaffen, das nach jedem Schuss notwendig wurde, zu beschleunigen; zum anderen wollte man durch gemeinsames Feuern auf Kommando Verluste durch Eigenbeschuss vermeiden und zum dritten angesichts der relativ geringen Treffgsicherheit die Wirkung der Schüsse durch gleichzeitig abgegebene Salven erhöhen. Wie schon erwähnt, hatten Exerzierformationen den organisatorischen Vorteil, dass sie die Soldaten am Davonlaufen hinderten. Und als Disziplinierungsmaßnahme waren sie zu einer Zeit, als die Heere immer größer wurden,

46 Thukydides, Buch 5, Abs. 71.
47 Keegan, *Kultur*, S. 362–364.

für die Offiziere zweifelsohne praktisch. Hatten im Mittelalter noch einige tausend Mann an den Schlachten teilgenommen, so waren es in den napoleonischen Kriegen mehrere hunderttausend. Aber die Schießquote in Exerzierformationen war alles andere als großartig. Nehmen wir den Amerikanischen Bürgerkrieg: 90 Prozent der nach der Schlacht von Gettysburg eingesammelten Vorderladermusketen waren noch geladen, die Hälfte davon sogar mit zwei oder mehr Ladungen hintereinander im Flintenlauf.[48] Dies besagt, dass mindestens die Hälfte der Soldaten in dem Moment, als sie getroffen wurden oder ihre Flinte wegwarfen, zwar wiederholt nachgeladen, aber nicht geschossen hatte. Wie wir noch sehen werden, verursachen in Massenformationen aufmarschierende Truppen keine hohen Verluste, weil entweder gar nicht oder ungenau geschossen wird.

In Exerzierformationen geschlagene Schlachten kamen um die Mitte des 19. Jahrhunderts aus der Mode, als Hinterlader und später Maschinengewehre eine weit höhere Feuergeschwindigkeit auf dem Schlachtfeld erlaubten und die Massenformationen der Infanterie allzu verwundbare Ziele abgaben. Diese Formationen hatten gerade deshalb länger als zweihundert Jahre überlebt, weil sie nicht so gefährlich füreinander waren. Schlachten wurden nun in loser Formation geschlagen, die Soldaten bewegten sich in einer langen Reihe, vermieden Haufenbildung und suchten auf eigene Initiative Deckung. Dennoch wurde das Exerzieren weiterhin sowohl bei der militärischen Ausbildung als auch außerhalb des Kampfgeschehens, an der Heimatfront und im militärischen Leben in Friedenszeiten, eingesetzt. Die Begründung lautet, dass es sich dabei um ein notwendiges Mittel zur Herstellung der Disziplin, des automatischen Gehorsams gegenüber der Autorität, handele, was den Soldaten in die Lage versetze, unter Kampfbelastung die größtmögliche Leistung zu erbringen. Daraus mag man sogar in einer Zeit, in der man, angeregt durch den SLAM-Effekt, verstärkt über die Angst vor dem Kampf und niedrige Schießquoten nachdenkt, ableiten, dass das Exerzieren insbesondere den von Marshall und anderen aufgezeigten Motivationsproblemen entgegenwirken könne. Roboterhafter Gehorsam führt jedoch nicht unbedingt zu einem effektiven Gebrauch der Schusswaffe im Kampf. Marshall stellte im Gegenteil fest, dass zur Minderheit der Soldaten, die im Kampf schießt, häufig jene disziplinarisch Unverbesserlichen gehören, die beim Kasernendrill schlecht abschneiden und des Öfte-

48 Grossman, *On Killing*, S. 21f.

ren wegen Befehlsverweigerung in Arrest kommen.[49] Wahrscheinlich hat daher der Drill selbst in der Hochzeit der Exerzierformationen die Kampffähigkeit der Truppen nicht erhöht. Es war schon damals weitgehend ein Ritual zur Disziplinierung in Friedenszeiten, ein symbolisches Bemühen, Außenstehenden – und sich selbst – ein beeindruckendes Bild der Armee zu präsentieren. Mit Marschieren und Drill konnte man die Truppen ins Kampfgeschehen bringen, machte sie aber nicht zu guten Kämpfern. Beides fungiert bis heute als Initiationsritual für neue Soldaten und trennt sie damit symbolisch von den Zivilisten – allerdings zu einem Zeitpunkt, zu dem dies für die Kampfbereitschaft irrelevant ist.

Eine höhere Schießquote (und, historisch betrachtet, ein allgemein häufigerer Gebrauch der Waffe) ist das Ergebnis mehrerer Voraussetzungen.[50]

1. Einsatz von Großgeräten: Maschinengewehre, Panzerfäuste, Raketenwerfer, Granatwerfer und andere Waffen müssen von mehreren Soldaten bedient werden, wobei ein Teil der Mannschaft mit der Munitionierung oder anderen Hilfsdiensten beschäftigt ist.

2. Größere Entfernung zum Feind: In der Artillerie herrscht eine hohe Schießquote; Heckenschützen, die aus großer Entfernung mit Teleskop schießen, haben eine hohe Schießquote; beim Infanteriefeuer mit Nahkampfwaffen ist die Schießquote niedrig, und im Kampf von Mann gegen Mann wird die Waffe eher selten eingesetzt.

3. Eine strenge Befehlshierarchie: Ranghöhere Offiziere befinden sich an Ort und Stelle und erteilen den Soldaten den Befehl zum Feuern. Dies war in Massenformationen und in sehr kleinen Gruppen relativ leicht und ist unter den Bedingungen der modernen Kriegführung relativ schwer zu bewerkstelligen, wo sich die Soldaten locker auf dem Schlachtfeld verteilen.

4. Psychologisch realistische Ausbildung: nicht Exerzierplatzdrill und Zielschießen, sondern Simulation des Chaos und der Anspannung, die auf dem Schlachtfeld herrschen, und zwar mit Übungen, die

49 Marshall, *Soldaten*, S. 64.
50 Grossman, *On Killing*, fasst viele davon zusammen.

das Schießen zum automatischen Reflex bei plötzlich auftretender Gefahr werden lassen.

Bei der Bedienung von Großgeräten ist man darauf angewiesen, dass auf der kleinsten Mikroebene Solidarität herrscht – in einem erfolgreichen Kampfteam schenken sich die Soldaten gegenseitig mehr Aufmerksamkeit als dem Feind. Großgeräte sind folglich weniger wegen ihrer besonderen Technologie wichtig, als vielmehr deswegen, weil sie das Solidaritätsgefühl fördern. Es gibt einige Hinweise darauf, dass das Schießen allein schon als Katalysator wirkt und dass Soldaten in diesen Waffenteams von einer Waffe zur anderen wechselten, als der Kampf weiterging.[51] Über ihre Feuerkraft hinaus liegt die Bedeutung dieser Waffen darin, dass sie es den Soldaten ermöglichen, in ein gemeinsames Interaktionsritual zu verfallen, bei dem der Körper zugunsten des kollektiven Unternehmens von einem gemeinsamen Rhythmus erfasst wird. Wie in konfliktfreien Ritualen schaffen emotionale Einbindung und gegenseitige Aufmerksamkeit einen Kokon aus Solidarität und emotionaler Energie; daraus erwachsen selbst dann, wenn andere der entkräftenden Anspannung des Kampfes erliegen, Zuversicht und Enthusiasmus beim Schießen.

Solche Rituale können bei der Ausbildung bewusst mit eingeplant werden. Um die Wende zum 21. Jahrhundert wurden britische Truppen mit besonderem Nachdruck darauf trainiert, während des Kampfes akustisch oder durch bestimmte Gesten eine Kommunikationskette von Mann zu Mann aufrechtzuerhalten und damit den sozialen Zusammenhalt zu nutzen, um die Schießergebnisse zu verbessern.[52] Infanterietrupps wurden dazu ausgebildet, abwechselnd nach vorn zu treten und zu schießen, so dass die einzelnen Handfeuerwaffen letztlich zu *einer* Waffe wurden, die von einer Mannschaft gemeinsam bedient wird.

Abstand vom Feind nimmt der Begegnung die beängstigende Dimension. Befehlsgewalt entfaltet, für sich genommen, vermutlich die geringste Wirkung. Befehle können jedoch die Aufmerksamkeit der Gruppe wiederherstellen. Es gibt zahlreiche Beispiele dafür, dass ein panischer Rückzug durch entschlossene Befehle eines Offiziers aufge-

---

51 »Die meisten aktiven Kämpfer benutzten verschiedene Waffen; wenn das Maschinengewehr versagte, nahmen sie ein Gewehr, wenn die Gewehrmunition ausging, brauchten sie Handgranaten« (Marshall, *Soldaten*, S. 59).

52 King, »Word of Command«.

halten wurde, oder dass umgekehrt Soldaten auf dem Rückzug von unkontrollierbarer Angst übermannt wurden, wenn Offiziere unentschlossen waren oder selbst in Panik gerieten.[53] Ein realistisches Kampftraining schließlich wurde bewusst eingeführt, um den Soldaten beizubringen, in Konfrontationssituationen automatisch zu feuern.

Trotzdem führen auch diese Voraussetzungen mal mehr, mal weniger zum Erfolg. Die Gruppensolidarität beispielsweise mag zwar groß sein, doch anstatt das Schießen zu befördern, kann sie die Soldaten auch dazu ermuntern, sich den Befehlen der Führung zu widersetzen oder sie zu ignorieren. Wir müssen also noch etwas Fünftes hinzufügen: Unter all diesen Bedingungen erledigt trotzdem nur eine Minderheit der Soldaten den Großteil des aktiven Kampfes. Das theoretische Problem besteht darin, dieser individuellen Verteilung Rechnung zu tragen, das heißt, all das in eine umfassende Erklärung dafür einfließen zu lassen, warum die von Angst und Anspannung geprägte Situation von einer Minderheit so gelöst wird, dass sie die Angst überwindet, und von der Mehrheit so, dass sie von ihr mitgerissen wird.

Niedrige Kampfkompetenz

Ob Soldaten ihre Gewehre nun abfeuern oder nicht – oder sie anderweitig einsetzen –, sehr effektiv scheinen sie nicht mit ihnen umzugehen. Eine hohe Schießquote ist nicht mit einer hohen Trefferquote identisch. Die soldatische Minderheit, die sich tatsächlich als effizient erweist, kann daher sogar noch weniger als 15 bis 25 Prozent ausmachen; und mit Schießquoten von 80 Prozent und mehr, wie sie sich im Vietnamkrieg andeuteten, wurde in Wirklichkeit keine höhere Wirkung erzielt als durch die kriegerischen Leistungen früherer Zeiten.

Im Musketenzeitalter schwankte die Trefferquote nach damaligen Schätzungen von einem Treffer auf 500 abgefeuerte Schüsse bis zu einem Treffer auf 2000 oder 3000 Schüsse. Heutige Rekonstruktionen lassen eine maximale Quote von fünf Prozent vermuten. Musketen mit ihrem glatten Lauf waren auf große Entfernung nicht sehr treffsicher. Gegen Ende des 18. Jahrhunderts erzielte das preußische Heer beim Übungsschießen auf Ziele, die der Größe einer feindlichen Formation gleichkamen, »40 Prozent Treffer auf 150 Meter und

53 Holmes, *Acts.*

60 Prozent Treffer auf 75 Meter«; in der Schlacht hingegen lag das Resultat auf die kurze Entfernung von 30 Metern bei weniger als drei Prozent.[54] Der höchste Wert mochte etwas besser ausfallen. Eine Eliteeinheit britischer Scharfschützen feuerte in den napoleonischen Kriegen in einem Gefecht Salven mit 1890 Schuss ab und verursachte damit beim Feind 430 Verluste, was einer Trefferquote von 23 Prozent entspricht. Sie hatten feste Stellungen, als sie den französischen Angriff parierten, und feuerten Salven aus einer Entfernung zwischen 115 und 30 Metern ab.[55] Aber das war eine Ausnahme: Die meisten Soldaten, die während der napoleonischen Kriege und in der Zeit des Amerikanischen Bürgerkriegs auf eine ungedeckte Formation aus 200 bis 1000 Mann aus normalerweise kurzer Entfernung von etwa 30 Metern schossen, trafen »nur einen oder zwei Mann pro Minute«. »Die Verluste«, so Griffith, »stiegen, weil der Kampf so lange dauerte, nicht weil das Feuer so vernichtend gewesen wäre.«[56]

Die Hinterladergewehre des späten 19. Jahrhunderts waren technisch ausgereifter, doch ihr Haupteffekt bestand in der Erhöhung der Schießfrequenz, nicht der Trefferquote. Im Krieg gegen Frankreich 1870 feuerten die Deutschen in einer Schlacht 80 000 Schuss ab und trafen 400 Franzosen, während die Franzosen 48000 Schuss abfeuerten und 404 Deutsche trafen. Die Trefferquoten beliefen sich demnach auf einen pro 200 beziehungsweise auf einen pro 119 Schuss. In einer Schlacht in der westlichen Prärie im Jahr 1876 verschossen amerikanische Truppen jeweils 252 Kugeln, um einen Indianer zu treffen. Eine Fülle an leichten Zielen auf kürzeste Entfernung erhöht die Trefferquote, jedoch nicht die Treffsicherheit. 1879 wurde eine britische Einheit von 140 Mann in Südafrika von 3000 Zulus beinahe überrannt und feuerte bei der Abwehr des Angriffs mehr als 20000 Schuss ab. Die Verlustrate der Zulus belief sich auf höchstens einen pro 13 Schuss.[57] Im Ersten Weltkrieg, in dem noch überwiegend

54 Grossman, *On Killing*; Keegan/Holmes, *Soldiers*.

55 Holmes, *Acts*, S. 167f.

56 Griffith, *Battle Tactics*, S. 190.

57 Preston, *Rebellion*, S. 430; Chadwick, »Anglo-Zulu War«. Die Zulus hatten keine Schusswaffen und verursachten mit ihren Speeren nur 17 Todesopfer. Sie waren auch nur wenig effektiv – bloß einer von 175 Angreifern vermochte jemanden zu töten –, obwohl sie beim Angriff ein hohes Maß an Zusammenhalt zeigten. Unter anderem war dies der Übernahme europäischer Phalanxformationen zu verdanken, die sich im Kampf gegen unorganisierte einheimische afrikanische Krieger bewährt hatten. Dass Handwaffen sich als ineffektiv herausstellten, war in der Geschichte nichts Außergewöhnliches. Im

mit Gewehren geschossen wurde, beliefen sich die Trefferquoten auf einen Treffer pro 27 Schuss. Im Vietnamkrieg, als amerikanische Soldaten mit automatischen Waffen ausgerüstet waren, bewegen sich die Schätzungen in der Größenordnung von 50000 Kugeln pro getötetem Feind.[58] Wenn eine Einheit dort auf einem Schlachtfeld Stellung bezog, schossen die Soldaten in einem nahezu rituellen *mad moment* erst einmal ihre Waffen leer, indem sie wild in der Gegend herumfeuerten.[59] Kurz: Trotz besserer Waffen blieb die Effizienz gering. Bessere Waffen erlaubten einfach wilderes und ungenaueres Schießen.[60] Im Zweiten Weltkrieg meinte mehr als die Hälfte der Soldaten, sie hätten nie irgendjemanden getötet.[61] Das ist sicher wahr; tatsächlich haben die meisten, die behaupteten, sie hätten getötet, vermutlich übertrieben.

Es gibt einige ausgesprochen treffsichere Kampfschützen. Dies sind vor allem die Scharfschützen, die jedoch nur einen äußerst kleinen Teil der Truppen ausmachen und auch nicht für den Großteil der Verluste sorgen. Dieser geht in modernen Kriegen vor allem auf das Konto der Artilleriegeschütze, die aus großer Entfernung feuern. Als Linien- und Kolonnenformationen noch mit Musketen aufmarschierten, waren die Kanonen, die näher an der Schlachtlinie operierten, im Allgemeinen für mehr als 50 Prozent der Verluste verantwortlich. Die erfolgreichsten Heerführer und Generäle wie Gustav Adolph im 17. und Napoleon um die Wende zum 19. Jahrhundert legten Wert auf Zuteilung leichter, mobiler Feldgeschütze an die Kampfeinheiten, die auf kurze Distanz abgefeuert werden konnten; besonders Kartätschen hatten eine dem Maschinengewehr ähnliche Wirkung.[62] Im Ersten Weltkrieg verursachten Artilleriegeschosse beinahe 60 Prozent der britischen Verluste, Gewehrkugeln hingegen nur

---

Jahr 48 n.Chr. wurden nach einer Schlacht in den römischen Bürgerkriegen 30000 Pfeile aufgesammelt, die 1500 Mann verwundet (eine Quote von einem Verwundeten auf 200 verschossene Pfeile) und weniger als 20 getötet hatten (Caesar, *Bürgerkrieg*, 3, 53).

58 Grossman, *On Killing*, S. 9–12; Holmes, *Acts*, S. 167–172.

59 Daugherty/Mattson, *Nam*, S. 116f.

60 Bei britischen Armeeexperimenten wurden Laserimpulse eingesetzt, um historische Schlachten des 19. und frühen 20. Jahrhunderts zu simulieren. Diese haben ergeben, dass die potenzielle Treffsicherheit der Waffen die Verlustquoten in diesen Schlachten stets weit übertraf (Grossman, *On Killing*, S. 16).

61 Holmes, *Acts*, S. 376.

62 Grossman, *On Killing*, S. 11 und S. 154.

40 Prozent; im Zweiten Weltkrieg waren Artillerie und Bomben für 75 Prozent, Gewehrkugeln für weniger als zehn Prozent der Verluste verantwortlich. In Korea verursachten Granaten und Mörser 60 Prozent der amerikanischen Verluste, auf das Konto von Handfeuerwaffen gingen drei Prozent der Toten und 27 Prozent der Verwundeten.[63] Dies bedeutet nicht, dass Artillerie für das Feueraufkommen besonders kosteneffizient wäre. Die Briten feuerten zum Beispiel im Jahr 1916 an einem Tag 224000 Granaten ab und töteten 6000 Deutsche (eine Trefferquote von einem Toten auf 47 abgefeuerte Granaten). Die Westfront im Ersten Weltkrieg stellte, was den Umfang an Artilleriefeuer betraf, einen Höhepunkt dar, aber vergleichbare Verhältnisse von Granatenbeschuss zu Opfern finden sich auch im Zweiten Weltkrieg und in kleineren Kriegen des späten 20. Jahrhunderts.[64]

Wie sind diese Befunde zu deuten? Grossman belegt, dass die Artillerie eine höhere Schießquote erreicht, als dies den Gewehrschützen und den Fronttruppen im Allgemeinen möglich ist. Die bloße Entfernung vom Feind und vor allem die Tatsache, dass der Mann, den man töten will, nicht in Sichtweite ist, erhöhen das Leistungsniveau. Außerdem werden Artilleriegeschütze von Gruppen bedient; Gruppensolidarität und emotionale Verstrickung halten die Männer bei der Stange und sorgen für eine regelmäßige Schießquote. Mit Artillerie lässt sich demnach das SLAM-Problem der niedrigen Schießquoten überwinden. Dennoch: Eine hohe Schießquote ist nicht mit Treffsicherheit zu verwechseln. In der Hitze des Gefechts wird häufig danebengeschossen. Und selbst wenn das Ziel getroffen wird, befinden sich die feindlichen Soldaten oft in geschützten Verteidigungsstellungen. Kämpfen ist eigentlich rundherum ineffizient. Fernwaffen sind bei der Verursachung von Verlusten insbesondere deshalb immer wichtiger geworden, weil die Kriegslogistik verbessert wurde, so dass das Schlachtfeld mit einer enormen Feuerkraft überzogen und der Beschuss so lange aufrechterhalten werden kann, dass die Verluste selbst bei einem niedrigen Wirkungsgrad groß sind. Während Anspannung und Angst im Nahkampf und beim individuellen Einsatz von Handfeuerwaffen äußerst kräftezehrend sind, kann beides auf größere Distanz umgangen werden, obwohl etwas davon zurückbleibt. Solange

63 Holmes, *Acts*, S. 210.
64 Ebenda, S. 170f.

beide Seiten das Gefecht fortführen, wird mehr Schaden durch anhaltenden Beschuss mit geringer Wirkung verursacht als durch ein einmaliges, heftiges Feuer.[65]

Beschuss durch die eigenen Leute und unbeteiligte Opfer

Alle Befunde weisen darauf hin, dass Kampf in einem Zustand der Anspannung und Angst stattfindet. Die meisten Kämpfer, die dicht am Feind sind, entfalten wenige oder gar keine kriegerischen Aktivitäten. Werden sie durch strenge organisatorische Kontrollen gezwungen oder durch den Zusammenhalt in kleinen Gruppen gestärkt, fangen sie zu schießen an, und einige wenige beteiligen sich aggressiv am Angriff. Aber die meisten dieser Schützen, sowohl die zögernden als auch die eifrigen, stellen sich dabei recht inkompetent an. Oft feuern sie einfach wild um sich und treffen dann häufig auch die eigenen Truppen. Im späten 20. Jahrhundert wurde dafür der Begriff *friendly fire* geprägt – Beschuss durch die »Freunde«, nicht durch die Feinde.

Beschuss durch die eigenen Truppen scheint es zu allen Zeiten in allen Armeen und in allen Kampfsituationen gegeben zu haben. In der Periode der massierten Formationen, als größerer organisatorischer Druck zum Schießen bestand, konnte ein in den Kampf ziehender Trupp Soldaten sich gegenseitig so mit Aufregung anstecken, dass die Männer einfach losballerten. Ein französischer Offizier aus dem 19. Jahrhundert spricht von Soldaten, die »trunken vom Gewehrfeuer« waren, und Ardant du Picq sowie deutsche Offiziere berichten von Soldaten, die ziellos aus der Hüfte und meistens wild in die Luft schossen.[66] Dieses »panische Schießen« oder »nervöse Schießen«, wie es Militärschriftsteller aus dem 19. Jahrhundert zu nennen pflegten, ereignet sich in solcher Entfernung zum Feind, dass es sich um pure

---

65 Es wurde behauptet, dass sich dies alles bei der Kriegfuhrung des 21. Jahrhunderts mit dem Aufkommen zielgenauer Fernlenkwaffen geändert habe. Langstreckenwaffen sollen unfehlbar geworden sein; folglich seien Emotionen für das Ergebnis nicht von Belang. Ich werde diese Waffen im Folgenden behandeln. Man sollte bedenken, dass diese Behauptung sich nur auf große militärische Auseinandersetzungen bezieht, nicht auf andere Formen der Gewalt, die in diesem Buch auch behandelt werden. Und die fotografischen Befunde aus dem Irakkrieg des Jahres 2003 lassen nicht darauf schließen, dass sich die Schießquoten von denen früherer Kriege unterschieden.

66 Holmes, *Acts*, S. 173.

Munitionsverschwendung handelte und gegen die von den Offizieren befohlene »Schießdisziplin« verstieß. Die kollektive Stimmung von Soldaten, die in die Schlacht ziehen, kann am treffendsten als symbolische Kampfstimmung bezeichnet werden. Es handelt sich dabei im Wesentlichen um eine prahlerische Drohgebärde aus psychologisch sicherer Distanz, in beträchtlichem Abstand zu der realen Konfrontation, wo das Feuer um einiges heftiger sein wird.[67] Auf diese Weise überwinden die Soldaten das SLAM-Problem bis zu einem gewissen Grad, nicht jedoch das Problem der unzureichenden Leistung. »Marschall Saint-Cyr schätzte, dass die französische Infanterie in Napoleonischer Zeit ein Viertel ihrer Verluste dadurch erlitt, dass Männer im vorderen Glied von ihren Hintermännern aus Versehen erschossen wurden.«[68]

Trotz der Tatsache, dass die geschlossene Formation mit aller Strenge durchexerziert wurde – zum Teil, um gerade den Beschuss der eigenen Linien zu vermeiden –, löste sich die disziplinierte Ordnung nach Ausbruch der Schlacht häufig auf.[69] Ähnliche Probleme gab es offenbar auch bei älteren Phalanxformationen: Sie machten den Eindruck einer geballten Bedrohung, wenn die langen Speere weit bis an die Front vorgeschoben wurden, aber traten die Männer in den Nahkampf ein und schlugen mit Schwertern und Keulen um sich, waren sie häufig nicht nur wirkungslos gegenüber dem Feind, sondern füg-

---

67 Bei einer anderen Variante schießen die Truppen ihre Gewehre gegen einen Feind leer, der schon besiegt oder gar getötet ist. Ben Shalit, *Psychology*, S. 141f., nennt das Beispiel israelischer Soldaten, die 1973 bei einem Kommandounternehmen eine ägyptische Stellung überrannt hatten; die Überraschung war perfekt, geschossen wurde nur auf israelischer Seite, und zwar so heftig, dass die Toten förmlich von Kugeln durchsiebt waren. »Durch Schießen«, so Shalit, »lassen sich Anspannung und Angst äußerst wirkungsvoll abbauen [...] Häufig schießt man nicht, um den Feind zu zerstören und zu besiegen, sondern um die eigene Angst zu überwinden und in den Griff zu bekommen.« Shalit folgert aus seinen Beobachtungen, dass gut ausgebildete Soldaten gewöhnlich zu 100 Prozent schossen und damit das SLAM-Problem überwanden. Der hier erläuterte Mechanismus ähnelt der »Vorwärtspanik«, die ich in Kapitel 3 untersuche.

68 Holmes, *Acts*, S. 173.

69 »Die Züge fingen zu schießen an, und vielleicht gaben zwei oder drei einige ordentliche Salven ab. Doch darauf folgte ein allgemeines Losballern, das übliche rollende Feuer, wenn jeder losschoss, sobald er sein Gewehr geladen hatte, wenn der ganze Haufen ineinander verkeilt war, wenn die erste Linie nicht mehr zum Schießen niederknien konnte, selbst wenn sie gewollt hätte« (zitiert nach Holmes, *Acts*, S. 172f.). Hier geht es um das Heer Friedrichs des Großen, das als das diszipliniertestе des 18. Jahrhunderts galt.

ten sich untereinander Verwundungen zu. Zu den berühmtesten Opfern gehört der persische König Kambyses, der 522 v. Chr. durch das eigene Schwert verletzt wurde.[70] Das passierte auch in der Neuzeit. Buenaventura Durruti, der populärste Anführer der Anarchisten im Spanischen Bürgerkrieg, wurde durch einen Waffengefährten getötet, als dessen Maschinenpistole in einer Autotür eingeklemmt wurde.[71]

Das Problem durchzieht die gesamte moderne Kriegführung, bei der sich Truppen in unterschiedlichsten Formationen über die Frontlinie verteilen. Richard Holmes[72] zählt viele Beispiele auf: Artilleriefeuer auf eigene Truppen im Ersten Weltkrieg (dem allein 75 000 französische Soldaten zum Opfer fielen); Bombardierung eigener Positionen im Zweiten Weltkrieg; Truppenangriffe auf Positionen Alliierter, weil sie nicht als solche erkannt wurden. Wachen und Posten, die auf vermeintliche Fremde schossen, haben bei der französischen, preußischen, britischen Armee und anderen viele ihrer Offiziere getötet. Der Föderiertengeneral Stonewall Jackson am Ende der siegreichen Schlacht von Chancellorsville 1863, der von der eigenen Wache erschossen wurde, weil sie ihn nicht erkannt hatte, war nur einer von vielen.

Keegan schätzt, dass 15 bis 25 Prozent der Verluste im Kampf durch Unfälle zustande kommen.[73] In einer Zeit mechanisierter Kriegführung geschieht dies vermehrt durch Verkehrsunfälle oder Unfälle mit schwerem Gerät, wenn Männer zum Beispiel von Panzern oder Lastwagen überfahren oder beim Bewegen von Artilleriegeschützen und anderen schweren Waffensystemen zerquetscht werden. Auf Kriegsschauplätzen mit stark eingeschränkter Bewegungsfreiheit wie im Fall der britischen Front in Burma 1942/43 zogen sich Männer außerhalb der Kampfsituation fünfmal mehr Verletzungen zu als im Kampf selbst.[74] Versuche, die Truppen aus der Luft zu versorgen, führten zu Todesfällen, wenn den Bodentruppen Verpflegungskisten auf den Kopf fielen. Militärflugzeuge sind unfallträchtiger als Zivilflugzeuge; 20 Prozent ihrer eingesetzten Flugzeuge verloren die Amerikaner durch Unfälle.[75] Der Wechsel zu leichten, beweglichen Hubschraubern als Transportmittel führte zu entsprechenden Unfall-

70 Holmes, *Acts*, S. 190.
71 Beevor, *Der Spanische Bürgerkrieg*, S. 232.
72 Holmes, *Acts*, S. 189–192.
73 Keegan, *Antlitz*, S. 370–372.
74 Holmes *Acts*, S. 191.
75 Gurney, *Five Down*, S. 273.

formen. Im Afghanistankrieg 2001/02 stand ein Großteil der Unfälle mit Hubschraubern in Zusammenhang. Im Irakkrieg vom März 2003 bis zum August 2005 kamen 19 Prozent der amerikanischen Gefallenen durch Unfälle um.[76] Anspannung befällt nicht nur die Soldaten, die zum möglichen Schaden ihrer nächsten Umgebung die Waffen gebrauchen, sondern auch ihr organisatorisches Umfeld, das für den Transport großer Objekte und gefährlichen Materials zuständig ist, wobei es in der spannungsgeladenen Situation häufig zu Zusammenstößen mit anderen Menschen kommt.[77]

Habe ich meine Analyse bisher auch weitgehend auf den militärischen Kampf bezogen, so lässt sich das Muster doch ganz allgemein auf alle gewaltsamen Konflikte anwenden. Zu Opfern durch die eigenen Leute und, als naheliegende Erweiterung, zu unbeteiligten Opfern, von den Militärs als »Kollateralschaden« bezeichnet, kommt es auch bei kleineren Konflikten unter Zivilisten.

Eine zumindest an der amerikanischen Westküste verbreitete Form des Bandenkriegs besteht darin, aus dem fahrenden Auto heraus auf Grüppchen einer anderen Bande zu schießen.[78] Häufig geschieht dies anlässlich von Hochzeiten, Partys oder anderen festlichen Zusammenkünften, da die eine Bande dann weiß, wann und wo sie ihre Ziele antreffen kann. Normalerweise wird nur ein Schuss in die Gruppe abgegeben, danach fährt der Wagen schnell davon. Da es sich dabei um eine Art Vendetta handelt, ist jedes Mitglied der anderen Gruppe, ob Frau oder Mann, als Opfer geeignet. Normalerweise werden die Bandenmitglieder selbst nicht getroffen, wohl aber deren Freunde und Familienangehörige. Bei solchen Schießereien aus dem Auto können auch vollkommen Unbeteiligte zu Schaden kommen, ein Kind etwa oder andere wehrlose Opfer.

Dass bei diesen Bandenfehden offensichtlich so viele Unbeteiligte und so wenige Mitglieder der gegnerischen Bande getroffen werden, scheint besonders ungerecht zu sein. Es passt aber zu einem altbekannten Muster: Bei Katastrophen sterben am ehesten Kinder und Alte, während körperlich kräftige, junge Männer mit hoher Wahr-

---

76 *Philadelphia Inquirer*, 11. 8. 2005; siehe iCasualties.org [26. 9. 2010].

77 »Eigenbeschuss« dieser Art kommt auch bei Massendemonstrationen vor. Beim Sturz des jugoslawischen Diktators Milošević im Oktober 2000 kam es zum Wendepunkt, als Arbeiter einen Bulldozer herbeiholten, um die Polizeilinien zu durchbrechen. Dabei wurde in der Menge versehentlich ein Mädchen überfahren (*The Guardian*, 6. 10. 2000, S. 1).

78 Sanders, *Gangbangs*.

scheinlichkeit überleben.[79] Eine Kampfsituation gleicht einer Katastrophe insofern, als die Flinksten und Wachsamsten der Gefahr am ehesten entkommen, wohingegen die Hilflosesten dabei umkommen, das heißt in diesem Fall, in der Schusslinie zurückgelassen oder vergessen werden.

Dasselbe gilt, wenn kleine Gruppen oder Einzelne mit oder ohne Waffen aufeinander losgehen. In der spannungsgeladenen Kampfsituation schlägt die Gruppe vermutlich wild um sich und trifft auch die eigenen Leute, vor allem wenn es dabei beengt zugeht.

Aus einem Studentenbericht: Eine Gruppe von 15 männlichen Teenagern betrat den Umkleideraum einer Highschool, um einen Jungen zu stellen, der mit zweien von ihnen im Streit lag. Der Beobachter spürte die allseits herrschende Anspannung: Der Gesuchte schwitzte, zitterte und wollte sich verstecken; die Angreifer waren körperlich angespannt, atmeten schwer und machten sich dauernd gegenseitig Mut. Als sie die Angst des Gegners sahen, gingen sie auf ihn los, schlugen ihn zu Boden und traten auf ihn ein. Da die Schlägerei im engen Umkleideraum stattfand, trafen mehrere Schläge die Angreifer selbst. Einer brach sich einen Finger, als er stolperte, ein anderer quetschte sich einen Arm. Unbeteiligte, die herbeikamen, um dem Kampf zuzuschauen, konnten nicht genügend Distanz halten: Einer von ihnen bekam aus Versehen einen Schlag ins Gesicht. Verletzt wurden das Opfer, zwei Angreifer (beide durch die eigene Seite) und ein Unbeteiligter.

Aus einem anderen Studentenbericht: Eine 17-köpfige Bande von Halbwüchsigen machte sich in vier Autos auf die Suche nach dem Haus eines gegnerischen Bandenmitglieds. Von Anfang an herrschte Verwirrung: Es gab eine lange Diskussion, wer in welchem Wagen mitfahren sollte, und auf dem Weg zum Haus des Gesuchten wurde mehrfach falsch abgebogen. Als sie ankamen, wussten sie nicht, was tun; keiner klopfte an die Tür. Nach zehn Minuten kam der ältere Bruder des Gesuchten, ein 28 Jahre alter Mann, heraus und sagte, sein Bruder sei nicht zu Hause. Nach einem kurzen Wortwechsel durch das Wagenfenster sprang das aggressivste Mitglied der Bande heraus und fing eine Schlägerei an. Kaum lag der Mann am Boden, kam der Rest der Bande aus den Wagen herbeigerannt und trat auf den am Boden Liegenden ein. Zu diesem Zeitpunkt waren nur noch 14 dabei, da drei von ihnen in zwei der vier Wagen gesprungen und davongefahren waren, als die Auseinandersetzung begonnen hatte. Die anderen waren zu beschäftigt, um es zu bemerken, da sie sich gegenseitig bedrängten, um den Mann am Boden treten zu können. Mindestens zwei der Angreifer schlugen im Gedränge

79 Bourque u.a., »Morbidity«.

> aufeinander ein. Nach etwa zwei Minuten kamen zwei Männer und zwei Frauen, ältere Familienangehörige des 28-Jährigen, aus dem Haus und fingen an, die Wagen mit Flaschen und Steinen zu bewerfen. Dieser unerwartete Widerstand versetzte die Angreifer in Panik, die daraufhin versuchten, sich in die zwei verbliebenen Wagen zu drängeln. Dies schien den Flaschenwerfern Mut zu machen, die, trotz der deutlichen Angst in ihren Gesichtern, ihren Angriff auf die Zurückweichenden intensivierten. Letztere stolperten beim Versuch, in die Wagen zu kommen, übereinander. Ein Fahrer musste wieder herauskommen und den Sitz wechseln, weil er sich beim Einprügeln auf das Opfer die Hand zu stark geprellt hatte, um noch fahren zu können. Durch den ungeordneten Rückzug saß der letzte Wagen mit acht Bandenmitgliedern drei Minuten lang fest, während die Angehörigen sie von weitem bewarfen und auf einer Seite alle Autoscheiben zertrümmerten. Schließlich konnten sie sich davonmachen. Der Beobachter bemerkte, dass sie nach ihrer sicheren Rückkehr auf heimisches Territorium die Ereignisse so beschrieben, dass sie einfach alle schmählichen Einzelheiten ihres Auftritts ausließen und stattdessen damit prahlten, wie sie den Kampf gewonnen hätten.

Faustkämpfe sind im Allgemeinen von wilden Rundumschlägen begleitet, und Unbeteiligte werden dabei häufig getroffen, es sei denn, sie werden eindringlich gewarnt, gehörig Abstand zu halten. An einem überfüllten Ort ist dies nicht immer möglich. Es gibt keine systematisch erhobenen Daten, die uns Aussagen darüber erlauben würden, wie oft bestimmte Kampfformen Auswirkungen auf Unbeteiligte haben. Aus allen Kampfbeschreibungen, die ich zusammengetragen habe, wird deutlich, dass bei einer beträchtlichen Anzahl der Kämpfe Unbeteiligte zu Schaden kommen. Eine Ausnahme stellen jene Kämpfe dar, die als Spektakel geplant und strukturiert sind. Diese Kämpfe werden in Kapitel 6 als »faire Kämpfe« behandelt. Die vorherrschende, durch die Anspannung im Konflikt verursachte Inkompetenz führt also zu einer erheblichen Gefahr für Unbeteiligte, solange nicht durch Restriktionen dafür Sorge getragen wird, diese Bedrohung auszuschalten.

Polizeigewalt gleicht auch in dieser Hinsicht anderen Gewaltformen. Bei Schießereien zwischen der Polizei und Verdächtigen werden oft auch die eigenen Leute getroffen. Ein solcher Fall spielte sich bei der Jagd auf einen Mann ab, der wegen Mordes gesucht wurde und dessen Spur zu einem Motelzimmer führte.[80] Zehn Polizisten hatten sich in einem lockeren Halbkreis vor der Tür verteilt; als der Verdächtige herauskam, hielt er eine TV-Fernbedienung wie eine Waffe in der

80 Die Information stammt von einem Aufsichtsbeamten der Staatspolizei.

Hand und wurde von der Polizei erschossen. Der Mann wollte offenbar getötet und nicht verhaftet werden; salopp bezeichnet man dies als »suicide by cop« (Selbstmord mit Hilfe eines Polizisten). In diesem Fall wurden alle Schüsse von Polizisten abgegeben. Von Bedeutung dabei ist, dass die zehn Beamten einen der Ihren verwundeten. Ballistische Untersuchungen ergaben, dass wild in Wand und Decke geschossen wurde, nur acht von 28 abgefeuerten Kugeln trafen den Verdächtigen.

1998 wurden von 760000 Polizisten in den Vereinigten Staaten 60 im Dienst getötet, zehn Prozent durch eigene Waffen – das heißt durch die eigenen Leute. 2001 starben, abgesehen von den 71 Beamten, die im World Trade Center umkamen, 70 im Einsatz (die meisten durch Schusswaffen), 87 bei Unfällen (großenteils Autounfällen); insgesamt acht davon wurden durch die eigene Waffe getötet oder aus Versehen erschossen, was einer Quote von 11 Prozent *friendly fire* entspricht.[81]

Unbeteiligte werden ebenfalls von Polizeikugeln getroffen. Das Muster unterscheidet sich nicht sehr von Schießereien zwischen Banden, vor allem wenn aus schnell fahrenden Autos oder auf solche geschossen wird.

Zu Schaden kommen Unbeteiligte außerdem bei polizeilichen Verfolgungsjagden.[82] Soziologisch interessant ist hier nicht die Schuldzuweisung, sondern das Muster: Konfliktsituationen, bei denen Fahrzeuge im Spiel sind, ähneln Kampfsituationen, bei denen der schnelle Transport von Militärmaterial in einer extremen Spannungssituation Vorrang hat, um den Feind auszumanövrieren.

Auch in diesem Punkt vermittelt die Unterhaltungsindustrie ein vollkommen verzerrtes Bild der Gewalt. Ein Hauptthema in Action- und Abenteuerfilmen sind Verfolgungsjagden mit dem Auto. Dabei kommt es in hohem Maße zu versehentlichen Sachschäden, und das Ganze gipfelt in einem spektakulären Zusammenstoß, der normalerweise mit einem Augenzwinkern oder komisch dargestellt wird. Dass die Hauptbeteiligten dabei verletzt oder getötet werden, bekommt man im Film selten zu sehen; höchstens geht der Wagen des Bösen in Flammen auf. Die Verletzungen Unbeteiligter werden nie gezeigt.

Bei militärischen Auseinandersetzungen werden Unbeteiligte typischerweise dann getroffen, wenn Zivilisten anwesend sind. Die Wahrscheinlichkeit ist besonders hoch bei Straßenkämpfen, wenn die Zivi-

---

81 *Los Angeles Times*, 26. 7. 1999; FBI-Bericht, 3. 12. 2002.
82 Alpert/Dunham, *Police Pursuit*; siehe auch Kapitel 3 dieses Buches.

listen den Kriegsschauplatz nicht rechtzeitig verlassen konnten, was bei historischen wie modernen Belagerungen der Fall war, als auch im Guerillakrieg, wenn sich die Kämpfer vorsätzlich unter der Zivilbevölkerung verstecken. In stark bevölkerten Gebieten ziehen Kämpfe zwangsläufig Opfer unter den Nichtkombattanten nach sich, sosehr man sich auch bemüht, sie zu vermeiden; es sei denn, man schießt gar nicht.

Technische Verbesserungen könnten Schäden für Unbeteiligte theoretisch verringern. Zu Beginn des 21. Jahrhunderts bedeutet dies computergesteuerte Geschütze, Radar- und Satellitenpeilung, Präzisionssteuerungssysteme für Bomben und Raketen sowie verbesserte Ziel- und Peilsysteme für Boden- und Handfeuerwaffen. Dennoch zeigt die Erfahrung, dass auch weiterhin Unbeteiligte getroffen und eigene Truppen beschossen werden.[83] Dieses Muster legt nahe, dass nicht die Technik, sondern die Hitze des Gefechts und die damit verbundene Anspannung das eigentliche Problem darstellen. Die Waffe, so technisch zuverlässig sie auch sein mag, wird stets von Menschen gehandhabt, welche die Ziele auswählen oder zumindest die Kriterien dafür festlegen, worauf geschossen wird – auch wenn der Beschuss dann automatisch abläuft. Angesichts der Tatsache, dass es im Kampf zum Zwecke der Verteidigung um Ausweichen, Täuschen und Winkelzüge geht, ist es äußerst schwierig, zu einer korrekten Einschätzung zu kommen. Daher ist es nicht unwahrscheinlich, dass eine Hochzeitsgesellschaft für Al-Qaida-Truppen gehalten wird, insbesondere wenn die Peilapparatur sich im Weltraum befindet; oder dass

83 Murray/Scales, *Iraq War*, S. 269–277. Die Erfahrung mit amerikanischen Bombardements in Afghanistan hat in den Jahren 2001 und 2002 gezeigt, dass Unbeteiligte weiterhin getroffen werden. Das Pentagon behauptete, der Luftkrieg in Afghanistan sei der präziseste, den es je gegeben habe; 75 bis 80 Prozent der Bomben und Raketen hätten ihr Ziel getroffen. Dennoch verursachten manche dieser Bombardements durch »Brudermord« unter den Koalitionstruppen schätzungsweise 35 Prozent ihrer Verluste und brachten einigen tausend afghanischen Zivilisten den Tod (Burgess, »Afghan Campaign«). Ähnliche Ergebnisse zeitigten die NATO-Bombardements 1999 in Serbien. Zu den bekanntesten Missgeschicken gehörte die Bombardierung der chinesischen Botschaft in Belgrad, bei der in der Eile und durch bürokratische Verwicklungen den Einsatzkräften überholte Informationen zugestellt wurden. Beim israelischen Bombardement der Hizbullah-Raketenstellungen im Libanon 2006 wurden wiederholt ein Posten der Vereinten Nationen getroffen, was den Tod von UN-Beobachtern zur Folge hatte, obwohl sie die israelischen Dienststellen telefonisch über die Lage des Postens informiert und sich identifiziert hatten. Die Information erreichte jedoch nicht die militärische Stelle, welche die Angriffsziele festlegte (*Los Angeles Times*, 28. 7. 2006, S. A11 und S. A13).

man in einem Krankenhaus ein Waffenlager vermutet. Vernichtende Feuerkraft motiviert den Gegner, sich zu verstecken, wo er kann, selbst in zivilen Einrichtungen oder in deren Nähe. Aus diesem Wissen heraus sehen sich Angreifer mit hochtechnisierten Fernlenkwaffen motiviert, Ziele eher weit als zu eng auszulegen. Kampf führt zu Gefechtsbenommenheit, und in dieser Atmosphäre werden die Ziele gewählt. Und nichts spricht – bei allen technischen Verbesserungen der vergangenen Jahrhunderte – für die Annahme, dass diese Faktoren in Zukunft weniger wichtig sein werden.

Während die Gefechtsverluste abnehmen, nehmen Verluste durch die eigenen Leute zu. Im Afghanistankrieg 2001/02 gingen 63 Prozent der Verluste auf Eigenbeschuss und Unfälle zurück.[84] In Kriegen, in denen die eine Seite technisch überlegen ist, fallen die durch den Feind zugefügten Verluste in der Regel gering aus. Die Soldaten feuern ihre Waffen dann aus großer Entfernung ab und verfügen über hohe Mobilitäts- und Evakuierungspotenziale, so dass wahrscheinlich insbesondere die Zahl der Todesfälle niedrig ist, weil Verwundungen leichter behandelt werden können. Verluste durch Eigenbeschuss und vor allem selbstverschuldete Verluste durch Verkehrsunfälle etwa mit Kampfhubschraubern oder Unfälle mit gefährlichem Gerät sind deshalb für die höhere Zahl von Toten verantwortlich. Auch die gesteigerte Explosionskraft der Munition stellt für alle, die sich in ihrer Nähe aufhalten, eine Gefahr dar, insbesondere für jene Soldaten, die sie transportieren und lagern. Im Irakkrieg der Jahre 2003 bis 2005 forderten Munitionsunfälle viele Tote.

Als die amerikanischen Verluste bei Kampfhandlungen in den 1990er Jahren zurückgingen, entdeckten die Medien das Phänomen des Umkommens durch die eigenen Leute. Wenn im Laufe vieler Wochen mal ein Mann stirbt, mal einige Männer auf einmal getötet werden, weil beispielsweise ein Pilot abgeschossen wird oder ein CIA-

---

84 Die Verluste der amerikanischen, kanadischen und europäischen Truppen im Afghanistankrieg beliefen sich vom Oktober 2001 bis zum 18. April 2002 auf insgesamt 41 Tote, davon 15 durch feindlichen Beschuss, sieben durch Eigenbeschuss, 19 durch Verkehrsunfälle (hauptsächlich Flugzeuge) und gefechtsunabhängige Unfälle (*USA Today*, 9. 4. 2002). Die durch den Feind verursachten Kriegstoten machten 37, die anderweitig Getöteten 63 Prozent aus. Diese Zahl liegt weit über Keegans Schätzung von 15 bis 25 Prozent für die beiden Weltkriege. Im Irakkrieg vom März 2003 bis Mitte November 2005 gingen 227 der 2083 Toten des amerikanischen Militärpersonals (11 Prozent) auf das Konto von Vorfällen, die nicht mit dem Kampf in Verbindung standen (*USA Today*, 21. 11. 2005).

Agent bei der Befragung von Gefangenen getötet wird, so erregt dies große Aufmerksamkeit in den Medien. Das wäre in früheren Kriegen nicht möglich gewesen, als die Verluste so hoch waren, dass die meisten notwendigerweise anonym blieben. Bei dieser Publizität werden durch die eigenen Leute verursachte Verluste, die im Zweiten Weltkrieg angesichts der massenhaften Kriegstoten einfach untergingen, sehr genau wahrgenommen. Untersuchungen und Schuldzuweisungen werden jedoch vermutlich keinen Rückgang solcher Vorkommnisse bewirken, da diese gewaltsamen Konfliktsituationen inhärent sind. Derartige Kontroversen wiederholen sich wie politische Skandale, und mit Empörung und Bestrafung wird man ihnen nicht beikommen.[85]

Dass Unbeteiligte oder die eigenen Leute getroffen werden, ergibt sich aus dem Grundmerkmal von Kampfsituationen: aus Anspannung und Angst sowie aus der darauf resultierenden Inkompetenz. In der Eile geht alles schief, sagt man, und im Kampf ist schnelles Handeln gefragt, sobald die Gewalt losbricht. Was bisweilen als »Nebel des Krieges« bezeichnet wird, kann man als psychischen Tunnelblick-Zustand begreifen. Kampf erfordert die uneingeschränkte Aufmerksamkeit aller, die daran beteiligt sind; er überflutet die Sinne und ergreift von unserem Verstand Besitz, so dass alles andere aus dem Gesichtsfeld rückt. Es ist schon schwierig genug, den Feind treffsicher im Auge zu behalten; dass man zeitweilig alle anderen, die sich noch im Kampfbereich befinden mögen, ausblendet, ist unvermeidlich. Dies trifft auch auf wütende Menschen zu, die sich, fluchend und herumfuchtelnd, in einer Auseinandersetzung befinden und die Bestürzung der Umstehenden nicht wahrnehmen; auf Polizeibeamte, die erwarten, dass ihre heulenden Sirenen, ihre laut quäkenden Lautsprecher, ihr rasanter Fahrstil und andere Hinweise auf einen kriminellen Akt ihnen Vorrang vor allen anderen normalen Interessen einräumen,[86] und auf

---

85 Zur Wiederholungsstruktur von Skandalen siehe Thompson, *Political Scandal*. Zur Struktur von *Friendly-fire*-Unfällen siehe Snook, *Friendly Fire*. Der Erklärung liegt die von Charles Perrow in »Normale Katastrophen« dargelegte Theorie normaler Unfälle zugrunde: Die Komplexität und die nichtlineare Interdependenz zwischen verschiedenen Komponenten eines – technischen und/oder menschlichen – Systems erhöhen die statistische Wahrscheinlichkeit, dass unvorhergesehene Kombinationen kleiner Anomalien sich zu wiederkehrenden Katastrophen verbinden. Die Unfälle werden durch die Struktur des Interaktionssystems ausgelöst, dennoch läuft unser kulturelles Ritual stets darauf hinaus, bestimmte Individuen dafür verantwortlich zu machen.

86 Dies betrifft auch die ritualisierte Anbringung von rot-weißen Absperrungen um den Ort des Verbrechens oder Verkehrsunfalls, die zur Wichtigtuerei der

Soldaten im Kampf, die sich alles, was sie im Kampfgebiet vorfinden, zunutze machen, ob sie Häuser nun besetzen oder sprengen.

Der Selbstbezogenheit der Kampfsituation kann sich selbst die Kampfelite nicht entziehen: die SLAM-Elite, die schießt, und die noch kleinere Elite derer, die genau schießen. Bei einem berühmt gewordenen Fall, der Ruby-Ridge-Affäre von 1992, erschoss ein Scharfschütze der Polizei mit einem Zielfernrohrgewehr nicht den Mann, der auf seinem Anwesen überwacht wurde, sondern dessen Frau, die mit einem Kleinkind auf dem Arm ans Fenster trat.[87] Dies ist ein Beispiel für einen Schuss auf Unbeteiligte, jedoch keines für technische Inkompetenz. Scharfschützen schießen, anders als andere, äußerst genau, wenn sie menschliche Ziele vor sich haben. In diesem Fall war die Trefferquote ein Schuss, eine Tote. Der Scharfschütze verwechselte schlicht das Ziel: Er erwartete den Mann, als die Frau ans Fenster trat. Kampf schränkt die Aufmerksamkeit ein; in diesem durch Konfrontationsanspannung bewirkten Tunnel wird häufig ein Schaden angerichtet, der mit dem, was außerhalb des Tunnels beabsichtigt wird, oft nur wenig zu tun hat.

Unter welchen Bedingungen herrscht Freude am Kampf?

Kampf ist von Anspannung und Angst bestimmt. Aber manche Personen finden in bestimmten Situationen Vergnügen am Kampf. Wie erklären wir uns dies oder besser, welches Licht wirft eine solche Untersuchung auf die unterschiedlichen Prozesse, die gewaltsames Handeln hervorbringen?

Einige Autoren vertreten die extreme Position, dass Männer normalerweise den Kampf lieben. Dies ist ein ausgesprochen geschlechtsspezifisches Argument. Männer seien, ob wegen einer Machokultur oder aus genetischen Gründen, Kämpfer und Killer und hätten Vergnügen an diesen Handlungen. Die extremste Interpretation lautet, dass Töten sexuelle Lust verschaffe.[88]

---

an einer Konfliktsituation Beteiligten gegenüber jenen gehört, die dieses Privileg nicht genießen. In Los Angeles wurde beispielsweise eine Schnellstraße in beide Richtungen sieben Stunden lang gesperrt, während die Polizei einen Wagen durchsuchte, in dem ein Mann erschossen worden war. Es kam zu einem riesigen Stau (*Los Angeles Times*, 23. 12. 2002).

87 Whitcomb, *Eiskalt*; Kopel/Blackman, *No More Wacos*, S. 32–38.

88 Bourke, *Intimate History*.

Als Beleg für dieses Argument müssen Situationen gefunden werden, in denen Männer (und in gewissen Fällen auch Frauen) Freude am Kampf haben. Ein solcher Situationstyp ist die Hochstimmung vor der Schlacht. Bourke erwähnt einen britischen Militärgeistlichen aus dem Ersten Weltkrieg, der – bezogen auf sich selbst und seine Männer – die »seltsame und schreckliche Freude, jetzt endlich ›wirklich‹ zu kämpfen«, beschreibt. Diese Gefühle stellten sich noch vor dem ersten Gefecht dieser Männer ein, als sie sich noch in der Phase der Rhetorik befanden.[89] Ulysses S. Grant schildert auf ähnliche Weise Truppen während seines ersten Kommandos im Bürgerkrieg im November 1861: Diese seien so begierig auf die Schlacht gewesen, dass er fürchtete, die Disziplin nicht aufrechterhalten zu können, wenn er kein Gefecht für sie fand.[90]

Damit in Verbindung steht die blutrünstige Rhetorik, die jenseits der Front geäußert wird. Dank der umfassenden Logistik und Verstärkungssysteme in den Armeen des 20. und 21. Jahrhunderts befindet sich ein Gutteil der Truppen nicht in Geschützstellungen, sondern in relativer Sicherheit vor dem feindlichen Feuer. Aber sie führen häufig Waffen mit sich und wurden in deren Handhabung ausgebildet, so dass sie sich mit einigem Grund als Soldaten im Kampf bezeichnen können.[91] Soldaten hinter der Front äußern sich hasserfüllter und nehmen eine grausamere Haltung gegenüber dem Feind ein als Fronttruppen.[92] Während Frontsoldaten eher bereit sind, Gefangene gut zu behandeln – wenn der Zeitpunkt der Gefahr vorüber ist und man häufig Essen und Trinken mit ihnen teilt –, behandeln Truppen hinter der Front Gefangene oft gefühllos oder sogar grausam.[93] Noch eher sind Zivilisten zu Hause geneigt, dem Feind gegenüber in eine hasserfüllte Rhetorik zu verfallen und blutrünstige Freude an dessen Tötung zu artikulieren.[94] Angesichts der vielen Frauen an der zivilen Heimatfront gibt es allen Grund, sich zu fragen, ob es in puncto Grausamkeit tatsächlich einen Geschlechterunterschied gibt oder ob nicht doch die Situation den Ausschlag gibt.

---

89 Ebenda, S. 274.

90 Grant, *Memoiren*, S. 208.

91 Im Zweiten Weltkrieg gerieten mehr als 50 Prozent der amerikanischen Truppen in Europa nie unter feindlichen Beschuss, in Vietnam waren es sogar rund 70 Prozent (Holmes, *Acts*, S. 76).

92 Stouffer u.a., *American Soldier*, S. 158–165.

93 Holmes, *Acts*, S. 368–378 und S. 382.

94 Bourke, *Intimate History*, S. 144–153.

Je größer die Entfernung zur Front ist, desto mehr werden rhetorische Grausamkeit und Begeisterung für das ganze kriegerische Unternehmen geäußert. Dies passt zum allgemeinen Muster: Es wird in Worten und Gesten geprahlt und gedroht, bis es zur Kampfsituation kommt, die Emotionen umschlagen und Anspannung und Angst an ihre Stelle treten.[95] Die leere Rhetorik nimmt mit jedem Schritt ins Hinterland zu; der Krieg wird zunehmend idealisiert, der Feind im selben Maße entmenschlicht, die Haltung gegenüber dem Töten stumpft immer weiter ab, und die ganze Angelegenheit gleicht immer mehr dem Hurragebrüll von Sportfans.

Freude am eigentlichen Kampf ist seltener. Hier ist gerade hinsichtlich dessen, was erlebt wird, äußerste Genauigkeit angebracht. In Anbetracht von SLAMs niedrigen Schießquoten geht es nicht unbedingt um das Erlebnis, mit der eigenen Waffe zu schießen, und angesichts der niedrigen Trefferquote auch nicht um die Erfahrung, den Feind zu treffen. Bourke erwähnt in diesem Zusammenhang einen britischen Piloten aus dem Zweiten Weltkrieg, der das Geräusch der pfeifenden Geschosse liebt: »Was für ein prickelndes Gefühl!«[96] Wie Marshall und andere bemerkt haben, gefällt den Soldaten während der ganzen Militärausbildung normalerweise das Schießen im Schießstand am besten. Aber das ist etwas ganz anderes als das Gefühl, einen Feind zu erschießen.

Kommen wir schließlich zum Ausdruck positiver Gefühle über das Töten des Feindes. Bourke zitiert Briefe, Tagebücher und Erinnerungen englischsprachiger Soldaten – von Briten, Kanadiern, Australiern, Amerikanern – aus beiden Weltkriegen, aus Korea und Vietnam.[97] Nur in vier von Bourkes 28 Fällen wird so etwas wie eine sexuelle Lust beim Töten erwähnt. In neun anderen Fällen werden der Rausch oder die Raserei beim Töten im Nahkampf beschrieben, wenn der Feind wirklich gesehen werden kann. Letzteres gleicht im Allgemeinen der besonderen Situation, auf die ich in Kapitel 3 als »Vorwärtspanik« eingehen werde. In allen anderen Fällen, also mehr als der Hälfte, geht es um Töten aus der Entfernung, um ehemalige Jäger als Scharfschützen oder um Siege von Jagdpiloten. Wie wir jedoch in Kapitel 11 sehen werden, sind Scharfschützen und Flieger-Asse die ungewöhnlichste Gattung unter allen Kämpfern, nämlich kompetent,

---

95 Dokumentiert bei Holmes, *Acts*, S. 75–78, der viele Beobachter zitiert.
96 Bourke, *Intimate History*, S. 21.
97 Ebenda.

wo andere inkompetent sind, weil sie spezielle emotionale Techniken beherrschen, um die Konfrontationsanspannung zu überwinden. Bei genauerem Hinsehen ist vieles, was Bourke als Lust am Töten interpretiert, Ausdruck von Stolz oder Erleichterung über eine erfolgreiche Leistung. Die Mehrheit der Piloten schießt kein feindliches Flugzeug ab; wem dies gelingt, der wird zur besonderen Elite gezählt.

Bei den relativ wenigen Soldaten, die im Kampf töten, stellen sich verschiedene Emotionen ein: geschäftsmäßige Kälte, Stolz auf die eigenen Leistungen und die gute Arbeit, Hass, Rausch, Rachegefühle wegen der Toten auf der eigenen Seite, Vergnügen. Es ist schwer zu sagen, wie viele der Soldaten welche dieser Gefühle hegen. Für die theoretische Erklärung steht die Frage im Vordergrund, unter welchen Bedingungen sie diese Gefühle empfinden. Positive Gefühle beim Töten sollten außerdem gegen die negativen abgewogen werden, wie das folgende Beispiel aus dem Boxeraufstand zeigt:

> [Ein britischer Marinesoldat] hatte am Anfang der Belagerung einen Mann erschossen und mit dem Bajonett aufgespießt: Zuerst hatte er ihm das Bajonett bis zum Griff in die Brust gestoßen und dann den gesamten Inhalt seines Magazins auf ihn abgefeuert. Jetzt lag er, entsetzlich traumatisiert, da, schlug um sich und kreischte Stunde um Stunde: »Wie es spritzt! Wie es spritzt!«[98]

Das Kontinuum von Anspannung, Angst und Kampfleistung

Die verschiedenen Verhaltensweisen von Soldaten im Kampf lassen sich am besten anhand eines abgestuften Kontinuums darstellen, auf dem Anspannung und Angst ebenso wie Inkompetenz oder Kompetenz in unterschiedlichem Maße wirksam werden und zu entsprechenden Leistungen führen. Am einen Ende steht die Unfähigkeit durch Erstarrung, wenn jemand sich im Boden eingräbt oder versucht, sich wie ein Kind vor dem Feind zu verstecken. Die nächste Stufe ist panischer Rückzug. Dann kommen Einkoten und Einnässen, physische Zeichen der Angst, die den Betroffenen aber nicht unbedingt daran hindern, zumindest die Bewegungen des Kampfes mitzumachen. Auf diesem Abschnitt des Kontinuums sind auch das Zurückbleiben hinter der Front angesiedelt, die Suche nach Ausreden, nicht vorrücken zu müssen, sondern sich entfernen zu dürfen, um et-

98 Preston, *Rebellion*, S. 279.

was anderes zu tun.[99] Dann folgen das Vorrücken, ohne zu schießen; die Unterstützung der Schützen, indem man ihnen Munition reicht oder die Geschütze lädt, ohne selbst zu schießen; das Abfeuern der eigenen Waffe, aber so inkompetent, dass der Feind nicht getroffen wird. Das andere Ende des Kontinuums wird schließlich durch treffsicheres und zeitlich gut abgepasstes Schießen oder andere aggressive Kampfmanöver markiert. Bisher wissen wir noch nicht, welche Emotionen an diesem Ende der Gewaltkompetenz herrschen. Handelt es sich einfach um nicht offen zum Ausdruck gebrachte Angst oder, seltener, um völliges Fehlen subjektiver oder verdeckter Angst? Relativ wenige Männer behaupten, im Kampf keine Angst zu haben.[100] Stoßen wir an diesem Ende des Kontinuums auf Rausch und Freude an der Schlacht oder, noch extremer, auf Lust am Töten? Obwohl es darüber viele populäre Theorien gibt, steht der Nachweis, ob Gewaltkompetenz hitzig oder kaltblütig ist, noch aus.

Nehmen wir die fotografischen Zeugnisse. Anhand der Kampffotos aus den in Anmerkung 44 in diesem Kapitel angegebenen Quellen ist es möglich, die Emotionen von 290 Soldaten nach ihrem Gesichtsausdruck und ihrer Körperhaltung zu beurteilen.[101] Die Emotionen verteilen sich folgendermaßen:

Große Angst: 18 Prozent
Wenig Angst, Besorgnis: 12 Prozent
Betäubt, erschöpft, traurig gequält, gepeinigt: 7 Prozent
Schreiend, Befehle brüllend, um Hilfe rufend: 2 Prozent
Gespannt, vorsichtig: 21 Prozent
Wachsam, konzentriert, ernst, sich bemühend: 11 Prozent
Neutral, ruhig, gleichmütig, entspannt: 26 Prozent
Zornig: 6 Prozent
Fröhlich, lächelnd: 0,3 Prozent

Ungefähr ein Drittel der Soldaten (30 Prozent) zeigt entweder viel oder wenig Angst. Ein weiteres Drittel (32 Prozent) bewegt sich im Mittelfeld aus Anspannung und Konzentration. Ein Viertel (26 Pro-

99 Holmes, *Acts*, S. 229.
100 Ebenda, S. 204.
101 Die Emotionen sind nach den Methoden von Ekman/Friesen, *Unmasking*, kategorisiert; siehe auch Ekman, *Lügen*. Ich habe die Sammlung um Gefangenenbefragungen und Hinrichtungen sowie um verwundete Soldaten und Sanitäter in der Kampfzone erweitert. Durch Mehrfachcodierung von Gefühlsmischungen übersteigt die Gesamtsumme 100 Prozent.

zent) ist ruhig und neutral. Man könnte vermuten, dass die letzte Gruppe im Kampf die höchste Kompetenz beweist, sie verteilt sich aber auf Schützen wie auf Nichtschützen.

Eine kleine Gruppe (7 Prozent) ist betäubt oder untauglich. Dazu gehören vor allem die Verwundeten und die Sterbenden, außerdem Gefangene und solche, die der Folter unterworfen wurden. Manche von denen, die vor ihrer Exekution stehen, zeigen Angst, aber unter nichtverwundeten Soldaten ist Angst weiter verbreitet. Auf einem berühmten Foto erschießt ein Saigoner Polizeioffizier einen gefangenen Vietcong mit einer Pistole.[102] Das Opfer zeigt eine Mischung aus Angst und Schock, aber der größte Ausdruck des Schreckens zeichnet sich auf dem Gesicht eines weiteren Polizisten ab, der Augenzeuge ist. Die Miene des Schützen ist unbewegt, wie dies auf Fotos von Vernehmungsbeamten meistens der Fall ist.

Freude im Moment des Kampfes kommt so gut wie gar nicht vor. Nur auf einem Foto sieht man ein Mitglied einer Mörsermannschaft lächeln – und der Mörser ist eine Distanzwaffe, die sich nicht im unmittelbaren Konfrontationsbereich befindet. In all den Fotosammlungen gibt es weitere 15 Fotos von Soldaten, die lächeln, und alle sind außerhalb des Kampfgeschehens aufgenommen. Die meisten entstanden im Augenblick des Sieges, wenn die Soldaten mit den Waffen prahlen, die sie vom Feind erbeutet haben, andere zum Zeitpunkt, als der Frieden verkündet wird. Am ehesten lächeln Kampfpiloten, wenn sie in Hochstimmung mit einer Gesamtzahl an Abschüssen zur Basis zurückkehren, die ihnen den Rang als Flieger-Ass sichert. Einige sind lächelnd vor ihrem Flugzeug abgebildet.[103] Auf einem Foto berichtet das erste amerikanische Flieger-Ass in Vietnam im Kreise lächelnder Kameraden von seinem Luftkampf; im Gesicht des Piloten, der im Bann seiner Geschichte steht, drücken sich indes Zorn und Aggression aus.[104]

Am erstaunlichsten ist vielleicht das Fehlen zorniger Mimik im Gefecht. Nur sechs Prozent der Soldaten lassen Zorn erkennen. Und der äußert sich meistenteils nicht in Schlägen gegen den Feind. Es gibt einige Beispiele, wo Männer am Maschinengewehr mit vor Wut verkniffenem Mund feuern. Häufiger zeigen sich Zorn und Wut bei Gefangenen (besonders in Vietnam) und bei Folteropfern, wenn sie nicht

---

102 Howe, *Shooting*, S. 26.
103 Siehe auch Toliver/Constable, *Fighter Aces*.
104 Daugherty/Mattson, *Nam*, S. 508.

völlig betäubt sind; bisweilen mischt sich ihr Zorn mit Angst. Verwundete Soldaten sind meistens betäubt, manchmal etwas ängstlich. Zorn kommt eher in den Gesichtern ihrer Kameraden und der Sanitäter auf, die sich um sie kümmern, vor allem dann, wenn sie um Hilfe rufen – gewöhnlich mit Trauer und Angst vermischt. Folterer ihrerseits schauen nicht zornig, wiewohl auf mehreren Fotos Soldaten mit zornigem Gesichtsausdruck zu sehen sind, die Gefangene wegschleppen; in diesem Fall ist ebenfalls die Anstrengung zu erkennen, den Widerstand mit Muskelkraft zu brechen. Zorn scheint tatsächlich meistens in Momenten äußerster Kraftanstrengung aufzukommen. Man sieht dies am Ausdruck zweier Offiziere, die in der Hitze des Gefechts Befehle geben. Die zornigsten Gesichter zeigen zwei US-Sicherheitsbeamte im Gerangel mit einer panischen Menge, die bei der Evakuierung Saigons während der Einnahme durch den Feind versucht, an Bord eines Flugzeugs zu gelangen; die Sicherheitsbeamten wenden Muskelkraft auf, um die Tür frei zu machen, damit das Flugzeug starten kann; einer von ihnen schlägt einen Zivilisten mit der Faust.[105] Den größten Zorn offenbart in einem Buch mit 850 Fotografien aus dem Vietnamkrieg niemand aus dem Kriegsgebiet, sondern ein Friedensdemonstrant in den Vereinigten Staaten.[106]

Dies gibt uns einen Hinweis darauf, dass zwischen Zorn und Gewalt offenkundig kein direkter Zusammenhang besteht. Kompetenter Waffeneinsatz geschieht meist nicht im Zorn. Zorn ist nur in Situationen wirksam, in denen Muskelkraft gebraucht wird, und zwar vor allem im Bemühen, Gehorsam zu erzwingen, nicht, dem Gegner tatsächlich Schaden zuzufügen. Zorn kommt auf, wo es wenig oder keine Konfrontationsangst gibt: in kontrollierten Situationen, in denen der Gegner bereits bezwungen ist, oder in gänzlich symbolischen Konfrontationen, in denen kein Kampf stattfindet, sondern Ansichten geäußert werden.[107] Ironischerweise gibt es vermutlich mehr Zorn im Zivilleben als im tatsächlichen Gefecht.

105 Ebenda, S. 556.

106 Ebenda, S. 184.

107 Meine Sammlung an Nachrichtenbildern enthält ein Foto, auf dem ein Mann beinahe den gleichen zornigen Ausdruck zeigt wie der Friedensdemonstrant bei Daugherty/Mattson, *Nam*: den Kiefer vorgeschoben, den Mund angespannt und eckig geöffnet, die Nacken- und Gesichtsmuskeln verkrampft. In diesem Fall handelt es sich um den Vater einer ermordeten Frau, der sich dem verurteilten Mörder vor Gericht gegenübersieht. Der Mörder sitzt teilnahmslos da, die übrigen Anwesenden schauen beklommen drein (*San Diego Union-*

Die Frage, ob der Mensch grundsätzlich zu Angst oder zu Lust am Töten oder zu irgendetwas anderem neigt, ist der Erklärung nicht dienlich. Besser, man geht von der Annahme aus, dass alle Menschen grundsätzlich ähnlich sind und dass zu einer bestimmten Zeit die Situationsdynamik maßgebend dafür ist, wo sich einzelne Kämpfer auf dem Kontinuum befinden. Dieselben Soldaten, die Minuten zuvor im Blutrausch einen hilflosen Feind getötet haben oder über den Sieg jubelten, können später ihre Ration mit Gefangenen teilen.[108] Eine Stunde vorher wiederum mochten sie vor lauter Anspannung nicht geschossen haben und halb gelähmt gewesen sein. Nicht um gewalttätige Individuen, sondern um Gewaltsituationen, und nicht um ängstliche Individuen, sondern um angsteinflößende Situationen geht es – und dies immer und überall.

Konfrontationsanspannung bei Polizeieinsätzen und im nichtmilitärischen Kampf

Tatsächlich treten dieselben Muster, welche die Bedeutung von Anspannung und Angst im militärischen Kampf zeigen, auch bei allen anderen Kampfarten auf. Die wichtigste Ausnahme bilden jene Fälle, bei denen die Gewalt so separiert und eingeschränkt wird, dass die Situation wie im Duell und im Unterhaltungsbereich erkennbar artifiziell ist; damit werden wir uns in den Kapiteln 6, 7 und 8 beschäftigen. »Ernsthafte« Gewalt dagegen ist im Grunde überall gleich. Man kann das an der Polizeigewalt verfolgen, wenn man sich den relativ kleinen Anteil der Polizisten anschaut, der tatsächlich schießt oder Verdächtige schlägt; den Umfang betrachtet, in dem, wenn geschossen wird, wild herum-, daneben-, auf die eigenen Leute und auf Unbeteiligte geschossen wird; Beispiele für »Overkill« und Vorwärtspanik untersucht.

Dasselbe gilt für Bandenkämpfe, bei denen Überfälle aus dem Auto heraus und andere Überraschungsangriffe überwiegen und Gewalt hauptsächlich gegen zahlenmäßig unterlegene Feinde ausgeübt wird, zumal dann, wenn man diese allein oder in kleinen Grüppchen auf

---

Tribune, 7. 3. 1992, S. A1). Zornige Gesichter kommen im Allgemeinen auf Fotos von Friedensdemonstrationen weit öfter vor als auf Bildern von Gewaltsituationen.

108 Holmes, *Acts*, S. 370f.

feindlichem Territorium erwischt. Im Gegensatz dazu stehen die Pattsituationen, die Drohgebärden und das Aufplustern, zu denen es dann kommt, wenn zwei Banden in voller Stärke aufeinandertreffen.

Ähnliches geschieht bei Unruhen, ethnische Auseinandersetzungen eingeschlossen. Wie wir noch sehen werden, wird Gewalt in der Menge meistens von wenigen Personen an der Front ausgeübt, die Steine werfen, den Gegner verhöhnen, seinen Besitz anzünden oder zertrümmern. Die meisten Teilnehmer an Unruhen legen Anspannung und Angst an den Tag, was sich in großer Vorsicht ausdrückt und häufig dadurch, dass sie sich beim ersten Anzeichen eines Gegenangriffs in Sicherheit bringen. Die »Elite« der Kämpfer, die an der Front steht, lässt im Allgemeinen auch Anzeichen von Angst oder zumindest hochgradiger Anspannung erkennen. Generell kann man ein Muster aus Vor- und Zurücklaufen beobachten, so wie im oben erwähnten Film zum Stammeskrieg. Kämpfer, die aus der Menge heraus agieren – Aufrührer –, suchen sich ihr Ziel sorgfältig aus und greifen dann an, wenn sie es mit wenigen, zahlenmäßig unterlegenen oder hilflosen und zum Kampf unfähigen Gegnern zu tun haben. Wo der Gegner stark auftritt oder wo die Polizei oder andere Autoritäten Entschlossenheit zur Gewaltanwendung deutlich machen, treten die Aufrührer fast immer den Rückzug zumindest vom unmittelbaren Ort des Geschehens an.[109] Abbildung 2.5 zeigt das Gegenstück zu die-

---

109 Napoleon machte aus seiner Taktik, mit der er 1795 während der Französischen Revolution in Paris eine Menge zerstreuen ließ, die den Sitz der Revolutionsregierung angriff, keinen Hehl: »Ich ließ die Truppen von Anfang an mit Kugeln schießen, denn beim unwissenden Pöbel, der sich mit Feuerwaffen nicht auskennt, ist das Schlechteste, was die Polizei tun kann, zuerst mit Blindpatronen zu schießen. Das gemeine Volk, das großen Lärm hört, fürchtet sich nach den ersten Salven ein wenig, doch schaut es sich um und sieht niemanden, der verwundet oder tot ist, fasst es Mut und verachtet dich sogleich, wird doppelt unverschämt und stürmt ohne Angst los, so dass man zehnmal so viele töten muss, als getötet worden wären, wenn man von Anfang an Kugeln eingesetzt hätte« (zitiert bei Markham, *Napoleon*, S. 29f.). Ein ehemaliger Bezirksbeamter aus Indien berichtete von seiner Erfahrung, dass, wenn die Polizei Befehl gegeben habe, nur im äußersten Fall auf ethnische Aufrührer zu schießen, die Menge im Allgemeinen eine drohendere Haltung gegen die Polizei eingenommen habe und sie in Panik versetzte, so dass sie wild in die Menge feuerte. Wurde die Polizei hingegen ermächtigt, zu schießen, wenn sie es für erforderlich hielt, ließen sich die Aufrührer davon abschrecken, und die Auswirkungen der Schießerei blieben gering (S. K. Menon, persönlicher Austausch, Februar 2002). Gleiches wird aus Belgien berichtet, wo der Polizei in den späten 1980er Jahren bei Einsätzen zur Kontrolle von Fußballfans die Wahl gelassen wurde, saloppe (kurzärmlige)

ser Situation: Der amerikanische Soldat hat die Waffe und die schusssichere Weste, aber die unbewaffnete Menge Iraker geht mit feindseligen Drohgebärden auf ihn zu, während er vor der Konfrontation zurückweicht. In der kollektiven Stimmung solcher Konfrontationssituationen ist die Dynamik von Rückzug und Angriff reziprok.

Kämpfe zwischen Einzelpersonen werden, wie wir gesehen haben, durch Anspannung und Angst strukturiert. In den meisten Kämpfen zwischen relativ gleich starken Gegnern kommt es zu vielen Drohungen und wenig Handlung, und wenn doch gehandelt wird, dann mit wenig Kompetenz. Gewalt wird vom Starken gegenüber dem Schwachen ausgeübt, diejenigen, die in der Mehrzahl sind, greifen vereinzelte Opfer an, der Schwerbewaffnete attackiert den Unbewaffneten, der Größere und Kräftigere den Kleineren und Schwächeren. Inkompetenz drückt sich in solchen Kämpfen häufig auch dadurch aus, dass das Ziel verfehlt oder die eigenen Leute oder Unbeteiligte getroffen werden. So etwas geschieht auch bei Faustkämpfen und Kämpfen mit anderen primitiven Waffen.

Den Schieß- und Trefferquoten aus dem militärischen Bereich vergleichbares, systematisches Material gibt es für die Ineffektivität bei zivilen Kämpfen kaum. Verstreutes Datenmaterial zu Polizeischießereien kommt dem noch am nächsten, und dieses gleicht den militärischen Mustern. Wir haben keine Daten darüber, wie oft Ziele bei Schießereien aus dem Auto verfehlt und wie viele unbeteiligte Personen dabei getroffen wurden. William Sanders weist darauf hin, dass nicht alle Bandenmitglieder gern Mitglieder rivalisierender Banden jagen und dass von denen, die im Auto sitzen, normalerweise nur einer schießt.[110] Die Schießquote bei Schießereien aus dem Auto liegt daher wahrscheinlich bei einer Person von höchstens vier. Da es beim Angriff aus dem Auto darum geht, die Konfrontation so kurz wie möglich zu halten, wird auch nur kurzzeitig geschossen. Die ergiebigsten Daten über Bandenschießereien stammen aus Deanna Wilkinsons Untersuchung über Gewalttäter in New Yorker Armenvierteln,

---

Kleidung zu tragen, um eine freundliche Atmosphäre zu schaffen, oder militärische Ausrüstung wie Helm und Schutzschild. Die Polizisten in lässiger Kleidung meinten, sie hätten sich den Wurfgeschossen der Hooligans stärker ausgesetzt gefühlt; diese Polizeikräfte übten mehr Gewalt aus als jene im einschüchternden Aufzug (Limbergen/Colaers/Walgrave, »Societal«). Lode Walgrave von der Katholischen Universität Löwen lieferte zu diesem Punkt Einzelheiten (persönlicher Austausch, September 2004).

110 Sanders, *Gangbangs*, S. 67 und S. 75.

Abb. 2.5 Der Soldat weicht zurück, die unbewaffnete Menge kommt näher (Bagdad im November 2004).
ddp images/AP/Khalid Mohammed

die von Schwarzen und Latinos bewohnt werden; sie wurden aufgefordert, unterschiedliche Arten gewalttätiger Vorgänge zu beschreiben, in die sie involviert waren. Von 151 Vorfällen, bei denen Schusswaffen im Spiel waren, wurde in 71 Prozent der Fälle damit geschossen; wurde geschossen, gab es in 67 Prozent der Fälle Verwundete.[111] Wurde jemand getroffen, war es in 36 Prozent der Fälle eher ein Unbeteiligter als einer der Hauptbeteiligten, was auf einen hohen Anteil an Eigenbeschuss hinweist.[112]

---

111 Berechnet nach Wilkinson, *Guns*, S. 128–130 und S. 216.

112 Sowohl die Schießquote als auch die Treffsicherheit scheinen viel höher zu sein als bei Soldaten und Polizisten. Aber bei 105 von 151 Vorfällen hatte mehr als eine Person eine Schusswaffe und bei 79 von 107 Fällen, bei denen eine Schusswaffe zum Einsatz kam, konnten mehrere Personen geschossen haben – Schieß- wie Trefferquote mögen daher viel niedriger ausfallen. Die Befragten behaupteten, sie hätten, wenn sie schossen, in 51 Prozent der Fälle ihre Gegner getroffen; schossen die Gegner, so sollen sie in 13 Prozent der Fälle getroffen haben (berechnet nach Wilkinson, *Guns*, S. 216). Die Befragten wollen ihre Gegner im Verhältnis 3,8 zu 1 übertroffen haben. Dabei mögen geltungssüchtige Tendenzen zum Ausdruck kommen; es kann auch bedeuten, dass diese knallharten Typen den Kampf vor allem dann aufgenommen haben, wenn sie gegenüber ihren Gegnern im Vorteil waren. Wie

Beim Vergleich zwischen ziviler und militärischer Gewalt wird noch etwas anderes deutlich. Anspannung und Angst liefern eine Erklärung für niedrige Schießquoten von Soldaten und für relativ inkompetente Leistungen in puncto Treffsicherheit. Es mögen aber auch noch andere Gründe mitspielen: etwa dass auf dem modernen Schlachtfeld die Soldaten verstreut Deckung suchen, so dass das Kampffeld leer aussieht.[113] Das Fehlen sichtbarer Ziele mag daher in gewissem Maß mit dafür verantwortlich sein, dass die Kombattanten nicht oder ineffektiv schießen. Aber Marshall widerlegt dies, wenn er zeigt, dass auch in Nahkampfsituationen nicht geschossen wird; bei vormodernem massivem Beschuss stößt man auf ähnliche Muster. Wichtiger ist, dass die Soldaten bei anhaltendem Kriegszustand häufig zu wenig Schlaf bekommen, physisch erschöpft sind, weil sie lange Zeit den Elementen ausgesetzt sind, es mitunter an Lebensmitteln mangelt, der Lärm ihnen zusetzt und der lang andauernde feindliche Beschuss sie emotional auslaugt.[114] Unter diesen Umständen können Soldaten abstumpfen, in einen zombieartigen Zustand verfallen, in dem sie nicht oder nur ungenau schießen. Aber Zivilisten neigen in Gewaltsituationen zu einem ähnlichen Mangel an Aktivität und Effektivität, obwohl ihre Ziele klar sind und sie nicht unter anhaltendem Schlafmangel, physischem Stress oder dauerhafter Entkräftung leiden. Dies legt nahe, dass Anspannung und Angst in Situationen gewaltsamer Konfrontation die Leistung bestimmen, unabhängig von den besonderen Schwierigkeiten des militärischen Kampfes.

Es gibt zweifelsohne Zivilisten, die sich hinsichtlich ihrer Kampfesleistung am oberen Ende des Kontinuums befinden: Manche von ihnen haben keine Angst vor gewaltsamen Konfrontationen, andere lenken Anspannung in Angriff um, wieder andere finden Vergnügen

---

wir in Kapitel 6 noch sehen werden, vermeiden sowohl Banden als auch einzelne Schläger Gewaltsituationen, in denen sie nicht von vornherein die Oberhand haben. Wilkinson berichtet (S. 181), dass die Seite, die den Kampf eröffnete (zuerst schoss), der anderen Seite auch eher Schaden zufügte.

113 Marshall, *Soldaten*, S. 44–51, betont diesen Punkt. »Im allgemeinen hat man im Gefecht eine Landschaft vor sich, und gerade das vollständige Fehlen jeder sichtbaren Bewegung ist das sicherste Zeichen dafür, daß man sich in der Gefahrenzone befindet. [...] Erst wenn das Feuer auf dem Gefechtsfeld erloschen ist, zeigen sich die Truppen in zusammenhängender, krafteinflößender Schützenlinie, und der Laie hält dies, wenn er es auf der Kinoleinwand sieht, dann für das wirkliche Bild einer siegreichen taktischen Formation« (S. 94f.).

114 Holmes, *Acts*, S. 115–125; Grossman, *On Killing*, S. 67–73.

an – misslungener oder erfolgreicher – Gewalt. Manche sind »Cowboy-Polizisten« und unverhältnismäßig oft an Schießereien oder der Misshandlung Verdächtiger beteiligt; manche Wörter sind aus Routine sadistisch und manche Kinder Schläger. Sie stellen jedoch eine Minderheit dar, und – wichtiger noch für eine Theorie des situativ bedingten Handelns – diese Situationen treten selten auf. Wie im Falle der Soldatenschilderungen, die sich mit der Gefühlslage im Kampf befassen, müssen wir sorgfältig unterscheiden, inwieweit Zivilisten in ihren Darstellungen ihren Gefühlen über Kämpfe allgemein Ausdruck verleihen (und dabei aus unterschiedlicher Entfernung zum Kampfgeschehen berichten) und in welchem Maße Prahlerei oder Vorspiegelung von Kampfbereitschaft im Spiel sind. In den Schwarzenghettos amerikanischer Großstädte wird Kämpfen mitunter als »Show« betrachtet,[115] dies mag jedoch eher den Gefühlen der Zuschauer gut inszenierter Kämpfe entsprechen als denen der Kämpfer. Dennoch: Bei einer Minderzahl der Fälle kommt es zu effektiver Gewaltausübung. Warum dies so ist, lässt sich dann erklären, wenn man weiß, warum bestimmte situative Positionierungen es manchen Menschen ermöglichen, sich Anspannung und Angst zunutze zu machen und sie in Gewalt gegen andere umzumünzen.

Angst wovor?

Welche Angst befällt die meisten Menschen in Gewaltsituationen? Logischerweise müssten sie Angst davor haben, getötet oder verletzt zu werden. Soldaten, die sehen, wie ihre Kameraden oder Feinde von Granaten zerrissen, wie Körperteile zerfetzt werden, oder die den Todeskampf Verwundeter mit blutig-klaffenden Wunden und herausquellenden Organen mit ansehen müssen, wollen verständlicherweise nicht, dass ihnen dasselbe widerfährt. Dies entspricht dem Muster, dass die meisten versuchen, sich von Gefahrenquellen fernzuhalten: Soldaten bleiben hinter der Front zurück, Aufrührer halten sich in sicherer Entfernung, Banden fahren bei einem Angriff mit dem Auto davon. Es passt auch zu dem Muster, dass der Kampf dort länger dauert, wo er in Schranken gehalten wird, so dass es nur leichte Verletzungen gibt und wenig Schaden entsteht. In Kapitel 8 werden wir sehen, dass Gewalt am häufigsten bei den Sportarten vorkommt, bei

115 Anderson, *Code*.

denen die Spieler am besten gegen Verletzungen geschützt sind. Und die soziale Gruppe mit den meisten gewaltsamen Vorfällen bilden Kinder, bei denen die Verletzungsgefahr in Auseinandersetzungen verhältnismäßig gering ist.[116]

Aber diese Erklärung enthält mehrere Widersprüche. Einer davon betrifft den Umstand, dass manche Personen sich unter gewissen sozialen Bedingungen nicht nur willentlich schweren Gefahren aussetzen, sondern sogar Schmerz und Verletzungen freiwillig auf sich nehmen. Initiationsrituale etwa, die gewöhnlich mit Unannehmlichkeiten und Erniedrigung verbunden sind, können sehr schmerzhaft sein. Bei nordamerikanischen Stämmen mussten junge Krieger zu diesem Zweck nicht nur schmerzhafte Feuerproben, sondern Schnittwunden hinnehmen. Gefangene, die sich unter Folter tapfer hielten, wurden ausgezeichnet und womöglich in den Stamm aufgenommen. Bei einigen Banden zählt ein Kampf gegen eine stärkere Person zur Initiation, bei dem man eine Menge Schläge einsteckt;[117] in der japanischen Verbrecherorganisation Yakuza wird Mitgliedern zur Strafe rituell ein Fingerglied abgeschnitten.[118] Narben, ein blaues Auge und Verbände mögen von Athleten gewaltsamer Sportarten und jungen Männern im Allgemeinen durchaus mit Stolz präsentiert werden. Sie sind jedoch in der Regel das Ergebnis von Ausnahmesituationen, bei denen erwartet wird, dass Gewalt nur bis zu einem bestimmten Punkt geht und die Verletzungen in vielen Fällen nicht so schwerwiegend sind wie bei einem bedingungslosen Kampf. Solche ritualisierten Situationen können jedoch, wie beim rituellen Selbstmord, dem japanischen *seppuku*, auch anders ausgehen.

---

116 Bei einer Befragung zu versuchter Gewaltanwendung räumten 80 Prozent amerikanischer Geschwisterkinder zwischen drei und 18 Jahren ein, sie hätten im Laufe des Jahres versucht, ihrem Bruder oder ihrer Schwester weh zu tun. Beinahe die Hälfte hatte ein Geschwister getreten, geschlagen oder gebissen; 40 Prozent hatten eines mit harten Gegenständen geschlagen, und ein Sechstel hatte eines zusammengeschlagen (Gelles, »Violence«). Aber die Notfallstationen melden für solche Auseinandersetzungen in der Altersklasse der Fünf- bis Vierzehnjährigen eine Verletzungsquote von 3,1 Prozent (2,7 Prozent für das Alter null bis vier). Selbst wenn wir alle diese Verletzungen Geschwistern zurechneten und von nur einem gewalttätigen Vorfall pro Kind im Jahr ausgingen, bliebe der Anteil geschwisterlicher Attacken, die in effektive Gewalt ausufern, sehr gering. Berechnet nach »Overall struck by/against nonfatal injuries and rates, 2001«, National Center for Injury Prevention and Control (unter www.cdc.gov/ncipc/wisqars [26. 9. 2010]).

117 Anderson, *Code*, S. 86f.

118 Whiting, *Tokyo Underworld*, S. 131f.

Das Erdulden von Schmerz und Verletzungen wird dann erfolgreich ritualisiert, wenn das Geschehen sich im Zentrum der gesellschaftlichen Aufmerksamkeit abspielt und ein starkes Zugehörigkeitsgefühl zu einer exklusiven Gruppe fördert. Es wird zu dem, was Durkheim einen »negativen Kult«[119] nannte: Sich freiwillig einem Schmerz zu unterziehen, den die meisten Menschen scheuen, führt in die Elitegruppe. Aber der Schlüssel zu diesem rituellen Status liegt im Ertragen, nicht im Zufügen von Leiden. So riskieren viele Soldaten im Gefecht Schmerzen, Verwundung oder gar den Tod, obwohl sie häufig in der Kampfzone nicht mehr machen, als einfach nur dort zu sein. Es ist leichter, sich mit Verletzung und Tod abzufinden, als dies anderen anzutun. Es wird oft behauptet, dass Furcht vor der Schande oder davor, die Gruppe im Stich zu lassen, die Furcht vor Verletzung im Kampf bezwinge. Doch diese Form sozialer Furcht wirkt offenbar stärker bei der Überwindung der Furcht vor Verletzung und Tod als bei der Überwindung der Anspannung, die guten Leistungen im Gefecht entgegensteht. Die Furcht vor Verletzung und Tod scheint am Anfang am größten zu sein, unmittelbar vor dem Eintritt in die Schlacht.[120] Haben sich die Soldaten daran gewöhnt, Tote oder verstümmelte Körper zu sehen, werden sie unempfindlich dagegen, wenngleich sich, wie wir gesehen haben, ihre Kampfleistung nicht wesentlich steigert, was darauf hindeutet, dass die größere Anspannung immer noch vorhanden ist.

Ein damit zusammenhängendes Problem besteht darin, dass die Umstände, welche die größte Angst hervorrufen, nicht unbedingt die objektiv gefährlichsten sind. Artillerie, Granaten und Mörser fordern, wie wir gesehen haben, weit mehr Verluste als Kleinwaffen, und die Soldaten wissen dies in der Regel.[121] Trotzdem bereitet ihnen die Konfrontation mit Handfeuerwaffen an der vordersten Front im Kampfgebiet die größten Schwierigkeiten. Einigen Untersuchungen zufolge herrscht relativ große Angst davor, durch Bajonett- oder Messerstiche getötet zu werden, was beinahe nur in der Phantasie vorkommt, jedoch ein Hinweis darauf ist, welche Vorstellungen die Soldaten von dem haben, was sie erwartet. Und nicht alle, die sich in hochgefährlichen Situationen befinden, legen jene Anzeichen lähmen-

119 Durkheim, *Die elementaren Formen.*
120 Shalit, *Psychology.*
121 Holmes, *Acts*, S. 209f.

der Angst an den Tag, die die Fronttruppen ergreift.[122] Marineangehörige sind nicht weniger als die Landstreitkräfte der Gefahr ausgesetzt, durch Geschosse in die Luft gesprengt zu werden, außerdem droht ihnen der Tod durch Ertrinken. Daten zu langfristigen Zusammenbrüchen durch Kampfstress – ein Gradmesser für Angst vor dem Kampf – zeigen jedoch, dass Seeleute in Kampfzonen deutlich seltener darunter leiden als Angehörige der Landstreitkräfte. Ähnliches gilt für Zivilisten bei Bombardements, auch anhaltenden wie bei den Luftangriffen der Deutschen auf England oder den alliierten Bombenangriffen auf deutsche Städte; die Zivilbevölkerung musste damit rechnen, bei lebendigem Leib zu verbrennen oder schwerste Verstümmelungen davonzutragen. Dennoch gab es in diesen Gegenden im Vergleich zu den Heerestruppen wenige Opfer mit psychiatrischen Auffälligkeiten.

Mehrere differenzierte Vergleiche geben Aufschluss über die genaue Ursache von Anspannung und Angst. Kriegsgefangene unter Beschuss oder bei Bombardements wiesen keinen Anstieg psychischer Leiden auf, während deren Bewacher offenbar unter erhöhter Anspannung standen, denn bei ihnen nahm die Rate psychischer Erkrankungen zu.[123] Das heißt, die Bewacher befanden sich noch immer in Kampfbereitschaft, vielleicht weil sie die Feinde stets vor Augen und gleichzeitig Mühe hatten, die Kontrolle über sie zu behalten; für die Kriegsgefangenen hingegen ging es lediglich darum auszuharren. Grossman betont, dass Spähtrupps hinter den feindlichen Linien, obwohl äußerst gefährdet, nicht unter psychischen Schäden litten.[124] Der Grund dafür ist seiner Meinung nach die Tatsache, dass solche Patrouillen versuchen, heimlich Informationen zu sammeln und vor allem Angriffe auf den Feind zu vermeiden. Auch Offiziere im Gefecht wiesen eine geringere Quote an psychischen Erkrankungen auf, obwohl sie in den meisten Kriegen physisch einen bedeutend höheren Preis zahlten als ihre Mannschaften.[125] Daran können wir erkennen, dass die Belastung weder durch Angst vor Tod und Verwundung noch durch einen generellen Widerwillen gegen das Töten entsteht, denn den Offizieren obliegt es, ihren Männern das Töten zu befehlen und dafür zu sorgen, dass diese ihre Angst und Unfähigkeit überwinden. Was sie

---

122 Grossman, *On Killing*, S. 55–64.
123 Ebenda, S. 57f.; Gabriel, *Military Psychiatry* und *No More Heroes*.
124 Grossman, *On Killing*, S. 60f.
125 Ebenda, S. 64.

unterscheidet – und offenbar vor Anspannung und Angst schützt –, ist die Tatsache, dass sie nicht selbst töten müssen. Dasselbe gilt für jene, die zwar nicht schießen, häufig aber andere nützliche Dienste auf dem Schlachtfeld verrichten, indem sie etwa die Geschütze laden.[126] Es zeigt sich, dass sie oft bereit sind, sich ebenso der Gefahr auszusetzen wie die Schützen. Es geht nicht einmal darum, dass sie gegen das Töten wären; sie bringen es nur nicht fertig, es selbst zu tun.

Sanitäter sind bei Bodengefechten den gleichen Gefahren ausgesetzt wie Infanterietruppen, aber ihre Kampfmüdigkeit fällt weit geringer aus.[127] Spitzenleistungen sind dagegen in ihren Reihen weiter verbreitet: Sanitäter erhielten in den amerikanischen Kriegen des 20. Jahrhunderts viele Auszeichnungen wegen Tapferkeit.[128] Auch ihre Routineleistungen im Gefecht sind höher: Von einer den Quoten nichtschießender Soldaten vergleichbaren Leistungsverweigerung unter Sanitätern hat man nichts gehört. Dabei hätten die Soldaten sich vermutlich schnell beklagt, wenn sich Sanitäter davor gedrückt hätten, den Verwundeten zu Hilfe zu kommen. Und doch sind die Sanitäter diejenigen, die am beständigsten mit durch das feindliche Feuer verursachtem Leid konfrontiert werden. Das zeigt, dass sie über einen sozialen Mechanismus verfügen, um die Angst vor Verwundung und, wichtiger noch, das Aufkommen von Anspannung und Angst im Gefecht von sich fernzuhalten. Ihre Aufmerksamkeit richtet sich nicht auf die Konfrontation mit dem Feind, nicht auf das Töten, sondern darauf, Leben zu retten. Sie drehen die übliche Betrachtungsweise von Verletzungen um und stellen sie in einen anderen Zusammenhang; das bewegt sie zum Handeln.[129]

Dass selbst jene, die im Kampf die Oberhand haben und kaum oder überhaupt nicht in Gefahr sind, verwundet zu werden, Angst zu erkennen geben, weist ebenfalls darauf hin, dass Angst vor Verletzung nicht die einzige Ursache von Anspannung im Kampf ist. Auch bei Überfällen ist die Situation laut Interviews mit Schützen und ihren Opfern sehr angespannt; und wer sich in Gegenden mit hoher Kriminalitätsrate auskennt, weiß, dass das Überleben bei einem Überfall

126 Ebenda, S. 15.

127 Ebenda, S. 62–64 und S. 335.

128 Miller, *Mystery*, S. 121–124.

129 Ein typisches Beispiel ist jener Sanitäter, der unter schwerstem Beschuss zu einem verwundeten Soldaten vorstieß, der im Sterben lag. Der Sanitäter erklärte dies so: »Wenn jemand nach dem Sanitäter um Hilfe schreit und man ist ein Sanitäter, dann läuft man da hin« (ebenda, S. 42).

davon abhängt, dass der Bewaffnete die Grenze zwischen Anspannung und Schießen nicht überschreitet. Vor allem sollte man dem Bewaffneten nicht in die Augen schauen, nicht nur, um ihn nicht glauben zu lassen, man habe ihn identifiziert, sondern um ein gegenseitiges Anstarren zu vermeiden, das den Eindruck einer feindseligen Herausforderung hervorruft.[130] Selbst dann, wenn kein Raubüberfall stattfindet, kann in einem Viertel mit hoher Gewaltrate ein herausfordernder Augenkontakt einen Kampf provozieren.

Die Anspannung scheint also bei der Konfrontation im Mittelpunkt zu stehen. Grossman behauptet, es gehe um die Angst vor dem Töten.[131] In einer früheren Interpretation von Zeugenaussagen Militärangehöriger machte Marshall geltend, dass die Standards zivilisierten Verhaltens, die tief durch die zivile Lebenserfahrung geprägt seien, zu einer Blockade gegen das Töten von Menschen führten, selbst wenn es sich um Feinde handelt, die einen ihrerseits zu töten versuchen. Dieses Modell der kulturellen Hemmung bietet jedoch keine angemessene Erklärung dafür, warum Anspannung und Angst in ganz unterschiedlichen kulturellen Umfeldern die Kampfleistung bremsen. Tribale Kriegführung weist ebenfalls eine geringe Effektivität und einen hohen Grad furchtsamen Verhaltens an der Frontlinie auf, und auch im historischen Vergleich agieren Kampftruppen mit ähnlicher Ineffektivität, selbst in Gesellschaften, deren Kultur äußerste Grausamkeit gegenüber dem Feind billigt. Überdies ist das Maß an Hemmung durch Angst in ein und derselben Gesellschaft oder Armee ausgesprochen situationsabhängig: Dieselben Personen, die ihre Waffen nicht einsetzen oder sie in Konfrontationen ungeschickt handhaben, können in Situationen, bei denen Feinde aus dem Hinterhalt oder Gefangene aus einer belagerten Stadt massakriert werden, sehr grausam sein. Anspannung und Angst scheinen universell in allen Kulturen vorhanden zu sein, sowohl in solchen, die als grausam, als auch in jenen, die als friedlich bezeichnet werden. Und ebenso universell sind auch die Umstände, unter denen Anspannung und Angst überwunden werden und Gewalt entsteht. Selbst in modernen westlichen Kulturen mit ihrer kulturellen Sozialisierung gegen

130 Anderson, *Code*, S. 127. Auf dem Foto einer Überwachungskamera sieht man zum Beispiel, wie ein Bewaffneter bei einem Raubüberfall an einem Bankautomaten dem Opfer, das den Kopf gesenkt hält, die Pistole an den Nacken hält. Das Gesicht des Bewaffneten ist angespannt. Es gibt keinen Augenkontakt (4. 10. 1991, AP-Mitteilung aus Maitland, Florida, Polizeifoto).

131 Grossman, *On Killing*.

Gewalt kann man als Zuschauer an Grausamkeit und Leid teilhaben und sich daran ergötzen (wie wir in Kapitel 6 sehen werden). Aber dieselben Personen, die sich als Zuschauer an Gewalt begeistern, stoßen in einer direkten Konfrontation mit einem Widersacher schnell an ihre Grenzen.

Handelt es sich also um eine ursprüngliche Abneigung gegen das Töten? Gemäß dieser Interpretation sind Menschen genetisch mit einem Widerwillen ausgestattet, einander zu töten. Diese Hemmung ist nicht so stark, als dass sie nicht durch andere soziale Kräfte überwunden werden könnte. Doch wenn dies geschieht, fühlen sich Menschen schlecht und drücken ihr Unbehagen durch physische und psychische Symptome aus. Grossman behauptet, dass Soldaten, die zum Töten ausgebildet wurden, den Preis dafür nach dem Kampf durch Belastungsstörungen und Nervenzusammenbrüche zu zahlen hätten.[132]

Diese Argumentation geht aber zu weit. Schließlich töten und verletzen Menschen einander in unterschiedlichen Situationen, die wir jeweils spezifizieren können. Und häufig rechtfertigen soziale Übereinkünfte das Töten für diejenigen, die daran teilnehmen, so dass sie keinerlei Nervenleiden davontragen. In den späteren Kapiteln dieses Buches werden einige dieser Strukturen vorgestellt, in denen das Töten und Verletzen anderer moralisch neutralisiert oder sogar moralisch verdienstvoll ist. Im Film *Dead Birds* wird der Zuschauer Zeuge einer Festzeremonie, nachdem ein Feind getötet wurde; die Gefühle, die dabei zum Ausdruck kommen, sind nicht Schuld, sondern Freude und Begeisterung.

In allen Situationen, die potenziell zu Gewalt führen, entsteht jedoch Konfrontationsspannung. Dabei handelt es sich nicht nur um die Angst vor dem Töten, denn wir können sie auch in Fällen erkennen, in denen die Angreifer jemanden bloß verprügeln wollen oder sogar nur mit einer ernsthaften Auseinandersetzung drohen. Die Drohung, jemanden zu töten, oder mit jemandem konfrontiert zu werden, der mit Tötung oder Verletzung droht, gehört zur Konfrontationsspannung, macht aber nur einen Teil davon aus. Die Fähigkeit, Gewalt gegen andere Personen auszuüben, hängt nicht allein vom sozialen Druck und der Unterstützung im Hintergrund ab, sondern auch von den sozialen Charakteristika der Konfrontation selbst. Grossman zeigt, dass die Bereitschaft, auf einen Feind zu schießen,

---

132 Ebenda.

von der physischen Distanz zu dieser Person bestimmt wird.[133] Bomberbesatzungen, das Bedienungspersonal von Fernlenkwaffen und Artillerie erzielen die höchsten Trefferquoten und sind am ehesten willens, den Feind zu töten. Für sie ist das Ziel gänzlich unpersönlich, auch wenn sie sehr wohl wissen, welche Verluste sie verursachen. Dieser Sachverhalt weist eine gewisse Ähnlichkeit mit der Zunahme rhetorischer Grausamkeit auf, je weiter jene, die sie äußern, von der Front entfernt sind. Ich deute dies dahin gehend, dass Anspannung ihr Konfliktverhalten offenbar kaum hemmt, und zwar nicht, weil die Betroffenen von ihren menschlichen Zielen keine Kenntnis hätten, sondern weil sie ihnen nicht körperlich gegenüberstehen.

Je näher das Geschehen heranrückt, desto größer werden die Schwierigkeiten bei der Ausübung von Gewalt. Es fällt leichter, Schusswaffen oder andere Geschosse auf eine Distanz von mehreren hundert Metern abzufeuern als auf kurze Distanz. Im letzteren Fall gehen die Schüsse oft daneben; anschauliches Material dazu liefern Schießereien der Polizei, bei denen Beamte auf drei Meter Distanz und darunter oft danebenschießen, obwohl sie am Schießstand auf viel größere Entfernungen gute Ergebnisse erzielen.[134] Noch näher rückt das Töten, wenn mit Stichwaffen wie Speeren, Schwertern, Bajonetten und Messern oder mit Schlagwaffen wie Keulen, Knüppeln oder anderen stumpfen Gegenständen gekämpft wird. Nach der Verlustquote zu urteilen, müssen diese Waffen in antiken und mittelalterlichen Schlachten sehr inkompetent benutzt worden sein: Die meisten Toten gab es bei Vorwärtspanik, die, wie wir noch sehen werden, dann eintritt, wenn die Anspannung weg ist. Schwerter und Messer wurden meistens zum Aufschlitzen des Gegners eingesetzt, obgleich ein direkter Stoß in den Körper des Feindes viel eher zum Tod führt.[135] Zu modernen Kriegen haben wir detaillierteres Material: Hieb- und Stichwunden machten im Ersten Weltkrieg ein Prozent aller Verletzungen aus.[136] Im Grabenkrieg (vor allem während des Ersten Weltkriegs) warfen Truppen bei der erfolgreichen Erstürmung eines Grabens lieber zuerst Granaten hinein. Auf diese Weise waren sie etwas weiter entfernt und konnten außer Sichtweite bleiben. Truppen mit aufgepflanzten Bajonetten pflegten ihre Gewehre umzudrehen und

---

133 Ebenda, S. 97–110.
134 Klinger, *Kill Zone*; Artwohl/Christensen, *Deadly Force*.
135 Grossman, *On Killing*, S. 110–132.
136 Keegan, *Antlitz*, S. 314.

die Kolben als Schlagwaffe einzusetzen. Manche Truppen (vor allem deutsche) benutzten ihre Spaten als Prügel.[137] Es scheint besonders schwierig zu sein, einer anderen Person in direkter Konfrontation eine Messerklinge in den Leib zu stoßen. Kommt es wie bei gewissen Kommandounternehmen zu Messerattacken, wird der Gegner vorzugsweise von hinten getötet, weil man vermeiden möchte, ihm dabei in die Augen sehen zu müssen.[138] Dies wird auch aus historischen Daten deutlich: Im frühneuzeitlichen Amsterdam wurden die meisten Messerüberfälle von hinten oder von der Seite verübt und nur selten von vorn.[139] Hinrichtungen laufen ähnlich ab: Sowohl der Scharfrichter, der eine verurteilte Person mit dem Beil oder Schwert zeremoniell köpft, als auch der Angehörige der Unterwelt oder einer polizeilichen Terrororganisation (wie der Gestapo oder dem NKWD), der sein Opfer mit einem Kopfschuss erledigt, stehen tatsächlich immer hinter dem Opfer und vermeiden eine Konfrontation von Angesicht zu Angesicht. Desgleichen werden Entführungsopfer vornehmlich mit verhülltem Gesicht exekutiert.[140] Darin liegt die interaktive Bedeutung, wenn einer Person vor dem Exekutionskommando die Augen verbunden werden; es nutzt dem Schützen ebenso wie dem Opfer.

Welche besonderen Schwierigkeiten das Töten des Opfers, dem man ins Gesicht blickt, verursacht, wird am Vorgehen deutscher Polizeieinheiten bei Massenerschießungen im Holocaust anschaulich.[141] Die Opfer waren zumeist vollkommen hilflos und passiv, die Ordnungspolizisten im Allgemeinen mit dem Antisemitismus und der Kriegspropaganda der Nationalsozialisten einverstanden, auch hielten sie das militärische Gemeinschaftsgefühl innerhalb der eigenen Reihen hoch. Dennoch fanden die Männer diese Schlächterei überwiegend abstoßend und auch nach langer Gewöhnung noch äußerst deprimierend. Der psychische Abscheu vor dem Töten war dann besonders ausgeprägt, wenn die Männer engen Kontakt zu ihren Opfern hatten, die sie meist aus kürzester Entfernung in den Kopf schossen, nachdem sie ihren Opfern befohlen hatten, sich bäuchlings auf den Boden zu legen. Selbst auf diese kurze Entfernung schossen die Soldaten häufig daneben.[142] Ein bemerkenswertes Beispiel kör-

137 Holmes, *Acts*, S. 379.
138 Grossman, *On Killing*, S. 129.
139 Spierenburg, »Faces«.
140 Grossman, *On Killing*, S. 128.
141 Browning, *Ganz normale Männer.*
142 Ebenda, S. 94–98.

perlicher Abwehr gegen die übermächtige Ideologie ist von einem NS-Offizier verbürgt, der psychosomatische Krankheitssymptome (Dickdarmreizung) entwickelte, die ihn davor bewahrten, seine Truppen persönlich bei den Tötungsmissionen zu begleiten.[143] Er wurde wieder gesund, als er zu den regulären Truppen an die Front abkommandiert wurde, wo aus größerer Entfernung geschossen wurde, und zeichnete sich im Einsatz aus. Auf Magen- und Darmbeschwerden trifft man häufig in Situationen großer Anspannung und Angst, ob sich nun Soldaten im Gefecht die Hosen vollmachen oder Einbrecher der Polizei ihre Anwesenheit durch ihren Geruch verraten.[144]

Konfrontation an sich ist nicht dasselbe wie Gewalt und ist durch eine spezifische Anspannung gekennzeichnet. Selbst in bloß verbalen Konflikten versuchen Menschen Konfrontation zu vermeiden: Über Nichtanwesende wird weit eher negativ geredet als über Anwesende. Analysiert man auf Band aufgenommene Unterhaltungen, die in ungezwungenem Rahmen stattfanden, lässt sich eine starke Neigung zu Übereinstimmung feststellen.[145] Konflikte werden deshalb weitgehend aus der Ferne zum Ausdruck gebracht, wenn die Betreffenden nicht dabei sind. Erreicht der Konflikt dagegen die unmittelbare Mikrosituation, gibt es große Schwierigkeiten, ihn auszutragen oder gar Gewalt anzuwenden.

Vergleichen wir damit das, was wir über menschliche Interaktion wissen, wenn es um normale Interaktion, nicht um Gewalt geht. Grundsätzlich besteht die Neigung, gegenseitig Aufmerksamkeit auf sich zu ziehen und in die gegenseitigen Körperrhythmen und emotionalen Stimmungen eingebunden zu werden.[146] Diese Prozesse laufen unbewusst und automatisch ab. Sie sind auch äußerst reizvoll. Am wohlsten fühlt sich der Mensch, wenn mit anderen ein ausgeprägt

---

143 Ebenda, S. 157–164.

144 Aus Interviews mit Polizisten in Philadelphia. Ein anderes Beispiel: UNO-Truppen im jugoslawischen Srebrenica wurden im Juli 1995 emotional von paramilitärischen Serben dominiert und vermochten deshalb ein Massaker an 7000 bosnischen Gefangenen nicht zu verhindern. Der holländische Kommandant der UNO-Truppen, der bei einer direkten Auseinandersetzung mit dem serbischen Befehlshaber klein beigegeben hatte, litt danach mehrere Tage lang an starkem Durchfall (Klusemann, »Micro-situational Antecedants«).

145 Boden, *The World*; Heritage, *Garfinkel*. Auch die Zuhörer politischer Reden applaudieren viel länger als sie buhen; und Buhen ist schwerer in Gang zu bringen und schwieriger aufrechtzuerhalten, da die meisten, die mitmachen, sehr schnell aufgeben (Clayman, »Booing«).

146 Belege für diese Muster sind in Collins, *Interaction*, zusammengefasst.

mikrointeraktiver Rhythmus entsteht: etwa bei einem sanft dahinfließenden Gespräch im Takt einer gemeinsamen Intonation, beim gemeinsamen Lachen, in der Begeisterung mit einer Menge, bei gemeinsamer sexueller Erregung. Normalerweise konstituieren diese Prozesse ein Interaktionsritual, welches das Gefühl gemeinschaftlichen Erlebens und moralischer Solidarität hervorbringt, zumindest für den Moment. Ein direkter Konflikt ist vor allem deshalb schwierig, weil er dieses Gemeinschaftsgefühl und die körperlich wie emotional empfundene Verbundenheit verletzt. Gewaltsame Interaktion ist umso schwieriger, weil es beim Sieg in einem Kampf darauf ankommt, den Rhythmus des Gegners durcheinanderzubringen, seine Form des Eingebundenseins zu durchbrechen und ihm die eigene Handlungsweise aufzuzwingen.

Es gibt eine spürbare Schranke, sich auf eine gewalttätige Konfrontation einzulassen, denn dies läuft unserer physiologischen Programmierung zuwider, die nach Einbindung in ein mikrointeraktives Ritual strebt. Stattdessen müssen wir unsere Sensibilität für Anzeichen ritueller zwischenmenschlicher Solidarität ausschalten und uns darauf konzentrieren, die Schwäche des anderen auszunützen. Soldaten, die ins Kampfgebiet vorrücken, geraten in ein Umfeld, in dem sie körperlich spüren, dass der Feind nicht mehr weit ist und die Konfrontation näher rückt. Bis zu diesem Moment hatten sie es fast ausschließlich miteinander zu tun, mit Freunden oder einem normalen Gegenüber, und mochten ihre Äußerungen und Gefühle auch viel Negatives über den Feind enthalten, so war er doch nicht *da*. Die mikrosituative Wirklichkeit an der Heimatfront oder an der rückwärtigen Front dreht sich letztlich immer um *uns*, auch wenn das Gespräch sich auf den Feind als symbolisches Objekt bezieht, das die Außengrenze der Gruppe definiert. Nähert man sich der Front, wird die Aufmerksamkeit mehr und mehr auf den Feind als reale soziale Gegenwart gelenkt. Wenn dies geschieht, fällt das Schießen immer schwerer, obwohl man sich durch die eigene Körperhaltung auf den Feind ausrichtet. Wir können dies an Fotomaterial aus dem Ersten Weltkrieg sehen, wenn die Soldaten aus dem Graben ins Niemandsland stürmen: Auf allen Aufnahmen lehnen sie sich vor, als hätten sie starken Gegenwind. Der Neigungswinkel hat aber nichts mit Wind zu tun, sondern mit der stetigen Annäherung an den Feind. Im Ersten Weltkrieg drückte sich soldatischer Mut weniger durch Schießen aus als dadurch, dass man unter schwerem Beschuss vorrückte. Es ging weniger um die Courage zu töten als um die Courage, getötet zu werden.

Wir haben gesehen, dass Offiziere im Gefecht generell weniger Angst zeigen als die Männer, die sie befehligen. Auf mikrointeraktiver Ebene sind Offiziere nicht annähernd so stark vom Konfrontationsgeschehen erfasst wie ihre Untergebenen. Offiziere richten ihre Aufmerksamkeit – und ihre Augen – auf die Interaktion mit den eigenen Leuten und bemühen sich, eine für die eigene Seite günstige, koordinierte Einbindung in Gang zu halten. Sie konzentrieren sich nicht auf den Feind als solchen, während ihre Männer, die tatsächlich versuchen, ihre Waffen zu gebrauchen, die Hauptlast der Konfrontationsanspannung tragen.

Deshalb hat Augenkontakt bei gewalttätigen Konfrontationen so eine große Bedeutung. Vor Entsetzen gelähmte Soldaten wenden ihre Augen ab oder machen kindische Gesten, um nicht gesehen zu werden. Siegreiche Krieger wollen die Augen des Feindes, den sie getötet haben, nicht sehen. Im gewöhnlichen Leben sind Wettkämpfe im gegenseitigen Anstarren kaum länger als einige Sekunden, bisweilen nur Sekundenbruchteile zu ertragen.[147] Ein bewaffneter Verbrecher hält Augenkontakt mit seinem Opfer, und sei er noch so kurz, offenbar gar nicht aus.

Diese unsichtbare, aber körperlich spürbare Schranke wird nur von einer Minderheit der Kombattanten (in einer Minderheit der Fälle) durchbrochen. Häufig geschieht dies durch ein plötzliches Vorwärtsstürmen, als durchstoße man eine Glaswand und falle verstört auf die andere Seite; die andere Seite ist dort, wo Vorwärtspanik herrscht und die ganze Anspannung nun in Angriff übergeht. Bei einigen Kämpfern wird die Schranke auf Dauer – oder zumindest für längere Zeit – gesenkt; sie befinden sich subjektiv in der Kampfzone, wo sie schießen, die Initiative ergreifen und gelegentlich sogar gut schießen. Das ist die gewalttätige Elite. Wir werden sie in Kapitel 8 näher untersuchen, können aber jetzt schon sagen, dass auch sie von der Schranke aus Anspannung und Angst geprägt wird, welche die Kampfsituation emotional strukturiert, ganz so, als wären die Emotionen buchstäblich im Raum verteilt. Die Kaltblütigen und Coolen darunter sind jene, welche die Anspannung und Angst anderer Personen aus gehöriger Entfernung wahrnehmen; ihr Erfolg rührt von ihrem distanzierten Verhältnis zu Anspannung und Angst her. Andere, die Heißblütigen und Rasenden, mästen sich an der Angst anderer, indem sie, wenn auch unbewusst, durch eine Art asymmetrischer

147 Mazur u.a., »Physiological Aspects«.

Einbindung oder Verstrickung Angst auf der einen Seite, rasende Angriffe auf der anderen auslösen.

Mit Blick auf das Schlachtfeld ist häufig vom »Nebel des Krieges« die Rede. Die durchgängige Verwirrung, die Hektik und die Schwierigkeiten bei der Koordination herrschen auf vielen Ebenen: bei der Organisation, der Kommunikation, der Logistik und genau genommen auch visuell. Meines Erachtens ist die wichtigste Komponente dabei die Anspannung, die daraus entsteht, dass die normale interaktive Solidarität durchbrochen werden muss. Das schließt andere Angstkomponenten ein: die Angst davor, andere Menschen zu töten, sowie Angst davor, selbst verwundet und verstümmelt zu werden oder gar zu sterben. Diese Ängste verketten sich zu einem überwölbenden Gefühl der Anspannung. Manche dieser spezifischen Ängste können besänftigt oder so weit reduziert werden, dass sie die Leistung nur noch moderat oder geringfügig beeinträchtigen. Dies gilt insbesondere für die Angst vor eigener Verletzung oder dem eigenen Tod, die mit sozialer Unterstützung und unter sozialem Druck offenbar leichter zu bewältigen ist. Die Angst davor, andere zu töten, kann ebenfalls gemeistert werden, vor allem durch Umwandlung der kollektiven Gefechtsanspannung in momentane Einbindung in Aggression. Deshalb halte ich daran fest, dass die wesentlichste Emotion die Konfliktanspannung selbst ist, welche das Verhalten der Kämpfenden sogar dann bestimmt, wenn sie den Aspekt der Angst, der sie dazu drängt, zurückzuschrecken oder wegzulaufen, für eine gewisse Zeit überwinden.

Der »Nebel des Krieges« ist emotionaler Natur. Er macht bisweilen stumpf und schläfrig oder versetzt einen in eine Art Trance; einige Soldaten beschreiben den Kampf so, als bewegte man sich in einem Traum. Manche haben das Gefühl, als hätte sich die Zeit verlangsamt oder beschleunigt; in dem einen wie dem anderen Fall ist der normale Rhythmus des sozialen Lebens durcheinandergebracht.[148] Und da unsere Emotionen und Gedanken von außen durch laufende Interaktionen gestaltet werden, bedeutet der Aufenthalt in der Kampfzone, wo normale Prozesse der Einbindung und der gegenseitigen Aufmerksamkeit unterbrochen sind, zwangsläufig die Erfahrung eines anderen Rhythmus und einer anderen Stimmung, und zwar meistenteils im

---

148 Holmes, *Acts*, S. 156–157; Bourke, *Intimate History*, S. 208f.; bezogen auf Polizeischusswechsel berichten Klinger, *Kill Zone*, und Artwohl/Christensen, *Deadly Force*, von ähnlichen Mustern.

Sinne eines gestörten Rhythmus. Manchmal ist der emotionale Nebel so dicht, dass er an emotionales Chaos oder an emotionale Lähmung grenzt; manchmal ist er nur ein leichter Dunst, in dem die Kombattanten sich mit einiger Effektivität bewegen.

Der »Nebel des Krieges« ist eine Metapher für Konfrontationsanspannung. Diese Anspannung umfasst mehrere Formen von Angst, die etwas Reales zum Gegenstand haben, worauf die Kämpfenden ihre Aufmerksamkeit richten: auf die Unversehrtheit ihres Körpers, den Feind, den man nicht sehen will, auch nicht, wenn er getötet wird. Manchmal kommt die Angst, sich lächerlich zu machen, hinzu, die Angst, von den eigenen Offizieren bestraft zu werden, Angst, die eigene Seite im Stich zu lassen, Angst, als Feigling bezeichnet zu werden – und bei den Offizieren die Angst, Fehler zu machen, die das Leben der eigenen Leute kosten könnten. Im nichtmilitärischen Kampf ist die Liste der Ängste im Allgemeinen kürzer. Aber bei allen Arten gewaltsamer Konfrontation gibt es dieselbe Grundanspannung; und Menschen reagieren in solchen Situationen mehr oder weniger ähnlich auf diese Anspannung und werden davon geprägt. Die grundlegende Anspannung erwächst nicht aus der Angst vor einem externen Objekt, sondern aus dem Kampf zwischen widerstreitenden Handlungsneigungen in einem selbst.

Die Grundanspannung kann als nichtsolidarische Verstrickung bezeichnet werden. Sie entstammt dem Versuch, gegen eine andere Person zu handeln und deshalb auch gegen die eigene Neigung, mit dieser Person solidarisch zu sein, mit ihr einen gemeinsamen Rhythmus zu finden sowie Denken und Wahrnehmung zu teilen. Dies ist umso schwieriger, als die Gewaltsituation eine eigene Form von Einbindung und einen eigenen Fokus hervorbringt: die Konzentration auf den Kampf selbst, auf die Gewaltsituation, und bisweilen eine emotionale Einbindung oder Verstrickung, bei der die Feindseligkeit, der Zorn und die Erregung beider Seiten den Zorn und die Erregung des jeweils anderen noch steigern. Diese Elemente gemeinsamer Wahrnehmung und Verstrickung erschweren es dem Einzelnen, in der Kampfsituation tatsächlich erfolgreich Gewalt auszuüben, weil die Gegner in gewisser Weise in eine kollektive Solidarität, in eine durkheimsche kollektive Überreizung eingebunden sind und gleichzeitig die Stoßrichtung umdrehen müssen, damit ein jeder dem anderen fremd ist und jeder versucht, dem anderen einen beherrschenden Rhythmus und ein Gefühl der Angst aufzuzwingen.

So sieht die Anspannung im Konfrontationsgebiet aus. Die meiste

Zeit ist sie zu stark: Die Individuen können der Konfrontationszone nicht nahe kommen und geben sich damit zufrieden, aus der Ferne Worte oder mitunter Geschosse abzufeuern; oder sie rücken nur kurz heran und werden dann von ihrem Körper, von ihren Emotionen und ihrem Nervensystem zum Rückzug veranlasst. Werden die Kämpfer so organisiert oder gezwungen, dass sie in der Kampfzone verbleiben, sind sie die meiste Zeit nicht sehr effektiv und zahlen den Tribut dafür in Form von Kampfmüdigkeit und Zusammenbrüchen.

Es gibt einen anderen Weg, die Anspannung zu lösen. Menschen, die lange genug körperlich und emotional in einer Situation höchster Anspannung gehalten werden, haben in Konflikten manchmal die Möglichkeit, aus der Spannungszone herauszufallen, und zwar nicht vom Feind weg, sondern zu ihm hin. Das ist die Situation einer Vorwärtspanik – die gefährlichste soziale Situation überhaupt.

Kapitel 3
Vorwärtspanik

Im April 1996 verfolgten zwei Hilfssheriffs in Südkalifornien einen Pick-up mit illegalen mexikanischen Einwanderern. Der Wagen hatte nördlich der Grenze einen Kontrollposten umfahren und hielt auch später nicht an, als der Streifenwagen mit 110 km/h hinter ihm her war. Während der Verfolgungsjagd durch den Verkehr auf der Schnellstraße warfen die Fahrzeuginsassen Gegenstände auf den Polizeiwagen, und der Fahrer versuchte, andere Fahrzeuge zu rammen, um die Verfolger abzulenken. Nach beinahe einer Stunde und 130 Kilometern Fahrt bog der Pritschenwagen von der Straße ab, und die meisten der 21 Insassen stiegen ab und liefen in eine Gärtnerei. Die Polizei erwischte nur zwei von ihnen: eine Frau, die Mühe hatte, die Beifahrertür des Pick-ups zu öffnen, und einen Mann, der ihr helfen wollte. Die wütenden Polizisten schlugen die beiden mit ihren Schlagstöcken. Ein Hilfssheriff schlug den Mann sechsmal auf Rücken und Schultern und machte weiter, als dieser zu Boden ging. Als die Frau aus der Fahrerkabine hervorkam, schlug der Hilfssheriff sie zweimal auf den Rücken und riss sie an den Haaren zu Boden, während der andere Hilfssheriff sie einmal mit seinem Stock schlug. Die Prügel dauerten etwa 15 Sekunden.[1] Ein Hubschrauber eines Fernsehsenders hatte den letzten Teil der Jagd verfolgt und das Geschehen mit der Kamera aufgenommen. Als die Aufnahmen im Fernsehen gezeigt wurden, gab es einen Aufschrei der Empörung. Die beiden Beamten wurden vor Gericht gestellt, auf bundesstaatlicher Ebene wurde eine Untersuchung zu rassistischen Aspekten des Vorfalls anberaumt, und den 21 illegalen Ausländern wurde Amnestie und Aufnahme in den USA gewährt.

Der Vorfall hat den Charakter einer Vorwärtspanik, der vermutlich häufigsten Form polizeilicher Gräueltaten und vielleicht von Polizeigewalt überhaupt. Die Grundstruktur dieser Art Interaktion – ein Ansturm gleichzeitiger Ereignisse – findet sich überall im zivilen und

1 *Los Angeles Times*, 2. 4. 1996.

Abb. 3.1, A und B Nach einer Verfolgungsjagd mit rund 110 km/h schnappt sich ein Streifenbeamter einen Mann aus einer Wagenladung illegaler Einwanderer und verprügelt ihn (Kalifornien im April 1996).
ddp images/AP/Courtesy of KCAL TV

militärischen Leben. Marineinfanterieleutnant Philip Caputo schildert ein Beispiel aus Vietnam:

> Ein Hubschrauberangriff in einem gefährlichen Landungsgebiet erzeugt weit mehr emotionale Anspannung als ein konventioneller Bodenangriff, bedingt durch den geschlossenen Raum, den Lärm, die Geschwindigkeit und vor allem durch das Gefühl vollkommener Hilflosigkeit. Zuerst stellt sich eine gewisse Erregung ein, aber danach ist es eine der unangenehmsten Erfahrungen des modernen Krieges. Auf dem Boden hat der Infanterist eine gewisse Kontrolle über seine Lage oder zumindest die Illusion einer solchen. In einem Hubschrauber unter Beschuss bleibt einem nicht einmal die Illusion. Unterschiedslos den indifferenten Kräften der Schwerkraft, der Ballistik und der Maschine ausgeliefert, wird man von extremen, widerstreitenden Gefühlen in verschiedene Richtungen gleichzeitig gestoßen. Im engen Raum wird man von Klaustrophobie gequält; das Gefühl, in einer Maschine machtlos in der Falle zu sitzen, ist unerträglich, und doch muss man es aushalten. Man wird dabei von blinder Wut gegen die Mächte gepackt, die einen in diese ohnmächtige Lage gebracht haben, aber der Soldat muss seinen Zorn beherrschen, bis er aus dem Hubschrauber herauskommt und wieder auf festem Boden ist. Er sehnt sich danach, wieder Boden unter die Füße zu bekommen, aber dem Verlangen steht die Gefahr entgegen, die ihn dort erwartet. Dennoch übt diese Gefahr eine Anziehung auf ihn aus, weil er weiß, dass er seine Angst nur überwinden kann, indem er sich ihr aussetzt. Sein blinder Zorn richtet sich allmählich gegen die Menschen, welche die Quelle dieser Gefahr – und seiner Angst – darstellen. Der Zorn zieht sich in ihm zusammen und verwandelt sich zum grimmigen Vorsatz zu kämpfen, bis die Gefahr nicht mehr da ist. Aber dieser Vorsatz, der mitunter Mut genannt wird, kann nicht von der Angst getrennt werden, die ihn erzeugt hat. Er bemisst sich eben am Ausmaß dieser Angst. Tatsächlich handelt es sich um einen mächtigen Drang, keine Angst mehr zu haben, die Furcht loszuwerden, indem man deren Quelle beseitigt. Dieser innere, emotionale Krieg produziert eine in ihrer Intensität der Sexualität annähernd vergleichbare Anspannung. Sie ist zu schmerzhaft, als dass man sie lange ertragen könnte. Der Soldat vermag nur noch an den Zeitpunkt zu denken, an dem er dieses Gefängnis aus Ohnmacht verlassen und diese Anspannung loswerden kann. Alle anderen Erwägungen – Recht und Unrecht seines Tuns, die Aussicht auf Sieg oder Niederlage in der Schlacht, die Sache, um die es dabei geht oder nicht geht – werden absurd und vollkommen irrelevant. Nichts zählt, außer dem letzten, kritischen Augenblick, wenn er in die gewalttätige Katharsis springt, die er sowohl sucht als auch fürchtet.[2]

---

2 Caputo, *Rumor*, S. 277f.

Eine Vorwärtspanik beginnt mit Anspannung und Angst in einer Konfliktsituation. Dies ist gewöhnlich die Voraussetzung eines jeden gewalttätigen Konflikts, aber hier wird die Anspannung drastisch verlängert und gesteigert und strebt einem dramatischen Höhepunkt zu. Der Streifenwagen versucht, den davonrasenden Pritschenwagen einzuholen; der Hubschrauber muss durch die Feuerzone, um zu landen. Eine relativ passive Situation – Abwarten, Zurückhaltung, bis man in der Lage ist, den Konflikt zu entscheiden – schlägt in bedingungslose Aktivität um. Wenn die Gelegenheit endlich eintritt, machen sich Anspannung und Angst auf einen Schlag Luft. Ardant du Picq, der dieses Muster in militärischen Gefechten häufig beobachtete, nannte es »Flucht an die Front«.[3] Es gleicht einer Panik, und tatsächlich sind die physiologischen Komponenten ähnlich. Die Kämpfenden sind in einer Stimmung gefangen, in der Weglaufen und Angst sich gegenseitig, wie in der James-Lange-Emotionstheorie ausgeführt, Nahrung geben. Aber anstatt wegzulaufen, stoßen die Kämpfenden gegen den Feind vor. Ob sie nach vorn oder zurück laufen – in beiden Fällen bewegen sie sich in einem übermächtigen emotionalen Rhythmus, der sie zu Handlungen treibt, die sie in ruhigen, überlegten Augenblicken nicht gutheißen würden.

Der emotionale Ablauf wird von Caputo anhand eines zweiten Vorfalls im Detail beschrieben: Zuerst ist er voller Begeisterung, eine Patrouille führen zu dürfen. Seine Stimmung schlägt um, als drei Männer seiner Vorhut in einem Dorf am anderen Flussufer feindliche Soldaten ausmachen, die ihre Anwesenheit nicht bemerken. Caputo spürt nun Anzeichen äußerster Erregung: »Mein Herzschlag klang wie ein Trommelwirbel in einem Tunnel.« Zum Teil ist dies auf die Vertuschung des zu erwartenden Angriffs zurückzuführen, weil er versucht, ruhig zu bleiben und sich in den Dschungel zurückzuziehen, um mehr Leute für den Angriff herbeizurufen. Als das Schießen losgeht, gräbt er sich für einen Augenblick im Boden ein. »Die Erfahrung, unter Beschuss zu geraten, gleicht einem Ersticken; die Luft wird plötzlich so tödlich wie Giftgas.«

Dann erfolgt ein Stimmungsumschwung:

> Eine unheimliche Ruhe überkam mich. Mein Verstand arbeitete mit einer Geschwindigkeit und Klarheit, die mich erstaunt hätten, hätte ich Zeit gehabt, darüber nachzudenken [...] Der ganze Angriffsplan

3 Ardant du Picq, *Battle Studies*, S. 88f.

zuckte im Bruchteil weniger Sekunden durch mein Gehirn. Gleichzeitig spannte sich mein Körper zum Sprung. Unabhängig von meinem Denken und Wollen sammelte er seine Kräfte, als ob er mit einem Satz die Baumwipfel erreichen wollte. Und diese ungeheure Konzentration physischer Energie entsprang der Angst. Ich konnte nur noch einige Sekunden in meiner Mulde bleiben. Danach würde sich der Vietcong auf mich, ein unbewegliches Ziel in exponierter Stellung, einschießen. Ich musste meinen Platz verlassen, der Gefahr ins Auge sehen und sie überwinden [...] Ohne dass mein Verstand mir den Befehl dazu gab, stürzte ich ins Gebüsch und den Weg zurück, [um nach Verstärkung zu rufen].

Als diese eintrifft, fühlt er sich in Hochstimmung. Die ganze Gruppe von nunmehr 30 Leuten eröffnet das Feuer, um den Feind zu überwältigen. Caputo »schrie [sich] bei der Überwachung des Zuges beim Schießen heiser. Die Marineinfanteristen waren in einem Rausch, schossen eine Salve nach der anderen in das Dorf, einige brüllten unverständliche Worte, andere schrien irgendwelche Obszönitäten [...] Eine Kugel schlug peitschend zwischen uns in den Boden ein, wir rollten uns zur Seite und wieder zurück, ich lachte hysterisch.« Als das feindliche Feuer nachlässt und Berichte über Funk ankommen, die Vietcong zögen sich zurück, versucht Caputo mit seinem Zug einen Weg über den Fluss zu finden, um ihnen endgültig den Garaus zu machen. »Der Zug wurde so erregt wie ein Raubtier, das den Rücken seiner fliehenden Beute sieht [...] Ich fühlte, dass der ganze Trupp zum Angriff über den Fluss wollte.«[4] Es stellt sich jedoch heraus, dass es keine Möglichkeit gibt hinüberzukommen, und Caputo hat Mühe, die Hochstimmung wieder abzuschütteln. »Ich kam kaum von der durch die Aktion hervorgerufenen Hochstimmung herunter. Das Feuergefecht war bis auf einige vereinzelte Schusswechsel vorbei, ich wollte aber nicht, dass es vorbei war.« Er stellt sich daraufhin ungeschützt hin, um das feindliche Feuer auf sich zu lenken, damit eventuelle Heckenschützen geortet werden können – er geht »vor und zurück« und fühlt sich »unverwundbar wie ein Indianer in seinem Geisterhemd«. Als nichts passiert, fängt er an zu fluchen und feuert wild in der Gegend herum, und als seine Leute anfangen, über ihn zu lachen, lacht er selbst unkontrolliert mit. Schließlich beruhigt er sich.[5]

---

4 Caputo, *Rumor*, S. 249–253.
5 Ebenda, S. 254f.

Der ganze Vorfall ist ein Beispiel für Vorwärtspanik, die am Ende abgekürzt wird, weil das Ziel verschwunden ist. Der Unterton des Ganzen ist Anspannung und Angst, die sich zeitweise in Gelöstheit, Klarheit und aufflammende Erstickungspanik verwandeln. Dazwischen gibt es Momente eines Hochgefühls, wenn etwas klappt. Als die Angst abflaut, stellt sich ein Rausch ein, der Versuch, ein letztes Opfer zu finden.

Ein dritter von Caputo beschriebener Vorfall verrät, wie weit Kämpfer gehen können, wenn sie in diesen Gefühlsbereich geraten. Nachdem sie durch feindlichen Beschuss festgenagelt worden waren, rückt Caputos Truppe durch ein Dorf vor, von dem angenommen wurde, es habe dem Feind als Basis gedient:

> Der Kampflärm hielt an und machte einen verrückt, ebenso verrückt wie die stachligen Dornenhecken und die Hitze des Feuers, das direkt hinter uns wütete.
>
> Dann geschah es: Der Zug explodierte. Es war eine kollektive emotionale Entladung von Männern, die an die Grenzen des Erträglichen getrieben worden waren. Ich verlor die Kontrolle über sie wie auch über mich selbst. Im verzweifelten Versuch, den Hügel zu erreichen, stürmten wir durch das, was vom Dorf noch übrig geblieben war, schrien wie die Wilden, zündeten Strohhütten an und schleuderten Handgranaten in Zementhäuser, die nicht brennen wollten. In unserer Raserei brachen wir durch die Hecken, ohne die Dornen zu spüren. Wir fühlten gar nichts. Wir waren jenseits aller Gefühle für uns selbst, geschweige denn für andere. Wir waren taub für die Schreie und das Flehen der Dorfbewohner. Ein alter Mann lief auf mich zu, packte mich vorn am Hemd und fragte schreiend: »*Tai sao? Tai sao?*« Warum? Warum?
>
> »Mach, dass du aus dem verdammten Weg kommst«, schrie ich und riss seine Hände weg. Ich bekam ihn am Hemd zu fassen und schleuderte ihn zu Boden; dabei hatte ich das Gefühl, als ob ich mir wie in einem Film zusähe. [...] Die meisten im Zug wussten nicht mehr, was sie taten. Ein Marineinfanterist rannte zu einer Hütte, zündete sie an, rannte weiter, drehte sich um, raste durch die Flammen, rettete eine Zivilperson aus dem Inneren, rannte daraufhin wieder weiter und zündete die nächste Hütte an. Wir fegten wie der Wind durch das Dorf. Schließlich machten wir uns zum Hügel 52 auf; von Ha Na war nichts übrig geblieben außer Rauchschwaden aus glimmender Asche, verkohlten Baumstrünken mit verbrannten Blättern und Haufen von zertrümmertem Beton. Von allen scheußlichen Anblicken, die mir in Vietnam begegnet sind, war dieser einer der scheußlichsten: der plötzliche Zerfall meines Zuges aus einer Gruppe disziplinierter Soldaten in einen brandschatzenden Mob.

> Der Zug erwachte beinahe mit einem Schlag aus seiner Raserei. Unsere Köpfe wurden klarer, sobald wir aus dem Dorf in die klare Luft auf dem Hügel kamen. [...] Die Verwandlung von disziplinierten Soldaten in hemmungslose Wilde und wieder zurück in Soldaten verlief so jäh und gründlich, als ob sich der letzte Teil des Kampfes im Traum abgespielt hätte. Obwohl alles dafür sprach, hatten einige von uns eine Weile lang Schwierigkeiten zu glauben, dass wir alle diese Zerstörungen angerichtet hatten.[6]

Die Soldaten treten in den emotionalen Tunnel des gewalttätigen Angriffs ein und am Ende wieder heraus. Im Dorf, wo sie Widerstand erwartet hatten, treffen sie nicht auf Kämpfer, sondern nur auf hilflose Dorfbewohner, mit denen sie brutal umgehen. Die Soldaten fühlen sich wie von sich selbst, das heißt vom kognitiven Bild ihrer selbst, losgelöst und betrachten im Nachhinein ihr Verhalten als handelte es sich um eine eigene, von ihnen abgetrennte Wirklichkeit.

Caputos Beschreibung des brennenden Dorfs gleicht dem bekannteren Fall von My Lai vom 16. März 1968. Es war die heftigste Periode des Vietnamkriegs, während der Tet-Offensive, die sechs Wochen zuvor begonnen hatte, als der Vietcong und nordvietnamesische Truppen zeitweise mehrere große Städte eingenommen und die amerikanischen Truppen in die Defensive gedrängt hatten. Der Vorfall von My Lai ereignete sich während der Gegenoffensive, bei der dem Gegner die Eroberungen wieder abgenommen werden sollten. Eine Kompanie der US-Armee führte einen Hubschrauberlandeangriff in einem Gebiet durch, von dem man schon lange glaubte, es handle sich um eine Hochburg des Vietcong, und wo man heftigen Widerstand erwartete. Die Kompanie, die den Angriff anführte, hatte noch keine Kampferfahrung, wohl aber schon Verluste durch Minen und versteckte Sprengladungen zu beklagen. Es stellte sich heraus, dass in My Lai keine feindlichen Truppen waren. Der vorderste Zug fing an zu wüten, indem er Gebäude anzündete und drei- bis vierhundert vietnamesische Zivilisten tötete, die meisten von ihnen Frauen und Kinder; die Männer im wehrfähigen Alter waren aus dem Dorf geflohen.[7] Der Zugkommandant Leutnant Calley führte das Morden mit Begeisterung an. Als das Massaker mit einem Jahr Verspätung an die Öffentlichkeit gelangte, gab es einen enormen Skandal.

Obwohl die offizielle Untersuchung zu einem gegenteiligen Schluss gelangte, waren Vorfälle dieser Art im Vietnamkrieg recht verbreitet

---

6 Ebenda, S. 287f.

7 Summers, *Historical Atlas*, S. 140f.

und unterschieden sich allenfalls nach der Zahl der Todesopfer unter der Zivilbevölkerung und dem Umfang, in dem Verstümmelungen und Vergewaltigungen hinzukamen.[8] Zumindest waren dies Orgien der Zerstörung und des auf die Spitze getriebenen Vandalismus. Im typischen Guerillakrieg sind die Voraussetzungen für eine Vorwärtspanik häufig gegeben: eine verlängerte Phase der Anspannung und Angst in Verbindung mit einem verborgenen Feind und dem Verdacht, die normale Umgebung und die Zivilbevölkerung könnten Angreifern für plötzliche Überfälle Deckung bieten; Vorstoßoperationen in diese Gefahrenzone, bei denen sich Frustration und gleichzeitig die Erwartung aufbauen, den Feind endlich zu erwischen, sowie das auslösende Moment, wenn man glaubt, man habe ihn umzingelt; schließlich die Zerstörungswut. Reguläre Armeen erleiden im Kampf gegen Guerillas die meisten Verluste, wenn sie überrumpelt werden; haben sie sie erst eingeholt, sorgt Ungleichheit der Waffen gewöhnlich für einen leichten Sieg. Die Mühelosigkeit, mit der sich der seit langem gesuchte Feind schlagen lässt, ist für die Verwandlung von Anspannung und Angst in eine rasende Attacke der Vorwärtspanik verantwortlich. Umso mehr, wenn sich dann herausstellt, dass der Feind gar nicht da ist, sondern nur einige hilflose Opfer, die mit der feindlichen Seite in Verbindung gebracht werden wie die Frauen und die Alten in My Lai oder die Frau im davonfahrenden Pick-up in Los Angeles.

Die meisten Vorfälle von Polizeigewalt, die öffentliche Skandale hervorrufen, haben den Charakter einer Vorwärtspanik. Die schweren Prügel gegen Rodney King in Los Angeles 1991 sind ein archetypisches Beispiel. Die Polizei jagte eine Stunde lang einen schnell fahrenden Wagen mit streckenweise mehr als 180 km/h über fast 20 Kilometer erst auf einer Schnellstraße und dann in Wohnstraßen; über Funk war Verstärkung gerufen worden, so dass schließlich am Ende, als King hinter einem Wohnhaus in die Enge getrieben wurde, mehr als 21 Polizeibeamte anwesend waren. Ein berühmt gewordenes Amateurvideo zeigt die letzten dreieinhalb Minuten der Verhaftung. Die Streifenbeamten waren in erregter Stimmung und durch die rasende Jagd angespannt, außerdem erzürnt über Kings Weigerung, die Sirenen zu beachten und anzuhalten; und sie waren entschlossen, das Rennen zu gewinnen und ihn zur Aufgabe zu zwingen. Beim Aus-

8 Gibson, *Perfect War*, S. 133–151 und S. 202f.; Turse/Nelson, »Civilian Killings«, www.nickturse.com/articles/vietnam_LA.html [26. 9. 2010].

steigen aus dem Wagen stellte sich heraus, dass es sich um zwei junge Schwarze handelte: ein Beifahrer, der sich verhaften ließ, der andere King, ein großer, muskulöser Mann, den die Beamten wegen seines athletischen »Gefängnis-Körpers« für einen ehemaligen Strafgefangenen hielten. Sie meinten auch, er stehe unter der Wirkung der Droge PCP (Speed). Die Jagd war noch nicht zu Ende. King widersetzte sich seiner Verhaftung, unternahm einen kurzen Gegenangriff, indem er auf einen der Beamten losging. In diesem Moment wurde er von vier Beamten mit ihren Schlagstöcken niedergeschlagen und mit einer Elektroschockpistole kampfunfähig gemacht. Die Stockschläge gingen 80 Sekunden lang weiter – der Teil, der auf dem Video zu sehen ist –, bis King vollkommen gefesselt war und die Polizei sich daranmachte, ihre Fahrzeuge in Bewegung zu setzen. Der aktivste Polizeibeamte – derjenige, den King niedergeschlagen hatte – schlug ihn mehr als 45-mal mit seinem Schlagstock.[9]

Was die öffentliche Aufmerksamkeit zusätzlich erregte und das Geschehen besonders abscheulich erscheinen ließ, war die sichtbare emotionale Stimmungslage der Polizeibeamten während und nach der Prügelei. Obwohl 21 Beamte zur Stelle waren, beteiligten sich nur vier an den Prügeln. Die anderen standen im Kreis darum herum, ermunterten die Haupttäter und feuerten sie an. Anschließende Aufnahmen des Polizeifunks zeugen von Hochstimmung: »Wir mussten schon etwas draufhauen ... das waren Gorillas im Nebel« – eine Anspielung auf einen damals populären Film über afrikanische Gorillas. Im Krankenhaus, wo King wegen seiner Verletzungen hingebracht wurde, zog der gut gelaunte Begleitbeamte King in Anspielung auf dessen Job im Dodger Baseballstadion auf: »Wir haben da draußen heute Nacht einige *Homeruns* hingelegt, oder?« Das ist die gleiche Art Hochstimmung, die Caputo nach einem gut verlaufenen Gefecht und im Gefolge eines Begeisterungshochs beschrieb.

---

9 Ein ähnlicher Fall, der von einem Nachrichtensender per Video vom Hubschrauber aus aufgezeichnet wurde, ist in einer Bildsequenz in der *Los Angeles Times* vom 24. Juli 2004 dokumentiert: Hier verprügelten Beamte vom Los Angeles Police Department einen Autodieb nach einer Jagd zu Fuß.

Abb. 3.2 Rodney King wird von vier Polizisten nach einer Verfolgungsjagd zusammengeschlagen (Los Angeles im März 1991).
Getty Images/AFP

Konfrontationsanspannung und Entladung: Aufladung, Raserei, Overkill

Sehen wir uns den emotionalen Ablauf etwas näher an: Zuerst nimmt die Anspannung zu, die daraufhin in einen rauschartigen Angriff übergeht, wenn die Situation es ermöglicht. Im vorherigen Kapitel habe ich den Schluss gezogen, dass es sich um eine besondere Form von Anspannung und Angst handelt, die bei unmittelbaren Konfrontationen mit anderen Personen auftaucht. Diese Konfrontationsanspannung baut sich auf, wenn Personen in einem Konflikt aneinandergeraten, und nicht nur, weil einer vielleicht geschlagen wird, sondern weil man der anderen Person energisch entgegentreten, ihren Widerstand gewaltsam unter Kontrolle bringen muss.

Diese Anspannung kann sich aus verschiedenen Komponenten zusammensetzen. Polizeibeamte haben bei der Jagd mit hoher Geschwindigkeit ein Gefühl für die Gefahr, die von schnell fahrenden Wagen ausgeht, insbesondere wenn sie auch noch anderen Fahrzeugen oder Hindernissen ausweichen müssen. Ihre Anspannung mag außerdem teils aus Erregung, teils aus Frustration darüber, dass man sein Ziel noch nicht erreicht hat, bestehen. Für Polizeibeamte handelt es sich dabei um eine Verschärfung ihrer üblichen Ausgangslage, wenn sie es mit Zivilisten und vor allem mit tatverdächtigen Zivilisten zu tun haben: Sie bemühen sich stets um Kontrolle der Interaktionssituation.[10] Weigert sich ein Zivilist, dem Polizeibeamten die Kontrolle über die Situation zu überlassen, schafft dies Konfrontationsanspannung und verführt den Beamten möglicherweise dazu, sowohl seine Amtsgewalt einzusetzen als auch informell Druck auszuüben, um die Oberhand zu gewinnen. Jonathan Rubinstein zeigt anhand seiner ethnographischen Beobachtungen, wie Polizisten ihren Körper so zu positionieren versuchen, dass sie im Vorteil sind, wenn sie jemanden anhalten; ihre nonverbalen Manöver reichen von der Einnahme einer Haltung, die es ihnen ermöglicht, Personen zu entwaffnen oder zu überwältigen, bis zu leichter körperlicher Berührung, wenn sie etwa jemanden bei einer zufälligen Überprüfung streifen. Als Mindestmaß übt die Polizei subtile Kontrolle durch aggressiven Einsatz der Augen aus, indem sie andere länger und gründlicher betrachtet, als dies unter Zivilisten bei gegenseitiger Beobachtung und bei Augenkontakt üblich ist. Deshalb erlebt die Polizei bei einer längeren Jagd, die sich von dem, was sie bei einer Interaktion normalerweise erwartet, deutlich abhebt, eine anhaltende Phase der Frustration.

Die Anspannung, die Vorwärtspanik erzeugt, lässt sich auch bei Einzelkämpfen beobachten. Das biographische Material zu Ty Cobb, *dem* Baseballspieler seiner Zeit, der in viele gut dokumentierte Kämpfe verwickelt war, ist in dieser Hinsicht sehr ergiebig. Am 12. Mai 1912 sprang Cobb auf die Zuschauertribüne und griff einen Fan an, der ihn verhöhnte. Der Vorfall ereignete sich in New York, wo Cobbs Team aus Detroit ein Auswärtsspiel absolvierte. Bei einem früheren Spiel war Cobb während seines typischen aggressiven Vorstürmens an der dritten *Base* mit einem Spieler der New Yorker zusammengestoßen. Die beiden Spieler hatten einander geschubst, die Fans Gegenstände von den Tribünen geworfen. Vier Tage später stieß ein Fan, der nahe bei der Spielerbank saß, andauernd Beleidigungen gegen Cobb aus. Nach ungefähr einer Stunde, beim vierten *Inning*, wurde Cobb aktiv: Cobb »sprang über die Brüstung, trat Fans mit den Füßen, um zu dem

---

10 Rubinstein, *City Police*.

Quälgeist zu gelangen, der etwa ein Dutzend Reihen weiter oben auf der Tribüne saß. Er traf Luekers Kopf mit mindestens einem Dutzend Faustschlägen, schlug ihn nieder und trat den hilflosen Mann mit seinen Spikes in den Unterleib [...] [Der Zuschauer] hatte an einer Hand keine Finger mehr und nur zwei an der anderen [...] [er hatte] sie bei einem Arbeitsunfall verloren [...] Fans riefen von allen Seiten: ›Er hat keine Hände!‹ Zeugen sagten aus, sie hätten gehört, wie Cobb entgegnete: ›Ist mir egal, und wenn er keine Beine hat‹.«[11]

Die Schlägerei war typisch für Cobbs gewalttätigen Jähzorn. Hatte er einmal angefangen, hörte er nicht mehr auf, selbst wenn sein Gegner schon am Boden lag. Der Kampf war für ihn von Anfang an gewonnen, aber er machte mit einem Hagel von Schlägen weiter und trat den Besiegten noch, als der zu Boden gegangen war. In diesem Fall wird das Kräfteungleichgewicht noch dadurch unterstrichen, dass der pöbelnde Fan sich als behindert herausstellte.[12] Cobb bremste dies in seinem Jähzorn keineswegs. Bei einer Vorwärtspanik spielte die Schwäche des Opfers keine Rolle, selbst wenn der Gewalttäter sie bemerkt.

In diesem Fall hat die Anspannung verschiedene Komponenten: Unmittelbar im Vordergrund steht Cobbs vier Tage währende, hochgradig feindselige Beziehung zu den New Yorker Spielern und ihren Fans. Der Vorfall fügt sich in ein größeres Muster ein: Cobb war als Spieler vor allem deshalb erfolgreich, weil er einen besonders aggressiven Spielstil pflegte. In den Jahren 1911 und 1912 brach er verschiedene Rekorde, was ihm permanente Höchstform abverlangte. Manche Menschen nutzen ihre Fähigkeit, sich selbst in hohe Konfrontationsanspannung zu versetzen, als Mittel, um andere zu beherrschen. Sobald sie aber in einen hohen Erregungszustand geraten, können sie sich nicht mehr kontrollieren. So kam es, dass Cobb den Zuschauer – und andere – weiter zusammenschlug, nachdem er den Kampf längst gewonnen hatte.

---

11 Stump, *Cobb*, S. 206f.

12 Dennoch schlug Cobb offensichtlich keine vollkommen unschuldige, passive Person: denn diese war verbal aggressiv, zumindest bis zu dem Zeitpunkt, als die Schlägerei losging. Der Mann hatte einen Beruf mit gefährlicher körperlicher Arbeit ausgeübt; in lokalpolitischen Kreisen war er außerdem als Protegé des Sheriffs bekannt (Stump, *Cobb*, S. 206). Dieser Personentypus scheint für die raubeinige Politik jener Tage ebenso charakteristisch gewesen zu sein wie für das derbe Baseballpublikum der damaligen Zeit.

Die verschiedenen Arten von Anspannung und Angst, die sich bei einem Gewaltausbruch Luft machen, werden oft als Adrenalinschub umschrieben. Im Gefecht und unmittelbar danach sind Soldaten ähnlich wie Polizisten nach einer Verfolgungsjagd oder einer Verhaftung offenbar nicht Herr ihres Adrenalinhaushalts.[13] Aber Vorwärtspanik ist nicht bloß ein physiologischer Vorgang. Je nach den situativen Gegebenheiten wird sich eine Person im Adrenalinrausch mal so, mal so verhalten. Nach einem Beinaheunfall mag den Fahrer für eine Weile ein unkontrollierbares Zittern befallen. In dem Moment, da man das Steuerrad scharf herumreißen muss, befindet sich der Körper in Anspannung. Erst wenn die Aktion vorbei ist und es nichts mehr zu tun gibt, kommt die ganze Wirkung der Erregung zum Tragen. Andere reagieren mit Tränen, wenn eine Krise gerade überstanden ist. Das Gefühl, das jemand verspürt, der ein schwieriges Ziel erreicht hat, etwa das Nachlassen der Anspannung nach Erklimmen eines Berggipfels,[14] hat im Allgemeinen nichts mit Gewalt zu tun. Reaktionen wie Zorn oder ein gewalttätiger Angriff auf ein hilfloses Opfer kommen nur bei besonderen Situationsabläufen vor.[15]

Welche Emotion tritt während einer Vorwärtspanik zutage? Ganz offensichtlich handelt es sich um Zorn in seinen extremsten Formen: Wut und Tobsucht. Mit diesen Begriffen und vor allem mit dem Begriff »Raserei« wird assoziiert, dass der Zorn überhandnimmt und zwanghaft wird. Aber wir können auch andere Emotionen in solchen

---

13 Artwohl/Christensen, *Deadly Force*; Klinger, *Kill Zone*; Grossman, *On Combat*.

14 Diese Beobachtung verdanke ich Robert Lien, einem Soziologen, der Emotionen beim Hochleistungssport untersucht hat.

15 Dass selbst ein so aggressiver Mensch wie Ty Cobb seinen zornigen Impulsen nicht auf Gedeih und Verderb ausgesetzt war, verdeutlicht ein Vorfall aus dem Jahr 1923. Cobb, mittlerweile Manager der Detroit Tigers, traf mit seiner Mannschaft auf einen Werfer namens Carl Mays, der mit einem seiner Würfe bereits einen Mann getötet hatte. Cobb redete mit seinen Leuten und ging dann auf Mays zu, der sofort mit einer handfesten Auseinandersetzung rechnete. Doch stattdessen warnte Cobb den Werfer nur, eingedenk des Toten – Ray Chapman – bei seinen Würfen Vorsicht walten zu lassen. Mays verlor die Nerven und brachte keinen vernünftigen Wurf mehr zustande (Stump, *Cobb*, S. 351). Als die erwartete Konfrontation ausblieb, begann Mays am ganzen Körper zu zittern; das Adrenalin hatte nicht abgebaut werden können. Jemand wie Cobb, der seine Karriere auf seiner Aggressivität aufgebaut hatte, konnte sich – wie auch von Mafiosi bekannt – in den Tunnel gewalttätiger Emotionen begeben, aber auch die Erwartungen anderer erkennen und zu seinem Vorteil ausspielen.

Situationen unkontrollierter Gewalt erkennen: Da ist zum Beispiel Hysterie, die sich in Gelächter ausdrückt, wie Caputo es verschiedentlich bei Vorfällen in Vietnam beschreibt. Dieses hysterische Gelächter tritt in der heißesten Kampfphase auf und ist sehr ansteckend. Caputo wälzt sich mit einem Kameraden am Boden, um einer feindlichen Kugel zu entgehen; als er später einen Heckenschützen provoziert, bringt er seine Truppe zum Lachen, was bei ihm offenbar ein noch unkontrollierteres Lachen auslöst. Aufnahmen aus einem anderen Zusammenhang, bei einem Massenmord durch zwei Schüler an der Columbine High School in Littleton, Colorado, im April 1999, zeigen, dass die Mörder beim Schießen hysterisch lachen. Auch nach dem Abklingen einer Vorwärtspanik können das Gelächter und die gute Stimmung in der Gruppe anhalten. Nachdem die Polizeibeamten Rodney King verprügelt hatten, waren sie bester Laune. Ihr Verhalten wirkt unter anderem deshalb so schockierend, weil sie es sich nicht verkneifen können, ihre gute Laune durch witzige Meldungen über Funk und durch Bemerkungen im Krankenhaus zum Ausdruck zu bringen, in das sie King wegen seiner Verletzungen gebracht haben.

Oft tritt bei der Ausübung von Gewalt wie auch danach eine Hochstimmung auf. Caputos Stimmungslage wechselt zwischen Anspannung, Angst, Zorn und einem überwältigenden Glücksgefühl. Diese gemischten Gefühle sind mit den üblichen Bezeichnungen nicht angemessen zu beschreiben. Die aus verschiedenen Komponenten zusammengesetzte Stimmung rührt von der Transformation von Anspannung und Angst in aggressive Raserei her, die normalerweise ihren Ursprung im Zorn hat. In allen geschichtlichen Epochen haben Soldaten im Nahkampf viel Lärm veranstaltet, gejohlt, geflucht, gebrüllt oder Schlachtrufe ausgestoßen.[16] Im Augenblick des Sieges kann dies in Jubel, bisweilen hysterisches Gelächter übergehen, in etwas, das zwischen Beifall für einen selbst und dem schieren energetischen Ausdruck des Vorrückens als solchem liegt. Stumm scheint eine Vorwärtspanik nur selten abzulaufen; sie ist vielmehr der Gipfel an Lärm wie an Gewalt. Diese Mischung aus aggressiver Energie, Zorn und überschwänglicher Begeisterung hält häufig unmittelbar nach dem Konflikt noch an. Eine Vorwärtspanik ist schließlich ein totaler

---

16 Keegan, *Antlitz*; Holmes, *Acts*. Caputo, *Rumor*, erwähnt dies bei jeder geschilderten Episode; zu nichtmilitärischen Beispielen siehe den Abschnitt über Drohgebärden in Kapitel 9.

Sieg, zumindest auf lokaler, physischer sowie emotionaler Ebene, und will gefeiert werden.[17]

Die Gefühlslage einer Vorwärtspanik ist, wie die Mischung im Einzelnen auch aussehen mag, durch zwei Hauptmerkmale gekennzeichnet. Erstens handelt es sich um ein hitziges Gefühl, eine Situation hochgradiger Erregung, in der man vor Wut kocht. Es überkommt einen wie ein Schwall, es explodiert geradezu; und es braucht Zeit, bis es wieder abklingt. Diese Gefühlslage ist eine ganz andere als die, die bei einem weit selteneren Gewalttypus, der kalten oder distanzierten Gewalt, im Spiel ist, die Spezialisten wie Heckenschützen und Killer ausüben (siehe Kapitel 10 und 11), oder bei der halbherzigen Gewalt, die wir in Kapitel 2 betrachtet haben. Zweitens ist es ein rhythmisches und äußerst mitreißendes Gefühl. Wer sich mitten in einer Vorwärtspanik befindet, wiederholt seine aggressiven Handlungen: Die illegalen Immigranten werden von der Autobahnpolizei wiederholt geschlagen, Rodney King wird wiederholt geschlagen, Caputos Marines zünden eine Hütte nach der anderen an, obwohl sie bereits wissen, dass sich dort niemand versteckt, Cobb tritt den Mann am Boden mehrere Male. Die Emotion baut sich Welle um Welle auf, und das Individuum ist in seinem jeweiligen Rhythmus gefangen.[18] Cobb agiert hier allein, ist es aber gewöhnt, bei einem Baseballspiel den Spielrhythmus vorzugeben, und reagiert hier ebenfalls auf einen Rhythmus: die wiederholten Beschimpfungen des Fans, von denen er sich mitreißen lässt.

Öfter jedoch wird eine Gruppe von einem kollektiven Gefühl erfasst. Die Soldaten bringen einander zum Heulen, Fluchen, gelegentlich zu hysterischem Gelächter, während sie – wie wir gesehen haben, hauptsächlich daneben – schießen, aber das Rattern der Geschütze gehört ebenso zum Rhythmus, in dessen Bann sie stehen. Die beiden Mörder in der Columbine High School lachten wie erwähnt hyste-

---

17 Bei Siegesfeiern von Sportlern kann man ebenfalls beobachten, dass Begeisterung mit einer symbolischen und verkürzten Geste des Zorns kombiniert wird: Ein Schlagmann, der zur Vollendung des *Homeruns* die *Bases* abläuft, schlägt mit der Faust in die Luft; ein Werfer unterstreicht seine *Strikeouts* im entscheidenden Moment mit der Geste eines Faustschlags. Vgl. die Abb. 8.5, A und B in Kapitel 8.

18 Zur Untersuchung der rhythmischen Selbstverstrickung siehe Collins, *Interaction*, S. 205–211, und Katz, *Emotions*, bes. S. 18–83 und S. 229–273. Dies umfasst auch persönliche Formen magischer Beschwörung wie Fluchen, Verwünschungen und Geschrei.

risch, als sie mordeten, und blieben offenbar während des ganzen Vorfalls zusammen, obwohl sie vermutlich mehr Personen hätten töten können, wenn sie sich getrennt und von verschiedenen Orten aus geschossen hätten. Durch das Zusammenbleiben übertrug sich die Stimmung des einen auf den anderen, was die Raserei und hysterische Begeisterung verlängerte. Man kann sich natürlich fragen, ob dieses Gefühl wirklich Begeisterung war; gewiss war es vermischt mit der Ahnung, dass sie selbst sterben würden. Sie brachten sich kurz darauf um, und hätten sie überlebt, wäre ihnen die Todesstrafe sicher gewesen. Aber dies ist der wesentliche Punkt bei der Gefühlslage während einer Vorwärtspanik: Alle Komponenten, die während der heißen Phase einer erfolgreichen Attacke ohne Gegenwehr zutage treten, drehen sich um sich selbst. Zorn, Nachlassen der Anspannung und Angst, Hochstimmung, hysterisches Lachen, Lärm um seiner selbst willen als Form der Aggression – all dies schafft eine soziale Atmosphäre, in der die Menschen immer weitermachen, selbst dann, wenn die Aggression gar keinen Sinn ergibt.[19]

Eine Vorwärtspanik ist Gewalt, die nicht zu stoppen ist. Sie ist ein Overkill, ein Kraftaufwand, der weit über das Maß hinausgeht, das für einen Sieg notwendig gewesen wäre. Wer aus der Anspannung in eine Vorwärtspanik abrutscht, ist in einen Tunnel eingefahren und kann nicht anhalten. In dieser Situation verschießen die Menschen weit mehr Kugeln als nötig; sie töten nicht nur, sondern zerstören alles, was ihnen vor Augen kommt, sie schlagen und treten im Übermaß und greifen sogar leblose Körper an. Je nachdem, um was für einen Konflikt es sich handelt – immerhin hat Cobb seinen Gegner nicht getötet –, wird weit mehr Gewalt angewendet, als die Gewaltsituation selbst es erfordert. Ist eine Gruppe involviert, kommt es typischerweise zum Zusammenschluss: Jeder will dem bereits am Boden liegenden Opfer noch einen Schlag oder einen Tritt versetzen.

Eine Vorwärtspanik ist offenkundig unfair: Der Starke geht gegen den Schwachen vor, der Bewaffnete gegen den Unbewaffneten (oder den Entwaffneten), die Menge gegen den Einzelnen oder eine kleine Gruppe. Das Ganze sieht scheußlich aus, selbst wenn das Opfer nicht

---

19 Wir neigen dazu, diese Art Gelächter während der Vorwärtspanik bei einer Gräueltat für einen weiteren Beweis der äußersten moralischen Verkommenheit der Täter zu halten. Aber das ist Populärpsychologie und verkehrt die eigentliche kausale Abfolge: Das hysterische Lachen ist Ausdruck unkontrollierbarer Selbstverstrickung.

ernsthaft verletzt wird. Das Geschehen widerspricht unserem Moralempfinden, und wird jemand tatsächlich dabei getötet oder verstümmelt, dann in Form einer Gräueltat.

Kriegsgräuel

Im Kriegsgeschehen kommt Vorwärtspanik ständig vor. Das offensichtlichste Beispiel ist der Hang, feindliche Soldaten, die sich ergeben wollen, zu töten. Für den Grabenkrieg im Ersten Weltkrieg ist dies besonders gut dokumentiert. Truppen aller Kriegsparteien, die aus überlegener Position zu den feindlichen Schützengräben vorstießen, erschossen mit hoher Wahrscheinlichkeit die Männer, die daraus hervorkamen und sich ergeben wollten. Der deutsche Soldat Ernst Jünger betrachtete dies als ein emotionales Moment: »Der Kämpfer, dem während des Anlaufs ein blutiger Schleier vor den Augen wallte, will nicht gefangen nehmen; er will töten.«[20] Holmes verallgemeinert: »Kein Soldat, der in einem Krieg kämpft, bis sein Feind auf Schussweite herangekommen ist, hat eine mehr als fünfzigprozentige Chance darauf, verschont zu werden.«[21] Das lässt sich auch für den Zweiten Weltkrieg nachweisen, und zwar für Amerikaner, Briten, Deutsche, Russen, Japaner, Chinesen und andere.

Mitunter wurden Kapitulanten vorsätzlich getötet, weil man sich nicht mit ihrem Transport und ihrer Versorgung belasten wollte. Bisweilen steckte auch der Verdacht dahinter, sie könnten sich tückischerweise plötzlich wieder kriegerisch verhalten. Manchmal waren hitzige Gefühle wie Rache wegen erlittener Verluste im Spiel. Aber zu einem beträchtlichen Teil gehen diese Morde auf das jeweilige situationsbedingte Momentum zurück. Wir wissen, dass Kapitulanten, die den gefährlichen Augenblick überstanden haben, von ihren Bewachern kameradschaftlich behandelt werden, in der Regel besser als später von den Truppen im Hinterland.[22] Dann wieder geraten Soldaten in unkontrollierbare Wut. S.L.A. Marshall führt ein Beispiel vom Juni 1944 an, als ein amerikanisches Bataillon in der Normandie drei Tage lang von den Deutschen so heftig beschossen wurde, dass es weder seine Verwunde-

---

20 Jünger, *In Stahlgewittern*, S. 258.

21 Holmes, *Acts*, S. 382, auch S. 381–388; Keegan, *Antlitz*, S. 50–56, S. 124–129, S. 232–239 und S. 113–320.

22 Holmes, *Acts*, S. 382.

ten herausbringen noch dringend benötigtes Wasser heranschaffen konnte. Ein Zug unter Leutnant Millsaps brach unter dem feindlichen Maschinengewehrfeuer ein und lief panisch davon, bis die Offiziere die Männer mit physischer Gewalt an die Front zurücktrieben:

> Schließlich griffen sie den Feind an und kamen bis auf Nahkampfdistanz. Das Schlachten begann mit Kugel, Handgranate und Bajonett. Einige Patrouilleure wurden getötet, andere verwundet. Aber alle handelten jetzt, als ob sie jede Gefahr vergessen hätten. Einmal im Gange, konnte das Handgemenge nicht mehr aufgehalten werden. Millsaps versuchte seine Leute wieder in die Hand zu bekommen, aber sie schenkten seinen Bemühungen nicht die geringste Beachtung. Nachdem sie jeden Deutschen, der weit und breit sichtbar war, umgebracht hatten, stürzten sie sich auf die Ställe der nahe gelegenen französischen Bauernhöfe und schlachteten dort die Schweine, Schafe und Kühe. Erst als das letzte Tier getötet war, kam die Orgie zum Stillstand.[23]

Diese Truppen standen unter großem Druck, auch von Seiten ihrer Offiziere. Sie begannen einen panischem Rückzug, der eine Stunde später in eine Vorwärtspanik umschlug. Am Ende waren sie emotional so aufgeheizt, dass sie nicht aufhören konnten und sogar das Vieh schlachteten – wie Leutnant Caputo, der in Vietnam danach trachtete, noch mehr Feinde zu töten. Dass die Vorwärtspanik sich auch gegen Tiere wendet, klingt zwar bizarr, ist aber kein Einzelfall.[24] Einem Beobachter zufolge wurden »1953 während der Unruhen im nordnigerianischen Kano [zwischen den Stämmen der Ibo und Haussa] [...] Menschen verstümmelt, kastriert und bei lebendigem Leib verbrannt. Zeitweise gelang es der Polizei, die Kombattanten zu trennen. Während dieser Pausen sah man mehrfach, wie bewaffnete Ibo in Krokodilformation tanzten oder mit ihren Äxten auf Pferde, Esel und Ziegen in der Umgebung losgingen.«[25]

Ähnliche Muster sind aus antiken Kriegen bekannt. Am Ausgang der entscheidenden Schlacht von Thapsus (im heutigen Tunesien) im Jahr 46 v.Chr., als das Heer Julius Caesars die Bürgerkriege um die Herrschaft in Rom siegreich beendete, wollten sich die geschlage-

---

23 Marshall, *Soldaten*, S. 198f.

24 Ein ähnlicher Vorfall wurde von der Arbeitsgruppe zur Untersuchung von Kriegsverbrechen der US-Armee in Vietnam bestätigt. Bei einem Infanterieangriff auf Dörfer im Que-Son-Tal im September 1969 wurden bei der Suche nach Guerillas die Häuser angezündet und neben erwachsenen Zivilisten und Kindern auch Tiere getötet. Die Dokumente sind in der *Los Angeles Times*, 6. 8. 2006, S. A9, zusammengefasst.

25 Horowitz, *Ethnic Riot*, S. 116.

nen Legionen ergeben. Entsprechend den militärischen Gepflogenheiten jener Zeit wären die Legionen seines Rivalen Scipio in Caesars Heer eingefügt worden, so dass er guten Grund hatte, die Kapitulation anzunehmen. Aber Caesars Veteranen waren so voller Zorn und Ressentiments, dass alle diese Soldaten Scipios, obwohl sie baten, sich bedingungslos Caesar ergeben zu dürfen, vor Caesars Augen bis auf den letzten Mann niedergemacht wurden, sosehr er darum bat, man möge sie schonen.[26] Die siegreichen Truppen waren drei Monate lang in der Halbwüste hin und hermarschiert und hatten gegnerische Scharmützel ertragen, während sie versuchten, den Feind zu einer Schlacht zu zwingen. Als diese endlich stattfand, waren die Legionäre von ihrem Sieg derart berauscht, dass sie auch noch unbeliebte Offiziere im eigenen Heer umbrachten, ohne dass Caesar diese schützen konnte.

Eine andere Variante, die in antiken und mittelalterlichen Kriegen gängige Praxis war, bestand darin, am Ende einer Belagerung ein Massaker unter der Bevölkerung anzurichten. Mitunter war dies bewusste Politik, um die Bewohner anderer Städte einzuschüchtern und zu einer Übergabe schon vor der Belagerung zu bewegen. Im mittelalterlichen Europa war es Sitte, dass der Angreifer, sobald eine Bresche in die Befestigungsmauer geschlagen war, die Garnison zur Übergabe aufforderte. Sollten sich die Belagerten weigern, würden sie nach Ende des Kampfes »erbarmungslos« getötet.[27] Aber war ein solches Gemetzel erst im Gange, ließ es sich kaum nur auf die Soldaten beschränken. Als Cromwells Parlamentsheer 1649 die katholisch-royalistische Hochburg Drogheda in Irland angriff, massakrierte es nicht nur die Verteidiger, sondern auch einen Großteil der Zivilbevölkerung, insgesamt 4000 Personen. Im Jahr 337 v. Chr. nahmen Alexanders mazedonische Truppen nach einer Schlacht vor den Mauern die griechische Stadt Theben ein, weil die Thebaner, die sich in Panik zurückzogen, die Stadttore nicht mehr schließen konnten. Einige Thebaner gehörten der Friedenspartei an, welche die Mazedonier beschwichtigen wollten. Aber die siegreichen Truppen machten keine Unterschiede: Soldaten wie Zivilisten, alle wurden unterschiedslos niedergemacht, manche noch bis in die Umgebung der Stadt verfolgt, wenn sie zu entkommen versuchten.[28]

---

26 Caesar, *Bürgerkrieg*, Der Afrikanische Krieg, § 85, 6–9.
27 Holmes, *Acts*, S. 388; Wagner-Pacifici, *Art of Surrender.*
28 Keegan, *Maske*, S. 109f.

Abb. 3.3, A und B Ermordung von Kapitulanten: Bereits verwundete burische Widerstandskämpfer werden nach einem gescheiterten Anschlag erschossen (Südafrika 1994).
Reuters

Der bekannteste neuzeitliche Vorfall dieser Art ereignete sich im Dezember 1937 in Nanking.[29] Japanische Truppen waren nach Ausbruch des Krieges im Juli 1937 schnell durch China nach Süden vorgestoßen, ehe sie in der Schlacht bei Schanghai, die sich von August bis November hinzog, auf Widerstand stießen. Sie entschieden den Kampf für sich und konnten nun die chinesische Metropole Nanking einnehmen. Sie rückten 240 Kilometer flussaufwärts gegen die desorganisierten chinesischen Truppen vor und marschierten am 13. Dezember in die Stadt ein. Aus japanischer Sicht war dies der entscheidende Sieg, der ihnen die Herrschaft über China sicherte. Dementsprechend triumphal war die Stimmung. In der Stadt selbst befanden sich 90000 chinesische Soldaten, die sich ergaben; weitere 200000, die nach ihrer Niederlage bei Schanghai einen ungeordneten Rückzug angetreten hatten, hielten sich in der Umgebung auf. Ihnen standen zwar nur 50000 japanische Soldaten gegenüber, aber diese waren gut bewaffnet, organisiert und ihrem demoralisierten Gegner emotional überlegen. Der Kommandierende General gab aus Sorge wegen der logistischen und praktischen Schwierigkeiten, welche die Bewachung eines zahlenmäßig um das Doppelte bis Sechsfache überlegenen Gegners mit sich brachte, den Befehl, alle Gefangenen zu töten. Sobald das Morden angefangen hatte, war es nicht mehr aufzuhalten. Mit der Begründung, dass viele chinesische Soldaten sich ihrer Waffen und Uniformen entledigt und sich unter der Zivilbevölkerung versteckt hätten, begannen die Japaner, alle Männer im wehrfähigen Alter zu töten.

Die japanischen Kommandanten verloren bald die Kontrolle über die Situation. Rund 300000 Menschen sollen getötet worden sein, ungefähr die Hälfte der Stadtbevölkerung, die nicht aus Nanking geflohen war. So viele Menschen umzubringen ist im Übrigen nicht leicht, das gilt auch für die Beseitigung der Leichen. Zu Beginn zögerten einige japanische Soldaten, beim Massaker von Personen mitzumachen, die keinen Widerstand leisteten; sie wurden jedoch von niederrangigen Offizieren angestachelt, die sich beim Massaker begeistert hervortaten, und von ihren Kameraden unter Druck gesetzt. Schließlich waren viele, wenn nicht die meisten japanischen Soldaten in dieser zerstörerischen Stimmung gefangen.[30] Offiziere ver-

---

29 Chang, *Vergewaltigung*.

30 Wie viele sich mit welchem Maß an Begeisterung daran beteiligten, ist anhand der verfügbaren Quellen schwer abzuschätzen. Wie wir bei der SLAM-

suchten zu Beginn noch, Exekutionen im traditionellen japanischen Stil durchzuführen, was sich jedoch als zu ineffizient erwies. Man ging daher dazu über, die Opfer am Rande von Massengräbern oder am Flussufer zu erschießen oder sie mit dem Bajonett zu erstechen. Als das Gemetzel nach Tagen noch weiterging, fingen japanische Soldaten damit an, die Aufgabe zu »beleben«: mit Wettkämpfen unter jungen Offizieren, um zu zeigen, wer am meisten umbringen konnte, mit Folterungen, mit der grotesken Drapierung chinesischer Opfer, mit Verstümmelungen und Sammlungen abgetrennter Körperteile.

Mit dem Befehl zur Tötung der Gefangenen hatten die japanischen Befehlshaber die Herrschaft über ihre Truppen eingebüßt. Es gab keine direkte militärische Bedrohung, mit der man die Soldaten hätte ablenken oder zur Ordnung rufen können. Sie betraten das situative Gebiet, das Soziologen, die kollektives Verhalten untersuchen, als »moralische Auszeit« bezeichnen, wie Aufständische beim Plündern, wenn moralische Hemmungen ebenfalls außer Kraft gesetzt sind und keiner den anderen davon abhält, zivilisierte Verhaltensweisen zu verletzen.[31] Sobald die Soldaten anfingen, nahezu unterschiedslos jeden Chinesen umzubringen, fielen alle nachgeordneten Tabus weg. Die Japaner vergewaltigten zunächst junge, alsbald auch ältere chinesische Frauen. Dass siegreiche Truppen sporadisch vergewaltigen, ist in der Geschichte nichts Ungewöhnliches; erst im 20. Jahrhundert führten einige Armeen diesbezüglich strengere organisatorische Kontrollen ein. Und es entsprach auch dem offiziellen japanischen Vorgehen, Frauen aus der besiegten Bevölkerung zur Prostitution zu zwingen oder sexuell zu versklaven. Aber die Vergewaltigungen in Nanking gingen über diese mehr oder weniger institutionalisierten Gepflogenheiten hinaus, bei denen sexuell begehrenswerte Frauen normalerweise am Leben gelassen wurden. Stattdessen wurden die Vergewaltigungen hier der mörderischen Stimmung und dem Klima aus Verstümmelung, Folter und abartigen Mordspielen angepasst. Iris Chang präsentiert Fotografien, auf denen getötete Frauen in porno-

---

Quote der Feuerleistung im Kampf feststellen konnten und in Kapitel 10 noch ausführlicher sehen werden, geht bei nahezu allen kollektiven Aktionen die meiste Gewalt von einem nur kleinen Anteil der Gruppe aus; sind die Opfer vollkommen hilflos, schließen sich jedoch viele den gewalttätigen Anführern an.

31 Der Begriff wurde von William James geprägt und von Martin, *Behavior*, in die Soziologie eingeführt.

graphischen Posen oder mit einem in die Vagina gestoßenen Bajonett zu sehen sind.[32] Sie gleichen den Fotos von abgeschnittenen Köpfen chinesischer Soldaten, denen man beispielsweise Zigaretten in den Mund gesteckt hatte – das eine wie das andere boshafte Darstellungen, die Lust an brutalem Spott erkennen lassen.

Übertroffen wurde dies noch von Plünderungen. Auch diese kommen bis zu einem gewissen Grad in allen Kriegen vor,[33] in Nanking aber liefen sie vollkommen aus dem Ruder und arteten in generelle Zerstörung von Eigentum, in bewussten Vandalismus aus. Schließlich wurde ein großer Teil der Stadt niedergebrannt. Wie bei den Morden und dem erzwungenen Geschlechtsverkehr mag auch bei den Plünderungen und Zerstörungen zunächst Eigennutz im Spiel gewesen sein, doch durch die maßlose Eskalation der Ereignisse brachte die japanische Armee sich letztlich um die Früchte des Sieges. Ist die dünne Schicht der Normalität – selbst der einer Armee – erst durchstoßen und die moralische Auszeit eingeläutet, gerät alles zu einem abartigen Karneval, zu einem Fest der Zerstörung. In diesem Fall hielt die Stimmung ungewöhnlich lange an: Am wüstesten ging es in der ersten Woche vom 13. bis zum 19. Dezember zu, aber erst Anfang Januar 1938, drei Wochen nach Ausbruch des Massakers, nahm das Wüten allmählich ein Ende.

Die Schändung Nankings war, obwohl ein hochemotionaler Prozess, keine unkontrollierte Raserei – oder besser: Raserei ist nie asozial oder allem gegenüber blind, was nicht den ureigenen Bedürfnissen entspricht. Die japanischen Soldaten wurden nicht zu Berserkern, die nach allen Seiten wild um sich schlagen; sie schossen nicht aufeinander, beachteten im Großen und Ganzen die Hierarchie in den eigenen Reihen, obwohl sie höheren Offizieren, die bei ihrer Zerstörungsorgie nicht mitmachten, nicht mehr gehorchten. Normalerweise respektierten sie die Grenzen der »internationalen Zone«, den Teil der Kolonialstadt, in dem die Europäer lebten und die Chinesen Schutz suchten. Es kam vor, dass Japaner auf der Suche nach Vergewaltigungsopfern in die Zone eindrangen und dann vor den Protesten europäischer Zivilisten wieder zurückwichen. Ein ansässiger deutscher Geschäftsmann – NSDAP-Mitglied – war besonders erfolgreich darin, japanische Soldaten einzuschüchtern und Chinesen

---

32 Chang, *Vergewaltigung*.
33 Holmes, *Acts*, S. 353–355.

zu retten.[34] Diese Ausnahmen zeigen, dass die moralische Auszeit der japanischen Soldaten durchaus Grenzen hatte; die Zerstörungswut war zielgerichtet. Auch dieses Muster ist verbreitet. Vorwärtspanik und ähnliche Stimmungslagen, die mit heftigen und unkontrollierbaren Gewaltausbrüchen einhergehen, sind dem Rasen durch einen Tunnel vergleichbar. Aber der Tunnel hat einen Ort in Raum und Zeit, er hat einen Anfang und ein Ende und Mauern, die gleichsam das Territorium für die moralische Auszeit abstecken.[35]

Vorbehalt: Die vielfältigen Ursachen von Gräueln

Nicht alle Gräuel sind das Ergebnis einer Vorwärtspanik. Nehmen wir sie als (1), so lassen sich drei weitere Ursachen ausmachen: (2) gezielte Befehle von hohen militärischen oder politischen Stellen, eine Bevölkerung zu massakrieren (aus rassischem oder ethnischem, religiösem oder ideologischem Hass oder um Kriegsgefangene loszuwerden); (3) eine Politik der verbrannten Erde, um den Gegner seiner Ressourcen oder der Ausplünderung von Feindesland, um die Zivilbevölkerung ihrer Lebensgrundlage zu berauben, was beides gewöhnlich direkte Gewalt gegen Zivilisten einschließt; (4) exemplarische Bestrafungs- oder terroristische Vergeltungsaktionen zur Unterbindung von Widerstand.

Ursache (2) lässt sich beispielsweise bei den Massakern in den europäischen Glaubenskriegen des 16. und 17. Jahrhunderts nachweisen; bei der Ermordung von Juden, Kommunisten und anderen Zielgruppen des NS-Regimes an der Ostfront im Zweiten Weltkrieg sowie bei den Massakern an Tutsi und gemäßigten Hutu 1994 in Ruanda. Beispiele für (3) finden sich häufig in vormodernen Kriegen

---

34 Das Beispiel des NSDAP-Mitglieds John Rabe, der das Morden in Nanking zu stoppen versuchte und dafür sogar Protestbriefe an die NS-Oberen in Deutschland schrieb und sie aufforderte, bei den Japanern zu intervenieren (Chang, *Vergewaltigung*, S. 117–132), unterstreicht einmal mehr den Situationscharakter von Gräueltaten. Trotz aller Gräuel, die sie selbst verübten, waren die Nationalsozialisten nicht in jeder Situation grausam: Wo sie nicht in ihrer eigenen Morddynamik befangen waren, konnten sie den Standpunkt von außenstehenden Beobachtern einnehmen und sich über solche Gewalt schockiert zeigen.

35 In dieser Hinsicht ähnelt er dem moderateren Phänomen der Zechzone, auf das ich in Kapitel 7 eingehe.

und den Kolonialkriegen, bei der britischen Antiguerillataktik im Burenkrieg und dem Vorgehen der Wehrmacht beim Einmarsch in die Sowjetunion. (4) kam im Zuge der sogenannten Partisanenbekämpfung zum Tragen, als deutsche Einheiten in den eroberten Gebieten ganze Dörfer massakrierten, sowie im Spanischen Bürgerkrieg, und zwar auf beiden Seiten.[36]

Angesichts dieser vielfältigen Ursachen lassen sich offensichtlich nicht alle Gräueltaten auf gleiche Weise erklären. Unsere Analyse muss daher von den Vorbedingungen ausgehen und sich über die eigentlichen Abläufe zum Ergebnis vorarbeiten, anstatt vom Ergebnis aus und unter der Annahme zurückzublicken, dass nur ein Weg dorthin führe. Bei der Vorwärtspanik sieht dieser so aus: In einer spezifischen, örtlich begrenzten Situation gewinnen Gefühle rapide an Wucht. Die anfängliche Anspannung des Kampfes verwandelt sich in einer Atmosphäre hysterischer Verstrickung in den plötzlichen Rausch eines rasenden Overkills – als gerieten die Täter in einen veränderten Bewusstseinszustand, aus dem sie oft erst am Ende wiederauftauchen, als kehrten sie tatsächlich aus einem fremden Selbst zurück. Bei den anderen drei Wegen spielen Ort und Situation eine viel geringere Rolle; hier stehen vielmehr Institutionen und Makrohierarchien im Vordergrund. In diesen Fällen gehen die Gräuel auf bewusste Entscheidungen zurück, die im Vorfeld getroffen wurden und über lange Kommandoketten oder unter weitverstreuten Gruppen verbreitet wurden. Nicht hitzige Emotionen, sondern eine gewisse Hartherzigkeit bestimmen das Bild, zumal die Täter ihr Tun eher ideologisch rechtfertigen oder anderweitig rationalisieren und anders als bei der Vorwärtspanik nicht den Eindruck haben, als brächen sie zeitweise vollkommen mit der Normalität. All diese Variationen sind Idealtypen und können sich unter Umständen überlappen. Bei den Massakern von Nanking war das auslösende Moment der Befehl des japanischen Kommandanten, die chinesischen Gefangenen aus »praktischen« Erwägungen zu töten. Dies wiederum sorgte für eine moralische Auszeit, die sich emotional daraus speiste, dass die japanischen Truppen nach einer Phase der Anspannung im vorangegangenen

---

36 Zu (2) siehe Cameron, *European Reformation*, S. 372–385; Bartov, *Hitlers Wehrmacht*, Fein, *Accounting*; Human Rights Watch, *Leave*. Zu (3) siehe Keeley, *War before Civilization*; Mann, *Dunkle Seite*; Bartov, *Hitlers Wehrmacht*. Zu (4) siehe ebenfalls Bartov, *Hitlers Wehrmacht*; außerdem Browning, *Ganz normale Männer*; Beevor, *Der Spanische Bürgerkrieg*.

Feldzug plötzlich mit dem totalen Zusammenbruch des Widerstands beim Feind konfrontiert wurden. Die Zerstörungswut ging weit über jede Rationalität einer Politik der verbrannten Erde oder des exemplarischen Terrors hinaus und muss als eine ungewöhnlich lange Vorwärtspanik angesehen werden.

Nach der Niederlage Japans im Zweiten Weltkrieg wurde der Oberkommandierende sämtlicher japanischen Streitkräfte in Zentralchina zusammen mit dem Premierminister vom Internationalen Militärgerichtshof in Tokio des Massakers von Nanking für schuldig befunden und zum Tode verurteilt. Der General, der tatsächlich den Befehl gegeben hatte, alle Gefangenen zu töten, und der Stabsoffizier, der ihn abfasste, wurden nicht belangt.[37] Nachdem das Massaker von My Lai in Vietnam ans Licht gekommen war, wurde der Divisionsgeneral degradiert und dafür getadelt, dass er die Gräueltaten nicht angemessen hatte untersuchen lassen. Der Brigadekommandant wurde zusammen mit dem Kompaniekommandanten Hauptmann Medina, mit Leutnant Calley und zwei Dutzend anderen Offizieren und Unteroffizieren vor Gericht gestellt. Nur Calley wurde verurteilt.[38] Juristisch und politisch wird bei militärischen Gräueltaten normalerweise der höchstrangige Offizier oder Regierungsbeamte in der Annahme zur Rechenschaft gezogen, der entscheidende Kausalfaktor sei in der Befehlskette zu suchen: weil entweder ein direkter Befehl erteilt worden sei, ein ermutigendes oder freizügiges Klima geherrscht habe, die Aufsichtspflicht vernachlässigt oder das Geschehen gedeckt worden sei. Übersehen wird dabei die emotionale Dynamik in der Situation vor Ort, als wären die Täter – und im Grunde alle einfachen Kämpfer – lediglich passive Befehlsempfänger. Das heißt nicht, dass organisatorische Komplizenschaft der oben erwähnten Art keine Rolle spielte; aber als Erklärung für das Geschehen reicht sie nicht aus. Der Befehl des japanischen Generals in Nanking, alle militärischen Gefangenen zu töten, war der Auslöser, die Voraussetzungen für eine Vorwärtspanik waren jedoch bereits gegeben. Dasselbe gilt für Hauptmann Medina, unter dessen Befehl der Zug von Leutnant Calley stand. Medina hatte vor seinen Truppen am Vorabend des Massakers eine zündende Ansprache gehalten, dennoch wütete nur ein Zug (ungefähr 25 bis 30 Mann) von dreien, die am Angriff teilnahmen, in My Lai – der Zug, der als Erster in das Dorf einrückte, während die an-

37 Chang, *Vergewaltigung*, S. 46 und S. 183–190.
38 Anderson, *Facing My Lai*; Bilton/Sim, *Four Hours.*

deren in Reserve gehalten oder zu anderen nahe gelegenen Zielen geschickt wurden. Die emotionale Ansteckung an Ort und Stelle war das entscheidende Element, das *sine qua non* für die Gräueltaten.[39]

Dasselbe gilt für Erklärungen, die auf andere dauerhafte Tätermerkmale abheben. Thomas Scheff behauptet beispielsweise, die übersteigerte Maskulinität sei die für die Erklärung wichtigste Voraussetzung. Calley war in seiner schulischen und beruflichen Laufbahn mehrfach gescheitert, und auch seitens seines Armeevorgesetzten hatte er sich Hohn und Spott gefallen lassen müssen.[40] Nach Scheffs Theorie, der zufolge uneingestandene Scham sich in Zorn verkehrt, war Calley ein emotional vereister Mann ohne soziale Bindungen, der seinem unterdrückten Zorn mit mörderischen Ausbrüchen Luft machte, seiner Truppe befahl, wehrlose Zivilisten umzubringen, und dabei viele selbst tötete. Wir sollten jedoch bedenken, dass Calleys Zug zwar schon bei früheren Patrouillenunternehmen (wie viele andere amerikanische Einheiten auch) Zivilisten durchaus Gewalt angetan, aber noch nie gemeinschaftlich ein Massaker verübt hatte. Was das Massaker von My Lai jedoch mit vielen anderen verbindet, ist der zeitliche Ablauf einer konkreten Situation an einem bestimmten Ort: Spannungsaufbau, gefolgt von plötzlicher Entladung bei der Entdeckung, dass keine Vietcong-Soldaten im Dorf waren.

Werden militärische Grausamkeiten mit kultureller Verachtung, Vorurteilen oder Rassismus gegenüber der feindlichen Bevölkerung erklärt, treffen wir auf ähnliche Muster. Solche Haltungen sind weit verbreitet und verschärfen sich in der Kriegssituation noch. Dennoch werden Massaker nur unter besonderen Umständen ausgeübt. Autoren wie Chang und Omer Bartov machen für die Gräueltaten weitge-

---

39 Eine Variante des Verantwortung-von-oben-Themas besteht in den unvorhergesehenen Folgen offizieller Politik, die zu Gräueltaten führen. In »Perfect War« möchte Gibson vor allen Dingen zeigen, dass die große Bedeutung, die die amerikanischen Militärkommandanten im Vietnamkrieg einer hohen Zahl an getöteten Feinden einräumten, um Fortschritte im Abnützungskrieg kalkulieren zu können, für die unklare Definition – und damit für den Mord an Zivilisten – verantwortlich gewesen sei, wer als Kriegsteilnehmer zu betrachten war. Diese Erklärung entspricht der klassischen Organisationstheorie der unbeabsichtigten Folgen zielgerichteten Handelns und ist sehr wahrscheinlich richtig. Dennoch wurden nicht bei jedem Zusammentreffen von Soldaten und Zivilbevölkerung Zivilisten getötet, sondern nur in besonderen Situationen – viele davon mit der emotionalen Dynamik einer Vorwärtspanik, auch wenn der Anteil schwer zu bestimmen ist.

40 Scheff, *Goffman Unbound*, S. 161–182.

hend die Ideologie der Täter verantwortlich,[41] aber Vorwärtspanik kommt in vielen Situationen vor, die ideologisch gar nicht aufgeladen sind, und Ideologie allein wiederum erzeugt ohne situationsbedingte Voraussetzungen keine Vorwärtspanik. Außerdem können andere Ursachenmuster in die Dynamik der Vorwärtspanik hineinspielen und dazu führen, dass die Gräueltaten sowohl länger als auch in der Gewaltanwendung vielfältiger verübt werden.[42] Ohne solche zusätzlichen Bedingungen kann eine Vorwärtspanik relativ kurz und begrenzt sein. Womöglich werden Soldaten getötet, aber nicht verstümmelt, Frauen vergewaltigt, aber danach nicht getötet, ein Verdächtiger wird heftig oder weniger heftig geschlagen. Für die Öffentlichkeit, die jede Grausamkeit als schlimm genug erachtet, mögen solche Unterscheidungen kaum von Belang sein, mit Blick auf das angerichtete Unheil sind sie es.

Asymmetrische Verstrickung von Vorwärtspanik und paralysierten Opfern

Untersucht man den Fall Nanking im Detail, so wird ein weiteres Charakteristikum deutlich, das bei der Dynamik solcher Massaker von Bedeutung ist. Die chinesischen Truppen waren gegenüber den japanischen weit in der Überzahl. Warum wehrten sich die Chinesen nicht, als klar wurde, dass sie umgebracht würden? Auch wenn sie keine Waffen mehr hatten, hätten sie dennoch Widerstand aufbieten oder zumindest kämpfend untergehen und kleinere Gruppen von Japanern überwältigen können. Tatsächlich zeigten die japanischen Soldaten bald ihre Verachtung für die Chinesen, weil diese ihrem Tod widerstandslos entgegensahen. Diese Haltung förderte deren Entmenschlichung und machte den Japanern das Morden leichter.

Eine Vorwärtspanik entsteht in einer Atmosphäre totaler Überlegenheit. Zuerst sind die Ursachen militärischer Art: Eine Seite rückt bei einem erfolgreichen Angriff vor, die andere löst sich auf und kann keinen Widerstand mehr leisten. Der emotionale Tunnel öffnet sich,

---

41 Chang, *Vergewaltigung*; Bartov, *Hitlers Wehrmacht*.

42 So sind Massenvergewaltigungen ein typisches Produkt einer Vorwärtspanik, die den Weg für eine moralische Auszeit frei macht. Umgekehrt kann eine moralische Auszeit unabhängig von Vorwärtspanik vorkommen, wie wir in Kapitel 7 noch sehen werden.

die Lust am Gemetzel entsteht dann, wenn dies begriffen wird, und zwar weniger auf rationaler und kognitiver Ebene, als vielmehr emotional und im weitest denkbaren Sinne, als Kollektiv. Denn die emotionale Stimmung ist interaktiv, sie wird von beiden Seiten geteilt. Die Überlegenheit ist eher emotional denn physisch; die Stimmung der siegreichen Seite ist überschwänglich und aufgeladen, die Verliererseite ist verzweifelt, hilflos, erstarrt, am Ersticken. Diese zirkulierenden Gefühle bestärken sich gegenseitig. Mit einer doppelten Rückkopplungsschleife innerhalb jeden Truppenkörpers treiben sich die Sieger gegenseitig in einen Zerstörungsrausch, während die Verlierer einander demoralisieren. In einer dritten Schleife, die sich mit den beiden anderen verbindet, beziehen die Sieger Kraft aus der Demoralisierung der Verlierer, und diese werden emotional von ihren Bezwingern noch schlimmer zugerichtet. Dies ist ein Prozess asymmetrischer Verstrickung: Der Gewinner wird unter anderem in den Rhythmus des Angriffs eingebunden, weil der Verlierer ihn durch die eigenen Bewegungen noch verstärkt. Dieser Prozess lässt sich auch bei mikrointeraktiven Prozessen verfolgen, die längst nicht so gewaltsam verlaufen, etwa bei Sieg und Niederlage im Sport und der subtilen Machtausübung in alltäglichen Interaktionen.[43] Das verächtliche Zuschlagen, die grausamen Späße der Sieger werden durch die kriecherische Verzweiflung und die dumpfe Passivität der Opfer in Gang gehalten. Die Vorwärtspanik der einen Seite wird durch die panische Erstarrung der anderen Seite gespeist. Es ist wie bei einem Kind, das eine Katze quält und immer wütender wird, je mehr die Katze sich duckt.

Diese Lähmung der Besiegten ist weithin belegt. Bei der Schlacht von Granikos 334 v. Chr. ging die persische Söldnerinfanterie während eines panischen Rückzugs des gesamten persischen Heeres den Mazedoniern in die Falle. Keegan zitiert einen antiken Historiker: »Arian sagt, ›sie standen wie angewurzelt vor der unerwarteten Katastrophe, unfähig zu einer ernsthaften Entscheidung‹.« Keegan zieht daraus den verallgemeinernden Schluss: »Schreckgelähmte Soldaten angesichts des überraschenden feindlichen Ansturms sind ein auf Schlachtfeldern immer wieder beschriebenes Phänomen.«[44] Mehr als zwei Jahrtausende später tauchte das Muster wieder auf, als jugoslawische Partisanen 1944 unbewaffnete deutsche Gefangene umbrach-

43 Collins, *Interaction*, S. 121–125.
44 Keegan, *Maske*, S. 121.

ten: »[Die] Deutschen waren wie die meisten Gefangenen wie gelähmt; sie wehrten sich nicht und versuchten auch nicht zu fliehen.«[45]

Passivität gibt es im Grunde bei allen Gräueltaten. Man hat sich oft gefragt, warum sich die Juden gegen den Holocaust nicht gewehrt haben, warum sie nicht zumindest einen letzten Aufstand versucht haben, anstatt sich mechanisch in die Gaskammern abführen zu lassen. Es handelt sich um das gleiche Phänomen, das wir bei den geschlagenen Chinesen in Nanking beobachten können. Wenn wir uns später mit tödlichen ethnischen Auseinandersetzungen in Indien und anderswo beschäftigen, werden wir erneut feststellen, dass die Opfer beinahe vollkommen passiv in einer emotionalen Lähmung verharren, die jeden ernstzunehmenden Widerstand ausschließt. Die Opfer wehren sich zu diesem Zeitpunkt nicht – auch wenn sie das vielleicht zu einem früheren Zeitpunkt, in anderen interaktiven Situationen, getan haben –, weil sie in einer kollektiven emotionalen Schockstarre gefangen sind.[46]

Aus dem Mannschaftssport kennen wir die Redewendung, dass ein Team das Spiel an sich reißt und das andere es abgibt. Dies entspricht der Situation bei Gräueltaten und Gewalt im Allgemeinen: Der Sieger zwingt dem Verlierer sein Gesetz des Handelns auf. Hier ist der Konflikt freilich viel extremer, dennoch ist beim Sport ein ähnlicher Mechanismus asymmetrischer Verstrickung in eine gemeinsame emotionale Definition der Situation am Werk. Bei Gräueltaten schüren die ausgelassenen Mörder die Hoffnungslosigkeit und Passivität derer, die getötet werden, und die Opfer verharren aufgrund der emotionalen Überlegenheit derer, die sie töten werden, in einem hilflosen Schockzustand und in Depression. Dies scheint gegen jede Vernunft zu sein und jedem Eigeninteresse der Opfer zu widersprechen. Dennoch handelt es sich um ein Muster, das so gut wie alle größeren Gräueltaten kennzeichnet. Mit der sozialwissenschaftlichen Phrase, hier werde dem Opfer die Schuld zugewiesen, ist es nicht getan, wenn wir verstehen wollen, was vor sich geht. Denn es geht nicht nur darum, dass das Opfer sich, rational gesehen, anders verhalten und es dem Angreifer schwerer hätte machen können. Die Natur des Kon-

---

45 Keegan, *Kultur*, S. 96.

46 Die Passivität ist situationsbedingt, nicht konstant. Ein jüdischer Widerständler ermordete 1938 in Paris einen deutschen Diplomaten; 1943 kam es im Warschauer Ghetto zu zwei bewaffneten Aufständen. Passivität war für die Deportationen und die Todeslager typisch, wo die gesamte interaktive Atmosphäre nicht nur auf eine physische, sondern auch auf eine emotionale Überlegenheit der Nationalsozialisten ausgerichtet war.

flikts unterbindet unabhängige, vernünftige Entscheidungen – auch wenn den Personen sicherlich entsprechende Formulierungen durch den Kopf gehen. Solche Entscheidungen werden getroffen, bevor der Kontakt erfolgt. Sobald Menschen aber in einer Konfrontation gefangen sind, verharren sie in einem gemeinsamen emotionalen Feld, wo die Gefühle nicht nur zwischen Personen der einen Konfliktpartei, sondern auch zwischen den gegnerischen Seiten weitergereicht werden. Diese Form der emotionalen Ansteckung gibt letztlich den Ausschlag dafür, ob gekämpft wird und, wenn ja, wie ernsthaft, ob es zu einem Patt kommt und, wenn nicht, wer gewinnt. Im Extremfall erwächst aus diesem emotionalen Feld eine geistige und körperliche Dominanz einer Seite, die dann zu Gräueltaten führt. Die Raserei und der Overkill des Siegers sowie die fassungslose Passivität der Opfer sind die Kehrseiten ein und derselben Stimmung; beide bedingen einander. Dies lässt sich nicht mit individuellen Charakterzügen erklären, sondern verlangt nach einer Theorie, die sich mit der gewalttätigen Interaktion als solcher auseinandersetzt.

Bislang sammeln wir Belege für ein Muster. Die Erklärung wird in den folgenden Kapiteln vertieft werden, wenn wir die interaktiven Mechanismen gründlich untersuchen.

Vorwärtspanik und einseitige Verluste in Entscheidungsschlachten

Gräueltaten, bei denen sich die Dynamik über längere Zeit aufbaut, sind wahrhaft schrecklich. Aber ein gewisses Maß an Gräueln ist im Kampf nichts Ungewöhnliches, weil die entscheidenden Siege sich im Allgemeinen dann einstellen, wenn die Bedingungen auf eine Vorwärtspanik hinauslaufen.

Ein gutes Beispiel ist die Schlacht von Azincourt im Jahr 1415. Das englische Heer von etwa 6000 oder 7000 Mann, zumeist Bogenschützen, schlug eine französische Streitmacht aus rund 25000 Mann, in der Mehrzahl schwer gepanzerte Reiter, die zum Teil zu Pferde kämpften oder abgestiegen waren. Die Franzosen verloren 6000 Mann, während die Engländer einige hundert Verwundete und nur wenige Tote zu beklagen hatten.[47] Wie war das möglich? Wie konnte das klei-

---

47 Keegan, *Antlitz*, S. 89–131.

nere Heer das größere schlagen und außerdem noch proportional weniger Verluste erleiden? Zu einer Zeit des Kampfes von Mann gegen Mann bestand das Geheimnis der Heeresgröße darin, dass eine große Anzahl an Kriegern erst dann Bedeutung erlangte, wenn sie nahe genug an den Feind herangekommen war, um auf ihn einschlagen zu können. Die Engländer wählten ihre Stellung auf einer Wiese von wenigen hundert Metern Breite zwischen zwei Wäldern. Die weit größeren französischen Truppen stießen in diesen Trichter vor; ihre Kampflinie konnte höchstens so breit sein wie die englische, obwohl sich eine weit größere Menge an Kämpfern dahinter drängte. Der erste Angriff der französischen Reiter sprengte die englische Frontlinie beinahe. Er wurde nur gestoppt, weil die Pferde gegen eine Reihe angespitzter Pfähle liefen, welche die Engländer zur Verteidigung in den Boden gerammt hatten.

> Die Attacke, die momentan für die Engländer erschreckend war, weil in vielen Fällen die im Zwanzig- bis Fünfundzwanzig-Kilometer-Tempo auf stahlbehuften und grotesk herausgeputzten Kriegsrossen heranbrausenden, sie um Mannsgröße überragenden Franzosen erst wenige Fuß vor ihnen zum Stehen kamen, war für den Feind zur Katastrophe geworden. Und als sie nun abritten, spannten die Bogenschützen mit der ganzen Wut, die mit dem Weichen einer plötzlichen Gefahr einhergeht, ihre Bogen und sandten ihnen Pfeil um Pfeil nach, brachten weitere Pferde zur Strecke und trieben andere zu kopfloser Flucht.[48]

Die Pferde, weniger gut gepanzert als ihre Reiter, die fast vollständig mit einer Metallrüstung bedeckt waren, kamen vermutlich mehr zu Schaden und gerieten in Panik. Keegan bemerkt, dass der Klang der auf die Rüstungen heruntersausenden Pfeile einen unheimlichen Lärm gemacht und eine in erster Linie psychologische Wirkung erzielt haben muss.[49] Die angespannte Atmosphäre wurde durch die Schmerzensschreie der verletzten Pferde noch verstärkt. Als die französische Reiterei einen Moment zurückwich, prallte sie mit den eigenen nachrückenden Truppen zusammen, was zu einem riesigen Gedränge führte. Gepanzerte Reiter stürzten zu Boden und konnten wegen ihrer etwa 30 Kilogramm schweren Rüstungen nicht mehr aufstehen, so dass die anderen Soldaten über sie stolperten und auf sie fielen. Verwundete Pferde trampelten darüber hinweg, traten die Soldaten und verschlimmerten das Durcheinander noch.

---

48 Ebenda, S. 110.
49 Ebenda, S. 107.

In diesem Moment stießen die Engländer vor. Es war eine Vorwärtspanik im wahrsten Sinne. Noch Minuten zuvor hatten sich die englischen Bogenschützen hinter den angespitzten Pfählen geduckt, als die französische Reiterei auf sie zugeritten war. In dem einen Moment sind sie zutiefst erschreckt von der Übermacht an französischen Reitern, die in einem heftigen Ansturm herandrängt, im nächsten Augenblick sehen sie ihre Feinde hilflos ineinander verkeilt auf dem Boden liegen. Die Bogenschützen stürmten vorwärts, um sie zu ergreifen, solange sie am Boden lagen, erstachen sie mit ihren Dolchen durch die Schlitze ihrer Rüstungen, hackten und schlugen sie mit ihren Äxten und Hämmern, die sie zum Einrammen der Pfähle bei sich hatten, zu Tode. Die Reservelinien der französischen Truppen, die nun ins Gewühl stießen, gerieten selbst ins Gedränge. Wer sich wieder befreien konnte, zog sich in sichere Entfernung zurück, wo man mehrere Stunden lang mutlos verharrte, ohne den Kampf wieder aufzunehmen.

Bei der ersten Lektüre ist man, wenn von ungleichen Verlusten bei Siegern und Verlierern in Entscheidungsschlachten die Rede ist, stets geneigt, die angegebenen Zahlen propagandistischer Übertreibung zuzuschreiben. Aber das Muster tritt durchgängig auf und wird von Historikern unserer Tage, die erhebliche Mühen aufwenden, um Truppenstärken anhand der logistischen Notwendigkeiten einzuschätzen, für realistisch gehalten. Die Disparität der Verluste erklärt sich aus dem Zusammenspiel zweier Faktoren: Erstens kommt es in den meisten Schlachten zu relativ wenig Verlusten. Dies ergibt sich aus der Tatsache, dass Soldaten unter großer Angst und Anspannung stehen und daher nicht in der Lage sind, großen Schaden anzurichten. Vor dem Einsatz von Feldartillerie betrugen die Verluste in einer normalen Schlacht ungefähr fünf Prozent, sofern kein entscheidender Durchbruch erfolgte.[50] Zweitens gab es bei Entscheidungsschlachten die meisten Verluste am Ende der Schlacht, wenn die eine Seite einen

50 Wenn Artillerie, Maschinengewehre oder tödliche Fernwaffen zum Einsatz kamen wie in den napoleonischen Kriegen, im Amerikanischen Bürgerkrieg und in den Weltkriegen, gab es bei längeren Schlachten mit Angriffen auf verschanzte Verteidigungsstellungen mehr Verluste. Im Amerikanischen Bürgerkrieg betrugen diese in größeren Schlachten mindestens sechs bis 12 Prozent und höchstens 25 bis 29 Prozent. Unter diesen Umständen musste in der Regel der Angreifer die schweren Verluste hinnehmen, außer es kam zu einem plötzlichen Zusammenbruch und panischen Rückzug wie bei den Unionstruppen in Chickamauga und den Konföderierten in Chattanooga 1863. Siehe Griffith, *Battle*, S. 46.

desorganisierten Rückzug antrat und die andere sich in einer Vorwärtspanik auf die hilflosen Opfer stürzte. So kamen in Azincourt auf einen toten Engländer mehr als 20 tote Franzosen, wobei diese im Grunde alle im Gewühl und im Gedränge umkamen. Es muss auch erwähnt werden, dass die überlebenden französischen Soldaten, die die englischen noch immer zahlenmäßig weit übertrafen, demoralisiert und unfähig zu einem Gegenangriff waren. Daran zeigt sich, dass sich Siegesstimmung und Verzweiflung in einer Schlacht nicht nur an Zahlen, sondern auch an emotionsgeladenen Wahrnehmungen festmachen. Angesichts einer üblichen Verlustrate von fünf Prozent in kürzester Zeit bei einer Truppenstärke von insgesamt 25000 Mann Verluste in Höhe von 6000 Mann verkraften zu müssen – rund 25 Prozent –, ist eine katastrophale Erfahrung, welche die Überlebenden im wahrsten Sinn des Wortes lähmt.

Es gibt zahlreiche ähnliche Beispiele. Die schlimmste Niederlage eines römischen Heeres in der Antike fand bei Cannae 216 v. Chr. statt, als die Karthager unter Hannibal die Römer einkreisten, durcheinanderbrachten und demoralisierten, was damit endete, dass von insgesamt 75000 Römern 50000 bis 70000 umgebracht wurden. Da die Karthager etwa 4500 von 36000 Mann verloren, die meisten in der Frühphase der Schlacht, wird deutlich, dass sich praktisch alle Verluste in der Phase ereigneten, in der die Besiegten keinen Widerstand mehr leisteten.[51] Ardant du Picq formulierte anhand von Cannae sein Prinzip, dass die meisten Verluste sich einstellen, wenn eine Seite einbricht und den Vorteil der moralischen Überlegenheit über die andere einbüßt.[52]

Alexanders entscheidende Siege über die Perser liefen alle gleich ab: Eine persische Übermacht (am Granikos 40000 gegen 45000 Griechen, wobei die Perser mit 20000 Mann Reiterei der griechischen Reiterei von 5000 Mann bei weitem überlegen waren; etwa 160000 gegen 40000 in Issos; 150000 oder mehr gegen 50000 in Gaugamela) stand in Verteidigungsstellung gegen relativ kleine und kompakte Kampfkörper des mazedonischen Heeres. Die Perser standen in langen Linien, die allzu weit gezogen waren, als dass alle den Feind hätten angreifen können, und wurden zusätzlich durch eine statische Verteidigung daran gehindert, mit einem Schwenk die griechische Nachhut zu attackieren. In jeder dieser Schlachten machten

51 Keegan, *Kultur*, S. 363.
52 Ardant du Picq, *Battle Studies*, S. 19–29.

Alexanders angriffslustigste Truppen, seine Leibreiterei, die in Keilform angriff, einen schwachen Punkt in der Nähe des persischen Kommandopostens aus. Dort bestand trotz der Überzahl der Verteidiger ein Kräftegleichgewicht, und der Sieg ging an die Angreifer. Keegan vermutet, dass die Mazedonier die Schlacht schon durch eine Art psychologischer Kriegführung halbwegs gewonnen hatten, denn die Perser hätten Verteidigungspositionen eingenommen, weil sie Angst vor den Mazedoniern hatten.[53]

Alexander unternahm alles, um diese Angst zu schüren, indem er sein Heer zu aggressivem Imponiergehabe ermutigte und den Feind nervös auf den Angriff warten ließ. Gut möglich, dass er den Moment abwartete, an dem die persische Kampflinie ins Wanken geriet – denn Pferde haben auch Gefühle, das kann man an ihrem Zittern beobachten –, und just zu diesem Zeitpunkt und an diesem Ort zum Angriff ansetzte.[54] In allen drei Schlachten – am Granikos, der die Grenze zum persischen Gebiet in Kleinasien markierte, in Issos, wo die Perser versuchten, Alexander am Einfall in den Fruchtbaren Halbmond zu hindern, und in Gaugamela, wo Dareios bereitstand, um seine Hauptstadt Babylon zu verteidigen – durchbrachen die Griechen die persischen Linien, zwangen den Befehlshaber zur Flucht und setzten im gesamten Heer einen panischen Rückzug in Gang. Die Verluste waren stets äußerst einseitig verteilt: Am Granikos büßten die Perser etwa 50 Prozent ihrer Truppen ein, in den beiden anderen Schlachten womöglich noch mehr. Der höchste Verlust für die Mazedonier belief sich auf 130 Mann, das entspricht einem Prozent.[55]

Ein Hauptmerkmal dieser Schlachten bestand darin, dass sie jeweils die Entscheidung brachten. Da dies erst nach dem Geschehen erkennbar wird, müssen wir uns überlegen, worin sich jene Prozesse, die zu einer Entscheidungsschlacht führen, von jenen unterscheiden, die in bloße Geplänkel münden. Julius Caesar war sich des Unterschieds nur zu bewusst, und seine Langzeitstrategie in den Bürgerkriegen lief darauf hinaus, eine Entscheidungsschlacht herbeizufüh-

---

53 Keegan, *Maske*, S. 118–120.

54 Caesar, *Bürgerkrieg*, Der Afrikanische Krieg, § 18, 5, wählte bei einer längeren Schlacht seines Feldzuges in Afrika ein ähnliches Vorgehen: »Die Feinde warfen ihre Geschosse schon mit mehr Mühe und Nachlässigkeit und da schickte er plötzlich seine Kohorten und Reitertrupps auf ein Zeichen hin mitten in sie hinein; innerhalb eines Augenblicks waren die Feinde mühelos aus der Ebene vertrieben [...].«

55 Keegan, *Maske*, S. 40f. und S. 118–120.

ren. Was aber war ein Geplänkel, eine nicht entscheidende Schlacht? Kämpfe zwischen Infanteriephalangen waren mehr oder weniger Verdrängungskämpfe mit relativ wenig Verlusten, es sei denn, einer Seite gelang ein Durchbruch. Insofern waren viele Schlachten der griechischen Stadtstaaten keine entscheidenden Schlachten (und die kleinen Stadtstaaten, die selten neues Gebiet eroberten, waren damit wohl auch zufrieden). Ein weiterer Typus nicht entscheidender Schlachten waren Reitereischarmützel oder Treffen zwischen leicht bewaffneten, beweglichen Truppen oder zwischen solchen und schwerer bewaffneten Phalangen. Solange die beweglichen Truppen die Fußtruppen nicht sprengten oder sie auf dem Marsch überraschten, ging dies normalerweise so aus, dass die Reiterei oder die Urheber des Scharmützels sich ohne größere Verluste auf beiden Seiten wieder zurückzogen. Als Caesar 46 v. Chr. in Nordafrika eine große Schlacht herbeiführen wollte, wurden seine Legionen auf dem Marsch häufig von numidischen Stammesreitern und leicht bewaffneten Läufern angegriffen. Aber »sooft sich aber nur drei oder vier von Caesars Veteranen nach ihnen umwandten und ihre Wurfspieße mit aller Kraft gegen die angreifenden Numider schleuderten, ergriffen mehr als 2000 von ihnen wie ein Mann die Flucht, griffen dann aber wieder von neuem an einzelnen Punkten mit ihren Pferden an, sammelten sich, folgten in einigem Abstand und warfen ihre Speere gegen die Soldaten«.[56] Auf einem derartigen Tagesmarsch beklagte Caesar nicht mehr als zehn Verwundete, während er dem Feind einen Verlust von 300 Mann zufügte. Die Numider wandten eine Kriegführung aus den Stammeskonflikten an, indem sie wiederholt vorstießen und sich wieder zurückzogen und so eine volle Konfrontation vermieden.

Eine Entscheidungsschlacht setzte eine vollwertige Schlacht zwischen den Truppen zweier Heere voraus, die in voller Formation auf ebenem Grund aufmarschierten. Eine solche Schlacht wurde sowohl von Caesar als auch von seinen Gegnern des Öfteren angeboten, aber selten angenommen. Entweder stellte sich die eine Seite an einem Hang auf, von wo sie vorteilhaft den Kampf nach unten führen konnte, oder eine Seite bluffte, indem sie die Truppen nur aufmarschieren ließ, um zu warten, bis der anderen Seite das Wasser oder die Lebensmittel ausgingen. Zu einer Entscheidungsschlacht gehörte demzufolge, dass beide Seiten einverstanden waren, eine solche auch auszutragen. Alexander vermied bei seinen Feldzügen gegen die Per-

---

56 Caesar, *Bürgerkrieg*, Der Afrikanische Krieg, § 70, 4.

ser Nachtangriffe oder plötzliche Bewegungen, die dem Gegner als Entschuldigung hätten dienen können, er sei überrascht worden. Er wollte propagandistisch klarstellen, dass er einen klaren Sieg errungen hatte, der jeden Widerstand sinnlos machte.[57] Desgleichen versuchte Caesar jeden seiner Feldzüge – das heißt, die jährliche Kampfsaison in einem bestimmten geographischen Operationsgebiet – mit einer Schlacht zu beenden, die den jeweiligen Teil des Krieges abschließen und ihm, Caesar, die politische Herrschaft über die Region einbringen sollte.

Kam es zur Schlacht, ging das Bestreben dahin, bei einem Truppenteil des Feindes einen panischen Rückzug auszulösen, der auf den Rest des feindlichen Heeres übergriff und sich in eine Vorwärtspanik der eigenen Seite verkehrte. Im Jahre 48 v.Chr. schlug Caesar nach siebenmonatigen Feldzügen in Griechenland und im östlichen Balkan bei Pharsalos eine Schlacht gegen seinen Rivalen Pompeius.[58] Caesar verfügte über 22000 Mann, von denen er 1200 verlor (fünf Prozent); Pompeius hatte 45000 Mann, verlor in der Schlacht 15000 (33 Prozent) und ergab sich mit 24000 Mann. Pompeius' zahlenmäßiger Vorteil rentierte sich nicht, weil nicht all seine Männer mit dem Feind in Kontakt kommen konnten. Normalerweise gab bei solchen Schlachten ein entscheidender Moment auf einem Teil des Schlachtfeldes den Ton und die Richtung für den weiteren Verlauf an. Die Schlacht begann mit einem direkten Angriff von Caesars Frontlinie, der zunächst – typisch für den Kampf von Phalanx gegen Phalanx – geringe Wirkung entfaltete und lediglich diesen Teil des Schlachtfelds verstopfte. Der Wendepunkt kam, als die Reiterei des Pompeius den linken Flügel von Caesars Kampflinie angriff, dort einen Sieg errang und die leicht bewaffneten Truppen des Pompeius, die Bogenschützen und Schleuderer, zu einem Vorstoß auf dieser Seite verleitete. Zu diesem Zeitpunkt bot Caesar eine Reservetruppe zum Gegenangriff auf. Eine disziplinierte Phalanx mit einem Schutzwall aus Speeren konnte eine Reiterei jederzeit schlagen, zumal wenn diese wie in diesem Fall ohnehin durcheinandergeraten war. Pompeius' Reiterei sprengte nun in Panik nach hinten davon und verließ das Schlachtfeld. Noch schlimmer war, dass Tausende Bogenschützen und Schleuderer plötzlich ohne Schutz dastanden und alle getötet wurden. Das Geschehen auf dem linken Flügel war also von einer klassischen Vorwärtspanik

57 Keegan, *Maske*, S. 92f.
58 Caesar, *Bürgerkrieg*, 3, § 88–99.

gekennzeichnet: Nach einem Moment der Anspannung und einer momentanen Niederlage preschen Caesars Truppen in tödlicher Raserei gegen einen nun hilflosen Gegner vor und drängen auf der Suche nach neuen Opfern weiter zum Hauptblock der gegnerischen Truppen nach vorn, der sich durch die Flucht der eigenen Reiterei in Auflösung befindet und nun von hinten umzingelt wird. Das Ergebnis ist ein allgemeiner panischer Rückzug, bei dem die geschlagenen Soldaten ihre Waffen wegwerfen und eine beträchtliche Anzahl von ihnen widerstandslos niedergemacht wird.

Die Schlacht von Thapsus, die das Ende des Feldzuges in Nordafrika herbeiführte, war einfacher. Caesars Heer war über Tunesien vorgerückt und versuchte Scipios Truppen dazu zu bewegen, ihre Garnisonen und befestigten Heerlager zu verlassen und eine entscheidende Schlacht zu schlagen. Schließlich erreichte Caesar dies, indem er Scipio zu dem Versuch verleitete, die Belagerung einer größeren Stadt abzubrechen. Ein Teil von Scipios Soldaten war sichtlich verängstigt. Die Männer liefen durch die Tore des Lagers hinein und hinaus und schwankten, ob sie den Kampf aufnehmen sollten oder nicht. Als Caesars Truppen, die schon zur Schlacht aufgestellt waren, dies sahen, konnten sie sich nicht zurückhalten und griffen an. Es erfolgte ein panischer Rückzug, der in ein unkontrolliertes Gemetzel ausartete, das ich bereits weiter oben erwähnt habe. Scipios Heer verlor 5000 Mann von etwa 30000 oder 40000, Caesars 50 von 35000 Mann.[59] Die Ungleichheit und der organisatorische Zusammenbruch reichten aus, um das gesamte Kriegsgeschehen in dieser Phase zu beenden.

Die Panik beschränkte sich nicht auf die Menschen. Scipios Kriegselefanten wurden durch einen Hagel aus Pfeilen und steinernen Wurfgeschossen erschreckt und fingen an, in den eigenen Reihen zu wüten, wobei sie viele Männer zertrampelten, wie folgender Vorfall lebhaft vor Augen führt:

> Auf dem linken Flügel war ein verwundeter, vor Schmerz wilder Elefant über einen unbewaffneten Trossknecht hergefallen, nahm ihn unter seine Füße, ließ sich dann mit dem Knie auf ihm nieder und drückte mit seiner Last den Unglücklichen zu Tode, während er den Rüssel unter großem Gebrüll in die Höhe hob und heftig hin und her schwenkte. Dies konnte jener Soldat nicht länger mit ansehen und stürzte sich mit seinen Waffen auf das Tier. Kaum hatte der Elefant ihn mit gezücktem Schwert

59 Caesar, *Bürgerkrieg*, Der Afrikanische Krieg, § 86, 1.

kommen sehen, als er von dem Toten abließ, den Soldaten mit dem Rüssel umschlang und ihn in die Höhe hob. Der Bewaffnete verlor in dieser Gefahr seine Geistesgegenwart nicht, sondern hieb aus Leibeskräften ununterbrochen mit seinem Schwert auf den Rüssel ein, der ihn umschlang. Vor Schmerz ließ der Elefant den Soldaten fallen, machte unter lautem Trompeten schleunigst kehrt und zog sich zu den übrigen Tieren zurück.[60]

Der Elefant verhält sich ganz wie ein Mensch: Aus Angst vor den Angreifern sucht er ein schwaches Angriffsziel. Der Legionär handelt für seine Zeit erstaunlich, da ein Marketender – von dem hier die Rede ist – im Rang kaum höher stehen konnte als ein Sklave oder ein verachteter Eingeborener. Aber den Angriff des Elefanten empfindet der Soldat als so grauenhaft, dass er zum Gegenangriff übergeht, obwohl das Opfer des Elefanten schon tot ist. Und der Elefant, von der überlegenen Macht menschlicher Waffen – oder von der Wucht der menschlichen Wut – geschlagen, tritt schließlich den Rückzug in die Gemeinschaft der anderen Elefanten an.

Caesars Heer wurde zuweilen Opfer einer Vorwärtspanik. Einen Monat vor seinem Sieg in Pharsalos im Jahr 48 v. Chr. führte Caesar in Griechenland eine Art Grabenkrieg auf offenem Feld und versuchte die Truppen des Pompeius zu binden, indem er sie mit Befestigungsanlagen umgab. Das Heer des Pompeius wiederum grub seinerseits Gegenbefestigungen: Als an einer der Baustellen ein Kampf ausbrach, wurde Caesars vorrückende Reiterei, die in die feindlichen Befestigungsanlagen geraten war, von Panik erfasst. Als sie sich hastig wieder davonmachen wollte, versetzte sie die Fußtruppen daneben in Panik, von denen viele einander erdrückten, als sie nach- und aufeinander in die Gräben sprangen – eine Situation, die an Gedränge von Azincourt erinnert. »Alles war so voller Verwirrung, Angst und Flucht, dass einige, als Caesar die Feldzeichen der Fliehenden mit eigener Hand ergriff und haltzumachen befahl, ihre Pferde laufen ließen [...] andere vor Angst sogar ihre Feldzeichen preisgaben und keiner mehr stehenblieb.«[61] Caesar verlor ungefähr 1000 Mann, etwa sechs Prozent seiner Truppen, und, schlimmer noch, ungefähr 15 Prozent seiner Offiziere. Letztere waren offenbar zertrampelt worden, als sie versuchten, die Flucht aufzuhalten. Dass nicht Caesars gesamtes Heer durch diese Panik vernichtet wurde, lag vermutlich an der Tat-

60 Ebenda, § 84, 1–4.
61 Caesar, *Bürgerkrieg*, 3, 69.

sache, dass seine Truppen entlang einer langen Kette von Befestigungen verteilt waren und das Ergebnis daher auf einen Ort begrenzt blieb. Außerdem versäumte der Feind es, seinen Vorteil rasch zu nutzen, und gab Caesars Heer dadurch Gelegenheit, sich wieder zu sammeln. Dennoch betrachteten alle den Vorfall als Niederlage, was Caesar bewog, das Schlachtfeld gänzlich zu räumen.

Eine Variante der Vorwärtspanik ist die Nachlässigkeit nach dem Sieg. Wenn der Feind leicht überwunden oder eine Stellung ohne den erwarteten Widerstand genommen wird, pflegen die Soldaten in Feierstimmung zu verfallen. »Anspannung des Geistes und des Körpers ist der Normalzustand im Gefecht«, schreibt Marshall. »Wenn die Spannung bei Erreichung des Ziels plötzlich nachläßt, geht durch die Truppe leicht ein Gefühl äußersten Wohlbehagens und daraus entsteht ein Sich-gehen-Lassen in jeder Beziehung und mit all seinen Gefahren.«[62] Ein relativ harmloses Beispiel dafür ist Grants erste Schlacht im Amerikanischen Bürgerkrieg im November 1861 in Belmont, Missouri, als seine Truppen die Konföderierten ohne weiteres in Panik versetzten und daraufhin die nächsten Stunden damit verbrachten, im eroberten Lager ausgiebig zu feiern. Als die Konföderierten Verstärkung zum Gegenangriff heranführten, gelang es Grant nur unter Schwierigkeiten, seine Truppen in einem halbwegs geordneten Rückzug in Sicherheit zu bringen.[63] Schlachten entscheiden sich bisweilen in zwei Schritten, wenn ein anfänglicher Sieg der einen Seite die siegreichen Truppen derart zerfallen lässt, dass das gesamte Heer in der zweiten Phase einem disziplinierten Gegenangriff ausgesetzt wird.

Ebendieses Muster kennzeichnet die Schlacht von Naseby 1645 im englischen Bürgerkrieg, in der die Parlamentstruppen ihren größten Sieg über die Royalisten errangen. Beide Seiten eröffneten den Kampf mit ihren Fußtruppen auf der Mitte der Frontlinie, die aus Musketieren und Pikenieren sowie Reiterei an den Flanken bestand. Vom Standort der parlamentarischen Seite aus gesehen, greift Prinz Ruperts königliche Reiterei auf dem linken Flügel an, dominiert das Geschehen und und schlägt die parlamentarische Reiterei in die Flucht. Unterdessen rücken die königlichen Fußtruppen im Mittelabschnitt langsam und geordnet vor und erklimmen einen sanft ansteigenden Abhang. Da die Geschosse der parlamentarischen Seite wenig Wir-

---

62 Marshall, *Soldaten*, S. 210.
63 Grant, *Memoiren*, S. 236–242.

kung erzielen – die übliche Ineffektivität, die im Musketenzeitalter noch gravierender ausfiel –, kommt es zum Handgemenge, bei dem die Royalisten die Parlamentstruppen in schweren Kämpfen langsam zurückdrängen. Nur auf der rechten Flanke, auf der Cromwells Reiterei angreift, hält sich die parlamentarische Seite wacker und besiegt die königliche Reiterei. So weit macht die Schlacht einen symmetrischen Eindruck: Links gelingt ein Vorstoß der Royalisten, und es kommt zu einem Durchbruch; in der Mitte wird der Vorstoß der Royalisten schließlich gestoppt; rechts hat ein Vorstoß der parlamentarischen Seite Erfolg, es kommt zu einem Durchbruch.[64]

Die entscheidende Veränderung stellt sich ein, weil die königliche Reiterei auf dem linken Flügel nach ihrem Sieg durcheinandergerät. Im Siegesrausch stoßen die Reiter durch die Nachhut vor, um den Tross zu plündern. Sie reiten vom Schlachtfeld, lösen ihre Formation auf und spielen keine Rolle mehr für den Fortgang der Schlacht, die weitergeht und in ihre entscheidende zweite Phase eintritt. Cromwells Reiterei auf dem rechten Flügel hingegen, die weniger brillant, dafür umso disziplinierter agiert, bleibt in Formation oder vermag sich nach ihrem Sieg über die königliche Reiterei auf diesem Flügel wieder zu sammeln, wendet, umzingelt die königlichen Fußtruppen und treibt sie im Zentrum in eine hilflose Position. Das Ergebnis ist die Kapitulation, gefolgt von einem ausgedehnten Massaker an den Gefangenen und der schmählichen Flucht des Königs, der das Ganze von einem nahe gelegenen Hügel aus mit angesehen hatte. In einem gewissen Sinn zeigt dieser Sieg eine Wendung zur modernen Kriegführung an. Trotz relativ geringer Truppenstärken – ungefähr 10000 Mann auf jeder Seite – sind die Einheiten des Parlaments gut genug organisiert, um nach dem Ende der ersten Phase noch eine zweite Kampfphase durchzustehen, während die Royalisten, die zuerst in einem Ausbruch von Vorwärtspanik siegreich sind, auf dem Schlachtfeld nur zu einem Schachzug in der Lage sind und dem zweiten nichts mehr entgegenzusetzen haben.

Vor dem Aufkommen der Schusswaffen, als die Truppenstärken verglichen mit der moderner Armeen noch relativ gering waren, gab eine Vorwärtspanik am ehesten den Ausschlag in Entscheidungsschlachten. In den Formationen standen menschliche (und tierische) Körper eng gedrängt, und die Soldaten mussten in Reichweite der

---

64 Anhand der Markierungen auf dem historischen Schlachtfeld in Naseby rekonstruiert.

Handwaffen kommen, um größeren Schaden anzurichten. Heutzutage lassen sich schwere Verluste außer durch Vorwärtspanik vor allem durch Artilleriebeschuss und Bombardements erreichen. Dennoch: Trotz massiver Verluste ist auch eine moderne Schlacht, in der es nicht zur Vorwärtspanik kommt, selten entscheidend.[65] Hier fehlt dann das Moment eines klaren, dramatischen Ereignisses, das von allen Seiten als Katastrophe angesehen wird und einen Krieg oder Feldzug beendet. Stattdessen handelt es sich meist um Pattsituationen, die sich wie an der Westfront im Ersten Weltkrieg monatelang hinziehen können.

In groß angelegten modernen Kriegen ist die Vorwärtspanik im Allgemeinen auf ein Minimum reduziert. Aber als Muster ist sie auch heute noch von Bedeutung. Kämpfe unter Zivilisten gleichen antiken Schlachten oder Stammeskriegen, wie wir bereits im Fall von Bandenkriegen, ethnischen Unruhen und Polizeigewalt gesehen haben. Werden bei solchen Kämpfen Schusswaffen eingesetzt, geschieht dies meistens aus kurzer Entfernung im Zuge einer Vorwärtspanik oder eines Overkills, und die Verluste sind bei solchen Vorkommnissen

---

65 Auch die mechanisierte Kriegführung der Moderne schützt nicht davor, dass eine lokale Niederlage in einer Kettenreaktion zur Demoralisierung und Desorganisation einer gesamten Armee führt, etwa 1917 beim katastrophalen Rückzug der italienischen Armee von Caporetto oder 1940 bei der französischen Reaktion auf den deutschen Blitzkrieg. Die Hauptmerkmale eines Angriffs durch Vorwärtspanik zeichnen sich auf der Makroebene ab, wenn es einer Seite gelingt, den Gegner durch ein emotionales Moment zu lähmen. Im Golfkrieg vom Februar 1991 traten die irakischen Truppen auf der Autobahn aus Kuwait in den Irak einen motorisierten panischen Rückzug an. Die amerikanischen Piloten bombardierten sie gnadenlos und verursachten mit einer Luftwaffenversion der Vorwärtspanik Tausende Tote und Verwundete. In Hochstimmung berichteten die Piloten vom »Truthahnschießen« an ihre Basen. In der konventionellen Kriegsphase des Irakkrieges vom März und April 2003 führte der Angriff der Amerikaner zum regelrechten Zerfall der irakischen Armee; nur wenige Einheiten leisteten entschlossen Widerstand. Wie bei Vorwärtspaniken im kleinen Maßstab klaffen die Verlustzahlen der Gewinner und Verlierer weit auseinander: Die Deutschen verloren 1940 einen Mann von 150, während praktisch die gesamte französische Armee in Gefangenschaft geriet. Im Golfkrieg verloren die Amerikaner einen von 3000 Mann, beim Einmarsch in den Irak einen von 1400. Die Iraker büßten in beiden Kriegen Armeen mit Hunderttausenden von Soldaten ein (Biddle, *Military Power*; Lowry, *Gulf War Chronicles*; Murray/Scales, *Iraq War*; www.icasualties.org [26. 9. 2010]). Dass dieses Ungleichgewicht situationsbedingt ist, zeigt sich an der Tatsache, dass die amerikanischen Verluste in der Phase des Guerillakrieges nach der Besetzung des Iraks weit höher waren.

höchst ungleich verteilt. Im besten Fall werden große Armeen in Zukunft nur noch selten mobilisiert; bei gewaltsamen Auseinandersetzungen zwischen ethnischen Gruppen, Menschenmengen, bei Polizeigewalt, kleineren Kämpfen unter Zivilisten oder im Antiguerillakrieg wird Vorwärtspanik jedoch nach wie vor das gängige Muster darstellen.

Gräueltaten im Frieden

Der moderne Staat besteht normalerweise auf dem Gewaltmonopol, alle anderen sollen »Frieden halten«. Von Staatsbediensteten wiederum wird gefordert, die ihnen zugestandene Gewalttätigkeit auf ein Minimum zu beschränken. Dieses Ideal kollidiert indes häufig mit der mikrosituationsbedingten Dynamik einer Vorwärtspanik. Die daraus resultierenden Gräueltaten durchziehen die gesamte Polizeigeschichte, werden aber seit den 1990er Jahren von der Öffentlichkeit viel genauer registriert und lösen oft ungeheure Skandale aus. Dank ballistischer Untersuchungen und Videoaufnahmen lassen sich die Taten besser rekonstruieren, und Medien und Politik reagieren sensibler als früher auf Polizeigewalt.

Ein berühmtes Beispiel ereignete sich im Februar 1999 in New York City. Vier verdeckte Ermittler verfolgten den afrikanischen Straßenhändler Amadou Diallo bis in den Hausflur eines Wohnhauses. Die Polizisten gehörten zu einer städtischen Sondereinheit, die energisch gegen Straßenkriminelle vorgehen sollte. Im Grunde waren sie so etwas wie Antiguerillasoldaten auf Patrouille: Jeder Zivilist war ihnen verdächtig. In diesem Fall suchte die Polizei einen Vergewaltiger aus der Nachbarschaft, dessen Beschreibung auf Diallo passte. Offenbar machte dieser, erschreckt durch das Auftauchen der Männer, eine plötzliche Bewegung zurück ins Haus, was die Beamten als Fluchtversuch eines Schuldigen auffassten – oder sie steckten in dem Muster fest, Jagd auf jeden zu machen, der davonlief. Sie setzten Diallo nach und deuteten dessen nächste Bewegung dahin gehend, dass er eine Waffe ziehen wollte. Später stellte sich heraus, dass er nach seinem Ausweis gegriffen hatte. Die vier Polizisten verschossen insgesamt 41 Kugeln, von denen 19 ihr Ziel trafen. An diesem schrecklichen Overkill entzündeten sich die Empörung in den Medien und die öffentlichen Proteste, die darauf folgten. Man beachte jedoch einen anderen Punkt: Obwohl die Polizisten aus nur etwa zwei Metern schossen, verfehlte die Hälfte der Kugeln ihr Ziel.[66] Die Situation trägt alle Kennzeichen einer Vorwärtspanik: Anspannung und Angst auf Seiten der Polizei, ein plötzlicher Rückzug des vermeintlichen Feindes, eine Bewegung, die als Widerstand gedeutet wird, ein überstürzter, heftiger und schlecht gezielter Angriff. Die Polizisten werden von ihrer Schießerei mitgerissen und können nicht mehr aufhören.

Zum Vergleich ein Fall, der zwar einen anderen Anfang nimmt, aber sehr ähnlich ausgeht: Im kalifornischen Riverside hatte eine junge schwarze Frau, die um zwei Uhr nachts von einer Party nach Hause fuhr, eine Autopanne.[67] Da sie – mit einiger Berechtigung – annahm, sie befinde sich in einem gefährlichen Gebiet, hielt sie an einer Tankstelle an, schloss sich im Wagen ein und rief ihre Familie an, um Hilfe herbeizuholen. Die Familienmitglieder kamen auch, aber die junge Frau war unter der Wirkung von Alkohol und Drogen inzwischen eingeschlafen und nicht aufzuwecken. Deshalb riefen sie die Polizei. Weil sie sich in Gefahr wähnte, hatte die im Wagen schlafende Frau eine Schusswaffe auf den Nebensitz gelegt. Die Polizisten näherten sich dementsprechend dem Wagen mit gezogenen Schusswaffen und schlugen, nachdem sie vergeblich versucht hatten, die Frau zu wecken, das Autofenster ein. In den darauffolgenden Sekunden feuerten vier Polizeibeamte 27 Schüsse ab (wie sich aus den am Ort gefundenen Patronenhülsen ergab), von denen zwölf die Frau trafen. Die Absurdität des Vorgangs besteht darin, dass die Frau von ihren Rettern umgebracht wurde. Schockierend für die Familie wie für die Öffentlichkeit war die Anzahl der Schüsse. Die schwarze Öffentlichkeit reagierte entrüstet, es kam zu Demonstrationen gegen die Polizei, die Regierung ordnete eine Untersuchung an. Auch hier sind die Elemente einer Vorwärtspanik deutlich zu erkennen: Anspannung und Angst, ein plötzlicher Auslöser, wildes Herumschießen, Overkill.

Das Muster wiederholt sich. Im März 1998 wurde in Los Angeles ein 39 Jahre alter betrunkener Weißer mit 106 Schüssen von der Polizei getötet. Er hatte eine Stunde lang an einer Autobahnauffahrt in seinem Auto gesessen, war der Polizei dann langsam davongefahren, schließlich ausgestiegen und hatte etwas in der Hand geschwenkt, was

---

66 Der Flur war 1,50 Meter breit und 2,10 Meter lang. Zwei Beamte eröffneten das Feuer, und jeder von ihnen verschoss 16 Kugeln. Die anderen beiden ließen sich anstecken und verschossen zusammen weitere neun Kugeln (*New York Post*, 9.–13. 2. 1999; *USA Today*, 28. 2. 2000).

67 *Los Angeles Times*, 2. 1. 1999; *San Diego Union-Tribune*, 30. 12. 1998; *USA Today*, 21. 1. 1999.

sich später als Luftpistole herausstellte. Von Zeit zu Zeit hatte er auf seinen Kopf gezeigt, als ob er Selbstmord begehen wollte.[68] Dass so viele Kugeln verschossen wurden, lag daran, dass im Laufe der langen Pattsituation viele Polizeiwagen hinzugekommen waren. Während dieser Zeitspanne waren über Polizeifunk Falschmeldungen verbreitet worden: Ein Mann habe auf Polizeihubschrauber und am Boden auf Hilfssheriffs geschossen. Die vielen Polizeibeamten, die aus verschiedensten Polizeibezirken herbeigerufen wurden, trugen zweifelsohne zur Verwirrung bei und verstärkten das Gefühl der Bedrohung. Einige Polizeikugeln trafen noch Wohnhäuser, die zwei Blöcke weiter entfernt lagen. Hier können wir beides beobachten: eine wilde, ungenaue und Dritte gefährdende Ballerei sowie die Tatsache, dass Gerüchte immer aufrührerischer werden, je länger die Übertragungskette ist.

Im Mai 1970 tötete die Nationalgarde nach zweitägigen Antikriegsdemonstrationen an der Kent State University vier Studenten und verwundete neun weitere. Demonstranten hatten auf dem Campus ein von der militärischen Ausbildungsbehörde (ROTC) genutztes Gebäude niedergebrannt und verhöhnten die Nationalgardisten; einige warfen Steine. In einem plötzlichen, 13 Sekunden währenden Ausbruch gaben die Gardisten 61 Schüsse ab. Zu den Opfern zählte eine Studentin, die sich nur auf dem Weg zu ihren Lehrveranstaltungen befunden hatte. Dreizehn Menschen wurden von den 61 Schüssen getroffen – das entspricht einer Quote von 20 Prozent, wie es typisch für eine wilde und ungenaue Schießerei ist.[69]

Nicht nur die Polizei schießt wild um sich. Bei einem Bankraub in Los Angeles lieferten sich im Februar 1997 zwei Räuber, die Schutzwesten trugen und sich wohl für unverletzlich hielten, einen 56 Minuten langen Schusswechsel mit der Polizei. Die Bankräuber feuerten 1100 Schuss mit ihren automatischen Waffen; 200 Polizisten erwiderten entsprechend. Elf Polizeibeamte und sechs Unbeteiligte wurden verletzt, einige durch Eigenbeschuss. Die zwei Räuber wurden getötet, auf einen wurden 29 Schüsse abgegeben. Die Polizei soll die Sanitäter weggescheucht und den Räuber verbluten lassen haben, während man ihm eine Schusswaffe an den Kopf hielt.[70] Beide Seiten haben übertrieben heftig gefeuert und dabei kaum – nur zu einem Prozent – getroffen.

---

68 *Los Angeles Times*, 26. 7. 1999.
69 Hensley/Lewis, *Kent State*.
70 *Los Angeles Times*, 1. 3. 1997; *San Diego Union-Tribune*, 20. 2. 2000.

Ich könnte weitere Beispiele aufführen. Mir geht es jedoch nicht um die statistische Häufigkeit, sondern um das Muster. Die bekanntesten Fälle sind zweifelsohne jene, bei denen Vorwärtspanik zu Gräueltaten führt. Deshalb neigen wir dazu, uns auf die abhängigen Variablen zu konzentrieren und jene Umstände aus dem Blick zu verlieren, unter denen sich bei einer polizeilichen Verhaftung oder einer anderen Konfrontation keine Vorwärtspanik aufbaute. Ich werde mich in den folgenden Kapiteln damit befassen, besonders in Kapitel 9, wo wir Interaktionen betrachten werden, die nicht zu Gewalt führen.

Die politische Empörung seit den 1990er Jahren erwuchs daraus, dass man diese Fälle als Ausdruck von Rassismus erachtete. Das ungeheuerliche Verhalten – bei einem Overkill in der Regel die wiederholte und unsinnige Anwendung von Gewalt – lenkt die Aufmerksamkeit auf diese Beispiele. Wäre nur ein Schuss gefallen oder nur ein Schlag getan worden, hätte vermutlich kaum jemand reagiert. Wird ein Vorkommnis jedoch öffentlich als abscheulich apostrophiert, wird auch schnell die Hautfarbe der Polizei und ihrer Opfer als Ursache dafür verantwortlich gemacht. Dabei steht die Dynamik der Vorwärtspanik im Zentrum der Ereignisse. Rassismus mag bisweilen mit im Spiel sein, aber nur als Zufallsfaktor, der mitunter die Anfangssituation gestaltet. Bei der Schießerei mit Diallo bewegte sich die Polizei in einem Schwarzenviertel, das sie gemeinhin für gefährlich hielt. Ihre stereotype Wahrnehmung Diallos löste die Anspannung aus und führte zu der plötzlichen Jagd in den Hausflur. Aber die wilde Schießerei und der Overkill sind dem Mechanismus einer Vorwärtspanik zuzuschreiben, der weit verbreitet und keineswegs durch ethnische Grenzen beschränkt ist. Ähnlich liegt der Riverside-Fall: Das Schwarzenviertel wird für gefährlich gehalten (auch vom Opfer), und die Tatsache, dass das Opfer dem Viertel zugerechnet wird, löst auf Seiten der Polizei den Gewaltausbruch aus. Ty Cobbs Kämpfe sind dafür ebenfalls exemplarisch.[71] Cobb war ein offener Rassist, wie man ihn Ende des 20. Jahrhunderts kaum noch antrifft. Als Südstaatler, den es um das Jahr 1910 in den Norden verschlagen hatte, fühlte er sich angegriffen, sobald ein Schwarzer sich ihm widersetzte. Mehrere seiner Angriffe richteten sich gegen schwarzes Personal im Hotel, beim Metzger oder im Stadion. Aber noch häufiger schlug Cobb sich mit Weißen, und das Muster war immer dasselbe: Die Kämpfe gipfelten

71 Stump, *Cobb*.

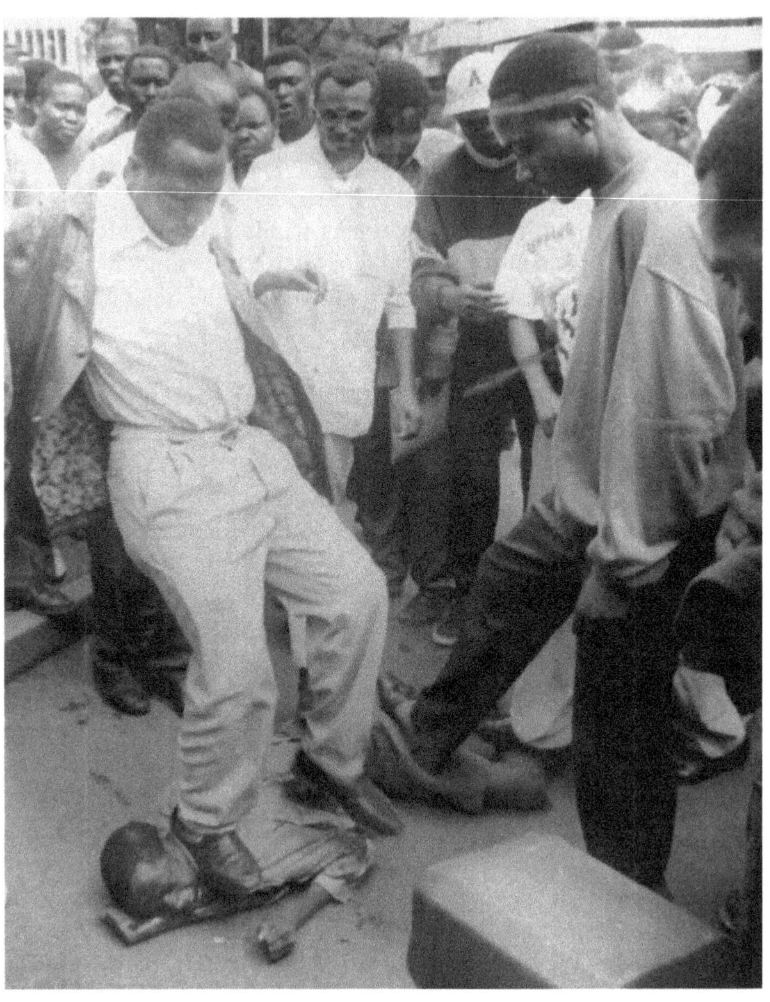

Abb. 3.4 Auf einem Markt in Nairobi quälen zwei Männer einen Dieb, während die Menge zuschaut (Nairobi 1996).
ddp images/AP/Leonard Thuo, Daily Nation

stets darin, dass Cobb den Besiegten noch am Boden schlug und trat. Dass Weiße in einer Vorwärtspanik gegen Weiße vorgehen, lässt sich auch bei Schießereien der Polizei verfolgen, etwa auf den angeblichen Selbstmörder auf der Überführung in Los Angeles, auf die Studenten der Kent State University und die Bankräuber mit den schusssicheren Westen.

Abb. 3.5 Eine Gruppe attackiert ein zu Boden gegangenes Opfer: türkische gegen griechische Zyprioten (1996).
Reuters/Fatih Saribas

Dass sich die Dynamik der Vorwärtspanik sowohl entlang ethnischer Grenzen als auch quer zu ihnen entfaltet, lässt sich unter anderem auf Fotos erkennen. Ein ziemlich kleiner Junge (vielleicht neun bis zwölf Jahre alt), der 1992 auf einem offenen Markt in Kenia bei einem Diebstahl erwischt wurde, wird von zwei erwachsenen Männern niedergetreten und geschlagen, während eine Menge von mindestens 15 Männern im Hintergrund zuschaut. Bei einem Fall, an dem nur Weiße beteiligt waren, wird ein griechischer Zypriot im August 1996 auf Zypern bei einer Demonstration, die in die türkische Zone vorgedrungen ist, um gegen die türkische Besetzung zu protestieren, von seinen Landsleuten abgeschnitten und zu Boden geschlagen, während vier Männer lange Stöcke schwingen und neun andere herbeistürzen, um sich am Angriff zu beteiligen. Dass sich dieses Muster auch in anderen Zusammenhängen und ethnischen Zusammensetzungen findet, geht aus Fotomaterial über gewalttätige Mengen hervor, auf das ich noch systematisch eingehen werde.

Rassistische Vorurteile können den ursprünglichen Faktor darstellen, der Spannung erzeugt und eine Vorwärtspanik auslöst, die man daher als Gräueltat wahrnimmt. Aber Vorwärtspanik entwickelt eine eigene Dynamik und funktioniert unabhängig vom Rassismus. Wie schon erwähnt, handelt es sich bei Vorwärtspanik um einen Prozess, der in eine multikausale Situation hineinspielen kann. Das Fazit ist nicht angenehm: Auch ohne Rassismus käme es weiterhin zu Polizeigewalt und ähnlichen Gräueltaten. Rassengegensätze sind nicht allein für den Aufbau der anfänglichen Konfrontationsanspannung verantwortlich; und da, wo sie mit im Spiel sind, werden sie häufig von der allgemeinen Funktionsweise von Anspannung und Angst überlagert.

Massengewalt

Wenn Mengen gewalttätig werden, dann häufig im Zuge einer Vorwärtspanik (es sei denn, es handelt sich um Zecher). Dafür sprechen das gewalttätige Ungleichgewicht der Kräfte zwischen der Menge und ihrem Opfer, die rhythmische Verstrickung in den Gewaltakt selbst, das Aufschaukeln und der Overkill. Aber damit wäre die Vorwärtspanik nur vom Ergebnis her abgeleitet; was wir brauchen, das sind Beweise dafür, dass sich hier in einem bestimmten zeitlichen Ablauf ein Muster entfaltet, dass sich Anspannung und Angst aufbauen und das Opfer plötzlich Schwäche zeigt, so dass sich der dunkle Tunnel öffnet, in den die Menschen dann kollektiv hineinfallen.

Bei ethnischen Unruhen lässt sich in der Regel genau dieses Muster nachweisen. Dahinter stehen natürlich langfristig wirkende Strukturbedingungen, die Einfluss darauf haben, ob ethnische Gruppen einander feindselig gegenüberstehen.[72] Ethnische Gegensätze führen jedoch nicht immer und auch nicht meistens zu mörderischen Unruhen; selbst zwischen ethnischen Gruppen, bei denen Unruhen manchmal vorkommen, brechen sie nicht jeden Tag aus, sondern nur zu besonderen Anlässen.

Ein ethnischer Aufruhr ist eine Ereignisfolge, die an Dramatik stetig zunimmt, die Aufmerksamkeit komplett auf sich zieht und zur Beteiligung nötigt. Die Handlung des Dramas ist im weitesten Sinn immer dieselbe: Vor dem Hintergrund anhaltender Schwierigkeiten

---

72 Im Folgenden beziehe ich mich weitgehend auf Horowitz, *Ethnic Riot*, eine Untersuchung über 150 Fälle ethnischer Gewalt, mithin über fast alle seit dem Zweiten Weltkrieg, insbesondere in Asien, Afrika und der ehemaligen Sowjetunion; die meisten betreffen Unruhen zwischen Hindus und Muslimen in Indien.

(man fasse dies als Prolog zum 1. Akt auf) kommt es zu einem auslösenden Ereignis, zu einem Geschehen, das die eine ethnische Gruppe als Provokation durch die andere Seite auffasst (1. Akt). Danach tritt eine Pause, eine Stimmung unheimlicher Ruhe ein – die Ruhe vor dem Sturm (2. Akt). Dann bricht die ethnische Gewalt aus, die Unruhen fordern Opfer, und zwar meist in Form einseitig verübter Gräueltaten (3. Akt). Es kann weitere Akte geben, im Allgemeinen durch Wiederholung des dritten Akts und im Verein mit gelegentlichen Kontern durch die gegnerische Gruppe und mit mehr oder weniger erfolgreichen Interventionen der Behörden. Ins Zentrum der Aufmerksamkeit möchte ich hier den 2. und den 3. Akt rücken, da sie die Vorlage für die Vorwärtspanik abgeben.

In der Ruhe vor dem Sturm sammelt eine ethnische Gruppe sich, um eine Antwort auf das auslösende Ereignis, das sie für eine Provokation hält, zu finden. Diese Zeit der Ruhe dauert normalerweise weniger als zwei Tage, selten eine Woche.[73] Die Ruhe ist unheimlich, weil allgemeine Anspannung die Gefühle beherrscht. Rückblickend können wir die Anspannung als Vorboten des kommenden Kampfes bezeichnen, als Erwartungshaltung mit Blick auf das künftige Geschehen. Aber sie dreht sich auch um die Angst vor dem Feind. Das auslösende Ereignis, das gerade stattgefunden hat, ruft Angst hervor, wenn etwa der Feind gerade eine Wahl gewonnen hat, die den ständigen Ausschluss unserer ethnischen Gruppe von der Macht zur Folge hat; oder der Feind ist gerade in einer großen Demonstration durch unser Gebiet marschiert (oder kündigt an, dies zu tun) oder hat unsere Landsleute unterdrückt und macht sich zum Angriff bereit.[74]

Die Ruhe ist die Zeit der Gerüchte. Es ist ruhig, weil in den Hinterstuben, nicht in der Öffentlichkeit geredet wird, das heißt, außer Sichtweite des Feindes und der Behörden. Aber es ist ungewöhnlich ruhig; die Menschen halten sich nicht mehr auf den Straßen auf wie sonst und gehen nicht mehr ihren üblichen Beschäftigungen und Vergnügungen nach. Diese Stimmung ist ansteckend; allein die Abnormität des Straßenbildes macht alle nervös, unruhig und vorsichtig, selbst wenn die Aussicht auf Gewalt keine Begeisterung hervorruft. Die öffentliche Stimmung erfasst sogar jene, die sich am Rand der Gesellschaft befinden, was das Gefühl für die Bedeutung des Geschehens bei jenen verstärkt, die sich im Zentrum bewegen. Es macht sich eine all-

---

73 Horowitz, *Ethnic Riot*, S. 89–93.
74 Ebenda, S. 268–323.

seits ansteckende Aufregung breit, nicht laut und schreiend, noch nicht überschäumend heiß, aber voller Angst und Anspannung.

Gerüchte zeitigen unterschiedliche Wirkungen. Sie lenken den Blick in die Vergangenheit und nach außen auf den Feind, und beides wird in immer düstereren Farben gezeichnet. Gerüchte steigern Anspannung und Angst. Teilweise geschieht dies durch Übertreibung. Hat sich die Zielgruppe zu Demonstrationen oder Umzügen versammelt, entsteht das Gerücht, dass bereits Gewalt ausgebrochen sei, hat sie sich nicht versammelt, wird über bevorstehende Gräuel gemunkelt.[75] Gerüchte bauschen rituelle Vergehen auf, es werden Angriffe gegen heilige religiöse Orte, sexuelle Verstümmelungen wie die Kastration von Männern oder das Abschneiden der Brüste bei Frauen kolportiert.[76] Sind die Geschichten erst im Umlauf, werden sie immer bereitwilliger geglaubt, offizielle Dementis oder Berichte, die die Gerüchte widerlegen, dagegen nicht. Der vermeintliche Kenntnisstand ist daher weniger die Ursache des Gruppenverhaltens als vielmehr dessen Effekt; die Kolportage von Gerüchten ist so etwas wie emotionale Selbstansteckung. Der Inhalt des Gerüchts ist wie ein durkheimsches Symbol, ein Identitätszeichen der mobilisierten Gruppe. Indem man dem Gerücht Glauben schenkt, gibt man sich als Gruppenmitglied zu erkennen. Zieht man es in Zweifel, stellt man die eigene Zugehörigkeit in Frage, weist man es zurück, begibt man sich in Opposition zur eigenen Gruppe. Die Ruhezeit dauert also auch deshalb eine Weile, weil hier konkrete interaktive Arbeit erforderlich ist, man zählt die Mitläufer, setzt Opponenten innerhalb der Gruppe subtil oder auch weniger subtil unter Druck. Angriffe gegen Friedensstifter oder Kosmopoliten, die sich um ethnische Grenzen nicht scheren, gehören zum Geschäft. Gewöhnlich werden diese Leute sogar zum ersten Ziel im Eskalationsprozess.[77] Auch aus diesem Grund wächst die Anspannung in der Ruhephase.

---

75 Ebenda, S. 79f.

76 Ebenda, S. 80. Dies kommt besonders bei ethnischen Unruhen in Südasien und Afrika vor, bei Rassenunruhen in Amerika hingegen nicht. Aber rassistische Lynchmorde unterliegen häufig einem ähnlichen Prozess der gerüchteweisen Übertreibung ritueller Vergehen, die ihrerseits wieder durch entsprechende rituelle Verstümmelungen gerächt werden (Senechal de la Roche, »Collective Violence«; Allen, *Without Sanctuary*). Da das erste Gerücht in der Regel falsch ist, geht es bei den zirkulierenden Vorstellungen von Verstümmelung eher darum, Bilder in die Welt zu setzen, die ahnen lassen, was mit dem Opfer geschehen soll.

77 Kaldor, *Kriege*; Coward, »Urbicide«; Horowitz, *Ethnic Riot*.

Gerüchteweise wird der Blick alsbald auch nach vorn gelenkt, zuerst, indem man fragt, was wohl als Nächstes geschehen wird, dann in Angst vor dem nächsten Schritt des Feindes, und danach werden zunehmend Pläne ventiliert, dem Feind zuvorzukommen und ihn zu stoppen, bevor er großen Schaden anrichten kann. Die Gerüchteküche geht in Planung über, man munkelt nicht mehr über angebliche Gräuel, sondern darüber, dass etwas unternommen werden muss, unternommen werden wird, dass Personen sich versammeln, von denen man manche vielleicht kennt, dass es jemanden gibt, der einem sagen wird, wo es losgeht. Bei Gerüchten geht es nicht nur um Wahrnehmung, sondern auch um Handeln. Es werden Verbindungen zwischen Personen hergestellt, ihre Aufmerksamkeit wird auf ein gemeinsames Anliegen und auf die Gruppe als solche gelenkt. Die Gerüchtebildung gibt den Menschen das Gefühl, an etwas teilzuhaben, das größer ist als sie und deshalb stark, etwas, das zum Sieg führen kann, wenn es in Aktion tritt. Verläuft die Gerüchtephase erfolgreich, erzielt sie mithin einen starken Mitläufereffekt, dann findet Mobilisierung statt.

Das Aufbauen von Anspannung entspricht dem ersten Stadium einer Vorwärtspanik. Bei ethnischen Unruhen finden Anspannung und Entladung in weit größerem Maßstab statt als bei einem Kampf in kleinem Rahmen oder selbst bei Militäraktionen mitten in einer Schlacht. Sie brauchen mehr Zeit und erfassen mehr Menschen. Sie sind zeitaufwendiger, weil in einem kollektiven Prozess so viele Verbündete wie möglich in Stellung gebracht werden müssen. Man kann dies als Anspannungs-und-Entladungs-Muster auf Mesoebene betrachten, das sich auf der Anspannungsseite, manchmal auch auf der Zeitschiene der Entladung stärker ausbreitet, obgleich der Moment des Übergangs mit dem Sturz in den Tunnel identisch ist, den wir bereits an anderen Beispielen beobachten konnten.

Wenn sich die Anspannung in Gewalttätigkeit durch einen Mob entlädt, dann geschieht dies äußerst einseitig. Horowitz schätzt, dass 85 bis 95 Prozent der Todesfälle bei ethnischen Unruhen auf eine Seite entfallen.[78] Das heißt, dass die Opfer sich nicht wehren, obwohl es in anderen Situationen und an anderen Orten durchaus erfolgreiche Angriffe in Gegenrichtung gegeben hat.[79] Auch hier gleicht das Muster

78 Horowitz, *Ethnic Riot*, S. 385f.

79 Ein solcher Fall ereignete sich vom 27. Februar bis zum 2. März 2002 in Gujarat (im Westen Indiens): Muslime warfen Brandbomben in zwei Eisenbahnwaggons mit Hindu-Demonstranten, die das Gebiet auf dem Weg zu

wieder dem einer Vorwärtspanik: eine Woge der Gewalt gegen mehr oder weniger wehrlose Opfer, und die Opfer sind in der unmittelbaren Umgebung und Situation nicht nur militärisch wehrlos, sondern auch emotional passiv und unfähig zum Gegenangriff.[80]

Im Moment des Angriffs selbst kommt oftmals höchste Erregung oder sogar Spaß auf. Folter und Vergewaltigung können in ausgelassener Stimmung, in »bösartiger Frivolität« geschehen. Unmittelbar nach den Unruhen gibt es keine Reue, wodurch der Vorfall laut Horowitz als »moralischer Massenmord« definiert wird.[81] Diese beiden Merkmale – das groteske Vergnügen und die zur Schau gestellte Grausamkeit sowie das Ausbleiben moralischer Schuldgefühle im Anschluss – wirken auf Außenstehende ganz besonders abstoßend; sie liefern jedoch einen Anhaltspunkt dafür, welcher Prozess dem Geschehen zugrunde liegt. Leutnant Caputo schreibt über die Nachwirkungen einer Vorwärtspanik voller Gräueltaten im Vietnamkrieg, »der letzte Teil des Kampfes« habe sich »wie im Traum abgespielt ... [so dass wir] eine Weile lang Schwierigkeiten [hatten] zu glauben, dass wir alle diese Zerstörungen angerichtet hatten«.[82]

Solche Gewalttäter bewegen sich in einem hermetisch abgeschlossenen Raum, in dem sie alle dieselben Gefühle teilen, in einer eigenen Realität, die nicht nur jegliches Moralempfinden für den Augenblick außer Kraft setzt, sondern in die von außen nicht einmal im Rückblick mit Hilfe der Erinnerung oder über ein moralisches Urteil eingedrungen werden kann. Diese abgekapselte emotionale Enklave, die ich als Tunnel bezeichne, erklärt auch die besondere Hochstimmung, die während des Vorgangs anhält. Ausgelassenheit und Frivolität bei größter Grausamkeit gehören zu dem Gefühl, sich in einer anderen Realität aufzuhalten, in einer Zone, die von gewöhnlichen Moralvor-

---

einem heiligen Ort in Zentralindien durchquerten, der zwischen Muslimen und Hindus umstritten war. Dabei wurden 58 Hindus getötet. In den folgenden Tagen griffen Hindus muslimische Dörfer an; Tausende Bewohner wurden eingeschlossen und verbrannten, während die Feuerwehr am Betreten des Gebiets gehindert wurde (*Human Rights Watch* 14, Nr. 3 [April 2002], einsehbar unter http://hrw.org/reports/2002/india/[26. 9. 2010].

80 Horowitz, *Ethnic Riot*, S. 74: »Werden die Unruhen heftiger, wird jeglicher Wille zu Widerstand und Gegenwehr, den die angegriffene Gruppe noch empfunden haben mag, mit einiger Sicherheit erlöschen. In den wenigen Fällen von anfänglich noch erwähnenswertem Widerstand wird von Opfern berichtet, die dann ›erbärmlich passiv wurden und sich wie Schafe abschlachten ließen‹.«

81 Ebenda, S. 114 und S. 366.

82 Caputo, *Rumor*, S. 289.

stellungen abgeschnitten ist. Der Eindruck, man habe mit dem, was davor war, gebrochen, ist Teil der Hochstimmung, die wie teuflisch gute Laune aussieht. Es ist fraglich, ob diese Stimmung anhält, zweifelhaft, dass Täter sich an diese Gräueltaten in derselben guten und vergnügten Laune erinnern können; wie die Traumwelt selbst, ist die Erinnerung daran hermetisch verschlossen.

Massengewalt dieser Art bedeutet, dass man sich über ein zeitweilig schwaches Opfer hermacht. Die Betonung muss hier auf zeitweilig liegen. Ausgangspunkt ethnischer Feindseligkeiten und ihr auslösender Faktor ist normalerweise die Vorstellung von einem starken Feind; die bedrohlichen Eigenschaften des Feindes setzen Angst und Anspannung in Gang. Horowitz zeigt, dass Aufrührer ethnische Gruppen nicht einfach deshalb als Ziele auswählen, weil diese schwach sind; sie verlagern ihre Frustration nicht von ökonomischen oder anderen Problemen auf einen bequemen Sündenbock.[83] Im Gegenteil: Es gibt keinen Zusammenhang mit dem wirtschaftlichen Erfolg von Zielgruppen, weder werden sie aus Neid auf deren Überlegenheit noch aus Verachtung wegen ihrer Unterlegenheit angegriffen.[84] Ziele ethnischer Gewalt werden als stark, aggressiv und unmittelbare Bedrohung wahrgenommen. Aber sie befinden sich in diesem Moment in einer Lage, in der sie gefahrlos angegriffen werden können.[85] Das bedeutet, dass ein Wohn- oder Geschäftsviertel ausgesucht wird, wo der Feind nicht mobilgemacht hat – häufig sind dies Orte, wo die friedfertigen Vettern derer leben, die vorher provoziert hatten, oder es handelt sich um eine Gegend, die nicht weit vom Aufmarschgebiet des Angreifers entfernt liegt, die leicht erreichbar ist und aus der bei heftigem Widerstand oder bei einer Intervention der Regierung leicht der Rückzug angetreten werden kann. Mit Vorliebe werden ethnisch gemischte Gebiete ausgesucht, in denen die Angreifer über eine starke Mehrheit verfügen.[86] Angreifer sind außerdem gut

83 Horowitz, *Ethnic Riot*, S. 135–193.

84 Und auch nicht wegen einer übergroßen kulturellen Distanz. Mit dem engeren Umfeld kann man sich leichter vergleichen als mit Gruppen, die weit entfernt sind. Ethnische Zielgruppen aus der näheren Umgebung sind den Angreifern daher in kultureller Hinsicht häufig ähnlich (ebenda, S. 187–193).

85 Ebenda, S. 220f. und S. 384–394.

86 Aber gelegentlich greift auch eine kleinere ethnische Gruppe größere an. Horowitz, *Ethnic Riot*, S. 180, führt bei diesen Beispielen »Verzweiflungsdemographie« ins Feld: Eine Gruppe gerät durch ein höheres Bevölkerungswachstum oder rascheren Zuzug der rivalisierenden Gruppe in die Minderzahl. Doch selbst dann ist die zahlenmäßige Überlegenheit am Ort des Geschehens

darin, die Behörden zu beobachten, Zeichen für deren möglicherweise schweigendes Einverständnis auszumachen oder aus deren früherer Laschheit oder der Unfähigkeit, einen Aufruhr niederzuschlagen, Schlüsse für die Gegenwart zu ziehen. Angreifer suchen ein Zeit- und Raumfenster und nützen es aus. In dieser Hinsicht gleichen sie Armeen, die nach örtlicher Überlegenheit trachten. In beiden Fällen hat der erfolgreiche Angriff normalerweise den Charakter einer Vorwärtspanik.

Schwache Ziele werden in der Ruhephase aufgespürt. Mit dem Gerücht beginnt die Mobilmachung. Kleine Aktivistengrüppchen, die sich durch eine wachsende Anhängerschaft, die bald in Aktion treten wird, ermächtigt fühlen, fangen an, die Situation auszukundschaften. Zum Beispiel werden Häuser, in denen die Feinde leben, oder Läden, die sie besitzen, vermerkt und gekennzeichnet. Diese Aktivitäten laufen ebenso wie die Fähigkeit der Angreifer, das Verhalten der Polizei und ihrer Opfer realistisch abzuschätzen, auf eine Bestätigung jener Theoretiker hinaus, die Gewalt als Mittel zur rationalen Verfolgung eigener Interessen verstehen. Die Gegenseite begreift sie als Ausbruch von Emotionen. Aber die Menschen handeln stets sowohl aus rationalem Kalkül als auch aus gesellschaftlich verankerten Emotionen heraus. Eine Vorwärtspanik ist eine Zeitzone, in der die emotionalen Impulse überwiegen, vor allem, weil sie von allen geteilt werden: von den Anhängern und Mitangreifern ebenso wie von den passiven Opfern. Während der Vorwärtspanik rauscht man durch den Tunnel. Dessen Eingang lässt sich jedoch mit einem bemerkenswerten Maß an Vorsicht und Berechnung ermitteln.[87] Dasselbe gilt für die Vorwärts-

---

gewährleistet: Man greift nur in jenen Vierteln an, wo die Kräfte günstig verteilt sind und wo die Zielgruppen aus zivilisierten Angehörigen der Mittelschicht bestehen, die der Anwendung von Gewalt ablehnend gegenüberstehen. »Fortschrittlich«, gebildet und urban geprägt, wie sie sind, zetteln sie selten einen Aufruhr gegen weniger »fortschrittliche« Gruppen an, können jedoch manchmal zu Rekrutierungsbasen für Guerilla- oder Terroristenbewegungen werden.

87 So betont Horowitz, *Ethnic Riot*, welche Sorgfalt eine Gruppe bei der Vorbereitung des Aufruhrs darauf verwenden mag, ihre Ziele auszuwählen und Fehler 1. Art zu vermeiden, etwa Mitglieder der falschen ethnischen Gruppe einzubeziehen, die mit den eigentlichen Opfern verwechselt werden könnten. Dies kann als eine Form rationalen Kalküls angesehen werden: Man will ausschließlich gegen eine ethnische Gruppe kämpfen und sich keine zusätzlichen Feinde machen, um nicht gegen mehr als einen Feind auf einmal antreten zu müssen.

panik in Armee und Polizei. Während des Spannungsaufbaus tritt auf der Ebene praktischen Handelns, das zur Schwelle der Konfrontation führt, viel rationales Kalkül zutage. Bei einer Vorwärtspanik geraten die Dinge anscheinend vollkommen außer Kontrolle, das Geschehen unterscheidet sich so stark von normalem Verhalten, dass es archetypisch und irrational wirkt. Den Weg zum Tunneleingang ebnen jedoch ganz normale Handlungsweisen und ganz gewöhnliches Kalkül.

Demonstranten und Einsatzkräfte

Das Muster der Vorwärtspanik ist auch für gewaltsame Vorkommnisse bei organisierten Demonstrationen kennzeichnend, sei es von Seiten der Demonstranten oder von Seiten der Polizei- oder Militäreinheiten, die zu deren Kontrolle aufgeboten werden. Auf Demonstrationen kommen häufig Massen von Menschen zusammen. Bricht Gewalt aus, wird der größte Schaden zumeist jedoch nicht dadurch angerichtet, dass zwei Menschenmassen frontal aufeinander losgehen. So wie gleich starke Armeen geraten Demonstranten und ihre staatlichen Gegenspieler in eine Pattsituation, in der sie sich gegenseitig verhöhnen – unter den situativen Gegebenheiten unserer Tage spottet zunächst nur eine Seite, da Polizei und Militär einer festen, bürokratisch kontrollierten Ordnung unterstehen (Abb. 3.6 und 3.7).

Demonstranten und Polizeikräfte gleichen weitgehend den Armeen aus dem Phalanxzeitalter, und sofern es zum Kampf kommt, ähnelt er dem Hin- und Hergeschiebe der Phalangen. So können wir auf manchen Fotos leichte Gewalt erkennen, wenn Demonstranten und die sie überwachenden Polizeikräfte ihre geordneten Linien zusammenhalten, wenn sie aufeinanderstoßen. In solchen Fällen setzt die Polizei Schlagstöcke ein und schlägt wahllos auf Demonstranten ein, die in die Polizeilinien vorstoßen (oder gestoßen werden oder gar versehentlich hineinstolpern). Dies erinnert an das Schlachtgewühl der Phalanx und verursacht aus denselben Gründen auch relativ wenig Schaden; solange die Linien zusammenstehen, kann kaum ernsthaft gekämpft werden. So eine Situation entsteht beispielsweise, wenn die Polizei die Demonstranten in ein geschlossenes Areal drängt und ihnen so alle Fluchtmöglichkeiten abschneidet. Die Demonstranten sind in Bedrängnis, und die Polizei kann am Rande einzelne Demonstranten, die zu entkommen versuchen, niederknüppeln. Ein Beispiel dafür ist die Mayday-Demonstration in London 2001. Die meisten Demons-

Abb. 3.6 Pattsituation zwischen Einsatzkräften und aggressiven Protestierern (Serbien 2000).
ddp images/AP/Boris Grdanoski

tranten sehen auf Pressefotos[88] verängstigt aus; die Menschen stehen dicht gedrängt, Einzelne treten oder boxen gegen die Polizeilinien, während die Polizei Schlagstöcke gegen die Demonstranten einsetzt. Die Presse stellte das Verhalten der Polizei nicht als Gräueltat dar. Obwohl diese Art von Massengewalt für Einzelne, die geschlagen werden, schmerzhaft ist, und für andere, die im Gewühl zusammengedrängt werden, eine unangenehme und beängstigende Erfahrung darstellt, sieht sie in den Augen der Journalisten und Beobachter nicht sehr spektakulär aus und erfährt in der Regel keine große Publizität. Dies kommt zum Teil daher, weil keine Vorwärtspanik ausbricht, solange die Massen auf beiden Seiten zusammenstehen; für den anhaltenden, emotionsgeladenen Angriff, der so übel aussieht, ist die Situation noch nicht gekommen.

Ein anderer, recht selten genutzter, aber spektakulärer Weg vom Patt zur Gewalt fordert mehr Opfer, weil die Staatsgewalt, ungleich schwerer bewaffnet als die Demonstranten, beispielsweise Schusswaf-

88 Siehe die Fotografien im *Daily Mail* und der [Londoner] *Times* vom 2. 5. 2001.

Abb. 3.7 Zwei Steinwerfer vor einer Gruppe von Demonstranten; der hintere Teil der Gruppe wendet dem Geschehen den Rücken zu (Genua im Juli 2001).
ddp images/AP/Jerome Delay

fen einsetzt. Ein solcher berühmter Vorfall ereignete sich im Juli 1917 in St. Petersburg – damals Petrograd – bei einem großen Marsch unter bolschewistischer Führung gegen die Fortsetzung des Kriegs. Abbildung 3.8 zeigt den Moment, als Soldaten plötzlich auf die Marschierenden zu schießen begannen. Man sieht, wie die Menge in alle Richtungen davonstiebt, dass einige gefallen sind, während der Großteil der Menge sich gegen die Gebäude drückt. Die bewaffneten Truppen ihrerseits befinden sich in einer Vorwärtspanik. Die Anspannung eines Protestes wird plötzlich durch eine Schießerei unterbrochen, die vielleicht von einem einzigen Soldaten ausgegangen ist und bald schon alle anderen, wie von einer Woge erfasst, zum Schießen veranlasst hat. Im Gegensatz zu Demonstrationen, bei denen die Linien intakt bleiben, sind dies dramatische Augenblicke, manchmal sogar historische Wendepunkte. Die überstürzte Auflösung vermittelt diesen Eindruck, da sie sich entweder als überwältigender Sieg oder als gewaltige Gräueltat auffassen lässt. Im Falle der Petrograder Julikrise brach die Rebellion zusammen; am folgenden Tag ging man scharf gegen die Dissidenten vor, die Bolschewisten wurden in den Untergrund getrieben.[89] Interpretieren Presse und Öffentlichkeit ein ähnlich gelagertes Geschehen als Gräueltat, die nach einer massiven Gegenreaktion ruft, kann dies wie am Beispiel der amerikanischen Bürgerrechtsbewegung zu einem Wendepunkt führen. Am 7. März 1965 griff die Polizei in Selma, Alabama, demonstrierende Bürgerrechtsaktivisten mit Schlagstöcken und Hunden an und verletzte 67 der 600 Marschierer.[90] Die Publizität des Vorfalls veranlasste den Kongress und den Präsidenten zu einer Wahlrechtsänderung zugunsten der schwarzen Bevölkerung, als sich die Stimmung endgültig gegen die Segregationisten wendete.

Dennoch basiert die dramatische Wirkung nicht nur auf der Anzahl der Opfer. In Petrograd wurden nur etwa sechs oder sieben Personen getötet und zwanzig verwundet; geht man davon aus, dass mindestens 10000 Menschen an dem Marsch teilnahmen, entspricht dies weniger als 0,3 Prozent der Demonstranten. In Selma wurde niemand getötet, und die Anzahl der Verwundeten lag bei etwa 10 bis 11 Prozent der Demonstranten. Aus militärischer Sicht waren dies leichte Verluste, die die Kampfkraft der Opposition nicht beeinträchtigten.

---

89 Trotzki, *Geschichte*, Kapitel 25.

90 Gilbert, *History*, S. 323.

Abb. 3.8 Die Menge stiebt auseinander, als Soldaten mit Maschinengewehren feuern (Petrograd im Juli 1917).

Wichtig für den Umschwung waren vielmehr die dramatischen Bilder, die zeigten, wie die eine Seite von der anderen emotional terrorisiert wurde. Bei Demonstrationen liefert Gewalt den *coup de théâtre*. Aber die Gewalt muss klar umrissen sein und darf nur eine Deutung zulassen: Soldaten schossen auf die widerspenstige Menge, um sie zu zerstreuen und so die Ordnung aufrechtzuerhalten; oder die Staatsmacht griff friedfertige Demonstranten auf ihrem Marsch an und veranstaltete unterschiedslos ein Blutbad. In beiden Fällen wird das Bild der Menge, die sich unter Terror auflöst, zur sozial propagierten Wirklichkeit, nicht die Zahl der tatsächlichen Verluste.[91]

Aber die gängigste Form der Gewalt durch Massen folgt einem anderen Muster, bei dem beide Seiten nicht heroisch handeln. Die schäbigen Einzelheiten versprechen hier kein gutes Theater und lassen ihrerseits keine klaren politischen Auslegungen zu. Typischerweise wird von der einen wie der anderen Seite dann ernsthaft Schaden an-

91 In St. Petersburg schossen einige rebellierende Soldaten aus dem Demonstrationszug nach der ersten Konfrontation zurück, worauf sich die Regierungstruppen schließlich zurückzogen; jede Seite zählte gleich viele Tote und Verwundete (Trotzki, *Geschichte*).

Abb. 3.9 Eine Gruppe von Steinewerfern während einer Demonstration in Argentinien (2002).
ddp images/AP/Walter Astrada

gerichtet, wenn die Massenformation in kleine Gruppen aufgespalten wird und die Gesamtkonfrontation in eine Reihe kleinerer Konfrontationen zerfällt. Dies geschieht in zwei Phasen: Zuerst lösen sich die Demonstranten in kleine Blöcke auf. Manchmal sind dies kleine bewegliche Kommandos gewalttätiger Aktivisten, die Steine oder andere Wurfgeschosse werfen. Abbildung 3.9 zum Beispiel zeigt eine Demonstration während der Präsidentschaftskrise vom Januar 2002 in Buenos Aires, bei der eine Gruppe von Männern in einer Straße, die mit Pflastersteinen übersät ist, nach vorn läuft. Die drei Militantesten tragen beim Steinewerfen keine Hemden, zwei andere folgen ihnen zur Unterstützung, und ein weiterer, der sich an der Seite aufhält (und möglicherweise nicht zur Gruppe gehört), duckt sich weg.

Diese kleinen Blöcke üben bis dahin die übliche, wenig wirksame Gewalt aus und ziehen eher eine Schau ab, wobei die Wurfgeschosse meistens ihr Ziel verfehlen oder zufälligerweise jemanden treffen (und nicht unbedingt diejenigen, denen sie zugedacht sind). Wirklich gefährlich werden solche Gruppen, wenn sich bei ihrem Zug durch die Straßen gelegentlich Situationen zu ihrem Vorteil ergeben. Dann kann es geschehen, dass eine Gruppe Polizisten einen einzelnen Demonstranten zusammenschlägt oder eine Gruppe Demonstranten über einen einzelnen Polizisten oder Soldaten herfällt. Demonstranten üben schwere Gewalt nur dann aus, wenn sie einige Polizisten oder Soldaten abseits von deren geschlossener Formation erwischen und ihnen in einem Verhältnis von vier zu eins bis acht zu eins überlegen sind. Der einzelne Vertreter der Staatsgewalt mag zwar bewaffnet sein, ist jedoch nicht bereit, seine Waffen zu gebrauchen, sondern verharrt in der Passivität, die Opfer befällt, wenn größere und kräftigere Gruppen im Zuge einer Vorwärtspanik über sie hereinbrechen. Diese Minimengen werden dann aktiv, wenn sie den Feind in einer verwundbaren Position erwischen, in der er von Hilfe abgeschnitten, umzingelt und unschlüssig ist, wie er sich wehren soll, so dass er schließlich seinen Kopf mit den Armen schützt, sich duckt oder zu Boden geht, wo ihn seine Häscher mit Tritten und Schlägen bearbeiten, mitunter auch mit Eisenstangen und anderen Waffen. Ein Foto (das hier nicht gezeigt wird) vom Sturz des serbischen Diktators Milošević in Belgrad im Oktober 2000 zeigt vier Männer, die sich auf einen einzelnen Bereitschaftspolizisten stürzen, der seinen Kopf mit den Armen zu schützen versucht und keine Anstalten macht, seine Pistole aus dem Halfter zu ziehen, während zwei seiner Gegner versuchen, ihn zu Fall zu bringen und zu packen, und mehrere andere mit Stöcken und Montiereisen zuschlagen.[92]

Polizeigewalt gegen Demonstranten findet spiegelbildlich dazu statt: Der geordnete Marsch oder die Streikpostenkette der Demonstranten lösen sich in kleine Gruppen auf, was normalerweise der Fall ist, wenn sie vor einem Polizeiangriff davonrennen. Kleine Gruppen von Polizisten stehen um einen einzelnen Demonstranten herum und schlagen mit ihren Schlagstöcken zu. Dies ist auf einem Foto (nicht abgebildet) von einer Demonstration Arbeitsloser in Buenos Aires im

---

92 *Daily Telegraph*, 6. 10. 2000.

Juli 2002 zu sehen.[93] Die Demonstranten laufen vor dem Polizeiangriff davon; einige kauern vor einer Mauer auf dem Gehsteig, während man auf der Straße diejenigen liegen sieht, die vermutlich bei der Jagd hingefallen sind, und diejenigen, die von der Polizei mit Stöcken geschlagen wurden.

Diese Minikonfrontationen sind zerstörerisch, weil jedes kleine Treffen eine Vorwärtspanik auslösen kann. Zuerst kommt die Phase der Anspannung, die sich während der Konfrontation im dichten Gedränge aufbaut: Emotional ist anfangs nur die Erwartung, dass etwas geschehen wird, im Spiel, bei der Polizei ist es die aufkommende Empörung über die Infragestellung ihrer Autorität. Dann mag zunehmend Furcht hinzukommen, wenn Gewalt, und sei es nur in geringem Ausmaß, ausbricht oder wenn das Gedränge heftiger wird. Ernsthaft wird die Gewalt mit einem plötzlichen Durchbruch, der beide Seiten zu raschem Handeln veranlasst. Sie ereignet sich dort, wo auf die Anspannung eine spürbare Schwäche bei denen folgt, die kurz zuvor noch als massierter Feind auftraten. Dies geschieht normalerweise durch die schnelle Bewegung von Menschen in der Menge, welche die geordneten Linien durchbrechen. Manchmal handelt es sich, wie in der Schlacht von Azincourt, um einen Stau, weil Demonstranten – oder Polizisten – hingefallen sind. Angegriffen werden vor allem jene, die am Boden liegen, oder jene, die nicht schnell genug aus dem Weg gehen oder mit ihren Mitkämpfern in Verteidigungsstellung bleiben.[94]

Ein anschauliches Beispiel für diese Vorgänge liefert die Beschreibung einer »revolutionären« 1.-Mai-Demonstration in den späten

93 *The Australian*, 28. 6. 2002.

94 Buford, *Geil auf Gewalt*, S. 350–354, beschreibt, was es heißt, unter solchen Umständen Opfer eines Polizeiangriffs zu werden. Als Journalist, der eine große Gruppe britischer Fußball-Hooligans während des Weltcupspiels in Sardinien begleitet, begegnet er der italienischen Polizei auf ihrem Weg zu einem Gegenangriff auf eine große Gruppe von Hooligans, die gerade in der Stadt randaliert hatte. Buford beschließt, sich von der Menge abzusetzen und sich in Verteidigungshaltung hinzuhocken, die Hände als Schutz über dem Kopf in der Hoffnung, dass ihm die Polizei im Vorübergehen auf dem Weg zum Angriff auf die Hauptgruppe nur einen flüchtigen Hieb versetzt. Stattdessen hat er unwissentlich die Haltung eines äußerst verwundbaren Opfers eingenommen, was drei Polizisten veranlasst, ihn ausgiebig zu verprügeln, während er am Boden liegt und sich bemüht, die besonders verletzlichen Teile seines Körpers zu schützen; dies scheint die Polizisten nur anzuspornen, die versuchen, seine Hände und Arme wegzuzerren, damit sie noch besser und schmerzhafter zuschlagen können.

1990er Jahren in Berlin.[95] Etwa 700 Demonstranten bewegten sich auf einer Strecke, an der ungefähr 2500 Polizisten aufmarschiert waren. Beide Seiten machten viel Lärm, der sich zu einem akustischen Angriff steigerte. Die Demonstranten ließen Sprüche und Musik aus Lautsprechern, die auf Autos montiert waren, plärren, sangen und trommelten, die Polizei hielt mit Sirenen und Befehlen aus ihren Lautsprechern dagegen. Als die Demonstration am traditionellen Kundgebungsort eintraf – einem kleinen Platz, auf den einige schmale Straßen zulaufen –, rückte die Polizei in dicht geschlossenen Reihen heran, Schulter an Schulter, die Schutzschilde drohend erhoben und Knüppel schwingend. Die Anspannung wurde gebrochen, als ein Demonstrant schnell über den Platz rannte und damit eine Fluchtbewegung in der Menge auslöste. Mit anderen Worten: Einige Demonstranten traten einen panischen Rückzug an, worauf die Polizeilinien vorwärts drängten, um sie zu verfolgen. Die Polizisten schwangen ihre Knüppel, als sie hinter ihnen herrannten, sie stürmten in kleinen Gruppen zu dritt oder viert los und schlugen auf diejenigen ein, die sie erwischten, bedrohten die am Boden Liegenden und schlugen immer wieder zu.

Einige Demonstranten, die sich ihrerseits in Nebenstraßen in Sicherheit gebracht hatten, hielten an, um Pflastersteine aufzuheben und auf die Polizei zu werfen. Durch ihren eigenen Vorstoß hatte die Polizei, die nun kleine Gruppen von Demonstranten verfolgte, anstatt eine geschlossene Demonstration durchzuschleusen, ihre geordneten Reihen aufgegeben. An einigen Stellen der Kampffront wurden Polizisten vereinzelt oder zu zweit isoliert und waren dort gegenüber den Demonstranten zahlenmäßig unterlegen, von denen sie nun in Vierer- oder noch größeren Gruppen angegriffen wurden. In dieser Lage gingen die Polizisten in die Defensive und duckten sich hinter ihren Schilden. Wenn zahlreiche Polizisten bis auf etwa dreißig Meter heranrückten, stoben die Demonstranten, die bis dahin kühn angegriffen hatten, davon; einige wurden isoliert und nun von Polizisten in Dreier- und Vierergruppen angegriffen, manche zu Boden geworfen, worauf sich die Polizisten jeweils über Einzelne hermachten, sie mit ihren Stöcken schlugen und verhafteten (kleinere Rodney-King-Vorfälle in Serie). So ging es hin und her, wo immer Demonstranten oder Polizei gerade zahlenmäßig überlegen waren, um ein schwaches Opfer anzugreifen. Da die Polizei alles in allem den besseren Zusammenhalt hatte und besser ausgerüstet war, übte sie letztlich mehr Ge-

95 Stefan Klusemann, unveröffentlichte Arbeit, University of Pennsylvania 2002.

walt aus, während sie indes ausreichend Verluste auf der eigenen Seite erlitt, um die Demonstranten lautstark anzugreifen, wo sie konnte.

Eine Vorwärtspanik tritt typischerweise dann auf, wenn eine Gruppe sowohl zahlen- als auch kräftemäßig überlegen ist; sie folgt auf eine Situation, in der sich in der Konfrontation zwischen organisierten Massen Spannung aufgebaut hat. Die Anspannung erwächst aus der großräumigen Pattsituation, sie löst sich schlagartig, wenn die Menge in kleine Gruppen zerfällt. Unter diesen Umständen kommt es in der Regel zu ernsthaften Verletzungen. Im Allgemeinen zeigen Fotos von solchen Massenereignissen eine Gruppe beim Angriff auf eine Einzelperson, die gewöhnlich am Boden liegt und sich nicht wehren kann. Im Gefolge des Freispruchs für die Schläger von Rodney King kam es 1992 in Los Angeles und anderswo zu Unruhen, und auf vielen Fotos ist zu sehen, wie einzelne Weiße oder Asiaten von Gruppen junger schwarzer Männer angegriffen werden.[96] Ähnliche Muster lassen sich bei Auseinandersetzungen auf der ganzen Welt und bei unterschiedlichsten ethnischen Zusammensetzungen der Kontrahenten ausmachen.[97] Konstant bleibt dabei das Verhältnis. Normalerweise gehen drei bis vier Personen gegen einen vor.

Das scheint eine archetypische Relation zu sein. Die meisten Angehörigen einer Menge sind (wie die meisten Soldaten) nur im Hintergrund beteiligt, und die kleine, kämpfende Elite ist bei der Konfrontation mit gleich starken Gegnern ineffektiv. Daher laufen die meisten Vorfälle effektiver Gewaltanwendung darauf hinaus, ein isoliertes Opfer zu finden – und sich dann zu viert darauf zu stürzen.

Der Mengenmultiplikator

Vorwärtspanik kann sich zwar auch in Konflikten zwischen zwei Personen einstellen – wie wir im nächsten Kapitel sehen werden, geschieht dies normalerweise, wenn der Aggressor viel größer und stärker als das Opfer ist, etwa bei Erwachsenen und Kindern –, die

96 Fotos von Reuters, 1. 5. 1992.

97 Die Verallgemeinerungen in diesem Abschnitt und in Kapitel 11 basieren auf meiner Sammlung von 400 Fotos zu Massengewalt, die von 1989 bis 2005 in ganz Amerika, in Europa, im Mittleren Osten, in Afrika und Asien aufgenommen wurden. Der Leser kann viele der in diesem Buch mit Datum erwähnten Fotos unter folgenden Onlinediensten finden: APImages.com; pictures.Reuters.com; GettyImages.com.

eklatantesten Beispiele treten jedoch dann auf, wenn eine große Gruppe einer isolierten Einzelperson oder eine bewaffnete Macht einer unbewaffneten oder zeitweilig unbewaffneten gegenübersteht. Je größer die Gruppe, das heißt, je mehr Menschen sich an Ort und Stelle befinden, desto höher die Wahrscheinlichkeit einer Vorwärtspanik. Deshalb kommen die meisten Fälle von Polizeigewalt wie Overkill und wiederholtes Zuschlagen dort vor, wo größere Gruppen von Beamten involviert sind. Bei der Verhaftung von Rodney King waren 21 Beamte anwesend; vermutlich wäre es nicht zu den Prügeln gekommen oder zumindest nicht in diesem Umfang, wenn nur einige wenige Beamte dort gewesen wären.

Im Falle Rodney Kings kamen de facto mehrere Ursachen zusammen, die alle mit Polizeigewalt in Verbindung stehen – das Ereignis war mithin überdeterminiert. Polizeigewalt kommt häufiger vor, wenn der Verdächtige Widerstand leistet, insbesondere, wenn er zu entkommen versucht.[98] Polizisten greifen außerdem häufiger zu Gewalt, wenn zuvor eine Verfolgungsjagd mit dem Auto stattgefunden hat (was auch die illegalen Einwanderer, von denen zu Beginn dieses Kapitels die Rede war, zu spüren bekamen). Geoffrey Alpert und Roger Dunham fanden heraus, dass in verschiedenen Gerichtsbezirken 18 bis 30 Prozent der verfolgten Fahrzeuge entkamen.[99] Abgesehen von der Anspannung beim Schnellfahren und dem Zorn über den Widerstand gegen die Staatsgewalt gibt es bei der Polizei ein Gefühl der Unsicherheit über den Ausgang des Rennens. In 23 bis 30 Prozent der Verfolgungsjagden kommt es zu einem Unfall mit Sachschaden, in 10 bis 17 Prozent zu, wenngleich relativ geringfügigen, Körperverletzungen (diese Zahl beläuft sich auf 12 bis 24 Prozent, wenn der verfolgte Wagen nicht entkommt). Bei einem Drittel der Fälle erfolgt die Verletzung nach der Jagd, das heißt, die Verletzung wird nicht durch einen Autounfall verursacht, sondern durch Gewalt. Einer anderen Studie zufolge endeten 46 bis 53 der Autojagden auf fliehende Verdächtige mit Anwendung von Polizeigewalt, 11 bis 14 Prozent mit der Anwendung exzessiver Gewalt.[100]

---

98 Worden, »Causes«; Geller/Toch, *Police Violence*; Alpert/Dunham, *Understanding*.

99 Alpert/Dunham, *Police Pursuit*, S. 28–39 und S. 97, sowie eigene Nachberechnungen.

100 Alpert/Dunham, *Understanding*, S. 24.

Bei der Verhaftung Rodney Kings spielte neben dem Widerstand bei der Festnahme und der hochtourigen Verfolgungsjagd noch ein dritter Faktor eine ursächliche Rolle für den Gewaltakt: der Zuschauereffekt. Je mehr Polizisten (oder andere Personen) an einer Verhaftung beteiligt sind, desto eher wird es zu Polizeigewalt kommen.[101] Die Wirkung der Gruppe wird nicht durch die Anzahl der Personen beim Angriff bestimmt, da die Menge normalerweise über eine eher schwache Angriffsspitze oder Gewaltelite, das heißt, über relativ wenige Aktivisten verfügt, unabhängig davon, wie groß die Gesamtgruppe ist. Von 21 Beamten haben nur vier Rodney King geschlagen.[102] Aber die Menge agiert als Emotionsverstärker: Sie verschärft die Anspannung und beschleunigt den Handlungsablauf. Die Multiplikatorwirkung wurde in einer ganzen Reihe von Untersuchungen zu ethnischer und politisch motivierter Massengewalt sowie anderen Aktionsformen eines

101 Worden, »Causes«; Mastrofski/Snipes/Supina, »Compliance«.

102 Zu der ausgedehnten Prügel mag noch ein vierter Faktor beigetragen haben: Es war eine Beamtin, die anfänglich die Autojagd anführte und als Erste versuchte, King festzunehmen. Kings Benehmen im ersten Moment seiner Festnahme, als er endlich aus dem Wagen ausstieg, um sich zu ergeben, war weniger drohend als unverschämt. Die Streifenbeamtin bezeugte, er habe sich an das Gesäß gefasst und damit vor ihr herumgewackelt. King nahm seine Festnahme nicht ernst und ließ sich der Polizistin gegenüber sogar zu sexuellen Anzüglichkeiten hinreißen. Zumindest wurde dies von den anderen anwesenden Polizisten so aufgefasst. Die Frau, die Schwierigkeiten hatte, King zu bändigen, zog ihre Pistole, worauf der zuständige Sergeant vom Los Angeles Police Department ihr bedeutete, zurückzubleiben und ihm und seinen Leuten die Verhaftung zu überlassen (Zeugenaussage laut Gerichts-TV-Video »The Rodney King Case«, 1992). King stürzte sich auf den Beamten, der versuchte, ihm Handschellen anzulegen, und schlug ihn nieder, worauf der zweite Beamte ihn mit einem Stock ins Gesicht schlug; so fing die Prügelei an. Dies alles passt zu einem Muster, das man generell von Kämpfen kennt, wenn auch eher bei Zechereien, in Bars und Nachtlokalen: Die Neigung von Männern, einen Kampf anzufangen, steigt im Beisein von Frauen (Grazian, *Blue Chicago*, S. 21; persönliche Mitteilung 2004). Dies bedeutet nicht, dass sie um die Frau kämpfen; meine von Studenten zusammengestellte ethnographische Sammlung zeigt, dass auch Männer ohne Begleiterinnen Kämpfe mit anderen Männern ohne Begleiterinnen anfangen. Dies kann als besondere Form eines Zuschauereffekts angesehen werden. Die Anwesenheit von Zuschauerinnen, selbst wenn diese sich passiv verhalten, führt dazu, dass Männer streitsüchtiger miteinander umgehen und Konfrontationen eher in Gewalt ausarten. In einem gewissen Sinn spielten sich King und die Polizeibeamten, welche die Festnahme von der Beamtin übernahmen, alle vor der Frau auf. So eskalierte auf der Mikroebene die Anspannung noch nach der Verfolgungsjagd mit dem Auto weiter.

Mobs festgestellt.[103] Experimentelle Studien bestätigen, dass Gruppen schneller ernsthaft aggressiv werden als Einzelpersonen. Ein größerer Lynchmob begeht mehr Gräueltaten als ein kleiner.[104]

Psychologen pflegen diesen Effekt mit dem Begriff der Entindividualisierung zu erklären, mit dem Verlust der individuellen Identität und, damit verbunden, dem Wegfall jeglichen Verantwortungsgefühls, wenn Menschen sich in einer größeren Gruppe befinden. Das ist übertrieben, weil Einzelpersonen im Allgemeinen durch Bekanntschaftsnetzwerke in aktive Mengen eingebunden werden, und die meisten Individuen schließen sich als Mitglieder kleiner Gruppen einer Menge an, in der sie sich durchaus eine klare Vorstellung ihrer Identität bewahren.[105] Ich würde eher den zeitlichen Aufbau des emotionalen Prozesses betonen, die Einbindung in emotionale Rhythmen und den enormen Reiz und das Vergnügen, wenn man bei jeglicher sozialen Interaktion körperlich-emotional mit den Menschen in seiner Umgebung mitschwingt. Menschen sind für diese Empfindung ausgesprochen empfänglich, und man könnte sagen, dass die gemeinsame Anspannung, die man in der Phase des Anspannungsaufbaus empfindet, der Preis ist, den man für das Solidaritätsgefühl in der Gruppe bezahlen muss, selbst wenn die Verstrickung eines jeden in die Gruppenstimmung die Anspannung noch verstärkt. Und der Ausbruch in kollektive Gewalt insbesondere nach dem repetitiven, rhythmischen Muster, das Overkill und Gräueltaten kennzeichnet, ist für die Beteiligten deshalb so unwiderstehlich, weil dies ein Höchstmaß an Solidarität bedeutet.

Diese Einbindung in eine Zone erhebender Realität ist umso attraktiver, weil Gewalt mit der normalen Realität bricht und so die Gelegenheit für diese spezielle Erfahrung eröffnet. So etwas passiert in Situationen, die, genau genommen, nicht durch Vorwärtspanik gekennzeichnet sind und in denen zuvor wenig Anspannung aufgebaut wurde, zumindest nicht aufgrund von Angst. In solchen Situationen kommt eine Art Feierstimmung auf, die Außenseiter als moralisch grotesk empfinden. Droht beispielsweise jemand mit Selbstmord, dann sind »große Menschenmengen eher als kleine geneigt, das Opfer zu verhöhnen und es zu drängen, doch zu springen«.[106]

---

103 Zitiert und zusammengefasst in: Horowitz, *Ethnic Riot*, S. 116f.
104 Vgl. Mullen, »Atrocity«.
105 McPhail, *Myth*.
106 Horowitz, *Ethnic Riot*, S. 117, zitiert Mann, »Baiting Crowd«.

Im folgenden Fall greifen die Begeisterung der Umstehenden und die Eskalation eines Kampfes ineinander. Er ereignete sich im August 1993 im kalifornischen Oakland. Der Streit begann, als eine 19-jährige schwarze Frau, Stacey Lee, wütend die 39-jährige Deborah Williams (ebenfalls schwarz) aus dem Flur ihres Wohnhauses zu vertreiben versuchte, die sie dort beim Crack-Rauchen erwischt hatte:

> Williams weigerte sich, und der Kampf begann. Lee war bald im Vorteil, schlug Williams und versetzte ihr mit einem Stück Eisen von einem Bettgestell einen Hieb. Nachbarn trennten die beiden schließlich, und Williams floh. Lee ging in ihre Wohnung, griff sich ein Messer von ihrer Spüle und nahm die Verfolgung auf [...] Blutend und taumelnd suchte Williams in einem Spirituosenladen Zuflucht. Zeugen sagten jedoch, der Ladenbesitzer habe ihr die Tür vor der Nase zugeschlagen und abgeschlossen [...] Wenige Minuten später wurde Williams von einer Gruppe (etwa 15) Jugendlicher abgefangen, die meisten junge Männer, die an einer Straßenecke herumlungerten. Sie schlugen sie nieder und beleidigten sie lautstark. In Fötusstellung über einem Abflussgitter liegend, wurde sie getreten und mit einer Weinflasche auf den Kopf geschlagen [...]
>
> Kriminalbeamte sagen, dass Williams vermutlich überlebt hätte, wäre die Menschenmenge nicht gewesen [...] die sie stieß und umstellte und Lee mit »Bring-sie-um-«- und »Verhau-ihr-den-Arsch«-Rufen anfeuerte. Erst erzählte Lee den Detektiven, die Appelle der Menge hätten ihr Verhalten nicht beeinflusst, und meinte, sie wäre »bereits durchgeknallt« gewesen. Später behauptete sie, die Beifallsrufe hätten sie dazu gebracht, sich rittlings auf Williams zu setzen und ihr das Messer in die Seite zu stoßen.[107]

Die Stimmung der Umstehenden, die zum Kampf dazustießen, lässt sich wahrscheinlich als amüsiert bezeichnen: Hier sah man zwei Frauen kämpfen, was seltener vorkommt als zwei kämpfende Männer, und so hatte das Ganze etwas von einem Spektakel und vielleicht einen gewissen erotischen Kitzel. Zuerst hatten die Umstehenden vermutlich nur versucht, eine der beiden Kämpferinnen am Weglaufen zu hindern, damit das Schauspiel noch anhielt – womöglich nahm dies seinen Anfang, als der Ladenbesitzer Williams die Tür vor der Nase zuschlug, womit das Geschehen aus Sicht der Menge eine lächerlich-komische Jagd darstellte. Aber das Verhalten der Menge eskalierte sehr bald zu einer Art Vorwärtspanik, so auch bei der Siegerin des Kampfes, Lee, die frustriert war, weil der Kampf an der

---

107 *Los Angeles Times*, 30. 8. 1993.

Schwelle ihres Reviers zunächst abgebrochen worden war. Die Vorwärtspanik der jungen Frau und die der Menge auf der Straße gingen ineinander über – und die Gräueltat war das Ergebnis.

Eine ähnliche Dynamik wird bei einem Vorfall vom Oktober 2002 in Milwaukee, Wisconsin, deutlich, bei dem ein 36 Jahre alter Schwarzer von einer Gruppe Kinder und Teenager im Alter zwischen zehn und 18 Jahren zu Tode geprügelt wurde. Er war ein ärmlicher, heruntergekommener, obdachloser und normalerweise betrunkener Mann, ein schwaches Opfer:

> Ungefähr 16 bis 20 junge Männer stachelten einen zehn Jahre alten Jungen an, ein Ei auf Young zu werfen. Das Ei traf den Mann an der Schulter, der dem Jungen nachzulaufen begann [kurze Bedrohung]. Aber ein 14-Jähriger ging dazwischen; Young versetzte ihm einen Faustschlag und schlug ihm einen Zahn aus [aus Drohung wird Verletzung durch eine vermeintlich schwache und verachtete Person]. Mehrere Jugendliche scharten sich daraufhin zu einem Angriff auf Young zusammen. Sie jagten ihn bis zum Vorbau eines Hauses und schlugen auf ihn ein; Blutspritzer fanden sich vom Boden bis zur Decke [anhaltendes Prügeln]. Young gelang es, kurzfristig ins Haus zu entkommen, aber der Mob zerrte ihn wieder heraus und schlug ihn, bis die Polizei eintraf, die ein Nachbar gerufen hatte.[108]

Hier sieht das Muster so aus: In Erwartung eines aggressiven Vergnügens werden Hohn und Spott aufgebaut; dann erfolgt ein kurzer Gegenangriff, der die Anspannung kurzzeitig erhöht; ein schwaches Opfer tritt panisch den Rückzug an, was den Mob in eine Jagdstimmung versetzt, die durch den Mengenmultiplikator noch gesteigert wird.

Eine solche Dynamik erfasst auch die »Guten«. In einer südkalifornischen Küstengemeinde wurde einer 45 Jahre alten Frau von zwei Teenagern die Geldbörse gestohlen, als sie auf einem Parkplatz Lebensmittel in ihren Wagen lud. »Sie rief um Hilfe und rannte hinter den Jungen her. Ein Angestellter des Geschäfts und ein Beobachter des Vorgangs schlossen sich an, gefolgt von einem Wasserlieferanten und anderen, die ihren Weg kreuzten.« Die Menge bestand schließlich aus beinahe 50 Menschen, vornehmlich Männern, die mit Autos, auf Fahrrädern und zu Fuß die Gegend durchkämmten und schließlich zwei Jungen im Alter von 16 und 17 Jahren aufgriffen, die sich im Gebüsch auf einem Hinterhof versteckt hatten. Die Beteiligten handelten mit viel Gemeinschaftsgeist und waren stolz darauf, sich als Gemeinschaft betätigt zu haben. Aber genau da lag der Haken: »Ein nicht

108 *AP News Report*, 1. 10. 2002.

näher identifizierter Mann auf einem Fahrrad steigerte sich derart in die Menschenjagd hinein, dass die Polizeibeamten ihn zurückhalten mussten, als sie die Festnahme ausführten.«[109] Kurz, die Begeisterung der Rechtschaffenen, eine Frau zu beschützen, wurde zum emotionalen Rausch, und als die Täter schließlich gefasst waren, wollte zumindest ein Beteiligter nicht aufhören.[110] Hier ist es einfach, Helden und Schurken zu unterscheiden. Dennoch ist die Dynamik der Solidarität in allen Konfliktgruppen die gleiche und führt dazu, dass sie selbst sich als Helden fühlen, auch wenn ihre Gewalttaten von Außenstehenden als Gräuel betrachtet werden.

Alternativen zur Vorwärtspanik

Vielen der spektakulärsten Gewaltformen liegt Vorwärtspanik zugrunde – das gilt sowohl für die großen Siege in als moralisch einwandfrei eingestuften Situationen wie dem Krieg als auch für die schlimmsten Gräuel in Situationen, in denen wir durch die heutige Ehrlichkeit sowie durch moderne Aufnahmetechniken nur zu deutlich erkennen müssen, was vor sich geht, oder in Situationen, für die es keine moralische Entschuldigung gibt. Auch aus theoretischer Sicht ist Vorwärtspanik zentral, weil sie sich direkt aus dem Ausgangspunkt unserer Konflikttheorie ergibt. In Konfliktsituationen herrschen zuallererst Anspannung und Angst; ebendiese Anspannung und Angst werden in der Vorwärtspanik freigesetzt, was die komplette Absorption der Täter durch einen Rhythmus wiederholter, zeitweilig unkontrollierter Angriffe auf ein hilfloses Opfer bis hin zum Overkill bewirkt, der außenstehende Beobachter so schockiert und leicht als Gräueltat zu bezeichnen ist. Wegen ihres spektakulären Charakters ist man versucht, sie überall am Werke zu sehen. Dennoch markiert sie nur einen Weg, auf dem sich Anspannung und Angst in Konflikt-

---

109 *San Diego Union-Tribune*, 23. 3. 1994.

110 Ein ähnlicher Vorfall in West Virginia endete mit einem Lynchmord. Es begann damit, dass der Polizeichef einer kleinen Stadt einen schwarzen Mann jagte, der sich seiner Verhaftung wegen Störung der öffentlichen Ordnung entzog. Im anschließenden Gerangel erschoss der Schwarze den Polizisten mit dessen Revolver, sprang aus einem Fenster und wurde von einer Menge von 500 Personen verfolgt, die zusammengekommen waren, um dem Kampf zuzuschauen. Nach ungefähr 800 Metern wurde der Flüchtige ergriffen, geschlagen und an einem Baum aufgehängt (Allen, *Without Sanctuary*, S. 193).

situationen umgehen lassen. Vorwärtspanik wird nur dann in Gang gesetzt, wenn sich die Anspannung plötzlich löst, wenn die Bedrohung aufhört und die vermeintliche Stärke des Gegners sich schlagartig in Schwäche verwandelt. In solchen Situationen muss es einen Raum geben, in den vorgestoßen wird anstatt wegzulaufen, ein Vakuum, in dem das Zusammentreffen plötzlich herbeigeführt wird. Öffnet sich dieses Vakuum nicht, nimmt die Situation einen anderen Verlauf.

Recht häufig löst sich die Anspannung nicht, weil es kein Zeichen unverhältnismäßiger Schwäche auf der einen Seite gibt; viele Konfliktsituationen – die meisten, wenn wir alle gewöhnlichen Konflikte auch in ihrem Anfangsstadium mitzählen – entwickeln sich zu Pattsituationen, in denen viel Imponiergehabe stattfindet, aber wenig Schaden angerichtet wird. In seltenen Fällen wird Gewalt kühl und nicht hitzig ausgetragen. Statt eines Gefühlsausbruchs (oder einer emotional aufgeladenen, aber harmlosen Drohgebärde) kommt es zu kaltblütiger Ausführung einer bewusst kalkulierten Gewalttat. Die Tatsache, dass sie so selten auftritt, setzt kaltblütige Gewaltausübung an die Spitze der Hierarchie kompetenter Gewaltausübung, wie wir in Kapitel 11 noch sehen werden. Einen wieder anderen Weg markieren jene Kämpfe, die als faire Kämpfe sozial inszeniert werden. Dieses Muster steht derart im Gegensatz zu normalen Konflikten mit ihren Spannungen und der daraus resultierenden (wenn auch uneingestandenen) Vorliebe für unfairen Kampf und schwache Opfer, dass wir nach besonderen Umständen Ausschau halten müssen, die diese künstliche Form des Kämpfens von allem anderen abgrenzen und begünstigen. Neben der Vorwärtspanik gibt es weitere Versionen unfairer Kämpfe: wenn beispielsweise die Anspannung nicht plötzlich in die Schwäche des Opfers umschlägt, sondern eine institutionalisierte Situation gewalttätiger Überlegenheit, Schikane oder Sündenbocksuche vorliegt; oder wenn soziale Enklaven auftauchen, in denen es nicht angespannt, sondern fröhlich zugeht wie bei Zechereien und Feiern, die Schauplätze für eine emotional wie politisch geschützte Gewalt schaffen. Diese Alternativen werden in den folgenden Kapiteln behandelt.

Kapitel 4
Angriff auf den Schwachen I: Häusliche Gewalt

> Eine Babysitterin badet während der Abwesenheit von dessen Eltern einen einjährigen Säugling. Das Kind wehrt sich dagegen, windet sich und schreit. Die Babysitterin versucht, das Kind besser unter Kontrolle zu bekommen. Während sie miteinander ringen, dreht sie den – heißen – Wasserhahn auf und hält die Hand des Kindes darunter. Das Kind schreit lauter, was die Babysitterin noch entschiedener dazu veranlasst, das Kind im Wasser zu halten. Das Kind verbrüht sich schließlich und wird mit Verbrennungen zweiten Grades ins Krankenhaus gebracht (aus kalifornischen Gerichtsakten).

Dies ist ein Fall von Vorwärtspanik. Die Frau hatte nicht vor, dem Kind Schmerzen zuzufügen. Es geschah durch eine Eskalation bei der Durchsetzung des Willens: Das Kind wehrt sich, steigert sich in einen Tobsuchtsanfall, später schreit es vor Schmerz, die Babysitterin intensiviert ihre Anstrengungen. Sie gewinnt den Kampf und zwingt das Kind, im Wasser zu bleiben, gleichzeitig ist sie in die Stimmung des Opfers mit seinem Geschrei, dem Zorn und den angespannten Muskeln verstrickt. Beide Seiten des Konflikts sind außer Kontrolle. Da die eine viel schwächer ist als die andere, schlägt die Anspannung des Kampfes im wahrsten Sinn in eine heiße Welle der Vorwärtspanik und einen heftigen Overkill um. Man ist an die Marineinfanteristen erinnert, die aus dem vietnamesischen Dorf herauskommen, das sie eben abgebrannt hatten (Kapitel 3). Auch Kindesmisshandler gehen aus der Situation oft wie aus einem Traum hervor; sie sind erstaunt über das, was sie angerichtet haben.

Die emotionale Definition der Situation

Wie richtet überhaupt jemand Schaden an, wenn Anspannung und Angst die vorherrschende Gefühlslage bei Konfrontationen mit drohender Gewaltanwendung ist? Sehr oft wird gar keiner angerichtet. Die Gegner schrecken vor dem Kampf zurück, finden Entschuldigungen dafür, nicht zum Handeln überzugehen, und begnügen sich mit Drohungen und Wichtigtuerei. Damit Gewalt stattfinden kann, müssen die Beteiligten einen Weg finden, die Konfrontationsanspannung und -angst zu überwinden. Das geschieht am ehesten durch den Angriff auf ein schwaches Opfer.

Die Schwachen werden nicht bloß dadurch verletzlich, dass sie nicht kämpfen und dem Angreifer nicht wehtun können. Die Anspannung und die Angst vor der Konfrontation werden weniger durch die Angst, getötet oder verletzt zu werden, als vielmehr durch Anspannung und Angst vor dem Zusammenstoß und die Belastung durch den mikrointeraktiven Prozess hervorgerufen. Die »Angst« beim Zusammenstoß entspringt der Anspannung, das elementare Solidaritätsritual, die Neigung zu gegenseitiger Einbindung, zu durchbrechen. Bis zur Durchsetzung der einen Seite ist ein gewaltsamer Konflikt zunächst ein Interaktionsritual, das äußerste gegenseitige Aufmerksamkeit erfordert; doch die von beiden Seiten bemühten Rhythmen sind nicht miteinander in Einklang zu bringen. Das mikrointeraktive Kernstück der Konfrontationsanspannung besteht im Kampf um die Herbeiführung einer Übereinstimmung nach eigener Vorstellung, das heißt, dem Gegner den eigenen Rhythmus und die eigene Richtung gegen dessen Bemühungen aufzuzwingen, diesem Rhythmus zu entgehen oder die Initiative an sich zu reißen.

In diesem Sinn kann »Angst« *der* falsche Begriff sein; mit Sicherheit erfasst er nicht den ganzen Sinn dessen, was vor sich geht. Die »Schwäche« eines Opfers ist situationsabhängig und ein interaktiver Standpunkt. Die Tatsache, dass sich ein Opfer nicht verteidigen kann, ist deshalb wichtig, weil dies dem Aggressor die Möglichkeit gibt, die Initiative zu ergreifen und den Prozess wie die Richtung gegenseitiger Verstrickung unter seine Kontrolle zu bringen. Bei erfolgreicher Aggression wird nicht mehr aneinander vorbei –, sondern koordiniert gehandelt; der Aggressor und sein Opfer gehen eine besondere Form der Verstrickung ein, in der einer die führende Rolle übernimmt und der andere sich danach richtet. Besonders deutlich lässt sich dies im interaktiven Detail bei Schikanen und Überfällen beobachten, bei denen der Angreifer die Situation unter Kontrolle zu bekommen versucht, sie zu einem einseitigen Ablauf machen und einen bilateralen Konfliktprozess, in dem etwa der Spieß umgedreht und er selbst verletzt werden könnte, um jeden Preis vermeiden will. Auch bei Misshandlungen in Familien können wir diese mikroprozessuale Übernahme der Opferrolle erkennen. Häusliche Gewalt wird oft als

Versuch beschrieben, Herrschaft auszuüben; und das trifft, sogar in einem noch viel umfassenderen und allgemeineren Sinne als der feministischen Betonung männlicher Herrschaft über Frauen, auch zu. Die Täter werden von einem emotionalen Momentum mitgerissen, das der Wucht eines Güterzuges gleicht und häufig zu Gräueltaten führt. Dazu kommt es, weil der Kampf darum, wie die Konfrontationsanspannung bewältigt werden soll, in eine besonders heftige Form der Verstrickung zwischen dem erst Widerstand leistenden, später schwachen Opfer und dem erst kämpfenden, aber zunehmend und schließlich ganz dominierenden Misshandelnden mündet. Bei Dominanz geht es darum, die Kontrolle über die emotionale Definition der Situation zu erlangen.

Hintergrund- und Vordergrunderklärungen

Herkunft und soziales Umfeld, die den Hintergrund einer Person ausmachen, stehen im Allgemeinen in nachweislicher, aber nur schwacher Beziehung zur Gewalt. Armut und soziale Diskriminierung werden gemeinhin als Begleiterscheinungen gewisser Gewaltformen angesehen. Erklärungen, die sich auf den sozialen Hintergrund stützen, sind deshalb von geringer Aussagekraft, weil viele Gewaltformen erstens nicht auf die unteren Schichten und diskriminierte Minderheiten beschränkt oder gar typisch für sie sind. Dies betrifft Einschüchterung, Gewalt bei Zechereien und Vergnügungen, arrangierte Ehrenduelle, militärische Gewalt und Polizeigewalt, Gewalt sozialer Bewegungen und Terrorismus. Zweitens ist bei jener Art Gewalt, die in unterprivilegierten Gruppen häufiger vorkommt, auch nicht jeder in diesen Gruppen gewalttätig. Die meisten armen, diskriminierten Menschen sind keine Räuber, Straßenkämpfer oder neigen zu häuslicher Gewalt. Bei der mäßigen Korrelation mit Hintergrundvariablen bleibt die eigentliche Gewalt unterdeterminiert. Dies gilt drittens umso mehr, als jene Personen, die manchmal gewalttätig sind, es nicht immer sind. Wo und wann sie gewalttätig werden, hängt von der Situation und den Umständen ab, vor allem von den Bedingungen, unter denen Anspannung und Angst überwunden werden und in Dominanz münden. Arme und diskriminierte Personen müssen wie alle anderen auch einen Weg finden, um diese Hindernisse in puncto Gewalt zu umgehen.

Ein weiterer Hintergrundfaktor ist die Tatsache, dass jemand früher Misshandlungen zum Opfer gefallen ist. Sie wird häufig als

Erklärung für Gewalttätigkeit angeführt, was jedoch aus denselben Gründen zu kurz greift. Zwar gibt es nicht wenige Belege, welche die Ansicht stützen, dass Menschen, die als Kind Opfer von Misshandlungen wurden, später in ihrem Leben selbst dazu neigen, Täter zu werden, nicht nur im Hinblick auf Misshandlungen, sondern auch auf andere Gewaltverbrechen (sowie andere Formen sozialer Devianz). Aber auch dieses Muster ist ziemlich unterdeterminiert. Die meisten Misshandlungsopfer begehen später keine Gewalttaten. Bei Menschen, die als Kind misshandelt oder vernachlässigt wurden (um einen umfassenderen, nichtgewaltsamen Faktor hinzuzufügen), beträgt die Verhaftungsquote für Gewaltverbrechen im jugendlichen Alter oder als Erwachsene 18 Prozent; dies ist nur unwesentlich höher als die Verhaftungsquote der entsprechenden Kontrollgruppe nicht ehemals misshandelter Kinder, nämlich 14 Prozent (was einem Verhältnis von 1,3 zu 1 entspricht).[1] Im Umkehrschluss ist also keineswegs erwiesen, dass ein hoher Prozentsatz (oder gar die Mehrheit) derer, die alle möglichen Formen von Gewalt ausüben, vorher misshandelt wurde.

Mit Sicherheit funktioniert dies nicht als Erklärung für das gesamte Gewaltspektrum: Mit früherer Misshandlung lässt sich nicht erklären (und wird es vermutlich auch nie), welche Soldaten im Kampf zu jenen 15 Prozent gehören, die hohe Leistungen erbringen, wer sich als »Cowboy-Cop« oder wer sich als Steinewerfer in einem Demonstrationszug hervortut, wer bei schikanösen burschenschaftlichen Aufnahmeritualen mitmacht, sich an Duellen und anderen fair inszenierten Kämpfen oder an gewalttätigen Zechgelagen und Vergnügungen beteiligt. Es kann sein, dass es in einem bestimmten Bereich – dem der häuslichen Misshandlung – eine positive Korrelation zwischen Täterschaft und der Tatsache, dass man vormals ebendieser Gewalt zum Opfer gefallen ist, gibt. Doch auch dort gilt, dass die

1 Maxfield/Widom, »Cycle of Violence«. Diese ungewöhnlich gründliche Verlaufsstudie befasst sich mit Misshandlungsopfern bis zum Alter von 32 Jahren; bis dahin werden die meisten Verbrechen begangen. Ein ähnliches Verhältnis gilt für andere Festnahmen wegen nicht gewalttätiger krimineller Gesetzesübertretungen, ausgenommen Verkehrsdelikte: Die Gruppe der Misshandelten und Vernachlässigten wies eine Quote von 49 Prozent auf, die Kontrollgruppe hingegen 38 Prozent, also wieder im Verhältnis von 1,3 zu 1. Nimmt man nichtaufgeklärte Verbrechen und Übertretungen hinzu, würden sich die Zahlen zweifelsohne erhöhen, aber die Relation zwischen den beiden Gruppen bliebe vermutlich weitgehend gleich.

Mehrheit der häuslichen Gewalttäter solche Gewalt vormals nicht am eigenen Leib erlebt hat.[2] Nicht nur eigene Misshandlungserfahrungen führen zu innerfamiliärer Gewalt.[3] Noch einmal: Weit zurückliegende Hintergrundfaktoren sind nur schwache Prädiktoren. Welche langfristigen Neigungen, den Spieß umzudrehen oder womöglich Methoden anzuwenden, die man in der eigenen Kindheit leidvoll erfahren hat, es auch geben mag – sie lassen sich erst dann umsetzen, wenn die konkreten situativen Umstände die Überwindung von Anspannung und Angst zulassen. Der Weg zur Misshandlung verläuft über einen der Wege, den jede Gewaltausübung nehmen muss.

---

2 Kaufman/Zigler, »Intergenerational Transmission«, geben in rückblickenden Untersuchungen 30 Prozent als Höchstschätzung für intergenerationelle Weitergabe schwerer Misshandlung an; das heißt, 70 Prozent der auf Grundlage der abhängigen Variable erhobenen Täter berichteten nicht von Misshandlungen im Kindesalter; für eine Stichprobe auf der Basis der unabhängigen Variablen kam Egeland, »History of Abuse«, S. 203, in einer Langzeitstudie auf eine Weitergaberate von 40 Prozent. Diese Untersuchung befasst sich allerdings mit den Folgen von Misshandlungen und umfasst nicht den Gesamtbestand derer, die andere misshandeln. Außerdem handelt es sich um Familien mit vielfältigen Belastungen; in breiteren Bevölkerungskreisen, in denen die Risikofaktoren geringer ausfallen, wäre vermutlich auch der Prozentsatz der Weitergaberate kleiner. Jedenfalls sind diese Zahlen weit höher als die Schätzungen zu Kindesmisshandlungen in der Bevölkerung, die zwei bis vier Prozent betragen (Straus/Gelles, »Societal Change«). Die Erfahrung, misshandelt worden zu sein, hat eine gewisse Folgewirkung auf späteres aktives Misshandeln. Erweitert man die Definition der Misshandlung auf alle Formen der Körperstrafe, erhalten wir einen sehr schwachen Prädiktor, da es weit mehr Personen gibt, die körperliche Strafen nichtextremer Art erlitten haben (ungefähr 90 Prozent), als solche, die an der nachfolgenden Generation extreme Misshandlungen verüben. Johnson/Ferraro, »Research«, die in den 1990er Jahren den Wandel der wissenschaftlichen Auffassungen zusammenfassten, stellten fest, dass die meisten Untersuchungen der 1980er Jahre, die den »Zyklus der Gewalt« als Erklärungsansatz populär gemacht haben, von klinischen Daten ohne Kontrollgruppen und retrospektiv erhobenen Daten ausgingen.

3 Ähnliches gilt für die Weitergabe von Gewalt in der Ehe durch das elterliche Beispiel; Johnson/Ferraro, »Research«, S. 958, bemerken: »Selbst unter den Männern, deren Eltern bei der Ausübung von Gewalt gegen den Partner zwei Stufen über dem Durchschnitt lagen, verübten 80 Prozent der erwachsenen Söhne in den letzten 12 Monaten kein einziges Mal irgendwelche schweren Gewaltakte gegen ihre Partner.«

Misshandlung der besonders Schwachen: Von der Normalität zur Gräueltat im zeitlichen Ablauf

Bei häuslicher Gewalt kommt eine Reihe von Beziehungen zum Tragen. Es gibt Gewalt in der Ehe sowie zwischen Erwachsenen und Kindern, wobei die beteiligten Erwachsenen die Eltern, aber auch Stiefeltern, der zeitweilige Freund oder die Freundin eines Elternteils oder eben die Babysitter sein können. Auch Misshandlungen von greisen Eltern durch erwachsene Kinder kommen vor und ähnlich gelagerte Misshandlungen durch Beschäftigte in der Altenpflege. Die verbreitetste Form von Gewalt in der Familie ist letztlich diejenige, die zwischen Geschwistern stattfindet.[4] Diese Bandbreite häuslicher Gewalt sollten wir uns bei der Frage vor Augen halten, ob eine allgemeine theoretische Argumentation angemessen ist.

Die üblichen Verdächtigen als Ursache für häusliche Gewalt heißen Armut, Stress, Lebenskrisen und gesellschaftliche Isolation.[5] Aber die meisten Menschen sind in solchen Situationen nicht gewalttätig. Damit es dazu kommt, bedarf es eines zusätzlichen situationsbedingten Prozesses.

Anhaltspunkte dafür liefert die Untersuchung einiger der schlimmsten Situationen. Behinderte oder chronisch Kranke fallen besonders häufig Misshandlungen zum Opfer.[6] Dies gilt sowohl für Kindesmisshandlungen als auch für die Misshandlung von Alten und anderen Erwachsenen. Die Misshandlung hilfloser Personen ist in unseren Augen besonders abscheulich, die Täter sind jedoch eher gewöhnliche Menschen, die von einer spezifischen zeitlichen Dynamik erfasst werden. Behinderte und Kranke sind auf Mitgefühl angewiesen, eine sozial hochgeschätzte Eigenschaft. Aber Altruismus ist ein Ideal, das sich am leichtesten für einen kurzen Zeitraum umsetzen lässt. Beginnende Krankheiten und andere Notlagen rufen eine Welle an Emotion hervor und damit ein verstärktes Maß an ritualisiertem Verhalten und Solidarität. Handelt es sich um enge Beziehungen, nimmt die Solida

---

4 Gelles, »Violence«.

5 Straus/Gelles/Steinmetz, *Behind Closed Doors*; Gelles/Straus, *Intimate Violence*; Starr, »Physical Abuse«; Straus, »Social Stress«; Giles-Sim, *Wife-battering*; Stets, »Interactive Processes«; Cazenave/Straus, »Race«; Gelles/Cornell, *Intimate Violence*; Bishop/Leadbeater, »Maternal«.

6 Lau/Kosberg, »Abuse«; Pillemer/Finkelhor, »Prevalence«; Sprey/Mathews, »Perils«; Garbarino/Gilliam, *Understanding Abusive Families*.

rität die Form einer starken Verpflichtung an, der bedürftigen Person Liebe zu schenken.

Nach einiger Zeit treten routinemäßig jedoch Probleme bei der Pflege einer hilflosen Person auf. Während die pflegende Person weniger emotionale Energie aus der altruistischen Rolle bezieht (was zum typischen Burn-out-Syndrom in Helferberufen führt), nimmt das Gefühl zu, sich in einem Machtkampf zu befinden. Allein die Tatsache, dass der Helfer zum Altruismus verpflichtet ist, gibt dem Patienten eine Waffe gegen ihn in die Hand. Wie in anderen Liebesbeziehungen greift das Prinzip des geringsten Interesses: Die Person, die am meisten liebt, ist gegenüber der Person, die weniger liebt, im Nachteil. Obwohl also der gesunde erwachsene Betreuer körperlich über alle Macht verfügt, hat das Kind oder die alte Person eine emotionale Waffe, mit der Vorteil aus der Verpflichtung des Betreuers gezogen wird, gleichgültig, ob diese Verpflichtung einem religiösen Glauben oder einer altruistischen Einstellung, einem Pflichtgefühl oder einer persönlichen Bindung entspringt.[7] Auch hier gilt das allgemeine Muster von Konflikten: Ungleiche Ressourcenverteilung führt zum Konflikt, insbesondere dann, wenn es sich um zwei unterschiedliche Arten von Ressourcen handelt und deren Ungleichheit nicht offen anerkannt wird. Genau dies geschieht im Fall des Ideals altruistischer Liebe: Die fundamentale Ungleichheit wird geleugnet, während das Ideal gleichzeitig auf ein praktisches Problem angewendet wird, das auf der Ungleichheit der Ressourcen basiert.

Als Ergebnis können sich auf beiden Seiten Ärger und Unwille aufbauen. Der Pflegende fühlt sich unter Druck gesetzt, zum Teil, weil ihn diese Forderungen von anderen Lebensaktivitäten fernhalten, zum Teil durch das zunehmende Gefühl, kontrolliert zu werden – die wichtigste Voraussetzung für die Entstehung von Bedingungen, unter denen Misshandlung stattfindet. Der Patient investiert womöglich aus schierer Langeweile, aufgrund seiner Immobilität und Hilflosigkeit, die ihm andere Aktivitäten verbauen, viel Energie in diesen

---

7 Man vergleiche dazu die generelle Wirkungslosigkeit von Friedenstruppen bei ethnisch-nationalen Konflikten. Einheimische Kampfparteien erkennen bald, dass das altruistische Engagement von UN-Truppen und anderen neutralen Beteiligten deren Drohung mit Gewalt unglaubwürdig macht. Daher fühlen sie nicht nur frei, weiterhin ihre lokalen Feinde anzugreifen, sondern stehlen normalerweise auch noch Hilfsgüter und zwingen die Friedenskräfte über angebliche Kooperation zur Unterwürfigkeit (Oberschall/Seidman, »Food Coercion«; Kaldor, *Kriege*).

Kampf; besser eine schmerzliche und unangenehme Beschäftigung als gar keine. Der Streit mit der Betreuungsperson um Aufmerksamkeit ist eine Möglichkeit, sozialen Kontakt zu bekommen, der ansonsten fehlt.

In einer solchen Pflegebeziehung wird der Ton immer übellauniger. Die betreuende Person wird versuchen, sich zeitweilig loszureißen, bei einigen der kleinen Machtkämpfe die Oberhand zu behalten, indem sie Forderungen nicht nachgibt oder nicht sofort reagiert. Der Patient hält mit mehr Gejammer dagegen, mit noch mehr Hilfsbedürftigkeit oder vielleicht mit dramatischer Zurschaustellung des Leidens. Durch emotionale und physiologische Rückkopplungseffekte kann ein solcher Patient durch emotionale Not oder allein durch deren Betonung seine Krankheit tatsächlich verschlimmern. Kommt es wiederholt dazu, führen derartige Szenarien zu wachsendem Misstrauen, beide Seiten betrachten die Motive ihres Gegenübers mit Argwohn und ziehen dessen Aufrichtigkeit in Zweifel. Der Patient traut dem erklärten Altruismus des Pflegenden nicht mehr, der seine Hilfe schlechtgelaunt oder feindselig ableistet. Aussagen wie »Schau nur, was ich alles für dich getan habe« nähren bei allem berechtigten Stolz und aller berechtigten Erbitterung nur die negativen Gefühle im gegenseitigen Umgang. Beide Seiten wollen beim anderen Schuldgefühle wecken. Manchmal funktioniert es und bewirkt eine vorübergehende Nachgiebigkeit, wird aber auch als Machtverschiebung empfunden, als eine Form der Kontrolle, die für Verstimmung sorgt und entsprechende Gegenmaßnahmen hervorruft.

Diese Muster sind in Untersuchungen über Misshandlung von Alten vor allem in häuslicher Umgebung hervorragend dokumentiert, obwohl ähnliche Verhaltensweisen vermutlich auch in Pflegeheimen vorkommen. Die Forschung konzentriert sich weitgehend auf die Stresssymptome bei Pflegepersonal, insbesondere wenn sich die Pflegerin (und meist übernehmen Frauen diese Aufgabe) rund um die Uhr und ohne zusätzliche Hilfe um jemanden kümmert.[8] Verteilt sich die Pflege auf mehrere Personen, erweitert dies das Beziehungsnetz des Patienten und lindert seine soziale Isolation. Damit wird die soziale Schwäche des Patienten gemildert, zugleich verringert sich der Stress für die pflegende Person. Es gibt zahlreiche Belege dafür, dass der Grad an Abhängigkeit alter Menschen die Wahrscheinlichkeit von

---

8 Steinmetz, »Abused Elderly«; Phillips, »Abuse and Neglect«.

Misshandlungen erhöht.[9] Es ist aber nicht die Krankheit an sich, die den Patienten zum Opfer macht. Pillemer resümiert Befunde, die darauf hinauslaufen, dass es zwischen misshandelten und nichtmisshandelten Alten keinen bedeutenden Unterschied im Gesundheitszustand und in der Funktionstüchtigkeit gibt. Relevant scheint vielmehr der Aufbau eines bestimmten Konfliktmusters zu sein, das von Schachzügen und Gegenangriffen beider Seiten geprägt ist. Pillemer bemerkt, dass misshandelndes Pflegepersonal mit höherer Wahrscheinlichkeit finanziell von dem älteren Menschen abhängig ist. Beide Seiten verfügen also über Ressourcen: Die ältere Person hält das Geld zurück oder manipuliert die jüngere mittels des Geldes, was diese zusätzlich zum ohnehin mit der Pflege verbundenen Stress frustriert.[10]

Die meisten Betreuer misshandeln nicht, zumindest nicht schwer. Viele machen sich Sorgen wegen ihrer Gefühle und fürchten, gewalttätig zu werden; die Mehrzahl wird es aber nicht. Und hinsichtlich ihres Hintergrunds gibt es nur wenige erkennbare Unterschiede.[11] Die situationsbedingten Prozesse scheinen stärker ins Gewicht zu fallen.

Die zeitliche Abfolge ist entscheidend. Ein typisches Szenario kann folgendermaßen ablaufen: Ein Patient gerät in einen Machtkampf mit einer Pflegeperson, der mit kleineren Streitereien über prompte Reaktionen und darüber, inwieweit Wünsche ernst genommen werden, beginnt. Mit der Zeit steigt der Unmut der Pflegeperson gegenüber den Vorwürfen, die ihr unberechtigt erscheinen, und der Patient wird immer unkooperativer und fordernder. Dies erschwert die Arbeit der Pflegerin sowohl physisch als auch emotional. Die wichtigste Waffe des Patienten besteht darin, die Krankheit stärker herauszustreichen oder beim Essen mehr zu kleckern und seine Körperfunktionen schlechter zu beherrschen. Für den mitleidslosen Betrachter wird der Patient immer unangenehmer und irgendwann keiner altruistischen Regung mehr für wert befunden. Das gleiche physische Verhalten, dem man ursprünglich oder in einer Notsituation gern mit Altruismus begegnet ist, wird im Eskalationsprozess, der zur Polarisierung der Standpunkte führt, in immer negativerem Licht gesehen.

Ausgehend von diesem Machtkampf, der über widerstrebend gewährte Hilfsleistungen und künstlich geschaffene Probleme sowie eskalierende Forderungen ausgefochten wird, kann die Situation zu

9 Fulmer/O'Malley, *Inadequate Care*; Fulmer/Ashley, »Clinical Indicators«.
10 Pillemer, »Abused Offspring«.
11 Pillemer/Suitor, »Violence and Violent Feelings«.

körperlichen Misshandlungen führen. Die Schwere des Gebrechens, das sich durch die Rückkopplungsschleifen des Konflikts womöglich noch verschlimmert, kann zur Folge haben, dass sich die psychische Polarisierung weiter verstärkt und eine emotionale Rechtfertigung für die körperliche Misshandlung liefert. Normalerweise müssen noch andere Bedingungen hinzukommen, damit dies geschieht, insbesondere Abschirmung von der Örtlichkeit, so dass die Pflegeperson ungestraft körperliche Gewalt ausüben kann. Die Situation kann für die misshandelte Person die Hölle auf Erden sein; emotional ist sie dies vielleicht auch für den, der misshandelt.

Bei der Misshandlung von schreienden Säuglingen ist die Dynamik ähnlich. Die unmittelbare Vorstufe ist in der Regel unablässiges Schreien des Kindes; vielleicht, weil es krank ist, Bauchschmerzen hat oder sich in einem anhaltenden Machtkampf mit der betreuenden Person befindet. Das Verlangen nach Beachtung kann in einer vielfachen Rivalität zum Ausdruck kommen, wie zum Beispiel in der zwischen Geschwistern um die Aufmerksamkeit der Eltern oder um Zuwendung zwischen Lebenspartnern, wodurch Aufmerksamkeit vom Kind abgezogen wird. Diese Faktoren beeinflussen einander und sammeln sich an, werden mitunter auch mit anderen Umständen kombiniert, beispielsweise der Frustration der Eltern über andere momentane Ereignisse. In der klinischen Literatur wird von entsprechend vielen Szenarien berichtet: von Eltern, die arbeitslos sind oder im Beruf Schwierigkeiten haben, von Müttern, die durch die pausenlose Betreuung und Pflege mehrerer Kinder überfordert sind und schließlich ihren schreienden Säugling anbrüllen, schlagen, ihn derart schütteln, dass er stirbt oder Verletzungen davonträgt.[12]

Gewalttätige Misshandlungen geschehen nicht auf den ersten Schrei des Kindes hin. Es gibt ein zeitliches Muster: Das Schreien baut sich auf, und alle Anstrengungen zur Beruhigung sind erfolglos. Dabei werden zwei Zeitkomponenten wirksam: ein Langzeitmuster, die Tatsache, dass das Kind wiederholt über lange Zeitabschnitte unablässig schreit, so dass jedes Mal, wenn es von neuem losgeht, das Gefühl »schon wieder« aufkommt, der Eindruck einer weiteren voraussehbaren Frustration auf ganzer Linie; daneben besteht ein Kurzzeitmuster, das die Zeitspanne umfasst, seit der das Kind andauernd schreit, und das Ausmaß, in dem die Betreuungsperson sich

12 Siehe z.B. Stith/Williams/Rosen, *Violence*; Hutchings, *Violent Family*; Thorman, *Family Violence*.

in das Schluchzen und Schreien verstrickt. Wir haben wenig Anhaltspunkte dafür, ab wann es mit Blick auf beide Komponenten zum gefährlichen Moment kommt, an dem Misshandlungen einsetzen. Einer Annahme zufolge müssen bereits mindestens sechs Schreiattacken erfolgt sein und die gegenwärtige – mit anhaltendem Gebrüll des Säuglings und erfolglosen Beschwichtigungsversuchen – seit mindestens einer Viertelstunde dauern.

Diese Zeitmuster können je nach Art der Hintergrundfaktoren, die sich auf die Eltern auswirken (sozialer Stress, Isolation, unterschiedliche Kontrolltechniken), variieren. Dennoch scheint, unabhängig von den Hintergrundbedingungen, ein gewisses – langfristiges oder unmittelbar kurzfristiges – zeitliches Aufschaukeln unabdingbar zu sein. Größere Stressfaktoren, Isolation und das Fehlen anderer Kontrolltechniken als Zwang mögen diese Zeitfaktoren verkürzen, allerdings sicher nicht auf ein extrem kurzes Maß. Ein häufig beobachtetes Muster ist etwa, dass eine Frau von ihrem Freund besucht wird (gewöhnlich, um mit ihr zu schlafen), und ihr Kind quengelt, ist krank oder schreit. Hier dreht sich der Konflikt – wenn auch verdeckt und nicht als solcher erkannt – um Aufmerksamkeit. Daraus entsteht zumindest für einige Minuten oder Stunden ein anhaltender Kampf. Der Freund, der am Ende dem Kind mit Schlägen schwere Verletzungen zufügt oder den schreienden Säugling gegen die Wand wirft, handelt nicht nur aus momentaner Frustration oder aufgrund einer langen Reihe an Stressfaktoren und Unfähigkeit, mit Enttäuschung umzugehen. Es geht vielmehr um den zeitlichen Ablauf des Konflikts, um einen Machtkampf, der mehrere Eskalationsphasen durchlief. Dem Freund auf Besuch mögen die Sicherungen schneller durchbrennen als dem Kindsvater, und die Wirkung von Drogen mag dies noch befördern, dennoch bleibt es bei einem zeitlichen Muster, in dem bestimmte Eskalationsstufen durchlaufen werden müssen, bevor man zu überbordender Gewalt gegen den physisch Schwächeren greift.[13]

13 Daly/Wilson, *Homicide*, behaupten, dass Stiefväter und andere nichtverwandte Angehörige eher dazu neigen, die Kinder ihrer Sexualpartner zu misshandeln, während biologische Väter dies aus genetischen Gründen zum Schutz ihres Vermehrungserfolgs unterlassen. Dennoch muss bei einer derartigen genetischen Theorie ein Mechanismus vorgesehen sein, durch den diese selektive Haltung zur Gewalt gegen Kinder funktioniert, etwa durch selektive Wahrnehmung des Kampfes mit dem schreienden Kind, das nach Aufmerksamkeit verlangt. Eine rein soziologische Erklärung bestünde darin, dass (viele, wenn nicht alle) Kindsväter erfolgreiche Interaktionsrituale zwischen

Schreien ist eine Konfliktinteraktion. Es ist die Waffe des Schwachen, aber dennoch eine Waffe, die gefährlich werden kann. Die Verbindung zwischen Schwäche, insbesondere extremer physischer Hilflosigkeit, und Opferrolle wird durch den zeitlichen Ablauf eines Konflikts hergestellt, in dem die eine Seite ausschließlich kommunikativ und emotional agiert. Dies ist schwer zu ignorieren, weil es zu den emotionalen Ausdrucksformen gehört, die in höchstem Maße zu zwischenmenschlicher Verstrickung führen. Schreien bringt asymmetrische Verstrickung mit sich (im Unterschied zu symmetrischen emotionalen Verstrickungen, die von beiden Seiten geteilt werden, wie Freude und Lachen, Trauer sowie manchmal Angst und Zorn). Schreien ist aufreibend, der ganze Körper wird von den Rhythmen, die mit der Hervorbringung von Lauten einhergehen, in Anspruch genommen. Katz zeigt anhand einer Mikroanalyse von Video- und Tonaufnahmen, dass das schreiende Kind in dem sich wiederholenden Heulen mehr und mehr aufgeht; als sänge es ein Lied, das die gesamte Aufmerksamkeit in einen Kokon im Inneren seines Körpers lenkt, und nähme von außen nur noch den Körper der betreuenden Person wahr.[14] Die Betreuerin (in diesem Fall die Hilfskraft in einem Kindergarten) ist im selben körperlichen Rhythmus gefangen. Obwohl sie versucht, die Aufmerksamkeit des Kindes mit anderen Aktivitäten abzulenken und es zum Schweigen zu bringen, bewegt sich ihr Körper synchron zum Auf und Ab des kindlichen Klageliedes. Die beiden Körper sind in denselben Rhythmus eingebunden; in diesem Fall handelt es sich um eine gütige Verstrickung der Pflegerin, wenn auch nicht ohne Frustration über die Schwierigkeit, das Kind zum Schweigen zu bringen. Bei diesem Beispiel gibt es kaum Anzeichen für Konflikt; das Kind befindet sich im Gleichklang mit der betreuenden Person, und die erwachsene Seite gibt größtenteils nach. Bei der konfliktgeladenen Reaktion auf Schreien, die sich bis zur Gewalt steigert,

---

Mutter und Vater durchlaufen, bei denen der Säugling im Zentrum der Aufmerksamkeit steht. Der Säugling wird zum unantastbaren Objekt, zum Emblem ihrer Beziehung und der Identität als Familie. Die fehlende symbolische Beziehung zum Säugling (und sei sie durch andere Prozesse noch so gespannt) ist der entscheidende Unterschied, mit dem sich erklären lässt, warum nichtverwandte Angehörige mehr Gewalt gegen die Kinder des Partners ausüben. Dies könnte man testen: Biologische Väter, die in der Zeit der Schwangerschaft keinen rituellen Kontakt zu Mutter und Kind haben, verhalten sich mit Blick auf Misshandlungen womöglich ähnlich wie nichtbiologische Väter.

14 Katz, *Emotions*, S. 229–273.

findet ein Kampf um die Verstrickung statt, der auf beiden Seiten bis zur Erschöpfung und vielleicht bis zu Angst, Zorn und Schuldgefühlen wegen des eigenen Verhaltens geht.

All die verschiedenen Arten von Misshandlung – von Kindern, Ehepartnern, Alten – schließen einen bestimmten zeitlichen Ablauf ein, währenddessen durch den Konflikt eine emotionale Verstrickung aufgebaut wird. Die Kenntnis dieses zeitlichen Musters mag sich bei praktischen Maßnahmen zur Gewaltprävention als hilfreich erweisen, indem sie das Bewusstsein dafür schärft, wann und wo höchste Gefahr droht.

Drei Wege: normaler, begrenzter Konflikt, heftige Vorwärtspanik und terroristisches Folterregime

M. P. Johnson unterscheidet zwei Arten von Familiengewalt: Er spricht von »gewöhnlicher Paargewalt«, die recht häufig vorkommt, nicht sehr heftig verläuft und (im heutigen Amerika) sowohl von Männern als auch von Frauen ausgeübt wird.[15] Bei der zweiten Art handelt es sich um Gewalt mit dem Ziel der Beherrschung. Johnson nennt dies »intimen Terrorismus«. Dieser umfasst ernsthafte Verletzungen oder eine anhaltende Atmosphäre der Bedrohung. Die Täter sind in der Hauptsache männlich, die Opfer gemeinhin weiblich. Wir werden noch sehen, dass heftige Gewalt sich, was das Zustandekommen angeht, weiter unterteilt: in Vorwärtspanik und terroristische Folterregime.

Bei der ehelichen Gewalt und anderen Partnerkonflikten nimmt die milde Version die Form eines gewöhnlichen Streits mit lauter Stimme und hitzigen Beschimpfungen an, der sich bis zu leichten Schlägen, Stoßen und Zerren steigern kann. Im gewöhnlichen Rahmen familiärer Konflikttaktiken wenden Frauen diese Gewaltformen ungefähr ebenso häufig gegen ihre Partner an wie umgekehrt.[16] Die Gewalteskalation verläuft hier kontrolliert und begrenzt; solche Konflikte lassen sich beinahe als geschützte faire Kämpfe betrachten. Geschützt sind sie durch das Einvernehmen, innerhalb eines bestimmten Eskalationsrahmens zu bleiben. Die Verletzungsquoten sind niedrig (etwa

15 Johnson, »Patriarchal Terrorism«.
16 Sugarman/Hotaling, »Dating Violence«; Johnson/Ferraro, »Research«; Kimmel, »›Gender Symmetry‹«.

drei Prozent).[17] Die Heftigkeit nimmt mit der Zeit nicht zu, vorausgesetzt, es handelt sich um Routine, um etwas, das wiederholt vorkommt, ohne die Beziehung zu zerstören.

Diese Art der Gewalt setzt ein Kräftegleichgewicht zwischen den Partnern voraus. Keiner ist ein schwaches Opfer. In Anbetracht der Anspannung und Angst bei Zusammenstößen und der allgemeinen Gewaltinkompetenz ist keiner in der Lage, viel Schaden anzurichten. Es gibt weder das für die Vorwärtspanik wesentliche, ernsthafte Ungleichgewicht, noch kommt es zu umfassenden gewalttätigen Rasereien. Das heißt nicht, dass die Beteiligten nicht zornig würden und ihren Emotionen nicht durch Schimpfen, Kreischen und Schreien Luft machten. Das zeigt aber, dass Emotionen sozialen Zwängen unterworfen sind und durch Interaktionsmuster kanalisiert werden. Man kann seinen Gefühlen mit leichten Schlägen Luft machen und dabei mit Haushaltsgegenständen um sich werfen und sich doch darauf beschränken, ohne dem Partner wehzutun. Die Beteiligten (insbesondere Frauen) berichten nicht von Angstgefühlen.[18] Der Kampf erreicht nicht die Zone, in der man den anderen ernsthaft zu verletzen oder gar schwerwiegend herauszufordern versucht; man fühlt sich geschützt und bewegt sich vielleicht im Rahmen einer Routine, die von beiden Seiten akzeptiert und womöglich gar als Unterhaltung mit eigenem Reiz aufgefasst wird.

Gewalt, die sich auf harmloses Schubsen, Grapschen und hie und da einen Klaps beschränkt, tritt vor allem bei jungen Paaren auf, gerade in der Frühphase des Liebeswerbens,[19] wenn Paare das Kräfteverhältnis testen.[20] Sie unternehmen Schritte, um in kleinen Dingen, über die Uneinigkeit herrscht, zu dominieren (wer erringt das Vorrecht, dem anderen zu sagen, was er zu tun hat, wer beherrscht die Konversation, wer bestimmt die situationsbedingte Stimmung, wer entscheidet über soziale Aktivitäten), was zu emotionsgeladenen kleinen Ausbrüchen führt. Gewalt beim Liebeswerben wird von manchen Frauen als Liebesbeweis aufgefasst,[21] als wäre das Aushandeln der Kontrolle ein Zeichen zunehmender Bindung. Während der Werbephase ist die sexuelle Anziehungskraft zwischen zwei Partnern ver-

---

17 Stets/Straus, »Gender Differences«.

18 O'Leary, »Are Women«.

19 Stets, »Interactive Processes«; Stets/Pirog-Good, »Interpersonal Control«; O'Leary, »Are Women Really«; Kimmel, »Gender Symmetry«.

20 Blood/Wolfe, *Husbands*.

21 Henton u.a., »Romance«.

mutlich auf ihrem Höhepunkt, und da sich der Mann gewöhnlich noch am Anfang seiner Karriere befindet, sein Einkommensvorsprung mithin noch niedrig ist, stellt das sexuelle Verhandlungsgeschick der Frauen ein faires Kräftegleichgewicht zu ihrem künftigen Partner her. Unter anderem deshalb nimmt ein beachtliches Maß an Alltagsstreitereien in diesem Alter die Form begrenzter, geschlechtssymmetrischer Gewalt an.

Sowohl kurzfristige, geschlechtssymmetrische Gewaltakte als auch langfristige, männerdominierte, heftige Gewalttaten müssen eine situationsbedingte Aufbauphase durchlaufen. Wie bei jeder Form von Gewalt kommt es auch hier erst dann zum Ausbruch, wenn ein Weg gefunden wird, Konfrontationsanspannung und -angst zu umgehen. Der Unterschied zwischen normaler Paargewalt und roher Beziehungsgewalt muss darin bestehen, dass es sich bei Ersterer um eine Konfrontation handelt, die so kanalisiert wird, dass sie in geschützte, begrenzte Gewalt mündet, während Letztere sich nach dem Muster situationsbedingter Anspannung und plötzlicher Entladung entwickelt, das zum gewalttätigen Overkill einer Vorwärtspanik führt oder zu anhaltender Folter.

Normale Paarkämpfe durchlaufen einige beiderseitig akzeptierte Eskalationsschritte, und dann ist Schluss. Der Endpunkt steht von vornherein fest. Der erste Gewaltausbruch beendet den Vorfall normalerweise. Sobald die Gewalt den dramatischen Höhepunkt, die stillschweigend vereinbarte Grenze erreicht hat, hört der Streit auf. Der Krach reinigt häufig die Luft; den Beteiligten ist klar, dass jeder weitere Schritt die Beziehung und das ausgehandelte Kräftegleichgewicht bedrohen könnte. Die Szene wird häufig durch eine dramatische Standardgeste beendet, etwa indem eine Person den Schauplatz türenschlagend verlässt, worauf eine Periode der Abkühlung folgt; bei weiteren Begegnungen wird der Vorfall entweder übergangen, oder es folgen Entschuldigungen und Versöhnungen.

Hier ist es angebracht, auf einen Vergleich mit der Eltern-Kind-Gewalt zu sprechen zu kommen, da diese ebenfalls in normale, begrenzte Gewalt und schwere, der Vorwärtspanik ähnliche Misshandlungen unterteilt werden kann. Dieser Vergleich zeigt, dass die Ursache nicht per se geschlechtsbedingt ist, sondern dass die situationsabhängige Zeitdynamik der gewalttätigen Eskalation Schranken setzt oder eben nicht.

Auf niedriger Ebene ist Gewalt gegen Kinder weit verbreitet. Amerikanische Eltern geben ihren Kindern häufig einen Klaps auf den Po oder eine Ohrfeige. Einigen Untersuchungen zufolge werden 85 Prozent der Zwei- bis Dreijährigen und 95 Prozent der Vier- bis Fünfjährigen im Lauf eines Jahres zweieinhalbmal pro Woche geschlagen.[22] Dies ist tatsächlich so verbreitet, dass die Überzeugung der Eltern daran nichts ändert: Diejenigen, die behaupten, gegen körperliche Bestrafung zu sein, wenden sie ebenso häufig an wie Eltern, die sie für eine Erziehungsmethode halten.[23] Das legt nahe, dass die unmittelbar situationsbedingte Dynamik für die Anwendung von Gewalt gegen kleine Kinder verantwortlich ist. Dies ist einleuchtend, wenn man bedenkt, dass materielle Kontrollmechanismen wie Taschengeld bei kleinen Kindern nicht anwendbar sind und dass die komplexeren rituell-emotionalen Steuerungsmöglichkeiten bei Kindern, die noch nicht sprechen oder Symbole noch nicht verinnerlichen können, ebenso wenig funktionieren.[24] Damit bleibt Zwang als sofort einsetzbares Mittel übrig.

Leichte Gewalt gegen Kinder entsteht aus den gleichen Situationen wie die verbreitete begrenzte Gewalt in der Ehe. Sie ist ebenfalls in dem Sinne mehr oder weniger geschlechtssymmetrisch, dass sowohl Männer als auch Frauen, sei es als Eltern oder als Betreuer, sie gegen Kinder ausüben. Und in der Situation, in der sie am häufigsten vorkommt – gegen kleine Kinder –, richtet sie sich tendenziell auch ziemlich symmetrisch sowohl gegen Jungen als auch gegen Mädchen (angesichts der 85- bis 95-Prozent-Quoten, die zumindest für einige Vorkommnisse angegeben werden). Es gibt allerdings Anzeichen dafür, dass Mädchen körperlich weniger schwer gezüchtigt werden als Jungen.[25] Die meisten Untersuchungen zeigen, dass Frauen öfter routinemäßig Gewalt gegen kleine Kinder ausüben als Männer, was zweifelsohne damit zusammenhängt, dass sie mehr Zeit mit Kindern verbringen.[26]

---

22 Dietz, »Disciplining Children«; Straus/Donnelly, *Beating*; Holden/Coleman/Schmidt, »3-Year-old Children«.

23 Straus/Donnelly, »Beating«, S. 208.

24 Gegenüber Halbwüchsigen ist die Überzeugung der Eltern dagegen von Belang, wenn es um das Ausmaß körperlicher Bestrafung geht, vielleicht, weil die Eltern eine größere Bandbreite an Kontrollmaßnahmen zur Verfügung haben (Straus/Donnelly, »Beating«, S. 208). Ungefähr 50 Prozent der Halbwüchsigen werden im Verlauf eines Jahres von ihren Eltern geschlagen (Dietz, »Disciplining Children«; Straus/Donnelly, »Beating«).

25 Jouriles/Norwood, »Physical Aggression«.

26 Dietz, »Disciplining Children«, S. 1531; Straus/Donnelly, *Beating*.

Geht es um schwerere Gewalttaten, sind es normalerweise Männer, die Halbwüchsige misshandeln, während es bei kleinen Kindern meistens Frauen sind.[27] Dies entspricht dem Muster, dass der Stärkere den Schwächeren angreift. Ältere Kinder, zumal im Teenageralter, sind für Frauen üblicherweise schon zu groß, als dass sie sie misshandeln könnten (es sei denn, die Teenager sind rituell und emotional so eingeschüchtert, dass sie es sich gefallen lassen). Bei der schwersten Form von Gewalt gegen Kinder, der Kindstötung, hält die öffentliche Meinung stereotyp den Freund der Mutter oder Stiefeltern für den Täter. Tatsächlich aber sind es meist die Mütter, die ihren Säugling umbringen, in der Regel, um ein ungewolltes Kind loszuwerden.[28] Ich werde hier nicht näher auf die Motive eingehen, sondern möchte nur darauf hinweisen, dass das Muster den Gelegenheiten entspricht: Es gibt eine enorme Diskrepanz hinsichtlich Stärke und Verletzbarkeit.

Auf den ersten Blick handelt es sich nicht um ein männliches Dominanzmuster. Männer unterwerfen Mädchen nicht in höherem Maße schwerer körperlicher Bestrafung (oder schwerer Misshandlung) als Jungen; und Väter pflegen Töchter im Teenageralter gar nicht körperlich zu bestrafen (Mütter manchmal schon).[29] Es läuft darauf hinaus, dass es sich bei der körperlichen Züchtigung von Kindern um ein anderes Muster handelt als um das von Männern, die sich mit Gewalt die Macht über Frauen sichern wollen. Frauen wenden ebenfalls Gewalt an, mal, um Männer, mal, um Frauen zu kontrollieren,[30] und es gibt Anhaltspunkte dafür, dass erwachsene Män-

---

27 Garbarino/Gilliam, *Understanding Abusive Families*; Gelles, »Violence«.

28 Daly/Wilson, *Homicide*, S. 37–94. Das Argument der Entwicklungspsychologie läuft darauf hinaus, dass Mütter ihre Kinder töten, wenn sie ihre Aussichten, sie bis zu deren Selbstständigkeit durchzubringen, schlecht einschätzen. Es ist sehr fraglich, ob Mütter ihr Kind aufgrund eines solch rationalen Urteils töten; oft reagieren sie auf die eigene Stigmatisierung wegen eines ungewollten oder unehelichen Kindes (Kertzer, *Sacrificed*).

29 Straus/Donnelly, *Beating*. In traditionellen katholischen Schulen war körperliche Züchtigung durchaus üblich, und die berüchtigten Disziplinarmaßnahmen der Nonnen grenzten an Folter, wenn sie etwa Kinder auf heißen Heizkörpern sitzen ließen. Nonnen haben mitunter auch über Novizinnen brutale Strafen verhängt. Die übermäßige Bedeutung von Autorität in solchen Organisationen und deren starker Traditionalismus sind verantwortlich dafür, dass Nonnen mehr Gewalt ausüben als andere moderne Lehrer. Aus meiner Sicht hat dies nichts mit männlich oder weiblich zu tun. Wo Frauen unumschränkte Herrschaft über andere ausüben, wenden sie ebenfalls Gewalt an.

30 Mütter mit mehreren Kindern neigen eher zur Anwendung körperlicher Bestrafung und zur Kindesmisshandlung (Eamon/Zuehl, »Maternal Depres-

ner gegen weibliche Kinder weniger Gewalt anwenden. Wir könnten dies als Entsprechung zur begrenzten Gewaltanwendung in der Ehe beschreiben: Bei beiden Gewaltformen wenden beide Geschlechter Gewalt an, wenn es das am leichtesten verfügbare und der Situation angemessenste Mittel ist. Und beide Geschlechter erleiden Gewalt, in diesem Fall mit einer gewissen Tendenz zur männlichen Seite hin. Mehr noch, bei schwerer Gewalt gegen Kinder herrscht, je nach Anlass, ebenfalls Geschlechtersymmetrie.

Bei gewöhnlicher disziplinarischer Gewalt wie bei schwerer Kindesmisshandlung wird um die Vormacht gerungen. Sie unterscheiden sich darin, dass Letztere, ähnlich wie bei Misshandlung in der Ehe, viel stärker eskaliert und ein Vorfall mit dem nächsten verbunden ist. Normale Diskussionen mit dem Kind über Gehorsam sind, wie beim gewöhnlichen Ehestreit, separate Ereignisse, die bald vergessen sind, während schwere Kindesmisshandlung sich kontinuierlich und dramatisch aufbaut. Das eine ist wie eine Reihe von Kurzgeschichten, das andere ähnelt einem Roman von Kafka oder einer Shakespeare'schen Tragödie.

Betrachten wir drei Fälle häuslicher Gewalt näher. Der erste, den wir bereits zu Beginn des Kapitels vorgestellt haben, ist derjenige der Babysitterin, welche die Hand des Säuglings verbrühte. Dabei handelt es sich um eine kurze Episode, ohne erkennbaren Hintergrund, eine plötzliche Vorwärtspanik.

Der zweite wird von einem zehnjährigen Mädchen erzählt:

> Vor ungefähr zwei Monaten hatten meine Mutter und mein Vater einen Streit. Zuerst kamen meine Mutter und ich vom Einkaufszentrum nach Hause. Wir hatten dort unseren Spaß gehabt. Aber als wir nach Hause kamen, war es mit dem Spaß vorbei, und es wurde schrecklich.

---

sion«). Dies ist insofern verständlich, als die Belastung durch die Kindererziehung für Frauen in dieser Situation hoch ist, sie sozial isoliert sind und weniger Ressourcen zur Verfügung haben, um jedes Kind zu überwachen. Gewalt ist im unmittelbaren Geschehen die günstigste und am schnellsten anwendbare Steuerungsmöglichkeit. Dies bedeutet aber auch, dass die vermeintlich »mütterlichsten« Frauen am meisten Gewalt gegen ihre Kinder ausüben. Strukturell handelt es sich um das gleiche Muster wie bei deutschen Truppen, die beim Zusammentreiben von Holocaustopfern für den Transport in die Konzentrationslager brutaler vorgingen (und im Verhältnis von mehr als vier zu eins töteten), wenn wenige Bewacher es mit vielen Gefangenen zu tun hatten (Browning, *Ganz normale Männer*, S. 134), oder um das von Gefängniswächtern, die, isoliert von der Außenwelt, gegenüber den Gefangenen deutlich in der Minderzahl sind (Haney/Banks/Zimbardo, »Interpersonal Dynamics«).

> Ich wusste, dass sie streiten würden, also ging ich in mein Zimmer, um Hausaufgaben zu machen. Ich wusste, dass er mit ihr über etwas reden wollte, wusste aber nicht, worüber. Dann hörte ich meine Mutter schreien. Ich ging zur Tür und fragte, ob etwas nicht in Ordnung sei. Mein Vater sagte: »Nichts, es ist alles in Ordnung. Mach deine Hausaufgaben!« Aber ich wusste, dass etwas nicht stimmte; ich ging zurück und betete. Mein Vater war wirklich scheußlich in dieser Nacht [...] Dann hörte ich meine Mutter etwas rufen, verstand aber nicht, was sie sagte, weil mein Vater ihr den Mund zuhielt. Später sagte sie mir, sie habe gesagt, ich solle die Polizei rufen. Jedenfalls ging ich wieder zur Schlafzimmertür und sagte zu meiner Mutter, ich bräuchte Hilfe bei den Hausaufgaben, obwohl das nicht stimmte. Ich wollte nur, dass meine Mutter aus dem Schlafzimmer kommt, weil ich Angst hatte. Dann kamen beide zusammen heraus. Ich umarmte meine Mutter und ging zu Bett. Dann fing mein Vater an, meine Mutter zu würgen. Ich ging hin und sagte meinem Vater, er solle aufhören. Er befahl mir, in mein Zimmer zurückzugehen und zu schlafen. Ich ging zurück [...] Dann hörte ich meine Mutter schreien. Ich ging ins Wohnzimmer, und er trat meine Mutter. Er hörte nicht auf; er trat sie gegen den Arm und die Beine. Ich sagte, er solle aufhören. Er befahl mir, zurück ins Bett zu gehen. Aber ich sagte: Nein! Dann nahm er seine Gitarre und wollte sie ihr über den Kopf schlagen, aber ich stellte mich über meine Mutter. Er befahl mir wegzugehen. Ich sagte: Nein! Daraufhin nahm er seine Gitarre runter und holte ihr Eis für den Arm. Dann weinte ich mich in den Schlaf. Am nächsten Morgen ging ich nicht zur Schule, und meine Mutter ging auch nicht zur Arbeit. Dann rief er zu Hause an und redete eine Weile mit ihr. Er drohte, sie umzubringen. Daraufhin gingen wir ins Frauenhaus.[31]

Der Konflikt durchläuft verschiedene Stadien: (1) Emotionale Anspannung. Das Kind weiß, dass es zum Streit kommt (was darauf schließen lässt, dass dies schon früher vorgekommen ist), aber es weiß nicht, warum. (2) Der Streit beginnt, und die Frau fängt an zu schreien. (3) Die Frau will die Polizei um Hilfe rufen, und der Mann verhindert ihr Schreien, indem er ihr den Mund zuhält – offenbar die erste körperliche Berührung. (4) Nach einer Unterbrechung durch das Kind, das versucht, einzugreifen oder die Beteiligten abzulenken – es interveniert in jeder der beschriebenen Phasen –, will der Mann die Frau würgen. Offenbar schreit sie immer noch, und er vollzieht einen weiteren Schritt, indem er ihr die Hände nicht mehr auf den Mund, sondern an die Kehle legt. (5) Als Nächstes tritt er sie wiederholt ge-

---

31 Stith/Williams/Rosen, *Violence*, S. 38f.

gen Arme und Beine (offensichtlich hat er sie zu Boden geschlagen). (6) Schließlich ergreift er die Gitarre als Waffe, um sie ihr auf den Kopf zu schlagen. Es gelingt dem Kind, den Kampf zu beenden, indem es sich dazwischenwirft. Die Szene entspannt sich durch eine kleinere Wiedergutmachungsgeste des Mannes, der Eis für die Prellungen der Frau holt. (7) Am nächsten Tag geht der Streit am Telefon wieder los und eskaliert bis zu einer Morddrohung.

Der Streit zieht sich über Stunden hin: vom späten Nachmittag, als die Mutter und die Tochter zu Hause eintreffen, bis zur Schlafenszeit und länger. Die Anspannung wächst von Stufe zu Stufe, auf denen der Mann immer neue Einschüchterungstaktiken, Zwangsmaßnahmen und schließlich Waffen einsetzt. Es ist schwer zu sagen, inwieweit die Frau ihr Verhalten und ihre Tonlage ändert, außer dass sie von Stufe 1 bis 3 immer lauter schreit; jedenfalls bleibt der Mann durch ihr anhaltendes Schreien in den Streit verstrickt. Anders als bei üblichen Streitereien findet die Eskalation kein Ende; selbst rohe Gewalt reicht dazu nicht aus. Der Mann sucht nach immer neuen Vorgehensweisen bei dem Versuch zu zeigen, wie ernst es ihm ist: die Hand vor dem Mund, Würgen, Tritte gegen den Körper am Boden (aber gegen die Gliedmaßen, nicht gegen lebenswichtige Organe), der Gebrauch einer Waffe gegen ihren Kopf (wenn auch einer leichten, der Gitarre), was auch darauf hinweist, dass er zur Zerstörung eigener Besitztümer bereit ist. Aber der Zorn ist stark fokussiert: Obwohl die Tochter immer wieder interveniert, schlägt oder bedroht er sie nie. Und es gelingt ihr, die Episode zu beenden, indem sie ihren Körper so einsetzt, dass er sie schlagen müsste, wenn er wieder an die Frau herankommen wollte. Er ist vollkommen in seine Wut und in den Widerstand der Frau verstrickt, aber es ist ein Tunnel, und er weiß immerhin um die Wände des Tunnels und versucht nicht, sie zu durchbrechen. Tatsächlich unterbricht die Einmischung des Kindes seine emotionale Verstrickung, so dass seine Stimmung sich ändert.

Der Vorfall zeigt das mikrosituative Muster einer Kurzzeiteskalation und -verstrickung. Es handelt sich um eine Vorwärtspanik, die im fortgeschrittenen Stadium in einen rasenden Overkill übergeht, nachdem eine Phase starker Konfrontationsanspannung in unumschränkte Machtausübung umschlägt. Im dritten Fall werden wir auf ein anderes Szenarium stoßen: auf die kältere, wiederholte, terroristische Routine gewalttätiger Herrschaft.

Barbara hatte zwölf Jahre lang mit ihrem Freund Bill zusammengelebt. Die Gewalt lief immer gleich ab:

> Die Misshandlungen fanden immer dann statt, wenn Bill getrunken hatte, und jedes Mal erklärte er vorher, dass Barbara ihn nicht liebe und ihn verlassen werde. Sie versuchte ihn daraufhin ihrer Liebe und Treue zu versichern. Wenn sie sich ihm zärtlich und bemüht zuwandte, begann er zu schlagen. Bill beschimpfte sie, die Beleidigungen eskalierten, er stieß sie weg oder hielt sie fest, um ihr seine körperliche Überlegenheit zu demonstrieren. Daraufhin drückte Barbara ihr Bedauern noch stärker aus und versuchte, ihn weiterhin zu beruhigen [...] In jüngster Zeit drohte er nicht nur, sie zu misshandeln, sondern er drohte ihr auch mit einem langen Jagdmesser, das er Barbara an die Kehle hielt; bei mehr als einer Gelegenheit pikste er sie damit auch in den Brustkorb.[32]

Es ist das Muster des Angriffs auf den Schwächeren; genau dann, wenn sie ihre Schwäche zeigt, wird der Angreifer in ihre Gefügigkeit verstrickt. Sie gibt physisch und emotional nach, und er drängt weiter. Hier geht es nicht nur darum, dass der Mann sich seiner Macht versichert. Es gibt in diesem Fall keinen Hinweis (zumindest nicht, soweit berichtet) darauf, dass er einen Machtverlust auszugleichen versucht. Die Situationsdynamik (die offenbar mindestens eine halbe Stunde, unter Umständen gar mehrere Stunden lang andauert) zieht die beiden immer tiefer in das Misshandlungsmuster hinein. Es erinnert an eine lang anhaltende Vorwärtspanik in einer der späteren Phasen, außer dass es keinen deutlich erkennbaren Beginn der Konfrontationsanspannung und keinen plötzlichen Kollaps gibt. Es handelt sich um eine gegenseitige Verstrickung des (in diesem Fall emotional) unterwürfigen Opfers und des wiederholt Angreifenden, die wir auch bei Truppen antreffen, die Gräueltaten gegen hilflose Opfer begehen. Das Muster ähnelt dem einer defekten Schallplatte – die Nadel hängt in der Rille einer alten Vinylplatte, so dass dieselbe Stelle immer und immer wieder gespielt wird. Die emotionale Stimmung ist matt und weinerlich, nicht erhitzt und heftig. Das Ganze scheint nicht stressbezogen, sondern eher ein institutionalisiertes Spiel zu sein, das er mit ihr spielt, ein Ritual, in dem er ganz den Rhythmus vorgibt.

Die Frau spielt die Opferrolle nur zu gut, was zum mikrointeraktiven Feedback dazugehört, das die Verstrickung des Dominierenden in seine Aggression aufrechterhält. In diesem Fall wird dies erstaunlich deutlich. Nachdem Barbara von ihrem Therapeuten überzeugt wurde, dass sich das Muster nicht verändern wird, handelt sie.

---

32 Ebenda, S. 62.

Zu ihrer nächsten Therapiesitzung erschien Barbara mit einem breiten Lächeln im Gesicht. Sie berichtete dem Therapeuten, dass Bill sie wieder beschuldigt habe, ihn nicht zu lieben, und ihr sei klar geworden, dass es sich um den Einstieg in eine weitere Misshandlungsepisode handelte. Sie fuhren im Auto, und Barbara hielt einen großen Colabecher in der Hand. Sie erzählte dem Therapeuten, sie habe den Colabecher genommen und »ihn Bill in den Schoß« geschüttet. »Ich sagte ihm, dass ich nicht im Traum daran denke, dieses Spiel noch einmal mitzuspielen.« Barbara meinte, Bill sei so schockiert gewesen, dass sie sich nun mit ihrem Benehmen beschäftigt hätten, anstatt das typische Misshandlungsmuster fortzusetzen.[33]

Es wäre zu einfach, Frauen in solchen Beziehungen den Rat zu erteilen, die Opferrolle nicht zu spielen. Manchmal funktioniert es, manchmal nicht. Frauen, die zurückschlagen, riskieren, sich noch heftigerer Gewaltanwendung auszusetzen. Wegzugehen kann zu anderen Formen der Eskalation führen, zum Beispiel zu Nachstellungen von Seiten des obsessiven Mannes, bisweilen zu einer Steigerung des Machtkampfes bis hin zu Mord.[34] Die Zweischneidigkeit ist dieselbe wie bei Raubüberfällen: Wie wir noch sehen werden, erhöht Widerstand eher als die Opferrolle die Chancen, dass der Überfall misslingt; aber er erhöht auch die Wahrscheinlichkeit, dass das Opfer verletzt wird.

Die Verstrickung zwischen Opfer und Aggressor ist ein wesentlicher Mikroprozess, der episodischen Misshandlungen ihren situationsbedingten Impuls verleiht. Der springende Punkt im Zeitablauf muss irgendein Merkmal der Eskalationskette sein, vielleicht da, wo Wiederholungen sich etablieren. Es fehlt uns noch immer an Daten darüber, wie solche Sequenzen anfangen; ein Problem, das sich aus den Erhebungen zu den abhängigen Variablen bei detaillierten Fallstudien ergibt, die allein die dynamischen Muster aufzeigen können. Forschungen zu diesem Thema wären von großem praktischen Wert.

33 Ebenda.
34 Tjaden/Thoennes, *Extent*; Kimmel, »›Gender Symmetry‹«, S. 1350–1353.

Das Aushandeln interaktiver Techniken der Gewalt und der Opferhaltung

Meiner Argumentation scheint ein beträchtliches Maß an Indeterminismus zugrunde zu liegen. Hintergrundfaktoren wie Stress, Lebenskrisen, Isolation führen nicht zwangsläufig zu schwerer Gewalt oder überhaupt zu Gewalt. So verhält es sich auch mit den von mir beschriebenen Situationssequenzen. Einzelne Formen davon sind in der Fallstudienliteratur gut dokumentiert, aber diese beschäftigt sich stichprobenartig mit der abhängigen Variablen und untersucht die Fälle mit grausamem Ausgang. Ich habe Szenarien geschildert, bei denen benachteiligte Personen wie schreiende Säuglinge in einen polarisierenden Konflikt geraten, in dem die andere Person entmenschlicht wird und das zeitliche Muster in Gräueltaten gipfelt. Die meisten schreienden Säuglinge, behinderten oder alten Menschen werden nicht schwer misshandelt, weil es nicht so weit kommt. Die körperliche Züchtigung von Kindern ist weit verbreitet, und meist geht sie nicht bis zum Äußersten; dasselbe gilt für die meisten normalen Streitigkeiten zwischen Paaren.

Wir können diesem methodischen Problem nicht entgehen, indem wir einfach auf die Stichproben zur abhängigen Variablen verzichten und auf breite, die absoluten Angaben vergleichende Untersuchungen zurückgreifen. Diese sind allzu begrenzt, nicht nur aufgrund ihres engen Bereichs von Standardvariablen, sondern auch, weil sie die Dynamik des Prozesses nicht zu erfassen vermögen. Ob es beim leichten Konfliktfall bleibt oder ob es bis zu Gewalt und schweren Misshandlungen eskaliert, hängt von bestimmten Wendepunkten im Ablauf ab. Wir können diese Vielfalt in einen analytischen Vorteil verwandeln, wenn wir *nichtgewalttätige häusliche Konflikte*, *begrenzte und ausgeglichene Kämpfe* und zwei Typen schwerer Gewalt wie *hitzige Vorwärtspanik* und *kalte terroristische Folterregime* situationsübergreifend vergleichen.

Worin unterscheiden sich die jeweiligen Mikromechanismen? Es handelt sich um Varianten des Modells zur gegenseitigen Aufmerksamkeit/emotionalen Verstrickung, die jede Interaktion mit sich bringt. Greifen wir noch einmal den strittigsten Punkt auf. Ich habe behauptet, dass Menschen nicht besonders gut in Gewaltausübung seien. Die große Hürde, die man bei jeder Gewalttat überwinden muss, lautet Konfrontationsanspannung und -angst. Davor haben Menschen die größte Angst – nicht davor, verletzt, mit gesellschaftlichen Sanktionen belegt oder bestraft zu werden.

Dies mag einem grundsätzlich unwahrscheinlich vorkommen. Was kann schon leichter sein, als dass große Menschen kleine oder Starke Schwache schlagen, dass Bewaffnete Unbewaffnete töten? Aber man frage sich selbst: Könnte *ich* es? *Wen*, ganz speziell und konkret, könnte ich schlagen oder gegen *wen* irgendeine Form von Gewalt ausüben? Eigentlich: Gegen wen könnte ich die Stimme erheben oder mich auf andere Konflikttaktiken einlassen? (Und *wann* könnte ich es tun, zu welchem bestimmten Zeitpunkt im Leben?) Das spezifische Szenarium dreht sich vielleicht um einen Ehepartner, ein Geschwister, einen Bekannten, das eigene Kind oder bestimmte Situationen und Szenen mit Fremden. In jedem der konkret ins Auge gefassten Fälle, behaupte ich, hat eine Verhandlung stattgefunden, die darauf hinauslief, dass eine Form von Gewalt erlaubt war. Und bei diesem Prozess geht es darum, mit der situationsbedingten Konfliktanspannung zurechtzukommen, und nicht in erster Linie um Angst vor Bestrafung oder Vergeltung.

Wie der Weg in eine gewalttätige Beziehung ausgehandelt werden kann, wird im Folgenden beleuchtet:

> Jennie hatte kurz nach ihrem Collegeabschluss geheiratet. Ihr Mann, Ralph, hatte im Vorjahr sein Jurastudium abgeschlossen und trat nun bei einem prominenten Anwalt eine vielversprechende Stelle an. Im zweiten Ehejahr begann Ralph, an Jenny herumzumäkeln. Er vergaß sich in der Öffentlichkeit und machte sie mit Bemerkungen über ihre mangelnde Intelligenz lächerlich. Wenn sie von einem Besuch bei Freunden zurückkehrten, kritisierte er ihr Verhalten und behauptete, sie sei aufdringlich, aggressiv und unweiblich gewesen. Jenny schwieg die ganze Zeit. Sie bezog selten Stellung gegen ihren Mann, akzeptierte die Kritik und versuchte, ihr Benehmen ihm zu Gefallen zu ändern.
>
> Im Verlauf dieses zweiten Ehejahres griff Ralph Jenny physisch und verbal immer heftiger an. Jenny gab weiterhin nach. Die verbalen Attacken nahmen an Häufigkeit zu; und schließlich gingen Ralphs Tiraden in körperliche Angriffe gegen Jenny über. Die Attacken erfolgten stets spät in der Nacht. Normalerweise bestand Ralph danach als Ausweg zur Lösung des Problems auf Geschlechtsverkehr.[35]

Anscheinend steigt die berufliche Stellung des Mannes relativ zu der seiner Frau. In dieser sozialen Schicht findet das gesellschaftliche Leben vermutlich weitgehend im Kreis seiner Berufskollegen statt,[36] und so kommt es dazu, dass er sie dann, wenn seine Kollegen anwesend

35 Thorman, *Family Violence*, S. 139.
36 Kanter, *Men and Women*.

sind, herabsetzt und ihr mit Blick auf ihre, seiner Ansicht nach falsche, Selbstdarstellung in solchen Situationen zu Hause mit Tiraden die Hölle heißzumachen beginnt. Er steigt sozial auf, und sie akzeptiert dieses Verhältnis. Dann baut er seinen Machtvorteil aus, indem er seine Tiraden in physische Gewalt münden lässt.

Die soziologische Interpretation des Gesamtmusters läuft darauf hinaus, dass der Mann in den ersten zwei Ehejahren entdeckt, dass sich seine Position auf dem Interaktionsmarkt gegenüber der seiner Frau verbessert. Da er offenbar seine Frau nicht verlassen oder sich nebenbei noch Freundinnen suchen will, benutzt er seine Marktmacht, um von seiner Frau mehr Unterwürfigkeit in ihren persönlichen und sexuellen Beziehungen zu fordern. Hier kommt Blaus Prinzip zur Anwendung: Die Person mit der schwächeren Marktstellung kann dies durch Unterwerfung kompensieren.[37] Mit seinen anfänglichen Vorwürfen gibt er ihr zu verstehen, dass sie seiner Stellung nicht entspricht und dass er jemanden neben sich haben möchte, der seinen Lebensstil repräsentiert. Mit den Vorwürfen wird ihre situativ passive und schwache Stellung bestätigt. Tatsächlich versuchen die beiden herauszufinden, wie ihre Ressourcen durch Verhandeln in künftige Rollen umzuwandeln sind: Er sucht nach Techniken, wie er sich zum Beherrscher aufschwingen kann, sie lernt ihre Rolle als Opfer.

Ich möchte meine Behauptung, dass man bei jeder Gewalttat Konfrontationsanspannung und -angst überwinden muss, hier durch einen zweiten Punkt ergänzen: Der spezifische Gewaltcharakter entspricht einer bestimmten Transformation von Konfrontationsanspannung und -angst. Und dies ist ein situationsabhängiger Prozess, der sich über eine gewisse Zeit erstreckt; in diesem Zeitraum erkunden Paare (zumindest im Falle häuslicher Gewalt) zusammen einen Weg, wie sie mit Anspannung und Angst fertig werden und diese in ein spezifisches Gewaltszenario münden lassen. Damit ist gleichzeitig die Entwicklung von Konflikttechniken verbunden, das heißt, Techniken zum Einsatz der jeweiligen Ressourcen zwecks Beherrschung des anderen, Techniken zur Gewaltausübung, aber auch zur Unterwerfung unter Gewalt. Offenkundig liegen einige dieser »Techniken« nicht im Interesse des Individuums, das dadurch Gewalt erleidet, dennoch handelt es sich um Fertigkeiten, die von beiden Seiten interaktiv erworben werden. Es sind Rollen, die beide Seiten zu spielen lernen, und zwar im Miteinander.

---

37 Blau, *Exchange and Power.*

Bei der Vorwärtspanik besteht der Prozess aus sich selbst bestätigenden Verstrickungsschleifen zwischen Angreifer und Opfer und aus Selbstverstrickung auf Seiten des Angreifers. Auf dem Höhepunkt einer militärischen Vorwärtspanik findet gegenseitige asymmetrische Verstrickung statt: Die geschlagenen Soldaten begeben sich in einen Zustand der Verzweiflung, Erstarrung und Passivität, während die Angreifer in einen Blutrausch einzutauchen scheinen, der mit einem Gefühl des Abscheus gegenüber ihren passiven Opfern verbunden ist. Auch bei der häuslichen Gewalt gibt es dieses Muster, dass ein passives, hilfloses Opfer mit seiner augenfälligen Hilflosigkeit oder wirkungslosen Gegenwehr den Aggressor anscheinend nur in weitere Overkill-Anfälle hineinzieht (wie in dem oben beschriebenen Beispiel des Mannes, der nach immer neuen Wegen suchte, um seine Frau anzugreifen, und ihr schließlich seine Gitarre auf den Kopf zu schlagen versuchte). Wieder gibt es Nebenpfade, wenn etwa die Unterwürfigkeit des Opfers den Angreifer anwidert und ihn noch wütender macht. Es entsteht ein sich selbst erneuernder Kreislauf, da sich der Angreifer dazu verleitet fühlt, aus lauter Zorn über die Unterwürfigkeit des anderen mit seiner Attacke fortzufahren. Letztlich sind Angreifer und Opfer im Moment der Gewalt aneinandergefesselt, die beiden Organismen senden körperliche und emotionale Signale aus, die von einem zum anderen gehen und ihr jeweiliges Tun noch steigern: die Unterwürfigkeit der einen Seite, Wut und Angriff der anderen.

Das folgende Beispiel gibt die subjektive Sicht oder den Bericht eines Angreifers wieder, zwar nicht in einem Fall häuslicher Gewalt, aber analog, was diesen speziellen Punkt betrifft. Zwei junge Schwarze bringen eine alte weiße Frau in ihrem Wohnwagen in ihre Gewalt.

> Als sie zum Wohnwagen zurückkam, zogen wir ein Messer und befahlen ihr loszufahren. Sie sagte: »Ich tue alles, was ihr wollt, aber bitte tut mir nichts.« [...] Nachdem sie das Wohnmobil geparkt hatte, fing sie zu weinen und zu sabbern an. »Bitte, tut mir nichts, tut mir nichts! Verzeiht mir, bitte ...!« Mir war klar, dass das alte, stinkende Luder nur log. Ihr Gesabber machte mich nur noch wütender, und ich hasste sie noch mehr.
>
> Ich sprang aus dem Wohnwagen, packte sie an den Schultern und warf sie aus dem Wagen. Sie landete mit dem Gesicht voran im Schlamm. Sie erhob sich auf Hände und Knie und fing an zu schreien: »Hilfe, Polizei, zu Hilfe, Polizei!« Ich sagte: »Halt dein Maul, du altes, stinkiges Miststück!«, und trat sie, so fest ich konnte, in den Bauch, dass es der alten Ziege den Atem verschlug. Sie rollte sich im Dreck zu einer Kugel zusammen und rang nach Luft. Ich trat sie noch einmal, worauf sie wie ein

> Stock ausgestreckt liegen blieb. Ich versuchte, sie an ihren Kleidern hochzuheben, aber sie war so verschlammt, dass sie mir aus den Händen rutschte, also packte ich sie an den Haaren. James sagte: »Guck dir mal dieses alte, hässliche Gesicht an!« Ich schaute sie an und wurde so wütend, dass ich ihr wohl zwanzig Mal rechts und links eine schmierte. Dann warf ich sie gegen den Wohnwagen, und sie rutschte zu Boden. James öffnete eine Dose Limonade und fragte sie: »Willst du Limo?« Sie sagte: »Nein, ich will nur, dass ihr aufhört.« Ich sagte: »Ich werde nicht aufhören, du stinkende, alte Schlampe, ich werde dich umbringen!« Ich packte sie wieder bei den Haaren und schlug ihren Kopf immer wieder gegen den Wagen, bis ihr Blut aus den Haaren und über die Ohren lief. Dann ließ ich sie zu Boden fallen, stieß sie mit dem Fuß in die Schlammpfütze und ließ sie dort liegen. Wir hielten sie für tot, stiegen in ihr Wohnmobil und fuhren davon.[38]

Wir sehen hier nicht nur die Angreifer-Opfer-Verstrickung, sondern auch die Selbstverstrickung eines Angreifers in sein Tun und seine Gefühle am Werk.[39] Mit vollem Einsatz verbundenes Handeln aus emotionaler Erregung geht mit einer spezifischen körperlichen Anspannung und eigenen Rhythmen einher. Wie ein Läufer, der in seinem Laufrhythmus gefangen ist, beginnt der Angreifer (um beim männlichen Beispiel zu bleiben), von seinen Reserven zu zehren; er ist im Schwung. Es handelt sich außerdem um einen emotionalen Trancezustand, einen hormonellen Rausch, der sich eine Zeit lang von selbst erhält; er fühlt sich gut an und zugleich wie ein Zwang; diesen Zug will er weder anhalten noch kann er es, um auszusteigen. Die Komponente ist insofern Selbstverstrickung, als es keiner Rückkopplung von Seiten des Opfers bedarf. Der Rhythmus und die emotionale Energie des Täters halten den Kreislauf in Gang.

Betrachten wir nun den Unterschied zwischen Vorwärtspanik und dem Muster einer kaltblütigen, überlegten Folterung. Letztere schließt häufig psychischen Druck ein, das Opfer wird über Stunden bedroht, es wird mit dessen Hoffnung, den Aggressor besänftigen zu können, gespielt, obwohl die Beschwichtigungen nie ausreichen und nur als weiterer Schritt hin zur Gewalt genutzt werden (siehe den Mann mit dem Jagdmesser). Hier wird langsam vorgegangen, es erfolgt kein plötzlicher Ansturm; die Stimmung des Aggressors ist relativ kühl, nicht hitzig und hysterisch. Während Vorwärtspanik durch

---

38 Athens, *Creation*, S. 3.

39 Oder einer Angreiferin wie bei der Misshandlung durch die Babysitterin, die die Hand des kleinen Kindes unter siedend heißes Wasser hielt.

dramatisch steigende Hochspannung, auch bei einem Patt oder einem Kampf, und den plötzlichen Absturz in den Rausch des Overkills gekennzeichnet ist, ähnelt ein terroristisches Folterregime eher einem Thriller. Es baut sich nicht anhand plötzlich eintretender Konfrontationen und Vorfälle auf, sondern scheint vielmehr vom Aggressor geplant worden zu sein. Und selbst wenn nicht, handelt dieser bei der Auswahl seines Opfers, der Suche nach einem nichtigen Anlass oder auch ohne ersichtliche Provokation zumindest routiniert.

Im Gegensatz zur Vorwärtspanik fehlt hier die gesamte erste Phase, der Aufbau einer Anspannung, die sich in einem plötzlichen Rausch löst. Dennoch hat auch das Quälen des Partners etwas vom letzten Teil einer Vorwärtspanik, es kennt die gleichen Verstrickungsschleifen zwischen Opfer und Aggressor im Gewaltprozess sowie einen Kreislauf der Selbstverstrickung beim Aggressor. Man könnte ein Folterverhältnis als verkürzte Vorwärtspanik bezeichnen, bei dem der Folterer einen anderen Weg zur Vorwärtspanik gefunden hat. Anders als bei einer militärischen Schlacht, Polizeijagd oder einem hitzigen häuslichen Streit werden die erforderliche Anspannung und Energie nicht durch eine unmittelbar zuvor erfolgte Konfrontation, sondern durch den Prozess der Machtausübung über das Opfer aufgeladen. Die sich lange dahinziehende Phase des Quälens entspricht einem Kampf, jemand anders im Wechselspiel inständiger Beschwichtigung und Zurückweisung seinen Willen aufzuzwingen, es handelt sich um ein im Prinzip endloses Peinigen, das der Aggressor kontrolliert. Auf diesem Weg kann er die Konfrontationsanspannung bekommen und sie dazu nutzen, die eigene Gewalt zu motivieren; es ist eine (zumindest auf einer nonverbalen Ebene des Bewusstseins) bewusste Methode, sich selbst in eine angenehme Verstrickungssituation mit dem Opfer zu versetzen und so das Hochgefühl der damit einhergehenden Selbstverstrickung zu erleben. Der Peiniger hat eine Fertigkeit, eher eine ziemlich komplexe Interaktionstechnik, erlernt, wie er einen Endzustand emotionaler Rückkopplung – etwa wie im Drogenrausch – durch den eigenen Körper und, vermittelt, durch den eines anderen erreicht. Es handelt sich, wie erschreckend auch immer, um die Kenntnis, wie man sich als habitueller Peiniger einer anderen Person wohlfühlt, so wie ein Süchtiger sich in seiner Drogenabhängigkeit wohlfühlt.

Wir haben diese Mikroanalyse grauenhafter Einzelheiten von missbräuchlicher Gewalt angestoßen, um die Wendepunkte oder situationsbedingten Sequenzen zu bestimmen, die diese Grausamkeiten im

Laufe der Zeit bewirken. Wir wollen wissen, wie manche Personen in diesen Tunnel geraten, und andere mit dem gleichen Hintergrund oder gar den gleichen vordergründigen Merkmalen nicht. Nach meiner Meinung umfassen die einzelnen Formen missbräuchlicher Gewalt unterschiedliche Verstrickungsarten, und diese Verstrickungsschleifen werden gelernt, verhandelt oder aufgebaut. Es handelt sich um einen nonverbalen Verhandlungsprozess, in dem man einander emotional sondiert, die Stärken und Schwächen herausfindet, in dem man die eigenen Ressourcen (Zwang, materielle Mittel, emotionale Rituale, interaktive Gelegenheiten) so nutzt, *wie es die unmittelbare Situation gerade hergibt*. Es sind nicht die rohen, ungeschlachten Mittel allein, die hier zählen; sie müssen so eingesetzt werden, dass sie zur Beherrschung des Partners führen. Das setzt Geschick voraus, Techniken, die erworben oder eben nicht erworben werden.

Zu diesen Techniken oder Fertigkeiten gehört beim Aggressor das Wissen, wie man sich in eine Lage bringt, in der man von der Verstrickung mit dem Opfer wie von der mit sich selbst zehren kann – wie man sich in einen Wutrausch begibt, der sich aus sich selbst speist. Normalerweise sind diese speziellen Fähigkeiten an Beziehungen geknüpft, sei es in Paaren, Familien oder Gruppen. Denn wenn eine Person sich ihren emotionalen Kick dadurch verschafft, dass sie immer tiefer in eine Zone vordringt, in der sie sich an der eigenen körperlichen Wut berauschen kann, dann müssen die anderen Beteiligten einen Modus Vivendi ausgehandelt haben, der ihr das ermöglicht. Dabei kommt es zu einer prozessualen Verkettung, wenn zunächst kleinere Schritte zu weiteren führen, wie bei einer Armee, die erst Boden gewinnen muss, bevor sie ihren Hauptangriff durchführen kann.

Man gelangt durch Kurzzeittechniken (wie die Verstrickung mit sich selbst und mit dem Opfer bei gewalttätigen Aktionen) wie auch durch Langzeittechniken an diesen Punkt. Umgekehrt muss es – und sei es implizit und unreflektiert – Methoden geben, mit deren Hilfe andere Personen (offenbar die große Mehrheit) dem Abgleiten auf dieser abschüssigen Bahn widerstehen – etwa im Falle der normalen Paargewalt, wie wir sie genannt haben, wo die eingesetzten Mittel ausbalanciert und Konflikte an einem bestimmten Punkt beendet werden.

Seitens des Opfers gibt es einen ähnlichen und parallel dazu verlaufenden Lernprozess, wenn auch mit schrecklichen Konsequenzen für das eigene Wohl. Man lernt, wie man ein Opfer wird. Dies geschieht sowohl kurzfristig am gewaltsamen Ende des Prozesses als auch beim langfristigen Abgleiten. Man lernt, wie man sich auf Lösungen in Konfrontationen einlässt, die einen sukzessive in die Defensive drängen, zunehmend passiv machen und es dem Aggressor erlauben, die Energie des Opfers bei Konfrontationsanspannung und -angst auf sich selbst zu übertragen. Menschen sind emotional auf Solidaritätsrituale zur Aufrechterhaltung gegenseitiger Aufmerksamkeit und emotionaler Einbindung programmiert. Gelingt es jemandem, den Ton und den Rhythmus zu bestimmen, besteht die Neigung mitzugehen, nur um die Anspannung eines Streits zu meiden. Dies findet bereits auf einer Ebene statt, wo es nur darum geht, ein momentan unangenehmes Gefühl zu vermeiden. Es ist ein schlechter Handel, da die rituelle Solidarität, welche die goffmansche Oberfläche der Interaktion für den Moment aufrechterhält, durch einen weit schlechteren Handel zu einem späteren Zeitpunkt erkauft werden mag. Dennoch könnten wir dies vernünftigerweise als Lerntechniken bezeichnen, um die Situation zum gegenwärtigen Zeitpunkt nicht weiter zu verwirren. Opfer lernen bestimmte Szenarien komplementär zu den Rollen, die ihre Aggressoren spielen. Manche lernen die Rolle des Opfers in der zeitweiligen Explosion einer Vorwärtspanik, andere bei langsamer Peinigung, indem sie jemanden beschwichtigen, dessen Rolle es ist, aus der Beschwichtigung selbst ein Spiel aus quälender Anspannung und Betrug zu machen.

In diesem Sinn ist sowohl die unbestimmte Aussagekraft von Hintergrundvariablen für die Voraussage häuslicher Gewalt als auch die Unbestimmtheit, welcher Weg eingeschlagen wird, nicht methodischer oder philosophischer Natur, sondern real, weil es darum geht, wie Individuen von Fall zu Fall eine Kette von Interaktionsritualen ausarbeiten. Was dabei geschieht, hängt von den Fertigkeiten ab, die sich jede Person in einer bestimmten bestehenden Beziehung aneignet. Denn damit ein Akt missbräuchlicher Gewalt stattfindet, müssen zwei (oder mehr) Lerntechnikketten zueinanderpassen: Der Aggressor muss Techniken gelernt haben, die bei dieser bestimmten Person funktionieren. Manche setzen ein hohes Maß an erregter Selbstverstrickung in einer Konfrontation oder bei Gewalt voraus. Bei anderen handelt es sich um die Fähigkeit, seine Energien mit der Reaktion einer anderen Person auf die ausgeübte Gewalt in Verbindung zu bringen.

Das Opfer wiederum muss Techniken erlernt haben, mit dem Aggressor zurechtzukommen, indem es die Beziehung aufrechterhält und ihn unmerklich in seinen Aggressionstechniken unterstützt.

Letztlich gibt es zwei Wege zum gewaltsamen Endpunkt: Auf dem einen hat das Opfer einige Kunstgriffe für die Konfrontation gelernt, aber nicht die Techniken, die zu begrenzten Auseinandersetzungen auf der Ebene der üblichen, ausgewogenen Machtkämpfe führen, so dass es zu wachsender Anspannung und schließlich zur Entladung in Vorwärtspanik kommt. Der andere Weg führt über langsame, tückische Beschwichtigung zu einem terroristischen Folterregime. Hier hat das Opfer gelernt, dass es für die Einnahme der passiven Rolle des Gefolterten sehr kleine rituelle Gegenleistungen erhält.

Es mag weitere Wege geben. Bei allen treffen jedoch zwei Lernstränge zusammen: das Erlernen der Misshandlung auf Seiten des Aggressors und das Erlernen der Opferrolle oder zumindest ausbleibende Lernerfolge bei der Begrenzung von Gewalt auf Seiten des Opfers. Diese zwei Rollen werden wir bei der Schikane sehr deutlich zu sehen bekommen, wenn ein versierter Tyrann und ein versiertes Opfer aufeinandertreffen – obwohl dessen Fertigkeit auch dadurch zum Ausdruck kommen mag, dass es sich in vielerlei Hinsicht als sozial ungeschickt erweist.

Dies ist alles bedrückend, gibt aber gleichzeitig Anlass zur Hoffnung. Die Ressourcen, die Herkunft und soziales Umfeld bieten, sind nicht alles; durch einen gekonnten Umgang mit der Situation lassen sich Ressourcen ausgleichen oder ersetzen. Dank Beherrschung situationsgerechter Techniken kann man einerseits Kämpfe verhindern oder sie ausbalancieren und schnell zu einem Ende bringen. Andererseits kann man die Fähigkeit erlernen, die Oberhand zu behalten, auch wenn es an anderen Ressourcen fehlt. In diesem Sinn müssen es nicht nur Männer sein, die Gewalt anwenden, um verlorene ökonomische oder sonstige Positionen zu kompensieren. Gewalt ist nicht nur Anwendung von brutaler Gewalt, sondern drückt sich da, wo sie erfolgreich ist, auch über das Geschick aus, Opfer herauszugreifen und sie dazu zu bringen, ihre Rolle auf die eine oder andere Art zu spielen.

Kapitel 5
Angriff auf den Schwachen II: Drangsalieren, Straßenraub und bewaffnete Überfälle

Die häufigste Form des Angriffs auf den Schwachen besteht vermutlich im Drangsalieren. Dies ist insbesondere bei Kindern verbreitet und lässt – außer in totalen Institutionen, die ihre Insassen faktisch wie Kinder behandeln – mit zunehmendem Alter nach. Ich werde mich in diesem Zusammenhang auch mit Straßenraub und bewaffneten Raubüberfällen befassen, die typische Stationen einer kriminellen Biographie darstellen. Alles zusammengenommen, reichen die Gewaltformen von leicht bis schwer; in jedem Fall aber müssen die Täter lernen, wie sie am leichtesten ausgeübt werden.

Ungewöhnlich umfassend beschreiben Hubert Montagner und seine Mitautoren den sozialen Kontext von Schikane und Quälereien auf Mikroebene.[1] Untersucht wurden französische Kinderkrippen, in denen die Kinder noch sehr klein sind (zwischen drei bis 36 Monaten), und Kindergärten, in denen Kinder zwischen zwei und sechs Jahren ganztags betreut werden. Ihr Verhalten wurde mit Videokameras aufgezeichnet. Die Kinder lassen sich fünf Haupttypen (siehe Abb. 5.1) zuordnen:

1. Beliebt Dominante: Diese Kinder sind kontaktfreudig und gesellig, aber auch drohend und beschwichtigend. Sie interagieren immer mit anderen Kindern, sind fröhlich und verspielt, messen sich aber auch mit anderen. Sie nehmen anderen Kinder das Spielzeug weg, geben es dann aber wieder zurück, als ob sie zeigen wollten, dass sie dies können, als ob sie aus Spaß einen kleinen Streit anzetteln wollten. Wenn sie gewonnen haben, sind sie freundlich.

2. Umgänglich und beschwichtigend: Kinder, die freundlich sind, aber nicht in Wettstreit treten. Versucht ein anderes Kind, ihnen ein Spielzeug wegzunehmen, geben sie es her. Diese Kinder sind mit den beliebt dominanten (1) vernetzt.

---

1 Montagner u.a., »Social Interactions«.

3. Aggressiv: Kinder, die immer mit anderen Kindern konkurrieren und sie dominieren wollen. Sie nehmen ihnen das Spielzeug weg und bringen sie zum Weinen; sie behalten das Spielzeug nur, um zu zeigen, dass es ihnen gehört, und stoßen es beiseite, wenn andere Kinder es nicht mehr haben wollen. Diese kleinen Tyrannen verbünden sich hauptsächlich mit ihresgleichen zu kleinen Schlägerbanden. Sie verhalten sich aber gegenüber den beliebt Dominanten (1) oder ihren nachgiebigen Kumpels (2) nicht aggressiv; die Dominanten gewinnen jeden Streit mit den Rowdys.

4. Ängstliche Opfer: Diese Kinder sind schüchtern und weinen schnell. Sie sind das bevorzugte Ziel der Tyrannen und Rowdys (3). Sie sind auch deren Gefolgschaft; wenn sie überhaupt in der Nähe anderer Kinder sind oder mit ihnen spielen, dann sind es die Rowdys, an die sie sich halten.

5. Aggressive Unterdrückte: Diese Kinder werden im Allgemeinen von anderen beherrscht, sind aber gelegentlich aggressiv. Sie sind normalerweise isoliert und verfügen über kein Netzwerk.

Neben diesen fünf stabilen Typen gibt es noch zwei andere: (A) schwankende Persönlichkeiten, die Eigenschaften aller oben genannten Typen aufweisen; sie vernetzen und verbünden sich in der Regel mit den Rowdys (3). (B) Isolierte: Diese Kinder sind ungesellig, nicht aggressiv und nicht beschwichtigend; sie haben mit den anderen nichts zu schaffen. Normalerweise sind es die kleinsten Kinder, die sich diese Persönlichkeit aber zuweilen bis ins Alter von drei oder vier Jahren bewahren; dann finden sie zu einem der stabilen Typen.

Die Rowdys sind den dominanten Kindern insofern ähnlich, als sie konkurrierend und dominant sind und sich auch mit anderen verbinden wollen. Sie unterscheiden sich von ihnen indes dadurch, dass Letztere freundlicher sind und ihre Aggressivität vor allem als Ritual einsetzen, damit jene, die in untergeordneter Funktion mit ihnen spielen wollen, auch dazugehören können. Die Rowdys befinden sich im Mittelfeld des Statussystems. Sie gehören nicht zum Netzwerk der Dominanten und deren Anhängern, sondern schaffen sich ihr eigenes Netzwerk sowohl mit ihresgleichen als auch mit den ängstlichen Opfern, die auf der untersten Stufe stehen. Man kann sich fragen, warum die Ängstlichen sich nicht mit den dominanten Stars anstatt mit den Rowdys verbünden. Die Antwort mag darin zu suchen sein, dass die-

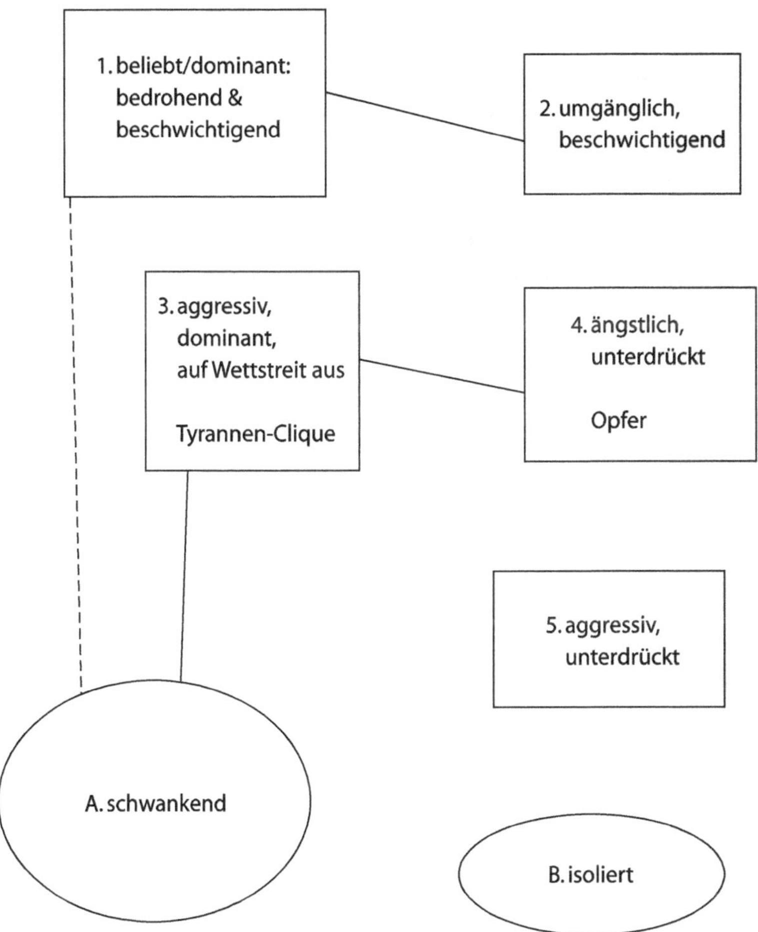

Abb. 5.1 Drangsalieren in Vorschulnetzwerken

jenigen, die sich mit den Dominanten verbünden, weniger ängstlich werden, und die Rowdys mit denen zurückbleiben, die ein leichtes Ziel für sie darstellen. Eine andere Möglichkeit ist, dass die Dominanten als soziometrische Stars bereits von vielen Kindern umgeben sind, so dass in ihrer Nähe die Konkurrenz sehr groß ist und diejenigen, die es nicht in diesen Kreis schaffen, bei ihren Peinigern hängenbleiben, das heißt, einen sozialen Kontakt *faute de mieux* eingehen müssen. Schließlich können wir uns fragen, was es mit dem Status der von anderen unterdrückten, aber gelegentlich aggressiven Kinder (5) auf sich hat. Sie stehen in der Hierarchie weit unten, verfügen nur über ein schwaches Netzwerk, finden sich aber auch nicht damit ab, die ganze Zeit Zielscheibe der anderen zu sein. Man denke an die Teenager in einer Mittelschule, die sich dem gesamten Statussystem verweigern und rebellisch werden, ausflippen und kulturell oder intellektuell distinkten Lebensformen anhängen.

Tyrannisieren und Quälen lässt sich begrifflich am besten als eine fortgesetzte soziale Beziehung aus wiederholter Dominanz und Subordination erfassen. Es handelt sich nicht um einen einmaligen Vorfall, sondern um ein erwartbares, vor Ort institutionalisiertes Muster. Solche anhaltenden Bindungen umfassen gewohnheitsmäßigen Hohn und Spott gegenüber einer Person, den Ausschluss von geselligen Anlässen, Diebstahl (bei kleinen Kindern Spielzeug, später Kleider, Essen oder Geld) und Prügel. Drangsalieren und Quälen ist typisch für Schulen und Gefängnisse; in Letzteren kann die institutionalisierte Beziehung von Dominanz und Subordination auch einseitige homosexuelle Beziehungen mit Analsex umfassen.

Das Drangsalieren gleicht dem Typus der häuslichen Gewalt mit andauerndem Quälen und Foltern. Der mikrointeraktive Mechanismus hat in ähnlicher Weise mit der Freude des Peinigers zu tun, das Opfer in Angst und ständige Spannung zu versetzen und dessen augenfällige Erniedrigung zu genießen, tatsächlich spielt dies eine größere Rolle als die Gewalt. Anders als häusliche Gewalt ist das Drangsalieren jedoch in eine komplexere soziale Hierarchie eingebettet. Schläger und Drangsalierer sind in der gemeinschaftlichen Hierarchie anerkannt: Sie gehören zwar nicht zur Elite, nehmen aber eine mittlere oder uneindeutige Stellung ein.

In »Tom Browns Schuljahre«,[2] dem klassischen Roman über die britische Internatsschule, gehört der Rowdys Flashman nicht zur Schülerelite. Er ist keiner der Schulsportler, die (wie bei Montagner) als mutig, dominant, aber auch vorbildlich um die Ideale der Schule und das Wohlergehen der Gruppe bemüht beschrieben werden. Flashman ist groß, derb, ein Zecher, der prahlerisch bei allen Gelegenheiten zu Tumult und Spaß dabei ist. Er und die anderen Raufbolde gehören zur Spieler- und Trinkerszene, finden aber besonderen Gefallen daran, mit den Jüngeren ihre Späße zu treiben. Sie erschrecken nach dem Lichterlöschen die kleineren Jungen in deren Schlafsälen, werfen sie auf einem Betttuch in die Luft, was normalerweise ein ausgelasse-

2 Hughes, *Tom Browns Schuljahre.*

ner Streich und gutmütiger Spaß ist; sie vergnügen sich aber damit, die Jungen gegen die Decke zu werfen oder sie auf den Boden fallen zu lassen. Die Tyrannen nehmen den Kleineren auch Lebensmittel, Taschengeld und Geschenke von zu Hause weg, traktieren sie mit Tritten und Schlägen, bewerfen sie mit Gegenständen und beschimpfen sie.

Hughes schilderte in seinem Roman Verhältnisse der 1830er Jahre, aber Ähnliches wird aus britischen Internatsschulen auch für die 1960er bis 1990er Jahren berichtet. Die Rituale der Jungen gingen so weit, ihre Opfer kopfunter aus den Fenstern zu hängen; die Mädchen gingen eher psychologisch vor.

> Die gängigste Art der Quälerei war die »verbale Misshandlung«; es gab jedoch ein gewisses Maß an körperlichen Schikanen, obwohl Initiationszeremonien wie »Kloputzen«, bei denen einem Jungen der Kopf in die Kloschüssel gedrückt wurde, und das »Gemeinschaftsschrubben«, bei dem die Jungen mit Schuhpolitur geschwärzt wurden, angeblich als »Bräuche aus früheren Zeiten« galten. Die meisten Eltern waren sehr zufrieden mit der Schule, und einige hielten »Schikanen und Hänseln für eine gute Vorbereitung auf das Leben«. Ein ehemaliger Schüler bezeichnete sein Wohnheim als »das schlimmste Haus für ›Frischling-Prügeln‹ [das Verprügeln von neu eingetretenen oder kleineren Jungen], einem nächtlichen Treiben, das mir [noch nach meinem Fortgang] jeden Abend um neun Uhr Panikattacken verursachte«. War die Hackordnung einmal festgelegt, kam man nicht mehr da raus. Man kennt das: Sachen werden »geliehen«, Ansichten lächerlich gemacht, man wird von fast allem ausgeschlossen.[3]

Zu extremeren Arten des Drangsalierens wie Stehlen oder Anwendung physischer Gewalt kommt es unter Jungen öfter als unter Mädchen. Das weibliche Gegenstück dazu sind verbale Attacken, gehässige und abfällige Bemerkungen, allerdings weniger öffentliche Verhöhnung und Beleidigung, die weitgehend der männlichen Domäne zuzuordnen sind. Obwohl sich Jungen und Mädchen diskursiv zum Teil derselben Methoden bedienen (zum Beispiel herabsetzender Spitznamen, peinlicher Geschichten), sind Mädchen mit geringerer Wahrscheinlichkeit in der vordersten Reihe einer Menge anzutreffen, die ein Opfer offen verhöhnt, dafür aber aktiver an bösartigem Klatsch und dem Verbreiten von Gerüchten beteiligt. Sowohl Jungen als auch Mädchen setzen Beziehungsaggression ein: Man sagt anderen, dass sie keine Freunde seien, schließt sie aus der Gruppe aus und

3 Duffell, *Making*, S. 186 und S. 188.

straft sie mit Nichtbeachtung.[4] Mädchen quälen (auf diese verbale und verdeckte Art) hauptsächlich andere Mädchen, Jungen (vor allem in der offeneren Form) andere Jungen (obgleich in den unteren Klassen auch Mädchen).[5] Wenn sie älter werden, wird das Quälen fein auf geschlechtsspezifische Hierarchien abgestimmt. Mädchen hänseln andere Mädchen verbal wegen ihres geringen Marktwerts hinsichtlich sexueller Attraktivität und Verabredungen mit Jungen; Jungen drangsalieren andere Jungen vor allem, wenn sie deren physisches Aggressionspotenzial als gering wahrnehmen, was in Wirklichkeit heißt, aufgrund deren mangelnder Selbstdarstellung als selbstsicherer Prahlhans.

Es wird ziemlich deutlich, dass in Kindergärten, Grund- und Sekundarschulen wie auch in Gefängnissen und Militärlagern die sozial Isolierten, die Unbeliebten, Schüchternen und wenig Selbstbewussten Quälereien zum Opfer fallen.[6] Drangsalierte Kinder wurden wahrscheinlich auch eher bereits von ihren Eltern emotional und physisch misshandelt.[7] Es handelt sich also nicht um ein Aus-Opfern-werden-Täter-Muster, dem zufolge jemand, der als Misshandlungsopfer ganz unten war, sich in der nächsten Runde nach oben vorarbeitet; vielmehr setzt sich eine niedrige Positionierung von Umfeld zu Umfeld fort. Kinder, die von Hause aus wenig emotionale Energie mitbringen, werden in der Schule zu Opfern. In manchen Hinsichten gleichen sich Rowdys und Opfer: Beide bewegen sich außerhalb der beliebten Gruppe und werden von anderen Kindern des Öfteren zurückgewiesen; beide sind ängstlich und depressiv, wenn auch die Opfer in höherem Maße als ihre Unterdrücker.[8] Beobachtungen an Kindern im Vorschulalter zu Hause und in der Vorschule haben gezeigt, dass Kinder mit jüngeren Geschwistern an beiden Orten dominanter sind als Kinder ohne jüngere Geschwister.[9] Wieder sehen wir, dass ein hoher Aggressionsgrad an einem Schauplatz sich auf einen anderen überträgt. Umgekehrt gilt: Fehlt es zu Hause an Gelegenheiten, sich in Dominanz zu üben, sind Kinder (speziell Einzelkinder) benachteiligt, wenn

---

4 Prinstein/Cillessen, *Forms and Functions*.

5 Pellegrini/Long, »Longitudinal Study«; Olweus, *Gewalt*, S. 30.

6 Olweus, *Gewalt*; Farrington, »Understanding«; Ostvik/Rudmin, »Bullying«; Nansel u.a., »Bullying Behaviors«.

7 Duncan, »Maltreatment«.

8 Connolly/O'Moore, »Personality«; Boulton/Smith, »Bully/Victim Problems«; Rican, »Sociometric Status«; Kaltiala-Heino u.a., »Bullying«.

9 Berndt/Bulleit, »Effects«.

sie sich in die größere Schularena begeben, wo sie mit einiger Wahrscheinlichkeit zur Zielscheibe werden.

Einige Untersuchungen zeigen eine Mobilität von Opfer- zu Rowdyrollen. Haynie und andere fanden heraus, dass die Hälfte aller Rowdys einer Mittelschule ursprünglich Opfer waren,[10] und dass diejenigen, die beide Rollen einnahmen, bei der Bewertung ihrer psychosozialen Fähigkeiten und ihres Verhaltens die niedrigsten Punkte erzielten.[11] In puncto Verhaltensauffälligkeit gibt es eine Hierarchie: Rowdys/Opfer stehen zuoberst; als nächste kommen reine Opfer, danach reine Rowdys. In jeder Hinsicht am besten angepasst sind Kinder, die in keiner Weise in Quälereien involviert sind. Dieser Befund weist wahrscheinlich darauf hin, dass die Kategorie »Rowdys« sowohl jene umfasst, die in Montagners Netzwerk dominieren, als auch jene, die mitunter erfolglos zurückschlagen (Nr. 5 in Abb. 5.1, aggressiv und unterdrückt und/oder [A] schwankend). Aus einigen Untersuchungen geht hervor, dass Rowdys gleich viele Freunde haben wie Nichtrowdys.[12] Dies sind wahrscheinlich die wahren Rowdys, gewissermaßen die Mittelklasse des Systems. Rowdys verfügen über größere Netzwerke als ihre Opfer (nach Bekundungen junger Halbwüchsiger zu schließen), aber eine detaillierte Analyse zeigt, dass sie weitgehend mit Helfershelfern und mit »Unterstützern« verknüpft sind, das heißt, mit Kindern, die bei den Quälereien sympathisierend dabeistehen oder höhnisch mitmachen.[13] In einer anderen Untersuchung nannten 75 Prozent der Rowdys andere Rowdys ihre Freunde.[14] Dies alles stimmt mit Montagners Netzwerkmustern überein. Opfer verbrachten erheblich mehr Zeit allein als die anderen.[15] Rowdys schätzten sich in sozialer und physischer Hinsicht hoch ein, auf anderen Gebieten (wie etwa der Intelligenz) indes niedrig. Halbwüchsige, die von ihren sozialen und physischen Fähigkeiten oder gar auf allen Gebieten wenig von sich hielten, wurden am meisten schikaniert.[16] Rowdys gehören zu den geselligen Kindern. Die Fähigkeit, schnell

---

10 Olweus, *Gewalt*, S. 25, fand allerdings in skandinavischen Daten mit 17 Prozent Opfern, die auch als Rowdys auffielen, weit weniger Grenzgänger. Diese Rowdys/Opfer machten 1,6 Prozent aller Kinder aus.

11 Haynie u.a., »Bullies«.

12 Espelage/Holt, »Bullying«.

13 Salmivalli/Huttunen/Lagerspetz, »Peer Networks«.

14 Espelage/Holt, »Bullying«.

15 Salmivalli/Huttunen/Lagerspetz, »Peer Networks«.

16 Salmivalli, »Intelligent«.

Freunde zu finden, steht in negativer Relation zum Gequältwerden und in positiver zum Quälen anderer.[17] Rowdys verfügen über soziale Fähigkeiten, die sie zur Manipulation und Beherrschung anderer anwenden.[18]

Rowdys sind in fast jeder Hinsicht ein Phänomen der Mitte. Als Einzelpersonen befinden sie sich im Mittelfeld der sozialen Hierarchie, sie spielen sich gegenüber denen darunter auf, werden aber von denen an der Spitze nicht wirklich akzeptiert. Im schulischen Bereich wird in der Mittelstufe am meisten gequält. Eine Langzeitstudie über britische Kinder von der fünften bis zur siebten Klasse kam zu dem Ergebnis, dass die Schikanen beim Übergang auf eine weiterführende Schule zunahmen, wenn Kinder ihre Position in der neuen sozialen Umgebung zu festigen versuchten[19] – die ehemals ältesten Kinder in der sechsjährigen Grundschule waren nun in der siebten und achten beziehungsweise siebten bis neunten Klasse der weiterführenden Schule wieder die jüngsten mit der geringsten Reputation. Untersuchungen an amerikanischen Highschools zeigen, dass der Höhepunkt der Schikanen im ersten Jahr erreicht wird.[20]

Aggressive Kinder werden von anderen als beliebt wahrgenommen, sind aber nicht überall wohlgelitten. So können Zehntklässler zwar beobachten, dass diese Kinder gesellschaftlich aktiv und sozial gut eingebunden sind, möchten aber persönlich dennoch nichts mit ihnen zu tun haben.[21] Wenn Kinder merken, dass jemand offen Aggression (direkte Drohung, Schlagen, Treten, Stoßen oder Hänseln und Beschimpfen) als Instrument einsetzt, »um zu bekommen, was er will«, halten sie diese Person für sehr beliebt. Wenn sie merken, dass jemand aggressiv ist, weil er geschlagen wurde oder schlechter Laune ist, halten sie diese Person für äußerst unbeliebt und wollen nichts mit ihr zu tun haben. Beide Muster passen gut zu Montagners Typen: Die Platzhirsche sind diejenigen, die aggressive Taktiken beherrschen, aber sie kontrolliert einsetzen, die Initiative ergreifen und nicht beleidigt reagieren. Diejenigen, die als Reaktion auf ihren niedrigen Status zurückschlagen, bekräftigen diesen Status nur. Es gibt eine ganze Bandbreite aggressiver Verhaltensweisen, und die beiden genannten

---

17 Nansel u.a., »Bullying Behaviors«.
18 Smith/Brain, »Bullying«.
19 Pellegrini/Long, »Longitudinal Study«.
20 Milner, *Freaks*.
21 Prinstein/Cillessen, »Forms and Functions«; siehe auch Eder/Evans/Parker, *School Talk*.

machen lediglich das oberste beziehungsweise das unterste Ende aus; wieder befinden sich die Rowdys im Mittelfeld.

In heutigen amerikanischen Highschools decken sich Quälereien und Schikanen teilweise mit dem normalen Prozess der Statuskonstruktion, der auf allen Ebenen stattfindet. Dies wird von Milner und Merten zutreffend beschrieben, auf deren Studien die folgenden Ausführungen basieren.[22] An der Spitze der Hierarchie steht die »beliebte« Elite, welche die Geselligkeit dominiert. Die Zugehörigkeit hängt davon ab, ob man nach der neuesten Mode gekleidet ist, gut aussieht und einen dementsprechend hohen sexuellen Marktwert hat; auch der Wohlstand der Familie ist nützlich, wenn man schick sein will, und Sportler, die im Brennpunkt der allgemeinen Aufmerksamkeit stehen, gehören im Allgemeinen auch zur Elite. Dies ist das Netzwerk mit der höchsten emotionalen Energie, hier findet am meisten statt, hier hat man den größten Spaß, hier pulsiert das Gemeinschaftsleben. Wortgewandte Mitglieder der Elite würden bestreiten, dass die Zugehörigkeit nur auf Kleidern und Geld beruht oder darauf, sexy zu sein (was tatsächlich in rangniedrigeren Cliquen offensichtlicher sein mag). Die Eliten dominieren die allgemeine Aufmerksamkeit, weil dort, wo sie sind, der Spaß am größten ist. Sie geben und besuchen die besten Partys der Schule. Auf dem Schulgelände scharen sie die anderen um sich, insbesondere in den Pausenräumen, wo die Hackordnung sich am deutlichsten darin manifestiert, wer bei wem sitzt und an welchen Tischen die lautesten Gespräche geführt werden und am meisten gelacht wird. Isolation drückt sich im größten Abstand zu diesen geselligen Zentren aus; wer isoliert ist, rangiert am unteren Ende der Hierarchie. In einem derart geschlossenen Wahrnehmungssystem bedeutet Isolation nicht bloß, dass man allein ist, sondern dass man außerdem in negativer Hinsicht die Aufmerksamkeit auf sich zieht.

Im Mittelfeld befindet sich eine Reihe von Gruppen, die in großen, pluralistischen Schulen beträchtlich variieren können. Am Rande der beliebten Gruppe bewegen sich jene, die einigermaßen umgänglich sind oder über Freundschaften, Geschwister oder andere Verwandte mit einigen Mitgliedern der Elite vernetzt sind; sie dürfen bei manchen Treffen dabei sein. Dann gibt es alternative Gruppen, die sich kulturell dezidiert absetzen: Musiker, die einer Band oder einem Chor angehören, Theaterklubs, deren Angehörige Schwarz tragen und sich als Avantgarde gebärden, zahlreiche Grüppchen, die sich als Gegen-

22 Milner, *Freaks*; Merten, »Meaning of Meanness«.

kultur verstehen, häufig durch bizarre Kleidung auffallen und sich rituell um bestimmte Stile der Popmusik scharen. Intellektuelle und fleißige Kinder werden im Allgemeinen als »Nerds« verunglimpft. Schüler aus dem Arbeitermilieu und vom Land bilden oft besondere Enklaven, auf die die Beliebten und die Schüler aus der oberen Mittelschicht herabschauen. Einige von ihnen organisieren sich vielleicht in speziellen Banden, seien sie gewalttätig oder quasi-gewalttätig. Angehörige ethnischer Minderheiten bilden ebenfalls Enklaven oder mischen sich unter einige der genannten Gruppen. Eine große Gruppe durchschnittlicher Kinder fällt in keiner Hinsicht besonders auf.

Ein niedriger Status kann sich in verschiedener Weise bemerkbar machen. Unmodische Kleidung (absichtlich anders gewählt oder weil auf modische Kleidung kein Wert gelegt wird) ist das auffälligste Kennzeichen und zieht die meisten Bemerkungen auf sich. Aber das zentrale Merkmal ist soziale Unbeholfenheit, das heißt, man ist nicht lustig und witzig und ungeschickt im gesellschaftlichen Umgang. Da Geselligkeit, die Fähigkeit, zusammen Spaß zu haben, der Maßstab ist, an dem sich das Statussystem orientiert, stellen diejenigen, denen es daran deutlich mangelt, die Grenze dar und repräsentieren genau das, wovon die breite Masse sich abheben will. Nach Durkheim sind sie negative heilige Objekte: In religiösen und politischen Systemen rufen sie berechtigten Zorn und den Wunsch nach Bestrafung hervor, in einem auf Geselligkeit ausgerichteten, spaßorientierten Statussystem lösen sie berechtigte (das heißt absolut mitleidlose und rachsüchtige) Verachtung aus, die sich in fröhlicher Verhöhnung äußert.

Das Treiben innerhalb solcher Statussysteme sieht häufig wie Quälerei aus, ist es aber nicht im eigentlichen Sinn des Wortes (das eine anhaltende Ausbeuterbeziehung zwischen spezialisierten Peinigern und spezialisierten Opfern meint, die auf Herrschaft und Unterwerfung beruht). Schwere Schikanen und gravierende Einschüchterungsversuche durch Drohungen, der Einsatz physischer Gewalt und Diebstahl haben mit dem System im Grunde nur wenig zu tun. Allerdings werden auf allen Hierarchieebenen durchgängig Praktiken angewendet, die auch zum Quälen gehören: Ausschluss, bösartiger Klatsch und Spott in Abwesenheit der betreffenden Person (»hinter ihrem Rücken«), direkte, offene Zurückweisung, Beleidigung und Verhöhnung. Zwar wäre es falsch, das gesamte Highschool-Statussystem als ein vielschichtiges Peinigungssystem zu bezeichnen, dennoch sind diese milderen Taktiken für vieles in der Haupthierarchie konstitutiv:

1. Der individuelle Rang hängt davon ab, mit wem jemand sich zusammentut, und folglich auch davon, mit wem man sich nicht zusammentut. Es gibt viele Einteilungen in Kategorien, denen Sammelbezeichnungen verliehen und die mit unterschiedlicher Reputation versehen werden, insbesondere beim Eintritt in eine neue Kohorte (die neunte oder zehnte Klasse einer Highschool, die siebte Klasse einer weiterführenden Schule). Es bestehen daher viele Anreize für bestimmte Kinder, Grundschulfreunde oder solche aus der Nachbarschaft aufzugeben, wenn diese zu einer unerwünschten Kategorie gehören. Kinder, die aufsteigen wollen, werden dazu motiviert, gegenüber diesen hinderlichen Bindungen durch Kritik und Zurückweisung Distanz und Überlegenheit zu demonstrieren. Das veranlasst sie zum Gebrauch negativer Stereotype, woraus wiederum viel Bitterkeit wegen Doppelzüngigkeit, Oberflächlichkeit und Opportunismus in Freundschaften entsteht.

2. Das abschätzige Reden über andere gehört zu den Hauptformen des Amüsements. Da Status darauf gründet, Spaß zu haben, humorvoll und lustig zu sein, besteht die bequemste Art, zu einer vergnüglichen Unterhaltung beizutragen, im Witzereißen auf Kosten anderer Schüler. Man erzählt peinliche Geschichten über sie, kritisiert ihre Kleider, ihren Geschmack, macht sich über ihr sexuelles Versagen und ihre gesellschaftlichen Fehltritte lustig. Die lebhafte Geselligkeit dieser selbstbezogenen Gemeinschaft wird zu einem Gutteil dadurch genährt, dass man Geschichten über das gewöhnliche Benehmen von Mitschülern immer wieder aufwärmt. Dies richtet sich indes nicht nur gegen »die da unten«, da Schüler auch munter und vergnügt Klatsch über die Schwächen von Mitgliedern der eigenen Gruppe sowie der über ihnen stehenden Elite verbreiten. Dies sorgt für weitere (und berechtigte) Klagen, die das Lästern über die eigenen Freunde betreffen.

3. Offene Verspottung wird zum Beispiel kollektiv vorgenommen, wenn Personen mit niedrigem Status in das Territorium eindringen, in dem sich Personen mit höherem Status zusammengefunden haben. Wer deren Sonderbereich im Pausenraum betritt oder dorthin geht, wo sie sich nach der Schule gewöhnlich treffen, fällt wahrscheinlich auf und wird unfreundlich empfangen.

Das alles gilt insofern nicht als Drangsalieren, als es sich um andauernde Kritik innerhalb der mittleren und oberen Gefilde in der Beliebtheitshierarchie handelt, in denen viele Beteiligte sowohl spotten als auch verspottet werden. Dennoch kann es im Rahmen dieses Systems durchaus zu umfassenden Quälereien kommen, und die beschriebene Atmosphäre fördert dies noch. Das Drangsalieren nimmt dann zwei Formen an: Entweder wird ein notorischer Sündenbock kollektiv gequält, oder spezialisierte Peiniger stürzen sich auf einen besonders Schwachen. Beim gemeinschaftlichen Peinigen wird ein Sündenbock vor allem verhöhnt, und zwar nicht nur dadurch, dass man ihn in Abwesenheit zur Zielscheibe des Spottes macht, sondern in Form öffentlicher Bloßstellung. Das kann bis zu Streichen und sogar zu physischer Gewalt gehen; ein unbeliebter Junge wird beispielsweise in seinem Garderobenschrank eingeschlossen, man nimmt ihm die Hose weg, stiehlt ihm die Kleider oder das Mittagessen. Normalerweise werden solche Streiche in ausgesprochen guter Laune verübt und als Spaß betrachtet. Das Opfer sieht es in der Regel anders, aber die Grenzen des Statussystems verhindern, dass »die da oben« sich in diesen Standpunkt hineinversetzen könnten. (Offenbar werden im Allgemeinen Jungen am heftigsten offen schikaniert.)

Spezialisierte Rowdys können in einer solchen Situation ebenfalls zum Zuge kommen. Sie tun sich womöglich als Anführer beim kollektiven Verspotten und bei gewalttätigen Streichen hervor. In dieser Hinsicht gleichen sie den wenigen Angehörigen der Gewaltelite, die in einem Mob (wie in Kapitel 10 beschrieben) die meisten Gewaltakte verüben. Dennoch: Die fünf bis zehn Prozent der Schüler, die andere quälen, gehören nicht zur Elite des Statussystems, sondern rangieren im unteren Mittelfeld, sind gleichsam die raubeinigen Feldwebel oder Gefängniswärter, die bei der Auseinandersetzung mit der untersten Ebene an vorderster Front stehen. Spezialisierte Peiniger freunden sich mit dieser Rolle an, sie bilden Fähigkeiten dafür aus und entwickeln eine symbiotische Beziehung zu Opfern, die sie besonders gut quälen können. In dieser Hinsicht gleichen sie den Tätern häuslicher Gewalt, die sowohl psychische als auch physische Folter gegen Opfer anwenden, die sie sich in langjährigen Beziehungen herangezogen haben. Einmal etabliert, haben solche schikanösen Beziehungen häufig über Jahre Bestand.[23]

---

23 Olweus, *Gewalt*, S. 38.

Abb. 5.2 Anstelle erhellender mikrosituativer Bilder zur Schikane in Schule oder Gefängnis mag diese Aufnahme das Mienenspiel des Drangsalierens und Opferspielens veranschaulichen: Ein philippinischer Guerillachef posiert mit zwei amerikanischen Missionaren für die Kamera, die seine Gruppe entführte und als Geiseln festhält. Man beachte das jeweilige falsche Lächeln: Der Peiniger grinst gebieterisch, während die Opfer gezwungen lächeln, ein »gequältes Lächeln«, wie Ekman es nennt.[24] Ein dritter amerikanischer Gefangener wurde enthauptet. Ein Jahr nach der Gefangennahme wurde der Missionar bei einer Schießerei zwischen Guerilla und Armee getötet, die Frau erlitt Verwundungen (2002).
Reuters/HO New

Das Kontinuum totaler Institutionen

Quälereien gedeihen in einem charakteristischen strukturellen Umfeld: in totalen Institutionen, geschlossenen Gemeinschaften, die von der Umwelt abgeschnitten sind und in denen alle oder fast alle Aspekte des Lebens gemeinschaftlich abgehandelt werden.[25] Es handelt sich daher um geschlossene Reputationssysteme, in denen die sozialen Identitäten allen bekannt sind und man der Prestigehierarchie, die den gesamten Alltag durchdringt, nicht entkommt. In dieser Hin-

24 Ekman/Friesen, *Facial Action.*
25 Goffman, *Asyle.*

sicht sind Organisationen auf einem Kontinuum der Totalität angesiedelt. Die schlimmsten Quälereien können wir in den »totalsten«, hermetisch abgeschlossenen Institutionen erwarten, mit abnehmender Tendenz in Einrichtungen, die dem nahe kommen, etwa Highschools, wo die Kinder anders als in Internaten abends nach Hause gehen. Wenn sich auch gesellige Aktivitäten im schulischen Rahmen abspielen (etwa in Sport- oder Tanzgruppen), sind solche Schulen »totaler« als solche, welche die Freizeitaktivitäten eigenen Netzwerken überlassen. Überdies tragen auch die Schüler zur Abgeschlossenheit des Systems bei, indem sie ihre Eltern und ihr Zuhause davon ausschließen: Sie weigern sich, ihren Eltern von der Schule zu erzählen, schämen sich, von anderen Schülern mit ihnen gesehen zu werden und brechen (zumindest für die Schulzeit) die Verbindung zu Freunden aus der Nachbarschaft ab.[26] Dadurch wird die Highschool gleichsam zu einem Goldfischglas, zu einer künstlich geschlossenen Institution.[27]

Eine geschlossene Einrichtung ist dem Quälen in mehrerer Hinsicht dienlich. Es gibt kein Entrinnen, die Schwachen können ihren Peinigern nicht entgehen, und diese kommen leicht an ihre Opfer heran. Informationen machen schnell die Runde, so dass einmal aufgedeckte Schwächen bald allseits bekannt sind. Auch für eine hohe Ritendichte sind die Umstände gegeben und damit für eine Verdinglichung von Zugehörigkeitssymbolen sowie für emotional zwingende rituelle Bestrafung bei Verletzung der Gruppenregeln. Außerdem ist das Zentrum der Aufmerksamkeit begrenzt, was zum einen dazu führt, dass man sich darauf konzentriert, »wo etwas los ist«, und zum anderen zu einer starken Konkurrenz darum, zu diesem Zentrum zu gehören. Daraus folgt ein geschärftes Empfinden dafür, ausgeschlossen zu sein, was jenen, die es nicht in dieses Zentrum schaffen, emotionale Energie entzieht.

---

26 Milner, *Freaks*.

27 Die Wahrscheinlichkeit, dass ein Schüler gequält wird, ist in der Grundschule doppelt so hoch wie auf dem Schulweg, in der Highschool dreimal so hoch (Olweus, *Gewalt*, S. 32). Das Aktionsfeld der Peiniger ist die Schule, insbesondere die Highschool, obwohl, wie bereits festgestellt, sich die Quälereien von der physischen auf die verbale Ebene verlagern. Olweus, *Gewalt*, S. 26f., fand heraus, dass es in den unteren Klassen weit mehr Opfer als Peiniger gibt, ab der Sekundarstufe hingegen dann mehr Peiniger als Opfer. Daraus folgt, dass weniger individuell und häufiger kollektiv drangsaliert wird.

Ein anderes wichtiges Merkmal einer totalen Institution ist die Unterteilung in Leitung und Insassen: Lehrer stehen Schülern gegenüber, Offiziere Soldaten in der Ausbildung, Wächter und Wachmannschaften den Gefangenen, Erzieher den Kindern im Sommerlager. Obwohl es innerhalb der Insassenpopulationen große Ungleichheiten in Status und bei der Anwendung von Herrschaftspraktiken gibt, teilen diese doch ein Identitätsmerkmal: Sie alle sind Schüler oder Gefangene. Diese Gruppensolidarität wird durch den allgemein gültigen Kodex verstärkt, der es verbietet, die Leitung um Hilfe anzugehen oder dieser etwas über andere Insassen zu berichten. Die schlimmsten Strafen in Gefängnissen sind »Petzern« und »Spitzeln« vorbehalten. Eine Möglichkeit, zumindest einen gewissen Status in einer totalen Institution zu erlangen, ist demonstrative Loyalität, indem man beispielsweise ein Fehlverhalten nicht anzeigt, selbst wenn dies auf eigene Kosten geht. Anhand solcher und anderer Maßstäbe – die häufig denen der Leitung entgegenstehen – kontrolliert und gliedert die Gruppe sich selbst.

Bei der Hierarchie unter den Insassen geht es im Allgemeinen um Starke und Schwache, jene im gesellschaftlichen Mittelpunkt gegen jene am Rand, oft auch um ältere, erfahrenere Insassen gegen die Neulinge. Hier sollten wir zwischen dem Drangsalieren im Sinne einer Langzeitbeziehung und dem Schikanieren als einem Initiationsritual unterscheiden, nach dessen Bestehen man dazugehört. Schikanieren gehört in der Regel dann zur institutionellen Tradition, wenn turnusmäßig neue Jahrgänge aufgenommen werden, vor allem dort, wo die ältesten Jahrgänge ihren Abschluss machen oder weggehen, so dass Aufwärtsmobilität sichergestellt ist. Ein weiteres Strukturmerkmal, das Schikanen begünstigt, ist eine hohe Ritendichte, die mit einem scharfen Gespür für symbolische und moralische Unterschiede zwischen Insidern und Außenstehenden einhergeht. Daher gibt es in quasitotalen Institutionen wie amerikanischen Studentenverbindungen, die umfassende Situationen für das Zusammenleben, für Geselligkeit und Vergnügen schaffen (die Mitglieder verlassen sie nur, um zum Unterricht zu gehen, sofern sie es überhaupt tun), rituelle Schikanen, die auch Erniedrigung und gelegentlich Körperstrafen einschließen. In solchen Gruppen herrscht bei Schikanen normalerweise eine fröhliche und ausgelassene Stimmung, zumindest auf Seiten der Ausführenden, was zur Legitimierung beiträgt. Unter solchen strukturellen Vorbedingungen kommt es außerdem zu Zechereien und Vandalismus. Im frühen 20. Jahrhundert, als die amerikanischen Colleges noch strikter als heute vom normalen Leben getrennt waren, nur männliche Studenten aufnahmen, deren Leben durch volle Stundenpläne von Montag bis Samstag, Schlafsaalvorschriften und Essenszeiten geregelt war, gehörte ritualisierte Gewalt ebenfalls zur Tradition, etwa in Form kollektiver Übergangsrituale wie den Freshman-Sophomore-Schlachten (gewöhnlich am Anfang oder am Ende des Semesters), wenn Studienanfänger und Studenten, die ins zweite Studienjahr wechselten, aufeinander losgingen.[28] Auch hier ist das Muster typisch: Die Gruppe, die im Vorjahr schikaniert wurde, übernimmt nun beim Schikanieren des nächsten Jahrgangs die Führung. Insofern gleicht das Schikanieren dem Drangsalieren, denn die Peiniger befinden sich (noch) im Mittelfeld der Hierarchie und nicht in der Elite. Zumindest in Schulen können an den Jahrgang gebundene Initiationsriten an die Stelle des Quälens treten (für Gefängnisse gilt das nicht). Da sie kollektiv ausgeführt werden und die Opfer ebenfalls eher als Kollektiv denn als Individuen auftreten, herrscht unter ihnen Solidarität, und es fehlt an der individuellen und dauerhaften Unterordnung, die das Quälen auszeichnet. Kollektives Quälen kann individuelle Quälereien sowohl ersetzen als auch strukturell unterbinden. Wenn es jedoch weitere Untergruppen in der Schule gibt, dann bilden diese den Rahmen für eine Ausdifferenzierung des jeweiligen Prestiges, in deren Rahmen sich weitere individuelle Quälereien abspielen können.

Die Leitung totaler Institutionen ermutigt bisweilen zu einer Hierarchisierung der Insassen, erkennt solche Statussysteme sogar offiziell an und fördert sie.[29] Britische Elite-Internate übertrugen die Einhaltung der Disziplin und die formelle Aufsicht über die Schlafsäle traditionell älteren Jungen. Die jüngeren waren jeder einem der Ältesten als kleine Diener zugeteilt, mussten ihm die Bücher tragen, Sachen für ihn holen, das Zimmer putzen und dergleichen mehr. Diese offizielle Hierarchie lieferte den Kontext für Quälereien, bei denen die üblichen Praktiken bis zum Exzess getrieben wurden.[30] Zwar waren nur die Jungen aus der Abschlussklasse und Schüler, die von der Schule mit bestimmten Aufgaben betraut waren, befugt, jüngere als Diener zuzuteilen, dennoch konnten größere Jungen aus den mittleren Klassen Autorität usurpieren und inoffiziell Dienste in Anspruch neh-

28 Horowitz, *Campus Life*.
29 Lloyd-Smith/Davies, *Margins*.
30 Hughes, *Tom Browns Schuljahre*.

men. Der offiziellen Hierarchie aus Lehrern und Schülerältesten war dies wie allen anderen auch bewusst, sie vertrat jedoch den Standpunkt, dass die Jungen ihre Angelegenheiten untereinander und nicht über offizielle Kanäle regeln sollten. Das Muster, das die Schule bei der Delegierung von Autorität auf die nächstuntere Ebene anwandte, wurde auf den anderen Ebenen wiederholt, und sei es durch Usurpation.

Offizielle Formen körperlicher Züchtigung förderten ebenfalls gewaltsames Drangsalieren. Ärgerte sich der Schulmeister über den wiederholten schlechten Vortrag und die mangelhafte Übersetzung lateinischer Verse, mochte er den Schüler ohrfeigen (die gängigste Erziehungsmethode), verstieß ein Schüler gravierend gegen die Regeln, wurde er vor der gesamten Schule oder seinem Schlafsaal öffentlich mit dem Stock geschlagen, wobei die Ausführung wieder den Jungen, die ein Amt innehatten, übertragen wurde.

Die Schule schuf außerdem eine Atmosphäre, in der rohe Spiele als männlich und spaßig angesehen wurden. An der Rugby School, die Hughes' Schilderung als Vorlage diente, wurde das Ballspiel dieses Namens erfunden, und die Schule machte sich für die Einbeziehung von Sport in den Schulalltag stark. Spaß in Form von Scheingefechten gab es auf allen Ebenen. Die jüngeren Schüler waren nicht bloß Opfer, sondern spielten auch Gemeinschaftsspiele wie Pantoffelwerfen zur Schlafenszeit oder beim Aufstehen. Die Rowdys sollen allerdings mit Schuhen geworfen haben, um anderen absichtlich wehzutun, und die Beschützer gegen die Rowdys setzten die gleichen Waffen ein. Dies bedeutet nicht einfach einen weiteren Opfer-Täter-Zyklus bei den Quälereien, sondern dass ein gewisses Ausmaß an Gewalt für legitim erachtet wurde, weil es alle betraf und als Spaß galt.

Unterhalb der Ebene starker Jungen aus den oberen Klassen gliederte sich die Schule in Unterhierarchien. Hughes beschreibt drei Arten von Patronagebeziehungen: Einige der kleineren Jungen biedern sich den Rowdys an, schmeicheln ihnen, bieten ihre Dienste an und schleichen sich als Mittler, die andere Jungen als kleine Diener besorgen und Klatschgeschichten über Opfer und Rebellionen verbreiten, in die Hierarchie ein. Solche »Kriecher« konnten sich hocharbeiten und später, wenn sie größer waren, selbst Rowdys werden. Andere Jungen, die besonders hübsch und zart sind, werden als »Lieblinge« bezeichnet (was vielleicht aufkeimende homosexuelle Verhältnisse verweist). Sie werden von hochrangigen Jungen aus den oberen Klassen, die nicht zu den Rowdys, sondern zur geselligen Elite zählen, beschützt, indem diese sie beispielsweise zu ihren Dienern machen, ihnen jedoch nur leichte Pflichten zuweisen und sie davor bewahren, für andere schwere Dienste leisten zu müssen. Und einige der moralisch ernsthafteren Schüler übernahmen zuweilen die Beschützerrolle für schwächliche, schüchterne oder musisch veranlagte Jungen, manchmal auch auf Veranlassung höherer Stellen oder aufgrund familiärer Verbindungen. In Wirklichkeit vermischen sich die drei Typen. Hughes beschreibt den Helden seines Buches als netten Kerl, der zusammen mit seinen Freunden einen Kriecher verprügelt, als dieser in seine Patronagesphäre einzudringen versucht; der Held wendet damit Taktiken an, die sich von denen der Rowdys gegenüber ihren Opfern nicht wesentlich unterscheiden. Die durchgängige Schaffung hierarchischer Verhältnisse, die sich auf Gewalt und Protektion gründen, mag alle Spielarten, die der Insider klar unterscheiden kann, für den unbeteiligten Außenstehenden ähnlich aussehen lassen.

In Gefängnissen ist die Situation komplexer. Obwohl es unter den Insassen ein beträchtliches Maß an Gewalt und Ausbeutung gibt, ist dies häufig nicht als Drangsalieren zu verstehen oder zumindest so uneindeutig, dass die Insassen selbst nicht wissen, ob sie es Quälen nennen sollen.[31] In Gefängnissen herrscht im Allgemeinen eine Untergrundwirtschaft. Unerlaubte Waren, darunter Drogen, werden gekauft und gehandelt, erlaubter Besitz wie Telefonkarten, persönliche Gegenstände und Zigaretten werden ausgeliehen oder gestohlen. An der Grenze dieser Praktiken bewegen sich erzwungene Darlehen. Wie in jeder ungeregelten Ökonomie wenden die Insassen Gewalt an, um Forderungen durchzusetzen oder Schulden einzutreiben, aber auch, um sich gegenseitig zu bestehlen. Der Prozentsatz der Insassen, die an Gewalt entweder als Täter oder als Opfer beteiligt sind, ist höher als der Prozentsatz derer, die in dauerhafte persönliche und mit Quälereien verbundene Ausbeutungsbeziehungen verstrickt sind. Und selbst dann geben vielleicht die materiellen Aspekte und Nützlichkeitserwägungen, die die Mangelwirtschaft des Gefängnislebens mit sich bringt, für das Drangsalieren im engeren Sinne den Ausschlag, während es in Schulen in erster Linie um Prestige geht und darum, wer das abgekapselte emotionale Klima beherrscht. Die Techniken sind die gleichen: Ausschluss, Verhöhnung, Bestehlen und Schlagen. Verhöhnung benutzen die Gefangenen allerdings häufig auch zu ihrer

31 O'Donnell/Edgar, »Bullying«.

Unterhaltung, und ein solcher Austausch von Beleidigungen führt dann zu Kämpfen, aber nicht unbedingt zu einer Rangordnung des Quälens, da die Kämpfe weiteren Beleidigungen ein Ende setzen können. Unter all diesen Gewalt- und Streitformen gibt es auch Quälereien; und sie weisen das typische Muster auf, das den Schwachen zum Opfer werden lässt.

Bestimmte Merkmale und Verhaltensweisen von Opfern tragen im Gefängnis wie anderswo auch zur Viktimisierung bei. Aber man muss die spezielle Schwäche, die für Quälereien anfällig macht, von anderen Bedingungen des Gefängnislebens unterscheiden.[32] So kann die Teilnahme an zweckmäßigen Aktivitäten wie dem Warenhandel in der Schattenwirtschaft oder dem Borgen und Leihen zu Kämpfen führen, oder bestimmte Orte der Raum-Zeit-Ökologie von Alltagsaktivitäten, etwa Duschen und Toiletten, werden gefährlich,[33] ebenso Aufnahme- und Besucherbereiche, wo Angreifer leichteren Zugriff auf die Opfer haben, weil der Schutz durch das Wachpersonal gelockert ist. Und manche Kämpfe werden vom Opfer heraufbeschworen: Der Verlierer ist derjenige, der den Kampf angefangen hat; ein Hauptprädiktor dafür, dass jemand angegriffen wird, besteht darin, dass er andere angegriffen hat. Die besten Indikatoren dafür, dass jemand gequält wird, sind daher weniger Angriff, Drohungen und Beleidigungen, die meistens von beiden Seiten ausgehen, als vielmehr Beraubung in den Gemeinschaftsräumen, erpresste Darlehen, Zellendiebstahl und Ausschluss – wenn jemand beispielsweise vom Telefon, Fernsehen oder von Spielgeräten ferngehalten wird. So etwas passiert dominanten Personen nicht, mit Beleidigungen und Angriffen hingegen müssen auch sie fertig werden.[34]

Ist man in einer Hinsicht angreifbar, wird man es häufig auch in anderen.[35] Dabei geht es nicht nur um Aussehen und physische Schwäche. Neben einer geringen Körpergröße und mangelnder Schlagkraft tragen geringe Intelligenz und ein niedriger Bildungsgrad

---

32 Edgar/O'Donnell, »Assault«.

33 Cohen/Felson, »Social Change«.

34 O'Donnell/Edgar, »Fear«. Da viele Angriffe im Gefängnis wie auch anderswo keine Quälereien im eigentlichen Sinn sind (also nicht im Zuge einer dauerhaften ausbeuterischen Herrschaftsbeziehung verübt werden), ergibt sich ein ernstes methodisches Problem, wenn man versucht, das Ausmaß von Quälereien in Gefängnissen zu messen und zu beurteilen, ob sie stabil sind intransitiv oder durch zyklische Umkehrung auch andere treffen.

35 O'Donnell/Edgar, »Fear«.

ebenso zur Verletzlichkeit bei wie Mangel an Besitztümern und Gefängniserfahrung. Stil und Verhalten spielen ebenfalls eine Rolle. Wer still, scheu oder ängstlich auftritt, den Kontakt zu anderen Häftlingen meidet, sich an das Gefängnispersonal hält, kurz, all das tut, was einen nach Ansicht der Insassen – auch in den meisten anderen Statussystemen – herabsetzt, macht sich angreifbar.

Aber niedriger Status allein erzeugt noch keine schikanöse Beziehung; diese entwickelt sich als interaktiver Prozess. Beleidigungen sind häufig nur der erste Schritt, mit dem unter anderem getestet wird, wie der Beleidigte reagiert. Sie können außerdem den Ruf einer Person beschädigen, wenn verleumderische Gerüchte in Umlauf gebracht werden, die zu Isolation und Ausschluss führen, was einen weiteren Schritt in Richtung sozialer Schwächung darstellt. Das schmälert sowohl die Chancen des Betroffenen auf Rückendeckung oder Intervention durch Dritte im Falle eines Kampfes als auch seine emotionale Energie, was seine Kampffähigkeit oder seinen Kampfgeist beeinträchtigt. Gleichwohl gehören Beleidigungen im Gefängnis zum Alltag.[36] Erst wenn diese nicht erwidert werden, sei es durch rituell adäquate Gegenbeleidigungen und Ähnliches, sei es durch Eskalation, gerät man in den Ruch der Verwundbarkeit. Zeigt man Angst oder fehlt es einem in den Augen der anderen an Selbstachtung, um die aus ihrer Sicht wohlverstandenen eigenen Interessen zu verteidigen, öffnet man weiteren Angriffen Tür und Tor.

Weinen ist besonders verheerend:

> Wir waren zu viert in einem Schlafraum. Einer kam von seinem Besuch mit Cannabis zurück. Er gab davon ab. Wir fingen eine Kissenschlacht an. Es zeigte sich, dass er der Schwächste war. Alle drei fielen wir über ihn her. Wir hatten Bücher in die Kissen gestopft. Die Stimmung schlug um, und wir fingen an, ihn zu boxen. Es hatte als Spaß begonnen, aber dann wurde es ernst. Mein Freund hielt ihn auf dem Bett fest, und ich drückte ihm ein Kissen auf den Kopf und hielt es. Er weinte, und wir fingen an, ihn zu schlagen. Ich sagte: »Wenn du nicht aufhörst zu weinen,

---

36 Einer Studie zufolge wurden 56 Prozent der jugendlichen Straftäter und 26 Prozent der erwachsenen im Untersuchungsmonat mit Schimpfnamen belegt, aber bei den ernsthaften Tätlichkeiten in diesem Zeitraum waren nur in 20 Prozent der Fälle Beleidigungen mit im Spiel. Außerdem wurden 70 Prozent der jugendlichen und 80 Prozent der erwachsenen Gefangenen in diesem Monat nicht tätlich angegriffen, was zeigt, dass die meisten Vorfälle in Verbindung mit Beleidigungen nicht eskalieren (Edgar/O'Donnell, »Assault«, S. 640). Desgleichen fand Ireland, »Official Records«, heraus, dass Beleidigungen sehr viel häufiger vorkommen als Kämpfe.

machen wir Ernst.« Ich drückte das Kissen wieder auf seinen Kopf und hielt es noch länger drauf. Mein Freund nahm einen Besenstiel und schob ihn unter seine Boxershorts. Hätte er sich dagegen gewehrt, wäre es damit getan gewesen. Hätte er sich verteidigt, wäre es vielleicht anders gekommen. Aber er hielt still, und der andere Junge stieß ihm den Besen ins Arschloch. Ich weiß nicht, warum wir es taten. In den Schlafräumen langweilt man sich und sucht nach Unterhaltung und Spaß. Leider sind es die Schwachen, die dafür herhalten müssen.«[37]

Dieser Vorfall hat den Charakter einer überbordenden Zecherei, an der das künftige Opfer zuerst teilnimmt, indem es seine Drogen mit den anderen teilt. Als der Junge zunehmend Schwäche zeigt, eskalieren die Angriffe auf ihn. Die anderen werden in etwas verstrickt, das man als Abschluss einer Vorwärtspanik bezeichnen könnte, die allerdings durch eine besondere Abneigung gegenüber jemandem geprägt ist, der die Zugehörigkeitsstandards der Gruppe, eine harte Machohaltung, verletzt.

Die Reaktion auf Beleidigungen und Provokationen ist entscheidend und markiert oft einen Wendepunkt. Eine andernfalls schwache Person vermag ihren Status beispielsweise dadurch zu verbessern, dass sie sich auf etwas einlässt, das sich als Übergangsritual entpuppt:

Ich wartete auf den Besuch meines Anwalts. Wir lasen alle Zeitung. Ein Freund von der Straße sah in der Zeitung ein Mädchen und sagte, dass es meiner Alten gleiche. Ein Typ grapschte sich das Blatt und sagte: »Ich kenne deine Alte. Die hatte jeder schon.« Ich sagte, er solle die Fresse halten. Da hat er mich nach Strich und Faden vermöbelt. Ich saß da, und er hämmerte auf mich ein, boxte, trat und schlug. Als ich einige Wochen später darauf wartete, zum Gericht zu gehen, kam der Schläger auf mich zu und wollte eine Zigarette von mir. Ich sagte: »Verpiss dich, von mir kriegst du nichts. Wenn du dich mit mir ohne deine Bande prügeln willst, dann los.« Der Schläger sagte: »Ist doch klar, dass du verlierst.« Ich sagte: »Ich weiß, aber von mir kriegst du nichts.« Er sagte: »Du bist in Ordnung.« Später kam er mit seiner Bande vorbei, fragte, wie es im Gericht gelaufen sei. Er sagte noch einmal: »Du bist in Ordnung.« Dann zog er ab.[38]

In der britischen »Gefängniskultur« werden heftige Angriffe und allgegenwärtiger Hohn im Umgang mit Denunzianten und Sexualverbrechern als gerechtfertigt betrachtet.[39] Gefangene werden häufig

---

37 O'Donnell/Edgar, »Routine Victimisation«.
38 Edgar/O'Donnell, »Assault«, S. 644.
39 O'Donnell/Edgar, »Routine Victimisation«.

grundlos als Sexualverbrecher bezeichnet; mit dem Streuen solcher Gerüchte nimmt das Drangsalieren oft seinen Anfang, denn damit ist der Beschuldigte geächtet und von sämtlichen Verbündeten abgeschnitten, die ihn vor einem Angriff schützen könnten. Das Quälen angeblich sexuell Abartiger in Gefängnissen veranschaulicht ein in Institutionen verbreitetes Muster: Als Rechtfertigung für das Quälen von Schwächeren wird eine Ideologie über deren kulturelle Inferiorität aufgebaut. In britischen Gefängnissen dreht sich diese um angebliche sexuelle Vergehen, in amerikanischen staatlichen Schulen um – meist unzutreffende – Bezichtigungen der Homosexualität.[40] In Internaten (inklusive jenen britischen Schulen, in denen Homosexualität praktiziert wurde) nimmt die Ideologie eine andere Form an. In allen Fällen wird jedoch eine kulturelle Hierarchie fabriziert, die ihrerseits als Vorwand für Angriffe auf Kleinere und Schwächere dient, was ansonsten als unehrenhaft gälte.

Die gewalttätige oder nicht gewalttätige Gruppenkultur ist per se kein bestimmender Faktor dafür, ob es zu Quälereien kommt (sie kann sich allerdings auf die entsprechenden Taktiken auswirken). Die soziale Schicht ist also nicht dafür verantwortlich. In Internatsschulen ist das Maß an Quälerei deswegen am höchsten, weil sie so vollkommen von der Außenwelt abgeschirmt sind. Staatliche Schulen in Japan sind mit ihrem autoritären und hierarchischen Aufbau und ihrem hohen Grad an Reglementierung, während die Aktivitäten sich stark an der Gruppe ausrichten, Quälereien ebenfalls förderlich.[41] Hier herrscht eine hohe Dichte an Ritualen, die die Solidarität nach innen und die Abgrenzung nach außen betonen; verbunden mit einer inter-

---

40 Homophober Sprachgebrauch ist bei Schülern der beliebten Clique verbreitet, um Mitglieder von Musik- und Theatergruppen zu verunglimpfen, die an amerikanischen Highschools als Vertreter »alternativer« Kulturen im Mittelfeld des Statussystems rangieren (Milner, *Freaks*, Kapitel 4 und Anm. 62). Laut Milner schenken die meisten Schüler diesen Bezichtigungen keinen Glauben, sondern nutzen sie nur als Rechtfertigung, auf bestimmte Personen herabzusehen. Kimmel und Mahler, »Adolescent Masculinity«, stellen fest, dass die meisten Todesschützen der Schulmassaker in den 1990er Jahren vorher einmal als homosexuell geschmäht wurden, dies aber in keinem Fall zutraf. Die Killer waren schwache Opfer, die vom Kollektiv schikaniert wurden: Sie waren entweder klein und schmächtig oder stark übergewichtig und hatten Hautprobleme; sie entsprachen jedenfalls in keiner Weise dem athletisch oder sexuell attraktiv definierten Schülerideal. Ebendiese niedrige Stellung in der Schulhierarchie brachte ihnen das Kainsmal der Homosexualität ein.

41 Yoneyama/Naito, »Problems«.

nen Hierarchie, erzeugt dies eine erzwungene Konformität. Die Quälereien fallen insbesondere dann heftig aus, wenn Schüler neu hinzukommen. Unklar ist, ob es sich dabei um Initiationsriten handelt und ob die Gequälten letztlich akzeptiert werden. Die Gewaltquoten sind in Japan im Allgemeinen ausgesprochen niedrig, die Kontrolle durch das Kollektiv ist stark ausgeprägt, Gruppenzugehörigkeiten spielen eine große Rolle. Gewalt stellt sich daher strukturell genau dort ein, wo man sie erwartet, im Grenzbereich der Zugehörigkeit zu hochgradig ritualisierten Gruppen.

Wenn amerikanische Kinder von der Grundschule auf die weiterführende Schule wechseln, werden Quälereien stärker als vorher kollektiv verübt, sie konzentrieren sich auf einen kleinen Kreis niedrigrangiger Opfer, und diese werden eher verbal und psychisch als physisch drangsaliert. Im frühen Teenageralter kommen Kinder an größere Schulen, und der Kontext für Statuskonkurrenz erweitert sich. Die beginnende sexuelle Konkurrenz erlegt ihnen ein Prestigesystem auf, in dem jeder öffentlich eingestuft wird; damit wird eine ideologische Rechtfertigung für Quälereien geliefert. Dies markiert den Höhepunkt kollektiven Drangsalierens. Ältere Teenager, zumal im Abschlussjahrgang der Highschool, haben bereits andere Ausbildungs- und Karriereumfelder im Blick und verfügen in höherem Maße über außerschulische Netzwerkkontakte. Dadurch lösen sie sich aus der Hierarchie, in deren Zusammenhang die Quälereien stattfinden. Die Colleges sind offener und heterogener, was ihre Aktivitäten und Netzwerke betrifft; dies reduziert die Quälereien, weil sie entweder durch institutionalisierte Kohortenbeziehungen und Schikanerituale ersetzt werden oder weil die Bedeutung eines kollektiven Brennpunkts der Aufmerksamkeit schwindet. Das Ausmaß an Quälereien hängt davon ab, inwieweit die Schule einer geschlossenen Einrichtung gleicht.

An kleinstädtischen amerikanischen öffentlichen Schulen scheinen Quälereien – zumindest in Form kollektiver Ächtung und Verhöhnung – verbreiteter zu sein als an großstädtischen. Das liegt daran, dass sie totalen Institutionen näherkommen als großstädtische Schulen, insbesondere wenn deren Schüler täglich über weite Strecken durch die Stadt zur Schule pendeln und sich in höherem Maße als in der Kleinstadt außerhalb der Schule kulturell betätigen. Dies widerspricht unserer intuitiven Annahme, dass Schulgewalt gemeinhin an sozialen Brennpunkten mit einem hohen Anteil an ethnischen Minderheiten stattfindet. Aber das Drangsalieren ist strukturell das genaue Gegenteil vom Bandenwesen, in dem sich Gewalt in Gebieten, die von Armut und ethnischer Segregation geprägt sind, typischerweise organisiert. Banden lenken Gewalt in horizontale Konflikte mit einer anderen Bande. Sie nehmen intern keine Stratifizierung vor und unterscheiden extern nur zwischen Bandenmitgliedern und all denen, die nicht dazugehören. Jene mögen zwar von Bandenmitgliedern angegriffen und ausgebeutet werden (indem man ihnen das Mittagessen, Kleider und Geld stiehlt), doch das ist nicht deren Hauptbeschäftigung. Die britischen Internatsschulen, der klassische Schauplatz von Quälereien, waren höchst vertikal strukturiert, klassenbewusst nach außen und innen, aber sie kannten keine Banden und waren von einer Gewaltkultur jenseits schikanöser Beziehungen weit entfernt. Banden erzeugen untereinander einen Kreislauf der Gewalt, aber Quälereien und die damit verbundene Massenvergeltung kommen nicht vorrangig da vor, wo sie zur Schule gehen und wohnen. Und selbst wenn Kinder, die keine Bande zum Schutz hinter sich haben, von Bandenmitgliedern drangsaliert werden, können sie eindeutig die Bande – und nicht die Schule – als Schuldigen ausmachen und würden ihre Vergeltung damit gegen ein anderes Objekt richten.[42]

Gewalttätige Bandenmitglieder mögen für Personen außerhalb der Gruppe als Schläger, als rücksichtslose, harte Burschen gelten. Aber innerhalb der Gruppe gibt es keine geregelten Schläger-Opfer-Beziehungen.[43] Dem steht das Selbstverständnis der Bande als gewalttätige Elite entgegen. Banden praktizieren häufig Schikanerituale, und Kämpfe gegen stärkere Mitglieder oder das Beziehen von Gruppenprügeln werden als Aufnahmerituale benutzt. Aber im Allgemeinen wird dadurch der Eintritt in die elitäre Gruppe markiert, und deshalb wird dort, ist man erst vollkommen akzeptiert, nicht drangsaliert. Desgleichen sollten wir Angriffe, die von einer Bande auf Schwache ausgeübt werden, von lange andauernden, wiederholten Quälereien unterscheiden. In einem ethnisch geprägten Stadtviertel in den USA mögen junge Männer, die aus einem anderen Viertel zu Besuch kommen (weil sie dort vielleicht Verwandte haben), durchaus von einer großen Gruppe gewaltsam angegriffen werden. Aber solche Vorfälle entsprechen nicht der durch Wiederholung gekennzeichneten, auf Ausbeutung zielenden

---

42 Gaughan/Cerio/Myers, *Lethal Violence*, fanden bei einer nationalen Meinungsumfrage in den USA heraus, dass Schwarze Quälereien als ein weniger ernstes Problem betrachteten denn Weiße.

43 Jankowski, *Islands*; Anderson, *Code*.

Hierarchie von Herrschaft und Unterordnung zwischen Schlägern und Opfern, die einander persönlich bekannt sind.

Die überragende Bedeutung des häufig behaupteten Musters, dass Opfer von Quälereien irgendwann selbst andere drangsalieren, darf bezweifelt werden. Wer Quälereien zum Opfer fällt, übt manchmal Vergeltung, aber die Aktionen, die wir kennen, etwa spektakuläre Massenmorde in Schulen, ähneln dem ursprünglichen Drangsalieren weder der Form nach noch in ihrem Umfang. Einschüchterung und Tyrannei sind durch eine anhaltende Beziehung gekennzeichnet, die gerade wegen ihrer Dauerhaftigkeit und Unerbittlichkeit zur Folter wird. Massenerschießungen sind hingegen kurze Ereignisse, in denen keine persönliche Herrschaftsbeziehung zum Tragen kommt. Schätzungen zufolge fallen fünf bis 15 Prozent aller Schulkinder Quälereien zum Opfer, sieben bis 17 Prozent sind Täter.[44] Zu Vergeltungsmaßnahmen kommt es ausgesprochen selten; an den allermeisten Schulen (über 99 Prozent) sind Morde und wohl auch schwere Gewalt unbekannt.[45] Das heißt, dass die große Mehrheit der Opfer nur von Rache träumt. Zwar könnte man annehmen, dass diese Opfer den Spieß umdrehen und nun selbst verhöhnen, ausschließen, stehlen und sich andere herauspicken, aber dazu müssten sie die schulische Statushierarchie auf den Kopf stellen. In allen Untersuchungen zur Mobilität in Mittel- und Oberstufen ist jedoch kaum Bewegung von unten nach oben und ebenso wenig von oben nach unten zu erkennen; innerhalb des Mittelfeldes gibt es Verschiebungen.[46] Die Studien, in denen es heißt, zwei bis drei Prozent hätten berichtet, andere gequält zu haben und Opfer von Quälereien geworden zu sein,[47] wenden den Begriff vielleicht ungenau auf jegliche verbale Aggression, soziale Ausgrenzung oder Gewalt an, ohne zu berücksichtigen, dass eine repetitive Langzeitbeziehung sozial wie psychologisch den Kern des Quälens ausmacht.

Schikaneopfer werden normalerweise nicht selbst zu Peinigern, unter anderem deshalb, weil sie einen anderen Weg einschlagen: den der inneren Unabhängigkeit und Freigeistigkeit. Wer schlechte Erfahrun-

---

44 Olweus, *Gewalt*; Duffell, *Making*; Nansel u.a., »Bullying Behaviors«.

45 Kimmel/Mahler, »Adolescent Masculinity«.

46 Milner, *Freaks*. Franzoi/Davis/Vasquez-Suson, »Two Social Worlds«, benutzten fünf Kategorien: beliebt, umstritten, durchschnittlich, vernachlässigt und zurückgewiesen. Die Zurückgewiesenen werden am meisten gequält, zumindest durch Rufmord und gezielten Ausschluss.

47 Haynie u.a., »Bullies«.

gen mit totalen Institutionen gemacht hat, wird oft nach seiner Freilassung (oder Abschlussprüfung) ein überzeugter Gegner von Autorität. In amerikanischen Schulen zählen solche Schüler zumindest unverhältnismäßig oft zu den intellektuell oder künstlerisch Begabten, die mit den Partylöwen und Sportfanatikern wenig gemein haben.[48] Und diese beiden großen Schülergruppen korrelieren tendenziell mit antiautoritären beziehungsweise konformistisch/autoritären Haltungen von Erwachsenen. Auf individueller Ebene pflanzt sich das Tyrannisieren nicht durch einen Kreislauf der Umkehrung immer weiter fort; die Determinanten sind vielmehr im institutionellen Kontext zu suchen.

Straßenraub und bewaffnete Überfälle

Straßenraub und bewaffnete Überfälle sind die unmittelbarste Form eines situationsbedingten Angriffs auf den Schwachen, denn hier gibt es das geringste Maß sowohl an Interaktionsgeschichte zwischen Angreifer und Opfer als auch an Zeit, sich in reziproke Rollen einzuleben. Solche Angriffe unterscheiden sich auch insofern von denjenigen, mit denen wir uns bisher beschäftigt haben, als sie weder im Familienzusammenhang noch in totalen Institutionen stattfinden, sondern in der Öffentlichkeit und unter Fremden. Sie sind in der Sphäre angesiedelt, die Goffman »Verhalten im öffentlichen Raum« nannte. Aufgrund dieser Eigenschaften treten die situationsbedingten Merkmale des Umgangs mit der kollektiven emotionalen Energie in gewaltsamen Konflikten hier in besonderer Schärfe hervor.

Zur Rubrik Straßenraub und bewaffnete Überfälle zählen vielfältige Handlungsweisen: das reicht von aggressivem Betteln und Taschendiebstahl, was gerade noch als gewaltloses Verhalten durchgehen mag, bis zum Straßenraub und zu bewaffneten Raubüberfällen, die in schwere Gewalt ausarten. Diese Angriffe lassen sich grob unterteilen: von jenen, die nur mit einem Mindestmaß an direkter Konfrontation verbunden sind, bis hin zu jenen, bei denen die Beherrschung der intersubjektiven Begegnung zum Hauptzweck des Angriffs wird.

Derjenige, der – angesiedelt am unteren Ende des Kontinuums – am meisten vor einer Konfrontation zurückschreckt, ist der Taschen-

48 Milner, *Freaks.*

dieb, zumal, wenn er seine Tat von einem Gefährt aus, einem Mofa etwa, ausführt. Wenig mehr Konfrontation herrscht beim Ausnehmen von Betrunkenen und Personen, die unter Drogen stehen. Der *Jack-roller* (um einen Ausdruck aus dem frühen 20. Jahrhundert zu gebrauchen, der bei Shaw belegt ist)[49] bestiehlt Personen, die vollkommen berauscht oder betrunken und vorzugsweise bewusstlos sind, nicht Betrunkene, die noch kräftig herumtorkeln. Der Angreifer vermeidet damit nicht nur körperliche Vergeltung, sondern auch jede kommunikative Interaktion mit einem anderen Menschen, der bei Bewusstsein ist. Auf wieder etwas höherer Ebene ist das »Einspannen« einzuordnen, das heißt, ein Opfer wird von hinten gepackt und bewegungsunfähig gemacht, indem man ihm die Arme festhält; der Überraschungsangriff erfolgt außerhalb des Gesichtsfeldes, jeder Augenkontakt wird vermieden. Man mag einwenden, dies diene dazu, nicht wiedererkannt zu werden, dennoch kommt hier auch eine Vermeidung der Konfrontationsanspannung und -angst ins Spiel. Wie wir im Fall des militärischen Nahkampfs und bei Exekutionen bereits gesehen haben, wirkt der Blick in die Augen des Opfers beim Angriff abschreckend.[50]

Straßenraub ist typisch für die Jungen. Die Mehrheit der Täter ist unter 21 Jahre alt, und die Tatvarianten mit dem höchsten Maß an Konfrontationsvermeidung werden von den Jüngsten (oft auch im frühen Teenageralter) ausgeführt.[51] Es besteht insofern eine Karrierehierarchie, als junge Straßenräuber sich zu konfrontativen Tatvarianten »hocharbeiten«. Typischer Straßenraub wird in der Regel in Zweiergruppen verübt, aber in 20 Prozent der Fälle (in Großbritannien und den Vereinigten Staaten) treten auch Gruppen mit vier oder mehr Personen auf. Wird mehr als eine Person (das heißt, eine kleine Gruppe) angegriffen, sind die Gruppen stets größer. In einem Fall attackierten sechs Jungen im Teenageralter an einem Sonntagabend um 22.30 Uhr zwei Collegestudenten in der Nähe des Studentenwohnheims einer städtischen Universität, rannten aber weg, als ein Wach-

---

49 Shaw, *Jack-roller.*

50 Die Wahrscheinlichkeit des Tötens wird entscheidend dadurch beeinflusst, ob das Opfer verhüllt ist, nicht der Killer (Grossman, *On Killing*, S. 128). Auf anderer Ebene findet dieses Muster seine Entsprechung in der Demütigung verhüllter Gefangener im Gefängnis von Abu Ghraib durch amerikanisches Militärpersonal im Jahr 2004 (Mestrovic, *Trials*).

51 Pratt, *Mugging*; Shaw, *Jack-roller.*

mann in Zivil auftauchte, der sie verfolgte.[52] Angreifbar wurden die studentischen Opfer durch ihre passive oder ängstliche Haltung, aber mit dem aggressiven Auftreten des Wachmanns drehte sich das Angstmoment rasch in die entgegengesetzte Richtung.

Interviews mit Straßenräubern zeigen, dass sie hauptsächlich damit befasst sind, ein schwaches Opfer zu finden und die eigene Angst in den Griff zu bekommen.[53] Vor der Konfrontation machen sich die Straßenräuber durch die Erinnerung an erfolgreiche Taten Mut. Auch aus Angabe und Prahlerei vor anderen Gleichaltrigen schöpfen sie das Gefühl, besonders wagemutig zu sein – tatsächlich setzen sie den emotionalen Überschwang ihrer Bewunderer in Energie zur Überwindung der eigenen Angst um, wenn sie als kleine »Mannschaft« zuschlagen. In der eigentlichen Konfrontationsphase bewältigt der Straßenräuber seine Angst, indem er sich vorzugsweise aus den respektablen, kultivierten höheren Schichten ein schwaches Opfer sucht, von dem er keinen Widerstand erwartet.[54] Geht alles gut, freut sich der Straßenräuber an seinem Machtgefühl ebenso wie an dem Geld oder den Gütern, die er gestohlen hat; er rechtfertigt den Angriff häufig vor sich selbst, indem er ihn als ausgleichende Gerechtigkeit für wegen seiner Rassen- oder Klassenzugehörigkeit erlittenes Unrecht darstellt.[55]

Mit bewaffneten Raubüberfällen ist ein höherer Grad an Konfrontation verbunden.[56] Das Opfer muss die Waffe zu sehen bekommen und zu erkennen geben, dass es sich ihrer bewusst ist und bei Nichterfüllung der Forderungen mit ihrem Einsatz rechnet. Die Situation setzt also ein wesentlich höheres Maß an interaktiver Kommunikation voraus. Bewaffnete Räuber verlassen sich nicht bloß auf ihre überlegene Bewaffnung, sondern versuchen, ihren Vorteil noch auszubauen. Straßenräuber setzen auf Opfer, die älter, physisch unschein-

---

52 *Daily Pennsylvanian*, 2. 2. 2004.

53 Lejeune, »Management«; Lejeune/Alex, »On Being Mugged«.

54 Straßenräuber können einer Bande angehören, aber die Bande als solche fungiert im Allgemeinen als Dachorganisation für unterschiedliche kriminelle Aktivitäten, und Straßenraub wird üblicherweise von kleinen Gruppen ausgeführt, die sich zeitweilig von der Bande absondern (Jankowski, *Islands*). Die große Mehrheit der Straßenräuber (98 Prozent) ist männlich, ihre Opfer sind zu ungefähr 20 Prozent weiblich; Straßenräuberinnen überfallen fast ausschließlich weibliche Opfer (Pratt, *Mugging*).

55 Lejeune, »Management«; Jankowski, *Islands*.

56 Katz, *Seductions*, S. 169–194; Luckenbill, »Generating Compliance«.

barer oder kleiner und schwächer sind als sie selbst. Ein bewaffneter Räuber (aber auch ein sehr aggressiver unbewaffneter Straßenräuber) erhöht seine Bedrohlichkeit noch: Er nimmt eine bestimmte Haltung ein, zeigt seine Muskeln und dramatisiert das Ganze vielleicht zusätzlich durch den Stil seiner Kleidung. Er zielt darauf, das Opfer zu erschrecken und so die Oberhand über die Situation zu gewinnen.

Räuber versuchen ihre Chancen außerdem dadurch zu verbessern, dass sie in Momenten kontextueller Schwäche zuschlagen. Auf der Straße finden Überfälle meist spät in der Nacht zwischen zehn Uhr abends und fünf Uhr morgens statt.[57] Zum einen sind dann Betrunkene unterwegs, zum anderen sind die Straßen verlassen und einzelne Opfer oder kleine Gruppen leicht zu finden. Auch hier ist der nützliche Aspekt, dass es keine Zeugen gibt, vielleicht weniger ausschlaggebend als das Gefühl des Räubers, auf eigenem Terrain zu operieren, in diesem Fall einem zeitlich begrenzten Terrain: Die Nacht gehört ihm, während die Opfer sich zu dieser Zeit draußen oft fremd und unbehaglich fühlen. Raubüberfälle auf der Straße bei helllichtem Tag und lebhaftem Fußgängerverkehr kommen dagegen selten vor, allein schon deshalb, weil die Atmosphäre eine andere ist. Die Passanten fühlen sich sicherer und wirken weniger schwach, während der Räuber mit einem höheren Maß an Konfrontationsanspannung und -angst zu kämpfen hat, weil er sich nicht in seinem Element befindet. Räuber, die Bankfilialen oder Juwelierläden überfallen, wählen wiederum eine Zeit, in der nur mit wenigen Kunden zu rechnen ist (und meiden daher die Mittagsstunden).[58]

Profis setzen noch weitere Taktiken ein, um gegenüber dem Opfer im Vorteil zu sein. Sie spielen beispielsweise das »Murphy-Spiel« und beklauen ein Opfer, das sich selbst auf der Suche nach Prostituierten oder Drogen auf illegale Aktivitäten einlässt.[59] In diesem Fall wird es vermutlich kaum die Polizei um Hilfe rufen wollen. Außerdem befindet es sich in einer unvorteilhaften Situation: Erstens agiert es heimlich und setzt ein gewisses Maß an Vertrauen in die Unterwelttypen, mit denen es verhandelt, zweitens bringt es sich in eine von diesen abhängige Position. Sie können ihm mit Anzeige drohen und ihm gleich-

---

57 Katz, *Seductions*, S. 170; Pratt, *Mugging*.
58 Morrison/O'Donnell, »Armed Robbery«.
59 Katz, *Seductions*, S. 170.

zeitig einreden, sie müssten gemeinsame Sache machen, um nicht erwischt zu werden.[60]

Ein anderer, unter entgegengesetzten Umständen angewendeter Trick besteht darin, auf den Altruismus eines vermeintlich höher stehenden Opfers zu setzen.[61] Eine ostentativ arme Person oder Angehörige einer diskriminierten Minderheit stellt Kontakt zu einem Fremden her, bittet um Geld oder fragt auch nur nach dem Weg und sucht eine Unterhaltung anzuknüpfen. Der Aggressor lässt nicht mehr los und lockt sein Opfer an einen Ort, wo es allein und passiv ist, weil es die interaktive Initiative mittlerweile dem anderen überlassen hat. Ist es erst in dieser Lage, kann es zum bewaffneten Überfall kommen; manchmal wird gar keine Waffe gebraucht oder auch nur gezückt, wenn das Opfer ausreichend in die Situation verstrickt ist und dem anhaltenden Drängen und Fordern nach immer mehr Geld nachgibt. Angehörige der weißen Mittelschicht mögen die Gefahr wittern und nur widerwillig folgen, aber die Gunst des Augenblicks ist gegen sie, weil sie wissen, dass sie der unausgesprochene Vorwurf der Klassenarroganz oder des Rassismus trifft, wenn sie die Situation nicht auf freundliche Weise meistern. Sie werden gezwungen, höflich so zu tun, als handle es sich um einen normalen Vorgang, obwohl alles dagegen spricht.[62]

---

60 Goffman analysiert in »Strategische Interaktion« diese Struktur ausführlich als eine Hierarchie aus heimlichen Verschleierungs- und Aufdeckungszügen. Ein Beispiel findet sich im Roman »Gefährliche Liebschaften« von Choderlos de Laclos: Der Verführer einer jungen Naiven unternimmt einen ersten Schritt, indem er ihr anbietet, ihr gegen den Willen ihrer Mutter Briefe ihres Geliebten zu bringen. Sie willigt ein und händigt ihm einen Schlüssel zu ihrem Schlafzimmer aus. Als der Verführer an ihrem Bett erscheint, hindert er sie daran, Hilfe zu holen, indem er sie fragt, wie sie denn ihrer Mutter erklären wolle, dass sie ihm den Schlüssel gegeben habe.

61 Katz, *Seductions*, S. 174.

62 Im teilnahmsvollen öffentlichen Klima des ausgehenden 20. und beginnenden 21. Jahrhunderts spielen Angehörige ethnischer Minderheiten dieses Theater manchmal um seiner selbst willen, ohne dass es sich finanziell auszahlt. Duneier, *Sidewalk*, S. 188–216, beschreibt in allen Einzelheiten mit Tonaufnahmen und Fotografien, wie ein aggressiver, armer Schwarzer den Gehsteig in einem Wohnviertel der weißen Mittelschicht in Manhattan dominieren kann, indem er aufdringlich junge weiße Frauen sexuell belästigt, die ihn verlegen abwehren. Hier besteht der Lohn einzig in der situativen Überlegenheit, die durch gekonnte direkte Konfrontation hergestellt wird. Die höfliche Art der weißen Mittelklasse, die Goffman »höfliche Unaufmerksamkeit« nennt, wird von dem Schwarzen, der sie als rassistische Ablehnung interpretiert, in eine Quelle der Schwäche verkehrt. Es gelingt ihm, die Situation unter Kontrolle zu bekommen und seine emotionale Energie auf Kosten der Gegenseite zu entfalten.

Abb. 5.3 Situative Dominanz bei einer Konfrontation auf der Straße (1997 in New York).
Ovie Carter

Den Vorsprung gegenüber dem Opfer sichert man sich häufig durch ein fein abgestimmtes interaktives Timing. Der Räuber überrascht mit seiner Waffe den Ladenbesitzer just in dem Augenblick, wenn dieser seinen Laden schließt und so etwas nicht erwartet. Auch hier entspringt dies nicht nur einer Nützlichkeitserwägung (um diese Zeit ist mehr Bargeld in der Kasse), denn das Timing kann sehr raffiniert gewählt sein: Der Räuber wählt den Moment, wenn der Ladenbesitzer ihm den Rücken zukehrt, um die Tür abzuschließen, oder hinaustritt und noch keine Möglichkeit hatte, sich umzusehen,[63] oder in einer anderen Übergangssituation von einem Schauplatz zum anderen. Dem Opfer zuvorzukommen bedeutet, einen mikrosituativen Vorteil zu erlangen, den Takt zugunsten des Räubers vorzugeben und ihn dem Einfluss des Opfers zu entziehen; und dies passiert zusätzlich zum Zücken einer Waffe und mag sogar an dessen Stelle treten (wenn eine Waffe nur vorgetäuscht wird). Dem Opfer zuvorzukommen heißt, die Kontrolle über die emotionale Dynamik zu erlangen, die Initiative zu ergreifen, und zwar so, dass sich die gesamte Situation zugunsten des Aggressors wendet und das Opfer das Gefühl bekommt, es müsse sich ins Unvermeidliche fügen.

Der Räuber achtet beim Opfer auf Zeichen der Angst und verhält sich so, dass er Vorteile daraus zieht. Er profitiert von der Angst und der damit verbundenen emotionalen Dynamik. Damit lässt sich sogar der Spieß gegen die Polizei umdrehen:

> Mein Freund und ich waren gerade dabei, den Safe zu knacken, als ein ganz junger Polizist mit gezogener Waffe hereinkam und sagte: »Hände hoch, ihr seid verhaftet!« Das Erste, was ich dachte, war: »Zehn Jahre«, aber ich wollte nicht noch einmal sitzen. Ich beschloss, nicht aufzugeben. Der Bulle kam auf uns zu, und ich dachte daran, ihm die Knarre wegzunehmen, fragte mich aber, wo sein Partner war. Er machte einen nervösen und verschreckten Eindruck. Irgendwie dachte ich, dass er die Knarre nicht gebrauchen werde, aber es war mir auch egal. Dann merkte ich, dass er keinen Partner hatte, und dachte daran, ihn niederzuschlagen. Ich musste da raus. Als er bei uns ankam, schlug ich ihn mit dem Hammer nieder [und brachte ihn dabei um].[64]

Hier führt der Gegensatz zwischen dem erfahrenen ehemaligen Sträfling und dem nervösen Polizeineuling dazu, dass die situative Dominanz kippt. Der Räuber schlägt zu, nachdem er die Angst des Polizisten zum Teil dahin gehend deutet, dass dieser allein ist – während ihm zwei Räuber gegenüberstehen, die zusammen in der sozialen Situation eine größere Solidarität aufbringen.

Beim folgenden Fall handelt es sich um eine Vergewaltigung, die als Raubüberfall kaschiert wird, um die Frau zu überrumpeln. Ein

---

63 Katz, *Seductions*. Einen solchen Vorfall schilderte mir ein junger Chicano (Amerikaner mexikanischer Abstammung), der überfallen wurde, als er in einem Spirituosengeschäft arbeitete.

64 Athens, *Violent Criminal Acts*, S. 24.

junger Schwarzer treibt sich auf der Suche nach einem Opfer in einem weißen Mittelschichtviertel herum:

> Ich habe mir diese mittelalterliche weiße Braut, die bei den Apartmenthäusern herumlief, genau angesehen, und sagte mir: »Mit der Möse werd ich mich amüsieren.«
>
> Ich folgte ihr zum Eingang eines Wohnhauses. Sie benutzte einen Schlüssel, um die Haustür zu öffnen, und ich musste mich beeilen, damit die Tür nicht wieder zufiel. Ich schaffte es gerade so, wartete aber noch einige Sekunden, bis ich hineinging, weil ich nicht wollte, dass sie mich sah. Als ich eintrat, hörte ich sie die Treppe hochgehen und folgte ihr. Als ich oben ankam, sah ich sie den Flur hinuntergehen und schlich hinter ihr her. Als sie ihre Wohnungstür öffnete, legte ich ihr die Hände auf den Mund, stieß sie durch die Tür und sagte: »Keinen Laut!« Dann schloss ich die Tür hinter mir und sagte: »Wenn du nur einen verdammten Laut von dir gibst, mach ich dich kalt.«
>
> Ich wollte nicht, dass sie zu schnell in Panik geriet, deshalb führte ich sie in die Irre und sagte: »Hast du Geld?« Sie sagte: »Ich habe nur zehn Dollar in meinem Spendenumschlag für die Kirche.« Ich sagte: »Gut, gib ihn her!« Sie nahm den Umschlag aus ihrer Handtasche und gab ihn mir. Dann sagte ich: »Zieh deinen Mantel aus.« Ich schaute sie mir lange an und dachte: »Die Tusse werde ich die ganze Nacht lang stoßen.«
>
> Ich packte sie bei den Schultern und warf sie auf den Boden. Sie fing an zu schreien: »Was machen Sie, was machen Sie?« Ich fand, ich sollte sie besser wissen lassen, dass ich es ernst meinte, sprang auf sie drauf, schlug ihr ins Gesicht und sagte: »Halt's Maul, halt's Maul!« Sobald sie das tat, hörte ich auf, sie zu schlagen. Dann zog ich ihr das Kleid über die Hüfte und griff ihr an die Möse. Sie fing an zu schreien: »Nein, nein, nein!«, und stampfte mit den Füßen auf den Boden. Ich dachte nur: »Ich muss ihr das Maul stopfen, sonst hört sie noch jemand«, und gab ihr abwechselnd links und rechts was auf die Fresse: »Halt's Maul, halt's Maul, sonst schlag ich dich tot!« Schließlich hielt sie ihr verdammtes Maul, und ich zog ihr das Kleid wieder hoch und den Schlüpfer von den Beinen und ...[65]

Der Vergewaltiger zielt auf List und den Überraschungseffekt. Er hielt es zuerst nicht für notwendig, von der Frau Geld zu fordern, da er sie ohnehin früher oder später schlagen würde, um sie gefügig zu machen und zum Stillhalten zu nötigen. Dennoch hielt er es für eine Möglichkeit, »sie in die Irre zu führen«, um im Vorteil zu sein, bevor ihr klar wurde, dass er sie vergewaltigen würde.

---

65 Ebenda, S. 23f.

Die Technik gewalttätiger Räuber entspricht auf die Mikrosituation übertragenen Armeetaktiken *en miniature*. Eine militärische Einheit gewinnt den Einsatz nicht, indem sie sich gegen die stärksten Kräfte des Feindes wirft, sondern indem sie einen lokalen Vorteil ausmacht, einen Ort, wo der Feind weniger Truppen konzentriert hat; oder indem sie an einem Ort losschlägt, wo der Feind leicht in Verwirrung gebracht werden kann, weil er überrascht wurde; oder die Attacke findet dann statt, wenn der Feind mit etwas anderem beschäftigt und nicht auf den Kampf gefasst ist. Die Taktik bei Raubüberfällen ist gleich, nur wird hier nicht eine Organisation ihres Zusammenhalts und ihrer Initiative, sondern ein einzelner Körper seiner Handlungsfähigkeit beraubt.

Der bewaffnete Räuber will durch das Mittel der Drohung dominieren, aber die Drohung kann in Gewalt ausarten und bis zum Mord führen, wenn sich das Opfer wehrt. Damit tritt der Kampf um die Überlegenheit in den Vordergrund. Für einen Räuber, der sich als »harter Bursche« versteht, geht es nun ums Ganze. Bringt er sein widerständiges Opfer um, wird er vielleicht nicht einmal dessen ganzes Geld mitnehmen.[66] Dasselbe gilt für den unbewaffneten Straßenräuber, der viel stärker als sein Opfer ist und seine Muskelkraft als sein Herrschaftsinstrument ausspielt. Kommt es zu Widerstand, kann er nicht zurückstecken, da sonst seine wichtigste Fähigkeit in Frage steht. Ein solcher Straßenräuber provoziert manchmal sein Opfer, um zu rechtfertigen, dass er ihm Gewalt antut, denn dann kann er das Opfer für die Gewalt verantwortlich machen.[67] Diese Fälle implizieren, dass der streitsüchtige Räuber stolz auf seine Fähigkeiten, seine Technik, ist und Vergnügen daran findet, sie auszureizen.

Aufschlussreich ist hier der Vergleich mit Episoden, bei denen Widerstand Erfolg hat oder nicht zu einer Eskalation mit schweren Verletzungen führt. Der folgende Bericht handelt von einem Mann, der Geld für Drogen braucht und verschiedene Orte für einen Raub in Erwägung zieht:

> Schließlich fiel mir eine Reinigung ein. Ich hielt dies für die beste Möglichkeit, weil dort genug Geld sein würde und nur alte Frauen dort arbeiteten. Ich zog meine Sonnenbrille auf, schnappte meine .45er, entsicherte sie und steuerte die Reinigung an. Ich ging hinein, zog meine Pistole und richtete sie auf die alte Dame hinter dem Ladentisch. Ich

66 Katz, *Seductions*, S. 186f.
67 Lejeune, »Management«.

sagte: »Das ist ein Überfall. Ich möchte Sie nicht erschießen, also rücken Sie sofort alles Geld aus der Ladenkasse heraus.« Sie ging zur Ladenkasse, hielt dann aber inne, sagte: »Ich werde Ihnen das Geld nicht geben«, und trat auf einen Schalter am Boden.

Ich sagte mir, dass ich dieses Geld bekommen würde. Ich beugte mich über den Ladentisch, hielt ihr den Lauf der Pistole vors Gesicht und sagte: »Lady, jetzt werde ich Sie umbringen!« Gerade als ich den Abzug ziehen wollte, öffnete sie die Kasse und sagte: »Sie können sich das Geld selbst nehmen.« Ich sagte ihr, sie solle beiseitetreten, was sie auch tat. Nachdem ich alle Scheine zusammengerafft hatte, lächelte sie und sagte: »Ich glaube, ich verstehe nicht viel von euch jungen Leuten heutzutage.« Ich schaute sie einen Augenblick lang an und dachte, dass sie eigentlich eine nette, bekloppte alte Oma sei. Dann haute ich ab.[68]

Letztlich testet die alte Frau den Räuber, als sie ihm seine Forderung glatt abschlägt. Als er die Drohung verschärft, bietet sie einen Kompromiss an: Verbal beharrt sie auf ihrem Standpunkt und gibt ihm das Geld nicht, sagt ihm aber, er solle es sich selbst nehmen. Mit ihrem Kommentar: »Ich glaube, ich verstehe nicht viel von euch jungen Leuten heutzutage«, macht sie klar, dass sie genau weiß, dass sie einander auf die Probe stellen. Sie gehen sogar mit einem leichten Anflug von Solidarität auseinander, wenn sie lächelt und er meint, sie sei wie eine Großmutter.

Das letzte Beispiel betrifft wieder einen Vergewaltiger, diesmal auf dem Parkplatz eines Einkaufszentrums, wo die Menschen ihre Weihnachtseinkäufe erledigen:

Ich suchte eine Braut mit einem hübschen dicken Arsch, die allein zu ihrem Auto ging. Ich wollte zu ihr in den Wagen springen und sie dazu bringen, zu einem verlassenen Plätzchen in der Nähe zu fahren, das ich kannte. Ich beobachtete Menschen auf dem Weg zu ihren Wagen, als ich diese Braut mit einem hübschen Gesicht, breiten Hüften und einem dicken runden Arsch entdeckte, die allein unterwegs war. Sie sah nach leichter Beute aus, also nahm ich die Verfolgung auf und schlich mich an sie heran. Als sie den Schlüssel in die Wagentür steckte, packte ich sie am Arm, hielt ihr das Messer vors Gesicht und sagte: »Los, steig ein, und keinen Laut!« Sie stand bloß da, als wäre sie vollkommen betäubt. Ich ließ ihren Arm los, griff nach den Schlüsseln und öffnete selbst die Tür. Ich sagte ihr, sie solle einsteigen, weil wir eine Fahrt machen würden. Aber sie fing an, sich die Lunge aus dem Hals zu schreien. Zuerst wollte ich sie zwingen einzusteigen und packte sie wieder, doch sie

---

68 Athens, *Violent Criminal Acts*, S. 33.

schrie immer weiter und fing an, sich von mir loszureißen. Ich fürchtete, die Leute würden mittlerweile mitbekommen, was hier passierte, und fand, ich sollte besser verschwinden, bevor mich noch jemand erwischte. Da haute ich ab, und sie rannte schreiend zum Einkaufszentrum.[69]

Entscheidend ist die erste Reaktion der Frau, die vollkommen sprachlos, »wie betäubt«, dasteht. Zu dem Zeitpunkt leistet sie weder Widerstand, noch ist sie gefügig. Sie verweigert sich der Situation, und durch ihren, wenn auch nur zeitweiligen, psychischen Rückzug büßt der Vergewaltiger, der mit ihr wegfahren muss, die Initiative ein. Als ihr Stupor einem unkontrollierbaren Schreien weicht, gewinnt sie, sicher ohne viel Berechnung, die Oberhand. Im Gegensatz zu den anderen Frauen in den oben erwähnten Fällen sagt sie nichts, sondern schreit nur die ganze Zeit. Sie scheint vollkommen in ihr Schreien verstrickt und daher auch unzugänglich für alle Drohungen zu sein. Der Vergewaltiger beherrscht die Intersubjektivität der Situation nicht und wird psychologisch zum Rückzug gezwungen.

Andere Raubüberfälle sind nicht erfolgreich, weil sich das Opfer wehrt. Es gibt Anzeichen dafür, dass der Räuber in etwa der Hälfte der Fälle, in denen er auf körperlichen Widerstand oder auch nur auf eine entschiedene Zurückweisung der Forderung stößt, seine Bemühungen aufgibt.[70] Dafür steigt das Risiko, verletzt zu werden: Aus einer Untersuchung über bewaffnete Raubüberfälle in Chicago geht hervor, dass 78 Prozent der Widerstand leistenden Opfer verletzt wurden, aber nur sieben Prozent derer, die sich nicht wehrten.[71] Raubüberfälle misslingen auch aus anderen Gründen, insbesondere in Büroräumen mit Sicherheitsglas und hohen Theken, die Angestellten die Möglichkeit zum Rückzug und Versteck bieten.[72] Solche »härteren Ziele« sind aber nicht unbedingt vor der Ausraubung geschützt. Es hängt immer davon ab, was in dem kurzen Augenblick geschieht, in dem der Räuber emotional die Oberhand über die Situation zu gewinnen sucht.

Man könnte meinen, dass eine gegen eine unbewaffnete Person gerichtete Waffe eine unüberwindliche Bedrohung darstellt. Doch nicht alle Räuber mit einer Waffe benutzen sie auch oder tun dies, wenn,

---

69 Ebenda, S. 35f.
70 Luckenbill, »Generating Compliance«.
71 Block, *Violent Crime*.
72 Morrison/O'Donnell, »Armed Robbery«.

effektiv. Die Waffe kann auch hauptsächlich als Drohpotenzial eingesetzt werden, sie mag sogar nur vorgetäuscht sein. Zu diesem Ergebnis kommen Shona Morrison und Ian O'Donnell in einer Untersuchung über etwa 11000 bewaffnete Raubüberfälle in London, die durch Interviews mit 200 inhaftierten Räubern ergänzt wurde.[73] Geschossen wurde relativ selten, nur in vier Prozent all dieser Fälle. Außerdem wurde bei den 45 Vorfällen, bei denen jemand eine Waffe abfeuerte, in einem Drittel der Fälle in den Boden, gegen die Decke oder in die Luft geschossen, normalerweise zu Beginn des Raubüberfalls, wenn den Forderungen der Räuber nicht unverzüglich Folge geleistet wurde. In 13 Fällen (knapp 30 Prozent) wurden Schüsse auf Opfer, Wachpersonal oder zufällig Anwesende abgegeben, aber nur fünf Personen wurden tatsächlich von Kugeln getroffen – das entspricht einer Trefferquote von 38 Prozent. Die Ergebnisse sind denen aus dem militärischen Bereich vergleichbar, auf die ich in Kapitel 2 eingegangen bin (und denen zur Leistungsfähigkeit von Polizisten; tatsächlich halten sich Polizisten und Räuber diesbezüglich mehr oder weniger die Waage).

Dies heißt nicht, dass Opfer nicht doch recht häufig verletzt werden: Den englischen Daten zufolge erleiden sieben Prozent der Opfer bewaffneter Raubüberfälle Verletzungen, allerdings werden diese mit der überwältigenden Mehrheit von 94 Prozent nicht durch Schüsse verursacht. Am gängigsten ist der Gebrauch einer Schusswaffe als Schlagwaffe (28 Prozent). Fast ebenso viele Verletzungen (24 Prozent) stammen von Tritten oder Faustschlägen. Auch Schlagstöcke, Hämmer oder Messer kommen zum Einsatz, die die Täter oft zusätzlich zur Schusswaffe bei sich tragen. In Anbetracht dessen, dass alle Räuber in der genannten Stichprobe Schusswaffen trugen (oder dies, wie wir gleich sehen werden, vorgaben), ist es bemerkenswert, dass sie diese kaum ihrer Bestimmung gemäß benutzten oder ernsthaft mit ihrem Einsatz drohten. Die Schusswaffe diente vielmehr zur eindeutigen Definierung der Situation: Dies ist ein Überfall, dies ist eine Waffe. Macht man jemanden mit einer Schusswaffe gefügig, indem man ihm die Waffe zeigt, ihn vielleicht damit schlägt, aber nicht schießt, ist symbolische Gewalt mit im Spiel. Nach David Luckenbills Angaben begannen 22 Prozent der bewaffneten Raubüberfälle damit, dass das Opfer zum Zwecke der Einschüchterung geschlagen wurde[74] –

73 Ebenda.
74 Luckenbill, »Generating Compliance«.

Gewaltanwendung als Möglichkeit klarzustellen, wer die Situation definiert.

Bei den Londoner Raubüberfällen stieg außerdem das Verletzungsrisiko mit der Anzahl der Räuber. Ging ein Räuber allein vor, wurde kaum jemand verletzt, aber die Quote stieg auf 25 Prozent, wenn eine Bande von drei oder mehr Leuten einen gepanzerten Geldtransporter ausraubte, und auf 50 Prozent, wenn Banden mit fünf oder mehr Beteiligten einen Juwelierladen überfielen. Ein ähnliches Muster lässt sich australischen Daten entnehmen: Je größer die Gruppe der Räuber, desto größer das Verletzungsrisiko.[75] (Und wie wir in Kapitel 3 gesehen haben, gilt dasselbe für die Polizei.) Dies ähnelt stark dem Zuschauereffekt, mit dem ich mich in Kapitel 6 befassen werde: Größere Kampfgruppen schaffen sich ihren eigenen emotionalen Bereich und werden schwerer gewalttätig als Kämpfer in Zweikampfsituationen.

Bemerkenswert an der Londoner Untersuchung war, dass die Räuber in drei Gruppen eingeteilt werden konnten: in jene, die echte Schusswaffen mitführten, jene, die Attrappen benutzten, und jene, die blufften, indem sie auf ein Objekt in einer Tasche oder einer Tüte zeigten und (verbal oder auf einem Zettel) behaupteten, es handle sich um eine Schusswaffe. Wie wir bereits gesehen haben, wurde mit den echten Schusswaffen nur selten geschossen und noch seltener jemand getroffen. Die Interviews zeigten jedoch, dass die Waffen aus Sicht der Räuber als Zeichen ihrer Entschlossenheit von großer Bedeutung waren. Räuber mit Schusswaffen waren mit Abstand die professionellsten und einsatzfreudigsten unter den bewaffneten Räubern. Sie identifizierten sich mit ihrer kriminellen Karriere und hatten die Absicht, sie nach der Entlassung aus dem Gefängnis fortzusetzen. Sie planten ihre Raubüberfälle im Voraus, wählten ihre Ziele sorgfältig aus und überwachten sie, benutzten Verkleidungen und entwarfen ausgefeilte Fluchtpläne. Diese Räuber arbeiteten fast immer in Gruppen (82 Prozent), während von den Räubern mit nachgebildeten Waffen nur 46 Prozent Komplizen hatten und von den Bluffern gerade einmal 16 Prozent. Räuber mit Schusswaffen waren demnach stärker in kriminelle Netzwerke eingebunden und erfuhren in ihrem Tun mehr sozialen Rückhalt. Und diese Rückendeckung, diese emotionale Gruppenatmosphäre übertrug sich auf den Raubüberfall selbst; damit war es sehr wahrscheinlich, dass diese Räuber sich durch die Si-

---

75 Kapardis, »One Hundred«.

tuation begeistern lassen und bereit sein würden, ihre Dominanz durchzusetzen. Daher die größere Wahrscheinlichkeit für Gewaltanwendung: Harte Burschen spielen sich vor anderen harten Burschen auf. Die mitgeführten Waffen dienen hauptsächlich als Zeichen der Gruppenidentität. Das heißt nicht, dass sie nicht auch anders eingesetzt würden, aber ihre Hauptwirkung entfalten sie mit Blick auf das Selbstvertrauen und die Aggressivität ihrer Träger.

Räuber mit nachgebildeten Schusswaffen nehmen ihre kriminelle Identität weniger ernst, manche unterstrichen sogar, dass die Tat wegen der Attrappen eigentlich nur ein Spiel gewesen sei: »Ich bin nur ein kleiner Dieb, kein richtiger Gangster [...] Aus meiner Sicht war das nicht so ernst, weil die Waffe ja nicht echt war.« Ein anderer sagte: »Ich spielte in diesen 20 Minuten eine Rolle [...] gab mich als jemand aus, der ich nicht bin.« Und ein weiterer meinte: »Sobald es losgeht, wirst du zum Roboter. Du weißt, was du zu tun hast, und machst es halt.«[76] Diese »Attrappen-Räuber« rechneten außerdem mit weniger Geld aus ihren Raubzügen als die Profis und waren nicht besonders zuversichtlich, was ihren Erfolg anging – manche glaubten sogar, ganz im Gegensatz zu ihren bewaffneten Kollegen, sie würden ohnehin bald erwischt. Anders als die mit echten Waffen ausgestatteten Räuber bezogen die »Attrappen-Räuber« aus ihren Waffen kaum Energie; sie wussten, dass sie nicht echt waren. Sie mussten darauf vertrauen, dass ihre goffmansche Show für das Publikum, die Opfer ihrer Raubüberfälle, echt wirkte – und das funktionierte auch oft –, aber für die Darsteller selbst war sie nicht echt. Deshalb sprachen sie im Unterschied zu den Professionellen selten davon, sie hätten den Überfall genossen. Die Hälfte von ihnen meinte vielmehr, sie hätte sich krank oder matt gefühlt. Einer erklärte: »Ich glaube, ich hatte mehr Angst als das Mädchen hinter dem Schalter.« Ein anderer: »Ich vermied den Augenkontakt, weil mir das, was ich da tat, peinlich war.«[77]

Noch tiefer auf diesem Kontinuum waren die Bluffer angesiedelt. Sie gehörten zwar auch insofern zur Verbrecherwelt, als sie schon viele Verhaftungen hinter sich hatten (obschon normalerweise nicht

---

76 Morrison/O'Donnell, »Armed Robbery«, S. 72f.

77 Ebenda, S. 73. Solche Räuber waren unmittelbar vor dem Raubüberfall besonders nervös: »Ich dachte: ›Werde ich es bringen? ... Kann ich das?‹« Ein anderer: »Da ist zunächst ... die Ungeheuerlichkeit dessen, was man tut. Kommt man darüber hinweg, wird alles leichter« (ebenda, S. 74).

wegen Raubes), aber sie waren Einzelgänger mit wenig Geschick und Verbindungen. Ihre Raubüberfälle unternahmen sie gewöhnlich spontan, weil sie dringend Geld für Glücksspiel oder Drogen brauchten. Sie planten kaum im Voraus, pflegten sich nicht zu verkleiden und hatten auch keinen Fluchtplan. Die Bluffer betrachteten sich selbst überwiegend als kriminelle Versager (95 Prozent). »Ich bin kein besonders guter Dieb und habe diesbezüglich nichts vorzuweisen. Ich sitze in der Klemme.«[78] Normalerweise suchten sie sich das leichteste Ziel, vor allem Bausparkassen (Spar- und Darlehenskassen), deren Angestellte überwiegend Frauen und leicht einzuschüchtern waren.

Bluffer reduzierten außerdem die Konfrontationsmomente noch, indem sie ihre Forderungen auf einen Zettel schrieben (in zwei Dritteln der Fälle im Gegensatz zu einem Zehntel der anderen Räuber), obwohl sie wenig Vertrauen in das Verfahren setzten: »Ich habe nicht erwartet, dass es funktioniert. Ich dachte, der Kassierer würde lachen und ich müsste mit leeren Händen abziehen.« Tatsächlich mochten sie den Zettel benutzt haben, weil ihr Niveau an emotionaler Energie so niedrig war, dass sie ihrer Stimme nicht die nötige Festigkeit zutrauten. Sogar die verbale Einschüchterung war vorgetäuscht. Räuber mit einer richtigen Schusswaffe hingegen zeigten diese immer. Wenn die Waffe weniger ein nützliches Instrument als vielmehr ein Symbol für die Ernsthaftigkeit des Unterfangens ist – aus Sicht der Opfer und mehr noch aus Sicht der Täter –, dann ist das Zurschaustellen der entscheidende rituelle Akt. Denn vor allem daraus bezieht der Räuber seine emotionale Energie. Ohne das kommt es ihm nicht echt vor: »Ich betrachte es als ausgesprochen unbedeutend, als keine große Sache – nicht viel anders als einen Taschendiebstahl.«[79]

Der bewaffnete Räuber entwickelt interaktive Techniken, mit denen er die Situation beherrschen kann – das ist der springende Punkt. Wer kontinuierlich Verbrechen begeht, arbeitet sich hoch, vom Taschendiebstahl, der mit wenig Konfrontation verbunden ist, hin zu konfrontationsreichen Delikten. Dies bedeutet nicht bloß einen Karrierefortschritt in Richtung auf Raubüberfälle mit größerer Beute (zumal dies nicht unbedingt so empfunden wird, da mit zunehmendem Alter auch der Geldbedarf steigt). Es geht vielmehr um die Verfeinerung des Angriffs auf den Schwachen, darum, zu lernen, wie man Schwäche durch das Spiel mit den Rhythmen einer normalen sozialen

78 Ebenda, S. 77.
79 Ebenda, S. 78.

Interaktion überhaupt erst herstellt und die Konfrontationsanspannung und -angst des anderen zum eigenen Vorteil nutzt.[80] Es überrascht nicht, dass Menschen, die solche Fähigkeiten ausgebildet haben, stolz darauf sind und sie als wichtig erachten.

Katz weist darauf hin, dass das beharrliche Verüben von Raubüberfällen keine besonders vernünftige Entscheidung ist, wenn es einem nur um das materielle Ziel geht.[81] Nicht nur werden bewaffnete Profiräuber häufig erwischt und unter Umständen getötet, sie verprassen die recht hohen Summen, die sie bisweilen rauben, auch schnell durch eine protzige, hedonistische Lebensführung. Katz deutet dies als eine Verpflichtung, dort zu sein, wo »was los« ist, in der Welt des Glücksspiels, der Drogen, der Prostitution, und mit seinen kriminellen Heldentaten anzugeben und zu prahlen. Das Verüben weiterer Raubüberfälle gehöre ebenso zur Action wie das Ausgeben des Geldes. Den Konfrontationstechniken gegenüber den Opfern haftet auch ein spielerisches Element an: die Überraschung, das Bemühen, sie hereinzulegen, bevor man sie überfällt. Das Vergnügen besteht darin, die Kontrolle über die situativen Realitäten zu erlangen, in der Fähigkeit, andere Menschen glauben zu lassen, es werde etwas Bestimmtes passieren, und sie dann mit der Erkenntnis zu erschrecken, dass sie getäuscht wurden und nun auch noch den Preis der situativen Demütigung zahlen zu müssen.

Das Spiel kann gefährlich sein. Zum einen besteht immer das Risiko, dass jemand zurückschlägt und der Räuber die Sache eskalieren lassen muss; zum anderen kommt es vielleicht nicht zur Dominanz über die Situation, die eigene Technik versagt – was, psychologisch gesehen, die größere Herausforderung darstellt. Und im Hintergrund lauern ohnehin die Konfrontationsanspannung und -angst, die allen Situationen mit Gewaltandrohung eigen sind. Zwar ist der erfahrene

---

80 Der schwarze Nationalist Eldridge Cleaver, *Seele*, S. 21, beschreibt in einer berühmten Passage, wie er ein Vergewaltiger wurde: »Um meine Technik und meinen *modus operandi* zu vervollkommnen, begann ich, mich an schwarzen Mädchen im Getto zu vergehen [...] und als ich mich für geschickt genug hielt, ging ich auf die andere Seite und suchte mir weiße Beute.« Er sagt nicht, welche Techniken er perfektionierte. Cleaver war ein großer, muskulöser Mann, also ging es nicht einfach um rohe Gewalt. Einer meiner Studenten, der mit Cleaver (etwa zehn Jahre, nachdem er das Obige geschrieben hatte) verkehrte, berichtete, er bringe einem bei, wie ein Jäger auf der Suche nach Beute auf alle Einzelheiten des urbanen Alltags zu achten, sich die Gewohnheiten attraktiver Frauen zu merken und Wege zu finden, sie zu überraschen.

81 Katz, *Seductions*, S. 195–236.

bewaffnete Räuber dem jungen Straßenräuber in puncto »Angstmanagement« voraus, dennoch ist in den Gesichtern von Räubern, die in Banken, an Geldautomaten und anderen Orten von der Kameraüberwachung erfasst wurden, Angst zu erkennen.

Die Technik des erfahrenen Räubers bezieht dies alles mit ein. Er hat gelernt, wie man die situative Anspannung und die eigenen Ängste nehmen und sie in ein zusätzliches Element der Erregung umwandeln muss – analog dazu, wie manche Menschen ihre sexuelle Erregung dadurch steigern, dass sie in Situationen erotische Begegnungen eingehen, in denen sie womöglich von anderen gesehen werden.[82] Es handelt sich um dieselbe Verlockung, die ein Ladendiebstahl laut Katz für Mädchen und junge Frauen darstellt;[83] man spielt mit den goffmanschen Darstellungspraktiken des normalen Alltagslebens und der Gefahr, erwischt zu werden, wenn man sie nicht richtig beherrscht. Darin besteht der emotionale Kick. Verglichen damit ist der materielle Gewinn zweitrangig.

Der rituelle Interaktionsmechanismus, der die täglichen Begegnungen gestaltet, ist ein Emotionentransformator: Die anfänglichen Gefühle werden, wenn die Bedingungen für gegenseitige kognitive Aufmerksamkeit und die körperliche Einbindung und Verstrickung gegeben sind, verstärkt und in emotionale Energie umgewandelt. Der Räuber hat ein bestimmtes einseitiges Dominanzritual erlernt, das es ihm ermöglicht, dem anderen Angst einzujagen, ihn zu schwächen und passiv werden zu lassen, während er selbst daraus emotionale Energie gewinnt. Das Spiel mit der Gefahr und der Umgang mit den eigenen Ängsten dienen dazu, die Spannung noch zu steigern, dem Gemisch, das auf eine höhere Ebene emotionaler Energie transformiert wird, ein weiteres Element emotionaler Spannung hinzuzufügen. Wenn Menschen tatsächlich, wie ich es behaupte, bei ihren Gelegenheiten zur Interaktion ein Höchstmaß an emotionaler Energie auszumachen suchen, dann hat der bewaffnete Räuber eine Quelle gefunden, die ihm sehr ausgeprägte Spannungsspitzen an emotionaler Energie beschert. Er hat gelernt, wie er sich durch eine extreme Art

82 Ein Beispiel: Ein homosexueller Feldwebel befriedigt einen Kampfgefährten (der selbst nicht vorrangig homosexuell ist und nie eine Gegenleistung erbringt) oral. Die Beziehung wird zwanghaft, als sie anfangen, sich dafür Situationen auszusuchen, in denen sie womöglich von anderen Soldaten ertappt werden. Beide geben zu, dass ihre Erregung zum größten Teil von der Gefahr herrührt, erwischt zu werden (Scott, »Semen«).

83 Katz, *Seductions*.

situativer Dominanz ein emotionales Hoch verschafft. Ein bewaffneter englischer Räuber fasste seine Überfälle so zusammen: »Mir hat das wirklich gefallen – es war besser als Drogen – ein echter Kick!«[84] Es ist wie bei dem von Howard Becker beschriebenen entscheidenden Schritt hin zu dauerhaftem Marihuanakonsum.[85] Der bewaffnete Räuber, der den Karrieregipfel konfrontationsbereiter Krimineller erreicht hat, ist süchtig nach situativer Überlegenheit, ein Gefangener seiner interaktiven Fähigkeiten.

Wie man sich an interaktiver Schwäche mästet

Zu häuslicher Gewalt, Quälereien, Straßenraub und bewaffneten Überfällen kommt es nicht von Natur aus. Es handelt sich nicht bloß um frustrierte Reaktionen auf Stress, Entbehrung oder auf frühe Gewalterfahrungen, sondern um Techniken, die Menschen erlernen, besser gesagt, um Interaktionsstile, die im Zuge mehrerer Begegnungen ausgehandelt wurden. Am ehesten funktioniert dies, wenn die Begegnungen stets mit denselben Personen stattfinden, so dass beide Seiten ihre Rolle lernen können. Deshalb kommt häusliche Gewalt vorwiegend in Familien vor, wo eine intime Vertrautheit herrscht, die alle möglichen Formen gegenseitiger Anpassung erlaubt (auch positiver, wie zu hoffen ist). Und deshalb treten Quälereien als spezifische Ausprägung des Angriffs auf den Schwachen typischerweise in totalen Institutionen auf, denen man nicht entrinnen kann und die von einem rigiden Statussystem geprägt sind. Am schwierigsten sind Straßenraub und bewaffneter Überfall, weil sie sich gegen wechselnde Opfer richten und Erfolg versprechende Methoden in diesem Fall die Fähigkeit voraussetzen, eine Person sehr schnell, ohne probeweisen Vorlauf, in die Rolle des Opfers zu drängen, selbst wenn es eine kurze Vorgeschichte gibt, da der Angreifer womöglich einige Sekunden damit verbringt, das Opfer in Position zu bringen, bevor es durch die Falltür in seinen endgültigen Opferzustand gestoßen wird (wie im Fall des Vergewaltigers, der zuerst vorgibt, nur das Geld der Frau haben zu wollen). Unter anderem deshalb sind Straßenräuber seltener als Vergewaltiger oder Rowdys und bewaffnete Räuber am allerseltensten.

---

84 Morrison/O'Donnell, »Armed Robbery«, S. 55.
85 Becker, »Marijuana User«.

Es gibt eine konstante Rangfolge hinsichtlich der Häufigkeit, mit der Menschen den einzelnen Verbrechensarten zum Opfer fallen (die folgenden Daten[86] wurden in den Jahren 1972 bis 2000 erhoben):

Einbruch: Der Höchstwert liegt bei 110 pro 1000, der Tiefstwert bei 35 pro 1000 Einwohnern über zwölf Jahren.
Einfacher Überfall (ohne Waffen und ohne oder nur mit leichten Verletzungen): Höchstwert 30 pro 1000, Tiefstwert 15 pro 1000 Einwohner.
Schwerer Überfall (mit Waffen ungeachtet möglicher Verletzungen oder ohne Waffen, aber mit schweren Verletzungen): Höchstwert 12 pro 1000, Tiefstwert 6 pro 1000 Einwohner.
Raubüberfall: Höchstwert 8 pro 1000, Tiefstwert 2 pro 1000 Einwohner. [Die Kategorie »Raubüberfall« umfasst hier sowohl Straßenraub als auch bewaffneten Raubüberfall, da nicht unterschieden wird, ob Waffen benutzt wurden und ob es zu einer direkten Konfrontation kam.]
Totschlag und Mord: Höchstwert 10 pro 100000, Tiefstwert 5 pro 100000 [= Höchstwert 0,001 auf 1000, Tiefstwert 0,005 pro 1000 Einwohner].

Wir können hier erkennen, dass Einbruch, das Verbrechen, das, wie Autodiebstahl, nicht die Gegenwart anderer erfordert (es sei denn, es handelt sich um Carjacking), mit Abstand am häufigsten vorkommt; konfrontative Gewalt nimmt proportional zum Kraftaufwand ab, und Totschlag und Mord sind die absolute Ausnahme.

Die Opferquoten bei häuslicher Gewalt und Quälereien werden nur von denen der hochgradig anonymen Eigentumsdelikte übertroffen:

Schwere Misshandlung: erleiden zwei bis vier Prozent aller Kinder, also 20 bis 40 von 1000.[87]
Schwere Quälereien: werden an fünf bis sechs Prozent aller Schüler in britischen Internaten verübt und an fünf bis neun Prozent aller Schüler an staatlichen Mittelschulen (50 bis 90 Fälle pro 1000 Schüler); amerikanische Schätzungen kommen auf bis zu 15 Prozent (150 Fälle pro 1000 Schüler), mit Ausreißern von bis zu 25 oder gar 50 Prozent,

86 Bureau of Justice Statistics, www.ojp.usdoj.gov/bjs [26. 9. 2010], aktualisiert im August 2003.

87 Straus/Gelles, »Societal Change«.

allerdings unter Verwendung sehr unscharfer Definitionen dessen, was als Quälerei zu gelten habe.[88]
Schwere Partnergewalt: kommt pro Jahr bei etwa sechs Prozent der zusammenlebenden Paare vor (60 Fälle pro 1000).
Gewöhnliche Paargewalt: übertrifft mit etwa 16 Prozent (160 Fällen pro 1000 Paaren) selbst die gängigsten Formen gewaltloser Verbrechen bei weitem.[89]
Misshandlung alter Menschen: wird auf 10 Prozent geschätzt, wenn sie mit Familienmitgliedern zusammenleben.[90]
Die höchsten Raten werden gegenüber Kindern erzielt: 50 Prozent der Teenager werden von ihren Eltern *physisch zum Gehorsam gezwungen.*
80 Prozent der Kinder greifen ihre Geschwister an.
Körperliche Bestrafung wenden Eltern gegen 85 bis 95 Prozent der kleinen Kinder an.[91]

Diese Zahlen – 500 Fälle pro 1000, 800 pro 1000 und 850 bis 950 pro 1000 – sind Welten von der Rate für bewaffnete Raubüberfälle mit zwei bis acht Fällen pro 1000 Einwohnern entfernt.

Daraus folgt auch, dass trotz aller möglichen angeborenen oder physiologischen Faktoren, die bestimmte Personen für Gewaltverbrechen prädisponieren mögen, niemand ein erfolgreicher Straßendieb, Räuber oder sogar nur Rowdys oder Misshandler werden kann, ohne die entsprechenden Interaktionstechniken gelernt zu haben. Dies wurde bislang noch nicht im Einzelnen untersucht. Es wäre aber hilfreich zu wissen, was passiert, wenn jemandem, der genetisch zu Jähzorn, verbunden mit tätlichem Angriff, veranlagt ist, zum ersten Mal die Sicherung durchbrennt. Wird aus ihm (angenommen, es sei ein »er«) ein erfolgreicher Rowdys? Er müsste zudem lernen, wie und wo man ein geeignetes Opfer findet – unter den beliebt Dominanten in Montagners Spielzimmer nicht, und ohne ein gewisses Maß an gesellschaftlichen Fertigkeiten wird er es auch nicht ins Mittelfeld der Spielzimmerhierarchie schaffen, wo die Rowdys sind, sondern zum Einzelgänger werden, der mithin von sämtlichen Formen des kollektiven Angriffs

88 Zu Großbritannien siehe Duffell, *Making*, S. 186 (Internate), und Olweus, *Gewalt* (staatl. Schulen); zu den Vereinigten Staaten siehe Nansel u.a., »Bullying Behaviors«.
89 Straus/Gelles, »Societal Change«; Kimmel, »Gender Symmetry«.
90 Lau/Kosberg, »Abuse«.
91 Dietz, »Disciplining Children«; Gelles, »Violence«; Straus/Donnelly, *Beating*.

auf andere ausgeschlossen ist. Er wird vielleicht zu einem einsamen Serienkiller heranwachsen (die meisten anderen gewaltsamen »Berufe« wären ihm verschlossen), aber selbst hier wäre er nicht in der Lage, mit der Heimlichtuerei und den Tarnungen umzugehen, die normalerweise für Serienmörder kennzeichnend sind.[92] Wenn sein Jähzorn nicht durch andere Techniken der Geselligkeit ergänzt wird, ist außerdem die Wahrscheinlichkeit gering, dass er Sexualpartnerinnen und ein Heim findet. Eine Frau wäre von der Gewalttätigkeit eines solchen Mannes vermutlich schnell abgestoßen, wenn er sie nicht mittels raffinierter und hinterlistiger Methoden im Zuge einer missbräuchlichen Interaktion gleichzeitig zum Opfer abrichtet. Und da Straßenraub normalerweise in kleinen Gruppen erlernt wird und die schwierigeren Formen der räuberischen Konfrontation auf dieser Lehrzeit aufbauen, dürfte aus diesem Menschen mit dem hypothetisch angenommenen angeborenen Jähzorn kaum ein professioneller Räuber werden.

Vielleicht (einige Wissenschaftler mögen denken: zweifellos) gibt es da draußen solche Leute. Wenn dem so ist, dann laufen sie mit ihrem angeborenen Jähzorn jahrelang herum und begehen einen gewissen Anteil der in unseren Unterlagen verzeichneten Gewalttaten. Was wir jedoch wissen, ist, dass solche Gewalttaten – soweit wir sie über die statistischen Daten hinaus genauer untersuchen und die situationsbedingten Prozesse ins Auge fassen konnten – in sozialen Strukturen verübt wurden, nicht von isolierten Individuen im Jähzorn. Wie jäh deren Zorn auch aufflammen mag, er manifestiert sich in den hier beschriebenen sozialen Situationen und Beziehungen. Daraus folgt, dass das Ganze zu dem üblichen Muster aus Konfrontationsanspannung und -angst, Feigheit und inkompetenter Gewaltausübung passen muss und folglich dazu, dass ein schwaches Opfer ausgewählt wird, soll der Angriff erfolgreich sein. Personsen mit angeborenem Jähzorn (wie viele es auch sein mögen) sind nicht einfach wandelnde Zeitbomben; sie müssen wie alle anderen auch interaktive Techniken erlernen. Sollte ihr Zorn allzu jäh sein, dann erwerben sie paradoxerweise womöglich nie genügend Techniken, um mit Gewalt Erfolg zu haben. Dies könnte bedeuten, dass ausgeglichene Menschen sich solche Methoden leichter aneignen.

Wer mit Erfolg Schwächere angreift – sei es als häuslicher Gewalttäter, Rowdys oder gewalttätiger Räuber –, hat herausgefunden, dass

---

92 Hickey, *Serial Murderers.*

Schwäche nicht nur ein physischer Zustand ist. Sie beruht nicht einfach auf der Tatsache, dass eine Person kleiner ist oder weniger Muskeln hat als andere. Opfer sind im Allgemeinen in sozialer Hinsicht schwach: Es sind Personen mit niedrigem Status, sozial Isolierte, die Demütigungen andauernd hinuntergeschluckt und sich mit ihren Peinigern abgefunden haben, oder die wirkungslos gegen sie kämpfen und sie damit provozieren, ohne sie abzuschrecken. Unter bestimmten Umständen der Konfrontation sind sie situationsbedingt schwach. Jemand anders hat sie überrumpelt, hat ihren Wirklichkeitssinn manipuliert, ihnen die Initiative geraubt, sie von außen in eine emotionale Verstrickung gezwungen.

Der gemeinsame Nenner, auf den sich all diese mit der Opferrolle verbundenen Muster und Anlässe bringen lassen, ist der Verlust an emotionaler Energie. Durch konstante Umstände werden diese Menschen in die Lage derer mit einem niedrigen Niveau an emotionaler Energie gebracht und dadurch zu leichten Zielen für jene, die den Großteil ihrer emotionalen Energie aus der Gewalt oder der Androhung von Gewalt beziehen und nach schwachen Opfern Ausschau halten, an denen sie sich mästen können. Auch in der unmittelbaren Situation ist das Opfer derjenige, der einen plötzlichen Verlust an emotionaler Energie erleidet, selbst wenn es nicht um ein langfristiges Muster geht, sondern nur darum, dass das Opfer sich zur falschen Zeit am falschen Ort befindet, wo jemand, der die Techniken zur situationsbedingten Überrumpelung beherrscht, diese in die Praxis umsetzt. In der einen wie der anderen Situation mästen sich die Drangsalierer an der Angst derer, die ihre emotionale Energie einbüßen – ähnlich den Vampiren aus der Mythologie, die sich mit dem Blut ihrer Opfer am Leben erhalten. Aber während der Vampir auf das Blut gesunder Lebewesen angewiesen ist, lockt den Drangsalierer die soziale Schwäche seiner Opfer. Die Metapher ist ungenau, aber im Kern handelt es sich um eine interaktive Symbiose; der Gewaltspezialist findet seine Nische, in der er sich an interaktiver Schwäche mästen kann.

Teil II
Gesäuberte und inszenierte Gewalt

Kapitel 6
Inszenierung fairer Kämpfe

Am Freitagnachmittag sprach sich in der High School herum, dass es einen Kampf geben werde. In einem nahe gelegenen Park wollten sich um 15 Uhr zwei bekannte Oberschüler, Dawson und Rashad, miteinander messen, um herauszufinden, wer der stärkere sei. Etwa hundert Zuschauer versammelten sich eine Viertelstunde vor Beginn erwartungsvoll am Ort. Fünf Minuten später erschien Dawson. Er lief rhythmisch auf und ab; die Menge konnte nicht still stehen. Ein Zuschauer berichtete, ihm hätten die Hände gezittert, als ihm klar wurde, dass es einen *echten* Kampf geben würde.

Dann tauchte Rashad am anderen Ende des Parks auf, flankiert von zwei Begleitern; sie schritten zügig aus. Rashad machte einen ruhigeren Eindruck als Dawson, nicht wütend, sondern entschlossen und bestimmt. Dawson sprang aufgeregt herum. Rashad änderte seinen energischen Schritt nicht und ließ sein Gegenüber keinen Moment aus den Augen, als er den hufeisenförmigen Ring betrat, den die Zuschauer gebildet hatten. Als sich die beiden gegenüberstanden, nahm der Beobachter einen Schimmer von Angst in Dawsons Augen wahr, und er schien zu frösteln. Rashad ging direkt auf ihn los und versetzte ihm, ohne auf Widerstand zu stoßen, einen Kinnhaken.

Die Menge, die sich bis dahin still verhalten hatte, geriet außer sich. Die Zuschauer, von denen die meisten jünger und kleiner waren als die beiden Kämpfenden, drängten heran, um möglichst nahe am Geschehen zu sein. Manche schwiegen, andere stießen, kreischten, alle rissen die Augen auf. Rashad landete einen Hieb nach dem anderen, und Dawson taumelte zurück. Er fiel auf den Rücken, Rashad stellte sich über ihn und schlug ihm in gleich bleibendem Rhythmus ins Gesicht. Die Umstehenden bildeten einen Kreis um die beiden, und ihre Köpfe bewegten sich im Takt mit den Schlägen. Der Beobachter schilderte, er selbst und die anderen Zuschauer hätten sich in einer Art Trance befunden.

Schließlich durchbrach jemand von außen den Kreis und riss Rashad zurück. Die Umstehenden tauchten aus der Trance auf, einige bedeckten ihr Gesicht mit den Händen, andere erbrachen sich, einige waren in Tränen. Dawson lag blutüberströmt und entstellt am Boden. Schließ-

> lich rappelte er sich auf, und die beiden reichten sich die Hände. Dawson klopfte Rashad auf die Schultern und gestand seine Niederlage ein.[1]

Rashad beherrscht die emotionale Dynamik in jeder Beziehung. Er hat den besseren Auftritt: Er kommt als Letzter, wenn alle anderen bereits auf ihn warten. Sein Gegner kommt allein, Rashad wird von zwei Kumpel begleitet, die sich jedoch strikt aus dem Kampf heraushalten. Er gibt bereits beim Herankommen den Rhythmus vor und zwingt ihn seinem aufgeregt herumhüpfenden Gegner auf. Von dem Augenblick an, als sich ihre Blicke treffen, dominiert er das Geschehen. Sein Gegner kann keinen Schlag landen, noch nicht einmal einen einzigen richtig abwehren. Sein Ruhm erschöpft sich letztlich darin, überhaupt gekämpft zu haben. Nach dem Kampf schätzt er sich der Seelenverwandtschaft mit seinem Bezwinger glücklich – schließlich war er es, der mit ihm kämpfte. Die Menge wird erst von dem einen, dann von dem anderen Kämpfer mitgerissen: Zunächst ist sie mit Dawson in Erwartung des Kampfes nervös und unruhig, dann schwingt sie im Rhythmus von Rashads Schritten und Schlägen mit.

Der Kampf, so brutal er ist, bleibt geordnet und begrenzt. Nur die Fäuste werden gebraucht, keine Waffen, es wird nicht getreten, keiner drückt dem anderen die Finger in die Augen oder zieht ihn an den Haaren. Alle Schläge sind gegen die Vorderseite des Oberkörpers und das Gesicht gerichtet, frontal gegen den Angreifenden. Auch das Publikum benimmt sich, der Situation entsprechend, gut: Keiner versucht, sich einzumischen (der Beobachter bemerkt, dass er sich deshalb nach dem Kampf schuldig gefühlt habe). Erst zum Schluss unterbricht jemand, der nicht zum engsten Kreis der in das Geschehen verstrickten Zuschauer gehört, den Kampf. Dies wird jedoch von allen akzeptiert, da dem rhythmischen Schlagen ein Ende gemacht werden musste. Und das Ende verlangt herkömmliche Solidaritätsrituale: Die Animositäten sind vorbei, die Kämpfer reichen sich die Hände und signalisieren, dass sie den nun bestätigten Status als Sieger und Besiegter respektieren.

Beide sind Helden, das heißt, sie sind Statusträger. Mit ihrem Kampf haben sie ihre Rangfolge untereinander neu festgelegt, aber auch bekräftigt, dass sie zu der kleinen Elite gehören, die im Zentrum der allgemeinen Aufmerksamkeit steht.

---

1 Frei nach Phillips, »High School Fight«.

Von theoretischem Interesse ist die Frage, auf welche Weise die Mikrodetails einer aufgezwungenen rhythmischen Verstrickung den Ausgang des Kampfes bestimmen. An dieser Stelle möchte ich mich jedoch auf einen grundlegenderen Punkt konzentrieren: darauf, wie die normale Konfrontationsanspannung und -angst durch dieses Verfahren eines fair inszenierten Kampfes überwunden wird, so dass die Gewalt weitergeht.

Held gegen Held

In der ursprünglichen Bedeutung meint »Held/Heros« eine Person, die sich an gewalttätigen Wettkämpfen beteiligt und sich dabei sozialen Regeln unterwirft. Über diese Regeln hat man sich zuvor ausdrücklich geeinigt. Manchmal handelt es sich um eine Prüfung, die der Held bestehen muss, um wie in mythologischen Geschichten einen Schatz zu bekommen, eine Königstochter heiraten oder ein Königreich gründen zu dürfen. Solche Prüfungen mögen die Form fantastischer und romantisierender Verzerrungen alltäglicher Vorgänge annehmen. Für unseren Zusammenhang ist der Zweikampf zwischen zwei Heroen interessanter. Bei aller literarischen Freiheit haben solche Kämpfe zweifellos stattgefunden; tatsächlich stellten sie in manchen historischen Perioden die bevorzugte Form von Gewalt dar.

Betrachten wir die »Ilias«, das älteste Werk im Kanon der europäischen literarischen Überlieferung (etwa 750 vor Christus). Der erste Tag der Schlacht, die im Epos beschrieben wird, beginnt mit einem Zweikampf. Der trojanische Prinz Paris steht vor dem Heer seiner Stadt und ihrer Verbündeten und fordert die Griechen auf, jemanden zu schicken, der sich mit ihm im Kampf messen soll. Ihm antwortet Menelaos. Das ist angemessen, denn der Krieg wurde durch die Entführung Helenas, der Gattin des Menelaos, durch Paris ausgelöst. Paris und Menelaos vereinbaren, dass derjenige, der den Zweikampf gewinnt, die Frau bekommt und dass der Streit damit beigelegt ist. Der Krieg wird damit zu Ende sein, und beide Seiten werden sich Freundschaft schwören. Nicht nur die beiden, sondern auch die beiden Heere legen darauf einen Eid ab. Priamos, der betagte König von Troja, tritt auf und vollzieht das rituelle Opfer, wobei er die Götter anruft, den Eid zu besiegeln. Damit ist das Ritual noch nicht beendet. Menelaos und Paris ziehen das Los um den ersten Speerwurf.

Der Zweikampf beginnt. Für Paris steht es nicht gut, und als er Gefahr läuft, getötet zu werden, lässt eine Göttin, die auf der Seite der Trojaner steht, ihn verschwinden. An jedem entscheidenden Punkt im Epos interveniert eine Gottheit, um einem Helden beizustehen, ihn zu beschützen oder ihm Schaden zuzufügen. Wir könnten dies als Flucht aus der Kampfsituation deuten, jedenfalls scheitert der Zweikampf. Die unbewaffneten Truppen sitzen noch als Zuschauer da, als ein Trojaner – angestachelt von einer übelwollenden Göttin – einen Speer schleudert und Menelaos verwundet. Der Erzähler bezeichnet den Trojaner als Toren, vermutlich weil er die rituelle Waffenruhe verletzt. Die Götter lösen häufig irrationale Handlungen aus, was sich als Gefühlsausbruch auf Seiten der Verlierer interpretieren ließe. Der Speerwurf wird von den Griechen als Eidbruch betrachtet, und die Schlacht beginnt.

Die gesamte »Ilias« ist um einzelne Kämpfe herum aufgebaut, die als zwischenzeitliche Höhepunkte zum Klimax des Epos führen. Zwar wechseln diese Schilderungen sich mit Schlachtbeschreibungen ab, doch geht es dabei weder um strategische Manöver noch um den Zusammenstoß geordneter Truppenteile. Stattdessen wütet in jeder Episode ein bestimmter Held und tötet seine Feinde in großer Zahl. Sie alle sind Männer von hohem Ansehen, und Homer nennt jeden von ihnen mit Namen und Abstammung; in wichtigen Fällen fügt er die Geschichte ihrer denkwürdigen Taten hinzu. Der siegreiche Held gewinnt durch die Bedeutung der zweitrangigen Helden, die er getötet hat, noch an Reputation.[2]

Also: Am ersten Schlachttag treibt der griechische Held Diomedes im trojanischen Heer sein Unwesen. Schließlich wird er von Äneas,

---

2 Diese Kämpfe sind in der für meine Analyse entscheidenden Hinsicht stark idealisiert: Praktisch jeder Kampf wird als kurz und tödlich beschrieben und vom siegreichen Helden normalerweise mit einem Hieb entschieden. Treten zwei besonders wichtige Helden gegeneinander an, wird etwas länger gekämpft, weil eine Seite einen einleitenden Schlag zunächst abwehrt. Es gibt so gut wie keine Fehlschläge oder -würfe; jedermann ist kompetent und treffsicher. Die einzigen Ausnahmen kommen in Einzelkämpfen vor: Der Gegner haut bisweilen mit seiner Waffe daneben – aber nur ganz knapp. Oder die Rüstung des Helden, eines der Dinge, die rituell im Zentrum der Aufmerksamkeit stehen und daher eine bevorzugte Beute darstellen, hält einen tödlichen Hieb gerade noch ab. Homer beschreibt Verwundungen und Todeskämpfe sehr wirklichkeitsnah und klingt authentisch brutal. Doch diese Blut-und-Säbel-Authentizität ist allen Kriegsgeschichten eigen und lenkt von der unrealistischen Idealisierung militärischer Tapferkeit und Treffsicherheit ab, die stets damit einhergeht.

einem der bedeutendsten trojanischen Helden, herausgefordert. Ihr Zweikampf wird nicht durch einen förmlichen Eid ritualisiert, aber sie schleudern sich eine Weile lang Provokationen entgegen, und es kommt zum Austausch einiger schwerer Schläge, bis Äneas ebenfalls von einer schützenden Göttin fortgezaubert wird. Der Sieger kann immerhin den Triumph für sich in Anspruch nehmen, dass er mit den berühmten Pferden des Äneas eine ruhmreiche Trophäe erbeutet. Später in der Schlacht stellt sich Diomedes zwischen den zwei Heeren einer Kraftprobe mit dem beeindruckenden trojanischen Helden Glaukos. Sie fragen einander nach ihrem Namen und ihrer Herkunft und entdecken, dass sie »Gastfreunde durch Abstammung« sind, weil ihre Väter Gastgeber und Gast waren, die rituelle Gastgeschenke austauschten. Anstatt zu kämpfen, versichern sie einander mit Händedruck ihrer Freundschaft und tauschen ihrerseits wertvolle Stücke ihrer Rüstungen aus.

Als schließlich der Schlachttag auf den späten Nachmittag zugeht, arrangieren die Götter für die beiden Heere eine Kampfpause. Wieder kommt es zu einem Zweikampf, während die restlichen Truppen sich niederlassen und zuschauen. Hektor, der stärkste trojanische Held, fordert die Griechen auf, einen ihrer Tapfersten gegen ihn aufzustellen. Beide Seiten kommen überein, dass der Sieger die Rüstung des Geschlagenen erhält, der Leichnam jedoch für ein geziemendes Begräbnis zurückgegeben wird. Unter neun griechischen Helden, die sich freiwillig melden,[3] wird Ajas (Ajax) durch das Los bestimmt.[4] Dieser Kampf sollte ergebnislos verlaufen, denn im Unterschied zu anderen Kämpfen verpassen sie einander nur einige Hiebe, die nicht

---

3 Sie schlagen sich selbst mit einiger Verzagtheit vor, da Hektor im Grunde ihnen allen vom Rang her als überlegen gilt. Nur Achilles, der beste griechische Kämpfer, wird als besser eingeschätzt, doch der schmollt und weigert sich zu kämpfen, weil er dem obersten Befehlshaber und König der Griechen wegen des Besitzes weiblicher Gefangener zürnt. Es gibt eine klare Rangordnung zwischen den Helden: Menelaos und Paris, die den ersten Zweikampf ausgetragen hatten, sind auf dieser Liste relativ weit unten angesiedelt, weshalb Menelaos die Griechen nicht gegen Hektor vertreten darf. In dieser sozialen Arena ist nicht nur eines jeden Ruf bei Freund und Feind bekannt, sondern richtet sich nach der Tapferkeit des Einzelnen. Der Ablauf der Einzelkämpfe in der »Ilias« gleicht einem Schwergewichts-Boxturnier: Das Ganze beginnt mit Kämpfern niederen Ranges und endet mit den zwei Spitzenkämpfern.

4 Dies wird ausdrücklich als Glückstreffer bezeichnet, da Ajas und Diomedes auf der Bestenliste der griechischen Helden hinter Achilles Rang zwei und drei einnehmen.

viel Schaden anrichten. Bei Ausbruch der Nacht werden die Kämpfe von Herolden beider Seiten, die als Schiedsrichter fungieren, getrennt. Hektor und Ajas tauschen Teile ihrer Rüstung und Waffen als »herrliche Gaben«, um zu zeigen, dass sie gekämpft und sich anständig versöhnt haben. Die Griechen betrachten den Ausgang als Sieg, weil Hektor als der bessere Kämpfer gilt.

Am zweiten Tag der Schlacht wendet sich das Blatt, und Hektor wütet im Heer der Griechen. Dies hört erst auf, als der in seinem Lager schmollende Achilles seinem Freund Patroklos die eigene Rüstung leiht und ihm erlaubt, damit in die Schlacht zu ziehen. Der Ruhm des Achilles ist so groß, dass sich das Schlachtenglück abermals wendet: Patroklos wütet jetzt seinerseits im trojanischen Heer. Schließlich macht Hektor ihn ausfindig und kümmert sich nicht mehr um das übrige Schlachtgeschehen; mit Hilfe eines Gottes tötet er Patroklos. Aber es handelt sich hier nicht um einen vollständig ritualisierten Einzelkampf: Es gibt keine vorherige Vereinbarung, und die Schlacht tobt nun um die Leiche des Patroklos. Hektor begnügt sich mit der Rüstung des Achilles, die er hinfort selbst tragen wird, und die Griechen können endlich den Leichnam bergen.

Der dritte und letzte Tag der Schlacht findet – soweit es die »Ilias« betrifft – statt, als Achilles, von den Göttern mit einer neuen Rüstung ausgestattet, in den Kampf zurückkehrt; er wütet unter den Trojanern und tötet viele von ihnen. Hektor weiß, dass er unterliegen wird, und flieht vor Achilles. Die Heere ziehen sich zurück, um der Jagd der beiden um die Stadtmauern zuzuschauen. Es ist dies kein förmlicher Zweikampf, aber Achilles verbietet seinen Bundesgenossen einzugreifen und ihm den Ruhm für Hektors Tod zu rauben. Hektor kehrt (von einem Gott gestärkt) um und stellt sich Achilles. Er schlägt ihm die übliche Absprache vor: Der Sieger bekommt die Rüstung als Beute und gibt dafür den Leichnam zur Bestattung frei. Achilles, der wegen des Todes seines Busenfreundes zürnt, weigert sich, eine Vereinbarung zu treffen. Er tötet Hektor und schleift dessen Leichnam entwürdigend hinter seinem Streitwagen zurück ins Lager. Die eigentliche Handlung ist nun vorbei. Doch es folgt noch eine Episode: Der alte König Priamos geht gramgebeugt ins griechische Lager und bittet um die sterblichen Reste seines Sohnes. Achilles ist beschämt und willigt ein, ihm den Leichnam zu überlassen. Damit endet die Geschichte: Der große Held, der stärkste Kämpfer, hat schließlich gelernt, sich den rituellen Formen zu beugen.

Schlachten dieser Art, die in eine Reihe von Einzelkämpfen zerfallen, sind in bestimmten Gesellschaftsordnungen verbreitet. Keltische Krieger suchten sich zur Zeit der römischen Eroberungen in Europa einen einzelnen Feind aus und dokumentierten ihre Siege, indem sie die abgeschnittenen Köpfe ihrer Gegner an ihrem Gürtel herumtrugen. Es waren Trophäen und Ehrenzeichen, ähnlich den Skalps oder Körperteilen, die nordamerikanische Stammeskrieger ihren Kontrahenten abnahmen, wobei sie sich durch den Verzehr des Herzens oder anderer Organe auch die Kraft eines ruhmreichen Feindes einzuverleiben suchten. Das allgemeine Muster läuft darauf hinaus, dass man seinen Ruf aufwertet sowie seinen Kampfesmut oder seine emotionale Überlegenheit stärkt, indem man ein Erinnerungszeichen nimmt und es öffentlich vorführt. Im Griechenland Homers stellen die Helden ihre Trophäen aus den Einzelkämpfen immer wieder zur Schau, setzen sie zum Gabentausch ein, schreiben ihre Herkunft, sofern sie besonders berühmt ist, übernatürlichen Wesen zu und behandeln sie in jeder Beziehung als heilige Dinge. Im frühen europäischen Mittelalter geht ein ähnliches Reputationssystem aus den Geschichten über magische Schwerter hervor, die nur von den stärksten und tapfersten Helden errungen werden können, und den Erzählungen über Schätze, die von Drachen und Ungeheuern bewacht werden, die nur ein Held zu töten vermag. Im alten China und später dann, wenn angesichts schwacher Dynastien irreguläre Banditenheere erstarkten, wurden Helden als Spezialisten im Einzelkampf geschildert, die unbedeutendere Personen mühelos umbringen und Ehre in Kämpfen mit anderen Kämpfern erwerben. Manchmal enden solche Kämpfe mit der gegenseitigen Aufnahme in eine verschworene Bruderschaft.[5]

In einer Sozialstruktur, in der es zu Einzelkämpfen unter rituell herausgehobenen Helden kommt, gibt es keine hierarchisch gegliederten und geschulten Heerestruppen. Die keltischen Krieger waren äußerst undiszipliniert; eine besonders prestigeträchtige Sitte bestand bei ihnen darin, die Kleider abzulegen und nackt zu kämpfen, womit sie ihre Gleichgültigkeit gegenüber den Elementen und ihre Verachtung für körperliche Gefahren zur Schau stellten. Ein ähnliches »Berserker«-Muster (eine altnordische Wortschöpfung) findet man überall

---

5 Ross, *Everyday Life*; Finley, *Antike Wirtschaft*; Brondsted, *Vikings*; Shi/Luo, *Räuber.*

im Bronze- und Eisenzeitalter von Mesopotamien bis nach Skandinavien.[6] Kämpfe, die sich auf emotional aufgeladene Einzelpersonen konzentrieren, die sich in eine Kampfesraserei steigern, treten demnach in Gesellschaften mit lockeren militärischen Zusammenschlüssen auf, in Gesellschaften also, die zwar über die Stammesnetzwerke hinaus agieren, aber noch keine festgefügte staatliche Organisation wie Königtums Aristokratie oder Bürgerheer kennen.[7] Der Aufbau dieser emotionalen Raserei dient der Steigerung der Kampfleistung und findet sich unter bestimmten sozialen Bedingungen: Dazu zählt die Fokussierung auf den Ruf des Einzelnen, was bei überschaubaren Streitigkeiten möglich ist, und es gelingt dann, wenn es Mittel und Wege gibt, den Ruf eines Kämpfers unter allen Konfliktparteien zu verbreiten wie in Homers Beispiel.

Eine weitere Bedingung ist, dass keine andere gesellschaftliche Gewaltorganisation das Schlachtfeld überlegen dominiert. Gegen eine wohlgeordnete Streitmacht ist im Einzelkampf – ob in der extremen Berserker-Variante oder auf vornehmere Art – nichts auszurichten. Römische Legionen hatten wenig Schwierigkeiten, die Kelten und ähnliche Krieger zu besiegen. Sie konnten sich gegen jeden Einzelangriff, und mochte er noch so wütend ausfallen, schützen, indem sie einfach ihre massierten Formationen aufrechterhielten, und brauchten nur ihre zahlenmäßige Überlegenheit ins Spiel zu bringen, um isoliert auftretende Kämpfer auszuschalten. Aus dem Glied auszuscheren war streng untersagt; die Römer legten Wert auf die Einhaltung der Gruppendisziplin, nicht darauf, dass jemand mit seinem Mut und seinem Können angab.[8]

---

6 Speidel, »Berserks«.

7 Searle, *Predatory Kinship*.

8 Eine solche Kampforganisation ist dem Einzelkampf in zweierlei Hinsicht überlegen: Man kann Schlachten durch schiere Übermacht gewinnen, indem man die anderen tötet, und durch Beherrschung des emotionalen Fokus der Situation. Römer besaßen *keinen* Ehrenkodex mit Duell und Vendetta, weil ihr Heer und auch ihre innenpolitischen Verhältnisse ganz anders strukturiert waren. Die herrschenden Familien häuften enorme Besitztümer und Macht an, indem sie ihre politischen Verbindungen spielen ließen und sich organisierter Gewalt bedienten (MacMullen, *Roman Social Relations*). Kein Römer ging das Wagnis eines Duells ein, wenn er sein Geld und seinen Einfluss zum Stimmenkauf nutzen oder seinen Gegner von Mittelsmännern umbringen lassen konnte. Waren beide Kontrahenten stark, stellten sie große Heere auf (unter Einsatz von Geld, dem Ruf ihrer Feldherren, der die Siegchancen erhöhte, sowie, in gewissem Maße, mittels Verwandtschaftsbeziehungen und Patronage). Das römische Ehrverständnis bezog sich vor allem auf einen ehrenhaften Tod,

Realistisch gesehen, muss der Erfolg eines »Heroen« zu einem Gutteil auf der Einschüchterung des Feindes beruht haben – durch schiere emotionale Wucht, durch den Donnerhall seines Rufes. Wir können dies bei Homer sehen, wo Hektor, der tapferste und beste trojanische Krieger, vor dem Ruf des Achilles zurückweicht,[9] und auch im Schülerkampf unserer Tage, wo Rashad schon beim ersten Sichtkontakt seinen Gegner Dawson emotional überwindet. Aber wo der Feind so organisiert ist, dass seine emotionale Kraftquelle nicht nachlässt, und sich taktisch nicht um die Ehre und den Ruhm des Einzelnen kümmert, sondern darum, die eigene zahlenmäßige Überlegenheit gegen die Schwäche des Gegners ins Feld zu führen, da verliert der Heldenkampf seine wichtigste Waffe, die emotionale Dominanz. Ein Mann, der sich als Heros oder Berserker einer disziplinierten, organisierten Militärorganisation oder modernen Polizeikräften entgegenstellt, ist nur ein krankhafter Einzelfall und Verlierer obendrein. Wird der Kampf nicht durch eine hierarchische Organisation koordiniert, gilt ein solches Verhalten als heroisch.

Die Rolle der Zuschauer bei der Begrenzung von Gewalt

Durch soziale Inszenierung und die Regulierung eines Kampfes lassen sich Konfrontationsanspannung und -angst in Schach halten, allerdings nicht nur deshalb, weil die Beteiligten dadurch weniger Furcht vor Verletzungen haben müssten. Tatsächlich können die Regeln durchaus schwere Verletzungen zulassen, ausgeschlossen sind nur bestimmte Verletzungen oder Taktiken. Wie ich bereits verschiedentlich angemerkt habe, rühren Anspannung und Angst im Wesentlichen

---

insbesondere auf Selbstmord nach einer militärischen oder politischen Niederlage. Persönlicher Mut kam dann zum Zuge, wenn der letzte Ausweg gewählt wurde, um nicht auf entwürdigende Weise im Triumphzug des Eroberers mitgeführt zu werden. Eine Art Duell gab es nur bei Gladiatorenkämpfen und in den entsprechenden Ausbildungsschulen, aber Gladiatoren waren keine römischen Bürger. Römer trugen keine Duelle aus, sondern kämpften in Bürgerkriegen.

9 Das Wüten der homerischen Helden im gegnerischen Heer ist in der Erzählung zweitrangig gegenüber den Einzelkämpfen, aber dieses Wüten kann als Demonstration ihres Vermögens verstanden werden, wie ein »Berserker« zu handeln, der von der Raserei des Angriffs mitgerissen wird, und als eine Form, ihren Ruf im Lauf der Erzählung so aufzubauen, dass damit ihren späteren Einzelkämpfen das angemessene Gewicht verliehen wird.

nicht von der Angst vor körperlichem Schmerz her. Diesen ertragen die Menschen überraschend gut (vielleicht, weil sie bei körperlichen Leiden oder bei Unfällen oft keine andere Wahl haben), und ein Gutteil vermag sich dagegen zu wappnen.

Vereinbarungen über Einschränkungen in einem fairen Kampf kommen durch gemeinsame Gesinnung, durch stillschweigende oder explizite Absprachen zwischen den Kämpfenden zustande. Selbst wenn sie versuchen, sich gegenseitig bewusstlos zu schlagen oder gar zu töten, erhalten sie mit ihrer gegenseitigen Vereinbarung dennoch eine Ebene der Solidarität aufrecht. Sie geben einander praktisch ohne Unterlass zu verstehen, dass sie gewisse Praktiken nicht anwenden wollen und werden, dem anderen zum Beispiel nicht in die Augen greifen, sondern nur mit der Faust ins Gesicht schlagen werden. Jedes Mal, wenn sie auf ein Zeichen hin anfangen und an einem bestimmten Punkt wieder aufhören, bestätigen sie, dass der Kontaktfaden trotz all ihrer Aktionen, die das Gegenteil nahelegen, nicht abreißt. Der Kampf selbst unterbricht natürlich die normale interaktive Einbindung. Aber bei einem fairen, durch Rituale und Einschränkungen umfassend geregelten Kampf wird gleichzeitig eine weitere Ebene eingezogen, auf der sich beide Seiten mit einem hohen Maß an gegenseitiger Einbindung und Intersubjektivität begegnen. Die Interaktion findet auf zwei Ebenen statt: Die Ritualisierung des fairen Kampfes konstituiert eine übergeordnete Ebene der Solidarität, welche der Gegnerschaft Grenzen setzt und sie auf eine untergeordnete Aufmerksamkeitsebene verlagert. Dank dieser Struktur lassen sich Anspannung und Angst überwinden, so dass der Kampf, sogar mit Herzblut, fortgesetzt werden kann.

Bei einem inszenierten Kampf spielt das Publikum eine entscheidende Rolle. Es sorgt zum einen für die Unterstützung, die zur Umgehung von Konfrontationsanspannung und -angst notwendig ist, und verhilft den Beschränkungen, die dem Kampf seine Etikette verleihen und ihn zu einem fairen Kampf machen, zur Durchsetzung. Die Kämpfer lenken ihre Aufmerksamkeit auf Verschiedenes: natürlich auf den Gegner und die Frage, wie man ihn angreifen oder sich gegen ihn verteidigen kann; auf das Publikum, vor dem man eine gute Figur abgeben möchte, und damit auch darauf, wie die eigene Person und der Gegner in den Augen des Publikums dastehen. Dies fügt der gegenseitigen Aufmerksamkeit zwischen den Kämpfenden noch eine weitere Ebene hinzu, nämlich wie sie gemeinsam – und demnach bis zu einem gewissen Grad in Zusammenarbeit – bei ihrer Vorstellung wirken. Die Aufmerksamkeit des Kämpfenden verlagert sich also von der Konfrontationsanspannung und -angst auf die Unterstützung und Maßgaben derer, die ihn zum Kampf ermuntern.

Das Publikum nimmt an den Regularien Anteil oder übernimmt sogar die Führung: Es zeigt Beginn oder Abbruch an und achtet darauf, dass nur als fair erachtete Taktiken zum Einsatz kommen. Auch auf die Auswahl der Kämpfer mag es Einfluss nehmen, indem es auf Ausgewogenheit besteht und dafür sorgt, dass der Starke gegen den Starken anstatt gegen den Schwachen antritt. Dass das Kollektiv sein Augenmerk auf die Einhaltung der Regeln legt, kann ebenfalls zur Überwindung von Anspannung und Angst führen – oder dazu, dass ein Kampf erzwungen wird. Ist der Automatismus, dass eine Beleidigung einen inszenierten Kampf nach sich zieht, erst in Gang gesetzt – oder, näher am Ereignis, hat sich das Publikum bereits eingefunden –, ist der soziale Druck auf die Kämpfer, sich der Konfrontation zu stellen, mitunter enorm. Wer einen Rückzieher macht, muss mit Hohn und Spott oder Schlimmerem rechnen. Dieser soziale Druck wird oft ins Feld geführt, als wäre er für den Kampf verantwortlich zu machen. Aus analytischer Sicht entscheidender ist die Tatsache, dass das Publikum die soziale Energie und die Solidarität zur Verfügung stellt, die die Umgehung von Anspannung und Angst und damit den Kampf überhaupt erst ermöglichen. Ob sich bereitwillige Kämpfer an der Unterstützung ihres Umfelds berauschen oder unwillige sich dem Zwang beugen – der Druck ist derselbe. Ein Kampf kann natürlich aufgrund eines persönlichen Grolls entstehen, aber der Groll geht schnell in der Dynamik unter, die durch den Auftritt vor Publikum (sei es bewundernd oder missgünstig) entsteht. Groll kann auch nur ein Vorwand sein, um sich vor Publikum in Szene zu setzen, wie zum Beispiel bei Zechern, die Streit suchen. Manchmal ist schwer auszumachen, welcher Weg eingeschlagen wird, aber wenn das Publikum die entscheidende Determinante darstellt, ist die Frage häufig nicht von Belang.

Lassen Sie mich folgende, nachprüfbare Hypothese aufstellen: Ein aufmerksames Publikum mildert die Anspannung und Angst der Kämpfer und beeinflusst so deren Kampfbereitschaft, auch hinsichtlich Ausdauer und Intensität. Die bloße Anwesenheit kleiner, unachtsamer Gruppen dagegen dämpft die Bereitschaft zu handgreiflichen Auseinandersetzungen. Dies kann bei sogenannten Ehrenhändeln ein wesentlicher Faktor sein, der sich jedoch schwer bestimmen lässt, da in Nachrichtenmeldungen und Polizeiberichten kaum Angaben zur

Größe und Aufmerksamkeit des Publikums gemacht werden.[10] Die Tatsache, dass Ehrenhändel vor allem an Treffpunkten, an denen die Menschen sich amüsieren, oder wenn (zum Beispiel Freitag- und Samstagabends) ausgiebig gefeiert wird, in Gewalt umschlagen, legt nahe, dass viele Menschen in der Nähe sind und dass diese daran interessiert sind, Kämpfe zu sehen. Man könnte die Hypothese aufstellen, dass es unter der Woche in einer fast leeren Bar oder in einer Situation, in der die Menge mit anderem beschäftigt ist, wohl kaum zu einem Kampf kommt.[11]

Dafür gibt es einige anschauliche Belege aus meinen eigenen Beobachtungen und denen meiner Studenten. Ein Beispiel betrifft einen Kampf, der nicht stattfindet: Ein Mädchen, das nach der Schule auf den Bus wartet, bemerkt zwei Schüler, die sich anschreien, ohne dass sich eine Menge um sie schart. Auch andere Schüler stehen herum und warten auf ihre Eltern, interessieren sich aber nicht für die beiden. Nach einigen Minuten trollen sich die beiden Jungen, als ob die Situation sie langweilte. Ein zweiter Fall stammt aus meiner Beobachtung einer kleineren Straßenauseinandersetzung zwischen drei Jugendlichen in Somerville, die ich zu Beginn von Kapitel 2 bereits geschildert habe: Da wir wenigen Zuschauer weit entfernt waren, nicht im Sichtfeld der Streithähne und an der Auseinandersetzung kaum interessiert, hörte der Kampf bald auf.

Bei einem weiteren Vorfall, den ich im Januar 2003 in Philadelphia beobachtete, wurde ein weißer Mann, zwischen 20 und 30 Jahre alt, im abendlichen Stoßverkehr auf seinem Fahrrad leicht von einem Taxi gestreift, als er sich zwischen den Wagen hindurchschlängelte. Der Mann hat sich nicht wehgetan, und das Fahrrad wurde nicht beschädigt, denn er fuhr danach weiter. Aber er war wütend, anscheinend aus Verlegenheit darüber, vor den Augen der anderen vom

10 In Versuchsreihen mit kleinen Gruppen stellte sich heraus, dass die Anwesenheit eines Publikums zur Eskalation in Form gegenseitiger Beleidigungen führte – in höherem Maße, wenn ein Unruhestifter, in geringerem, wenn ein Friedensvermittler darunter war (Felson, *Crime*, S. 33f.). Dabei handelt es sich um Konflikte mit nur zwei Beteiligten, bei denen es lediglich kurzzeitig zu Gewaltausübung kommt; sie bleiben auf der Ebene dessen, was ich als prahlerische Drohung bezeichnen würde. Im echten Leben und einem Publikum von beträchtlicher Größe sind die Auswirkungen handfester.

11 Laut Statistik finden die meisten Kämpfe an Freitag- und Samstagabenden und in Vergnügungsvierteln statt (Budd, »Alcohol-related Assault«, Abb. 6). Ob die Häufigkeit dort auch pro Kopf der Anwesenden zunimmt, wurde nicht ermittelt.

Fahrrad zu fallen, vielleicht auch erschrocken. Er beschimpfte den Taxifahrer, einen Schwarzen etwa gleichen Alters und gleicher Größe (offensichtlich ein afrikanischer Einwanderer), der sich weigerte, aus seinem Taxi auszusteigen. Die Weigerung machte den Radfahrer noch wütender (und gab ihm womöglich Mut). Während er seine Strafpredigt fortsetzte, ließ er sein Fahrrad vor dem Taxi stehen, das dadurch nicht weiterfahren konnte. Er selbst stellte sich auf die zweite Fahrspur und blockierte damit den gesamten Verkehr in der Einbahnstraße. Auf diese Weise beschaffte er sich in Gestalt anderer Autofahrer ein Publikum, das ärgerlich die Hupen betätigte, damit der Verkehr wieder fließe, obwohl die meisten zu weit entfernt waren, als dass sie hätten sehen können, was vor sich ging. Ein halbes Dutzend Passanten (darunter auch ich) stand in sicherer Entfernung auf dem Gehsteig und schaute zu. Wir rückten nicht zusammen und sprachen auch nicht miteinander. Den einzigen Versuch, einzugreifen, unternahm der Fahrer eines Lieferwagens, der direkt hinter dem Taxi stand. Er forderte den Radfahrer auf, sein Rad aus dem Weg zu räumen, doch der beachtete ihn nicht, und der Fahrer (ein ziemlich kräftiger Arbeiter) traute sich nicht, die Sache weiterzuverfolgen. Schließlich machte der Radfahrer der Sache selbst ein Ende, indem er dem Taxifahrer sagte, er habe seine Nummer aufgeschrieben und werde ihn der Polizei melden.

Er stellte sein Fahrrad auf den Gehsteig, und der Verkehr setzte sich wieder in Bewegung. Dennoch kamen nur einige wenige Wagen durch, bevor die Ampel auf Rot schaltete. Der Wagen an der Haltelinie wurde von einem muskulösen schwarzen Amerikaner gefahren, der bei dem Vorfall nur wenige Wagen hinter dem Taxi gestanden hatte. Er kurbelte das Fenster herunter und beschimpfte den Radfahrer wütend dafür, dass er den Verkehr aufgehalten hatte. Der schimpfte zurück, packte ein schweres Fahrradschloss und schwang es drohend und bewegte sich Richtung Wagen. Der Fahrer öffnete die Tür und stieg aus. Dann sprang die Ampel um; irgendetwas passierte, es ging ganz schnell – wahrscheinlich zögerten beide nur kurz. Der Schwarze stieg wieder ins Auto und fuhr weg. Der Radfahrer schwang sich auf sein Rad und fuhr ebenfalls los, immer noch in der Mitte der Straße, wo er sich trotzig durch den langsam vorwärts kommenden Verkehr schlängelte. Der gesamte Vorfall dauerte vier Minuten. Die Konfrontation erschöpfte sich weitgehend in Drohungen und entsprach damit dem allgemeinen Grundsatz, dass ohne ein aufmerksames und unterstützendes Publikum der Kampf nicht eskaliert.

Ein weiterer Beinahe-Kampf mit einer ähnlichen interaktiven Struktur wird aus Japan im Jahr 1864 geschildert, obgleich er sich im Umfeld des Gesetzlosen ereignet und die Kämpfer mit dem Töten schnell bei der Hand sind. Ein Samurai erzählt, wie er nachts durch die verlassen Straßen von Edo (dem späteren Tokio) nach Hause geht, zwischen langen Reihen niedriger Holzhäuser hindurch, deren Läden fest verschlossen sind:

> Es war ein Uhr vorbei, die Nacht kalt und der Mond strahlte silbern klar, irgendwie friedlich. Die Straße war leer, kein Mensch zu sehen. Und doch war mir unheimlich zumute. Es wurden ja fast jede Nacht da und dort Leute von clanlosen, umherschweifenden Samurai überfallen und ermordet. Ich hatte mir also die weiten Beinkleider etwas hochgezogen, um im Falle eines Falles mehr Bewegungsfreiheit zu haben, und schritt zügig dahin als mir [...] ein Mann entgegenkam, der mir wie ein Riese erschien. Ob er wirklich von mächtiger Statur war, das weiß ich nicht genau, jedenfalls erschien er mir so.
> »So, da sitzt du nun in der Patsche und kannst nicht einmal davonrennen!«
> Heutzutage gibt es Polizei oder man kann sich in irgendein Haus flüchten. In den unruhigen Zeiten damals war so etwas nicht möglich. Die Leute hatten ihre Häuser fest verschlossen und man durfte nicht erwarten, dass einem jemand auf der Straße jemand zu Hilfe gekommen wäre.
> »Das ist eine prekäre Situation!« Ein Davonlaufen kam auch nicht in Frage, denn dadurch hätte ich den Feind im Rücken gehabt, also blieb mir nichts anderes übrig, als kühn voranzuschreiten. Selbstverständlich durfte ich mir keinerlei Furcht anmerken lassen und entschloss mich daher, eine herausfordernde Haltung einzunehmen. Ich ging also von der linken Straßenseite schräg bis zur Mitte der Straße. Der andere tat es mir gleich. Für mich war das ein Schock, aber ein Zurück, auch nur einen Zentimeter, gab es nicht mehr. Sollte es zu einem Schwertziehen kommen, dann wusste ich, was ich zu tun hätte, da ich mich in der Iai-Kunst, dem Schwertziehen, einigermaßen auskannte. Ich wollte ihn mit einem Hieb von unten erledigen. Ich war zu allem entschlossen, sollte es losgehen. Der andere kam immer näher [...] mir blieb nichts als zuzuschlagen, würde der andere eine falsche Bewegung machen. Da es damals weder Gerichte noch Polizei gab, brauchte ich mir keine Sorgen einer Fahndung nach mir zu machen, sofern ich die Mordstelle danach gleich verließ.
> Mit jedem Schritt kamen wir uns näher. Und dann waren wir auf gleicher Höhe, der andere zog nicht, ich natürlich auch nicht. Und kaum, dass wir aneinander vorbei waren, rannte ich los, wie schnell, das ist

> schwer zu sagen. Nach mehreren Metern verhielt ich, blickte mich um und sah den Unbekannten ebenfalls davonrennen. Ich atmete erleichtert auf und fand die Situation recht komisch [...] Unsere Furcht unterdrückend, waren wir mutig aufeinander zugeschritten, um in Reichweite der Schwerter einander auszuweichen und loszurennen [...] Ich hatte Angst, und der andere wohl auch.[12]

Umgekehrt kann das Publikum den Hauptbestandteil eines Kampfes ausmachen. Fox beschreibt ein Kampfmuster, das in kleinen westirischen Gemeinden immer wieder auftrat.[13] Bei einer Tanzveranstaltung der Gemeinde kommt es zu Streitereien zwischen betrunkenen Männern. Freunde und Verwandte unterstützen die jeweiligen Streithähne, indem sie sie umringen und lautstark anfeuern. Sie halten sie aber auch von ernsthaftem Blutvergießen zurück. Ein Großteil der Handlung besteht aus Balgereien zwischen den Streithähnen und ihren Begleitern, aus lauten Drohungen wie »Lasst mich, ich bring ihn um!« sowie aus den Bemühungen, die Kämpfenden davon abzuhalten, ihre Drohungen wahr zu machen. Die beiden Gegner, die lauthals androhten, den anderen umzubringen, ignorieren einander, wenn sie sich ohne Publikum am nächsten Tag begegnen. Dies ist ein extremes Beispiel dafür, dass Kämpfer ohne Publikum und ohne Kontrolle durch die Menge den Kampf gar nicht erst aufnehmen können.

Das Muster wird durch meine Sammlung aus 89 direkten Beobachtungen von Konfrontationen mit Gewaltandrohungen (74 Studentenberichte, 15 eigene, aus denen die entsprechenden Informationen hervorgehen) bestätigt. Von 17 Fällen, bei denen die Umstehenden Beifall spenden und die Kämpfenden anspornen, arten 15 in ernsthafte Kämpfe aus (88 Prozent), und in acht Fällen schließt sich jemand aus der umstehenden Menge dem Kampf an. Von 12 Fällen, bei denen die Haltung der Menge gemischt ist (leicht erregt, ein Teil der Menge ist belustigt, lacht, ist amüsiert), enden acht mit einer längeren, aber

---

12 Fukuzawa, *Lebensschilderung*, S. 271f. Fukuzawa war im Allgemeinen ein mutiger Mann, der einige Male in seiner Karriere als führender Westler im politischen Kampf um die Öffnung Japans Gefahr lief, ermordet zu werden. Fünf oder sechs Jahre vor diesem Vorfall hatten er und seine Klassenkameraden in Osaka an Sommerabenden mitten in der Menge Scheingefechte vom Zaun gebrochen, um sich am Schrecken der Zuschauer, die der niederen Klasse der Händler angehörten, zu ergötzen (S. 78f.). In jedem dieser Fälle begünstigte, kontrollierte oder demobilisierte die Interaktionssituation die Gewalt.

13 Fox, »Inherent Rules«.

Tabelle 6.1
Ernsthaftigkeit der Kämpfe, beeinflusst durch die Haltung des Publikums

	Gewalt				
	ernsthafter Kampf	länger/ glimpflich	glimpflich/ hört auf	Abbrüche	Gesamt
Publikum					
anfeuernd	15 (88 %)	2 (12 %)			17
gemischt	1 (8 %)	8 (67 %)	3 (25 %)		12
neutral	9 (32 %)	3 (11 %)	10 (36 %)	6 (21 %)	28
unbehaglich/ ängstlich	1 (5 %)	4 (19 %)	4 (19 %)	12 (57 %)	21
intervenierend		1 (9 %)	5 (45 %)	5 (46 %)	11
Gesamt	26	18	22	23	89

harmlosen Rauferei, Drohungen oder anderen Formen begrenzter Gewalt (67 Prozent); in drei Fällen kommt es zu sehr kurzen Kämpfen (25 Prozent). In 21 Fällen schweigt die Menge, fühlt sich unwohl ist angespannt oder ängstlich. Hier kommt es zu *einem ernsten Kampf* (5 Prozent), in vier Fällen zu längeren, harmlosen Raufereien (19 Prozent), zu vier kurzen und leichten Vorfällen von Gewalt (das heißt, einem Faustschlag oder einer Ohrfeige), die abrupt enden (19 Prozent), und in zwölf Fällen findet gar kein Kampf statt (57 Prozent). In elf Fällen intervenieren die Zuschauer, vermitteln oder brechen den Kampf ab: Dies führt in *einem Fall zu einer längeren Rauferei* (9 Prozent), in fünf Fällen zu kurzer, leichter Gewalt (45 Prozent), vier Fälle enden ohne Kampf (46 Prozent). Insgesamt gibt es deutliche Parallelen zwischen dem Grad an Aufmunterung oder Widerstand durch das Publikum und dem Ausmaß der Gewaltanwendung.

Verhält sich das Publikum jedoch neutral – ist abwesend, bleibt auf Distanz, ist verstreut, unsichtbar, zollt dem Geschehen keine Aufmerksamkeit oder ist zahlenmäßig weniger stark vertreten als die Streithähne –, zieht dies die unterschiedlichsten Effekte nach sich. In neun von 28 derartigen Fällen brachen heftige Kämpfe aus (32 Prozent, in dreien kam es zu längeren Raufereien oder stürmischen Auseinandersetzungen (11 Prozent), in zehn zu leichten, kurzen Kämpfen, die abrupt endeten (36 Prozent), in sechs Fällen blieb jegliche Gewalt aus (21 Prozent). Wo liegt der Unterschied? Zweifelsohne in der Zahl der Streitenden. Bei den neun ernsthaften Kämpfen traten *mit nur einer*

Tabelle 6.2
Ernsthaftigkeit der Kämpfe, beeinflusst durch die Größe der kämpfenden Gruppen (Publikum neutral)

	Gewalt				
	ernsthafter Kampf	länger/ glimpflich	glimpflich/ hört auf	Abbrüche	Gesamt
Größe der kämpfenden Gruppen					
1–3	1 (6 %)	1 (6 %)	10 (59 %)	5 (29 %)	17
5–100	8 (73 %)	2 (18 %)		1 (9 %)	11
Gesamt	9	3	10	6	28

Ausnahme größere Gruppen (mit zehn bis 15 Personen auf jeder Seite, beim kleinsten fünf gegen fünf) gegeneinander an. In zwei Fällen handelte es sich um mehrere hundert Demonstranten. An fast allen anderen Vorfällen mit neutralem Publikum und leichter oder folgenloser Gewalt waren nur wenige Kämpfer beteiligt (meistens ging einer gegen einen, manchmal waren zwei oder drei auf der defensiven Seite; nur in einem Fall ging es mit sechs gegen sechs um größere Gruppen).

Brechen Kämpfe zwischen großen kampfbereiten Gruppen aus, setzen diese sich über die Reaktionen des Publikums hinweg; diese Kämpfer bringen im Grunde ihre Unterstützer mit, da nur ein Teil der Gruppe tatsächlich aktiv am Kampf teilnimmt. Dies trägt zur Erklärung der wenigen Anomalien bei, die ich in den vorangegangenen Absätzen *kursiv* gesetzt habe. In einem Fall findet ein ernsthafter Kampf statt, obwohl das Publikum ängstlich ist. Während eines Konzertes drängen zwei rivalisierende Skinheadgruppen von entgegengesetzten Seiten in die Gruppe der Tänzer – den sogenannten Moshpit – und jagen die normalen Mosher auseinander. Diese Gruppen bestehen aus 20 bis 30 Kämpfern, welche die Menge von mehreren hundert Fans nicht beachten und erschrecken. Wenn die kämpfenden Gruppen groß sind, spielt das Publikum keine Rolle.

Unter den insgesamt 89 Fällen gibt es nur zwei wirkliche Anomalien: In einem Fall (weiter oben *kursiv*) misslingt die Intervention des Publikums. Dieser Vorfall wird in Kapitel 1 beschrieben. Zwei Jungen raufen inner- und außerhalb des Autos, als ihre Familie zu einem Ausflug aufzubrechen versucht. Die zweite Besonderheit betrifft Fälle, bei denen es vor neutralem Publikum zu ernsthafter Gewalt kommt, die Gruppe der Kämpfer jedoch klein ist: Drei junge Weiße fahren nachts durch eine verlassene Straße in einer kleinen Stadt im Mittleren Westen, halten einen anderen Wagen an, und zwei von ihnen verprügeln den Fahrer, den sie beschuldigen, ein Drogeninformant der Polizei zu sein. Gewalt in Familien hängt nicht vom Publikum ab, persönliche Blutrache offenbar auch nicht.[14]

Das Publikum beeinflusst nicht nur, ob ein Kampf ernsthaft oder harmlos ausfällt oder gar abgebrochen wird, sondern es bestimmt auch, ob er fair ausgetragen wird. Eine Antwort auf die Frage, warum sich ein Publikum mal so, mal so verhält, bin ich bislang schuldig geblieben, werde aber auf diesen Punkt zurückkommen.

Bei der Begrenzung eines Kampfes geht es nicht nur darum, was die Kämpfenden einander antun, sondern auch darum, was das Publikum den Kämpfenden antun will und was die Kämpfenden dem

---

14 Meine Sammlung enthält fast ausschließlich gewalttätige Konfrontationen ohne Schusswaffen. Nur in einem Fall war eine Schusswaffe im Spiel, und sie wurde nur gezeigt, nicht gezogen; das Publikum war neutral, und der Kampf fand nicht statt. Möglicherweise ist der Einfluss des Publikums in einem schwer bewaffneten Unterschichtmilieu weniger bedeutend. Wilkinson, *Guns*, die sich mit gewalttätigen jungen Schwarzen und Hispanics befasst, spricht die Effekte des Publikumsverhaltens nicht direkt an. Laut ihren Daten werden Kämpfe ohne Waffen in 26 Prozent der Fälle niedergeschlagen oder abgebrochen, bevor sie ernst werden, und führen nur in 14 Prozent der Fälle zu der Erwartung, der Kampf werde zu einem anderen Zeitpunkt wiederaufgenommen. Bei Waffengebrauch werden nur 8,5 Prozent der Kämpfe abgebrochen und 40 Prozent entwickeln sich zu anhaltenden Auseinandersetzungen. Diese Zahlen steigen auf 10 bzw. 48 Prozent, wenn man erfolgreiche Raubüberfälle herausrechnet (kalkuliert nach Wilkinson, S. 205). Kämpfe mit Schusswaffen sind mithin schwieriger abzubrechen (auch wenn die Schusswaffe nicht abgefeuert und niemand verletzt wird) und begünstigen die Aufrechterhaltung des Konflikts. Unklar ist, inwiefern dies auf Straßenkampfmuster in Städten an der Ostküste zurückzuführen ist; an der Westküste benutzen Banden Schusswaffen vornehmlich für Schießereien aus dem Auto, und die sind gewöhnlich kurz und fallen eigentlich in die Kategorie des Beinahe-Kampfs (Sanders, *Gangbangs*). In zahlreichen Fällen beschränken rivalisierende Banden sich darauf, einander auf Schulhöfen oder Spielplätzen durch Anheben ihrer T-Shirts ihre im Hosenbund verstauten Schusswaffen zu zeigen, ohne dass daraus eine Schießerei wird (aus Gerichtsakten). Wilkinsons Daten zufolge waren bei Konfrontationen zwischen feindlichen Gruppen in 78 Prozent der Fälle (59 von 76) Waffen im Spiel; in 36 Prozent dieser Fälle (21 von 59) wurden sie auch abgefeuert (berechnet nach Wilkinson, S. 130 und S. 188). Im Zusammenhang mit Duellen werden wir noch sehen, dass Waffen wirkungsvolle Publikumseffekte nicht per se ausschließen.

Publikum antun können. In einem fair inszenierten Kampf hat sich das Publikum faktisch damit einverstanden erklärt, nicht in den Kampf einzugreifen, zumindest nicht in nennenswertem Ausmaß; und die Kämpfenden greifen das Publikum nicht an. Interveniert das Publikum, verlässt es dabei normalerweise nicht den üblichen Rahmen, der zwar nicht genau abgesteckt ist, von der Gruppe aber von sich aus eingehalten wird. In der Regel greift das Publikum bei einem fairen Kampf dadurch ein, dass es einer Seite zujubelt und die andere ausbuht. Entwickelt sich der Kampf hitzig, kann die Menge davon mitgerissen werden und stellvertretend bei der einen Seite mitmachen und die andere schmähen; dabei sind Grenzverletzungen möglich. Wie sich diese äußern und wie damit umgegangen wird, ist aufschlussreich. Normalerweise finden die schlimmsten Verstöße in den entscheidenden Momenten eines Kampfes statt. Aber selbst dann ist die Menge noch gespalten: Eine kleine Minderheit eifriger Anhänger wirft womöglich Gegenstände auf den Gegner ihres Favoriten, selten jedoch so viele, dass dessen Aktionen behindert werden. Und die Mehrheit will fast immer, dass der Kampf weitergeht.[15]

Die vereinbarten Anstandsregeln werden natürlich nicht immer eingehalten. Die Beschäftigung mit solchen Übertretungen ist für den Soziologen von Interesse, weil Verstöße immer etwas darüber verraten, wie normalerweise die Befolgung der Regeln gewährleistet wird. Betrachten wir zunächst, was passiert, wenn die Grenzen zwischen Publikum und Kämpfern ernsthaft verletzt werden. Kleinere Verstöße werden toleriert oder führen zu geringfügigen Anpassungen, solange gesichert ist, dass die Täter immer noch eine Grenze kennen, das heißt: Sie haben die Grenze zwar verschoben, signalisieren aber, dass es sie nach wie vor gibt oder dass die Verschiebung zeitlich befristet ist. Schwere Verstöße hingegen bedrohen den Rahmen des Kampfes als solchen und ziehen heftige Reaktionen nach sich.

---

15 Zuschauer halten sich im Allgemeinen aus fair inszenierten wie auch aus anderen Kämpfen heraus, es sei denn, sie fühlen sich einem der Kämpfer eng verbunden und betrachten die Gruppe, die der andere repräsentiert, als Gegner (wie es bei Anhängern von Fußballmannschaften oder bei ethnischen Gruppen der Fall ist). Forscher wie Tilly, *Politics*, betonten die Aktivierung kollektiver Identitäten in Gruppenkämpfen so stark, dass sie dieses Muster, der vermutlich weit häufiger vorkommt, übersahen. Selbst wenn Gruppenidentitäten eine Rolle spielen, sind besondere Bedingungen vonnöten, damit ein Publikum seine Konfrontationsanspannung und -angst durch ein ausreichendes Maß an Mobilisierung überwindet und wirklich kämpft.

Das folgende Beispiel aus dem Jahr 1997 stammt aus einem Studentenbericht:

> Zwei Oberschülerinnen, eine Asiatin und eine Südamerikanerin, lieferten sich auf dem Rasen vor der Schule einen Kampf. 150 bis 200 Zuschauer hatten sich versammelt und schauten zu, darunter die beiden Freunde der Mädchen, die im Zentrum des Kreises standen und sie anfeuerten. Dann drang ein großer schwarzer Mann aus der Nachbarschaft in den Kreis vor und versetzte einem Freund des asiatischen Mädchens einen Faustschlag. Der Junge war klein, etwa 1,60 Meter groß, und wog mit knapp 55 Kilogramm vielleicht halb so viel wie sein Angreifer.
>
> Die Mädchen hörten sofort auf zu kämpfen, und die Menge wandte sich gegen den schwarzen Mann, stieß und schlug ihn. Er entwischte auf die Straße, die Menge hinter ihm her. Fünf Minuten später tauchten mehrere Polizeiwagen auf, in einem saß der verhaftete Schwarze. Der asiatische Junge wurde aufgefordert, seinen Angreifer zu identifizieren. Die Schüler drängten herbei, um etwas zu sehen, wobei sie frohlockten und sich selbst beglückwünschten: »Yeah, das ist er«, »Wir haben ihn!« Sie zeigten mit dem Finger auf den Gefangenen, und einige Schüler versuchten sich an der Polizei vorbeizudrängeln, um ihm einen Faustschlag zu versetzen (sie fühlten sich unter den gegebenen Umständen zweifellos recht sicher, da die Beamten blieben und bald mit dem Verhafteten davonfuhren).

Die Zuschauer waren stillschweigend darin übereingekommen, sich aus dem Kampf zwischen den beiden Mädchen herauszuhalten, ihn aber zu befördern. Als der Kampf durch einen Außenseiter unterbrochen wurde, wechselte die Kampfweise: Aus dem inszenierten, fairen Kampf wird der Angriff einer moralisierenden Gruppe auf einen Abweichler und Außenseiter.[16]

Ein komplexeres Beispiel ist der Preiskampf zwischen den Schwergewichtlern Mike Tyson und Evandor Holyfield im Jahr 1997. Dabei

---

16 Vergleichen wir dies mit zwei Begebenheiten, die sich im September 2002 und im April 2003 in Chicago ereigneten. Ein oder zwei Rowdys stürmten dabei jeweils das Baseballfeld und griffen im einen Fall einen 54 Jahre alten Trainer, im anderen einen Schiedsrichter an. Die Angriffe schienen auf ihren alkoholisierten Zustand zurückzuführen zu sein und auf den Wunsch, dank der Anwesenheit des Fernsehens im Zentrum der Aufmerksamkeit zu stehen. Mir geht es hier um die soziale Reaktion: In beiden Fällen stürzten sich Spieler beider Mannschaften auf die Störenfriede und schlugen sie, bevor die Polizei sie wegbrachte. Die Menge buhte die Eindringlinge, die die Konzentration auf den eigentlichen Wettkampf beeinträchtigt hatten, lautstark aus und bejubelte die Spieler, die zurückschlugen. Die Verletzung des Rahmens musste nach einhelliger Meinung moralisch bestraft werden.

wurden mehrere Grenzen verletzt: sowohl die eines fairen Kampfes als auch die zwischen den Kämpfern und ihrem Publikum. Tyson, dem der Ruf eines Schlägers mit viel Muskeln und wenig Verstand vorauseilte, hatte einst als unbesiegbar gegolten. Doch seit einigen Jahren ging es mit seiner Karriere bergab, und nun stand er im Begriff, den Rückkampf gegen einen Boxer zu verlieren, der ihn bereits einmal besiegt hatte. In der dritten Runde, die beiden waren im Clinch, biss Tyson plötzlich Holyfield ein Stück Ohr ab. Holyfield war außer sich, mit dem üblichen Zorn und Aggressionsniveau eines Preisboxers hatte das nichts mehr zu tun. Und was tat er? Er sprang durch den Ring, gestikulierte mit erhobenen Armen und brüllte vor Wut. Er ging nicht auf Tyson los; er versuchte erst gar nicht, es Tyson physisch heimzuzahlen. Er bestrafte ihn weit strenger, indem er sich weigerte, weiter gegen ihn zu kämpfen. Er belegte Tyson mit der für einen fairen Kampf stärksten Sanktion: Ausschluss. Holyfield, der dabei war, den Kampf zu gewinnen, machte keine Anstalten, vor seinem Gegner klein beizugeben, vielmehr gestikulierte er wiederholt zornig und aufgebracht in seine Richtung; aber er hielt Distanz wie vor einem Aussätzigen. Die Zuschauer und die Schiedsrichter waren ebenfalls entrüstet.[17] Der Vorfall galt augenblicklich als Skandal, und zwar als der schwerwiegendste in Tysons ohnehin skandalträchtiger Laufbahn (gravierender noch als seine Verurteilung wegen Vergewaltigung).

Bei Verstößen gegen die Verhaltensregeln eines fairen Kampfes geht es nicht um die bloße Zufügung von Schaden oder Schmerz. Auch in einem absolut fairen Kampf kann ein Schlag ins Gesicht oder in die Augen Blindheit, einen Hirnschaden, einen Knorpel- oder Knochenriss oder gar den Tod verursachen. Boxer betrachten das Einstecken von Schlägen und die damit verbundenen Verletzungen als Berufsrisiko. Ein Stück Ohr abgebissen zu bekommen ist im Vergleich dazu vermutlich längst nicht so schmerzhaft, aber es kommt unerwartet, sprengt alle Regeln und wird als moralischer Verstoß gewertet. Daraus resultiert der Zorn. Die emotionale Dynamik mag dazu führen, dass sich die bislang selbst in der direkten Kampfsituation durch die gemeinsamen Rituale erfolgreich gebannte Konfrontationsanspannung und -angst wieder einschleichen. Daher war auch das

17 *Los Angeles Times*, 29./30. 6. 1997; *San Diego Union-Tribune*, 29./30. 6. 1997.

Nachspiel des Tyson-Holyfield-Kampfes ungewöhnlich: Die Menge, die sich aus der Sportarena direkt in ein Kasino in Las Vegas ergoss, wurde hysterisch. Handgemenge und Gerüchte über Schießereien (die sich später als unbegründet erwiesen) lösten eine Panik aus, die auch die Menschen in den Lobbys und Spielhallen erfasste; Tische gingen zu Bruch, und 40 Personen wurden ins Krankenhaus eingeliefert. Die Polizei zog zu einem bestimmten Zeitpunkt die Waffen und befahl den Leuten, sich hinzulegen, dann sperrte sie für einige Stunden das Kasino und die umliegenden Straßen. Der zeitweise Zusammenbruch der normalen Ordnung hatte sich als ansteckend erwiesen.

Gibt ein Kämpfer auf, benimmt sich feige oder beendet einen Kampf, ohne auf angemessene Weise Prügel eingesteckt zu haben, greift das Publikum ebenfalls zu Sanktionen. Dies ist eine der Gelegenheiten, bei denen ein Eingreifen des Publikums als gerechtfertigt gilt: wohlgemerkt, ein Eingriff nicht in das Kampfgeschehen, sondern zur Wahrung des entsprechenden Rahmens. Obwohl der Kämpfer, der aufgibt, noch immer stärker und gefährlicher sein mag als das Publikum, ist es noch nie vorgekommen, dass ein Kämpfer gegen das Publikum zurückschlägt, das ihn angreift. Für Rache ist er zu geknickt, seine emotionale Energie hat er eingebüßt und ergibt sich passiv seinem Schicksal.

Kampfschulen und Kampfsitten

Helden sind als Ikonen wie als real Handelnde Produkte einer gesellschaftlichen Struktur. Die mikrosituativen Bedingungen umfassen die Anwesenheit eines Publikums, die Möglichkeit, die jeweilige Reputationsrangordnung im Auge zu behalten, sowie einen Bestand an ritualisierten Verfahren zur Inszenierung der eigentlichen Kämpfe. Wie wir anhand der Beispiele zu Beginn dieses Kapitels gesehen haben, werden solche Kämpfe ausdrücklich angekündigt und geplant, mit genauen Angaben zu Ort, Zeit und häufig auch zum Ende der Veranstaltung, die Einsätze werden bekannt gegeben, man einigt sich auf Ehrenzeichen, Waffen und Taktiken. Mit zunehmender staatlicher Organisation und Durchdringung des Alltagslebens schwand die Bedeutung inszenierter Kämpfe in militärischen Konflikten. In mindestens zwei Bereichen haben sie sich jedoch erhalten: überall dort, wo der Staat außen vor bleibt und inoffizielle Gemeinschaften ihre eigenen Hierarchien ausfechten, und dort, wo es zu offiziell anerkannten, hochgradig strukturierten Kämpfen kommt, die als Leistungsschauen, Ausbildung oder spezifische Statusdemonstration behandelt werden.

In Gesellschaften mit ausgeprägter Schichtung nach Statusgruppen im weberschen Sinn – etwa in Aristokraten, Herren und Gemeinen – ist der Ehrenkampf der Oberschicht vorbehalten. Die Kampfrituale an sich sind Statusmerkmale. Wer sie ausübt, wird von seinesgleichen und der jeweiligen Anhängerschaft in seinem Status anerkannt; Personen niederen Standes sind davon ausgeschlossen. Im Falle eines Konflikts zwischen Personen unterschiedlichen Standes wird der Person mit dem niedrigeren Status zugestanden, sich im Kampf rituelle Ehren zu erwerben. Stattdessen wird sie durch den Höherstehenden gebieterisch gezüchtigt oder zu diesem Zweck an Untergebene weitergereicht. Als sich im zweiten Buch der »Ilias« ein respektloser Gemeiner (Thersites) in den Streit der griechischen Heerführer einmischt, wird er kurzerhand von einem der Helden unter dem Gelächter der Umstehenden mit einem Stock geschlagen. Im Japan der Tokugawa-Zeit hatte ein Samurai das Privileg, jeden Gemeinen, der ihn beleidigte, mit seinem Schwert niederzumachen. Gerieten hingegen zwei Samurai aneinander, trugen sie ein rituell geregeltes Duell aus.[18] Im Frankreich des 19. Jahrhunderts kämpfte ein Herr, der korrekt herausgefordert wurde, mit Säbel oder Pistole. Einen Mann indes, der dessen für unwürdig erachtet wurde, schlug man mit dem Stock oder ließ ihn durch Bedienstete hinauswerfen.[19]

Bei Duellen und anderen Form des Einzelkampfes kamen die unterschiedlichsten Waffen und Techniken zum Einsatz: Speere, Säbel, Messer, Pistolen, die Fäuste und anderes mehr. Dazu bedarf es üblicherweise des Trainings, und so war die Kampfkunst schon früh in der Geschichte in den Unterricht integriert.[20] Derartige Ausbildungsstätten für die unterschiedlichsten Kampfsportarten und -künste gibt es bis heute, nunmehr allerdings außerhalb der konventionellen schulischen Erziehung. Schulen für Kampftechnik sind nicht nur eine Nebenerscheinung einer formalisierten Duellkultur, sondern stehen häufig in deren Zentrum.

---

18 Ikegami, *Taming*.

19 Nye, *Masculinity*, S. 179 und S. 209.

20 Tatsächlich beschränken sich die ersten Schulen im antiken Griechenland auf die Ausbildung in Kampfspielen und Gymnastik, um gleichaltrige Jungen aus der Oberschicht auf die unterschiedlichen Kampfarten vorzubereiten. Erst Jahrhunderte später kam der Unterricht in Lesen und Schreiben hinzu (Marrou, *Geschichte*; Collins, »Comparative and Historical Patterns«).

In Kampf- und Waffenschulen wurden die rituellen Verhaltensregeln des Einzelkampfes gelehrt. Heutzutage geschieht dies in Kampfsportschulen (vornehmlich japanischer, koreanischer und letztlich chinesischer Tradition). Die Schüler tragen besondere Anzüge; farbige Gürtel oder andere Abzeichen geben über den Stand ihrer Fertigkeiten Auskunft; sie begegnen Höherrangigen mit Ehrerbietung; verbeugen sich feierlich und vollführen bestimmte Begrüßungs- und Abschiedsriten, wenn sie die Übungshalle sowie die Übungsmatte betreten oder verlassen. Auch eine Kampf- oder Übungssequenz mit anderen Schülern wird mit einer Verbeugung eingeleitet und beendet.[21] Diese Rituale, die bei jeder Veranstaltung durchgeführt und häufig auch unterdessen wiederholt werden, dienen hauptsächlich dazu, das Kampfgeschehen als einen besonderen, sakralen Raum von der Außenwelt abzugrenzen, den Kampf auf ein spezifisches Verfahren mit eindeutigen Anfangs- und Endpunkten festzulegen und der gegenseitigen Ehrerbietung und dem Zugehörigkeitsgefühl der rituell gegeneinander Antretenden Ausdruck zu verleihen. Die Kampftechniken sind durchaus gefährlich: Mit einem Tritt oder Schlag soll man Holzbretter durchschlagen und einen Gegner töten können. In Übungskämpfen werden die Schläge so ausgeführt, dass ein winziger Abstand zum Ziel eingehalten wird. Von geschickten und erfahrenen Kämpfern erwartet man, dass sie diesen mörderischen Angriffen ausweichen und sie parieren. Die potenziell tödliche Wirkung wird in ein künstliches Spiel eingebettet, das sich innerhalb klar umrissener Grenzen bewegt.[22]

---

21 Andere Rituale umfassen beispielsweise eine Reihe von Kampfbewegungen (*kata*), die gegen einen imaginären Feind ausgeführt werden und sich als das Nachstellen berühmter Kämpfe früherer Meister interpretieren lassen. Die Beobachtungen in diesem und den folgenden Absätzen sind Draeger, *Martial Arts*, fünf Jahren eigener Erfahrung in drei verschiedenen Kampfkunstschulen sowie den Erlebnissen meiner Kinder in solchen Schulen entnommen.

22 Die in solchen Schulen durchgängig herrschende Inszenierung lässt die Technik weit gefährlicher und effektiver erscheinen, als sie tatsächlich ist. In Wirklichkeit werden ausgebildete Kämpfer dem in den Schulen angepriesenen Ideal selten gerecht. Ich habe einmal meinen Karatelehrer gefragt, was man tun soll, wenn jemand mit einer Schusswaffe auftaucht. »Rennen, was das Zeug hält«, meinte er. Dies illustriert auch das Beispiel des Weltmeisters im Thai-Kickboxens, Alex Gong, der in San Francisco auf der Straße erschossen wurde, als er einen Fahrer verfolgte, der in sein geparktes Auto gefahren war (*San Diego Union-Tribune*, 5. 8. 2003).

Ähnliche Verhaltensregeln und Techniken finden sich auch bei anderen Kampfschulen und Kampfsportarten.[23] Die Regeln für Kämpfe mit Schwertern unterschiedlicher Art (einschneidigen Säbeln, zugespitzten Stoßdegen – sogenannten Rapieren –, schweren Degen et cetera) befassten sich nicht nur damit, wie man technisch korrekt pariert und die Deckung des anderen umgeht, sondern auch mit dem angemessenen Salutieren voreinander zu Beginn und nach Abschluss des Kampfes, mit der Zählweise von Treffern und Punkten, damit, wann der Kampf unterbrochen und wann wiederaufgenommen wird, wie man Verwundungen zählt und welches Maß an Blutvergießen als ehrbar gilt. Angehörige schlagender Studentenverbindungen in Deutschland waren bis auf Kinnhöhe durch Polster geschützt und trugen Schutzbrillen, während sie ihrem Gegner einen »Schmiss« im Gesicht oder am Kopf beizubringen – und vor allem einen solchen zu erhalten – versuchten. Nicht der Sieg, sondern die rituelle Verwundung markierte die Zugehörigkeit zur Gruppe. Beim Boxen werden ebenfalls sowohl die eigentlichen Kampfmanöver als auch die Regeln gelehrt, nach denen ein Kampf beginnt und endet. Die Einschätzung, welche Verletzungen die Beendigung eines Kampfes rechtfertigen, fiel im Laufe der Jahrhunderte sehr unterschiedlich aus; das Grundmuster eines festen Zeitrahmens und Regelwerks zeichnet jedoch alle Kampfschulen überall auf der Welt aus und gilt ebenso für alle Kampfarten, die zwar außerhalb dieser Schulen praktiziert, aber von ihnen gefördert werden.[24]

Ist es dem Beteiligten Ernst, werden bei inszenierten Kämpfen die Regeln im Allgemeinen ausdrücklich und wiederholt bekannt gegeben. Solche Kämpfe finden fast ausnahmslos vor Publikum statt. Selbst bei mehr oder weniger illegalen Duellen, die sich daher im Verborgenen abspielten, gab es Sekundanten – ursprünglich »Zeugen« –,[25] und bisweilen derer so viele, dass man eher von einem Gefolge sprechen muss. Die Teilnehmer legten im Allgemeinen zu Beginn des Kampfes oder zum Zeitpunkt der Forderung und Annahme des Duells die Regeln fest. Das heißt nicht, dass sie sie immer befolgt wurden, aber ein Verstoß galt als ehrenrühriger als das Ereignis, das den

---

23 Nye, *Masculinity*; McAleer, *Duelling*, S. 119–158; Twain, *Zu Fuß*, S. 28–56.

24 Boxschulen in Schwarzenghettos stellen daher einen Zufluchtsort vor dem gewalttätigen Kodex der Straße dar, keine Waffe, die man dort einsetzen könnte (Wacquant, *Body*).

25 McAleer, *Duelling*, S. 223.

Streit ausgelöst hatte.[26] Die Kampfschulen drehten sich vor allem um die ständige Wiederholung der Etikette – Beginn und Beendigung des Kampfes, Ehrerbietung gegenüber dem Kampfpartner –, und zwar in jedem Übungskampf, unabhängig von Erfahrung und Niveau der Kämpfer.[27]

Seinen quantitativen Höhepunkt erlebte das Duell im Europa des späten 19. Jahrhunderts. Wie wir im Einzelnen gleich sehen werden, wurden in Frankreich jährlich zwei- bis dreihundert Duelle ausgetragen, ebenso in Italien, in Deutschland etwa ein Drittel davon. Von weit größerer Bedeutung waren jedoch all die Ausbildungsstätten und Vereine, die dem Zweikampf gewidmet waren. In Deutschland gab es an jeder Universität schlagende Verbindungen mit Hunderten von Mitgliedern, die mehrmals in der Woche an Fechtkämpfen teilnahmen, in Frankreich Dutzende Fechthallen mit insgesamt Tausenden Mitgliedern, ebenso Schießgesellschaften.[28] Pariser Zeitungen und Kaufhäuser richteten für ihre Angestellten eigene Fechtböden ein, damit diese regelmäßig trainieren (und sich außerdem in eleganter Umgebung präsentieren) konnten. Wöchentlich wurden öffentliche Schaukämpfe abgehalten, in gehobenen Kreisen unterhielten elegante Herren damit zu Hause ihre Gäste. Bei diesen Fechtstunden wurde niemand zum Sieger oder Verlierer erklärt, denn der eigentliche Zweck bestand darin, Formvollendung und Großspurigkeit zur Schau zu stellen. Alles in allem müssen die Fechtschaukämpfe tatsächliche Duelle an Häufigkeit weit in den Schatten gestellt haben.

Es gab Zeiten, in denen sich fast das gesamte Kampfgeschehen in Kampfschulen und auf öffentlichen Kampfveranstaltungen abspielte. Im Japan der Tokugawa-Zeit befanden sich die Samurai-Schulen

---

26 Nye, *Masculinity.*

27 In den Hunderten von Kämpfen, die ich in Karateschulen beobachtete, gab es nicht einen, der über den gesetzten Endpunkt hinausging. Die Kämpfer mochten beim Kampf wütend werden und versuchen, noch härter zuzuschlagen, aber sie schlugen nie weiter, nachdem der Meister das Ende des Kampfs verkündet hatte, noch versäumten sie es, sich voreinander zu verbeugen. Sie konnten durchaus Groll gegeneinander empfinden, aber dies brachten sie nicht durch Kampf, sondern im Rahmen der Etikette zum Ausdruck. Wenn beispielsweise ein rangniederer Kämpfer einen ranghöheren (etwa einer mit grünem Gürtel einen mit rotem) besiegte, übte dieser normalerweise dadurch Vergeltung, dass er seinem Gegner befahl, den Boden aufzuwischen oder irgendeine andere niedere Arbeit zu verrichten.

28 Nye, *Masculinity*, S. 157–166.

dort, wo Bushidō – der »Weg des Kriegers« – am weitesten entwickelt war. In den kriegerischen Zeiten vor dieser Friedensperiode hatten die Samurai nach Kodizes gelebt, die vor allem die Loyalität zu ihren Meistern betonten. Nun, da die Samurai sich zur müßigen Statusgruppe wandelten, verlegten sie sich auf einen persönlichen Ehrenkodex.[29] Die Schwertkämpfe wurden zu einer Zeit ritualisiert, als der sich herausbildende Zentralstaat ihren militärischen Einsatz unterband. Angesehene Schwertmeister erlangten jetzt mit Schriften über die Philosophie des Bushidō Berühmtheit. Einige ließen die Zen-Lehre einfließen, andere Konfuzius.[30] Auch wenn längst nicht alle ihr militärisches Selbstverständnis ablegten, diente die Kampfkunst, die sie jetzt praktizierten, eher der Gelehrsamkeit denn einem praktischen Zweck. Samurai verbrachten weit mehr Zeit an ihren Schwertkampfakademien als bei Duellen, die bis auf den Tod ausgefochten wurden.

Dasselbe gilt für die Ritterturniere in Europa, bei denen zwei schwer gepanzerte Reiter mit aufgestellten Lanzen in einer vorbereiteten Arena auf nebeneinanderliegenden Bahnen aufeinander zustürmten. Populär waren die Turniere vom 14. bis zum 16. Jahrhundert, zu einer Zeit, da die mittelalterlichen Heere zu einer Masseninfanterie zusammengeschweißt wurden und selbst Reiter häufiger im Verband kämpften als allein.[31] Tatsächlich haben Einzelkämpfe seit der Zeit der griechischen Stadtstaaten in echten Schlachten keine große Rolle mehr gespielt. Selbst die Barbaren-Koalitionen des frühen Mittelalters kämpften in großen Gruppen, und wie wir bereits in Kapitel 3 gesehen haben, kamen die meisten Siege zustande, weil eine Seite durcheinandergeriet. Ritterliche Tugend war stets ein Konstrukt, eine nostalgische Ideologie, und dennoch als sozialer Appell äußerst zeitgemäß, diente sie doch vornehmlich dazu, die wachsende Bedeutung des Adels in der Gesellschaft zu legitimieren. Auf dem Schlachtfeld war sie nicht gefordert, da selbst Kämpfe um private Vorrechte nicht von Einzelnen, sondern von Privatheeren oder der Gefolgschaft vornehmer Herren ausgefochten wurden.[32]

Das heißt nicht, dass alle Formen des künstlichen Einzelkampfes archaisch wären. Sie können durchaus vergleichsweise spät erfunden worden sein und mit Klassenfragen nichts zu tun haben. Das Boxen

29 Ikegami, *Taming*.
30 Collins, *Sociology*, S. 350–358; Kammer, *Kunst*.
31 McAleer, *Duelling*, S. 16–18; Bloch, *Feudalgesellschaft*.
32 Stone, *Crisis*.

eroberte beispielsweise im späten 19. und frühen 20. Jahrhundert die obere Mittelklasse in England und den Vereinigten Staaten (nicht aber in Ländern, in denen sich ältere Formen des Duells oder Kampftrainings erhalten hatten). Diese Gentlemen waren keine professionellen Preisboxer, die stets mit den Unterschichten in Verbindung gebracht wurden.[33] Wie die Samurai der Tokugawa-Zeit verbrachten Gentleman-Boxer weit mehr Zeit bei Übungskämpfen als bei Handgreiflichkeiten. Dies trifft auch auf die Anhänger des Karate, Kung-Fu oder anderer Kampfsportarten des 20. Jahrhunderts zu.[34] Diese Kampfsportarten sind im Allgemeinen besonders alt. Aikido wurde in Japan um die Wende zum 20. Jahrhundert erfunden, ebenso Kendo, ein Kampf mit dem Holzschwert, der sich entwickelte, als das japanische Heer echte Schwerter durch moderne Schusswaffen ersetzte.[35] Und je mehr der Kampf selbst an praktischer Bedeutung verlor, desto komplizierter wurden die damit verbundenen Zeremonien.

Für unsere Analyse ist die Tatsache von Bedeutung, dass ein wesentlicher Effekt der Kampfschulen in der Überwindung von Konfrontationsanspannung und -angst besteht. Sie eröffnen die Umgehung dieses Hindernisses zur Gewalt, weil das Hauptaugenmerk auf andere Aspekte als die eigentliche Konfrontation gerichtet ist: auf die Verhaltensregeln, die Maßgaben hinsichtlich Zeit und Ort, die Anfangs- und Endpunkte des Kampfes. Vor allem aber wird die Aufmerksamkeit auf die Gemeinschaft und elitäre Stellung der Kämpfer gelenkt, die mittels der Rituale hergestellt wird. Das angemessene

---

33 Die Entstehungsgeschichte des Boxsports geht auf Kämpfe der unteren Klassen im ländlichen England des 18. und 19. Jahrhunderts zurück, die von »Sportskreisen« der oberen Klassen als spannendes Spiel gefördert und besucht wurden. Die Aristokraten stellten dabei die Regeln auf und führten schließlich auch das Tragen von gepolsterten Handschuhen ein. Kämpfe mit bloßen Fäusten, die so lange dauerten, bis ein Kämpfer nicht mehr weitermachen konnte, waren schon in den 1880er Jahren kaum mehr üblich. In den 1920er Jahren verkörperte Hemingway diesen Zeitvertreib, der sich regelmäßig im Sparring übte und darauf sehr stolz war, allerdings nie einen öffentlichen Kampf absolvierte (Dunning, *Sport Matters*, S. 55–60; Callaghan, *That Summer in Paris*).

34 Ein Student beschreibt einen Vorfall zu Beginn dieses Jahrhunderts: Eine Gruppe koreanisch-amerikanischer Studenten wurde in einen Faustkampf verwickelt, bei dem es darum ging, wer ein Mädchen begleiten durfte. Obwohl einer der Beteiligten im Kampfsport ausgebildet war, wandte er seine Techniken nicht an. Dies passt zur rituellen Trennung der Sphären: idealisierter Kampf in der Schule, draußen simple Prügeleien.

35 Draeger, *Martial Arts*.

Auftreten vor dem Publikum, mit dem sich der Kämpfer von diesem abhebt, macht ein wichtiges mikrointeraktives Anliegen der Begegnung aus.

Konfrontationsanspannung und -angst werden auf zweierlei Weisen absorbiert: erstens durch das Mitschwingen der Menge, die die Kämpfer (beide zugleich) emotional in das Zentrum der Aufmerksamkeit rückt, zweitens durch das Solidaritätsgefühl der beiden Kämpfer, das insbesondere dadurch entsteht, dass beide dasselbe Ritual befolgen. Dennoch bleibt ein Restbestand an Anspannung und Angst: Sowohl in den Kämpfen zwischen Rashad und Dawson als auch in denen zwischen Achilles und Hektor zieht eine Seite unverhältnismäßig viel emotionale Energie aus der Situation, während die andere in Angst und Lähmung versinkt. Aber selbst dieses emotionale Ungleichgewicht speist sich aus einer gemeinsamen Aufladung der Situation mit emotionaler Energie, und ebendiese lässt die Gegner die anfängliche Schranke aus Konfrontationsanspannung und -angst überwinden. Das rituelle Prozedere am Ende des Kampfes sorgt überdies dafür, dass der Verlierer – der sich im Laufe des Kampfes dann doch der Anspannung und Angst hingibt – wieder in die Solidarität mit dem Sieger – der die situationsbedingte Energie auf sich vereinen konnte – und die Wertschätzung des Publikums eingebunden wird.

In Kampfsportschulen wird sogar dieser Rest von Konfrontationsanspannung und -angst minimiert. Hier werden die Rituale der Zugehörigkeit und die Künstlichkeit – das »Als-ob« – der Konfrontation betont. Die Konfrontation wird offensichtlich um des Gemeinschaftserlebnisses willen geführt und um sich als heroische Kämpferelite zu bestätigen, die sich in ihrer Trainingsenklave vom Rest der Welt absetzt.

Die Zurschaustellung des Risikos und die Manipulation der Gefahr bei Säbel- und Pistolenduellen

Das Duellieren war von Anfang an mit Fechtschulen verknüpft. Duelle zwischen Einzelpersonen – im Unterschied zu Gruppenschlägereien oder Vendetten – entwickelten sich in Italien und Frankreich im 16. Jahrhundert; im England der 1590er Jahre waren sie zu einer regelrechten Modeerscheinung geworden.[36] Die Praxis des Duells er-

36 Kiernan, *Duel*; Peltonen, *Duel*; Nye, *Masculinity*; McAleer, *Duelling*.

fuhr durch Soldaten, insbesondere Söldner, Verbreitung, wurde aber bald auch mit dem höfischen Leben in Verbindung gebracht und galt als Ausdruck jener Vornehmheit, die an den – neuerdings gebildeten – Fürstenhöfen herrschte, welche mit ihren Zentralisierungstendenzen die ländlichen Burgen der Feudalherren mit ihren Privatheeren ablösten.

Die Duelle in Shakespeares Stücken waren daher für sein Publikum, darunter auch Höflinge, vergleichsweise neu. Duelle waren nicht nur ein fair inszenierter Kampf, sondern zunächst im wortwörtlichen Sinne inszeniert. In »Romeo und Julia« dreht sich der Plot um ein Fechtduell, in dem Romeo aus Rache Tybalt tötet, weil der seinerseits Romeos Cousin Mercutio getötet hatte; daran scheitert Romeos Liebesheirat mit Tybalts Cousine Julia. Hier tritt ein Übergangsmuster zutage, weil sich das individuelle Duell mit der Blutrache zwischen zwei Gruppen vermischt. Nach der endgültigen Festlegung der Duellregeln konnte beziehungsweise sollte der Tod im Duell nicht mehr gerächt werden, das Duell tilgte die ursprüngliche Beleidigung. »Romeo und Julia« wurde im Jahr 1593 uraufgeführt. Die Regeln des Schlussduells im 1601 uraufgeführten »Hamlet« kommen der kanonischen Form bereits näher.[37]

Duelle wurden mit einem leichten Säbel und nicht mit dem schweren Schlachtschwert geschlagen, schließlich kam das spitze Rapier in Mode, ein Stoßdegen ohne Schneide. Diese Waffe war für den militärischen Kampf nicht zu gebrauchen, wog jedoch nicht viel und ließ sich – gleichsam als Ergänzung zum üblichen Ornat der Oberschicht – leicht mit sich führen. Gegen eine Rüstung richtete ein Rapier nichts aus, doch im Zivilleben konnte man damit lebenswichtige Organe verletzen. Es signalisierte, dass man jederzeit bereit war, bei der geringsten Provokation den Kampf aufzunehmen. Diese Bereitschaft war an höfliche Umgangsformen geknüpft, da gerade eine Verletzung der Höflichkeitsregeln als Grund für eine Duellforderung betrachtet wurde. Bei Hofe waren Duelle jedoch untersagt, wollten die Fürsten

37 Hamlets Duell ist tatsächlich ein schulmäßiger Fechtkampf, der mit angeblich unechten (stumpfen) Floretten über mehrere Runden geht. Es beginnt mit einem Höfling, der den Vermittler spielt und die Herausforderungen überbringt. Aber in diesem Fall nimmt es die Form einer Wette des Königs an, der den Wettkampf auslobt: zwei neue französische Duellschwerter gegen Kriegspferde, einen eher traditionellen Preis. Das Duell wird bei Shakespeare noch nicht als ausschließlich privater Kampf dargestellt, der aus Groll, aber unter Einhaltung der Etikette bis auf den Tod ausgefochten wird.

doch eine Befriedung durchsetzen. Wer ein Rapier trug, tat dies deshalb vor allem zum Zweck der Selbstdarstellung. Man duellierte sich selten gleich an Ort und Stelle, sondern arrangierte eine Gelegenheit, bei der man die Angelegenheit außer Sichtweite der Obrigkeit ausfocht.[38] Säbelduelle wurden so zu Fechtkämpfen; damit verbunden war der Aufstieg von Fechtschulen für die Oberklasse und privater Fechtmeister, die den sichtbaren Ausdruck der Duellkultur und ihre typischste Erscheinungsform darstellten. Die erste englische Fechtschule wurde 1576 eingerichtet, in den 1590er Jahren, als der Boom einsetzte, kamen vornehmere hinzu.[39]

Ab den 1740er Jahren lösten Pistolen allmählich den Säbel ab und hatten ihn um 1790 in England, Irland und Amerika ganz verdrängt. In Frankreich und Italien erhielt sich dagegen das Duell mit Rapier oder (im 19. Jahrhundert) Degen bis zum Ersten Weltkrieg, obwohl auch Pistolen zugelassen waren. In Deutschland war eine geregelte Duellvariante mit Säbel (das heißt mit scharfer Klinge) populär, in wichtigen Fällen wurden jedoch Pistolen bevorzugt.

Die gesellschaftlichen Formalitäten, die sich in der Rapier-Ära durchgesetzt hatten, galten auch für das Duell mit Pistolen und wurden lediglich den neuen Gegebenheiten angepasst. Das begann mit der formvollendeten Duellforderung: Auf eine verbale Beleidigung folgte die Entgegnung, inklusive der Formel »Sie lügen!« (ein Vorwurf, der nicht unbedingt bedeutete, dass jemand eine Unwahrheit gesagt hatte), bisweilen auch ein Schlag mit dem Handschuh – den ein jeder Gentleman trug – ins Gesicht. Dann wurden Sekundanten bestimmt, die Ort und Zeit, die Wahl der Waffen und den Ablauf absprachen und außerdem die korrekte Beendigung des Duells bezeugten: Verfehlten beide Pistolenschüsse das Ziel, erklärten die Duellanten normalerweise, der Satisfaktion sei Genüge getan. War einer verwundet, wurde er von einem Arzt versorgt, den in der Regel die Sekundanten mitbrachten. Das Duell konnte auch mit dem Tod eines

38 In dieser Hinsicht wich das Duell beträchtlich vom mittelalterlichen Probekampf ab. Die ältere Praxis war offiziell, legal, wenn sie vom König bewilligt war, und fand im Beisein der versammelten Obrigkeit statt. Außerdem ging es beim Duell ausschließlich um private Streitigkeiten, während der mittelalterliche Anfechtungskampf um Eigentums- und Vergeltungsforderungen ausgefochten wurde. Konnte dieser jedem freien Mann zugestanden werden, beanspruchte die Aristokratie das Duell als Kennzeichen des eigenen Standes exklusiv für sich.

39 Peltonen, *Duel*, S. 62.

Duellanten enden, musste aber längst nicht so weit gehen. Das Ritual diente ebenso dazu, einen Streit mit relativ wenig Blutvergießen zu beenden, wie dazu, Verärgerung kundzutun und Satisfaktion für eine Beleidigung zu bekommen. In dieser Hinsicht konnte ein Pistolenduell versöhnlicher ausfallen als ein Säbelkampf, bei dem die Duellanten einander zumindest einige Wunden zufügen mussten und der Schlusspunkt nicht so eindeutig und dramatisch war wie das Abfeuern eines Schusses, obwohl es um 1830 auch gängig wurde, ein Säbelduell beim ersten Anzeichen von Blut zu beenden.

Die Teilnahme am Duellritual war ein Zeichen für die Zugehörigkeit zur Elite. Man musste die korrekten Verhaltensregeln kennen und (ab dem späten 18. Jahrhundert) über Duellpistolen verfügen. Das Protokoll entsprach in vielen Punkten den Gepflogenheiten der feinen Gesellschaft: Man tauschte Karten, damit die Sekundanten in Kontakt treten konnten, man trug Handschuhe, man achtete peinlichst genau (wenn auch boshaft) auf einen höflichen Umgangston. Der Austragungsort des Duells wurde als »Feld der Ehre« bezeichnet. Die Sekundanten mussten Gentlemen sein; mit ihrer Aufbietung bewiesen die Duellanten daher, dass sie in die standesgemäßen Netzwerke eingebunden waren und ihre Forderung mit einer unziemlichen Schlägerei unter einfachen Leuten nichts zu tun hatte. An unpassenden Sekundanten konnte eine Duellforderung scheitern. Umgekehrt durfte eine Persönlichkeit aus den höchsten Kreisen auf keinen Fall gefordert werden; ein Lord duellierte sich niemals mit einem Mitglied des niederen Adels, ein General niemals mit niederen Offizieren (obgleich er, wie im deutschen Heer der Fall, anordnen konnte, dass sich Untergebene duellieren mussten), und tatsächlich fanden die meisten Duelle zwischen rangniederen Offizieren statt.[40] Ein General Andrew Jackson, der spätere siebte Präsident der Vereinigten Staaten, konnte die Duellforderung eines jungen Zivilisten ohne Ansehensverlust ablehnen.[41]

Zwar barg ein Duell prinzipiell stets das Risiko einer tödlichen Verwundung, das statistische Muster, soweit wir es ermitteln können, ist jedoch paradox: Je mehr Duelle stattfanden, desto geringer war im Allgemeinen die Wahrscheinlichkeit, dass sie mit dem Tod oder überhaupt mit einer Verletzung endeten. Bei weitem am gefährlichsten

---

40 Ebenda, S. 83 und S. 205; Kiernan, *Duel*, S. 103; McAleer, *Duelling*, S. 114–117.

41 Wyatt-Brown, *Southern Honor*, S. 335f.

waren Duelle im späten 19. Jahrhundert in Deutschland. Rund 20 Prozent verliefen tödlich, in zwei Dritteln der Fälle kam es zu Blutvergießen. Zumeist handelte es sich um Pistolenduelle zwischen Offizieren, von denen pro Jahr schätzungsweise mindestens bis 15 und höchstens 75 stattfanden. Im Frankreich des Fin de Siècle überstieg die Todesrate nie 3 Prozent, und in manchen Jahren lag sie bei 0,5 Prozent oder noch darunter. Auf dem Höhepunkt um 1890 wurden zwei- bis dreihundert Duelle im Jahr ausgetragen (im Allgemeinen mit dem Säbel). In Italien wurden zwischen 1880 und 1900 an die 4000 Duelle (fast alle mit dem Säbel) verzeichnet, von denen 20 tödlich (0,5 Prozent) endeten, das heißt, bei einem Schnitt von etwa 200 Duellen pro Jahr gab es alle zwei Jahre einen Toten.[42]

In Irland stieg die Zahl der Duelle seit dem frühen 18. Jahrhundert von zehn bis 15 Duellen pro Jahrzehnt auf das Zehnfache in den 1770er Jahren an und ging dann bis 1810 wieder zurück. In der ersten Zeit, als Duelle noch eine Ausnahmeerscheinung waren und mit Säbeln ausgetragen wurden, endeten 63 bis 100 Prozent von ihnen tödlich, zumindest wurde in der Regel immer jemand verwundet. Mit dem Übergang vom Säbel- zum Pistolenduell seit der Jahrhundertmitte sank die Zahl der tödlich verlaufenden Zweikämpfe auf 36 Prozent, gegen Ende des Jahrhunderts auf 22 Prozent, es gab auch weniger Verwundete. Für den Rückgang der Todesfälle war zum Teil die mangelnde Zielgenauigkeit der Pistolen verantwortlich. Aber auch die Anzahl der Duelle, die nach einer Runde beendet wurden, stieg von 40 auf 70 Prozent, obwohl man theoretisch so lange hätte weiterschießen können, bis jemand getroffen wurde.[43]

Das Muster wiederholt sich. Aus England, wo das Duell bereits im frühen 17. Jahrhundert eingeführt wurde, sind für diesen Zeitraum ungefähr 20 Duelle im Jahr überliefert, und die Todesraten waren offenbar hoch.[44] In den 1660er Jahren hatte sich dann eine raffinierte Etikette durchgesetzt, die Höflichkeit und die diversen Verstöße genau regelte, was zu häufigen Duellforderungen führte; allerdings nahmen auch die Möglichkeiten zu, sich solchen Forderungen zu entziehen. In den 1670er Jahren wurden Duellanten als Gecken

---

42 McAleer, *Duelling*, S. 75, S. 93f., S. 114 und S. 224; Nye, *Masculinity*, S. 185. In Deutschland wurden Duelle von den Behörden, auch von den Militärgerichten, nur dann geahndet, wenn es Tote gab; der hohe Schätzwert bezieht sich daher auf Duelle ohne Todesfolge.

43 Berechnet nach Kelly, *Damn'd Thing*, S. 80–83, S. 118–120 und S. 213f.

44 Peltonen, *Duel*, S. 82, S. 181–186 und S. 202.

verspottet, die nicht ernsthaft kämpften – was bedeutet, dass mit der Verbreitung des Duells, oder zumindest der Duellforderung, auch Verfahren entwickelt wurden, mit denen sich der Schaden begrenzen ließ. Dasselbe Muster findet sich bei der Ablösung des Säbelzweikampfes durch das Pistolenduell Mitte des 18. Jahrhunderts: Lag die Todesrate zwischen 1762 und 1821 noch bei 40 Prozent, sank sie in den Jahren bis zur Abschaffung des Duells im Jahr 1840 auf 7 Prozent, die Verwundungsrate ging auf 17 Prozent zurück.[45]

Etikette und Fair Play wurden im Laufe der Zeit immer wichtiger. In den ersten Jahrzehnten des 18. Jahrhunderts durften sich Sekundanten in halbwegs zivilisierten Gegenden wie Irland noch in den Kampf einmischen. Diese Tendenz hatte es im Italien des 16. Jahrhunderts und im England und Frankreich des frühen 17. Jahrhunderts ebenfalls gegeben, als die Unterscheidung zwischen Gruppenblutrache und dem Duell als Einzelkampf noch relativ neu war.[46] Gegen Ende des 18. Jahrhunderts waren aus den Sekundanten peinlich genaue Schiedsrichter geworden. Während im militärischen Kampf die Flinte mit glattem Lauf damals vom Gewehr mit gezogenem Lauf abgelöst wurde, das die Zielgenauigkeit erheblich verbesserte, galt ein gezogener Pistolenlauf im Duell, vor allem in England, als unsportlich. Desgleichen wurde der Stecher der neuen Pistolen als unfairer Vorteil verworfen.[47] Duellanten hielten sich an veraltete Waffen; der Besitz eines Paars Duellpistolen wurde zu einem eleganten Archaismus, vergleichbar dem Säbel, den Offiziere auch noch zu Zeiten der mechanisierten Kriegführung als Ehrenzeichen mit sich führten. Der tiefere Sinn der veralteten Waffe lag jedoch in der Botschaft, dass der Kampf in gewissem Sinne Illusion war.

In Frankreich stieg die Zahl der Duelle in der Revolutionszeit um 1789 an, als die Bürger das ehemals Aristokraten vorbehaltene Recht auf Ehrenkämpfe auch für sich in Anspruch nahmen. In den 1830er Jahren, das Steinschloss der Pistolen war durch das zuverlässigere Zündhütchen ersetzt worden, kam bei etwa einem Drittel der um die 80 ausgefochtenen Duelle pro Jahr jemand um. Als Antwort darauf wurde 1837 ein Duellkodex herausgegeben und allgemein verbreitet, der sowohl für die Formalisierung der Verhaltensregeln des Pistolen-

45 Nye, *Masculinity*, S. 268, nimmt auf Simpson, »Dandelions«, Bezug; Kiernan, *Duel*, S. 143.
46 Peltonen, *Duel*, S. 179, S. 191 und S. 203f.
47 Kiernan, *Duel*, S. 143.

wie des Säbelduells als auch in vielfacher Hinsicht für eine Reduzierung der Todesfälle sorgte. In den folgenden Jahren sank die Todesrate auf sechs Fälle pro Jahr; mithin endeten nur noch 8 bis 10 Prozent der Duelle tödlich.[48] In der Dritten Republik (ab 1875) wurde das Duellieren als Zeichen demokratischer Teilhabe extrem populär. Wenn Politiker sich in der Nationalversammlung stritten und Journalisten einander in ihren Blättern beschuldigten, pflegten sie ihre Auseinandersetzungen besonders gern durch Duelle beizulegen. Aber für diese Männer des öffentlichen Lebens bedeutete es keinen Karrierevorteile, wenn sie tatsächlich jemanden umbrachten, und so verliefen ihre Duelle eher zahm: Bei den 108 Duellen unter Politikern in den 1880er Jahren kam es zu keinem einzigen Todesfall und nur in elf Fällen (10 Prozent) zu ernsthaften Verletzungen. Bei den fast 200 Duellen unter Journalisten gab es zwei Tote (ein Prozent) und zwölf Schwerverletzte (6 Prozent). Sogenannte Privatduelle, die meist irgendwelche Liebesaffären betrafen, waren gefährlicher, aber selbst hier fielen die Opferzahlen relativ gering aus: Bei einer Gesamtzahl von 85 Duellen wurde in 6 Prozent der Fälle jemand getötet, in 34 Prozent der Begegnungen ein Duellant schwer verwundet.[49]

Wie kam es dazu? Wie wurde das Verlustrisiko den Umständen angepasst? Die Sekundanten konnten unter einer ganzen Palette von Bedingungen wählen. Vor allem konnten sie die Angelegenheit friedlich beilegen, indem sie beispielsweise erklärten, es handele sich um ein Missverständnis, oder sich entschuldigten oder andere mildernde Umstände geltend machten. Aus diesen Gründen empfahl es sich, auf einen älteren, erfahrenen Sekundanten zurückzugreifen und junge Hitzköpfe zu meiden. Aus Deutschland ist ein Sekundant bekannt, der bei etwa 50 Duellfällen tätig wurde: Nur fünf endeten tatsächlich mit einem Kampf, und nur in zwei Fällen kam es zu ernsthaften Verletzungen.[50] Duelle konnten auch aus Verfahrensgründen fehlschlagen. Eine Forderung musste innerhalb von 24 Stunden nach erfolgter Beleidigung überbracht werden und durfte ohne Ehrverlust ignoriert werden, wenn sie später eintraf. Der Kampf selbst hatte innerhalb der nächsten 48 Stunden stattzufinden (üblicherweise am nächsten Morgen), und auch hier wurde er abgeblasen, wenn die Frist überzogen

---

48 Nye, *Masculinity*, S. 135; McAleer, *Duelling*, S. 64 und S. 248.

49 Nye, *Masculinity*, S. 187–215.

50 In Frankreich wurden in den 1880er Jahren ungefähr ein Drittel der Duellfälle friedlich beigelegt (Nye, *Masculinity*, S. 186).

wurde. Verspätete sich einer der beiden Duellanten um mehr als 15 Minuten, war der andere nicht verpflichtet zu warten. Aufgrund der kurzen Fristen wurden Duelle manchmal bei heftigem Regen ausgetragen, so dass die Ziele nur schwer auszumachen waren. Waren Duelle in einer Gegend verboten, ließ sich der Kampf durch einen Hinweis an die Polizei verhindern. Zählten auch Fehlschüsse als Runde, war der Kampf damit zu Ende, sofern die Sekundanten nicht weitere Runden vereinbart hatten.[51]

Durch die Wahl der Vorgehensweise hatten die Sekundanten es ebenfalls in der Hand, die Gefahr zu erhöhen oder zu lindern. Bei Pistolenduellen wurde beispielsweise verhandelt, wie viele Schüsse abgegeben werden mussten und aus welcher Entfernung. Je mehr Runden, desto größer das Risiko; eine Runde mit einem Schusswechsel war die Norm. Eine Fortsetzung bis zu vier Runden galt als blutrünstig, dennoch wurden 1886 bei einem Duell zwischen zwei Offizieren insgesamt 27 Schüsse abgefeuert, was zum einen jämmerliche Treffsicherheit und zum anderen Ausdauer erkennen lässt.[52] In Frankreich war eine Entfernung von 25 Schritten üblich, in Deutschland von 15 Schritten; zehn Schritte Abstand waren hochriskant und fünf bedeuteten – selbst bei Pistolen mit glattem Lauf – Kernschussweite. Gerade in Frankreich wurden jedoch auch Entfernungen von 35 Schritten und mehr vereinbart – ein Grund für die niedrigen Todesraten.[53]

Die vorgegebene Entfernung hing unter anderem vom jeweiligen Duellverfahren ab.[54] Die gängigste Form war das sogenannte Schießen mit Avancieren. Die Gegner stellten sich in zehn bis zwanzig Schritt Entfernung zu einer »Barriere« – einer rechteckigen, mit Stöcken abgegrenzten Zone von üblicherweise fünf, zehn oder 15 Schritten Breite – einander gegenüber. Sie standen somit anfangs 30 bis 55 Meter voneinander entfernt. Diese Anfangsdistanz war nicht sonderlich gefährlich, aber mit dem Startsignal rückten die Duellanten gegen die Barriere vor und konnten schießen, wann sie wollten. Wenn derjenige, der zuerst schoss, den Gegner traf und außer Gefecht setzte,

---

51 McAleer, *Duelling*, S. 49–56, S. 66 und S. 84.

52 Ebenda, S. 68; Nye, *Masculinity*, S. 195 und S. 207.

53 Als effektivste Schussweite einer .45er-Militärpistole gilt noch heute eine Entfernung zum Ziel von ungefähr 25 Metern (U.S. Air Force, *Airman*, S. 50) – das entspricht 27 Schritten. Polizisten schießen meist auf eine Entfernung von zehn Fuß (drei Metern) oder weniger, und die Kugeln gehen, wie wir gesehen haben, häufig daneben.

54 McAleer, *Duelling*, S. 70–75; Nye, *Masculinity*, S. 195, S. 207 und S. 269.

war der Kampf gewonnen. Verfehlte er ihn jedoch, war er bei seiner Ehre verpflichtet stehen zu bleiben, während der andere eine Minute Zeit hatte, zur Barriere vorzugehen und sorgfältig zu zielen, bevor er schoss.

Bei einer anderen Variante, dem »Duell auf Kommando«, standen die Duellanten näher zueinander, hatten aber weniger Zeit zum Zielen. Sie hielten ihre Pistolen gesenkt, bis das Zeichen gegeben wurde. Sodann wurde bis drei gezählt, und in dieser Zeit mussten die Kontrahenten die Schusswaffe heben, zielen und schießen. Nach dem Zählen zu schießen galt als ehrenrührig. In Deutschland (wo Duelle verboten waren, aber toleriert wurden) und Frankreich (wo es legal war, solange die Regeln beachtet wurden) spielte die Einhaltung des Reglements zudem bei der Strafbemessung durch die Gerichte eine große Rolle, erst recht, wenn ein Duellant den anderen getötet hatte. Das Duell auf Kommando erhöhte die Überlebenschancen, weil die Duellanten ein kleineres Ziel abgaben und sich im Profil zueinander aufstellten, wodurch ihr vorgestreckter Arm und die Schulter einen gewissen Schutz boten. Beim Schießen mit Avancieren traten sich die beiden Männer indes frontal gegenüber. Ein weiteres Verfahren zur Einschränkung der Zielgenauigkeit bestand darin, die Duellanten mit dem Rücken zueinander aufzustellen. Auf das Zeichen hin mussten sie sich blitzschnell umdrehen und schießen. Gefährlicher konnte das Duell in »Visé«-Manier werden, das beiden Seiten eine gewisse Zeit zum Zielen und Schießen ließ (normalerweise 60 Sekunden). Diese Zeitspanne stellte die Nerven der Duellanten auf eine harte Probe. In einem Duell im Jahr 1893 zielten zwei ungarische Parlamentarier 30 Sekunden lang aufeinander, ohne zu schießen, senkten schließlich ihre Pistolen, umarmten und versöhnten sich.[55]

Durch Manipulation der Waffen ließ sich die Gefahr ebenfalls minimieren. Es oblag den Sekundanten, die Waffen zu laden, und Kugeln aus Quecksilber lösten sich an der Luft auf, auch extrem kleine Kugeln oder eine nur kleine Ladung Pulver reduzierten die Risiken.[56] Altmodische Waffen mit glattem Lauf waren nicht nur eine Sache der Tradition, sondern erleichterten auch solche Winkelzüge. Dennoch blieb ein gewisses Risiko. Runde Kugeln nehmen zwar eine unregelmäßigere Flugbahn als moderne zylindrische Projektile für gezogene

55 McAleer, *Duelling*, S. 70.
56 Ebenda, S. 66f. und S. 189.

Läufe, da sie aber mit weniger Mündungsgeschwindigkeit abgefeuert werden, bleiben sie auch eher im Körper stecken als ein modernes Projektil, das eventuell einen glatten Durchschuss bewirkt. Ein gewisses Maß an Gefahr musste jedoch im Spiel sein, und sei es auch nur im Kopf des Duellanten. Sekundanten fungierten als die Inspizienten einer kollektiven Selbstdarstellung im goffmanschen Sinne. Das Ritual setzte eine Arbeitsteilung voraus, bei der es an den Hauptdarstellern war, ihre brennende Sorge um ihre Ehre und ihre Tapferkeit in einer Bedrohungssituation unter Beweis zu stellen, und an den Sekundanten, das Ganze weniger gefährlich zu gestalten, als es den Anschein hatte (wenn möglich, ohne dass die Hauptdarsteller es merkten).

Auch Säbelduelle ließen sich entschärfen.[57] In Deutschland hatten Säbel mitunter stumpfe Spitzen; in jedem Fall verhinderte die gebogene Klinge den für das Rapier typischen, tief in den Körper des Gegners eindringenden Stoß. Es blieb im Wesentlichen bei klaffenden Schnittwunden, die bluteten und Narben hinterließen. Der Gegner durfte weder angesprochen noch vokal gereizt werden, und ging ein Mann zu Boden oder verlor seine Waffe, durfte der Angriff erst weitergehen, wenn der Gestrauchelte wieder Kampfposition einnehmen konnte. Anders als in Hollywoodfilmen wurde weder getreten noch mit der freien Hand zugeschlagen. Am liebsten standen die Duellanten dicht beieinander, so dass nicht viel Raum zum Schwungholen zur Verfügung stand (ähnlich wie beim Klammern im Boxkampf). Man konnte sich Hals und Rumpf zum Schutz mit Schals umwickeln oder so viel Haut wie möglich zeigen, damit jeder Blutfleck sichtbar und das Duell gemäß der Regel mit dem ersten Tropfen Blut beendet wurde. Dies war vor allem in Frankreich üblich, wo die Duellanten häufig ohne oder in weißem Hemd kämpften und in der Regel auch auf lederne Schutzhandschuhe verzichteten, da Hände und Handgelenke leicht getroffen wurden und üblicherweise getroffen werden sollten. Zielte ein Duellant auf den Rumpf des Gegners oder gar auf die Beinsehnen und -arterien, galt dies als schwerwiegender (und womöglich strafbarer) Angriff. In Deutschland dagegen wurden normalerweise schwere Schutzhandschuhe getragen, da die Duellanten den Kampf nicht mit leichten Verwundungen beenden wollten und schwere Verletzungen als Ehrenzeichen erachteten. Je größer die Handschuhe, desto ernsthafter das Duell. Die Duellverfahren konn-

57 Ebenda, S. 59–62 und S. 185; Nye, *Masculinity*, S. 197, S. 201f. und S. 291.

Abb. 6.1 Französisches Säbelduell im Jahr 1901 vor großem Publikum (aus den besseren Kreisen, den Zylindern nach zu schließen): Die Duellanten halten einander auf Distanz und tragen keine Hemden, damit das erste Anzeichen von Blut gut zu erkennen ist. Die Sekundanten beobachten das Geschehen aus unmittelbarer Nähe.

ten fein auf das jeweils gewünschte Maß an Verletzungen abgestimmt werden.

Letztlich ging es beim Duell vor allem darum, die Zugehörigkeit zur eigenen Statusgruppe zu demonstrieren. Nicht die Dominanz über den Gegner stand im Vordergrund, sondern der Beweis der persönlichen Tapferkeit. Eine ehrenhafte Niederlage war mehr wert als ein unehrenhafter Sieg, und für den Ruf mochte sie sogar noch ausschlaggebender sein als ein ehrenhafter Sieg. Der Gipfel der Tapferkeit (zumindest in England und Frankreich) bestand darin, den Gegner zuerst schießen zu lassen und dann mit der eigenen Pistole lediglich in die Luft zu schießen. Diese Form des Duells kommt dem Glücksspiel nahe (einem weiteren Zeitvertreib elitärer Zirkel). Manche Formen des Pistolenduells erinnerten an Kartenspiele. So wurde beispielsweise per Los entschieden, wem der erste Schuss gebührte, was erst die Nerven des einen, dann die des anderen Duellanten auf eine harte Prüfung stellte. Komplizierter wurde das Glücksspiel, wenn das beim Schießen mit Avancieren übliche Niemandsland von zehn bis fünfzehn Schritten zwischen den Kämpfern auf eine Linie reduziert wurde. Schoss der erste daneben, durfte sein Gegner an die Linie vortreten, und wenn der erste es gewagt hatte, so nahe heranzukommen, musste er zulassen, dass der andere, wenn er wollte, aus kürzester Entfernung auf ihn schoss. Anscheinend haben relativ wenige von diesem Vorrecht Gebrauch gemacht; im Allgemeinen war durch das Stehenbleiben der Tapferkeit Genüge getan, so dass der Gegner das Duell mit einem Schuss in die Luft beendete. Noch deutlicheren Glücksspielcharakter wies eine Duellvariante auf, bei der zwei zusätzliche Sekundanten die Pistolen außer Sichtweite präparierten und nur eine luden. Die Duellanten erhielten die Waffen durch das Los zugeteilt, keiner von ihnen wusste daher, ob seine Waffe geladen war oder nicht.[58] Solche hochriskanten Duelle wurden jedoch in der Regel missbilligt; zur Hochzeit des Duells hielt man die damit verbundenen Gefahren gern in Grenzen.

Duellgepflogenheiten wurden zur Tradition und bewahrt. Die Fortschritte der Waffentechnik berührten das Duell nicht. Colt erfand 1835 den Revolver, der nach seinem Einsatz durch die US-Armee im Krieg gegen Mexiko 1846 bis 1848 einen weltweiten Siegeszug antrat.[59] Eine altmodische Pistole musste nach jedem Schuss relativ umständlich nachgeladen werden. Deshalb erforderte ein Duell mit zwei oder mehr Runden eine entsprechende Anzahl Pausen, was zum einen die Spannung steigerte und zum anderen die Förmlichkeit der Begegnung betonte. Mit einem Revolver konnte man sechs Schüsse nacheinander abgeben und damit erheblich höhere Verluste verursachen. Doch was bei Feuergefechten unter Cowboys legitim sein mochte, lehnte die europäische Duellkultur als plebejisch ab. Wurde ein Revolver benutzt, weil keine traditionelle Duellpistole zur Hand war, lud man ihn mit nur einer Kugel für jede Runde.[60]

Mit dem Rückgang des Pistolenduells kam das »russische Roulette« auf, eine Mischform aus Duell und Glücksspiel, mit dem ein Mann seine Ehre dadurch demonstrierte, dass er sein Leben bereitwillig bei einem Pistolenschuss riskierte. Russisches Roulette war eine Art Duell ohne Gegner. Wie beim Duell setzte man sich einem Schuss oder höchstens zweien aus – gingen sie beim Duell meist daneben oder führten zumindest nicht zum Tod, so war auch beim russischen Roulette die Chance hoch, nicht den einen geladenen Zylinder des sechsschüssigen Revolvers zu erwischen, der einem an den Kopf gehalten wurde. Mit der todesverachtenden Tapferkeit erwarb man sich jedoch sowohl Ansehen als auch die Aufmerksamkeit der aristokrati-

58 McAleer, *Duelling*, S. 229f.
59 *Chambers Biographical Dictionary*.
60 McAleer, *Duelling*, S. 68 und S. 79f.

schen Standesgenossen.[61] Allerdings gibt es außerhalb der Literatur keine belastbaren Belege dafür, dass vor dem frühen 20. Jahrhundert tatsächlich russisches Roulette gespielt wurde.[62] In den Schilderungen geht es stets um russische Offiziere, doch das Verfahren variiert, wobei es letztlich anscheinend auf ein Glücksspiel mit einer plebejischen Waffe, dem Revolver, hinauslief. Die Struktur, die in der Legende vom russischen Roulette dramatisiert wird, ist auch für das Duell entscheidend: Der Gegner, den es zu überwinden gilt, ist die eigene Angst. Dadurch erwirbt man die Zugehörigkeit zu einer Elite, die dem Tod mutig und ostentativ ins Auge blickt.

Der Niedergang des Duells und seine Ablösung durch das Feuergefecht

Das Duell hatte stets Gegner, nicht nur auf Seiten der Kirche, sondern auch auf Seiten des Staates, der das Monopol auf Gewalt für sich beanspruchte. Im 17. und 18. Jahrhundert lief diese Gegnerschaft jedoch ins Leere, zumal dort, wo der Adel an der Spitze des Staates stand und das Duell dann zwar missbilligte, es privat indes stillschweigend duldete oder gar selbst praktizierte. Das Feuergefecht, das im 19. Jahrhundert allmählich an die Stelle des Duells trat, war hingegen plebejisch genug, dass man es verbieten konnte.

Letztlich machte die Demokratisierung dem Duell den Garaus, wenn auch je nach landesspezifischer Entwicklung. Bis ins 19. Jahrhundert war das Duell die Domäne der Männer von Stand sowie der Offiziere, die, wenn nicht von Geburt, dann *ex officio* als Ehrenmänner galten. Aber mit der Vergrößerung der Armeen im 19. Jahrhundert und der Erweiterung der Rekrutierungsbasis erodierte diese Verknüpfung von Duell und Elite; gerade die Verbreitung der Duellkultur im gesamten Offizierskorps sorgte dafür, dass sie als soziales Unterscheidungsmerkmal obsolet wurde. Im Zivilleben sah es ähnlich aus:

61 Man vergleiche dazu die ersten Kapitel von Tolstois »Krieg und Frieden«, in denen ein Gelage von Heeresoffizieren beschrieben wird. Sie trinken, spielen und geben mit wagemutigen Kunststückchen an, indem sie sich etwa im oberen Stockwerk eines Gebäudes wie in selbstmörderischer Absicht auf ein Fensterbrett setzen und eine Flasche Rum auf einen Zug austrinken. Das Werk wurde 1867 veröffentlicht und fußt auf Tolstois Militärerfahrungen im Vorfeld und während des Krimkriegs.

62 www.fact-index.com/r/ru/russian_roulette [26. 9. 2010].

Im späten 19. Jahrhundert wurden Duelle ungemein populär, vor allem im Frankreich der Dritten Republik und in Italien nach der nationalen Einigung. Politiker und politisch aktive Bürger nahmen die Privilegien der oberen Klassen für sich in Anspruch, und dazu gehörte das Recht, seine Ehre im Duell zu verteidigen. In Deutschland machte die wachsende Studentenschaft das Bürgertum mit der Praxis des Duells vertraut. Was auf den ersten Blick nach einer Übernahme aristokratischer und militärischer Wertvorstellungen durch die Gesamtgesellschaft aussah, erwies sich auf lange Sicht als Verbürgerlichung des elitären Zweikampfes.

Dies ließ sich besonders anschaulich im amerikanischen Süden vor Ausbruch des Bürgerkrieges beobachten. Im Gegensatz zu den duellierenden Aristokraten in Europa pochten die weißen Männer in den Südstaaten auf demokratische Gleichheit und reklamierten vor diesem Hintergrund das Recht für sich, zur Wahrung ihrer Ehre jedermann herauszufordern. Als Reaktion darauf wandten sich die reichsten und kultiviertesten Großgrundbesitzer zusehends vom Duell ab, das in ihren Augen zum Ausdruck lauten und unkultivierten Plebejertums verkommen war.[63] Der Klub der Duellanten verlor seine Exklusivität. Vornehmheit definierte sich nun über die Werte einer friedlichen Gesellschaft, nicht über die gewaltsame Verteidigung einer wie auch immer gearteten Ehre.[64]

Ein letztes Aufflackern der Pistolenduelle erlebten die Vereinigten Staaten zwischen 1865 und 1900 im sogenannten Wilden Westen.[65] Die dortigen Revolverhelden stellten eine Art Reputationselite im

---

63 Wyatt-Brown, *Southern Honor*, S. 351. Tatsächlich herrschten unter den weißen Farmern und Arbeitern im Süden ausgeprägte »Hinterwäldler«-Methoden, bevor der Duellstil der oberen Klassen durchsickerte (Gorn, »Gouge«). Bei diesen »Keilereien« war alles erlaubt, man stach dem Gegner ins Auge, zog ihn an den Haaren oder machte ihn zum Krüppel – eine Wildheit, die in offenbar bewusstem Kontrast zu den emotional zurückhaltenden, höflichen Manieren der Oberschicht-Duellanten gepflegt wurde. Im 18. und 19. Jahrhundert betrachtete die Oberschicht arme Weiße denn auch als nicht satisfaktionsfähig. Im Zuge der Demokratisierung glichen sich die beiden Kampfformen jedoch aneinander an.

64 Nicht dass die pazifizierte Elite des 19. Jahrhunderts keine Beleidigungen oder Streitigkeiten gekannt hätte, aber sie war im Begriff, eine Etikette auszubilden, die es erlaubte, einen Beschuldigten (rein metaphorisch) zu »schneiden«, indem man ihm jede höfliche Geste der Anerkennung in der Öffentlichkeit verweigerte, oder ihn aus Einrichtungen wie Privatklubs auszuschließen (Baltzell, *Business Aristocracy*; Cannadine, *Decline*).

65 Kooistra, *Criminals*; Hollon, *Frontier Violence*.

Grenzland dar, die in der Presse entweder romantisch verklärt oder geschmäht wurde. Aber weder gehörten sie zur Oberschicht noch pflegten sie einen eleganten Lebensstil. Während die ältere Duellkultur mit der grundbesitzenden Elite verknüpft war, standen die Revolverhelden höchstens als bewaffnete Wanderarbeiter in den Diensten wohlhabender Rancher.[66] Zwar lassen sich gelegentlich bei Schießereien Ansätze einer bestimmten Etikette ausmachen und an bestimmten Orten und zu bestimmten Zeiten mögen auch inszenierte Kämpfe stattgefunden haben. Das ganze System aus förmlicher Forderung, Sekundanten, vornehm in die Luft abgefeuerten Schüssen und höflicher Beendigung des Schusswechsels war jedoch dahin. Für Revolverhelden ging es darum, zu töten und getötet zu werden, und die erfolgreichsten unter ihnen waren offensichtlich jene, die nicht fair inszenierte Kämpfe ausfochten, sondern auf eine Beleidigung unverzüglich mit der Waffe reagierten. Viele ihrer Opfer wurden zudem aus dem Hinterhalt getötet. Der Revolverheld war eine Übergangserscheinung zwischen dem elitären Duellanten und dem modernen Schläger in einer Bar.

Die Schießereien im Wilden Westen ereigneten sich in einem Gebiet, in dem die staatliche Autorität gerade erst etabliert wurde. Wo es an Kontrolle und Schutz durch den Staat fehlte, nahmen Privatleute die Dinge in die Hand. Die Privatarmeen von Viehzüchtern, Großgrundbesitzern und Eisenbahnmagnaten, die Forderungen gewaltsam durchzusetzen oder abzuweisen versuchten, brachten weit mehr Gewalt hervor als einzelne Revolverhelden.[67] Unser Bild dieser Epoche ist verzerrt. Weil die Revolverhelden sich so ausgezeichnet in die kulturelle Vorstellung vom heroischen Einzelkämpfer einfügten, bekamen sie unverhältnismäßig viel öffentliche Aufmerksamkeit. Aber selbst von diesen Berühmtheiten haben einige der erfolgreichsten zeitweise als Sheriff oder U.S. Marschal für die Regierung gearbeitet. Die

66 Der berühmteste Revolverheld der späten 1870er Jahre, Billy the Kid, arbeitete für eines der rivalisierenden Rancher-Syndikate im sogenannten Lincoln-County-Krieg im Gebiet von New Mexico. Er wurde durch die umfängliche Presseberichterstattung über den Konflikt berühmt, in dem jede Seite für sich in Anspruch nahm, dem Gesetz in abgelegenen Gebieten zur Durchsetzung zu verhelfen, und mit größeren politischen Lagern verflochten war (Kooistra, *Criminals*). Revolverhelden waren im Allgemeinen gedungene Söldner, aber auch Räuber oder professionelle Spieler; ähnlich wie das urbane Verbrechermilieu gehörten sie zu den Leuten, die etwas riskieren, bei denen im goffmanschen Sinne Action herrscht.

67 Hollon, *Frontier Violence.*

bekannteste Schießerei im Wilden Westen, die Schießerei am O.K. Corral in Arizona 1881, wurde nicht zwischen zwei Einzelpersonen ausgetragen, sondern zwischen zwei organisierten Verbänden: dem U.S. Marshal und seinen drei Hilfssheriffs, die mit Pistolen und einer Schrotflinte bewaffnet waren, und fünf Männern, die zur privaten, mit Pistolen und Flinten bewaffneten Hausmacht eines aufstrebenden Viehzüchters gehörten.[68]

Im 20. Jahrhundert wurden Schusswaffen im Duell und in anderen fair inszenierten Zweikämpfen unüblich; im Umkehrschluss ließ der Einsatz von Schusswaffen vielmehr auf einen unfairen Kampf schließen. Wo weiterhin inszenierte, faire Kämpfe stattfanden – ein Ethos, das sich in erster Linie in künstlich abgeschlossenen Gemeinschaften mit fest gefügten Hierarchien wie an amerikanischen Highschools und in anderen totalen Institutionen erhielt –, benutzten die Kombattanten nun andere Waffen, vornehmlich Fäuste und Messer. Dieselben Strukturen, die in geschlossenen Einrichtungen dazu führen, dass jene am unteren Ende der Hackordnung schikaniert und gequält werden, begünstigen die Austragung inszenierter Kämpfe zwischen jenen, die als Elite an der Spitze der Rangordnung stehen.

Unter welchen Bedingungen kommt es also zu fairen Kämpfen innerhalb einer prominenten Statusgruppe? Ein Subtyp tritt im Rahmen lockerer Ad-hoc-Zusammenschlüsse militärischer Einheiten auf, die anstelle des Staates stehen. Historisch war dies der Fall, wenn auf Verwandtschaft gegründete Stammesverbände durch größere Verbände marodierender Freiwilliger oder durch Stammeskoalitionen abgelöst wurden, in denen es jedoch noch keine stabile, hierarchische, militärische Befehlsstruktur gab.[69] Solche Ad-hoc-Bündnisse bringen jenes Heldentum hervor, für das der Berserker steht, der die anderen als unbarmherziger Einzelkämpfer mit seiner rücksichtslosen Aggres-

68 Nachdruck des *Tombstone Epitaph*, Oktober 1881.

69 Wir pflegen uns die Entwicklung von der Stammesorganisation zu frühen Staaten als evolutionäre Abfolge vorzustellen, aber häufig gibt es eine Zwischenform, die weder das eine noch das andere ist (Weber, *Wirtschaft*, S. 240–242; Borkenau, *Ende*; Collins, *Weberian*, S. 267–297; Grinin, »Early State«). Dazu kommt es nicht nur, wenn Stämme anfangen, sich zu vereinigen, sondern auch dann, wenn Krieger ihre Clanidentitäten hinter sich lassen und sich zu marodierenden Gruppen zusammentun. Beispiele finden sich unter den Wikingern, den vielen Zusammenschlüssen der Germanen außerhalb des Römischen Reichs und mit den Argonauten auf der Suche nach dem Goldenen Vlies und der ad hoc zusammengestellten Armee, die Troja belagert, auch in der griechischen Mythologie.

sivität und seinem Todesmut einschüchtert, der ihm als Ruf vorauseilt. Dem Einzelkampf wird vor dem Massenkampf der Vorzug gegeben, da sich nur so persönlicher Ruhm begründen und steigern lässt – zumal die organisatorische Einheit sich aus der persönlichen Gefolgschaft oder der Entourage einer Reihe von Helden zusammensetzt, die sich (wie im griechischen Heer vor Troja) zeitweilig verbünden, nicht aus Vergeltungsgrüppchen eines Clans oder einer Horde. Und so entwickeln sich Einzelkämpfe zwischen Helden, nicht Vendetten, die sich durch abwechselnde Hinterhalte auszeichnen.

Zu diesem Strukturtyp gehört außerdem die Trennung zwischen Aristokratie und der breiten Masse des einfachen Volkes. Die Helden beschränken ihre fair inszenierten Kämpfe auf Begegnungen mit ihresgleichen und leiten daraus die höchste Ehre für sich ab.[70] Idealiter gründet sich Adel darauf, ein Kämpfer mit hoher Reputation sowie ein Mitglied der begüterten Elite zu sein. Realiter wird sich eine besitzende Oberschicht wohl kaum ausschließlich aus solchen Kämpfern zusammensetzen. Mit der Vererbung von Eigentum und Titel sowie vor dem Hintergrund ruhigerer Zeiten setzt sie sich eher durch ihre Umgangsformen (auch im Kampf) als durch besondere Wildheit und Effektivität von ihrem Umfeld ab.

Hier geht die Kategorie der Berserkerhelden in die des höflichen Ehrenduellanten über. Damit wären wir beim zweiten Subtyp fair inszenierter Kämpfe: Wo lose Ad-hoc-Koalitionen durch einen starken Staat ersetzt worden sind, halten sich Duelle, solange aristokratische Statusgruppen den Gemeinen übergeordnet sind. Unter diesen Bedingungen bleibt das Ethos des Duells lebendig, vor allem durch die Existenz von Übungszentren für die Kämpfer, in denen die Etikette und

---

70 Heldenkrieger dieses Typs müssen von berühmten Banditen unterschieden werden, die auch in dem Ruf stehen mochten, tapfer, wagemutig und unbesiegbar zu sein. Sie aber tauchen dann auf, wenn staatliche Strukturen zusammenbrechen (wie in schwachen Phasen chinesischer Dynastien) oder ein Staat weit genug in dörfliche oder Stammesgebiete vordringt, um Widerstand auszulösen. Dem Staat mangelt es an Verwaltungsstrukturen, um seine Herrschaft durchzusetzen, den Banditen an organisatorischen Fähigkeiten, um den Staat zu ersetzen (Eberhard, *Geschichte Chinas*; Hobsbawm, *Banditen*). Der entscheidende Punkt ist der, dass aristokratische Helden gegen ihresgleichen im Rahmen eines Ehrenkodex vorgehen, während Banditen gegen straffer organisierte Mächte von oben kämpfen. Dies verschafft Banditenhelden ihren Ruf als romantische Individualisten, die auf wunderbare Weise der Obrigkeit trotzen und der Gefangenschaft entgehen; für aristokratische Helden gilt weder das eine noch das andere.

der Charakter des Oberschichtklubs gepflegt werden. Tatsächlich werden die meisten inszenierten Kämpfe in diesen Unterrichtsstätten absolviert und nehmen – wie in der Welt draußen – relativ selten einen tödlichen Ausgang. Mit der Auflösung der Trennlinie zwischen Adel und Gemeinen verlieren auch die fair inszenierten Kämpfe vom Typ des Duells an Bedeutung, obwohl es in der Übergangsphase durchaus noch einmal zu einem kurzzeitigen Popularitätsschub kommen kann.

Wie wichtig diese elitären Übungszentren für das Ethos des ehrenhaften, fair inszenierten Kampfes waren, zeigt sich im Vergleich zum 20. Jahrhundert, als nicht mehr mit der Waffe um die Ehre gefochten wurde. Die Lehrstätten für angewandte Kampfkunst mutierten zu Gymnastik- oder Fitnesscentern. Die Waffen fielen weg, und das Training wandte sich dem Körper selbst zu: Moderne Gymnastik dreht sich um Muskelaufbau und Kondition, auch wenn mancherorts Kampftechniken wie Boxen und asiatische Kampfkunst unterrichtet werden. Die Amerikaner unserer Tage betrachten dies als friedlich und unschuldig. Im Zuge der Fitnessbewegung seit den 1970er Jahren wurden die Gymnastikzentren zu einem Mittelschichtphänomen, mit gänzlich unkriegerischer Ausrichtung und hohem Frauenanteil; Banden oder Politik spielen hier keine Rolle. Statt um Selbstdarstellung oder Zurschaustellung der sozialen Zugehörigkeit geht es um private Selbstentfaltung, mithin um eine Art gemeinsamer Hinterbühne, auf der man sich in Form bringt, nicht um die Vorderbühne für den großen Auftritt. In Europa und Asien hingegen nutzten Paramilitärs und Verbrecherbanden die – gewöhnlich nach Geschlechtern getrennten – Fitnesscenter, Turn- und Sportvereine häufig für ihre Rekrutierungen. Das gilt für deutsche paramilitärische Verbände in den 1920er Jahren; für Verfechter der »ethnischen Säuberung« im Jugoslawien der 1990er Jahre, die Sportstätten zu Operationsbasen und Vergewaltigungszentren umfunktionierten; für russische Verbecherbanden, die sich ebenfalls in den 1990er Jahren in Fitnessstudios organisierten; für Banditen in Indien, die sich dort als Handlanger und von Zeit zu Zeit auch als Stoßtrupps bei ethnischen Auseinandersetzungen anbieten.[71] In plebejischen Sportstätten wie diesen orientierte man sich nicht mehr an einem Ehrenkodex und auch nicht am fairen Zweikampf, eher am Gegenteil.

---

71 Fritzsche, *Wie aus Deutschen*; Kaldor, *Kriege*; Tilly, *Politics*, S. 36–38; Katz, *Seductions*, S. 272; Mann, *Dunkle Seite*.

Ehre ohne Fairness: Die Vendetta als Verkettung ungleicher Kämpfe

Wie erwähnt, werden Schusswaffen unter modernen Bedingungen nur noch bei unfairen Kämpfen eingesetzt. Diese lassen sich weiter in zwei Typen unterteilen, die zusammen die mit Schusswaffen verübte Gewalt weitgehend abdecken (sieht man von räuberischer Gewalt im Zuge von Überfällen und anderen Verbrechen ab): zum einen die von Gruppen verübte Vendetta, zum anderen Streitigkeiten unter Einzelpersonen, die in Schießereien ausarten. Letztere werden häufig als Ehrenhandel bezeichnet; der Begriff »Bocksprung-Eskalation« ist ihrer spezifischen Dynamik jedoch angemessener.

Die Vendetta mit Schusswaffeneinsatz ist uns in Form von Schießereien zwischen rivalisierenden Banden aus dem fahrenden Auto heraus vertraut, oder breiter gefasst, als erwiderte Bandengewalt.[72] Banden schützen ihr Revier, das möglicherweise nur einige Häuserblocks umfasst, indem sie junge Männer von außerhalb angreifen, wenn diese das Gebiet betreten. Gelegentlich unternehmen sie, aus Rache für frühere Angriffe oder einfach, um auf sich aufmerksam zu machen und ihre Macht zu beweisen, auch Vorstöße in das Revier eines Rivalen. Vendetten sind keine fairen Kämpfe. Hier treten nicht zwei Personen in Gegenwart eines Publikums, das auf die Einhaltung der Regeln achtet, gegeneinander an. Stattdessen zielt die Seite, die ihre Dominanz demonstrieren will (weil sie sich für eine frühere Attacke rächt oder sich auf heimischem Gebiet befindet), auf überwältigende Überlegenheit. Hinsichtlich der Überwindung von Konfrontationsanspannung und -angst ist dieser unfaire Vorteil für das Zustandekommen der Gewalt wichtig. Wird eine Schusswaffe benutzt, sind normalerweise eine ganze Reihe Bandenmitglieder an dem Einfall in das gegnerische Gebiet oder am Hinterhalt beteiligt, auch wenn dann nur einer von ihnen schießt. Die Übrigen kommen zur moralischen Unterstützung mit und machen durch ihre Anwesenheit deutlich, dass der Kampf den Charakter einer Gruppenauseinandersetzung hat: Nicht eine Einzelperson nimmt Rache oder stellt ihre Ehre gegenüber einer anderen Einzelperson wieder her, sondern die eine Gruppe lässt der anderen eine Botschaft zukommen. Wer das Opfer ist, spielt keine Rolle; die Tötung einer Freundin oder eines

72 Sanders, *Gangbangs*; Jankowski, *Islands*; Wilkinson, *Guns*.

Kindes aus dem Umkreis der anderen Gruppe ist ebenso bedeutungsvoll wie die Ermordung eines ihrer Hauptkämpfer.

Ebenso wenig ist eine Vendetta gewöhnlich in dem Sinne inszeniert, dass sie vorher angekündigt worden wäre oder man sich über Zeit, Ort und Regeln geeinigt hätte. Das Wesen der Vendetta-Taktik besteht darin, den unvorbereiteten Gegner in einer für ihn nachteiligen Situation zu erwischen. Dann ist das Töten erfolgreich, und ebendiese Verkettung unausgewogener Vorteilsnahme hält die Vendetta in Gang. Ohne das Überraschungsmoment oder ohne einen erdrückenden Ortsvorteil enden Begegnungen zwischen Banden – wie direkte Konfrontationen zwischen Armeen – in der Regel mit einem Patt, bei dem viel und lautstark geprahlt, aber wenig Schaden angerichtet wird.

Der folgende Fall zeigt, wie Schusswaffen weitgehend um der Schauwirkung willen eingesetzt werden; zu Verlusten kommt es eher zufällig. Eine Gruppe junger schwarzer Männer begleitete einen Freund zu einem gegnerischen Sozialbau, um ein Mädchen zu treffen:

> Wir haben geraucht (Marihuana) und uns um unseren eigenen Kram gekümmert. Dann kamen da die Nigger von der anderen Seite und stellten bescheuerte Fragen: »Wer ist der da?«, »Wer zum Teufel bist du?« und so 'n Zeug. Und ich gleich zurück: »Wer zum Teufel bist DU?« und so weiter. »Was zum Teufel ist los mit dir, haste 'n Problem, Mann? Wir hängen hier nur ab« und so. Das fing nur mit Sprüchen an. Eins gab das andere, und wir fingen an zu kämpfen, und jeder zog, und wir fingen an zu ballern; ich glaube, niemand hat was abgekriegt. Einer von der Brownsville-Seite hat was abgekriegt, weil einer von unseren ihm eins vor die Brust gegeben hat. Ich habe nichts abgekriegt. War ein Haufen Rumgeballere und so. Wir fingen an zu ballern, nicht volle Pulle [...] Wenn die Leute ballern, die wollen nicht wirklich jemanden treffen, weißte, is bloß Geballere; ein Haufen Geballere überall, weißte. Bin froh, dass wir heil aus der Sache rauskamen.[73]

Der Einsatz von Schusswaffen setzt dem Kampf im Allgemeinen Grenzen. Bandenkämpfe mit Schusswaffen entwickeln sich selten zu ausgedehnten Auseinandersetzungen, bei denen beide Seiten wiederholt Schüsse abgeben. Dies ist teilweise der üblichen Konfrontationsanspannung und -angst zu verdanken, teilweise der fehlenden Ausbildung an der Waffe und teilweise der Tatsache, dass die Waffen häufig von schlechter Qualität sind. Die Käufer kennen sich mit Schusswaffen oft nicht aus und lassen sich minderwertige oder funktionsuntüchtige Waffen andrehen, weil es ihnen eher um den Fetisch als um

73 Wilkinson, *Guns*, S. 153.

Effizienz geht.[74] Normalerweise reicht es gerade für einen einzigen guten Schuss. Dies alles trägt dazu bei, dass sich der Gebrauch von Schusswaffen durch Banden auf Vendetten beschränkt, auf eine Reihe kleinerer Schießereien.

Im Vergleich zu fair inszenierten Kämpfen ziehen sich Vendetten zeitlich in die Länge. Es werden nicht an einem bestimmten Ort zu festgesetzter Zeit gleich starke Kräfte aufgeboten, sondern es wird abwechselnd zugeschlagen: Idealiter hat erst die eine Seite den unfairen Vorteil, dann die andere. Auf lange Sicht mag sich dies ausgleichen, aber im jeweiligen Moment hat eine Seite stets das Gefühl, unfair behandelt worden zu sein. Und das wird sie auch. Deshalb versucht sie, das Gewicht zuungunsten der anderen Seite zu verschieben. Was vom Standpunkt des unbeteiligten Theoretikers ausgewogen zu sein scheint, ist in der Wahrnehmung der Beteiligten selbst offensichtlich unfair. Darum dauern Vendetten endlos an, während fair inszenierte Kämpfe eine Konfliktsituation zu einem allseits akzeptierten Abschluss bringen. Duelle enden mit der »Satisfaktion« beider Seiten, Vendetten nicht.

Ich habe gerade die allgemeinen Voraussetzungen für fair inszenierte Kämpfe aufgelistet. Das entsprechende Gegenstück für die Vendetta lautet folgendermaßen: Wie im Falle des heroischen Einzelkämpfers haben wir es mit zwei Unterkategorien zu tun, einer antiken Form und einer modernen, die diese Tradition in bestimmten Gebieten wiederaufleben ließ. Zu Vendetten ähnlicher Gewalt kam es zunächst da, wo korporative Stammeseinheiten aufeinandertrafen, die innerhalb stabiler, unveränderlicher Grenzen lebten und deren interne Hierarchie relativ schwach ausgeprägt war – Black nennt dies »stabile Agglomerationen«.[75] Das bedeutet, dass die Identität des Einzelnen fest in die der Gruppe eingebettet ist. Anders als bei wechselnden Adhoc-Koalitionen, in denen Heldenkämpfer in Erscheinung treten, hält jeder zu seiner Gruppe (obwohl Frauen durch Heirat die Gruppe wechseln können) und hat wenig Möglichkeiten, sich einen besonderen Ruf zu erwerben (oder sich einen solchen Ruf in Verhandlungen mit möglichen Verbündeten zunutze zu machen). Das Fehlen einer internen Hierarchie trägt zu dem Erwiderungsmuster der Vendetta bei, weil ohne Befehlsstruktur die Einzelnen nicht zum ernsthaf-

---

74 Venkatesh, *Off the Books*.
75 Black, *Social Structure*.

ten Kämpfen gezwungen werden können. Zwar mögen sie sich aufgrund eines allgemeinen Gruppendrucks in die Kampflinie begeben, aber die wenigsten tun dies mit viel Mut und Begeisterung; und beim ersten Opfer auf der eigenen oder der Gegenseite werden sie das Kampfgeschehen für den Moment bereitwillig beenden. Die Ein-Schuss-Vendetta erlaubt somit durchschnittlichen Feiglingen, mit einem Minimum an zur Schau gestelltem Mut größtmögliche Wirkung zu erzielen.

Vendettastrukturen, die auf korporativen Stammeseinheiten fußen, sind für vorstaatliche Gesellschaften charakteristisch, insbesondere für Gartenbauökonomien mit festem Territorium. In relativ modernen Zeiten entwickeln sich Vendetten da, wo die bürokratische Durchdringung des Staatsgebietes nur teilweise vollzogen wurde oder sich in einem Übergangsstadium befindet. Dies ist der zweite Subtyp. Klassische Vendettagebiete waren vom 17. bis zum 19. oder frühen 20. Jahrhundert Sizilien, Kalabrien, Korsika und Spanien. Sie waren im Wesentlichen durch die Existenz mehr oder weniger geschlossener Bauerndörfer oder durch bäuerliche Subsistenzgemeinschaften gekennzeichnet, die auf Verwandtschaftsbeziehungen aufbauen. Diese müssen nicht alteingesessen sein, sondern können sich auch durch Abwanderung aus Gebieten mit geglückter staatlicher Durchdringung gebildet haben. Ein Beispiel dafür ist die Fehde zwischen den Hartfields und den McCoys in einer extrem abgelegenen Region an der Grenze zwischen West Virginia und Kentucky in den Jahren 1863 bis 1891.[76] Einer ähnlichen Struktur unterliegen die Vendetten moderner städtischer Banden: Das Territorium ist das Stadtviertel, die Banden sind zwar keine Erbgemeinschaften wie die Stämme (obschon sich die Mitgliedschaft durch familiäre Traditionen fortpflanzen kann),[77] aber künstlich arrangiert, um als gemeinschaftliche Rächereinheit aufzutreten.[78]

---

76 www.matewan.com/history/timeline.htm [26. 9. 2010].

77 Horowitz, *Honor*; Jankowski, *Islands*.

78 Eine andere bewusst konstruierte, moderne stammesähnliche Struktur ist das Sportteam. Teams agieren nach Vendetta-ähnlichen Mustern, und ihre Fans greifen einander in gemeinschaftlicher Rache an. Dies wird in Kapitel 8 noch weiter ausgeführt.

Ephemere situative Ehre und Bocksprung-Eskalation zum Kampf mit einseitigem Schusswaffengebrauch

Der andere Typus amateurhafter Schusswaffengewalt ist die von mir so genannte Bocksprung-Eskalation im Rahmen von Streitigkeiten zwischen Einzelpersonen. Diese werden oft auch als Ehrenhandel oder Imagewettkämpfe bezeichnet, aber damit ist, wie bereits angedeutet, ihre Dynamik nicht zur Gänze erfasst. Typische Beispiele für eine Bocksprung-Eskalation sind Streitigkeiten, die in Bars oder an anderen öffentlichen Orten entstehen und sich durch gegenseitige Herausforderungen und Beleidigungen derart zuspitzen,[79] dass schließlich eine Person eine Schusswaffe hervorholt (bei manchen Barschlägereien geht einer weg und kommt später mit einer Waffe zurück) und die andere niederschießt. Oberflächlich betrachtet, gleichen solche Auseinandersetzungen traditionellen Ehrenhändeln und mögen die Form von Zweikämpfen annehmen. Luckenbill nennt sie goffmansche »Charakter-« oder »Imagewettkämpfe«. Vom Duell unterscheiden sie sich jedoch in zweifacher Hinsicht: Es sind keine fairen Kämpfe, weil eine Person eine oder mehrere Eskalationsstufen überspringt und durch das Hervorholen der Waffe dem anderen voraus ist, so dass die Kämpfer nicht mehr gleich stark sind. Wir sollten solche Kämpfe als Kämpfe mit einseitigem Waffengebrauch bezeichnen und nicht als Schusswechsel. Mit dem Protokoll eines Duells, bei dem die Wahl der Waffen angeboten wird, jede Seite einen Schuss abgeben darf und die Angelegenheit anschließend bereinigt ist, hat dies nichts zu tun. Bei einem Kampf mit einseitigem Waffengebrauch ist es nicht ungewöhnlich, dass der Schütze mehrmals hintereinander schießt. Formalitäten wie Ort und Zeitpunkt der Begegnung werden nicht erörtert.[80] Es gibt keine Sekundanten, die das Treffen arrangieren, und damit auch keinen sozialen Druck, Beschränkungen der Kampfdauer

79 Luckenbill, »Criminal Homicide«.

80 Es gibt eine Zwischenform, bei der die Angreifer vorschlagen oder verlangen, dass der oder die anderen »herauskommen«. Hier werden zwar Ort und Zeit benannt, aber als Hier und Jetzt und ohne dass Sekundanten, wie im formellen Duell, die Modalitäten aushandelten. Diese Form der Verabredung beschränkt sich meistens auf Faustkämpfe. Wird die Aufforderung »herauszukommen« erfüllt, bedeutet dies auch, dass man es tatsächlich beim Einsatz der Fäuste belässt. Insofern sind fair inszenierte Kämpfe im 20. Jahrhundert (in England und Amerika seit Mitte des 19. Jahrhunderts) fast ausschließlich Faustkämpfe.

durchzusetzen, keine Verzögerungen, die es den Streithähnen erlauben würden, sich abzukühlen, und ihre Bereitschaft fördern könnten, dem Kampf mit einer mutigen Geste, die zu gegenseitiger Satisfaktion führte, ein Ende zu bereiten. Stattdessen gibt es eine selbst herbeigeführte, hitzköpfige Eskalation an Ort und Stelle, deren Ablauf nur unterbrochen wird, weil eine Seite sich schwerere Waffen besorgt.

Solche Bocksprung-Eskalationen mag man so darstellen, als ginge es dabei auch um Ehre, insofern sich beide Seiten beleidigt fühlen. Aber diese Ehre ist ausschließlich persönlich und selbstbezogen. Es handelt sich nicht um die Ehre, dass man gemeinsam an einem fairen Kampf teilnimmt und dadurch seine Zugehörigkeit zu einer kultivierten Elite bestätigt. Sie schweißt die Gegner nicht zusammen und erhebt sie über die gewöhnlichen Menschen. Bocksprung-Eskalationen ereignen sich in demokratischen, egalitären Strukturen ohne Rangordnungen und Statusgrenzen und in öffentlichen Situationen, die so anonym sind, dass man in den etablierten Gemeinschaftsnetzwerken gar keinen Ruf hat, den es zu verteidigen gälte.

Bocksprung-Eskalationen sind Teil dessen, was ich »situationsbedingte Stratifizierung«[81] genannt habe: der moderne Zustand der Öffentlichkeit, in der niemand Achtung vor dem höheren Rang eines anderen hat oder eine solche Kategorie überhaupt anerkennt. Unter solchen Umständen hat man lediglich einen persönlichen Ruf (zum Beispiel als Berühmtheit oder als Einzelperson, die in einem bestimmten Tätigkeitsfeld oder Netzwerk bekannt ist). Aber außerhalb dieses Netzwerks führt der einzige Weg zu Achtung und Aufmerksamkeit über die Fähigkeit, eine Situation durch Lautstärke, Überschwang, Schockieren oder Streitlust zu dominieren. Ich habe dazu folgendes Prinzip aufgestellt: Formal geplante, veröffentlichte und schriftlich aufgezeichnete Rituale schaffen und bekräftigen kategoriale Identitäten; informelle, das heißt ungeplante und nicht schriftlich fixierte, Interaktionsrituale laufen auf einen persönlichen Ruf hinaus, der ephemer und auf die unmittelbare Situation beschränkt ist.[82] Damit ist der Gegensatz zwischen Duell und Bocksprung-Eskalation treffend beschrieben. Das Duell ist eine sowohl elitäre als auch geregelte Kampfform, weil es Planung, die Verpflichtung auf das Protokoll und die Einbeziehung der Öffentlichkeit in Form eines Netzwerks aus Sekundanten umfasst. Die Durchführung eines solchen Verfahrens

81 Collins, *Interaction*, Kapitel 7.

82 Ebenda, S. 272–274.

bestätigt den Oberschichtstatus der Kombattanten. Eine Bocksprung-Eskalation ist eine an Ort und Stelle improvisierte, hitzköpfige Aufwallung. Solche Kämpfe können einander ähnlich sehen, aber nicht, weil man sich in beiden Fällen an ein formales Skript hielte; und das Ergebnis einer Bocksprung-Eskalation besteht nicht darin, dass man seiner Zugehörigkeit zu einer ehrenhaften Statusgruppe Ausdruck verleiht, sondern darin, dass man sich einen persönlichen Ruf als Hitzkopf oder Mörder erwirbt. Man könnte einwenden, der Raufbold in der Bar werde zumindest in der Situation zu einer Art Elite, da er (in der Regel *er*) die Aufmerksamkeit aller anderen auf sich lenkt. Doch selbst diese Identität wird im Allgemeinen nicht geschätzt, da andere Zecher auf die Raufbolde leicht als Gesindel herunterblicken.[83] Bestenfalls ist der Kämpfer in dieser Situation im Tunnel seiner Subjektivität gefangen, übt sich – ohne nennenswerte soziale Unterstützung – in Selbstverherrlichung und fabriziert ein Image seiner selbst als Ehrenmann, das von niemandem sonst geteilt wird.

Noch anonymer sind Streitigkeiten zwischen Verkehrsteilnehmern. Zu den berüchtigtsten gehört aggressives Verhalten im Straßenverkehr, obwohl es auch ähnliche Auseinandersetzungen unter Fußgängern gibt, wenn Menschen einander mit ihrem Körper (und den Dingen, die sie mit sich herumtragen) in die Quere geraten.[84]

---

83 Eine auffallende Ausnahme stellen die bereits erwähnten, von Fox in »Inherent Rules« geschilderten Kämpfe in den westirischen Küstengemeinden dar. Hier standen die Hauptbeteiligten im Zentrum des örtlichen Klatsches und wurden als Berühmtheiten behandelt. Die Gegenüberstellung macht die Unterschiede zum Kampf an anonymen urbanen Schauplätzen deutlich: Die irische Westküstengemeinschaft verfügte über ein ausgedehntes Netzwerk, das nahezu alle miteinander verband und den Ruf eines jeden öffentlich machte. Und dieses Netzwerk war dabei behilflich, die Kämpfe weiterhin fair zu gestalten und der Eskalation Grenzen zu setzen.

84 Meine Sammlung von Studentenberichten enthält Fälle wie diesen: Eine dichte Menschenmenge entsteigt Ende November 2001 stoßend und rempelnd einem Zug in der New Yorker Pennsylvania Station. Eine schwarze Frau, die schnell läuft und Kopfhörer aufgesetzt hat, wird von einer weißen Frau angerempelt, so dass ihr CD-Player herunterfällt. Die Schwarze schreit: »Scheiße, pass doch auf, wo du hintrittst!« Die weiße Frau seufzt verärgert, hält kurz inne und geht weiter. Die schwarze Frau ärgert sich, weil keine Entschuldigung erfolgt, und schreit: »Hey, heb das auf, heb meinen CD-Player auf, Schlampe! Du verdammte *Schlampe*!« Die weiße Frau blickt sich flüchtig um und geht weiter. Die schwarze Frau ruft: »*Du weiße Scheißschlampe*!« und tritt sie in den Hintern; es hat sich eine kleine Freifläche in der Menge gebildet, weil andere Fahrgäste ausgewichen sind. Ein weißer Mann hebt den CD-Player auf und reicht ihn der Frau; die schwarze Frau nimmt ihn schroff entgegen und stürmt da-

In gewisser Weise sind diese Straßenkonflikte anonyme Bocksprung-Eskalationen in ihrer allgemeinsten Form. Sie sind weder auf eine Machismokultur der Unterschichten oder Arbeiterklasse oder auf eine bestimmte ethnische Gruppe beschränkt, noch sind sie eine männliche Eigenart. Auch Frauen und Angehörige der Mittelschicht tun sich häufig dabei hervor. Aggressives Verhalten im Straßenverkehr ist die äußerste Demokratisierung des Ehrbegriffs; jeder Fahrer (und jeder Fußgänger) ist jedem anderen gleichgestellt und bereit, jede scheinbare Verletzung seiner Rechte als Beleidigung aufzufassen.

Wie Katz und Tilly gezeigt haben, findet die Eskalation losgelöst von der ursprünglichen Beleidigung statt, weil die Fahrer im Allgemeinen blind gegenüber den Signalen sind, die andere als Bitte um Korrektur des Verstoßes von sich geben.[85] Der Streit erreicht eine höhere Ebene der Auseinandersetzung, auf der über das Ausbleiben einer rituellen Wiedergutmachung gezankt wird. Auch solche Streitigkeiten können in Kämpfen enden, bei denen plötzlich einer eine Waffe zieht (obwohl manchmal das Fahrzeug selbst als Waffe benutzt wird, um den anderen zu zerschmettern oder von der Straße zu drängen). Gekämpft wird zwar um die Ehre, aber um eine Ehre, die nur den Insassen des Fahrzeugs und bisweilen sogar nur dem Fahrer bekannt ist, während sich die Passagiere wundern, was der ganze Krach soll. Dies ist etwas ganz anderes als das Duell: ungeplant, plötzlich aufflammend, ohne Protokoll oder soziale Netzwerke, die als Publikum und Kontrollinstanz fungieren. Solange man nicht von der Polizei verhaftet wird, resultiert daraus noch nicht einmal irgendeine Form persönlicher Identität – Katz zufolge kommen die Fahrer nach einer solchen Episode häufig wie aus einem Traum hervor und wollen mit dem zeitweiligen Selbst, das sich darin zeigte, nichts zu tun haben. Nicht jeder Vorfall aggressiven Verhaltens im Straßenverkehr mündet in Bocksprung-Gewalt. Die allermeisten versanden – wie andere Streitigkeiten auch – auf einer niedrigeren Ebene (siehe das Beispiel in Anmerkung 84).

Ich habe immer wieder betont, dass uns das Kämpfen schwerfällt. Fair inszenierte Kämpfe zählen zu den wichtigsten Methoden zur Umgehung von Konfrontationsanspannung und -angst – im Falle des

---

von. Die Auseinandersetzung eskaliert nicht weiter, weil eine Seite (die weiße Frau) sich einfach weigert, zu bleiben und zu kämpfen, weniger der Ehre halber, als einfach, weil sie die Situation nicht als Ehrenangelegenheit betrachtet.

85 Katz, *Emotions*; Tilly, *Politics*, S. 151–156.

Duells geschah dies dadurch, dass man sich zum einen bei der Begründung der Gewalt der Unterstützung einer elitären Statusgruppe versicherte, zum anderen die Gewalt so stark formalisierte, dass es hauptsächlich darum ging, seine Todesbereitschaft zur Schau zu stellen, während das Protokoll ebendieses Risiko eines tödlichen Endes einschränkte. Bei der Vendetta hingegen wird die Schranke durch Rückgriff auf den Angriff auf den Schwachen umgangen, indem man zumindest für den Moment eine Situation zu schaffen sucht, in der der Gegner zahlenmäßig unterlegen ist, man ihn außerhalb seines Heimatterritoriums oder in einem Augenblick der Unachtsamkeit überraschen kann. Bei der Vendetta schimmert außerdem das allgemeine Muster aus Angst und Inkompetenz deutlich durch: Man sucht sich nur ein Opfer auf einmal, schlägt los und läuft weg.

Ad-hoc-Einzelkämpfe im Zeichen der Bocksprung-Eskalation nehmen einen anderen Weg: Da es ihnen an sozialer Unterstützung mangelt, ziehen sich die Kämpfer auf den unfairen Kampf zurück; das gilt insbesondere dann, wenn eine ungleich verheerendere Waffe ins Spiel kommt als jene, über die der Gegner zu diesem Zeitpunkt verfügt. Hinzu kommt ein symbolischer Aspekt: Der Mann, der aus der Bar hinausstürzt, nachdem er aufs Übelste beleidigt wurde, fühlt sich vermutlich als Feigling, weil er nicht unter Einsatz seines Körpers den Kampf gesucht hat. Bekommt er eine Waffe in die Hand, dann nimmt diese im Zusammenhang mit dem Schusswaffenkult, von dem ich an anderer Stelle gesprochen habe, die Qualität eines heiligen Objekts an.[86] Aus den rituellen Eigenschaften, die der Schusswaffe in Netzwerken zuerkannt werden, wo kultische Praktiken im Umgang mit Waffen zur emotionalen Aufladung des Objekts führen, leitet der Beleidigte eine emotionale Energie ab, die ihm nun ein Überlegenheitsgefühl beschert. Seine Überlegenheit stützt sich auf sein Wissen (oder den Glauben), dass er eine Schusswaffe hat und sein Gegner nicht. Ebendieses unfaire Kräfteverhältnis – er allein ist im Besitz einer rituellen Waffe – verleiht ihm den Mut zuruckzugehen, Anspannung und Angst zu überwinden und den Kampf aufzunehmen. Ich behaupte hier wie anderswo auch, dass die Bedeutung der Schusswaffe über ihren praktischen Wert hinausgeht: Wenn Soldaten auf beiden Seiten einer Schlacht mit Schusswaffen ausgestattet sind, legen sie in der Regel noch mehr Angst und

86 Collins, *Interaction*, S. 99–101.

Inkompetenz an den Tag. Erst das Empfinden ritueller Überlegenheit führt zur Überwindung der Schranke und zur Entfesselung der Gewalt.

Hinter der Fassade von Ehre und Respektlosigkeit

Es ist üblich, für kleinere gewaltsame Auseinandersetzungen unter Männern einen Ehrenkodex verantwortlich zu machen. Respektlosigkeit wird in ähnlicher Weise als Erklärung herangezogen, allerdings kann diese in einem weiteren Sinne geltend gemacht werden und ganze Gruppen – als Opfer wie als Täter – einbeziehen, die sich womöglich auch in einem unfairen Kampf gegenüberstehen. Ein Beispiel aus meinen Beständen betrifft eine Bande in einer von Schwarzen bewohnten Gegend, die zwei schwarze Teenager von außerhalb angreift, als diese in ihren besten Sonntagsanzügen die Großeltern besuchen. Die Täter erklären ihr Verhalten eingeschnappt mit selbstgerechten Rechtfertigungen: »Was glauben die, wer sie sind? Tauchen hier auf und erweisen uns keinen Respekt?«

Beide Erklärungsansätze verraten ein empathisches Bemühen, den Standpunkt des Angreifers zu ergründen. Obwohl sich die beiden Erklärungen häufig überschneiden, unterscheiden sie sich dennoch im Ton. Ein Ehrenkodex wird als Ausdruck althergebrachter Traditionen gesehen, für die man als Konservativer oder aus romantischer Nostalgie widerwillig eine gewisse Bewunderung aufbringen mag. In der Respektlosigkeitserklärung schwingt ein Ton altruistischer Sympathie mit dem Underdog mit, der aufgrund sozialer Vorurteile und durch Benachteiligung gedemütigt wird und »um Achtung« kämpft.[87]

Dieses empathische Bemühen, so achtbar es als ethische Haltung auch sein mag, verzerrt sowohl die Strukturbedingungen als auch die situationsbedingte Phänomenologie der Gewalt. Beim Ehrenkodex geht es nicht nur um Tradition. Dahinter steht vielmehr eine kulturelle Ideologie, die nur unter bestimmten sozialen Bedingungen verbalisiert wird.

Eine andere Argumentationslinie unterstreicht die rationalistischen Elemente hinter dem Ehrenkodex-Kampf. Nach Gould[88] und

---

87 Nicht umsonst betitelte Philippe Bourgois sein Buch über Crack-Dealer in El Barrio mit »In Search of Respect«.

88 Gould, *Collision*.

Tilly[89] lässt sich ohne staatliches Rechtssystem und Polizeikräfte, die für Sicherheit sorgen, von Gewalt nur dann abschrecken, wenn man zwei Dinge deutlich macht: dass kein Vorteil daraus zu ziehen ist und dass man sich der Loyalität und Unterstützung einer Gruppe sicher ist, die gegebenenfalls Vergeltung übt. Es liege also im Interesse jedes Einzelnen, sich an einen Ehrenkodex zu halten und seine Bereitschaft zu demonstrieren, bei der kleinsten Kränkung von Gewalt Gebrauch zu machen, sowie der Verpflichtung der Gruppe, einander im Falle von Beleidigung oder Verwundung beizustehen, peinlich genau Folge zu leisten. Eine Einzelperson erwerbe sich so den Ruf, dass man sich besser nicht mit ihr anlegt, die Gruppe das Renommee einer solidarischen Gemeinschaft, die ihre Mitglieder eindrucksvoll unterstützt.

Diese Erklärung hat einen funktionalistischen Unterton: In Ermangelung eines anderen sozialen Mechanismus, so der Gedankengang, entwickele sich ein Ehrenkodex, um die Sicherheit des Individuums zu gewährleisten. Das Argument ist seltsam, weil sein angebliches Ergebnis vom Mechanismus selbst untergraben wird. Ehrpusseligkeit und daraus folgende Vergeltung durch die Gruppe sollen Schutz bewirken. Tatsächlich aber sind Gesellschaften, in denen die Ehre einen hohen Stellenwert einnimmt, wegen ihres Gewaltniveaus berüchtigt; mehr noch, in ihnen herrscht durchgängig ein Klima der Bedrohung und Unsicherheit. Die hypothetische Alternative lässt sich nur schwer quantifizieren: Man will uns glauben machen, dass es ohne Ehrenkodex noch mehr Gewalt und Unsicherheit gäbe. Empirisch betrachtet, nehmen Gesellschaften, welche die Vendetta praktizieren, hinsichtlich gewaltsamer Todesfälle jedoch eine Spitzenreiterposition ein.[90] Wenn dies die beste funktionale Alternative sein soll, dann ist sie nicht allzu erfolgreich. Die Sicherheit, die sie verschafft, ist illusorisch. Wir könnten überdies einwenden, dass Gesellschaften mit Ehrenkodex ungewöhnlich gewalttätig sind, weil sie dazu neigen, kleinere Meinungsverschiedenheiten in Gewalt eskalieren zu lassen und grundlos Anlass zum Streit zu suchen.

Es gibt noch einen anderen empirischen Einwand gegen die rationalistische Erklärung des Ehrenkodex als Garant für Recht und Ordnung. Viele Kämpfe, die sich im ausgehenden 20. Jahrhundert in Ländern wie den Vereinigten Staaten ereignen, gelten als Ehrenhändel, so

89 Tilly, *Politics.*
90 Keeley, *War before Civilization.*

zum Beispiel Auseinandersetzungen in Bars oder Schießereien unter Autofahrern. Aber sie ereignen sich mitnichten nur dort, wo der Staat nicht präsent ist und es keine formalen Mechanismen zur Durchsetzung von Sicherheit gibt, sondern weitgehend dort, wo keineswegs Gesetzlosigkeit herrscht. Außerdem handelt es sich häufig um anonyme öffentliche Situationen, in denen eine Einzelperson ihren Ruf nicht zu verteidigen braucht, da die Strukturen fehlen, einen wie auch immer gearteten Ruf überhaupt in Umlauf zu bringen. Nach einer Drängelei mit einem Kleinlaster auf der Überholspur eines Highways in San Diego mag man es als Ehrenhandel auslegen, wenn der Drängler, dem letztlich das Überholmanöver gelingt, in das Fahrerhäuschen des Kleinlasters schießt, dabei den Fahrer verwundet und seine siebenjährige Beifahrerin tötet;[91] aber weder etabliert damit irgendjemand einen Ruf, dass man sich besser nicht mit ihm anlegt, noch beschwört man damit die Möglichkeit herauf, dass die Gruppe sich rächt, da gar keine Gruppenidentitäten angezeigt wurden. Die Strukturbedingungen für angeblich funktionale Gewalt auf der Grundlage eines Ehrenkodex sind nicht gegeben, nur das Verhalten ist danach.

Nach meinem Dafürhalten ist Gewalt auf der Grundlage eines sogenannten Ehrenkodex kein durch Angst und fehlende Sicherheit begründeter Vermeidungsprozess, sondern ein aggressives und offensives Vorgehen, das durch den Wunsch nach Elitestatus motiviert wird. Es geht nicht darum, anhand einer egalitär und rational motivierten Retourkutsche mit jedermann Schritt zu halten, sondern um den ganz und gar nicht egalitären Versuch, sich über andere zu erheben. Dies lässt sich meines Erachtens an zweierlei festmachen:

Zum einen kommen manche Kämpfe auch dann nicht zustande, wenn der Ehrenkodex eigentlich berührt sein sollte; viele Beleidigungen und Provokationen werden nicht als solche aufgefasst. Gould beschreibt Gesellschaften wie die korsische des 19. Jahrhunderts, in denen die Ehre es angeblich verlangte, dass Familienmitglieder einander bei mörderischen Vendetten unterstützten. In Wirklichkeit zeigt sein Material, dass sich meist nur die unmittelbaren Verwandten an Vendetten beteiligten.[92] Die meisten Menschen drücken sich vor den vorgeblichen Ehrenverpflichtungen, durch die sie in eine wechselseitige Reihe von Morden hineingezogen würden. Dies deckt sich mit

91 *San Diego Union-Tribune*, 8. und 13. 3. 2004.
92 Gould, *Collision*, S. 121–133.

meinem Leitgedanken: Die meisten Menschen legen wenig Kompetenz für gewalttätige Konfrontationen an den Tag und sind nur unter besonderen Umstände in der Lage, sie durchzustehen.[93] Der Befund passt außerdem zu dem Muster, dem zufolge nur wenige Personen im Grunde das gesamte Ausmaß an Gewalt verüben. Diese praktische Realität ist allen, die sich in gewalttätigen Situationen befinden, bewusst und lässt den Eindruck einer Schichtenbildung entstehen – hier die Gewalteliten (oder zumindest prahlerische, gewalttätig erscheinende Eliten), dort die Mehrheit derer, die vor Kämpfen zurückschrecken. Nach meiner Meinung können wir dies auch in Situationen, die von einem Ehrenkodex bestimmt werden, beobachten: Nicht jeder leistet dem Ehrenkodex Folge, sondern die Gemeinschaft zerfällt offenkundig in eine Elite aus harten Burschen und Gruppierungen (ob sie nun Banden, Familien, Clans, Aristokraten et cetera genannt werden) und jene, die sich ihnen unterwerfen (sei es als Gemeine, Anhänger, Protegés, Schutzgeldzahler et cetera). Diese Stratifikation ist ein gewichtiges strukturelles Korrelat zu der Existenz eines Ehrenkodex.[94]

Zum Zweiten sind Individuen in Situationen, in denen ein Ehrenkodex besteht, häufig darauf aus, für Unruhe zu sorgen. Sie verteidigen sich nicht einfach gegen Beleidigungen und kümmern sich sonst friedlich um ihre eigenen Angelegenheiten. Vielmehr haben wir es gerade mit Szenarien oder wiederkehrenden Situationen zu tun, in denen Leute überempfindlich sind und andere provozieren, um sie zum

---

93 Sanders, *Gangbangs*, S. 148, hält für mexikanisch-amerikanische Banden fest: »Man kann immer sein Gesicht wahren, indem man die ungünstige Situation bemerkt und die Vergeltung auf einen späteren Termin verschiebt, wenn die Situation dafür günstiger ist.« Wilkinson, *Guns*, führt auf den Seiten 137, 141, 144, 151, 154f. und 169 mehrere Beispiele an, bei denen eine Konfrontation ein Ende findet, weil eine Seite oder beide vor einer Schusswaffe davonlaufen. In einem weiteren Fall drang eine bewaffnete Gruppe in ein anderes Viertel ein, um Rache für einen Raubüberfall auf die Freundin eines Bandenmitglieds zu nehmen. Aber nach einer kurzen Schießerei, bei der niemand getroffen wurde, zogen die Eindringlinge ab und wurden nicht mehr gesehen (ebenda, S. 156f.).

94 In Kapitel 10 werde ich zeigen, dass gewöhnlich höchstens 10 Prozent der jungen Männer einer Gemeinde einer Bande angehören. Alice Goffman bestätigte in einem persönlichen Austausch im Oktober 2005, dass die gewalttätigen Drogenhändler, die sie untersucht hat, nur relativ wenige Möchtegernmitglieder in ihre Reihen aufnehmen. Wem der Zugang zur Gewaltelite verweigert wird, muss sich im Weiteren oft mit schlecht bezahlten Beschäftigungen begnügen.

Äußersten zu treiben. Das typische Mikroszenarium des Ehrenhandels, das in der zeitgenössischen Ethnographie zutage tritt, läuft darauf hinaus, dass jemand sich eines ganzen Repertoires aus Beinahe-Beleidigungen, unverschämten Gesten und verbalen Tricks bedient, um den anderen zum Kampf zu provozieren. Die dabei benutzte Rhetorik und Ausdrucksweise zielt auf Ehre, aber hier wird der Ehrenkodex provokativ und nicht defensiv eingesetzt; er dient als Vorwand für den Kampf und dazu, dem anderen die Schuld dafür anzulasten, weil dieser sich angeblich abscheulich benommen und damit die nun folgende Gewalt verdient habe.[95]

Wilkinson gibt ein Beispiel:

> Wir gingen zu dieser Party, und ich hielt mich für einen tollen Hecht, weil ich Gras rauchte, also glaubte ich, ich sei ein ganzer Kerl. Habe mich gewöhnlich wie ein Idiot aufgeführt und Rabatz gemacht. Ging auf Partys, stieß mit den Schultern, rempelte die Leute an. Und als die Party zu Ende war, wurde ich überfallen und zweimal mit dem Messer verletzt [...] Aber ich war nicht allein. Alle, die mit mir zusammen waren, rannten davon.[96]

Dieser Kampf war keine direkte Konfrontation. Dem Fünfzehnjährigen, der andere angerempelt und »Rabatz gemacht« hatte, wurde von jemandem, der ihm nach der Party nachlief, ein Messer in den Rücken gerammt. Seine Begleiter benahmen sich ebenfalls schändlich und rannten davon.

In einem anderen Fall erinnert sich der Interviewte, dass sein Vater drei Handfeuerwaffen im Haus hatte, die seine Söhne im Teenageralter sich borgten und an ihre Freunde ausliehen:

> Interviewer: Und aus welchem Grund haben sie sich die Waffen ausgeliehen? Hatten die Zoff?
>
> Jerome: Nein. Sie wollten sie nur in der Hand halten.
>
> Interviewer: Und was passierte dann? [...] Gingen die raus und bauten Scheiße, und dann ging alles durcheinander?

---

95 Bei dem in Fußnote 16 beschriebenen Vorfall antwortete einer der beiden Männer, die das Spielfeld gestürmt und den Trainer attackiert hatten, auf die Frage nach dem Warum: »Er hat uns den Stinkefinger gezeigt.« Wenn es stimmt, dann konnte dies eine Reaktion auf die Störaktionen der Fans gewesen sein. Außerdem hatte der ältere der beiden mit dem Handy Freunde angerufen und gesagt, sie sollten sich das Spiel im Fernsehen anschauen, weil etwas geschehen werde. Sanders, *Gangbangs*, S. 147, stellt fest, dass, obwohl Bandenmitglieder den Ausbruch von Kämpfen häufig mit Vergeltungsrhetorik rechtfertigen, »es zu viele Beispiele von Banden gibt, die zu Gewalt anstacheln, als dass dies wahr sein könnte«.

96 Wilkinson, *Guns*, S. 140.

Jerome: Yup. Das sind Leute, mit denen wir zusammen aufwuchsen und so [...] die einzigen Freunde, die wir hatten, auch die einzigen, die wir kannten.

Interviewer: Und die kamen alle um. Wie hast du dich gefühlt?

Jerome: Beschissen, denn noch kurz bevor wir ihnen die Waffen geliehen haben, war alles cool. Und, na ja, als wir ihnen, als wir sie die Waffen haben halten lassen, da sah das aus wie [...] Die wurden anders; ich war so in der, was war ich, so in der siebten Klasse. Wir haben uns mit denen aus der achten und neunten Klasse herumgetrieben. Das war so, wie wenn alle vor uns Angst hatten, weil alle wussten, dass wir Waffen hatten.[97]

Manche Befragte stellten zwischen der Gefährlichkeit eines Viertels und der Suche nach Streit ausdrücklich eine Verbindung her:

Interviewer: Wie würdest du dein Viertel beschrieben, was die Sicherheit betrifft?

Omar: Okay, das ist okay, du [mit du meint er den Interviewer, einen robust aussehenden jungen Mann hispanischer Herkunft] könntest da reingehen, und keiner macht dich an. Nur spiel nicht verrückt und markier nicht den starken Mann.

Interviewer: Da gibt's also viel Gewalt?

Omar: Wenn du danach suchst, wirst du sie schon finden.[98]

Bei diesem Repertoire an Provokationen geht es nicht um Abschreckung und auch nicht um künftige Sicherheit. Stattdessen wird zweierlei erreicht: Der Täter wird erstens zu einem starken Typ, einem Angehörigen der Elite, befördert (oder es wird der Versuch dazu unternommen), und wieder können wir beobachten, dass der Kodex der »Ehre« nur dazu dient, sich über andere zu erheben. Zweitens wird für Action gesorgt: für Erregung, kollektive Aufwallung, situationsbedingte Unterhaltung, all das, was in der schwarzen Straßenkultur als *show time* bezeichnet wird.[99] Die Straßeneliten setzen den Rahmen und dominieren gleichzeitig die Szene.

Der Ehrenkodex ist eine Schichtenbildungsideologie, die sich aus bestimmten gesellschaftlichen Strukturen ergibt. Er fungiert als Rechtfertigung, als moralistischer Vorwand, um der Stratifikation – wie bei jedem derartigen System – einen Anstrich von Legitimität zu geben. In diesem Fall werden die Gewalttätigen über die Gewaltlosen erhoben, werden Gruppen, die aus Härte ein Organisationsprinzip machen, jenen übergeordnet, die nicht so hart sind. Dies im Sinne eines sozio-

---

97 Ebenda, S. 54.
98 Ebenda, S. 50f.
99 Anderson, *Code*.

logischen Funktionalismus zu erklären, ist nicht überzeugender als ältere funktionalistische Stratifikationstheorien, die Herrschaftsideologien für bare Münze nahmen und sie als echten Beitrag zum Gemeinwohl ausgaben.

Ähnlich lässt sich in Bezug auf »Respektlosigkeit« und »Streben nach Respekt« argumentieren. In unseren Tagen wird »Respektlosigkeit« gern als Entschuldigung für einen Angriff auf den Schwachen in einer öffentlichen Situation vorgebracht. Es wäre soziologisch naiv, solche Vorwände für bare Münze zu nehmen. Sie sind ein Beispiel für einen mikrointeraktiven Vorgang, den Goffman und andere »Erklärungen« nennen,[100] eine rituelle Reparationsleistung für eine Störung des normalen Interaktionsflusses, eine Kategorie, die nicht nur Ausreden, sondern auch Begründungen, Rechtfertigungen, Entschuldigungen, Schuldeingeständnisse sowie Schuldzuweisungen umfasst. Manche Arten von Erklärungen sind weniger ehrlich und eigennütziger als andere. Wir müssen uns nur merken, dass eine Ausrede für Gewaltanwendung das Eingeständnis voraussetzt, dass es etwas gibt, das entschuldigt werden muss. *Qui s'excuse, s'accuse.*

Hinter dem Kampf um »Respekt« kann sich eine Schuldzuweisung an das Opfer verbergen, allerdings stellt nicht der Analytiker, sondern der Täter die eigennützige Diagnose. Solche Ausflüchte werden besonders gern vor altruistischen Angehörigen der Mittelschicht vorgebracht, die von außen den Kampf um Kontrolle beobachten, den Jugendbanden in bestimmten Gebieten gewaltsam ausfechten. Jankowskis Beobachtungen zufolge sind sich Bandenmitglieder der verständnisvollen Behandlung des Themas in den Massenmedien sowie des vorherrschenden Diskurses unter Gerichtsbeamten und anderen Mitarbeitern von Sozialeinrichtungen nur zu bewusst und formulieren ihre Rechtfertigungen so, dass sie den bestmöglichen Eindruck hinterlassen.[101] Es ist gut möglich, dass der in den Unterschichten geläufige Begriff »dissen« (»hat mich gedisst« im Sinne von: blöd angequatscht, in Anlehnung an das englische Verb *to disrespect*, zu Deutsch: unhöflich behandeln) linguistisch aus den Sozialwissenschaften durchgesickert ist, während ansonsten viele Slangausdrücke den umgekehrten Weg von der Straße in die Oberschichten nehmen.

---

100 Goffman, *Interaktionsrituale*; Scott/Lyman, »Accounts«.
101 Jankowski, *Islands*, S. 255 und S. 264–270.

Wie im Falle fairer Kämpfe, die als Einzelkämpfe inszeniert wurden, geht es auch bei der umfassenderen Kategorie der Kämpfe wegen »Respektlosigkeit« um die Etablierung einer sozialen Hierarchie. Der Diskurs über »Respekt« findet sich vor allem bei Banden und deckt Verstöße wie die Verletzung des Bandenterritoriums (wenn sich jemand, aus welchen Gründen auch immer, in der falschen Gegend aufhält) ebenso ab wie die förmliche Herausforderung, wenn man jemandem begegnet, der einer rivalisierenden Bande angehört, dessen zumindest verdächtigt wird oder einfach gänzlich von außen kommt. Bandenkultur lässt sich auch als Respektkultur bezeichnen, oder genauer, als eine Kultur, in der nach dem kleinsten Anzeichen für Missachtung oder Respektlosigkeit gesucht wird, damit man einen Kampf anfangen kann.

Diese Banden versuchen, sich, zumindest auf heimischem Territorium, als Eliten darzustellen. Katz bezeichnet sie als »Straßeneliten«,[102] die über die normalen Leute in ihrem Viertel herrschen, welche keiner Bande angehören – wenigstens behaupten sie zu bestimmen, »was hier vor sich geht«, denn in Wirklichkeit ist dies meistens Angeberei. Tatsächlich haben sie relativ wenig zu sagen. Jankowski nennt Bandenmitglieder »trotzige Individualisten«, die zu eigensinnig seien, um sich in eine normale soziale Ordnung zu schicken.[103] Sie lehnen die Aussichten, die ein Job als einfacher Arbeiter eröffnet, ausdrücklich ab und möchten stattdessen zu den Reichen und Mächtigen gehören, Luxus genießen und einen unbekümmerten Umgang mit Geld als Zeichen des Erfolgs zur Schau stellen. Da sich ihr Verständnis von »Oberschicht« häufig an den Standards einer ärmlichen Umgebung orientiert, stellt sich der »Luxus« meist in Form von Sex und Drogen ein, und Ehrerbietung gibt es hauptsächlich dann, wenn man sich gegenüber ärmeren und schwächeren Personen aus der Gegend aufspielt oder andere Banden auf rituelle Weise herausfordert, um sich gegenseitig in seiner Bedeutung zu bestätigen. Katz macht die aufschlussreiche Beobachtung, dass Unterschichtbanden ethnischer Prägung sich Namen geben, in denen eine abenteuerliche Selbstverherrlichung mitschwingt: »Kings«, »Pharaohs«, »Viceroys«, »Lords« et cetera.[104] Auch sie sind insofern »trotzige Indivi-

---

102 Katz, *Seductions*.
103 Jankowski, *Islands*.
104 Katz, *Seductions*, S. 120f. Weiße Mittelschichtbanden spielen dagegen mit ihrer Namensgebung – etwa »Losers« – ironisch auf die Gegenkultur als

dualisten«, als sie selbstbezogen sind und sich anderen, soweit sie damit durchkommen, aufzudrängen versuchen.

Die Taktik, Streit zu suchen, indem man jemanden beschuldigt, es an Respekt fehlen zu lassen, ist sowohl bei Einzelpersonen als auch bei Banden verbreitet. Katz verweist darauf, dass solche Leute sich selbst als *badass* bezeichnen (ein Slangausdruck aus einer ganzen Reihe solcher Begriffe, mit denen man sich selbst als *bad*, als bewusst böse, darstellt). Man könnte eine derartige Selbstdarstellung rationalistisch interpretieren: Der starre kriegerische Blick, die großspurige Körperhaltung, die dunkle Sonnenbrille und Kleider, die bedrohlich und abweisend wirken, die Kultivierung eines Rufes, jeden auf die geringste Provokation hin zu schlagen – all das mag man für eine Strategie halten, sich Ärger vom Leibe zu halten, zu zeigen, dass mit einem nicht zu spaßen ist. Jenseits solcher Erwägungen besteht das Hauptanliegen des *badass* jedoch darin, wie Katz betont, seine Überlegenheit gegenüber jedem, dem er begegnet, zu demonstrieren. Die gewalttätige Elite will außerdem im Zentrum verbotenen Tuns wie Glücksspiel, Hurerei und Partys stehen, weil die Gegengesellschaft eben darauf ihre volle Aufmerksamkeit lenkt. Wie Goffman sagt, kann man dort, »wo was los ist – wo es *action* gibt«,[105] seinen Charakter bis zum Anschlag testen, die Überlegenheit über andere Personen und über die Banalität des gewöhnlichen Lebensstils illustrieren, denn man geht Risiken ein, die andere nicht eingehen, und nimmt sie mit Gelassenheit; man zeigt, dass man in dieser Welt nicht bloß Tourist, sondern in ihr zu Hause ist. »Wenn Leute die ganze Nacht oder tagelang Partys abziehen, haben sie dabei nicht Spaß wie Kinder auf einem Fest; sie suchen Action.«[106] Goffmans Hauptbeispiel für die Welt der Action ist der Spieler; goffmansche Imagewettkämpfe unter Straßenschlägern sind daher nicht nur utilitaristische Manöver zum eigenen Schutz, sondern entsprechen dem Bemühen, sich einen Ruf als Zocker zu erarbeiten.

Die Welt der Kämpfe wegen »Respektlosigkeit« unterscheidet sich vom Duell und anderen fair inszenierten Kämpfen durch die Beschneidung der Etikette. Die Formalitäten der Übereinkunft, wo und wann

---

Ausgestoßene an. Ähnlich verhält es sich mit Jugendgruppen der Gegenkultur (Milner, *Freaks*). Diesen geht es nicht um Achtung, sondern um Missachtung, und über Normen wie Ehrerbietung und Respektlosigkeit machen sie sich lustig.

105 Goffman, *Interaktionsrituale*.

106 Katz, *Seductions*, S. 200.

gekämpft wird, wodurch der Kampf als beendet erklärt wird, sowie allgemein der höfliche Ton, in dem die Regeln befolgt werden, zeichnen die fairen Kämpfer als Angehörige der Oberschicht aus. Kurz, die Kämpfe unterscheiden sich eben dadurch, wodurch bei einigen Kämpfen die Aufmerksamkeit auf die Fairness gelenkt wird: durch Zurschaustellung von Fairness und Einhaltung der Regeln. Damit bestätigt man seinen Anspruch, zur Elite zu gehören. Die von Banden und harten Typen im Kampf verfolgten Taktiken zielen zwar ebenfalls darauf, die Zugehörigkeit zu einer Elite zu behaupten, aber es wird ein anderer Weg beschritten: Nicht durch die Einhaltung, sondern durch Missachtung von Regeln wird ein Spektakel daraus gemacht, wie weit man die Grenzen des Anstandes hinter sich gelassen hat. Der starke Typ in Reinform ist durchaus eine Gemeinschaftselite, nimmt jedoch keine institutionalisierte Stellung ein. Deshalb fehlt es ihm an einem Apparat für geplante, schriftlich fixierte und öffentlich angekündigte Rituale, die er dominieren könnte. Er improvisiert andauernd und macht sich dadurch selbst zu einer situationsabhängigen Elite.

Die Orte, an denen Ehrenkämpfe stattfinden, lassen auf das Publikum schließen, das damit angesprochen werden soll. Straßengewalt findet tatsächlich fast immer auf der Straße statt. Wilkinson gibt an, dass sich 72 Prozent der gewalttätigen Vorfälle auf der Straße oder an einer Straßenecke, an einem Drogenumschlagplatz, auf einer Party oder in einem Klub (in dieser Reihenfolge) ereignen. Vorfälle unter Einsatz von Schusswaffen finden zu 87 Prozent an diesen Schauplätzen statt. In Schulen werden Schusswaffen so gut wie nie eingesetzt (4,3 Prozent), auch in Läden, Privatwohnungen, Sportanlagen und Parks ist die Wahrscheinlichkeit gering.[107] Auch Sanders, der sich mit Bandengewalt an der amerikanischen Westküste befasst, stellt fest, dass sie am häufigsten auf der Straße und nur zu einem verschwindend kleinen Prozentsatz in Schulen (1,1 Prozent) und Freizeitzentren (1,6 Prozent) stattfindet.[108] All das zeigt, dass sich die gewaltsamen Konfrontationen an Orten ereignen, die als Bühne für Action fungieren, seien es die bandeneigenen Reviere oder Brennpunkte, an denen für alle etwas los ist. Dort, wo anders gelagerte Ereignisse im Vordergrund stehen, in Schulen, auf Sportplätzen und in Privatwohnungen, kommt es selten dazu. Ferner beschränken Westküstenbanden ihre Gewalt auf ihre jeweilige ethnische Gruppe. Mexikanisch-amerika-

---

107 Wilkinson, *Guns*, S. 180.
108 Sanders, *Gangbangs*, S. 54.

nische Banden bekämpfen Rivalen aus anderen Barrios; wenn sie Raubüberfälle unternehmen, dann in der Regel auf Bewohner in der Nachbarschaft, die keiner Bande, aber derselben ethnischen Gruppe angehören.[109] Dieser selbst vorgenommenen Rassentrennung liegt ein Element ethnischer Elitenbildung zugrunde. Chicanobanden pflegen so zu agieren, als befänden sich Schwarze, Weiße und Asiaten außerhalb ihres Universums aus Ehre und Vergeltung und seien den Kampf nicht wert.[110] In dieser Hinsicht gibt es eine Annäherung an die Duellkultur: War diese anhand der sozialen Zugehörigkeit organisiert, ist es hier die ethnische.

Endlich können wir die Frage beantworten, die ich zuvor offengelassen habe: Wenn wir davon ausgehen, dass das Publikum großen Einfluss darauf hat, ob ein Kampf ernsthaft, glimpflich oder gar nicht abläuft, wie lässt sich erklären, wann das Publikum die eine oder andere Haltung einnehmen wird? Ein Publikum, das den Kämpfern zujubelt oder sie auf andere Weise unterstützt und anfeuert, pflegt ernsthaften Kämpfen Vorschub zu leisten.[111] Zuschauer, die nur halbherzig in das Geschehen involviert sind, werden einen zwar langen, aber häufig eher glimpflichen Kampf zu sehen bekommen. Zuschauer, denen unbehaglich zumute ist, sorgen für Kampfabbrüche oder zumindest dafür, dass der Schlagabtausch auf einer harmlosen Ebene bleibt; dasselbe gilt für Zuschauer, die intervenieren. Auch neutrale Zuschauer werden vermutlich glimpfliche Kämpfe oder Kampf-

---

109 Ebenda, S. 123 und S. 134.

110 Ein Angehöriger der San Diego Police Department Gang Unit berichtete mir im Sommer 2004 von einer Übereinkunft unter den Mitgliedern der mexikanischen Mafia – einer Art bandenübergreifender Ehrenvereinigung von Chicanos, die im Gefängnis gesessen hatten und als besonders hart galten. Nachdem bei einer Schießerei aus dem Auto ein kleines Kind getötet worden war, das mit einem Mitglied der mexikanischen Mafia verwandt war, rief der Beamte die Bandenchefs zusammen und brachte sie dazu, einer Übereinkunft zuzustimmen, dass beim Schießen ein Fuß auf dem Boden stehen muss (und nicht beide Füße im Wagen). Die Regel sollte vermutlich zu mehr Sorgfalt beim Schießen führen. Die Chicanos hielten sich im Allgemeinen an die Vereinbarung, die schwarzen Banden nicht. Weiße und asiatische Banden praktizierten keine Schießereien aus dem Auto. Motorradbanden hatten meist nur weiße Mitglieder und begrenzten ihre Auseinandersetzungen auf ihresgleichen. Jede ethnische Gruppe unterschied sich nach Techniken und Zielen der Gewaltanwendung; jede hatte ihr eigenes Publikum und ihr eigenes Reputationsfeld.

111 Dies basiert auf meiner Fallsammlung. Bei Duellen jubelt das Publikum nicht, nimmt aber auf äußerst aktive Weise an der Organisation des Kampfes teil und spielt eine wichtige Rolle bei der Frage, ob er überhaupt zustande kommt.

Tabelle 6.3
Schwere der Kämpfe in geplanten und ungeplanten Situationen

	Kampf			
	ernsthaft	glimpflich	im Vorfeld abgebrochen	
Geplante Situation	21 (42 %)	22 (44 %)	7 (14 %)	50
Ungeplante Situation	5 (13 %)	18 (46 %)	16 (41 %)	39
Gesamt	26	40	23	89

abbrüche zu sehen bekommen, es sei denn, die Kämpfer treten in so großer Gruppenstärke auf, dass sie ihr eigenes Publikum abgeben und Außenstehende keine Rolle mehr spielen.

Was bringt ein Publikum dazu, sich auf den Kampf zu konzentrieren und ihn zu begünstigen – oder eben die gegenteilige Haltung einzunehmen? Mit vorheriger Ankündigung eines Kampfes lockt man eine interessierte Menge an und sortiert zweifellos jene aus, die nicht interessiert sind. Andere Kämpfe brechen spontan aus, aber in Situationen, in denen ein ausgelassenes Zechgelage – oder, wie im folgenden Kapitel erörtert, eine »moralische Auszeit« – bereits erwartet wird. Ungeplante, improvisierte Konfrontationen unter normalen, alltäglichen Umständen ziehen in der Regel viel weniger interessiertes Publikum an und arten daher seltener in heftige Kämpfe aus.[112] Bei feindseligen Konfrontationen, die in Verkehrssituationen entstehen, ist das Publikum gemeinhin mit seinem eigenen Fortkommen beschäftigt und fürchtet, der Kampf könnte einen Verkehrsstau verur-

112 In meiner Fallsammlung fanden von 26 schweren Kämpfen nur fünf statt, ohne dass zumindest die wichtigsten Aspekte der Situation vorher festgelegt waren. Alle anderen (81 Prozent) wurden entweder als Kämpfe, Demonstrationen oder Konfrontationen angekündigt und geplant (acht) oder entwickelten sich aus vorher geplanten Zechereien (Straßenfeste, Partys, Spielen: elf) oder im Gedränge von Schulzusammenkünften (zwei). Von 40 leichten oder kurzen Kämpfen fanden hingegen 22 (55 Prozent) in vorher geplanten Situationen statt; von 23 vorzeitig abgebrochenen Kämpfen fanden sieben (30 Prozent) in geplanten Situationen statt. Anders ausgedrückt: Aus 50 Konflikten, die in vorher geplanten Situationen entstanden, entwickelten sich 21 schwere Kämpfe (42 Prozent), während aus 39 vorher nicht geplanten Situationen fünf schwere Kämpfe (13 Prozent) erwuchsen. In vorher geplanten Situationen kam es nur in 14 Prozent der Fälle zu Kampfabbrüchen (sieben Vorfälle), während in nicht vorher geplanten Situationen 41 Prozent der Kämpfe (16) abgebrochen wurden und die restlichen 46 Prozent (18 Fälle) leicht verliefen.

sachen, was es zu verhindern sucht (wie im Fall des Radfahrers, der mit dem Taxifahrer in Konflikt geriet und schließlich dem Druck der hupenden Autofahrer nachgeben musste). Umstehende, die bloß ad hoc zusammenkommen, bilden weniger häufig große, geschlossene Gruppen und kennen einander mit hoher Wahrscheinlichkeit nicht. Wo umgekehrt im Publikum bereits ein Netzwerk an Beziehungen besteht, steigt die Wahrscheinlichkeit, dass es eine entschiedene Haltung zum Kampf einnimmt, umso mehr dort, wo das Publikum entweder dauerhaft (zum Beispiel als Schüler einer Highschool) oder situationsbedingt (als Teilnehmer eines Zechgelages) eine Identität als Kollektiv besitzt. In etablierten Gruppennetzwerken ist zudem die Identität der Kämpfer bekannt, so dass die Menge ihnen als Einzelpersonen zujubeln kann. Planung und sozialer Bekanntheitsgrad der Beteiligten erhöhen also die Aussicht auf ernsthafte Gewalt, während flüchtige, anonyme Menschenansammlungen an einem Ort die Wahrscheinlichkeit länger anhaltender Gewalt reduzieren – und dies, obwohl anonyme Mengen in Allgemeinen als gefährlich gelten. Aber Kämpfer benötigen soziale Unterstützung, um die Konfrontationsanspannung zu überwinden, dementsprechend sind dichte soziale Netzwerke potenziell gefährlicher als lockere Zusammenkünfte.

Doch das ist es nicht allein. Das Publikum kann ein gut organisiertes Netzwerk sein, und doch hängt die Frage, inwieweit es Gewalt unterstützen wird, von zusätzlichen Faktoren ab. Meinen Unterlagen zufolge versuchten manche Menschenmengen, zu vermitteln oder den Kampf abzubrechen, und hatten dabei zumindest bei kleinen Kämpfen in der Regel einigen Erfolg. In anderen Fällen, etwa beim französischen Duell im 19. Jahrhundert, manipulierte das Publikum den Auftritt, damit das Ausmaß der Verluste verhältnismäßig klein gehalten werden konnte. Das eine Publikum begünstigt fair inszenierte Kämpfe, ein weiteres jubelt jedem Kampf zu und macht auch bei eindeutig unfairen Kämpfen mit.[113] Hier kommen die bereits früher erwähnten Bedingungen ins Spiel: dass eine Gruppe mit Elitestatus das Duell unterstützt oder eine geschlossene, fein abgestufte Gemeinschaft wie an der Highschool ihrer für alle ersichtlichen Hierarchie Vorschub leistet. Und an Kampfschulen wird natürlich jeder

113 Bei 17 Beispielen aus meinem Datenbestand, bei denen das Publikum zum Kampf anfeuerte, traten in neun Fällen jeweils zwei Personen gegeneinander an, während die anderen sich zu Angriffen auf den Schwachen entwickelten. Alle fanden in vorher festgelegten Situationen statt.

Aspekt des Kampfes in eine geplante Form der Begegnung integriert, die in ein Netzwerk aus kollektiver Identität und Renommee eingebunden ist; daher kann hier das Ausmaß an Gewalt sehr fein abgestimmt werden.

Das kulturelle Prestige fairer und unfairer Kämpfe

Wir haben durchweg beobachten können, dass Konfrontationsanspannung und -angst das grundlegende Faktum bei Gewalt ist. Die meisten Kämpfe verlaufen entschieden nicht mutig, nicht kompetent und nicht zwischen gleich starken Gegnern. Was brachte uns auf die Idee, dass Kämpfe so seien? Es gibt fair inszenierte Kämpfe, aber nur dann, wenn sie durch die Umstände begünstigt werden. Und selbst dann spielt sich Gewalt häufig keineswegs fair ab. Lassen wir die verschiedenen Wege zur Überwindung von Konfrontationsanspannung und -angst beiseite, die ich in den bisherigen Kapiteln erläutert habe, und fragen wir uns: Welche anderen Gewaltformen gibt es? Existiert eine organisierte Machtstruktur, dann wird nicht der faire Kampf gesucht, sondern es geht darum zu gewinnen und mithin darum, einen Kampf unfair zu führen. Der Polizei ist nicht an einem fairen Kampf gelegen, sondern daran, eine überwältigende Übermacht gegen Widerstand in Stellung zu bringen. Denselben Weg beschreiten Armeen, wenn auch nicht immer mit Erfolg, in der Auseinandersetzung mit feindlichen Heeren. Eltern tragen mit Kindern keine fairen Kämpfe aus, sondern wollen Disziplin erzwingen. Ähnlich verhält es sich mit der organisierten Kriminalität, etwa der Mafia: Diese ist weitgehend im Vollstreckungsgeschäft tätig und versucht es daher mit einem Maximum an Einschüchterung. Die Mafia hat ihre eigenen Vorstellungen von Ehre; diese haben jedoch nichts mit einem fairen Kampf zu tun.

Der archetypische Kampf ist unserer – fälschlichen – Auffassung nach fair, und zwar vornehmlich deshalb, weil faire Kämpfe die theatralischste Form der gewaltsamen Auseinandersetzung darstellen. Literatur, Schauspiel und volkstümliche Unterhaltung wie auch informeller Klatsch über echte Kämpfe drehen sich zu einem Gutteil um dieses Thema. Ein fair inszenierter Kampf ist wie ein Duell voller dramatischer Elemente: Er erfüllt die Handlung mit Erwartung, entfaltet sich über mehrere Spannungsebenen und sorgt für Verzögerungen, sodass sich erneut Spannung aufbauen kann. Er lenkt die Aufmerksamkeit des Publikums auf das, womit gerade zu rechnen ist, auch in den dramatischsten Momenten, wenn größte Ungewissheit herrscht, und verstärkt die Ungewissheiten noch, indem er die Optionen begrenzt. Er bringt Helden hervor, auch tragische Helden. Die Handlung kann sich auf der einfachsten Ebene von »Held schlägt Bösewicht« bewegen, aber auch auf einem hohen literarischen Niveau mit einem Helden, der einen inneren Sieg trotz eines äußerlichen Misserfolgs erringt. Und so kann die Geschichte von einem fairen Kampf sogar eine moralische Lektion mit religiösem Unterton enthalten. Er gibt der Galanterie ebenso Raum wie Mut und Gewandtheit und schafft damit dramatische Vorbilder, Helden im wahrsten Sinn des Wortes.[114]

Indessen wurden faire Kämpfe in der Wirklichkeit erst durch besondere historische Bedingungen möglich, die sich heute fast vollständig überlebt haben. Selbst zu ihren Glanzzeiten waren Duelle, wie ich gezeigt habe, eher Leitbild und Schau denn Realität und wurden zumeist als Schaukämpfe in Übungshallen praktiziert. Zweifelsohne gab es Berserker und homerische Helden, doch selbst damals wurden die bedeutenden Schlachten nicht von ihnen gewonnen, sondern von mehr oder weniger organisierten Truppen im Zuge von Eroberungen zum Zwecke der Staatenbildung.

Ein Aspekt aus dem Vokabular fairer Kämpfe ist bis heute von Belang: die Vorstellung, man kämpfe zur Verteidigung der Ehre und zur Unterbindung von Respektlosigkeit. Doch dies dient meines Erachtens lediglich der Eigenwerbung und Selbstrechtfertigung. Einzelpersonen, die eine Bocksprung-Eskalation betreiben, bilden keine sozial anerkannte Schicht und kämpfen nicht in fair inszenierten Kämpfen. Der Daseinszweck von Banden und organisierter Kriminalität äußert sich zwar in spezifischen Gewaltformen, doch keine davon erfüllt die Kriterien fair inszenierter Gewalt.

---

114 Hamlet, zum Beispiel, kann sich nicht zur Rache – im Vendetta-Stil – entschließen und nimmt die Gelegenheit eines unfairen Vorteils nicht wahr, als er den König allein und unbewaffnet überrascht. Am Ende kämpft er in einem rituellen Duell, wird tödlich verwundet, weil sein Gegner betrügt, und führt schließlich die Rache herbei, indem alle, die in den Verstoß gegen die Duellregeln verwickelt sind, getötet werden. An beinahe jedem Punkt zeigt Hamlet seine moralische Überlegenheit, indem er die Regeln fairer Kämpfe befolgt, mit der einzigen Ausnahme, als er einen Lauscher hinter einem Vorhang ersticht. Aber selbst da handelt es sich um die Strafe für einen Betrug, und zwar durch eine untergeordnete Person.

Das typische Muster der Bandengewalt ist die Vendetta. In Wirklichkeit sieht sie weitgehend nach Feigheit aus, weil man sich dafür gegen schwache oder exponierte Opfer zusammenrottet. Und sie wird oft auch in dem Sinne inkompetent durchgeführt, als bestimmte Personen, die als Zielscheibe ausersehen sind, nicht getroffen werden, dafür aber andere, die nur zufällig in die Schusslinie geraten. Für die Zwecke der Bande ist diese Unfähigkeit nicht unbedingt schädlich. Da sie Rache am Kollektiv nimmt und sich als Kollektiv einen Ruf erwirbt, spielt es keine große Rolle, ob sie das eine oder andere Mitglied (oder einen Freund oder Verwandten) der gegnerischen Bande trifft. Es ist sogar gleichgültig, ob es einen Unbeteiligten trifft, da es sich um einen allgemeinen Angriff auf die Gemeinschaft der anderen handelt und zeigt, dass die gegnerische Bande nicht in der Lage ist, ihr Territorium zu verteidigen. Demonstriert wird überdies, dass die Bande besonders hart und böse ist und gefürchtet werden muss.[115]

Das heißt nicht, dass Banden sich nie auf fair inszenierte Kämpfe einließen. Wenn es dazu kommt, dann hauptsächlich unter ihresgleichen bei Initiationsriten oder um interne Streitigkeiten beizulegen, beispielsweise Ranganspriüche innerhalb der eigenen Reihen zu klären.[116] Bei diesen Beispielen agiert die Gruppe als Publikum und begrenzt das Ausmaß der Gewalt. Die fair inszenierten Kämpfe sind der

---

115 Jankowski, *Islands*, unterstreicht diese Interpretation: Was ich als Inkompetenz bezeichne, betrachtet er als bewusste Kultivierung eines terroristischen Images, das dem Geschäft dient, wenn jemand versucht, Schutz zu verkaufen oder ein Monopol auf illegale Geschäfte zu erringen. Die beiden Erklärungen schließen sich nicht gegenseitig aus; ich behaupte nur, dass die Inkompetenz allgegenwärtig und allgemein ist, auch wenn die Banden sie zu ihrem Vorteil nutzen.

116 Ebenda, S. 141–148. Wilkinsons Daten (neu berechnet nach *Guns*, S. 182 und 188) zeigen, dass Zweikämpfe meist ohne Waffen ausgetragen werden (51 Prozent, 60 von 118); nur bei 28 Prozent (33 von 118) sind Waffen im Spiel. Bei allen anderen Kämpfen (Bande gegen ein Opfer oder Bande gegen Bande) wurden nur 20 Prozent der Fälle (33 von 162) ohne Waffen ausgetragen, in 68 Prozent der Fälle (110 von 162) wurden Schusswaffen eingesetzt. Relativ unwahrscheinlich ist der Schusswaffengebrauch unter Freunden (32 Prozent, 11 von 34) oder Bekannten (38 Prozent, 33 von 86), unter Rivalen wird häufig zur Waffe gegriffen (66 Prozent, 35 von 63) und Fremden gegenüber in ungefähr der Hälfte der Fälle (52 Prozent, 67 von 130). Die Vorstellung eines fairen Kampfes existiert bei diesen Gruppen durchaus, wie in Wilkinsons Interviews immer wieder an Beispielen verdeutlicht wird, auch wenn keine genauen Zahlen genannt werden.

Organisation insofern dienlich, als sie der Solidarität zugute kommen und die Verluste innerhalb der eigenen Reihen gering halten.

Im Bereich der organisierten Kriminalität dagegen werden gar keine fair inszenierten Kämpfe praktiziert. Die Mafia schaltet fast jede Form von Ritualismus in Bezug auf Gewalt aus. Mafiafamilien kämpfen um das Monopol über ein Territorium, aber nicht wegen bloßer ritueller oder physischer Eingriffe in ihre Gemeinschaft, wie Bandenmitglieder es tun. Sie lassen sich weder auf Herausforderungen nach Art des »Woher kommst du denn?« ein, noch schmähen sie Insignien der jeweils anderen Seite. Dies liegt zum Teil daran, dass Mafiafamilien eine Kartellstruktur zur Regelung ihrer Geschäfte aufrechterhalten wollen; sie sind an Ehrenhändel um des Selbstzwecks willen nicht interessiert.[117] Zum Teil ist der Grund in anderen Kampftaktiken und vor allem in den die Präliminarien bei der Kampfvorbereitung zu suchen. Die bevorzugte Taktik der Mafia besteht in der Täuschung; man gibt sich den Anschein normaler Beziehungen und pflegt auch mit potenziellen Feinden freundlichen Umgang.[118]

Bei Mafiamorden kommt es auf sorgfältige Planung an. Diese stützt sich auf die Kenntnis der anderen Mitspieler sowie auf minutengenaue Informationen darüber, wo sich welche Personen zu welcher Zeit aufhalten. Dies ermöglicht den plötzlichen Angriff, der den Gegner überrascht. Die Praxis der Mafiagewalt beruht auf Heimtücke, da freundliche oder zumindest normale Beziehungen vorgetäuscht werden, um möglichst nah an die Gegner heranzukommen und sie in einem Moment der Unachtsamkeit zu erwischen. Dies ist eine weitere, spezifische Möglichkeit, Anspannung und Angst zu überwinden: Der Anschein einer Konfrontation wird bis zum letzten Augenblick vermieden, sie ist nicht einmal für den Angreifer sozial real. Dies befähigt ihn, sich mit größter Zuversicht normal zu bewegen. Deshalb scheinen Vollstrecker der Mafia und Auftragskiller in Sachen Gewalt äußerst kompetent zu sein, weit kompetenter als andere Banden und auch als die Polizei.

---

117 Gambetta, *Firma*; Katz, *Seductions*, S. 256–262; Bourgois, *In Search*, S. 70–76; siehe auch Literaturhinweise in Kapitel 11, Fußnote 49.

118 Diese Diskussion bezieht sich in erster Linie auf Gewalt innerhalb der Mafia; hier finden die meisten Morde statt. Offene Bandengewalt wird gegen Opfer in der »Außenwelt« eingesetzt, die man zur Zahlung von »Steuern« und Schutzgeldern zwingen will. Dabei geht es zu einem erheblichen Teil um demonstrative Einschüchterung. Aber dabei geht es immer ums Geschäft, darum, für regelmäßige Einkünfte zu sorgen.

Banden können im Allgemeinen mit dieser Kompetenz nicht mithalten, weil sie sich im sozialen Umgang und bei gewalttätigen Interaktionen eines gänzlich anderen Stils befleißigen. Da Banden vor allem darauf aus sind, sich als Eliten und Beschützer ihres Viertels auszugeben, wählen sie die Methode offener Drohung und Zurschaustellung. Die Mafia legt den Schwerpunkt auf Täuschung der Öffentlichkeit und auf unergründliche Loyalitätsstrukturen im Hintergrund und schlägt damit eine Richtung ein, die Banden nicht zugänglich ist. Banden schlagen bei kollektiven Racheakten und Einschüchterungsaktionen eher wahllos gegen gegnerische Banden los, während die Mafia sich bestimmte Personen aus gegnerischen Organisationen herausgreift, mitunter auch aus der eigenen Organisation, wenn es um disziplinarische Maßnahmen oder um einen Machtkampf geht. Die Mafia setzt, wie bereits erwähnt, mit ihren Kontrolltaktiken beim Einsatz von Gewalt zudem ein weitaus höheres Maß an individueller Präzision voraus. Bei der Vorführung ihrer rituellen Gewaltstile hinterlässt die Mafia einen skrupellosen und effektiven Eindruck, die Banden hingegen wirken hitzköpfig und unreif.

Vielleicht erklärt dies die Tendenz zur Romantisierung der Mafia in den letzten Jahrzehnten. Der Cowboy als Revolverheld oder der Privatdetektiv, beides späte Versionen des heroischen Einzelkämpfers, verschwinden zunehmend aus der populären Unterhaltung, wo sie in Klassikern wie »High Noon«, »Der Malteserfalke« oder den Western mit Clint Eastwood die Ehre um jeden Preis hochhielten. Es handelt sich um historische Übergangsfiguren, die im Vergleich zu ihren realen Vorbildern übermäßig verklärt wurden. Dies überrascht nicht angesichts der Tatsache, dass die sozialen Strukturen, die das Ethos fair inszenierter Kämpfe begünstigten und so den Helden hervorbrachten, heute kaum noch anzutreffen sind. In der Welt des Sports hat er sich zwar erhalten, aber dort wird er explizit inszeniert und dadurch eindeutig künstlich.

Stattdessen wurde die Mafiafamilie zum wichtigsten zeitgenössischen Archetypus romantischer Verklärung einer gewalttätigen Wirklichkeit. Sie füllt das Vakuum, das die Erben der Duellanten hinterließen, insofern aus, als sie die gleiche Dramatik verspricht. Die Struktur ist zwar anders, aber für die wesentlichen Elemente eines erfolgreichen Dramas – ein spannender Plot und ein hohes Maß an Ungewissheit – ist gesorgt. Da die Mafia vor allem mit allseitiger Überwachung beschäftigt ist, um sowohl die Loyalität der eigenen Leute sicherzustellen als auch Täuschungsmanöver gegenüber potenziellen Opfern unternehmen zu können, handelt es sich um eine Welt, in der jeder dauernd auf der Hut ist. Gambetta stellt für Sizilien fest, dass in Gemeinden, in denen die Mafia stark ist, jeder auf die eine oder andere Weise mit ihr in Verbindung steht, jeder die Schritte des anderen beobachtet und bereitwillig darüber Auskunft gibt. Daraus erwächst eine unheilvolle Atmosphäre aus Wachsamkeit und Verschwiegenheit.[119] Ansonsten harmlose Tätigkeiten werden bedeutsam, weil sich nicht sagen lässt, ob ein Freund, ein normaler Passant oder ein Arbeiter sich nicht als Mörder entpuppt; oder umgekehrt, ob man selbst vielleicht eine mit diesen Rollen verbundene Normalität vorgaukelt, um an jemanden heranzukommen, der getötet werden soll. Es handelt sich um eine Methode der Gewalt und der Gewaltabwehr, welche die goffmansche Inszenierung des Alltagslebens aufbauscht und ihm eine Bedeutung von Leben oder Tod verleiht.

Eine weitere Facette der Mafia trägt ebenfalls zur Romantisierung bei: Unter den Schichten aus Täuschung in den äußeren Netzwerkbereichen organisierter Kriminalität gibt es Kerngruppen, und zwar echte Familien oder Pseudofamilien mit fiktiven Verwandtschaftsverhältnissen.[120] Auch diese liefern Stoff für die Unterhaltungsindustrie, sei es in Form sentimentaler Darstellungen der Solidaritätsverhältnisse innerhalb einer Großfamilie – die im amerikanischen Alltag selten geworden ist –, sei es als satirische oder ernsthafte Schilderung des Kummers mit der Familie. Mafiafamilien eignen sich für die Seifenoper wie für den spannungsreichen Thriller. So oder so: Vor dem Hintergrund des stets drohenden Gewaltausbruchs erhält jedes noch so gewöhnliche Detail des Alltagslebens Bedeutung.[121]

---

119 Gambetta, *Firma*.

120 Die relativ straffe, sich selbst reproduzierende Organisation geht unter anderem auf den Umstand zurück, dass die Mafia sich aus echten, intakten Familien rekrutiert. Unterschichtbanden hingegen stammen häufig aus zerrütteten Familienverhältnissen und können daher nicht auf Familienbande als Organisationsbasis zurückgreifen. Dies gilt schwarze Banden in noch höherem Maße als für hispanische (Horowitz, *Honor*).

121 Ein weiterer Grund für die Romantisierung der Mafia ist im Zeitpunkt zu suchen: Sentimentale populäre Filme über Mafiafamilien wie »The Godfather« entstanden in den 1970er Jahren, als die Mafia als Hauptmacht der organisierten Kriminalität bereits verdrängt wurde. Jamaikanische und lateinamerikanische Syndikate übernahmen den Großhandel mit Drogen, das bewährte Geschäft mit Erpressung und Prostitution wurde ab den 1990er Jahren von Wirtschaftskriminellen aus der ehemaligen Sowjetunion dominiert. Die breite Legalisierung des Glücksspiels bedeutete ebenfalls einen Ein-

Faire Kämpfe, trickreiche Betrügereien oder sogar die langen Zyklen der Vendetta bieten Möglichkeiten, Gewalt zum Zwecke der theatralischen Unterhaltung einzusetzen, und verhelfen jenen, die zu ihrer Durchführung in der Lage sind, zu Status und Ansehen. Das mag vielleicht die Attraktivität von Gewalt auch im realen Leben erklären. Demgegenüber treten all die hässlichen Seiten der Gewalt, die wir in Form von Vorwärtspanik und bei Angriffen auf den Schwachen kennengelernt haben, im kulturellen Bewusstsein in den Hintergrund.

---

schnitt in ein traditionelles Gebiet krimineller Schutzgelderpressung. Romantisiert wird also eine Mafia, die im realen Leben lokal begrenzt und kulturell kaum noch bedrohlich ist.

Kapitel 7
Gewalt als Vergnügen und Zeitvertreib

Konfrontationsanspannung und -angst sorgen dafür, dass die meisten Menschen in den meisten Situationen die tatsächliche Erfahrung von Gewalt vermeiden und inkompetent agieren, wenn sie in Gewaltsituationen geraten. Wir haben eine Reihe von Strategien gesehen, mit denen sich diese Klippe umschiffen und Konfrontationsanspannung und -angst überwinden lassen. Dies geschieht im Wesentlichen auf zwei Wegen: erstens durch den Angriff auf ein schwaches Opfer, der die unterschiedlichsten Formen annehmen kann, wobei die Vorwärtspanik die spektakulärste Variante darstellt. Zweitens kann die Gewalt auf eine geschützte Enklave beschränkt werden; sie wird inszeniert und organisiert, so dass sie eingegrenzt oder zumindest auf vorhersehbare Formen beschränkt bleibt und die soziale Konfrontationsanspannung von einem anderen Aspekt des Geschehens, den das Kollektiv als bedeutsam erachtet, verdrängt wird. Auch dieser Weg gliedert sich in mehrere Pfade. Im vorangegangenen Kapitel ging es um fair inszenierte Kämpfe. Hier besteht die zentrale Ersatzhandlung darin, dass die Kämpfer sich selbst als eine Elite wahrnehmen und ihr Publikum diese Einschätzung teilt. Die Zugehörigkeit zu dieser Elite wird zum wichtigsten unmittelbaren Anliegen, das die Kämpfer miteinander verbindet und die Anspannung und Angst eindämmt. Trotzdem bleiben, wie wir am Beispiel der Duelle gesehen haben, Anspannung und Angst bestehen und führen zu inkompetenter Gewaltausübung. Das grundsätzliche Ausbrechen aus der interaktiven Verstrickung bleibt stets gegenwärtig. Wie etwas Verdrängtes, das wieder an die Oberfläche kommt, wirkt es sich selbst in geschützten Bereichen auf das Gewaltmuster aus. Einen weiteren Pfad markiert die Vendetta, bei der die gewalttätige Konfrontation auf eine Abfolge von Schlägen und Gegenschlägen beschränkt bleibt, die sich über einen längeren Zeitraum erstrecken. Und ohne soziale Organisation und gesellschaftlichen Rückhalt können inszenierte, ausgeglichene Kämpfe zu einer Spezies des Angriffs auf den Schwachen mit vorübergehend überlegener Bewaffnung degenerieren.

Dieses und das folgende Kapitel sind einer weiteren Variante, einem weiteren Pfad gewidmet: regelmäßig auftretender Gewalt, die als Fest, als Akt des gemeinsamen Vergnügens betrachtet wird und daher gemeinhin als legitim gilt. Man kann diese Gewalt streckenweise für inszeniert halten, allerdings läuft sie nicht unbedingt als fairer Kampf ab, und die Dynamik beruht nicht darauf, dass die Kämpfer vor einem bewundernden Publikum ihre Zugehörigkeit zu einer Elite zur Schau stellen – dem wichtigsten Umstand, der zum Bemühen um Fairness führt –, sondern auf der massenhaften Beteiligung der Menge. Bei moralischen Auszeiten, die von Plünderungen und traditionellem Vandalismus (wie etwa Halloween-Streichen) geprägt sind, schwingt ein Unterton egalitärer Saturnalien mit; Zechgelage schaffen eine Atmosphäre allgemeinen Überschwangs, der in Gewalt gipfeln kann. Ganz ähnlich entwickeln sich auch die verschiedenen Gewaltformen im Rahmen beziehungsweise im Umfeld von Sport- und Vergnügungsveranstaltungen: Die Menge lässt sich emotional von der Inszenierung anstecken, und die Spieler lassen sich in Augenblicken, in denen es dramaturgisch angemessen erscheint, von der Dynamik künstlicher Konflikte zu begrenzter, aber gegen das Reglement verstoßender Gewalt hinreißen.

Diese kollektiv konstruierten Situationen werden als vom normalen gesellschaftlichen Leben getrennte Enklaven wahrgenommen, als künstlich, irgendwie irreal, und die auftretende Gewalt entsteht durch die allen gemeinsame Erfahrung einer außergewöhnlichen emotionalen Atmosphäre. In den Begrifflichkeiten Durkheims ausgedrückt haben wir es hier mit Gewalt zu tun, die auf einer »kollektiven Wallung« und der damit einhergehenden Massensolidarität beruht. Doch wann und wie kommt es innerhalb dieser künstlichen Enklaven zu Gewalt? Auch auf wilden Partys und Trinkgelagen bricht nicht alle naselang eine Schlägerei aus. Selbst wenn Betrunkene ziemlich stark alkoholisiert sind, gibt es, wie wir noch sehen werden, enge Grenzen, was die Häufigkeit von Gewalt angeht. Um herauszufinden, in welchem Moment sich solche Gewaltakte ereignen, muss man die Konturen entsprechender Situationen unter dem soziologischen Mikroskop betrachten.

Moralische Auszeiten

Moralische Auszeit ist ein klassischer Begriff aus dem Bereich des kollektiven Verhaltens. Die normale soziale Kontrolle ist vorübergehend außer Kraft gesetzt; Polizeikräfte sind nicht anwesend, werden von der Menge ignoriert oder bewusst übergangen. Die meiste Zeit über befolgen die meisten Menschen die Konventionen für Verhalten in der Öffentlichkeit, die Goffman als Einhaltung der überlieferten Normen des Benehmens und der Ehrerbietung beschreibt. Die Aufgabe der Polizei beschränkt sich mithin darauf, bei vereinzelten Störungen durchzugreifen. In einer moralischen Auszeit dagegen entwickelt die Menge als Ganzes ein kollektives Bewusstsein, das sich gegen diese Beschränkungen wendet. Sind Vertreter der Staatsgewalt zugegen, so werden sie überrannt. Eine moralische Auszeit ist ein örtlich und zeitlich begrenzter Freiraum, eine Situation, in der das Gefühl vorherrscht, dass die üblichen Zwänge aufgehoben sind. Die Einzelnen genießen den Schutz der Menge und sehen sich zu Handlungen ermutigt, die normalerweise verboten sind. Verbunden damit ist oft eine ausgelassene oder zumindest beschwingte Atmosphäre, das aufregende Gefühl, in eine besondere, eigene Realität einzutauchen, in der man kaum einen Gedanken an die Zukunft verschwendet und es einen nicht kümmert, ob man zur Verantwortung gezogen wird.[1]

In einer moralischen Auszeit kann eine Vielzahl der in der Regel vorhandenen Hemmungen wegfallen: in Bezug auf Gewalt und Eigentum, was zu Plünderungen, Vandalismus und Sachbeschädigung führt, aber auch in Bezug auf geziemendes Benehmen, so dass es zu Geschrei, Lärm und manchmal zu Exhibitionismus kommt. Mitunter wird einfach nur gegen die gewöhnlich im öffentlichen Raum geltenden Beschränkungen verstoßen, wenn sich beispielsweise jemand mitten auf die Straße stellt. Nicht alle Hemmungen müssen gleichzeitig

---

1 Diese Wahrnehmung entspricht allerdings nicht ganz den Tatsachen. Bei größeren, länger andauernden Unruhen gehen die meisten Festnahmen auf Plünderungen zurück. Bei den Unruhen in Los Angeles 1992 (nach den Freisprüchen im Fall Rodney King) kam es insgesamt zu 9500 Festnahmen, beim Stromausfall in New York 1977 waren es 3000 und bei den Watts-Unruhen 1965 in Los Angeles 3900 (Halle/Rafter, »Riots«, S. 341f.). Doch in der Atmosphäre einer moralischen Auszeit denkt kaum jemand an diese Möglichkeit, und in der Tat sind bei so vielen Tätern die Chancen, erwischt zu werden, relativ gering. Das bestimmende Gefühl ist die Zugehörigkeit zu einem Kollektiv, das vorübergehend gegen Maßregelung von außen immun ist.

fallen, und oft zeichnen sich moralische Auszeiten durch die Verletzung ganz bestimmter Normen aus. In der Regel bauen sich diese gesetzwidrigen Handlungen allmählich auf.

Das folgende Beispiel zeigt eine große Bandbreite dieser Übertretungen: Im Februar 2002 fanden entlang der South Street in Philadelphia, einer Enklave voller alternativer Geschäfte und Bars, die mittlerweile fest etablierten Mardi-Gras-Feiern statt. Die Straßen waren mit Autos verstopft, die Gehsteige quollen über von Fußgängern, und viele liefen einfach auf der Straße, trotz aller Bemühungen der Polizei, das mit Absperrungen zu verhindern. Schließlich gab die Polizei auf und ließ keine Autos mehr in die Straße. Manche Männer hatten Mardi-Gras-Perlenketten dabei und boten sie Frauen an, wenn diese als Gegenleistung ihre Brüste entblößten, aber zu diesem Zeitpunkt gingen wenige Frauen darauf ein.[2] Am frühen Abend traf man draußen vor allem minderjährige Jugendliche an, während die Erwachsenen in den Bars tranken. Als die Menge sich der Straße bemächtigte, reihten sich auch immer mehr Leute aus den Bars ein. Ein Augenzeuge beobachtete zwei Schlägereien, die eine zwischen zwei Mädels, die andere zwischen zwei Typen (ich verwende die Ausdrucksweise des Beobachters im Studentenalter). Beide Spektakel zogen die Aufmerksamkeit zahlreicher Zuschauer auf sich, die engagiertesten jubelten den Mädels zu und riefen Obszönitäten, bis die Polizei dem Kampf ein Ende machte.

Wenig später wurde auf einen Mannschaftswagen der Polizei eine Flasche geworfen. Diesem Präzedenzfall folgte alsbald ein ganzer Flaschenhagel. Glas zersplitterte, viele Zuschauer brachten sich in Sicherheit. Einige sprangen auf parkende Autos, warfen Mülleimer um und kletterten Ampeln und Verkehrsschilder hinauf. Die jungen Männer, die sich noch auf der Straße befanden, begannen jetzt, aggressiv Frauen anzusprechen und ihnen Perlenketten anzubieten, damit diese sich entblößten. Zumeist frustriert von der Reaktion der Frauen, wurden die Männer in Sprache und Gestik immer feindseliger. Weiterhin wurden Flaschen geworfen, daneben Autoscheiben und Seitenspiegel zertrümmert und Autolack zerkratzt. Gegen Mitternacht formierte sich eine Kette berittener Polizisten am östlichen Ende der Straße und drängte die Menge Richtung Westen (von wo die meisten gekommen waren, da die Straße im Osten auf einen Highway

---

2 Zur Spielart dieses Rituals in New Orleans siehe Shrum/Kilburn, »Ritual Disrobement«.

und einen Fluss zuläuft). Ein Großteil der Menge geriet in Panik und rannte nach Westen. Ein kleinerer Teil blieb und schleuderte Wurfgeschosse auf die Polizisten. Innerhalb einer Viertelstunde hatte sich die Menge zerstreut. Zurück blieb eine Straße voller Glasscherben, Müll und beschädigten Autos (nach dem Augenzeugenbericht eines Studenten).

Die gesamte Sequenz dauerte etwa sechs Stunden. Die (auf circa 40000 Personen geschätzte) Menge setzte mit ihrer schieren Dichte die normale Verkehrsordnung außer Kraft und demonstrierte die Ineffektivität der Polizei. Die Menge wurde zum Publikum für vereinzelte inszenierte faire Kämpfe und machte ihrem Unmut Luft, als diese Art der Unterhaltung unterbunden wurde. Die erste geworfene Flasche wurde zum Katalysator für viele weitere. An diesem Punkt zog die Polizei sich zurück, und die Menge verlegte sich darauf, parkende Autos und Schaufenster zu beschädigen – aber nicht die Bars, die Teil der Inszenierung dieses Zechgelages waren. Daneben kam es zu bloß übermütigem, »verrücktem« Verhalten, dem Erklettern von Ampeln und Verkehrsschildern. Als die moralfreie Zone einmal geschaffen war, wurde häufiger versucht, das Mardi-Gras-Ritual »Perlenkette gegen Entblößung« zu praktizieren, doch angesichts der gewalttätigen Szenerie war das Echo auf Seiten der Frauen bescheiden. Das führte zu weiteren gesetzeswidrigen Akten, die jedoch in der Regel vor körperlichen Angriffen haltmachten. Schließlich kehrte die Polizei mit überlegener Schlagkraft zurück, und ein letztes Mal flackerte gebündelter Widerstand auf, der sich jedoch innerhalb weniger Minuten auflöste, weil die umgebende Menge sich zerstreute.

Auch wenn moralische Auszeiten nicht der Kontrolle durch die Staatsgewalt unterliegen, regiert nicht das nackte Chaos, herrscht unter der Menge kein hobbesscher Krieg nach der Devise: Jeder gegen jeden. Im Gegenteil, die Menge konzentriert sich ganz stark auf bestimmte Verhaltensweisen und ist darin verstrickt. Die Mardi-Gras-Menge in Philadelphia konzentrierte sich auf Flaschenwürfe und die Beschädigung von Autos, sie steckte nichts in Brand und plünderte keine Geschäfte. Einige beschworen das aus New Orleans bekannte, traditionelle Mardi-Gras-Thema der ritualisierten Entblößung von Geschlechtsmerkmalen herauf, aber selbst das geschah in begrenztem Umfang, beschränkt auf das Herzeigen der Brüste, nicht der Genitalien, und sexuelle Gewalt war grundsätzlich verpönt. Zum Vergleich die Silvester-Feierlichkeiten, die ich beim Jahreswechsel 2000 in Las Vegas beobachtet habe: Die Menge baute über mehrere Stunden hinweg Spannung auf, indem sie herzlich auf Fremde zuging, und als der große Augenblick gekommen war, folgte Jubeln, Umarmen, Küssen. Hier war die moralische Auszeit eng begrenzt, zum Teil durch althergebrachte Traditionen, zum Teil dadurch, dass sie in einem Umfeld stattfand, in dem das Spielen vielen ein ungewohntes Ausbrechen aus der Normalität ermöglichte. Wie in Philadelphia feierten auch hier einige junge Männer in Form von wagemutigen Aktionen und kletterten auf Beleuchtungsmasten. Einer von ihnen erlitt dabei einen tödlichen Stromschlag an einem beleuchteten Schild, das genau dort über der Straße hing, wo das Gedränge am dichtesten war. Dieses Verhalten mag man für sinnlos und tragisch halten, aber aus soziologischer Sicht weist es auf ein weiteres Merkmal moralischer Auszeiten hin: Einige Mitglieder der Menge übernehmen auf der Suche nach dem Kick die Führungsrolle, beispielsweise indem sie spektakuläre Risiken eingehen.

Plündern und Zerstören hält die Beteiligten bei der Stange

Plünderung und Beschädigung von Eigentum sind vergleichsweise milde Formen von Gewalt, die sich im Rahmen von moralischen Auszeiten ereignen, sobald die Staatsgewalt das Feld geräumt hat. Es kann aber auch zu extremeren Formen von Gewalt kommen, und dann spricht man meist von Krawallen (im Grunde ein umgangssprachlicher Ausdruck für eine moralische Auszeit). Doch wie wir sehen werden, spielt das, was man als Gewalt gegen Eigentum bezeichnen könnte – das heißt Plünderung und Sachbeschädigung –, eine entscheidende Rolle für den großen Teil der Menge, der ansonsten nicht gewalttätig wird. Und dieser Teil entscheidet in aller Regel darüber, wie lange die moralische Auszeit dauert, und damit, wie lange der Rahmen aufrechterhalten wird, innerhalb dessen schwerwiegendere Gewalttaten begangen werden können.

Im Folgenden konzentriere ich mich auf jene Art von moralischer Auszeit, bei der eine eindeutig definierbare Gruppe sich in ihrem eigenen Viertel oder Revier mit der Polizei anlegt, und lasse für den Augenblick jene Art von Krawall beiseite, bei der eine ethnisch oder anders definierte Gruppe in das Revier einer rivalisierenden Gruppe eindringt. Unruhen vom ersten Typ, die umgangssprachlich Ghettoaufstände oder Ghettokrawalle genannt werden und die wir als revierinterne Unruhen bezeichnen könnten, sind seit den 1960er Jahren die übliche Form von Massenplünderungen in den Vereinigten Staaten gewesen. Der zweite Typ, Unruhen aufgrund von Revierverletzungen, ist eher für unversöhnliche ethnische Konflikte auf der ganzen Welt charakteristisch.[3] Unruhen können innerhalb eines größeren Kontexts auftreten, wie dem Kampf um Bürgerrechte in den 1960er Jahren oder der Urteilsverkündung im Fall Rodney King 1992. Ein solcher Kontext liefert dann die Argumente zur Rechtfertigung der Gewalt und wird als Ursache für den Gewaltausbruch angegeben. Diese Zusammenhänge sind eingehend untersucht worden.[4] Hier geht es mir um den konkreten Prozess, in dessen Folge Plünderungen verübt werden, wenn die Situation einer moralischen Auszeit erst einmal entstanden ist.

Als Erstes muss es zu unverhohlenem Widerstand gegen oder Angriff auf die Polizei kommen, was die versammelte Menge für den Augenblick zu einer quasimilitärischen Einheit macht und die erfolgreiche Aufhebung der vor Ort als normal geltenden Regeln signalisiert. In einer mit Rassenhass aufgeladenen Situation können Angriffe auf die Polizei mit Angriffen auf Angehörige der gegnerischen ethnischen Gruppe einhergehen, die zufällig in der Gegend sind (wie zum Beispiel jener weiße Lkw-Fahrer, der zu Beginn der Unruhen in Los Angeles 1992 in einem von Schwarzen bewohnten Viertel aus der Fahrerkabine gezerrt und auf der Straße verprügelt wurde). Dennoch sind Kämpfe mit ethnisch Außenstehenden oder auch mit der Polizei nicht die Hauptaktivität der an einem Ghettoaufstand beteiligten Masse. Das ist ein Grund dafür, solche Unruhen unabhängig von Krawallen zu betrachten, bei denen es um Übergriffe auf ein anderes ethnisches Revier geht und die stärker darauf ausgerichtet sind, sich feindliche Personen als Angriffsziele zu suchen (der Angriff kann sich auch gegen deren Eigentum richten, aber das ist hier sekundär), während Plünderungen ein typisches Merkmal von Ghettounruhen sind.

Auseinandersetzungen mit der Polizei laufen in der Regel darauf hinaus, Gegenstände (Flaschen, Betonblöcke, Steine) auf Polizeiautos zu werfen. Dadurch wird einerseits eine große Menge mobilisiert und andererseits ein Prozess der Zerstörung von Eigentum in Gang gesetzt. Den Gegner mit Steinen zu bewerfen fällt sehr viel leichter als der Gebrauch von Schusswaffen oder Sprengkörpern. Es hat etwas Drama-

3 Horowitz, *Ethnic Riot*.

4 Kerner Commission, *Report*; Baldassare (Hg.), *The Los Angeles Riots*; Halle/Rafter, »Riots«.

tisches, erzeugt eine Menge Lärm und hinterlässt sichtbare Spuren – Glasscherben, eingeworfene oder gesprungene Fenster, eingedellte Autodächer –, die zwar für einen offenen Bruch mit der Normalität stehen, aber nicht so extrem sind wie blutüberströmte menschliche Körper.[5] Wenn die ersten Handlungen, die Recht und Ordnung außer Kraft setzen und eine moralische Auszeit einläuten, aus spektakulären Zerstörungsakten bestehen – Sachbeschädigung statt Gewalt gegen Menschen –, dann geben sie das Muster vor, das zu einer Ausweitung der Ziele auf alles führt, was man an öffentlichem oder institutionellem Eigentum zu fassen bekommt.

Anfangs mögen sich Plünderungen gegen eine bestimmte ethnische Gruppe richten, aber wenn sich die moralfreie Zone über viele Stunden oder Tage erstreckt, dann können alle Geschäfte und Märkte in der betreffenden Gegend zur Zielscheibe werden. Alles, was beschädigt ist, gilt mit Blick auf soziale Hemmungen als vogelfrei. Ein eingeworfenes Schaufenster wird zur Einladung einzutreten, wem auch immer das Geschäft einmal gehört haben mag. Das Legen von Feuern verstärkt diese Tendenz, da sie leicht von einem bestimmten Ziel (etwa einem der verhassten ethnischen Gruppe zugeschriebenen Bauwerk) auf angrenzende Gebäude übergreifen, die damit in den moralischen Freiraum einbezogen werden.[6]

Plünderungen entwickeln sich in einer spontanen Organisationsform, die auch bei anderen Aspekten von Massen ausgeübter Gewalt zu beobachten ist: An der Spitze steht eine kleine Elite, gefolgt von einer größeren Gruppe von Sympathisanten und nur am Rande betei-

---

5 Das Dramatische und Symbolhafte zertrümmerten Glases kommt in vielen Situationen zum Tragen. Das Einwerfen von Fenstern et cetera scheint vor allem bei nicht eindeutig zur Gewalt Entschlossenen beliebt zu sein, die einen großen Wirbel um ihre Streitlust machen, aber vor tatsächlichen Kämpfen zurückschrecken. In Kapitel 2 haben wir eine Schlägerei gesehen, die damit begann, dass jemand Flaschen aus einem Mülleimer auf die Straße warf, dann jedoch rasch im Sande verlief. In Kapitel 8 werden uns englische Hooligans begegnen, die sich aus einer Kneipe verabschieden, indem sie ihre Biergläser einfach fallen lassen. Bei überschwänglichen Feiern in Osteuropa (zum Beispiel Silvesterfeiern in Prag) scheint sich alles um Flaschenwerfen auf öffentlichen Plätzen zu drehen, auf denen Unmengen von Scherben zurückbleiben. Im Jahr 2004 begannen britische Pubs damit zu experimentieren, Biergläser durch Plastikbecher zu ersetzen. Erste Ergebnisse deuten darauf hin, dass dadurch die Häufigkeit von Gewalttaten reduziert wurde (Informationen von Meredith Rossner, September 2004).

6 Tilly, *Politics*, S. 143–148.

ligten Zuschauern. Hannerz[7] hat beobachtet, dass einige wenige beim Plündern die Rolle von Anführern spielen und beim Einbrechen in die Geschäfte die Initiative übernehmen. Innerhalb der Zweckgemeinschaft auf Zeit, die der Mob darstellt, handeln sie gewissermaßen sogar altruistisch, da sie selbst nicht plündern, sondern vorangehen und Geschäfte aufbrechen, so dass andere folgen können. Es scheint ihnen bewusst zu sein, dass der Großteil der Menge sich nicht an vorderster Front an Gewalt beteiligen wird, auch nicht gegen Sachen, sondern nur mitmacht, sobald jemand anders den ersten Schritt getan hat, um einen moralfreien Raum und eine Plünderungssituation herzustellen. Die Anführer bei Plünderungen haben eine Vermittlerrolle, sie fungieren als eine Art selbsternannter Offiziere in einem nichthierarchischen, rein freiwilligen Ad-hoc-Heer.

Das Legen von Feuern könnte man als emotionalen Ausdruck der Wut auf einen Feind betrachten. Aber es ist mehr als das. Wenn die Unruhen im eigenen Viertel stattfinden, dann ist Brandstiftung ziemlich unvernünftig, da das Feuer nur selten auf jene Gebäude beschränkt bleibt, die man als Besitz des Feindes identifiziert hat.[8] Nichtsdestotrotz ist die Zerstörung von eigenem Besitz bei bestimmten Arten kollektiver Ereignisse, vor allem bei Zechgelagen (zu »wilden Partys« komme ich noch), nichts Ungewöhnliches. Doch ob eigener oder feindlicher Besitz, in beiden Fällen eröffnet die Zerstörung eine Möglichkeit, die allgemeine Aufmerksamkeit zu gewinnen und eine kollektive Hochstimmung zu erzeugen. Nichts erfordert dringender unsere Aufmerksamkeit als ein Brand, vor allem wenn er sich in unmittelbarer Nähe abspielt. Der oft wiederholte und zitierte Schlachtruf der Rassenunruhen in den 1960er Jahren, »Burn, Baby, burn!« (der die Drohung militanter politischer Führer: »The fire next time«[9] aufgriff), waren politisch aufheizende, aufwieglerische Rhetorik. Auch die Brände waren im Wesentlichen eine Art Rhetorik, eine theatralische, höchst dramatische Geste. Ihr wichtigster Effekt, jen-

---

7 Hannerz, *Soulside*, S. 173.

8 Das Verbrennen von feindlichem Besitz ist eine andere Taktik. Brandstiftung als Waffe hat eine lange Tradition: in Aufständen gegen Grundbesitzer, als Strafe für unterlassene Steuerzahlungen (angewandt in Staaten mit geringem Organisationsgrad), im Rahmen einer buchstäblichen Politik der »verbrannten Erde« im Kampf gegen Guerillas oder als abschreckende Demonstration einer Invasionsarmee, um die spätere Unterwerfung zu erzwingen (vgl. Goudsblom, *Feuer*, S. 137, S. 175 und S. 200).

9 Zu dt. etwa: »Beim nächsten Mal wird es brennen!« (Anm. d. Übers.)

seits der begrenzten Zerstörung im feindlichen Lager, bestand darin, Aufmerksamkeit einzufordern: von der Außenwelt, vor allem aber von den Bewohnern der Umgebung, die nun nicht mehr anders konnten, als in der solchermaßen etablierten moralischen Auszeit so oder so Stellung zu beziehen.[10]

Während Brände dazu dienen, Menschen als Zeugen der moralischen Auszeit um sich zu scharen, sind Plünderungen das Mittel der Wahl, um die Masse einzubeziehen. Plündern sorgt dafür, dass eine große Anzahl von Menschen etwas zu tun hat. Sie verüben einen Akt des Widerstands gegen die Staatsgewalt und schließen sich dadurch der moralischen Auszeit an. Plündern ist vergleichsweise risikolos und zudem ausgenommen von der Konfrontationsanspannung und -angst, da Plünderer (zumindest die Masse, im Gegensatz zur Elite der Plünderer) im Regelfall keine Gewalt gegen Personen ausüben, sondern nur gegen Eigentum, das bereits beschädigt ist. Es ist ein banaler Aspekt, der jedoch zu wenig gewürdigt wird: Randalierer müssen etwas zu tun haben, sonst verlaufen die Unruhen im Sande. Wenn die Menge keinen Zulauf mehr bekommt, dann verfliegt die emotionale Atmosphäre, auf der die moralische Auszeit beruht. Die Polizei kann zurückkehren, Normalität wird wiederhergestellt, die Dynamik ist dahin. Haben sie einmal an Schwung verloren, lassen sich die Unruhen nicht wieder entfachen.

Unruhen, die besonders lange andauern, müssen demnach solche sein, bei denen es in einem größeren Gebiet zu besonders vielen Plünderungen oder Sachbeschädigungen kommt. Zu ungewöhnlich langen Unruhen – die über die üblichen ein bis zwei Tage hinausgehen – kommt es dann, wenn das geographische Gebiet, in dem die Plünderungen oder Sachbeschädigungen stattfinden, sich ständig verlagert, so dass neue Teilnehmer rekrutiert und neue Ziele für Plünderungen und Brandstiftungen (und, in manchen Fällen, für Massaker) gefunden werden können.

Beispielsweise steckten im Jahr 1830 englische Landarbeiter, die über Entlassungen und Lohnkürzungen aufgebracht waren, von Ende August bis Mitte Dezember Ställe und Bauernhäuser in Brand, wobei

---

10 Hannerz, *Soulside*, hat darauf hingewiesen, dass es bei den Unruhen in Washington D.C. 1968 einige Übergriffe auf die vorwiegend von Weißen bevölkerten Einkaufsstraßen der Innenstadt gab. Dabei wurden einige Bekleidungsgeschäfte geplündert, aber kaum etwas in Brand gesteckt. Zu Bränden kam es fast ausschließlich in den wichtigsten Einkaufsstraßen des Ghettos, also an den heimischen Versammlungsorten.

die Aktivitäten im Oktober und November ihren Höhepunkt erreichten.[11] Man nannte das die »Swing Rebellion«, nach dem legendären Rächer Captain Swing. Der Name spielte auf die Drohung an, Feinde zu hängen, doch in Wirklichkeit beschränkte sich ein Großteil der Gewalt auf Brandstiftung, abgesehen von Konfrontationen mit der Staatsgewalt, die sich zur Hochzeit der Ausschreitungen ereigneten. Wenn sie von organisierten Kräften abgeschreckt wurden, zogen die Rebellen weiter in die nächste Ortschaft, wo sie neue Teilnehmer rekrutieren und neue Ziele finden konnten. Es gab keine zentrale Steuerung, und die Gewalt beschränkte sich auf einige eng beieinanderliegende Stätten pro Tag. Die Bewegung nahm mit dem geheimen Legen von Bränden ihren Anfang und verebbte auch so ab Ende November, nachdem die Demonstranten auf dem Höhepunkt der Kraftprobe von der Regierung in die Schranken verwiesen worden waren. Der Ablauf illustriert, dass Brandstiftung leichter durchzuführen und breiter zu streuen ist als eine direkte Konfrontation.[12]

Bei den gigantischen Massenunruhen in Newark im Juni 1967 und in Detroit im Juli 1967, die sich über einen Zeitraum von vier oder fünf Tagen erstreckten, standen Plünderungen ebenfalls im Zentrum.[13] Bei den Krawallen kam es jeweils zu ungewöhnlich massiven Gewaltausbrüchen (es gab 26 beziehungsweise 43 Tote sowie 1500 beziehungsweise 2000 Verletzte), und Heckenschützen lieferten sich regelrechte Schlachten mit einem gewaltigen Aufgebot an Polizei und

---

11 Tilly, *Politics*, S. 178–187.

12 Ähnlich war es bei den Unruhen nordafrikanischer Immigranten in Frankreich, die sich zwischen dem 27. Oktober und Mitte November 2005, ungefähr 20 Tage lang, hinzogen. Sie bestanden vornehmlich in nächtlichen Brandstiftungen; insbesondere Autos, aber auch öffentliche Gebäude wurden in Brand gesteckt, außerdem Transportfahrzeuge und Polizisten mit Steinen beworfen. Ihren Ausgang nahmen die Unruhen in einem Pariser Vorort, griffen am vierten bis sechsten Tag auf andere von Arbeitern und Immigranten bewohnte Vorstädte über und am siebten und achten Tag auf weiter entfernte Städte, während die Gewalt um Paris herum nachließ. Das Ausmaß der Zerstörungen baute sich allmählich auf und erreichte seinen Höhepunkt am zehnten bis zwölften Tag, dem Zeitpunkt der maximalen geographischen Ausdehnung, dann nahm es stetig ab. In den meisten Städten hielt die Gewalt maximal fünf bis sieben aufeinanderfolgende Tage an. Der Gewaltpegel in ganz Frankreich fiel, als die betroffenen Gebiete diese zeitliche Grenze der aktiven Teilnahme erreicht hatten und weniger neue Orte hinzukamen (berechnet auf Grundlage der statistischen Angaben auf http://en.wikipedia.org/wiki/2005_Paris_Suburb_Riots [30. 9. 2010]).

13 Kerner Commission, *Report*; Halle/Rafter, »Riots«; Tilly, *Politics*, S. 145–149.

Armee. Plünderungen trugen das ihre dazu bei, die Krawalle auszuweiten und aufrechtzuerhalten. Die Unruhen in Detroit waren während der ersten beiden Tage fast ausschließlich von Plünderungen und Brandstiftung geprägt, da die Polizei nicht eingriff, ehe die Truppen eingetroffen waren. Als das Militär aktiv wurde, kam es zwei Tage lang zu Schießereien. Danach verebbten die Krawalle allmählich, während weitere sechs Tage lang Soldaten in der Gegend patrouillierten. Zwei Drittel der 7200 Festgenommenen wurden wegen Plünderns angeklagt. Die Unruhen in Newark im Bundesstaat New Jersey begannen politischer: Nach der Festnahme eines schwarzen Taxifahrers machten unter seinen Kollegen Gerüchte von Gräueltaten der Polizei die Runde. Die Krawalle von Newark breiteten sich auf die benachbarten Städte Plainfield, Jersey City und Englewood aus (also in einem Umkreis von 30 Kilometern); es handelte sich mithin nicht um voneinander unabhängige Krawalle, sondern im Grunde um ein und dasselbe dramatische Ereignis. Obwohl die dortigen Unruhen einen bis drei Tage nach denen in Newark aufflammten, endeten sie alle am selben Tag. In den peripheren Gebieten nahmen die Krawalle vor allem die Form von Plünderungen an. Im Kerngebiet kam es sowohl zu ausgedehnten Plünderungen als auch zu massiver Gewalt bei Auseinandersetzungen mit Polizei und Armee.

Die amerikanischen Rassenunruhen in den 1960er Jahren folgten einem ähnlichen geographischen Ausbreitungsmuster wie die Brandstiftungen 1830 in England. Häufig zogen Unruhen in Großstädten innerhalb einer Woche Krawalle in benachbarten, kleineren Städten nach sich, wobei die Wahrscheinlichkeit von Krawallen mit zunehmender Entfernung abnahm.[14] Dies insbesondere dann, wenn über die Unruhen in den landesweiten Medien wenig berichtet wurde. Vom Ausgangsort aus breiteten sich die Unruhen in konzentrischen Kreisen aus, vor allem wenn die Krawalle in einer Stadt mit eigenem Fernsehsender begannen. Vor dem Medienzeitalter hätte das alles über persönliche Netzwerke funktioniert. Die Ausbreitung der Swing Rebellion von 1830 erfolgte über Mundpropaganda von Aufrührern zu Aufrührern und erreichte so die jeweils angrenzenden Gebiete, aber nicht mehr. Wanderarbeiter verbreiteten die Neuigkeiten entlang der Kanäle und Marktstraßen, und Landarbeiter kooperierten wiederum mit anderen aus der Nachbargemeinde

14 Myers, »Racial Rioting« und »Diffusion«.

und kehrten dann nach Hause zurück.[15] In beiden Zeiträumen wurde der Aufruhr dadurch in Gang gehalten, dass man ihn in neue Gebiete trug, nicht durch Plünderung und Brandschatzung der immer gleichen Gegend.

Eine Konsequenz aus dem Gesagten ist, dass ein gebrandschatztes Gebiet erst dann erneut zum Schauplatz von Unruhen werden kann – zumindest von heftigen Unruhen –, wenn es sich so weit erholt hat, dass es etwas zum Abbrennen und Plündern gibt. Nach Krawallen bedarf es, ähnlich wie bei Waldbränden, einige Jahre der Regeneration, um (im wörtlichen wie im emotionalen Sinne) Zündstoff für den nächsten Ausbruch anzusammeln. Kurzfristig verhindern heftige Unruhen weitere große Krawalle am selben Ort. Selbst wenn die äußeren Umstände es begünstigen, sind Aufstände, wenn überhaupt, nur in bescheidenem Ausmaß möglich.[16]

Die massenhafte Beteiligung an Plünderungen ist entscheidend dafür, dass Unruhen sich in die Länge ziehen, ja dass sie zu einem bemerkenswerten Ereignis werden, das politisch Aufmerksamkeit erregt, sei es im feindlichen Lager oder in den Augen der breiten Öffentlichkeit. Die Plünderer selbst hängen in der Regel keiner politischen Ideologie an. Politisch engagierte schwarze Bürgerrechtsaktivisten waren nicht selten angewidert von den Plünderungen und der Einstellung der Plünderer. Tilly hat diese Krawalle daher als Proteste bezeichnet, die nur ansatzweise politisch motiviert gewesen und zu einem opportunistischen Streben nach dem eigenen Vorteil verkom-

15 Tilly, *Politics*.

16 Spilerman, »Structural Characteristics«, kam in einer Studie über Rassenunruhen in 170 amerikanischen Großstädten zwischen 1961 und 1968 zu dem Ergebnis, dass es in wenigen Städten wiederholt zu Krawallen kam, und wenn doch, dann waren sie meist kurz und von geringer Zerstörungswut geprägt. Der Großteil der Ausschreitungen konzentrierte sich auf den letzten Abschnitt des Untersuchungszeitraums, insbesondere auf die Wochen nach dem Attentat auf Martin Luther King im April 1968. Unmittelbar nach diesem Ereignis, über das in den Medien ausführlich berichtet wurde, kam es in Städten, die noch keinen Gewaltausbruch zu verzeichnen hatten, zu mehr Gewalt und Zerstörung (das heißt zu Plünderungen und Fällen von Brandstiftung) als in Städten, in denen es bereits Krawalle gegeben hatte. In den restlichen Monaten des Jahres 1968 war in den besonders von Unruhen gebeutelten Städten eine Abnahme der Gewalt zu beobachten. Myers, »Diffusion«, stellte fest, dass Unruhen in kleineren Orten (d.h. in Orten mit einem geringeren Anteil an schwarzen Einwohnern und weniger Schwarzenvierteln) weniger lang und in jeder Hinsicht weniger heftig waren.

men seien.[17] Aber diese Sichtweise lässt die Rolle außer Acht, die Plünderungen, zusammen mit Brandstiftung, für die Dynamik von Unruhen spielen: Sie dienen dazu, die Masse zu rekrutieren, und halten die Angelegenheit in Schwung. Wenn Krawalle also nur aus gewaltsamen Konfrontationen mit der Polizei bestünden, könnte man sie leicht dadurch beenden, dass die Polizei sich zurückzieht, bis es der Menge langweilig wird und sie sich allmählich zerstreut, oder man könnte sie mit Hilfe einer Übermacht niederschlagen, der die erfahrungsgemäß kleine Gruppe der Gewaltbereiten wenig entgegenzusetzen hätte. Plünderer sind die Fußsoldaten von Unruhen. Besser gesagt sind sie die halbherzig Abwartenden, jene 85 Prozent, die nie einen Schuss abgeben. Plündern ist eine brillante taktische Erfindung – sozusagen, denn es hat sie ja niemand »erfunden« –, da es einen vergleichsweise nutzlosen Teil der Unterstützer und Zuschauer eines Aufstandes zu so etwas wie Aktivisten macht und dadurch die emotionale Atmosphäre aufrechterhält, mit der eine moralische Auszeit steht und fällt.

Plünderer missachten ostentativ die normalen Eigentumsrechte. Aber ein bemerkenswertes Muster ist, dass Plünderer in der Regel nicht voneinander plündern. Jeder und jede schnappt sich, so viel er oder sie kann, aber man streitet sich nicht darum, wer was bekommt, und nimmt sich beim Hinaustragen gegenseitig nichts weg. Man sieht das zum Beispiel auf einer Fotoserie über die Unruhen in Los Angeles 1992 nach der Verkündigung der Freisprüche im Fall Rodney King: Die Plünderer nehmen, wie bei anderen Plünderungen auch, Haltungen ein, die Goffman als normale »höfliche Unaufmerksamkeit« bezeichnen würde. Selbst in einem hektischen Gedrängel achten sie darauf, anderen nicht in die Quere zu kommen. Dass es unter Plünderern so wenig Gerangel gibt, mag zum Teil daran liegen, dass die Dinge, die sie mitgehen lassen, keinen großen Wert für sie haben. Auf den genannten Fotos sieht man zum Beispiel einen Mann, der mit einem ganzen Berg von Papiertaschentüchern und Servietten auf dem Arm einen Lebensmittelladen verlässt, einen kleinen hispanischen

---

17 Tilly, *Politics,* fasst eine breite Palette unterschiedlicher Fälle in der Verallgemeinerung zusammen, dass Plünderungen (die er als Opportunismus ansieht) am Rande fast aller Formen kollektiver Gewalt vorkommen, also abseits vom Zentrum der Aufmerksamkeit und außerhalb der Befehlskette. Meiner Sichtweise zufolge geschieht das deshalb, weil Gewalt die meisten Formen von Autorität, mit Ausnahme ihrer eigenen, zerstört. Und wo Aufständische keiner klaren Befehlsstruktur unterworfen sind, entwickelt sich die Situation zu einer moralischen Auszeit.

Jungen, der mit seinem Vater aus einem Sportladen herauskommt und mehrere Schachteln mit Oberschenkel-Trainingsgeräten für Frauen trägt, sowie einen jungen Schwarzen, der aus dem eingeworfenen Schaufenster eines Kosmetikladens steigt und einen Haartrockner in der Hand hat. Aus Interviews mit Plünderern während der Ghettounruhen der 1960er Jahre ging hervor, dass die Plünderungen generell zweckfrei waren. Einige sagten später, sie brauchten die betreffenden Dinge nicht oder hätten es sich leisten können, sie zu kaufen. Andere rechtfertigten sich damit, dass die Geschäfte ihnen wegen anderer Ärgernisse ohnehin etwas schuldig gewesen seien.[18] Die Plünderer solidarisierten sich mit der Masse. Es ging nicht um den Besitz bestimmter Güter, daher gibt es eine Art »Altruismus« unter Plünderern, der sie davon abhält, selbstsüchtig zu handeln. Im Grunde ist Plündern ein Ritualismus im Sinne Durkheims, der um seiner selbst willen und als symbolischer Ausdruck der Zugehörigkeit praktiziert wird. Die gestohlenen Dinge mögen in jeder anderen Hinsicht wertlos sein, aber sie stehen für den gemeinsamen Gesetzesbruch. Nach Plünderungen durchgeführte Interviews zeigen, dass sich eine beträchtliche Anzahl ansonsten unbescholtener Leute daran beteiligte (verheiratet, Festanstellung, Kirchgänger – Mitglieder jener Gruppe, die Anderson[19] den »anständigen« Teil des Ghettos nennt). Die kollektive Wallung übt eine breite emotionale Anziehungskraft, einen sozialen Magnetismus aus. Seltsamerweise stellt sich hier das nachrangige, nationalistisch/utilitaristische Problem gar nicht erst, »wer über die Wächter wacht«. Wenn wir fragen, »wer bei den Plünderern plündert«, wenn Recht und Gesetz außer Kraft gesetzt sind, dann lautet die Antwort: praktisch niemand. In der moralischen Auszeit gilt eine eigene Form gesellschaftlicher Solidarität. Der Zusammenbruch der Staatsgewalt im Rahmen einer moralischen Auszeit führt keineswegs zu hemmungsloser Gewalt, bei der jeder gegen jeden vorginge.[20]

---

18 Dynes/Quarantelli, »Looting in Civil Disturbances«; Quarantelli/Dynes, »Looting in Civil Disorders« und »Property Norms«; Tilly, *Politics*, S. 148.

19 Anderson, *Code*.

20 Ein Vergleich mit Plünderungen nach Naturkatastrophen wie Hurrikanen oder Überschwemmungen zeigt, dass die Abwesenheit der Staatsgewalt kein hinreichender Grund für Plünderungen ist. Es muss sich um den Zusammenbruch einer Staatsgewalt handeln, gegen die sich die Menge erhoben hat. Bei Naturkatastrophen ist die Zahl der Plünderer verschwindend gering, während sich bei sozialen Unruhen bis zu 20 Prozent der Bevölkerung an Plünderungen beteiligen. Plünderer nach Katastrophen sind in der Regel Einzeltäter, stammen nicht aus der betroffenen Gegend, arbeiten im Geheimen und werden na-

Die detailliertesten Informationen über die dynamische Abfolge beim Plündern, die wir zur Verfügung haben, wurden nicht bei Krawallen, sondern anlässlich eines die ganze Nacht andauernden Stromausfalls in New York im Juli 1977 erhoben.[21] Mit diesen Plünderungen waren utilitaristischere Aspekte verbunden als in anderen Fällen, da sie nicht aus einer Atmosphäre ethnischer Spannungen und auch nicht aus einer eskalierenden Konfrontation mit der Polizei heraus entstanden waren.[22] Die stündlich aktualisierte Verhaftungsstatistik und Interviews lassen auf drei Plündererwellen schließen. Die erste Welle bestand aus Berufsverbrechern, in der Regel Männer in den Zwanzigern. In der ersten Stunde nach dem Stromausfall, der um 21.30 Uhr begann, brachen sie in Schmuck- und Elektrogeschäfte ein und stahlen die wertvollsten Gegenstände. Die zweite Welle traf gegen 23.00 Uhr am Ort des Geschehens ein und setzte sich hauptsächlich aus Jugendbanden zusammen, die nicht nur auf der Suche nach Beute, sondern auch nach Spaß und Abenteuer waren. (Sie bekämpften sich jedoch nicht untereinander, sondern reihten sich in die Gemeinschaft ein, die sich im moralischen Freiraum bildete.) Als dritte Welle folgten ganz normale Bürger aus allen Gesellschaftsschichten, die sich nach Mitternacht allmählich auf den Schauplatz vorwagten. Diese Welle hielt sich bis zum Tagesanbruch und lief gegen Nachmittag aus.[23] Hier entwickelte sich aus Neugier eine magische Anziehung, bei den Plünderungen mitzumachen. Die dritte Welle glich den Plünderern bei Unruhen, die, mitgerissen vom Rausch des Dabeiseins, Dinge stehlen, die für sie selbst praktisch wertlos sind. Ein Plünderer entwendete zum Beispiel eine Rinderhälfte aus einem Lebensmittelladen, nur um sie auf dem Bürgersteig liegen zu lassen.

Ein Familienvater, der als Verkäufer arbeitete und dessen Tochter eine Konfessionsschule besuchte, berichtete, dass ihn der unwiderstehliche Drang zum Plündern mitten im Chaos überkommen habe:

---

hezu einhellig verurteilt. Plünderer im Rahmen von Krawallen dagegen sind Bewohner der jeweiligen Gegend, die ihre Raubzüge in Gruppen, offen und in einem Klima gesellschaftlicher Unterstützung durchführen (Quarantelli/Dynes, »Property Norms«).

21 Curvin/Porter, *Blackout Looting*.

22 Es gab jedoch eine Vorgeschichte mit Rassenunruhen, die sich 13 Jahre zuvor in den schwarzen und hispanischen Armenvierteln ereignet hatten.

23 Unter den in der ersten Stunde Festgenommenen waren 82 Prozent vorbestraft. Dieser Anteil sank bei der zweiten Welle auf 67 Prozent und bei der dritten Welle, die am frühen Morgen oder im Lauf des nächsten Tages festgenommen wurden, schließlich auf 55 Prozent.

»Ich weiß auch nicht, ich hatte irgendwie das Bedürfnis, mir auch was unter den Nagel zu reißen, wenn ich schon mal da war... Ich kam zufällig vorbei, als sie gerade in ein Geschäft einbrachen. Sie begannen, Sachen auf die Straße rauszuwerfen, und irgendwie habe ich mir auch einen Armvoll geschnappt. Und als ich so an der Ecke stand und mit jemandem redete, tauchte plötzlich ein Polizeiauto auf, und sie haben mich erwischt.« Er war im Besitz von zehn Damenhosen und sieben Blusen. Im Interview sagte er später, dass er nicht vorgehabt habe, sie seiner Frau zu schenken, und gar nicht recht wisse, was er damit anfangen wollte.[24]

Initiiert wurde dieser Plünderungszug von Leuten, die eindeutig aus Nützlichkeitserwägungen heraus handelten. Trotzdem war die Folge dieser wohlkalkulierten Einbrüche eine moralische Auszeit, in der zahlreiche Merkmale einer Solidargemeinschaft auf Zeit zu beobachten waren. Männer, die einander nicht unbedingt kannten, schlossen sich zu Gruppen zusammen und machten sich gemeinsam daran, die Eisengitter aufzubrechen, mit denen die Geschäfte gesichert waren. Zehn bis zwanzig Männer rissen mit vereinten Kräften Gitter aus ihren Verankerungen, was mitunter zehn oder mehr Minuten harter Arbeit erforderte, und legten gemeinsam Pausen ein, um die nächste Attacke zu koordinieren.

Die Teilnehmer der späteren Plünderungswelle, die sich die Vorarbeit der Aktivisten zunutze machten, legten beim Plündern der bereits aufgebrochenen Geschäfte das übliche Muster der zweckfreien, symbolisch-emotionalen Beteiligung an den Tag. Abgesehen von Sachbeschädigung gab es kaum Gewalt. Plünderer ließen sich nicht auf Auseinandersetzungen mit Ladenbesitzern ein, die zufällig zugegen waren. Die meisten ließen sich schon abschrecken, wenn das Personal auch nur pro forma protestierte. Das könnte man mit dem (von einigen Plünderern geschilderten) Gefühl erklären, dass es sich nicht gelohnt habe, gegen Widerstände vorzugehen, schließlich hätten den Plünderern genügend andere Geschäfte offen gestanden. Es zeugt aber auch von einer starken Konfrontationsanspannung und -angst. Widerstand gegen einen »Feind« war (wiederum im eklatanten Unterschied zu Unruhen aufgrund von Revierverletzungen) nicht Triebkraft der Plünderungen, obwohl die meisten Ladenbesitzer Weiße waren und nicht im Viertel wohnten. Polizisten waren zwar eindeutig in der Unterzahl, wurden aber kaum je angegriffen und trafen bei Festnahmen auf wenig Gegenwehr.

---

24 Curvin/Porter, *Blackout Looting*, S. 15.

Die emotionale Atmosphäre war eine Mischung aus Hochgefühl und Angst. Es herrschte fast vollkommene Dunkelheit, nur erhellt von Polizeiautos, die mit Sirenengeheul durch die Straßen rasten. Überall rannten Menschen durcheinander, gelegentlich hörte man jemanden hupen oder schreien. Polizisten versuchten Plünderer zu verjagen, indem sie Schüsse in die Luft abgaben – was kaum eine abschreckende Wirkung hatte, da die Plünderer schnell merkten, dass die Polizisten sie mit den Schüssen nicht treffen wollten. Hie und da geriet die Menge in helle Aufregung, während die Stimmung andernorts ausgelassen oder heiter war. Ein 20-jähriger Schwarzer erinnert sich, dass er gerade draußen Basketball spielte:

> Als die Lichter ausgingen, fingen erst mal alle an rumzuschreien und so ... Am Anfang hab ich auch einfach mitgeschrien, nur so aus Spaß: Yeah, yeah, yeah, yeah. [Dann schlug jemand vor, eine Einkaufsstraße zu plündern.] Die Leute kamen von überall her. Alle liefen einfach nur herum und quatschten. Wir sind in diesen Souvenirladen rein, und sie fingen an, irgendwelchen Quatsch einzupacken, und dann ging's richtig ab ... Diese Begeisterung, verstehst du, ich war begeistert, total drauf. Ich war geladen, verstehst du, mit der Begeisterung des Augenblicks. Die Lichter waren aus, Mann, und wir wollten schauen, was geht. Ich war so richtig geladen. – Wir sind voll abgegangen, verstehst du? Wie man so sagt, mit den Wölfen heulen und so. Wir sind einfach total ausgeflippt.[25]

Bemerkenswert ist, dass Plünderer sich auch in sexueller Hinsicht zurückhalten. Eigentlich wäre zu erwarten, dass der Einzelne nur an die Befriedigung seiner egoistischen Bedürfnisse denkt, sobald die normalen Regeln außer Kraft gesetzt sind. Und dass man in einer chaotischen Menge auf viele Fremde trifft, an denen man sich ungestraft sexuell vergehen kann. Tilly beschreibt, dass viele Unruhen aus moralischer Empörung über die Staatsgewalt oder über rassistische Ungleichbehandlung geboren werden, sich jedoch angesichts des Zusammenbruchs der Staatsgewalt alsbald in die opportunistische Suche nach dem eigenen Vorteil verwandeln.[26] Das betrifft jedoch nicht das Gebiet der Sexualität, zumindest nicht in den mit Ghettounruhen verbundenen moralischen Auszeiten. Die Masse der Plünderer geht nicht dazu über, Frauen aus der Menge zu begrapschen oder gar zu vergewaltigen. Bei den amerikanischen Rassenunruhen der 1960er

---

25 Ebenda, S. 188.
26 Tilly, *Politics*.

Jahre und bei den Krawallen in Los Angeles 1992 gab es praktisch keinerlei Hinweise auf Vergewaltigungen.

Bei anderen Krawallen ist die Situation indes genau umgekehrt. Im Rahmen von Unruhen unter rivalisierenden ethnischen Gruppierungen kann es sogar zur systematischen Vergewaltigung von Frauen der befeindeten Gruppierung kommen. Bei Einbrüchen in Häuser des feindlichen Lagers können sowohl Plünderungen als auch Vergewaltigungen die Folge sein.[27] Worin unterscheiden sich Unruhen, bei denen sexuelle Zurückhaltung die Regel ist, und solche, bei denen es neben anderen Aggressionsformen auch zu sexueller Gewalt kommt? Bei Krawallen im eigenen Revier, bei denen keine Angehörigen der feindlichen Gruppierung anwesend sind, wird die Energie großenteils auf Angriffe gegen unbelebte Ziele gelenkt. Einfälle in feindliches Terrain, um dezidiert Menschen anzugreifen, bieten mehr Gelegenheiten für Vergewaltigungen. Eine weitere Voraussetzung für das Auftreten von Vergewaltigungen ist, dass es sich um Unruhen handelt, bei denen die Angreifer und Plünderer ausschließlich Männer sind. Wenn Frauen sich an Plünderungen im Rahmen von Krawallen beteiligen, laufen sie keinerlei Gefahr, sexuell genötigt zu werden.[28] Eine moralische Auszeit sorgt dafür, dass sich die Gruppengrenzen auf eine lokale Enklave der Solidarität beschränken – oder dass sie in einem vormals gesetzlosen Viertel auf eine Enklave der Solidarität ausgedehnt werden. Die durkheimsche kollektive Wallung gibt den Beteiligten ein Gefühl der Sicherheit, selbst wenn sie sich in einer Gegend mit normalerweise hoher Kriminalitätsrate aufhalten. Solange sie an den Ritualen der Gruppe teilnehmen, müssen sie keinen körperlichen Schaden fürchten. Eine moralische Auszeit ist zwar eine Auszeit von bestimmten moralischen Vorschriften, führt dafür aber andere mit Macht ein.

---

27 Horowitz, *Ethnic Riot*; Kaldor, *Kriege*.

28 Auf Fotos vom Aufstand in Los Angeles 1992 sind 16 Prozent der Plünderer Frauen (berechnet nach Fotos in der *Los Angeles Times*, 1., 2. und 12. 5. 1992). Die im Rahmen der Krawalle anlässlich des Stromausfalls in New York Verhafteten waren zu 7 Prozent Frauen (Curvin/Porter, *Blackout Looting*, S. 86).

Die wilde Party als elitärer Potlach

Was kennzeichnet eine »wilde Party«? Natürlich handelt es sich hier um eine Metapher, eine aus einer ganzen Reihe von Metaphern, die unter anderem Begriffe wie »Wahnsinnsspaß«, »Superfete«, »Mordsgaudi« und »Feiern bis zum Abwinken« umfassen. Wer hier den Ton angibt, erlangt bald den Ruf, ein »irrer und abgefahrener Typ« zu sein, ein »Knaller«, »Draufgänger«, »Teufelskerl« und »Partylöwe« beziehungsweise ein »Partyluder«. All diese Termini deuten auf ein hohes Maß an kollektiver Wallung und eine starke antinomische Komponente hin, welche die Grenzen des Normalen sprengt.

Die einfachste Methode, eine Party oder Feier in ein denkwürdiges Zechgelage ausarten zu lassen, ist die Zerstörung von Besitz. Dies entspricht in etwa dem Plündern in einer moralischen Auszeit. Der Unterschied liegt darin, dass Plündern (zumindest im Rahmen von revierinternen Unruhen) eine Art Rebellion von unten ist und sich gegen etwas richtet, das als Ersatzziel für feindliche Gruppierungen gelten kann. Kommt es jedoch bei einer wilden Party zu Sachbeschädigung, wird in der Regel eigener Besitz zerstört, und dann hat man es mit einem elitären Potlach zu tun.

Dessen Archetyp geht auf rituelle Feste von Indianerstämmen an der Pazifikküste im Nordwesten der USA zurück, ein Gebiet reich an Wald- und Meeresfrüchten.[29] Durch den Pelzhandel im 19. Jahrhundert waren diese Stämme relativ wohlhabend geworden. Anlässlich eines Festes pflegte ein Stammeshäuptling einen anderen zu sich einzuladen. Dann stellte der Gastgeber seinen Reichtum zur Schau, indem er den Gästen großzügige Geschenke machte. Die wiederum standen nun unter Zugzwang und mussten sich mit einem ebenso verschwenderischen Fest revanchieren. Kriegführende Clans konnten einen Potlach als Friedenszeremonie abhalten, wobei nicht selten ritualisierte Feindschaftsgesten eine große Rolle spielten. Dann eskalierte der Wettstreit bei der Statusdemonstration: Decken, Kupferblech und andere Handelsgüter des Westens (wie Nähmaschinen) wurden nicht einfach nur verschenkt, sondern vor den Augen der Gäste zertrümmert oder ins Meer geworfen, als Ausdruck großspuriger Verachtung schnöden irdischen Besitzes. Innerhalb der Stammesgesellschaft herrschte eine strikte soziale Trennung zwischen Aristokraten und gewöhnlichen Stammesmitgliedern. Nur Aristokraten

---

29 Kan, »19th-Century Tlingit Potlatch«; Ringel, »Kwakiutl Potlatch«.

durften Sklaven und Kupferblech besitzen. Den Höhepunkt eines Potlachs bildete die rituelle Exekution von Sklaven. Sklaven und Kupfer dienten keinem konkreten Zweck – Sklaven wurden erst kurz vor dem Potlach gemacht, um sie dann vor den Augen der Gäste zu opfern. Die Feuerprobe der Gegeneinladung bestand darin, ob es sich der revanchierende Gastgeber würde leisten können, bei seinem Potlach zumindest gleich-, wenn nicht höherwertige Gegenstände zu opfern.

Neben diesen Zerstörungsritualen wertvollen und vor allem statusrelevanten Besitzes gab es bei den Potlachs auch Tanzwettbewerbe und Wettessen. Die Gastgeber versuchten den Eindruck zu erwecken, als seien die Essensvorräte schier unerschöpflich. Man zwang den Gästen das Essen auf und erwartete von ihnen, dass sie sich so lange vollstopften, bis sie sich schließlich übergeben mussten. Wurde keinem der Gäste übel, so warf das kein gutes Licht auf den Gastgeber und seine Gastfreundschaft.

Man kann sich einen Potlach als riesige, lärmende Party vorstellen, geprägt von übertriebener Prahlerei und überschäumendem Stolz. Ein Potlach war elitär, denn nur die reichsten Stammesmitglieder konnten ihn veranstalten. Und da jedem, der sich nicht mit einer angemessenen Feier revanchieren konnte, Statusverlust drohte, mussten auch die Gäste eine hohe soziale Stellung einnehmen oder zumindest danach streben (ein Aspekt, den die klassische Analyse von Mauss[30]) hervorhebt. Potlachs waren Wettbewerbe, bei denen immer auch die Androhung von Gewalt mitschwang. Zu tätlichen Auseinandersetzungen zwischen Gästen und Gastgebern kam es jedoch nur selten; im Mittelpunkt der Aufmerksamkeit stand der großspurige Zerstörungswettstreit wertvoller Güter.

Vergleichen wir dies mit dem Gebaren reicher Studenten in Oxford um die Jahrhundertwende bis in die 1930er Jahre.[31] Ihre »Studentenbuden« waren Privatsuiten mitsamt Dienstboten. Zum standesgemäßen gesellschaftlichen Leben der beliebtesten Studenten gehörte es, zum Mittag- oder Abendessen in die eigenen Räume, gelegentlich auch in einen eigens angemieteten Saal zu laden. In diesen ausschließ-

---

30 Mauss, *Die Gabe*.

31 Die ausführlichste Beschreibung findet sich im 3. Band von Compton Mackenzies Autobiographie »Sinister Street«; eine satirische Darstellung liefern Max Beerbohm, »Zuleika Dobson«, und Evelyn Waugh, »Auf der schiefen Ebene«. Ernsthaft behandelt Evelyn Waugh das Thema in »Wiedersehen mit Brideshead«.

lich von Männern besuchten Bildungsanstalten gab es so gut wie keine Gelegenheit, Umgang mit jungen Damen zu pflegen. Daher wurde alles, was mit Kennenlernen und Verabredungen zu tun hat, von den jungen Männern selbst inszeniert. Die Praxis erinnert auch an die Partykränzchen gehobener Gastgeberinnen mittleren Alters. Studenten wetteiferten um Einladungen oder um Gäste, die in dem Ruf standen, aristokratisch, elegant, geistreich, besonders sportlich oder einfach nur lebhaft und lustig zu sein. Es herrschte eine Stimmung, in der man lässig Überlegenheit demonstrierte, Lehrveranstaltungen schwänzte, abendliche Ausgehverbote ignorierte und reichlich Alkohol konsumierte. Der Wettbewerb um gesellschaftliches Ansehen muss diejenigen jungen Männer in euphorische Stimmung versetzt haben, die bei den begehrtesten Zusammenkünften Einlass fanden. Die ritualisierten Abendessen (mit Trinkspielen, bei denen man bestimmte Leute sturzbetrunken zu machen versuchte) gipfelten manchmal in Tumulten und Zerstörungswut. So konnte es vorkommen, dass betrunkene Studenten ein Feuer in einem der Innenhöfe entfachten, das sie nicht nur mit gestohlenem Holz, sondern auch mit Möbeln der Universität schürten. Autoritätspersonen wurden beim riskanten Versuch, wieder für Ordnung zu sorgen, verhöhnt und manchmal auch mit Gegenständen beworfen. So beschränkte die Universitätsführung ihre Sanktionen in der Regel auf nachträglich festgesetzte Geldstrafen. Das Geld floss in den Universitätsetat, mit dem man wiederum die Weinvorräte für ähnlich elitäre, aber diskreter verlaufende private Abendessen der Angehörigen des Lehrkörpers, die auf dem Campus wohnten, aufstockte. So flossen die Einnahmen aus exzessiven Zechgelagen der Studenten in die etwas vornehmeren Veranstaltungen ihrer Lehrer zurück.

In früheren Jahrhunderten haben Studenten noch schlimmer über die Stränge geschlagen.[32] Die Studenten zogen in die Stadt, um sich in den dortigen Schänken zu betrinken, und lieferten sich manchmal ausgewachsene Schlägereien mit den Einheimischen, Talar contra Stadtfrack. Die »Proktoren« (die im Auftrag der Universitätsleitung für Zucht und Ordnung sorgen sollten) wurden von den Studenten ausgetrickst und gelegentlich in Prügeleien verwickelt. Wenn Studenten in Oxford um 1700 Radau machten, übergaben sie sich nicht nur auf offener Straße, es kam auch zu leichtem Vandalismus, Tätlichkeiten und sexuellen Übergriffen auf einheimische Frauen. Andere

---

32 Midgley, *University Life.*

Tumulte entstanden, wenn sich beispielsweise betrunkene Bummelstudenten bei Ausflügen aufs Land Wettrennen mit spärlich bekleideten Dorfschönheiten lieferten. Die Unruhestifter, die »Gecken«, die es »krachen ließen«, stammten typischerweise aus der Aristokratie mit ihren Privilegien und Freiräumen, von denen ärmere Studenten, die sich meistens für eine Pfarrerslaufbahn durchs Studium quälten, nur träumen konnten. Die Hierarchie aus reichen Studenten mit elitärem und vergleichsweise armen Studenten mit bescheidenem sozialen Hintergrund wurde durch die situative Schichtenbildung zwischen den tonangebenden, übermütigeren Zechern und den Stilleren, die sich bedeckt hielten, weiter zementiert. Mit Oxford-»Streichen« wie den Lagerfeuern auf dem Campus zu Beginn des 20. Jahrhunderts demonstrierte man sowohl Reichtum als auch Status, denn Kosten, Konventionen und jeglicher Ernst des Lebens wurden dabei unbekümmert ignoriert. »Jungspunde« brachten ihr Unterhaltsgeld durch, verschuldeten sich mit der Ausrichtung verschwenderischer Feste oder mit der Einrichtung ihrer Zimmer, aber auch beim Glücksspiel, und wurden schließlich von der Hochschule verwiesen. All das konnten sich Studenten von geringerer Stellung nicht erlauben. Dennoch erfüllten sie eine wichtige Funktion als Hintergrundpublikum, das die zechende Elite mit Eskapaden beeindrucken oder lächerlich machen konnte. Traf sich die aristokratische Elite dagegen auf ihren privaten Ländereien, kam es viel seltener zu derart zügellosen Zechgelagen, denn dort bestand das Publikum aus Dienstboten, lohnabhängigen Arbeitern und Handwerkern. Nur vor Zuschauern mit ähnlichem Status sowie in einer Atmosphäre sozialer Konkurrenz konnte man mit einem Zechgelage seine Verachtung für die Regel des guten Geschmacks wirkungsvoll zur Schau stellen. Partys, die man unter seinesgleichen feiert, verlaufen dagegen gesittet und ziemlich langweilig. Erst wenn es um situative Schichtenbildung geht, wenn durch eine lärmende Demonstration grenzenlosen Vergnügens Aufmerksamkeit erregt werden soll, kippt ein Zechgelage ins Destruktive.

Ein zeitgenössisches Beispiel stammt aus einem Bericht über eine Wohngemeinschaft amerikanischer Studenten, die gemeinsam ein Haus gemietet haben. Ein großer, athletischer Typ beginnt in betrunkenem Zustand, das Treppengeländer zu zertrümmern. Dabei wird einer seiner Mitbewohner von einem herumfliegenden Holzsplitter getroffen und droht ihm wütend Prügel an. Die Gruppe schart sich um die beiden und wendet die Situation ins Lächerliche, indem sich jetzt alle einen Spaß daraus machen, das Geländer zu demolieren. Alle müssen später dem Vermieter gegenüber für den Schaden aufkommen, dennoch wird der Vorfall als denkwürdiges Ereignis betrachtet.[33] Hier haben wir das Potlach-Muster, die Zerstörung des eigenen Lebensraumes.[34]

Bei elitären Potlachs in Form von Zechgelagen bleibt es in der Regel bei Sachbeschädigung. Der blanke Übermut bewegt sich innerhalb hochgradig stilisierter Grenzen, selbst wenn er durch den Wunsch motiviert ist, sich als antinomische Elite zu gerieren, und sich unter dem Schutz einer zeitlich begrenzten moralischen Auszeit ausdrückt. Konfrontationsanspannung und -angst tun auch hier ihr Werk. Sachbeschädigung reicht in der Regel aus, um die Hochstimmung und die Grenzüberschreitung aufrechtzuerhalten. Aber wie kommt es dann im Rahmen von Zechgelagen überhaupt zu Gewalt?

---

33 Wie wilde Partys im Nachhinein beurteilt werden, hängt vom Grad der spektakulären Zerstörung ab. An einem berühmten Football-Wochenende in Princeton (obwohl noch Anfang der 1960er Jahre davon erzählt wurde, ereignete sich der Vorfall vermutlich bereits in den 1930er Jahren) brachte es die Studentenmenge fertig, die Waggons der örtlichen Eisenbahn umzuwerfen. Betrunkene Studenten in Dartmouth erlangten Berühmtheit, weil sie in einem Kinderwagen eine Sprungschanze hinunterrasten.

34 Dies tritt typischerweise dann auf, wenn Wohnung und Umgebung provisorischen Charakter haben. Zerstört wird nicht das identitätsstiftende Herzstück des eigenen Besitzes, sondern Dinge, die man aufgrund seiner Stellung als privilegierter Besucher nutzt. Das schlimmste dieser Zerstörungsszenarien ist der Albtraum aller gutbürgerlichen Mittelschichteltern: Sie lassen ihre jugendlichen Kinder zu Hause allein, und diese geben eine Party, die damit endet, dass das ganze Haus verwüstet ist. Solche Partys haben die Tendenz auszuufern, denn über weitverzweigte Netzwerke und Bekannte von Bekannten wird per Mundpropaganda verbreitet, dass man »sturmfreie Bude« hat, also ein moralfreier Raum zur Verfügung steht. Am Ende hat ein Großteil der Partygaste keinerlei Beziehung zu den Gastgebern und daher keinerlei Verantwortungsgefühl. Hinzu kommt, dass erste Nachlässigkeiten (verschüttete Getränke, herumliegender Müll) signalisieren, dass weitere Zerstörung zulässig ist, an einem bestimmten Punkt vielleicht sogar erwartet wird. Sind die Eltern länger abwesend, kann das Haus erheblich beschädigt werden. Anlässe mit ähnlicher Struktur führen zu ähnlichen Resultaten: In den 1920er Jahren verwüsteten Jugendbanden, vom Aufenthaltsraum eines Gemeindezentrums (und der Nachsicht der Sozialarbeiter) angelockt, den dortigen Billardtisch und die Spielgeräte, schürten mit Spielkarten kleine Feuer und beschmierten sämtliche Wände (Thrasher, *The Gang*, S. 78).

Zechzonen und Ausgrenzungsgewalt

Die meisten wilden Partys verlaufen gewaltfrei. Aber wenn man sich mit ihnen beschäftigt, erhält man Hinweise, weshalb das manchmal anders ist. Bei den erfolgreichsten Partys findet eine temporäre Schichtenbildung statt. Eine situationsgebundene Elite steht im Mittelpunkt des Geschehens, in deren Schatten folgen jene, die gerne dazugehören wollen, und dann gibt es die Ausgegrenzten am Rand. Diese Konkurrenzsituation bei der Schichtenbildung im Rahmen von Zechgelagen ist eine der Hauptursachen für Gewalt unter Alkoholeinfluss.

Es gibt im Wesentlichen drei Wege zur Gewalt: Die Staatsgewalt oder andere Autoritäten schreiten ein, was zur Eskalation durch die Gegenseite führt, ungebetene Gäste verschaffen sich gewaltsam Einlass und Aufmerksamkeit, oder jene, die kein Ende akzeptieren wollen, werden gewalttätig.

Auf Partys oder bei feiernden Menschenmassen auf der Straße brechen häufig dann Kämpfe aus, wenn die Polizei eintrifft und versucht, die Ruhestörung zu beenden, die Menge auf der Straße zu zerstreuen oder illegalen Alkoholkonsum zu unterbinden.[35] Die Folge sind gewaltsame Auseinandersetzungen, bei denen die Polizeikräfte der Größe und der Euphorie der Menge nicht gewachsen sind. Die Zecher verfügen über Ressourcen, die es ihnen erlauben, mit eskalierender Gewalt gegen die Polizei vorzugehen, und ein anfänglich geringes Maß von Polizeigewalt kann eine um ein Vielfaches gewaltsamere Reaktion hervorrufen oder zumindest mit massiven Drohgebärden beantwortet werden. Zu diesem Zeitpunkt ergeht sich die Masse noch weitgehend in Imponiergehabe, wirft mit Flaschen, demoliert Autos und verübt andere Formen von Vandalismus – direkte Gewalt wird angedroht, ohne dass es tatsächlich zu nennenswerten direkten Kon-

35 Die Unruhen in Detroit im Juli 1967, bei denen es zahlreiche Todesopfer gab, begannen mit einer Polizeirazzia in einem Nachtklub im Herzen des Schwarzenviertels, in dem nach der Sperrstunde noch getrunken und gespielt wurde. Man hätte kaum einen ungünstigeren Zeitpunkt wählen können: Zur besten Zeit am Samstagabend, wo alle sich amüsieren wollen. Als es der Polizei um 22 Uhr nicht gelang, sich Zugang zu verschaffen – was jedoch die Stammgäste alarmierte –, kehrte sie um 4 Uhr morgens mit Verstärkung zurück. Dieses Mal riegelte sie den Klub erfolgreich ab, doch es sammelte sich eine Menschenmenge, die die Polizei mit Gegenständen bewarf, als sie Festgenommene in die grüne Minna bugsierte. Angesichts dieser Welle der Gegengewalt zog sich die Polizei zurück und entfesselte so eine ausgewachsene moralische Auszeit mit Plünderungen und Brandstiftung (Kerner Commission, *Report*, S. 84–87).

frontationen käme. Wie bei Unruhen und Straßenkämpfen generell kann eine kleine Anzahl von Aktivisten eine Eskalationsphase einleiten, die allein schon deshalb um sich greift, weil durch herumrennende Menschen (die unter anderem versuchen, sich in Sicherheit zu bringen) eine chaotische Situation entsteht. Dies wiederum verstärkt die Tendenz der Polizei, wahllos gegen jeden vorzugehen, der sich innerhalb der »Zechzone« aufhält. Im Laufe dieses Prozesses wachsen auf beiden Seiten Wut und Zorn, das Ausmaß an Gewalt nimmt zu – auch wenn sie, wie wir bei allen tätlichen Auseinandersetzungen gesehen haben, meistens inkompetent ausgeübt wird und fehlgeleitet ist. Dass die meisten Menschen eine derartige Situation bei aller Aufregung mit einem geringen persönlichen Verletzungsrisiko überstehen, ist ein Grund, weshalb die Veteranen gern an solche Ereignisse zurückdenken. Die meisten kommen unbeschadet davon und betrachten den Vorfall als kulturelles Kapital, mit dem sie Gesprächsrunden auf künftigen Partys bereichern können.

In einer Zechzone herrscht ein mit der Erzeugung antinomischer Begeisterung verbundener Ritualismus vor und kann sogar institutionalisiert sein. Eine Zechzone mag lediglich der Ort sein, an dem eine Party stattfindet, oder auch ein größeres Gebiet, das Zecher und Nachtschwärmer auf der Suche nach Unterhaltung aufsuchen, etwa ein Vergnügungsviertel mit Bars, Nachtklubs, womöglich erotischen Darbietungen sowie Glücksspiel (zu Zeiten, als dieses noch eher illegal betrieben wurde). Zechzonen können auch bestimmte Zeiträume sein, in denen man feiert, etwa am Wochenende oder an gewissen Feiertagen. Ist sie vollständig etabliert, wird eine Zechzone zu einer Insel emotionalen Hochdrucks oder kollektiver emotionaler Energie. Jeder Versuch, in die in einer Zechzone geltenden Rituale einzugreifen oder sich auch nur Zugang zu verschaffen (wenn man in den Augen der Zecher nicht dazu berechtigt ist), erzeugt Druck auf ihre Grenzen. Auf dem Höhepunkt ihrer (hauptsächlich emotionalen) Macht wird in der Zechzone sozusagen um die Aufrechterhaltung ihrer Existenz gekämpft. Doch Zechzonen sind kollektive Inszenierungen. Wie bei anderen Ritualen auch erschöpft sich die emotionale Hochstimmung nach einigen Stunden (in meinen Fallbeispielen in der Regel nach vier bis sechs Stunden). Zechsituationen, die zu erbitterten Kämpfen führen können, sofern Ordnungskräfte auf ihrem Höhepunkt eingreifen, lösen sich schlicht in Wohlgefallen auf, schreitet die Polizei erst ein, wenn der Enthusiasmus bereits abebbt und die Menge sich zerstreut.

Dazu folgende Hypothese: Je höher das Energie- und Stimmungsniveau auf einer Party, desto größer ist die Wahrscheinlichkeit, dass ein Abbruch durch die Polizei Gewalt provoziert.

In einem Extremfall endete die Intervention mit Mord. Zwei Polizeibeamte in New Jersey gingen einer Anzeige wegen Ruhestörung in einer Straßenkneipe nach. Sie trafen auf zwei bewaffnete Verbrecher, die bei einem Überfall auf ein Brooklyner Wettbüro gerade eine beträchtliche Summe erbeutet hatten. Sie waren schon ziemlich angetrunken und schossen nur so zum Spaß um sich. Zweifellos hatten die beiden Räuber auch ein handfestes Fluchtinteresse, doch ihre unmittelbare Reaktion war ein ausführliches Erniedrigungsritual. Zuerst wurden die beiden Beamten mit der Waffe bedroht und geschlagen. Dann wurden sie gezwungen, sich bis auf die Unterhose auszuziehen und hinzuknien, und schließlich wurden sie per Kopfschuss umgebracht.[36] Das Zechgelage war unterbrochen worden, als die Stimmung gerade ihren Höhepunkt erreicht hatte. Die Reaktion war im Grunde eine Art Fortführung: Das Herumalbern mit der Waffe wurde fortgesetzt, sadistisch, aber nicht weniger übermütig. Als sich die Hochstimmung gelegt hatte, verhielten die Räuber sich ganz anders. Zwei Tage später wurde einer von ihnen bei einem Schusswechsel mit der Polizei getötet, der andere ergab sich.

Wenn Einzelne oder kleinere Gruppen versuchen, mit Gewalt in eine Zechzone vorzudringen, aber ausgegrenzt werden, kann dies ebenfalls zu tätlichen Auseinandersetzungen führen, wie das folgende Beispiel zeigt:

> Eine Gruppe junger Männer aus der Mittelschicht feiert in einer Wohnung eine Party. Man kennt sich, sitzt da und plaudert. Drei Typen tauchen auf und suchen den Mitbewohner des Gastgebers. Er ist nicht da, aber sie wollen auf ihn warten. Die Party ist zweifellos ziemlich langweilig, und die Eindringlinge beteiligen sich nicht am Gespräch. Einer, ein Mitglied der Marines, bittet den Gastgeber um eine Nadel, um sich zu tätowieren. Der Gastgeber lehnt ab, er wolle Derartiges nicht in seiner Wohnung dulden. (Ein Hinweis auf kulturelle Unterschiede der Gesellschaftsschichten: Der Eindringling war sich vermutlich der Provokation bewusst, und der Gastgeber wehrt sich dagegen. Der Marine beharrte auf seiner Bitte, der Gastgeber beharrte auf seiner Ablehnung; der Streit eskalierte, als der Eindringling schließlich aufsprang, brüllte, dass er schließlich ein Marine sei und Respekt verlange. (Der Vorfall ereignete sich im Januar 2002, als die USA in Afghanistan Krieg führten.) Der

---

36 *Philadelphia Inquirer*, 11. 2. 2002.

Gastgeber stand ebenfalls auf und antwortete: »Jetzt hör mal zu, mir ist egal, wer du bist – das hier ist meine Wohnung, und ich will, dass du jetzt gehst. Ich will keinen Streit, hau einfach ab!« Er sagt das zwar laut, aber relativ beherrscht, als wollte er seinen Standpunkt vertreten, eine weitere Eskalation jedoch vermeiden.

Beide Kontrahenten stehen sich gegenüber, den Bauch eingezogen und den Brustkorb vorgestreckt. Einige Minuten lang wiederholen sie immer dasselbe, eine typische Pattsituation. Sie endet, als der Gastgeber sich abwendet, um sich aufs Sofa zu setzen, und so den Blickkontakt abbricht. Vielleicht aus Enttäuschung, dass es nicht zur Schlägerei kam – und auch aus einem momentanen Überlegenheitsgefühl heraus –, boxt der Marine dem Gastgeber gegen die Schulter. Plötzlich entlädt sich die Spannung, und die Gewalt eskaliert. Die beiden besten Freunde des Gastgebers mischen sich nun in das Geschehen ein, die beiden Kumpel des anderen ebenfalls. Der Gastgeber wird zurück aufs Sofa geschubst, während die anderen anfangen zu raufen, zu boxen und zu treten. Es wird kein großer Schaden angerichtet, und mancher muss einen Hieb von der eigenen Partei einstecken.

Die anderen trennen nun die Streithähne. Die beiden Gruppen aus je drei Männern stehen sich wieder gegenüber, allerdings getrennt durch die Couch, und bekunden immer wieder lauthals ihren Standpunkt. Der Marine weigert sich zu gehen, und der Gastgeber beharrt darauf, dass es schließlich seine Wohnung sei. Am Ende geht eine junge Frau dazwischen, sagt den Eindringlingen, sie sei müde und wolle jetzt schlafen gehen. Nachdem sie das mehrfach wiederholt hat, verlassen sie schließlich die Wohnung. Zu Beginn der Tätlichkeiten war die Polizei gerufen worden, tauchte jedoch nicht auf. (Nach dem Augenzeugenbericht eines Studenten.)

Derartige Tätlichkeiten werfen eine analytische Frage auf, weil eine Party doch ein Bereich ist, der von Solidarität geprägt ist, sogar von erhöhter, demonstrativer Solidarität. Wie kann Solidarität, der Wunsch nach wohlwollender Aufnahme, zu Gewalt führen? Weshalb sollte jemand irgendwohin gehen, wo er unerwünscht ist, und dann noch erwarten, dass man ihn freundlich empfängt? Niemand wird ernsthaft annehmen, dass man sich mit einer Gewaltdemonstration offenherzige Aufnahme verschafft. Des Rätsels Lösung ist, dass Zechersolidarität zu Schichtenbildung führt. Das Ausgeschlossenwerden signalisiert Unterlegenheit und Zurückweisung. Das trifft sogar auf Partys in gehobenen Gesellschaftsschichten zu, deren Vertreter höflicher, gesitteter und weniger gewaltbereit sind als die sozial tiefer stehenden Eindringlinge. Aus deren Sicht mag die Party vielleicht nicht sehr gelungen sein, doch betrachten sie die Angelegenheit von außen und haben keine klare Vorstellung davon, was sie »drinnen« eigentlich wollen. Ausgrenzungsgewalt geht fast ausschließlich von den Eindringlingen aus, die auf Verunglimpfung wegen ihres sozialen Status reagieren.

Dass jemand von Partys und anderen Zechsituationen ausgeschlossen wird, ist natürlich nicht Ungewöhnliches. Worin besteht dann der Unterschied zu jenen Fällen, in denen jemand mit Gewalt gegen diese Ausgrenzung vorgeht? Elitäre Cliquen in Highschools haben, wie bereits festgestellt, ihre jeweiligen Reviere – einen Tisch, an dem sie mittags essen, einen Ort, wo sie sich nach der Schule treffen –, und sie können diese spielend gegenüber unbeliebteren Jugendlichen verteidigen, indem sie diese gemeinsam verspotten. Die Rangordnung ist hier so allgemein bekannt, die emotionale Energie dermaßen stark in der Elite konzentriert, dass Eindringlinge ohne weiteres gedemütigt werden können. Die meisten rangniederen Jugendlichen versuchen erst gar nicht, in ein solches Revier einzudringen, selbst wenn sie körperlich überlegen sind. Platzen sie doch einmal ungebeten in eine Party der angesagten Highschool-Clique, so kann dies zu tätlichen Auseinandersetzungen führen.[37] Gewalt durch ungebetene Gäste gedeiht oft in der Anonymität, etwa wenn die Party sehr groß ist oder der Eindringling aus einem entlegenen Bereich des sozialen Netzes stammt (im oben zitierten Fall ein Freund des abwesenden Mitbewohners).

Das gleiche Muster ist bei einer Party für das Produktionsteam einer Reality-Show von MTV zu beobachten. Zwei für die Sicherheit bei den Filmaufnahmen zuständige Polizeibeamte hatten von der Party erfahren. Nach Dienstschluss tauchten sie um 21.30 Uhr mit einem Freund dort auf und hämmerten an die Tür, um eingelassen zu werden. Ein diensthabender Beamter forderte sie auf zu verschwinden. Daraufhin kam es zu einem heftigen Wortwechsel, und der Beamte wurde ins Gesicht geschlagen.[38]

Eine Ursache für Gewalt durch ungebetene Gäste liegt darin, dass die soziale Rangordnung nicht eindeutig institutionalisiert oder klar ersichtlich ist: Es herrscht eine Atmosphäre oberflächlicher Egalität, in der es keine Klassenunterschiede und keine anerkannte Hierarchie in Sachen Gruppenprestige gibt. Dadurch sehen sich zum Beispiel Jugendliche, die am Freitag- oder Samstagabend etwas erleben wollen,

37 Milner, *Freaks*, S. 72f.
38 *Philadelphia Inquirer*, 10. 5. 2004.

veranlasst, bei irgendeiner Party aufzutauchen, von der sie gehört haben, und gewalttätig zu werden, wenn man sie nicht einlässt. Das bloße Fehlen einer sozialen Rangordnung reicht hier als Erklärung nicht aus; es mangelt vielmehr an einer iterativen, institutionalisierten und normierten sozialen Rangordnung in Kombination mit der situativen Schichtenbildung bei der jeweiligen Party, dem Prestige, das mit dem Aufenthalt an einem Schauplatz kollektiver Wallung verbunden ist.

Eine Ursache für diese Art von Gewalt ist der Egalitarismus hinsichtlich der Umgangsformen und nach außen sichtbarer Erkennungszeichen wie dem Kleidungsstil, von dem die Jugendkultur seit dem späten 20. Jahrhundert geprägt wird. Zwar fehlen vergleichende Zahlen, aber meine Hypothese ist, dass es in früheren Generationen sehr viel weniger Ausgrenzungsgewalt gab, weil ungebetenes Eindringen (wenn überhaupt) eher in Form des respektvollen Versuchs erfolgte, sich unbemerkt einzuschleichen. Jede Entdeckung hätte Demütigung und widerstandslose Zurückweisung zur Folge gehabt, keinesfalls jedoch gewaltsamen Protest seitens der ungebetenen Gäste. Letztlich führen der Egalitarismus, das Gefühl: »Ich bin genauso viel wert wie jeder andere«, zum gerechten Zorn der Ausgegrenzten.[39]

Gewalt derer, die kein Ende akzeptieren wollen

Manchmal kommt es nicht deshalb zu Gewalt, weil jemand in eine Zechsituation hineindrängt, sondern weil jemand nicht möchte, dass sie aufhört:

> Ich war bei meinem Kumpel zu Hause, und wir sind nur so herumgehangen, und ich habe mit ihm und 'nem anderen Typen Whisky getrunken. Dann kam dieser andere Typ dazu, und wir haben angefangen, um Geld zu würfeln. Nach 'ner Stunde oder so habe ich langsam den Whisky gespürt und beschlossen, dass es Zeit ist zu gehen. Also habe ich gesagt, dass ich jetzt los muss, und habe meine Würfel genommen und eingesteckt. Da sprang X auf und fragte: »Was steckst du denn die Würfel ein?« Darauf ich: »Weil ich genug gewürfelt hab und mich jetzt trollen werde.« Er sagte: »Du kannst jetzt nicht einfach so abhauen, Du

---

39 Roger Gould, *Collision*, argumentiert, dass Gewalt nicht durch Ungleichheit verursacht wird, sondern durch horizontale Beziehungen und dadurch, dass Menschen benachbarte Positionen in einer widersprüchlichen oder instabilen Statushierarchie einnehmen.

musst mir erst noch 'ne Chance geben, was von meinem Geld zurückzugewinnen.« Ich habe nicht ganz verstanden, warum er mich so anging, weil ich gar nicht so viel gewonnen hatte. Ich sagte: »Hey, Mann, ich hab einfach keine Lust mehr zu würfeln und außerdem hab ich was vor.«

Da baute er sich ganz nah vor mir auf und sagte: »Du bleibst da, du Arschloch.« Ich sagte: »'nen Teufel werd ich. Ich sag dir doch, ich hab' keinen Bock mehr zum Spielen.« Er glotzte mich an wie ein Irrer und sagte: »Du mieses, kleines, dreckiges Arschloch.« Mir war klar, dass der Idiot sturzbetrunken war, und ich bekam es mit der Angst, weil ich wusste, dass er eine Pistole dabei hatte und sich nicht mehr darum scherte, was er tat. Angeblich hatte er schon mal einen Typen umgelegt.

Ich sagte: »Mann, lass mich doch verdammt noch mal in Ruhe.« Aber da drehte er erst recht durch. Er fing an, mit den Armen rumzufuchteln, und nannte mich »blödes Arschloch« und spuckte mir ins Gesicht. Darauf ich zu ihm: »Scheißpenner«, und dann fing er an, mich zu schubsen. Ich rechnete damit, dass er jetzt mit mir kurzen Prozess machen wollte, und als er in seine Jackentasche fasste, dachte ich, er würde seine Knarre rausholen. Da war mir klar, dass ich schnell sein musste, also zog ich meine Pistole und schoss den verdammten Irren über den Haufen, bevor er mich erschießen konnte.[40]

In einem anderen Fall freunden sich zwei Männer mit einem dritten in einer Bar an. Dieser lädt sie nach der Sperrstunde zu sich nach Hause ein, um dort weiterzuzechen. Sie kaufen mehrere Sechserpacks Bier und fahren mit dem Taxi zu ihm. Als das Bier zur Neige geht, will der Gastgeber, dass sie gehen. Die Gäste sind wütend – weil sie nicht wissen, wie sie nach Hause kommen, aber auch, weil die Feierstimmung so abrupt beendet wird. Sie geraten in Streit, der sich zu einem Handgemenge steigert. Einer der Gäste versetzt dem Gastgeber einen Faustschlag, zieht ihm eine Lampe über den Schädel, schlägt ihn zu Boden und tritt ihn ins Gesicht. Später wird er wegen schwerer Körperverletzung verhaftet.[41]

Doch Gewalt, weil man kein Ende akzeptieren will, kommt nicht nur unter hartgesottenen Vergnügungssüchtigen und anonymen Zufallsbekanntschaften vor, sondern auch unter Freunden. Hier fällt sie aber in der Regel weniger heftig aus:

In einem (von einem Studenten berichteten) Fall will eine Gruppe von Highschool-Schülern das Wochenende nach dem Abschlussball in einem Ferienort in den Bergen verbringen, wo sie sechs benach-

---

40 Athens, *Violent Criminal Acts*, S. 30f.

41 Ebenda, S. 37f.

barte Hütten mieten. Sie vertreiben sich die Zeit mit Musik, Videos und Tanzen oder im Whirlpool, die Stimmung ist entspannt und heiter. Am letzten Abend veranstaltet eine Gruppe Jungs in einem der Häuser eine Toga-Party, bei der der Alkohol in Strömen fließt und viel Krach geschlagen wird. Eine Mädchengruppe vier Hütten weiter verbarrikadiert Türen und Fenster, als sie mitbekommt, dass einige Radaubrüder von der Party zu ihnen herüberkommen. Das macht die Jungs wütend, und sie brüllen die Mädchen durch die Glastüren hindurch an, beschimpfen sie als »falsche Freunde« und »Verräter«. Eines der Mädchen ist noch draußen im Auto; die Jungen umzingeln es, hämmern mit den Fäusten an die Autoscheiben und schaukeln das Auto hin und her. Einer der Toga-Jungs schafft es, in die Hütte hineinzugelangen, wo er feierlich das Mobiliar zertrümmert, unter anderem zwei Keramikelefanten vom Kaminsims, die er auf den Boden wirft.

Als der Lärm immer lauter wird, tauchen zwei andere Jungen auf, um der Toga-Truppe die Stirn zu bieten und die Mädchen zu beschützen. Dies führt zu einer neuerlichen Eskalation. Fünf der Toga-Jungs, angeführt von einem 1,90 Meter großen, athletischen Typ, gehen auf die beiden – die viel schmächtiger sind – los, angefeuert von acht oder neun anderen Toga-Jungs. Die Schlägerei verlagert sich ins Haus und endet damit, dass Einrichtungsgegenstände zu Bruch gehen und die Mädchen in Tränen ausbrechen. Daraufhin zieht die Toga-Truppe lautstark weiter, um anderswo weiterzufeiern. Einige Stunden später, gegen vier Uhr morgens, tauchen sie wieder auf und werfen eine halbe Stunde lang Gegenstände gegen die Fenster. Allmählich verebbt die Party in einer Mischung aus Spaß und Wut.

Frustrierende Zechgelage und das Schüren kollektiver Wallung

Auch innerhalb von Zechsituationen kommt es gelegentlich zu Gewaltausbrüchen – nicht etwa, weil sich die Leute so gut amüsieren, sondern weil die Party hinter ihren Erwartungen zurückbleibt. Äußerlich sind alle Zutaten einer Feier vorhanden: eine Menschenmenge, der Reiz dicht gedrängter Körper, der Geräuschpegel lauter Hintergrundmusik oder lärmende Versuche, sich über das Stimmengewirr hinweg zu verständigen. Doch kaum jemand lacht oder hat Spaß; wer in einer Menschenmasse eingekeilt ist, kann gleichzeitig gelangweilt und aufgekratzt sein. Verärgerung über die drängelnde

Menge kann zu tätlichen Auseinandersetzungen führen, wodurch gleichzeitig Spannung abgebaut und für Action gesorgt wird.

Dazu ein Beispiel aus dem Bericht eines Studenten: Eine Studentenverbindung feiert eine eher durchschnittliche Party. Zahlreiche Jungs im ersten Semester stehen einsilbig herum und vertreiben sich die Zeit mit zügigem Trinken. Daher entsteht um das Bierfass ein Gedränge, weil alle die Gläser nachfüllen wollen. Als ein Verbindungsstudent dabei von der drängelnden Menge nach vorne geschubst wird, rempelt er einen hünenhaften Footballspieler an, der gerade sein Glas unter den Zapfhahn hält und jetzt sein Bier verschüttet. Der stößt den Verbindungsstudenten heftig von sich weg in die Menge hinein, woraufhin dieser wieder zurückspringt und die beiden über dem Fass miteinander zu raufen beginnen. Ein paar kräftige Verbindungsstudenten eilen ihrem Kumpel zu Hilfe und befördern den Footballathleten vor die Tür.

Der kommt Minuten später mit Verstärkung einiger Mannschaftskameraden zurück, was zu einer Pattsituation am Eingang führt. Eine Zeit lang werden Beleidigungen und Drohungen ausgetauscht, bis schließlich drinnen jemand ruft, dass man die Polizei verständigt habe, die in Kürze eintreffen werde (was sich später als Lüge herausstellte). Sobald die akute Gefahr gebannt war, schilderte jeder Verbindungsstudent, der auch nur im Entferntesten beteiligt gewesen war, lang und breit seine Heldentaten, wobei ordentlich geprahlt und übertrieben wurde. Die Schlägerei war in aller Munde. Sie lieferte das vorher fehlende Gesprächsthema, zog die allgemeine Aufmerksamkeit auf sich und ließ den Grad der kollektiven Wallung weit über das eher klägliche Anfangsniveau hinaus ansteigen.

Damit möchte ich nicht behaupten, dass die beiden Streithähne bewusst Schwung in die Party bringen wollten. Es war reiner Zufall, dass es zu der Schlägerei kam. Höchstwahrscheinlich waren sie nur Teil einer größeren Gruppe, die unter Anspannung stand. Dazu trugen sowohl wie auch immer geartete Erwartungen an den Partyverlauf als auch ein Gefühl der Frustration angesichts der relativ langweiligen Party sowie der physischen Enge in der Menge bei. Diese brisante Gemengelage kann Kampfeslust schüren – selbst wenn die üblichen Indikatoren für Anspannung und Angst noch präsent sind, der eigentliche Kampf kurz und inkompetent verläuft, die Pattsituation sich rasch auflöst, und es zu sehr viel mehr Drohgebärden als Gewalt kommt. Der wichtigste Aspekt ist die Konversation innerhalb der Menge nach dem Kampf, die immer wieder aufgeregt um dieses eine Thema kreist und den Kampf so als etwas Vergnügliches definiert – und zwar nicht explizit, sondern indem man ihn rückblickend mit einer emotionalen Aura verklärt.

Kämpfe entstehen oft aus solchen Situationen heraus, die sich nicht unbedingt angenehm entwickeln. Viele Studentenberichte beschreiben ausführlich öffentliche Veranstaltungen, bei denen sich große Menschenmengen auf den Straßen drängen. Bei einem Londoner Straßenkarneval beispielsweise stehen die Menschen so dicht an dicht, dass sie sich kaum rühren können. Obwohl sich alle auf dieses Ereignis gefreut hatten, bleibt ihnen in der aktuellen Situation nichts anderes übrig, als zu schubsen und geschubst zu werden. Zwischen zwei Männern, einem Schwarzen und einem Weißen, bricht eine Schlägerei aus. In der drangvollen Enge können sie nicht viel Schaden anrichten; die Polizei vermag nicht bis zu ihnen vorzudringen, und auch die Menge hat zu wenig Bewegungsfreiheit, um einzugreifen. Anders als bei den meisten Menschen in der Menge, die mit Freunden da sind, scheint es sich bei den beiden Männern um Einzelgänger zu handeln, die ohne kampfwillige Unterstützer oder beschwichtigende Freunde dastehen. Vermutlich wurde bei ihnen die Vorfreude auf den Karneval als ausgelassenes und fröhliches Ereignis besonders herb enttäuscht. Die von mir gesammelten Berichte enthalten mehrere ähnliche Beispiele dafür, dass ein Kampf niemanden glücklich macht.

Kämpfe dieser Art werden vom Publikum manchmal als Unterhaltung betrachtet und mit Beifall bedacht. In solchen Fällen mögen die Kämpfer zwar frustriert sein, die Menge jedoch profitiert davon, denn sie benutzt sie als Fokus kollektiven Handelns einer koordinierten Zuschauermenge; erst ihr Kampf ermöglicht es der Menge, sich von einzelnen miteinander verkeilten Grüppchen mit entgegengesetzten Interessen zu einer Art emotionalem Verbund zu formieren und so die allgemeine Stimmung zu heben.

In einem anderen (ebenfalls von einem Studenten berichteten) Fall wartet ein großes Publikum bei einem Straßenfest ungeduldig darauf, dass eine Musikband endlich zu spielen beginnt. Mit gelegentlichem rhythmischen Klatschen und Johlen verleiht es seinem Unmut Ausdruck. Dann werden die Leute abgelenkt, weil ein betrunkener Obdachloser inmitten der Menge uriniert. Als er sich schließlich auch noch in die frische Urinpfütze hineinsetzt, weichen die Umstehenden zurück und drängen gegen den Rest der Menschenmenge. Als die spürbar angespannte Menge sich auf den Obdachlosen konzentriert, kommt eine Flasche geflogen, dann folgt ein ganzer Hagel von Wurfgeschossen. Der Mann fängt an, sie zurückzuwerfen, woraufhin die Masse ihn beschimpft. Drei kräftige Männer stürmen zu ihm hin, treten ihn mit Füßen und stoßen ihn schließlich beiseite. Endlich beginnt die Musik zu spielen, die Menge verlagert ihre Aufmerksamkeit zur Bühne, und plötzlich sind alle fröhlich.

Es gibt keine automatische Rückkoppelungsschleife, der zufolge eine frustrierte Menge von Möchtegernzechern automatisch kollektiven Überschwang erzeugen kann, indem sie eine Auseinandersetzung beginnt. Es kann sein, dass die Aufmerksamkeit dadurch gebündelt und die Menge unterhalten wird. Manchmal wird die Menge aber auch nur noch ärgerlicher oder ängstlicher. In dieser Frage fehlen detaillierte Beobachtungen, welche Mechanismen den Ablauf der Dinge in die eine oder andere Richtung lenken. Dies wäre ein großer Schritt hin zu einer prozessorientierten Theorie der Gewalt, denn wie wir bereits in Kapitel 6 gesehen haben, hat das Verhalten der Menge einen starken Einfluss auf die Eindämmung beziehungsweise Eskalation von Gewalt.

Paradox: Wieso führt Trunkenheit meistens *nicht* zu Gewalt?

Zwischen Zechgelagen und Gewalt scheint es einen simplen, unmittelbaren Zusammenhang zu geben: Trunkenheit.[42] Es gibt zahllose Belege dafür, dass Alkoholrausch zu Gewalt führt.[43] Opferstudien in den USA zufolge ist mehr als ein Viertel der Opfer krimineller Gewalttaten überzeugt, dass die Täter unter Alkoholeinfluss gestanden haben; an Gewalttätern bei ihrer Inhaftierung vorgenommene Al-

---

42 Im wörtlichen Sinne bezeichnet der Begriff »carousing« (Zechgelage) »eine laute, lebhafte Feier mit Alkoholkonsum« (*Oxford Concise Dictionary*). Ich fasse den Begriff »Zechgelage« jedoch weiter, im Sinne emotionalen Überschwangs in der gesellschaftlich konstruierten Situation einer moralischen Auszeit. Der Archetypus einer wilden Party ist der Potlach nordamerikanischer Indianer. Doch Potlachs fanden (außer in der Spätphase ihrer Geschichte) ohne Alkohol statt (siehe die oben zitierten Quellen). Analog zum physischen gibt es auch einen emotionalen Rauschzustand. Und die emotionale Dynamik von Gruppensituationen, so der rote Faden meiner Argumentation, ist die entscheidende Determinante dafür, ob es zu Gewalt kommt.

43 Siehe z.B. Parker/Auerhahn, »Alcohol«.

koholtests bestätigen diese Zahl. Im Falle von Tötungsdelikten lässt sich Alkohol sowohl bei den Tätern als auch bei den Opfern toxikologisch nachweisen, was darauf schließen lässt, dass häufig beide Seiten durch Alkohol enthemmt sind. Dennoch stoßen wir hier auf ein Paradox: Wie wir noch sehen werden, führt Alkoholkonsum in den allermeisten Fällen *nicht* zu Gewalt. Um zu erklären, warum es manchmal dazu kommt, müssen wir nach einem situativen Mechanismus suchen.

Was geschieht, wenn Betrunkene gewalttätig werden? Robert Nash Parker ist der Ansicht, dass bestimmte kontextuelle Umstände im Zusammenwirken mit Alkohol selektiv die Gewalthemmung außer Kraft setzen.[44] Ein heftiger Disput und Anfeuerung durch Schaulustige gehören beispielsweise dazu. Normalerweise entscheiden sich Menschen bewusst dagegen, einen Streit durch Gewaltanwendung beizulegen. Alkohol jedoch hebt diese Selbstbeschränkung auf.

In ethnographischen Untersuchungen über Zechgelage finden sich dazu unzählige Beispiele. Eine Studentin berichtet über die Feier einer Studentenverbindung an einer Südstaaten-Universität, bei der unablässiger Bierkonsum im Laufe des Abends zu zunehmend enthemmtem Verhalten führte. Beim Eintreffen der jungen Damen verhielten sich die Gastgeber noch höflich, hielten die Tür auf und fragten aufmerksam nach, ob sie ihnen noch etwas zu trinken oder zu essen bringen könnten. Mit fortschreitendem Alkoholkonsum wurden die Avancen der Verbindungsbrüder immer direkter. Hier ein typischer Satz: »Hallo, Schnecke, wie heißt du denn? Linda? Linda, Linda, lass mich rin da! Ich bin *Dave*. Amüsierst du dich gut? Hast du schon 'nen Schluck von unserem Bruderschaftsbier probiert? Schmeckt's dir? Willst du noch eins? Musst mir nur Bescheid sagen, wenn du noch eins willst!« Nach dem sechsten Bier drängte ein anfänglich eher schüchterner Student eine der Frauen gegen die Wand, zog ihr den Pullover hoch und begann, ihre Brüste zu begrapschen. Aber auch Frauen legten ihre Hemmungen ab. Eine Freundin der berichtenden Studentin, die zu Beginn noch die Rolle der Beschützerin übernom-

---

44 Parker, »Alcohol and Theories«; Parker/Rebhun, *Alcohol and Homicide*. Andere sozialpsychologische und kulturelle Mechanismen, die Alkohol und Gewalt verknüpfen, wurden dargelegt von MacAndrew/Edgerton, *Drunken Comportment*; Lithman, »Feeling Good«; Bogg/Ray, »Male Drinking«; Lang, »Drinking and Disinhibition«; Gantner/Taylor, »Human Physical Aggression«; Pihl/Peterson/Lau, »A Biosocial Model«; Taylor, »Alcohol and Human Physical Aggression«; Room, »Intoxication«; Room/Mäkelä, »Typologies«.

men hatte (»Hey, Linda, sag mir Bescheid, wenn irgendein Idiot anfängt, dich zu belästigen« – was allerdings auch eine Form verbalen Imponiergehabes gewesen sein könnte, nach dem Motto: Ich kenn mich aus), tanzte am Ende auf dem Tisch, schwenkte den Pullover über dem Knopf und schrie: »Hallo, schaut mal alle her zu mir!« Dann gingen der Tisch wie auch mehrere Lampen, die umgestoßen wurden, zu Bruch, was dem Ganzen den Hauch eines Potlachs verlieh.

Zu später Stunde kam es bei der Party zu einer Schlägerei. Zwei Männer, die sich vorher gar nicht beachtet hatten, gerieten sich offenbar rein zufällig in die Haare und warfen sich wütend Obszönitäten an den Kopf. »Wer ist hier ein Schlappschwanz? Du nennst mich 'nen Schlappschwanz? Ausgerechnet du? *Selber* Schlappschwanz!« Die Antwort war vom gleichen Niveau. »*Du* bist hier der Schlappschwanz, sonst keiner. *Beweis* mir doch das Gegenteil, wenn du dich traust, du kleines Arschgesicht.« Schaulustige umringten die beiden und warteten gespannt, was passieren würde. Die beiden Männer rangen sich gegenseitig zu Boden, und die Menge jubelte immer demjenigen zu, der gerade obenauf war. So ging der Kampf mehrere Minuten lang weiter, ohne dass es einen Sieger gab. Dann erlahmten die Kräfte der Kämpfer, bis sie schließlich reglos ineinander verkeilt auf dem Boden lagen und völlig erschöpft wirkten. Die Menge verlor das Interesse und zerstreute sich. »Schlappschwanz«, hörte man die beiden noch murmeln. Irgendwann wurden sie von ihren jeweiligen Freunden aufgelesen und nach Hause gebracht, um sich die blutigen Nasen, Schrammen und Kratzer verarzten zu lassen.

Die Vorfälle bei der Party folgen einem repetitiven Mikrorhythmus. Die Streithähne spiegeln und wiederholen sich selbst und einander in ihren Schimpftiraden. Bei der lauten Hintergrundmusik mit ihren betonten Beats im Rhythmus der Raptexte spielt das Skandieren der Ausrufe eine größere Rolle als der Wortsinn des Gesagten. Die Unterhaltungssequenz (»Linda, Linda, lass mich rin da!«) ist eher Beschwörungsformel als Aussage. All das ist äußerst charakteristisch für das Verhalten Betrunkener, das sich Schritt für Schritt auf die rudimentärsten Aspekte von Interaktionsritualen reduziert.

Auch wenn der Zusammenhang von Trunkenheit und Gewalt ganz offensichtlich zu sein scheint, so handelt es sich doch nur um einen Teilaspekt. Ein Großteil der Gewalt wird nicht durch Alkohol verursacht, und Alkoholeinfluss kann manchmal sogar Schlimmeres verhindern und effektiver Gewaltausübung entgegenwirken. Wie wir in

Kürze sehen werden, ergibt gerade für jene besondere Umstände, in denen Trunkenheit am häufigsten mit Gewalt im Zusammenhang steht, die Auswahl von Beispielen nach der abhängigen Variable ein sehr irreführendes Bild.

Das zeigt schon ein Blick auf die Bandbreite der unterschiedlichen Gewaltformen in diesem Buch. Militärische Gewalt steht nicht zwingend im Zusammenhang mit Trunkenheit. Manchmal betrinken sich Soldaten vor einer Schlacht, aber ihre Treffsicherheit wird dadurch keineswegs erhöht. Ruhige, nüchterne Soldaten sind insgesamt betrachtet die besseren Kämpfer als betrunkene. Polizeigewalt hat mit emotionalen Rauschzuständen zu tun, nicht mit Alkoholgenuss. Bei den meisten politisch oder ethnisch motivierten Demonstrationen, Krawallen und Massakern sind die Beteiligten inklusive der Rädelsführer nüchtern. Krawalle, bei denen die Menge in Feierstimmung ist, sind da eine Ausnahme, doch sind diese Menschenmengen grundsätzlich nicht sonderlich destruktiv oder gar mordlustig.[45] Die schlimmste Form der Massengewalt, die Vorwärtspanik, ist unabhängig von Alkoholeinfluss.

Alkoholkonsum spielt in zahlreichen Berichten über häusliche Gewalt eine Rolle; Zahlen aus Großbritannien zufolge liegt der Anteil bei 44 Prozent.[46] In diesen Berichten geht es vor allem um Misshandlung des Ehepartners unter Alkoholeinfluss. Bei Misshandlungen von Kindern, Alten und Behinderten scheint Alkohol dagegen kaum eine Rolle zu spielen. Dieses selektive Muster deutet eher auf eine Art Zechsituation mit sexueller Komponente hin. Besonders deutlich wird das in jenen Fällen (in Kapitel 4), in denen der Mann Misshand-

---

45 Es ist bislang nicht geklärt, inwiefern Plünderungen bei Krawallen mit Trunkenheit einhergehen. Sie entsprechenden Schilderungen in diesem Kapitel zeigen, dass die emotionale Stimmung der moralischen Auszeit ein eigener emotionaler Rauschzustand ist; Berichte über Trunkenheit stehen nicht im Vordergrund. Wenn sich eine Gelegenheit bietet, werden Spirituosengeschäfte geplündert, doch scheint es, dass ambitionierte Plünderer nur wenig Alkohol trinken, da er es ihnen erschwert, sich mit der Beute aus dem Staub zu machen. Bei den Krawallen nach dem Sieg des Footballteams der Ohio State University im Jahr 2002 war nach Polizeiangaben keiner der Festgenommenen (in der Regel diejenigen, die bei den Zerstörungen oder bei der Konfrontation mit der Polizei am aktivsten waren) betrunken (Vider, »Rethinking Crowd Violence«, S. 146). Dies stützt das Argument, dass diejenigen, die am effektivsten oder militantesten Gewalt anwenden, gleichzeitig die nüchternsten sind, auch wenn sie von einer johlenden und größtenteils betrunkenen Menge (von der sie nur einen Bruchteil darstellen) angefeuert werden.

46 Richardson, »Drinking, Crime and Disorder«.

lung als eine Art Vergnügen betrachtet, das zum privaten Alkoholkonsum dazugehört. Mitunter nimmt die Misshandlung des Ehepartners die Form eines frustrierten Zechgelages an. Andere Angriffe auf den Schwachen erfolgen in der Regel ohne Trunkenheit: Quälereien (in Anbetracht der institutionellen Rahmenbedingungen) fast immer, Straßenraub und Überfälle offenbar in den allermeisten Fällen – hier liegt der Fokus auf effizienter Gewaltausübung und emotionaler Kontrolle der Situation, also auf Eigenschaften, bei denen Alkoholeinfluss tendenziell kontraproduktiv wirkt. Manchmal kommt es unter Betrunkenen zu fair inszenierten Kämpfen; Duellforderungen mögen unter derartigen Umständen ausgesprochen worden sein, auch wenn das eigentliche Duell üblicherweise nüchtern ausgetragen wurde. Wegen der damit verbundenen Trickserejen und der meist sorgfältigen Vorausplanung wurden Vendetten offenbar überwiegend im nüchternen Zustand durchgeführt. Erfolgreiche Schützen sind vermutlich die Nüchternsten von allen; wenn Streitigkeiten unter Betrunkenen in Zechsituationen eskalieren, scheint es dagegen häufiger zu dem zu kommen, was ich oben als Bocksprung-Eskalation zum Kampf mit einseitigem Waffengebrauch bezeichnet habe.

Dies deckt sich mit der Statistik. Bei ungefähr drei Vierteln gewöhnlicher Straftaten besteht kein Zusammenhang mit Alkohol (also bei allen mit Ausnahme des oben zitierten Viertels). Eine Koppelung von Trunkenheit und Gewalt lässt sich nur unter ganz speziellen Rahmenbedingungen feststellen.

Damit kommen wir zum Problem der Stichprobe, die anhand der abhängigen Variablen ausgewählt wird. Man kann leicht zeigen, dass das Ausmaß des Alkoholkonsums das der Gewalt übersteigt. Ende der 1990er Jahre hatten 105 Millionen US-Amerikaner, die älter als zwölf Jahre waren, im Vormonat Alkohol konsumiert (das entspricht etwa 47 Prozent der Gesamtbevölkerung). 45 Millionen (20 Prozent der Bevölkerung) hatten Rauschtrinken praktiziert (also bei einer Gelegenheit mindestens fünf Gläser zu sich genommen), und zwölf Millionen (5,5 Prozent der Bevölkerung) waren starke Trinker (mit fünf oder mehr Gläsern an mindestens fünf verschiedenen Tagen des Vormonats).[47] Im Jahr 1999 wurden 15 500 Morde verzeichnet, von de-

47 »1999 National Household Survey of Drug Abuse«, hg. vom U.S. Dept. of Health and Human Services, www.ncadi.samhsa.gov/govstudy/bkd376 [31. 8. 2010].

nen etwa 4000 auf Alkoholkonsum zurückgeführt werden.[48] Im gleichen Jahr wurden 1474000 Opfer schwerer und 4620000 Opfer leichter Körperverletzung registriert.[49]

Wenn man hier nur die Rauschtrinker herausgreift und der Einfachheit halber einmal davon ausgeht, dass sie für alle Gewalttaten im Zusammenhang mit Alkohol verantwortlich sind, *so liegt die Wahrscheinlichkeit, dass sie innerhalb eines Jahres einen Menschen töten, bei ungefähr 1 zu 11000. Schwere Körperverletzung* kann für den Jahreszeitraum *3,3 Prozent der Rauschtrinker* zugeordnet werden, *leichte Körperverletzung* (also ein relativ harmloser Kampf) *10,3 Prozent* von ihnen.

Und wenn man davon ausgeht, dass sich diese Trinker im Laufe eines Jahres öfter als einmal einen Rausch antrinken, so sinkt die Wahrscheinlichkeit, dass ein Rausch gewaltsam endet, auf 1 zu 366 (0,3 Prozent) bei schwerer Körperverletzung und auf 1 zu 117 (0,9 Prozent) bei leichter Körperverletzung. Selbst wenn man davon ausgeht, dass alle Gewalttaten von starken Trinkern verübt werden (die sich mehrmals pro Monat einen Rausch antrinken), so verlaufen deren meiste Räusche harmlos. Die Wahrscheinlichkeit, dass der Rausch eines starken Trinkers mit einer schweren tätlichen Auseinandersetzung endet, liegt bei 1 zu 488 (0,2 Prozent); bei einem von 156 Besäufnissen kommt es zu kleineren Rangeleien (0,6 Prozent).[50] Selbst diese niedrigen Schätzungen sind noch unrealistisch hoch gegriffen, denn meine Berechnungen lassen Gewalttaten unberücksichtigt, für die Menschen im nüchternen Zustand verantwortlich sind.

Ein ähnliches Bild ergibt sich für England und Wales. Im Rahmen der britischen Gewaltstatistik wurden Gewaltopfer danach befragt,

---

48 Federal Bureau of Investigation, »Uniform Crime Reports 1999«, www.fbi.gov/ucr.ucr.htm [31. 8. 2010].

49 Bureau of Justice Statistics, »Criminal Victimization 1999«, http://bjs.ojp.usdoj.gov/content/pub/pdf/cv99.pdf [31. 8. 2010].

50 Da sie sich öfter betrinken, steigt auch die Wahrscheinlichkeit, in Kämpfe verwickelt zu werden. Es gibt ungefähr 25 Prozent mehr starke Trinker als gelegentliche Rauschtrinker, doch trinken sie mindestens fünfmal so oft. Der durchschnittliche amerikanische Rauschtrinker betrinkt sich ungefähr 12-mal pro Jahr, starke Trinker dagegen sind ungefähr 60-mal im Jahr stark betrunken, was insgesamt 720 Millionen Besäufnisse ergibt. Und obwohl das überraschend klingt, liegt die Wahrscheinlichkeit, dass starke Trinker in einen Kampf verwickelt werden, pro Besäufnis etwas niedriger als bei den gelegentlichen Rauschtrinkern.

ob die Angreifer betrunken waren. Man kam für das Jahr 1999 auf 285000 Opfer, die von alkoholisierten Tätern erheblich verletzt wurden (das entspricht schwerer Körperverletzung) und 855000 Opfer von Tätlichkeiten durch Betrunkene (also einfacher Körperverletzung). Zahlenmaterial zum Rauschtrinken gibt es nur für die Altersgruppe der 18- bis 24-Jährigen. In dieser Altersgruppe wird mit 48 Prozent der männlichen Jugendlichen, die nach eigenen Angaben wenigstens einmal pro Monat stark betrunken sind, am meisten getrunken. Da es in dieser Altersgruppe 2169000 männliche Jugendliche gab, kommt man auf insgesamt mindestens 12493000 Besäufnisse pro Jahr. Selbst wenn man einmal von der extremen Annahme ausgeht, dass alle Fälle von schwerer und leichter Körperverletzung auf das Konto der Rauschtrinker dieser Altersgruppe gehen, ist dennoch nur ein geringer Teil der tätlichen Auseinandersetzungen tatsächlich auf Trunkenheit zurückzuführen: *Lediglich 2,3 Prozent der Besäufnisse würden mit schwerer, 6,8 Prozent mit leichter Körperverletzung enden.* Damit liegen diese Prozentzahlen zwar höher als die Vergleichszahlen aus Amerika, doch wird der gemeinsame Nenner auf äußerst konservative Art ermittelt. Höchstwahrscheinlich gab es viel mehr Besäufnisse, da sich der Großteil der jungen Männer öfter als ein Mal pro Monat in dieser Form betrank, außerdem auch Männer unter 18 und über 24 Jahren Rauschtrinken praktizieren. Die Gesamtzahl der Besäufnisse dürfte daher um einiges höher liegen, der Prozentsatz von Trunkenheitsdelikten in Verbindung mit Gewalt entsprechend niedriger.[51]

Wer nach Gewalt unter Alkoholeinfluss sucht – seine Stichprobe also anhand der abhängigen Variable anlegt –, der wird sie auch finden. In den britischen Studien gaben 22 Prozent der jugendlichen männlichen Rauschtrinker an, im Laufe des Vorjahres an einer Schlägerei in der Öffentlichkeit beteiligt gewesen zu sein, im Gegensatz zu 6 Prozent der »Gewohnheitstrinker«, die viel seltener betrunken waren. (Dabei ist zu beachten, dass das Zahlenmaterial nicht besagt, dass sie immer in eine Schlägerei dieser Größenordnung verwickelt wurden, wenn sie betrunken waren, sondern dass dies im betreffenden Jahr wenigstens einmal der Fall war.) 56 Prozent der Rausch-

51 Berechnet nach »British Crime Survey 2000«, Tab. A, Richardson u.a., »Drinking, Crime and Disorder«, Budd, »Alcohol-related Assault«, alle einsehbar unter http://rds.homeoffice.gov.uk/rds/ und www.statistics.gov.uk [31. 8. 2010].

trinker sagten, dass es während oder im Gefolge des Alkoholkonsums zu einem heftigen Streit gekommen sei, 35 Prozent waren unter solchen Umständen in eine Schlägerei verwickelt worden (von den Gewohnheitstrinkern gerieten nur 30 Prozent in einen heftigen Streit und 12 Prozent in Schlägereien).[52] Man beachte: Selbst hier war nur eine Minderheit an Tätlichkeiten beteiligt. Wie bereits an anderer Stelle dargelegt, ist es viel einfacher, sich in eine verbale Auseinandersetzung einzumischen, als tatsächlich gewalttätig zu werden. Außerdem ist bemerkenswert, dass Frauen, die sich seltener als Männer einen schweren Rausch antrinken (31 Prozent der jungen Britinnen einmal im Monat) und statistisch seltener in Auseinandersetzungen verwickelt werden (2 Prozent von ihnen waren an einer Massenschlägerei und 11 Prozent an irgendeiner tätlichen Auseinandersetzung beteiligt), ebenso oft in hitzige Wortwechsel geraten wie Männer (41 Prozent). Der Schritt von einem heftigen Streit hin zur Schlägerei wird keineswegs automatisch vollzogen.

Wieso führen nur wenige Situationen, in denen Menschen betrunken sind, zu Gewalt? Dafür gibt es mindestens drei Gründe.

Erstens entwickeln sich manchmal kritische Situationen, die dann aber doch nicht in einem Kampf münden. Dies kommt, wie man Studentenberichten entnehmen kann, in verschiedenen Varianten vor. An einem Samstagabend nach Mitternacht trinken vor den Gebäuden einer Studentenverbindung ungefähr 20 junge Männer Bier. Zwei kräftig gebaute, muskulöse Männer treten aus einem der Wohnheime und stellen sich in etwa drei Meter Entfernung voneinander auf dem Bürgersteig auf. Dann kehren sie einander den Rücken zu und ziehen die T-Shirts aus. Die Menge beginnt aufgeregt zu murmeln. Es heißt, dass einer der beiden den anderen beschuldige, ihn angespuckt zu haben. Zu jedem der beiden gesellen sich ein oder zwei Freunde, die leise auf sie einreden. Der Augenzeuge konnte das Gesicht des einen sehen: Er beißt sich auf die Unterlippe und sagt kein Wort zu seinen Kumpels. Das Gesicht des anderen kann der Augenzeuge nicht gleich erkennen, erst als er um ihn herumgeht, sieht er ihn mit verschränkten Armen und gerunzelter Stirn dastehen. Die Menge kann die Schlägerei kaum erwarten; einige unterhalten sich aufgeregt über frühere Schlägereien, die sie erlebt haben, und fragen sich, ob diese hier genauso heftig werden würde. Doch nach drei oder vier Minuten zieht

52 Richardson u.a., »Drinking, Crime and Disorder«, Tab. 1 und 3.

einer der beiden Männer sein T-Shirt wieder an und geht zurück ins Haus, der andere folgt kurz darauf. Ein kurzes, enttäuschtes Murmeln in der Menge, dann gehen die meisten ebenfalls hinein.

Eine andere Variante des im Keim erstickten Kampfes belegt ein Fall aus einem unter koreanischen Einwanderern beliebten Nachtklub in Philadelphia. Zwei junge Männer fangen an, sich gegenseitig zu schubsen. Während ihre Freunde versuchen, sie zurückzuhalten, werfen sie sich wüste Drohungen und Beschimpfungen an den Kopf. Einer kann sich losreißen und versucht es mit einem Faustschlag, der jedoch ins Leere geht, dann wird er wieder festgehalten. Kurz darauf fühlt sich einer aus der Gruppe des Schlägers durch die harmlose Frage eines völlig Unbeteiligten angegriffen, wieder kommt es zu wechselseitigen Beleidigungen und einer Kampfansage, bis Freunde beider Seiten die Situation beenden. Genau dieses Muster findet sich auch bei Tanzveranstaltungen in irischen Kleinstädten (siehe Kapitel 6): Die Action beschränkt sich fast ausschließlich auf Drohgebärden und Rangeleien mit den eigenen Freunden, von denen die Streithähne zurückgehalten werden.[53]

Wie groß der Anteil an Streitigkeiten unter Alkoholeinfluss ist, die auf diese Weise im Sande verlaufen, ist schwer einzuschätzen. Er ist mit Sicherheit viel größer als die Anzahl tatsächlicher Schlägereien. Die Grenze ist fließend; es kann schon mal zu einem Faustschlag kommen, der jedoch oft ins Leere geht oder so wenig Schaden anrichtet, dass er eigentlich nicht zählt. Glaubt man Geschichten über Kneipenschlägereien (so wie sie mir in den 1970er Jahren erzählt wurden), so enden die meisten mit dem ersten und einzigen Fausthieb. Man kann davon ausgehen, dass viele dieser Beinahe-Schlägereien gar nicht erst in die Opferstatistiken einfließen. Viel wichtiger und bislang kaum gewürdigt sind die Bedingungen und Prozesse, die einen Kampf enden lassen, bevor er richtig begonnen hat.[54]

Zweitens lässt übermäßiger Alkoholgenuss einen langsam, schwerfällig und unbeholfen werden, und auch deshalb führt Trunkenheit nicht zu Gewalt.[55] Stark alkoholisierte Personen verlieren schnell

53 Fox, »Inherent Rules«.

54 In Kapitel 6 wurde gezeigt, dass das Verhalten der Menge großen Einfluss hat. Im oben zitierten Fall vor dem Studentenverbindungsheim freut sich die Zuschauermenge auf den Kampf, während die Freunde der Kontrahenten keinen begeisterten Eindruck machen.

55 Ein Mitglied der amerikanischen Taekwondo-Olympiamannschaft wurde von einem Reporter gefragt, ob er seine Kampfkünste schon jemals im Alltag ein-

das Gleichgewicht und stürzen. Das erklärt auch, warum es bei Schlägereien unter Betrunkenen erst zu Geschubse und dann zu Rangeleien kommt, bei denen beide Parteien zu Boden gehen. Wie bei einem Ringkampf (allerdings von Laien, die sich mit der richtigen Technik nicht auskennen) trägt dies zur Schadensbegrenzung bei, denn so kann nicht ungehindert zugeschlagen werden. Die Rangelei verschleiert außerdem die Tatsache, dass es den betrunkenen Kämpfern wahrscheinlich an Balance, Timing und Koordination mangelt. Meistens verlieren sie nach kürzester Zeit den Zuspruch des Publikums, denn der wenig spektakuläre Kampf gerät schon bald ins Stocken und wird langweilig. Das ist sozusagen der Idealtypus eines »fairen« Mann-gegen-Mann-Kampfes, der wenig Schaden anrichtet. Verändert sich die Kampfstruktur dahin gehend, dass eine Gruppe auf einen wehrlosen Einzelnen einprügelt, sind die Beteiligten im Allgemeinen eher in der Lage, sich auf den Beinen zu halten und Schläge und Fußtritte mit voller Wucht auszuführen, was schwerere Verletzungen verursacht. Es bleibt die Frage, ob dies das Ergebnis der zahlenmäßigen Überlegenheit ist, oder ob eine derartige Gruppe gewöhnlich nüchtern genug ist, um nicht zu Boden zu stürzen und übereinander zu stolpern.

Im Gegensatz dazu meiden die meisten professionellen Gewalttäter Alkohol und Drogen bei der Arbeit. Das gilt für Scharfschützen beim Militär,[56] Auftragskiller,[57] bewaffnete Räuber[58] und Einbrecher.[59] Ein

---

gesetzt habe. Er sagte, ja, das sei ein Mal vorgekommen. »Sie wissen ja, wie lästig manche Typen werden können ... im Suff und so. Da ist es schnell passiert.« Doch der Kampf war schnell vorbei. »Ich glaube, das ist der schlechteste Zeitpunkt, um unbedingt einen Streit zu suchen. Wenn sie betrunken sind, können sie ja kaum noch das Gleichgewicht halten. Es ist kein echter Kampf« (*San Diego Union-Tribune*, 28. 8. 2004). Auch für die Polizei sind Betrunkene von allen aggressiven Missetätern am leichtesten zu überwältigen. Gegen sie muss im Vergleich zu nüchternen Verdächtigen meist nur ein Minimum an Gewalt eingesetzt werden, sie wehren sich nicht so heftig gegen die Festnahme und beschränken sich in der Regel auf verbale Drohungen und passiven Widerstand (Alpert/Dunham, *Understanding*, S. 67, S. 81 und S. 164).

56 Pegler, *Out of Nowhere*, S. 216.

57 Fisher, *Joey the Hitman*.

58 Wilkinson, *Guns*, S. 202.

59 Bei Eigentumsdelikten trafen die Polizisten äußerst selten auf betrunkene Verdächtige (12 Prozent), am häufigsten dagegen bei Familienstreitigkeiten (48 Prozent) (Alpert/Dunham, *Understanding*, S. 73). Dies passt zu dem Muster, dass sich häusliche Gewalt, wie bereits festgestellt, meist gegen Schwächere richtet. Alkohol spielt in der Regel dann eine Rolle bei Gewalt, wenn sie

jugendlicher schwarzer Gangster beschreibt, wie er einen Erzfeind erledigte:

> Ich hab ihn in den Wochen danach immer wieder getroffen ... Ich hab ein paar von meinen Leuten mitgenommen, so drei Kumpels vielleicht. Und wir also auf der Party und so ... Ich hab keinen Tropfen getrunken an dem Abend. Alle haben gesoffen bis zum Abwinken. Er hat fröhlich getrunken und alles. Und bis der was gecheckt hat – ich hatte eine Kapuze. Er konnte mich gar nicht erkennen ... Ich hab die Kapuze aufgesetzt, Handschuhe angezogen und so. Dann war ich mit meinen drei Jungs plötzlich hinter ihm. Zwei haben ihm die Arme festgehalten. Ich bin voll in ihn reingerannt und hab ihn mein Messer spüren lassen. Ihm richtig den Hals aufgeschlitzt. Keine Ahnung, ob er's überlebt hat. Er war besoffen. Hat wohl gedacht, alles vorbei und vergessen. Hat einfach nicht gecheckt, dass im Schlaf der Todesstoß wartet.[60]

Auch bei minderschweren Gewaltereignissen in Zechzonen kann es gut sein, dass sich gerade die vergleichsweise Nüchternen erfolgreich schlagen. Differiert der Alkoholpegel der Kontrahenten, ist der weniger Betrunkene klar im Vorteil.[61] Das ist eine ziemlich raffinierte Taktik, wenn auch nicht sehr verbreitet. Innerhalb der Punkszene gibt es die Subkultur der »straight edger«. Es handelt sich um junge Männer, die Alkohol und Drogen radikal ablehnen. Von Punkmusik und Moshen einmal abgesehen, besteht ihr liebster Nervenkitzel darin, sich mit anderen aus der Jugendszene zu prügeln, die betrunken oder auf Drogen sind. Dahinter stehen der Gedanke, den eigenen Körper rein

---

leicht, nicht wenn sie schwierig anzuwenden ist. Die im *British Crime Survey* befragten Opfer glaubten in 17 Prozent der Fälle, dass Straßenräuber betrunken waren (Budd, »Alcohol-related Assault«, Tab. 1.1).

60 Wilkinson, *Guns*, S. 213. Die ganze Episode zeigt, wie schwierig es ist, erfolgreich Gewalt auszuüben. In einer früheren Auseinandersetzung trug der Protagonist zwar eine Waffe, hatte aber vorher Marihuana geraucht und verfehlte daher seinen Gegner. Anschließend kam es zu einer Schlägerei, zu einer Messerattacke (der Protagonist war dabei jedes Mal der Angreifer) und schließlich zu einem Schusswechsel, in dem beide nicht trafen (ebenda, S. 212f.). Er hat erst dann Erfolg, als alle denkbaren Vorteile auf seiner Seite sind: Er sorgt für zahlenmäßige Überlegenheit, verkleidet sich, schleicht sich von hinten an seinen Gegner an und ist im Gegensatz zu ihm nüchtern.

61 So gesehen könnte das, was Anthropologen (wie z.B. Marshall, »Four Hundred Rabbits«) als »Scheintrunkenheit« bezeichnen – man gibt nur vor, betrunken zu sein –, die ideale Taktik sein, wenn man in einem Kampf gut abschneiden will. Doch wie es scheint, kommt es meistens nicht zu Gewalt, sondern nur zu Beleidigungen und Beschimpfungen. Außerdem nutzen die Scheinbetrunkenen in diesen Studien eher Leute aus, die weniger getrunken haben als sie, nicht mehr.

zu halten, sowie die Erkenntnis, dass man nüchtern ein besserer Kämpfer ist.[62]

Doch Betrunkene prügeln sich vor allem mit anderen, die ebenso betrunken sind. Am ehesten gehen Betrunkene gewaltsam gegen Personen vor, die so sind wie sie – nach britischen Erhebungen sind Opfer wie Täter junge, ledige Männer, die regelmäßig in Kneipen und Bars Alkohol konsumieren.[63] Die alkoholbedingte Unbeholfenheit verhindert allerdings vermutlich in den meisten Fällen, dass Kämpfe oder auch harmlosere Raufereien richtig in Gang kommen.

Alkohol trägt wenig dazu bei, die normale Konfrontationsanspannung und -angst zu überwinden. Betrunkene können zwar in der Zechatmosphäre durch den Alkohol enthemmt oder aggressiv genug werden, um Streit anzufangen. Doch ein Großteil der Betrunkenen bricht den Kampf an diesem Punkt bereits wieder ab. Belege auf der Mikroebene wie die oben genannten lassen ein hohes Maß an Angst und den Unwillen erkennen, weiter zu gehen; Konfrontationsanspannung und -angst bestehen auch in der Trunkenheitsphase weiter. Kommt es doch zum Ausbruch von Gewalt, üblicherweise mit emotionaler Unterstützung durch das Publikum, sind offenbar auch Anspannung und Angst überwunden. Allerdings dürfte die Alkoholmenge, die nötig ist, um diesen Punkt zu erreichen, wiederum eine ausgleichende Wirkung haben, indem sie die Kämpfer weniger kompetent agieren lässt und damit dem Kampf auf andere Weise Grenzen

---

62 Nach Aussage einiger meiner Informanten beschränken »straight edger« sich bei ihren Kämpfen auf die Punkszene. Sie grenzen sich mit einem X auf dem Handrücken und (zumindest zu bestimmten Zeiten im Laufe der vergangenen dreißig Jahre seit Entstehung der Punkkultur) durch schwarze Kleidung von dem ab, was man als »Mainstream«-Punkstil mit seinen Ketten, Irokesenfrisuren und buntgefärbten Haaren bezeichnen könnte. Andere Befragte sagen, dass »straight edger« auch mit »Jocks« (Sportlertypen) und Skinheads kämpfen. Vor allem mit Letzteren sind sie verfeindet, da diese gerne bei Punkkonzerten auftauchen, aber eine radikal andere politische Ideologie vertreten (rechts statt links). Wieder andere behaupten, dass »straight edger« gar nicht kämpfen, sondern nur bei Moshpits mitmachen (darauf werde ich noch eingehen), die sie als angemenssene Form betrachten, ihrem Zorn über das allgemeine Gesellschaftssystem Luft zu machen. Zu meinen Quellen in puncto »straight-edger«-Szene gehören eine Punkmusikerin, ein ehemaliger »straight edger« aus den frühen 1980er Jahren sowie ein halbes Dutzend Jugendliche im Studentenalter. »Straight edger« werden außerdem in einschlägigen Zeitschriften der Punkszene beschrieben. Zur Verortung von »straight edgern« im Highschool-Statussystem siehe Milner, *Freaks*, S. 42 und S. 248.

63 Budd, »Alcohol-related Assault«.

setzt. In diesem Fall werden Anspannung und Angst zwar durch Alkohol reduziert, doch das Resultat ist letztlich das Gleiche, denn sowohl Anspannung und Angst als auch starker Alkoholkonsum machen die Kämpfer inkompetent. Damit haben wir eine Parallele zu gewalttätigen Auseinandersetzungen, die im Zeichen von Konfrontationsanspannung und -angst im Bereich von Militär und Polizei oder zwischen Gruppen stattfinden. Kämpfe unter Alkoholeinfluss, die über bloße Rangeleien hinausgehen, sind verbunden mit ostentativem Ausholen und Zuschlagen (vergleichbar mit wildem, unkontrolliertem Schusswaffengebrauch), und ein Großteil des angerichteten Schadens entsteht vermutlich ähnlich wie im Falle des *friendly fire* durch versehentliches Eindreschen auf eigene Anhänger oder Umstehende.

Die Ein-Kampf-pro-Schauplatz-Grenze

Der dritte Grund, weshalb nur wenige Trunkenheitsepisoden gewalttätig verlaufen, ist vielleicht der wichtigste. Dabei handelt es sich um ein Situationsmuster, dessen Funktionsweise durch die Aufmerksamkeitsstruktur und die emotionale Aufgeladenheit der Gruppe und nicht per se durch persönliche Motive gesteuert wird. Das Muster lautet: Nur ein Kampf pro Zusammenkunft. Laut meiner Sammlung von Kampfbeschreibungen kommt es typischerweise pro Party nur zu einem Kampf.[64] Das bündelt für eine Weile die Aufmerksamkeit, baut Spannung und manchmal auch Euphorie innerhalb der Gruppe auf. Sobald die Gruppe das Interesse verliert und ihre Aufmerksamkeit etwas anderem zuwendet, ist der Bann gebrochen. Im dynamischen Emotionsgefüge einer Menschenansammlung genügt oft eine Kampfepisode (Beinahe-Kämpfe eingeschlossen), um dem Abend eine dramatische Struktur zu verleihen; sobald das Drama den Wendepunkt erreicht hat, entspannt sich die Situation. Dies scheint auch

64 Von insgesamt 89 Fällen waren 78 isolierte Einzelereignisse (sowohl echte Kämpfe als auch Beinahe-Kämpfe). In sechs Fällen, in denen die Ereignisse zusammenhingen, waren alle oder fast alle Akteure des ersten Vorfalls auch am zweiten beteiligt (darunter vier Beinahe-Kämpfe). In fünf Fällen gab es zwei oder mehr separate Kämpfe in der gleichen Menschenansammlung (ein Anteil von 6 Prozent). 38 Vorfälle ereigneten sich in Zech- oder Vergnügungszonen; 30 davon waren Einzelvorkommnisse, vier hingen miteinander zusammen und bei weiteren vier gab es separate Kämpfe (ein Anteil von 11 Prozent).

auf Kämpfe zuzutreffen, die enden, bevor sie begonnen haben, und ebenso auf die »Lasst-mich-los«-Variante, bei der die Unterstützer die Lage buchstäblich im Griff haben. Von der Dramaturgie her gesehen wirkt eine kleine Dosis Gewalt Wunder; und die Emotionen einer Menge lassen sich dadurch, dass ein simpler Plot seinen Abschluss findet, leicht beeinflussen.

Doch wieso sollte ein vorangegangener Kampf andere, ebenso betrunkene, enthemmte und gewaltbereite Anwesende von einem weiteren Kampf abhalten? Meine These dazu lautet: Hat ein Kampf erst einmal seinen dramatischen Verlauf genommen, haben andere Anwesende kaum noch die Energie für weitere Kämpfe. Die Unterhaltung mag sich noch eine ganze Zeit lang um den Kampf drehen, der gerade stattgefunden hat (oder auch nicht), aber das ist ein ganz anderer Aufmerksamkeitsfokus. Die Beteiligten sind nicht selbst Akteure, sondern in der passiven Rolle des Publikums oder, sobald sie von sich behaupten können, in irgendeiner Weise an dem Kampf beteiligt gewesen zu sein, in der Rolle von selbstgefälligen Angebern. Ein Kampf scheint gewissermaßen seine ganz eigene Statussphäre zu erzeugen, ähnlich dem Mana, der spirituellen Energie des Stammeshäuptlings oder des Medizinmannes. Allein die Tatsache, dass sich jemand auch nur in der Nähe des Kampfes befunden hat, macht aus ihm einen aufgeregten Unterhalter, der mit seinem Insiderwissen angibt und ausmalt, wie nahe am Geschehen er sich befunden hat. Von den Streithähnen scheint eine ansteckende, magische Kraft auf die Augenzeugen überzugehen, die sich im Weiteren über eine ganze Reihe von Zuhörern und Klatschmäulern verbreitet, und alle haben sie teil an der Energie aus dem Zentrum der Aufmerksamkeit. Ein einziges derartiges Magnetresonanzzentrum genügt, um eine Party als dramatische Einheit zu definieren; und hat es sich erst einmal gebildet, richtet es in der Regel das emotionale Magnetfeld so aus, dass sich ein derartiges Ereignis nicht wiederholen kann, bevor das erste nicht vollständig abgebaut ist.

Soweit der Idealtypus. Nun gilt es, die Varianten und Ausnahmen zu betrachten. In meiner Sammlung gibt es Fälle, in denen ein Kampf unmittelbar an den nächsten anknüpft. So führt eine Rangelei am Bierfass einer Studentenverbindung zum Rauswurf des einen Kontrahenten, der später mit Verstärkung zurückkommt. Derartige Sekundärkämpfe können zustande kommen oder auch nicht. Meine Sammlung enthält etliche Beispiele dafür, dass Kämpfe gar nicht erst in Gang kommen oder im Sand verlaufen. So oder so werden sie vom

Publikum als Teil einer einzigen Episode, einer zusammenhängenden Geschichte verstanden. Man findet bei ein und derselben Party keine zwei derartige Episoden, die sich gleichzeitig im Aufmerksamkeitsraum behaupten können. In anderen Fällen kann ein Handgemenge durchaus ein Nachbeben auslösen oder weitere Kreise ziehen: Im amerikanisch-koreanischen Nachtklub wird ein Kampf gerade noch abgewendet, und kurz darauf sucht einer der sekundär Beteiligten Streit mit einem Dritten, der dem Epizentrum des ersten Beinahe-Kampfes zu nahe kommt. Das Zentrum der Aufmerksamkeit bleibt gleich – beide Episoden liegen zeitlich nah beieinander, und es gibt Überschneidungen zwischen den Akteuren. Darüber hinaus verlaufen beide Teile der Episode weitgehend gleich, ähneln sich beide Szenen des Stücks darin, dass sie abgebrochen werden, anstatt sich voll zu entfalten. Man kann die Hypothese aufstellen, dass Beinahe-Kämpfe eine besondere Tendenz zu dieser Art von Nachspiel haben, denn nach dem ersten Ereignis liegt noch eine gewisse Spannung in der Luft. Allerdings hat die zweite Episode dann einen eher faden Beigeschmack, was den Energieabfall beschleunigt, so dass in der Regel auch der zweite Kampf im Sande verläuft.

In einem anderen ethnographischen Studentenbericht wird geschildert, wie eine Schlägerei in einer Bar ausbricht. Ein Zuschauer, der zu schlichten versucht, wird vom Türsteher für einen der Streithähne gehalten und samt seinen Freunden hinausgeworfen. Später kehrt die Gruppe zur Bar zurück und liefert sich eine Schlägerei mit den Türstehern und dem Küchenpersonal. Hier ist der zweite Kampf unmittelbar mit dem ersten verknüpft. Der Aufmerksamkeitsfluss ist ein und derselbe, und durch beide Episoden zieht sich das Thema Kränkung.

All dies hängt von der zufälligen Anzahl der versammelten Personen ab. Von Schauplätzen mit großen Menschenmengen (in meiner ethnographischen Fallsammlung die Mardi-Gras-Feierlichkeiten in Philadelphia, Siegesfeiern nach Sportereignissen, Straßenfestivals) werden manchmal zwei oder mehr Kämpfe mit unterschiedlicher Besetzung berichtet. Alle fünf derartigen Fälle, die mir bekannt sind, ereigneten sich in großen Menschenmengen.[65] Als Faustregel kann

65 Diese umfassen erstens zwei einzelne Kämpfe, beschrieben vom gleichen Augenzeugen in der Mardi-Gras-Menge, mit anschließenden Krawallen; zweitens mehrere Kämpfe und Krawalle in einem anderen Jahr, berichtet von einem anderen Mardi-Gras-Teilnehmer; drittens zwei separate Vorfälle von

man davon ausgehen, dass die emotionale Aufmerksamkeit einer Menschenmenge einen Kampf pro tausend Personen vertragen kann. Eine Punkrockmusikerin, die im Laufe von drei Jahren in mehr als 300 Konzerten aufgetreten ist und selbst viele derartige Veranstaltungen besucht hat, bestätigt, dass sich die Obergrenze von einem Kampf pro Veranstaltung mit ihrer Erfahrung deckt, allerdings mit folgender Ausnahme: sehr großen Menschenmengen (in der Größenordnung von 1000 Teilnehmern aufwärts), in denen gar nicht jeder alles mitbekommen kann und sich jeder Kampf seine eigene »Bühne« schafft. »Schauplatz« ist also der Sammelbegriff für einen Aufmerksamkeitsraum, der durch die äußeren Rahmenbedingungen oder das Sichtfeld der Menge definiert ist.

Privatpartys, bei denen es zu Schlägereien kommt, sind mit einer Höchstgrenze von fünfzig bis zweihundert Personen, die sich am gleichen Ort drängen (der, sagen wir, 40 bis 100 Quadratmeter umfasst), mittelgroß dimensioniert. In solchen Situationen scheint eine Schlägerei pro Abend mehr als genug zu sein, um Gesprächsstoff für alle zu liefern. Aber auf einer Party gibt es in der Regel eine ganze Reihe von Leuten, die einander nicht kennen (das heißt, miteinander bekannt sind Gruppen von höchstens 10 bis 30 Personen). Das Partypublikum bildet also keine geschlossene Gemeinschaft, innerhalb deren Klatsch und Tratsch die Runde machen kann, und die Solidarität während einer Phase aufgeregter Kampfbeobachtung ist nur von kurzer Dauer. Das Gemeinschaftserlebnis der Beobachtung eines Kampfes, der sich inmitten der Gruppe abspielt, kann das Zusammengehörigkeitsgefühl der Anwesenden stärken, weil dann ein aufregendes, gemeinsames Thema die Unterhaltung beherrscht. Dies sind nur einige Mechanismen, die dafür sorgen, dass das Limit von einem Kampf pro Party selbst bei einer beträchtlichen Gästefluktuation nicht überschritten wird. Dies gilt es allerdings mit aussagekräftigerem Datenmaterial noch zu überprüfen. Es könnte sein, dass eine hohe Fluktuation unter

---

länger andauernder Schikane nach einem NBA-Spitzenspiel, die sich in getrennten Fanbussen ereigneten; viertens ein einzelner Kampf am Rande eines Moshpits, neben dem sich zwei Skinheadgruppen auf dem Tanzparkett – unabhängig vom Moshpit – eine Schlacht lieferten (das Moshen selbst werte ich nicht als Kampf). Der fünfte Vorfall ereignete sich nicht in einer Vergnügungssituation, sondern im Rahmen einer großen politischen Demonstration mit 2300 Teilnehmern und 700 Polizisten; die Gewalt verlief typisch für Massengewalt, indem beide Seiten sich in unterschiedlich große Gruppen aufspalteten, wobei die Gruppen isolierte Gegner verprügelten.

den Gästen auch zwei Kämpfe am gleichen Abend zulässt, obwohl mir keine Fallbeispiele dazu vorliegen (das heißt, für zwei separate Kämpfe auf der gleichen Party, nicht zusammenhängende Episoden, wie gerade diskutiert). Kämpfe in Nachtklubs und an anderen Vergnügungsorten scheinen einer ganz ähnlichen Verteilung zu unterliegen.[66]

Das Ein-Kampf-pro-Schauplatz-Prinzip trifft auch auf Kämpfe außerhalb von Zechsituationen zu. So scheinen etliche Auseinandersetzungen zwischen schwarzen Oberstufenschülerinnen ebenfalls nach diesem Muster zu verlaufen.[67] Ein Kampf pro Schule scheint das tägliche Maximum zu sein (egal, ob zwischen zwei Mädchen oder zwei Gruppen). Es handelt sich um relativ geschlossene Gemeinschaften, in denen sich die Neuigkeit vom Kampf schnell herumspricht. Dieses Nachrichtennetzwerk und die Aktivitäten des Publikums während des Zusammentreffens und danach bewirken, dass der Aufmerksamkeitsraum mit jeweils nur einem Kampf gefüllt wird, das heißt, mit einer einzigen dramatischen Episode. Es wäre lohnenswert zu untersuchen, ob Kämpfe unter solchen Rahmenbedingungen auch eine längere Aufmerksamkeitsspanne von mehreren Tagen oder Wochen beanspruchen können. Vor allem dann, wenn sie mit gegenseitigen Schuldzuweisungen, Drohungen und Vergeltungsmaßnahmen verbunden sind, mag eine zusammenhängende Reihe von Kämpfen oder auch nur eine Reihe dramatischer Ereignisse im Umfeld eines Kampfes womöglich weitere Kämpfe nach sich ziehen.

Wenn wir mehr ins Detail gehen, wird deutlich, wie dies vor sich gehen kann. Zum Auslöser einer Schlägerei zwischen schwarzen und Latino-Schülern, an der sich an einer Highschool in Los Angeles 100 der 2400 Schüler beteiligen, wird die Prügelei zwischen zwei schwarzen Schülerinnen in der Kantine, in die sich eine Gruppe Latinos einmischt und die beiden beschimpft.[68] Der Kampf innerhalb einer ethnischen Gruppe endet und wird von einem übergeordneten Kampf unterschiedlicher ethnischer Gruppen abgelöst. Hier lässt sich auch

66 Einige derartige Fälle sind in kalifornischen Gerichtsakten dokumentiert, bei denen es um Schmerzensgeldforderungen an eine Bar infolge von Schlägereien geht; dabei war es in ein und derselben Bar zu mehreren Schlägereien gekommen. In einem Fall fanden nach der Sperrstunde vor der Bar mehrere Massenschlägereien statt (eine Variante der Endresistenz-Gewalt).

67 Nikki Jones, persönlicher Austausch, November 2003; siehe auch Jones, »›It's Not Where You Live‹«.

68 *Los Angeles Times*, 15. 4. 2005.

beobachten, was passiert, wenn ein vor Publikum inszenierter und begrenzter Kampf – zwei schwarze Mädchen, die ihr ganz persönliches Drama vor der eigenen Gemeinschaft aufführen – von Außenstehenden gestört wird. Die schwarze Highschool-Gemeinschaft – oder zumindest deren gewaltbereite Fraktion – wird als Ganzes brüskiert und beleidigt, weil ihre ureigensten rituellen Grenzen missachtet wurden. Vermutlich hat die Latino-Clique, die als erste eingegriffen hat – und zu der 80-prozentigen Schülermehrheit dieser Schule gehört –, die beiden schwarzen Kämpferinnen anfangs halb aus Spaß, halb aus Verachtung verspottet, um so den eigenen Aufmerksamkeitsraum mit Beschlag zu belegen.[69] Im Grunde begann alles als Streit darüber, wer im Aufmerksamkeitsraum, den die Kantine darstellt, in dramatischer Hinsicht die Oberhand hat.

In einem ethnographischen Schülerbericht wird der umgekehrte Fall beschrieben, bei dem eine Partei einer größeren Konfrontation zwischen zwei Gruppen dadurch zuvorkommen kann, dass ein interner Kampf ausbricht. Eine Teenagerparty dümpelt spät am Abend ihrem Ende entgegen. Eine Gruppe älterer Schüler versucht, die Party zu stören, wird jedoch im Vorgarten von einer Handvoll jüngerer Schüler aufgehalten, wobei die Mädchen ängstlich im Hintergrund bleiben. Die Verteidigergruppe steckt die Köpfe zusammen und beschließt, ein Taschenmesser zum Einsatz zu bringen, das einer von ihnen bei sich trägt; doch der will es nicht herausrücken. Der stärkste Junge der Gruppe streitet wütend mit ihm und würgt ihn schließlich bis zur vorübergehenden Bewusstlosigkeit. Beide Widersachergruppen zerstreuen sich daraufhin, die Älteren ziehen von dannen, die Jüngeren gehen ohne das Taschenmesser nach hinten in den Garten. Der Minikampf unter der Verteidigergruppe beanspruchte den gesamten Aufmerksamkeitsraum und konnte so die Gesamtsituation entschärfen.

Zusammenfassend behaupte ich, dass bei Kämpfen in Zechsituationen, möglicherweise in Gewaltsituationen allgemein, ein Gesetz der kleinen Zahlen herrscht. Es gleicht dem Gesetz der kleinen Zahlen im intellektuell bestimmten Aufmerksamkeitsraum, das die Anzahl

69 So gesehen, unterscheiden sie sich nicht wesentlich von den Gruppen beliebter Schüler, die normalerweise – auch in Highschools mit Schülern aus der weißen Mittelschicht – das Kantinengeschehen beherrschen, Außenseiter verlachen oder sich zum Spaß mit Essen oder anderen Dingen bewerfen; siehe Milner, *Freaks*, sowie die Ausführungen in Kapitel 5. Der Unterschied besteht lediglich im Grad der Eskalation.

beachtenswerter Positionen auf drei bis sechs begrenzt (das heißt, in so viele anerkannte Positionen oder Fraktionen spalten sich die wichtigsten Netzwerke, wenn es um umstrittene Themen geht).[70] Eine allgemeine Theorie der Aufmerksamkeitsräume steckt noch in den Kinderschuhen. Wenn man durch intellektuelle Fragen definierte Aufmerksamkeitsräume mit denen von Kämpfen in Zechzonen vergleicht, so wird deutlich, dass ein jeweils anderes Gesetz der kleinen Zahlen am Werk ist: Es gibt drei bis sechs Fraktionen unter Intellektuellen eines beliebigen Fachgebietes, aber nur einen Kampf (also zwei Fraktionen) pro Kampfzone. Ich werde dieser Analogie in Kapitel 11 noch ausführlicher nachgehen. Der Punkt, auf den es mir hier ankommt, ist, dass die Struktur eines Feldes die emotionale Energie begrenzt, die Einzelne darin entwickeln können. Der Kampf selbst profitiert (wenn man so sagen darf) von der begrenzten, aber konzentrierten Aufmerksamkeit der Zuschauer; und diese Konzentration führt dazu, dass die Energie für andere Kämpfe fehlt.

All das geschieht unabhängig davon, wie betrunken die Anwesenden sind. Wenn Alkoholkonsum das Gewaltrisiko erhöhen würde, könnte man theoretisch erwarten, dass das Zusammentreffen einer großen Anzahl Betrunkener an einem Ort auch zu vielen tätlichen Auseinandersetzungen führen müsste, gleichzeitig oder nacheinander. Doch solche Massenschlägereien, in denen, bildlich gesprochen, »jeder gegen jeden« kämpft, kommen (wie bereits in Kapitel 1 festgestellt) in der Realität praktisch nie vor. Im Folgeband werde ich später noch ausführen, dass die Ein-Kampf-Regel auf die meisten Gewaltabstufungen bis hin zum Krieg zutrifft und ihr Entstehen einschränkt. Auch starker Alkoholkonsum ändert nichts am Gesetz der kleinen Zahlen. Da Betrunkene besonders empfänglich für emotionale Stimmungen sind, steht vielmehr zu erwarten, dass das Gesetz auf sie in besonderem Maße zutrifft.[71]

---

70 Collins, *Sociology*.

71 In Kapitel 1 habe ich darauf hingewiesen, dass es gelegentlich Ausnahmen von der Ein-Kampf-Regel geben kann, zum Beispiel wenn Gruppen sich spielerische Wasser-, Schneeball- oder Essensschlachten liefern. Daran nimmt aber nur so lange eine größere Anzahl von Leuten teil, wie sie fröhlich und zum Spaß veranstaltet werden. Im folgenden Abschnitt gehe ich auf Moshpits ein. Auch wenn es sich bei alldem auf den ersten Blick um Ausnahmen handelt, gilt auch hier die Regel: Bei Kämpfen, in denen echte Gewalt droht, entwickelt sich im Publikum wie bei den Beteiligten eine starke Polarisierung, so dass eine schlichte, bipolare Struktur entsteht.

Hier liegt auch der Schlüssel zur Erklärung des Paradoxons, dass Alkohol nur selten zu Gewalt führt. Dies trifft sogar genau an den Orten zu, an denen der Kult des antinomischen Vergnügens in Form von Gewalt am ausgeprägtesten ist. Selbst gemeinsames Vorgehen, um Schauplätze von Zechgelagen in potenzielle Gewaltarenen umzufunktionieren – durch körpersprachliche Signale, übertriebene Gereiztheit wegen angeblich mangelnden Respekts, exzessiven Alkoholgenuss, eine von Gewaltschilderungen geprägte Erzählkultur –, hat nicht zur Folge, dass es auch nur annähernd so oft zu Kämpfen käme, wie es die kulturelle Fassade erwarten ließe. Die Zechkultur, bis hin zu ihrer Vollrauschvariante, dreht sich sehr viel stärker darum, eine aufregende Atmosphäre zu inszenieren als nackte Gewalt. Kommt es dennoch dazu, so reicht ein Kampf pro Schauplatz aus, um der Dramatik des Augenblicks Genüge zu tun.

Kämpfen als Action und Zeitvertreib

Bisher haben wir festgestellt, dass die Zuschauer Kämpfe manchmal als Vergnügen betrachten. Doch wann sehen das die Kämpfer so? Es gehören beileibe nicht alle Vorfälle an Zechorten in diese Kategorie. Viele entstehen wohl eher aus einem Mangel an Vergnügen, aus Frustration oder durch Ausgrenzung.

Eine ungewöhnliche ethnographische Studie, die aus der Insiderperspektive über gewaltbereite Gruppen berichtet, ist die Forschungsarbeit von Curtis Jackson-Jacobs.[72] Ihr Gegenstand ist eine locker strukturierte Gruppe von circa 85 jungen Männern (und ein paar Frauen) Anfang bis Ende zwanzig, die am Wochenende in einer Großstadt in Arizona auf Partys und in Bars gehen. Die meisten stammen aus der oberen Mittelschicht der Vororte, manche besuchen Universitäten und Berufsschulen, viele sind jedoch auch Schulabbrecher oder haben eine wechselvolle Bildungskarriere hinter sich. Die Gruppe als Ganzes hat sich von jeglicher Wohlanständigkeit der Mittelklasse abgewendet und schämt sich, aus einer weißen, wohlhabenden Schicht zu stammen, die sie als »peinlich und uncool« empfindet. Man ist stolz auf Erfahrungen mit der despektierlichen Welt der Gefängnisse,

72 Jackson-Jacobs, »Narrative Gratifications«; Jackson-Jacobs/Garot, »›Whatchu Lookin' At?‹«.

Resozialisierungszentren und Arbeitsämter – eine Art sozialer Aufstieg mit negativem Vorzeichen. Die Gruppenmitglieder wohnen bevorzugt in ethnisch gemischten Armenvierteln und meiden so konventionelle Studentenviertel. Diese einstöckigen Häuschen mit ihren verwilderten Gärten hinter Maschendrahtzaun sind die Treffpunkte, an denen man Wochenendpartys feiert und Streit sucht.

Die Partys sind relativ anonym, denn die meisten Besucher haben »über mehrere Ecken«, sprich: über ein weitverzweigtes Informationsnetzwerk von Bekannten, davon erfahren. Die Höchstzahl an Besuchern schwankte zwischen 30 bis über 100 Partygästen. Die Gewaltfraktion nutzte dieses Milieu für ihre Versuche, einen Kampf vom Zaun zu brechen:

> Kennen Sie das, wenn man an der Bar jemanden etwas heftiger anrempelt, aber bewusst offenlässt, ob man demjenigen absichtlich wehtun oder sich einfach nur an ihm vorbeidrängeln wollte? Genau das habe ich mit so einem Typ gemacht. Ein paar Schritte weiter hab ich mich umgedreht, und er hat mich angestarrt. Da hab ich so ein »Los, wir gehen kurz raus«-Grinsen aufgesetzt. Aber er ist nie aufgetaucht.[73]

Anstarren, bösartige Witze und Provokationen waren weitere Methoden, um für Action zu sorgen. Es gab Mann-gegen-Mann-Kämpfe, doch viel öfter mischten sich ganze Gruppen ein. Ungewöhnlicherweise suchten sich Einzelne aus dieser gewaltbereiten Gruppe immer stärkere Gegner aus oder zettelten einen Streit mit einer größeren Gruppe an. In einem Fall legte sich ein Mann in Begleitung von zwei Kumpels mit einer Gruppe von zwölf Gegnern an. Diese machten mit ihm und seinen Freunden, die sich schließlich ebenfalls beteiligten, kurzen Prozess. Die Gruppenmitglieder kämpften um des Kämpfens willen und nicht, um zu gewinnen; eine ehrenvolle Niederlage war Anlass, hinterher ordentlich anzugeben. Die Auswahlkriterien waren auf besonders furchterregende und dramatische Gegner ausgerichtet: »Hünen«, »Schwarze«, »Gangster«, »Rocker«, »Skins« und »Sportskanonen«.[74]

Hier zeigt sich ein ganz anderes Muster als bei Bandenkämpfen oder nach dem Kodex der Straße in der schwarzen Unterschicht: Diese Personen kämpfen, um ihren Ruf zu verteidigen und um andere einzuschüchtern. Wie wir in Kapitel 9 sehen werden, geht es beim Kodex der Straße vor allem um Imponiergehabe, mit dem Ziel, Aus-

---

73 Jackson-Jacobs/Garot, »›Whatchu Lookin'At?‹«.

74 Jackson-Jacobs, »Narrative Gratifications«.

einandersetzungen nach Möglichkeit auszuweichen. Kommt es dennoch zum Kampf, sucht man sich möglichst einen schwächeren oder höchstens gleich starken Gegner, und es geht ums Gewinnen. Trotz ihrer nach unten orientierten Grundhaltung bewahrt sich die gewaltbereite Gruppe in Arizona eine eigene Version der mit der oberen Mittelschicht verbundenen Reflexivität und Innerlichkeit von Werten, indem sie dramatische Situationen inszeniert, in denen sie zwar physisch unterliegt, sich jedoch als moralische Siegerin sieht. Bei all ihren Aktivitäten betont sie das »Underdog«-Thema. Bandenmitglieder dagegen stilisieren sich selbst zu einer unbezwingbaren Elite (wobei die Tatsachen natürlich entsprechend aufgebauscht werden). Die Gewaltbereiten aus der oberen Mittelschicht erinnern mit ihrer Prahlerei über Niederlagen und Verletzungen an Mitglieder schlagender Studentenverbindungen in Deutschland, für die es beim Duell nicht ums Gewinnen geht, sondern darum, sich von der Klinge des Gegners ehrenhaft Narben zufügen zu lassen.

Die gewaltbereite Kultur dieser Gruppe lebt vor allem von der, wie Curtis Jackson-Jacobs es nannte, »narrativen Gratifikation«. Es wird viel über Kämpfe gesprochen und darüber spekuliert, ob es bei bevorstehenden Partys zu Kämpfen kommen wird. Ist es tatsächlich so, dann wird der Kampf immer wieder in epischer Breite geschildert. In einem Fall traf sich die Gruppe am Tag nach einem Kampf – bei dem der Hauptakteur von einer gegnerischen Gruppe so lange getreten worden war, bis er schließlich blutüberströmt am Boden lag – und verbrachte die nächsten 36 Stunden damit, sich über dieses Ereignis zu unterhalten. Diese Erzählungen sind auch ein Hauptmerkmal der Partys selbst. Inmitten einer lärmenden Party mit dröhnender Rap- oder Punkmusik kann man Gruppenmitglieder ungestüm auflachen hören, die gerade übertriebene Geschichten von ihren Heldentaten erzählen, die sie manchmal mit pantomimischen Schlägen und Grimassen untermalen. Man könnte sogar sagen, sie kämpfen um der Geschichte willen, die sie hinterher zum Besten geben können. Und tatsächlich wird viel häufiger von Kampfen erzählt als tatsächlich gekämpft.

Die Erzählung ist außerdem Teil der Mikrosequenzen, die zu Kämpfen führen. Die Orte, an denen diese Geschichten erzählt werden, sind oft identisch mit den tatsächlichen Kampfschauplätzen. Was die »Szene«, die eigentliche Action, ausmacht, ist eine Kombination aus halbanonymen Partybesuchern, Alkoholkonsum, Geschichtenerzählen sowie der Anspannung und Erregung beim »Abchecken« von Fremden, das manchmal darin gipfelt, sie herauszufordern und zu kämpfen. Komplettiert wird die Kulisse durch laute Rap- und Punkmusik. Das Geschichtenerzählen, die Rhythmen, das Imponiergehabe und die Unterbrechung durch Kämpfe, all das macht ein und denselben inszenierten »Event« aus.

Dies ist insofern ein Bühnenbild im Sinne Goffmans, als sich alles um den Schein dreht. Selbst unter solchen Rahmenbedingungen ist es schwierig, einen Kampf vom Zaun zu brechen, wohl deshalb, weil die dramatischen Erzählungen und das allgegenwärtige, unpersönliche Imponiergehabe im Mittelpunkt der allgemeinen Aufmerksamkeit stehen und sich dadurch gegenseitig in der Schwebe halten. Es gibt einfache Standardmethoden, um einen Kampf zu provozieren – Anrempeln, aggressiver Blickkontakt, verbale Herausforderung –, und allein schon durch die beengten Verhältnisse bieten sich permanent Gelegenheiten für Zusammenstöße. Dennoch kommt es nicht an jedem Abend, an dem Mitglieder der gewaltbereiten Gruppe unterwegs sind, auch tatsächlich zu einem Kampf. Dies frustriert sie nach einer Weile, und so fällt die Euphorie umso größer aus, wenn es ihnen wieder einmal gelingt, einen zu provozieren. Weshalb sind Kämpfe dann so selten, wenn Partys so viele Merkmale aufweisen, die sie begünstigen? Ein Grund dafür ist, dass zum Streiten bekanntlich zwei gehören: Der Gegner muss die Drohgebärde wahrnehmen und entsprechend reagieren. Solche Gebärden können sehr subtil sein, weil man schließlich nicht allzu plump vorgehen möchte. Oft reagiert die andere Seite gar nicht, ignoriert sie vielleicht sogar bewusst. Doch Drohgebärden allein genügen nicht. Es ist auch eine emotionale Dynamik nötig, damit manche Personen den Impuls bekommen, noch einen Schritt weiter zu gehen. Obwohl es scheinbar eine Fülle von Möglichkeiten gibt, passiert letztlich in den meisten Fällen gar nichts.

Ein für alle möglichen gewalttätigen Gruppen typisches Muster ist, dass die gewaltbereite Gruppe hierarchisch organisiert ist. Einige sind besonders aggressiv, andere Mitläufer, wieder andere halten sich im Hintergrund. Letztere gehen zusammen mit Freunden zu Partys, bei denen es möglicherweise zu Gewalt kommt, aber sie selbst haben selten mit jemandem gekämpft – vielleicht in ein oder zwei Situationen, in die sie meist einfach dadurch verwickelt wurden, dass sie beim Ausbruch einer Schlägerei an Ort und Stelle geblieben sind. Denn in solchen Situationen wird jeder zur möglichen Zielscheibe, der nicht flüchtet. Die Gruppe als Ganzes, einschließlich der hartgesottensten Schläger, stellt sie deshalb weder zur Rede noch werden sie unter Druck gesetzt mitzukämpfen (diese Rolle übernahm auch Jackson-

Jacobs als Beobachter). Wie schaffen sie es, dennoch weiterhin von der Gruppe akzeptiert zu werden? Offenbar dadurch, dass sie Teil der narrativen Komponente sind. Sie stellen das geneigte Publikum für Erzählungen über Kämpfe, bringen das kulturelle Kapital der Gruppe in Umlauf, indem sie das Renommee der Anführer verbreiten und das Ethos regelwidrigen Verhaltens, das Markenzeichen der Gruppe, pflegen. Erzählungen über Kämpfe sind das wichtigste Ritual der Gruppe. Um neuen Stoff für das Erzählritual zu haben, muss es gelegentlich zu Kämpfen kommen, aber keineswegs ständig. Zu viele Kämpfe könnten überdies das narrative Bewusstsein der Gruppe überfordern. Das »Gesetz der kleinen Zahl« scheint auch in diesem Aufmerksamkeitsraum zu greifen.[75]

Auch im Irland des 19. Jahrhunderts kämpfte man zum Vergnügen.[76] Bei festlichen Anlässen wie Volksfesten oder Märkten brachen häufig große Massenschlägereien aus, meistens zwischen verfeindeten

---

75 Die Euphorie dieser Partyschläger nach einem erfolgreichen Kampf hängt Jackson-Jacobs zufolge vor allem mit der Genugtuung zusammen, dass es ihnen schließlich doch gelungen ist, einen Kampf anzuzetteln. »Und auch wenn ich ordentlich Prügel einstecken musste, so war ich doch froh, dass es zu der Schlägerei kam. Einfach weil das von Zeit zu Zeit ganz gut tut, damit man nicht vergisst [...] wie es ist, wenn man sich prügelt« (Jackson-Jacobs, »Narrative Gratifications«). Es ist aufschlussreich, dem Äußerungen von Soldaten nach dem Gefecht gegenüberzustellen. Soldaten sind fast nie euphorisch, wenn sie geschlagen wurden. Sie sind es oft auch dann nicht, wenn sie gesiegt haben, vor allem, wenn die Schlacht lange gedauert hat. Natürlich gibt es viel rituelles Erzählen über Schlachten, doch erzählen und prahlen vor allem Soldaten der hinteren Reihen, während die Frontsoldaten solche Selbstdarstellungen eher verachten (wie wir in Kapitel 2 gesehen haben). Warum haben solche Erzählrituale so wenig mit der realen Gefechtserfahrung zu tun? Ein Grund liegt in den vielen Mythen, die sich um Schlachten ranken. Da während eines Gefechts Angst und Überforderung sehr groß sind, gibt es ausgefeilte Abwehrmechanismen, um sich dies nicht explizit eingestehen zu müssen. Und gerade in modernen Armeen, in denen der Abstand zwischen den vordersten und den hintersten Reihen beträchtlich ist, gibt es große Truppenteile im mittleren Bereich, deren Zuhörer oft noch weiter von der Front entfernt sind. Goffmansche Inszenierungen von Zähigkeit in Form von Prahlerei und Schlachtgeschichten scheinen vor allem für ein äußerst naives Publikum gemacht zu sein. Sie würden bei den Frontsoldaten nicht gut ankommen, die am besten wissen, wie es in einem Gefecht wirklich zugeht. Frontsoldaten legen sich keine Erzählungen über ihre Tapferkeit zurecht, und Kriegsgeschichten gelten als typisch für diejenigen, die nicht wirklich zu den Kampftruppen gehören. Dass Partykämpfer das Narrative derart betonen, zeigt, wie weit ihre inszenierten Erfahrungen von der Realität eines Schlachtfeldes entfernt sind.

76 Conley, »Agreeable Recreation«.

Großfamilien. Die Herausforderung zum Kampf verlief nach einem festen Ritual. Dabei lief ein Mann zwischen den Leuten herum und rief ab und zu ein paar Namen: »Hier sind Connors und Delahanty. Irgendein Madden, der es mit uns aufnimmt?« Auch das Ablegen des Mantels signalisierte Kampfbereitschaft. Schlägereien wurden von der Gemeinschaft geduldet, ja unterstützt, solange man sich an die Spielregeln hielt. Als Waffen durften nur Fäuste, Stöcke und Steine benutzt werden. Der Einsatz von Messern galt als unfair und wurde von der Obrigkeit schwer bestraft. Tötungsdelikte dagegen wurden so gut wie nie geahndet, wenn das Opfer Drohgebärden gemacht oder sich an verbalen Provokationen beteiligt hatte. Sogar für Verletzungen oder gar den Tod von Schaulustigen (Kinder eingeschlossen) gab es mildernde Umstände oder Freisprüche, da jemand, der sich in der Nähe von Schlägereien aufhielt, nach herrschender Meinung zwangsläufig ein Risiko einging. Auch Kinder waren oft in die Schlägereien verwickelt, wobei man keinen großen Unterschied zwischen kleineren und älteren Kindern machte. Die irischen Freizeitschlägereien sind eine Art Vorstufe sportlicher Wettkämpfe an Orten, an denen es noch keinen organisierten Mannschaftssport gab. So ließ sich die eigene Erregung inszenieren, wobei man einige jener dramatischen Hilfsmittel einsetzte, die anderswo zum organisierten Sport weiterentwickelt oder für zahlreiche Formen inszenierter Kämpfe genutzt werden sollten.

Scheingefechte und Moshpits

Die eindeutigsten Vergnügungskämpfe sind Scheingefechte: Sie sind explizit spielerisch, wie das Herumtoben von Kindern, spielerisches Gegen-den-Arm-Boxen oder Schattenboxen übermütiger junger Männer. Oft werden solche Scheingefechte von Gelächter begleitet, von Scherzen oder vergnügtem Kreischen, auch wenn das Vergnügen manchmal etwas einseitig ist. Normalerweise gibt es dabei eine mehr oder weniger klare Grenze zwischen Spaß und Ernst. Für »echte« Kämpfe scheint es also charakteristische, deutlich erkennbare Merkmale zu geben. Zweifellos handelt es sich dabei um das Auftreten von Konfrontationsanspannung und -angst, deren Überwindung eine Herausforderung darstellt und eine andere emotionale Ausrichtung erfordert.

Manchmal wird bei spielerischen Scheinkämpfen so getan, als sei die Sache ernst. Dies geschieht hauptsächlich in einem Umfeld, in dem regelwidriges Auftreten als prestigeträchtig und Kämpfe als angesehene Unterhaltung gelten, gleichzeitig jedoch Hemmungen gegen grenzenlose Gewaltanwendung vorhanden sind. Ein gutes Beispiel hierfür sind Moshpits.[77]

Dabei bildet das vor einer Konzertbühne versammelte Publikum einen Kreis, in dem eine kleine Gruppe von Slamdancern oder Moshern tanzt – in der Regel in der Größenordnung von 20 Personen bei einem Publikum von 300, Abweichungen nach oben oder unten sind möglich. Slamdancer (fast ausnahmslos junge Männer) stoßen heftig mit anderen Tänzern zusammen, rempeln einander an und fuchteln mit den Armen, prallen voneinander und von der Wand aus Zuschauern ab wie Autoscooter. Ein solcher »Pit« (»Grube«) öffnet sich spontan dann, wenn zwei oder mehr Einzeltänzer im Takt der Musik anfangen, einander heftig anzurempeln. Die anderen machen ihnen Platz und bilden einen Kreis um sie herum. Es ist ein Scheingefecht: Das Gebaren ist grob und wirkt aggressiv, keine Spur von Humor oder Lachen. Dennoch gibt es stillschweigende Abmachungen: keine zu heftigen Rempler, kein Boxen, kein Treten; wenn jemand stürzt, helfen ihm die anderen schnell wieder auf die Beine. Die Umstehenden beteiligen sich ebenfalls, fangen Rempeleien gutmütig ab und dirigieren Tänzer wieder in den Kreis zurück, die ins Publikum geschubst worden sind. Der von den Umstehenden gebildete Kreis ist ein wesentlicher Bestandteil eines Moshpits, dort wird die Aufmerksamkeit gebündelt, das Publikum feuert die Tänzer an und bewegt sich ebenfalls im Rhythmus der Musik. Ein Beobachter berichtete, dass der Moshpit vom Kreis der Umstehenden abhängig ist und sich auflöst, sobald der Kreis an einer Seite offen bleibt. In einem Fall endete das Slamdancing, weil ein ganzer Zuschauerblock zum Bierholen ging.[78]

Das Hauptmerkmal des Slamdance besteht in der Koordination der Pseudogewalt mit dem Takt der Musik. Zwischen zwei Musikstücken hört das Moshen auf. Das Tanzen erfolgt normalerweise wäh-

---

77 Das Folgende basiert auf Berichten von fünf Studenten sowie Interviews mit einer Punkmusikerin.

78 Offenbar gibt es zu einem bestimmten Zeitpunkt immer nur einen Moshpit. Bei manchen Konzerten werden neben dem eigentlichen Moshpit kleinere Pits initiiert, doch lösen diese sich schnell wieder auf; wahrscheinlich deshalb, weil der Pit die aktive Unterstützung der Menge braucht, doch die Menge kann nur einen einzigen Aufmerksamkeitsfokus aufrechterhalten. Dieses Muster stützt die These, dass ein Kampf pro Veranstaltung den Aufmerksamkeitsraum voll in Anspruch nimmt.

rend des »Mosh«-Teils eines Stückes, wenn die Musik besonders hart, laut und aggressiv gespielt wird. Geraten die Mosher aus dem Takt, kann es zu einer echten Schlägerei kommen. Gegen dieses Kippen der Situation setzt sich der Pit gemeinsam zur Wehr. Ein Beobachter beschreibt einen Fall, in dem ein Außenseiter, ein »Preppie« (der Kleidung trug, die mit dieser Highschool-Statusgruppe assoziiert wird), bei einem Konzert den Moshpit betrat und sofort dadurch auffiel, dass er nicht im Takt war und offenbar versuchte, anderen wehzutun. Die anderen Mosher hielten unbeirrt den Takt, während der Anführer den Störenfried gewaltsam entfernte. In kleinen Moshpits kristallisiert sich meist spontan ein Anführer oder Regelwächter heraus. Dabei handelt es sich weder um einen Initiator des Pit noch um den wildesten Tänzer, sondern typischerweise um den größten und stärksten Mann. Er tanzt meistens langsamer als die anderen (aber trotzdem im Takt) und übernimmt die Aufgabe zu verhindern, dass auf kleineren Moshern herumgetrampelt wird. Wenn jemand hinfällt, hilft er ihm hoch oder führt ihn aus dem Pit hinaus.[79]

Welche Bedingungen den Pit aufrechterhalten, wird deutlich, wenn er zusammenbricht. Pits lassen sich leichter bewahren, wenn sie relativ klein sind (circa 2,50 Meter Durchmesser). In größeren Menschenmengen können sie zwar auch einen Durchmesser von fünf Metern und mehr erreichen, doch dann schlägt das Geschehen schneller in ernsthafte Gewalt um. Dies mag daran liegen, dass große Pits vor allem bei sehr großen Konzerten entstehen. Aber wenn die enge Verflechtung mit dem Publikum an den Rändern die wichtigste Voraussetzung für die Stabilität eines Moshpits ist, so folgt daraus, dass die Umstehenden sich ihrer gemeinsamen Rolle für die Unterstützung des Moshens am ehesten dann bewusst sind, wenn der Kreis so kompakt ist, dass seine Mitglieder einander sehen und im gleichen Rhythmus tanzen können. Moshpits können auch dann zusammenbrechen, wenn Außenseiter eingreifen, egal ob es die Polizei ist oder externe

---

79 Darin ähnelt er dem maßgeblichen Anführer (*instrumental leader*), im Unterschied zum expressiven Anführer (*expressive leader*), wie er in kleineren Gruppen aller Art zu finden ist (Bales, *Interaction Process Analysis*). Hierbei ist bemerkenswert, dass der stärkste Mann seinen Größenvorteil nicht dazu nutzt, gewalttätiger als andere zu sein. Da zu viel Gewalt die Existenz der Gruppe bedroht, besteht das Geheimnis der Gruppenführung darin, die eigene Größe zum Schutz der anderen und stillschweigenden Überwachung der Regeln einzusetzen.

Gruppen mit einer bereits vorhandenen (und daher rivalisierenden) sozialen Identität, etwa Skinheadgruppen. Hier kommt das bereits als Ausgrenzungsgewalt beschriebene Schema an den Rändern einer Zechzone ins Spiel. Im Großen und Ganzen lassen Sicherheitskräfte den Moshpit jedoch in Ruhe, auch wenn sie gelegentlich Störenfriede aus der Menge festnehmen. Ein Moshpit funktioniert am besten – und hat auch tatsächlich nur dann Bestand –, wenn er sich selbst reguliert.

Slamdancing ist ein seltenes Beispiel für eine Art Massenschlägerei, bei der nach allen Seiten ausgeteilt wird – allein das ist schon ein Indiz dafür, dass es sich, wie bei Wasser- oder Schneeballschlachten, nur um Scheingefechte handelt. Eskaliert das Ganze zu einer echten Prügelei, wird in den Standardmodus »Eine Seite gegen die andere« gewechselt. Die Beteiligten sind sich der Grenzen ganz klar bewusst. Im Zusammenhang mit Moshpits kommt es immer wieder einmal zu echten Kämpfen. Mehrere Studenten haben von solchen Fällen berichtet. In einem Fall besuchen zwei größere Skinheadbanden ein Punkkonzert. Sie versammeln sich auf gegenüberliegenden Seiten des Moshpits und stürmen ihn schließlich, um sich in der Mitte zum Kampf zu treffen. Die Mosher, die sich der Bedrohlichkeit der Situation bewusst sind, beenden das Slamdancing und flüchten. In einem anderen Fall besucht eine kleine Truppe von Schlägertypen ein Punkkonzert. Sie machen beim Slamdancing mit, setzen allerdings auch ihre Fäuste ein. Die Mosher lassen sich jedoch nicht auf einen Kampf mit ihnen ein, und aus Frust tragen zwei der Schläger einen Faustkampf gegeneinander aus. Derartige Kämpfe ereignen sich vollkommen unabhängig vom Slamdancing. Manchmal hören die Bands auch auf zu spielen, sobald es zu Handgreiflichkeiten kommt.

Moshen ist im Grunde ein Solidaritätsritual, denn es verfügt über alle typischen Merkmale eines Interaktionsrituals: Versammlung, rhythmische Einstimmung auf einen gemeinsamen Brennpunkt der Aufmerksamkeit, Aufbau eines hohen Niveaus kollektiver Wallung. Das Gewaltmuster, sich unter gemeinsam kontrollierten Bedingungen gegenseitig anzurempeln, führt zu einem hohen Grad an Verstrickung – nicht nur, indem man den gleichen Mikrorhythmus findet wie bei den meisten Interaktionsritualen, sondern auch durch den Körperkontakt. Eine Musikerin ist der Ansicht, dass es »ein Vorwand für Männer ist, sich gegenseitig zu berühren«. Normalerweise ist die situative Verstrickung mit längerem Körperkontakt sexueller Natur; beim Slamdancing wird jedoch jegliche sexuelle Konnotation durch den Gewaltaspekt negiert, ganz ähnlich wie unter Sportlern, die sich abklatschen, an die Schulter boxen oder auf den Hintern schlagen.

Es kommt durchaus vor, dass Mosher verletzt werden. Viele verlassen den Pit mit Blutergüssen, Schrammen und Platzwunden, die sie stolz zur Schau stellen – einer fragte seine Freundin, ob ihn das männlich wirken ließe. Es gibt sogar Websites, auf denen Mosher ihre Blessuren zur Schau stellen, um sie mit denen anderer vergleichen zu können. Man könnte solche Verletzungen als Mitgliedsabzeichen bezeichnen. Mosher betrachten sich als elitäre Gruppe, und manche nennen die anderen Mosher ihre »Familie«, obwohl im Pit meistens Anonymität herrscht.[80] Mosher unterscheiden sich ganz deutlich von anderen Jugendlichen. Sie sind weder sportlich noch besonders muskulös, obwohl manche durchaus gut gebaut sind. Sie gehören normalerweise auch nicht zu Gruppen wie den Skinheads, für die Gewalt Teil ihrer Lebenseinstellung ist. Die Identität der Mosher hat in der Regel mit der Musik zu tun, meist mit Punk, was mit einem bestimmten Kleidungsstil einhergeht: Diese Gruppe entwickelte (Ende der 1970er Jahre) als erste die Marotte des Bodypiercings. Grell gefärbte Haare, zum Irokesen oder anderen Extremfrisuren geschnitten, sowie das Tragen von nietengespickten Lederriemen und ähnlichen Accessoires gehörten ebenfalls dazu. Es handelt sich um eine kulturelle Bewegung von Jugendlichen, die sich von ihrem Mittelschichtmilieu abwandten und sich in den letzten Jahrzehnten des 20. Jahrhunderts auf den Highschools als Gegenbewegung zu den »Jocks«, »Cheerleadern« und »Preppies« formierten, die damals das schulische Leben beherrschten.[81] Ihre Rebellion war insofern erfolgreich, als sie sich eine eigene Enklave schufen, mit einem spezifischen, alternativen Standard kulturellen Prestiges und Zusammenkünften, bei denen die Mitglieder ihre eigene Form der kollektiven Wallung entwickelten – ein Segment der Jugendkultur, das mit theatralischer Geste jegliche Wohlanständigkeit der Mittelschicht von sich weist, ohne sich dabei in die Niederungen der von den Unterschichten geprägten Straßen-

80 In dieser Hinsicht unterscheiden sich Mosher von Gangs, die über ein dichtes soziales Netzwerk aus gemeinsamen Bekannten verfügen und bei denen man außerdem eine Tendenz zu ethnischer Homogenität beobachten kann. In dieser Beziehung verraten Mosher ihre Mittelschichtorientierung, sind individualistischer und kosmopolitischer als die Gangs der Unterschicht. Einige teilnehmende Augenzeugen beschrieben den Moshpit als echten Schmelztiegel, in dem die selbstgeschaffene Solidarität die Teilnehmer zusammenschweißt.

81 Milner, *Freaks*.

bandenkultur zu begeben. Daher ist das wichtigste Ritual in diesem Fall die sorgfältig kontrollierte Pseudogewalt, womit Punks sich sowohl von gutbürgerlichen als auch von gewalttätigen Gruppen abheben.

Ordnen wir diese Entwicklung zusammenfassend in den historischen Kontext ein. Das umstehende Publikum fokussiert seine Aufmerksamkeit auf die Mosher, die für die Gruppe im durkeimschen Sinne zu heiligen Dingen im Zentrum ihres Aufmerksamkeitsraums werden. Dies markiert eine von vielen Verlagerungen dessen, was im Rahmen öffentlicher Unterhaltungsveranstaltungen im Zentrum der Aufmerksamkeit steht. Vor den 1950er oder 1960er Jahren war es die Hauptaufgabe von Orchestern, Tanzmusik für Paare zu spielen. Die Tänzer achteten in erster Linie auf sich und dann auf die anderen Paare auf der Tanzfläche, erst dann kam das Orchester. Entsprechend der damals vorherrschenden Tanzetikette in der Zeit vor der Rock-'n'-Roll-Revolution der 1950er Jahre gab es eine Statushierarchie, die darauf beruhte, wer tanzte und wer nicht (also ein »Mauerblümchen« mit geringem Status war) und wer wen abklatschte (woran man die beliebtesten Tanzpartner erkennen konnte). Selbst berühmte Orchester der Swing-Ära wurden wie Dienstboten behandelt, die einem das Tanzen ermöglichten, und Aufmerksamkeit wurde ihnen hauptsächlich in Form von höflichem Applaus am Ende jeder Tanzmelodie zuteil.

Als Bands in den 1960er Jahren an Ansehen und Status gewannen, war das Ende des Paartanzes gekommen. Das Publikum scharte sich um die Bühne, um berühmten Bands so nahe wie möglich zu kommen; oder man besuchte riesige Open-Air-Konzerte, wo ein Großteil des Publikums auf dem Boden saß oder auf von der Bühne entfernt aufgestellten Stühlen. Allenfalls eine kleine Minderheit konnte stehen und allein am Platz tanzen, wobei das Tanzen fast ausschließlich aus dem Hin- und Herwiegen des Körpers und aus Armbewegungen bestand, ohne dass man sich dabei von der Stelle bewegte (bei einem Ortswechsel müssen Tänzer zwangsläufig aufeinander achten, um Zusammenstöße zu vermeiden). Diese Solotänzer standen nicht im Zentrum der Aufmerksamkeit, und alle tanzten zur Band gewandt. (Im Gegensatz dazu wurde zu Zeiten des Jitterbugs in den 1940er Jahren für besonders gute Tanzpaare die gesamte Tanzfläche geräumt, wobei das Publikum sie umringte und ihnen applaudierte.) Obwohl schon seit den 1920er Jahren Plattenaufnahmen populärer Musikorchester verkauft wurden, stiegen Bands und ihre Starmusiker erst in den 1960er Jahren zu gut bezahlten, angesehenen Mediengestalten auf, die den situativen Aufmerksamkeitsraum des Publikums beherrschten.

Slamdancer und Moshpits, die um das Jahr 1980 herum auftauchten, führten bei Konzerten zu einer Wiederbelebung des Tanzens als wichtigstem Fokus der Aufmerksamkeit. Sie nutzten den Anschein von Gewalt als todsichere Möglichkeit, die Aufmerksamkeit auf sich zu lenken, und übertrumpften damit die Bands. Wie wir im Laufe dieses Buches gesehen haben, ist Gewalt das stärkste Mittel, um die Aufmerksamkeit von Menschen zu bündeln. Ganz gleich, ob man sie gutheißt oder missbilligt – Gewalt in der unmittelbaren Umgebung kann man unmöglich ignorieren. Dass es sich bei Slamdancing nur um Pseudogewalt handelt, ändert daran nichts. Generell ist Gewalt in erster Linie eine dramatische Show, und Imponiergehabe ist ein wesentlicher Teil jeder gewaltsamen Konfrontation. Moshpits sind daher eine geniale taktische Erfindung, um durch eine genau kalkulierte Dosis an Gewalt ein Optimum an Gruppensolidarität zu erzielen, diese auf die Umstehenden auszudehnen und dazu einzusetzen, das Zentrum der Aufmerksamkeit von der Band zurückzuerobern.

Moshen ist außerdem Teil einer weiteren Statusrevolte mit Blick auf Highschool-Hierarchien.[82] Ein Nebeneffekt des Aufstiegs von Popmusikern zu Medienstars und der Verdrängung der Tanzpaare durch Musikdarbietungen bestand darin, dass Konzerte eine Alternative zu schulischen Sportereignissen, schulischen Tanzveranstaltungen und Partys als Versammlungsort darstellten. Letztere wurden von den traditionellen Schuleliten dominiert, von den Sportskanonen, den beliebten Partygängern, den Stars auf dem Single-Markt. Als das Konsumieren von Popmusik zum zentralen Identifikationspunkt der Jugendkultur wurde, entwickelten sich auch pluralistischere Statushierarchien. Punker und andere alternative Jugendgruppen schufen sich ihre jeweilige Bühnen, auf denen sie ihre jeweilige Spielart der kollektiven Wallung inszenieren, ihren eigenen Raum emotionaler Aufmerksamkeit dominieren konnten. Mosher wurden zu Vorreitern der Punkkultur, zu Aufmerksamkeitsmagneten im Rahmen ihrer wichtigsten kulturellen Rituale und Versammlungsorte. Es überrascht nicht, dass Mosher und Sportskanonen sich feindselig gegenüberste-

82 Siehe dazu ebenda sowie die Ausführungen in Kapitel 5 in Bezug auf Quälereien.

hen, sind Letztere doch das Gegenstück der Mosher in puncto kontrollierter Gewaltanwendung in der konventionellen Jugendkultur.[83]

Das alles sind hochkomplexe Entwicklungen. Man könnte sie auch als die Revolte des Publikums in Zeiten der Entertainerdominanz bezeichnen. Es geht um die Herausbildung hoch spezialisierter Insidergruppen, die innerhalb der Jugendkultur – und insgesamt innerhalb der populären Unterhaltungskultur – einen Elitestatus beanspruchen. Im nächsten Kapitel werden wir ganz ähnliche Entwicklungen im Bereich des Sports kennenlernen.

83 Das haben die obigen Ausführungen zu den »straight edgern« gezeigt, die sich sehr aktiv am Moshen beteiligen.

Kapitel 8
Gewalt im Sport

Bei einem Spiel in der amerikanischen Basketball-Profiliga NBA im Jahr 1997 trat der Spieler Dennis Rodman absichtlich einem Kameramann in den Unterleib, als er beim Kampf um einen Korb-Abpraller über den Spielfeldrand hinausstolperte. Der Tritt erfolgte in einem kritischen Spielmoment, denn es herrschte ein Gleichstand von 71:71 Punkten zwischen dem Titelverteidiger, den Chicago Bulls, und den gastgebenden Minnesota Timberwolves, die sich gerade wieder gefangen und einen Rückstand von elf Punkten wettgemacht hatten. Während man den Kameramann auf einer Trage vom Spielfeld trug, musste das Spiel mehrere Minuten lang unterbrochen werden. Die Verzögerung nahm den Timberwolves den Schwung, und so konnten die Bulls wieder an ihnen vorbeiziehen und mit 112:102 Punkten gewinnen, ihr achter Sieg in Folge. Rodman galt als Verteidigungsspezialist, und es kam zu dem Gewaltausbruch, als er sich außerordentlich ins Zeug legte, um die gegnerische Punkteserie zu unterbrechen. Teamkameraden und Trainer stellten sich in anschließenden Pressekommentaren hinter ihn, und obwohl es ganz klar ein grober Verstoß gegen jegliche sportliche Fairness war, auf einen harmlosen Zuschauer loszugehen, warf man dem Kameramann sogar vor, simuliert zu haben. »Wenn man so nah dran ist am Spiel, darf man eben nicht im Weg herumstehen«, meinte der Star der Bulls, Scottie Pippen. »Das Spielfeld gehört uns.«[1] Oberflächlich betrachtet hatte die Attacke nichts mit dem Spiel zu tun, da es sich nicht um eine Konfrontation von gegnerischen Spielern handelte. Doch genau wie Spielergewalt ereignete sich der Gewaltausbruch zum wahrscheinlichsten Zeitpunkt des Spielverlaufs und wurde zum Wendepunkt des Spiels.

Es gibt mindestens drei Arten von Sportgewalt. Erstens: Aus welchem Grund kommt es während eines Spiels zu tätlichen Auseinandersetzungen der Spieler untereinander? Zur Beantwortung dieser Frage untersucht man am besten, *wann* Gewalt im Verlauf eines Spiels auf-

---

1 *San Diego Union-Tribune*, 16. 1. 1997.

tritt. Wir werden sehen, dass dieselben Ursachen, die ein Spiel hochdramatisch werden lassen, auch zu Spielergewalt führen. Zweitens: Wie lässt sich Zuschauergewalt erklären? Zuschauer werden vom gleichen dramatischen Zeitablauf der Ereignisse gefesselt, daher besteht eine enge Verbindung zwischen der Gewalt von Zuschauern gegen Spieler und der Gewalt von Spielern gegen Spieler. Als Drittes haben wir es mit Gewalt von Zuschauern oder Fans abseits des Spielfelds zu tun: Wann kommt es zu gewaltsamen Auseinandersetzungen untereinander, zu Gewalt gegen unbelebte Objekte oder gegen die Polizei? Eine Extremform der Gewalt abseits von Sportveranstaltungen ist die Gewalt von Hooligans, die vom Spielrhythmus völlig abgekoppelt ist. Doch selbst hier kann man mit Hilfe der dramatischen Struktur dessen, was sich in der Arena abspielt, die Gewalt im Umfeld erklären.

In diesem Kapitel verfahre ich wo immer möglich nach der Methode der unmittelbaren, detaillierten Beobachtung des Geschehens. Dabei liegt der Schwerpunkt nicht auf den Persönlichkeitsmerkmalen von Spielern oder Fans, sondern auf der konkreten Abfolge der Ereignisse und Emotionen. Dafür ziehe ich eigene Spielbeobachtungen heran, vor allem vor dem Fernsehbildschirm, sowie Interviews mit versierten Fans bestimmter Sportarten. Meine allgemeinen Schlussfolgerungen stützen sich des Weiteren auf einen Sammelordner mit Zeitungsausschnitten zu Gewaltzwischenfällen bei Sportveranstaltungen in den Jahren 1997 bis 2004, außerdem auf entsprechende Fotografien. Seit einigen Jahren gehört Sport zu den bestdokumentierten menschlichen Aktivitäten, daher lässt sich hier die zeitliche Entfaltung von Konflikten besser beobachten als bei den meisten anderen Gewaltformen.

Sport als dramatisch zugespitzter Konflikt

Beim Sport sollen die Regeln gezielt für spannende und unterhaltsame Wettbewerbe sorgen. Das eigentliche Geschehen entwickelt sich stets spontan und lässt sich im Detail nicht vorhersagen. Doch das, was passieren *kann*, ist durch im Voraus festgelegte Abläufe strukturiert. Kein Konflikt ist in höherem Maße inszeniert als ein Sportwettbewerb; dass man sich überhaupt für eine konflikthafte Struktur entschied, ist ihrem dramatischen Potenzial geschuldet. Regeln werden festgeschrieben und immer wieder abgewandelt, um das Geschehen in bestimmte Bahnen zu lenken, und zwar bewusst so, dass die Dramatik des Spielverlaufs noch gesteigert wird. Beim Baseball werden der Wurfhügel (*Pitcher's Mound*) abgesenkt und das »Wurffenster«, das der Ball passieren muss (die *Strike Zone*), verkleinert, um so die Anzahl der Schläge zu erhöhen. Beim American Football wurden die Vorwärtspässe eingeführt, im Basketball der Drei-Punkte-Wurf und eine begrenzte Zone, in der die Verteidiger den Korb blocken dürfen.[2] Im Sport geht es wie im echten Leben zu, und das macht ihn so spannend – allerdings findet das Leben hier unter genauestens vorgegebenen und bis zum Letzten kontrollierten Bedingungen statt. Sport ist »überlebensgroß«, ist Konflikt in geläuterter Form, konzentrierter und daher in dramatischer Hinsicht viel befriedigender als der Alltag.

Im Sport dreht sich alles um den emotionalen Reiz. Die Zuschauer wollen vor allem dramatische Momente erleben: das Anstürmen einer Mannschaft, die sich die Führung erkämpfen will, ihre Verteidigung gegen einen Angriff, die dramatische Aufholjagd nach Punkterückstand, den Sieg in letzter Minute. Natürlich gewinnt nicht immer das Team, das man selbst unterstützt. Doch selbst eine ehrenvolle Niederlage kann aufgrund des spannenden Spielverlaufs sehr befriedigend sein. Solange es genügend aufregende Spielmomente gibt, kommen die Zuschauer das nächste Mal wieder. Die Grundelemente des Dramas wiederholen sich, lassen sich jedoch auf vielfältige Weise variieren. Jede Sportart hat ihre eigenen Muster zur Steuerung fesselnder Augenblicke, wie etwa Baseball, wo mit der Anzahl der Spieler, die eine *Base* (Mal) erreicht haben, die Spannung immer mehr steigt, ob sie mit einem *Run* (Lauf) zur *Home Plate* (Heimbase) werden punkten können. Oder beim Fußball, wenn sich die Daueranspannung plötzlich in einem der seltenen Tore entlädt. Im American Football sorgen die vier Etappenziele für Spannung, denn die Mannschaft im Ballbesitz hat vier Versuche (*Downs*), um der Ziellinie 10 Yards (circa 9 Meter) näher zu kommen. Und schließlich die nervenaufreibenden Auszeiten gegen Ende eines Basketballspiels, wenn die Mannschaften um den spielentscheidenden Korbwurf kämpfen.

2 In der frühen Sportgeschichte wimmelt es von Regeländerungen, die sich manchmal dramatisch auf den Spielverlauf auswirkten (Thorn/Palmer/Gershman, *Total Baseball*, S. 79–103). Auch in den vergangenen Jahrzehnten gab es zahlreiche Neuerungen; so wurden beispielsweise die Strafregeln im Profifootball dahin gehend revidiert, dass Quarterbacks und Passreceiver geschützt werden, damit es zu spektakuläreren Pässen kommt.

Eine literarische Erzählung lebt von der Spannung ihres Plots. Der Archetyp sieht so aus, dass der Protagonist ein Problem hat, in die Welt hinauszieht, um es zu lösen, unterwegs auf Hindernisse stößt, Hilfe erfährt, Rückschläge und Enttäuschungen einstecken muss und sich schließlich dem Hauptproblem direkt stellt.[3] In Abenteuer- und Liebesgeschichten sowie Komödien siegt der Held am Ende. In komplexeren Dramen scheitert er zwar auf tragische Art und Weise und erreicht das äußere Ziel nicht, trägt dafür jedoch einen moralischen Sieg davon, weil er tapfer gekämpft, ein heroisches Opfer gebracht oder eine innere Einsicht gewonnen hat. Auch Sportereignisse beruhen auf dem Grundmuster der dramatischen Erzählung, obgleich hochkomplexe dramatische Auflösungen eher die Ausnahme sind.

Um ein Spiel richtig genießen zu können, muss man diese spannenden Momente in Echtzeit miterleben. Wenn man lediglich Aufzeichnungen anschaut oder über das Ergebnis in der Zeitung liest, versäumt man einen Großteil des emotionalen Erlebnisses. Ohne den Spannungsbogen kann kein rechtes Triumphgefühl aufkommen, für die Chance, derartige Glücksmomente zu erleben, nimmt man die Enttäuschung der Niederlage gern in Kauf. Darüber hinaus handelt es sich um eine kollektive emotionale Erfahrung. Wenn man als Zuschauer auf der Tribüne sitzt, so besteht das Vergnügen in beträchtlichem Maße auch aus den widerhallenden Geräuschen und den mitreißenden Gesten der Masse. Das gilt selbst dann, wenn die eigene Mannschaft am Ende nicht als Sieger hervorgeht, und an die Augenblicke des Triumphes erinnert man sich ein Leben lang. Deshalb sind die Stadien bis auf den letzten Platz gefüllt, wenn es um ein mit Spannung erwartetes Spiel geht, und es spielt keine Rolle, dass man zu Hause am Bildschirm alles viel besser sehen könnte. Für Fans geht es weniger um das Spiel selbst als um die dramatische Sequenz von Emotionen, die von der Menge der Gleichgesinnten noch verstärkt werden.

Die kurzlebige Spannung des Spielverlaufs ist dabei nicht alles. Auch eine ganze Serie von Spielen und Wettkämpfen, der Tabellenplatz der Mannschaften oder ihre Position in einem Turnier können Grund zu gespannter Vorfreude sein. In manchen Sportarten (in erster Linie amerikanischen) gibt es sekundäre Ziele, die sich aus umfangreichen Statistiken ergeben, so dass einzelne Spieler für die Eintragung ihrer Namen in Rekordbücher sorgen können – unabhängig

3 Klassisch umrissen von Propp, *Morphology*; siehe auch Elias/Dunning, *Quest for Excitement*.

davon, ob ihre Mannschaft gewinnt oder verliert.[4] In einem Spiel kann es außerdem zu Demonstrationen außergewöhnlichen spielerischen Könnens kommen – etwa zu einem sensationellen *Dunking* eines Basketballspielers –, doch sind diese nicht vorhersehbar und daher nicht in einen Spannungsaufbau eingebettet. So erfreulich sie für die Zuschauermenge sind, so wenig haben sie mit der eigentlichen Dramatik des Konflikts zu tun. Dann gibt es noch dramatische Aspekte, die sich aus der Karriere einzelner Spieler ergeben: Aufsteiger und alte Hasen, Verletzungen und Genesungen, das Wiederaufleben alter Rivalitäten nach einem Teamwechsel, Streit unter Teamkollegen, mit Trainern und Funktionären. Gut unterrichtete Fans erleben eine melodramatische Fortsetzungsgeschichte, eine Seifenoper, die das Leben schreibt. Dieser Stoff sorgt nicht nur für einen kontinuierlichen Strom von Medienberichten, sondern dient auch den Fans als Gesprächsstoff für die Kontaktpflege. Deshalb sind Sportereignisse, die für einen Außenstehenden vollkommen uninteressant zu sein scheinen, sehr viel aufregender, wenn man die Karriere einzelner Sportler seit langem verfolgt. Aus diesem Grund finden Fans Sport in anderen Ländern oft so langweilig.

Die Zuschauer kommen, weil sie die kollektive Wallung erleben wollen, den Fluss dramatischer Emotionen, der aus der Spannung eine kollektive Energie und ein Gefühl der Solidarität entstehen lässt. Spieler bringen diese Gefühlswallungen komplexer zum Ausdruck. Bei Mannschaftssportarten teilen sie ihre Gefühle mit ihren Mannschaftskameraden, und ein erfolgreiches Abschneiden hängt von emotionalen Schwingungen ab, die für die Koordination und die Dynamik einer Mannschaft sorgen – beides zusammen wird umgangssprachlich als »Schwung« oder »Chemie« bezeichnet.[5] Spieler sind zudem in eine emotionale Interaktion mit ihren Gegnern verstrickt, ganz gleich, ob im Einzelwettbewerb oder beim Mannschaftssport.

---

4 Diese Nebenwettbewerbe sorgen dafür, das Interesse auch über das eigentliche Ergebnis hinaus wachzuhalten, scheinen aber für das Auftreten von Gewalt beim Sport keine Rolle zu spielen. Die amerikanischen Sportarten sind, was diese Form dramatischer Ausrichtung angeht, besonders komplex. Bei älteren sportlichen Wettbewerben wie Pferderennen oder Leichtathletik wird dem Brechen von Rekorden ebenfalls eine große Bedeutung beigemessen, ohne dass dies unbedingt die dramatische Struktur des Wettbewerbs beeinflusst: Um einen Rekord im 100-Meter-Lauf aufzustellen, muss man das Rennen gewinnen – es handelt sich also niemals um eine Nebenveranstaltung.

5 Adler, *Momentum*.

Zwar werden in einem Spiel Können und Leistung gemessen, in erster Linie geht es jedoch in jedem neuen Augenblick um die Herausforderung, die emotionale Dominanz zu erringen. Im eigentlichen Sinn der Theorie der Interaktionsrituale ist es ein Kampf um die emotionale Energie. Ein Spieler oder ein Team, die emotionale Energie aufbauen, gewinnen in dem Moment, in dem die andere Seite an emotionaler Energie verliert. Dies sind die emotionalen Wendepunkte eines Spiels.

Diese drei Arten emotionaler Dynamik – die kollektive Wallung beim Aufbau dramatischer Spannung im Publikum, die emotionalen Schwingungen innerhalb einer Mannschaft und der Wettstreit der Kontrahenten um die emotionale Energie – bilden den Hintergrund, vor dem es im Sport zu Gewaltausbrüchen kommt.[6]

Spieldynamik und Spielergewalt

Wann kommt es zu Gewalt? Weiter unten werde ich untersuchen, in welchen Phasen eines Spiels dies am wahrscheinlichsten ist. Hier möchte ich einen breiter angelegten Vergleich anstellen: Welche Merkmale einer Sportart sind dafür verantwortlich, dass Gewalt häufiger auftritt und heftiger ausfällt (beides muss nicht unbedingt miteinander korrelieren)?

Manchmal ist Gewalt spielimmanent. Boxer schlagen aufeinander ein, American-Football-Spieler blocken mit aller Kraft, Eishockeyspieler teilen Bodychecks aus. Oft kommt es trotz Einhaltung der Regeln zu Verletzungen. Ich spreche nur dann von »Gewalt beim Sport«, wenn es sich um Gewalt außerhalb der Spielregeln handelt, die typischerweise zu einer Spielunterbrechung führt. Dabei gibt es Überschneidungen, denn zum Teil wird Gewalt auf dem Spielfeld durch die Regeln gleichsam toleriert; sanktioniert werden nur Fouls,

---

6 Im Rahmen der übergeordneten Frage, warum sich Zuschauer gern Gewaltszenen ansehen, haben sich die Sozialwissenschaften auch mit der Sportgewalt beschäftigt. In Goldstein, *Why We Watch*, werden unterschiedliche Ansätze besprochen; er kommt zu dem Schluss, dass es keine wirklich fundierte Theorie zum Reiz von Gewalt als Unterhaltung gibt. Laut McCauley, »Screen Violence«, erklären die bestehenden psychologischen Theorien bislang nicht, weshalb fiktionale oder inszenierte Gewalt reizvoll sein kann, die Beobachtung realer Gewalt (wie in Experimenten mit realistischen Filmen über Schlachthäuser oder gewaltsame Verletzungen) aber nicht. Den Unterschied macht natürlich der dramatische Plot aus.

unnötige Härte und verbotene Schläge. Es gibt also ein Kontinuum von legitimem Gewalteinsatz über Fouls zu spielunterbrechenden Schlägereien, und die emotionale Eskalation verläuft analog.

Man kann Sport in drei Hauptkategorien einteilen: inszenierte Nahkämpfe mit Angriffs- wie Verteidigungssituationen, Parallelwettkämpfe, bei denen die Kontrahenten versuchen, schneller ein Ziel zu erreichen als die Konkurrenz, sowie Sportarten, bei denen die Kontrahenten Kampfrichter beeindrucken müssen, indem sie ihr Können demonstrieren. Am häufigsten tritt Gewalt beim Sport in inszenierten Nahkämpfen auf beziehungsweise in einer Unterkategorie davon. Wie wir sehen werden, spielt dabei die Art und Weise, wie die Begegnung strukturiert ist, eine viel größere Rolle als Disposition und Herkunft der Spieler, die in diesem Zusammenhang oft als ausschlaggebend angeführt werden.

Als Ursache für Gewalt wird gern die Männlichkeit genannt, sei es im Hinblick auf einen soziokulturellen Aggressions- und Dominanzcode oder auf die Physiologie testosterongesteuerter und muskelbepackter Akteure. Zu den muskulösesten und maskulinsten Sportlern gehören jedoch Leichtathleten wie Kugelstoßer, Hammer- und Diskuswerfer – bei deren Wettkämpfen Gewaltausbrüche so gut wie unbekannt sind. Dasselbe gilt für das Gewichtheben, die Sportart, bei der es am meisten auf reine Muskelkraft ankommt. Dies alles sind Parallelwettkämpfe ohne direkte Konfrontation zwischen Angreifern und Verteidigern. Mag das Kräftemessen noch so angespannt und konkurrenzbetont verlaufen, die dramatische Form einer gewalttätigen Auseinandersetzung wird dadurch nicht begünstigt.[7] Das gilt erst

---

7 Manche Parallelwettkämpfe haben in der Praxis sowohl Verteidigungs- als auch Angriffselemente. Bei Wettrennen können sich die Läufer gegenseitig behindern, gelegentlich verheddern sie sich und stürzen, und nicht selten verliert ein sehr schneller Läufer bzw. eine schnelle Läuferin das Rennen, weil er/sie in einem Pulk von Läufern gefangen ist und es nicht an die Spitze schafft. Diese Muster kommen vor allem beim Mittelstreckenlauf vor, wo die Läufer keine eigenen Bahnen haben und das Läuferfeld sich in der kurzen Zeit nicht entzerren kann. Das kann zu bitteren Niederlagen führen und gelegentlich zu langjährigen Ressentiments. Der berühmteste Fall ereignete sich bei den Olympischen Spielen 1984 zwischen zwei Läuferinnen im Wettbewerb über 1500 Meter, als die Amerikanerin Mary Decker Slaney wegen der Südafrikanerin Zola Budd ins Stolpern geriet und beide Starläuferinnen damit aus dem Rennen waren. Slaney war Budd noch Jahre später spinnefeind. Doch führt das Behindern während eines Rennens so gut wie nie zu Tätlichkeiten, auch wenn es im Wettbewerb durchaus hart zugehen kann. Afrikanische Marathonläufer, für die angesichts ihrer Armut das Preisgeld eine wichtige Rolle spielt, sind da-

recht für Wettkämpfe, bei denen es wie beim Turnen vor allem um Geschicklichkeit geht. Turner sind sehr muskulös, doch die Struktur ihrer Wettkämpfe basiert nicht auf Konfrontation. Unter anderem deshalb gelten Männer, die sich in ähnlichen Bereichen sportlich betätigen (ob im Wettkampfsport, wie beim Eislaufen, oder im Bereich der Musikunterhaltung, zum Beispiel beim Ballett), als nicht sehr maskulin, obwohl sie ein hohes Maß an Kraft und Körperbeherrschung zur Schau stellen.

Sportarten mit Angriffs- und Verteidigungssituationen wirken besonders dramatisch, weil durch eine Reihe von Episoden Spannung aufgebaut wird und eine Seite der anderen plötzlich oder auch schleichend die Initiative entreißen kann. Die Spieler versuchen einerseits, erfolgreich anzugreifen, und andererseits, den Gegner zu blockieren. Spannend und dramatisch wird es, wenn es gilt, bedrohliche Situationen abzuwehren und einen »Lauf« der Gegenseite zu stoppen. Ein Triumphgefühl stellt sich ein, wenn es endlich gelingt, eine starke Verteidigung zu durchbrechen. Wird jedoch trotz allen Könnens der Teamfluss zum Erliegen gebracht, ist die Enttäuschung bitter. Das Aufeinanderprallen von Angriff und Verteidigung über eine Reihe solcher Episoden hinweg führt nahezu unweigerlich zu emotionalen Wendepunkten.

Am häufigsten kommt es bei inszenierten Nahkämpfen zu Gewalt, doch hier bleibt sie in aller Regel innerhalb der Grenzen des Reglements. Boxen und Ringen sind die beiden Sportarten, die realen Kämpfen am meisten ähneln. Wie wir bereits in Kapitel 6 bei jenem Zwischenfall beobachten konnten, bei dem der Schwergewichtsboxer

---

für berüchtigt, dass sie ihre Wasserflaschen auf die Erfrischungsstationen ihrer Kontrahenten werfen, um sie aufzuhalten, doch scheint dies nicht in Kämpfe zu münden. Dies wird schon durch die Struktur des Wettkampfs ausgeschlossen: Wer sich bei einem Rennen mit einem Kampf aufhält, verliert.

Dagegen gibt es bei Autorennen durchaus Beispiele für tätliche Auseinandersetzungen. Bei einem NASCAR-Rennen in Chicago führte Kasey Kahne das Rennen an, als er durch den von Tony Stewart gesteuerten Wagen ins Schleudern gebracht wurde. Kahne krachte in die Bande (erlitt jedoch keine ernsthaften Verletzungen), und Stewart fuhr weiter dem Sieg entgegen (*Los Angeles Times*, 14. 7. 2004). Kahnes Wartungsteam zog los zur gegnerischen Box, und aus der hitzigen Debatte entwickelte sich eine Rempelei, die schließlich durch das Eingreifen von Ordnern beendet wurde. Diese Auseinandersetzung wurde nicht von den Fahrern ausgetragen, sondern von ihren Helfern, die selbst gar keine Rennen fahren. Angezettelt wurde er von dem Team, das aus dem Rennen war und für das sich daher das Problem des Zeitverlustes nicht mehr stellte.

Tyson seinem Herausforderer Holyfield ein Stück Ohr abbiss, führt schwere Gewalteskalation außerhalb des Reglements jedoch meistens zu einem Abbruch des Kampfes. Kämpfen ist so untrennbar mit dem Wesen dieser Sportart verbunden, dass sich die Dramatik durch eine Eskalation gar nicht weiter steigern lässt. In anderen Sportarten demonstrieren die Spieler durch den Gewaltausbruch, dass das bisherige Scheingefecht des Spiels nun zu einem echten Kampf eskaliert. Die dramatische Struktur eines Boxkampfs, der ja vorgibt, ein echter Kampf zu sein, schließt dergleichen aus oder bietet zumindest kaum dramatischen Spielraum, Streit und Wut in einer Weise auszudrücken, die über das Normalmaß hinausgeht.[8]

Beim Ringsport wird außerplanmäßige Gewalt noch viel peinlicher vermieden.[9] Versierte Ringer operieren auf kurzer Distanz, so dass

---

8 Boxen nimmt unter praktisch allen Sportarten, die konfrontativsten eingeschlossen, eine Sonderstellung ein, weil es relativ häufig zu tätlichen Auseinandersetzungen vor dem eigentlichen Kampf kommt. Bei anderen Sportarten entwickeln sich Kämpfe typischerweise gegen Spielende, wenn sich erhebliche dramatische Spannung aufgebaut hat. Bei Profiboxkämpfen erscheinen die Boxer normalerweise zu einer feierlichen Wiegeprozedur, wo sie auch für die Presse posieren (siehe Abb. 8.2, S. 435). Die rituellen Anstarr-Duelle und das Verunglimpfen des Gegners, zu dem es bei dieser Gelegenheit manchmal kommt, können zu einem kurzen Kampf eskalieren. Meistens bleibt es allerdings bei einer Rangelei, in deren Verlauf womöglich Möbel umgeworfen werden und es zum Handgemenge mit der Entourage des Gegners kommt. Das Muster entspricht zeremoniellem Imponiergehabe, Fäuste kommen kaum zum Einsatz. Manches wird dabei künstlich aufgebauscht, um das Interesse am kommerziell inszenierten Boxkampf anzuheizen. All das gehört zum Muster des Kampfes als publikumsorientierter Unterhaltung. Selbst wenn die Boxer einander tatsächlich nicht mögen, hält sich die Gewalt im Vorfeld sehr in Grenzen, und der Fokus liegt nach wie vor auf dem eigentlichen Kampf. Wenn sich in anderen Sportarten einzelne Spieler oder Mannschaften in den Tagen vor dem Spiel gegenseitig drohen, wird dies normalerweise von Trainern und anderen Spielern unterbunden, um den Gegner nicht unnötig zu provozieren. Wie wir noch sehen werden, gibt es beim Football die meisten Raufereien vor dem eigentlichen Wettkampf (anders als beim Wiegen vor Boxkämpfen). In diesem Fall haben die Trainer nichts dagegen, weil es dazu dient, unmittelbar vor dem Spiel aggressive Dominanz aufzubauen, wogegen reine Verbalattacken in den Tagen vor dem Spieleinsatz eher als Beitrag zur emotionalen Einstimmung der gegnerischen Mannschaft gelten.

9 Mit »Ringsport« (*wrestling*) meine ich die olympische Disziplin, wie sie in Schulen oder in Wettkämpfen der Amateurverbände ausgeübt wird. Profiwrestling dagegen, das kaum noch etwas mit den Regeln und Techniken des Ringens zu tun hat, ist hochgradig inszeniert, um den Eindruck ungezügelter Gewalt zu erwecken. Dabei sind Kämpfe der Kontrahenten außerhalb des

Abb. 8.1 Maskuliner Athlet eines gewaltfreien Sports: Stabhochspringer (2004). *Reuters/Dylan Martinez*

Tritte und Faustschläge nicht effektiv angebracht werden können. Die Standardtechnik beim Ringen besteht darin, den Gegner zu Fall zu bringen und dann so auszuhebeln, dass er wehrlos auf dem Rücken liegt. Selbst relativ ungeübte Ringer wissen, wie man den Gegner

---

Ringes und der Einsatz unzulässiger Waffen und Kampftechniken an der Tagesordnung. All dies ist vorher inszeniert und eingeübt. Für einen ernsthaften Amateurringer dürfte es in meinen Augen ein Leichtes sein, einen professionellen Schaukampfringer mit den normalen Hebel- und Immobilisierungstechniken außer Gefecht zu setzen. Auch Sumoringer scheinen keine Sekunde länger als vorgeschrieben zu kämpfen. Sie verbringen allerdings geraume Zeit damit, zu posieren und umherzustampfen, bevor sie ihre Wettkampfposition einnehmen. Damit versuchen sie unter anderem, den Gegner in seiner Konzentration zu stören, vor allem, indem sie mit verächtlicher Geste aufstehen und für einige Sekunden aus dem Ring herausspazieren. Dass diese Strategien nichts Ehrenrühriges haben, zeigt sich daran, dass hochrangigen Sumoringern ganz offiziell mehr Zeit für diese rituellen Präliminarien zugebilligt wird, und dass diese Gesten aufgrund ihrer theatralischen Qualität vom Publikum mit Jubel bedacht werden (nach eigener Beobachtung und laut Informationsbroschüren in der Tokyo Sumo Arena, Mai 2005).

bewegungsunfähig macht und eine Pattsituation herstellt, so dass Kämpfe oft auf einen Muskelausdauertest hinauslaufen. Dem liegt eine relativ einfache dramatische Struktur zugrunde, die nicht auf Spannungshöhepunkte zusteuert. Vielmehr kristallisiert sich nur ganz allmählich die Überlegenheit einer Seite heraus, oder es kommt zum Beinahe-Stillstand. Besonders gute Ringer machen überraschende Angriffs- oder Ausweichmanöver. Doch der kurzfristige Effekt besteht lediglich darin, den Gegner in eine Lage zu bringen, in der er einem noch weniger gefährlich werden kann. Ringen ist die Sportart, bei der es am stärksten zu einem direkten und lang andauernden Kräftemessen kommt. Allein schon deshalb müssen sich die Sportler auf den eigentlichen Kampf konzentrieren.

Am häufigsten kommt Spielergewalt in Offensiv-/Defensiv-Wettkämpfen vor, bei denen nicht Einzelne gegeneinander antreten, sondern Teams. (Auch wenn die Kämpfe im Allgemeinen zwischen Einzelnen ausgetragen werden.) Dies passt zu dem Grundmuster, dass Gewalt die Unterstützung durch eine Gruppe voraussetzt. Zwei Hauptmerkmale ermöglichen Rückschlüsse darauf, wie viel Gewalt in einer Sportart auftritt: das Ausmaß, in dem Drohungen und Gewalt zum Spiel gehören, und der Grad, in dem die Spieler vor Verletzungen geschützt sind.

Es gibt kaum systematisches Zahlenmaterial zu Spielergewalt.[10] Ich beziehe mich daher im Folgenden auf eigene Auswertungen von

10 In einer Studie wurden Highschool-Sportbeauftragte in North Carolina gefragt, wie oft es ihrer Einschätzung nach in drei verschiedenen Sportarten zu verbaler und physischer Einschüchterung sowie zu direkter Gewalt kommt (Shields, »Intimidation and Violance«). Am höchsten wurde die Gewalt beim American Football eingestuft (Eishockey wurde an diesen Schulen nicht angeboten), Fußball lag bei verbaler Einschüchterung knapp vor American Football (das überrascht, könnte jedoch daran liegen, dass verbales Imponiergehabe in Anbetracht der strengen Restriktion von tatsächlicher Gewalt die einzig zur Verfügung stehende Waffe darstellt). Beim Basketball waren verbale und physische Einschüchterung moderat, Gewalt trat fast so selten auf wie beim Fußball. Einschüchterung baut sich schrittweise auf: Verbale Einschüchterung erklärt 45 Prozent der Varianz bei physischer Einschüchterung (wie z. B. Drängen und Klammern) und physische Einschüchterung wiederum erklärt 42 Prozent der Varianz bei körperlicher Gewalt. Diese Zahlen sind cum grano salis zu betrachten, denn sie basieren nicht auf der Auswertung tatsächlicher Zwischenfälle bei Spielen, sondern auf summarischen Angaben der Sportbeauftragten, die deren persönlichen Eindruck vom Gesamtaufkommen der unterschiedlichen Einschüchterungs- und Gewaltformen wiedergeben.

Abb. 8.2 Anstarr-Duell im Vorfeld eines Boxkampfes (New York, September 2001)
ddp images/AP/Laura Ranch

Nachrichtenberichten, Fernsehübertragungen und der Befragung erfahrener Fans. Beim Eishockey kommt es (im Profisport) durchschnittlich einmal pro Spiel zu einer Auseinandersetzung. Beim American Football kommen Schlägereien ein- oder zweimal pro Wochenende vor (bei insgesamt circa 15 Spielen in der Profiliga), wobei die Häufigkeit in den entscheidenden Spielen gegen Saisonende zunimmt.[11] Beim Baseball entbrennt einmal pro Woche – bei 90 Profispielen – ein Kampf, beim Basketball in weniger als einem Prozent der Spiele.[12] Schlägereien zwischen Fußballspielern scheinen relativ selten zu sein.

Wie lässt sich diese Staffelung erklären?

Manche Sportarten beruhen vor allem auf der direkten Behinderung des Gegners. Beim American Football sind das normale Spiel und Gewalt eins, im Mittelpunkt stehen Kollisionen mit dem Gegner, ob man angreift, blockt oder sich einen Weg zu bahnen sucht. Beim Eishockey gehören Bodychecks dazu; mit hoher Geschwindigkeit ankommende Gegner werden einfach gegen die Bande geschubst. Im Basketball wird beim Kampf um den Ball geschubst und gerangelt, oder man blockt einen angreifenden Gegner, der zum Korb unterwegs ist. Beim Baseball gibt es ebenfalls einige legitime Möglichkeiten, einem Spieler im Lauf den Weg abzuschneiden oder ihn zu blocken. Es scheint auf der Hand zu liegen, dass sich die normale Gewalt des Spiels mitunter zu wütenden Prügeleien auswächst, die zur Spielunterbrechung führen, und dass sich Anspannung und Frustration gelegentlich in regelwidriger Gewalt ein Ventil suchen. Dennoch sind damit weder die Häufigkeit von Spielergewalt bei Kontaktsportarten noch die Zeitpunkte, an denen Gewalt ausbricht, ausreichend erklärt und beleuchtet.

---

11 Die Sportbeauftragten von Highschools gaben ebenfalls an, dass Einschüchterung und Gewalt in entscheidenden Spielen häufiger vorkamen (ebenda).

12 In der NBA gab es zwischen 1987 und 1997 im Rahmen der Play-offs am Saisonende insgesamt sechs Schlägereien, die so schwerwiegend waren, dass Spieler gesperrt wurden. Bei dreien dieser Spiele wurde ein Spieler wegen Tätlichkeit gesperrt (d. h., der Getroffene hatte nicht nennenswert zurückgeschlagen), bei den anderen drei Spielen war es zu Schlägereien gekommen, an denen jeweils nur zwei Spieler maßgeblich beteiligt waren; die anderen wurden bestraft, weil sie während des Schlagabtausches auf das Spielfeld gestürmt waren (*San Diego Union-Tribune*, 16. 5. 1997). Pro Spielsaison gibt es ungefähr 80 Play-off-Spiele, das heißt, es kommt in 0,7 Prozent der Spiele zu tätlichen Auseinandersetzungen. Ich vermute, dass es während der normalen Saisonspiele weniger sind. Soziologen, die sich mit Amateur- und Schulbasketballmannschaften befassen, bestätigen, dass Schlägereien nur sehr selten vorkommen (Reuben A. Buford, persönliches Gespräch, August 2005); laut Scott Brooks (persönliches Gespräch, 2003) haben Basketballspieler aus sozialen Brennpunkten es im Gegensatz zu anderen jungen Schwarzen nicht nötig, sich aus Prestigegründen zu prügeln. Wilkinson, *Guns*, befragte Gangmitglieder zu Kämpfen unter Schwarzen und Hispanics. Obwohl sie eine Vielzahl von Freizeitsportarten ausüben, einschließlich Basketball, fanden die einzigen Kämpfe, die sich im Verlauf eines Spiels entwickelten, beim Football statt.

Sportarten, bei denen man den Gegner daran hindern muss zu punkten, fördern strukturell das Zustandekommen von Kämpfen. Bei Sportarten ohne Behinderung des Gegners kommt es fast nie zu tätlicher Gewalt. Allerdings kann sich dieses Behindern durch die Hintertür auch dort einschleichen, wo es offiziell nichts zu suchen hat. Golf ist ein Parallelwettkampf, bei dem die Spieler, von denen einige zusammen am selben Loch spielen, nicht physisch voneinander getrennt sind und dennoch friedlich versuchen, den Ball einzulochen. Manchmal kommt es auch auf Golfplätzen zu Handgreiflichkeiten. Ich habe jedoch nur solche persönlich beobachtet oder durch Hörensagen zugetragen bekommen, die sich nicht zwischen konkurrierenden Golfspielern ereigneten, sondern jenseits von Golfturnieren, wenn Golfer wütend wurden, weil die Spieler vor ihnen so trödelten. Dann wird manchmal versucht, die Langsamspieler mit dem Ball zu treffen oder sie physisch anzugehen. Dies sind Beispiele für physische Behinderung des Gegners im Kontext des Spieles, jedoch außerhalb des eigentlichen Wettbewerbs. Das beweist, dass Golfer grundsätzlich friedfertig sind, und zwar nicht, weil sie eher aus der Mittelschicht stammen und höflicher wären als andere Sportler, sondern weil die dramatische Spannungsstruktur des Spieles nicht dazu angetan ist, die Konfrontation mit den Kontrahenten heraufzubeschwören.

Ganz ähnlich ist es beim Tennis. Obwohl diese Sportart traditionell mit der vornehmen Oberschicht in Verbindung gebracht wird, sind auch hier die Spieler (männliche wie weibliche) nicht über Wutausbrüche erhaben. Tennis gehört zu den offensiv-defensiven Wettkämpfen, bei denen die Spieler unmittelbar zu verhindern suchen, dass der Gegner Punkte macht. Die Spieler sind physisch durch das Netz voneinander getrennt, und prinzipiell geht es darum, den Ball vom Gegner fernzuhalten und nicht, ihn oder sie damit zu treffen. Die Spannung beruht auf schnellen Bewegungen und überraschenden Schlägen, und das dramatische Scheitern bei Punktverlust kann zu emotionalen Ausbrüchen führen; diese richten sich allerdings eher gegen den Schiedsrichter als gegen den Kontrahenten.[13] Wut allein ist kein ausreichender Grund für einen Kampf.

Die Spielregeln vieler Sportarten wurden im Lauf der Zeit so geändert, dass sie außer Kontrolle geratende Gewalt berücksichtigen. Beim American Football gibt es Strafen für unnötige Härte, etwa für

13 Baltzell, *Sporting Gentlemen.*

Attacken von hinten, die sich gegen empfindliche Körperteile wie die Kniekehlen richten, für Attacken gegen besonders wichtige Spieler wie den Quarterback, der selbst nicht attackiert, für das Behindern eines Spielers, der im Begriff ist, den Ball zu fangen, und so weiter. Diese abgestuften Strafen wirken sich zwar auf die Siegchancen aus, da jedoch beide Mannschaften Regelverstöße begehen (und Strafen wegen Gewalt im Spiel genauso behandelt werden wie Strafen für andere Verstöße wie Abseits), halten sich die Strafen tendenziell die Waage. Die Spieler haben also keinen wirklich triftigen Grund, Strafen wegen Tätlichkeiten zu vermeiden. Auch im Eishockey gibt es eine ganze Reihe von Strafen für regelwidrige Gewalt, etwa das Spielen mit hohem Stock, das Behindern des Gegners mit dem Schläger oder besonders brutale Bodychecks. Schwerere Prügeleien, zu denen es im Spielverlauf immer wieder kommt, gelten als normal und vorhersehbar und werden ebenfalls mit Strafen belegt. Die Strafen (eine bestimmte Anzahl von Minuten auf der Strafbank absitzen) beeinträchtigen zwar die Gewinnchancen, werden aber von vornherein sowohl in der Offensiv- als auch in der Defensivstrategie berücksichtigt (zum Beispiel durch »Powerplay«, sobald die gegnerische Seite wegen Strafen dezimiert ist, beziehungsweise taktisches Aushebeln des Powerplays).[14] Im Basketball wird grobes Spielverhalten mit Freiwürfen geahndet, doch angesichts der vielen regulären Treffer spielen die wenigen in solchen Situationen erzielten Punkte meist keine spielentscheidende Rolle, außer wenn sich Freiwürfe in einem knappen Spiel häufen. Beide Seiten erhalten so häufig Freiwürfe, dass diese zum normalen Spielfluss gehören und in die Spieltaktik eingebunden werden. Das Spiel enthält eine ganze Reihe von Elementen, die genau genommen regelwidrig, aber an der Tagesordnung sind, ein riskobehafteter Grenzbereich, den gute Spieler und Teams beherrschen müssen. Das eigentliche Spiel ist von einer Grauzone kontrollierter Gewalt umgeben. Strafregeln wie diese lassen eine Art geschützter Gewalt zu; sie wird innerhalb gewisser Grenzen geduldet, die alle Beteiligten still-

---

14 Die Strafen reichen von zwei Minuten für normale Regelverstöße bis zu vier Minuten für besonders brutales Spielverhalten. Normalerweise lassen sich die Spieler innerhalb von zehn bis zwanzig Sekunden durch die Schiedsrichter voneinander trennen; wenn nicht, droht ein Spielverweis. Da jedoch meistens beide Streithähne betroffen sind und bei einem Verweis durch andere Spieler ersetzt werden können, hat keine der Mannschaften einen besonderen Vor- oder Nachteil davon.

schweigend anerkennen. Damit ermöglichen sie Gewalt, denn die soziale Organisation der Gewalt in kontrollierter Form erlaubt die Überwindung von Konfrontationsanspannung und -angst.

Der unterschiedliche Einfluss von Strafsystemen zeigt sich, wenn man Spiele mit relativ harten Strafen zum Vergleich heranzieht. Beim Fußball fallen normalerweise nur wenige Tore, weil es einen Torwart gibt (im Gegensatz zu Spielen mit einem offenen Tor und dem Verbot, das Tor zu hüten) sowie für die Abwehr vorteilhafte Abseitsregeln. Ein vergleichsweise drakonisches Regelwerk führt zu oftmals spielentscheidenden Elfmetern, wenn ein Spieler im Strafraum gefoult wird. Und da ein Spieler, der vom Platz gestellt wird, nicht ersetzt werden darf, wird das Team, das den Regelverstoß zu verantworten hat, stark benachteiligt, weil es in Unterzahl weiterspielen muss. Derart strenge Spielstrafen wirken abschreckend und schaffen so eine Atmosphäre, in der regelwidrige Gewalt nur sehr selten vorkommt.

Auf Grundlage der Institutionalisierung häufiger milder Strafen allein lässt sich der Grad der Spielergewalt jedoch nicht genau vorhersagen. Eishockey, American Football und Basketball haben Strafsysteme, durch die regelwidrige Gewalt normalisiert wird. Dennoch brechen im Eishockey sehr häufig, im American Football durchschnittlich oft und im Basketball nur sehr selten Schlägereien zwischen Spielern aus. Und beim Baseball, wo es eigentlich kein normalisierendes Strafsystem gibt (dafür jedoch vergleichsweise harte Strafen für Schlägereien – Ausschluss vom Spiel, manchmal einschließlich Strafgeldern und Sperrung für künftige Spiele; Letzteres ähnlich wie beim Fußball), kommt es relativ oft zu ausgeprägten Kämpfen. Es muss also noch eine andere Voraussetzung für Kämpfe geben.

Dabei handelt es sich um das Ausmaß, in dem Spieler im Falle eines Kampfes vor Verletzungen geschützt sind.

Eishockeyspieler tragen eine dick gepolsterte Montur, dazu Helme und Handschuhe. Obwohl sie mit Schlägern ausgerüstet sind, die als Waffen eingesetzt werden könnten, kommt dies im Grunde nie vor. Allerdings sind das Haken des Gegners oder das Spielen mit hohem Stock oft Auslöser für Auseinandersetzungen. Bei einer Schlägerei lassen Eishockeyspieler ihre Schläger jedoch in der Regel fallen und schlagen – mit den Handschuhen an den Fäusten – aufeinander ein. Ihre Ausrüstung sorgt dafür, dass sie sowohl selbst gegen Angriffe geschützt sind als auch den anderen nur begrenzt Schaden zufügen.[15] Außerdem werden die Kämpfenden sofort von anderen Spielern umringt, die zwar rangeln und drängeln, aber auch den Aktionsradius der Kämpfer begrenzen, die derart eingeengt kaum ernsthafte Schläge landen können. Auch fehlt wegen der Schlittschuhe die nötige Standfestigkeit, um einen richtigen Boxkampf austragen zu können.

Footballspieler sind ebenfalls durch dicke Polster und Helme mit Gesichtsschutz abgesichert. Footballspieler geraten ziemlich oft in Faustkämpfe, die meist glimpflich ausgehen, denn eine Faust ist gegen diese Schutzkleidung keine effektive Waffe. Daher stößt ihnen in solchen Kämpfen meistens weniger zu als im normalen Spielverlauf, wo es am ehesten zu Verletzungen kommt.[16] Die gefährlichste Waffe eines Footballspielers ist sein Helm, wenn er sich unter Einsatz seines gesamten Körpergewichtes mit dem Kopf voran auf seinen Gegner stürzt. Doch kann er das nur während des laufenden Spiels tun. Wenn viele Spieler sich auf den Ball stürzen und ein Knäuel entsteht, so dass Publikum und Schiedsrichtern die Sicht verstellt ist, wird auch geschlagen, gebissen, gekratzt, dem Gegner ins Auge gestochen oder gegen empfindliche Körperteile einschließlich der Genitalien vorgegangen.[17] Doch obwohl manche Spieler in dem Ruf stehen, hinter den Kulissen ein übles Spiel zu treiben, scheint es sich um ein in sich geschlossenes Geschehen zu handeln. Es gibt keine Ausweitung hin zu

---

15 Zu den schwersten Verletzungen kommt es beim Eishockey nicht durch Schlägereien bei Spielunterbrechungen, sondern durch bösartige Attacken während des Spiels, etwa wenn ein Spieler als Rache für eine vorangegangene Konfrontation einen Gegner von der Seite rammt.

16 In den Spielen der National Football League kam es zwischen 1980 und 1988 zu 65 schweren Verletzungen pro Mannschaft und Jahr, das heißt, zu drei Verletzungen pro Mannschaft und Spiel (*Los Angeles Times*, 24. 1. 1997). Fast 10 Prozent der Teammitglieder werden pro Woche verletzt. Zu Beginn des 20. Jahrhunderts war Football ein besonders brutales Spiel. Im Jahr 1905 kamen 18 Spieler in Collegeteams (den Profifootball gab es damals noch nicht) ums Leben (Rudolph, *American College*, S. 373–393). Ursache für den historischen Höchststand der Verletzungen war u.a. die nicht sehr effektive Schutzausrüstung der Spieler: relativ dünne Lederhelme und im Vergleich zu heute schwach gepolsterte Kleidung. Dank verbesserter Trainingsmethoden, Gewichtheben, Steroiden und anderen Methoden des Bodybuilding schlagen heutige Footballspieler zweifellos wesentlich härter zu als die Spieler früher. Hier zeigt sich, dass Schutzkleidung eine wichtige Voraussetzung für ein wesentlich höheres Maß an kontrollierter Gewalt ist. Zu Todesfällen kommt es heutzutage fast ausschließlich während des knochenharten Trainings.

17 Spielerinterviews in *Sport Illustrated*, 31. 1. 2005, S. 38f.

öffentlichen und daher dramatisch ausgetragenen Gewaltereignissen. Im Vergleich zur ganz normalen Gewalt des Spieles sind diese Vorfälle unbedeutend.

Basketball wird ohne Schutzkleidung gespielt. Wenn es unter den Spielern zu einer Auseinandersetzung kommt, was nicht oft der Fall ist, dann meist in Form von Drohgebärden, richtige Faustschläge sind selten. Demnach gibt es also bei einer der Sportarten, bei der die Spieler am besten gegen Verletzungen geschützt sind (Eishockey), die meisten Kämpfe, beim Basketball, das ohne Schutzkleidung gespielt wird, die wenigsten. Bei anderen Sportarten ohne nennenswerte Schutzkleidung, wie Fußball, ist das Gewaltaufkommen ebenfalls niedrig – wobei es dafür, wie wir gesehen haben, zahlreiche andere Gründe gibt.[18]

Beim American Football liegt die Zahl der Kämpfe nach meiner Einschätzung etwas niedriger als beim Eishockey, wenn auch immer noch in der oberen Hälfte der Skala. In beiden Sportarten schützen sich die Spieler gleich gut vor physischen Verletzungen, und in beiden werden brutale Regelverstöße durch Strafen normalisiert (obwohl man einwenden kann, dass Eishockeykämpfe in höherem Maße geregelt sind). Doch Footballspieler haben mehr Gelegenheiten, ganz legitim und innerhalb der Spielregeln zu kämpfen. Auch im Eishockey gehören Bodychecks zum Spiel, aber beim Football wird fast jeder Spieler im Verlauf eines Spieles geblockt oder attackiert. Beim Football ereignen sich die Verletzungen weitestgehend während des Spiels, nicht bei Schlägereien. Ist ein Spieler so wütend, dass er einem Gegner wehtun will, so kann er das am effektivsten im weiteren Spielverlauf erledigen. Football eröffnet für legitime demonstrative Gewalt während der Begegnung den größten Spielraum. Und auch wenn es Spielsituationen in Hülle und Fülle gibt, in denen die Gewalt in illegitimer Weise eskalieren könnte, ist es unter dramatischen Aspekten befriedi-

18 Betrachtet man die Verletzungen bei Fußballspielen weltweit, von der Jugendliga bis hin zum Profifußball, so gibt es pro Spiel zwei bis drei Verletzungen (bei 22 Spielern), wenn Männer spielen; im Frauenfußball sind es nur halb so viele. Es handelt sich meistens um Prellungen, Zerrungen und Verstauchungen der Beine; Brüche oder Gehirnerschütterungen sind seltener. Verletzungen, die schwer genug sind, um den Spieler beim nächsten Spiel ausfallen zu lassen, traten bei den Profis etwa einmal pro Spiel auf (Junge u.a., »Football Injuries«). Diese Verletzungen sind viel leichter als die beim American Football, die nur gemeldet werden, wenn dadurch die Chancen eines Spielers, am Spiel der Folgewoche teilzunehmen, erheblich beeinträchtigt werden.

gender, wenn die brutalste Gewalt innerhalb der Regeln ausgeübt wird.

Es ergibt sich also folgendes Muster: Je besser die Beteiligten geschützt sind, desto häufiger kommt es zum Kampf. Football- und Eishockeyspieler in einem regelwidrigen Handgemenge sind wie Kinder, die in der Nähe von Erwachsenen raufen, die der Rauferei jederzeit ein Ende bereiten können. Zwar sind die Sportler größer und stärker, doch können sie aufgrund ihrer gepolsterten Schutzkleidung und ihres sozialen Umfelds nur begrenzt Schaden anrichten. Dasselbe Muster findet man, wenn man Duelle deutscher Verbindungsstudenten mit denen französischer Duellanten vergleicht. Bei der Mensur messen deutsche Verbindungsstudenten buchstäblich ihr Stehvermögen, mit vollständig ausgepolstertem Oberkörper, mit Schutzbrillen und flachen, stumpfen Degen. Die französischen Duellanten tragen viel weniger Körperschutz, halten aber in Degen- und Pistolenkämpfen einen größeren Abstand ein. Während die deutschen Studenten verbissen und ausdauernd aufeinander einschlagen, um ein paar rühmliche Narben davonzutragen, findet man bei den französischen Duellen mehr Imponiergehabe, wobei sie es, statistisch gesehen, meist schaffen, Verletzungen zu vermeiden. Eishockey- und Footballspieler haben viel Ähnlichkeit mit den gut eingepackten deutschen Studenten, die in ausdauernden Kämpfen nur leichte Verletzungen davontragen. Die meisten anderen Spieler von Konkurrenzsportarten ähneln eher den französischen Duellanten.

Der Vergleich mit Baseball zeigt, dass der Schutz auch sozialer und nicht nur physischer Natur sein kann.[19] Baseball ist keine Körperkontaktsportart (mit ganz wenigen Ausnahmen), insofern könnte man ein niedriges Gewaltaufkommen vermuten. Zudem sind die Spieler im Allgemeinen nicht durch ihre Ausrüstung geschützt. Die verteidigende Mannschaft trägt zwar Handschuhe, doch werden diese in der

19 Am Ende von Kapitel 2 habe ich unter der Überschrift »Angst wovor?« dargelegt, dass Soldaten und andere, die in reale Kampfsituationen geraten, weniger mit ihrer Angst vor körperlicher Verletzung zu tun haben als mit der Konfrontationsanspannung, die entsteht, wenn sie einen anderen Menschen von Angesicht zu Angesicht bedrohen. Konfrontationsanspannung und -angst entwickeln sich vor allem durch den Bruch mit dem grundlegenden Verstrickungsmuster menschlicher Interaktion, im Grunde eine symbolisch-emotionale Verletzung. Im Falle von Sportlern beruht die spezifische Anspannung vor allem auf der Angst, in einer Situation die Souveränität zu verlieren, bei der man im Zentrum der öffentlichen Aufmerksamkeit steht.

Regel ausgezogen, wenn es zu einer Auseinandersetzung kommt. Die Schlagmänner tragen Helme, die jedoch nicht das Gesicht abschirmen, sowie manchmal Ellbogen- und Schienbeinschoner, die aber bei Kämpfen nicht relevant sind. Nur der Fänger ist mit Brustschutz, Schienbeinschonern und Gesichtsmaske gut geschützt – vor allem vor dem Werfer seines eigenen Teams.[20]

Fast alle Kämpfe beim Baseball entzünden sich daran, dass der Werfer einen Schlagmann mit dem Ball trifft. Im folgenden Spielabschnitt übt der gegnerische Werfer dann (für gewöhnlich) Vergeltung, indem er auf einen Schlagmann der Gegenmannschaft wirft, der wiederum den Werfer wütend anbrüllt, beleidigt oder mit den Fäusten attackiert. Dann rennen die übrigen Spieler beider Mannschaften aufs Spielfeld, einschließlich der Reservespieler. Meistens geht es nicht allzu gewaltsam zu, man packt einander und ringt die wütendsten Spieler zu Boden, wo sie mit wilden Faustschlägen wenig anrichten können.

Beim Baseball entwickeln sich solche Handgemenge häufiger als in anderen Sportarten. Bei Basketballkämpfen gehen eher zwei Spieler aufeinander los.[21] Beim Football und beim Eishockey beschränken sich die Kämpfe meist auf diejenigen, die sich bereits auf dem Spielfeld befinden und dort normalerweise auf jene, die dem Geschehen am nächsten sind. Dieser Unterschied bei der Mannschaftsbeteiligung beruht auf der Tatsache, dass die Vergeltungskämpfe von Baseballwerfern einem expliziten Kodex folgen (obwohl sie vom offiziellen Reglement verboten sind, ganz ähnlich wie Duelle außerhalb des Ge-

---

20 Diese Schutzkleidung kann in Kämpfen beim Baseball eine Rolle spielen. Auf mehreren Fotos sind Fänger zu sehen, die in einen Kampf mit einem Spieler der Gegenmannschaft verwickelt sind (z.B. der Fänger Jason Varitek von den Boston Red Sox, der versucht, seinen eigenen Werfer und den Schlagmann Alex Rodriguez von den New York Yankees, dem Erzrivalen seines Teams, voneinander zu trennen. Rodriguez war zuvor von einem Ball getroffen worden, siehe Abb. 8.3). In beiden mir bekannten Fällen kommt es zu der üblichen Rangelei, in beiden ist zu sehen, wie der Fänger mit Brustschutz und Gesichtsmaske mit ausgestreckten Armen Kinn und Gesicht des Gegners nach hinten oben wegdrückt. Der Fänger ist nicht nur durch seine Montur vor effektiver Vergeltung geschützt, er kann auch selbst nicht viel Schaden anrichten, da seine Faust noch im Fanghandschuh steckt, mit dem er das Gesicht des Gegners traktiert (siehe auch *Los Angeles Times*, 29. 7. 2002).

21 Dies scheint auch für Spiele zu gelten, bei denen die Mannschaften spontan zusammengestellt werden. Ein Ethnographiestudent berichtet, wie sich zwischen zwei Spielern über mehrere Tage hinweg ein Streit aufbaute; als der Kampf schließlich ausbrach, standen andere Spieler dabei und sahen zu.

Abb. 8.3 Schadensbegrenzung durch das Tragen von Schutzkleidung (Juli 2004). *Reuters/Brian Snyder*

setzes stattfinden), und dass von allen Mannschaftsmitgliedern erwartet wird, sich aus Solidarität zumindest zum Schein zu beteiligen. Ersatzspieler sagen hinterher, dass sie auf das Spielfeld gelaufen sind, weil alle das getan haben und sie das Gefühl hatten, man erwarte das von ihnen.[22] Dabei haben sie auf dem Spielfeld vor allem andere Spie-

---

22 Ein Spieler erinnert sich an seinen ersten Tag in der Profiliga: »Es gab zwei Prügeleien, bei denen die Spielerbank wie leergefegt war. Ich bin einfach mit den anderen mit. Was hätte ich denn machen sollen, am allerersten Tag. Ich war sowieso schon nervös« (*San Diego Union-Tribune*, 13. 8. 2001; siehe auch Adler, *Momentum*).

ler am Trikot gepackt – die gegnerischen zur Einschüchterung und um zu verhindern, dass diese Spieler der eigenen Mannschaft packen und niederschlagen können, und die eigenen, um zu verhindern, dass sie noch stärker in die Schlägerei verwickelt und womöglich wegen Tätlichkeit vom Platz gestellt werden.

Lässt man einmal die vordergründigen Motive und Rechtfertigungen beiseite, so besteht der mikrosoziologische Prozess eines Kampfes beim Baseball darin, dass einige wütende Hauptakteure sich rituell rächen und ihre Ehre verteidigen. Andere, ihnen nahestehende Spieler schließen sich ihnen an, zum Teil ebenfalls aus Wut, aber auch, um sie zurückzuhalten. Wieder andere Spieler rotten sich wie in einem einzigen, umfassenden Körperkontaktritual zusammen, wobei die Grenzen zwischen Solidarität und Feindseligkeit verschwimmen. Es kommt selten vor, dass Spieler bei solchen Tumulten verletzt werden, und die gefährlichste Waffe – der Schläger des Schlagmannes – kommt in solchen Kämpfen praktisch nie zum Einsatz, sondern wird kurz vor Kampfbeginn weggelegt.[23] Was den Gefährlichkeitsgrad angeht, nimmt Baseball ohnehin eine Sonderstellung unter den Sportarten ein. Wer unglücklich von einem Ball getroffen wird, kann daran sterben oder bleibende Schäden davontragen, und es gibt andere Spielsituationen, in denen mit harten Bandagen gekämpft wird (vor allem wenn ein Spieler daran gehindert werden soll, die nächste *Base* zu erreichen). Dennoch kommt körperliche Gewalt im Baseball viel sporadischer vor als im Football oder Eishockey. Hart umkämpfte *Runs* zur nächsten *Base* führen im Vergleich mit Wurftreffern nur selten zu Auseinandersetzungen, auch wird für sie nicht durch gezielte Würfe Vergeltung geübt. Das liegt zum Teil daran, dass solche Spielsituationen nur sporadisch vorkommen und nicht vorhersehbar sind, wogegen der Werfer jederzeit absichtlich einen Schlagmann treffen kann, genau wie man sich zu einem beliebigen Zeitpunkt zu einem Duell verabreden kann. Hochmotivierte Gewalt muss dramatisch sein, und eine dramatische Inszenierung bedarf des Spannungsaufbaus bis hin zum richtigen, vorhersehbaren Moment.

Ein Gedankenexperiment soll die Theorie bis zu diesem Punkt veranschaulichen. Fußball ist ein Sport mit sehr wenig regelwidriger Gewalt, zumindest für eine Angriffs- und Verteidigungssportart, bei der

---

23 Bei Straßenkämpfen und Raubüberfällen werden Baseballschläger dagegen durchaus manchmal als Waffe verwendet (siehe z.B. Felson, *Crime*, S. 32; Morrison/O'Donnell, »Armed Robbery«; Fisher, *Joey the Hitman*).

Abb. 8.4 Ritualisierte Mannschaftsrauferei. Man beachte die wenigen Spieler mit zornigem Gesichtsausdruck (überwiegend die Werfer) und den abgelegten Baseballschläger am Boden (San Francisco, Juni 2004).
ddp images/AP/Marcio Jose Sanchez

es darum geht, sich Mann gegen Mann gegenseitig zu behindern. Doch ließe sich Fußball mit zwei Modifikationen schnell in ein Spiel mit hohem Gewaltpotenzial wie Eishockey oder American Football verwandeln: Erstens müssten die Spieler besser gepolstert sein (also zum Beispiel Schutzkleidung aus Kunststoff tragen), um das Verletzungsrisiko zu verringern, und zweitens müsste das Strafreglement dahin gehend geändert werden, dass brutales Spiel im dramatischen Spielverlauf nicht über Sieg oder Niederlage entscheidet. Dazu könnte man das Strafsystem des American Football oder Eishockey übernehmen, so dass Spieler für Fouls nur kurzzeitig vom Platz gestellt würden (wodurch sich auch die Zeitspanne verringern würde, in der die eine Mannschaft in Unterzahl spielen muss) oder andere Spieler eingewechselt werden dürften, sobald ein Spieler vom Platz gestellt wurde. Die Gewalt auf dem Spielfeld, so dürfte deutlich werden, wird von solchen Strukturmerkmalen bestimmt und nicht von einem wie auch immer gearteten Ethos bestimmter Sportarten.

Praktische Fähigkeiten zum Aufbau von Dominanz führen zum Sieg

Im Unterschied zu den meist kurzen Kämpfen im wirklichen Leben besteht Sport aus inszenierten, künstlich in die Länge gezogenen Mann-gegen-Mann-Kämpfen. Jedes Spiel erfordert bestimmte Gewinnstrategien. Das Ziel besteht darin, Dominanz über sein Gegenüber zu erzielen – kurzfristig geht es um physische, längerfristig um emotionale Dominanz. Footballspieler stürmen vorwärts, während die Verteidiger dagegenhalten. Den Sieg trägt die Mannschaft davon, der es gelingt, der anderen ihren Willen aufzuzwingen, was stoßwellenartig geschieht. Entscheidend ist die jeweilige emotionale Energie, genau wie auf dem Höhepunkt einer Schlacht, wenn die eine Seite durch einen Energieschub einen entschlossenen Angriff unternimmt, während die immer konfusere Gegenseite in lähmende Passivität verfällt. Oder wie bei einem bewaffneten Raubüberfall, bei dem der Räuber versucht, sein Opfer in eine passive Rolle zu drängen. Abgesehen von der Beschränkung der Gewalt besteht der Unterschied beim Sport darin, dass das Ringen um die Dominanz vor den Augen der Zuschauer veranstaltet und zu ihrem Vergnügen ausgedehnt wird. Während professionelle Räuber völlig unerwartet zuschlagen und Soldaten nach einer Anspannungsphase auf einmal in Vorwärtspanik geraten, müssen sich Sportler über einen längeren Zeitraum hinweg um bestenfalls temporäre und partielle Dominanz bemühen, wobei es ihnen gelegentlich gelingt, spektakulär und entscheidend die Initiative an sich zu reißen.

Emotionale Energie ist dabei in mehrerer Hinsicht eine kollektive Angelegenheit. Sie verteilt sich innerhalb einer Mannschaft, die als Ganzes über viel oder wenig emotionale Energie verfügt. Genauer gesagt, teilen manche Teile einer Mannschaft mehr kollektive Emotionen als andere. Die emotionale Kohäsion innerhalb von Mannschaften kann Schwankungen nach oben wie nach unten aufweisen und sich auch im Zeitverlauf ändern. Jedes Spiel hat eine interne Geschichte, die aus der Abfolge und dem Grad an emotionaler Koordination besteht. Kollektive Emotionen können positiver oder negativer Natur sein, können sich in kollektivem Selbstvertrauen und Initiative, aber auch in kollektiver Depression oder Frustration niederschlagen und schlimmstenfalls mit Streit innerhalb der Mannschaft enden.[24]

---

24 Wenn eine Mannschaft verliert, verliert sie nicht nur die emotionale Dominanz, sondern auch ihren inneren Zusammenhalt. Ein Reporter fragte den

Gleichzeitig erfolgt eine reziproke Interaktion mit dem Gegner, so dass die eine Seite in dem Maß an emotionaler Energie gewinnt, wie die andere Seite sie verliert. In solchen Momenten heißt es oft, die Verteidigung erlahme, weil sie schon so lange im Einsatz sei. Doch körperliche Erschöpfung allein kann es nicht sein, denn die gegnerischen Angreifer sind schon genauso lange auf dem Spielfeld. Die körperliche Erschöpfung ist ein Symptom für den Verlust an emotionaler Energie, der Körper verliert seine emotionale Aufladung. Man könnte auch sagen, die erlahmenden Verteidiger werden in einer emotionalen Schlacht geschlagen, vielleicht nicht zuletzt deshalb, weil die Auseinandersetzung reglementiert ist und nicht in schrankenlose Gewalt umschlagen darf. Sporttaktik zielt weniger darauf, den Gegner physisch zu schlagen, als vielmehr darauf, ihn emotional zu überwinden.

Um ein Spiel oder eine wichtige Spielphase für sich zu entscheiden, kommt es auf Techniken an, wie man Gegner blockt, Verteidigungslinien durchbricht, oder einen Gegenspieler zu Fall bringt, damit er einen Ball nicht fangen oder übernehmen kann. Hier geht es um ein Kräftemessen auf zwei Ebenen: einerseits um die physische Kontrolle des Gegners, damit sein Spiel ins Leere läuft, andererseits um Dominanz im Bereich der emotionalen Energie, indem man die eigenen Batterien zu Lasten der gegnerischen emotionalen Energie weiter auflädt.[25]

Football-Rekordstürmer Eric Dickerson: »Woher wussten Sie, wann die Verteidigung zu bröckeln anfing?« Er antwortete: »Na ja, man hat da ein Team, das anfängt, sich zu kabbeln. Dann weiß man, jetzt sind sie fällig. Die einen sagen: ›Hey, warum habt ihr Jungs da vorne ihn nicht aufgehalten?‹ Und die anderen antworten: ›Warum haltet ihr dahinten ihn nicht auf?‹« (*Los Angeles Times*, 27. 12. 2003).

25 Hierbei ist es wichtig, zwischen dem kurzfristigen und dem langfristigen Fluss an emotionaler Energie zu unterscheiden. In der früheren Formulierung meiner Theorie zur Verkettung von Interaktionsritualen (Collins, *Interaction*) habe ich bereits angemerkt, dass emotionale Energie, positiv wie negativ, eine kumulative Tendenz hat. Individuen bewegen sich von Begegnung zu Begegnung, und wer dabei mit einem hohen Maß an emotionaler Energie auf jemanden mit einem niedrigen Maß trifft, wird denjenigen dominieren, und diese Kette setzt sich immer so fort. Eine Reihe von Begegnungen zwischen denselben Personen stabilisiert deren Hierarchie in Bezug auf emotionale Energie. Bei Sportwettkämpfen würde ein derartiges Muster zu langweiligen und vorhersehbaren Spielen führen, denen jegliche Dramatik fehlt. Selbst wenn Mannschaften anfangs aufgrund früherer Erfolge ebenbürtig waren, so würde diejenige bis zum Schluss dominieren, die zuerst die Oberhand gewinnt. Das sollen die Spielregeln verhindern. Die Spieler sollen eine Chance haben, verlorene emotionale Energie (sprich: ihren Schwung) zurückzugewinnen. Daher

Derartige Konflikte können schnell von regelkonformer zu regelwidriger Gewalt beziehungsweise zu Spielergewalt im hier verwendeten Sinne eskalieren. Im Football ereignet sich die effektivste Gewalt im Rahmen des normalen Spiels, daher sind Kämpfe hier weitgehend Ausdruck bereits etablierter emotionaler Dominanz. In anderen Sportarten, vor allem beim Baseball, können Kämpfe dramatische Höhe- und Wendepunkte des Spiels markieren.

Im Baseball ist der wichtigste Zweikampf der zwischen Werfer und Schlagmann. Der Kampf ist mit einem Ratespiel verbunden: Der Schlagmann versucht vorherzusehen, wie der nächste Wurf erfolgen wird, mit welcher Geschwindigkeit und Platzierung, während der Werfer sein Vorgehen variiert, um den Schlagmann in die Irre zu führen.[26] Und dann ist da noch der Aspekt rein physischer Kontrolle über den Schlagmann: Ein überragend schneller Werfer kann einen Schlagmann mitten in der Bewegung innehalten und ziemlich ungeschickt aussehen lassen. Bei einem überragenden Wurf kommt es nicht allein auf die Geschwindigkeit des Balls, sondern auch auf den Rhythmus einer Wurfserie an. Dabei zwingt der Werfer dem Schlagmann seinen

---

lassen Spiele Raum für Zufall (wie glückliches oder unglückliches Verspringen des Balls) und dafür, dass kleine Leistungsunterschiede weitreichende Folgen haben – so können im Baseball Millimeter darüber entscheiden, ob der Schlagmann einen dritten Fehlschlag landet oder einen *Homerun* herausspielt. Dies ist eine weitere Hinsicht, in der Sportwettkämpfe künstlich sind. Das wirkliche Leben ist wesentlich unfairer und weniger ausgewogen. Rowdys halten ihre Tyrannei unablässig aufrecht, und ihre Opfer drehen nur selten den Spieß um. Im Sport sind die dramaturgischen Techniken im Laufe der Jahre so entwickelt worden, dass zufriedenstellendere Dramen als im wirklichen Leben dabei herauskommen.

26 Hierbei ist es bemerkenswert, dass sich Schlagmann und Werfer kaum je in die Augen, ja nicht einmal ins Gesicht sehen. Es scheint sich um den Versuch zu handeln, das Ratespiel so knifflig wie möglich zu gestalten, indem man ein undurchsichtiges Pokerface aufsetzt. Außerdem fassen die Spieler direkten Blickkontakt schnell als Provokation auf; Blickkontakt kann ebenso wie eine Beleidigung einen Kampf zur Folge haben. In einem Fall kam es während der Aufwärmphase vor einem Spiel der Baseball-Profiliga zum Kampf, als ein Spieler auf einen gegnerischen Spieler zuging, um sich bei ihm für einen Vorfall während eines zurückliegenden Spiels zu entschuldigen. Der Rivale wertete den versuchten Blickkontakt als Provokation und fing eine vierminütige Prügelei an (*San Diego Union-Tribune*, 28. 7. 2004). Parallel dazu meine Beobachtung eines Beinahe-Kampfes in einer langen Warteschlange vor der Sicherheitskontrolle am Flughafen (im August 2006): Im Laufe eines Streits zweier Männer, von denen sich einer hatte vordrängeln wollen, sagte der andere drohend: »Geh mir aus den Augen.« Der Störenfried wich dem Augenkontakt aus, und der Kampf war beendet, bevor er begonnen hatte.

Rhythmus auf, was im Extremfall zu einem *Strikeout* (drei vergeblichen Versuchen des Schlagmanns) führt.

Sportreporter verwenden gern Formulierungen wie »Der Werfer hat seinen Rhythmus gefunden«, wenn er mit einer Wurfserie erfolgreich für einen *Strikeout* gesorgt hat oder sogar mehrere Schlagmänner nacheinander zu einem *Strikeout* provozieren kann. Allerdings stellt sich die Frage: Wenn der Werfer einen bestimmten Rhythmus entwickelt, warum kann der Schlagmann dann den Wurf nicht vorhersehen und entsprechend reagieren? Stattdessen spielt er den passiven Part. Hierzu gibt es Parallelen auf anderen Gebieten.[27] Bei Schwimm- und anderen Wettkämpfen geben die Favoriten das Tempo vor, an das sich alle anderen anpassen müssen. Betrachtet man so ein Rennen aus dem theoretischen Blickwinkel der Interaktionsrituale, so ist die dominante Person diejenige, welche die Aufmerksamkeit auf sich lenken kann – der Sieger konzentriert sich auf das Ziel, der Verlierer konzentriert sich auf den Sieger. Daniel Chambliss betont vor allem die kognitiven Interpretationen der Sieger und Verlierer. Es gibt aber auch einen emotionalen Aspekt, den er als »Alltäglichkeit der Spitzenleistung« bezeichnet – der Sieger ist ruhiger und distanzierter, er konzentriert sich vollkommen auf die Anwendung der bis ins kleinste Detail ausgefeilten Techniken, die ihm nach seiner Überzeugung den Sieg verschaffen werden. Der Verlierer ist dagegen viel unsicherer und hat das Gefühl, es gäbe eine rätselhafte Kraft, über die überlegene Sportler verfügen und er nicht. Zur Technik des Siegers gehören, vielleicht sogar in erster Linie, Methoden, mit denen er oder sie den Rhythmus so bestimmen kann, dass er auch für die anderen Mitbewerber maßgeblich wird.[28]

Auf einem anderen Gebiet der Mikrosoziologie finden sich weitere Belege: im fein gesponnenen Rhythmus von Gesprächen. Bei Interaktion mit hoher Solidarität verfallen die Gesprächspartner in den gleichen Zeittakt. In manchen Interaktionen wird darum gerungen, wer den Gesprächsrhythmus bestimmt. In Gesprächsmitschnitten finden sich sowohl Beispiele für solche Phasen des Ringens als auch dafür, dass einer der Gesprächspartner schließlich über den anderen dominiert, der nachgibt und den anderen den Rhythmus vorgeben lässt[29] – analog zum Werfer, der die rhythmische Dominanz über einen Schlagmann gewinnt.

---

27 Erörtert in Collins, *Interaction*, S. 122–124.
28 Chambliss, »Mundanity of Excellence«.
29 Collins, *Interaction*.

Werfen ist zu einem Drittel Täuschung, zum zweiten Drittel rein physische Dominanz durch Geschwindigkeit und schließlich bewusste Einschüchterung. Ein Schlagmann tritt mit dem Werfer in eine Art goffmanschen Imagewettstreit. Wenn er sich die Einschüchterung anmerken lässt, ist er dem Werfer unterlegen. Indem er sich bemüht, seinen Gesichtsausdruck zu kontrollieren, versucht er wohl auch seine inneren Emotionen zu kontrollieren. Ein Schlagmann, der zu Fall gebracht oder von einem Wurf getroffen wurde, wird vielleicht deshalb wütend, weil er den Kontrollverlust fürchtet. Die Angst davor versteckt er lieber hinter Wut und wahrt die Fassade, indem er seinerseits eine (in der Regel ineffektive) auf den Werfer zielende Einschüchterungsgeste macht.

Aggressives Werfen ist letztlich eher Imponiergehabe und weniger echte Gewalt, obwohl Schlagmänner gelegentlich tatsächlich verletzt werden; es handelt sich eher um die Androhung als um die tatsächliche Ausübung von Gewalt. Der Erfolg stellt sich dann ein, wenn es dem Werfer einen Vorsprung bei der emotionalen Energie verschafft, gekoppelt mit physischer Dominanz, weil der Schlagmann keine gute Figur mehr macht. Zu tätlichen Auseinandersetzungen beim Baseball kommt es fast immer dann, wenn der Schlagmann auf das Imponiergehabe des Werfers mit Gewalt reagiert. Doch in Wirklichkeit ist der Werfer genauso wütend wie der Schlagmann, manchmal sogar noch wütender (siehe Mimik und Gestik in Abb. 8.4), was zeigt, dass die Angst vor Verletzung für die Wut keine entscheidende Rolle spielt.

Doch es kommt nicht immer zu einer Eskalation. Wieder einmal ist hier die Auswahl von Beispielen auf Basis der abhängigen Variable irreführend. Zwar stimmt es, dass die meisten Kämpfe beim Baseball aus einem Konflikt zwischen Werfer und Schlagmann erwachsen. Zählt man einmal die *Beanballs*, die einen Schlagmann am Kopf treffen, so überwiegt deren Zahl die der tätlichen Auseinandersetzungen bei weitem. So wurde beispielsweise in einem Zeitraum von acht Tagen mit 105 Spielen 64-mal ein Spieler von einem Wurf getroffen, Schlägereien gab es aber nur zwei (bei 42 Spielen gab es mindestens einen derartigen *Hit by Pitch* und in 22 Spielen sogar mehrere). Es kam also in 40 Prozent der Spiele zu einem derartigen Zwischenfall, aber nur 3 Prozent davon führten zu einer tätlichen Auseinandersetzung.[30]

---

30 Berechnet nach Angaben der *San Diego Union-Tribune* und der *Los Angeles Times*, 25. 8. bis 3. 9. 2004.

Es sind weitere dramatische Elemente vonnöten, damit aus einem Zwischenfall eine tätliche Auseinandersetzung wird.

Eishockeyspiele bestehen vor allem aus Passen, dem Vereiteln gegnerischer Pässe sowie aus dem Kampf um den herrenlosen Puck. Besonders heftig fallen solche Kämpfe in den »Ecken« hinter dem Tor aus. Die Verteidiger betrachten sie als ihr »Revier«, und Offensivspieler müssen besonders aggressiv vorgehen, um einerseits die Chance zu bekommen, den Kampf um den Puck zu gewinnen, und andererseits der heftigen emotionalen Konfrontation gewachsen zu sein. Ein Eishockeyspieler erläutert dazu:

> Ich weiß meistens schon vorher, dass ein Typ es auf meine Ecke abgesehen hat. Dort findet man raus, ob der Typ sich rächen will oder provozieren oder so. Man schaut, was der so verträgt. (Frage des Interviewers: Die Ecken sind also wichtig?) Klar, man geht da rein und verpasst ihm eine mit dem Ellbogen, von mir aus an den Schädel, und ab da wird er dir keinen Ärger mehr machen. Vielleicht traut er sich noch mal in die Ecke, aber bestimmt nicht so forsch wie beim ersten Mal, und dann riskiert er eben, noch mal eine mit dem Ellbogen aufs Maul zu kriegen. Vielleicht kassiert man dann eine Strafe und so, aber er ist damit aus dem Spiel raus, das ist die Strafe schon wert. […] Ich versetz ihm eins mit dem Ellbogen und schlag auch schon mal gemein zu. Also, ich würde keinem den Schläger auf den Kopf hauen, aber ein ordentlicher Bodycheck wirkt manchmal Wunder. Das ist unser Job, und Mann, so schnell taucht der nicht mehr in meiner Ecke auf.
>
> Die Typen, vor denen du dich echt in Acht nehmen musst, sind die, die sich umdrehen und ordentlich zurückschlagen, zack, voll auf die Nase, und die immer wieder in der Ecke auftauchen, um dich herauszufordern. Beim zweiten Mal denkst du, der hält mich ganz schön auf Trab. Vor so einem musst du Respekt haben, Mann, denn der kann nicht nur einstecken, sondern auch austeilen. So einer kneift nicht.[31]

Die Grenze zwischen normalem Spiel und Fouls ist für die Spieler ein normaler Bestandteil des Sports. Sie unterscheiden dabei zwischen guten und unsinnigen Fouls. Gute Fouls dienen nicht nur einem bestimmten Spielzweck, sondern sind besonders aggressiv und senden eine Dominanzbotschaft aus. Von einem »billigen« Foul spricht man, wenn es nicht gewaltsam genug ist. Der Eishockeyspieler führt dazu Folgendes aus:

> Um 'nen Typen einzuschüchtern, muss man ihm eine verpassen, billige Strafen bringen's da nicht, so 'ne Strafe wegen Haken mit dem Schläger,

31 Faulkner, »Making Violence«, S. 98f.

Stolpernlassen oder Festhalten ist ’ne billige Strafe. Eine gute Strafe ist es wert, aber nur, wenn du dem Typen eine verpasst hast und der auch *weiß*, dass es Absicht war. Wenn du ihn bloß stolpern lässt, tut ihm das nicht weiter weh, das kratzt den nicht mal, ist ihm total egal. Stolpernlassen ist einfach dämlich, das machst du nur, wenn der Typ hinter dir ist oder wenn du statt des Pucks seine Füße triffst. Das ist alles nicht sehr schlau, weil du eigentlich *deinen* Job nicht gemacht hast. Weil der Typ dich nämlich geschlagen hat und du ihn bremsen musst, damit du ihn haken oder ihn festhalten kannst. Wenn du es schaffst, ihn einzuschüchtern, dann kommt es gar nicht erst so weit.[32]

Der Verlauf eines Spieles, aber auch ganze Abschnitte einer Spielerkarriere, hängen vom kumulativen Effekt dieses Ringens um emotionale Dominanz ab. »Jeder weiß, dass es in manchen Teams Jungs gibt, die musst du dir nur ein-, zweimal schnappen, denen musst du nur klarmachen, dass mit dir nicht zu spaßen ist, die können nichts einstecken, also müssen sie dich eben respektieren. Die schauen dann nur noch zu, wie du ihnen ihr Spiel kaputtmachst.«[33]

Das ist nicht nur eine Frage männlicher Identität. Beim Eishockey ist das Austesten der gegnerischen Aggressivität wesentlicher Bestandteil des Spiels. Mangelnde Aggressivität führt zu schwacher Leistung, und im eigentlichen Spiel wird der Gegner daraus einen Vorteil ziehen. Der Eishockeyspieler fährt fort:

Ich weiß, dass wir in unserer Mannschaft so ein paar Typen drin haben, na ja, die haben Angst, verstehst du, einfach Angst. Du kannst so einem noch so oft sagen, keine Panik, wenn was ist, kein Grund zur Panik, die Jungs stehen alle hinter dir. Aber dieser Kerl hat einfach Muffe, und dann spielst du einen Pass zu ihm rüber, und er kriegt es nicht auf die Reihe, mit seinem Schläger dranzubleiben. Geht jedem Zweikampf aus dem Weg. Letzte Woche haben wir ihm den Puck über die blaue Linie zugespielt, und ihre Verteidiger gehen rein, um ihm die Tour zu vermasseln, und unser Typ bekommt es einfach nicht auf die Reihe, mit dem Schläger am Puck zu bleiben. Den hat sich dann gleich der Typ vom anderen Team geschnappt und ist los, um ihn ins Netz zu donnern. Verdammt, Mann, das ist echt übel. Mein Verteidigungspartner und ich hockten auf der Bank, und er sagt: »Schau dir den verdammten Feigling an.« Wenn ich so was seh, da könnt ich die Wand hochgehen. Wenn der Typ seine Einstellung nicht ändert, werden die andern ihm alle Beine machen.[34]

---

32 Ebenda, S. 99.
33 Ebenda.
34 Ebenda, S. 101.

Wie Faulkner schreibt, scheint es das Vertrauen eines Spielers in die eigenen Fähigkeiten zu erhöhen, wenn andere sich schutzsuchend an ihn wenden. Ritualisierte Kämpfe erhöhen die emotionale Energie und wirken sich positiv auf die sportliche Leistung aus. Kämpfe sind nichts in sich Abgeschlossenes oder ein Ausdruck von Männlichkeit, der vom Prozess des Gewinnens abgekoppelt wäre:

> Wenn die andere Mannschaft weiß, wenn einer von unserer Mannschaft in Schwierigkeiten ist, dann steht das ganze Team hinter ihm, dann gibt das *allen* Selbstvertrauen. Deshalb sind auch manche Teams gefürchtet, wie S., da ist einfach jeder gleich zur Stelle. Wenn ein Typ versucht, einem hinterrücks eins überzubraten, dann geht sofort einer mit dem Schläger dazwischen. Als Team sind sie stark, weil sie jederzeit für die anderen da sind. Niemals lässt du zu, dass ein Teamkamerad geschlagen wird, weil das ein ganzes Spiel herumreißen kann. Wenn ein Typ es schafft, einem von deinen Kumpels 'ne Abreibung zu verpassen, dann bekommt der ganze Rest von denen Oberwasser, und wenn wir dann nicht rausgehen und dem Typ seine Grenzen aufzeigen, sind wir geliefert.[35]

Gewalt fungiert beim Eishockey als hochintensives Interaktionsritual, sie fesselt die kollektive Aufmerksamkeit und erzeugt emotionale Verstrickung. Häufig hört man das Klischee, beim Eishockey seien Prügeleien wichtiger als das eigentliche Spiel. Das stimmt nicht ganz (da die Tore und Abwehrparaden die Höhepunkte des Spiels darstellen), doch die Schlägereien sind oft die Momente, in denen am erfolgreichsten kollektive Energie freigesetzt wird. Das kann das Ergebnis einer emotionalen Verstrickung sein, die sowohl unter den Teamkameraden als auch zwischen der Mannschaft und den Fans stattfindet.

Ein anderer Spieler berichtet:

> Das Erste, was mir spontan einfällt, ist der Jubel, sobald einer gegen die Bande knallt und eine Prügelei losgeht. Alle springen auf und feuern an, auch wenn Blut fließt. Eine Menge Fans kamen, um genau das zu sehen, und wenn es keine Gewalt zu sehen gab, wurde es ihnen langweilig. Aus persönlichen Gesprächen mit ihnen und aufgrund ihres Verhaltens war mir klar, dass es ihnen genau darum ging, um Gewalt, und sie wird dadurch gefördert. Ich meine, wenn du die Masse auf deiner Seite hast, die jubelt, wenn du andere gegen die Bande stößt, mal ehrlich, das törnt einen doch an, und du bekommst noch mehr Lust, Typen noch öfter gegen die Bande zu schubsen. Und wenn es das braucht, damit das Team

35 Ebenda, S. 105.

in Schwung kommt, dann machst du das eben. Damit schafft man es immer, die Fans auf seiner Seite zu haben, und sie spielen mit Sicherheit ihre Rolle dabei, Gewalt im Sport zu fördern.[36]

Gewaltsame Techniken sind im Eishockey nicht alles. Manche Spieler sind darauf spezialisiert, Tore zu erzielen, und diese scheinen (wie auch Torhüter) kaum je in Schlägereien verwickelt zu sein und selten foul zu spielen.[37] Andere Spieler sind als »Schwergewichte« bekannt; von ihnen gibt es mehrere Untergruppen. Manche gelten als »Polizisten«, die Gegner einschüchtern, auf deren Attacken reagieren und sich bereitwillig in den Kampf stürzen, wenn es darum geht, in Bedrängnis geratenen Mannschaftskameraden zu Hilfe zu eilen. Manche sehen sich als Beschützer der Torjäger, die sehr schnell auf dem Eis sind und gut mit dem Schläger umgehen können. Ein »guter Polizist« konzentriert sich auf das Spiel und vermeidet Strafen in entscheidenden Situationen. Andere, die ohne Rücksicht auf Verluste rangehen, gelten als »Schlägertypen«. Sie sind bei den Gegnern unbeliebt, weil sie über das normale Einschüchterungsmaß hinaus zuschlagen, aber auch bei den eigenen Mannschaftskameraden, weil sie mehr Massenschlägereien anzetteln als nötig. Diese Arbeitsteilung zeigt noch einmal, dass Gewalt beim Eishockey nicht einfach aus einem generellen männlichen Selbstverständnis heraus entsteht oder gar deshalb, weil man den Fans etwas bieten will. Sie entwickelt sich vielmehr aus der Konzentration bestimmter Spielmethoden in bestimmten Spielphasen.[38] Jedes Team braucht einen oder zwei »Polizisten«, aber nicht mehr.[39] Noch stärker als Torschützen werden Torhüter als absolute Spezialisten behandelt, von denen nicht erwartet wird, dass sie sich an Prügeleien beteiligen. Sobald sie vor dem Tor von gegnerischen Spielern attackiert werden, eilen die Verteidiger ihnen zu Hilfe und kämpfen im Zweifelsfall für sie. In seltenen Fällen, wenn es zwischen den Mannschaften zu einem größeren Handgemenge kommt,

---

36 Pappas/McKenry/Catlett, »Athlete Aggression«, S. 302.

37 Wayne Gretsky, nach wie vor unangefochtener Torschützenkönig des Profieishockeys, galt bei seinen Gegnern als »gewiefter« Spieler, als flink und unberechenbar bei seinen Torattacken, aber nicht als aggressiv.

38 Pappas/McKenry/Catlett, »Athlete Aggression«; Weinstein/Smith/Wiesenthal, »Masculinity«; Smith, »Towards an Explanation«.

39 Es gibt eine Obergrenze. Schlagzeile und Aufmacher eines Artikels über die Philadelphia Flyers begannen folgendermaßen: »Fedoruk will den Job als Enforcer. Aber zwei harte Jungs sind möglicherweise zu viel für die Flyers« (*Philadelphia Inquirer*, 28. 9. 2001).

bauen die beiden Torhüter sich in der Mitte der Eisfläche voreinander auf und teilen symbolisch Schläge aus. So wird selbst in einer ausgewachsenen Massenschlägerei noch die spezialisierte Organisation der Mannschaften in puncto Gewalt aufrechterhalten.

Zum Timing von Spielergewalt: Gewalt durch frustrierte Verlierer und an Wendepunkten

Im Folgenden geht es nicht um Gewalt oder Einschüchterungsaktionen im normalen Spielverlauf, sondern um den Punkt, ab dem man von in sich abgeschlossenen Kämpfen sprechen kann. In welchen Phasen eines Spiels kommt es zu Kämpfen in diesem Sinne?

Eine Form des Kampfes zwischen Spielern entsteht aus Frustration. Zu Frustkämpfen kommt es gegen Ende des Spiels, vor allem im Football, und zwar ungefähr dann, wenn eine Mannschaft erkennen muss, dass sie keinerlei Gewinnchancen mehr hat. Der Kampf ist ein Mittel, das Dominiertwerden hinauszuzögern, ein letztes Aufbäumen im allerletzten Moment, in dem die Spieler noch alles geben. Solche Frustkämpfe sind in der Regel ineffektive Gewalt (der Normalfall bei Footballspielen) und scheinen nie das Blatt wenden zu können.[40]

Eine zweite Form des Kampfes zwischen Spielern verändert die emotionale Situation derart dramatisch, dass sie den Ausgang des Spiels bestimmt. Zu diesen Wendepunktkämpfen kommt es, wenn sich bereits über geraume Zeit ein bestimmtes Spannungsniveau aufgebaut hat, also meistens im letzten Drittel oder Viertel eines Spiels.

10. August 2001: Eine große Massenschlägerei während eines Baseballspiels, an der sich auch die Ersatzspieler beteiligen. Sie ist deshalb ungewöhnlich, weil der Auslöser, ein Schlagmann, vor Wut dermaßen außer sich gerät, dass er seinen Helm nach dem Werfer wirft, ihn zu Boden ringt und den am Boden Liegenden mit Faustschlägen traktiert. Ersatzspieler beider Mannschaften stürmen auf das Spielfeld, auch andere Spieler teilen Fausthiebe aus. Der Anstifter ist immer noch hinter dem Werfer her, bringt den Flüchtenden schließlich

---

40 Nach Angabe sachkundiger Fans kommt es beim Eishockey vor allem dann zu tätlichen Auseinandersetzungen, wenn eine Mannschaft das Spiel ganz klar verloren hat. Diese Kämpfe gehen von den Spielern der Verlierermannschaft aus, als wollten sie damit beweisen, dass auf dem Eis immer noch mit ihnen zu rechnen ist, auch wenn sie keinen Sieg mehr herausspielen können.

erneut zu Fall und schlägt wieder auf ihn ein. Der Teammanager der Mannschaft, die Ziel des Helmwurfs war, bezeichnete es als »das Brutalste, was ich je gesehen habe«. Das Spiel wird durch die Prügelei für 12 Minuten unterbrochen, und der Anstifter sowie jeweils ein Mannschaftsbetreuer erhalten Spielverweise. Ungewöhnlich an der Schlägerei waren die zahlreichen Faustschläge, wobei es auch das übliche Herumgerenne, Einander-Wegschubsen auf Armeslänge und wütendes Geschrei gab.[41]

Und so kam es dazu: Mike Sweeney, der wichtigste Angriffsspieler und stärkste Schlagmann der Kansas City Royals, beschwert sich darüber, dass Jeff Weaver, der Werfer der Detroit Tigers, seinen weißen Magnesia-Beutel absichtlich auf dem Wurfhügel hat liegen lassen, um ihn zu irritieren. Nachdem er sich das zweite Mal beim Schiedsrichter darüber beschwert hat, sagt der Werfer etwas, das Sweeney in einem späteren Interview so zitiert: »Er sagte: ›(Schimpfwort), du (Schimpfwort, Schimpfwort) [also etwas wie: ›Leck mich doch, du verdammtes Arschloch.‹] Was mich betrifft, ich wünschte, das Ganze wäre nie passiert, aber genau so hat er mich beschimpft.« Weaver ist fast 2 Meter groß und ein echter Machotyp. Auch Sweeney ist als stärkster Schlagmann groß und athletisch gebaut (1,85 Meter groß und 90 Kilo schwer). Sweeney galt nach Presseberichten als ausgesprochen umgänglich – es lag also nicht an seiner Person. Vielmehr kommt es durch verschiedenerlei Verkettungen von Interaktionsritualen zum allmählichen Spannungsaufbau.

Zunächst sind da die langfristigen Frustrationen und Erwartungen. Beide ehemals hochangesehenen Mannschaften haben eine schlechte Spielsaison hinter sich, sind Mitte August an einem Tiefpunkt angelangt und versuchen nur noch, die Saison nicht als Tabellenletzter abzuschließen. Kansas City ist (mit einem Rückstand von neunzehneinhalb Spielen) das Schlusslicht der Central Division der American League, Detroit liegt (mit fünfzehneinhalb Spielen Rückstand) knapp vor ihnen auf dem vorletzten Platz. Doch Detroit ist auf dem absteigenden Ast, wohingegen Kansas City jüngst etwas an Boden gewonnen hat und eine Chance sieht, in diesem Aufeinandertreffen aufzuholen (es ist die erste von drei aufeinanderfolgenden Begegnungen). Überdies ist es für Kansas City ein Heimspiel, und 22000 Fans sind zu ihrer Unterstützung gekommen.

---

41 *Los Angeles Times*, 11. 8. 2001.

Zweitens baut sich während des Spiels Spannung auf. Kansas City hat keinen guten Start, und Detroit geht gleich zu Spielbeginn zwei Punkte in Führung. Kansas kann ebenfalls punkten und den Rückstand verkürzen, doch danach bleibt es lange Zeit bei einem Spielstand von 2:1. Als Sweeney also zum Schlag antritt, ist das Spiel in einer sehr spannenden Phase, denn seit über einer Stunde konnte kein Team mehr punkten. Sweeney spürt, dass nun der ganze Druck, den Ausgleich zu erzielen, auf ihm lastet, und auch er selbst hat die Erwartung – die emotionale Energie –, das zu schaffen, schon aufgrund seiner Saisonbilanz. Er konnte in diesem Spiel bereits punkten: Das Team verdankt ihm den bisher einzigen *Run*. Allerdings hat er selbst es in diesem Spiel noch nicht einmal geschafft, die erste *Base* zu erreichen. Weaver wiederum ist Detroits erfolgreichster Werfer. Er hatte in diesem Spiel zunächst einen regelrechten Lauf, sich dann aber zwei Fehlwürfe geleistet. Also schlägt auch für ihn die Stunde der Wahrheit. Durch das Spiel mit dem Magnesia-Beutel versucht er ganz offensichtlich, den Schlagmann zu ärgern. Und als Sweeney sich schließlich beschwert, bringt er ihn absichtlich auf die Palme.

Dann kommt es zum Kampf, zu einem ungewöhnlich langen Wutausbruch des Schlagmanns, zu einer Verfolgungsjagd und zu Faustschlägen gegen den Werfer (die allerdings wenig Schaden anrichten, weil beide Kontrahenten in Ringerposition auf dem Boden liegen). Bemerkenswert ist, dass der Werfer, obwohl er den Kampf durch seine Beleidigungen provoziert hat, obwohl er größer ist und als Machotyp gilt, sich passiv verhält, wegzulaufen versucht, mehrmals zu Boden gerungen wird und nicht zurückschlägt.

Drittens wendet sich das Blatt in puncto emotionale Energie. Sweeney wird nach der Schlägerei vom Feld gestellt, der Werfer bleibt. Doch den Kampf hat Sweeney klar gewonnen, er hat den Werfer gezwungen, klein beizugeben, hat ihn heftig traktiert und ihn während des Kampfes emotional dominiert. Der Zornigere, der voller emotionaler Energie ist, gewinnt den Kampf. Danach geht die Leistungskurve des Werfers steil nach unten: Weaver unterlaufen in der Folge zahlreiche Fehlwürfe, die es der gegnerischen Mannschaft erlauben, gleichzuziehen.

Nun bricht die emotionale Energie des gesamten Teams zusammen. Weaver wird gegen einen Ersatzspieler ausgetauscht, doch auch der kann keine Trendwende mehr herbeiführen: Seit dem Kampf hat Kansas Oberwasser und erzielt innerhalb kurzer Zeit sechs Punkte.

Die heimische Fangemeinde indes tobt seit der Schlägerei ununterbrochen (schon zuvor war die Stimmung merklich gestiegen, als Weaver die ersten zwei Fehlwürfe unterlaufen waren). Nachdem die Menge sich etwas beruhigt hat, schafft Detroit noch einen *Run*, doch der Rest des Spiels ist Routine. Kansas gewinnt mit 7:3. Der Höhenflug hält in den nächsten beiden Tagen an, so dass Kansas City alle drei Spiele gegen Detroit für sich entscheiden kann.

Der Sieg in diesem Wendepunktkampf ist entscheidend für den Gewinn des ganzen Spiels, denn in beiden Fällen geht es darum, emotionale Dominanz herzustellen. Umgekehrt kann es auch zu Kämpfen kommen, wenn das Spiel auf der Kippe steht. Endet der Kampf jedoch mit einer Pattsituation, hat es keinen Einfluss auf die Dynamik.

Ein Beispiel aus dem Football: Nur bei einem von vier Spielen im Rahmen der Play-offs der amerikanischen Profiliga NFL, die am 5. Januar 2003 ausgestrahlt wurden, kam es zu Prügeleien. Es war das am heftigsten umkämpfte Spiel (zwei andere waren Kantersiege, beim dritten gab es eine Wende, als das Verfolgerteam aufholte und gewann).

Die San Francisco 49ers spielen gegen die New York Giants. Das erste Viertel verläuft ausgeglichen, beide Mannschaften erzielen je zwei *Touchdowns*, es steht 14:14. Im zweiten Viertel und über weite Strecken des dritten Viertels dominieren die Giants und gehen mit 38:14 in Führung, die 49ers haben ihnen weder in der Defensive noch in der Offensive viel entgegenzusetzen. Die Giants kontrollieren die Spieldynamik für insgesamt 14 Minuten Spielzeit, die in Echtzeit allerdings viel länger erscheinen, weil die Halbzeitpause in diese Phase fällt. Doch dann wendet sich das Blatt erneut: Die 49ers finden zurück ins Spiel und verkürzen den Rückstand auf 38:30. Allmählich fasst die Verteidigung der Giants wieder Fuß, aber den 49ers gelingt immerhin ein *Field Goal.* Damit steht es acht Minuten vor Spielende 38:33. Die 49ers konnten bis dahin elf Minuten lang ungehindert dominieren. Während dieser Zeitspanne wirken die Verteidiger der Giants sehr erschöpft, ringen nach Atem, während die 49ers mit viel Tempo, aber ohne Hektik angreifen. Aber die Verteidigungs- und Angriffsspieler beider Mannschaften stehen gleich lang auf dem Platz und unterliegen der gleichen physischen Belastung. Die Erschöpfung, die ihnen so deutlich ins Gesicht geschrieben steht, ist ein emotionaler Tiefpunkt, ein Schwund der emotionalen Energie.

Als der Lauf der 49ers erst einmal unterbrochen ist, bleiben die Giants fünf Minuten lang in Ballbesitz, können aber nicht punkten.

Drei Minuten vor Spielende erobern die 49ers den Ball zurück und starten einen Angriff. In dessen Verlauf legt sich nur noch ein einziger Spieler der Giants richtig ins Zeug, der Abwehrspieler Shaun Williams – die 49ers können erneut punkten und gehen mit 39:38 in Führung. Einer ihrer Stars, Terrell Owens, ein sehr großer, dominanter Spieler, berühmt für die Angeberposen, mit denen er seine *Touchdowns* zelebriert, provoziert Williams, der daraufhin wütend auf ihn losgeht. Beide handeln sich Strafen wegen unsportlichen Verhaltens ein. Dieses Verhalten ist gerade auf Seiten der Giants unverständlich, denn durch eine Distanzstrafe für den Gegner hätten sie den Ball bekommen und wären klar im Vorteil gewesen. So aber gleichen sich die Strafen gegenseitig aus und haben keine Konsequenzen.

Die Verteidigung der Giants kann den Ball zurückerobern und startet einen regelwidrigen Angriff. Owens kommt herübergerannt und befördert den im Ballbesitz befindlichen Abwehrspieler der Giants ins Aus – ein weiteres eklatantes Foul. Doch die Giants rächen sich, und zwar doppelt: Ein anderer Verteidiger der Giants schlägt Owens, und der Abwehrspieler der Giants, der schon das vorangegangene Foul abbekommen hatte (Shaun Williams), boxt einen hünenhaften Angriffsspieler der 49ers (der fast 50 Kilo schwerer ist als er selbst), der sich schon beim ersten Kampf eingemischt hatte. Es sind auf beiden Seiten die gleichen Spieler, die nicht aufhören können, miteinander zu kämpfen. Wieder gleichen die Fouls sich gegenseitig aus – wieder könnten die Giants von einem Foul der 49ers profitieren, und wieder verspielen sie den Vorteil, indem sie sich umgehend rächen. Die Giants starten noch einen letzten, hektischen Angriff, ein weiterer kurzer Kampf flackert auf, dann versuchen die Giants in den letzten Sekunden noch ein *Field Goal*, schießen aber daneben. Die 49ers gewinnen.

Wir haben es hier mit einem sehr hart umkämpften Spiel zu tun. Zuerst liegt das Momentum eindeutig bei den Giants, dann bei den 49ers. Der beste Verteidigungsspieler der Giants versucht, die Initiative zurückzuerobern und fängt eine Schlägerei an – provoziert durch das großspurige Gehabe des gegnerischen Mannschaftsstars, nachdem dieser sein Team endlich in Führung gebracht hatte. Als die Spieltaktik der 49ers, nun auf Nummer sicher zu gehen, durchkreuzt wird, startet der Starspieler wütend einen Angriff, den der Verteidigungschef der Giants pariert. Die Spieler mit dem höchsten Maß an emotionaler Energie und der stärksten persönlichen Dominanz initiieren auch die Kämpfe und sorgen mit Racheakten dafür, dass sie nicht aufhören. Die Kämpfer sind außerdem diejenigen, die sich am meisten bemüht haben, das Blatt zugunsten ihres Teams zu wenden.[42] Doch bei diesen Kämpfen gibt es keinen Sieger. Die Dynamik wird nicht verändert, sondern nur bestätigt. Das Team, dessen emotionale Energie immer schwächer wird, scheitert mit einem letzten verzweifelten Versuch, das Spiel doch noch herumzureißen.

Die Anspannung kann sich über eine ganze Reihe von Spielen hinweg aufbauen und durch Teamrivalitäten, den Druck von Ausscheidungsturnieren und gehäuften Einschüchterungsversuchen während des Spiels verstärkt werden.[43] Die daraus entstehenden Kämpfe werden mitunter zur dramatischen Hauptattraktion. Dies ist am auffälligsten in den Play-offs von Baseball- und Basketball-Profiligen, wo Teams wie Fans die emotionalen Erinnerungen an vorangegangene Konfrontationen gespeichert haben und Sieg oder Niederlage bei einem solchen Kampf für das weitere Geschehen auf dem Spielfeld oder sogar für eine ganze Serie von Spielen entscheidend werden können.

---

42 In Kapitel 7 hatte ich das Prinzip vorgestellt, wonach »ein Kampf pro Schauplatz« den durch Emotionen bestimmten Aufmerksamkeitsraum ausfüllt. Es kann wie im vorliegenden Beispiel im Verlauf eines Spiels zu mehreren Kämpfen kommen. Doch sind sie alle Teil desselben Dramas. Wie bei manchen Kämpfen im Rahmen von Partys etc. handelt es sich um eine Reihe zusammenhängender Kämpfe, wobei immer wieder die gleichen Haupt- und Nebenakteure auftreten.

43 Ich bin von der verallgemeinernden Feststellung ausgegangen, dass Wendepunktkämpfe normalerweise gegen Ende eines Spiels auftreten. Wenn Spiele jedoch im Rahmen wiederholter Rivalitäten stattfinden, so bestimmen Kämpfe in der Aufwärmphase vor dem eigentlichen Spiel den Grundtenor. Im letzten Spiel der regulären Footballsaison 2002 waren die Pittsburgh Steelers bei ihrem Versuch, sich den Titel bei der AFC-Meisterschaft der Northern Division zu holen, zu Gast bei den Tampa Bay Buccaneers, die in ihrer Liga bereits gewonnen hatten. In der Aufwärmphase stolzierte der Starverteidiger von Tampa, Warren Sapp – ein Hüne, bekannt für seine verbalen Entgleisungen –, umher und heizte dem Publikum ein. Der riesige Jerome Bettis von den Steelers (der wegen seiner Statur »der Omnibus« genannt wurde), rempelte Sapp an und schubste ihn. »Im letzten Jahr haben sie uns schon in der Aufwärmphase plattgemacht«, sagte Bettis, »und wir wollten von Anfang klarmachen, dass wir ihnen im eigenen Stadion die Hölle heißmachen werden.« Mehrere Spieler beider Teams schubsten einander und rempelten sich gegenseitig an. Als das Spiel begann, preschten die Steelers in den ersten vier Minuten mit 14:0 in Führung und gewannen schließlich mit 17:7. Pittsburgh war sehr viel häufiger im Ballbesitz, während Sapp nicht ernsthaft ins Spiel eingreifen konnte, weil er an der Angriffslinie der Steelers scheiterte (*San Diego Union-Tribune* und *Los Angeles Times*, 24. 12. 2002).

Abb. 8.5 Spieler und Spielerinnen zeigen identische Dominanzgesten (2004). *Links: ddp images/AP/Marcio Jose Sanchez. Rechts: MCT/Landov/interTOPICS*

Wendepunkte können auch bei jenen Sportarten ohne Direktkontakt auftreten, bei denen es nicht zu Kämpfen, sondern zu Duellen um die emotionale Dominanz kommt. Im Finale des Tennisturniers von Wimbledon 2004 stand Maria Scharapowa Titelverteidigerin Serena Williams gegenüber. Im ersten Aufschlagspiel im zweiten Satz musste Scharapowa 21 Breakbälle abwehren (nachdem sie den ersten Satz bereits gewonnen hatte). Schließlich gelang es ihr, eine Vorhand tief in die Ecke zu spielen, Williams rutschte aus und stürzte. Scharapowa starrte Williams an und ballte die Faust, während Williams mit schmerzverzerrtem Gesicht am Boden lag. Unmittelbar danach schlug Scharapowa ein Ass, und am Ende entschied sie auch den zweiten Durchgang für sich.[44] Nach dem Wendepunkt ist die Verliererin physisch und emotional geschlagen, während die Siegerin selbstbewusst und voller Zuversicht dem Sieg entgegeneilt. Dominanzduelle sind nicht geschlechtsspezifisch, sondern werden von der Dramatik des Spielverlaufes geprägt. Das ist auch auf Fotos zu sehen, auf denen Werferinnen beim Softball die gleichen Gesten machen wie ihre

44 *San Diego Union-Tribune*, 4. 7. 2004.

männlichen Gegenparts, sobald ihnen ein entscheidender Wurf gelungen ist: Sie strecken den Unterkiefer vor und ballen die Faust.

Beim Basketball kommt es oft dann zu Kämpfen, wenn die Frustration am größten ist, wenn ein Team zum Beispiel seinen Vorsprung einbüßt und den Schwung verliert. Das kann auch die Form eines besonders harten Spiels annehmen, muss also nicht immer in einem Kampf enden, der den Rahmen des Spiels sprengt. Im Endspiel der NBA Eastern Conference Championship 2004 hatten die Indiana Pacers in der ersten Spielhälfte mit 14 Punkten Vorsprung geführt, doch die Detroit Pistons holten langsam, aber sicher auf und erzielten knapp vier Minuten vor Spielende den Ausgleich. Der stärkste Verteidiger der Pacers, Ron Artest, streckte daraufhin den besten gegnerischen Korbjäger, Richard Hamilton – der wesentlich kleiner war als er selbst –, mit einem Schlag des Ellbogens gegen das Kinn zu Boden. Hamilton rappelte sich jedoch wieder auf, konnte die beiden Strafwürfe verwandeln, und von da an blieb sein Team ständig in Führung, gewann die ganze Spielserie (und letztlich die NBA-Meisterschaft). Die Pacers hatten den Kampf physisch gewonnen, auf der dramatischen Ebene aber verloren, und wurden emotional aus dem Spiel geworfen.[45]

Erhellend ist in Bezug auf die Dynamik von Spielerkämpfen auch die Frage, wann sie *nicht* auftreten. Denn schließlich kommt es nur bei einem ganz geringen Teil der Spiele an Wendepunkten oder durch frustrierte Verlierer zu Gewaltausbrüchen, obwohl es bei den meisten Spielen den Zeitpunkt gibt, an dem einer Mannschaft klar wird, dass sie verloren hat. Ich habe das Strukturprinzip »ein Kampf pro Schauplatz« beziehungsweise pro dramatischer Sequenz genannt. Das gleiche Muster, nach dem emotionale Aufmerksamkeitsräume besetzt werden, hilft auch bei der Prognose, wann es nicht zu Kämpfen kommen wird: Ist einmal ein dramatischer Höhepunkt erreicht, werden weitere Kämpfe emotional überflüssig.

Spielabhängige Zuschauergewalt

Es gibt verschiedene Formen von Zuschauergewalt: Fans können auf das Spielfeld stürmen oder von weitem mit Gegenständen nach den Spielern werfen; umgekehrt können auch Spieler mit Zuschauern

45 *Los Angeles Times*, 2. 6. 2004.

kämpfen, obwohl das wesentlich seltener vorkommt, und schließlich können Fans während des Spiels miteinander kämpfen.

Diese letzte Variante der Fan-gegen-Fan-Gewalt ist noch kaum untersucht worden.[46] Manche Stadien sind berüchtigt für Tribünenabschnitte, in denen Kämpfe an der Tagesordnung sind. So waren beispielsweise die billigen Plätze weiter oben im Old Veteran's Stadium in Philadelphia (abgerissen 2004) dafür berüchtigt, dass junge Rowdys von dort aus mit Gegenständen warfen und die Fäuste flogen, vor allem gegen Fans einer gegnerischen Mannschaft, die sich in diesen Bereich vorwagten. Es ist nicht klar, wie derartige Kämpfe mit dem Rhythmus des Spielverlaufs zusammenhängen. Stadien mit solchen Rowdyfans stehen vor allem in den Großstädten des amerikanischen Nordostens (vor allem in Boston, New York und Philadelphia, und dort besonders bei Profispielen im Football und Baseball). Westküstenfans der gleichen Sportarten sind viel friedlicher, auch wird dort weniger derb gejohlt und angefeuert. Ein Muster, das mit meinen Beobachtungen übereinstimmt, zeigt die Tendenz, dass sich die Masse der Fans in den Rowdystadien überwiegend aus Gruppen junger Männer zusammensetzt, wohingegen es im Publikum an der Westküste und im Mittleren Westen einen höheren Anteil von Frauen und Familien gibt. Dasselbe Muster wurde auch angeführt, um das unterschiedliche Gewaltaufkommen bei nordamerikanischen Eishockey- und Footballzuschauern (überwiegend aus der Mittelklasse mit Hochschulbildung und zur Hälfte weiblich) im Vergleich zu europäischen Fußballfans zu erklären (überwiegend junge Männer zwischen 17 und 20 Jahren aus dem Arbeitermilieu).[47] Es ist nicht geklärt, wann und wie oft Zuschauer kleinere Rangeleien austragen, die nichts mit der Anhängerschaft für eine Mannschaft zu tun haben – vermutlich eher selten, da die Identifikation mit einer Mannschaft den Aufmerksamkeitsraum für Gewalt bereits besetzt hat.

---

46 In polizeilichen Aufzeichnungen über Stadionzwischenfälle wird normalerweise nicht zwischen tätlichen Angriffen, Störung der öffentlichen Ordnung durch Betrunkene und anderem Fehlverhalten unterschieden. Die Zahl der Verhaftungen, Vorladungen und Hausverbote nach einzelnen Spielen gibt allein wenig Aufschluss darüber, was genau in welchem Kontext passiert ist. Auch Zahlen, die gelegentlich von Zeitungen zusammengetragen wurden, ergeben kein klares Muster oder einen eindeutigen Trend (*San Diego Union-Tribune*, 31. 10. 2004).

47 Roberts/Benjamin, »Spectator Violence«.

Das, was über Zuschauergewalt bekannt ist, betrifft zumeist Massentumulte in großem Stil. Michael D. Smith stellte in einer Studie sämtliche kollektiven Gewaltereignisse bei Spielen in Toronto zusammen, über die im Laufe eines Jahres in Zeitungen berichtet wurde. Er fand dabei heraus, dass bei insgesamt 27 Fällen von Massengewalt 74 Prozent durch Spielergewalt ausgelöst worden waren.[48] So löste ein Foul während eines Spiels zweier Eishockey-Jugendmannschaften eine Auseinandersetzung aus, an der zum Schluss praktisch alle Spieler beider Mannschaften, mehrere hundert Zuschauer sowie 20 Polizisten beteiligt waren. In einem Eishockeyspiel der Profiliga zwischen Buffalo und Cleveland gerieten zwei Spieler in Streit und traten damit eine Lawine los. Wütende Zuschauer begannen mit Stühlen zu werfen, woraufhin die Spieler mit ihren Eishockeyschlägern auf Zuschauer auf der Tribüne losgingen. Bei einem Fußballspiel zwischen Yugoslavia Zagreb und den Greek All-Stars in Toronto stürmten in der 18. Minute der zweiten Spielhälfte die meisten der 13000 Zuschauer auf das Spielfeld. Zu der Zeit stand es 1:1. Der jugoslawische Torwart hatte einen griechischen Spieler beim Sturm aufs Tor zu Fall gebracht. Der Schiedsrichter verhängte daraufhin einen Strafstoß, und der Torhüter protestierte dagegen. Als es zu Handgreiflichkeiten – Geschubse – kam, waren die Fans nicht mehr zu halten. Sie begannen, die Spieler zu treten (man beachte, dass sich im Verhalten der Fans die Aktionen der Spieler widerspiegelten), die ihrerseits zurückschlugen. Bei dem Kampf spielten die ethnischen Gräben zwischen den Spielern wie zwischen den rivalisierenden Fans eine Rolle, außerdem ereignete er sich am Wendepunkt des Spiels, denn der Strafstoß hätte über Sieg oder Niederlage entscheiden können, da das Spiel auf der Kippe stand und über die Hälfte der Spielzeit vorbei war. Die Spieler sprengten den Rahmen des Spiels, indem sie den Schiedsrichter angingen, woraufhin die Fans sich einmischten. Die Massenschlägerei konnte nur durch entschlossenes Einschreiten der Polizei beendet werden.

Die Fans unterliegen den gleichen Rhythmen dramatischer Spannung wie die Spieler, denn letztlich liegt der Reiz, persönlich im Stadion dabei zu sein, vor allem darin, diese Spannung mitzuerleben und den Emotionen kollektiv Ausdruck zu verleihen, wodurch sie zusätzlich zu einem Gefühl der Gruppensolidarität und der kollektiven Wallung gesteigert werden. Folglich überrascht es nicht, dass Kämpfe

48 Smith, »Precipitants«.

zwischen Fans im Wesentlichen in den gleichen Phasen ausbrechen wie Kämpfe zwischen Spielern.[49] Psychologische Untersuchungen haben überdies ergeben, dass die Streitlust der Fans nach (und vermutlich auch schon während) Football- und Eishockeyspielen steigt, aber nicht nach dem Besuch von Turn- oder Schwimmwettkämpfen.[50] Fans gehen mit dem emotionalen Fluss der Episoden mit, die das jeweilige Spiel zu bieten hat. Der Dramaturgie angemessen ist Gewalt dann, wenn es sich um eine Fortsetzung des Geschehens auf dem Spielfeld handelt. Fans reagieren nur dann aggressiv, wenn die Gewalt als absichtlich wahrgenommen wird.[51] Wird eine Verletzung dagegen als Unfall betrachtet, bleiben die Fans friedlich und applaudieren unter Umständen sogar einem verletzten gegnerischen Spieler.

Kommt es zur direkten Auseinandersetzung zwischen Spielern und Zuschauern, so müssen sie jeweils in den Bereich des anderen eindringen. Manchmal stürmen Zuschauermassen das Spielfeld, oft indes aus der Absicht heraus, das Spiel zu unterbrechen und zu beenden – sei es im Siegestaumel oder vor Enttäuschung – oder um die Offiziellen zu attackieren. Laufen jedoch nur ein oder zwei einzelne Fans auf das Spielfeld, so werden sie von den Spielern höchstwahrscheinlich gewaltsam zurückgeschlagen (was die Masse der Fans begrüßt).[52]

Verglichen mit den Fans bilden die Spieler die Gewaltelite. Die meisten schweren Zusammenstöße von Spielern und Fans ereignen sich dann, wenn Spieler zum Angriff auf die Tribüne stürmen, meistens in Reaktion auf Buhrufe. Doch dieses verächtliche Gejohle ist eigentlich ganz normal, genau genommen macht es einen Teil des Reizes aus, als Fan dort zu sein, wo man sich ganz ungeniert und auch noch im Schutz der Masse feindselig benehmen kann. Die Momente, in denen Spieler mit Gewalt reagieren, müssen sich folglich mit Momenten besonderer Anspannung seitens der Spieler überschneiden. In Kapitel 3 haben wir gesehen, wie Ty Cobb die Tribüne stürmte, als er unter starker Anspannung stand, weil er in dieser Spielsaison auf Rekordjagd war. In anderen Fällen ist die spezielle

---

49 Nach dem von Smith, ebenda, vorgelegten Zahlenmaterial handelte es sich lediglich bei 10 Prozent der 68 Zwischenfälle ernsthafter Sportgewalt um Zuschauergewalt, die keinen Bezug zu Kämpfen oder Beinahe-Kämpfen auf dem Spielfeld hatte.

50 Goldstein/Arms, »Effects of Observing«; Arms/Russell/Sandilands, »Effects on the Hostility«.

51 Zillman/Bryant/Sapolsky, »Enjoyment«.

52 Siehe Anm. 16 in Kapitel 6.

Dramatik des Mannschaftswettbewerbs Grund für die besondere Anspannung.[53]

Bei jedem Spiel gibt es eine Vorgeschichte in Form dramatischer Konflikte, die sich zwischen beiden Mannschaften entsponnen haben. Diese Geschichte kennen die Fans genau, ja sie zelebrieren sie geradezu, weil sie einen Teil der Vorfreude auf ein Spiel ausmachen. Fans suchen die Dramatik; ob sie dann gewalttätig ausfällt oder nicht, ist eher nebensächlich. Oben habe ich bereits eine Schlüsselepisode der Geschichte zwischen den Indiana Pacers und den Detroit Pistons erzählt, in der es auf dem Spielfeld zu Gewalt kam, die zum Wendepunkt der Eastern Conference Championship wurde. Als sich die beiden Teams in der Folgesaison wieder gegenüberstanden, machten die Pacers ihre damalige Niederlage mit einem sensationellen Kantersieg wieder wett, bei dem sie von Beginn des Spiels an ganz klar in Führung gingen. Ron Artest, der Spieler der Pacer, der im Spiel davor den entscheidenden (kontraproduktiven) Schlag ausgeteilt hatte, war einmal mehr der Auslöser, als er kurz vor Spielende ein brutales Foul gegen den größten Spieler der Pistons beging. Da sein Team 15 Punkte Vorsprung hatte und nur noch 45 Sekunden zu spielen waren, war das Foul sinnlos und unterstrich lediglich, dass es hier um eine Revanche ging. Der Spieler der Pistons fasste das offensichtlich als Beleidigung auf und stieß Artest gegen den Kopf, was ein kleines Handgemenge zwischen Spielern beider Teams zur Folge hatte. Artest legte sich wie zum Hohn demonstrativ auf den Schiedsrichtertisch an der Seitenlinie – womit er zwar das Revier der Unparteiischen betrat, aber zugleich vor weiteren Attacken sicher war, während man sein erzürntes Opfer mit aller Kraft davon abhalten musste, sich auf ihn zu stürzen. Daraufhin – schließlich fand das Spiel im Detroiter Heimstadion statt – schritten die Detroiter Fans ein, entsprechend dem typischen Muster, dass Fangewalt sich an der Spielergewalt entzündet. Inmitten des lautstarken Gejohles kippte ein Fan, offensichtlich versucht durch

53 Im September 2004 gab es in Oakland ein knappes Spiel zwischen zwei Mannschaften um einen Platz in den Play-offs. Ein Spieler der Gastmannschaft Texas Rangers warf einen Stuhl nach einem penetranten Zwischenrufer auf der Tribüne. Getroffen wurde allerdings eine unbeteiligte Zuschauerin, die in der Nähe des Zwischenrufers saß und einen Nasenbeinbruch erlitt. Das komplette Team der Rangers scharte sich als Unterstützung um den Mannschaftskameraden. Dabei legten sie die bei Kämpfen übliche Mannschaftssolidarität an den Tag (*USA Today*, 15. 9. 2004).

die scheinbar passive Haltung Artests, der immer noch auf dem Tisch lag, diesem einen eiskalten Drink über den Kopf. Jetzt sprang Artest mit einem Mannschaftskameraden über die Bande und prügelte sich mit zwei Fans. Der Kampf verlagerte sich dann wieder Richtung Spielfeld zurück, wo Artest einen Fan in einem Pistons-Pullover schlug, als der ihn anpöbelte. Ein weiterer Fan, der Artest zu Fall brachte, wurde wiederum von einem Mannschaftskameraden verprügelt. Die Schlägerei endete damit, dass die Pacers sich unter dem Bombardement von Fans, die auf den sicheren Tribünen blieben, vom Spielfeld zurückzogen. Das Spiel wurde abgebrochen.[54]

Der Kampf fand ein großes Medienecho und wurde einhellig als äußerst schockierend verurteilt. Mehrere Pacer-Spieler wurden für längere Zeit gesperrt. Dabei entspricht jedes Element des Kampfes dem typischen Muster von Sportgewalt. In diesem und in allen anderen mir bekannten Fällen von Spieler-Fan-Gewalt führen die Versuche der lautesten Fans, so nah wie möglich am dramatischen Konflikt teilzunehmen, zu Racheakten der Spieler. Dennoch verweisen die einhelligen Reaktionen der Funktionäre und Kommentatoren auf eine Grundstruktur von Sportdramen: Es handelt sich um Darbietungen für Zuschauer, die sich in einem geschützten Bereich dem emotionalen Erlebnis eines Fantasiekonfliktes hingeben wollen. Die Grenze zwischen den Revieren, die jeweils Zuschauern und Spielern vorbehalten sind, bildet den Rahmen der ganzen Veranstaltung. Spielergewalt, ob durch die Spielregeln gedeckt oder nicht, hat sich auf die Spieler untereinander zu beschränken. Die zum größten Teil imaginäre Gewalt, die Zuschauer gegenüber Spielern zum Ausdruck bringen, wird zu einem gewissen Grad geduldet, doch die reale Gewalt der Spieler – die darin schließlich allen anderen überlegen sind – muss auf die Arena beschränkt bleiben und darf sich nicht gegen die Zuschauer richten.

Spieler sind auf ganz andere Art in das Geschehen involviert als Zuschauer, und so überrascht es nicht, dass beide ganz unterschiedliche Kampfstile an den Tag legen. Spielerkämpfe haben im Allgemeinen die Form des fairen, symmetrischen Kampfes, bei dem zwei Spieler raufen oder aufeinander einschlagen, während ihre Teams aufgeregt auf dem Spielfeld umherlaufen. Zuschauergewalt dagegen ist zumeist extrem einseitig und richtet sich gegen Schwächere: Fans der Heim-

---

54 *Philadelphia Inquirer*, 21. 11. 2004.

mannschaft bewerfen eine kleine Schar Gastfans mit Gegenständen oder traktieren sie mit Fäusten, attackieren gegnerische Spieler oder greifen Sicherheitskräfte an, wenn diese zahlenmäßig unterlegen sind.

Kämpfe zwischen Spielern haben starke Ähnlichkeit mit fair inszenierten Kämpfen, wie man sie von Duellanten kennt. Dass der Kampf ausgeglichen ist, gehört zum Ethos einer Elite. Zuschauer dagegen bilden keine Elite. Mit ihren Angriffen auf Schwächere verhalten sie sich wie die Masse bei Ausschreitungen, und wenn sie johlen und manchmal auch handgreiflich werden, sind sie der gegnerischen Mannschaft zahlenmäßig haushoch überlegen. Fans und Spieler sind emotional wie symbolisch in denselben Konflikt verwickelt, doch agieren sie auf zwei unterschiedlichen Statusebenen: die Fans als schamlose und auf schändliche Weise stammesorientierte Parteigänger,[55] die Spieler dagegen als Helden im fairen Wettstreit, die einem Ehrenkodex folgen. In Momenten überschwänglichster Begeisterung erniedrigen sich Fans vor den Spielern in einer Art und Weise, die an primitive religiöse Fanatiker beim Anblick ihrer Kultobjekte erinnert. Manchmal verhalten sich Fans auch wie Möchtegernteilnehmer vor den Toren einer viel beworbenen Party. Spieler reagieren auf das Eindringen von Fans in ihr Territorium wie eine Elite, die das gemeine Volk in die Schranken weist. Wie Aristokraten, die Streitigkeiten untereinander zwar gemäß eines Ehrenkodexes beilegen, jedoch einen Niederrangigen, der sie beleidigt, prophylaktisch mit dem Stock züchtigen, belegen Sportler Eindringlinge in ihr Revier mit entwürdigenden Strafen. Einige Konsequenzen dieser Statusdifferenz zwischen Spielern und Fans werden wir in der Entwicklung ausgefeilterer Formen von Fangewalt beobachten können.

---

55 Man denke an das Ritual, einen Baseball zu fangen, der auf der Zuschauertribüne gelandet ist. Fans messen diesem Ritual eine große Bedeutung bei, und der glückliche Fänger avanciert in seiner unmittelbaren Umgebung vorübergehend zum Helden. Der Baseball wird wie ein heiliges Objekt behandelt, ein Verbindungsglied zwischen dem peripheren Bereich der Tribüne und dem Zentrum des kollektiven Aufmerksamkeitsraumes auf dem Spielfeld. Es genügt schon, den Ball irgendwie an sich zu bringen, ob er nun herumrollt oder von einem Stadionmitarbeiter weitergereicht wird. Besonders prestigeträchtig ist es allerdings, ihn im Flug zu fangen. Dies ist eine Möglichkeit, durch die der Fan kurzfristig seinen Status aufwerten kann, indem er nachahmt, was sonst die Spieler tun. Der Applaus der anderen Fans ist ihm sicher.

Fangewalt abseits des Spielfeldes: Sieger- und Verliererkrawalle

Wenn es in einem Sportstadion zu Gewalt kommt, dann meist im Zusammenhang mit den Konfrontationen auf dem Spielfeld und ihren Rhythmen. Es gibt drei Hauptformen von Fangewalt, die sich unabhängig von der Dramatik des Spielgeschehens ereignen. Am stärksten abgekoppelt ist die Gewalt von Fußball-Hooligans, auf die ich ganz zum Schluss eingehen werde. Daneben gibt es Formen von Zuschauergewalt, die zwar im Stadion oder ausgehend von den Ereignissen auf dem Spielfeld entstehen, dann jedoch in Gewalt abseits des Spielfeldes umschlagen und eine Eigendynamik entwickeln. Hierzu gehören politische Gewalt sowie Siegesfeiern und Verliererkrawalle.

Politisch motivierte Gewalt bei Sportveranstaltungen wird zum Teil durch äußere Konflikte geschürt, denn die Veranstaltung bietet die Möglichkeit zur unmittelbaren Konfrontation mit einer sonst kaum greifbaren verfeindeten Nation oder Ethnie. Doch eine Auseinandersetzung im Umfeld einer sportlichen Begegnung kann politische Rivalitäten auch verstärken und bedeutsamer erscheinen lassen, als sie eigentlich sind.

Im Jahr 2002 trafen beispielsweise in Sarajevo zu einem Fußballspiel Bosnien und Jugoslawien aufeinander; es war das erste seit dem Krieg im Jahr 1992, in dessen Verlauf es zu Kriegsgräueln und ethnischen Säuberungen gekommen war. Das Spiel fand in der bosnischen Hauptstadt statt, so dass die Menge der heimischen Fans aus ungefähr 10000 Bosniern bestand. Hinzu kamen Fans der jugoslawischen Mannschaft, ungefähr 300, meist ortsansässige bosnische Serben. Als man die jugoslawische Nationalhymne spielte, stampften die bosnischen Fans mit den Füßen, die Anhänger Jugoslawiens reagierten, indem sie während der bosnischen Hymne das Hinterteil entblößten. Mehrere Hundertschaften der Polizei hielten die beiden Gruppen auseinander. Es folgte ein Wettstreit der Sprechchöre. Die jugoslawischen Fans skandierten »Das ist Serbien« sowie »Karadžić, Karadžić«, den Namen des meistgesuchten serbischen Kriegsverbrechers. Die bosnischen Fans konterten mit »Allahu akbar« (»Gott ist groß«), dem traditionellen islamischen Schlachtruf. Die jugoslawische Mannschaft gewann das Spiel mit 2:0. Die Polizei musste die jugoslawischen Fans abschirmen, damit sie das Stadion verlassen konnten. Daraufhin griffen außerhalb des Stadions circa 200 bosnische Fans die Polizei an, wobei sechs Fans und 19 Polizisten verletzt wurden, acht Fans wurden festgenommen.[56]

Hier weckte das Scheingefecht des Spiels alte Erinnerungen und ließ die frühere politische Gewalt wiederaufleben. Sportkrawalle mit politischem und nationalistischem Hintergrund können auch durch bestimmte Spielereignisse ausgelöst werden. Bei der Weltmeisterschaft 2002 verfolgten russische Fußballfans auf einem Platz im Zentrum Moskaus das Spiel gegen Japan auf einer Riesenleinwand und begannen zu randalieren, nachdem Japan das einzige Tor des Spiels geschossen hatte. Russland hatte das letzte Aufeinandertreffen gewonnen und galt als Favorit für dieses Spiel, eine Erwartung, die nun enttäuscht worden war. Ungefähr 8000 Fans, überwiegend Teenager und junge Männer, rannten durch die Straßen und skandierten: »Vorwärts, Russland!«, wobei manche sich die russische Flagge umgebunden hatten. Sie schlugen im Umkreis von mehr als einem Kilometer Schaufensterscheiben ein, sprangen auf Autos herum, zertrümmerten die Scheiben und warfen ein Dutzend Autos um, sieben wurden in Brand gesteckt. Fünf japanische Musikstudenten, die auf dem Rückweg von einem Musikwettbewerb waren, wurden von den Fans attackiert. Außerdem warfen die Randalierer mit Flaschen und prügelten sich sowohl untereinander als auch mit der Polizei. Es gab einen Toten und ungefähr 50 Verletzte, die ins Krankenhaus gebracht werden mussten, darunter 20 Polizisten.[57] In diesem Fall war der Zeitpunkt, zu dem das gegnerische Tor fiel, zum Auslöser der Gewalt geworden, die weit um sich griff und sich längst nicht nur gegen Japaner richtete.

Die Moskauer Krawalle von 2002 waren zum einen politische Unruhen, zum anderen Verliererkrawalle, das Pendant zu Siegerkrawallen. Wie wir noch sehen werden, können Siegerkrawalle genauso destruktiv sein wie Verliererkrawalle; und Siegerkrawalle kommen wesentlich öfter vor. Ein Spiel zu verlieren dämpft grundsätzlich die Emotionen, und der Menge fehlt es an Überschwang sowie an traditionellen Ritualen (wie dem Umstoßen der Torpfosten), die von einer Siegesfeier zu destruktiven Krawallen überleiten könnten. Für Verliererkrawalle ist ein zusätzlicher Mechanismus vonnöten. Wie es scheint, treten sie bei internationalen Wettkämpfen häufiger auf, vor

56 *San Diego Union-Tribune*, 23. 8. 2002.
57 *San Diego Union-Tribune*, 10. 6. 2002.

allem dann, wenn die sportlichen Rivalitäten stark politisiert werden. Verliererkrawalle hängen stark von spielexternen Faktoren ab, denn der Emotionsfluss des Spieles selbst dämpft grundsätzlich die Energie der Verliererseite und gibt den Siegern Auftrieb.

Gewalt bei Siegesfeiern ist eine Variante des Zechens. Die Feiern der Fans sind eine Verlängerung der Feiern, die die Spieler nach einem emotionalen Sieg veranstalten. Spieler wie Fans zeigen dabei Solidaritätsverhalten – schreien gemeinsam herum, fallen einander um den Hals, springen herum, um Adrenalin abzubauen – und praktizieren antinomische Rituale, um die Ausnahmesituation zu betonen. Footballteams feiern einen Sieg, indem sie ein Fass mit Flüssigkeit über ihrem Trainer ausgießen – eine Variante spielerischer Gewalt, bei der die Rollen zwischen Autoritätsperson und Schützlingen vertauscht werden. Vom Trainer wird erwartet, dass er gute Miene zu diesem Spiel macht. Nach dem Gewinn der Meisterschaft lassen amerikanische Profiteams üblicherweise in den Umkleideräumen die Champagnerkorken knallen, allerdings wird der Champagner nicht getrunken, sondern großzügig über den Mitspielern verspritzt. Dies ist einer wilden Party ganz ähnlich, allerdings mit sehr begrenztem Flurschaden.

Fans verfügen über eine andere Palette von Möglichkeiten. Nur selten kommen sie den Spielern nahe genug, um körperliche Solidarität ausdrücken zu können. Ersatzweise stürmen sie das Spielfeld. Das traditionelle Siegesritual beim Football bestand darin, nach Spielende die Torpfosten umzulegen. (Dies geht zurück auf College-Wettkämpfe an der Wende zum 20. Jahrhundert, als die Torpfosten noch aus Holz waren. Bei den seit einigen Jahrzehnten gebräuchlichen Metallpfosten ist das schwieriger, auch wenn es gelegentlich noch versucht wird.) Das Zentrum des Interaktionsrituals übt einen unwiderstehlichen Reiz auf die Fans aus, denn dort können sie mit Dingen physisch in Berührung kommen, die von magischer Bedeutung erfüllt sind: Reißt man Rasenstücke aus oder nimmt Teile des Basketballbodens oder der Bestuhlung als Souvenir mit nach Hause, bringt man sich den Besitz eines heiligen Objektes und eignet sich dessen Mana an. Siegesfeiergewalt verbindet den Potlach einer denkwürdigen wilden Party mit dem Versuch, zum Zentrum des Geschehens vorzudringen.

Doch Fans sind kein Teil der Elite, die im Mittelpunkt steht, und oftmals werden sie sogar daran gehindert, diese Andenken an einen symbolischen Kontakt in die Finger zu bekommen. Seit einigen Jahren setzen die Stadionverantwortlichen verstärkt Sicherheitskräfte und Polizei ein, um die Fans generell vom Spielfeld fernzuhalten. Unter anderem deshalb verlagern sich die Siegesfeiern weg von der traditionellen, potlachartigen, aber begrenzten Zerstörung innerhalb der Sportstätte und entwickeln sich stattdessen zu ausgewachsenen externen Krawallen. Mit dem Ausbau der Sicherheitsmaßnahmen finden also vermehrt Krawalle jenseits der Spielstätten statt – eine Hypothese, die sich sowohl über einen längeren Zeitraum betrachtet als auch beim Vergleich von Veranstaltungen mit unterschiedlichen Sicherheitsstufen überprüfen lässt.

Im nächsten Beispiel gewinnt ein Team bei einem Auswärtsspiel, und die Siegerkrawalle ereignen sich auf dem heimischen Campus. Besonders aufschlussreich sind hier die zeitliche Abfolge der gewaltsamen Ereignisse und die Maßnamen zur sozialen Kontrolle.

Im April 2003 spielte das Eishockeyteam der Universität von Minnesota in Buffalo im Bundesstaat New York um den zweiten Meisterschaftstitel in Folge. Zu Hause in Minnesota wurden in Erwartung einer großen Siegesfeier auf dem Rasen vor den Studentenwohnheimen Bierfässer aufgestellt. Als um 20.30 Uhr die Nachricht vom Sieg eintraf, strömten die Menschen überall aus den Studentenwohnheimen und Apartments, bis sich eine Menge von circa 1000 Menschen gebildet hatte. Es dauerte keine 20 Minuten, da wurde an einer Straßenkreuzung (also an einem sicheren Ort, weit genug von den Gebäuden entfernt) mit einer Matratze, einer Parkbank und dem Inhalt eines Abfalleimers das erste Feuer entfacht. Die Feuerwehr löschte eilig den Brand – mit anderen Worten, sie würgte die Feier ab. Fans entzündeten daraufhin an vier verschiedenen Stellen neue Feuer in Mülltonnen und Müllcontainern. An der Straßenecke, wo das erste Feuer gebrannt hatte, wurde eine Ampel umgeknickt, so dass sie quer über die Straße ragte, und einige Studenten hängten sich daran und versuchten, sie ganz abzuknicken. Ein Polizist berichtete, dass die Menge »sie anfeuerte, als wäre es ein Sportwettkampf« – das heißt, eine Fortsetzung des Spiels.

Zu diesem Zeitpunkt betrug das Zahlenverhältnis zwischen Fans und Polizei etwa 1000 zu 2. Die Menge schwenkte drohend die Bierflaschen, und die beiden Polizisten zogen sich in ihre Streifenwagen zurück. Schließlich trafen fast 200 Mann Verstärkung ein. Daraufhin eskalierte die Situation auf beiden Seiten. Auf Autos, die samt Fahrer in der Menge feststeckten, wurde eingeschlagen. Feuerwehrfahrzeuge konnten sich nur mit Mühe den Weg zu den Feuern bahnen, die inzwischen an fast jeder Kreuzung brannten.

Zwei Reihen zu je 15 Polizisten liefen Schulter an Schulter und von Gehsteig zu Gehsteig die Straße entlang, der Menge entgegen. Über einen Lautsprecher forderte man die Menge auf, sich zu zerstreuen. Die Studenten reagierten nur zögerlich. »Man läuft schließlich nicht jeden Tag mitten auf der Straße herum«, sagte eine junge Studentin einem Reporter. »Was ist schon dabei?«

Die Menge war schwer zu bändigen. Die Polizisten wurden mit Flaschen, manche auch mit brennenden Scheiten beworfen. Die Polizei setzte daraufhin Tränengas gegen die Menge ein, die zurückwich, sich teilte und in drei Richtungen floh. Es dauerte etwa 15 Minuten, bis die Polizei die Kreuzung geräumt hatte und die Feuerwehr sich an die Löscharbeiten machen konnte. Die Polizei blieb vor Ort, um die Kreuzung zu sichern.

In der Zwischenzeit legten kleinere Gruppen erneut Feuer an anderen Kreuzungen. Weitere Polizeieinheiten rückten an und räumten eine Kreuzung nach der anderen. Gegen 22.30 Uhr ging die Polizei gegen eine Menge von 300 bis 400 Studenten vor. Die Menge war zwar geschrumpft, aber immer noch voller Energie. »Die Leute skandierten ›U-S-A! U-S-A-!‹«, berichtete ein Augenzeuge. Jemand schrie: »Genau wie in Bagdad!« Hier wurden sowohl Parolen von internationalen Sportereignissen entlehnt, vor allem in Erinnerung an den amerikanischen Eishockey-Sensationssieg über die UdSSR bei der Olympiade 1980, als auch auf den Sieg der US-Armee im Irak im Jahr 2003 angespielt. Alle möglichen emotional signifikanten Symbole werden in einem solchen Moment herangezogen; ich werde darauf noch eingehen.

Eine Gruppe Jugendlicher warf johlend ein parkendes Auto um. Andere steckten ein paar Zeitungsständer in Brand, dann einen Müllcontainer, schließlich das umgeworfene Auto. Viele in der Menge telefonierten per Handy und berichteten, was sich gerade vor ihren Augen abspielte. Ein Zeuge hörte jemanden sagen: »Mann, das müsstest du sehen, das ist unglaublich!« Das eigentliche Tun und das Vergnügen der Erzählung gehen hier nahtlos ineinander über.

Andernorts stand eine Parkwächterbude in Flammen, und jemand hatte den Feuerhydranten aufgedreht, der die Straße überflutete. Die Polizei setze Tränengas ein, woraufhin ein Großteil der Menge die Flucht ergriff.

Gegen 23 Uhr versuchten ein paar Randalierer, die Tür zur Sporthalle der Universität einzutreten. In einem Mülleimer flackerte ein Feuer auf. Ein paar Fans versuchten sogar, Büsche anzuzünden. Wieder setzte die Polizei Tränengas ein, und die Menge rannte davon.

Kurz vor Mitternacht wurde ein Einsatzfahrzeug der Feuerwehr mit Flaschen beworfen, wobei die Windschutzscheibe zu Bruch ging. Gegen ein Uhr morgens waren dann endlich die letzten Brände gelöscht. Der Krawall hatte fünf Stunden lang getobt. Insgesamt waren im Universitätsviertel 65 Brände gelegt worden, die Menge hatte Autos umgeworfen und angezündet, Fenster eingeworfen und Verkehrszeichen umgeknickt. Passend zur Feierstimmung war ein Spirituosenladen geplündert worden. Als die Polizei eintraf, waren die Plünderer bereits geflüchtet, jemand hatte mit einem Fahrradständer die Scheibe eingeschlagen. Augenzeugen berichteten, dass die Plünderer mit Bierkästen auf dem Kopf aus dem Laden spaziert waren. »Sie haben den ganzen Wodka mitgehen lassen«, sagte der Ladenbesitzer. »Billiger Schnaps, teurer Schnaps – sie waren nicht wählerisch.«[58]

Die Krawalle endeten, als die zahlreichen Feuer gelöscht waren. Zunächst waren es nur einige wenige gewesen, doch mit wachsendem Polizeiaufgebot und aggressiverem Vorgehen der Ordnungshüter verteilten sich die Brände über eine immer größere Fläche. Abgesehen vom überschwänglichen Gejohle der Menge (das in den ersten beiden Stunden den lautesten Pegel zu erreichen schien), bestanden die Krawalle vor allem darin, neue Feuer zu legen, meistens nach demselben Muster, indem man Müll und Baustellenabfall anzündete. Es gab dabei keinen Versuch, Gebäude in Brand zu stecken (auch wenn manche Häuser später durch Feuer gefährdet wurden, als die Polizei die Fans aus den offenen Bereichen der Straßenkreuzungen verjagt hatte). Die Feuer waren das wichtigste Vehikel zur Aufrechterhaltung der moralischen Auszeit. Man sieht das übliche Muster mit einem relativ kleinen Anteil von Aktivisten: Auf dem Höhepunkt waren ungefähr 1000 der insgesamt etwa 39000 Studenten auf dem Universitätscampus beteiligt, wobei viele nicht mitmachten, sondern nur zusahen.

Eine wesentliche Ursache für Feierkrawalle, bei denen Sicherheitskräfte attackiert werden, liegt in der fehlenden Möglichkeit einer traditionellen, potlachartigen, ausgelassenen Zerstörung in einem begrenzten Umfeld, wie sie das altmodische Umwerfen der Torpfosten und das Schüren von Freudenfeuern boten. Hinzu kommt das durch die Massenmedien noch verstärkte Interesse an der Siegesfeier der Mannschaft selbst. Solche Krawalle haben Ähnlichkeit mit der von Partys bekannten Ausgrenzungsgewalt. Wenn begeisterten Menschen

58 *Minneapolis Star-Tribune*, 20. 4. 2003.

der Weg in eine prestigeträchtige Zechzone versperrt wird, so vermischt sich die Euphorie mit aufkommendem Zorn – ein perfekter Ausgangspunkt für eine kräftige Rauferei.

Gewalt abseits des Spielfelds als ausgeklügelte Methode: Fußball-Hooligans

Bei der Gewalt von Fußball-Hooligans aus England und anderen europäischen Staaten handelt es sich um einen Spezialfall, denn es ist die ausgeklügeltste Form von Gewalt im Sport. Ich nenne sie »ausgeklügelt«, denn sie wird absichtlich eingefädelt, um sich bei einem aufregenden Kampf zu amüsieren. Gewalt von Hooligans wird normalerweise in Verbindung mit einem Fußballspiel organisiert, vor allem dann, wenn Fans in eine andere Stadt oder, noch besser, in ein anderes Land reisen. Die Gewalt hängt jedoch in keiner Weise mit dem Verlauf des Spiels zusammen. Sie kann sich am Tag vor dem Spiel ereignen oder zu irgendeinem anderen Zeitpunkt, zu dem die Fans versammelt sind. Das Spiel selbst ist nur der Anlass, der sie mobilisiert und zusammenbringt. Die Hooligans suchen bewusst den emotionalen Kick eines Kampfes, der all die legitimierenden und symbolträchtigen Untertöne aufgreift, die ein Sportwettkampf zu bieten hat, emanzipieren sich jedoch vom Schicksal der Mannschaft. Sie umgehen die Enttäuschung nach der Niederlage in einem wichtigen Spiel und die Unsicherheit, ob eine große Siegesfeier stattfinden wird. Stattdessen behalten sie die Kontrolle, indem sie bewusst und regelmäßig gewaltsame Auseinandersetzungen einplanen, und häufen taktische Kenntnisse darüber an, wie man einen befriedigenden Kampf organisiert. Wie bereits festgestellt, stehen Fans und Spieler nicht auf derselben Stufe; Letztere stellen die Elite dar, während die Zuschauer die emotionale Gefolgschaft bilden. Die kollektive Wallung der Fans beruht auf der von den Spielern bestimmten Dramaturgie eines Spieles. Wenn Spieler ihre ehrenvollen Duelle und Fehden austragen, fiebern die Zuschauer nur passiv mit. Oder sie versuchen, sich an der Gewalt zu beteiligen, allerdings auf weniger ehrenvolle Art, indem sie Schwächere angreifen. Sportveranstaltungen sind darauf ausgerichtet, emotionale Verstrickung und kollektive Solidarität unter den Fans hervorzubringen. Die Gewalt von Hooligans zielt darauf, die Verstrickung und Solidarität eines Kampfes zu erleben, ohne sich den Spielern unterzuordnen. Diese Gewalt ahmt die Konfliktstruktur des Spieles nach, wobei die Hooligans sich selbst in den Status von Helden erheben und sich somit den Platz der Athleten anmaßen.

Das Phänomen der Fußball-Hooligans wird häufig mit dem Klassenbewusstsein und der Klassenfeindschaft in der britischen Gesellschaft erklärt. Doch gehören Hooligans meist nicht zu den Ärmsten der Arbeiterklasse, sondern zur Elite derselben,[59] und manche Mitglieder von Fußball-Gangs sind Angestellte oder Kleinunternehmer, die sich vom Schwung und der Euphorie angezogen fühlen.[60] Der in der Welt der Hooligans geltende Elitestatus auf Zeit ist für diese Leute attraktiver als die langweiligen Vergnügungen der Mittelschicht. Hooligan-Gewalt ist ein Beispiel für Gewalt, die sich nicht durch einen Mangel erklären lässt, sondern mit der Attraktivität von Gewalt. Diese hängt wiederum von den situativen Rahmenbedingungen ab, die von jenen manipuliert werden, die die erforderlichen Techniken zusammengetragen haben.

Worin bestehen diese Techniken? Zunächst einmal in der Fähigkeit, sich geschickt durch Straßen und öffentliche Räume zu bewegen und dabei einerseits die Polizei zu meiden, andererseits an einem geeigneten Ort und unter günstigen Umständen auf den Gegner zu treffen. Armeeeinheiten operieren ganz ähnlich, wenn sie in Kompanie- (200 Mann), Bataillons- (1000 Mann) oder gar Regimentsstärke (bis zu 4000 Mann) manövrieren. Doch erfolgt die Organisation quasi ad hoc, ohne offizielle Befehlskette, auch ohne Klubhäuser, Kassenwarte, Wahlen oder schriftliche Protokolle. Es gibt informelle Operationsbasen wie Kneipen, die beliebig wechseln können (wobei Kneipenwirte oft zu den aktivsten Hooligans gehören). Für die Logistik, vor allem halblegale Geschäfte bei der Reiseorganisation und den Schwarzmarkt für Eintrittskarten, sorgen ein paar Anführer.[61] In den

---

59 Dies ist das gleiche Muster, das man bei der Mobilisierung der Arbeiterklasse in der Arbeiterbewegung des 19. und frühen 20. Jahrhunderts findet. Der Mobilisierungsgrad hängt nicht von der wirtschaftlichen Notlage ab, sondern von den Ressourcen für die Mobilisierung. Die Gewalt durch Fußball-Hooligans erreichte ihren Höhepunkt in den 1980er Jahren, einer Zeit relativen Wohlstands.

60 Buford, *Geil auf Gewalt*, S. 34, S. 128 und S. 233; Dunning/Murphy/Waddington, *Roots*.

61 Buford zufolge (*Geil auf Gewalt*, S. 30 und S. 243) schmücken sich die prominentesten Anführer mit teurer Markenkleidung, kostspieligen Autos und anderen Statussymbolen. Manche sind Berufsverbrecher wie Diebe und Fälscher (bestätigt von Anthony King, persönlicher Austausch, November 2000). Fußballgewalt zählt für sie jedoch nicht zu den normalen kriminellen Aktivi-

wichtigsten Gangs, denen Anhänger einer bestimmten Fußballmannschaft angehören, gibt es inoffizielle Anführer, schillernde, oft auffällig gekleidete Persönlichkeiten, die immer im Zentrum des Geschehens zu finden sind, sobald sich Gewalt abzeichnet oder bereits in vollem Gang ist. Bill Buford, der in den 1980er Jahren fünf Jahre lang als Beobachter mit Anhängern von Manchester United und anderen englischen Hooligans unterwegs war, stellte fest, dass jeder Rädelsführer seine persönliche Gefolgschaft hatte, eine kleine Gang von bis zu dreißig oder vierzig Leuten, zumeist 15- bis 16-jährige Jugendliche oder jünger, die sich beweisen wollten. Viele Schlägereien gingen von ihnen aus, und sie fungierten als Unteroffiziere. Die Anführer rannten beispielsweise durch die Straßen einer italienischen Stadt und wiesen mehreren hundert anderen Fans den Weg. Dabei wichen sie geschickt den massiven Einsatzkräften der italienischen Polizei aus, die die englischen Invasoren in die Schranken weisen sollte. Ihr Begleitpulk, ein halbes Dutzend Jugendliche, übernahm die Aufgabe, Befehle an die anderen Fans weiterzugeben, etwa sich zu zerstreuen oder neu zu formieren, bis der Mob geeignete Opfer gefunden hatte – eine verängstigte Gruppe italienischer Fans (keine Schläger, sondern Familien) in einem Bus oder kleine Gruppen italienischer Jugendlicher in einer ansonsten menschenleeren Straße.[62] Ein Anführer sagte den Fans von Zeit zu Zeit, ob der Moment zum Handeln gekommen sei oder nicht, um »der Polizei [zu helfen], den Verkehr umzulenken, Fans beiseite zu drängen, die die Straßen versperrten, und Leute zur Räson zu bringen, die Flaschen unterwegs zerschmissen hatten oder sich ordnungswidrig aufführten«.[63]

Erfahrene Hooligans verfügen auch ohne solche Anführer über ein breitgefächertes taktisches Wissen: Wie man in leichten Trab verfällt, wenn es noch nicht zur Konfrontation gekommen ist, diese aber bereits vorausgeahnt und mit wachsamem Auge gesucht wird, wann man sich zu einer Phalanx formieren sollte, und wann es an der Zeit ist, sich zu verteilen. Wenn die Hooligans auf eine geschlossene Formation von Polizisten trafen, schalteten sie schnell auf zivilisiertes

---

täten, da sie mehr kostet als sie einbringt. Dafür scheinen sich Bufords Anführer prächtig zu amüsieren. Siehe allgemein zu diesem Abschnitt auch Dunning/Murphy/Waddington, *Roots*; Dunning u.a., *Fighting Fans*; Dunning, *Sport Matters*; King, »Violent Pasts«; Johnston, »Riot by Appointment«; Marsh/Rosser/Harré, *Rules of Disorder*; Limbergen/Colaers/Walgrave, »Societal«.

62 Buford, *Geil auf Gewalt*, S. 30f. und S. 90–105.

63 Ebenda, S. 75.

Verhalten um, schlüpften durch die Polizeilinien, »und jeder gibt sich den Anschein, als gehe er allein so vor sich hin und führe nichts Böses im Schilde«.[64] Das konnte unmittelbar nach einem Krawall passieren, so dass die Polizei das Spiel durchaus durchschaute, doch da auch sie weitere Konfrontationen lieber vermeiden wollte, waren sie in der Regel gewillt, bei dieser goffmanschen Darstellung mitzuspielen. Hooligans wissen über die Konfrontationsanspannung und -angst von Polizisten genauestens Bescheid und machen sie sich bewusst zunutze. Sie wissen, dass die Ordnungskräfte ihnen gegenüber nicht viel Gewalt anwenden, es sei denn, mitten in einem Krawall, und daher drehen sie den Gewalthahn sehr gezielt auf und zu.

Situativ können sich auch Anführer auf Zeit herausschälen, die mit der Ausgabe von Parolen die Initiative ergreifen – um 18 Uhr marschieren wir die Straße entlang, weitersagen – oder die vor den Augen der wartenden Polizeikette als Erste vom Gehsteig auf die Straße treten, in der Erwartung, dass die anderen folgen (was manchmal der Fall ist, manchmal aber auch nicht – dann blickt der Möchtegernanführer leicht nervös um sich und reiht sich unauffällig wieder in die Menge ein).[65] Anführer spielen eine wichtige Rolle bei der Lenkung der Menge, doch ob jemand für kürzere oder längere Zeit zum Anführer ermächtigt wird, hängt von der Stimmung in der Menge ab.

List und Tücke werden nicht nur gegen die Polizei eingesetzt, sondern auch gegenüber gegnerischen Gangs. Als bekannt wurde, dass West Ham, der Erzrivale von Man(chester)U(nited), mit dem Zug zu einem Spiel anreisen sollte, heckte man einen Plan aus, um genau im richtigen Moment die Eingangstür zum Bahnhof zu durchbrechen und die West-Ham-Gang zu attackieren, sobald sie aus dem Zug stieg:

> Etwa tausend Leute waren da, die ganz »zwanglos« herumschlenderten, die Hände in den Taschen, und die Blicke gesenkt. Es kam darauf an, sich so zu geben, als gehörte man *nicht* zu einer Menschenmenge, sondern befände sich rein zufällig gerade auf der High Street – zur gleichen Zeit wie tausend andere, die ebenfalls rein zufällig dort herumliefen. [...]
>
> Noch eine Minute, und dann liefen die Fans mitten auf die Straße. Immer noch gaben sie sich betont lässig, aber diese Attitüde ließ sich nun nicht mehr aufrechterhalten. Aus den zusammengelaufenen Grüppchen

64 Ebenda, S. 226; siehe auch S. 93.
65 Ebenda, S. 324–332.

bildete sich eine Menge, die jetzt, weil sie die Mitte der High Street einnahm, störend ins Auge fiel. [...]

Die Menge geriet in Bewegung, marschierte in Richtung Bahnhof, gemessenen Schritts, ohne Hast, in geruhsamem Tempo. Man merkte ihnen allen an, wie zuversichtlich sie waren, daß sie glaubten, das Ding nun wirklich durchziehen zu können. Das Tempo nahm ganz allmählich zu. Es wurde ein wenig schneller. Jemand fing an zu skandieren: »Kill, kill, kill«, zuerst nur im Flüsterton, als habe er noch Bedenken. Dann fielen die anderen ein. Das Tempo beschleunigte sich zu einem Laufschritt, dann zu einem schnelleren Trab, dann rannte die Gruppe. Eine alte Frau wurde umgerissen, und der Inhalt von zwei Tragetaschen mit Lebensmitteln ergoß sich auf das Pflaster. Noch immer waren keine Polizisten zu sehen. Auf halbem Weg die Rampe hinauf erreichte die Gruppe ihre volle Geschwindigkeit: tausend Menschen, die aus Leibeskräften rannten und dabei laut skandierten: »*Kill, kill, kill.*«[66]

In diesem Fall war die ManU-Gang ausmanövriert worden. Die Polizei wartete mit Hunden im Inneren des Bahnhofsgebäudes, um die Gang in geschlossener Formation zu überraschen, und die West-Ham-Gang, die just in diesem Moment aus dem Zug stieg, hatte die Genugtuung, von der Polizei durch die kopflos fliehende Menge einheimischer Fans geleitet zu werden. Dies wurde von der Manchester-Gang als entwürdigende Niederlage angesehen, weil sie ihren Feinden ermöglichte, »die Stadt einzunehmen«.

Manchmal gelingt einer Gang ein erfolgreiches Manöver. Dirigiert von ihren Anführern und deren kleinen Leutnants, kreiste die ManU-Gang durch Londons Straßen, gefolgt von den Chelsea-Fans – doch dann schlugen sie einen Haken und griffen diese von hinten an.[67] Manchmal wird (vor allem unter belgischen Hooligans)[68] zwischen verfeindeten Anführern per Handy ein Schlagabtausch (»Aggro«) verabredet, an einem Treffpunkt außer Sichtweite der Polizei, die genau dies verhindern will. Ein Hauptmerkmal der Gewalt von Hooligans ist ihre Vorsätzlichkeit – sie ist nicht nur vorausgeahnt, sondern sorgsam geplant, wenn auch mit einem Rest von Improvisation aufgrund der Eile. Lynne Johnston spricht daher von »Gewalt auf Verabredung«.[69]

---

66 Ebenda, S. 136–138.

67 Ebenda, S. 229–231.

68 Limbergen/Colaers/Walgrave, »Societal«.

69 Johnston, »Riot by Appointment«.

Eine andere Reihe ausgefeilter Methoden besteht darin, genau zu wissen, womit man ungeschoren davonkommen kann. Fans, die zu einem Auswärtsspiel unterwegs sind, verwüsten oft die Bahnwaggons beziehungsweise Busse, werfen Flaschen aus dem Fenster, und jeder unbescholtene Bürger, der das Pech hat, im gleichen Abteil zu sitzen, wird angepöbelt und bedroht.[70] Da die Polizei sie meistens so schnell wie möglich wieder aus ihrem Zuständigkeitsbereich heraushaben möchte, greift sie bei dieser Art von Vandalismus und Rowdytum nicht ein. Die Gangs wissen, dass es auch von Vorteil ist, im Pulk zu erscheinen, um Kartenkontrolleure und Imbissverkäufer zu überwältigen. Der Ausdruck »on the jib« zu sein, wird von Manchester-United-Fans verwendet und bezieht sich auf das Schwarzfahren oder Zechprellen in Restaurants. Manche Fanveteranen bezeichnen sich als »Intercity-jibber«. Manchmal bedienen sich Hunderte junger Burschen am Imbissstand eines Bahnhofs und füllen sich die Taschen mit Proviant für die Reise. Sie nutzen das Chaos – aus der Sicht des überfallenen Imbissverkäufers – weidlich aus, indem sie Essen durch die Luft werfen, »und mit der Parole ›Essensschlacht! Essensschlacht!‹ zerstreuen sie sich nach links und rechts und verschwinden«.[71] Sie scheinen nicht deshalb schwarzzufahren, weil sie sich keine Fahrkarte leisten könnten – Buford dokumentiert, dass die meisten Fans Arbeit haben und über beträchtliche Geldsummen verfügen –, sondern es geht ihnen um den Spaß des »Jibbens« an sich. Es handelt sich um eine Art moralische Auszeit, die jedoch von einer Gruppe gezielt zustande gebracht wird, die daraus eine Tradition und eine Methode entwickelt hat.

Elias und Dunning sehen Fußballgewalt darin begründet, dass es in langweiligen, befriedeten Gesellschaften, die in den vergangenen Jahrhunderten den »Prozess der Zivilisation« durchlaufen haben, zu einer »Suche nach Spannung und Abenteuer« kommt.[72] Die Erklä-

70 Buford, *Geil auf Gewalt*, S. 14f. und S. 69–73.

71 Ebenda, S. 70.

72 Elias/Dunning, *Quest*. Elias' und Dunnings bahnbrechender Darstellung zufolge wurde mit der Organisation von Sportwettkämpfen seit dem 18. Jahrhundert ein Raum für jene lustvolle Spannung geschaffen, die im modernen Alltag fehlt. Der Prozess der Zivilisation, so ihre Argumentation, führt zur Verdrängung natürlicher Impulse – im Grunde das freudsche Argument, dass Verdrängung der Preis ist, den wir für die Zivilisation bezahlen. Sport schafft ein sicheres Paralleluniversum der Fantasiekonflikte, in denen jene Spannungen ein Ventil finden, die sich früher in Form von Gewalt manifestiert hätten.

rung trifft jedoch nicht den Kern der Sache. Um inszenierte Spannung geht es im Grunde allen Institutionen des modernen Sports. Bei gezielt organisierter Gewalt jenseits des Spielfeldes dagegen sind sowohl der Vorsatz als auch die Spannung von ganz anderer Qualität.

Anführer von Fangruppen sind für die Taktik wie für die Spannung zuständig:

Zusätzlich zu diesem Spannungsabbau erzeugt Sport eine andere, lustvolle Spannung und Erregung, nach der ein umso größeres Bedürfnis besteht, je monotoner der Alltag der Zuschauer verläuft. Diese Argumentation hat zwei Schwachpunkte. Erstens konnte auch in der Vormoderne Gewalt nicht einfach und ungezügelt ausgeübt werden. Konfrontationsanspannung und -angst hat es schon immer gegeben, und Gewalt war nicht lustvoller Ausdruck natürlicher Impulse, sondern genauso ein schändlicher Angriff auf Schwache oder ein durch einen Ehrenkodex limitierter und inszenierter Kampf, wie ich es im vorliegenden Buch beschrieben habe. Was im Sport zum Ausdruck kommt, hat keine Entsprechung in der Realität als natürliche, nicht verdrängte Gewalt. Zweitens erzeugte auch schon der vormoderne Sport lustvolle Spannung, angefangen bei Stammeswettkämpfen, über die Olympischen Spiele der Antike, byzantinische Wagenrennen und mittelalterliche Ritterturniere bis hin zum Breitensport. Wie Elias und Dunning am Beispiel des Fußballs im mittelalterlichen England selbst belegen, besteht der Hauptunterschied zur Neuzeit darin, das die Wettkämpfe der niederen Stände kaum formal organisiert waren. Es gab keine Schiedsrichter oder schriftlich fixierte Regeln, und teil nahmen nicht etwa nur die Besten, sondern ganze Dorfgemeinschaften, eine große, nicht festgelegte Menge von Mitspielern, Jung und Alt, Groß und Klein, manche hoch zu Ross, andere zu Fuß, und man spielte mit Händen, Füßen oder Stöcken, so dass es oft zu schweren Verletzungen und sogar Toten kam. Seitdem ist eine formelle, spezialisierte Organisation entstanden, wodurch einige Aspekte von Gewalt beschnitten, andere wiederum begünstigt wurden, im Bemühen, für möglichst dramatische Unterhaltung zu sorgen, deren Handlungsverlauf nachhaltige und vielschichtige Spannung verspricht. Die Wettkämpfe der Oberschicht waren bereits in der Antike und im Mittelalter stärker in diesem Sinne organisiert, weil diese über die nötigen Ressourcen verfügte, um Konfrontationsanspannung und -angst in Grenzen zu halten und gleichzeitig hohes Ansehen mit der Inszenierung von Kämpfen unter Ebenbürtigen zu verbinden, die nach stilisierten Regeln abliefen. Den größten historischen Wandel erzeugten der wachsende Wohlstand und die zunehmende Freizeit in allen Gesellschaftsschichten sowie die stetige Verlängerung jenes Lebensabschnitts, der dem Lernen gewidmet ist. Dadurch gab es mehr Gelegenheiten und mehr Zeit, die es auszufüllen galt – Zeit, die früher bei den meisten harter Arbeit vorbehalten war. Es ist fraglich, ob sich das Ausmaß an Monotonie im Laufe der Geschichte tatsächlich sehr verändert hat. Durch die Moderne wurde nicht die vermeintlich ungehemmte vormoderne Gewalt, sondern die frühere Allgegenwart der Arbeit in den Sport hinein verlagert. Bei den besonderen Formen von Gewalt im Sport handelt es sich nicht um eine zivilisatorische Substitution, sondern um eine fortgesetzte zivilisatorische Schöpfung.

Dann drehte [Sammy] sich um und begann rückwärts zu rennen. Er schien die Gruppe ausmessen, sich von ihrer Größe ein Bild machen zu wollen. Die Energie, sagte er, während er immer noch rückwärts rannte, ohne zu jemand Bestimmtem zu sprechen, die Energie ist sehr hoch. Er war hellwach, entschlossen, stets in Bewegung, blickte in alle Richtungen. Er hob die Hände, mit gestreckten Fingern.

Spürt mal die Energie! sagte er. [...]

Alle überquerten die Straße, wie auf Kommando, aber ohne daß ein Wort gesprochen wurde. Ein Sprechchor brach los – »United, United, United« –, und Sammy schwenkte die Hände auf und nieder, als ob er ein Feuer ersticken müßte, zum Zeichen, daß man still sein sollte. Etwas später kam eine andere Ein-Wort-Parole, und diesmal hieß sie »England«. Die Leute konnten es nicht lassen. Sie wollten sich unbedingt wie normale Fußballfans aufführen – singen und schreien, wie es ihrem betrunkenen Zustand entsprach, und sich weiterhin so rüpelhaft benehmen, wie schon den ganzen Tag über – und mußten daran erinnert werden, daß das jetzt nicht ging. [...]

Einmal kam ein Trupp Polizisten auf uns zugestürmt, und Sammy, der sie rechtzeitig gesehen hatte, gab flüsternd einen neuen Befehl: wir sollten uns zerstreuen, und die Mitglieder der Gruppe teilten sich auf – manche überquerten die Straße, manche liefen in der Mitte der Straße weiter, manche blieben ein wenig zurück –, bis sie an den Polizisten vorüber waren. Darauf drehte Sammy sich um und befahl, wieder im Rückwärtsgang, daß alle sich wieder einreihen sollten: und seine Kleinen trieben wie dressierte Hunde die ganze Herde zusammen. [...]

[I]m nachhinein scheint mit, daß Sammy seine Gruppe um das Stadion herum geführt haben muß, in der Hoffnung, unterwegs italienischen Fans zu begegnen. Als er sich umdrehte und rückwärts lief, hatte er offensichtlich auch die Wirkung dieser zweihundert im Laufschritt dahineilenden Frankensteins auf die italienischen Jungs beobachten wollen, die die vorbeistürmenden Engländer erkannt hatten und anfingen, ihnen zu folgen, aus Neugier, angezogen von der Aussicht auf eine Schlägerei oder einfach vom Charisma der Gruppe selbst – jedenfalls konnten sie's nicht lassen, hinterdreinzulaufen, um zu sehen, was vielleicht passierte.

Und dann, als Sammy den geeigneten Moment gekommen sah, blieb er plötzlich stehen und brüllte, auf jede weitere Vortäuschung von Unsichtbarkeit verzichtend: »Halt.« Alle blieben wie angewurzelt stehen. »Kehrt.« Alle machten kehrt.[73]

73 Buford, *Geil auf Gewalt*, S. 91–95.

Es folgte ein Tumult. Nach dem bei Massenschlägereien üblichen Muster bildeten sich kleine, ungleiche Gruppen. Buford sah, wie ein einzelner junger Italiener niedergeschlagen und wiederholt mit Füßen getreten wurde, von einer englischen Hooligangruppe, die im Nu von zwei auf sechs und schließlich auf acht Schläger anwuchs, die sich ebenfalls auf das wehrlose Opfer stürzten.

> [Sammy] war völlig aus dem Häuschen, schnalzte mit den Fingern, tänzelte, auf der Stelle tretend, hin und her, und wiederholte immer wieder den Satz: Es geht los, es geht los. Alle um ihn herum waren erregt. [...] Eine durchdringende Energie ging davon aus; unmöglich, nicht ein wenig davon gepackt zu werden. Neben mir sagte jemand, er sei glücklich, sehr glücklich, er könne sich nicht erinnern, jemals so glücklich gewesen zu sein.[74]

Kurz darauf holte die Gruppe eine italienische Familie ein, einen Mann mit Frau und zwei Kindern, die gerade versuchten, in ihr Auto zu steigen und sich in Sicherheit zu bringen. Die englischen Hooligans schlugen den Mann mit einer schweren Eisenstange ins Gesicht, und als er am Boden lag, traten ihn andere mit den Füßen. Manche brachen extra aus der voranstürmenden Menge aus, um ihm auch einen Tritt zu versetzten.

Der emotionale Rauschzustand entsteht aus der Macht der Masse, die eine moralischen Auszeit geschaffen hat und so den unmittelbaren Raum um sich herum kontrolliert. Dieses Machtgefühl muss nicht unbedingt gewalttätig sein, es entsteht durch die rein logistische Leistung, sich in einer Gruppe zu bewegen, die sich ihrer Solidarität bewusst ist:

> Die Gruppe überquerte die Straße an einer großen Kreuzung. Sie hatte längst darauf verzichtet, so zu tun, als sei sie unsichtbar, und marschierte mit der arroganten Selbstsicherheit einer gewalttätigen Menge vorwärts. Jetzt trabten alle ohne zu zögern mitten in den dicksten Verkehr hinein, direkt vor die Kühlerhauben der Autos, weil man wußte, daß sie anhalten würden.[75]

Und bei anderer Gelegenheit, diesmal in London, als Manchester-Fans von ihrem Sammelpunkt aus losmarschieren:

> Im Handumdrehen ist das Lokal leer, Biergläser splittern, weil sie im Hinausgehen einfach fallen gelassen werden, und augenblicklich füllt ein Gewühl die kleine Straße draußen, eine unglaubliche Menge, die es unglaublich eilig hat – niemand will zurückbleiben –, biegt ab in die große

74 Ebenda, S. 98.
75 Ebenda, S. 100.

Euston Road, breitet sich über die ganze Fahrbahn aus und blockiert den Verkehr in beiden Richtungen. Alle sind eingereiht und vereint und spüren die geballte Energie und triumphierende Machtvollkommenheit derer, die plötzlich eine Masse sind.

Sie machen einen Bogen um die U-Bahn-Station Euston (zuviel Polizei) und gehen weiter zur nächsten U-Bahn-Station, Euston Square, die sie geschlossen betreten – Schilder, Plakate und Stühle werden unterwegs mitgenommen, keine Schranke und kein Kassenschalter ist ein Hindernis –, alle singen jetzt, die Gruppeneuphorie wächst, niemand kauft eine Fahrkarte, niemand wird angehalten oder zur Rede gestellt.[76]

Sie haben erfolgreich den entscheidenden Punkt überschritten und sind euphorisch und voller Energie. Dabei ist festzuhalten, dass die von ihnen ausgehende Gewalt nur im Kontext der mobilisierten Masse ekstatisch ist. Individuelle Kämpfe, in die der Einzelne bei anderer Gelegenheit verwickelt sein mag, sind längst nicht so mitreißend.

Die ultimative Erfahrung besteht in dem Bewusstsein, die Barriere zu einer moralischen Auszeit zu durchbrechen, einer moralischen Auszeit, die die Hooligans unter Anwendung ihrer raffinierten Taktiken selbst kontrollieren:

Eine Menge bildet sich, und es wirkt, wie wenn etwas lebendig würde. Ich sehe, wie immer mehr Leute zu uns stoßen, die der vertraute, mächtige Magnetismus der großen Zahl anzieht, aber sie wirken nicht wie Neuankömmlinge: sie scheinen nicht von draußen, sondern aus der Menge selbst zu kommen. Man spürt, wie die Menge, dieses Ding, diese Kreatur wächst. [...]

Wir sind frei, steht in den Gesichtern. Wir sind an den Polizisten vorbei. Jetzt sind wir nicht mehr aufzuhalten. [...]

Das Tempo nimmt zu. Ich spüre den Zwang, schneller zu gehen, ein stummer Befehl, der von niemand Bestimmtem kommt, sondern von allen, bedingt wird von dem gemeinsamen Instinkt für die Hitze und Stärke des Gefühls, von dem Wissen, daß die Gruppe, je schneller sie geht, desto geschlossener wird, daß die Empfindungen desto mächtiger, desto heftiger werden. Aus dem Schlendern wird ein scharfes Marschtempo, dann ein Laufschritt. Alle laufen jetzt eingereiht, dicht geschlossen, stumm.

Ich genieße es [berichtet der ehrbare Beobachter aus der Mittelschicht]. Mich erregt es. Es wird etwas passieren: die Menge hungert nach dem Ereignis, und der Hunger wird gestillt werden müssen; man sehnt sich danach, die angestaute Energie freizusetzen. Eine Masse, die einmal so

---

76 Ebenda, S. 221f.

in Fahrt ist, ist nicht leicht wieder zu zerstreuen. Sie hat Elan, einen unaufhaltsamen Elan.[77]

Die Erfahrung lässt sich mit einem Drogenrausch vergleichen, genauer gesagt mit dem Hochgefühl, wenn eine Droge in den Blutkreislauf und das Bewusstsein übergeht:

> Und so reden sie darüber. Sie reden darüber, wie es sie beknackt und angeschwirrt und gefixt hat. Sie sagen, sie müßten's jetzt kriegen, sie würden's nie vergessen können, wenn sie's kriegten, und es nie vergessen wollen – niemals. Sie sagen, wie es sie aufrechterhält, wenn sie erzählen und immer wieder erzählen, was passiert ist und was es ihnen für einen Eindruck gemacht hat. Sie reden davon mit dem Stolz von Privilegierten, von Menschen, die etwas gehabt, gesehen, empfunden, durchgemacht haben, was andere nicht kennen. Sie reden davon auf die gleiche Weise, in der eine andere Generationen von Drogen, Alkohol oder beidem geredet hat (wobei sie Drogen und Alkohol außerdem zu sich nehmen). Einer, ein Gastwirt, redet von dem Erlebnis, als ob es eine Chemikalie wäre, ein Hormonspray oder ein berauschendes Gas: wenn es einmal in der Luft ist, wenn ein Gewaltakt einmal geschehen ist, folgen andere Gewaltakte unvermeidlich – mit Notwendigkeit. [...]
>
> Später wurde mir klar, daß ich mich in einer Art Rauschzustand, einer Adrenalin-Euphorie, befunden hatte. Und zum ersten Mal kann ich die Worte verstehen, mit denen sie diesen Zustand beschreiben. Daß die Gewalttätigkeit in der Masse eine Droge für sie sei.[78]

Viele Drogenabhängige berichten, dass der lustvollste Moment der ist, in dem sie sich die Heroinspritze setzen, das Kokain schnupfen oder den Marihuanarauch inhalieren.[79] In diesem Kontext möchte ich betonen, dass für Hooligans der größte Glücksmoment dann erreicht ist, wenn sie eine Schwelle überschreiten und sich in die selbstgeschaffene Zone der moralischen Auszeit stürzen. Sie konzentrieren sich bewusst auf die Gewalt, doch meistens erst später, wenn die Zone etabliert ist. Bei genauerer Betrachtung zeigt sich, dass Gewalt, der solch ein Drogenrauschcharakter zugemessen wird, in einen größeren sozialen Prozess eingebettet ist. Die Gewalt steht zwar im Zentrum der kollektiven Aufmerksamkeit, steht jedoch für die übergeordnete kollektive Wallung, die sich gegen die etablierten Regeln richtet, sowie für die ausgeprägte Solidarität einer Gruppe, die virtuos moralische Auszeiten in Gang setzen kann.

---

77 Ebenda, S. 226ff.

78 Ebenda, S. 233f.

79 Becker, »Becoming a Marihuana User« und »History«; Weinberg, »Lindesmith«.

Wenn eine solche Gruppe einen öffentlichen Raum besetzt, benimmt sie sich dabei roh und abscheulich. Das ist vorsätzlich regelwidriges Verhalten, um unbeteiligte Zuschauer zu schockieren – dazu Alkoholexzesse und Urinieren in aller Öffentlichkeit, lautes Herumgrölen und Fangesänge.[80] Den ganzen Tag vor einem Spiel an der Weinflasche zu hängen dient nicht in erster Linie dem Alkoholrausch. Trunkenheit ist vielmehr der Preis, den man dafür zahlt, Rowdytum zu demonstrieren, solange die Zeit für Gewalt noch nicht gekommen ist.

Die eigentliche Hooligan-Gewalt nimmt meist die Form des Angriffs auf den Schwachen an.[81] Bufords einschlägige Beispiele weisen alle ein gemeinsames Muster auf: Eine größere Gruppe von Hooligans prügelt über längere Zeit auf ein einzelnes Opfer ein. Manchmal sind dies gegnerische Schlägertypen, manchmal auch nur Symbolfiguren der gegnerischen Seite (so wie die Familien auf Seiten der italienischen Fans). Mit ihrem raffinierten Manövrieren wollen die Gangs sich genau so einen taktischen Vorteil verschaffen. Wenn sich größere Gruppen gegnerischer Gangs begegnen (was hauptsächlich dann passiert, wenn die englischen Gangs anlässlich eines Spiels in das gegnerische Revier eindringen), so beschränken sie sich in der Regel auf rituelle Sticheleien und Flaschenwürfe aus weiter Entfernung und scheuen die Schlägerei im großen Stil. Ein anderer neutraler Beobachter stellt dazu fest:

> Fast immer gewinnt bei den Fußball-Hooligans die größere Gang – während die andere davonläuft; und bezeichnenderweise lässt man sie auch laufen (wodurch es zu weniger Verletzungen kommt). Diese Tatsache wird stillschweigend akzeptiert, gleichzeitig jedoch verschleiert, so dass jede Gruppe bei jedem Gewaltvorfall ein Maximum an Ehre für sich verbuchen kann. Die größere Gruppe verschleiert in ihrer Erinnerung an den Kampf die Tatsache der zahlenmäßigen Überlegenheit, während die kleinere Gruppe genau diese Diskrepanz betonen kann, um sogar noch aus einer Niederlage ehrenvoll hervorzugehen. Folglich existiert ein Ideal, das in der Praxis jedoch peinlich gemieden wird. Ein Grund liegt darin, dass ein Kampf zwischen zwei ernstzunehmenden, ebenbürtigen Gangs mit sehr schweren Verletzungen enden würde. Ich will damit nicht behaupten, dass derartige Kämpfe niemals vorkommen – im Gegenteil –, doch in den meisten Fällen werden Kämpfe

80 Buford, *Geil auf Gewalt*, S. 56.

81 Dies ist auch auf einem Foto der Agentur Reuters vom 16. 2. 1995 zu sehen: »Englische Fußballfans attackieren einen irischen Fan am Rande eines Spiels in Dublin.« Es zeigt, wie drei gegen einen vorgehen (www.pictures.reuters.com).

Abb. 8.6 Fußball-Hooligans greifen im Pulk einzelne Fans der gegnerischen Mannschaft an (München, September 2001).
ddp images/AP/Christof Stache

schnell dadurch entschieden, dass die zahlenmäßig überlegene Gang die andere dazu bringt wegzulaufen. Zwar ist die nackte Tatsache, dass letztlich alles eine Frage der zahlenmäßigen Überlegenheit ist, jedem klar, aber im konkreten Fall wird sie gern ausgeblendet. Und immerzu wird das Ideal von der zahlenmäßig unterlegenen ehrenwerten Gang beschworen, die ihresgleichen bezwingt.[82]

---

82 Anthony King, persönlicher Austausch, November 2000. Die beiden englischen Feldforscher Anthony King und Eric Dunning schilderten mir in den Jahren 2000/2001 eine Reihe von Beispielen für dieses Muster. Buford, *Geil auf Gewalt*, S. 106–110, erzählt folgende Begebenheit: Nachdem englische Fußballfans nach einem Spiel in einer italienischen Stadt randaliert hatten, sammelten sie sich im Laufe des Abends in einer Bar. Die angeregte Unterhaltung drehte sich nicht um das eigentliche Spiel, das Manchester United verloren hatte, sondern um ihren eigenen Sieg und »wie die Italiener ›sich in die Hosen gemacht‹ hatten. […] Es herrschte eine Art Feierabendstimmung, wie wenn man ein redliches Tagwerk hinter sich gebracht hätte.« Draußen auf dem Platz hatten sich inzwischen mehrere tausend Italiener eingefunden, die sich an den 200 Engländern drinnen rächen wollten. Die Engländer trauten sich nicht hinaus, sondern warteten, bis die Polizei eintraf, um ihnen Begleitschutz zu geben. Man beachte, dass die Italiener draußen, obwohl sie zahlenmäßig weit über-

Auch wenn die Kampfhandlungen sehr stark im Mittelpunkt der Aufmerksamkeit stehen, weil die Gangs auf den Moment hinsteuern, in dem »es losgeht«, und weil die Ereignisse hinterher diskutiert werden, so machen sie doch nur einen relativ kleinen Teil der Gesamtaktivitäten aus. King fasst zusammen:

> Obwohl Kämpfe die Höhepunkte im Dasein eines Hooligans bilden, beanspruchen sie eine verschwindend geringe Zeitspanne im Leben dieser Fans. So viel über Gewalt auch geredet wird, die Konfrontationen verlaufen wie der Kampf im Velodrom (ein kurzes Handgemenge im Stadion von Marseille) fast ausnahmslos kurz und ergebnislos. Die Gespräche über Kämpfe dauern dagegen wesentlich länger. Die Diskrepanz zwischen der Zeit, die tatsächlich mit Kämpfen, und der Zeit, die mit Reden darüber verbracht wird, legt den Gedanken nahe, dass man die konventionelle analytische Herangehensweise an das Thema Hooligans einmal umkehren sollte.[83]

Das Hauptritual der Hooligans besteht darin, sich in Kneipen zu treffen, wo sie durch Erzählungen über vorangegangene Kämpfe die Solidarität stärken und gute Stimmung verbreiten. Randfiguren der Gruppe, die bei den Kämpfen gar nicht dabei sind, werden zu Hütern des kollektiven Gedächtnisses der Gruppe. Die Erzählung bekräftigt außerdem den Rangunterschied zwischen den Zuhörern und denen, die in den Geschichten vorkommen (und oft mit den Geschichtenerzählern gleichgesetzt werden). Besonders prestigeträchtig sind Feldzüge ins Ausland, jedoch nur dann, wenn es ein denkwürdiges Ereignis gegeben hat. Wer dabei war, wird zum Star.[84] Gewalt ist für die Gruppe ein wertvolles Gut, aber nur, weil sie im Gruppenkontext Erzählstoff liefert, und das in zweierlei Hinsicht: durch den Inhalt der Erzählung als Höhepunkt des Gangdaseins und durch das Wiederholungsritual des Erzählens, das über den harten Kern der beteiligten Akteure hinaus die Anhängerschaft zusammenschweißt. Erzählungen über Gewalt

---

legen waren, keinen Versuch unternahmen, die Bar zu stürmen. So wie überall, trifft man auch bei Hooligans und ihren Gegnern auf Imponiergehabe, Konfrontationsanspannung und -angst. In der älteren Literatur zu Fußball-Hooligans ging es hauptsächlich um die von ihnen entwickelte Taktik und Organisation zur Umgehung polizeilicher Gegenmaßnahmen. Hier wäre zu ergänzen, dass sie auch äußerst raffiniert das ständige Begleitproblem allen Kämpfens zu überwinden wissen, nämlich Konfrontationsanspannung und -angst – in diesem Fall durch ausgeklügelte Techniken, sich so lange mit dem Angriff zurückzuhalten, bis man den Gegner in einem schwachen Moment erwischt.

83 King, »Violent Pasts«, S. 570.

84 Buford, *Geil auf Gewalt*, S. 132.

sind das wichtigste kulturelle Kapital, das in der Gang kursiert. Wie King darlegt, ist die Gang im Bewusstsein ihrer Mitglieder eine kollektive Erinnerung, an der ständig gearbeitet wird. Die Erzählungen haben Mythencharakter. Man greift die Höhepunkte heraus und stellt sie so verzerrt dar, dass die eigene Seite heldenhaft dasteht. Tatsachen wie einseitige Überfälle auf wehrlose Opfer und das klammheimliche Zurückweichen vor einer Übermacht werden dabei verdrängt. Wie bei den von Curtis Jackson-Jacobs beschriebenen Partyschlägern geht es bei diesen Kämpfen vor allem um die narrative Gratifikation.[85]

Es muss nicht immer ein Gewaltexzess sein. Der kleine Vorfall in Marseille genügte, um die ganze Reise für die englischen Fans bedeutsam erscheinen zu lassen. Gewalt als Drama ist eine leicht erschließbare Ressource, denn sie lässt sich so gut wie immer in ausreichender Menge produzieren und ist daher viel leichter verfügbar als Fußballsiege.

Die dramatische lokale Konstruktion antagonistischer Identitäten

Meiner Argumentation zufolge sind die situativen Techniken von Hooligan-Gruppen der Schlüssel zu ihrem Verhalten und der Grund für ihre Anziehungskraft. Dem widerspricht ein weitverbreiteter Erklärungsansatz, der auf Merkmale des kulturellen Hintergrundes abhebt: auf eine Kultur aggressiver Männlichkeit, begründet im Chauvinismus patriarchalischer Gesellschaften, auf Nationalismus und Regionalismus.[86] An Belegen für diese Sichtweise besteht auf den ersten Blick kein Mangel. Die Hooligans selbst verwenden in ihren Provokationen und Beleidigungen unüberhörbar eine ebensolche Sprache. Sie singen und skandieren patriotisches Liedgut und beleidigen damit Angehörige anderer Nationalitäten. Auf individueller Ebene beleidigen sie einen Mann gern als »Fotze«.[87]

Allerdings sind Beleidigungen stark situationsabhängig. Ein Beispiel: In einem Bus, der zu einem Spiel in Italien ankam, sangen die Fans unablässig ein Lied, dessen Text aus einem einzigen Wort bestand: »England«.

---

85 Jackson-Jacobs, »Narrative Gratifications«.
86 Siehe z.B. Dunning u.a., *Fighting Fans*.
87 Buford, *Geil auf Gewalt*, S. 322.

Ein anderes, das sprachlich anspruchsvoller war, beruhte auf der »Battle Hymn of the Republic«. Der neue Text lautete:

Glory, glory, Man United
Glory, glory, Man United
Glory, glory, Man United
Your troops are marching on! on! on!

Jedes »on« wurde mit etwas mehr Nachdruck herausgegrunzt, begleitet von der bekannten Siegesgeste mit zwei hochgespreizten Fingern. Eine besonders schlichte Weise hieß »Fuck the Pope« – schlicht, weil die Worte »Fuck the Pope« wiederum der ganze Text waren. [...]
[Jemand] hatte [...] sich wie ein schwer lenkbares Fahrzeug in eine Position gebracht, bei der das offene Fenster neben seinem Sitz von seinem plötzlich entblößten, sehr breiten Hintern ausgefüllt war: die Hose, diesmal vorsätzlich bis zu den Knien heruntergelassen, die beiden plötzlich entblößten, sehr breiten Arschbacken in je einer Hand und auseinandergespreizt. In der Sitzreihe gleich dahinter stand ein Bursche, der aus dem Fenster pinkelte. Leute stellten sich auf die Sitze, rissen die Fäuste in die Höhe und senkten sie wieder, brüllten den Fußgängern, den Polizisten, den Kindern draußen – allem, was italienisch war – Kraftworte zu.[88]

Kurz, Schlachtrufe und patriotische Lieder wuchsen sich zu einer ganzen Palette ritueller Obszönitäten aus, die auf die aktuelle Situation zugeschnitten wurden.

Nationalistische Lieder und Gesänge sind zu hören, sobald Engländer ins Ausland reisen, aber nicht, wenn eine gegnerische Mannschaft auf der heimischen Insel provoziert wird.[89] Trotz der Verwendung sexistischer Schimpfwörter gegenüber Männern, die ihnen nicht passten, waren die Hooligans der 1980er Jahre glühende Bewunderer Margaret Thatchers und der Queen – vermutlich, weil man sie instrumentalisieren konnte, um englische Solidarität und Überlegenheit gel-

---

88 Ebenda, S. 45f.

89 King, »Violent Pasts«. In Deutschland lief ein englischer Fan umher und brüllte »Heil Hitler!«, weil das eine gute Methode war, um die Niederländer, die er so mit den Deutschen in einen Topf warf, zu provozieren, die damals die Gegner der englischen Mannschaft waren (Buford, *Geil auf Gewalt*, S. 259). Und van Limbergen, Colaers und Walgrave schreiben zusammenfassend über die ideologische Selbstdarstellung von belgischen Hooligans: »Sie geben sich rassistisch, sexistisch und nationalistisch. Ihre Vorstellungen sind primitiv und antidemokratisch. Ihre Ideologie ist nicht sehr hoch entwickelt und kaum durchdacht. Sie skandieren bestimmte Parolen nur, um zu provozieren« (»Societal«, S. 11).

tend zu machen und anständige, gebildete Liberale und Linke herabzusetzen. Während sie in Italien »Fuck the Pope« skandierten, verteidigten sie zu Hause die katholische Kirche, weil sie dem anglikanischen Establishment feindselig gegenüberstehen.[90] Das Muster entspricht dem, das Katz in seiner Studie über aggressives Verhalten im Straßenverkehr analysiert hat: Flüche liegen einem deshalb auf der Zunge, weil sie auf das Zielobjekt zutreffen, mit dem man gerade konfrontiert ist.[91] Sie müssen nicht unbedingt etwas mit den Grundüberzeugungen zu tun haben, und das Repertoire kann je nach Anlass inkonsequent und widersprüchlich sein.

Flüche und Beleidigungen werden aus einem größeren kulturellen Repertoire geschöpft, doch erst die Situation bringt sie hervor. Der Eindruck von Nationalismus, Sexismus und anderen Vorurteilen ist eher ein inszenierter Effekt als die tatsächliche Ursache. Erst durch die kollektiven Methoden zur Schaffung moralischer Auszeiten werden solche Beleidigungen zu einem nützlichen Teil des Gesamtrepertoires und entsprechend zur Geltung gebracht.

Dies lässt sich noch genauer analysieren. Die entscheidende Erfahrung ist die narrative Gratifikation; Kämpfe sind dafür eine notwendige, aber limitierte Zutat. Und die Erzählungen mischen sich mit sprachlichen Handlungen wie den oben erwähnten (»Fuck the Pope« geht nahtlos über in Anekdoten darüber, wie wir »die Italiener gefickt« haben, eine Erzählung, die sich in erster Linie um die sprachliche Handlung dreht). Man kann dabei schnell den Eindruck gewinnen, dass der Inhalt des Gesagten in diesen Momenten das Motiv dafür ist, weshalb es gesagt wird. Doch damit verwechselt man Sprechakt und Inhalt. Um nicht in diese Falle zu tappen (was in der normalen Umgangssprache sowie in deren Erweiterung, dem politischen Diskurs, allzu leicht geschieht), sollten wir einen Blick auf die mikrointeraktiven Umstände für derartige sprachliche Handlungen werfen.

Die Gruppe stimmt zu bestimmten Zeitpunkten leidenschaftliche Sprechchöre an, ein verbales Aggressions- und Solidaritätsritual. Bufords detaillierte Beobachtungen deuten auf ein bestimmtes Muster hin, wann gegrölt und gesungen wird und wann nicht. Es geschieht immer dann, wenn die Fans ihre Tarnung aufgeben und sich als Masse in Aktion zu erkennen geben, aber noch bevor die Gewalt

90 Buford, *Geil auf Gewalt*, S. 107.
91 Katz, *Emotions*.

»losgeht«. Wenn Hooligans dagegen tatsächlich kämpfen – und etwa sechs bis acht von ihnen einen einzigen, am Boden liegenden jungen Italiener treten –, fällt kein einziges Wort. Man hört nur dumpfe Tritte, Schläge und das Knirschen brechender Knochen, je nachdem, welcher Körperteil gerade traktiert wird.[92] Diese Sprachlosigkeit könnte ein Anzeichen dafür sein, dass die Konfrontationsanspannung zurückkommt, was zeigt, dass die Euphorie nicht mit dem eigentlichen Kampf, sondern mit dem verbalen Ritualen davor und danach zusammenhängt.

Anthony King trifft eine sinnvolle Unterscheidung zwischen organischem und instrumentellem Rassismus.[93] Ersterer ist tief verwurzelt und in der Gesamtgesellschaft vorhanden. Instrumenteller Rassismus taucht häufig in den Fangesängen bei Fußballspielen auf. So beschimpfen italienische Spieler schwarze Spieler anderer Mannschaften als »afrikanische Affen« und verhöhnen sie, indem sie Bananen auf das Spielfeld werfen. Spanische Fans, die gegenüber schwarzen Spielern einer englischen Gastmannschaft rassistische Beleidigungen skandiert hatten, waren laut King jedoch keineswegs überzeugte Rassisten, sondern rechtfertigten sich damit, dass sie nur Spaß gemacht hätten und mit dieser verbalen Taktik den Gegner hätten provozieren wollen. Rassistische Beleidigungen können sogar dazu verwendet werden, Kontrahenten derselben Hautfarbe zu beschimpfen, die Anhänger gegnerischer Mannschaften sind. So beleidigen norditalienische Fans weiße Fans aus Süditalien mit Rufen, dass Afrika gleich hinter Rom beginne; Gegner des FC Liverpool grölen »Lieber ein Paki [Pakistani] als ein Scouse [Spitzname für Einwohner Liverpools, abgeleitet von ihrem Dialekt]«. Bei diesen Verbaltaktiken greifen sie auf eine dahinterstehende Annahme zurück, es gebe so etwas wie eine Rassenhierarchie, eine Annahme, die sie durch ihr instrumentalisierendes Verhalten unbewusst verstärken.

Ich würde noch weiter gehen: Die Erfahrungen und Verhaltensweisen, die das Dasein als Fußballfan prägen, befördern ethnische Gegensätze innerhalb der Gesamtgesellschaft oder rufen vielleicht sogar neue hervor. Rassistische Beleidigungen dienen nicht nur dazu, gegnerische Spieler aus dem Konzept zu bringen. Die Fankultur lässt sich als kumuliertes Repertoire von Techniken auffassen, die es den Fans erlauben, am Drama des Fußballspiels teilzunehmen und diesem ein

---

92 Buford, *Geil auf Gewalt*, S. 95–97.
93 King, *European Ritual*, v.a. Kapitel 11: »Rassismus im Neuen Europa«.

eigenständiges Drama hinzuzufügen, indem man Scheinkonflikte inszeniert. Der größte Reiz eines jeden Sportereignisses liegt in der Möglichkeit, unter dem Leitmotiv des Konflikts emotionale Momente mit anderen zu teilen, ohne sich dabei jedoch den Gefahren und Risiken eines echten Konflikts aussetzen zu müssen. Rassistische Provokation ist eine dieser Techniken, und sie mag in die Gesamtgesellschaft überschwappen.

Die vergleichende Sportsoziologie hat bislang noch keine Antwort auf die Frage gefunden, weshalb man rassistische Beschimpfungen bei den in Amerika populären Massensportarten so gut wie nicht zu hören bekommt. Es gibt eine ausgeprägte Tradition bei Sportveranstaltungen und in deren Umfeld, sich über Spieler lustig zu machen, und in manchen Stadien ereignen sich regelmäßig Schlägereien mit Fans der gegnerischen Mannschaft. Doch rassistische Beleidigungen sind weitgehend tabu; die Gegnerschaft erschöpft sich in der Solidarität mit der eigenen Mannschaft. (Ich kann mir nicht vorstellen, dass ein amerikanischer Fan, selbst ein sehr hitziger, einen Satz wie »Lieber ein Nigger als ein Yankeefan« rufen würde.) Eine Erklärung mag darin liegen, dass der Sport in Amerika bei der Rassenintegration schon immer Vorreiter war, angefangen bei den ersten schwarzen Baseballspielern in weißen Ligen in den 1940er Jahren bis zu den Bürgerrechtskämpfen der 1960er Jahre, und dass er diese Rolle sehr selbstbewusst auch weiterhin übernimmt. Im amerikanischen Football und Basketball ist die Mehrheit der Spieler schwarz, und zwar schon seit den 1960er Jahren, als diese Sportarten begannen, die Massenmedien zu beherrschen. Die ersten schwarzen Spieler in den großen Baseballteams wurden nur in den Anfangsjahren verhöhnt, und derartige Vorfälle wurden allgemein verurteilt. Sie wurden nicht als Provokation des Gegners interpretiert, als doppelbödige, scherzhafte Form von instrumentellem Rassismus, sondern als Ausdruck eines Rassenhasses, der nichts mit Fanloyalität zu tun hatte. Ob der Sport mit größeren sozialen Bewegungen wie der Bürgerrechtsbewegung eng verflochten war oder nicht, mag als Erklärung für solche Unterschiede dienen, die Organisation der Fans spielt jedoch auch eine Rolle. Bei amerikanischen Sportvereinen gibt es keine Hooligan-Gangs, die ein entscheidendes Bindeglied darstellen, wenn brisante Gegnerprovokationsrituale von Fans sich zu größeren sozialen Konflikten auswachsen und über den Rahmen von Sportereignissen hinaus zu gesellschaftlichen Strömungen entwickeln.

Die Revolte des Publikums in Zeiten der Entertainerdominanz

Die Geschichte der Hooligans lässt sich als Entwicklung von Techniken zur Schaffung sportähnlicher Euphorie und kollektiver Wallung betrachten, die sich schrittweise immer mehr vom eigentlichen Spiel emanzipiert haben.

Gewalt bei Fußballspielen reicht zurück bis ins frühe 20. Jahrhundert und noch davor. Es gibt sie weltweit, und einige der blutigsten Tumulte ereigneten sich weit außerhalb der gewohnten Bahnen britischer Hooligans, wie etwa 1982 in der Sowjetunion, wo es 69 Tote gab, oder 1964 im peruanischen Lima, wo bei einem Spiel gegen Argentinien 300 Menschen getötet und 500 verletzt wurden.[94] Im Jahr 1969 kam es zum Krieg zwischen Honduras und San Salvador, als Honduras Hunderttausende salvadorianische Bauern des Landes verwies, die in den Jahrzehnten zuvor eingewandert waren. Den Siedepunkt erreichte der Konflikt mit einem Fußballspiel zwischen den beiden Ländern, das in einem Krawall endete; daraus entwickelte sich ein fünf Tage andauernder Krieg, dem 2000 Menschen zum Opfer fielen.[95] Doch unser analytisches Kriterium ist nicht nur die Anzahl der Todesopfer, denn sie verrät uns nichts darüber, welches soziale Muster hier am Werke war. Der »Fußballkrieg« zwischen Honduras und El Salvador war keine Hooligan-Gewalt, sondern die Art von politischer Gewalt, bei der Sieger- und Verliererkrawalle als Mechanismen genutzt werden, um völlig unabhängig vom eigentlichen Spiel Konflikte vom Zaun zu brechen. Davon war bereits die Rede. Mag sein, das solche Krawalle (und Kriege) mit besonders großer Wahrscheinlichkeit in autoritären Gesellschaften vorkommen, in denen Sportveranstaltungen im Grunde die einzige Möglichkeit zur Massenmobilisierung darstellen. Wir beschäftigen uns hier mit dem genauen Gegenteil: mit der Entwicklung von Sportgewalt in demokratischen Gesellschaften, und zwar über die soziale Organisation von Hooligan-Gangs, die bewusst moralische Auszeiten inszenieren, die in einer »Gewalt auf Abruf« gipfeln, die sich vom eigentlichen Spiel gelöst hat. In früherer Zeit bestand die Gewalt größtenteils aus spontanem und primitivem Fanverhalten, wie es bereits Gegenstand unserer Untersuchung war: aus dem Stürmen des Spielfelds und dem Über-

---

94 Dunning, *Sport Matters*, S. 132.
95 Kapuściński, *Der Fußballkrieg*.

schwappen der vom Spiel ausgelösten Emotionen auf Sieger- und Verliererkrawalle abseits des Spielfeldes.

Die englischen Fußballligen wurden in den 1860er Jahren ins Leben gerufen und waren, wie andere Sportarten auch, eine Domäne der Ober- und Mittelschicht. Bis Ende der 1880er Jahre hatte sich der Fußball professionalisiert und Männer der Arbeiterklasse als Zuschauer gewonnen. Die Zahl der Zuschauer wuchs, und damit nahmen auch Fälle von Massengewalt zu. Die meisten dieser Zwischenfälle ereigneten sich im unmittelbaren Umfeld des Spieles (das heißt in den Stadien). Da es so gut wie keine Barrieren zwischen dem Zuschauerbereich und dem Spielfeld gab, stürmten die Zuschauermassen meistens das Spielfeld.[96]

Ein zufälliges Merkmal britischer Fußballstadien hat vielleicht entscheidend zur besonderen Strahlkraft von Massenbegeisterung und Fangewalt beigetragen. In der klassischen Zeit der Fußballgewalt waren die Zuschauer – vor allem die hartgesottenen Fans – auf schräg ansteigenden Tribünen zusammengepfercht. Anfangs waren es einfache Erdwälle, später baute man sie aus Beton und mit Sitzbänken, auf denen jedoch nie jemand saß. Erstens war man es gewohnt zu stehen, und zweitens packte die Polizei mit wachsendem Hooliganismus so viele Zuschauer wie möglich auf die Tribünen, die von Maschendrahtzaun und anderen Barrieren umschlossen waren, um die Fans dort einzusperren. Durch diese Strategie wollte man die Hooligans (speziell die Fans der Gastmannschaft) von der übrigen Menge fernhalten und sie so in das Stadion hinein- und wieder hinausgeleiten, dass sie nicht auf die heimischen Fans trafen. Diese Strategie hatte

---

96 Dunning/Morphy/Waddington, *Roots*. Amerikanische Baseballspiele liefen historisch betrachtet in dieser Hinsicht ganz ähnlich ab. Anfang des 20. Jahrhunderts war die Zuschauermenge nur durch Seilabsperrungen vom Spielfeld getrennt. In einem berühmten Spiel der New Yorker Giants gegen die Cubs im Jahr 1908 brachte die Zuschauermenge die Wende, indem sie das Spielfeld stürmte, als die heimische Mannschaft scheinbar die entscheidenden Punkte machte. Doch ein Runner namens Merkle hatte die Base noch nicht berührt (seit diesem groben Schnitzer hatte er den Spitznamen »Patzer-Merkle«), und die gegnerischen Cubs erbeuteten mitten in der Menge den Ball und erreichten die Base. Die Punkte der Giants wurden annulliert. Die Begegnung wurde am Ende der Saison nachgeholt. Diesmal ging es um den Titel, und es hatte noch nie eine derart riesige Zuschauermenge gegeben. Das Spiel musste mehrfach unterbrochen werden, weil immer wieder Fans auf das Spielfeld stürmten. Als die Giants verloren, kam es anschließend zu Krawallen im Stadion.

mehrere unbeabsichtigte Folgen. Indem man rituelle Gewalt im Stadion verhinderte, förderte man die Entwicklung von Strategien, Gewalt abseits des Spielfeldes zu inszenieren, unabhängig vom Spiel – die technische Neuerung englischer Hooligans, moralische Auszeiten auf Abruf herzustellen.

Eine weitere Folge war, dass die Solidarität und die emotionale Verstrickung der Menge auf den Tribünen neue Höhen erreichten. In diesen abgeschlossenen Käfigen, umgangssprachlich als »Ställe« oder »Pferche« bezeichnet, standen die Zuschauer dicht an dicht und wiegten sich im Rhythmus eines höchst intensiven Interaktionsrituals:

> Bei jedem Sport ist es nichts Ungewöhnliches, daß Zuschauer sich auf eine Weise betragen, die bei jeder anderen Gelegenheit für sie untypisch wäre: sie küssen und umarmen sich, brüllen, fluchen oder führen Freudentänze auf. Das ist der erregende Kitzel, und der Erregung Ausdruck zu geben ist ebenso wichtig wie das Zuschauen und Miterleben. Aber bei keinem anderen Sport ist schon das Zuschauen eine so konstant körperliche Tätigkeit wie bei einem von den Rängen herab verfolgten englischen Fußballspiel. [...]
>
> Man konnte jeden wichtigen Moment des Spiels durch die Menge hindurch spüren – und man mußte ihn spüren, man hatte keine andere Wahl. Ein Schuß aufs Tor war ein emotionales Erlebnis. Bei jedem Versuch schnappte die Menge hörbar nach Luft, und dann, wenn wieder eine athletische Parade dazwischenkam, stieß sie ebenso hörbar die Luft wieder aus. Und jedes Mal dehnten die Leute um mich sich merklich aus, die Brustkörbe weiteten sich, und wir wurden enger zusammengezwängt. Die Leute standen angespannt da, mit steifem Oberkörper, die Armmuskeln leicht angewinkelt, den Hals vielleicht ein wenig vorgereckt bei dem Versuch, in dem seltsamen, grellen elektrischen Licht besser erkennen zu können, ob dies der Schuß war, der ein Tor erbrachte. Von allen Seiten konnte man die Erwartung der Menge durch eine Reihe von Empfindungen am eigenen Leibe spüren.[97]

Nicht alle auf den Tribünen waren Hooligans. Bei ihnen handelte es sich um eine elitäre Minderheit von Aktivisten, die bei Spielen im Ausland meistens auf einer eigenen Tribüne untergebracht war, vor allem auf dem europäischen Kontinent. Doch die Tribünen waren der historische Nährboden für die Erfahrung kollektiver Solidarität, die hier – gemessen an den Zuschauererfahrungen bei anderen Sportarten – eine ungewöhnliche Intensität erreichte.

---

97 Buford, *Geil auf Gewalt*, S. 186–189.

Es gibt praktisch die experimentelle Bestätigung dafür, welche Bedeutung diese Stadioneinteilung für die Generierung einer Massenerfahrung hatte, denn man kann verfolgen, was im Falle von Veränderungen passierte. In den 1990er Jahren wurden englische Fußballstadien nach amerikanischem Vorbild umgebaut. Wo man es sich finanziell erlauben konnte, entstanden Einzelsitze mit Armlehnen (die die Menschen physisch voneinander trennten). Früher hatte die Polizei die Zuschauer möglichst schnell ins Stadion geschleust. Dabei konnten Fans sich leicht an Kontrolleuren vorbeimogeln, oder sie bezahlten am Einlasstor in bar, ohne ein Ticket mit Sitzplatznummer zu erhalten. Doch jetzt musste jeder, der das Stadion betrat, bereits vorher im Besitz einer bezahlten Eintrittskarte mit einer bestimmten Sitznummer sein. Fußballspiele wurden zunehmend an ein gutbürgerliches Familienpublikum vermarktet.[98] Allerdings gibt es auch weiterhin schlichtere Stadien mit Sitzbänken. Anthony King beschreibt eine käfigartige Tribüne im alten Stil in Marseille, wo die Fans die nummerierten Sitzplätze schlicht ignorierten und sich irgendwo hinstellten.[99]

Dies ist eines von vielen Mosaiksteinchen. Die Besonderheiten der Erfahrung in einem alten britischen Fußballstadion schufen für die Masse einen spezifischen emotionalen Kick, der sich später von Stadion und Spiel lösen sollte. In den 1960er Jahren gab es einen Zwischenschritt, als die Polizei versuchte, Schlägereien zwischen rivalisierenden Fans im Stadion dadurch in Grenzen zu halten, dass sie die Fans auf verschiedenen Tribünen unterbrachte und so voneinander trennte. Dies hatte – unbeabsichtigt – in verschiedenen Hinsichten eine Steigerung der Gewalt zur Folge. Erstens konnte gerade unter den rabiatesten Fans auf einer Tribüne größere Homogenität und Solidarität entstehen, zumal die Fans während des Spiels eingeschlossen waren. Zweitens schuf man damit territoriale Angriffsziele, so dass Fans vor oder während des Spiels versuchen konnten, den Bereich der gegnerischen Fans zu stürmen. Waren die Spieler auf dem Spielfeld das »A-Team«, so entwickelten sich die Fans zu einer Art Hilfsmannschaft oder »B-Team«, die ein eigenes »Tor« zu erzielen hatten – nicht mit dem Fußball, sondern durch Körpereinsatz bei der Erstürmung des gegnerischen Fanblocks oder durch dessen Beschießung

98 Ebenda, S. 285–287; Anthony King, persönlicher Austausch, November 2000.
99 King, »Violent Pasts«.

mit Leuchtraketen und Ähnlichem. Und drittens führte die Verschärfung polizeilicher Maßnahmen dazu, dass Fans ihre Konfrontationen aus den Stadien hinausverlagerten. Wie nicht nur englische Soziologen festgestellt haben, hatte dieses Muster aus taktischer Eskalation und Gegeneskalation von Fans und Polizei die Bildung gut organisierter Hooligan-Gangs zur Folge.[100] Dies ist eine Parallele – allerdings in viel drastischerer Form – zu dem oben beschriebenen Muster, wonach das Verhindern von Siegesfeiern vor Ort tendenziell dazu führt, das sie durch wesentlich gewalttätigere Feiern anderswo ersetzt werden.

Eine weitere Voraussetzung für die Entwicklung der ausgeklügelten Strategien von Fußball-Hooligans hing mit den Transportmitteln zusammen. In die ersten Schlägereien bei Fußballspielen waren zu Beginn des 20. Jahrhunderts Fangruppen verwickelt, die in Fahrgemeinschaften, »Brake Clubs«, mit extra gemieteten Fahrzeugen angereist waren.[101] Vorläufer der modernen Fußball-Hooligans werden erstmals in Zeitungsberichten aus den 1950er Jahren erwähnt, als Fans ganze Züge verwüsteten. Die Bahnhöfe wurden zu den wichtigsten Austragungsorten von Gewalt unter Fußballfans. Ende der 1960er, Anfang der 1970er Jahre hatten sich die wesentlichen Hooligan-Techniken herausgebildet: »Jibbing«, koordinierte Anreise unter Umgehung der Polizei, Organisierung einschließlich der Ankündigung von Kämpfen bei bestimmten Spielen durch im Voraus verteilte Flugblätter. Wenn die Polizei dahinterkam und ihre Kräfte zur entsprechenden Zeit am entsprechenden Ort konzentrierte, verlegten sich die Hooligans zusehends darauf, Kämpfe durch Einfälle in das Revier rivalisierender Fans zu provozieren. Ihr Aktionsradius hatte sich erweitert, sie besetzten jetzt nicht mehr nur die »Gästetribüne« des Stadions, sondern »stürmten« die Stadt selbst und machten Gegner »platt«, wann immer sie in der Überzahl waren.

Fußball-Hooliganismus nach englischem Muster ist eine soziale Technik, die entwickelt wurde, um die im Stadion erlebte Euphorie vom eigentlichen Spiel unabhängig zu machen. Das Vorgehen wurde auf dem europäischen Kontinent (vor allem in Holland und Deutschland) und anderswo aufgegriffen. Knallharte belgische Hooligans importierten in den 1980er Jahren ganz bewusst englische Methoden

---

100 Dunning/Morphy/Waddington, *Roots*; Limbergen/Colaers/Waldgrave, »Societal«.

101 Dunning/Morphy/Waddington, *Roots*, S. 115, S. 140 und S. 167–179.

und fuhren eigens nach England, um sich vor Ort mit den raffiniertesten Verfeinerungen vertraut zu machen; sie übernahmen auch Lieder und Parolen der Engländer.[102]

Die Techniken dienten einem doppelten Zweck: Zunächst natürlich dem Erleben des »Kicks«, der mit der kollektiven Solidarität, dem dramatischen An- und Abschwellen der Spannung verbundenen Aufregung, die zu den Errungenschaften des modernen Sports zählt, hier jedoch nicht mehr an das Spiel selbst gebunden ist, sondern je nach Bedarf einsetzbar. Und zweitens ging es darum, Statusgleichheit zwischen Fans und Spielern herzustellen, ja Letztere vielleicht sogar zu übertrumpfen – denn die Fußballmannschaft kann verlieren oder eine mäßige Spielleistung bieten, doch die Gang kann dann immer noch »die Stadt stürmen« oder die Rivalen in die Flucht schlagen. In beiden Fällen erreicht sie damit ein höheres Niveau an narrativer Gratifikation als die Mannschaft und verdrängt diese aus dem Zentrum der rituellen Aufmerksamkeit. Wie wir gesehen haben, fristen Fans objektiv betrachtet ein eher tristes Dasein – obwohl natürlich alle Faktoren der Fanerfahrung dahin gehend zusammenwirken, dass ihnen jede Möglichkeit genommen wird, sich objektiv und von außen zu betrachten. Ihre Unterwürfigkeit gegenüber den Spielern ist geradezu kriecherisch, sie sind, was ihr emotionales Wohlbefinden und ihre Aufmerksamkeitsspannen angeht, völlig von ihnen abhängig. In den intensivsten Momenten ihres Fandaseins wirken sie wie ferngesteuert und konzentrieren sich ausschließlich auf die Anbetung ihrer heiligen Objekte.

Dank der von den Hooligang-Gruppen erfundenen sozialen Techniken emanzipierten Fans sich von dieser Unterwürfigkeit. Sie gewannen nicht nur ihre Selbstbestimmung in Raum und Zeit zurück, auch ihre Ehre in puncto Konfliktverhalten wurde grundlegend aufgewertet. Fans, die die Agonie der Spielerfahrung durchleben, werden auf die allerprimitivste Ebene der Stammesmoral zurückgestuft: Sie haben keine Ehre und greifen in Überzahl Schwächere an, Zehntausende, zusammengepfercht in einem Stadion, die ihre Stimme und ihren Körper in einem Pseudokrieg gegen ein Dutzend Spieler der Gastmannschaft einsetzen.[103] Die Spieler dagegen sind Helden, treten

---

102 Limbergen/Colaers/Walgrave, »Societal«.

103 Bei einem Spiel in der amerikanischen Baseball-Profiliga zwischen Boston und New York im Oktober 2004 empfingen die Yankee-Fans den Werfer der Red Sox, Pedro Martinez, mit einem kinderliedartigen Refrain. Er hatte meh-

sie doch zum Wettstreit mit einem ebenbürtigen Team an. Hooligans kappen die hierarchische Fan-Spieler-Beziehung und ersetzen sie durch eine horizontale Beziehung von Heldenclique zu Heldenclique. Natürlich ist das im Wesentlichen Illusion und Augenwischerei, denn in Wirklichkeit suchen sie den Kampf nur dann, wenn sie zahlenmäßig überlegen sind, und ziehen sich zurück oder verweigern ihn, wenn die Chancen auch nur annähernd gleich stehen. Doch ihre narrativen Rituale verschleiern das alles. In ihrer rituellen, subjektiven Sicht sind sie Helden.[104] Das B-Team verdrängt das A-Team.

Das ist natürlich nicht in allen Punkten hundertprozentig zutreffend. Hooligan-Gangs haben das Drama des Konflikts, was ihre subjektive und emotionale Beteiligung daran angeht, von den Ereignissen und Personen des eigentlichen Spiels abgekoppelt. Doch haben sie sich nicht von ihrer Mannschaft emanzipiert, was die zeitliche und räumliche Organisation ihrer Kämpfe angeht. Sie arrangieren diese Aktivitäten immer noch nach dem vorgegebenen Spielplan der Fußballmannschaften, der bestimmt, wann sie Gelegenheit haben, in feindliches Gebiet einzudringen oder ihr eigenes Revier zu verteidigen. Sie sind nach wie vor Parasiten der Fußballligen. Dies ist insofern unvermeidlich, als Hooligan-Gangs auf einer lockeren und informellen Organisation beruhen. Diese Struktur ermöglicht ihnen die Konstruktion ihrer wichtigsten Techniken, das Auf- und Untertauchen in der Menge, das Umgehen der Polizeikräfte. Sie kommen ohne offizielles Gefüge gut zurecht, ohne festes Hauptquartier, Schatzmeister, Funktionäre und so weiter – kurz: ohne jene Organisationsmerkmale sozialer Bewegungen, ohne die selbst der lockerste politische Zusammenschluss nicht auskommt, denn sie können sich auf den Terminplan der Fußballliga verlassen, der für ein Minimum an Koordination sorgt. Der Spielplan der Fußballmannschaften dient als bequeme Möglichkeit, die Gruppe zu versammeln, so dass sie ihre Methoden zur Anwendung bringen kann.

---

rere Spiele gegen die Yankees verloren und in einem Interview gesagt, die Yankees seien wie sein Vater. Daraus machten die Fans einen ständigen Singsang, »Who's your daddy, who's your daddy« (etwa: »Wer ist dein Papi, wer ist dein Papi«), in einer auf- und absteigenden kleinen Terz, genau im Tonfall von Kindergartenkindern, die einen Außenseiter verspotten.

104 »Sie betrachten sich als das Herz des Vereins; die meisten Spieler sind dagegen nur Söldner«, so Anthony King im persönlichen Austausch im November 2004.

Soziale Techniken zur Erzeugung von Gewalt sind historisch verortet, sie spielen manchmal eine größere, dann wieder eine geringe Rolle, und sie verändern sich ständig. Sie gehören zu einer breiten Palette von Techniken, von denen die moderne Massenkultur geprägt ist. Letztlich geht es nicht um die Suche nach nackter physischer Gewalt, sondern nach kollektiver Erregung. Der moderne Sport ist eine Weiterentwicklung der rituellen Technologie, Solidarität im Sinne Durkheims mit der dramatischen Spannung eines festgelegten Handlungsablaufs auf dem Spielfeld zu verschmelzen, wobei der Ausgang gerade offen genug bleibt, um den emotionalen Kitzel aufrechtzuerhalten. Sport-Hooligans manipulieren den sozialen Aufmerksamkeitsfokus noch etwas mehr, um selbst in die Schicht derer aufzusteigen, die zu den Helden der Show gehören.

Hier lässt sich eine Parallele zu den Schlussfolgerungen in Kapitel 7 feststellen. Dort schrieb ich, dass die Erfindung des Moshpits bei Popkonzerten eine Methode war, um das Aufmerksamkeitszentrum von der Band weg und auf sich zu lenken – eine Gegenbewegung des Publikums, weg von seiner passiven und unterwürfigen Stellung gegenüber den Musikstars, hin zum Zentrum des emotionalen Aufmerksamkeitsraums. Auf ähnliche Weise verlegten die englischen Fußball-Hooligans Zuschauererlebnisse weg von den Tribünen in einen Bereich, den sie selbst kontrollieren, so dass sie das An- und Abschwellen dramatischer Spielmomente durch den »Krawall auf Abruf« ersetzen konnten.[105]

Über einen längeren Zeitraum betrachtet zeigt sich, dass Mosher und Fußball-Hooligans die gleichen sozialen Techniken entwickelt haben. Bei beiden handelt es sich um die Revolte des Publikums im Zeitalter der kommerziellen Massenunterhaltung. Damit will ich nicht behaupten, dass sie überdauern werden, jedenfalls nicht in der jetzigen Form. Aber beide Gruppen haben eine gewisse Ähnlichkeit mit den Antihelden futuristischer Dystopien, wie sie Schriftsteller und Regisseure in der Mitte des 20. Jahrhunderts visionär entworfen haben: marodierende gewalttätige Banden auf der Suche nach dem nächsten Nervenkitzel, wie in »Blade Runner«, »Clockwork Orange« und »Barbarella«, Nachfahren der futuristischen Ängste eines Aldous

105 Natürlich gibt es dabei erhebliche Unterschiede; Mosher üben nur Pseudogewalt aus, und zwischen ihnen und den Fußball-Hooligans (sowie den Skinheads, ihren nächsten amerikanischen Verwandten) liegen aus ideologischer Sicht Welten.

Huxley und anderer. All dies lässt darauf schließen, dass materieller Wohlstand nicht unbedingt zu sozialem Frieden führt. Die hoch entwickelten Methoden des Freizeitkonsums haben zur Vorherrschaft der Unterhaltungsindustrie geführt und damit zur wachsenden Bedeutung der Kunst, ausgeklügelt inszenierte Erlebnisse zum Selbstzweck zu machen.

Wir sind intellektueller geworden, reflektierter, in der Lage, zumindest stillschweigend zu erkennen, wenn eine Verhaltensform in eine andere eingebettet ist, als ein eigenständiger Bereich artifizieller Realität. Im Zentrum der gesellschaftlichen Aufmerksamkeit findet stets eine eigene Schichtenbildung statt. In den vergangenen fünfzig Jahren sind diese Aufmerksamkeitszentren zunehmend Gegenstand situativer Stratifikation geworden, losgelöst von anderen Formen ökonomischer und politischer Stratifikation und von überkommenen Hierarchien des gesellschaftlichen Ansehens. Es handelt sich um einen rein situationsabhängigen Status, der nichts mit Klasse und Macht zu tun hat, aber viel mit der unmittelbaren sozialen Basis: den Organisationsbedingungen der Mikrointeraktion, den Mitteln, mit denen der unmittelbare Aufmerksamkeitsraum beherrscht wird. Musik, vor allem, wenn sie laut und sehr rhythmisch ist, sowie dramatische Sportereignisse sind zu den wichtigsten organisierten Technologien avanciert, um soziale Aufmerksamkeit zu erzwingen. Indem die Unterhaltungsstars (Unterhaltung durch Sport eingeschlossen) im derart erzeugten Scheinwerferlicht stehen, dominieren sie jede Situation, in der sie auftauchen, ziehen die Aufmerksamkeit eines jeden auf sich, der ihnen ausgesetzt ist. Interessanterweise haben sich zeitgleich mit dem Entstehen dieser neuen Form der Statushierarchie neue soziale Technologien in ihrem Umfeld entwickelt. Genau die Fans, die anfangs am unterwürfigsten und am meisten fasziniert waren, haben Mittel und Wege zur Statusrevolte gefunden und sich das Aufmerksamkeitszentrum zurückerobert. Auch wenn dies historisch gesehen nur eine flüchtige Erscheinung sein mag, so deutet sie doch auf einen breiteren Trend hin.

Die ausgeklügelte Dramatik von Sportveranstaltungen führt zu weiteren Erfindungen bei der Inszenierung von Gewalt abseits des Spielfelds, genau wie die Techniken der Verstrickung in laute, rhythmische Musik zur Erfindung von Vorgehensweisen geführt haben – der Pseudogewalt in den Moshpits –, die letztlich die dröhnende Musik übertrumpfen. In Zukunft werden vermutlich noch weitere soziale Technologien der Erregung erfunden, mit oder ohne Gewaltanteil.

Dies beinhaltet eine gute und eine schlechte Nachricht. Die gute Nachricht lautet, dass die Gründe für Gewalt nichts Atavistisches haben. Es geht nicht um seit Urzeiten existierende, tief verwurzelte Identitäten und Antagonismen. Die Kraft solcher Identitäten hängt davon ab, wie stark die rituelle Technologie ist, von der sie situationsabhängig erzeugt werden. Die schlechte Nachricht lautet, dass der Mensch fähig ist, immer neue Gründe für Gewalt zu finden, so kurzlebig sie auch sein mögen. Der Silberstreif am Horizont ist in diesem Zusammenhang vielleicht eine Tatsache, die uns in diesem Buch immer wieder begegnet ist: Gewalt ist zum größten Teil nichts als Spiegelfechterei und Imponiergehabe, viel Show und Prahlerei, gemessen an der tatsächlichen Substanz. Die soziale Technologie des inszenierten Ereignisses mag uns Angst machen, aber am Ende ist sie vielleicht der Garant für unser Überleben.

Teil III
Zur Dynamik und Struktur von Gewaltsituationen

Kapitel 9
Wann Gewalt ausbricht und wann nicht

Bisher habe ich mich damit auseinandergesetzt, wie Menschen miteinander kämpfen. Die Frage, warum sie miteinander kämpfen, ist dabei unbeantwortet geblieben. Ich habe bewusst vermieden, diese Frage in den Vordergrund zu stellen. Beantwortet wird sie in der Regel mit Theorien über zentrale Motive, die ein bestimmtes grundlegendes Interesse oder vorrangiges Anliegen postulieren: Ehre, materiellen Gewinn, Gemeinschaft, Macht, männliche Identität, Verbreitung der eigenen Gene, Erfüllung kultureller Gebote. Meiner Ansicht nach ist das die falsche analytische Strategie, um zu erklären, wer wann und wie gegen wen kämpft.

Erstens: Unabhängig von den Motiven oder Interessen, die Einzelne oder Gruppen zu Gewaltanwendung veranlassen mögen, sieht die empirische Realität überwiegend so aus, dass es in den meisten Fällen nicht zum Kampf kommt. Man gibt vor, miteinander auszukommen, geht Kompromisse ein, setzt eine friedliche Miene auf und intrigiert hinter den Kulissen. Es wird geblufft, geprahlt, beleidigt und gelästert, häufig aus sicherer Entfernung und nicht vor den Augen des Gegners. Wenn doch Gewalt ausbricht, dann liegt das zumeist an den Bedingungen der unmittelbaren Interaktion. Eine Theorie der Motive für Gewaltanwendung erklärt wenig, denn von den Motiven bis zur tatsächlichen Gewaltanwendung, ist es ein weiter Weg.

Zweitens sind Rückschlüsse auf Motive oft eine zweifelhafte Angelegenheit. Freudianische, marxistische und ähnliche Theorien sind berüchtigt dafür, alles vor dem Hintergrund des bevorzugten Motivs zu interpretieren. Kehren wir den Ansatz um und fangen wir beim situativen Prozess an. Motive schälen sich in der Regel erst heraus, wenn der Konflikt sich zuspitzt. Ist die Situation eskaliert, legen sich die Beteiligten eine Erklärung zurecht, worum es in der Auseinandersetzung geht. Gewalttäter, die vom Fluss der Gewalt mitgerissen werden, haben oft keine klare Vorstellung, warum sie mit ihrem Tun weitermachen. Der Kampf und das Motiv werden gleichzeitig entwickelt und artikuliert, als Teil ein und desselben Prozesses. Befragt man die

Beteiligten zu unterschiedlichen Zeitpunkten, dann verändern sich ihre Aussagen. Motive sind eine Kategorie der Volksweisheit, mit deren Hilfe sich die Beteiligten selbst ebenso wie Außenstehende – Reporter, Anwälte und Beamte – das Geschehen erklären, um zu einer offiziellen Version zu kommen, warum sich die Gewalt ereignete. Das gehört zum Abschluss des Prozesses, zur sozialen Definition dessen, was geschehen ist, um es für beendet erklären zu können. Multiple, sich wandelnde Erklärungen, worum es in einem Konflikt geht, sind Teil des Prozesses und nicht etwas, das hinter dem Geschehen stünde und es wie ein Strippenzieher lenkt.[1]

In den vorangegangenen Kapiteln habe ich zu einem Zeitpunkt eingesetzt, zu dem ein Konflikt schon weit fortgeschritten war, kurz vor Ausbruch von Gewalt, und dann beschrieben, wie die Geschichte ausging. In diesem Kapitel gehe ich noch einen Schritt weiter zurück und richte den Blick gezielt auf das Anfangsstadium von Konflikten, um herauszufinden, warum eine Interaktion in diesem Stadium steckenbleibt beziehungsweise – in Ausnahmefällen – in den Tunnel der Gewalt mündet.

Alltägliche, begrenzte Feindseligkeit: Lästern, Jammern, Debattieren und Streiten

Beginnen wir mit Situationen, in denen es zu reglementierten Feindseligkeiten kommt: mit dem alltäglichen Lästern und Streiten im kleinen Stil. Eine Volksweisheit besagt, dass kleinere Differenzen sich aufstauen und lange schwelen, bis es schließlich zur Explosion kommt.[2] Diese Volksweisheit steht im eklatanten Widerspruch zu dem, was im Normalfall passiert. Wenn Gewalt ausgebrochen ist, dann kann man oft im Rückblick eine Beschreibung liefern, die die Gewalt auf diese allmähliche Zunahme des Schwelens und Schäumens, der Spannung und des Drucks zurückführt. Aber in den meisten Fällen verlaufen Auseinandersetzungen gemäßigt, reglementiert, innerhalb klarer Grenzen. Meistens bleiben sie diesseits der unsicht-

1 Allgemein formuliert dies Fuchs, *Against Essentialism*.

2 Lakoff, *Women, Fire, and Dangerous Things*, geht in seiner Analyse verbreiteter idiomatischer Wendungen zum Thema Wut so weit zu behaupten, dass diese Volksweisheit eine zutreffende Schlussfolgerung aus Erfahrungswerten sei und den Ursprung von Gewalt treffend beschreibe, liefert aber abgesehen von den sprachlichen Wendungen selbst keinerlei Belege für seine These.

baren Mauer, der Barriere aus Anspannung und Angst, die Gewaltausübung so schwierig macht. Die Volksweisheit geht davon aus, dass Gewaltausübung leicht ist und dass es nichts weiter braucht als ausreichend aufgestauten Dampf, um den Kessel zum Explodieren zu bringen. Wir haben aber gesehen, dass Gewalt ganz im Gegenteil sozial schwierig ist, und dass es sehr viel weiter verbreitet ist, soziale Rituale zu praktizieren, die einen Kampf nur andeuten und ihn auf konventionalisiertes Imponiergehabe beschränken.

Von diesem Imponiergehabe gibt es zwei Formen: verbale Angriffe sowie Prahlerei und Drohgebärden. Verbale Angriffe sind die vornehme, bürgerliche Form der direkten Auseinandersetzung. Sie reichen von ruhig über nervös und sarkastisch (in Form feindseliger Botschaften über paralinguistische Signale) bis hin zu heftigen Gefühlsausbrüchen. Doch selbst diese Gefühlsausbrüche – sich gegenseitig anschreien, mit Türen schlagen, den Abbruch der Beziehung verkünden – stellen für sich genommen keine Gewaltakte dar. Es gibt keine Studie über die Häufigkeit von verschiedenen Arten von Wortgefechten, aber man darf davon ausgehen, dass erstens nur eine Minderheit aller Wortgefechte ein hohes Maß an Wut produziert, und dass zweitens nur eine Minderheit aller wütenden Wortgefechte in Gewalt eskaliert. Hier soll untersucht werden, durch welche Formen der interaktiven Dynamik die meisten Wortgefechte im normalen, beschränkten Rahmen bleiben, und worin die besonderen Umstände bestehen, unter denen einige davon die äußerste Grenze überschreiten und zu tatsächlicher Gewalt eskalieren.[3]

---

3 Aus diesem Grund ist es wichtig, zwischen echter, körperlicher Gewalt und anderen Formen der Aggressivität zu unterscheiden. Ehrenamtlich Engagierte und offizielle Stellen, die es mit verschiedenen Arten von Gewalt und Missbrauch zu tun haben, versuchen die Definition und den Umfang ihres Problembereichs zu erweitern, indem sie verbale Aggressionen und Gefühlsausbrüche unter »Misshandlung«, »Belästigung« oder »Schikanierung« subsumieren und als Allheilmittel für gewalttätige wie für nichtgewalttätige Aggressivität »Antiaggressionsseminare« verschreiben. Doch dadurch werden die kausalen Zusammenhänge verschleiert: Echte Gewalt kann man unmöglich mit dem Modell der normalen, institutionalisierten Aggressivität erklären, denn in zentralen Aspekten verhalten sich die jeweiligen Kausalzusammenhänge antithetisch zueinander. Anderson (*Code*, S. 97) beschreibt eine Gruppe von schwarzen Jugendlichen aus sozialen Brennpunkten, die ein Video über alternative Konfliktlösungsstrategien anschauen. Die Reaktion: Sie verwerfen sie als unrealistisch in einem Kontext, in dem ihrer Ansicht nach Gewalt nur abgewendet oder zumindest eingedämmt werden kann, indem man Wut und andere Posen zur Schau stellt, die dem Kodex der Straße entsprechen.

Die andere Art von Imponiergehabe, die als Gewaltersatz dient, besteht aus Prahlerei und Drohgebärden. Stark schematisch betrachtet, handelt es sich dabei allerdings um das Gegenteil der vornehmen, bürgerlichen Form der direkten Auseinandersetzung. Vom Archetyp her ist sie dem männlichen, ja machohaften Jugendlichen aus der Unterschicht zugeordnet oder, historisch gesprochen, dem Krieger, der auf das Kämpfen spezialisiert ist. Da Prahlen zur Kultur derer gehört, die regelmäßig kämpfen, könnte man meinen, dass es automatisch Gewalt nach sich zieht. Doch damit würde man das schmutzige kleine Geheimnis der Gewalt ignorieren – die Barriere aus Anspannung und Angst, die zu inkompetenter Gewaltausübung führt, wenn es so weit kommt, und sehr viel mehr Imponiergehabe als tatsächliche Gewalt zur Folge hat. Anstatt die Machokultur als eine Kultur der Gewalt zu definieren, ist es daher treffender und aufschlussreicher, sie als eine Kultur zu bezeichnen, in der mit Gewalt geprahlt und aufgeschnitten wird. Die Kultur des Machismo, der harten Jungs, der Actionszene, dreht sich hauptsächlich darum, den Eindruck der Gewalttätigkeit zu erwecken, weniger um tatsächliche Gewalt.

Damit ist unser analytisches Problem definiert. Die Welt des Prahlens und der Drohgebärden besteht aus Situationen mit Wiederholungscharakter. Meist halten sie sich die Waage und bleiben innerhalb selbstgesetzter Grenzen, manchmal überschreiten sie diese. Meistens zelebrieren die harten Jungs ihre Rituale, erzählen Geschichten über Gewaltakte, spielen verbal und nonverbal aggressive Spiele miteinander. Manchmal eskaliert diese imaginäre Gewalt und führt zu tatsächlicher Gewalt. Unter welchen Bedingungen kommt es dazu? Der Bereich des Prahlens und der Drohgebärden, vor allem die Mischung aus verbalen und paralinguistischen Drohgebärden, des Beschimpfens und Beleidigens, markiert einen Zwischenschritt dorthin. Man mag dies für die direkte Schwelle hin zur Gewalt halten, und tatsächlich kann Prahlen eine Begleiterscheinung von Gewalt sein. Doch es ist auch eine verbreitete Methode, um an der Schwelle beziehungsweise kurz davor haltzumachen, und viele Beinahe-Kämpfe verlaufen im Sand, weil über das Ritual des voreinander Prahlens ein Gleichgewichtszustand erreicht wird.

Die rituelle Zurschaustellung von Kampfeslust ist im goffmanschen Sinne eine Vorderbühne, deren Hinterbühne das Bewusstsein ist, dass man diese Zurschaustellung als Gewaltersatz benutzt. Der Prozess der Inszenierung führt zu einer Unterscheidung zwischen Eingeweihten und Außenseitern, zwischen jenen, die den Vorgang durchschauen, und denjenigen, die sich hinters Licht führen lassen. Die einfachste Version dieser Unterscheidung ist die Einteilung in die harten Jungs mit ihrer Prahlerei und jene, die sich davon einschüchtern lassen. Elijah Anderson nennt diese Inszenierung den »Kodex der Straße«.

Den Ausgangspunkt für die normalen, begrenzten Feindseligkeiten in alltäglichen Interaktionen beschreibt Goffman als Imagepflege.[4] Gemeint ist damit der rituelle Prozess des Sich-aufeinander-Einstellens. Individuen versuchen ihr Gesicht zu wahren, ihren Anspruch zu untermauern, das zu sein, was sie (zumindest in diesem Moment) zu sein vorgeben, und sie unterstützen andere dabei, das Gleiche zu tun. Verbale Interaktion und andere Aspekte der unmittelbaren Begegnung sind ein kooperatives Spiel, bei dem jeder dem anderen seine Illusion lässt, die idealisierte Person zu sein, die er in der jeweiligen Situation darstellt. Dabei können die Beteiligten ganz unterschiedliche Dinge für sich reklamieren: sozialen Status, moralische Integrität, Insiderwissen, ein gutes Verhältnis zu der Person, mit der sie sich unterhalten, Lockerheit und gute Laune oder einfach hohe soziale Kompetenz. Egal, was sie für sich in Anspruch nehmen: Sie neigen dazu, alles zu vermeiden, was diese Ansprüche gefährdet, ihre eigenen ebenso wie die ihres Gegenübers. Sie lassen sich und anderen vage Ansprüche und Halbwahrheiten durchgehen, sehen über Fehltritte hinweg und sorgen taktvoll dafür, dass offensichtliche Widersprüche und falsche Behauptungen so unauffällig wie möglich überspielt werden. Wenn ein offensichtlicher Fehler ans Tageslicht kommt und explizit zugegeben wird, werden ritualisierte Wiedergutmachungsmechanismen in Gang gesetzt: Der eine entschuldigt sich, und der andere nimmt die Entschuldigung an. Solche peinlichen Momente werden nicht in die Länge gezogen, sondern jeder tut sein Bestes, sie so schnell wie möglich hinter sich zu lassen, damit der Schein gewahrt bleibt.

Goffmans Analyse bezieht sich auf die vornehme Mittel- und Oberschicht der britischen und amerikanischen Gesellschaft Mitte des 20. Jahrhunderts, und es ist schwer zu sagen, inwiefern man sie auf andere Epochen und Kulturen übertragen und über Alters- und Klassengrenzen hinweg anwenden kann. Aber man kann davon ausgehen, dass sie zumindest in den heutigen westlichen Gesellschaften –

4 Goffman, *Interaktionsrituale.*

und offenbar auch darüber hinaus[5] – als Standard für »mustergültiges Benehmen« gelten. Vor diesem Hintergrund stellt sich folgende Frage: Wenn es diese rituellen Zwänge gibt, die Feindseligkeiten erheblich einschränken, wie kommt es dann in Situationen, die einem derartigen Druck zum Entgegenkommen unterliegen, zur Entstehung und zum Ausbruch von Konflikten? Goffman selbst spricht von zwei Möglichkeiten.

Erstens kann man mit den Regeln dieses vornehmen Spiels spielen und sich auf »aggressive Imagepflege« verlegen, um »Pluspunkte« zu sammeln. Wenn man erkennt, dass andere dazu neigen, Entschuldigungen bereitwillig anzunehmen, kann man ausprobieren, mit welchen Beleidigungen man ungeschoren davonkommt. Wenn man sieht, wie sehr anderen daran liegt, niemanden zu verletzen, kann man sich gezielt gekränkt geben, um Wiedergutmachungsversuche zu provozieren (die Ausreizung dieser Methode wird manchmal als »jemandem Gewissensbisse machen« bezeichnet). Man kann andere geschickt kritisieren, insbesondere dafür, dass sie dem nicht gerecht werden, was sie in einer bestimmten Situation für sich in Anspruch nehmen, indem man indirekte Andeutungen macht, während man nonverbal eine höfliche und freundliche Atmosphäre aufrechterhält. »Pluspunktemachen durch Anspielung auf sozialen Status nennt man manchmal Herunterputzen, Pluspunktemachen durch Anspielung auf moralische Respektabilität sarkastische Bemerkung. Beides sind Fähigkeiten, die man mitunter ›Spitzzüngigkeit‹ nennt.«[6] Dieses aggressive Spiel kann sich zu einem Schlagabtausch entwickeln, wenn derjenige, der Opfer einer Abfuhr geworden ist, eine schlagfertige Antwort parat hat. Das hat den zusätzlichen Effekt aufzuzeigen, dass derjenige, der zuerst zum verbalen Angriff übergegangen ist, das Interaktionsspiel nicht so gut beherrscht, wie er vorgegeben hat. Dadurch bekommt die situative Selbstdarstellung des Angreifers Risse, und es herrscht nicht nur Gleichstand, sondern der Führer des Gegenangriffs erhält sogar Bonuspunkte. Wie Goffman anmerkt, funktio-

5 Nichtwestliche Gesellschaften haben oftmals noch strengere Standards, wenn es darum geht, das eigene Gesicht oder das des Gegenübers zu wahren. Goffman, *Interaktionsrituale*, S. 22f., stellt Vergleiche mit traditionellen Verhaltensnormen in China an. Siehe auch Bond, *Beyond the Chinese Face*, zu Umgangsformen im heutigen China und Ikegami, *Bonds of Civility*, zu Japan. Die interaktiven Praktiken in diesen Kulturräumen scheinen geradezu Goffman *par excellence* zu sein.

6 Goffman, *Interaktionsrituale*, S. 31.

nieren solche Spielchen am besten, wenn es Zuschauer gibt, die praktisch als Schiedsrichter und Punktezähler fungieren – alles verborgen hinter der Fassade vornehmer Höflichkeit.

Zweitens kann es auch dadurch zum Konflikt kommen, dass Formen der rituellen Wiedergutmachung inkompetent ausgeführt oder nicht akzeptiert werden. Die Grundlage des Spiels ist Kooperation, und das setzt die Bereitschaft aller Beteiligten voraus, taktvoll Entschuldigungen anzunehmen, wenn man beleidigt worden ist. Im Normalfall genügt eine oberflächliche Entschuldigung, doch wenn derjenige, der sich angegriffen fühlt, sie nicht akzeptiert, besteht die einzige Alternative darin, »eine Szene zu machen«. Was bedeutet, dass man explizit darauf beharrt, beleidigt worden zu sein, und so eine Wiedergutmachung einfordert, die demütigender ist, als wenn man sie stillschweigend hätte leisten können. Doch damit durchbricht der Beleidigte die höfliche, taktvolle Oberfläche der Konvention und verrät Defizite in der Interaktion, und deshalb setzt sich der Verräter der Interaktionskonventionen in Bezug auf die Wiedergutmachung ins Unrecht, sosehr er in Bezug auf die ursprüngliche Beleidigung auch im Recht gewesen sein mag. Das Gleichgewicht der Kräfte verschiebt sich einen Tick zugunsten des Angreifers, der sich dadurch unter Umständen ermutigt fühlt, weitere rituelle Erniedrigung abzulehnen. Dem Beleidigten bleibt jetzt eigentlich nur noch, einen möglicherweise heftigen Wutanfall zu bekommen oder sich »eingeschnappt« zurückzuziehen. In Begegnungen zwischen vornehmen, erwachsenen Angehörigen der Mittelschicht geht mit der Eskalation zu physischer Gewalt ein schwerer Gesichtsverlust einher.[7] Daher besteht die Vergeltung, die die meisten zu üben wagen, aus wütendem Sichzurückziehen und dem Abbruch der Beziehung. Wenn jemand im Spiel der aggressiven Ausgleichshandlungen versiert ist (also gerne »stichelt«, wie man zu Goffmans Zeiten sagte), kann er mit der emotionalen Schmerzgrenze seiner Gesprächspartner spielen und seine Gegner zu einem Wutanfall provozieren, der ihren Ruf zerstört.

In einem Umfeld, das von der goffmanschen rituellen Höflichkeit geprägt ist, ist der Ausdruck von Wut in der Regel Gewalt weit ent-

---

7 Beispielsweise sah sich ein Professor mit einer Anklage konfrontiert, weil er während eines politischen Streitgesprächs einen Kollegen geschlagen hatte. Trotz seiner fachlichen Reputation wurde er von keiner amerikanischen Universität mehr angestellt, und am Ende wurde sogar das ganze Institut von der Universitätsverwaltung geschlossen (dieser Fall spielte sich um 1970 ab).

fernt und steht manchmal sogar dazu im Widerspruch. In Politik und Verwaltung ist es ein absolutes Muss, stets einen freundlichen und umgänglichen Eindruck zu machen, vor allem in Konfliktsituationen. Eine Standardtaktik von Anwälten und Diskutanten besteht darin, Gegner wütend zu machen, um dann ihre Wut als Beweis dafür anzuführen, dass ihre Argumente nicht rational, sondern emotional begründet seien und daher keine Beachtung verdienten. Menschen, die dieser Taktik auf den Leim gehen, werden meist noch wütender, weil ihr persönliches Engagement, die Tatsache, dass sie überzeugt sind von dem, was sie sagen, ins Negative verkehrt und als Waffe gegen sie verwendet wird. Der Trick dieser Anwälte besteht darin, die situative Selbstdarstellung der anderen als kompetenter Gesprächspartner zusammenbrechen zu lassen und dadurch vom eigentlichen Thema der Debatte abzulenken. Solche Gerichts- oder andere institutionalisierte Versammlungen sind natürlich hochvornehme Situationen auf der Vorderbühne, in denen jeder Gesprächsbeitrag strengen formalen Regeln unterworfen ist. Wenn es zu Gewalt kommt, dann ist das ein skandalöser Lapsus, der nach einer schweren Strafe verlangt und mehr oder weniger gleichbedeutend mit einer Niederlage ist. Diese Limitierung jeglicher Gewaltanwendung ist extrem, ansonsten jedoch typisch für Interaktionen in jenem Teil der Gesellschaft, der für sich in Anspruch nimmt, »anständig« und vornehm zu sein.

Die Grundlage sozialer Interaktion ist das Entgegenkommen. Konversationsanalytiker, die in natürlichen Situationen aufgezeichnete Gespräche untersuchen, kommen zu dem Schluss, dass es darin einen Hang zur Übereinstimmung gibt.[8] Zuschauern fallen Jubelrufe nachweislich leichter als Buhrufe.[9] Aber wie werden Feindseligkeiten dann ausgetragen? Im Folgenden untersuche ich vier Formen, in aufsteigender Folge aufgelistet nach ihrer Intensität.

1. Unter *Lästern* versteht man negative Aussagen über nicht anwesende Dritte, die Praxis, sich über das Verhalten anderer zu beschweren oder hämisch Schauergeschichten über sie zu erzählen. Hier haben wir einen Fall, in dem verbale Aggression in aller Regel nicht zu Konflikten oder gar zu Gewalt führt.
   Lästern ist oft ein Zeitvertreib, der das Gespräch mit Themen versorgt, die im Interesse der Dramaturgie sind. Das kann man an der

8 Heritage, *Garfinkel*; Boden, *The World*.
9 Clayman, »Booing«.

Themenabfolge bei geselligen Anlässen in der Mittelschicht ablesen, etwa einer Abendgesellschaft. Normalerweise besteht die Konversation zu Beginn aus freundlichen Interessenbekundungen an den übrigen Anwesenden, wodurch eine festliche Stimmung hergestellt wird. Dann driftet die Unterhaltung zu geschäftlichen Fragen, was gelegentlich unterbrochen wird, um Themen von allgemeinem Interesse wie Essen, Restaurants, Reisen und Freizeitaktivitäten einzustreuen, damit niemand ausgeschlossen wird. In einer späteren Phase kommt man (wenn die Anwesenden zum gleichen Lager gehören) auf Politik zu sprechen, überwiegend in Form von klischeehaften Beschwerden, wie dumm und haarsträubend sich Politiker des anderen Lagers verhalten. Politische Themen läuten in der Regel den entspannten Teil des Abends ein, weil sie ein angenehmer Zeitvertreib sind, der von geteilten Gefühlen lebt und wenig Anstrengung erfordert. Die Beteiligten geben sich damit zufrieden, altbekannte Floskeln und Beschimpfungen der gegnerischen politischen Partei zu wiederholen, die je nach aktuellem Nachrichtenstand leicht abgeändert werden. Über Politiker zu lästern ist eine einfache Möglichkeit, das Gesprächsritual aufrechtzuerhalten, vor allem, wenn die an einem geselligen Anlass Beteiligten sich nicht besonders mögen oder wenig gemeinsame Gesprächsthemen haben, die dem festlichen Rahmen angemessen oder interessant sind. (Dazu eine Hypothese: Je besser die Stimmung, desto weniger sprechen die Anwesenden über Politik und andere Dinge, mit denen sie unzufrieden sind.) Solche Beschwerden allgemeiner Natur haben wenig persönliche Solidarität zur Folge, weil sie auf den Bereich der Vorderbühne beschränkt bleiben und nicht auf enge Bande zwischen den Beteiligten abheben. Klatsch dagegen, vor allem böswilliger Klatsch, kann höchst unterhaltsam sein, weil er denjenigen, der ihn verbreitet, als gewitzten Insider erscheinen lässt und die Zuhörer als privilegiertes Publikum. Das gilt umso mehr, wenn der Klatsch innerhalb einer Elite wie der High-Society oder einem literarischen Zirkel stattfindet.[10]

Beschwerden über Dritte, die dem persönlichen Umfeld angehören – den eigenen Chef oder die eigenen Angestellten, die eigene Firma, Bekannte und Freunde –, spielen notwendigerweise auf der Hinterbühne. Die Tatsache, dass die Betreffenden von diesen Beschwerden nichts erfahren sollen, hat unter den Gesprächsteilneh-

10 Capote, *Erhörte Gebete*; Arthur, *Literary Feuds*, S. 159–185.

mern ein Gefühl der Intimität zur Folge – eine Variation des Prinzips, dass ein Konflikt mit Außenstehenden die Solidarität innerhalb der Gruppe stärkt. Daher ist es möglich, Konflikte anzufachen oder sie überhaupt erst auszulösen, um ein höheres Maß an Solidarität zu erreichen. Gelegentlich kann das ein situativ generiertes Motiv für böswilligen Klatsch sein. Auch hier beruht der Konflikt weniger auf bereits vorher existierenden Motiven als auf einer sozialen Konstruktion.

2. *Jammern* bezieht sich auf Beschwerden in der zweiten Person, im Rahmen der unmittelbaren der Interaktion. Es sind maßvolle Beschwerden, die bestimmte Grenzen nicht überschreiten, damit die Interaktion nicht gefährdet wird. Leicht wird daraus ein chronisch schwelender, gemäßigter Konflikt, im Gegensatz zu einem akuten Konflikt, der seltener ist. Jammern ist ein Ausdruck von leichtem, wehleidigem Schmerz, ein Anzeichen (ja, ein Zurschaustellen) von Schwäche. Ein Jammernder droht nicht mit einer Eskalation zu Wut oder einem gewaltsamen Angriff, sondern überlässt das dem Gesprächspartner. Und in der Tat provoziert Jammern tendenziell irgendeine Art von Angriff, denn der Angriff auf den Schwachen bezeichnet, wie wir gesehen haben, die am weitesten verbreitete Dynamik in Kampfsituationen, Jammern ist repetitiv und daher für das Gegenüber frustrierend und ärgerlich, und das mag erklären, warum der Jammernde einen Gegenangriff auslösen kann.
   Ein solcher Gegenangriff fällt in der Regel maßvoll aus und wird Teil des Kreislaufs, der das Jammern aufrechterhält. Möglicherweise rechnet der Jammernde damit, angegriffen zu werden. Jammern ist der bewusste oder, häufiger, unbewusste Versuch, eine Situation aufzubrechen und sich selbst in den Mittelpunkt zu stellen. Es ist eine Version des hinterhältigen goffmanschen Tricks, sein Gegenüber vom normalen Fluss der inszenierten Interaktion abzubringen, ihn mit kleinen, ständig wiederholten Sticheleien »auf die Palme zu bringen«, bis er mit einem Wutausbruch zurückschlägt, so dass ihm die Verantwortung dafür zugeschoben wird, die Situation kaputtgemacht zu haben. Ein Spiel, das kleine Kinder gern mit ihren Eltern treiben.[11]

---

11 Zwei Beobachtungen dazu: (a) Es ist später Nachmittag, und ich warte mit meinen beiden Kindern, einem Jungen und einem Mädchen zwischen vier und acht Jahren, auf das Nachhausekommen meiner Frau. Wir unterhalten uns spielerisch. Dann kommt meine Frau zur Tür herein und wird von den Kin-

3. Die nächste Stufe alltäglicher Feindseligkeiten ist *Debattieren* und umfasst explizit verbale Konflikte. Mitunter beschränkt man sich beim Zanken auf ein ganz bestimmtes Thema, so dass es in freundschaftlichem Ton stattfindet; man ist sich »einig, dass man uneinig ist«. Manchmal werden Debatten als eine standardisierte Form der Unterhaltung inszeniert. In ungezwungenen, geselligen Zusammenkünften von Männern werden häufig die Vorzüge von Sportteams debattiert, die Leistungen von Sportlern verglichen et cetera.

---

dern stürmisch begrüßt. Sie widmet sich einige Minuten den Kindern, und dann setzt sie sich zu mir und erzählt, wie ihr Tag war. Die Kinder fangen daraufhin an zu quengeln und sich gegenseitig aufzuziehen. Schließlich reißt der Mutter der Geduldsfaden. Sie beschwert sich lautstark über diesen Empfang und zieht sich in ein anderes Zimmer zurück. Analysieren wir den Vorgang unter dem Aspekt der Aufmerksamkeit: Zu Beginn stehen die Kinder ungefähr eine halbe Stunde lang im Mittelpunkt der Aufmerksamkeit eines Erwachsenen und fiebern der Ankunft ihrer Mutter entgegen. Als der Spannungshöhepunkt überschritten ist, werden sie in den Hintergrund gedrängt, während die Erwachsenen sich unterhalten. Durch ihr Quengeln sichern sich die Kinder noch einmal kurz die (wenn auch negative) Aufmerksamkeit. Zumindest endet damit auch das ärgerliche Gespräch der Erwachsenen. Für die Kinder scheint dadurch das Gleichgewicht wiederhergestellt zu sein, denn sie hören auf zu quengeln und kehren zu ihrer ursprünglichen Stimmung zurück.
(b) Über einen Zeitraum von mehreren Monaten hinweg hatte ich Gelegenheit, jeden Nachmittag zwei kleinen Kindern aus dem Nachbarhaus zuzuhören – eines zwischen zwei und drei, das andere zwischen vier und fünf Jahren alt –, die zum Spielen in den Garten hinausgingen, der sich hinter einer Hecke befand, wenige Meter von meinem Arbeitszimmer entfernt, wo ich mit geöffneten Fenstern schrieb. Die Kinder wurden von einer Babysitterin beaufsichtigt. Wenige Minuten nachdem sie herausgekommen waren, fing das kleinere Kind regelmäßig an zu weinen. Die Heftigkeit schwankte und reichte von ärgerlich klingendem Quengeln bis hin zu lautem Schreien. Es begann meist mit einem Streit mit dem älteren Kind (vermutlich um ein Spielzeug) oder aber dann, wenn die Stimme der Babysitterin einige Minuten lang nicht zu hören, sie mit ihrer Aufmerksamkeit also vermutlich woanders war. Die Babysitterin ging natürlich auf das Kleine ein, woraufhin das Weinen nachließ, manchmal ganz abrupt. Das Ganze wiederholte sich, wenn die Babysitterin verstummte, so oft, bis sie es aufgab und die Kinder mit ins Haus nahm. Dieses Szenario wiederholte sich fast jeden Tag aufs Neue. Kleine Kinder weinen nicht nur spontan, weil ihnen etwas fehlt oder wehtut, sondern reagieren so auch auf eine soziale Situation. Kleine Kinder verfügen über wenige Mittel, Macht auf andere auszuüben, aber Weinen ist so ein Mittel, und manchmal setzen sie es in tyrannischer Weise ein (vgl. Katz, *Emotions*, S. 229–273).

4. Eine Debatte kann zu einem ernsthaftem *Streit* eskalieren: zu einer ernst gemeinten verbalen Auseinandersetzung, die in der Regel die Beziehung der beiden Streithähne betrifft. Verbale Marker wie »Immer musst du ...« oder »Warum musst du immer ...« machen einen Verallgemeinerungsanspruch deutlich, der es unmöglich macht, den Streit als begrenzt und situationsbezogen zu betrachten. Ein Streit flammt in der Regel immer wieder auf. Meist ist er eine begrenzte Auseinandersetzung in einem geschützten Raum, bei der es eine stillschweigende Übereinkunft über zulässige taktische Mittel gibt. Typischerweise handelt es sich dabei um unterschiedliche, aggressive Techniken der Imagepflege im Sinne Goffmans, die manchmal in Wutanfällen kulminieren. Da der Zyklus sich ständig wiederholt, folgt auf jeden Wutausbruch früher oder später ein Akt der rituellen Wiedergutmachung (eine Entschuldigung, eine Versöhnung oder einfach nur die stillschweigende Übereinkunft, das Geschehene zu vergessen und zur normalen, inszenierten Interaktion zurückzukehren).[12] Ein immer wiederkehrender Streit ist die häusliche Version eines Eishockeyspiels, bei dem Regelverstöße und Strafen Teil des erwarteten Spielflusses geworden sind.

   Typischerweise sind Menschen in Gesprächen zu Fremden freundlicher als zu Familienmitgliedern. Das zeigten Gary Burchler, Robert Weiss und John Vincent, indem sie Gespräche im Wartezimmer von Ärzten verglichen.[13] Eine starke soziale Bindung oder eine

---

12 Ein von einem Studenten berichtetes Beispiel: Am Ende eines Familientreffens in einem Restaurant kommt es zu einem Streit darüber, wer die Rechnung bezahlt. Für die verwitwete Mutter ist es ein Affront, dass eine ihrer verheirateten Töchter für alle bezahlen will: Ob sie glaube, dass sie (die Mutter) es sich nicht einmal leisten könne, für ihre eigenen Kinder zu bezahlen? Die Geschwister schlagen sich auf die eine oder andere Seite, die Ehegatten der Geschwister schweigen verlegen, als würden sie sich auf ihren geringeren Verwandtschaftsgrad berufen, um sich aus dem Streit herauszuhalten. Die Szene gipfelt darin, dass die beiden Fraktionen sich draußen auf dem Parkplatz anschreien, bis sie die Autotüren zuschlagen und in getrennten Autos wegfahren – ein goffmanscher Streit um das Image, bei dem keine Seite nachgibt. Doch trotz aller Wutausbrüche kommt die Familie weiterhin regelmäßig zusammen. Sie legen den Streit bei, indem sie ihn nie wieder erwähnen, und machen mit normalen, inszenierten Begegnungen weiter, als wäre nichts geschehen. Donald Black, *Social Structure*, kommt bei dem Vergleich anthropologischer Daten zu dem Schluss, dass Gruppen, die auf intimen und relativ egalitären Beziehungen beruhen, Streitigkeiten generell eher unterdrücken als sie zu lösen.

13 Burchler/Weiss/Vincent, »Multidimensional Analysis«.

institutionalisierte Beziehung, in der man sich sicher fühlt, ermöglicht routinemäßige, immer wiederkehrende Konflikte.[14] Streiten bedeutet nicht unbedingt, dass sich immer mehr Ärger ansammelt. Wiederkehrender Streit ist nicht »aufgestaut«, sondern er fließt relativ ungehindert, eben weil die Kosten nicht sehr hoch sind. Ein Streit setzt nicht unbedingt extreme Meinungsverschiedenheiten oder Eifersüchteleien voraus; er kann auch Teil des üblichen, erwarteten Flusses sein, ein Gesprächsfüller, der Langeweile vermeiden hilft.[15] In Beziehungen mit stabilem Machtgleichgewicht ist häuslicher Streit das Äquivalent zu Diskussionen über Sport, nur auf einer höheren emotionalen Ebene und mit höherem Einsatz, was das Spiel aufregender macht. Streit ist daher eine Hauptbeschäftigung – ja, *die* Hauptbeschäftigung – in Beziehungen, die auf einer »Hassliebe« beruhen und von beiden Partnern als besonders dramatisch und »stürmisch« wahrgenommen werden.

Die Auswertung von Videoaufnahmen von Paarberatungssitzungen und anderen Paargesprächen durch Thomas Scheff und Suzanne Retzinger zeigt in detaillierter Abfolge die einzelnen Schritte, die bei wiederkehrendem Streit von Paaren zu beobachten sind.[16] Dabei machen die Autoren die Muster der Mikrointeraktion deutlich, die den normalen Fluss der Interaktion und die Koordination der Solidarität durchbrechen. Diese durchgängige Spannung beschreibt Scheff als das Gefühl der Scham, eine negative Eigenwahrnehmung, die daher rührt, dass das eigene Selbst in der Interaktion nicht bestätigt wird.[17] Was Scheff Scham nennt, kann man nach

---

14 Coser, *Theorie sozialer Konflikte.*

15 Befreundete Männer brechen einen Streit oft nur vom Zaun, um eine langweilige Begegnung etwas aufzupeppen – eine abgeschwächte Version der in Kapitel 7 beschriebenen Weise, wie frustrierende Zechgelage zu Gewalt führen können. Überprüfen lässt sich diese These anhand von Situationen und emotionalen Sequenzen, in denen es zu solchen Streitgesprächen kommt. Häufig ist das bei geselligen Anlässen der Fall, besonders wahrscheinlich bei Zechgelagen, bei denen die Teilnehmer bewusst etwas Aufregendes, Ungewöhnliches, ein wenig Action erwarten. Männer aus der Mittelschicht beschränken den Streit meist auf ein emotional hitziges Wortgefecht; Männer aus der Unterschicht, vor allem junge Männer, drohen eher mit Gewalt, wenn es auch nicht immer dazu kommt. Auch Paare streiten sich oft in solchen Situationen; Studien zufolge sind vergnügliche Abende der zweithäufigste Anlass für Ehestreitigkeiten, gleich nach Meinungsverschiedenheiten in Geldfragen (Blood/Wolfe, *Husbands*, S. 241).

16 Scheff/Retzinger, *Emotions and Violence*; Retzinger, *Violent Emotions.*

17 Scheff, *Micro-sociology.*

der Theorie der Interaktionsrituale als Störung des Interaktionsflusses bezeichnen, als gescheitertes Interaktionsritual. Scham, die nicht eingestanden wird, die nicht offen ins soziale Bewusstsein dringt und durch Wiederaufnahme der Interaktion repariert wird, bezeichnet Scheff als »übergangene Scham«. Man kann sie mit Hilfe einer inneren Schleife aus dem Bewusstsein verbannen, indem man sich dafür schämt, sich zu schämen. Aber trotzdem manifestiert sie sich, in feinen Mustern der Haltung und der Sprache. Wenn sie sich schließlich in Worten Luft macht, verwandelt sich die angestaute Spannung der Scham, vor allem wenn sie durch Scham über die Scham noch verstärkt wird, in Wut. Beschämte Menschen fahren fort, auf subtile oder weniger subtile Weise den Interaktionsfluss zu stören, indem sie, wie Goffman sagen würde, zu aggressiven Ausgleichshandlungen greifen. Das löst wiederum weitere Scham beim Gegenüber aus. Der Streit wird somit zu einem Kreislauf aus Vergeltungsmaßnahmen, mit denen man sich gegenseitig beschämt, komplementiert von internen Kreisläufen in jedem Teilnehmer, bei denen die Anerkennung der Scham unterdrückt oder übergangen wird, so dass sie sich aufstaut zu Wut.

Zwar lässt sich bei Ehestreitigkeiten und vergleichbaren Dauerkonflikten unter engen Vertrauten (guten Freunden oder Eltern und Kindern) dieses Muster wiederkehrender Auseinandersetzungen beobachten, die von Wutausbrüchen überschattet werden, dennoch stabilisieren sie sich tendenziell auf diesem Niveau: Wutausbrüche markieren das Maximum an Feindseligkeit, sie eskalieren nicht zu Gewalt, und nach einem solchen Ausbruch beruhigt sich die Stimmung wieder, und man kehrt zur normalen Routine des Interaktionsflusses zurück, der immer nur kurzzeitig unterbrochen wird. Worauf es mir hier ankommt, ist, dass die Mechanismen, die in Scheffs Theorie den wiederkehrenden Streit erklären, nicht erklären, in welchen Situationen Gewalt auftritt. Meistens findet keine Gewalt statt, und es bedarf besonderer Umstände, damit es dazu kommt. Um die geht es in diesem Kapitel.

Eskalierender Streit ist eine Möglichkeit, wie man an der Schwelle zur Gewalt landet. An dieser Stelle gilt es jedoch, noch einmal einen Schritt zurückzugehen und den anderen Pfad zu betrachten, der zu dieser Schwelle führt.

Prahlerei und Drohgebärden

Prahlen findet in der Regel jenseits der Gesprächsrituale der vornehmen Mittelschicht statt. Nicht dass es dort nicht etwas Vergleichbares in verkappter Form gäbe – die vornehme Art besteht darin, andere Leute dazu zu bringen, das Prahlen für einen zu übernehmen, so dass man großzügig abwiegeln und die eigene Bescheidenheit zur Schau stellen kann.[18] Das Hinausposaunen und der Stolz über die eigenen Erfolge bleibt generell auf private Hinterbühnensituationen beschränkt, auf eine Art verschämte Zurschaustellung von Egoismus, die vor Vertrauten gestattet ist. Beispielsweise können Eltern als Publikum solcher Stolzbekundungen ihrer Kinder dienen. Aber selbst in diesem Rahmen sollte das Prahlen sich um Stolz und Freude über konkrete Erfolge drehen, nicht um allgemeine Behauptungen oder die gezielte Herabsetzung von Rivalen als hoffnungslos unterlegen. Hier ist das, was Goffman für die vornehme Gesellschaft beschreibt, einmal mehr der Hintergrund, vor dem wir sehen, worum es in gesellschaftlichen Milieus geht, in denen offen geprahlt wird.

Prahlen ist typisch für Männerrunden und für Jugendliche. Heute gilt das insbesondere für die Unterschicht und weniger für die Mittel- und Oberschicht. Historisch betrachtet war Prahlen dagegen in kriegerischen Gesellschaften weit verbreitet, etwa bei den Wikingern, wo stereotype Rituale des Prahlens bei feierlichen Anlässen und im Vorfeld von Schlachten einfach dazugehörten.[19] Doch selbst in den genannten Gruppen ist Prahlen situationsgebunden und tritt nicht ständig auf, sondern nur, wo es angemessen ist. Während Prahlen manchmal zu Gewalt eskaliert, ist die von Goffman beschriebene Höflichkeit der Mittelschicht so organisiert, dass eindeutige Schritte Richtung Gewalt vermieden werden – ja, vielleicht ist das sogar der Grund, weshalb Prahlen in der vornehmen Gesellschaft zu einem Tabu geworden ist.

---

18 Eine institutionalisierte Form sind Ehrungen und Preisverleihungen. Eine Reihe von Rednern tritt ans Mikrofon und wendet sich an die Anwesenden, um dem Geehrten zu sagen, wie großartig er oder sie sei. Anschließend bedankt sich die geehrte Person bei den anderen, indem sie den Anwesenden erzählt, wie großartig *sie* seien. Die gehobene Gesellschaft vermeidet somit Prahlen in der ersten Person, indem sie ein gutes Beispiel für Mauss' rituellen Austausch von Geschenken liefert (Mauss, *Die Gabe*).

19 Bailey/Ivanova, *Anthology*; Einarsson, *Old English Beot*; Robinson, »Satirists and Enchanters«.

Es gibt zwei Formen des Prahlens: die Bekräftigung des eigenen Status in der Welt und das Prahlen vor einem unmittelbaren Rivalen. Letzteres ist eine eindeutigere Herausforderung und Provokation, aber die Auswirkungen auf eine konkrete Interaktion dürften weitgehend identisch sein. Es ist eine noch nicht erforschte Frage, ob die Wahrscheinlichkeit, dass es zu Gewalt kommt, bei unpersönlichem oder bei persönlichem Prahlen höher ist. Zwischen »Ich bin der Beste« und »Ich bin besser als du« besteht kein allzu großer Unterschied, ist doch die zweite Aussage in der ersten enthalten, auch wenn die erste indirekter ist und man daher über die Herausforderung leichter hinwegsehen kann. Vor allem ist die Art des Prahlens weitgehend identisch: Der Sprecher erhebt dezidiert Anspruch darauf, im Mittelpunkt der Aufmerksamkeit zu stehen und somit die Aufmerksamkeit der anderen zu dominieren. Ein verallgemeinerter Anspruch mag unter den Anwesenden Widerspruch auslösen, sarkastisch oder direkt, einfach aus dem Gefühl heraus, dass der Prahlende sich im Gespräch zu sehr hervortut, nicht weil der Hörer glaubt, die Feststellung an sich sei falsch.

Aber oft findet Prahlen in einer überschwänglichen Atmosphäre statt. Es gehört zum Standardrepertoire bei Zechgelagen und geselligen Zusammenkünften unter Männern, vor allem im Umfeld echter oder inszenierter Kämpfe wie im Falle von Sportereignissen. Prahlen gehört bei solchen Anlässen einfach dazu. Auch das Prahlen eines Einzelnen kann hier gutmütige Akzeptanz finden, als Zurschaustellung verbaler Fähigkeiten, lustiger Übertreibungen und spontaner Redewendungen, vor allem wenn es ein Publikum gibt. Selbstbewusstes Prahlen folgt hier dem gleichen Muster wie goffmansche aggressive Techniken der Imagepflege in höflichen Gesprächen der Mittelschicht, wo das Überbieten einer leicht aggressiven Bemerkung als Form von Schlagfertigkeit gilt. Allerdings gibt es mit Blick auf die Folgen einen bedeutenden Unterschied, wenn der in einem Prahlwettkampf Unterlegene sich als schlechter Verlierer erweist: Während der Teilnehmer eines vornehmen Gesprächs seine Niederlage akzeptieren muss beziehungsweise ihm ansonsten nur der Rückgriff auf weitere verbale Seitenhiebe offensteht, kann der Verlierer eines Wettprahlens seine Niederlage als schwerwiegenden Angriff auf seine Würde betrachten und mit einer Eskalation zur Gewalt zurückschlagen.

Der Übergang von Prahlwettkämpfen hin zu Beleidigungen, die ebenfalls als unterhaltsam und wohlmeinend verstanden werden können, wenn sie geschickt formuliert sind, ist fließend.[20] Jenseits einer bestimmten Grenze gehen Beleidigungen und Prahlerei in Drohgebärden über. Die verbale Auseinandersetzung darum, wer den Aufmerksamkeitsraum dominiert, verlässt den Bereich des Allgemeinen und Hypothetischen und droht in Gewalt zu münden. Derjenige, der die Schwelle zur Gewalt überschreitet, erringt stets zumindest einen vorübergehenden Sieg: Er beansprucht die Aufmerksamkeit erfolgreich für sich und wischt alle anderen Gesprächsthemen vom Tisch. Dieser Sieg kann von kurzer Dauer und seine (physischen oder sozialen) Kosten können erheblich sein, aber er ist ein Anreiz, auf den sich viele stürzen, die ansonsten in der Situation auf verlorenem Posten stehen.

Drohgebärden sind der letzte Schritt vor der Gewaltanwendung. Sie sind Ausdruck einer gezielten Drohung, einer Wut, die sich gegen einen unmittelbaren Gegner richtet. Manchmal ist es der erste Schritt in einem Kampf, ein Versuch, den Gegner einzuschüchtern, ins Wanken zu bringen, sich einen Vorteil zu verschaffen, eine Gelegenheit zum Zuschlagen zu finden. Aber Drohgebärden können auch als Gewalthemmer und Gewaltersatz dienen, als Versuch, dem Gegner Angst einzujagen, damit er nachgibt und dem Kampf ausweicht. Zugleich ist es eine bewusste Zurschaustellung der eigenen Person, die einen tapferer und kampferfahrener erscheinen lässt, als man tatsächlich ist.

Am deutlichsten tritt das in militärischen Auseinandersetzungen zutage, wo ein großer Teil des Kämpfens aus Drohgebärden besteht[21] und wo oft mehr um des Lärmes willen geschossen als ernsthaft auf den Feind gezielt wird. Wie S. L. A. Marshall betont, sorgen Soldaten für die Aufrechterhaltung der Moral und der Solidarität innerhalb der Gruppe.[22] Schreie können aber auch dazu dienen, den Feind einzuschüchtern. Traditionelle Gesellschaften nutzen überlieferte

---

20 Labov, »Rules for Ritual Insults«. Ein vergleichbarer Brauch in manchen Mittelschichtberufen ist ein *roast*, ein Bankett, bei dem der Geehrte »geröstet«, sprich: auf witzige Weise herabgesetzt wird. Ein *roast* ist die streng reglementierte Mittelschichtversion der wilden rituellen Auseinandersetzungen unter Männern. Der Brauch entstand in den 1970er Jahren, vielleicht in Imitation der Umgangsformen der Unterschicht, die zu der Zeit aufkam. Zwar können bei solchen Anlässen auch Frauen anwesend sein, aber der Ursprung liegt eindeutig in Männerkreisen.

21 Grossman, *On Killing*.

22 Marshall, *Soldaten*.

Schlachtrufe, vom Kreischen und der Imitation von Tierlauten bei Stammeskriegen bis hin zu den Wehklagen oder langen, rhythmisch trillernden Schreien, mit denen arabische Frauen Krieger anfeuern.[23] Japanische Truppen setzten stimmliche Einschüchterung erfolgreich in Dschungelkämpfen im Zweiten Weltkrieg ein. Im Amerikanischen Bürgerkrieg war der Schlachtruf der Konföderierten, der »Rebel Yell«, ein wichtiges taktisches Mittel bei Schlachten in Wäldern, bei denen die gegnerischen Armeen sich gegenseitig nicht sehen konnten. Ulysses S. Grant beschreibt folgendes Erlebnis während des Mexikanischen Krieges in Texas: Er war mit einigen berittenen Soldaten in der Langgrassteppe unterwegs, als ihn das Heulen eines ziemlich groß erscheinenden Wolfsrudels aufschreckte. Wie sich herausstellte, waren es nur zwei Wölfe, die verstummten und Reißaus nahmen, als sie sich ihnen schließlich näherten.[24] Im Wesentlichen geht es bei Drohgebärden darum, aus sicherer Entfernung die Größe einer Bedrohung zu übertreiben.

Wie wir gesehen haben, hinterlässt das Bersten von Glas einen dramatischen Eindruck. Hauptsächlich wird es jedoch als eine Form der Drohgebärde verwendet. Opferstatistiken aus Großbritannien zufolge wurde zwar in 10 Prozent aller Übergriffe unter Alkoholeinfluss jemand mit einer Flasche oder einem Glas bedroht, aber kaum je wurde jemand tatsächlich damit geschlagen.[25]

Manchmal stößt man in Situationen, in denen jemand eingeschüchtert werden soll, der eine andere Hautfarbe hat oder einer anderen Schicht angehört, auf aggressive Drohgebärden. Das lässt sich in Großstädten wie Philadelphia beobachten, am Rande von Wohngebieten der weißen Mittelschicht, Beispiele, die Anderson analysiert.[26] Der folgende Fall entstammt meinen eigenen Beobachtungen:

> Auf dem Gehsteig vor einem kleinen Lebensmittelladen geht ein schlecht angezogener Schwarzer unruhig auf und ab, laut schimpfend und fluchend. Die meisten Passanten wechseln erschreckt auf die andere

---

23 Aufnahmen von Ersterem sind im Film »Dead Birds« zu hören, in Gestalt des vogelartigen Kreischens bei Stammeskriegen in Neuguinea (vgl. Kapitel 2). Letzteres findet man im Dokumentarfilm »Die Schlacht um Algier«, der die Ereignisse während des Aufstands von 1957 zum Gegenstand hat. Zu Wehklagen vgl. Jacobs, »Ululation«.

24 Grant, *Memoiren*, S. 55–57.

25 Budd, »Alcohol-related Assault«, S. 17.

26 Anderson, *Streetwise*.

> Straßenseite oder machen einen großen Bogen um ihn, doch die Situation ist stabil: Minutenlang kann ich keine weitere Eskalation hin zu Gewalt beobachten, und der Polizeibericht von jenem Tag enthält für diese Gegend keinerlei Vorfälle.

Ein anderer Fall:

> Ein weißer Obdachloser steht am Rittenhouse Square (einer innerstädtischen Parkanlage in Philadelphia), auf der gegenüberliegenden Straßenseite auf dem Gehsteig und hebt fluchend und drohend die Faust Richtung Park, ohne jedoch die Straße zu überqueren. Der Park liegt mitten in einer Wohngegend der weißen Ober- und Mittelschicht, es patrouillieren regelmäßig Polizisten, und Bettlern ist der Zugang strikt verboten. In den umliegenden Einkaufsstraßen sind sie dagegen geduldet. Bettler, die sich dieser verbotenen Zone nähern, legen sichtliches Unbehagen an den Tag. Offenbar hält nicht nur die Angst vor der Polizei sie davon ab, tiefer in dieses unbekannte Gebiet vorzudringen. Es scheint sich ähnlich zu verhalten wie bei Stammeskriegen, bei denen die tapfersten Krieger nur kurz die feindlichen Linien durchbrechen, um dann kehrtzumachen und zurückzurennen, als hingen sie an einem Gummiband. In einem spontanen Experiment überquerte ich unmittelbar an der Ecke, an der fluchend und gestikulierend der Obdachlose stand, die Straße und ging langsam auf ihn zu, wie ich glaube, völlig ausdruckslos, ohne Zeichen von Angst oder Eingeschüchtertsein. (Wir hatten beide in etwa die gleiche Statur: etwa 1,80 Meter groß und knapp 90 Kilo schwer. Er könnte in den Vierzigern gewesen sein, vermutlich zehn, fünfzehn Jahre jünger als ich selbst zu diesem Zeitpunkt.) Als ich in seine Nähe kam (ohne ihm auch nur in die Augen zu schauen), hörte er auf zu fluchen und zu gestikulieren. Sein Verhalten war reines Imponiergehabe, keine Aufforderung zum Kampf.

Gut möglich, dass der Mann geisteskrank war, aber das ändert nichts am Ergebnis. Selbst Geisteskranke werden in ihrem Verhalten durch die situative Interaktion beeinflusst.

Wann wird aus Drohgebärden Gewalt, und wann werden sie in der jeweiligen Situation als ausreichende Zurschaustellung der eigenen Präsenz wahrgenommen, so dass ein Kampf sich erübrigt? Diese Frage kann man ausführlich am Kodex der Straße erörtern, der in überwiegend von Schwarzen bewohnten, innerstädtischen Armenvierteln gilt.

Der Kodex der Straße: Institutionalisiertes Prahlen und Drohen

Elijah Anderson[27] zufolge entstand der Kodex der Straße, weil es an verlässlichem Schutz durch die Polizei fehlte; hinzu kam der Eindruck, dass die Polizei jedem im Ghetto ohnehin mit Vorurteilen begegnet und ebenso wahrscheinlich den Ankläger verhaftet wie den Täter. Also versucht jeder zu demonstrieren, dass er selbst für seinen Schutz sorgen kann, indem er seine Bereitschaft zur Gewaltanwendung zur Schau stellt. Verstärkt wird diese Tendenz durch die Armut und die Rassendiskriminierung, die das Ghettoleben seit langem bestimmen und Entfremdung und Misstrauen gegenüber der weißen Mainstream-Gesellschaft nähren.

Trotzdem möchte, wie Anderson betont, die Mehrheit der Menschen in solchen Vierteln, die kaum je ein Polizist betritt, ein normales Leben führen, einer ordentlichen Anstellung nachgehen, Verantwortung für die Familie übernehmen und in der Gemeinschaft geachtet werden. In der Sprache der Ghettos gehören die meisten Leute zu den »Anständigen« und nur eine Minderheit zum harten Kern der »Straße«, der von den Werten des Mainstreams entfremdet und einem abweichenden Lebensstil verpflichtet ist. Doch aus Selbstschutz halten sich die meisten »anständigen« Leute an den Kodex der »Straße«, wenn es in einer Situation nötig erscheint, nach dem Motto: »Ich kann auch anders.« Der Ausdruck »Wissen, was angesagt ist« bezieht sich auf die Fähigkeit, den Kodex zu wechseln, zu erkennen, in welchen Situationen es sinnvoll ist, von »anständig« auf »Straße« umzuschalten. Auch Menschen, die zum harten Kern der »Straße« zählen, schalten gelegentlich auf »anständig« um. Das kann zum Beispiel der Fall sein, wenn sie sich allein in einer großen Gruppe von »Anständigen« wiederfinden, die unter anderem deshalb respektiert werden, weil sie ihrerseits gezeigt haben, dass sie den Kodex wechseln können.[28]

Der Kodex der Straße ist im goffmanschen Sinne eine inszenierte Darstellung des eigenen Selbst, wenn auch eine Variante, die einen Aspekt der goffmanschen Imagepflege, den ich bisher betont habe, ins genaue Gegenteil verkehrt: die Aufrechterhaltung des Anscheins von Höflichkeit und Entgegenkommen. Der Kodex der Straße spielt

27 Anderson, *Code.*
28 Anderson, *Place.*

sich meist auf der Vorderbühne, das anständige Selbst auf der Hinterbühne ab. Manche Menschen widmen sich indes ganz der Aufrechterhaltung des Kodexes und verstricken sich so darin, dass es gar kein anderes Selbst zu geben scheint. Beispiele für das Gefangensein in einem Vorderbühnen-Selbst findet man nicht nur bei Individuen, die sich am Kodex der Straße orientieren, sondern auch in vielen anderen Bereichen des gesellschaftlichen Lebens. Charakteristisch ist es etwa für Angehörige der gehobenen Mittel- und Oberschicht, die sich in ihrer inszenierten öffentlichen *Persona* am wohlsten fühlen, weil ihnen diese Rolle Macht und Respekt einbringt. Angehörige der Arbeiterklasse bevorzugen dagegen in der Regel ihr Hinterbühnen-Selbst, weil sie dort mehr emotionale Zuwendung bekommen als in förmlichen Situationen, in denen sie untergeordnet sind.[29] Analytisch betrachtet, gleichen dem Kodex der Straße verpflichtete Individuen den Workaholics oder »Salonlöwen« der gehobenen Mittelschicht, denn sie alle ziehen ihr Vorderbühnen-Selbst vor, weil sie daraus am ehesten Respekt und emotionale Energie beziehen.

Das heißt nicht, dass Menschen, die sich sehr stark mit ihrem Vorderbühnen-Selbst identifizieren und so gut wie nie aus der Rolle ihres Straßen-Selbst herausfallen, nicht an ihrer Selbstinszenierung arbeiten müssten. Für manche ist der Kodex der Straße ein oberflächliches Selbst, eine Rolle, die sie nur in Teilzeit und mit schwankendem Grad an Unlust und Widerwillen spielen. Andere nehmen sie mit erheblichem Einsatz an, weil sie so attraktiv für sie ist oder weil sie alle anderen Rollen verdrängt hat und die einzige ist, die sie kennen.[30] Aber unabhängig davon, wo der Einzelne sich auf diesem Kontinuum befindet: Immer ist es eine Inszenierung für ein Publikum und daher den üblichen goffmanschen Techniken der sozialen Darstellung und den damit verbundenen Schwierigkeiten unterworfen. Im Fall der Darstellung eines gewalttätigen Selbst besteht eine dieser Schwierigkeiten darin, den Normalzustand der Anspannung und Angst vor gewaltsamen Konfrontationen zu überwinden. Der Kodex der Straße ist besonders theatralisch und effektheischend, weil er diese besondere Hürde überwinden muss.

Wenden wir uns nun den verschiedenen Bestandteilen zu, die für die Inszenierung des Straßenkodexes von Bedeutung sind.

---

29 Rubin, *Worlds of Pain*; Collins, *Interaction*, S. 112–115.
30 Anderson, *Code*, S. 105.

Erstens diktiert der Kodex ein ganz bestimmtes äußeres Erscheinungsbild, das definiert ist durch Kleidungsstil, Haarschnitt und Accessoires. Zum typischen Stil der 1990er Jahre gehörten bei Männern Baggypants oder Hosen, die übertrieben tief auf der Hüfte getragen wurden, Turnschuhe mit offenen Schnürsenkeln und mit dem Schild nach hinten getragene Baseballmützen.[31] Es sind Kennzeichen antinomischer Selbstdarstellung, die ihre Bedeutung aus der gezielten Umkehrung konventioneller Verhaltensweisen ziehen. Es sind Kennzeichen der Zugehörigkeit zu einer Gruppe, die die Symbole der Mehrheitsgesellschaft missachtet und so signalisiert, dass sie sich über deren Werte hinwegsetzt. Es sind Kennzeichen der Zugehörigkeit zu einer Gegenkultur, die damit ihre Ablehnung der weißen Mainstream-Gesellschaft zum Ausdruck bringt. Zugleich symbolisieren sie Ablehnung der »anständigen« schwarzen Gesellschaft, weil diese einen (vermeintlich) weißen Lebensstil pflegt, ein Verhalten, das als »auf Weiße machen« gilt.[32]

Ein anderer Aspekt des äußeren Erscheinungsbildes hat dagegen nichts mit Abgrenzung zu tun, sondern damit, einen bestimmten Status für sich in Anspruch zu nehmen. Ausgedrückt wird das durch das Tragen teurer Sportanzüge und -schuhe und anderer prestigeträchtiger Markenartikel. Auch darin liegt eine subtile Botschaft. In einem von Armut geprägten Viertel impliziert das Tragen teurer Klei-

---

31 Anderson, *Code*, S. 112. Der Kodex der Straße bestimmt Kleidung und Auftreten von Männern stärker als von Frauen. Männer bilden den Kern jener Gruppe, die dem Kodex folgt, obgleich auch Frauen dazugehören, allerdings in der Regel als Mitläuferinnen. In ihrer Studie des Liebeslebens von weiblichen schwarzen Teenagern aus der Arbeiterschicht stellt Lynn Green fest, dass das Leben dieser Mädchen von den Jungen dominiert wird, mit denen sie zusammen sind, und dass sie den Eindruck hätten, sie müssten mit den Jungen brechen, wenn sie sich auf ihre Hausaufgaben konzentrieren oder einfach eigenen Interessen nachgehen wollen (Green, »Beyond Risk«).

32 Dieser Konflikt erklärt die Attraktivität muslimischer oder afrikanischer Kleidung für Schwarze: Sie bietet die Möglichkeit, Ablehnung der weißen Mainstream-Gesellschaft auszudrücken und sich gleichzeitig zu deren diszipliniertem Lebensstil zu bekennen. Sie ist eine militante Version der »Anständigen«-Kultur des Schwarzenghettos. Weiße schätzen die Rolle von afrikanischer und muslimischer Kleidung oft falsch ein, als feindselige Form von umgekehrtem Rassismus. Dabei übersehen sie die Bindung an konventionelle Verhaltensweisen der Mittelschicht, die durch ebendiese Symbole ausgedrückt wird. Träger dieser Kleidung verstehen sich also nicht als Verbündete, sondern als Alternative zur Kultur der Straße. Zur Entwicklung dieses Stils siehe Lincoln, *Black Muslims*.

dung – und, mehr noch, teuren Schmucks –, dass man die Armut mit den Mitteln der »Straße« überwunden hat. Derartiger zur Schau gestellter Reichtum stammt meist aus dem Drogengeschäft, aber einzelne Kleidungsstücke wie Jacken können auch von anderen gestohlen sein, und eine »anständige« Person mag deswegen überfallen werden. Visuelles Imponiergehabe spielt beim Tragen solcher Kleidung daher ebenfalls eine Rolle.

Eine bestimmte Art zu sprechen macht einen zweiten Bestandteil des Kodexes aus. Zum Teil bezieht sich das auf einen speziellen Wortschatz, wie man ihn oft bei Gruppen findet, die sich als zusammengehörig definieren. Ebenso wichtig sind jedoch paralinguistische Aspekte, also nicht, *was* gesagt wird, sondern *wie* dies geschieht. Der Stil der Straße ist in der Regel laut und wird von übertriebenem Gestikulieren begleitet. Entscheidend ist, stimmlich die Initiative zu ergreifen und damit das Kommando zu übernehmen. Das führt zu einem verbalen Sparringskampf, bei dem es vor allem auf schlagfertige Antworten ankommt, um jeden verbalen Angriff sofort parieren zu können. Ein Teil des sprachlichen Vorgehens beruht auf verbalen Aggressionen: Necken, Witzeln und Prahlen. Dabei gibt es ein Kontinuum der Herausforderung, das von spielerischen Witzen bis zu explizit feindseligen Prahlereien und Beleidigungen reicht. In der Mitte dieses Kontinuums liegt das, was schwarze Sportler als »Trash talking« bezeichnen – gezielte verbale Provokation der gegnerischen Seite.

Diese Art zu reden ist Ausdruck eines permanenten Bemühens, den Interaktionsraum zu dominieren oder zumindest mit dem Herausforderer mitzuhalten und zu vermeiden, dominiert zu werden. Laut Goffman ist ein aggressiver Gesprächsstil Selbstdarstellung auf der Vorderbühne; Andersons Interpretation zufolge ist er der Versuch, Gewalt zu vermeiden, indem man durch Prahlen und Drohgebärden den Eindruck erweckt, man habe vollstes Vertrauen in die eigene Schlagkraft.

Interessant ist ein weiterer Aspekt der verbalen Inszenierung. Manchmal wird Gewaltanwendung nicht durch Abschreckung verhütet, sondern durch die Demonstration von Gruppenzugehörigkeit. Das Zurschaustellen von Symbolen zeigt, dass man dazugehört – in diesem Fall zur Gruppe, die sich an den Kodex hält. Die Symbole stehen mithin für Solidarität, und manchmal genügt das bereits, um Gewalt zu verhindern. Anderson nennt ein Beispiel:

In einem ethnisch gemischten Mittelschichtviertel, das an ein Armenviertel angrenzt, feierten die Anwohner ein Straßenfest. Die Straße war daher für Autos gesperrt. Zwei Drogenhändler in der Manier des Straßenstils ignorierten die Absperrung und fuhren mit ihrem Wagen langsam die Straße entlang, offenbar auf der Suche nach einer bestimmten Adresse. In ihrem Tun und ihrer Haltung drückten sich Verachtung und eine gewisse Feindseligkeit gegenüber der Mittelschichtszenerie aus, in die sie eingedrungen waren. Die meisten Leute gingen einer Konfrontation mit ihnen aus dem Weg. Ein schwarzer Anwohner jedoch ging auf die Drogendealer zu und sprach sie an. Dabei bediente er sich der Sprache der Straße. Er schalt sie und sagte, sie sollten die familienfreundliche Straßenparty mit ihrem Auto nicht stören. Die Drogenhändler reagierten auf diese Zurechtweisung nicht mit einer Eskalation zur Gewalt, sondern indem sie sich entschuldigten und zurückzogen.[33]

Andersons Interpretation zufolge signalisierte der Anwohner den Drogenhändlern, dass er einer von ihnen war, indem er die Sprache der Straße benutzte. Allerdings formulierte er seine Botschaft so, dass sie nicht zu gegenseitigen Beleidigungen und einer Auseinandersetzung darüber führte, wer die Situation kontrollierte, sondern vielmehr die Situation so umdefinierte, dass Aggression in diesem Kontext unangebracht erschien. Der verbale Aspekt des Straßenkodexes besteht sowohl aus Solidaritätsbotschaften als auch aus solchen, die Dominanz und Drohung zu erkennen geben. Erstere können die Wahrscheinlichkeit eines Gewaltausbruchs verringern, Letztere sie erhöhen.

Im Gespräch wird außerdem eine subtile, stillschweigende Form der Zugehörigkeit getestet. Geprüft wird, ob man durchschaut, welches Spiel gerade gespielt wird. Insider kennen den Unterschied zwischen einer ernsthaften Drohung und inszeniertem Imponiergehabe. Sie wissen, wann eine Beleidigung unterhaltsam und wann als Herausforderung gemeint ist, bei der es darum geht, den anderen zu dominieren oder selbst dominiert zu werden. Wenn alle Beteiligten das Spiel richtig spielen, wird die Zugehörigkeit bestätigt und Gewalt vermieden. Es besteht jedoch auch die Gefahr, dass jemand bei diesem Test durchfällt. Das Spiel mit den unterhaltsamen Beleidigungen kann einen ungünstigen Verlauf nehmen, weil entweder der eine nicht schlagfertig genug ist und sich als leichtes Opfer, Eindringling oder beides erweist – und damit zur Zielscheibe für Gewalt wird –, oder

33 Persönlicher Austausch, Oktober 2002.

weil der im Spiel mit Worten Unterlegene seine Niederlage nicht eingestehen will und von sich aus zu Gewalt greift.[34] Es gibt bei diesem verbalen Ritual einen Punkt, wo es Gewalt hemmt, ein fein austariertes Gleichgewicht herrscht, aber es ist ein gefährliches Spiel, denn wenn es misslingt, kann es in Gewalt münden.

Drittens gehört es zum Kodex der Straße, mit dem eigenen Auftreten deutlich zu machen, dass man bereit ist, Gewalt auch tatsächlich einzusetzen. In ihrer ausgeprägtesten Form wird diese Drohung sofort in die Tat umgesetzt. Das kann bedeuten, dass man beim ersten Anzeichen einer Herausforderung unmittelbar zur Offensive übergeht. Anderson nennt das Beispiel des 15-jährigen Tyree, der neu zugezogen ist: Als Außenseiter wird er von den Jugendlichen im neuen Viertel angepöbelt und verprügelt (sie sind 20 gegen einen). Sobald er einen Jungen aus der Gruppe allein trifft, greift er ihn sofort an, um sich Respekt zu verschaffen. Beide Schlägereien verlaufen innerhalb bestimmter Grenzen und nach einem rituellen Schema. Als die Gruppe Tyree zum ersten Mal begegnet, machen sie ihn »platt«, weil sie ihn als Eindringling in ihrem Viertel betrachten: Sie umzingeln ihn, damit jeder die Chance hat, ihm einen Schlag zu verpassen. Das ist etwas anderes, als jemanden »fertigzumachen«, wobei das Opfer krankenhausreif geschlagen wird. Ähnlich verläuft Tyrees Rache an einem einzelnen Mitglied der Gruppe, auf den er ein paarmal einschlägt und ihm eine blutige Nase verpasst. Der Kampf endet mit dem verbalen Eingeständnis der Niederlage, verbunden mit einer Art Prahlerei: »Diesmal hast du mich erwischt, aber ich komme wieder!« Worauf Tyree seinerseits mit Prahlen antwortet: »Klar, du und deine Mami.«[35]

Die Zurschaustellung von Gewaltbereitschaft kann drastische oder mildere Formen annehmen. Mal werden ernsthafte Verletzungen beabsichtigt, was Waffengebrauch einschließt. Oder man signalisiert, dass man ein harter Kerl ist: indem man die Muskeln spielen lässt, da-

---

34 Es muss jedoch nicht automatisch Gewalt zur Folge haben, wenn man beim Trash-Talk unterlegen ist. In der Regel gibt es Zuschauer, die man während des verbalen Rituals im Hinterkopf hat. Wenn jemand mit Worten besiegt worden ist, kann er sich auf die Seite des Publikums schlagen, mitlachen und anerkennen, dass der andere einen guten Witz gemacht hat. Damit hat man das situative Selbst in eine andere Rolle innerhalb der Gruppe verschoben, und da mit der Gruppe die Zugehörigkeit zur Straßenszene verbunden ist, kann man mit einem solchen Manöver Gewalt vorübergehend abwenden.

35 Anderson, *Code*, S. 80–84.

mit man möglichst gefährlich aussieht; eine einschüchternde Haltung einnimmt; zeigt, dass man im Besitz einer Waffe ist; einer konkreten Person gegenüber oder ganz allgemein Flüche ausstößt und Drohgebärden macht. Zum großen Teil handelt es sich dabei um eine Inszenierung im Sinne Goffmans: Es geht weniger darum, tatsächlich den Kampf zu suchen, als darum, eine Situation zu dominieren und sich Respekt zu verschaffen, ohne wirklich kämpfen zu müssen. Doch die gleichen Mittel, mit deren Hilfe man tätliche Auseinandersetzungen vermeiden kann, können auch Gewaltanwendung zur Folge haben, wenn man sie falsch einsetzt.

In welcher Hinsicht hilft der Kodex der Straße, Gewalt im Zaum zu halten und zu begrenzen, und wann wird er zum Auslöser von Gewalt? Zu erwarten stünde, dass die Inszenierung Gewalt begrenzt. Andersons Argumentation zufolge handelt es sich in der Regel um Scheingewalt, um eine Zurschaustellung der eigenen Fähigkeit, sich zu verteidigen, die von Gewaltanwendung abschrecken soll. Zudem wird damit Zugehörigkeit angezeigt, so dass der Grund entfällt, jemanden wegen seiner Außenseiterstellung anzugreifen. Eine zusätzliche Überlegung lässt sich aus unserer Analyse von Gewalt im Allgemeinen ableiten. Menschen reagieren auf feindselige Konfrontationen mit Anspannung und Angst, weshalb ihnen Gewaltausübung schwerfällt. Zu erwarten wäre also, dass der Kodex der Straße als gesellschaftlich institutionalisierte Methode, die eigene Aggressivität zu demonstrieren, dafür sorgt, dass die Eskalation die Schwelle zur Gewalt nicht überschreitet. Das bedeutet jedoch auch, dass der Kodex – als abgestuftes Kontinuum von Aggressivität und Einschüchterung – ein erhebliches Maß an minderschwerer Gewalt ermöglicht. Das entspräche dem allgemeinen Muster, wonach sozialen Beschränkungen und sozialer Kontrolle unterworfene Gewalt länger andauert und chronischer verläuft als Gewalt, die nicht situativ abgeschwächt und in reglementierte Bahnen umgeleitet wird.

Wenden wir uns nun vier Kampfformen zu, die in innerstädtischen Ghettos der USA auftreten und von vergleichsweise begrenzten und kontrollierten Auseinandersetzungen bis hin zu schwerwiegenden Tätlichkeiten reichen, die außer Kontrolle geraten sind:

Bandenkämpfe. Vor allem unter Jugendlichen sind solche Kämpfe chronisch, aber verschiedenen Beschränkungen unterworfen. Bandenkämpfe richten sich gegen Mitglieder anderer Banden oder gegen andere Jungen, die im gleichen Alter sind wie die Bandenmitglieder und als Eindringlinge in das Revier beziehungsweise Viertel betrachtet werden. Jugendbanden greifen in der Regel keine Erwachsenen an. Wie Anderson andeutet, können sich ältere Frauen in ihrem Viertel sicher fühlen, weil sie von den Jugendbanden nichts zu befürchten haben oder sogar von ihnen beschützt werden.[36] Genauso wenig werden Kinder angegriffen, die jünger sind als die Bandenmitglieder; diese bekämpfen sich höchstens gegenseitig. Kämpfe finden also nur innerhalb der jeweiligen Altersgruppe statt und in der Regel auch nur innerhalb des jeweiligen Geschlechts.

Einer der Gründe dafür ist, dass Kämpfe eine rituelle Bedeutung haben, als Aufnahmeprüfung und zur Definition der Gruppengrenzen. Zum Eintritt in eine Bande gehört als Initiationsritus meist ein Kampf dazu. In Andersons Bericht über Tyrees Erfahrungen muss dieser eine ganze Reihe von derartigen Kämpfen bestehen: zuerst das heftige »Einführungsritual«, von der ganzen Bande »plattgemacht« zu werden, durch das alle sozusagen miteinander bekannt gemacht werden. Dann folgen ein paar kürzere Kämpfe gegen Einzelne, mit denen Tyree sich Respekt zu verschaffen versucht. Und schließlich gewährt man ihm einen richtigen, offiziellen Aufnahmetest, nachdem er explizit ausgehandelt hat, dass er gegen einen aus der Gruppe kämpft, während die anderen zuschauen.[37] Er muss ungefähr 20 Minuten gegen einen älteren Jungen kämpfen, der einen Kopf größer und fast 20 Kilo schwerer ist als er. Wie jedermann erwartet hatte, verliert er den Kampf, erwirbt sich jedoch Respekt, weil er nicht aufgibt und dem stärkeren Gegner ein paar Kratzer zufügen kann. Infolge dieses Kampfes wird er in die Bande aufgenommen.

Derartige Kämpfe unterliegen verschiedenen Beschränkungen. Mit Ausnahme jener Fälle, in denen ein Außenseiter von der ganzen Gruppe »plattgemacht« wird, handelt es sich um Mann-gegen-Mann-Kämpfe, bei denen sich die anderen heraushalten. Und es gibt ungefähre Richtlinien oder Regeln, welche Schläge erlaubt sind und welche nicht. Es sind Kämpfe, die mit Fäusten ausgetragen werden, nicht mit Waffen. Kratzen und Beißen sind manchmal erlaubt, Angriffe auf die Augen oder Tiefschläge nicht. Auch wenn jemand in die Bande aufgenommen worden ist, kann es sein, dass er anlässlich konkreter Streitigkeiten oder wegen mangelnder Respektsbezeugung weiterhin Kämpfe austrägt, selbst mit engen Freunden und Verbündeten. Bei solchen Kämpfen soll es dann fair zugehen, mit Regeln wie »Keine

36 Ebenda, S. 83.
37 Ebenda, S. 85–87.

Schläge ins Gesicht«, »Nur mit den Händen kämpfen« und »Keine Hilfe von außen«.[38] Anderson beschreibt einen derartigen Kampf, der etwa 20 Minuten dauert, viel länger als ernsthafte Kämpfe ohne strenge Regeln. Möglich wird das dadurch, dass die Kontrahenten die eigentlichen Kampfphasen beschränken: »Malik und Tyree tänzeln und sparren, schnaufen und keuchen, ducken sich und täuschen an. Für den Zuschauer sieht es aus wie ein Spiel, da es kaum zu einem ernsthaften Schlagabtausch kommt.« Auf versehentliche Verletzungen der vereinbarten Regeln, etwa einen Schlag ins Gesicht, folgt umgehend eine Entschuldigung, um eine Eskalation zu schwerwiegenderen Gewaltformen zu verhindern. Wird dieses Ritual erfolgreich praktiziert, so Anderson, dann stärkt das die persönliche Bindung zwischen den Teilnehmern. Sie haben bewiesen, dass sie Differenzen beilegen, Stärke demonstrieren und gleichwohl dafür sorgen können, dass der rituelle Kampf nicht aus den Fugen gerät.

Diese Art von rituellem Kampf, bei dem sich Verletzungen in Grenzen halten, scheinen vor allem für Banden kennzeichnend zu sein, die sich als vergleichsweise dauerhafte Gruppen etabliert haben. In bestimmten Situationen jedoch können sich Menschen auch spontan zusammenschließen, um jemandem zu Hilfe zu eilen. Um ein bedrohtes Mitglied der Gruppe zu schützen, scharen sich unter Umständen Verwandte, Nachbarn und Freunde zusammen, häufig vor dem Haus oder auf der Veranda.[39] Wenn es dann tatsächlich zu Gewalt kommt, kann so eine zufällig entstandene Gruppe gefährlicher und in der Wahl der Mittel zügelloser sein als Banden, bei denen die Kampfanlässe und -regeln institutionalisiert sind. Ein Beispiel dafür ereignete sich im Sommer 2002 in der Chicagoer South Side, als ein betrunkener Fahrer mit seinem Lieferwagen versehentlich in eine Familie hineinraste, die vor ihrem Haus feierte.[40] Eine 26-jährige Frau geriet unter den Wagen und wurde schwer verletzt, ebenso zwei weitere Frauen. Drei Verwandte der eingeklemmten Frau, alles Männer in den Vierzigern, zerrten mit Unterstützung von vier jüngeren Männern und Jugendlichen die beiden Insassen aus dem Kleinbus und traktierten sie immer wieder mit Fußtritten. Schließlich schlugen sie sogar mit einem Betonklotz auf sie ein. Beide Opfer starben. Der Fall erregte große Aufmerksamkeit, unter anderem deshalb, weil Me-

---

38 Ebenda, S. 89f.
39 Ebenda, S. 41f.
40 *Los Angeles Times*, 2.–5. 8. 2002.

dienberichten zufolge circa 100 Passanten das Geschehen verfolgten, ohne einzugreifen. Doch diese Außensicht lässt die Dynamik der Situation außer Acht: Vor dem Hintergrund des Straßenkodexes wurde das Hineinrasen des Lieferwagens in die Familie als Angriff wahrgenommen, der nach einem Gegenangriff der Gruppe verlangte. Die vom Lieferwagen erfassten Frauen wurden von ihren Verwandten und Freunden gerächt, für die in diesem Augenblick zweifellos der Ruf der Gruppe und das Leben eines Familienmitglieds auf dem Spiel stand. Außerdem trägt der Gegenangriff Züge einer Vorwärtspanik, da ein plötzlich eingetretener Schockzustand sich in einen Zustand verwandelt, in dem eine Seite auf überwältigende Weise die Oberhand hat. Die Teilnehmer am Gegenangriff steigern sich sichtlich in ihre eigenen, repetitiven Handlungen hinein und schießen dabei weit über das Ziel hinaus: Einer der Männer (der 40-jährige Bruder des Opfers) soll beide Insassen so lange mit Fußtritten traktiert haben, »bis er ganz außer Atem war«. Die ungezügelte Gewalt, die eine Vorwärtspanik entfesselt, ist für den distanzierten Beobachter immer schockierend. Aus analytischer Sicht ist jedoch das Entscheidende, dass ungezügelte Gewalt eher für Gruppen charakteristisch ist, in denen es keine ritualisierten Abläufe für routinemäßig auftretende Gewalt gibt. Dieser Vergleich zeigt, dass die chronische Gewalt in Banden, mit all ihren ritualisierten Abläufen, in der Regel maßvoller verläuft als die einer spontan mobilisierten Gruppe, die wir oft als »Mob« bezeichnen.

Zweikämpfe zur Wahrung des eigenen Rufs. Zu solchen Kämpfen kommt es, wenn der Kodex der Straße durch Drohgebärden und das Streben nach situativer Dominanz nicht zu einem Gleichgewicht, sondern zur Eskalation führt. Der Kodex besteht im Wesentlichen aus Drohgebärden, aber er beinhaltet die Gefahr, dass diese Drohgebärden auf Ablehnung stoßen. Es ist eine Art goffmansches Darstellungsproblem, bei dem der Darsteller vergeblich auf Zeichen des Publikums wartet, dass es seine Darstellung akzeptiert. Daher die vielen kleinen Stolpersteine, durch die es zum Kampf kommen kann, wenn jemand »gedisst«, also nicht respektiert wird. In vielen solchen Kämpfen geht es gar nicht darum zu gewinnen. Wichtig ist, dass man seine Bereitschaft demonstriert, zu kämpfen, jemanden körperlich zu verletzen und, im Zweifelsfall, verletzt zu werden. Damit ist die Mitgliedschaft im Klub der harten Jungs gesichert beziehungsweise wiederhergestellt. Ähnlich wie Bandenkämpfe sind solche Kämpfe oft stillschweigend Beschränkungen unterworfen und dienen zur Wiederherstellung eines rituellen Gleichgewichts in der jeweiligen, auf Drohgebärden beruhenden Selbstdarstellung, die den Kodex ausmacht.

Gelegentlich greifen Anhänger des Kodexes auch jemanden an, den sie als kulturellen Außenseiter, als »Spießer« wahrnehmen. Das wird unmittelbar meist ebenfalls damit begründet, dass man sich nicht respektiert fühlte. Jemand, der gut in der Schule ist, sich konventionell kleidet und dadurch mit der Mittelschicht identifiziert wird, kann deswegen zur Zielscheibe von Übergriffen werden. Der oder die Täter sehen sich in solchen Fällen moralisch im Recht, nach dem Motto: »Was glaubt er, wer er ist?« oder »Das wird ihn lehren, sich nicht wie ein Weißer aufzuführen«.[41] Mit ähnlichen Rechtfertigungen greifen Mädchen andere Mädchen an, wenn sie meinen, diese würden mit ihren besseren schulischen Leistungen angeben, oder einfach weil sie hübscher sind (in diesem Fall versucht man sie oft durch Ritzen oder Haareausreißen gewaltsam zu entstellen).[42] Jenseits der vorgeblichen Begründung, sich nicht respektiert zu fühlen, haben solche Übergriffe eine verdeckte Kehrseite. Wie wir gesehen haben, ist es nicht leicht, sich zu einem Kampf durchzuringen, und eine Möglichkeit, das nötige Selbstvertrauen zu gewinnen, besteht in der Wahl eines leichten Opfers: Jemand, der konventionell auftritt und nicht die Gebärden und Kennzeichen des Straßenkodexes an den Tag legt, gilt als leichtes Ziel.

Die Behauptung, Kämpfe in Armenvierteln würden wegen Mangels an Respekt ausgetragen, sollten wir wie gesagt nicht zu wörtlich nehmen.[43] Die Behauptung, »gedisst« worden zu sein, ist eine Recht-

---

41 Anderson, *Code*, S. 93–95 und S. 100–103.

42 Jones, »›It's Not Where You Live‹«. Ende der 1990er Jahre wurden in den Highschools von Philadelphia viele schwarze Jugendliche, die muslimische Kleidung und Kopfbedeckungen trugen, zur Zielscheibe von Angriffen. Angeführt wurden sie von Mädchen, die sich von Muslimen heruntergemacht fühlten, weil diese öffentlich ihr Sexualverhalten und ihren Drogenkonsum kritisierten. Muslimische Kleidung ist eine extreme Abkehr vom Kleidungsstil der Straße (vor allem, wenn man an die langen Kleider, Kopfbedeckungen und Schleier von muslimischen Frauen denkt) und wird mit einer Haltung assoziiert, die die Kultur der Straße offen für moralisch unterlegen hält. Solche Kämpfe erinnern an die Angriffe von Straßenjungen auf Mitschüler, die erkennbar der »anständigen« Kultur angehören. Auch hier lautet die Begründung, diese hielten sich für »etwas Besseres«.

43 Gegen die Sichtweise, Gewalt beruhe auf mangelnden Respektsbezeugungen, spricht außerdem, dass der Stil der Straße, in unterschiedlicher Ausprägung, auch unter weißen Jugendlichen weit verbreitet ist, einschließlich derer aus gutem Hause (Anderson, *Code*, S. 124). Unter diesen weißen Jugendlichen ist

fertigung, eine situative Ideologie. Manche Leute suchen gezielt nach Gelegenheiten, sich über mangelnden Respekt zu beschweren, sehen aber in anderen Situationen geflissentlich über Drohgebärden oder Ähnliches hinweg, um in gut goffmanscher Manier den Interaktionsfluss nicht zu stören. Ausschlaggebend ist meist die Frage, ob eine passende Zielperson anwesend ist, entweder jemand, der schwach genug ist, dass man ihn gefahrlos angreifen kann, oder – falls man sich gerade einen guten Ruf aufbauen will – jemand, der geeignet ist, einen auf diesem Weg weiterzubringen. Dabei meint Respekt nicht die allgemeine Anerkennung eines Status vor dem Hintergrund eines abstrakten Gesellschaftskonzepts, sondern eines Status in den Augen bestimmter Leute, deren Meinung als wichtig erachtet wird. Wenn man versucht, sich in einer Bande zu etablieren, reagiert man empfindlich auf Respektlosigkeit von bestimmten Personen, während das Verhalten anderer, auf die es nicht ankommt, einen völlig kaltlässt. Beim Kampf um Respekt geht es in Wirklichkeit um den eigenen Ruf, aber der Bezug auf »Respekt« ist besser geeignet, das Ziel legitim erscheinen zu lassen.

Individuen, die zwischen verschiedenen Kodizes hin und her wechseln und nur nach außen hin dem der Straße folgen, leben gefährlich, wenn sie auf jemanden treffen, der diesem Kodex viel stärker verhaftet ist. Dazu ein Beispiel aus Andersons Feldforschungen im Chicago der 1970er Jahre:

> Zwei Männer spielen vor einem Spirituosengeschäft ein Würfelspiel. Einer von ihnen, TJ, ist ein »Normalo«, der andere, Stick, ein »Ganove«. Zwischen den beiden kommt es zum Streit, wer gewonnen hat. TJ, der sich dem Kodex der Straße bereits angenähert hat, indem er mit einem »Ganoven« Würfel spielt, schlägt Stick ins Gesicht. Dann rennt er weg, als sei ihm erst im Nachhinein klar geworden, was er getan hat. Stick ist wütend, weil ein »Normalo« ihn geschlagen hat. Er ruft den Umstehenden zu: »Er hat mich reingelegt!« Stick rennt TJ hinterher, verletzt ihn mit einem Messer im Gesicht. Dann, immer noch wütend, nimmt er ihm seinen Geldbeutel ab und verbrennt ihn, als genügten die Verletzung und der Diebstahl nicht, um die Schande zu tilgen. Er verhält sich, als hätte jemand seinen Status als »Ganove« in Frage gestellt, so

das keineswegs eine Reaktion auf mangelnden Respekt, sondern eine Möglichkeit, in der Jugendszene einen hohen Status für sich zu beanspruchen. Das kann man daran ablesen, dass man bandentypische Kleidung und Verhaltensweisen vor allem am Wochenende und in Freizeitsituationen wie auf Partys beobachten kann. Bei der Rückkehr in den utilitaristischen Alltag von Schule und Beruf werden sie wieder abgelegt.

dass er nun ein Ritual der ostentativen Zerstörung praktizieren muss, um seinen Status wiederzuerlangen. Das Opfer macht es ihm leicht, eine Situation herzustellen, in der er einen Schwächeren angreifen kann.[44] Eine weitere Art von Übergriffen, die indirekt mit dem Streben nach Respekt in der lokalen Hierarchie verknüpft ist, habe ich bereits angedeutet. Da das Tragen teurer Kleidung, die im jeweiligen Umfeld als »angesagt« gilt, Zugehörigkeit demonstriert, wird eine Person, die sich diese Statussymbole nicht leisten kann, nicht nur das *Gefühl* haben, nicht respektiert zu werden, sondern von den Gleichaltrigen *tatsächlich* nicht respektiert, sondern ausgelacht. Dadurch werden Leute, die – da nicht Teil der Straßenkultur und der Bandenszene – in einer schwachen Position sind, aber zufällig diese prestigeträchtige Kleidung oder Turnschuhe tragen, zu beliebten Opfern von Diebstählen oder Einschüchterungsversuchen, damit sie die Kleidungsstücke freiwillig herausgeben (»herleihen«). Was wir hier sehen, ist eine Aktivität auf der goffmanschen Hinterbühne, mit der man sich die Requisiten für die Darstellung auf der Vorderbühne verschafft. Auch dadurch kommt es in einem gewissen Umfang zu Gewalt.

Bis jetzt habe ich Kämpfe genannt, bei denen es darum geht, Teil einer Gruppe zu werden, weiterhin dazuzugehören oder mit den anderen mithalten zu können. Manche wollen jedoch mehr. Sie möchten sich nicht nur behaupten, sondern andere beherrschen und als einer der Platzhirsche, der ganz harten Burschen, gelten. Die Gründe, warum jemand diesen Weg einschlägt, sind unter Umständen gar nicht vorgefasst, sondern entwickeln sich ganz allmählich aus einer Reihe von Gelegenheiten, die in diese Richtung weisen. Wenn jemand andere mit Worten oder Gesten erfolgreich einschüchtert und sich in den Kämpfen behaupten kann, die sich manchmal daraus ergeben, dann wird ihn das ermutigen, diesen Weg weiterzuverfolgen. Theoretisch ausgedrückt, stellen sie mit Blick auf die Interaktionsrituale fest, dass sie aus solchen Situationen ein Höchstmaß an emotionaler Energie beziehen, und werden deshalb von Situationen angelockt, in denen sie noch mehr emotionale Energie ansammeln können. Das kann dazu führen, dass sie die Brücken zur Welt der »Anständigen« abbrechen, obwohl sie den Kodex der Straße anfangs vielleicht nur angenommen haben, um sich in bestimmten Situationen zu behaupten. Weil sie aber in Interaktionen, die nach den Regeln dieses Kodexes ablaufen, so erfolgreich sind, »machen« sie nicht mehr nur »auf

44 Persönlicher Austausch. Zum Kontext siehe Anderson, *Place*.

Straße«, sondern sie gehen ganz in diesem Kodex auf – sie möchten alle Situationen nach diesem Muster gestalten, weil sie dann besonders glänzen können.

Zu diesem Zweck muss man sich einen Ruf verschaffen, also in der Hierarchie aufsteigen. Man beginnt mit durchschnittlichem oder minimalem Ansehen und erarbeitet sich den Ruf, ein besonders harter Kerl zu sein. Wer ehrgeizig am eigenen Ruf arbeitet, ist häufiger in Kämpfe verwickelt, was nicht heißt, dass man dauernd kämpft. Solange man am unteren Ende der Leiter steht, sucht man sich leichte Opfer: Außenseiter oder Neulinge im Viertel, die schikaniert werden und das Initiationsritual durchlaufen. Die Ziele dürfen jedoch auch nicht zu leicht sein. Mit Angriffen auf Mädchen lässt sich beispielsweise kein Staat machen. Zwar gibt es Kämpfe über die Geschlechtergrenzen hinweg, doch finden diese normalerweise im Privaten statt, in den eigenen vier Wänden, im Rahmen intimer Beziehungen, und dabei geht es um die Ausschließlichkeit der sexuellen Beziehung oder um die häusliche Autorität. Für die Hierarchie der Straße fallen sie nicht ins Gewicht. Im Übrigen findet man unter Frauen zum Teil eine parallele Hierarchie, obwohl diese nicht die Straße dominieren. Mädchen kämpfen mit anderen Mädchen und Frauen mit Frauen. Was Straßenraub betrifft, so werden unter Schwarzen ältere Frauen zwar normalerweise nicht von Jungen überfallen, können aber durchaus von Mädchenbanden ausgeraubt werden. Die auf Härte beruhende Hierarchie sorgt also noch auf andere Weise für eine Begrenzung der Gewalt: In der Regel kommen nur Personen mit einem bestimmten Status für bestimmte Gewalttäter als Angriffsziel in Frage.

Um die oberen Hierarchiestufen zu erklimmen, muss man es mit Personen aufnehmen, die als knallharte Typen bekannt sind, weil sie keinem Kampf aus dem Weg gehen, weil sie sich in Kämpfen meist durchsetzen und weil sie willens sind, die Gewalt voranzutreiben, indem sie zur Waffe greifen. Man kann in der Hierarchie also aufsteigen, indem man sich den Ruf verschafft, dass es in keiner Weise ratsam ist, sich mit einem anzulegen, weil man bei der geringsten Provokation zu einem hohen Maß an Gewalt bereit ist. Einen guten Ruf legt man sich demnach zu, indem man sich »aufführt wie ein Verrückter« – sei es als bewusste Strategie oder weil man unwillkürlich in diese Richtung driftet.[45] Die Folge ist, dass viele sich einer solchen

---

45 Anderson, *Code*, S. 73. Dieses Muster ist typisch für kriminelle Organisationen wie die Mafia, vor allem bei jenen, die die Funktion von Geldeintreibern

Person unterordnen und ihrem Imponiergehabe und ihren Drohgebärden bei gewöhnlichen Interaktionen nach dem Kodex der Straße nachgeben. Ein Mann mit dem Ruf, »ein Verrückter« zu sein, muss sich also gar nicht oft wie ein Verrückter benehmen, wenn er sich seine Reputation erst einmal erworben hat, weil die meisten Leute sich ihm fügen, vor allem die, die nur am Rande mit dem Kodex der Straße zu tun haben.

Die Dominanzhierarchie der Straße führt also eindeutig zu mehr und ernsthafterer Gewalt als die Kämpfe um Zugehörigkeit. Doch selbst hier funktioniert der Kodex situationsgebunden. Wenn man seine Regeln geschickt einsetzt, kann man Gewalt abwenden und trotzdem das eigene Ansehen befördern, wie das folgende Beispiel zeigt:

> Ein Mann, der einen Ruf als Killer hat, sitzt in einem Nachtlokal mit einer attraktiven Frau an einem Tisch, mit der er offenbar eine enge Beziehung hat. Als er aufsteht, um auf die Toilette zu gehen, setzt sich ein anderer Mann, der ebenfalls einen Ruf als Killer hat, an den Tisch und beginnt ein Gespräch mit der Frau. Der erste Schlägertyp kommt zurück und fragt mit drohendem Unterton, was hier vor sich gehe. Der zweite Schlägertyp steht auf und sagt: »Ich dachte, die ist 'ne Nummer zu hübsch für dich.« Der erste Typ schiebt sein Sakko etwas zurück, damit jeder den Griff seiner Pistole sehen kann, und sagt: »Ich lass dich am Leben – vorerst.« Dann packt er die Frau unsanft am Arm, sagt: »Komm schon, du Schlampe, wir sind hier raus«, und geht.[46]

Die Szene zeigt eine gezielte Provokation. Beide Männer lassen die Situation mit jedem Schritt eskalieren. Sie haben beide bewiesen, dass sie hart, mutig, kampfbereit und auch, dass sie schlagfertig sind. Schlägertyp Nummer zwei punktet, indem er unverhohlen je-

---

übernehmen. Viele dieser Gangster tragen Spitznamen wie »Crazy Joe« (der verrückte Joe). Ihr Aufstieg beruht darauf, dass sie sich den Ruf erworben haben, leicht in einen Gewaltrausch zu geraten, in dem sie gegenüber jenen, die sie einzuschüchtern versuchen, extrem unbarmherzig oder unnötig grausam sind (z.B., wenn sie Kreditraten eintreiben, bei Erpressungsgeschäften oder in Auseinandersetzungen mit gegnerischen Gangstern). Dass sie sich damit bewusst einen entsprechenden Ruf verschaffen wollen, darauf deutet das Muster hin, dass es zu solchen Gewalträuschen typischerweise in der Anfangsphase einer Gangsterkarriere kommt. Wer es innerhalb der Organisation erst zu einer leitenden Position gebracht hat, wendet wenig oder gar keine Gewalt mehr an, denn das übernehmen nun andere. Zu Sam »Mooney« (im Slang der 1930er Jahre »der Verrückte«) Giancana und Tony »Joe Batters« Accardo, die von 1950 bis 1966 die Chicagoer Mafia anführten, vgl. *Chicago Sun Times*, 18. 8. 2002.

46 Persönlicher Austausch mit Elijah Anderson, 2001.

manden provoziert, der im Ruf steht, ziemlich gefährlich zu sein. Schlägertyp Nummer eins kontert mit einem dramatischen Zug, der eine Eskalation darstellt und zugleich ein Gleichgewicht herstellt. Dass dem so ist, zeigt auch das Nachspiel: Monate später war es zwischen den beiden immer noch nicht zum Kampf gekommen. Die Geschichte von ihrem Zusammenstoß sprach sich schnell herum und die Art, wie sie die Angelegenheit hinbekamen, kam ihrer beider Ruf zugute. Ihre Drohungen waren real, hatten sie doch in der Vergangenheit bewiesen, dass sie in der Lage waren, jemanden umzubringen. Aber sie hatten erkannt, was sie tun konnten, um sich einerseits gegenseitig zu provozieren und andererseits ihr Publikum zufriedenzustellen. In diesem Fall war die Konfrontation mit ihrer dramatischen Wendung so perfekt inszeniert, dass jede weitere Auseinandersetzung nur eine Antiklimax dargestellt hätte. Wenn man seinen Ruf aufrechterhalten will, muss man sich mit einem ebenbürtigen Gegenüber messen. Die Leute an der Spitze brauchen einander, um sich am oberen Ende der Hierarchie zu halten. Der Kodex der Straße stellt ihnen ein Repertoire zur Verfügung, mit dessen Hilfe sie dies nach außen demonstrieren können. Als dramatische Geste wirken Beleidigungen und Drohungen manchmal besser als tatsächliche Gewalt.

Gewalt im Drogengeschäft und Überfälle. Mit dem Kodex der Straße verbunden sind zwei weitere Gewaltformen. Diese sind schwerwiegend, verlaufen oft tödlich und werden nicht als unterhaltsam betrachtet. Sie locken kein begeistertes Publikum an und werden in der Regel so privat wie möglich gehalten. Im Drogengeschäft entsteht Gewalt dadurch, dass der Handel sich in der Illegalität abspielt und es daher keine Möglichkeit gibt, Streitigkeiten auf legalem Weg per Anklage und Gerichtsverhandlung beizulegen. Im Rahmen der Selbstregulierung kommt es auf verschiedene Art und Weise zu Gewalt: Es gibt Revierkämpfe im Wettbewerb um Kunden in einer bestimmten Gegend, gescheiterte Deals, also Transaktionen, bei denen eine Seite unzufrieden mit der Qualität oder dem Zeitpunkt der Lieferung beziehungsweise der Bezahlung ist, sowie Disziplinierungsmaßnahmen innerhalb der Geschäftshierarchie, etwa wenn höherrangige Dealer dafür sorgen wollen, dass Untergebene das eingenommene Geld weitergeben oder die ihnen anvertrauten Drogen nicht stehlen.[47]

---

47 Anderson, *Code*, S. 114–119.

Gewalt im Drogengeschäft ist in gewisser Hinsicht durch den Kodex gedeckt, als Form der Einschüchterung in Ermangelung einer legitimierten staatlichen Gewalt, die in Streitfragen schlichten könnte. Drogengewalt ist sozusagen absehbar, weil sie Voraussetzung für das Funktionieren einer illegalen Organisation ist. Überfälle dagegen sind eine nicht vorhersehbare Bedrohung. Bewaffnete Überfälle werden von Einzeltätern oder höchstens in kleinen Gruppen von zwei oder drei Personen durchgeführt (von denen eine gelegentlich eine Frau ist, die Schmiere steht oder das Fluchtauto fährt). Bei Raubüberfällen ist die Geheimhaltung wichtiger als bei anderen Gewaltformen, sie müssen im Stillen vorbereitet werden, und hinterher gilt es, die Beute unter den Beteiligten zu verteilen – alles Gründe, die Zahl der Mittäter klein zu halten. Das bedeutet auch, dass Räuber kaum Unterstützung durch ein soziales Netz erfahren. Niemand, auch nicht die durch die »Straße« definierte Gemeinschaft, blickt zu ihnen auf wie zu erfolgreichen Drogendealern.

Nicht selten prallen diese beiden illegalen Aktivitäten aufeinander. In Armenvierteln sind Drogendealer die lohnendsten Opfer von Raubüberfällen, weil sie das meiste Geld besitzen. Und das Ausrauben eines Dealers, vor allem, wenn er die Drogen schon verkauft, seinen Lieferanten aber noch nicht bezahlt hat, wirkt sich auf die ganze Lieferkette aus. Der Dealer, der ausgeraubt wurde und nicht zahlen kann, wird nun gewalttätigen Sanktionen derer ausgesetzt sein, denen er Geld schuldet, und dieses Problem setzt sich im ganzen Kreislauf des Drogengeldes fort (wobei die Auswirkungen nach oben hin immer schwächer werden dürften, weil das Geld, das aufgrund eines Überfalls fehlt, einen immer geringeren Anteil am Gesamtvolumen ausmacht). Man könnte denken, dass bewaffnete Räuber als die härtesten Kerle überhaupt gelten, weil sie sich die andere Elite des Straßenkodexes, die Drogendealer, als Opfer aussuchen. Aber Räuber haben kein entsprechendes Ansehen. In der geläufigen Bezeichnung »Stickup Boy«[48] schwingt Verachtung mit, ist die Bezeichnung »Boy« wegen seiner historischen Konnotationen von rassistischer Herablassung unter Schwarzen doch verpönt.

In gewisser Weise ist der Kodex der Straße sowohl der Gewalt im Drogengeschäft als auch Überfällen zuträglich, denn in seinem Namen wird eine antinomische Einstellung sozial legitimiert und zele-

48 Ebenda, S. 130 und S. 81.

briert; außerdem stellt er die Techniken für die situative Selbstbehauptung und Einschüchterung zur Verfügung. Drogenkriminelle und Räuber können den Kodex gezielt einsetzen, um ihre Opfer daran zu hindern, Widerstand zu leisten. Wer mit dem Kodex der Straße vertraut ist, kann die Alarmsignale frühzeitig erkennen, auf seine Wertsachen verzichten und dadurch weitere Gewalt verhindern.[49] Somit dient der Kodex Angreifern als Mittel zum Zweck, und das geht weit über die rein defensive goffmansche Fassade hinaus, die »anständige« Leute sich zulegen, um nicht wie leichte Beute zu wirken,[50] oder auch über die Gewalt bei Aufnahmeritualen von Jugendbanden. Im Drogengeschäft geht es nicht nur um Zugehörigkeit, sondern um eine alternative Statushierarchie. Wie bei allen Hierarchien wird die Luft allmählich dünner, je weiter man aufsteigt, so dass sich mehr Gelegenheiten ergeben, Gewalt im Sinne des Kodexes anzuwenden, um weiter aufzusteigen oder sich auch nur Konkurrenten vom Leib zu halten. Bei Überfällen dagegen wird der Kodex bis zum Äußersten ausgereizt und manchmal überreizt. Selbst in einer Gemeinschaft, die sich als gesetzlose Alternative zur Welt der Konventionen versteht, kann man zu weit gehen. Wenn man das tut, riskiert man Isolation und Statusverlust.

Im Allgemeinen lässt sich der Kodex der Straße als eine Art institutionalisierte Drohgebärde und, auf einer niedrigeren Stufe der Konfrontation, als institutionalisiertes Prahlen begreifen. Er stabilisiert die Interaktion auf einem Niveau, das nach den goffmanschen Standards der vornehmen Mittelschicht gerade noch keine Gewalt ist. Manchmal wird die Schwelle zur Gewalttätigkeit überschritten, aber ohne schwerwiegende Konsequenzen, vor allem wenn man bedenkt, dass der Kodex auf der Vermittlung eines hohen Maßes an potenzieller Gewalt beruht. Der Kodex der Straße ist ein gutes Beispiel dafür, wie Drohgebärden als Gewaltersatz dienen können. Doch auch wenn es sich um eine goffmansche Inszenierung handelt, die kurz vor der Schwelle zur Gewalt haltmacht: Manchmal ist die Inszenierung so schlecht – oder so gut –, dass aus einer dramatischen Inszenierung harte Realität wird.

---

49 Ebenda, S. 126–128.
50 Ebenda, S. 131.

Wege in den Tunnel der Gewalt

Kehren wir vom Spezialfall des Straßenkodexes zurück zum allgemeineren Modell situativer Konfrontationen und den Bedingungen, unter denen sie eskalieren. In vorangegangenen Kapiteln habe ich vom Tunnel der Gewalt gesprochen. Das bezog sich vor allem auf das, was ich als »Vorwärtspanik« bezeichnet habe, eine Situation, in der Anspannung und Angst durch die Schwäche der einen Seite plötzlich umschlagen, so dass ein emotionales Vakuum entsteht, in das die nunmehr siegreiche Seite vorstößt. Der nun folgende Gewaltrausch aus immer neuen Angriffen, Grausamkeiten und Overkill ist wie ein Tunnel, in den die Angreifer hineingeraten sind, mitgerissen vom Strudel ihrer emotionalen Reaktionen auf die korrespondierenden Gefühle und Gesten der Unterlegenen: Stärke, die durch Schwäche angestachelt wird. Kommen die Täter schließlich aus dem Tunnel wieder heraus, können sie manchmal selbst kaum fassen, was sie getan haben.

Allgemein gesprochen, lässt sich die Metapher auf alle Situationen ungezügelter Gewalt anwenden. An diesem Punkt, im Tunnel, entwickelt der Kampf eine Eigendynamik, die die Beteiligten fest im Griff hat, bis der Kampf von sich aus abebbt. Der Typus der Vorwärtspanik, die asymmetrische Verstrickung der im Augenblick Dominierenden und der passiven Verlierer, ist die spektakulärste Version, der tiefste Punkt im Tunnel der Gewalt. In diesem Tunnel können jedoch auch andere Dinge geschehen, als dass die Starken auf die Schwachen einschlagen. Die Gewalt kann weniger heftig ausfallen und von kürzerer Dauer sein, und bei einem entsprechenden sozialen Umfeld kann es in diesem Tunnel zu einem fairen Kampf kommen, bei dem die Zuschauer gewissermaßen den Tunnel bilden. Außerdem kann der Tunnel zeitlich gestreckt sein, von einer Situation bis zur nächsten, etwa bei einem Serienmörder; dann herrschen darin nicht nur die konzentrierte Anspannung und Verstrickung in einen emotionalen Rausch, sondern es gibt auch einen weniger intensiven, kühleren emotionalen Bereich, der trotzdem der emotionalen Atmosphäre alltäglicher Erfahrungen entrückt ist.

An dieser Stelle geht es mir nicht um das Geschehen im Tunnel, sondern um die Prozesse des Eintretens und wieder Herauskommens. Eine Vorwärtspanik, die uns im Kontext von militärischer und polizeilicher Gewalt schon so oft begegnet ist, markiert einen Weg in den Tunnel des Gewaltrausches. Er ist durch aufgestaute Anspannung gekennzeichnet, die sich infolge einer plötzlichen Schwäche der anderen Seite entlädt. Es gibt aber auch noch andere Wege, die an den Rand des Tunnels und manchmal in ihn hineinführen. Dabei ist der Aufenthalt in diesem Tunnel unter Umständen von kurzer Dauer und hat mit dem einseitigen Rausch einer Vorwärtspanik wenig gemein. Auch kann der Tunnel selbst einem Angst machen oder zumindest abstoßend wirken, so dass man ihn rasch wieder verlässt.

Es gibt lange und kurze Wege in diesen Tunnel. Wie ich immer wieder betont habe, sind die kurzen Wege die entscheidenden. Auch die langen Wege zur Gewalt münden in der Regel in einen der kurzen Wege, um ihr Ziel zu erreichen. Lassen wir die langen Wege für den Augenblick beiseite und konzentrieren wir uns auf die Details des situativen Prozesses.[51] Eine Auseinandersetzung ist im Gang – wann führt sie zu Gewalt, und wann stabilisiert sie sich oder verebbt? Ganz normale, alltägliche verbale Auseinandersetzungen lassen sich diesbezüglich in zwei wesentliche Kategorien einteilen: Konflikte, die zu einem heftigen Streit eskalieren, und solche, die in überschwänglichem Prahlen, in Beleidigungen und Drohgebärden enden. Wenden wir uns einer Kategorie nach der anderen zu.

Betrachtet man die Mikroebene, so sind eskalierende Auseinandersetzungen unter anderem dadurch gekennzeichnet, dass gegen das bei Gesprächen übliche Ritual verstoßen wird, das für ein Wechselspiel beider Gesprächspartner sorgt. In normalen, von Solidarität geprägten Gesprächen ist der Takt, in dem die Gesprächspartner sich abwechseln, fein abgestimmt. Jeder Partner verfolgt genau den Sprechrhythmus (und die Körperhaltung) des anderen, um pünktlich am Ende der Äußerung einsetzen zu können, so dass das Gespräch einen Fluss hat, der einem gemeinsamen Gesang gleicht.[52] In von Solidarität geprägten Gesprächen gibt es keine Pausen und keine Überschneidungen. Peinliche Pausen werden ebenso vermieden wie Konflikte darüber, wer das Wort hat und damit die Aufmerksamkeit der Zuhörer. Bei eskalierenden Auseinandersetzungen kommt es nicht nur zu inhaltlichen Differenzen, sondern auch zu Konflikten über den Gesprächsablauf auf der Mikroebene. Die Sprecher versuchen sich ge-

---

51 Die langen Tunnel der Gewalt werden Gegenstand eines eigenen Folgebandes sein, der sich mit der zeitlichen Dynamik von Gewalt beschäftigt, einschließlich der langfristigen Makrodimensionen.

52 Sacks/Schegloff/Jefferson, »Simplest Systematics«; zu weiteren Beispielen und Analysen siehe Collins, *Interaction.*

genseitig zu übertönen, lassen den anderen nicht zu Wort kommen oder fallen sich gegenseitig ins Wort.[53]

In einem hitzigen Streit werden inhaltliche Meinungsverschiedenheiten zusehends von einem immer stärker physisch geprägten Kampf um die Kontrolle der Gesprächssituation überlagert und schließlich ganz verdrängt. Die Streitereien werden immer lauter, weil die Gesprächspartner den Konversationsraum durch Lautstärke zu kontrollieren und sich gegenseitig zu übertönen versuchen. Die Äußerungen werden im Stakkato, schrill und emphatisch vorgetragen, um sich Gehör zu verschaffen. Deshalb degeneriert der kognitive Gehalt von Argumenten immer mehr zu Slogans, Stereotypen und Flüchen – nicht, weil das alles ist, worum es dem Sprecher geht beziehungsweise was er aussagen will, sondern weil die Inszenierung des eigenen Standpunkts auf die Effektivität möglichst dramatischer Versuche reduziert wird, Aufmerksamkeit zu bekommen. Dass sich eine Interaktion zu einem wütenden Gespräch entwickelt, ist ein situativer Prozess, keine Frage der persönlichen Intentionen. Oft beginnen Menschen, einander anzuschreien und gehässig zu werden, ohne es eigentlich zu wollen, ja sogar gegen ihren bewussten Entschluss, sich nicht auf einen Streit einzulassen.

Ebendiese Schwierigkeit, mit den engen dramaturgischen Beschränkungen einer Situation zurechtzukommen, hat manchmal zur Folge, dass man versucht, die Niederlage noch in letzter Minute abzuwenden. Derjenige Sprecher, dem es in einem Streit gelingt, eine ansatzweise intelligente Formulierung seines Standpunktes mit einer prägnanten und dramatischen Wendung zu kombinieren, wird höchstwahrscheinlich einen dramatischen Sieg erringen, vor allem wenn es bei dem Streit ein Publikum gibt. Ein wütender Streit kann also dadurch ein Ende finden, dass der einen Seite ein dramatisch angemessener Schlusssatz einfällt und damit der Wortwechsel einen Höhepunkt erreicht, ohne zu Gewalt zu eskalieren.

Häufiger passiert es, dass einer der Beteiligten (oder beide) sich »eingeschnappt« zurückzieht, also mit einer dramatischen Geste, die seinen Ärger und seine Verachtung für den ganzen Streit zum Ausdruck bringt. In der Regel herrscht dabei eine stillschweigende Übereinkunft, dass das Verhalten des »Eingeschnappten« akzeptiert und er nicht gedrängt wird, den Streit fortzusetzen. Die dritte Möglich-

---

53 Siehe die Gesprächsmitschriften von Schegloff, »Repair«, und die Analysen in Grimshaw, *Conflict Talk*.

keit ist, dass der Streit in einer endlosen Wiederholungsschleife hängenbleibt und schließlich Langeweile dafür sorgt, dass er im Sande verläuft. Darauf werde ich noch eingehen, handelt es sich hier doch um einen Schlüsselmoment, in dem entschieden wird, ob eine verbale Auseinandersetzungen in Gewalt ausufert. Die vierte Möglichkeit besteht darin, dass der Streit sich zu Gewalttätigkeiten steigert. Diese Mikroeskalation erwächst oft unmittelbar aus dem Bemühen, sich Gehör zu verschaffen und den anderen umzustimmen. Die Auseinandersetzung darum, wer das Wort hat, wird immer lauter, die Atmosphäre immer angespannter. Beim Versuch, sich durchzusetzen und den anderen zum Zuhören zu bewegen, spannen sich die Muskeln an, und irgendwann entlädt sich diese Anspannung in einem Faustschlag.

Im Falle von Drohgebärden werden auf der Mikroebene die gleichen Wege beschritten, die in den Tunnel der Gewalt hinein- oder an ihm vorbeiführen. Ein aufmerksames Publikum kann als Schiedsrichter entscheiden, dass die eine Seite den Streit mit einer perfekt formulierten Beleidigung für sich entschieden hat. Oder jemand bricht die Konfrontation ab und verlässt den Schauplatz. Diese Variante gleicht einem »eingeschnappten« Rückzug – mit dem Unterschied, dass Letzteres impliziert, die moralische Verantwortung liege bei dem, der die üblichen Regeln der Höflichkeit verletzt und die normalen Bande sozialer Beziehungen durchtrennt hat, wohingegen derjenige, der sich durch Drohgebärden zum Abgang bewegen lässt, genau das tut, was der andere erreichen wollte: Es ist ein Sieg dessen, der die Situation dominiert. Die dritte Möglichkeit ist eine Stabilisierung der Situation durch Wiederholung – das werde ich gleich genauer illustrieren. Die vierte Variante schließlich ist die gewaltsame Eskalation, die dann eintritt, wenn die anderen drei Möglichkeiten misslingen.

Auf den ersten Blick sehen Drohgebärden immer gleich aus: derb, furchterregend, hässlich, ordinär. Um zu erkennen, wie Drohgebärden zur Stabilisierung und schließlich zur Deeskalation beitragen, müssen wir uns die Muster auf der Mikroebene sehr genau ansehen. Drohgebärden können wie gesagt aus einer geselligen, ausgelassenen Situation heraus erwachsen, die von Prahlerei und spielerischer Selbstdarstellung geprägt ist. Doch in der Phase der Drohgebärden sind Beleidigungen nicht mehr witzig gemeint. Das Ziel, möglichst originell zu sein, wird nebensächlich. Die Beleidigungen bestehen zusehends aus Stereotypen und werden immer wieder wiederholt. Wenn dieses Imponiergehabe lange genug andauert, wird es also langweilig und immer uninteressanter. Das Publikum zerstreut sich (wie im Somerville-Beispiel in Kapitel 2). Am Ende versiegt das Interesse bei den Beteiligten selbst, und die Konfrontation verebbt zu einem Murmeln.

Ein Beispiel aus dem Bericht eines Studenten:

> Vor einer Highschool, in einem Bereich, wo Schüler darauf warten, abgeholt zu werden, beginnen zwei Jugendliche einander anzuschreien. Sie nähern sich immer wieder bis auf Armeslänge an und schubsen sich gegenseitig weg. Das geht mehrere Minuten so, während andere Schüler aus sicherer Entfernung zuschauen. (Es gibt also keine engagierte Menge, die die beiden anfeuert, sondern nur ein paar verstreute Schüler, die die Szene gespannt verfolgen.) Schließlich lassen die beiden Jungs voneinander ab und stapfen in unterschiedlichen Richtungen davon.

Vermutlich gibt es sehr viel mehr Konfrontationen dieser Art als tatsächliche Kämpfe. Ein weiteres Beispiel (aus einem Polizeibericht in Südkalifornien):

> Mitten an einem Schultag betritt eine Bande schwarzer Jugendlicher das Schulgelände einer Highschool (nicht ihrer eigenen) und schickt ein Mädchen hinein, das einen bestimmten Jungen herausschicken soll, den sie suchen. Er kommt heraus, gefolgt von seinen Anhängern. Die beiden Gruppen stehen sich in einem gewissen Abstand gegenüber und protzen mit Banden-Handzeichen. Ein Mädchen, das hinten in der Gruppe der Eindringlinge steht, trägt einen Rucksack voller Pistolen. Von Zeit zu Zeit machen einige der Jungs den Rucksack auf, um die Pistolen zu zeigen. Auf der Gegenseite ziehen Bandenmitglieder ihre T-Shirts hoch, damit man die Pistolen sieht, die sie im Hosenbund stecken haben. Das Ganze spielt sich auf der Ebene der Provokation ab: Eine Seite dringt in das Revier der anderen ein, stellt Zeichen der Bandenmitgliedschaft zur Schau und macht Drohgebärden, aber es kommt nicht zum Kampf. Schließlich greift der Hausmeister ein und ruft einen Polizisten. Obwohl die Bandenmitglieder bewaffnet sind, legen sie sich nicht mit dem Hausmeister oder dem Polizisten an, sondern flüchten. Die beiden sind Außenseiter, nicht Teil der Inszenierung und daher keine sozial angemessenen Ziele.

Bei Konfrontationen zwischen ebenbürtigen Gegnern steht zu erwarten, dass sie sich auf der Ebene der Drohgebärden stabilisieren. Auf der Mikroebene betrachtet: Je länger das Beleidigen und Schubsen andauert, umso geringer die Wahrscheinlichkeit, dass es zu einem echten Kampf kommt (diese Beobachtung verdanke ich Luke Anderson). Umgekehrt brechen diese dann aus, wenn eine Auseinandersetzung sehr schnell eskaliert und die Phase der Drohgebärden nur kurz währt. Beschreiben lässt sich das mit Blick auf die emotionale Dynamik einer Situation: nicht auf die Gefühle der einzelnen Beteiligten, sondern auf das emotionale Interaktionsmuster, in das beide verstrickt sind. Streiten und Prahlen sind Möglichkeiten, in der unmittelbaren Situation Aufmerksamkeit für sich zu beanspruchen und die Situation zu dominieren. Diese verbalen Handlungen eskalieren in dem Maße, in dem sie auf Widerstand treffen. Beide Seiten müssen nun mehr Energie aufwenden, wenn sie das Wort ergreifen und die Aufmerksamkeit der Umstehenden auf ihre Selbstdarstellung lenken wollen. Wo das zur expliziten Androhung von Gewalt führt, um den anderen zum Nachgeben zu drängen, ist die Phase der Drohgebärden erreicht. Bis zum Ausbruch von Gewalt ist es dann nur noch ein kleiner Schritt: Wird die Herausforderung angenommen, kommt es zum Kampf.[54] Der erste Schlag steigert nur den Grad an Energie, die man bereits investiert hat, um die Situation zu dominieren. Wenn die Drohgebärden nach dem ersten Schlag weitergehen, dann ist das bereits ein impliziter Hinweis, dass die Beteiligten nicht wirklich kämpfen wollen. Schließlich steht ihnen die Taktik offen, die Drohgebärden fortzusetzen, bis es langweilig wird und der Konflikt im Sand verläuft.

Gegenüber dieser situativen Dynamik spielt der Inhalt der Beleidigungen eine untergeordnete Rolle. Ein unbefangener Beobachter, der Berichte über Kämpfe liest, die durch eine beleidigende Bemerkung über jemandes Mutter ausgelöst worden sind, könnte das für einen Hinweis halten, dass die Mutter in der Kultur der schwarzen Unterschicht etwas Heiliges ist. Doch es gibt zahlreiche Beispiele, in denen eine beleidigende Anspielung auf jemandes Mutter nicht zum Anlass für eine Eskalation wird, weil die situativen Umstände nicht danach sind.[55] Je nach Kontext kann eine Äußerung als Provokation zur Gewalt verstanden werden, als Witz oder als nebensächliche Bemerkung, der man keine weitere Beachtung schenken muss.[56]

---

54 Mit dem Duell-Kodex gab es an diesem Punkt eine andere Möglichkeit. Mit der Herausforderung zum Duell – und der entsprechende Annahme – war die unmittelbare Konfrontation zu Ende. Die Gewaltausübung wurde auf einen spateren Zeitpunkt verschoben. Die Phase der Drohgebarden und des Beleidigens war mit der Entscheidung zum Duell beendet. Jemanden zum Duell herauszufordern löste das goffmansche Problem, »eine Szene zu machen«, weil es ein vornehmer Ausdruck der eigenen Kränkung war, durch die alle Beteiligten ihr Gesicht wahren konnten – allerdings um den Preis, später Verletzungen zu riskieren.

55 Siehe zum Beispiel S. 531 aus Anderson, *Code*, S. 84.

56 Francis Bacon gab seinen Lesern 1625 in seinen »Essays« den Ratschlag, dass man in Streitigkeiten allgemein gehaltene Beleidigungen aussprechen könne, ohne sich ernsthaft Feinde zu machen; Beleidigungen, die sich auf jemandes

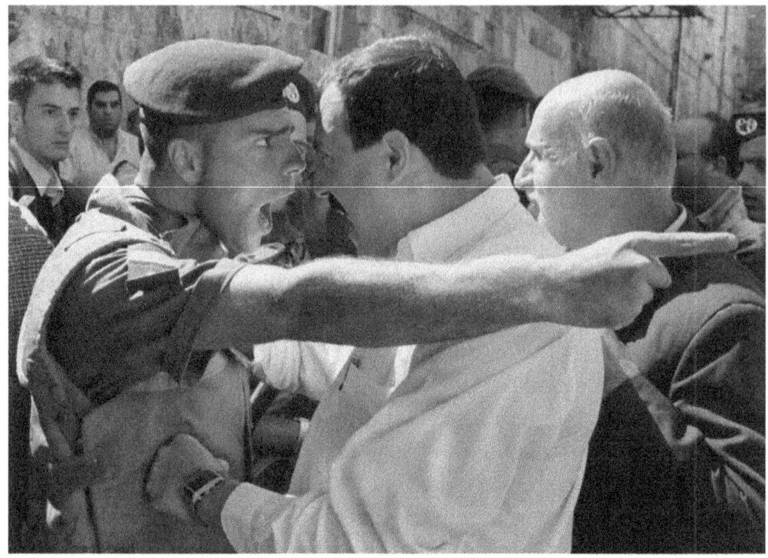

Abb. 9.1 Wütende Konfrontation, die für den Moment durch wiederholtes Gestikulieren stabilisiert wird (Jerusalem im Oktober 2000).
Reuters/Amit Shabi

Auf der Mikroebene gibt es Parallelen zwischen der Eskalation eines Streits und der Eskalation von Beschimpfungen und Drohgebärden. In hitzigen Auseinandersetzungen ist der Gesprächsrhythmus gestört, weil die Beteiligten sich gegenseitig ins Wort fallen, was ein Wettschreien zur Folge hat. Aber dieses Wettschreien wird zusehends repetitiv, und wenn es gelingt, die Intensität zu stabilisieren, führt der langweilige Inhalt schließlich zu einer emotionalen Deeskalation, und es kommt nicht zu Gewalt. Auch Beleidigungen können repetitiv und langweilig sein und damit deeskalierend wirken, allerdings nur dann, wenn es auf der paralinguistischen Ebene zu keiner Eskalation kommt. Man kann also davon ausgehen, dass ein Wettstreit der Beleidigungen auf einer Ebene der rituellen Ebenbürtigkeit verbleibt, solange die Beteiligten sich gegenseitig zu Wort kommen und ausreden lassen. Versuchen sich beide dagegen gleichzeitig zu beleidigen

---

individuelle Schwächen bezögen, würden dagegen nicht verziehen (»Essays«, 62. Kapitel). Es wäre eine Frage an die empirische Forschung, ob allgemeine Beleidigungen (»Arschloch«, »verdammter Scheißkerl« etc.) seltener in Gewalt münden als Beleidigungen, die genauer auf den Adressaten zugeschnitten sind.

und zu übertönen, sich praktisch gegenseitig mit Beleidigungen aus dem verbalen Interaktionsraum zu verdrängen, dann mündet die Auseinandersetzung in Gewalt.

Belege für einige der hier beschriebenen Prozesse finden sich in gut dokumentierten Auseinandersetzungen zwischen Literaten.[57] Zumeist werden solche Auseinandersetzungen in Printmedien ausgetragen, indem man die Arbeit und manchmal den Charakter des anderen schlechtmacht. Mitunter zirkulieren entsprechende Gerüchte in den dicht geknüpften privaten Netzwerken von Schriftstellern und ihren Anhängern. Die meisten Streitigkeiten dieser Art entspinnen sich zwischen Schriftstellern, die um die gleiche literarische Nische konkurrieren. Wie Truman Capote 1945 Gore Vidal zu verstehen gab, als beide dabei waren, sich in der New Yorker literarischen Szene einen Namen zu machen: Jede Zeit verträgt nur ein Enfant terrible.[58] Zu besonders erbitterten Konflikten kommt es, wenn ein Schriftsteller von einem bereits etablierten Kollegen protegiert worden ist, seinen Stil kopiert hat und von ihm in das literarische Establishment eingeführt worden ist. Dann wird der Protegé erwachsen, erwirbt sich selbst einen Ruf und überflügelt seinen Mentor. In solchen Fällen kommt zur beruflichen Missgunst, weil der andere die gleiche stilistische Nische besetzt, bei dem einen noch das Gefühl hinzu, betrogen worden zu sein, und beim anderen das Bedürfnis, sich zu einer eigenen literarischen Persönlichkeit zu entwickeln. In derart umkämpften Bereichen sind Zerwürfnisse unvermeidlich, und sie manifestieren sich auf der Mikroebene in Auseinandersetzungen, entweder von Angesicht zu Angesicht, oder, häufiger, in Printmedien, denn dort entfaltet sich der Ruf eines Schriftstellers.

Die meisten Konflikte dieser Art bleiben auf der verbalen Ebene, nur selten steigern sie sich zu Gewalttätigkeiten. Man kann diesen Prozess im Streit zwischen Theodore Dreiser und Sinclair Lewis nachvollziehen, der sich 1931 zuspitzte. Im zweiten Jahrzehnt des 20. Jahrhunderts war Lewis so etwas wie Dreisers Protegé. Letzterer hatte 1900 den ersten großen naturalistischen Roman Amerikas geschrieben, »Sister Carrie«, aber der Verleger hatte das Buch aus moralischen Erwägungen zurückgezogen. Dreiser arbeitete in der Folgezeit als Herausgeber konventioneller Frauenmagazine, im gleichen Bereich, in dem auch Lewis seine Karriere als Schriftsteller begann. Über diese

---

57 Arthur, *Literary Feuds*.
58 Ebenda, S. 160.

Tätigkeit lernten sie sich kennen. Bei der intellektuellen Elite erwarb sich Dreiser nach und nach einen Ruf, und jüngere Autoren wie Lewis nahmen ihn zum Vorbild für naturalistische Darstellungen des amerikanischen Alltagslebens. In den 1920er Jahren veröffentlichte Lewis eine Reihe von Bestsellern. In dem Roman »Main Street« (1920) schilderte er schonungslos das Leben in einer Kleinstadt, und »Babbitt« (1922) wurde zu einem geläufigen Begriff für »Boosterism«, gezielte Vermarktung und Imagepflege. Im Jahr 1925 veröffentlichte Dreiser endlich sein lange erwartetes Meisterwerk »An American Tragedy«, das bei den Intellektuellen großen Anklang fand, sich aber nicht gut verkaufte. Lewis konnte sich jetzt bei seinem alten Förderer revanchieren. Er bot an, das Buch zu bewerben und Dreiser bei einer Reise durch Europa zu unterstützen. Dreiser nahm das alles ganz selbstverständlich an, ja er versuchte Lewis' Frau zu verführen (die als Auslandskorrespondentin einer Zeitung arbeitete) und plagiierte ungeniert ihre Texte für sein eigenes Reisebuch über die Sowjetunion.

Im Jahr 1930 wurde allgemein erwartet, dass der Literaturnobelpreis an einen Amerikaner vergeben würde. Die Intellektuellen favorisierten Dreiser, doch der Preis ging an Lewis.

Öffentlich pries Lewis Dreiser weiterhin als seinen großen Vorgänger, dem er nicht das Wasser reichen könne. Doch privat gab es Verstimmungen. Offen zutage trat das bei einem Bankett der New Yorker Intellektuellen 1931. Dreiser, der wie üblich die Primadonna gab, kam sehr spät. Während die anderen auf ihn warteten, sprachen sie ordentlich dem Alkohol zu. Als man zu den Reden überging, verkündete Lewis, dass er nicht in Gegenwart eines Mannes sprechen wolle, der seine Frau plagiiert habe. Im persönlichen Gespräch hatte er außerdem die Ansicht geäußert, Dreiser verdiene den Nobelpreis nicht.

Nach dem Essen nahm Dreiser Lewis beiseite und ging mit ihm in ein Zimmer, wo sie unter sich waren. Er wies ihn wegen seiner Äußerung zurecht und forderte, er solle sie wiederholen oder zurücknehmen. Lewis wiederholte sie, und Dreiser gab ihm eine Ohrfeige. »Dann fragte ich ihn, ob er das wiederholen wolle. Er sagte es noch einmal. Also ohrfeigte ich ihn noch einmal. Und dann sagte ich: ›Willst du es noch einmal sagen?‹ In diesem Augenblick betrat ein Dritter das Zimmer und hörte Lewis sagen: ›Theodore, du bist ein Lügner und Betrüger.‹ Der Dritte hielt Lewis fest und sagte, Dreiser solle gehen. Lewis wiederholte: ›Ich sage, du bist ein Lügner und Betrüger.‹ – ›Soll ich dich noch einmal schlagen?‹, fragte Dreiser. ›Wenn du das tust, halte ich dir die andere Wange hin.‹ Dreiser sagte: ›Lewis, du Scheißkerl!‹ Der Dritte schob Dreiser zur Tür hinaus, und dieser drehte sich um und rief: ›Wir können uns treffen, wann und wo du willst. Die Sache ist noch nicht erledigt!‹ Lewis folgte ihnen und murmelte etwas Unverständliches. Dreiser sagte: ›Lewis, warum gehst du mit deinem Geschreibsel nicht woanders hausieren?‹«[59]

Eine klassische goffmansche Szene. Lewis legt auf der Vorderbühne Respekt für seinen alten Mentor an den Tag, während er sich auf der Hinterbühne über sein Verhalten beschwert. Schließlich macht er seiner Hinterbühnen-Ansicht anlässlich einer öffentlichen Veranstaltung Luft und bricht damit auf schockierende Weise mit den Konventionen. Der Anlass für diesen Bruch ist allerdings höchst angemessen: eine Versammlung all jener, die an dieser Auseinandersetzung das größte Interesse haben, nämlich ihrer Schriftstellerkollegen. Außerdem ist es ein feierlicher, ausgelassener Anlass, ein bilderstürmerisches Trinkgelage in Zeiten der Prohibition, und diese Bilderstürmerei hat einen beruflichen Aspekt, da diese Generation von Schriftstellern ihre Lorbeeren innerhalb der naturalistischen Bewegung erwerben, die die erbärmliche Seite des Lebens thematisiert. Lewis selbst gilt als ikonoklastischer Redner, und er enttäuscht sein Publikum nicht.

Dreiser strebt nach einer rituellen Wiedergutmachung, daher der Rückzug an einen privaten Ort. Doch seine unverblümte Forderung einer Entschuldigung ist zugleich eine Eskalation, weil sie Lewis keinen Ausweg lässt. Lewis kann sein Gesicht nur wahren, indem er die Anschuldigung wiederholt, und Dreiser schlägt mit einer Ohrfeige zurück. Achtzig Jahre früher hätte der Vorfall vielleicht zu einem Duell geführt, aber diese Männer sind selbstbewusste Vertreter der Moderne. Die Auseinandersetzung endet letztlich in einer Pattsituation, in der beide die immer gleichen Worte und Handlungen wiederholen. Schließlich interveniert ein Dritter und packt Lewis, der, wie sich herausstellt, nicht aufgeregt und kampfbereit ist, sondern »schlaff und widerstandslos«.[60] Dreiser äußert im Hinausgehen eine formelhafte Herausforderung zu einem weiteren Aufeinandertreffen, aber die kampfeslustige Stimmung versandet in einem Austausch banaler Beleidigungen. Mit dieser Begebenheit hatten sie einen Weg gefunden, weitere Auseinandersetzungen zu vermeiden. Dreiser genoss die öffentliche Aufmerksamkeit, die der Streit erregte. Lewis, der durch

59 Ebenda, S. 68f.
60 Ebenda, S. 69.

seine aufsehenerregenden Bücher ohnehin im Licht der Öffentlichkeit stand, nahm den Vorfall gelassen und äußerte sich fortan wieder bewundernd über Dreisers Werke.

Warum ist der Streit nicht eskaliert? Dreiser war zum damaligen Zeitpunkt 61 Jahre alt, aber 1,85 Meter groß und 90 Kilo schwer und damit größer und schwerer als der schlanke Lewis, der 46 Jahre alt war. Dadurch wird verständlich, warum Dreiser den Streit eskaliert und zuschlägt – wenn auch nicht sonderlich heftig –, während Lewis auf der verbalen Ebene bleibt. Die Standardtechniken zur Vermeidung einer Eskalation kommen zum Einsatz: Es werden die immer gleichen Worte und Gesten wiederholt, ein Dritter darf die Auseinandersetzung beenden, es wird vage mit weiteren Konfrontationen gedroht. Beide Männer wahren ihr Gesicht, es passiert nicht viel, trotz öffentlichem Aufruhr bleibt privat alles beim Alten, wenn auch nicht auf der goffmanschen Vorderbühne.

Wir haben nun einige Beispiele für Wege kennengelernt, die zum Eingang des Tunnels führen, aber im letzten Moment abbiegen. Wann entscheiden sich die Beteiligten für den vierten Weg, der Gewalt zur Folge hat? Nach der Theorie, die ich in diesem Buch entwickle, gehen Konfrontationen mit Anspannung und Angst einher, die effektive Gewaltanwendung hemmen. Emotionale Anspannung entlädt sich nur dann in Gewalt, wenn es ein schwaches Opfer gibt oder wenn der Konflikt in einem geschützten Bereich stattfindet, so dass es ein fair inszenierter Kampf ist, der innerhalb vom sozialen Umfeld definierter Grenzen bleibt. Es gibt also zwei Umstände, unter denen Drohgebärden mit einer gewissen Wahrscheinlichkeit zu einer gewaltsamen Auseinandersetzung führen. Erstens: Wenn sich eine Seite, zumindest temporär, der anderen deutlich überlegen fühlt, geht sie zum Angriff über. Drohgebärden können dabei als Test dienen, wer der Schwächere ist. Durch Drohgebärden des anderen ins Wanken zu geraten, zusammenzuzucken oder davor zurückzuweichen kann der Auslöser für einen Angriff sein.[61] Zweitens: Wenn es ein Publikum gibt, das großes Interesse an dem Kampf zeigt und den Prozess des Prahlens und der Drohgebärden verfolgt, dann wird der Schauplatz des Kampfes zu einer Bühne, und die Hauptdarsteller können eigentlich keinen Rückzieher mehr machen, selbst wenn sie wollten. Der Einfluss des Publikums ist umso größer, wenn zumindest einer der in den Streit

61 Ein Beispiel für diese Dynamik ist die von Anderson beschriebene Auseinandersetzung zwischen TJ und Stick (siehe oben in diesem Kapitel).

Verwickelten den Zuschauern persönlich bekannt ist, denn dann steht dessen Ruf auf dem Spiel, und ein Zurückweichen, das die Erwartungshaltung des Publikums enttäuscht, ist mit hohen Kosten verbunden. Es steht also zu erwarten, dass bei Konfrontationen, bei denen nur anonyme Zuschauer oder gar keine anwesend sind, die Wahrscheinlichkeit für anhaltende Gewalt am geringsten ist.[62]

In vielen Fällen sind diese Bedingungen nicht erfüllt. Die Streithähne sind zu ebenbürtig, oder fühlen sich nur geringfügig überlegen, jedenfalls nicht ausreichend, um einen offenen, längeren Schlagabtausch zu riskieren. Das bringt uns wieder zu den Schlussfolgerungen in Kapitel 2, wonach der Widerwille gegen das Kämpfen, den man bei Soldaten so häufig antrifft, nicht nur der Angst vor Verletzungen entspringt, sondern einer allgemeinen sozialen Anspannung, die von nichtsolidarischem Handeln verursacht wird. Es gibt eine tief sitzende Angst, aus einem situativen Wettstreit als Verlierer hervorzugehen, das heißt, einen Verlust zu erleiden, der schlimmer ist als körperliche Schmerzen. Es geht nicht nur darum, zu kämpfen oder nicht zu kämpfen, sondern darum, beim Kämpfen eine gute Figur zu machen.

Diese Empfindlichkeit, die uns in der Regel davon abhält, uns in Interaktionen auf der Mikroebene allzu weit von der konventionellen Art der erwiderten Gesten zu entfernen, ist auch dafür verantwortlich, dass wir durch das Verhalten anderer auf der Mikroebene leicht gekränkt sind und uns zumindest zur Androhung einer Eskalation hinreißen lassen. Brüche im Mikrointeraktionsfluss führen Menschen an die Schwelle zur Gewalt. Allgemein gesprochen handelt es sich dabei um goffmansche Verletzungen, wobei der konkrete Inhalt dessen, was Menschen als einen Bruch in der Interaktion empfinden, allerdings weit über die Höflichkeitskonventionen der Mittelschicht Mitte des 20. Jahrhunderts hinausgeht, als Goffman als Erster darüber schrieb. Entscheidend für das Erreichen dieser Schwelle sind nicht der Gegenstand des Streits oder die Art der Beleidigung, sondern die feinen Details, wie man mit dem Konflikt umgeht, sobald er ins Bewusstsein getreten und zum Diskussionsgegenstand geworden ist. Daher kann es auch passieren, dass die Kontrahenten einen Weg finden, den Rhythmus und den Fokus ihres Schlagabtausches zu ändern

62 Die Auseinandersetzung zwischen Dreiser und Lewis endet unter anderem deswegen so schnell, weil sie im Privaten stattfindet. Der eine Mann, der als Publikum dazustößt, trägt nicht zur Eskalation des Streits bei, sondern zu seiner Beendigung.

und – möglicherweise nicht mit Hilfe der goffmanschen Standardformen der rituellen Wiedergutmachung, sondern auf einer stillschweigenden, paralinguistischen Ebene – zu einem Gleichgewicht zurückzufinden. Womöglich ist dies sogar meist der Fall. Selbst wenn die goffmansche Herausforderung und Entschuldigung oder das höfliche Darüberhinwegsehen gescheitert sind, stehen einem Prozesse der Mikrodeeskalation mittels Wiederholung, Verlust von kognitivem Inhalt und der Erosion von Wut zu Langeweile offen.

Die andere Bedingung für das Ausbrechen von Gewalt ist, dass das Publikum die Kontrahenten dazu aufstachelt oder sogar drängt. Doch auch diese Bedingung ist oftmals nicht erfüllt. Umstehende fühlen sich oft sehr unwohl, wenn hitziges Streiten und Drohgebärden auf einen bevorstehenden Ausbruch von Gewalt hindeuten. In der Regel haben sie nicht den Mut einzugreifen, sondern weichen zurück, so gut es geht, weil sie eine Eskalation der Gewalt nicht wünschen, sondern fürchten. Natürlich kommt es vor, dass jemand mit seinen Drohgebärden gezielt das Publikum einschüchtern will, doch das ist eine Kollusion, eine Form von begrenzter Gewalt anstelle eines echten Angriffs. Man taucht nicht in den Tunnel ein, sondern tut nur so als ob, um Eindruck zu schinden.

Wir sind spektakuläre Berichte über Gewalt gewöhnt, und darin hört man immer wieder von Menschenmengen, die Einzelne zu einem Kampf anstacheln. Aber ein solches Publikum hat ganz bestimmte Merkmale: Man trifft es vor allem dort an, wo sowohl die Umstehenden als auch die Beteiligten in enge Beziehungsgeflechte eingebunden sind, so dass sie sich mit Namen kennen und der Einzelne einen Ruf zu erwerben, zu verteidigen oder zu verlieren hat. Das ist eines der strukturellen Merkmale von sozialen Brennpunkten, in denen der Kodex der Straße gilt. Ähnlich exponiert ist der Ruf des Einzelnen in Schulen und Gefängnissen, also in totalen Institutionen, in denen man eine vergleichbare Schichtung in eine Unterklasse von Insassen oder Schulpflichtigen auf der einen und die verantwortlichen Aufseher oder Lehrer auf der anderen Seite findet. Hier dienen die Kämpfe unter Mitgliedern der Unterklasse nicht nur persönlichen Zielen, sondern sind ein Akt der Rebellion gegen die Obrigkeit, die Kämpfe verbietet. Nicht nur liegt hier der eigene Ruf auf dem Präsentierteller, es handelt sich auch um ein antinomisches Statussystem, in dem man seinen Ruf durch Kämpfen verbessern kann, selbst wenn man unterliegt. Aber das sind komplexe und besondere Umstände, die man nicht überall antrifft. Im Allgemeinen kommen die Bedingungen, die eine Eskalation von alltäglichen Konflikten zu Gewalt begünstigen, vergleichsweise selten vor.

Meist finden die Beteiligten einen Weg, die Gewalt in engen Grenzen zu halten und an der Schwelle kehrtzumachen. Kurzzeitige situative Bedingungen auf der Mikroebene können zum Auslöser von Gewalt werden, aber in der Regel nicht prompt. Sehr viel häufiger läuft der situative Auslöser auf der Mikroebene ins Leere.

Kapitel 10
Die Minderheit der Gewalttätigen

Wenn Gewalt sich Bahn bricht, so ist es stets ein kleiner Teil der Anwesenden, der sie aktiv, und ein noch kleinerer Teil, der sie kompetent ausübt. Umgeben sind sie meist von einer größeren Zahl von Leuten, die emotional beteiligt sind. Manchmal gehören diese ganz offensichtlich zum selben Team, zur gleichen Gruppe von Randalierern, zur selben Armee oder Polizeieinheit, zur gleichen Bande, zum gleichen Fanklub oder zu irgendeiner anderen größeren Gruppe, die wir als nominell gewalttätig bezeichnen könnten. Manchmal gibt es weitere Schichten von unterstützenden oder einfach nur neugierigen Zuschauern und schließlich zufällige Passanten. Auch auf der anderen Seite kann es Schichten von Gegnern und Opfern geben, die möglicherweise ihre eigenen Unterstützer und Hinterbänkler haben und so weiter. Alle zusammen stellen sie eine soziale Szenerie dar, ein Gefüge, das von auf Konfrontation ausgerichteten Emotionen durchdrungen ist. Die Minderheit der Gewalttätigen nutzt dieses emotionale Feld zu ihrem Vorteil.

Die kleine Zahl der aktiv und kompetent Gewalttätigen

Fassen wir kurz die Daten aus den bisherigen Kapiteln zusammen.

Ausgangspunkt war der Befund, dass alle oder doch der Großteil der in den Schlachten des Zweiten Weltkriegs abgegebenen Schüsse von nur 15 bis 25 Prozent der Fronttruppen abgefeuert wurden – ein Bild, das mit den fotografischen Zeugnissen aus den meisten anderen Kriegen des 20. Jahrhunderts übereinstimmt. In anderen Epochen mit großen Infanterieverbänden und strenger organisatorischer Kontrolle war der Anteil der Feuernden größer, wobei die Trefferquote allerdings gering war. In Stammeskämpfen und in der Antike wiederum war die Zahl der aktiv Kämpfenden oft sehr klein. Nach dem Koreakrieg reformierten westliche Armeen ihre Ausbildungsmethoden, um die Schießquote zu erhöhen, doch wie der Anteil der verschwendeten

Munition belegt, blieb die Trefferquote niedrig. Daten aus dem Vietnamkrieg zufolge lassen sich Infanterietruppen in drei Kategorien einteilen: einen kleinen Teil (circa 10 Prozent), der fast nie einen Schuss abgegeben hat, ungefähr 45 Prozent, die manchmal geschossen haben und manchmal nicht, und die übrigen 45 Prozent, die praktisch immer gefeuert haben. Der Anteil der zuletzt genannten Gruppe war unter Freiwilligen höher als unter Wehrpflichtigen. Bei weniger engagierten Verbänden zählte nur ein knappes Viertel zu dieser Kategorie – kein großer Unterschied zu den Ergebnissen von S. L. A. Marshall. Auch nach den Ausbildungsreformen gibt es eine hochaggressive Minderheit, der die Masse der Durchschnittssoldaten gegenübersteht, die nur das Nötigste tun. Und die Aktivsten unter den Gewalttätigen sind nicht unbedingt gut darin, den Gegner auch tatsächlich zu treffen; die Kompetenten unter den Gewalttätigen bilden eine noch kleinere Minderheit.

Polizeigewalt lässt sich in unterschiedliche Niveaus einteilen: routinemäßige Gewalt zur Überwältigung von Tatverdächtigen; Situationen mit einem hohen Maß an Gewalt, einschließlich derer, in denen man von »exzessiver« Gewaltanwendung sprechen kann, und schließlich Schießereien. In den USA schießen pro Jahr etwa 0,2 bis 0,3 Prozent aller Polizisten auf jemanden, in einem Drittel der Fälle mit Todesfolge.[1] Schusswaffengebrauch und andere Formen von Polizeigewalt treten besonders häufig in Großstädten mit hohem Kriminalitätsaufkommen und zahlreichen Banden auf. Im Los Angeles Police Department waren 7,8 Prozent der Polizisten jemals in eine Schießerei verwickelt, und 0,2 Prozent hatten bei drei oder mehr Schießereien Schüsse abgegeben.[2] Routinemäßige Gewalt war ziemlich weit verbreitet: 70 Prozent der Polizisten waren an Situationen beteiligt, in denen es zu Gewaltanwendung kam, meist im Rahmen der Zügelung und Festnahme von Tatverdächtigen. Dabei handelt es sich um »normale«, »legitime« Gewalt, aber sie ist nicht gleichmäßig verteilt: eine Spitzengruppe von 5 Prozent der Polizisten verursachte

1 Fyfe, »Police Use of Deadly Force«; Geller, *Crime File*. Informationen über die Anzahl gewaltbereiter Polizisten sind schwer zu beschaffen. Polizeigewerkschaften achten auf die Vertraulichkeit entsprechender Akten, und die Dienststellen haben Angst vor Klagen. Die besten Statistiken sind die der Christopher Commission, die nach dem Rodney-King-Skandal das Los Angeles Police Department untersuchte. Die Daten stammen aus den Jahren 1986 bis Anfang 1991.

2 Christopher (Hg.), *Report*, S. 36–40.

20 Prozent der Gewaltvorfälle, die obersten 10 Prozent führten 33 Prozent der Fälle herbei. Exzessive Gewaltanwendung und unangemessenes taktisches Vorgehen wurden 21 Prozent der Polizisten schon einmal zum Vorwurf gemacht.[3] Innerhalb dieser gewaltbereiten Elite gibt es eine weitere Schichtung: 2,2 Prozent aller Polizisten des Los Angeles Police Department wurden in ihren Akten vier oder mehr solcher Fälle angelastet. Bei 0,5 Prozent waren es sechs oder mehr. Die letztgenannte Gruppe, die »Cowboy-Cops« unter den Polizisten, wandte auch routinemäßige Gewalt häufiger an. Im Durchschnitt wurden sie in 13 Berichten über Gewaltanwendung unterschiedlicher Art erwähnt, während der entsprechende Wert für alle Polizisten, die Gewalt ausgeübt hatten, bei 4,2 Berichten lag. Im Schnitt wendeten damit Polizisten, die überhaupt Gewalt eingesetzt hatten, diese einmal im Jahr an – etwas seltener als der Gesamtdurchschnitt aller Polizisten –, während die »Cowboys« drei bis vier Fälle jährlich zu verzeichnen hatten. Außerdem griffen die Cowboys zu drastischeren Mitteln. In 58 Prozent ihrer Gewaltberichte ist von exzessiver Gewalt die Rede, ein Anteil, der bei gewaltbereiten Polizisten im Durchschnitt bei 14 Prozent lag.

Andere Studien kommen zu vergleichbaren Ergebnissen. Wie Hans Toch herausfand, geht ein Großteil der Polizeigewalt in Oakland auf das Konto einer kleinen Anzahl von Polizisten.[4] Bas van Stokkom, der sich mit der Polizei in Amsterdam beschäftigte, stellte fest, dass sich die Masse der Beschwerden über rabiates oder aggressives Verhalten auf einen kleinen Teil der Polizisten bezog.[5]

Auf der anderen Seite des Gesetzes konzentriert sich die Gewalt ebenfalls in den Händen einiger weniger. Laut Kohortenstudien, die Jungen von Geburt an verfolgten, gibt es ein gewaltbereites Segment von maximal 15 Prozent, das für 84 Prozent der Gewaltverbrechen verantwortlich ist.[6] Nicht jedes Verbrechen bringt Gewalt mit sich,

---

3 Unter »unangemessener Taktik« versteht man in der Regel hoch aggressives oder rücksichtsloses Verhalten im Umgang mit Verdächtigen, ein weniger schwerer Vorwurf als »exzessive Gewalt«, die strafrechtliche Folgen haben kann. Vermerke wie »exzessive« oder »unangemessene« Gewalt in internen Polizeiakten bedeuten in der Regel nicht, dass die betroffenen Polizisten wegen dieser Verfehlungen auch angeklagt, verurteilt oder dass Disziplinarmaßnahmen gegen sie verhängt worden wären.

4 Toch, »Mobilizing«.

5 Persönlicher Austausch, September 2004; siehe auch Stokkom, *Straf en herstel*, sowie Kapitel 14 in Geller/Toch (Hg.), *Police Violence*.

6 Wolfgang/Figlio/Sellin, *Delinquency*; Collins, *Offender Careers*.

aber insgesamt zeigt sich bei Verbrechen ein ähnliches Muster: 6 bis 8 Prozent der männlichen Jugendlichen und jungen Erwachsenen einer Altersgruppe verüben 60 bis 70 Prozent der Straftaten.[7]

In Studien über Gefängnisinsassen wiederholt sich dieses Muster im Kleinen: Auch unter Kriminellen gibt es eine kriminelle Elite. Alfred Blumstein und seine Kollegen machten unter Verbrechern, die wegen Raubüberfall oder Einbruchsdiebstahl im Gefängnis saßen, eine pyramidenförmige Struktur aus.[8] Die unteren 50 Prozent verübten fünf oder weniger Verbrechen pro Jahr (also einmal alle zehn Wochen oder seltener). Die obersten 10 Prozent verübten häufiger als einmal pro Woche einen Raubüberfall oder Einbruch. Die obersten 5 Prozent verübten 300 oder mehr Verbrechen pro Jahr, also fast jeden Tag eines. An der Spitze stand eine kleine Gruppe, die sie als besonders gewalttätig und raubgierig bezeichneten (*violent predators*) und die alle zwei Tage drei Verbrechen verübten.[9] Einer anderen Studie zufolge sind 25 Prozent der Gefängnisinsassen Berufsverbrecher und für 60 Prozent aller Raubüberfälle, Einbrüche und Autodiebstähle verantwortlich.[10] In einer Studie, die jugendliche Straftäter bis zu deren Dreißigern verfolgt hat, werden drei Kategorien unterschieden: (1) eine Berufsverbrecherelite von 3 Prozent, die durchgängig zahlreiche Gewalttaten verübte; (2) eine Art kriminelle Mittelschicht von weiteren 26 Prozent, die ein mittleres Verbrechensniveau pflegte; (3) eine Mehrheit von weniger engagierten Verbrechern (71 Prozent), die im Lauf der Jahre der Kriminalität den Rücken kehrten.[11] Diesen Studien zufolge sind die engagierteren und aktiveren Verbrecher auch die gewalttätigeren. Innerhalb des kriminellen Milieus gibt es eine Elite, die sich durch hartnäckige Gewaltausübung auszeichnet.

---

7 Tracy/Wolfgang/Figlio, *Delinquency Careers*; Shannon u.a., *Criminal Career Continuity*; Piquero/Farrington/Blumstein, »Criminal Career Paradigm«; Piquero, »Assessing«; Piquero/Buka, »Linking«; Polk u.a., *Becoming Adult*; Nevares/Wolfgang/Tracy, *Delinquency*; Moffitt/Caspi, »Childhood Predictors«; Farrington, »Key Results«; Wikstrom, *Everyday Violence*; Pulkkinen, »Delinquent Development«; Guttridge u.a., »Criminal Violence«. Diese Studien beschäftigen sich mit zahlreichen Städten in den USA und anderswo.

8 Blumstein u.a., *Criminal Careers*. Einbrüche laufen manchmal gewaltfrei ab, aber sie gehören zu den abenteuerlicheren Verbrechen, die Nerven erfordern, da sie zu Konfrontationen mit den Opfern und damit zu Überfällen und Vergewaltigungen führen können.

9 Chaiken/Chaiken, *Varieties*.

10 Peterson/Braiker/Polich, *Doing Crime*.

11 Laub/Nagin/Sampson, »Trajectories«.

Kriminelle stellen eine Teilmenge der Bevölkerung dar. Fasst man die erwähnten Studien zusammen, so ergibt sich, dass 25 bis 40 Prozent der Kriminellen die große Mehrheit der schweren Verbrechen verüben (oder jedenfalls dafür verurteilt werden). Multipliziert man diese Zahl mit den 20 bis 40 Prozent der männlichen Bevölkerung, die verhaftet werden,[12] dann kommt man zu der Schlussfolgerung, dass 5 bis 15 Prozent aller Männer den Großteil der schweren Verbrechen begehen.[13] Zum kriminellen Teil der Bevölkerung zählen bei dieser Rechnung alle Personen, die in irgendeiner Weise mit dem Gesetz in Konflikt kommen (wobei hier nur Männer berücksichtigt sind). In einer anderen Untersuchung, die nicht auf Vorstrafenregistern, sondern auf Selbsteinschätzungen in Fragebogen beruht, in denen nach kriminellen Handlungen gefragt wurde (unabhängig davon, ob man überführt wurde), gaben 36 Prozent der schwarzen und 25 Prozent der weißen Jugendlichen zwischen 10 und 20 Jahren an, dass sie bereits ein oder mehrere Gewaltdelikte verübt hätten.[14]

Betrachtet man diesen Sachverhalt aus einem anderen Blickwinkel, so kommt man zu dem Ergebnis, dass der Anteil der Jugendlichen in dieser Altersgruppe, die einer Bande angehören, viel niedriger ist, als landläufig angenommen. In den gesamten Vereinigten Staaten gab es 2003 etwa 730000 Bandenmitglieder. Das entspricht 11,5 Prozent aller männlichen Schwarzen und Hispanics zwischen 15 und 24 Jahren, eine Zahl, die bereits sehr hoch gegriffen ist, weil einige Banden anderen Ethnien zuzurechnen sind.[15] Zum historischen Vergleich: Im Chicago der 1920er Jahre gehörten etwa 10 Prozent der 10- bis 24-jährigen Jungen einer Bande an; in Einwandererfamilien lag der Anteil bei circa 13 Prozent.[16] Für bestimmte ethnische Gemeinschaften sind manche dieser Zahlen ziemlich hoch (30 Prozent der Schwar-

---

12 Farrington, »Key Results«; Blumstein u.a., *Criminal Careers*; Wolfgang/Figlio/Sellin, *Delinquency*; Polk u.a., *Becoming Adult*; Wikstrom, *Everyday Violence.*

13 Diese Berechnungen bestätigen die Ergebnisse von Kohortenstudien. Die Konzentration von Verbrechen unter weiblichen Gefängnisinsassen ist ähnlich wie die bei männlichen (English/Mande, *Measuring*). Die Verbrechen von Frauen sind jedoch in der Regel mit weniger Gewalt verbunden als die von Männern.

14 Elliott, »Serious Violent Offenders«.

15 Grundlage der Berechnung sind Zahlen des National Youth Gang Center des US-Verteidigungsministeriums, der »Uniform Crime Reports« des FBI, des US Census Bureau und der Abteilung für Bandenkriminalität des San Diego Police Department.

16 Berechnet nach Thrasher, *The Gang*, S. 130–132 und S. 282f.

zen und Hispanics in Südkalifornien zu Beginn des Jahrtausends, 40 Prozent der Italiener im Chicago der 1920er Jahre), aber selbst unter männlichen Jugendlichen stellten Bandenmitglieder nirgends die Mehrheit. Manche Banden waren damals nur ansatzweise kriminell: nicht schwer bewaffnet und in relativ wenige Gewalttaten verwickelt. Heutige Banden verursachen mehr Tote, aber die bloße Mitgliedschaft in einer Bande bedeutet noch nicht, dass jemand permanent schwere Gewaltverbrechen begeht. Im Jahr 2003 gab es etwa 16 500 Morde. Wenn die Hälfte davon von Banden verübt wurde, dann begeht im Lauf eines Jahres nur jedes 88. Bandenmitglied (1,1 Prozent) einen Mord. Banden setzen Kämpfe typischerweise als Übergangsritual ein, und manchmal kommt es zum Kampf, wenn jemand seinen Rang in der Hackordnung verbessern will.[17] Darüber, wie oft Bandenmitglieder kämpfen, gibt es keine verlässlichen Daten, allerdings scheint es innerhalb der Bande zu Spezialisierungen zu kommen.[18] Selbst in einem ostentativ gewalttätigen Milieu gehören also nur wenige Prozent der mörderischen Elite an.

Selbst wenn man den »kriminellen« Anteil der Bevölkerung sehr weit fasst, macht er laut keiner dieser Studien die Bevölkerungsmehrheit aus, nicht einmal in Stichproben aus Arbeitervierteln oder unter den Schwarzen im Amerika des späten 20. Jahrhunderts. Das Segment derer, die, unabhängig von Häufigkeit und Kompetenz, Gewalt ausüben, ist umgeben von 60 bis 80 Prozent der männlichen Bevölkerung, die allenfalls triviale Gesetzesübertretungen begehen.

Um die Größenordnung dieser gewalttätigen Elite innerhalb der Gesamtbevölkerung zu bestimmen, kann man von den 10 Prozent der Gefängnisinsassen ausgehen, die besonders viele Straftaten verüben, oder von den 3 Prozent, die seit ihrer Jugendzeit hartgesottene Berufsverbrecher sind. Man kommt dann auf eine Zahl von Gewaltspezia-

---

17 Anderson; *Code*; Jankowski, *Islands*.

18 Wir wissen, dass nur 5,2 Prozent aller Morde von Personen unter 18 Jahren begangen werden. Und von allen schwarzen Mordopfern sind nur 12,9 Prozent zwischen 13 und 19 Jahren alt, wobei der Großteil auf die Gruppe zwischen 17 und 19 Jahren entfällt. (Soweit man dies anhand der Daten sagen kann, werden 92 Prozent aller schwarzen Mordopfer von anderen Schwarzen ermordet.) 53,2 Prozent aller schwarzen Mordopfer sind zwischen 20 und 24 Jahren alt. Zusammengefasst heißt das, dass selbst in Bandenvierteln der substanzielle Anteil der Bandenmitglieder unter 20, und vor allem diejenigen unter 18, sehr wenige Morde verübten (Berechnungen auf Grundlage des »Uniform Crime Reports« des FBI aus dem Jahr 2003, Gewaltverbrechen, Tab. 2.4, 2.6 und 2.7).

listen, die irgendwo zwischen 0,6 bis 1,2 Prozent der Männer am unteren Ende und bei 2 bis 4 Prozent am oberen Ende der Skala liegt. Die niedrigere Schätzung entspricht ungefähr dem Anteil kompetenter »Killer«, die auf der Seite des Gesetzes stehen, also von Scharfschützen und Flieger-Assen. Die höhere Schätzung entspricht in etwa dem Anteil gewalttätiger Polizisten.

Bei den anderen in diesem Buch besprochenen Gewaltformen ist es nicht immer möglich, die Zahl der Täter zu schätzen. Der Anteil von Schülern, die andere tyrannisieren, liegt bei 7 bis 17 Prozent der Jungen und 2 bis 5 Prozent der Mädchen.[19] Inszenierte Kämpfe zwischen Helden sind naturgemäß auf eine Elite beschränkt. In aristokratisch geprägten Gesellschaften machte die militärische Aristokratie, die sich beispielsweise durch das Tragen eines Schwerts zu erkennen gab, etwa 2 bis 5 Prozent der Bevölkerung aus.[20] Die Höchstzahl an Duellen in verschiedenen europäischen Ländern betrug 200 bis 300 pro Jahr und lag häufig eher bei 20 oder weniger. Damit kam im Höchstfall ein Duell auf 60000 Männer, und selbst in Gruppen mit einem strengen Ehrenkodex, wie dem deutschen Offizierskorps, waren an den 10 bis 75 Duellen pro Jahr maximal 0,8 Prozent der Offiziere beteiligt.[21] Innerhalb der Duellantengruppe gab es eine kleine Elite von notorischen Duellanten, die sich zum Teil mehrere Dutzend Mal duellierten.

Was Zechgelage betrifft, so haben wir in Kapitel 7 gesehen, dass höchstens 10,3 Prozent der Rauschtrinker im Laufe eines Jahres leichte Körperverletzung und 3,3 Prozent schwere Körperverletzung begehen. Gut möglich, dass die besten Partykämpfer wenig oder gar nicht trinken, aber ethnographischen Studien zufolge stellen diese Rowdys eine noch kleinere Gruppe von Spezialisten dar. Im Sportbereich findet man die breiteste Beteiligung an Schlägereien unter Baseballspielern, weil es Brauch ist, dass bei einer Auseinandersetzung das gesamte Team mit aufs Spielfeld kommt. Allerdings übernehmen in der Schlägerei nur wenige eine aktive Rolle. Unmittelbar verwickelt sind den verhängten Sperren und Geldstrafen nach selten

---

19 Zu Einzelheiten siehe Kapitel 5, S. 237–241 und S. 257.

20 Lenski, Power and Privilege.

21 Siehe die Quellenangaben in Kapitel 6, S. 314–317, sowie Berechnungen von McEvedy/Jones, *Atlas*; Gilbert, *Atlas*, S. 11; *Cambridge Modern History*, Bd. 11, S. 409 und S. 579; Klusemann, »German Revolution«. Das preußische und später deutsche Heer bestand 1870 aus 500000 Soldaten, 1913 aus 790000; einer Schätzung zufolge lag der Anteil der Offiziere bei 2 Prozent.

mehr als zwei oder drei Mitglieder eines Teams, das aus 25 Spielern und 10 Betreuern besteht (also maximal 10 Prozent). Beim American Football sind in einem Spiel maximal 5 bis 10 Prozent eines 45-köpfigen Teams in gewalttätige Auseinandersetzungen verwickelt. Unter Basketballspielern ist dieser Prozentsatz niedriger, unter Eishockeyspielern höher, etwa 6 bis 12 Prozent, obwohl beim Eishockey jedes Team ein oder zwei *Enforcer* hat, die Stürmer vor Angriffen schützen.

Ausnahmen vom Gesetz der kleinen Zahlen. Eine Ausnahme von dieser Regel stellen Kinder dar. Wie wir in Kapitel 5 gesehen haben,[22] greifen 80 Prozent der Kleinkinder ihre Geschwister an. Geht man von den Opferzahlen aus, so züchtigen 85 bis 90 Prozent der Eltern von Kleinkindern und 50 Prozent der Eltern von Jugendlichen ihre Kinder körperlich. Dagegen tritt häusliche Gewalt zwischen Erwachsenen nicht häufiger auf als Gewalt in anderen Bereichen: Jährlich kommt es in 16 Prozent der Paarbeziehungen zu minderschweren, in 6 Prozent zu schwerwiegenden Formen von Gewalt. Ersteres bezieht sich auf Handgemenge, an denen im Allgemeinen beide Seiten beteiligt sind, bei Letzterem sind die Täter in der überwiegenden Mehrzahl Männer.

Im Übrigen üben kleine Kinder Gewalt zwar häufig, aber inkompetent aus, so dass das Muster, dass nur wenige zur Gewaltelite gehören, in anderer Hinsicht auch hier zutrifft. Dazu passt ein anderes ungewöhnliches Muster: Wie in Kapitel 7 beschrieben, beschränken sich Erwachsene und ältere Jugendliche fast immer auf einen Kampf pro Schauplatz – alle anderen bilden das Publikum oder schließen sich einer der beiden Seiten an. Kinder dagegen können gleichzeitig oder in rascher Abfolge in mehrere Auseinandersetzungen verwickelt sein – zum Beispiel wenn in einem Klassenzimmer alles drunter und drüber geht –, ohne die für Auseinandersetzungen zwischen Erwachsenen charakteristische Kontinuität, mit der ein Kampf auf den anderen folgt und ein und denselben Streit fortsetzt.[23] Insgesamt betrachtet

---

22 Siehe S. 277.

23 Mehrere Lehrer, die an Schulen in städtischen Armenvierteln 6., 7. und 8. Klassen unterrichten, haben mir erzählt, dass es in einer Klasse manchmal zu mehreren Auseinandersetzungen zwischen verschiedenen Kindern kommt (persönlicher Austausch mit Mollie Rubin, November 2004, und Patricia Maloney, Oktober 2005). Milner, *Freaks*, S. 105, beschreibt eine Situation in einer großen, ethnisch gemischten Highschool (in der allerdings weiße Mittelschichtkinder die Mehrheit bildeten), in der es während der Mittagspause innerhalb von zehn Minuten zu zwei voneinander unabhängigen Schlägereien kam. Die

gelten die unter Erwachsenen üblichen Gewaltbeschränkungen für Kinder nur mit Abstrichen. Manche Forscher sehen darin eine atavistische Gewalt, die den meisten Kindern im Lauf der Sozialisation ausgetrieben wird. Die Minderheit der Gewalttätigen wäre demnach die Minderheit der nicht sozialisierten.[24] Diese Sichtweise blendet jedoch den Umstand aus, dass kompetente Gewaltausübung eine Frage von Interaktionstechniken ist, die im Laufe der Zeit entwickelt werden. Kein Mensch wird als Scharfschütze, Flieger-Ass oder »Cowboy-Cop« geboren. Was sich bei Kindern meiner Meinung nach im Lauf des Erwachsenwerdens herausbildet, ist eine zunehmende Sensibilität für die größere Gruppe um sie herum. Bei vielen Menschen wird die Gewalt dadurch gehemmt – genauer gesagt: ihrer Energie beraubt –, während andere dadurch eine Nische finden, die zu mehr Gewalt führt, vor allem zu Gewalt, die äußerst kompetent und mit großem Einsatz ausgeübt wird.

Herr der Lage oder Action-Sucher: Polizisten

Um zu erklären, warum nur wenige Menschen aktiv und noch weniger kompetent Gewalt anwenden, müssen wir uns die Implikationen der Feststellung klarmachen, dass Gewaltereignisse etwas Seltenes sind. Das beste Material findet man dazu im Bereich der Polizei.

---

erste fand zwischen zwei Weißen, die andere zwischen zwei Schwarzen statt. Die meisten der mehreren hundert Schüler in der Schulkantine ignorierten die Schlägereien, vor allem die zwischen den Schülern der anderen Hautfarbe – was darauf hindeutet, dass es in dieser Schule zwei getrennte Aufmerksamkeitsräume gab. Der einzige mir bekannte Fall von mehreren Schlägereien zwischen Erwachsenen im selben Aufmerksamkeitsraum fand im New Yorker Gefängnis Riker's Island statt. Ein Insasse berichtete, wie er in seinem Zellenblock an drei Schlägereien hintereinander vorbeigekommen sei, wobei die beiden Streithähne jeweils von einem Kreis von Zuschauern umringt gewesen seien, die »den Kampf ihrer Wahl« verfolgten (Hoffman/Headley, *Contract Killer*, S. 45). Offenbar erschien das dem Beobachter, einem Profikiller, als sehr ungewöhnlich und als Hinweis darauf, wie knallhart die Insassen dieses Gefängnisses waren. Der springende Punkt war vermutlich, dass die Insassen als Gruppe sich mit diesen gleichzeitig stattfindenden (aber auf jeweils zwei Beteiligte begrenzten) Schlägereien den Wärtern widersetzen konnten, ähnlich wie mehrere Auseinandersetzungen in einem Klassenzimmer dazu dienen, den Lehrer aus der Fassung zu bringen. Das entscheidende Element in diesen Aufmerksamkeitsräumen dürfte die Autorität sein, über die man sich hinwegsetzt.

24 Tremblay u.a., »Physical Aggression«.

In welchen Situationen es zu Polizeigewalt kommt, kann man mit Hilfe der Berichte von Forschern herausfinden, die Polizisten auf Einsätzen begleitet haben. In Großstadtvierteln mit hoher Kriminalitätsrate wandten Polizisten, die auf einen Tatverdächtigen trafen, in 5 bis 8 Prozent der Fälle Gewalt an, meist in Form von Packen und Festhalten. Zu exzessiver Gewalt kam es in weniger als 2 Prozent der Fälle. Bei Festnahmen wandten sie in 22 Prozent der Fälle Gewalt an. In ruhigen Vorstädten, Kleinstädten und ländlichen Gebieten lagen die Zahlen sogar noch niedriger.[25]

Das sind keine hohen Zahlen. Unser Bild von Gewalt basiert auf besonders dramatischen Situationen. Wie wir in diesem Buch immer wieder gesehen haben, ist Gewalt kein leichter oder automatisch ablaufender Prozess, und es muss einiges geschehen, um sie auszulösen. Wenn man eine gewisse Bandbreite von Situationen betrachtet und diese Situationen nicht nach der abhängigen Variable auswählt, so stellt man fest, dass die meisten Menschen in den meisten Situationen der Gewalt aus dem Weg gehen.

Warum ist Polizeigewalt so selten? In aller Regel fügen sich die Menschen den Anweisungen von Polizisten, selbst wenn sie festgenommen werden. Zu Gewaltanwendung kommt es vor allem dann, wenn der Verdächtige den Polizeibeamten bedroht, angreift, flüchtet (beziehungsweise einen entsprechenden Eindruck erweckt) oder sich den Anweisungen der Polizisten widersetzt und sie beschimpft.[26] Der mit Abstand wahrscheinlichste Auslöser von Polizeigewalt ist körperlicher Widerstand. Außerdem ist die Anwendung von Gewalt abhängig vom Benehmen des Tatverdächtigen – also in welchem Grad er sich dem Polizisten gegenüber unverschämt oder fügsam und respektvoll verhält.[27]

---

25 Friedrich, »Police Use of Force«; Sherman, *Police and Violence*; Black, *Manners*; Reiss, *Police and Public*; Bayley/Garofalo, »Management of Violence«; Worden, »Causes«; Garner, »Understanding the Use of Force«; Alpert/Dunham, *Understanding*.

26 Friedrich, »Police Use of Force«.

27 Worden, »Causes«. Unter Berücksichtigung sowohl von Widerstand als auch von Benehmen stellt man fest, dass die Wahrscheinlichkeit von Gewaltanwendung außerdem von der Hautfarbe des Verdächtigen abhängt: Schwarze werden häufiger Opfer von Polizeigewalt. Hautfarbe ist aber der schwächste Faktor. Insgesamt werden zwar mehr Schwarze von Polizisten verprügelt als Weiße, aber ein Großteil dieser Gewalt lässt sich mit anderen Faktoren erklären. So leisten Schwarze häufiger Widerstand und gebärden sich eher feindselig als fügsam. Die empirischen Daten und die öffentliche Wahrnehmung klaffen

Die Situationsabhängigkeit von Polizeigewalt zeigt sich auch darin, dass es eine ganze Reihe von Unterschieden bezüglich Herkunft und Einstellung gibt, die nicht mit der Gewalttätigkeit von Polizisten korrelieren. Polizeiberichte und Beobachtungen, die Forscher bei Einsätzen gemacht haben, zeigen keinerlei Korrelation mit den Faktoren Hautfarbe, Bildung, Militärdienst oder Ergebnis des Einstellungstests, ebenso wenig wie mit der Einstellung zur Rolle als Polizist.[28] Die Christopher Commission konstatierte, dass stark gewalttätige Polizisten gleichwohl positive Beurteilungen hatten. Toch zufolge ist das auffälligste Persönlichkeitsmerkmal von gewaltbereiten Polizisten, dass sie extrovertiert und dynamisch sind, ja »zuvorkommend, intelligent und charmant«.[29]

Ein ähnliches Muster findet man beim Militär. Im Anschluss an S. L. A. Marshalls Untersuchungen befasste sich eine Reihe von Studien mit der Frage, wodurch sich die besten Soldaten auszeichnen.[30] Die aktivsten Kämpfer waren dominanter, größer, schwerer und zeigten mehr Eigeninitiative (waren »Macher«). Andere Soldaten suchten ihre Nähe, in geselligen Runden ebenso wie im Kampf. Das passt zum Bild des Elitekämpfers, der im Mittelpunkt der Aufmerksamkeit steht und von der Gruppe reichlich soziale Unterstützung bekommt und außerdem emotionale Energie, indem er andere dominiert (gewaltlos wie gewaltsam). In Tests stellte sich heraus, dass die aktiven Schützen intelligenter sind und über mehr militärisches Wissen verfügen. Wie Polizisten, die auf der Suche nach Action sind, fühlen sie sich ihrem Beruf sehr verpflichtet. Hoch angesehene, kampferprobte Soldaten zeigten keinerlei Angst vor Verletzungen und waren einigermaßen zuversichtlich, dass ihnen nichts passieren würde. Wie die Flieger-Asse, mit denen wir uns später beschäftigen werden, gingen sie davon aus, dass sie Erfolg haben und den Feind besiegen würden.[31] Diese Über-

---

in dieser Hinsicht weit auseinander. Rassismus wird am ehesten als Erklärung für Polizeigewalt angeführt. Aber auch für einen Rassisten ist es schwer, Gewalt auszuüben, so dass situative Bedingungen hinzukommen müssen – Bedingungen, die ihre Wirkung ganz unabhängig vom Rassismus entfalten.

28 Friedrich, »Police Use of Force«; Croft, »Police Use of Force«; Worden, »Causes«; Geller/Toch (Hg.), *Police Violence*.

29 Toch, »Mobilizing«.

30 Besonders zu erwähnen sind hier die Forschungen von Robert Egbert in Korea, zusammengefasst in Glenn, »Introduction«, S. 139.

31 Clum/Mahan, »Attitudes«. Zum gleichen Ergebnis kamen Stouffer u. a., *American Soldier*, Bd. 2.

zeugung entspringt der spezifischen emotionalen Energie des Interaktionsfeldes »Kämpfen«.

Es gibt noch eine weitere Parallele. Die gewalttätigsten Polizisten bekommen gute Beurteilungen und sind bei ihren Kollegen beliebt. Das liegt nicht nur (aber offenbar auch) daran, dass sie oft dynamisch und extrovertiert sind. Sie sind informelle Anführer. Das passt zu einem grundlegenden Prinzip, das man in kleinen Gruppen immer wieder findet: Innerhalb der Gruppe sind diejenigen am beliebtesten, die die Werte der Gruppe am besten verkörpern und das am besten können, was die Gruppe verbindet.[32] Untersuchungen des Polizeialltags zeigen, dass Polizisten immer versuchen, die Situation von Anfang an zu kontrollieren, nicht nur, wenn sie auf Verdächtige treffen, sondern auch gegenüber Normalbürgern.[33] Geoffrey Alpert und Roger Dunham sprechen in diesem Zusammenhang von einem »Ritual zur Aufrechterhaltung der Autorität«.[34]

Ihrem Interaktionsverständnis zufolge muss ein guter Polizist stets Herr der Lage sein und im Zweifelsfall lieber zu aggressiv auftreten als zuzulassen, dass die andere Seite die Kontrolle über die Situation übernimmt. Dies umso mehr, wenn er mit einem Verdächtigen zu tun hat, der seine Autorität in Frage stellt. Sobald eine solche Situation sich zu einer gewalttätigen Auseinandersetzung zu entwickeln droht, stehen Polizisten vor eben dem Problem, das ich in diesem Buch immer wieder analysiert habe: Sie müssen sich mit ihrer Konfrontationsanspannung und -angst auseinandersetzen. Es überrascht nicht, dass nur ein kleiner Prozentsatz der Polizisten gewalttätig ist, kann man doch ganz allgemein sagen, dass nur wenige Menschen die Konfrontationsanspannung und -angst überwinden. Ob jemand ein guter Polizist ist, erweist sich in Konfrontationen, genau wie sich in der Schlacht zeigt, wer ein guter Soldat ist. Allerdings steht ein Polizist, im Gegensatz zu den meisten Soldaten, seinem Gegner unmittelbar und in einer viel kleineren Gruppe gegenüber, ohne den Rückhalt und Zwang der Militärmaschinerie, die Soldaten bei der Stange hält. Zu Polizisten, die diese Situation meistern, blicken die anderen Polizisten auf, so wie Soldaten zu jenen, die ihre Waffen am häufigsten und aggressivsten abfeuern und im Gefecht eine Führungsrolle übernehmen.

---

32 Homans, *Theorie*.
33 Rubinstein, *City Police*.
34 Alpert/Dunham, *Understanding*.

Einiges deutet darauf hin, dass Polizisten in den Dreißigern oder Vierzigern, die bereits einen gewissen Dienstgrad erreicht und Erfahrungen gesammelt haben, die Gewalttätigsten sind.[35] Gewalt scheint also nicht eine Folge jugendlichen Überschwangs zu sein, sondern typisch für jene, die am stärksten mit ihrem Beruf verwachsen sind. Alpert und Dunham zeigen anhand von Zahlen aus Berichten über Gewaltanwendung die Abfolge von Schritten auf, mit denen Polizisten und Verdächtige aufeinander reagiert haben. Zu Beginn einer Begegnung erwarten Polizisten, dass man ihnen aufgrund ihrer bloßen Anwesenheit und ihrer verbalen Anweisungen Respekt entgegenbringt. Widersetzt sich ein Verdächtiger diesen ersten Schritten verbal, durch feindselige Blicke oder ganz dezidiert, indem er sich nicht durchsuchen lässt, sich keine Handschellen anlegen lässt oder wegläuft, gehen die Polizisten zur Eskalation und zu immer aggressiveren Methoden über. Sie werden lauter. Sie packen den Verdächtigen, schubsen ihn, drehen ihm den Arm auf den Rücken. Schließlich überwältigen sie den Verdächtigen, indem sie ihn in den Würgegriff nehmen, schlagen und treten. Auch der Verdächtige kann zur Eskalation beitragen, indem er immer aggressiver wird, bis hin zum Zücken einer Pistole oder einer anderen Waffe, oder dem Versuch, einen Polizisten mit dem Auto zu überfahren. In einem solchen Fall greifen Polizisten zu noch gewalttätigeren Mitteln: Knüppeln, Elektroschockpistolen und schließlich Schusswaffen. Die wichtigste Erkenntnis von Alpert und Dunham lautet, dass die Eskalationsstufen (das, was sie den »Gewaltfaktor« nennen) der beiden Seiten sich aufeinander beziehen und eng miteinander korrelieren. Polizisten und Verdächtige gehen selten mehr als eine Gewaltstufe über das hinaus, was der andere gerade getan hat. Dabei lassen sich in der Regel drei bis fünf Züge und Gegenzüge ausmachen.[36] Wenn ein Verdächtiger in der ersten Runde ruhig und kooperativ war, ist das keine Gewähr, dass es nicht etwas später zu einer Eskalation kommt, und Verdächtige, die zu Pistolen oder anderen Waffen greifen, tun das häufiger in der zweiten oder dritten Runde. Die ältesten und erfahrensten Polizisten reagieren auf Widerstand in der Regel entweder mit der niedrigsten oder mit der höchsten Gewaltstufe. Während jüngere Polizisten öfter eine mittlere Gewaltstufe einsetzten, blieben die älteren länger auf der Stufe rein verbaler Anweisungen und energischen Auftretens – oder sie machten einen Sprung zu einer hohen

35 Ebenda, S. 70, S. 81 und S. 84.
36 Ebenda, S. 94.

Gewaltstufe und griffen zu gefährlicheren oder tödlichen Waffen.[37] Ihre Methode lief darauf hinaus, sich nicht auf Handgemenge mit Verdächtigen einzulassen, sondern sie entweder einzuschüchtern oder ihre Überlegenheit auszuspielen.

Die polizeiinterne Kultur ergibt sich aus der zentralen Bedeutung, die Konfrontationen in diesem Beruf spielen. Polizisten (zumindest Polizeibeamte in Großstädten, die von Soziologen am besten erforscht sind) verbringen auch ihre Freizeit gern mit Kollegen, gegenüber allen anderen sind sie misstrauisch, selbst gegenüber den Vorgesetzten in ihrer eigenen Dienststelle.[38] Das kann man so interpretieren, dass Polizeibeamte es gewohnt sind, andere zu dominieren, und daher außer Dienst Situationen vermeiden, in denen das nicht möglich ist. Diese permanente Selbstabschottung der Polizisten vom Rest der Bevölkerung sorgt für eine gewisse Polarisierung und kulturelle Isolation.

Dieses Bedürfnis, jede Begegnung in allen Phasen zu kontrollieren, ist zum Teil darauf zurückzuführen, dass Polizisten in den meisten Situationen in Minderzahl auftreten. Sie sind wie eine kleine Militärpatrouille, die von einer großen Anzahl potenzieller Feinde umgeben ist. Daher der Drang, Situationen von Anfang an zu kontrollieren und keinerlei Schwäche zu zeigen, da das dazu führen könnte, dass sie überwältigt werden. Dieser besonderen Spannung ist jeder Polizist ausgesetzt.

Die Idealvorstellung von Polizisten sieht so aus, dass sie jede Phase einer Konfrontation kontrollieren. Trotzdem erreicht nur eine Minderheit der Polizeibeamten mit einer gewissen Häufigkeit eine hohe Gewaltstufe. Im Grunde geht es bei Polizeigewalt um die Wahrung der Autorität, aber das erklärt nicht, warum manche Polizisten in dieser Hinsicht so viel extremer agieren als andere. Die gewalttätige Minderheit unter den Polizisten, die »Cowboy-Cops«, reagieren nicht nur mit Gewalt, wenn sie bedroht werden oder auf Widerstand stoßen. Sie sind förmlich auf der Suche nach Action. Sie melden sich freiwillig für die gefährlichsten und aufregendsten Einsätze, wie Drogenrazzien oder die Vollstreckung von Haftbefehlen.[39] Manche Poli-

---

37 Ebenda, S. 141 und S. 165.

38 Westley, *Violence and the Police*; Skolnick, *Justice*.

39 Wie Peter Moskos (persönlicher Austausch, April 2005) in einer Studie als teilnehmender Beobachter einer großstädtischen Polizeieinheit feststellte, gehörten Polizeibeamte mit dem Ruf, häufig in Gewaltakte verwickelt zu sein, nicht selten Spezialeinheiten an, die mit dem Drogenhandel oder dem Bandenwesen be-

zisten sind immer wieder in gewaltsame Auseinandersetzungen verwickelt. Sie geraten in Situationen, in denen Verdächtige flüchten oder sie bedrohen, und manchmal werden sie beschossen oder von Verdächtigen geschlagen. In diese riskanten Situationen geraten sie jedoch nicht rein zufällig. Wenn jemand sich freiwillig meldet, als Erster ins Haus eines Verdächtigen zu gehen, dann muss er nicht nur mit Risiken rechnen, sondern sucht aktiv die Gefahr.

David Klinger hat Polizeibeamte zu ihren Erfahrungen mit Schießereien befragt.[40] Die Interviews geben Aufschluss darüber, warum ein kleiner Teil der Polizisten wiederholt an Schießereien beteiligt ist, obwohl diese selten vorkommen. Diese Polizisten melden sich freiwillig für gefährliche Einsätze und sind immer dort zu finden, wo es gerade am brenzligsten ist. Einer der Befragten war in seiner über 20 Jahre währenden Laufbahn in zwei Dutzend gefährliche Situationen verwickelt. Er hatte unter anderem im Rauschgiftdezernat gearbeitet und an Hunderten von SWAT-Einsätzen teilgenommen.[41] Dazu bemerkte er: »Es machte mir Spaß, Flüchtige zu verfolgen. Irgendwie reizte mich das, ich wollte wissen, ob ich sie erwischen kann.«[42]

Ein anderer Polizist beschrieb, wie er als Erster einen Speicher betrat, auf dem sich ein Einbrecher versteckt hatte:

> Ich hab gemerkt, dass [der Leiter des SWAT-Teams] ein bisschen nervös war, als er Paul und mich in den Speicher hinaufschickte. Aber ich hab

---

fasst waren. Oder sie meldeten sich freiwillig für SWAT-Einheiten, die auf gewalttätige Auseinandersetzungen spezialisiert sind.

40 Klinger, *Kill Zone*.

41 Geschossen hat er bei drei Gelegenheiten. Das illustriert, dass Polizisten selbst in den gefährlichsten Situationen nur in einem Teil der Fälle tatsächlich abdrücken. Eine Studie über vier Großstadtreviere kam zu dem Ergebnis, dass Polizeibeamte nur in einem »Bruchteil« der Situationen schossen, in denen es aus gesetzlicher und taktischer Sicht zulässig gewesen wäre (Scharf/Binder, *Badge*). Klinger, *Kill Zone*, S. 58, interpretiert solche Fälle als kluge Zurückhaltung. Details dieser Interaktionen auf der Mikroebene stützen jedoch die Sichtweise, dass in solchen Konfrontationen diejenigen schießen, die am meisten unter Strom stehen. Dass in der Mehrzahl der Fälle nicht geschossen wird, kann man auch als Konfrontationsanspannung und -angst interpretieren. Es passt zum Muster der kleinen Zahl von Gewalttätigen.

42 Klinger, *Kill Zone*, S. 184. Von dieser Lust am »Katz und Maus«-Spielen erzählte mir auch ein Polizeibeamter, den ich 2004 im Rahmen einer Studie in seinem Streifenwagen begleitete. Der Polizist gehörte einer Eliteeinheit an, die auf Banden spezialisiert war, und es war zu einer Verfolgungsjagd gekommen, nachdem er das Rauschgiftdezernat bei einem fingierten Drogendeal unterstützt hatte. Die Festnahme verlief jedoch völlig gewaltfrei. Als sie schließlich gestoppt wurden, leisteten die Verdächtigen keinerlei Widerstand.

mir gar keine Sorgen gemacht. Als ich hörte, dass der Kerl nicht aufgeben und ein paar von uns mit ins Grab nehmen wollte, dachte ich nur, das wird auch nicht anders wie sonst, wenn wir uns einen Verdächtigen schnappen, der sich verbarrikadiert hat. Alles Routine. Ich hab mich sogar drauf gefreut, reinzugehen und ihn aufzustöbern. Es ist eine Frage von Jagen oder Gejagtwerden. Du musst dich in ihn reinversetzen, denken wie er, die Ohren spitzen und auf die eigene Nase vertrauen. Ziemlich oft kann ich diese Kerle riechen, wenn wir in ein Zimmer reingehen, in dem sich einer versteckt. Die schütten ordentlich Adrenalin aus und kommen ziemlich ins Schwitzen – wenn du also gut aufpasst, kannst du sie riechen. [...] Du musst alle möglichen Verstecke bedenken. [...] Ich hatte also keinen Gedanken für Angst übrig. Nichts lag mir ferner. Ich dachte an alles, was ich gelernt habe, an meine Intuition, ich hab einfach meinen Job gemacht und überlegt: »Wo steckt dieser verdammte Hurensohn? Was hat er vor?«[43]

Die Suche endete damit, dass der Polizist und seine beiden Partner einen Mann, der sich in einer Rolle Isolierwolle versteckt hatte, mit 21 Kugeln durchlöcherten.

Die dynamischsten Polizisten suchen nicht unbedingt die Gewalt, aber sie suchen Action, und sie haben kein Problem damit, wenn es zu Gewalt kommt. Sie sehen sich selbstbewusst als Elite, die ihren Job besser macht als andere Polizeibeamte. Ein Polizist erzählte, dass ein Kollege zu ihm gesagt habe:

»Ich sag das nur dir, weil ich nicht will, dass dich der Job desillusioniert, aber stell an deine Kollegen nicht die Erwartungen, die du an dich selber stellst.« [...] Als ich dann auf der Akademie war, hatten wir Leute in der Klasse, die keinen Sinn für die Realität hatten. Die keine Ahnung hatten, worauf sie sich da einlassen. Und dann gab es noch Leute, die es nur des Geldes wegen machten. [...] Es gab noch ein paar andere, die so dachten wie ich, dadurch waren wir eine Gruppe von Leuten, die die Sache wirklich ernst nahmen.[44]

Die Polizisten kennen sich gegenseitig und wissen, wer zur Elite gehört und wer nicht. Als die Christopher Commission das Los Angeles Police Department durchleuchtete, stellte sie fest, dass die Mitglieder von Spezialeinheiten, die ständig auf der Suche nach Action waren, im ganzen Department bekannt waren. Polizeipsychologen unterscheiden zwei Kategorien: »Mitglieder der ersten Kategorie gelten unter Kollegen als Drückeberger, weil sie brenzligen Situationen ge-

43 Ebenda, S. 199f.
44 Ebenda, S. 50.

zielt aus dem Weg gehen. Die der zweiten Kategorie gelten als Adrenalin-Junkies, weil sie von einem gefährlichen Einsatz zum anderen hetzen.«[45]

Ein Polizist wurde außerhalb seiner Dienstzeit von seinem SWAT-Team zu einem Einsatzort beordert. Eine Frau hatte die Polizei gerufen, nachdem ihr Freund sie geschlagen hatte. Er erinnerte sich:

> Ich wusste schon, dass er auf Polizeibeamte geschossen hatte, und ich hab irgendwie nicht verstanden, warum sie den Kerl mit 'nem Gewehr rumlaufen lassen, nachdem er bereits auf Streifenpolizisten geschossen hatte. Ich fragte mich: »Warum schießen sie nicht?« [...] Vor Ort herrschte eine ganz seltsame Atmosphäre. Überall standen Polizeiautos mit eingeschalteten Blaulichtern herum, so viele, dass ich schon parken musste, als ich noch 300 Meter von dem Bewaffneten weg war. Es wimmelte nur so von Polizisten, die Journalisten waren schon da, und dort, wo ich meinen Wagen abgestellt hatte, standen an die 50 Schaulustige herum.

Der Polizist fand einen Streifenpolizisten, der ein halbautomatisches Gewehr in der Hand hatte (die zivile Ausführung des von der US-Armee verwendeten M-16), ihm aber erzählte, er wisse nicht, wie man damit umgeht.

> Er sagte: »Ich komm mit dem Visier dieses Gewehrs nicht zurecht.« Ich sagte nur: »Menschenskinder!« und erklärte ihm und den anderen, dass wir zu nah dran waren. Dass wir den Kreis größer machen und die Sache den Scharfschützen überlassen müssten. Dann sah ich, dass der Kerl genau da stand, wo Jeff [ein weiteres Mitglied des SWAT-Teams] meinte, er hätte ihn gut im Visier, und ich verstand nicht, warum er nicht abdrückte. [...]
>
> Ich hatte immer noch keinen Schuss gehört, also beschloss ich, den Kerl umzulegen. [...] Bevor ich abdrückte, dachte ich noch einmal über meine Entscheidung nach. Ich sagte mir: »Pete, vielleicht hast du was übersehen, weil sonst niemand schießt. Du hast Jeff gerade gesagt, er solle den Kerl umlegen, aber er hat's nicht getan. Vielleicht hab ich was übersehen. Schieß nicht so schnell.« [...] Ich sagte zu dem Kerl, er solle aufgeben, aber er stand einfach nur da und rührte keinen Finger. Als ich auf ihn zielte, ging mir alles Mögliche durch den Kopf. [...] Nachdem

---

45 Artwohl/Christensen, *Deadly Force*, S. 127. Peter Moskos konzentrierte sich in seiner Studie auf Polizeibeamte, die ein besonderes Interesse an leichten Einsätzen und hohen Zulagen hatten. Wer in Schießereien verwickelt wird, läuft ihrer Ansicht nach Gefahr, mit Vorgesetzten in Konflikt zu geraten (persönlicher Austausch, April 2005). Polizisten, die eine ruhige Kugel schieben wollen, arbeiten daher gern nach Mitternacht, weil vor allem nach 3 Uhr morgens wenig los ist.

ich mich zunächst mit dem Schießen zurückgehalten hatte, ging ich in Gedanken meine Checkliste durch. […] »Wer gibt mir das Recht, auf ihn schießen, wenn hier 50 andere Polizisten herumstehen und nichts unternehmen?«

Dann wenden sich seine Gedanken technischen Fragen zu. Er vergleicht seine Waffe mit der des Verdächtigen und überlegt, ob er sie auf Vollautomatik lassen oder auf Halbautomatik umschalten soll. Er schätzt die Entfernung ab und beschließt, auf eine Stelle knapp oberhalb des Bauchnabels zu zielen, weil die Kugel den Verdächtigen 10 bis 15 Zentimeter oberhalb seines Zielpunkts treffen sollte.

Der Verdächtige beginnt die Polizisten zu beschimpfen. Er fordert, dass sie die Scheinwerfer ausschalten, sonst bringe er jemanden um. Die Polizeibeamten schalten die Scheinwerfer aus. Das ist offenbar in zweifacher Hinsicht der entscheidende Augenblick für den SWAT-Polizisten. Der Verdächtige hat demonstriert, dass er die Kontrolle über die Situation hat, ein grundlegender Affront für jeden Polizisten, und außerdem wickelt er sich den Gewehrriemen um die Hand, als bereite er sich darauf vor zu schießen. »Als ich das gesehen habe, hab ich mir gesagt: ›Okay, dass reicht jetzt.‹«

Daraufhin feuert der Polizeibeamte nach eigener Aussage vier oder fünf Schüsse ab. Tatsächlich wurde der Verdächtige von neun Kugeln getroffen. Dann nähert er sich dem Verdächtigen, obwohl er laut Lehrbuch Vorsicht walten lassen sollte: »Ich ging zu ihm hin, sobald er zusammengebrochen war. Wahrscheinlich hätte ich noch eine Weile hinter dem Streifenwagen in Deckung bleiben und die Lage einschätzen sollen, aber das hab ich nicht getan. […] In diesem Augenblick wurde mir klar, dass ich ihn umgebracht hatte, und ich sagte mir: ›Pete, jetzt bist du schon wieder in eine Schießerei geraten.‹«[46]

Dieser Polizeibeamte ist ein gutes Beispiel für die Minderheit der Gewalttätigen bei der Polizei. Selbstbewusst ergreift er in einer Gewaltsituation die Initiative. Er konzentriert sich ganz auf seine Waffen und seine Technik. Er gehört zu der kleinen Gruppe, die sich am Schießstand gewissenhaft auf Einsätze vorbereitet, die ihre Waffen in Schuss hält und sogar Kampfsport betreibt. Gleichzeitig ist er im Kopf bestens auf mögliche Gewaltsituationen vorbereitet. Er spricht regelmäßig von Statistiken und Geschichten über Polizisten, auf die geschossen wurde, und beteuert sich selbst immer wieder, dass ihm

46 Klinger, *Kill Zone*, S. 147–152.

das nicht passieren kann, weil er besser ist als sein Gegner.[47] Er glaubt, dass er sich der allgegenwärtigen Gefahr deutlicher bewusst ist als andere, weniger gut vorbereitete Polizisten. Aber sein Umgang mit dieser Gefahr besteht nicht darin, ihr aus dem Weg zu gehen, sondern sie zu suchen.[48] Polizisten wie er sind Prototypen für die gewaltbereite Elite, die man auch auf anderen Gebieten findet.

Wer gewinnt?

Damit kommen wir zur Elite der Eliten: zu denjenigen, die nicht nur am häufigsten Gewalt ausüben, sondern wirklich kompetent darin sind. Meine These lautet, dass diese Kompetenz nicht nur eine Frage von gutem Sehvermögen und schnellen Reflexen ist, sondern eine soziale Kompetenz, andere zu kontrollieren. Mit anderen Worten: Was die gewaltbereite Elite auszeichnet, sind vor allem ihre situativen Taktiken auf der Mikroebene, mit deren Hilfe sie die Konfrontationsanspannung und -angst überwinden.

---

47 Ein Polizeibeamter, der in drei Schießereien mit Todesfolge verwickelt war, beschreibt, wie er sich nach einer der Schießereien gefühlt hat: »Ich habe ein enormes Hochgefühl empfunden. Es war wie ein Rausch, ich hatte so etwas noch nie erlebt. Hey, er hat versucht, mich umzubringen, aber ich war schneller. Zum Teufel mit ihm. Und ich weiß noch, als die Sanitäter sich über ihn beugten, da dachte ich: Ich will gar nicht, dass ihr ihn rettet« (Artwohl/Christensen, *Deadly Force*, S. 164). Dieser Polizist hatte sich freiwillig gemeldet, um in vorderster Linie an Hausdurchsuchungen seines SWAT-Teams teilzunehmen. Seine Frau hatte ihn zeitweise überredet, nicht mehr an vorderster Front zu stehen, aber schon bald kehrte er an seine alte Position zurück (ebenda, S. 171).

48 In den 1990er Jahren wurden jährlich etwa 65 Polizisten im Dienst getötet, zumeist mit Schusswaffen. In einem Zeitraum von zehn Jahren wurden Zehntausende angegriffen, Tausende überlebten eine Schussverletzung (»Law enforcement officers killed and assaulted«, FBI Uniform Crime Reports 2000, sowie Geller/Scott, *Deadly Force*). Diese Zahlen belegen, dass Polizisten in den meisten derartigen Begegnungen die Oberhand behalten. Die Fälle, in denen sie Verdächtigen überlegen sind, stehen in einem Verhältnis von circa 10–15 zu 1, beim Schusswaffengebrauch beträgt es etwa 10 zu 1. Besonders gewaltbereite Polizisten sehen sich selbst in großer Gefahr, aber implizit haben sie sich selbst auf diesem Gebiet auf ein hohes Maß an Dominanz festgelegt.

Scharfschützen beim Militär: Versteckt und ganz in die Technik vertieft

Scharfschützen sind im Wesentlichen ein Phänomen des 20. Jahrhunderts. Bis zur Mitte des 19. Jahrhunderts waren Vorderladergewehre mit glattem Lauf üblich, deren Treffsicherheit ungenau war und die zu umständlich zu laden waren, als dass man sie jenseits geschlossener Schlachtreihen effektiv einsetzen hätte können. Ihre Zielgenauigkeit ging über 100 Meter nicht hinaus, Schlachten wurden oft aus einer Distanz von 30 Metern oder weniger geschlagen.[49] Bis zum Jahr 1900 war aufgrund technischer Fortschritte jede bedeutende Armee mit Hinterladergewehren mit gezogenem Lauf ausgestattet. Mit solchen Gewehren konnte man Ziele in 1000 oder sogar 2000 Metern Entfernung treffen. Allerdings brauchte der Schütze für weiter als 300 Meter entfernte Ziele ein Zielfernrohr. Bodentruppen teilten sich auf in die Masse der Infanterie, die vergleichsweise schlecht zielte und aus geringer Entfernung schoss, und eine kleine Zahl von Scharfschützen.

Der Prozentsatz der Scharfschützen war schon immer vergleichsweise niedrig, in der Größenordnung von 1 Prozent der Infanterie oder weniger, maximal etwas über 2 Prozent.[50] Für diese kleine Zahl gibt es verschiedene Erklärungen. Zum einen brauchen Scharfschützen eine Spezialausrüstung (Zielfernrohre, spezielle Gewehre und Munition), die eine Armee erst einmal zur Verfügung stellen muss, was aber erstens teuer ist und zweitens logistische Probleme aufwirft. Zum anderen, und vielleicht der wichtigere Umstand, wurden Scharfschützen von Offizieren (und auch von den einfachen Soldaten) oft schief angeschaut, weil ihnen diese Art der Kriegführung, wenngleich offensichtlich hoch effektiv, nicht sonderlich behagte. Unabhängig davon, welche praktischen, organisatorischen oder ideologischen Gründe den Ausschlag geben mochten, pendelte sich der Anteil der Scharfschützen in den verschiedenen Armeen auf einem ähnlichen Niveau ein.

Die Effektivität von Scharfschützen wird häufig überschätzt, indem man sich zu stark auf die erfolgreichsten konzentriert. Die erfolgreichsten Scharfschützen aller Zeiten – mit 400 und über 500 Opfern – waren zwei Finnen während der russischen Invasion in Finnland 1939/40. Sie waren durch ihre weiße Kleidung in der Winterlandschaft praktisch unsichtbar und drangen auf Skiern hinter die russischen Linien vor. Der beste Scharfschütze des Ersten Weltkrieges war

49 Pegler, *Military Sniper*, S. 5; Griffith, *Battle Tactics*, S. 146–150.
50 Pegler, *Military Sniper.*

ein Kanadier, der an der Westfront 376 Soldaten getötet haben soll. Im Zweiten Weltkrieg töteten die beiden besten deutschen Scharfschützen an der Ostfront jeweils über 300 Opfer. Auf sowjetischer Seite war die beste Schützin eine Frau mit 309 erfolgreichen Schüssen. Andere Spitzenscharfschützen in bestimmten Armeen erreichten weitaus geringere Zahlen. Der beste amerikanische Scharfschütze in Vietnam tötete 113 Menschen. Allgemein gelten mehr als 40 erfolgreiche Schüsse als bemerkenswert.[51]

Der durchschnittliche Scharfschütze trifft sehr viel seltener. Im Ersten Weltkrieg töteten die 24 Angehörigen einer aus Südafrikanern bestehenden Scharfschützen-Eliteeinheit (allesamt Großwildjäger) im Durchschnitt jeweils 125 Deutsche. Über einen Zeitraum von zweieinhalb Jahren gerechnet, macht das vier pro Monat. Scharfschützeneinheiten in anderen Armeen lagen im Schnitt irgendwo zwischen einem Todesschuss pro Monat und einem pro Vierteljahr. Russische Scharfschützinnen töteten während des gesamten Zweiten Weltkrieges durchschnittlich jeweils acht Soldaten.[52] Spitzen-Scharfschützen, die auf 300 bis 500 Todesschüsse kommen, gibt es in einer ganzen Armee mit Hunderttausenden von Soldaten nur einen oder zwei, und selbst 100 Opfer schafft höchstens eine Handvoll. Die Zahlen gleichen denen, die man bei den besten Kampfpiloten findet. Solche Spitzenwerte hängen von verschiedenen Bedingungen ab, die über die bloße Motivation und die Fähigkeiten des Killers hinausgehen. Sie setzen einen langen Krieg und eine große Anzahl verfügbarer Ziele voraus.

Eher als an der Gesamtzahl der Getöteten lassen sich die Fähigkeiten dieser Elitekiller an ihrer Treffsicherheit messen. Den Angaben in der Literatur zufolge kommt ein durchschnittlicher Scharfschütze auf einen Toten pro 1,3 Schüssen – bei der normalen Infanterie im Ersten Weltkrieg lag dieser Wert bei 7000, in Vietnam bei 25000 Schüssen aus Handfeuerwaffen.[53] Seit einigen Jahrzehnten gilt in der Ausbildung von Scharfschützen der Grundsatz »Ein Schuss, ein Treffer«. Dieses Ideal hat sich im Zuge technischer Verbesserungen entwickelt, vor allem durch bessere Zielfernrohre. Auch hier konzentrieren sich die Geschichten auf Erfolge: Ein Scharfschütze in Vietnam tötete mit

---

51 Pegler, *Military Sniper*, S. 31 und S. 57, sowie *Out of Nowhere*, S. 139f., S. 167 und S. 176–178; Grossman, *On Killing*, S. 109.

52 Berechnet nach Pegler, *Military Sniper*, S. 24 und S. 29, sowie *Out of Nowhere*, S. 140–142 und S. 178; Keegan, *Atlas*, S. 162f.

53 Hay, *Vietnam Studies*.

14 Schüssen 14 vietnamesische Wachposten. Ein Australier (ein ehemaliger Kängurujäger) erschoss in Neuguinea innerhalb einer Viertelstunde mit 12 Schüssen 12 heranstürmende Japaner – ein Sonderfall, bei dem die Ziele ungewöhnlich exponiert waren und die Entfernung gering. Nur selten liest man in Kriegsberichten von Fehlschüssen: Bei einem Amerikaner, der während des Zweiten Weltkrieges im Pazifik erstmals als Scharfschütze zum Einsatz kam, waren zwei von fünf Schüssen ein Treffer. Ein amerikanischer Scharfschütze in Vietnam berichtete von einem schwierigen Schuss aus 1300 Metern Entfernung, bei dem er fünfmal verfehlte und erst beim sechsten Mal traf. In Nordirland feuerten zwei britische Scharfschützen aus einer Distanz von 1100 Metern auf einen Hinterhalt der IRA. Zehn von 83 Kugeln erreichten ihr Ziel.[54]

Nach dem »Ein Schuss, ein Treffer«-Ideal ist unter optimalen Bedingungen ein Kopfschuss aus 350 Metern Entfernung möglich, ein Treffer des Rumpfes aus 500 bis 700 Metern. Die Ansprüche sind mit Verbesserungen des Materials gestiegen. Aus den Schützengräben des Ersten Weltkrieges waren zielgenaue Schüsse jenseits von 250 bis 350 Metern kaum möglich. Die meisten Treffer wurden aus einer Distanz von unter 200 Metern erzielt. Die besseren Zielfernrohre des Zweiten Weltkrieges waren theoretisch bis zu 700 Metern zielgenau, aber die meisten Scharfschützen beschränkten sich auf Ziele bis zu 350 Metern Entfernung, und selbst die Besten trafen jenseits von 500 Metern nur selten, obwohl in Einzelfällen Treffer aus 900 Metern erzielt wurden.[55] Dank High-Tech-Ausrüstung kam es im Golfkrieg 1991 und im Afghanistankrieg 2002 vereinzelt zu Treffern aus Rekordentfernungen von 1500 Metern oder mehr. Aber das »Ein Schuss, ein Treffer«-Ideal ist nach wie vor auf eine Elite beschränkt, die mit stark vergrößernden Zielfernrohren und auf eine Distanz von maximal 600 Metern operiert.

Diesem Ideal stehen zahlreiche Einschränkungen und Hindernisse entgegen, auf die man nur bedingt Einfluss hat. Manchmal versagen Waffen aufgrund von Verschleiß, Schmutz oder Feuchtigkeit. Zielfernrohre können beschlagen. Der Wind kann Kugeln von ihrem Kurs abbringen. Luftspiegelungen erschweren vor allem in Wüsten die Abschätzung der Distanz, und auch extreme Kälte bleibt nicht ohne Fol-

---

54 Pegler, *Military Sniper*, S. 48, und *Out of Nowhere*, S. 28, S. 211, S. 224 und S. 286.

55 Pegler, *Military Sniper*, S. 22–31.

gen für die Ballistik. Im Dschungel oder anderen dicht bewaldeten Gebieten ist die Sicht eingeschränkt. Voraussetzung für eine hohe Zielgenauigkeit und Trefferquote sind daher optimale Bedingungen, wie man sie vor allem in offenem Terrain findet, etwa auf landwirtschaftlich genutztem Land oder zwischen beschädigten Gebäuden, so dass Scharfschützen einerseits Deckung finden und andererseits nahe an feindliche Stellungen herankommen. Die besten Bedingungen finden Scharfschützen deshalb in Stellungskriegen und in vergleichsweise statischen Häuserkämpfen vor, wie sie an der Ostfront im Zweiten Weltkrieg die Regel waren.

Der Erfolg eines Scharfschützen hängt nicht nur von seiner Treffsicherheit ab. Scharfschützen positionieren sich häufig im Niemandsland oder in der Nähe feindlicher Linien. Das erfordert das Finden oder Anlegen geeigneter Verstecke und sorgfältige Tarnung sowie das Vermeiden aller verräterischen Anzeichen wie Bewegung, sichtbaren Hauch beim Ausatmen, Rauch oder Lichtreflexe von Waffen oder anderen Ausrüstungsgegenständen. Wie so oft bei erfolgreicher Gewaltausübung fallen Scharfschützen in der Regel vorübergehend schutzlose oder unaufmerksame Menschen zum Opfer – Offiziere, Artilleristen und Maschinengewehrschützen. Weil sie so plötzlich und unerwartet angreifen, sind Scharfschützen die am meisten gefürchteten und verhassten Gegner. Wenn sie in Gefangenschaft geraten, werden sie nahezu ausnahmslos an Ort und Stelle exekutiert. Das verstößt zwar gegen das Kriegsrecht, doch gilt den meisten die Tätigkeit von Scharfschützen an sich bereits als Verstoß zumindest gegen den Geist des Kriegsrechts.[56] Artilleriesoldaten dagegen, auf deren Konto die meisten Toten gehen, begegnet niemand besonders feindselig.

56 Pegler, *Out of Nowhere*, S. 17–20 und S. 239. Daher geraten Scharfschützen, deren Position bekannt ist, unter heftigen Beschuss, unter Umständen sogar durch Artillerie oder Flugzeuge. Effektiver ist es, mit Scharfschützen gegen Scharfschützen vorzugehen, denn diese können ihr eigenes Insiderwissen über die Kunst der Tarnung einsetzen, um den Gegner zu lokalisieren und ihn mit Hilfe eines gut platzierten Schusses auszuschalten. In einem Stellungskrieg mit festgefahrenen Fronten und einer Vielzahl guter Scharfschützen auf beiden Seiten kann es zu einem Kampf der Scharfschützen untereinander kommen, der mit hohen Verlusten verbunden ist. Das ist ein Krieg zwischen zwei Eliten. In der Welt des Verbrechens kämpfen im Normalfall die härtesten Jungs nicht gegeneinander. Die hohen Verluste beim Aufeinandertreffen von Scharfschützen, die in den Weltkriegen 90 bis 100 Prozent erreichten (Pegler, *Military Sniper*, S. 58, sowie *Out of Nowhere*, S. 140–142), lassen erahnen, was dann passieren würde.

Scharfschützen sind wie erwähnt oft sogar in den eigenen Reihen unbeliebt oder werden doch mit einem gewissen Argwohn beäugt. Ein Offizier in einer britischen Scharfschützeneinheit im Ersten Weltkrieg berichtete, dass die Fußsoldaten die Scharfschützen mieden, »denn etwas an ihnen unterschied sie von gewöhnlichen Menschen und war den Soldaten unangenehm«.[57] Im Zweiten Weltkrieg wurden sie manchmal von anderen Soldaten ausgebuht. Amerikanische Scharfschützen in Vietnam wurden mit den Worten begrüßt: »Seht mal, die Mord GmbH.« Auch die High-Tech-Ausrüstung von Scharfschützen des späten 20. Jahrhunderts änderte nichts an dieser Einstellung. Die Scharfschützenabteilung eines britischen Bataillons wurde Ende der 1980er Jahre als »Leprakolonie« bezeichnet.[58] Zum Teil lag dieser Mangel an Solidarität an den Sonderrechten und Privilegien der Scharfschützen. Sie genossen eine ungewöhnliche Bewegungsfreiheit und konnten Ort und Zeit ihres Einsatzes selbst bestimmen, und meist trugen sie eigentümliche Uniformen, die durch ihre Vorliebe für extreme Formen der Tarnung noch bizarrer wurden. Vor allem jedoch waren sie emotional distanziert. Sie waren in der Regel weniger umgänglich, reservierter als andere Soldaten, und ihr Vertieftsein in ihre Technik verlieh ihnen den Ruf von kaltblütigen Killern.

Nicht nur die Soldaten verhielten sich Scharfschützen gegenüber kühl und feindselig. Traditionelle Offiziere waren zu Beginn der beiden Weltkriege skeptisch, was die Notwendigkeit von Scharfschützen anging. Der Aufbau von Scharfschützeneinheiten erfolgte zunächst nur zögerlich. Auch für Offiziere bewegten sich Scharfschützen außerhalb der gewöhnlicher Taktik und dem Ehrenkodex von Soldaten, die sich auf dem Schlachtfeld Auge in Auge gegenüberstehen und sich als Ausgleich für den Versuch, den Feind zu töten, zumindest zu einem gewissen Grad selbst in Gefahr begeben. Es zeigte sich, dass es auch unter Scharfschützen zahlreiche Tote gab. Aber ihre Art der Kriegführung – aus der größtmöglichen Deckung heraus zu schießen und den Augenblick der direkten Konfrontation mit einem ebenso gefährlichen Gegner zu vermeiden – erschien vielen ein Verstoß gegen die Soldatenehre. So überrascht es nicht, dass Scharfschützen, deren Ausbildung und Ausrüstung zu Beginn jedes Krieges hastig improvisiert wurden, nach Kriegsende ebenso rasch wieder von der Bildfläche verschwanden.

---

57 Zit. n. Pegler, *Out of Nowhere*, S. 20f.
58 Ebenda, S. 21–23.

In der Tat muss ein Scharfschütze kühl und überlegt zu Werke gehen. Erfolgreiche Scharfschützen bewegen sich langsam und geduldig, arbeiten sich zu einer günstigen Position vor, wo sie gut getarnt sind, und feuern im Normalfall pro Tag nur wenige Schüsse ab. Zum Teil dienen diese Sicherheitsvorkehrungen dazu, die Position ihres Verstecks nicht zu verraten, aber hinter dieser Arbeit im Verborgenen steckt auch ein offensiver Ansatz: Sie warten darauf, dass ein mögliches Ziel in ihrer Reichweite auftaucht, um genau im richtigen Moment abzudrücken. Daher kommt es selten vor, dass ein Scharfschütze viele Menschen an einem Tag tötet. Die meisten Scharfschützen warten einen Monat oder länger auf ein Ziel. Allerdings erreichen an der gleichen Front manche Scharfschützen höhere Zahlen als andere. Diese Ultra-Elitekiller sind nicht nur Meister der Tarnung, sondern suchen offensiv nach möglichen Zielen. Der durchschnittliche Scharfschütze dagegen lässt schon aus technischen Gründen jede Menge Schussgelegenheiten aus.

Scharfschützen werden nicht nur danach ausgewählt, wie gut sie schießen – obwohl das natürlich im Normalfall der Ausgangspunkt für diese Ausbildung ist. Einer Schätzung zufolge werden 25 Prozent als ungeeignet aussortiert. Außerdem sind die besten Schützen am Schießstand nicht immer genauso erfolgreich, wenn es darum geht, lebende Zielscheiben zu treffen – in einer Kampfsituation, in der man sich seine Ziele selbst suchen und sich ihnen bis auf Schussweite nähern muss. In dieser Hinsicht sind gute Scharfschützen wie Flieger-Asse, die ein potenzielles Ziel schneller wahrnehmen als andere. Der Unterschied zwischen einem erstklassigen Schützen und einem Scharfschützen wird oft als eine Frage des Temperaments beschrieben. Hitzköpfe, die die Konfrontation suchen, geben keine guten Scharfschützen ab.[59]

Was also ist die Voraussetzung für den Erfolg? Scharfschützen operieren zwar unabhängig von den anderen Soldaten, aber nicht ohne ein soziales Netz. Manche sind als Einzelkämpfer unterwegs, doch die meisten bilden Teams aus zwei bis drei Personen. In der Regel ist einer mit einem Teleskop bewaffnet und fungiert als Aufklärer für den eigentlichen Scharfschützen. Eventuell gibt ihnen ein Dritter Deckung, der mit konventionellen automatischen Waffen ausgerüstet ist. Es gibt also eine Parallele zu Waffen, die von mehreren Soldaten

---

59 Ebenda, S. 121, S. 243 und S. 303.

bedient werden müssen, jenem Typ, mit dem S. L. A. Marshall zufolge die meisten Schüsse abgegeben werden.[60]

Wie jeder andere, der Gewalt ausübt, muss auch ein Scharfschütze die Konfrontationsanspannung und -angst überwinden. Erleichtert wird ihm das dadurch, dass er aus der für Handfeuerwaffen größtmöglichen Distanz schießt. In der Regel ist er 250 bis 350 Meter vom Ziel entfernt. Aus dieser Entfernung kann man auf die Beine eines stehenden Mannes zielen, aber der Kopf ist auf dem Oberkörper kaum zu erkennen. Aus 150 Metern – ziemlich nah für einen Scharfschützen – sieht man die Augenlinie, aus 75 Metern ist das Gesicht deutlich zu erkennen, und die Augen sind zwei einzelne Punkte. Aus einer größeren Distanz von 550 Metern kann man die Farben von Kleidungsstücken nicht unterscheiden (mit Ausnahme von Weiß). Aus 750 bis 900 Metern Entfernung sieht man eine Gruppe von Soldaten als schmalen Strich.[61] Scharfschützen schießen also aus einer Distanz, aus der man die normalen Anzeichen einer direkten Konfrontation, einschließlich der emotionalen Reaktionen, nicht sehen kann.

Meist verwenden Scharfschützen Zielfernrohre mit einer drei- bis zehnfachen Vergrößerung, so dass sie in der Regel das Gesicht des Opfers sehen können, wenn nicht gar die Augen. Aber trotz Zielfernrohr unterscheidet sich die Interaktion psychologisch von anderen. Es besteht keinerlei Möglichkeit, aufeinander zu reagieren, weil der Gegner den Scharfschützen nicht sehen kann, von seinem Gesicht und seinen Augen ganz zu schweigen. Es fehlen die grundlegenden Charakteristika sozialer Interaktion – die Tendenz, sich auf einen gemeinsamen Fokus zu konzentrieren und sich auf eine gemeinsame Stimmung einzuschwingen. Das Schießen mit einem Zielfernrohr zeigt wie ein Experiment unter kontrollierten Bedingungen die Interaktionsdetails auf, die Konfrontationen normalerweise erschweren. Die interaktive Verstrickung entsteht nicht nur dadurch, dass wir die

---

60 Marshall, *Soldaten*.

61 Ein Vergleich, wie menschliche Körper, Gebäude, Bäume etc. aus unterschiedlichen Entfernungen aussehen, findet sich in einem Schaubild für sowjetische Scharfschützen von 1942 (siehe Abb. 10.1). Ähnliche Werte nennt auch ein Handbuch der US-Armee von 1865 (Kautz, *Customs of Service*, S. 241–243). Kautz merkt an, dass man aus 20 bis 25 Metern Entfernung das Weiße im Auge eines Menschen sehen kann. Daher die berühmte Anweisung, die Soldaten im 18. Jahrhundert erhielten, als Gewehre noch sehr ungenau waren: »Schießt, wenn ihr das Weiße im Auge des Feindes erkennen könnt.«

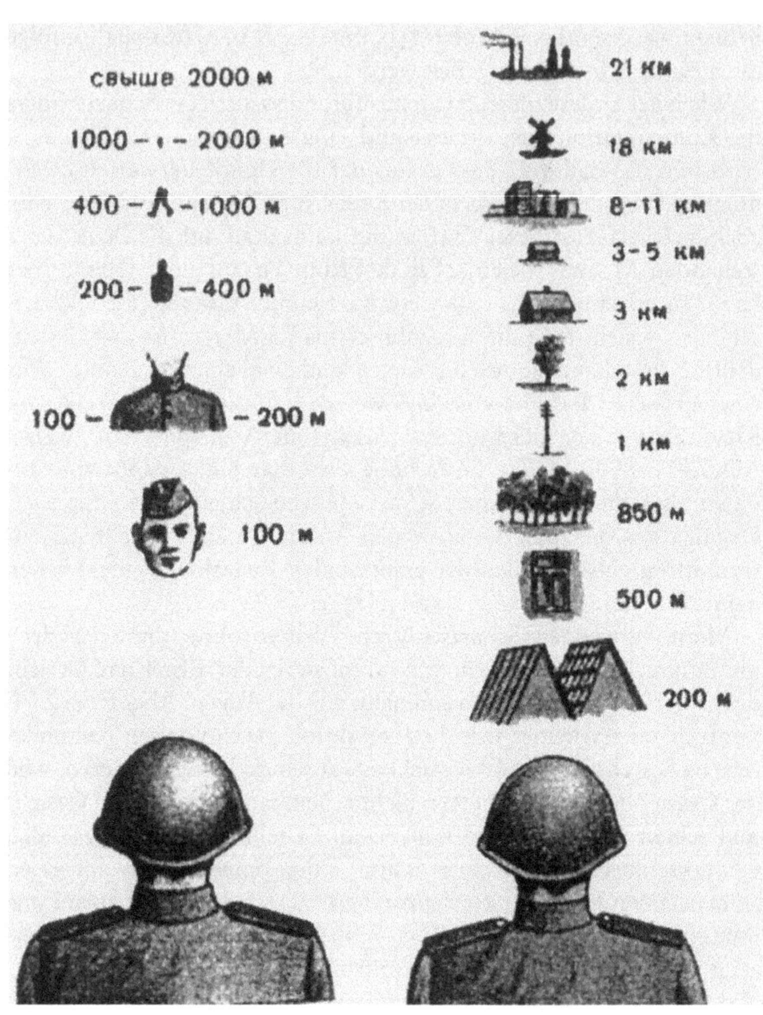

Abb. 10.1 Sichtbarkeit von Zielen aus unterschiedlichen Entfernungen: sowjetisches Handbuch für Scharfschützen von 1942.

Augen unseres Gegenübers sehen, sondern auch durch das Bewusstsein auf beiden Seiten, dass jeder die Augen des anderen sieht.

Im Zentrum der Technik eines Scharfschützen steht, mehr noch als seine Schießkünste, die Kunst der Tarnung. Scharfschützen setzen ihre Unsichtbarkeit nicht nur als Schutz vor Vergeltung ein, sondern als Angriffswaffe. Sie dient dazu, die Interaktion asymmetrisch zu gestalten. Die Fähigkeit, sich zu verstecken und zu tarnen, steht somit im Mittelpunkt der sozialen Identität von Scharfschützen. In dieser Hinsicht ähneln sie Profikillern oder Terroristen. Die aufwendige Tarnung ist der Grund für ihren Ruf, »feige« oder doch aus der Sicht anderer Sodaten nicht ganz ehrenhaft zu sein.

Außerdem konzentriert sich ein Scharfschütze nicht in der gleichen Weise auf die Konfrontation wie jemand, der in eine Schlägerei verwickelt ist oder in einer Schlacht kämpft. Ein Scharfschütze tritt nicht mit seinen Feindseligkeiten, Ängsten und dem Drang, zu kämpfen oder zu fliehen, in einen Machtkampf ein, sondern er setzt seinen eigenen Zeitrahmen und wartet geduldig auf eine gute Gelegenheit. Jegliche Anspannung wird überlagert von der Konzentration auf technische Details: die Abschätzung der richtigen Distanz, der Windgeschwindigkeit, des Höhenwinkels und anderer Faktoren, die die Flugbahn beeinflussen. Anstatt sich auf den Feind als menschliches Wesen zu fokussieren oder überhaupt als Gegner, konzentriert er sich darauf, seine Waffe korrekt auszurichten. Wenn Scharfschützen von einem Schuss erzählen, dann sprechen sie vor allem über technische Details, die sie in der Ausbildung gelernt haben und die sie sich jetzt in Erinnerung rufen und so sorgfältig wie möglich umsetzen. Diese Technikbesessenheit entrückt die Situation in eine Ruhezone, wo sie fast völlig entpersonalisiert und aller mit dem Töten verbundenen Gefühle entkleidet ist. Martin Pegler zitiert einen britischen Scharfschützen, der 2003 im Irak eingesetzt war:

> Ich wusste, dass ich nur einen einzigen Schuss hatte und genau im richtigen Winkel feuern musste. Es war heiß, und der Wind wehte kräftig und gleichmäßig von links, als wir uns bis auf 860 Meter an das Ziel heranschlichen. Ich hatte freie Schussbahn auf meinen Mann. [...] Kopf und Oberkörper waren ohne Deckung. Dann machte ich alles so, wie wir es trainiert hatten, und nahm die perfekte Position ein. Ich habe mich so sehr konzentriert, dass ich keine Zeit hatte, daran zu denken, dass er ein Mensch war, den ich gleich töten würde. Er war einfach nur eine weit entfernte Gestalt, die in meinem Zielfernrohr zehnfach vergrößert erschien.«[62]

Der Bedacht, mit dem Scharfschützen vorgehen, markiert das eine Ende eines Kontinuums, an dessen anderem Ende direkte Auseinandersetzungen auf kurze Distanz stehen. Wie das folgende Beispiel zeigt, kann Gewalt vollkommen neutralisiert werden, wenn die Beteiligten so abrupt in die Konfrontation hineinstolpern, dass keiner Seite

62 Pegler, *Out of Nowhere*, S. 316.

Zeit bleibt, in den Tötungsmodus hineinzukommen. Im Jahr 1944, während der Kämpfe zwischen den Wallhecken der Bocage in der Normandie, »bog ein GI um die Ecke und stand plötzlich vor einem ebenso überraschten Deutschen. Sie standen sich auf Armeslänge gegenüber, aber keiner von beiden schaffte es, zu schießen. Der GI rief: ›Los! Sieh zu, dass du die Kurve kratzt!‹, und der Deutsche machte sich davon.«[63]

Ein Polizist beschrieb eine ähnliche Situation, bei der noch die Einschränkung des Hörsinns in der Hitze des Gefechts hinzukam:

> Mein Partner und ich hatten einen Bankräuber bis zu einem unbebauten Grundstück verfolgt, das von Büschen und Bäumen überwuchert war. Stan rannte eine lange Hecke entlang, während ich in die andere Richtung lief, um dem Verdächtigen den Weg abzuschneiden, falls Stan ihn aufscheuchen sollte. Als ich um die Ecke bog, hörte ich den Schuss. Es war kein lauter Knall wie auf dem Schießstand. Nur ein leises »Plop«. Ich weiß noch, wie ich mich an den Ästen eines riesigen Baumes vorbeiquetschte und dachte, das kann kein Schuss gewesen sein, das muss etwas anderes gewesen sein. Und dann stand ich plötzlich Auge in Auge mit dem Verdächtigen. Er hatte sich ebenfalls durch die Äste gezwängt und kam auf mich zu, die Pistole genau auf mich gerichtet. Wir blieben beide wie angewurzelt stehen.
>
> Es dauerte wahrscheinlich nicht länger als eine Sekunde, aber ich erinnere mich genau an diesen Augenblick. Wir standen etwa eineinhalb, zwei Meter auseinander, und er sah genauso überrascht aus wie ich selbst vermutlich auch. Er hatte ein gebatiktes T-Shirt an, war groß und hatte einen Lockenkopf. Dann wichen wir beide zurück, und die Äste versperrten mir die Sicht.[64]

Wie sich herausstellte, hatte der Bankräuber tatsächlich auf den Partner des Polizisten geschossen. Trotzdem war er zu überrascht, um noch einmal abzudrücken, als er plötzlich jemandem Auge in Auge gegenüberstand. Minuten später trafen die beiden noch einmal aufeinander, diesmal in einer Entfernung von 25 Metern. Beide zielten auf den anderen, und der Polizist schoss zuerst.[65]

---

63 Zit. n. ebenda, S. 253.

64 Artwohl/Christensen, *Deadly Force*, S. 40f.

65 Ardant du Picq, *Battle Studies*, S. 8, nennt ein Beispiel aus dem Krimkrieg. In unebenem Gelände standen sich zwei kleine Gruppen von Soldaten ohne Offiziere plötzlich in einer Entfernung von zehn Schritt gegenüber. Ohne zu den Waffen zu greifen, traten beide Seiten den Rückzug an und bewarfen sich dabei gegenseitig mit Steinen. Erst als weitere Soldaten hinzukamen und die eine Seite Hals über Kopf die Flucht ergriff, fasste sich die andere Seite wieder und feuerte auf den fliehenden Feind. Ardant du Picq stellte dieses Beispiel an den

Die Interaktionsstrategie von Scharfschützen ist darauf ausgelegt, Situationen wie diese zu umgehen. Ihr Erfolg beruht darauf, Konfrontationen geschickt zu vermeiden, während sie gleichzeitig aggressiv nach möglichen Zielen suchen.

Flieger-Asse: Aggressiv die Initiative ergreifen

Eines der besten Beispiele für die Konzentration von effektiver Gewalt in den Händen einiger weniger sind Kampfpiloten. Im Ersten Weltkrieg wurden die Flieger-Asse berühmt, Piloten, die fünf oder mehr feindliche Flugzeuge abgeschossen hatten. Über die Erfolge von Jagdfliegern wurde eifrig Buch geführt. Von den amerikanischen Kampfpiloten vom Ersten Weltkrieg bis zum Koreakrieg zählte weniger als ein Prozent zur Kategorie der Flieger-Asse, doch auf deren Konto gingen 37 bis 68 Prozent der in Luftkämpfen abgeschossenen feindlichen Maschinen. Die Mehrheit der Piloten schoss kein einziges Flugzeug ab.[66] Die Ursache dafür war eine Kombination aus mangelnder Treffsicherheit – das Muster der inkompetenten Gewaltausübung – und gänzlich fehlendem Schusswaffengebrauch – siehe Marshalls geringe Zahl derer, die überhaupt schießen. Im Koreakrieg setzte die Hälfte der amerikanischen Kampfpiloten »niemals ihre Geschütze ein, und von denen, die geschossen hatten, hatten nur 10 Prozent irgendetwas getroffen«.[67] Spitzenpiloten waren nicht nur gute Schützen, sondern suchten besonders aggressiv nach möglichen feindlichen Zielen.[68]

Anfang seiner Abhandlung über den Krieg, um zu betonen, wie wichtig das Überraschungsmoment für einen erfolgreichen Angriff ist – sich einen Vorteil zu verschaffen, indem man dem Gegner die eigene emotionale Dynamik aufzwingt. Jemand, der überrascht ist, kann sich nicht verteidigen. Wenn beide Seiten überrascht sind, sind beide außerstande, ernsthaft Gewalt auszuüben.

66 Am Ersten Weltkrieg nahmen etwa 1050 amerikanische Piloten teil, die etwa 780 bis 850 feindliche Flugzeuge abschossen, also etwas weniger als eines pro Pilot. Etwa 8 Prozent von ihnen – eine ungewöhnlich hohe Zahl – waren Flieger-Asse, und diese kamen auf die ebenfalls hohe Zahl von 68 Prozent der abgeschossenen feindlichen Maschinen. Im Zweiten Weltkrieg gab es etwa 1200 Flieger-Asse. Bei einer Gesamtzahl von 125 000 bis 135 000 Jagdfliegern entspricht das weniger als einem Prozent. Elitepiloten mit zehn oder mehr Abschüssen machten 0,1 Prozent aus (berechnet nach Gurney, *Five Down*, S. 83, S. 158–163, S. 187–207, S. 226f., S. 254, S. 256–265 und S. 270–272; Keegan, *Atlas*, S. 139; Dyer, *War*).

67 Bourke, *Intimate History*, S. 62.

68 Schätzungen für den Zweiten Weltkrieg besagen, dass selbst die besten Piloten nur bei jedem dritten Einsatz schossen (Toliver/Constable, *Fighter Aces*, S. 348).

Ähnliches gilt für die Luftstreitkräfte anderer Länder. 60 Prozent der Luftkämpfe, die die britische Royal Air Force im Zweiten Weltkrieg für sich entscheiden konnte, wurden von 5 Prozent der Piloten gewonnen. 0,2 Prozent der Kampfpiloten konnten zehn oder mehr Siege verbuchen. Der Anteil japanischer Piloten, die im Zweiten Weltkrieg auf 20 Abschüsse oder mehr kamen, lag deutlich unter 0,5 Prozent. In der sowjetischen Luftwaffe lag dieser Anteil bei maximal 0,3 Prozent. Die Voraussetzungen dafür, als Flieger-Ass zu gelten, waren von Luftwaffe zu Luftwaffe unterschiedlich, je nachdem, wie hoch die jeweils höchsten Abschussziffern lagen.[69] Eine Klasse für sich waren die deutschen Jagdflieger im Zweiten Weltkrieg. Die beiden besten Piloten kamen auf über 300 Abschüsse, weitere 13 auf über 200.[70] Wie wir sehen werden, hatten diese extrem hohen Zahlen mit besonderen Umständen an der Ostfront zu tun.

Über die Trefferquote von Kampfpiloten gibt es keine Zahlen, die mit denen über Scharfschützen vergleichbar wären, aber man kann etwas über die Zahl der pro Feindflug oder pro Monat durchschnittlich abgeschossenen Flugzeuge sagen. Die höchste Erfolgsquote erzielten die besten deutschen Flieger-Asse des Zweiten Weltkriegs. Otto Kittel hat 583 Einsätze geflogen und dabei 267 Flugzeuge abgeschossen, war also in 46 Prozent seiner Einsätze erfolgreich. Andere Spitzenpiloten mit über 200 Abschüssen kamen auf Erfolgsquoten von 22 bis 44 Prozent. Erich Hartmann, mit 352 Abschüssen das erfolgreichste Flieger-Ass des gesamten Zweiten Weltkrieges, hatte mit 1400 Flügen auch die meisten Einsätze, was einer Erfolgsquote von circa 25 Prozent entspricht.[71] Ein japanischer Spitzenpilot, Saburo Sakai, konnte bei ungefähr 200 Feindflügen 64 Abschüsse verbuchen, also in 32 Prozent seiner Einsätze.[72] Selbst unter günstigsten Bedin-

---

69 Berechnet nach www.au.af.mil/au/awc/awcgate/aces/aces.htm [16. 9. 2010]; Shore/Williams, *Aces High*, S. 10; Overy, *Air War*, S. 143f.; Mersky, *Time of the Aces*; Boyd, *Soviet Air Force*.

70 Siehe www.au.af.mil/au/awc/awcgate/aces/aces.htm [16. 9. 2010].

71 Siehe www.acepilots.com/german/ger_aces.html [16. 9. 2010]; Toliver/Constable, *Fighter Aces*, S. 348f. Hartmann war an über 800 Luftkämpfen beteiligt, seine Erfolgsquote lag also bei etwa 44 Prozent der Luftkämpfe, aber man kann nichts darüber aussagen, auf wie viele feindliche Flugzeuge er tatsächlich gestoßen ist. Die Zahl der Einsätze ist immer höher als die Zahl der tatsächlichen Luftkämpfe. Aber da Informationen über Letzteres kaum zu bekommen sind, müssen wir uns mit ungefähren Abschussquoten pro Einsatz begnügen.

72 Caidin/Sakai/Saito, *Samurai*.

gungen entspricht die durchschnittliche Trefferquote von Jagdfliegern etwa der von Baseballspielern. In beiden Fällen sind über 40 Prozent rekordverdächtig.

An anderen Kriegsschauplätzen lagen die maximalen Erfolgsquoten niedriger. Major Richard Bong stellte im Pazifikkrieg mit 28 Abschüssen in 142 Einsätzen einen neuen amerikanischen Rekord auf. Das entspricht einem Abschuss bei jedem fünften Feindflug, also in 20 Prozent der Einsätze.[73] J. E. Johnson, der beste Pilot der Royal Air Force, kam im Zweiten Weltkrieg in einem Zeitraum von 54 Monaten auf 38 Abschüsse, also auf knapp einen pro Monat.[74] Das beste Flieger-Ass des Ersten Weltkrieges war der Deutsche Manfred von Richthofen mit 80 Abschüssen in 20 Monaten (ungefähr einem pro Woche). Das beste amerikanische Flieger-Ass, Eddie Rickenbacker, erzielte 24 Abschüsse in etwas mehr als einem Jahr (ungefähr zwei pro Monat).[75]

Insgesamt flogen Kampfpiloten der U.S. Navy im Zweiten Weltkrieg 146465 Einsätze. Daraus ergibt sich, dass ein durchschnittlicher Pilot in 6,3 Prozent seiner Einsätze ein feindliches Flugzeug im Luftkampf abgeschossen hat.[76] Man kann die Schlagkraft einer Luftwaffe auch auf umgekehrtem Weg abschätzen, sind die Verluste der einen Seite doch die Erfolge der anderen. Im Lauf des Zweiten Weltkrieges flogen Jagdflieger der Royal Air Force auf dem europäischen Kriegsschauplatz 1695000 Einsätze. Die Verluste betrugen dabei 0,6 Prozent pro Einsatz. Die amerikanischen Verluste beliefen sich auf 0,8 Prozent pro Einsatz.[77] Stellt man in Rechnung, dass ein Teil dieser

---

73 Gurney, *Five Down*, S. 113.

74 *Daily Telegraph*, 1. 2. 2001.

75 Gilbert, *First World War*, S. 290f., 415; Gurney, *Flying Aces*. Solche Aufrechnungen sind ausgesprochen nationalistisch und vermitteln oft ein verzerrtes Bild. Die besten französischen und britischen Flieger-Asse kamen auf 75 beziehungsweise 73 Abschüsse. Insgesamt wurde der Amerikaner Rickenbacker von acht Franzosen, über 15 Briten und mehr als 20 Deutschen übertroffen (Gurney, *Flying Aces*, S. 173ff.). Zum Teil geht dieser Unterschied darauf zurück, dass diese Länder mehr als doppelt so lang am Luftkrieg beteiligt waren: Zu Luftkämpfen kam es ab Juli 1915 und verstärkt ab 1916.

76 Berechnet nach Gurney, *Five Down*, S. 270f. Dieser Wert von 6,3 Prozent ist eine Maximalschätzung. Ein unbekannter (aber vermutlich weitaus kleinerer) Teil der Flugzeuge wurde von Bomberpiloten abgeschossen. Da im Übrigen 40 Prozent der abgeschossenen feindlichen Maschinen auf das Konto von Flieger-Assen gehen, verbleiben für den durchschnittlichen Piloten etwa 4 Prozent.

77 Keegan, *Atlas*, S. 139.

Verluste auf das Konto der Flugabwehr am Boden ging, so lagen die Chancen eines deutschen Piloten, im Laufe eines Feindfluges im Luftkampf eines der Flugzeuge abzuschießen, die seine Ziele darstellten, bei einem Prozent oder darunter. Und das gilt für die wohl besten Luftstreitkräfte in diesem Krieg. Die deutsche Luftwaffe erzielte den Großteil ihrer Luftsiege gegen die unterlegenen sowjetischen Luftstreitkräfte. Hier zeigt sich im Großen, was ich weiter unten auf der individuellen Ebene zeigen möchte: Wenn eine gute Luftstreitmacht gegen eine andere gute Luftstreitmacht antritt, kommt es zu vergleichsweise niedrigen Opferzahlen.

Anders als Scharfschützen nahmen Flieger-Asse in der Berichterstattung der Medien breiten Raum ein, und vom Militär wurden sie mit Ehrungen überhäuft. Im Ersten Weltkrieg kannten Piloten die feindlichen Flieger-Asse. Als von Richthofen, der beste deutsche Flieger, 1917 schließlich abgeschossen wurde, wurde er hinter den britischen Linien mit allen militärischen Ehren begraben. Und bei der Beerdigung eines anderen deutschen Flieger-Asses hinter den deutschen Linien warfen britische Piloten Kränze ab.[78] Im Zweiten Weltkrieg waren amerikanische Flieger-Asse unter japanischen und deutschen Soldaten mit Namen bekannt und wurden als Kriegsgefangene gut behandelt – ganz im Gegensatz zu Scharfschützen, die in allen Armeen verhasst waren und wie erwähnt in der Regel umgehend hingerichtet wurden, wenn sie in Gefangenschaft gerieten.

Kampfpiloten stiegen schnell zu den perfekten Kriegshelden auf. Viele amerikanische Piloten meldeten sich zu Beginn der beiden Weltkriege begeistert freiwillig für die französischen und britischen Luftstreitkräfte, ehe die USA offiziell in den Krieg eintraten. Verwaltungstätigkeiten waren unter Kampfpiloten unbeliebt, und manchmal stahlen sie sich unter Missachtung der Vorschriften davon, um zu fliegen. Ihre Motivation war keine politische oder patriotische. Sie wollten sich hauptsächlich durch heroische Taten hervortun. Zu Zeiten des Ersten Weltkrieges und bis in die 1930er Jahre waren Piloten häufig Kunstflieger oder Rennfahrer, die von der öffentlichen Vorführung ihrer Künste lebten. So kam es nicht von ungefähr, dass manche Jagdgeschwader im Ersten Weltkrieg als »Flying Circus« bezeichnet wurden. Luftkämpfe fanden in Höhen von weniger als einem Kilometer statt und wurden manchmal angekündigt, so dass sich am Boden Zu-

78 Gurney, *Flying Aces*, S. 65 und S. 75.

Abb. 10.2 Amerikanische Piloten im Ersten Weltkrieg mit dem Abzeichen ihres Geschwaders, dem »Fliegenden Zylinder«.

schauer einfanden. Die Flugzeuge waren keineswegs getarnt, sondern oft mit leuchtenden Farben lackiert, von Richthofens Geschwader zum Beispiel in Rot (daher der Spitzname »der Rote Baron«). Im Zweiten Weltkrieg gab es unter amerikanischen Piloten das Ritual, bei der Rückkehr zum Stützpunkt für jedes abgeschossene feindliche Flugzeug eine Fassrolle zu fliegen. Das Gegenstück bei der Luftwaffe bestand darin, entsprechend oft mit den Flügeln des Flugzeugs zu wackeln.[79] Dabei wurden luftakrobatische Fähigkeiten zur Schau gestellt, die als entscheidend für den Erfolg im Luftkampf betrachtet wurden.

Warum wurden Flieger-Asse mit Ehren überhäuft, wenn sie im Zweikampf andere töteten, Scharfschützen dagegen im Allgemeinen verunglimpft? Beide schossen aus ungefähr der gleichen Distanz – im Zweiten Weltkrieg in der Regel aus weniger als 250 Metern, aus den langsam fliegenden Maschinen des Ersten Weltkrieges aus noch geringerer Entfernung. Doch während Scharfschützen sich Zeit ließen, um bei bester Sicht durch ihr Zielfernrohr einen guten Schuss abzufeuern, führten Kampfpiloten allerhand Manöver durch, um ihre Gegner für Sekunden von hinten oder von der Seite zu erwischen. Zwar konnten Jagdflieger den feindlichen Piloten manchmal sehen, blickten ihm

79 Gurney, *Five Down*; www.acepilots.com/index.html#top [16.9.2010].

aber genauso wenig ins Gesicht (dafür war die Geschwindigkeit zu hoch, wenn zwei Flugzeuge aneinander vorbeiflogen). Kampfpiloten betrachteten nicht den Piloten als ihr »Opfer«, sondern seine Maschine. Feindliche Piloten konnten sich unter Umständen (ab 1942 per Schleudersitz) in Sicherheit bringen und wurden nicht beschossen, wenn sie am Fallschirm zur Erde segelten.[80] Außerdem lieferten sich geschickte Piloten manchmal minutenlange Kämpfe, in deren Verlauf sie Loopings flogen oder zum Sturzflug ansetzten, um zu verhindern, dass der andere am Schwanz der eigenen Maschine hing – daher der englische Begriff *dogfight*. Sie waren also ganz in einen tödlichen und doch gewissermaßen spielerischen Kampf verstrickt.

Doch diese Interaktionsstruktur wurden Luftkämpfe zum Äquivalent eines begrenzten Kampfes unter Mitgliedern einer vornehmen Elite. Es wurde streng darauf geachtet, dass der Titel »Flieger-Ass« allen verwehrt blieb, die keine vollwertigen Mitglieder dieser Elite waren. Im Zweiten Weltkrieg schossen Bordschützen, die zur Crew eines Bombers gehörten, manchmal genügend feindliche Maschinen ab, um als Flieger-Asse zu gelten, aber bis auf ganz wenige Ausnahmen wurde ihnen dieser Titel nicht zugestanden. Bordschützen waren gemeine Soldaten, keine Offiziere, während praktisch allen Piloten der Rang eines Offiziers verliehen wurde, was Assoziationen an einen »Gentleman« hervorrief.[81] Die Ausnahme, die die Regel bestätigt, bildet die japanische Luftwaffe, in der es das System der Flieger-Asse nicht gab.[82] Die Piloten waren überwiegend einfache Soldaten. Es gab weder eine offizielle Zählung der Abschüsse, noch wurden Orden verliehen. Die höchste Ehre, die einem besonders erfolgreichen *Gekitsui-O* (»Abschusskönig«) zuteil werden konnte, war die posthume Beförderung zum Offizier. Die besten Piloten waren Unteroffiziere, die feindliche Maschinen am Himmel entdeckten und zum Angriff übergingen, so dass die Offiziere, ihre offiziellen Vorgesetzten, nur

---

80 Um ihren Wagemut zu zeigen, verzichteten amerikanische Piloten im Ersten Weltkrieg auf Fallschirme, wie sie von den weniger heroischen Ballon-Besatzungen getragen wurden (Gurney, *Five Down*, S. 23).

81 Der Rekord für die meisten Abschüsse in einem Luftkampf wurde daher Leutnant Paul Lipscomb zugesprochen, der am 11. Januar 1945 sieben japanische Flugzeuge abgeschossen hatte. Sergeant Arthur Benko hatte am 2. Oktober 1943 ebenfalls sieben japanische Flugzeuge abgeschossen, aber er war Bordschütze eines Bombers und somit als Rekordhalter ungeeignet (Gurney, *Five Down*, S. 121 und S. 140).

82 Mersky, *Time of the Aces*.

noch folgen konnten. Wahrscheinlich waren die Beschwerden beschämter Offiziere der Grund für die Order von 1943, keine individuellen Statistiken anzulegen, auch wenn dies offiziell mit der Förderung des Mannschaftsgeistes begründet wurde. Dessen ungeachtet führten auch japanische Piloten Buch, und als alternative Form des Prahlens war am Rumpf oder Schwanz ihrer Maschinen ihre »Bilanz« aufgemalt. Die besten drei japanischen Piloten kamen offenbar auf 80, 70 und 60 Abschüsse.

Das elitäre und sportsmännische Ethos der Luftkämpfe zeigt sich an der fortschreitenden sozialen Konstruktion von Rekorden. Anfangs waren Luftkämpfe eine Begleiterscheinung anderer militärischer Aktionen, doch schon bald wurden sie selbst zum Objekt der Glorifizierung. Im Ersten Weltkrieg wurden kleine Flugzeuge zu Aufklärungszwecken eingesetzt (und ersetzten allmählich die seit Mitte des 19. Jahrhunderts gebräuchlichen Ballons). Zu den ersten Zielen von Kampfpiloten gehörten feindliche Ballons, aber diese wurden nicht zu den Abschüssen hinzugerechnet. Denn Ballons waren nicht mit Geschützen ausgerüstet, sondern wurden von Flugabwehrgeschützen am Boden verteidigt, und da es sich um unbewegliche Ziele handelte, fehlte die Dramatik eines Kampfes zwischen zwei Flugzeugen ähnlichen Typs. Stattdessen kamen die Luftkämpfe zwischen feindlichen Aufklärungsmaschinen auf, begleitet von enormem öffentlichen Interesse und mehr und mehr als Selbstzweck. Manche Piloten waren derart besessen von dem Ziel, ihre Abschüsse ordentlich gewürdigt zu wissen, dass sie sofort im Anschluss beim nächstbesten Ballonbeobachter landeten und sich zur Bestätigung eine Unterschrift geben ließen.[83] Im Zweiten Weltkrieg hatten amerikanische Flugzeuge Kameras eingebaut, die das Geschehen aufzeichneten.

Im Zweiten Weltkrieg wurden Jagdflieger für substanziellere Ziele eingesetzt: Begleitschutz für Bomber über feindlichem Gebiet, Angriffe auf feindliche Bomber, Angriffe auf feindliche Schiffe und vor allem Flugzeugträger, Angriffe auf Häfen, Verteidigung von Luftwaffenstützpunkten und gelegentlich auch Unterstützung für Bodentruppen, zur Verteidigung von Stellungen oder bei Truppenbewegungen. An einigen Schauplätzen (wie etwa Schlachten um strategisch bedeutsame Häfen) kam es regelmäßig zu Luftkämpfen, so dass an diesen Orten so manches Flieger-Ass seine Bilanz aufstockte. Doch die meis-

83 Gurney, *Five Down*, S. 34.

ten dieser Ziele blieben bei der Ermittlung von persönlichen Bilanzen und Rekorden unberücksichtigt. Das Ideal war laut Ehrenkodex, ein anderes Jagdflugzeug abzuschießen, das eine gleichwertige Chance hatte, einen selbst abzuschießen. In der Luft zerstörte feindliche Bomber gingen in der Regel in die Bilanzen ein, aber andere Ziele nicht. Es brachte keine Ehre ein, feindliche Schiffe zu zerstören, obwohl das im Pazifikkrieg der wichtigste Beitrag des Kampfpiloten war. Ob am Boden (also am Stützpunkt) zerstörte Flugzeuge mitgezählt wurden, war umstritten. Dafür wurden eigene Statistiken geführt (schließlich machten sie einen erheblichen Teil der zerstörten feindlichen Flugzeuge aus), aber in die persönliche Bilanz von Flieger-Assen gingen sie in der Regel nicht ein. Der entscheidende Punkt war nicht die Gefährlichkeit eines Einsatzes, denn beim Angriff auf Flugzeuge am Boden waren Piloten schwerem Beschuss durch Flugabwehrgeschütze ausgesetzt, die die meisten Flugzeuge vom Himmel holten.[84] Entscheidend waren die dramatische Struktur des Duells und das legendäre Element eines Zweikampfs, und die kamen bei solchen Kampfsituationen nicht zum Tragen.

Offiziell wurden Ehrungen von Kampfpiloten damit begründet, dass sie anderen Soldaten, vor allem Bomberbesatzungen, das Leben retteten. Aber dieses utilitaristische Argument erklärt nicht die dynamische Entwicklung der Ordensvergabe oder die Art und Weise, wie Rekorde aufgestellt wurden. Als in den gewaltigen Luftstreitkräften des Zweiten Weltkrieges die Zahl der Flieger-Asse immer weiter anstieg, kam es zu einer regelrechten Inflation von Rekorden. Die wichtigste Ehre in den amerikanischen und britischen Streitkräften blieb die Bezeichnung als Flieger-Ass, sobald man fünf Abschüsse vorweisen konnte. Daneben gab es Ehrungen für die meisten Abschüsse an einem bestimmten Kriegsschauplatz. Man konkurrierte um den Titel des Geschwaders mit den meisten Abschüssen. Einzelne Piloten wurden für den ersten Abschuss an einem bestimmten Kriegsschauplatz gefeiert; dafür, das erste Flieger-Ass an einem Schauplatz zu sein; für den ersten Abschuss eines Düsenjägers. Rekorde für die Höchstzahl an Abschüssen im Laufe eines Einsatzes wurden aufgestellt und überboten. Solche Rekorde wurden nicht nur von den Piloten ernst ge-

---

84 Im Zweiten Weltkrieg gingen 68 Prozent der durch Feindeinwirkung verlorenen Maschinen der U.S. Navy auf das Konto der Flugabwehr. In Korea lag die entsprechende Zahl für alle Flugzeuge der Alliierten bei 86 Prozent (Gurney, *Five Down*, S. 273).

nommen, sondern auch von der Militärverwaltung, die »Siegerausschüsse« einrichtete, die die Rekorde überprüften und festhielten. Piloten, die bedeutende Rekorde aufstellten (etwa für die Anzahl der Abschüsse an einem bestimmten Kriegsschauplatz), wurden in der Regel von der Front abgezogen und für Ausbildungs- oder PR-Aufgaben eingesetzt.[85] Das war ein symbolischer, kein rationaler, utilitaristischer Schritt, wurden dadurch doch die offensichtlich besten Piloten aus dem Kampfgebiet abgezogen, wo sie am meisten hätten bewirken können. Spitzenpiloten waren menschliches Kapital, das zu wertvoll war, um es im Kampfgetümmel aufs Spiel zu setzen. Die deutsche Luftwaffe, im Ersten Weltkrieg der Vorreiter bei der Aufstellung von Rekorden, hatte ein anderes Problem: eine Inflation der Rekorde. Im Zweiten Weltkrieg wurden an der russischen Front so viele feindliche Maschinen abgeschossen, dass die Standards drastisch verschärft werden mussten. In der Anfangsphase des Krieges wurde Piloten für 25 oder 50 Siege das Ritterkreuz des Eisernen Kreuzes verliehen. Im Herbst 1943 musste Erich Hartmann 148 Abschüsse vorweisen, ehe er diesen Orden bekam. Schließlich stiegen die Zahlen so weit an (bis auf 352), dass Orden auf Orden gehäuft und speziell für ihn und seinesgleichen neue Auszeichnungen geschaffen wurden.[86]

Statistiken über Luftkämpfe vermitteln ein ungewöhnlich detailliertes Bild darüber, wie Luftschlachten entschieden wurden. Einzelne

---

85 Ein Beispiel: Als Richard Bong 1943 Rickenbackers alten Rekord aus dem Ersten Weltkrieg brach, der bei 26 Abschüssen gelegen hatte, wurde er von der Front abgezogen und in die Vereinigten Staaten zurückbeordert. Am Ende schaffte er es, als nicht am Kampf beteiligter Ausbilder in den Pazifik versetzt zu werden. Bong nahm es mit den Vorschriften nicht allzu genau und begleitete seine Schüler im Kampf, so dass er seine Bilanz auf 40 Abschüsse verbessern konnte, ein Rekord, der bis heute von keinem amerikanischen Piloten überboten worden ist. Sieben Monate vor Kriegsende wurde Bong vom Oberbefehlshaber erneut von der Front abgezogen und in die Heimat zurückgeschickt (Gurney, *Five Down*, S. 113). Dass sein Rekord von 28 Abschüssen von mehreren anderen Piloten übertroffen worden war, die auf bis zu 38 kamen, war für Bong ein starker Anreiz, an die Front zurückzukehren.

86 Siehe www.acepilots.com/index.html#top [17. 9. 2010]. Bei Scharfschützen lässt sich keine derartige Inflation der Rekorde konstatieren. Allerdings wurden in der Armee, die Scharfschützen die größte Bedeutung beimaß, der sowjetischen im Zweiten Weltkrieg, Spitzen-Scharfschützen mit Rekordbilanzen gelegentlich ebenfalls von der Front abgezogen und an der Heimatfront als Helden gefeiert. Besonders häufig geschah das bei weiblichen Scharfschützen, die als Symbol für die totale Mobilmachung im Zuge der Kriegsanstrengungen herhalten mussten (Pegler, *Out of Nowhere*, S. 177).

Abb. 10.3 Bilanz eines Flieger-Asses: Der Pilot ist kein Nazi, sondern ein amerikanisches Flieger-Ass, das die Symbole der Flugzeuge zur Schau stellt, die er abgeschossen hat (1945).

Schwadronen und ganze Fliegerkorps hatten ein hohes oder niedriges Leistungsniveau, was zeigt, dass es nicht nur auf die Fähigkeiten des einzelnen Piloten ankam. Im Ersten Weltkrieg gab es in allen Armeen bemerkenswerte Fliegereinheiten. Im Zweiten Weltkrieg waren die deutschen, amerikanischen und britischen Einheiten besonders erfolgreich. Fünf Hauptfaktoren sind entscheidend für den Erfolg:

1. Mitunter verfügten bestimmte Streitkräfte über bessere Flugzeuge als die Gegenseite. Die deutschen Flugzeuge waren den russischen haushoch überlegen, den amerikanischen und britischen dagegen nicht. Der Grund für eine solche Überlegenheit kann die Geschwindigkeit, die maximale Flughöhe oder die Reichweite sein, die Eignung für Sturzflüge oder die Manövrierfähigkeit insgesamt. Manche waren schlicht stabiler gebaut und hielten feindlichem Beschuss besser stand. Aber der Erfolg war beileibe nicht ausschließlich von der Technik vorgegeben. Oft waren Flugzeuge auf manchen Gebieten über-, auf anderen dagegen unterlegen. Japanische Flugzeuge zum Beispiel waren außerordentlich manövrierfähig, und die Kampftaktik ihrer Piloten beruhte auf überlegenen luftakrobatischen Fähigkeiten. Trotzdem wurden sie häufig von amerikanischen Piloten besiegt,[87] weil die Japaner hauptsächlich koordinierte Gruppenmanöver ausführten und weniger improvisierten. Piloten und ihre Befehlshaber lernten, die Vorzüge ihrer Flugzeuge auszunutzen und Taktiken anzuwenden, die ihre Schwachpunkte gegenüber feindlichen Maschinen kaschierten.
2. Die Obergrenze für die Rekorde, die Flieger-Asse in unterschiedlichen Luftstreitkräften aufstellen konnten, wurde durch die Anzahl möglicher Ziele und die Dauer des Einsatzes festgelegt.[88] In

---

87 Das Verhältnis der im Zweiten Weltkrieg von Piloten der U.S. Navy abgeschossenen japanischen Flugzeuge zu den amerikanischen Verlusten betrug 10,2:1. Diese Zahl stieg im Verlauf des Krieges, von 3,1:1 in den Jahren 1941/42 auf 21,6:1 im Jahr 1945, da die Qualität japanischer Flugzeuge und Piloten abnahm (Gurney, *Five Down*, S. 82). Daher stiegen die amerikanischen Abschussbilanzen im letzten Jahr des Pazifikkrieges sprunghaft an, wenn auch längst nicht so extrem wie auf dem europäischen Kriegsschauplatz.

88 Aus diesem Grund war die Zahl der Flieger-Asse in jedem Krieg seit dem Zweiten Weltkrieg rückläufig. Im Koreakrieg gab es auf amerikanischer Seite sehr wenige *double aces* (»zweifache Flieger-Asse«) mit zehn Abschüssen oder mehr. Die Chinesen hatten ihre Luftstützpunkte nördlich des Yalu, jenseits des Kriegsgebiets, das sich auf die koreanische Halbinsel beschränkte. Amerikanische Kampfjets flogen immer wieder von der Front im Süden Hunderte von

der deutschen Luftwaffe gab es mindestens 627 Piloten mit 20 Abschüssen oder mehr, bei den Sowjets 53, bei den Amerikanern 31, bei den Briten 26 und bei den Japanern 25. Diese Zahlen spiegeln die schiere Masse an Flugzeugen wider, die an der Ostfront im Einsatz waren. Deutsche Piloten verfügten nicht nur über bessere Flugzeuge und die bessere Ausbildung, ihre Stützpunkte lagen auch näher an der Front, so dass sie zwei oder drei Feindflüge pro Tag absolvieren konnten.[89] Russische Flugzeuge kamen in gewaltiger Anzahl zum Einsatz (im Rahmen der großen Sommeroffensive von 1944 waren es 17800), hauptsächlich als fliegende Artillerie in gigantischen Panzerschlachten. Das machte sie verwundbar gegenüber Angriffen der im Luftkampf überlegenen deutschen Luftwaffe. Außerdem ist zu erwähnen, dass in manchen Luftstreitkräften Piloten nur dann von der Front abgezogen wurden, wenn sie verwundet waren. Deutsche, sowjetische und japanische Piloten waren nach dem Grundsatz »Fliegen bis zum Abschuss« praktisch ohne Unterbrechungen im Einsatz. Der (mit 80 Abschüssen) erfolgreichste japanische Pilot, Tetsuzo Iwamoto, flog bereits ab 1938 im Japanisch-Chinesischen Krieg und war bis 1945 durchgängig im Einsatz. Seine Gesamtzahl von 80 Abschüssen liegt weit über dem Niveau des (mit 40 Abschüssen) besten amerikanischen Piloten im Pazifik, unter anderem deshalb, weil es sehr viel mehr amerikanische Flugzeuge gab, die von den Japanern abgeschossen werden konnten, als umgekehrt.[90]

Meilen Richtung Norden und versuchten die MiGs zu Luftkämpfen zu provozieren. Diese Kämpfe fanden in einem etwa 12 Kilometer breiten Korridor statt, der unter amerikanischen Piloten als *MiG Alley* (MiG-Allee) bekannt war (wie ihn die chinesischen Piloten nannten, ist nicht bekannt). Die amerikanischen Jets gewannen diese Luftkämpfe in einem Verhältnis von 14 zu 1 (Gurney, *Five Down*, S. 210). Trotzdem ließen sich die Chinesen weiter auf solche Konfrontationen ein, die offenbar für beide Seiten prestigeträchtig waren. Die Luftkämpfe der Kampfjets hatten praktisch keine Auswirkungen auf den Rest des Krieges und entwickelten sich zu einer ähnlich begrenzten Enklave wie im Ersten Weltkrieg. Im Vietnamkrieg gab es nur zwei amerikanische Flieger-Asse, die jeweils nur die Mindestzahl von fünf Abschüssen erreichten. Auch die kleinere nordvietnamesische Luftwaffe konnte mindestens zwei Flieger-Asse vorweisen, die von der großen Zahl feindlicher Flugzeuge profitierten – einer der Piloten konnte 13 amerikanische Maschinen abschießen (Toliver/Constable, *Fighter Aces*, S. 322–332).

89 Overy, *Why the Allies Won*, S. 212–220.

90 Mersky, *Time of the Aces*; Sakaida, *Winged Samurai*; Okumiya/Horikoshi/Caidin, *Zero!*.

Abb. 10.4 Piloten im Koreakrieg posieren mit einer Tafel, auf der die Gesamtzahl der Abschüsse ihres Geschwaders festgehalten ist.

3. Flieger-Asse sind hervorragende Piloten. Besonders gut zu beobachten war das im Ersten Weltkrieg, als Piloten sich in geringer Höhe Verfolgungsjagden mit plötzlichen Wendemanövern, Rollen und Sturzflügen lieferten. Manchmal konnte ein Pilot einen Gegner ausschalten (vor allem, wenn der ihm in gefährlicher Position im Nacken saß), indem er zum Sturzflug überging und die Maschine im letzten Moment abfing, so dass der andere, weniger gute Pilot, der ihm folgte, sein Flugzeug nicht mehr rechtzeitig hochziehen konnte – ähnlich wie bei einem »Hasenfußrennen« zwischen Rennfahrern. Doch viele Luftkämpfe zwischen erfahrenen Piloten endeten ohne Abschuss. Sie flogen so lange Ausweichmanöver, bis einem von beiden die Munition (denn die meisten Schüsse gingen daneben) oder der Treibstoff ausging und er zum Stützpunkt zurückkehren musste. Alles in allem kam es zu den meisten Abschüssen, wenn gute Piloten auf unterlegene Gegner trafen. Daher die

großen Erfolge der deutschen gegen die sowjetische Luftwaffe, in der Piloten ohne angemessene Flugausbildung in den Kampf geschickt wurden.[91]

4. Im Widerspruch zur Ideologie vom heroischen Zweikampf gingen die Siege in Luftkämpfen oft auf eine Mannschaftsleistung zurück. Im Ersten Weltkrieg wurden Taktiken wie der »Lufbery Circle« entwickelt, bei dem eine Gruppe von Flugzeugen einen Kreis bildete, so dass jeder Pilot der Maschine vor ihm Deckung gegen gefährliche Angriffe von hinten gab. Eine Defensivstrategie im Zweiten Weltkrieg, die über Luftstützpunkten oder bei groß angelegten Bombenangriffen angewandt wurde, war »Thatching«, ein Zickzackmuster aus mehreren Lagen, zwischen denen es keinen ungeschützten Luftraum gab, in den Jäger vorstoßen konnten. Auch auf der Ebene kleiner Gruppenformationen spielte Teamwork eine wichtige Rolle. Jedem Piloten war stets ein Flügelmann zugeordnet, so dass beide sich gegenseitig unterstützen konnten. Ein oder mehrere Flugzeuge flogen hinter und über der Staffel, um Ausschau zu halten und den anderen Deckung zu geben. Innerhalb eines Geschwaders übernahmen einzelne Piloten Führungs- oder Unterstützungsaufgaben. Das beste deutsche Flieger-Ass im Ersten Weltkrieg, von Richthofen, wurde nicht von einem Flieger-Ass der Westmächte abgeschossen, sondern von einem unbekannten kanadischen Piloten, der von Richthofen überraschte, als dieser gerade eine britische Maschine verfolgte, die von den eigentlichen Kampfgruppen getrennt worden war.[92] Im Gegensatz zu vergleichsweise isolierten Scharfschützen hatten Piloten sowohl im Einsatz als auch am Stützpunkt vor und nach dem Kampf einen großen sozialen Rückhalt. Dieser emotionale Rückhalt ließ das Töten im Luftkampf zu einem freudigen Ereignis werden und wirkte sich auf den unterschiedlichen Status von Flieger-Assen und Scharfschützen als populärer beziehungsweise unpopulärer Killerelite aus. Jagdgeschwader setzten komplexere Taktiken ein. So wurden einzelne Flugzeuge als Lockvögel vorgeschickt, während der Rest der Staffel sich über den Wolken oder im grellen Sonnenlicht verbarg. Solche Taktiken führten zu Ratespielen auf beiden Seiten. Man versuchte zu bluffen, um eigene Schwächen zu verschleiern. Letztlich gingen die Piloten dadurch weniger aggressiv vor, und Piloten, de-

91 Overy, *Air War.*

92 Gurney, *Flying Aces*, S. 75.

nen es an Selbstbewusstsein und Energie fehlte, konnten so ernsthaften Konfrontationen aus dem Weg gehen. Flieger-Asse und Rekordhalter zeichneten sich dadurch aus, dass sie auf solche vergleichsweise sicheren Taktiken verzichteten und sich ihre psychologische Überlegenheit über jene, die sie anwandten, zunutze machten.

5. Der wichtigste Erfolgsfaktor war die Struktur der konkreten Konfrontation – die tatsächliche Situation in der Luft. Die meisten Flieger-Asse erzielten ihre Abschüsse durch kurze Ausbrüche von Aktivität, denen oft mehrere feindliche Piloten zum Opfer fielen. Einigen Flieger-Assen gelang ein Großteil ihrer Abschüsse an einem einzigen Tag. Außerdem hatten nicht selten mehrere Piloten desselben Geschwaders am gleichen Tag einen Lauf. Die Maschinen der einen Seite mussten während eines solchen Luftkampfes keinen einzigen Treffer einstecken, während die Gegenseite zahlreiche Flugzeuge einbüßte. Solche einseitigen Luftschlachten ähneln Entscheidungsschlachten am Boden, bei denen die Schlachtordnung der einen Armee zusammenbricht, so dass die Gegenseite ihr ungehindert schwere Verluste zufügen kann. Ein großer Sieg bei einer Luftschlacht gleicht einer Vorwärtspanik oder jedenfalls einer Situation, in der die eine Seite ganz das Heft in der Hand hat, während die andere Seite in Passivität versinkt. Gene Gurney, der sich am intensivsten mit den Zahlen auseinandergesetzt hat, kam zu dem Schluss, dass Flieger-Asse die aggressivsten Piloten waren und dass sie immer dann dominierten, wenn der Feind besonders defensiv agierte.[93] Dynamik gegen Passivität war das Schlüsselmoment, selbst dann, wenn die Angreifer in der Unterzahl waren. Das ist insofern plausibel, als Kampfpiloten und Bordschützen, genau wie die Beteiligten an jedem anderen Kampf, ihre Ziele viel häufiger verfehlen, als dass sie sie treffen. Der Vorteil eines aggressiven Vorgehens (und der entsprechende Nachteil der Passivität) liegt darin, dass die eine Seite ihre Opfer psychologisch besser in die Enge treiben kann, während diese sich immer schlechter verteidigen oder auch nur ausweichen können.

Die Beschreibungen ihres Erfolgsrezeptes gleichen sich bei allen Flieger-Assen:

---

93 Gurney, *Five Down.*

> Angreifen! Niemals in die Defensive gehen. Den Gegner abschießen, bevor er dich abschießen kann. Du bist ihm überlegen, aber du darfst ihm keine Chance lassen. Kann sein, dass er mal einen Zufallstreffer landet, aber letztlich bist du unbesiegbar. Flieg auf jeden Punkt am Horizont zu, der entfernt einem Flugzeug ähnelt. Geh sofort in Angriffsposition und nimm ihn ins Visier, mit dem Finger am Abzug. Auch wenn es keine Maschine ist, oder keine feindliche, du bist jedenfalls auf alles gefasst, und dein Glück und deine Arroganz werden dir umso länger erhalten bleiben.[94]

Ein anderes Flieger-Ass mit 27 Abschüssen sagte:

> Wenn ich eine Liste der nützlichsten Eigenschaften eines Kampfpiloten aufstellen sollte, stünde Aggressivität ganz oben. Immer wieder habe ich erlebt, wie aggressives Vorgehen, selbst aus einer schlechten Position heraus, eine mächtige Formation der Japsen völlig demontieren kann. Und wie umgekehrt ein Geschwader durch Zögern einen Vorteil verspielen kann. Natürlich kann man mit zu viel Aggressivität auch Dummheiten begehen. Aber noch viel dümmer ist es, so lange auf den perfekten Augenblick zu warten, bis dir selber einer im Nacken sitzt.[95]

Und noch ein anderer, mit 22 Abschüssen:

> Eine weitere Eigenschaft dieser jungen [japanischen] Piloten ist die mangelnde Wachsamkeit. Schon oft haben wir feindliche Jäger angegriffen, ohne dass sie irgendwelche Anstalten machten, uns auszuweichen – offenbar, weil sie uns gar nicht kommen sahen. [...] Um einen Japs mit Erfolg anzugreifen, musst du ihn *zuerst* sehen. [...] Du kannst nicht erst lange überlegen, was er wohl machen wird. Du musst den Angriff planen, während du angreifst. Wenn dein Angriff plötzlich und aggressiv kommt, dann ist der Gegner im Nachteil, unabhängig von seiner Position oder seiner zahlenmäßigen Überlegenheit. Zögere nicht. Greif sofort an, such dir Ziele und zerstöre sie.[96]

Das mit 38 Abschüssen zweitbeste amerikanische Flieger-Ass meinte: »Aggressivität ist der Schlüssel zum Erfolg. [...] Ein Feind in der Defensive überlässt dir die Initiative, weil er damit beschäftigt ist, dir auszuweichen, und nicht versucht, dich abzuschießen. [...] *Flieg ganz nah ran, und dann, wenn du denkst, du bist zu nah, geh noch näher ran.* Aus minimaler Distanz sind deine Schüsse am gefährlichsten, und du kannst das Ziel nicht so leicht verfehlen.«[97]

---

94 Ebenda, S. 136.
95 Ebenda, S. 118.
96 Ebenda, S. 119.
97 Ebenda, S. 116.

Möglichst nah heranzufliegen war eine Methode, um der normalerweise auftretenden Ungenauigkeit von Schüssen entgegenzuwirken, die von der Konfrontationsanspannung ausgelöst wird. Die Spitzenpiloten flogen so nah an ihr Ziel heran, dass sie es gar nicht verfehlen konnten. Wie wir sehen werden, ist das eine Technik, die auch Profikiller anwenden.

Eine ähnliche Taktik verfolgten deutsche Flieger-Asse. Hartmann hatte eine Schwachstelle bei den gegen Panzer eingesetzten russischen Kampfbombern entdeckt, die er ausnutzte, indem er abtauchte und sie dann dank seiner höheren Geschwindigkeit von unten attackierte. Er flog ganz nahe an sie heran, bis auf unter 100 Meter, und feuerte dann etwa anderthalb Sekunden lang eine Salve ab, bis er an ihnen vorbeischoss. Die sowjetischen Maschinen waren zwar gepanzert und hatten Heckschützen an Bord, doch diese Taktik zielte auf die ungeschützten Kühler an der Unterseite. Seine Methode bestand darin, stets zu warten, »bis die feindliche Maschine die Windschutzscheibe ausfüllte« – und nicht in Panik bei der ersten sich bietenden Gelegenheit überhastet zu feuern.[98]

Diese Methoden gingen nicht auf Instinkt oder Talent zurück, sondern wurden über die Zeit entwickelt. Gerhard Barkhorn, mit 301 Abschüssen Flieger-Ass Nummer 2, schoss auf seinen ersten 120 Feindflügen, zum Teil im Rahmen der Luftschlacht um England im September 1940, nicht ein einziges Flugzeug ab. Rekordhalter Hartmann konnte nach seinen ersten fünf Monaten gerade einmal zwei Abschüsse verzeichnen, während er am Ende regelmäßig auf 26 Abschüsse pro Monat kam.[99]

---

98 Siehe www.acepilots.com/index.html#top [17. 9. 2010]; Toliver/Constable, *Holt Hartmann vom Himmel*; Sims, *The Aces Talk*.

99 Siehe www.acepilots.com/german/ger_aces.html [17. 9. 2010]. Ein weiterer Spätzünder war Otto Kittel, der am Ende 267 Abschüsse verzeichnen konnte (Platz 4 auf der Rangliste). Er schoss in seinen ersten sechs Monaten an der Ostfront 17 Flugzeuge ab (drei pro Monat), in den folgenden 14 Monaten weitere 22 (weniger als zwei pro Monat). Dann fand er seinen Rhythmus und kam zwei volle Jahre lang auf neun bis zehn Abschüsse pro Monat. Hartmann machte seinen ersten Abschuss in seinem zweiten Monat an der Front (im November 1942), doch dann vergingen drei weitere Monate bis zu seinem zweiten. In den folgenden Monaten kristallisierte sich allmählich seine Taktik heraus: In seinem neunten Monat konnte er 23 Abschüsse vorweisen (jetzt fünf pro Monat). Dann stiegen die Zahlen an und erreichten ihren Höhepunkt – 26 Abschüsse im Monat –, als er etwa ein Jahr Erfahrung hatte.

Erfolgreiche Strategien erlaubten es außerdem, sich auf Situationen einzustellen, die sich sehr schnell veränderten. Die meisten Luftkämpfe waren extrem kurz, manche dauerten nicht einmal eine Minute, andere sieben oder 15 Minuten. Unter außergewöhnlichen Bedingungen konnten sie sich auch über eine Stunde hinziehen, als beispielsweise sieben amerikanische Kampfpiloten einem Konvoi von 40 japanischen Begleitjägern folgten, die in einer defensiven Formation flogen. Die kleine Staffel mit aggressiv agierenden amerikanischen Maschinen bedrängte sie von den Rändern her und stürzte sich auf jedes Flugzeug, das kurzzeitig den Anschluss an die Formation verlor – allein der Anführer des amerikanischen Geschwaders verbuchte auf diesem einen Feindflug neun Abschüsse und stellte damit einen neuen Rekord auf.[100] Flieger-Asse erwarben sich ihren Ruf in höchst einseitigen Schlachten.

Trotzdem kam es praktisch nie vor, dass in einem Luftkampf alle feindlichen Maschinen zerstört wurden. Selbst in extrem unausgeglichenen Schlachten blieben die Verluste der Besiegten begrenzt. Der Grund hierfür ist die vergleichsweise geringe Anzahl an situativ hochdynamischen Angreifern – jener Handvoll Flieger-Asse, die von der massenhaften Verfügbarkeit feindlicher Maschinen profitieren und ihre Bilanzen in die Höhe schrauben –, während auch auf der Siegerseite die Mehrheit der Piloten ohne Abschuss bleibt. Psychologisch mochten die Unterlegenen geschlagen sein und die Flucht ergriffen haben, unfähig, sich zu verteidigen, doch die Konzentration der Aggression in den Händen einer kleinen, gewalttätigen Elite ermöglichte vielen von ihnen die Flucht. Hier sehen wir einen weiteren Aspekt, der sich aus dem situativen Gesetz von der kleinen Zahl der erfolgreich Gewalttätigen ergibt. Da Gewalt zumeist inkompetent ausgeübt wird, kommen bei einer Schlacht viele der Beteiligten, ja meist die Mehrheit, mit dem Leben davon. Und das ist der Grund, weshalb Kriege, ja Gewalt überhaupt, fortbestehen.

Alles deutet darauf hin, dass Flieger-Assen in erster Linie die schlechteren Piloten der Gegenseite zum Opfer fielen – die weniger erfahrenen, weniger geschickt manövrierenden, jene, denen es vor allem an emotionaler Energie mangelte. Einmal mehr sehen wir, wie die Kämpfer mit dem höchsten Maß an emotionaler Energie von der Schwäche anderer profitieren. Das passt zu der Einstellung, die Spitzenpiloten vor Einsätzen zu Protokoll gaben: Sie rechneten nicht da-

100 Gurney, *Five Down*, S. 77f.

mit, getötet zu werden. Sie hinterließen keine letzten Nachrichten für ihre Lieben, keine Briefe, die im Falle ihres Ablebens nach Hause geschickt werden sollten – Rituale, die bei Bodentruppen vor wichtigen Schlachten und auch bei Bomberbesatzungen weit verbreitet waren, die einen Angriff auf ein gut gesichertes Ziel flogen.[101] Erstklassige Kampfpiloten waren überzeugt, dass sie siegreich von der Schlacht zurückkehren würden und höchstens durch einen Unfall zu Tode kommen könnten. Unfälle sind bei Militärpiloten wie gesagt nicht gerade selten (9 Prozent der Spitzenpiloten starben bei Unfällen, zum Teil erst nach dem Krieg),[102] aber es gab eine rituelle Trennlinie zwischen profanen und ehrenvollen Formen von Gefahr. Inmitten einer solchen, gleichsam geheiligten Gefahr glaubten sich Flieger-Asse von einer magischen Aura umgeben, die für ihre Sicherheit und ihren Erfolg sorgte. Erstklassige Kampfpiloten schufen sich eine soziale Enklave, die ihnen zuverlässig Rückhalt gab, auch wenn sie Grenzen hatte, die sie mit Bedacht nicht überschritten.

Kämpfen wie in Trance versus Gefechtsbenommenheit: Mikrosituative Techniken interaktiver Dominanz

Wenn man Sekunde für Sekunde eine gewaltsame Konfrontation durchlebt, so ist das eine Verzerrung des normalen Bewusstseins. Für manche Kontrahenten ist die Verzerrung ihres Bewusstseinsstroms etwas Positives, und das ermöglicht ihnen, andere zu dominieren. Andere werden von diesen Verzerrungen paralysiert. Typische Verzerrungen sind der Tunnelblick und die Verlangsamung der Zeiterfahrung. Man ist aufs äußerste auf die Gefahr konzentriert und blendet alles andere als irrelevant aus.

Ein Polizist beschreibt, wie ein Geiselnehmer aus seinem Versteck und auf ihn und seinen Partner zukommt:

> Als er auf uns zurannte, kam mir das vor wie in Zeitlupe, und alle meine Sinne konzentrierten sich ganz auf ihn. […] Als er losrannte, spannte sich mein ganzer Körper. Ich kann mich nicht mehr erinnern, von der Brust abwärts irgendetwas gespürt zu haben. Ich konzentrierte mich ganz auf das Ziel vor mir, bereit, jederzeit zu reagieren. Ein richtiger Adrenalinschub! Ich spannte alle Muskeln an und richtete meine ganze

---

101 Ebenda, S. 135f.
102 Berechnet nach ebenda, S. 259–269.

Aufmerksamkeit auf diesen Mann, der mit einer Pistole in der Hand auf uns zukam. Mein Blick konzentrierte sich auf seinen Oberkörper und die Pistole. Ich könnte nicht sagen, was er mit der linken Hand gemacht hat. Keine Ahnung. Ich habe nur noch die Pistole gesehen. Er nahm die Pistole vor den Oberkörper, und dann begann ich zu schießen.

Ich hab nichts gehört, überhaupt nichts. Alan [sein Partner] hat ebenfalls geschossen, als ich meine ersten beiden Kugeln abgefeuert habe, aber ich habe nichts davon gehört. Er gab noch zwei weitere Schüsse ab, als ich zum zweiten Mal abdrückte, aber auch davon hab ich nichts gehört. Wir hörten auf zu schießen, als er [der Verdächtige] zu Boden fiel und in mich hineinrutschte. Dann war ich auf den Beinen und stand über dem Kerl. Ich kann mich nicht mal daran erinnern, mich aufgerichtet zu haben. Alles woran ich mich erinnere, ist, dass ich plötzlich über dem Kerl stand. Ich weiß nicht, wie das gegangen ist, ob ich mich mit den Händen hochgedrückt oder die Knie unter den Körper gezogen habe – keine Ahnung, aber als ich stand, war mein Gehörsinn wieder in Ordnung, ich konnte nämlich das Klimpern von Messing auf den Fliesen hören [die Patronenhülsen]. Auch die Zeit verging wieder ganz normal, denn während der Schießerei hatte sie sich verlangsamt. Das fing an, sobald er auf uns zurannte. Ich wusste genau, dass er rannte, aber es sah aus, als liefe er in Zeitlupe. Das Verrückteste, was ich je gesehen habe.[103]

Ein in einem geschlossenen Raum abgefeuerter Schuss kann schmerzhaft laut sein. Trotzdem nehmen Polizisten den Knall aus ihrer eigenen Pistole sehr häufig nur als gedämpftes Geräusch wie aus weiter Ferne wahr. Schüsse von anderen um sie herum hören sie oft gar nicht. Es handelt sich dabei um eine akustische Spielart des Tunnelblicks. Ob diese starke Fokussierung für den Kämpfenden gut oder schlecht ist, ist eine offene Frage. Sie lenkt die Aufmerksamkeit stärker auf das Wesentliche, und das ist gut in Situationen, die nicht zu komplex sind und in denen die Gefahr nicht aus mehreren Richtungen kommt. In manchen Fällen jedoch hat diese eingeschränkte Wahrnehmung zur Folge, dass ein Polizist aus den Augen verliert, was seine Kollegen tun. In den folgenden Beispielen reißen sie einander unbewusst mit, so dass sie viel öfter schießen als nötig oder das falsche Ziel treffen.

Drei Polizisten nähern sich einem Bankräuber, mit dem sie sich eine Verfolgungsjagd geliefert haben:

Tony nahm seine Schrotflinte und kletterte aus dem Wagen. In den ein, zwei Sekunden, die er brauchte, um auszusteigen und bis auf drei Meter

---

103 Klinger, *Kill Zone*, S. 155.

zur Wagentür des Verdächtigen zu laufen, war der Bankräuber ebenfalls ausgestiegen und bewegte sich langsam in Richtung des hinteren Kotflügels. In seiner herunterhängenden Hand hielt er eine Beretta. »Der Kerl schaute jemanden an, den ich nicht sehen konnte [wie sich später herausstellte, ein anderer Polizist, der außerhalb von Tonys Blickfeld stand], und der Kerl wiederholte ständig mit fordernder Stimme: ›Na los, mach schon, na los, mach schon.‹ Dann schaute er mich an und ging zurück zur offenen Wagentür. Er hob die Waffe bis auf Augenhöhe und sagte wieder: ›Na los, mach schon.‹«

Tony stand zwei, zweieinhalb Meter vom Verdächtigen entfernt. »Ich hab mir keine Gedanken wegen der Deckung gemacht. Ich wusste, dass das Ganze in einer Schießerei enden würde. Ich sagte mehrmals zu dem Kerl, dass es vorbei sei.« Wegen seines Tunnelblicks nahm Tony nicht wahr, dass sein Kollege Greggor links von ihm seine Flinte auf den Mann gerichtet hatte, und ein weiterer Kollege links von Greggor mit der Pistole auf ihn zielte.

Der Verdächtige zeigte keine Reaktion, die darauf schließen ließ, dass er Tonys Anweisung gehört hatte. Zeugen sagten später aus, der Verdächtige habe mit seiner Beretta auf Tony gezielt, aber Tony erinnerte sich lediglich, dass der Mann den Ellbogen habe sinken lassen und sein Handgelenk abgeknickt habe. Tony schoss.

»Ich sah, dass die Kugeln ihn trafen, aber auf der rechten Seite«, so Tony. »Ich verstand nicht, wie mein Schuss ihn von der Seite treffen konnte, wenn ich vor ihm stand. Ich blickte nach unten und sah, dass die Patronenhülse klemmte, also schüttelte ich sie heraus und drückte noch einmal ab.«

Tony hatte weder den Schuss aus Greggors Flinte noch die Pistole des anderen Kollegen gehört. »Mein Tunnelblick ließ alles kleiner erscheinen«, erzählt Tony. »Jemand hätte direkt neben mir stehen können, ich hätte ihn nicht gesehen.« Was den Verdächtigen von rechts getroffen hatte, das waren die Kugeln aus Greggors Schrotflinte. Tonys Kugeln trafen den Verdächtigen frontal in den Unterleib, auch wenn Tony nur Greggors Treffer gesehen hatte.

Nach der Schießerei befand sich Tony in einem überwältigenden Adrenalinrausch. »Ich ging zum Autotelefon und wählte die Nummer von zu Hause. Es war nur der AB dran, aber ich wusste, dass meine Jungs zu Hause waren, wahrscheinlich schliefen sie noch. Ich rief, sie sollten abheben, und brüllte so lange in den Hörer, bis meine Jungs aufwachten, die eine Etage tiefer schliefen. Als sie rangingen, erzählte ich ihnen atemlos, was gerade passiert war und dass ich sie sehen wollte.«[104]

---

104 Artwohl/Christensen, *Deadly Force*, S. 144f.

Abb. 10.5 Nahaufnahme von Polizisten bei einer Schießerei (Wilmington, Ohio, Februar 1997).
ddp images/AP

In diesem Fall erfüllt der Polizist seine Aufgabe, obwohl er gar nicht wahrnimmt, was seine Partner tun, oder dass sie überhaupt da sind. Zu ihrer aller Glück standen sie so, dass keiner ins Kreuzfeuer seiner Kollegen geraten konnte. Diese Art von Tunnelblick ist zweifellos für viele Treffer durch Kugeln aus den eigenen Reihen verantwortlich. In einem anderen Fall führte die gleiche Kombination dazu, dass eine Geisel getroffen wurde:

> Ich rannte die Treppe hinauf, Cancy und Thompson zu meiner Rechten. Wir gingen den schmalen, dunklen Gang entlang, in den nur schwaches Licht aus dem Korridor einen Stock tiefer heraufdrang, bis zum Zimmer von Jeremy [der zwölfjährigen Geisel]. Wir sahen North [den Geiselnehmer] auf der Bettkante sitzen. Er hatte Jeremy zwischen seinen Beinen und hielt ihn mit einem Arm im Würgegriff. Der Junge verdeckte North' gesamten Körper, und dieser hielt ihm ein Messer an die Kehle, so dass es aussah, als steckte das Messer in seinem Hals.
>
> Ich hatte freie Schussbahn auf seinen Arm, den er um den Hals des kleinen Jungen gelegt hatte wie einen Hähnchenflügel. Ich beschloss zu schießen. Das schwache Licht war anstrengend für die Augen, und ich

zoomte sein Flanellhemd heran wie durch ein Fernglas. Ich gab zwei Doppelschüsse [zwei Schüsse, Pause, zwei weitere Schüsse] auf seine Brust ab. So seltsam es klingt, ich habe gesehen, wie die Kugeln in ihn eindrangen. Ich habe gesehen, wie sein Hemd verrutschte und die Kugeln in seine Brust eindrangen. Dann, als ich aufhörte zu schießen, hörte ich weitere Schüsse. Das verwirrte mich, denn ich dachte, ich sei der Einzige, der schießt. Aber meine Partner schossen ebenfalls, eine Kugel nach der anderen.

Als ich zum Bett blickte, sah ich, dass North völlig durchlöchert war. Aber auch Jeremy war zusammengesackt.[105]

Der Geiselnehmer war tot. Der kleine Junge starb wenige Stunden später im Krankenhaus.

Die meisten Polizisten erlebten bei Schießereien Einschränkungen ihrer Hör- und Sehfähigkeit – 88 beziehungsweise 82 Prozent. Ein geringerer Prozentsatz – 65 beziehungsweise 63 Prozent – berichtete von einer geschärften visuellen Wahrnehmung.[106] Die zuletzt genannten Phänomene können zu einer kompetenteren Gewaltausübung beitragen. In der Praxis gehen die meisten Schießereien sehr schnell vonstatten und dauern maximal ein paar Sekunden. Der Schütze sieht die Szene mit besonderer Deutlichkeit und nimmt zahlreiche Details wahr, so dass die Zeit sich zu verlangsamen scheint. Tatsächlich geht in Gewaltsituationen alles sehr schnell. Beteiligte haben einen anderen Eindruck, weil sie so vieles wahrnehmen. Das Gehirn arbeitet nicht unbedingt schneller, aber es entwickelt eine klare Vorstellung davon, was da vor sich geht. Es kann das alles verarbeiten, weil alles seinen Platz im Gesamtbild hat. In der subjektiven Wahrnehmung hat die Situation eine klare Gestalt.

Im folgenden Beispiel vollstreckt ein Polizist einen Haftbefehl gegen einen Mann, der einem verdeckten Ermittler abgesägte Schrotflinten verkauft hatte:

Als ich durch die Tür ins Schlafzimmer eintrat, erregte irgendein Geräusch aus dem Badezimmer zu meiner Linken meine Aufmerksamkeit, aber aus dem Augenwinkel nahm ich rechts von mir eine Bewegung wahr. Als ich nach rechts schaute, sah ich, wie der Kerl eine Schrotflinte aus dem Gewehrständer nahm und sich zu mir umdrehte. Das Schlafzimmer war nicht größer als zwei fünfzig mal drei Meter – also sehr klein –, deshalb stand er kaum zwei Meter von mir entfernt. In dem Mo-

105 Ebenda, S. 105f.
106 Ebenda, S. 49.

ment, als ich ihn sah, zeigte der Lauf der Flinte etwa in einem 45-Grad-Winkel nach oben. Als der Typ sich ganz umgedreht hatte, senkte er den Lauf und hob den Schaft auf Schulterhöhe, so dass die Flinte genau auf mich gerichtet war.

Während ich zusah, wie er die Schrotflinte auf mich richtete, schaltete mein Gehirn in einen Modus um, in dem ich unglaublich klar denken konnte. Ich wusste, dass er auf mich schießen konnte. Ich wusste, dass es wahrscheinlich höllisch wehtun würde, weil ich total nah dran war und es sich um eine Kaliber 12 handelte, aber ich hatte keine Angst. Ein komisches Gefühl – ganz klare, kühl kalkulierende Gedanken. Ich wusste, es besteht die Möglichkeit, dass ich erschossen werde, und ich wusste, dass ich etwas dagegen unternehmen musste, aber ich hatte keine Angst.

Ich konzentrierte mich auf die Flinte, und das Erste, was ich sah, war der verstellbare Choke, der auf das Ende des Laufes montiert war. Ich sagte mir: *Schau dir den Lademechanismus an.* Also wanderte mein Blick den Lauf entlang, und da sah ich, dass es eine Remington war. Ich dachte wortwörtlich: *Das ist eine Remington 1100.* Dann sagte ich zu mir: *Schau, ob er den Finger am Abzug hat.* Also schaute ich mir seine Hand an. Ich sah den Finger am Abzug, und ich dachte: *Das wird verdammt wehtun, aber du musst jetzt dranbleiben.* Also dachte ich mir, dass ich schießen muss, aber gleichzeitig dachte ich: *Geh einen Schritt zur Seite, um dir mehr Zeit zu verschaffen.* Also trat ich zur Seite, während ich meine Maschinenpistole hochnahm. Dann dachte ich: *Jetzt geht das schon wieder los*, schaute durch das Visier meiner MP5 und drückte ab.

Als ich den Finger an den Abzug legte, überlegte ich: *Wie soll ich auf diesen Kerl schießen?* Es war wirklich seltsam. Ich wollte seinen Rumpf treffen, und ich hatte gelernt, Doppelschüsse abzugeben, aber immerhin hatte dieser Typ aus kürzester Entfernung eine verdammte Schrotflinte auf mich gerichtet. Ich dachte: *Soll ich einfach draufhalten bis er umfällt, oder soll ich einen Doppelschuss nach dem anderen abfeuern?* Mir war klar, dass ich die MP5 auf Vollautomatik nicht unter Kontrolle hatte – schon gar nicht, wenn ich gleichzeitig zur Seite auswich –, und ich wollte Fehlschüsse vermeiden, weil ja noch mehr Polizisten vor Ort waren. Das alles ist mir durch den Kopf gegangen, als ich den Finger am Abzug hatte, und ich dachte: *Keine Automatik. Doppelschüsse.* Schließlich feuerte ich zwei Doppelschüsse ab, und der Kerl sackte zusammen und landete auf einem Haufen Klamotten, die auf dem Boden herumlagen. Er hatte keine Chance gehabt zu schießen. […]

Hinter mir trat Bill – der Teamleiter – ins Zimmer. Seine Augen wanderten von dem Burschen zu mir, und ich sagte: »Da sind noch welche hinter mir!«, denn ich stand jetzt mit dem Rücken zur Badezimmertür, wo ich die anderen gehört hatte, als ich ins Schlafzimmer kam. Ich hörte, wie sich da immer noch jemand bewegte, und ich dachte: *Mein Gott, sind die womöglich auch bewaffnet?* Bill stand neben mir und sah mich an, also rief ich ihm zu: »Hinter mir, hinter mir!« Da drehte er sich um, ging zur Tür und schnappte sich die beiden im Badezimmer.[107]

Anders als seine Kollegen in den beiden oben zitierten Fällen ist sich dieser Polizist voll bewusst, wer sonst noch vor Ort ist. Das gilt sowohl für seine Kollegen, die er vor der Gefahr in Schutz nimmt, dass seine Vollautomatik außer Kontrolle gerät, als auch für die Verdächtigen im Badezimmer hinter ihm. Er hat ein lückenloses Bild von der Situation, sowohl räumlich als auch zeitlich, wie man daran sieht, wie detailliert er sich auf die Flinte seines Gegners und seine eigenen Schüsse konzentriert.

Diese Verlangsamung der Zeit, verbunden mit der Entwicklung einer umfassenden Vorstellung von der Situation, scheint für die kompetentesten Mitglieder der gewaltbereiten Elite charakteristisch zu sein. Man findet sie bei Profikillern[108] ebenso wie bei bewaffneten Einbrechern: »Als ich reinging, sah ich mich wie von außen ... Ich war wie abgeschaltet ... ganz kalt«, erzählte einer. Ein anderer: »Während des Einbruchs war ich ganz ruhig. Ich hatte einen Tunnelblick. Meine Wahrnehmung war geschärft, und ich war voll konzentriert.«[109] Ähnlich scheint es bei Flieger-Assen und jener kleinen Zahl von Soldaten zu sein, die in Schlachten besonders kompetent schießt.

Am besten dokumentiert ist diese Verlangsamung der Zeit bei Sportlern, die Höchstleistungen erbringen. Auch hier haben wir es mit einer sich ständig verändernden Konfrontation mit Gegnern zu tun. Erfolgreiche Baseball-Schlagmänner sagen, dass sie die Flugbahn und Rotation eines Balles erkennen, kaum dass er die Hand des Werfers verlassen hat. Manchen erscheint der Ball größer. Anstatt hektisch zu reagieren, versuchen sie den Wurf einem bestimmten Muster zuzuordnen, halten sich zurück und schlagen genau im richtigen Moment zu. Ein guter Quarterback beim Football zeichnet sich dadurch aus, dass das Spielgeschehen sich vor seinen Augen verlangsamt, und er in den Bewegungen seiner Teamkollegen, der Verteidiger und der

---

107 Klinger, *Kill Zone*, S. 164f.
108 Siehe u.a. Fisher, *Joey the Hitman*, S. 61.
109 Morrison/O'Donnell, »Armed Robbery«, S. 68.

gegnerischen Stürmer Muster erkennen und entsprechend manipulieren kann.[110]

Sportler vergleichen den Bewusstseinszustand, in dem sie Höchstleistungen vollbringen, mit einer Art Trance. Die gewaltbereite Elite besteht aus all jenen, die in ihrem jeweiligen Gebiet kämpfen wie in Trance. Welche Voraussetzungen nötig sind, um diesen Zustand zu erreichen, unterscheidet sich je nach Gewaltform. Ein Flieger-Ass bewegt sich in einem sich ständig wandelnden, mehrdimensionalen Umfeld, in gewisser Weise ähnlich wie ein Football-Quarterback, doch lassen sich die Fähigkeiten offenbar nicht auf andere Bereiche übertragen.[111] Von einem Polizisten werden in einer Schießerei aus kürzester Distanz ganz andere Kompetenzen verlangt, von einem Scharfschützen wieder andere.

Anstatt zu kämpfen wie in Trance – die Erfahrung der kompetenten militärischen Elite –, befinden sich die meisten Soldaten im Krieg näher am anderen Ende des Spektrums, was ihre emotionale Lage und ihre Wahrnehmungsfähigkeit angeht. Clausewitz sprach vom Dämmerlicht des Krieges, andere haben es »Gefechtsbenommenheit« genannt. Vor allem dann, wenn die Gewalt ihren Höhepunkt erreicht und die Soldaten ihre befestigten Stellungen verlassen, ist alles sehr verwirrend und undurchsichtig. Man weiß nicht genau, wo der Feind ist, wo er vorrückt, mit wie vielen Soldaten man es zu tun hat und aus welcher Richtung gerade die größte Gefahr droht. Der gemeine Soldat versinkt im Morast bruchstückhafter Informationen, er kann sich kein klares Bild von der Lage machen.

Gefechtsbenommenheit ist eine Folge der Konfrontationsanspannung, die in dem Augenblick ihren Höhepunkt erreicht, in dem die Gewalt ausbricht. Wie wir in diesem Buch immer wieder gesehen haben, werden die meisten Menschen zu einem gewissen Grad durch Konfrontationsanspannung geschwächt. Nur wenigen gelingt es mit Unterstützung eines entsprechenden sozialen Umfelds, sie so weit zu überwinden, dass sie aktiv Gewalt ausüben können, und noch weniger sind kompetent darin. Manche erstarren, andere folgen passiv den Aktiven in ihrer Nähe, manche werden in hektisches, fieberhaftes

110 Tiger Woods sagte über seine Fähigkeit, entscheidende Schläge perfekt auszuführen: »In diesem Augenblick, wenn ich aufs Höchste konzentriert bin ..., sehe ich alles deutlicher. Es hat etwas Magisches« (*Philadelphia Inquirer*, 1. 3. 2006, S. E2).

111 Siehe Fußnote 126 in Kapitel 11.

Mitmachen verwickelt, und nur wenige handeln überlegt und effektiv. In Gewaltsituationen lassen sich die Beteiligten auf jeder Seite stets nach diesen unterschiedlichen Rollen aufteilen.

Um eine gewaltsame Konfrontation für sich zu entscheiden, muss man nicht nur kämpfen wie in Trance, sondern gleichzeitig die Gegenseite daran hindern, in diesen Trancezustand zu gelangen. Man muss sozusagen die Ruhe bewahren, während andere sich hektisch in ihre Gefühle hineinsteigern. Zu diesen Gefühlen zählt Wut, aber auch Angst, Erregung und überschwängliche Begeisterung. Im Zentrum der Auseinandersetzung steht der Interaktionsprozess. Zur gewaltbereiten Elite gehören all jene, die Strategien entwickelt haben, dank deren sie die Tatsache, dass andere in der Gefechtsbenommenheit gefangen sind, kühl ausnutzen können. Aber es geht nicht nur darum, die von vornherein Schwachen anzugreifen. Im Mittelpunkt einer gewaltsamen Interaktion steht auf der Mikroebene der Versuch, seinen Gegner in den Zustand der Gefechtsbenommenheit zu drängen, während man selbst den Bereich der Trance besetzt.

Dieses Ziel kann man zum Beispiel dadurch erreichen, dass man die Gefühle der Opfer manipuliert. Die Elite der Gewaltbereiten trainiert Methoden, wie man andere in einem unvorbereiteten Augenblick überrascht. Bewaffnete Räuber versuchen ihr Opfer »auf dem falschen Fuß« zu erwischen, und schlagen zu, wenn er oder sie gerade eine Tür abschließt, vom Hellen ins Dunkle tritt, oder umgekehrt (siehe Kapitel 5). Attentäter (ob politisch motiviert oder Profikiller) passen oft den Moment ab, wenn ihr Opfer soeben ein Zimmer betreten hat.[112] Das verkürzt nicht nur den Moment der Konfrontation und minimiert die damit verbundene Anspannung, es ist auch ein psychologischer Schachzug, um dem Opfer keine Chance zu lassen, sich ein Bild von der Situation zu machen. Die Initiative liegt ganz beim Angreifer. Das Vorgehen gleicht dem eines geschickten Werfers beim Baseball, der den Schlagmann mit einem überraschenden Wurf aus dem Konzept bringt.

Eine andere Methode, die für kompliziertere Situationen geeignet ist, setzt voraus, dass man eine Vorstellung davon entwickelt, wo auf

---

112 So wurde 1588, zur Zeit der Hugenottenkriege, ein Attentat auf den Anführer der Katholiken, Heinrich von Guise, verübt, indem der protestantische König ihn zu einer Audienz lud. Sobald Heinrich das Vorzimmer betreten hatte, wurde er von der Wache getötet, so dass er und sein Gefolge keine Chance hatten, ihre Schwerter zu zücken (*Cambridge Modern History*, Bd. 3, S. 45).

der Gegenseite die schwächsten und wo die stärksten Ziele zu finden sind. Mit Hilfe dieses Wissens kann man ein Durcheinander in ihren Reihen erzeugen. Einige Spitzen-Scharfschützen haben diese Strategie angewandt, als ihr Standort entdeckt worden war und eine große Zahl von Soldaten sich rasch auf sie zubewegte. Ein deutscher Scharfschütze an der Ostfront etwa stand auf und schoss nicht auf die vorderste, sondern auf die hinteren Reihen der vorrückenden Truppen. Diesen Soldaten konnte man am leichtesten Angst einjagen, und wenn sie getroffen wurden, hörten die anderen ihre Schreie und brachen den Angriff ab. Ein anderes Mal »wartete [er], bis drei oder vier Wellen von Angreifern zum Angriff übergegangen waren, und schoss dann möglichst vielen Soldaten aus der vierten Welle in den Bauch. Die furchtbaren Schreie der Verwundeten demoralisierten auch die vorderen Reihen, und allmählich kam der Vorstoß ins Stocken. Daraufhin nahm er die erste Reihe ins Visier. Gegner, die sich bis auf 50 Meter genähert hatten, tötete er mit einem Schuss in den Kopf oder ins Herz. Männer aus hinteren Reihen schoss er in den Oberkörper, um für möglichst viele Verwundete zu sorgen.«[113] Die Taktik dieses deutschen Scharfschützen weist Parallelen zum Vorgehen von Sergeant Alvin York auf; der berühmteste amerikanische Kriegsheld des Ersten Weltkrieges feuerte aus 250 Metern Entfernung mit einigem Erfolg auf Maschinengewehrschützen. Als er entdeckt wurde, stürmte eine Gruppe deutscher Infanteristen auf ihn zu. York blieb ruhig und erschoss alle zehn von ihnen. Zuerst den hintersten, dann lud er nach und tötete den Anführer, als dieser keine zehn Meter mehr von ihm entfernt war.[114] Die angreifenden Deutschen konnten nicht auf ihn schießen, während sie vorstürmten. Sie waren in wilder Aufregung, die noch verstärkt wurde durch Angst und Wut und das kühle Vorgehen ihres Gegners, der damit ihre emotionale Schwäche noch bewusst steigerte.

Man kann andere in der Hitze des Gefechts auch dadurch manipulieren, dass man den Gegner zu einem Wutausbruch reizt und dann dessen Wut gegen ihn einsetzt. Man kann das häufig bei jugendlichen Schlägertypen beobachten, wenn ein schlechter Kämpfer so lange

---

113 Pegler, *Out of Nowhere*, S. 195 und S. 199. In Situationen wie dieser erzielte ein Elite-Scharfschütze manchmal innerhalb weniger Minuten 20 Treffer. Solche Schüsse rechneten jedoch auch die Schützen nicht als »echte« Treffer, was zeigt, dass zwischen den verschiedenen Methoden deutlich unterschieden wurde.

114 Ebenda, S. 145.

aufgestachelt wird, bis er einen guten angreift. Eine ähnliche Strategie verfolgten auch viele Duellanten, die sich in Schwertkämpfen darauf verstanden, Attacken zu parieren und zu kontern. Dem entspricht im größeren Stil die militärische Taktik, den Feind zu einem überstürzten Vorstoß zu reizen und dann mit versteckten Reserveeinheiten seine Flanken anzugreifen. Die Manipulierung der gegnerischen Emotionen überschneidet sich in diesen Beispielen mit der Methode, in einer hektischen Situation ganz ruhig zu bleiben, wobei hier noch der Aspekt einer bewussten Strategie hinzukommt. Footballteams entwerfen gezielt Spielzüge, die sie gegen Teams einsetzen, die in einem regelrechten Adrenalinrausch sind, weil sie darauf setzen, dass die Verteidiger zu weit aufrücken und damit anfällig werden für Konter.

Bei der Konfliktdominanz geht es nicht nur darum, eine Strategie so lange zu trainieren, bis sie einem sozusagen in Fleisch und Blut übergegangen ist. Es ist nicht wie Fahrradfahren, das man nie verlernt, auch wenn man aus der Übung ist. Jeder Konflikt ist ein Kampf darum, wer den Trancezustand erreicht oder in die Gefechtsbenommenheit abrutscht. Manchmal kann man beobachten, wie diese Zustände innerhalb von Sekunden ineinander übergehen, selbst bei kompetenten Soldaten: In einem Augenblick schießen sie wie im Rausch wild um sich, und im nächsten handeln sie überlegt und kompetent. In einem Fall während der Schlacht um Guadalcanal 1942 ergriff ein japanischer Angreifer die Flucht, und der Sergeant der US-Marine »war nervös. Er gab, hektisch nachladend, mehrere Schüsse ab, ohne zu treffen. Er setzte ein neues Magazin ein und drückte nochmals ab, doch da war der Japs gerade in Deckung gegangen. Es war ein wenig enttäuschend – aber nur für einen Augenblick. Denn im nächsten stand er wieder auf ... und Sergeant Angus, jetzt ganz ruhig, zielte genau und feuerte eine weitere Kugel ab. Der Japs fiel um, als hätte man ihm den Boden unter den Füßen weggezogen. Es war ein sauberer Schuss – aus etwa 200 Metern.«[115] Bemerkenswert ist hier, dass es sich um eine ganze Gruppe von Soldaten handelte, aber nur der Anführer schoss, während die anderen zusahen. Das entspricht der üblichen Stratifikation der emotionalen Energie in Kampfsituationen. Allerdings ist der Anführer zunächst hektisch, schießt, aber inkompetent, und schaltet dann um auf ruhig und effektiv. Der Schlüsselmoment scheint die Unterbrechung gewesen zu sein, als der

115 Ebenda, S. 217.

japanische Soldat kurz in Deckung ging. Dadurch konnte der Sergeant eine neue Vorstellung entwickeln, vermutlich, dass der Feind Angst und er die Situation unter Kontrolle hat.

Was es heißt, überlegt zu handeln, während der Gegner von der Gefechtsbenommenheit erfasst wird, hängt immer davon ab, was in der konkreten Situation vor sich geht. Das erklärt, warum auch ein bislang erfolgreiches Team in einem Endspiel manchmal haushohe Niederlagen einstecken muss.[116] Um das Endspiel zu erreichen, muss das Team eine außerordentlich gute Saison hingelegt haben. Es hat mit anderen Worten viele Male bewiesen, dass es den Trancezustand erreichen und den Gegner in die Gefechtsbenommenheit drängen konnte. Doch die Fähigkeit, eine Vorstellung davon zu entwickeln, wie sie ihre Gegner verwirren und kontrollieren können, ist störanfällig. Es ist eine soziale Konstruktion, die unter Umständen schnell umschlägt.[117] Ein Team, das besonders stark von seiner überlegenen Fähigkeit lebt, sich gegenüber seinen Gegnern einen emotionalen Vorteil zu verschaffen (anstatt sich mühsam vergleichsweise knappe Siege zu erarbeiten), ist möglicherweise besonders anfällig, selbst in die Gefechtsbenommenheit zu verfallen, wenn es den Schwung verliert.

Sport ist insofern eine künstliche soziale Konstruktion, als er dazu führt, dass letztlich die kompetentesten Gegner gegeneinander antreten. Bei Gewaltsituationen im richtigen Leben werden solche Vergleiche in der Regel vermieden. Nichtsdestoweniger ist Kompetenz, die davon abhängt, dass man einen Trancezustand erreicht, während andere in der Gefechtsbenommenheit verharren, grundsätzlich eine Frage des Verhältnisses. Und das ist einer der Gründe, warum es eine Obergrenze für die Zahl der Personen gibt, die zu einem bestimmten Zeitpunkt der gewalttätigen Elite angehören können.

---

116 Zwei berühmte Beispiele: Im Jahr 2003 verloren die Oakland Riders das Footballspiel um den Superbowl mit 21:48 gegen die Tampa Bay Buccaneers. Von Anfang an waren sie in der Offensive wie in der Defensive völlig überfordert und zwischenzeitlich mit 3:34 im Rückstand. Die Washington Redskins verloren 1940 ihr Spiel in der amerikanischen Profiliga gegen die Chicago Bears mit 0:73 – trotz aller Rekorde, die ihr Quarterback Sammy Baugh aufgestellt hatte.

117 Bekanntlich werden Quarterbacks, die am College absolute Stars waren, nicht unbedingt gute Profis, während andere mit mittelmäßiger Bilanz sich im Profibereich zu Spitzenspielern entwickeln. Die Schnelligkeit, die Komplexität und die überraschenden Wendungen von Profispielen finden auf einem ganz anderen Niveau statt, so dass man eine ganz neue Vorstellung entwickeln muss.

Was die Effektivität in einer Konfrontation betrifft, sollte man zwischen hektischen und ruhigen Strategien nicht strikt trennen. Zwar gibt es vermutlich einen Zusammenhang zwischen ruhigen Strategien und der höchst kompetenten Gewalt derer, die ihre Ziele am besten treffen, am erfolgreichsten töten, Kämpfe oder Spiele am häufigsten gewinnen. Wer hektisch Gewalt ausübt, gehört meist eher zu den aktiv Gewalttätigen als zu den kompetent Gewalttätigen, also zu denen auf mittlerem Niveau, wie zum Beispiel jene Soldaten, die oft schießen, aber nie treffen, oder die lautstarken Aktivisten in einer aufgebrachten Menge.

Allerdings wäre es falsch, daraus die Formel abzuleiten, dass ruhige Gewalt hektischer Gewalt stets überlegen ist. Die Dinge liegen aus zwei Gründen komplizierter. Erstens werden manche Kämpfe durch unglückliche Zufälle entschieden: Jemand stolpert, Körper oder Fahrzeuge stauen sich, jemand erzielt einen Glückstreffer oder wird von jemanden aus den eigenen Reihen getroffen – inkompetent ausgeführte Gewalt ist oft unvorhersehbar, wenn viele kleine Zufälle zusammenkommen und sich verketten. Und zweitens gibt es erfolgreiche Formen von hektischer Gewalt. Die spektakulärste davon ist die Vorwärtspanik, bei der man wie im Rausch einen plötzlich wehrlosen Feind besiegt, dessen Organisation zusammengebrochen ist. Gut möglich, dass die meisten Schlachten und groß angelegten Auseinandersetzungen aufgrund derartiger Umstände gewonnen werden und nicht dank kühl umgesetzter Strategien. Und auch Kämpfe zwischen Einzelnen oder kleinen Gruppen entscheidet oft die Seite für sich, die am meisten schiere physische Energie aufbringt. In einfach strukturierten Situationen ohne Ausweichmöglichkeit setzt der Stärkere, den die größere Wut, Begeisterung oder Verzweiflung antreibt, sich gegen den ruhigeren Gegner durch.

Es gibt keine gesicherten Daten darüber, wie oft Auseinandersetzungen diese verschiedenen Entwicklungen nehmen. Meine Hypothese wäre, dass hektische Gewalt sich am häufigsten in solchen Situationen durchsetzt, in denen aktiv Gewalttätige nur nominell Gewalttätige angreifen. Hektische Gewalt obsiegt, wenn sie nicht gegen ruhige Gewalt eingesetzt wird, sondern gegen jene am anderen Ende des Kontinuums, die in großer Konfrontationsanspannung und -angst gefangen sind. Die Fähigkeit zu Wut, drohendem Auftreten, Überschwang und Raserei setzt sich gegen emotional schwache Gegner durch, die aufgrund ihrer akuten Gefühle, allen voran Angst, zu Passivität verdammt sind.

Abb. 10.6 Sieg durch emotionale Dominanz: Gesichter von Basketballern beim Rebound.
MCT/Landov/interTOPICS

Manche Menschen werden hauptsächlich in emotional aufgeladenen Situationen wie wütenden Kneipenschlägereien oder Revierkämpfen zwischen Banden gewalttätig. Dabei handelt es sich um Auseinandersetzungen zwischen zwei (oder mehr) emotional aufgeladenen Teilnehmern. Ich vermute, dass in solchen Fällen der gewinnt, der im Vergleich noch am ruhigsten ist, der die subjektive Zeiterfahrung am besten verlangsamen und sich ein Bild von der Gesamtsituation machen kann. Der Schlüssel zum Sieg kann aber trotzdem das

Wissen sein, wann man einfach zuschlagen oder auf den anderen losgehen muss, anstatt auf eine Gelegenheit zu warten, einen gezielten Schlag anzubringen. Unabhängig von den Emotionen der Beteiligten ist es stets ein interaktives Spiel. Der Sieger drängt den Verlierer in den Zustand der Gefechtsbenommenheit. Manchmal müssen die emotional Überlegenen ihre Gegner gar nicht allzu sehr drängen, da diese bereits ganz von der Konfrontationsanspannung und -angst in Anspruch genommen sind. In anderen Fällen kämpfen zu Beginn beide Seiten wie in Trance und müssen den anderen aus diesem Zustand verdrängen – gelingt ihnen das nicht, entsteht natürlich eine Pattsituation, wodurch die Auseinandersetzung enden kann. Den Sieg trägt davon, wer die Gefechtsbenommenheit zu seinem Vorteil manipulieren kann. Sieger müssen gar nicht tief in die Trance einsteigen, sie müssen nur etwas weiter auf diesem Weg sein als die Verlierer.

Der Kampf ums Cockpit am 11. September

Betrachten wir als Nachsatz zu diesem Kapitel die Auseinandersetzung im Cockpit des United-Airlines-Fluges 93 am 11. September 2001. Der Flugschreiber an Bord hat die Äußerungen der vier Al-Qaida-Entführer, die die Maschine vermutlich auf das Weiße Haus oder das Kapitol stürzen lassen wollten, und einiger der 33 Passagiere, die das Cockpit stürmten, detailliert aufgezeichnet. Äußerungen der Entführer auf Englisch sind kursiv gedruckt, aus dem Arabischen übersetzte kursiv und fett. Alle anderen stammen vermutlich von Passagieren.[118]

09.58.50 Ächzen und Schreie (Erster Versuch, die Tür zum Cockpit aufzubrechen.)
09.58.55 Ins Cockpit.
09.58.57 Ins Cockpit.
09.58.57 ***Die wollen hier rein. Halt dagegen. Halt von innen dagegen. Los, halt dagegen.***
09.59.04 *Stemm dich gegen die Tür.*
09.59.09 *Halt ihn auf.*
09.59.11 *Setzen Sie sich hin.*

118 Der Text ist dem *Philadelphia Inquirer* vom 13. 4. 2006, S. A10, entnommen.

09.59.13 *Setzen Sie sich hin.*
09.59.15 *Setzen Sie sich hin.*
09.59.17 ***Was?***
09.59.18 ***Da sind ein paar Männer. Viele Männer.***
09.59.20 Schnappen wir sie uns.
09.59.25 *Setzen Sie sich hin…*
09.59.30 Lautes Krachen (Man hört Metall gegen Metall, Glas splittert, Plastik bricht. Die Passagiere versuchen offenbar, mit einem Servicewagen die Tür zum Cockpit aufzubrechen. Zweiter Versuch.)
Unverständliche Schreie:
09.59.42 ***Vertrau auf Allah und auf ihn.***
09.59.45 *Setzen Sie sich hin.*
10.00.06 ***Es ist nichts.***
10.00.07 ***War's das? Sollen wir's zu Ende bringen?***
10.00.08 ***Nein, noch nicht.***
10.00.09 ***Wenn sie alle kommen, bringen wir's zu Ende.***
10.00.11 ***Es ist nichts.***
10.00.13 (Unverständliche Schreie)
10.00.14 *Ahh.*
10.00.15 *Ich bin verletzt.*
10.00.16 (Unverständliche Schreie)
10.00.21 *Ahh.*
10.00.22 ***Oh Allah. Oh Allah. Oh Allmächtiger.***
10.00.25 Ins Cockpit. Wenn wir's nicht schaffen, sind wir alle tot!
10.00.26 Lautes Krachen von Metall, Glas und Plastik in einem heftigen Aufprall (weiterer Anlauf mit dem Servierwagen. Dritter Versuch).
10.00.29 ***Hoch, runter. Hoch, runter.*** (Der Entführer auf dem Pilotensitz drückt den Steuerknüppel vor und zurück, um die Passagiere aus dem Gleichgewicht zu bringen. Kurz ertönt die Überziehwarnanlage.)
10.00.29 Ins Cockpit.
10.00.33 Ins Cockpit.
10.00.37 ***Hoch, runter, Said. Hoch, runter.***
10.00.42 Los, schieben Sie …
10.00.59 ***Allah ist der Größte. Allah ist der Größte.***
10.01.01 (unverständlich)
10.01.08 ***War's das? Ich meine, sollen wir sie runterbringen?***

10.01.09 ***Ja, bring sie runter, drück sie runter.***
10.01.10 Durcheinander von neuen Stimmen (unverständlich)
10.01.11 ***Said.***
10.01.12 *... Triebwerk ...*
10.01.13 (unverständlich)
10.01.16 ***Dreh den Sauerstoff ab.***
10.01.18 ***Dreh den Sauerstoff ab. Dreh den Sauerstoff ab. Dreh den Sauerstoff ab.***
10.00.41 ***Hoch, runter. Hoch, runter.***
10.00.41 ***Was?***
10.00.42 ***Hoch, runter.***
10.01.59 *Stell sie ab.*
10.02.03 *Stell sie ab.*
10.02.14 Jetzt.
10.02.14 Jetzt.
10.02.15 Los.
10.02.16 Los.
10.02.17 Schneller.
10.02.18 ***Runter, runter.***
10.02.23 ***Zieh sie runter. Zieh sie runter.***
10.02.25 *Runter. Drücken, drücken, drücken, drücken, drücken.*
10.02.33 ***Hey. Hey. Lass mich. Lass mich.***
10.02.35 ***Lass mich. Lass mich. Lass mich.***
10.02.37 ***Lass mich. Lass mich. Lass mich.***
10.02.40 (unverständlich)
10.03.02 ***Allah ist der Größte.***
10.03.03 ***Allah ist der Größte.***
10.03.04 ***Allah ist der Größte.***
10.03.06 ***Allah ist der Größte.***
10.03.06 ***Allah ist der Größte.***
10.03.07 Nein!
10.03.09 ***Allah ist der Größte. Allah ist der Größte.***
10.03.09 ***Allah ist der Größte. Allah ist der Größte.*** Die Maschine dreht sich auf den Rücken und stürzt ab.

In den vier Minuten und 20 Sekunden vom ersten Angriff auf die Tür bis zum Absturz werden viele Äußerungen wiederholt. Man kann die Konfrontationsanspannung und -angst fast mit Händen greifen, vor allem auf Seiten der Flugzeugentführer, was zweifellos daran liegt, dass sie deutlicher zu hören sind. Das ist ein Grund für die Wiederholungen. Zugleich sind sie eine Möglichkeit, mit der Konfrontationsanspannung und -angst umzugehen.

Die angreifenden Passagiere sind auf der Aufnahme schwer zu verstehen, aber sie wiederholen fünfmal die Worte »Ins Cockpit«, davon zweimal innerhalb von zwei Sekunden, während sie den ersten Anlauf nehmen. Sie wiederholen die Worte weitere dreimal in den acht Sekunden ab 10.00.25 Uhr, kurz bevor sie den dritten und letzten Versuch starten, die Tür zum Cockpit einzurennen: »Ins Cockpit. Wenn wir's nicht schaffen, sind wir alle tot!« Das sind rhythmische Wiederholungen, mit denen sich die Passagiere auf die gemeinsame Aktion einstimmen. Daneben finden wir andere Mahnrufe – »Schnappen wir sie uns«, »Los, schieben Sie« – aber auch diese werden meist innerhalb einer Sekunde oder weniger wiederholt: »Jetzt«, »Jetzt«, »Los«, »Los«.

Von den Flugzeugentführern, die das Cockpit verteidigen, kommen drei Arten von Äußerungen, die ebenfalls immer wieder wiederholt werden. Erstens fordern sie die Passagiere – auf Englisch und über Lautsprecher – auf: »Setzen Sie sich hin.« Damit knüpfen sie an die Strategie an, die sie auch eine halbe Stunde zuvor angewandt hatten, als sie das Flugzeug in ihre Gewalt brachten: die Passagiere beruhigen und sie glauben machen, dass die Maschine landen werde und sie als Geiseln genommen würden. Doch aus der Strategie wird mehr und mehr eine Beschwörungsformel, die ab 09.59.11 Uhr alle zwei Sekunden wiederholt wird, zum letzten Mal um 09.59.45 Uhr – nach dem zweiten Versuch, die Tür aufzubrechen, dieses Mal mit einem lauten und offenbar furchteinflößenden Krachen eines Wagens aus Metall –, zu einem Zeitpunkt, zu dem völlig klar ist, dass die Strategie nicht aufgeht.

Zweitens rufen die Entführer sich gegenseitig Anweisungen zu, überwiegend auf Arabisch – jemand soll sich gegen die Tür stemmen, es »zu Ende bringen« (vermutlich durch den Absturz der Maschine), das Flugzeug hochziehen und runterdrücken, um die Passagiere aus dem Gleichgewicht zu bringen, den Sauerstoff abstellen. Doch auch diese Anweisungen wiederholen sich: »Hoch, runter« wird achtmal wiederholt, »Dreh den Sauerstoff ab« ist innerhalb von zwei Sekunden viermal zu hören. »Lass mich« kommt achtmal in einem Zeitraum von vier Sekunden. Auch konkrete Aussagen werden zu einer emotionalen Beschwörungsformel.

Drittens: religiöse Formeln. Das beginnt in Momenten großer Anspannung und steigert sich, als die Lage sich zuspitzt. Gleich nach dem zweiten Angriff auf die Tür (dem furchterregenden Aufprall des Wagens) ist »Vertrau auf Allah und auf ihn« zu hören. Als die Angreifer den dritten Anlauf starten, folgt: »Oh Allah. Oh Allah. Oh Allmächtiger«, und in den letzten sieben Sekunden vor dem Absturz wird von verschiedenen Stimmen neunmal wiederholt: »Allah ist der Größte.«

In Konfliktsituationen neigen Menschen generell zu Wiederholungen. Wie wir in Kapitel 9 gesehen haben, versucht man in einem hitzigen Streit nicht, mit dem Gegner zu kommunizieren, sondern man bemüht sich, ihn niederzureden, indem man ihn nicht zu Wort kommen lässt. Da in diesem Stadium der Auseinandersetzung der Inhalt keine Rolle mehr spielt – keiner hört dem anderen zu –, besteht die beste Strategie aus möglichst lauten Wiederholungen. Der Übergang von verbalen Wiederholungen zu tatsächlicher Gewalt ist fließend. Das Wiederholen wird zu einer emotionalen Strategie, die nicht auf den Gegner zielt, sondern auf der eigenen Seite für mehr Energie und Solidarität sorgen soll – eine Beschwörung der Selbstverstrickung. In diesem Kampf ums Cockpit wenden beide Seiten diese simple emotionale Methode an: Es ist ein Kampf zwischen widerstreitenden Selbstverstrickungen.

Kapitel 11
Gewalt als Dominanz der emotionalen Aufmerksamkeit

Nun stehen wir vor einem Paradox. Wenn nur ein kleiner Teil der nominell an einem Kampf Beteiligten die gesamte Gewalt ausübt, dann könnte man sich alle anderen doch sparen? Dann könnte man doch Armeen, Banden und andere Kampforganisationen so weit verkleinern, dass sie nur die umfassen, die aktiv Gewalt ausüben, oder noch besser, nur die kleine Minderheit, die dies kompetent tut? Dann könnte man doch eine Luftwaffe aufstellen, die nur aus Flieger-Assen besteht, oder eine Armee aus lauter Scharfschützen und anderen Eliteeinheiten? Aber all das ist praktisch unmöglich, und zwar deshalb, weil es der Struktur von Gewaltsituationen widerspricht. Gewalt ist kein Produkt isolierter Individuen, sondern eines ganzen Raums, der durch emotionale Aufmerksamkeit definiert wird.

Was machen die anderen?

Dies lässt sich am ehesten verstehen, wenn man Menschenmengen bei Krawallen untersucht. Visuelle Belege bestätigen das Muster, dass immer nur wenige aktiv gewalttätig sind, und liefern außerdem Hinweise auf die Wechselbeziehung zwischen dieser Minderheit und der weiter gefassten Menge.

Als Grundlage für meine Verallgemeinerungen dienen neben gedruckten Fotosammlungen[1] Zeitungsfotos, die ich zwischen 1989 und 2005 gesammelt habe, sowie in kleinerem Umfang Videos aus Nachrichtensendungen. Grundsätzlich scheinen Videoaufzeichnungen besser geeignet zu sein, allerdings dauern die festgehaltenen Gewaltsequenzen meist nicht länger als drei bis fünf Sekunden, so dass der Unterschied zwischen Videos und Fotos vergleichsweise gering ausfällt. Das Videomaterial wird für Nachrichtensendungen drastisch geschnitten, um die Höhepunkte herauszustellen. In Wirklichkeit ist

1 Crespo, *Protest*; Allen, *Without Sanctuary.*

der Minute für Minute verfolgte Ablauf einer Demonstration voller Wiederholungen. Sobald Gewalt ausbricht und es zu einem Krawall kommt, verteilt sich das Geschehen sehr stark, und wer kontinuierlich zuschaut, sieht hauptsächlich herumstehende Menschen, einige, die über Freiflächen laufen, sowie die weitgehend unbewegliche oder langsam vorrückende Formation der Sicherheitskräfte. Gewaltausbrüche bei Krawallen sind über Zeit und Raum verstreute Einzelmomente, eingebettet in Szenen, die für die Beteiligten aufregend, beängstigend oder frustrierend, für den unbeteiligten Betrachter jedoch überwiegend langweilig sind. Die meisten Anwesenden sind nur nominell gewalttätig. Wie überraschend undramatisch ungeschnittene Videoaufzeichnungen von Krawallen sind, wird einem sehr schnell bewusst, wenn man sich konkrete Beispiele ansieht und mit Kameramännern über ihre Erfahrungen spricht.[2] Um eine spannende Filmsequenz einer gewaltsamen Massenkonfrontation mit durchgängiger Dramaturgie zu erhalten, müsste man viele Kameramänner an verschiedenen Standorten positionieren und das Filmmaterial intensiv bearbeiten. Das Ergebnis wäre insofern eine verzerrte Darstellung, als Gewaltszenen betont und lange währende Zeiten des Leerlaufs und unbelebte Flächen herausgeschnitten werden würden. Gewalt ist nicht nur in puncto Beteiligung, sondern auch in Zeit und Raum ungleich verteilt. Diese Merkmale sind Teil ein und desselben sozialen Prozesses.

Das Bildmaterial lässt sich in vier Kategorien einteilen: *Pattsituationen*, bei denen sich zwei feindlich gesinnte Gruppen gegenüberstehen, es jedoch noch nicht zu Gewalt gekommen ist, *Angriffe*, *Rückzüge* und *Siege*, bei denen eine Seite zumindest lokal die Oberhand hat. Diese Typen unterscheiden sich stark danach, wie dicht gedrängt die Menge ist. In Pattsituationen steht die Menge meist sehr kompakt. Es sind eigentlich allein diese Situationen, die dem Klischee des Mobs

2 Ich habe das im Jahr 2000 nach dem Nominierungsparteitag der Demokraten in Los Angeles getan. Die Beobachtungen der Kameramänner deckten sich mit meinen Erinnerungen an Studentenproteste und -unruhen der Jahre 1964 bis 1968, an denen ich teilnahm. Außerdem habe ich einen ungeschnittenen Film über die Mardi-Gras-Feiern 2002 ausgewertet, der auf der Partymeile der South Street in Philadelphia aufgenommen wurde. An zehn Stellen kommt es zu gewaltsamen Zusammenstößen innerhalb der Menge oder mit der Polizei, die jeweils fünf bis 80 Sekunden dauern. Insgesamt summieren sich die Gewaltszenen in dem vier Stunden langen Film auf vier Minuten und 20 Sekunden.

entsprechen, einer großen, emotional aufgewühlten Gruppe, die im Gleichklang handelt.[3] Die Gruppe kann den hohen Grad an Koordination nur aufrechterhalten, weil sie nicht gewalttätig ist.

Sobald Gewalt ausbricht, es zu Angriffen und Rückzügen kommt, verteilt sich die Menge. Unruhen gleichen dem leeren Schlachtfeld, das S.L.A. Marshall beschrieb, nur dass die Gegner nicht in Deckung, sondern sichtbar sind – was daher rührt, dass in der Regel keine Schusswaffen zum Einsatz kommen, sondern Steine und Schleudern, Knüppel, Fäuste und Füße. Tränengas- und Nebelgranaten können buchstäblich für ein Äquivalent zum Nebel des Krieges sorgen. Die Entfernung zwischen den Kontrahenten beträgt anders als im Krieg nicht Hunderte Meter oder mehr, sondern für die Aktivisten an vorderster Front ein paar bis ein paar Dutzend Meter; nominell Beteiligte und Beobachter schauen aus 50 bis 150 Metern zu, und dazwischen hält sich eine mittlere Gruppe auf. Die Unterscheidung zwischen den wenigen Gewalttätigen und dem Rest der Menge ist oft deutlich an der räumlichen Verteilung abzulesen, vor allem, wenn der Gewaltpegel ansteigt.

Abb. 11.1 (S. 528) zeigt eine typische *Angriffs*szene: Drei palästinensische Jugendliche werfen auf einer Straße Steine auf israelische Soldaten, während einer gerade Steine sammelt und zwei weitere Jungs in etwa sechs Metern Entfernung zu ihnen aufschließen. Eine Siebenergruppe bleibt in mittlerer Distanz von etwa 50 Metern oder rückt vorsichtig nach. Noch weiter oben auf der Straße schauen weitere 30 aus der sicheren Entfernung von circa 150 Metern zu, und zwei rennen die Straße hinauf, weg vom Geschehen. Die Aktivisten, die zu sehen sind, machen vier von 45 aus, etwa 10 Prozent. Mindestens zwei Drittel der Menge halten einen möglichst großen Abstand.[4]

Abb. 11.2 (S. 529) zeigt ein Foto, das bei Krawallen in Moskau entstanden ist, nachdem die russische Fußballnationalmannschaft in einem vom Fernsehen übertragenen Spiel gegen Japan verloren hatte. Acht junge Männer umringen ein Auto und treten dagegen, während ein weiterer auf dem Dach herumspringt. Auf der anderen Seite des Platzes stehen 80 Zuschauer, die meisten auf dem Gehweg vor einem

3 Bei Demonstrationen und Kundgebungen, bei denen es nicht zu unmittelbaren Zusammenstößen mit einem Gegner kommt, findet man ebenfalls eine auf engem Raum versammelte Menge, die weitgehend vereint ist (McPhail, *Myth*). Demonstrationen lasse ich in meiner Analyse weg, außer es gibt Fotos von Gewaltszenen in ihrem Umfeld.

4 Agence France-Presse, 5. 6. 2003.

Abb. 11.1 Vielschichtige Verteilung bei Unruhen: die Front, die Unterstützer in der Nähe, die Mitte, der Hintergrund (Palästina 2003).
Getty Images/3rd Party – Misc

70 Meter entfernten Gebäude. Wiederum sind es nur 10 Prozent der Anwesenden, die sich an Gewalttaten beteiligen.[5]

Auf einem anderen (hier nicht abgebildeten) Foto sieht man einen jungen Palästinenser, der auf offenem Feld eine von israelischen Soldaten stammende Tränengasgranate zurückwirft. Er ist von drei weiteren Palästinensern umgeben, während 15 Zuschauer vor einer Baumzeile im Hintergrund stehen und drei weitere sich dorthin zurückziehen.[6] Etwa ein Viertel der Abgebildeten bildet die Front, allerdings ist nur ein einziger in dem Moment aktiv.

Szenenwechsel. In Nordirland stellt sich eine Gruppe von sieben protestantischen Jugendlichen einem britischen Soldaten entgegen. Zuvorderst wirft einer gerade einen Stein, während die anderen sechs in zwei Reihen hinter ihm stehen. Mehrere von ihnen haben die Hände in den Hosentaschen oder schauen in eine andere Richtung. Die Gewalt in dieser Szene wirkt halbherzig, in den Gesichtern spiegelt sich eher Langeweile als Spannung. Die räumliche Anordnung

---

5 Associated Press, 10. 6. 2002.
6 Reuters, 28. 12. 2003.

Abb. 11.2 Unruhen nach einem Fußballspiel in Moskau, Juni 2002: ein Ultraaktivist, eine Gruppe von Unterstützern im Vordergrund sowie Zuschauer im Hintergrund.
ddp images/AP/Maxim Marmur

der Beteiligten ist in vielen dieser Szenen gleich. Nur der einsame Steinewerfer ist vom Gehweg auf die Straße getreten, die Übrigen bleiben auf dem Gehweg, in sicherer Entfernung von der Konfrontation – mit Ausnahme eines Jugendlichen, der unentschlossen hinten in der Gruppe steht, mit einem Fuß auf der Straße und einem auf dem Gehweg.[7] Ganz ähnlich zeigt ein Bild aus einem Flüchtlingslager im Gazastreifen einen Jugendlichen, der einen brennenden Reifen in die Mitte der Straße zieht. In etwa 150 Metern Entfernung sieht man 20 Zuschauer, während sich ganz in der Nähe auf dem Gehweg vier offensichtliche Unterstützer befinden, von denen einer gerade auf die Straße tritt.[8] Insgesamt kann man 20 Prozent der Abgebildeten zu den Aktiven zählen, auch wenn sie im Augenblick lediglich demjenigen durch körperliche Präsenz Rückhalt bieten, der tatsächlich etwas tut.

Nun kann man sich fragen, ob bei diesen Fotos nicht eine methodische Verzerrung vorliegt. Könnte es nicht sein, dass die Mehrheit

7 Peter Morrison/Associated Press, 10. 9. 2001, o. Abb.
8 Adel Hana/Associated Press, 1. 10. 2004, o. Abb.

der aktiv Gewalttätigen sich außerhalb des Bildausschnitts befindet, irgendwo anders in der Menge? Dagegen spricht, dass die Nachrichtenredakteure sicher die gewalttätigsten Fotos ausgewählt haben, die sie finden konnten. Der Anblick von realer Gewalt ist im Gegensatz zur künstlichen Gewalt in Filmen enttäuschend undramatisch, eben weil sie so unregelmäßig auftritt und so ungleich verteilt ist. Mag sein, dass die Momentaufnahme eines Fotos uns nur die Individuen zeigt, die in einem bestimmten Augenblick Gewalt ausüben; mag sein, dass andere in anderen Augenblicken gewalttätig sind. Zu einem gewissen Grad trifft das sicherlich zu, allerdings zu einem sehr geringen Grad. Bei der Betrachtung längerer Videosequenzen kann man keinen großen Wechsel des Personals in dem Sinne feststellen, dass diejenigen an der Front regelmäßig abgelöst würden. Außerdem treten in der Hitze des Gefechts Identitätsmerkmale zutage, die damit korrelieren, wie stark sich jemand an Gewaltakten beteiligt. Auf den wichtigen Unterschied, ob jemand auf die Straße tritt oder auf dem Gehweg bleibt, habe ich bereits hingewiesen.[9]

Ein äußeres Kennzeichen, das bei Demonstrationen in Europa und Amerika seit etwa dem Jahr 2000 verbreitet ist, sind Halstücher, Kopftücher, Kapuzen, Skibrillen, Sturmhauben und Ähnliches, um den Kopf oder das Gesicht zu verhüllen. Auf einem Bild von einer Demonstration gegen den G8-Gipfel in Genua am 21. Juli 2001[10] sieht man zwei junge Männer mitten auf der Straße stehen und Steine wer-

---

9 Ein (hier nicht abgebildetes) Foto von Arbeiterprotesten in Buenos Aires zeigt eine Gruppe von Arbeitslosen, die vor sieben Polizisten den Rückzug antreten. Die 17 Demonstranten auf dem Gehweg drängen sich ängstlich gegen eine Wand (mit Ausnahme von zwei Kameramännern, die nicht zurückweichen wollen). Der Angriff der Polizisten konzentriert sich auf eine Gruppe von neun Demonstranten auf der Straße. Die fünf unmittelbar vor den Polizisten halten ihre Knüppel, die sie offenbar als Waffe benutzt haben, zum Teil noch in Händen, zum Teil haben sie sie fallen lassen. Zwei sind zu Boden gegangen, und einer kämpft noch mit dem Polizisten an der Spitze der Keilformation. Der Kampf beziehungsweise Widerstand gegen die Staatsgewalt findet buchstäblich auf der Straße statt (Associated Press, 28. 6. 2002). Buford, *Geil auf Gewalt*, S. 324–332, beschreibt den Moment zu Beginn von Krawallen zwischen Fußball-Hooligans, in dem alles davon abhängt, ob dem ersten, der vom Gehweg auf die Straße tritt, andere folgen. Ist diese Schwelle schließlich kollektiv überschritten, wird die Menge durch diesen Erfolg zuversichtlich und ausgelassen: Sie hat vor den Augen der Ordnungskräfte, die das ebenfalls als eine Schwelle betrachten, die Straße »erobert«.

10 Associated Press, 21. 7. 2001, o. Abb.

Abb. 11.3 Ein einzelner Demonstrant tritt der Polizei entgegen, während die Menge keine Notiz nimmt (Genua im Juli 2001).
AP/World Wide Photos

fen. Hinter ihnen, neben einer Reihe von brennenden Papierkörben, sind drei weitere in die Hocke gegangen und holen vermutlich kurz Luft. Zehn Meter dahinter auf den Gehweg sieht man 30 Leute vor einem Gebäude stehen. (Zweifellos stehen außerhalb des Bildausschnitts noch mehr.) Alle fünf Aktivisten im Vordergrund sind vermummt, von denen im Hintergrund nur wenige. Abb. 11.3 stammt von der gleichen Demonstration; zu dem Zeitpunkt besteht noch ein Patt. Eine Phalanx von Polizisten mit Helmen und Plastikschilden steht einer Menge gegenüber (im Bildausschnitt sind etwa 150 Personen zu sehen), die in etwa zehn Reihen vor einem Gebäude auf dem Gehweg steht. Die meisten sind von der Polizei abgewandt. Nur drei junge Männer in der ersten Reihe schauen die Polizisten unverwandt an. Einer von ihnen hat einen Schritt auf die Polizei zu gemacht, steht in dem circa drei Meter breiten Zwischenraum und zeigt den Polizisten den Mittelfinger. Interessanterweise tragen zwar die meisten Demonstranten Bau- oder Motorradhelme, aber der Provokateur im Vordergrund hat als Einziger zusätzlich eine Gasmaske (mit durchsichtigem Plastikvisier und zylinderförmigem Luftfilter) übergestülpt. An der Hand, mit der er die Geste macht, trägt er einen metallisch glänzenden Handschuh. Selbst in einer Pattsituation gibt es eine Unterscheidung zwischen der breiten Masse und der kleinen Zahl derer, die die Konfrontation forcieren. Zu erkennen sind diese an ihrer räumlichen Positionierung, ihrer Haltung, und an symbolischen Accessoires.[11]

Auf einem Bild von einer Demonstration in Berlin[12] wirft ein junger Mann einen Stein. Er trägt eine Kapuze und eine Gesichtsmaske. Einige Meter hinter ihm steht ein Mann mit Halstuch vor dem Gesicht, der offenbar nachrückt, um in das Geschehen einzugreifen. Noch weiter hinten haben zwei Männer mit Kapuzen zwar Halstücher umgebunden, aber nicht vor das Gesicht gezogen, als wären sie gerade nicht im Aktionsmodus. Zwei weitere haben nur Kapuzen auf und sind im Augenblick bloße Zuschauer, ebenso wie sechs weitere, deren Gesicht in der Menge zu erkennen ist. Die 13 abgebildeten Demonstranten lassen sich den verschiedenen Stufen des Engagements zuordnen, den verschiedenen Graden der symbolischen Aggression, die sich in ihren Accessoires ausdrückt, bis hin zu dem einen, der gerade aktiv ist. Die Accessoires sind ein Ausdruck des Benehmens (in dem Sinne, wie Goffman den Begriff gebraucht) der verschiedenen Schichten der Menge, die sich wie in Abb. 11.1 im Raum verteilen.[13]

Nahaufnahmen zeigen nur einen kleinen Ausschnitt einer Szene. Man darf annehmen, dass Fotografen und Redakteure sie ausgesucht haben, um den Höhepunkt des Geschehens zu illustrieren. Und trotzdem besteht dieser Höhepunkt oft aus nicht mehr als einem einzigen

---

11 Abb. 3.7. zeigt eine weitere Szene der gleichen Massendemonstration. Auch da sehen wir eine kleine Zahl von Steinewerfern vor der Menge stehen (in diesem Fall zwei).

12 Associated Press, 2. 5. 1992, o. Abb.

13 Nun könnte man argumentieren, dass es rein rationale Gründe gibt, sich zu vermummen: Man kann so vermeiden, von der Polizei erkannt und für Gewalttaten bestraft zu werden. Dem widerspricht jedoch, dass Einzelne ihre Halstücher nur vor dem Gesicht tragen, wenn sie am Geschehen teilnehmen, und sie dann wieder abnehmen – sie wären also durch kontinuierliche Beobachtung leicht zu identifizieren. Außerdem verdecken manche dieser Accessoires, wie zum Beispiel Kapuzen, das Gesicht gar nicht, und manchmal besteht das Erkennungszeichen darin, das T-Shirt auszuziehen (wie in Abb. 3.9; siehe auch das Beispiel aus Kapitel 7, S. 400). Ein ähnliches Foto (Crespo, *Protest*, S. 8) zeigt einen einsamen Farbbeutelwerfer bei einer Demonstration anlässlich des Nominierungsparteitags der Republikaner im Jahr 2000 in Philadelphia. Im Gegensatz zu den Umstehenden trägt er ein Halstuch, eine Kopfbedeckung und kein T-Shirt – eine Kombination aller Embleme der Gewaltbereitschaft. Gesichtsmasken könnte man auch als Schutz vor Tränengas deuten; wenn dem so ist, scheinen nur wenige Demonstranten diese Sorge zur gleichen Zeit zu teilen.

Gewalttätigen, dem einige andere tatenlos zuschauen. Manche dieser Bilder zeigen einen einsamen Steinewerfer, der gerade mit seiner Schleuder ausholt, oder einen einzelnen Demonstranten, der ein Schaufenster einwirft, und gelegentlich findet man das Bild eines allein stehenden Demonstranten, der einen Stein auf Polizisten wirft, während hinter ihm ein paar Gestalten in zufälliger Anordnung herumstehen. (In dem Beispiel, auf das ich mich beziehe, sieht man einmal mehr den Steinewerfer allein auf der Straße stehen, die anderen auf dem Gehweg.)[14] Bei Arbeiterunruhen in Spanien sieht man einen Mann mit vermummtem Gesicht eine Steinschleuder abfeuern, während im Hintergrund, zehn oder zwanzig Meter entfernt, sieben andere lässig herumstehen oder an einem Geländer lehnen.[15]

Im Höchstfall sieht man kleine Gruppen von aktiv Gewalttätigen: zwei junge Palästinenser, die auf eine sechs Meter hohe Mauer klettern, um gegen die Mauer in der West Bank zu protestieren, während die vielleicht 700 Quadratmeter im Vordergrund, abgesehen von einem Jungen, der eine Fahne schwenkt, menschenleer sind;[16] oder vier junge Palästinenser, die ihre Steinschleudern gleichzeitig abfeuern.[17] Fotos, auf denen alle oder auch nur die meisten Abgebildeten Gewalt ausüben, sind selten: fünf Palästinenser zum Beispiel, die hinter einer Mauerbrüstung Deckung suchen, wobei drei gerade einen Stein in der Hand haben oder werfen, während die beiden anderen pausieren.[18] Auf einem Foto der Nachrichtenagentur Reuters, das 13 israelische Siedler zeigt, die Steine auf die Häuser von Palästinensern werfen, ist nur ein einziger zu sehen, der tatsächlich wirft. Wozu sind die anderen da? Meine These ist: Sie dienen zur Unterstützung und Schaffung einer gewalttätigen Atmosphäre. Dass sie so tun, als wären sie gewalttätig – indem sie nur mit an vorderster Front der Konfrontation stehen –, ist eine emotionale Voraussetzung dafür, dass einige wenige Gewalt ausüben können.

In Schanghai werfen drei junge Chinesen Steine auf das japanische Konsulat, während elf weitere in drei Reihen im Hintergrund stehen.[19] Auf diesem Bild kann man die Gesichtsausdrücke erkennen. Die Mienen der Werfenden sind angespannt, die Männer beißen vor

---

14 *London Daily Mail*, 2. 5. 2001, S. 7, o. Abb.
15 Ramon Espinosa/Associated Press, 22. 9. 2004, o. Abb.
16 Agence France-Presse, 28. 12. 2003, o. Abb.
17 *The Times*, 14. 10. 2000, S. 6, o. Abb.
18 Reuters, 7. 10. 2000, o. Abb.
19 China Photos/Getty Images, 17. 4. 2005, o. Abb.

Abb. 11.4 (Bilderfolge) Ein einzelner Demonstrant stürmt, angespornt von einer kleinen Gruppe von Unterstützern, vor, um die Polizisten zu provozieren, und wird angeschossen (Göteborg 2001).

Anstrengung die Zähne zusammen oder pressen die Lippen aufeinander. Zwei andere im Hintergrund haben den Mund weit geöffnet, um die Vorderleute anzufeuern, aber mehrere andere blicken zu Boden oder weg vom Geschehen.[20] Zu sehen ist die Konfrontationsanspannung auf Seiten der aktiv Gewalttätigen. Wieder andere bilden durch ihre Anwesenheit eine Masse von solidarischen Körpern, die für eine lautstarke Atmosphäre und Bündelung der Emotionen sorgt.

In Abb. 11.4 sehen wir, dass die Anfeuerungsrufe einer Gruppe von Aktivisten einem Einzelnen die nötige Energie verschaffen können,

20 In Abb. 2.4, die palästinensische Jungen zeigt, die Steine auf einen israelischen Panzer werfen, haben sich acht der zwölf gezeigten Personen vom Geschehen abgewandt und tun nichts, von einem anderen Jungen sehen wir nur das Gesicht, in dem sich Angst spiegelt. Ein Junge holt gerade zum Wurf aus, und zwei weitere haben einen Stein in der Hand und sind unmittelbar neben ihm in die Hocke gegangen, während fünf andere hinter ihnen kauern (einer an die Wand gelehnt) und vier an der Wand vor ihnen sitzen, mit dem Rücken zum Feind.

um eine extrem gefährliche Provokation zu wagen. Die Bilderfolge zeigt einen Demonstranten, der im Umfeld des EU-Gipfels in Göteborg 2001 von Polizisten beschossen wird.[21] Er trägt eine Kapuzenjacke und fuchtelt mit einem Holzknüppel, als er sich bis auf 20 Meter einer Gruppe von behelmten Polizisten nähert, die von ihrer Einheit abgeschnitten worden sind. Sobald er sieht, dass ein Polizist mit einer Waffe auf ihn zielt, macht er kehrt und flüchtet. Die Bilder zeigen hauptsächlich die leere Straße, ansonsten nur wenige Polizisten auf einer breiten Allee und einen einzigen unterstützenden Demonstranten, der in der Nähe des Provokateurs steht, als dieser, etwa 40 Meter von der Polizei entfernt, getroffen wird. Viele tausend Demonstranten waren in ausgelassener Atmosphäre friedlich durch die Straßen gezogen. Später an diesem Tag drehte jemand plötzlich die Technomusik aus einem Kleinbus zu ohrenbetäubender Lautstärke auf. Die Polizei drängte eine Gruppe von etwa 100 Demonstranten in einen Park ab. Aus einer Seitenstraße tauchte eine kleinere Gruppe von Vermummten auf und schnitt eine kleine Gruppe von Polizisten ab, indem sie sie mit Pflastersteinen bewarfen. Einer wurde am Kopf getroffen und ging zu Boden. Nach dem Bericht des Kameramanns ging das Johlen der mit Sturmhauben vermummten Demonstranten in Schreie über, als die Polizisten acht Schüsse auf den einzelnen Provokateur abfeuerten, der sich bis auf 20 Meter an die Polizei herangewagt hatte. Die Episode erinnert an die in Kapitel 2 beschriebenen Filme von Stammeskriegen, die eher aus Provokationen und vereinzelten Treffern bestehen als aus anhaltenden Kämpfen. Einige wenige besonders Aktive stürmen kurz auf die feindlichen Linien zu, dann rennen sie wieder weg. Hier sehen wir allerdings ein weiteres aufschlussreiches Detail: eine mittelgroße Gruppe in der Nähe der Front, deren Johlen einen emotionalen Rückhalt für die wenigen darstellt, die die Konfrontation näher an den Feind herantragen.

Eine ganz ähnliche Aufteilung in eine kleine Gruppe von Aktivisten und den Rest findet man bei *Rückzügen.* Wenn eine Menschenmenge vor Tränengas, Handgranaten, Schüssen, Schlagstöcken oder einfach vor einem bedrohlich vorrückenden Gegner den Rückzug antritt, sieht man auf Fotos meist einen Teil der Menge, der nicht in Panik gerät, weil er sich bereits in einer sicheren Entfernung von 150 Metern oder mehr befindet oder sich auf dem Gehweg an Gebäude drängt. In

---

21 *The Independent*, 17. 6. 2001, S. 1; *Sunday Telegraph*, 17. 6. 2001, S. 3; Fotos: ITN.

Abb. 11.5 Die Menge der Demonstranten flieht vor der Polizei, drei Steinewerfer bleiben ein Stück zurück (Jerusalem, Oktober 2002).
ddp images/AP/ Lefteris Pitarakis

mittlerer Entfernung drehen die Menschen sich um und fliehen. In der Regel gibt es ein paar, die sich zwar zurückziehen, dem Gegner aber trotzig weiter die Stirn bieten. Manchmal bleiben von 100 Personen drei oder vier in ungefähr 50 Metern Entfernung stehen und werfen Steine auf die Angreifer (siehe zum Beispiel Abb. 11.5). Wenn Abzeichen der Gewaltbereitschaft wie Kapuzen und Gesichtsmasken zu sehen sind, dann auf jeden Fall bei den wenigen Unnachgiebigen, die die Nachhut des Rückzugs bilden. Das sind die Mutigsten, was jedoch nicht bedeutet, dass ihre Tapferkeit keine Grenzen kennt, wie man an der Bilderfolge in Abb. 11.4 sieht, in der der Gesichtsausdruck des Demonstranten sich von provozierend zu verängstigt wandelt, als er vor einer auf ihn gerichteten Waffe flieht.

Nun zu den *Siegen*. Im Kampf zerstreut sich eine Menge zumeist, ein Sieg führt sie häufig wieder zusammen. Je kürzer der zeitliche Abstand zwischen der Siegesfeier und dem Kampf ist, desto mehr Leute finden wieder zusammen. Ein Angriff nach dem Muster einer Vorwärtspanik kann ebenfalls Züge einer Siegesfeier tragen. Beispiele dafür haben wir in Kapitel 3 gesehen, als eine Gruppe von Angreifern die Oberhand gewinnt, nachdem sie ein Opfer isoliert oder niedergeschlagen hat. Dabei kann es sein, dass – wie im Fall Rodney King – die meisten Schläge von, sagen wir, 20 Prozent der Gruppe stammen, während die anderen emotionale Unterstützung liefern und anfeuern.[22] Der Löwenanteil der emotionalen Energie fließt denen zu, die an vorderster Front kämpfen. Ein Anthropologe, der den Angriff einer Menschenmenge auf einen Straßendieb miterlebte, stellte fest, dass die meisten aus der Menge warteten, bis sie an der Reihe waren, um dem am Boden liegenden Körper einen nicht sonderlich enthusiastischen Tritt zu versetzen.[23] Aber der Rest der Menge kommt jedenfalls zusammen und genießt das Gefühl der Solidarität, das im Gedränge aufkommt – genau das, was in Momenten des Angriffs oder Rückzugs, wenn die Sache noch nicht entschieden ist, fehlt.

Wie die Anführer der Gewalt und die Menge sich gegenseitig unterstützen, illustrieren Fotos von der palästinensischen Intifada mit ihrem endlosen Kreislauf aus Morden und Grausamkeiten. Vier mit ihrer Einheit in Ramallah eingesetzte israelische Soldaten gerieten völlig unvorbereitet in einen Begräbniszug für einen 17-jährigen Jungen, der von israelischen Soldaten getötet worden war.[24] Die jungen Männer in der Prozession hatten »Allahu akbar« (»Gott ist groß«) gerufen, sich die Hemden vom Leib gerissen und die Israelis als Kindesmörder verflucht. Die älteren Männer hatten religiöse Gesänge angestimmt. Als die Soldaten mit ihrem Wagen entdeckt wurden, wurde das Fahrzeug mit Molotowcocktails in Brand gesteckt. Palästinensische Polizisten kamen den Israelis zu Hilfe und brachten sie auf ein Polizeirevier. Die aufgebrachte Menge aus mehreren hundert Menschen durchbrach die Absperrungen und stürmte das Gebäude, wobei ein Dutzend Polizisten verletzt wurde. Ein wenige Minuten

---

22 In Abb. 3.4 treten zwei von zwanzig Männern auf dem Bild den Dieb. Auf einem EPA-Foto (*Daily Telegraph*, 1. 10. 2000, o. Abb.) verprügeln vier Männer einen serbischen Bereitschaftspolizisten, während sechs andere im Hintergrund in unterschiedliche Richtungen blicken. Auf einem Reuters-Foto (1. 5. 1992, o. Abb.) treten während der Unruhen nach dem Rodney-King-Skandal in Atlanta drei Schwarze einen Weißen, während im Hintergrund sieben weitere Schwarze in unterschiedlicher Entfernung zu sehen sind. Abb. 3.5 ist die einzige, auf der alle 13 Menschen auf dem Bild auf Seiten der Sieger sind, also entweder auf den gestürzten Motorradfahrer einschlagen oder herbeieilen, um mitzumachen oder zumindest aus der Nähe zuzuschauen. In diesem letzten Fall wurde das Opfer zu Tode geprügelt.

23 Igor Kopytof, persönlicher Austausch, Februar 2002.

24 *The London Times*, 13. 10. 2000, Fotos: AFP.

später aufgenommenes Foto (siehe Abb. 11.6) zeigt einen jungen Mann an einem Fenster im ersten Stock des Polizeireviers, der, den Mund zu einem Jubelschrei geöffnet, der Menge seine blutigen Hände zeigt. Zwei weitere Männer strecken ebenfalls ihre blutbeschmierten Hände aus dem Fenster. Vor dem Fenster sind die Silhouetten von sieben Männern zu sehen, die zu einer größeren Menge gehören und fast alle zum Fenster gewandt sind und die Arme hochrecken. Kurz darauf werden die Leichen zweier Israelis aus dem Fenster geworfen. Ein zweites (hier nicht abgebildetes) Foto zeigt eine dicht gedrängte Menge aus 50 Männern. Die innen stehenden treten auf den leblosen Körper ein, zwei Reihen weiter hinten fuchtelt ein Mann mit einem Messer in Richtung des Toten herum. Die meisten drängeln sich nach vorn, um der Leiche einen Tritt zu versetzen oder sie wenigstens aus der Nähe zu sehen. Drei Männer jedoch haben sich umgewandt und verlassen das Zentrum des Kreises – sie haben offensichlich genug getreten oder gesehen. Sie haben die Kiefer grimmig zusammengepresst, im Unterschied zum erwartungsvollen oder wütenden Ausdruck in den Gesichtern von Männern, die noch nicht zur Mitte des Kreises vorgedrungen sind. Das Bild zeigt auch eine Frau, die gerade ihr Kopftuch aufsetzt und sich von der Leiche abwendet – offenbar wollte sie einen Blick darauf erhaschen, vielleicht ist sie eine Verwandte eines früheren Opfers. In diesem Fall sind die emotionalen Verbindungslinien zwischen der Menge und ihren Untergruppen – den Teilnehmern am Trauermarsch, denjenigen, die das Auto in Brand gesteckt und das Polizeirevier gestürmt haben sowie den Ausführenden der Lynchmorde – deutlich sichtbar. Die Minderheit der Gewalttätigen stellt ihren Mord zur Schau und erntet Beifall dafür. Dann wirft sie die Leichen aus dem Fenster, um eine noch deutlichere physische Verbindung zum nächsten Ring der Beteiligten herzustellen. Die blutigen Hände und die Leichen der Opfer sind wie symbolische Zeichen, die zwischen den einzelnen Schichten der Menge eine Verbindung herstellen.

Manche Siege werden mit einem Gewaltritual gefeiert, das sich gegen die Leiche eines getöteten Gegners richtet. Ein Beispiel hierfür ist in einem Video zu sehen, das 1993 zur Zeit der Schlacht von Mogadischu entstanden ist, in der amerikanische Streitkräfte im Rahmen einer UN-Mission gegen Anhänger eines somalischen Warlords kämpften. Der tote Pilot eines abgeschossenen Hubschraubers wird nackt ausgezogen und durch die Straßen geschleift, wobei einige aus der Menge – hauptsächlich Jungen oder junge Männer – die Leiche

Abb. 11.6 Rituelle Solidaritätsbekundungen zwischen der Speerspitze der Gewalttätigen und den Unterstützern: Ein junger Palästinenser zeigt nach einem Lynchmord an israelischen Soldaten im Oktober 2000 seine blutigen Hände.

Abb. 11.7 Rituelle Schändung des Feindes im Rahmen einer Siegesfeier. An einer Brücke im irakischen Falludscha werden im März 2004 die verkohlten Leichen amerikanischer Zivilisten aufgehängt.
ddp images/AP/Khalid Mohammed

mit Füßen treten.[25] Im irakischen Falludscha wurden vier amerikanische Angestellte eines privaten Sicherheitsunternehmens von irakischen Aufständischen überfallen; sie verbrannten bei lebendigem Leib, nachdem die Menge ihre Wagen angezündet hatte.[26] Ein anderes Bild (Abb. 11.7) zeigt die verkohlten Leichen an den Trägern einer Brücke über den Euphrat aufgehängt. Von den zehn im Vordergrund zu sehenden Männern strecken fünf triumphierend die Arme in die Luft. Ein anderer klettert mit einem Schuh in der Hand einen Brückenträger hinauf, um die Leiche zu schlagen, in der arabischen Kultur eine extrem beleidigende Geste. Zuvor hatte ein Zehnjähriger seine Ferse in den Kopf einer verkohlten Leiche gebohrt. An beiden Geschehnissen nimmt die Menge regen Anteil, in einem stärkeren Ausmaß als während des eigentlichen Kampfes. Außerdem sehen wir hier einige, die bei der symbolischen Gewalt gegen einen besiegten Gegner weiter zu gehen bereit sind als andere und die wir als demonstrative Extremisten bezeichnen könnten.

---

25 KR Video 1997.
26 Associated Press, 1. 4. 2004, o. Abb.

Eine vermutlich weiter verbreitete Form, nach einer gewaltsamen Konfrontation den eigenen Sieg zu feiern, ist Gewalt, die sich nicht gegen menschliche Ziele richtet. Nach dem Fall des nationalistischen serbischen Präsidenten Milošević warf eine Gruppe von Aktivisten, die ins Parlamentsgebäude eingedrungen war, Computer aus den Fenstern auf den Vorplatz, wo einige aus der Menge die Aktion mit Johlen begrüßten. Auf einem (nicht abgebildeten) Foto sieht man das Gebäude des Staatsfernsehens, das wichtigste Symbol für die Macht des gestürzten Präsidenten, in Flammen stehen. In den Nachrichten hieß es, die Menge habe das Gebäude mit Steinen beworfen. Tatsächlich zu sehen sind drei Männer, die 20 bis 30 Meter vom Gebäude entfernt stehen. Zwei davon werfen Steine auf geborstene Fensterscheiben, hinter denen die Flammen lodern. Die Panoramaaufnahme zeigt einen Streifen von knapp 100 Metern, der nahezu völlig menschenleer ist. Hundert Meter weiter stehen zwei Unbeteiligte, die in eine andere Richtung schauen.[27] Von 400 000 Menschen, die an jenem Tag in der Belgrader Innenstadt demonstrierten, scheinen sich nur ganz wenige an den symbolischen Zerstörungen beteiligt zu haben.

Sind diese demonstrativen Extremisten identisch mit der Minderheit der Gewalttätigen, mit denen, die auf dem Höhepunkt von Konfrontationen töten und zuschlagen? Dazu gibt es keine Daten, da man selten den Weg Einzelner vom Augenblick des Kampfes bis zu den symbolischen Handlungen im Nachklang verfolgen kann. Aber es gibt einige Hinweise darauf, dass die beiden Gruppen nicht deckungsgleich sind. Demonstrative Extremisten – also diejenigen, die Leichen treten, mit einem Schuh traktieren und so weiter – sind oft sehr viel jünger als die Kämpfer. Am häufigsten scheint es sich um Kinder zu handeln. Vermutlich sind diese demonstrativen Extremisten gar keine kompetenten Kämpfer, sondern treten erst aus dem Schutz der Menge, wenn die Gewalt beendet ist. Auch ist es wenig sinnvoll, ihre Taten als Ausdruck der in der Menge herrschenden Stimmung zu betrachten (und sie gar für die Stimmungsmacher zu halten). Die Annahme, wir würden die »tatsächliche« Stimmung der Menge kennen – jenseits dessen, was Einzelne zum Ausdruck bringen –, ist gefährlich. Die Redewendung, die Menge handele aus einem Gefühl (wie berechtigter Wut, Rachegelüsten und so weiter) heraus, ist irreführend. Tatsächlich

---

27 *Daily Mail*, 6. 10. 2000, S. 3; *The Guardian*, 6. 10. 2000, S. 1–5; *Daily Telegraph*, 6. 10. 2000, S. 1–3.

bringen Gewaltsituationen, wie ich immer wieder zu zeigen versucht habe, ihre eigenen, situationsbezogenen Gefühle hervor, und zwar vor allem Anspannung und Angst. Man kann das an den Gesichtern und der Körpersprache der meisten Beteiligten ablesen. Die demonstrativen Extremisten geben keinem Gefühl Ausdruck, von dem wir auf Grundlage dessen, was wir wissen, behaupten könnten, es entspreche der allgemeinen Stimmungslage. Vielmehr sind sie eine weitere spezialisierte Minderheit, die im Kontext der Menge eine eigene emotionale Nische gefunden hat. Im Übrigen folgt die Masse ihrem Beispiel in der Regel nicht, selbst wenn keine Gefahr damit verbunden ist, da man es nicht mit einem Gegner, sondern nur mit einer Leiche oder einem besetzten Gebäude zu tun hat. In aller Regel sind die demonstrativen Extremisten vom Rest der Menge deutlich zu unterscheiden.

Fotos von Lynchmorden, die sich zwischen 1870 und 1935 im Süden und Westen der USA ereigneten, belegen diese Sichtweise.[28] Die meisten dieser Bilder – vor allem die in diesem Zusammenhang interessantesten – sind mehrere Stunden nach dem eigentlichen Gewaltakt oder am Tag danach entstanden. Einzelne, die sich unnötig an Leichen vergreifen, tun das in sicherem zeitlichen Abstand von der Gewalttat. Auf einem solchen Foto stehen zwei Weiße neben der Leiche eines Schwarzen, der an einem Baum gehängt worden ist.[29] Der eine traktiert die Leiche mit einem Stock, der andere mit der Faust. Im Hintergrund schauen vier weitere Weiße zu. Auf einem anderen Bild lehnt ein junger Mann mit geschlossenen Augen lässig an einem Pfahl, an dem die verkohlte Leiche eines Schwarzen baumelt, der in der Nacht zuvor gelyncht wurde.[30] Die anderen 19 Gesichter, die man in der Menge erkennen kann, sind finster. Dieses Muster zieht sich durch all diese Fotos: Einige wenige sind demonstrative Extremisten, während die meisten anderen in der Gegenwart des Todes traurig, ernst und ergriffen sind oder sich unbehaglich fühlen.

Im ersten Moment interpretieren wir die Haltung der demonstrativen Extremisten vielleicht als Ausdruck eines Rassismus, der von der Menge (oder der ganzen Gesellschaft) geteilt wird. Doch damit ignorieren wir das, was wir sehen: Einige wenige (ich habe die kras-

28 Allen, *Without Sanctuary.*
29 Ebenda, Abb. 93, hier nicht abgedruckt.
30 Ebenda, Abb. 25, hier nicht abgedruckt.

sesten Beispiele aus dieser Fotosammlung herausgesucht) stechen aufgrund ihrer Taten oder ihrer Körperhaltung aus der Masse heraus.[31]

Die Stimmung der demonstrativen Extremisten nach der Tat steht allerdings im Gegensatz zu den Gefühlen, die während des Lynchmords selbst zum Ausdruck kommen. Auf einer seltenen Bilderfolge kann man einem Lynchmord mitverfolgen, der noch im Gange ist: Kurz bevor er gehängt wird, steht ein Schwarzer mit Striemen auf dem Rücken auf einem Wagen. Seine Henker starren ihn mit hartem, feindseligem Blick an.[32] Hier gibt es kein Herumalbern, nicht den geringsten Ausdruck von Fröhlichkeit. Hier sehen wir die Minderheit der Aktivisten an der Front, die durch wütendes Anstarren die Situation dominiert. Die gewaltsame Konfrontation selbst ist voller Anspannung. Selbst wenn eine Seite die Oberhand hat (die übliche Formel für erfolgreich ausgeführte Gewalt), sind die Beteiligten angespannt, ganz auf die Tat konzentriert, unfähig, sie zu ironisieren.

Die demonstrativen Extremisten, die in sicherem Abstand zum Gewaltakt in Erscheinung treten, stehen für etwas anderes: Sie versuchen, sich von der Masse abzuheben, von der hinteren Reihe derer, die die Gewalt nur nominell unterstützen, und ihren Status zu verbessern, indem sie an die Gewalttat anknüpfen, die die Gruppe elektrisiert hat. Sie suchen die Nähe der Leiche und vergreifen sich unnötig an ihr, weil sie so dem Zentrum des Aufmerksamkeitsraumes näher kommen.[33] Der augenscheinlichste Ausdruck von Freude findet sich

31 Von den 50 Bildern, auf denen eine Menschenmenge zu sehen ist, zeigen fünf Individuen, die in irgendeiner Weise fröhlich sind – weit unter 10 Prozent der in diesen Menschenmengen erkennbaren Gesichter.

32 Allen, *Without Sanctuary*, Abb. 42/43, hier nicht abgedruckt.

33 Das versucht die gesamte Menge der Schaulustigen auch, nur aus größerer Distanz. Auf manchen dieser Bilder (ebenda, Abb. 32 sowie S. 176 und S. 194) halten Zuschauer Kleidungsstücke in Händen, die dem Opfer vom Leib gerissen und an die Menge verteilt wurden. Wir sind so entsetzt über den Rassismus, der sich auf vielen dieser Bilder ausdrückt (wobei 23 der 87 Opfer von Lynchmorden in Allens Sammlung Weiße sind, meist nach Morden oder in Konflikten zwischen Ranchern im Westen), dass wir leicht den soziologisch interessanten Aspekt übersehen, dass ein lynchender Mob sich wie Gewalt ausübende Menschenmengen generell moralisch im Recht fühlt, als Rächer einer Ungerechtigkeit – des angeblichen Mordes oder der Vergewaltigung, die dem Lynchmord vorausging. Daher ist das ritualisierte Verhalten, sich der Leiche des Opfers möglichst zu nähern, ein Ausdruck dafür, dass die Zuschauer sich mit der gemeinsamen Tat solidarisieren. Es ist das gleiche Muster, das wir auch bei den oben diskutierten Fotos von der Intifada, aus Mogadischu und dem Irak gesehen haben. Siehe auch Senechal de la Roche, »Collective Violence«.

in Allens Sammlung auf einem Foto,[34] auf dem zwei gut gekleidete junge Männer (ziemlich gezwungen) in die Kamera grinsen, während neben ihnen die Leiche eines Schwarzen verbrannt wird. Das Foto ist jedoch nicht in der Hitze des Gefechts entstanden, sondern hinterher. Das Opfer, dem vorgeworfen worden war, ein weißes Mädchen sexuell missbraucht zu haben, war bereits an einem Laternenpfahl gehängt und mit Kugeln durchlöchert worden. Vermutlich sind diese demonstrativen Extremisten stolz auf sich, weil sie so nahe neben dem Arbeiter im schmutzigen Overall stehen, der das Feuer schürt. Alle anderen auf dem Bild stehen weiter weg, und die Mienen der anderen 29 Personen, deren Gesicht zu sehen ist, drücken Gefühle zwischen Ernst und Ängstlichkeit aus. Demonstrative Aktivisten sind Angeber nach den Regeln des Aufmerksamkeitsraumes für Gewalt, die einen höheren Status für sich in Anspruch nehmen, obwohl sie sich mit den Gewalttätern selbst nicht messen können.

Gehen wir noch einmal zu den Pattsituationen zurück. Hier steht die Menge dicht an dicht. Indem die Anwesenden (wie Tilly betont)[35] ihre Entschlossenheit und ihre zahlenmäßige Stärke demonstrieren, geben sie sich gegenseitig zugleich emotionalen Rückhalt. Aber selbst auf diesen Bildern lassen sich bei den Gesten und Gesichtsausdrücken gewöhnlich Unterschiede erkennen. Die Demonstranten an vorderster Front, die der Polizei unmittelbar gegenüberstehen – ob in Kairo, im nordindischen Ayodhya, in Madrid oder Kiew –, lehnen sich über Absperrungen, haben die Arme ausgestreckt oder hoch erhoben. Hier an der Front findet man die wenigen, die offenbar gerade etwas rufen, ihre Gegner provozieren oder wütend anstarren.[36] Oft sieht man am Rand der Absperrung, dort, wo sie an ein Gebäude stößt, leicht erhöht auf einem Gehweg oder dergleichen, die übliche Menge der Zuschauer mit dem Rücken zu einer Wand stehen und die Szene stumm beobachten, mit geschlossenem Mund und ohne zu gestikulieren. Auf einem (hier nicht abgebildeten) Foto, das in Kiew entstanden ist, als Demonstranten den ukrainischen Präsidenten zum Rücktritt zwingen wollten, sieht man in einem 30 Gesichter umfassenden Ausschnitt der Menge nur eine Person, die die Zähne zusammenbeißt, in der ersten Reihe mit einem Stock herumfuchtelt und versucht, die Sicherheits-

---

34 Allen, *Without Sanctuary*, Abb. 97, hier nicht abgedruckt.

35 Tilly, *Politics*.

36 Agence France-Presse, 3. 3. 2002, o. Abb.; Associated Press, 31. 10. 1990, o. Abb.; European Pressphoto Agency, 10. 3. 2001, o. Abb.

kräfte zu treffen, die ihrerseits ihre Gummiknüppel drohend erhoben haben.[37] Am Ende gingen die (insgesamt 5000) Demonstranten und die Polizisten mit Stöcken und Gummiknüppeln aufeinander los. Auf der Aufnahme aber sehen wir, wie ein winziger Teil der Menge auf eine Konfrontation drängt, die erst noch folgen wird.

Einige Konfrontationen verlaufen auch in der Phase der Auseinandersetzung noch relativ geordnet. Solche Beispiele trifft man vor allem in Südkorea an. Auf einem (nicht abgebildeten) Foto sieht man eine Reihe koreanischer Demonstranten, die Gasmasken tragen und mit langen Knüppeln auf die Reihe der Polizeischilde einschlagen.[38] Beide Seiten gleichen jeweils einer Phalanx. Zu sehen sind zehn Knüppel, alle ungefähr im gleichen Winkel. Es bleibt unklar, wie viele Demonstranten bis zur Front vordringen, denn es scheint sich nur um eine oder zwei Reihen zu handeln, und an der vorausgehenden Demonstration hatten 20000 Menschen teilgenommen. Gut möglich, dass solche Kämpfe symbolischen Charakter haben und vorgegebenen Mustern folgen, die eine Obergrenze für den tatsächlich entstehenden Schaden vorgeben.[39]

In der Mehrzahl der Fälle kann man in Pattsituationen zwischen einigen demonstrativen Extremisten an der Front und dem Rest differenzieren, der sich weitgehend zurückhält. Die wenigen, die den Gegner im Alleingang provozieren, beziehen ihren Schwung und ihr Selbstvertrauen aus der Menge, sind aber nicht deren Anführer. Meist werden sie von den Übrigen mit Belustigung, Verachtung oder Unwillen betrachtet und als »Spinner« oder »Verrückte« abgetan. Wenn sie allein vorstürmen und sich vom Benehmen und Verhalten der Umstehenden absetzen, dann reißen sie den Rest der Menge nicht mit. Was ihnen fehlt, ist eine kleine Gruppe von Anhängern, die zwischen ihnen und der Menge vermitteln könnte. Es ist diese vermittelnde Gruppe, die eine Welle in Gang setzt, die auch andere dazu bewegt, den Vorstoß zu unterstützen.

Gelegentlich stößt man auf Fotos, mit deren Hilfe man den Augenblick analysieren kann, in dem eine Menschenmenge in die Of-

---

37 *Daily Telegraph*, 10. 3. 2001, S. 20.

38 Ahn Young-Joon/Associated Press, 14. 11. 2004.

39 Michael Mann, *Sources*, Bd. 2, S. 635 und S. 674, beschreibt ein ähnliches Muster zeremoniell geprägter Auseinandersetzungen mit wenigen Verletzten zwischen Arbeitern und Polizei im Deutschen Reich vor dem Ersten Weltkrieg. Unklar ist, wie die Demonstranten sich auf der Mikroebene verhielten.

Abb. 11.8 Gruppe von gewalttätigen Demonstranten in Ankara 2001: Zwei Männer werfen Stöcke, während die umstehenden Gefährten ihnen emotionalen Rückhalt geben.

fensive geht. Während einer Demonstration gegen die türkische Regierung in Ankara wurde ein Foto aufgenommen (siehe Abb. 11.8), das 230 Menschen (von 70000, die sich zuvor einem Protestmarsch angeschlossen hatten), zeigt.[40] Im Bildvordergrund sehen wir eine Gruppe von acht Männern, die ein wenig abseits vom Rest der Menge stehen. Zwei von ihnen werfen Stöcke, eine physische Anstrengung, die sich in der unteren Gesichtshälfte und insbesondere den Kiefern widerspiegelt. Flankiert werden die beiden rechts, links und unmittelbar hinter ihnen von sechs weiteren Männern, die alle in die gleiche Richtung starren. An ihren zusammengezogenen Augenbrauen und den Falten über der Nase kann man ihren Zorn ablesen.[41] Einige beißen die Zähne zusammen, andere haben den Mund geöffnet und rufen offenbar irgendetwas. Diese Gruppe von Militanten unterscheidet sich deutlich vom Rest der Menge. Ein Großteil der übrigen Teilnehmer schaut in eine andere Richtung, manche haben sich ganz von der Front abgewandt. Nur sechs wei-

40 European Pressphoto Agency, 12. 4. 2001.
41 Ekman/Friesen, *Unmasking*, S. 95ff.

tere (von 200, deren Gesicht zu sehen ist) haben den Mund geöffnet und scheinen etwas zu rufen.[42]

Gut möglich, dass es die Gruppe der Militanten war, die die gewaltsame Phase der Konfrontation eingeläutet hat, zumindest in ihrem Umkreis. Nur ein Prozent der Abgebildeten übt in irgendeiner Form Gewalt aus. Nimmt man ihre Unterstützer hinzu, machen sie etwa 5 Prozent der Personen in diesem Bildausschnitt aus – und damit derer, die sich in dem Aufmerksamkeitsraum, den dieser Teil der Menge bildet, gegenseitig sehen können. Der Ausbruch von Gewalt beruht nicht auf zwei Schichten, den Initiatoren und dem Rest der Menge, sondern auf dreien. Die Konfrontationsstimmung in der Menge macht sich nicht einfach in der Gewalt der Aktivisten an vorderster Front Luft. Der entscheidende emotionale Schub kommt zunächst von der Clique ihrer unmittelbaren Unterstützer, so als würden diese als emotionaler Verstärker dienen, der die Wut steigert und in einer akustischen Welle bündelt, die jene antreibt, die aus der Mitte der Gruppe heraus ihre Wurfgeschosse abfeuern.[43]

Ähnlich wie bei den Konfrontationen zwischen Einzelpersonen ist es sehr wahrscheinlich, dass die meisten Menschenmengen, die mit Gewalt drohen, diese Drohung letztlich nicht wahr machen. Leider beschränken sich unsere Forschungen überwiegend auf die abhängige Variable, also den Ausbruch von Gewalt. Nur selten findet sich ein

---

42 Einige tragen Tafeln oder Flaggen, aber diese stehen überwiegend hinten in der zehnten Reihe, handelt es sich dabei doch um eine andere Art des Protests, die sich deutlich von Gewalt unterscheidet. Auffällig ist auch, dass der Fahnenträger in Abb. 3.7 der eigenen Seite zugewandt ist, nicht der gegnerischen. Eine Hypothese: Diejenigen, die bei einer Sportveranstaltung Fahnen oder Banner tragen, sind nicht die, die das Feld stürmen oder gewalttätig werden.

43 Die Gruppe der Militanten wird nicht von allen in ihrer unmittelbaren Umgebung unterstützt. Unmittelbar hinter den beiden Werfern duckt sich ein Mann und hält die Hände schützend über den Kopf. Daneben kann ich in der Menge nur einen weiteren Ausdruck von Angst erkennen, im Gesicht eines Mannes in der dritten Reihe, hinter einem der lautstarken Unterstützer der Gruppe. In der unmittelbaren Umgebung ist ein kritischer Punkt erreicht: Die Mehrheit der Umstehenden schlägt ohne zu zögern den Pfad der Gewalt ein, entweder aktiv oder als emotionale Unterstützer, aber eine Minderheit reagiert mit Angst und Rückzug. Diese Angst bezieht sich offensichtlich auf ihre Mitstreiter, nicht den Gegner. Es ist weniger eine Angst vor physischer Gefahr als davor, dass die gewaltsame Konfrontation ihrem Höhepunkt zustrebt. Man darf annehmen, dass diese Männer sich jetzt zurückziehen und das Feld den kleinen Gruppen von Militanten überlassen, sobald die Menge im Zuge des Gewaltausbruchs ihren Zusammenhalt verliert.

ethnographischer Bericht über Unruhen, die im Sand verlaufen sind. Einen solchen Fall hat eine Soziologin beschrieben, die 2005 Entwicklungsforschung im peruanischen Hochland betrieben hat.[44] Eine Gruppe von Demonstranten veranstaltet einen Protestmarsch rund um den Marktplatz und skandiert wütende Parolen gegen einen Richter, der in einem Grenzstreit gegen sie entschieden hat. Angeführt wird der Zug von zwei Männern, die einen Sarg tragen, auf dem ein Totenkopf und der Name des Richters aufgemalt sind. Hinter ihnen gehen mehrere Dutzend Männer und Frauen, einige tragen Transparente. Die Männer mit dem Sarg wollen den Zug eine Treppe ins Verwaltungsgebäude hinaufführen, aber eine Frau will weiter den Platz umrunden. Der Zug teilt sich auf, und den Sargträgern entgleitet die Initiative, ihre emotionale Energie. Ein kleines Detail, das für die Möchtegernanführer zum Handicap wird, ist, dass sie einen leeren Sarg in Händen halten und daher den Angriff nicht selbst initiieren können, ohne den Sarg abzustellen. Ihr symbolisches Handeln lässt kaum Spielraum für eine Gewaltaktion. Außerdem skandiert die Menge sehr unregelmäßig, ohne ordentliche rhythmische Koordination, so dass keine tragfähige, rituelle Solidarität entsteht. Innerhalb weniger Stunden hat sich die Menge zerstreut.

Das passt zu der Erkenntnis aus Tabelle 6.1 (in Kapitel 6), dass die Haltung des Publikums bestimmt, wie heftig ein Kampf ausfällt und ob er überhaupt stattfindet. Die in Tabelle 6.2 illustrierte Ausnahme waren kampfeswillige Gruppen, die aus mindestens fünf Personen bestanden. Diese konnten eine ambivalente Menge ignorieren – Gruppen dieser Größe stellen sozusagen ihr eigenes unterstützendes Publikum. Daher die Bedeutung von militanten Gruppen mittlerer Größe: Die Ambivalenz einer größeren Menge und ihre normale Abneigung gegen tatsächliche Gewalt wird immer dann überwunden, wenn sich innerhalb der Menge solche militanten Gruppen bilden. Die Menge spaltet sich auf, und die kleinen Gruppen gehen zur Gewalt über. Diese Verteilung im Raum sehen wir auf Fotos von Angriffen und bei den kleinen Gruppen aus vier oder fünf Aktivisten, die eine immer kleiner werdende gegnerische Gruppe verfolgen, auf die sie sich mit zahlenmäßiger Überlegenheit stürzen können (siehe die Fotos in Kapitel 3).

Fassen wir zusammen: Was trägt der Rest der Menge dazu bei, dass die Minderheit der Gewalttätigen aktiv werden kann? Jeder Teil beziehungsweise jede Schicht der Menge spielt eine ganz bestimmte

44 Rae Lesser Blumberg, persönlicher Austausch, Juli 2005.

Rolle. Diejenigen, die am *aktivsten und kompetentesten Gewalt ausüben*, beziehen ihre emotionale Unterstützung von einer kleinen Gruppe in ihrer unmittelbaren Nähe. Einige aus der *Gruppe der Unterstützer* üben ebenfalls Gewalt aus, aber wie es scheint, verbringen sie ihre Zeit überwiegend, vielleicht sogar gänzlich damit, Lärm zu machen und emotionalen Rückhalt zu geben. Sie versorgen die Speerspitze der wenigen Gewalttätigen, die die Konfrontation mit dem Gegner suchen, mit Emotionen. Das gilt selbst in Pattsituationen, in denen die Konfrontation zunächst nur aus Provokation besteht. Dann folgt die *Masse in der Mitte*, die die gleichen Ziele, aber weniger emotionale Energie hat, die weniger selbstbewusst ist und unfähig, die Initiative zu ergreifen. Diese Mehrheit der nominell Gewalttätigen vermittelt den Anführern an der Spitze das Gefühl, dass andere hinter ihnen stehen und mit ihrer Masse den Feind überwältigen werden, wenn der Angriff erst einmal in Gang gekommen ist. Selbst die *hinteren Reihen* – diejenigen, die aus sicherer Entfernung zuschauen und sich nicht vom Gehweg herunter trauen – haben eine Funktion,[45] selbst wenn es ihnen vielleicht nur um den Kitzel geht, den man verspürt, wenn man mit vielen anderen durch die Straßen einer Großstadt zieht oder wie viele andere zu einem Konzert oder einer Sportveranstaltung unterwegs ist. Auch die Feigsten und Zurückhaltendsten in der Menge steuern etwas bei: den Aufmerksamkeitsraum. Sie tun nichts weiter als schauen, aber sie schauen alle in die gleiche Richtung, wenn auch mit vermutlich schwankendem Interesse. Sobald etwas Aufregendes geschieht, heften sich alle Blicke auf diese eine Szene.[46]

---

45 Bei ethnischen Unruhen in Indien sind es die Männer, die töten und brandschatzen, aber einige der Frauen hinten in der Menge wenden mitunter Methoden des gewaltfreien Widerstands an, indem sie sich auf die Straße legen, so dass Löschfahrzeuge nicht durchkommen, und tragen dadurch zu Mord und Zerstörung bei (Horowitz, *Ethnic Riot*; Human Rights Watch, »We Have No Orders«). Die Grenzen zur Gewaltanwendung sind bei solchen Aktionen fließend, auch wenn diese das eigentliche Geschehen nur flankieren und weit genug davon entfernt sind, dass diese »gewaltfreien« Frauen nicht zuschauen müssen, wie die Mitglieder der verfeindeten Ethnie verbrennen. Auch hier gilt: Diese Art der Unterstützung kann auf viele Schultern verteilt sein. Wir wissen nicht, wie viele Frauen und Männer aus den hinteren Reihen dazu beigetragen haben, die Feuerwehrautos aufzuhalten.

46 Erinnert sei in diesem Zusammenhang an die in Kapitel 3 angeführten Belege dafür, dass eine größere Menge häufiger zu Lynchmorden und anderen Gewalttaten führt und dass eine größere Anzahl von Polizisten und Schaulustigen, die bei einer Festnahme dabei sind, die Wahrscheinlichkeit erhöht, dass es

Die Nachhut bilden einzelne *demonstrative Extremisten*, die in der Regel erst in Aktion treten, wenn die Gewalt vorüber ist. Welchem Teil der Menge sie vorher angehört haben, ist unklar.

Manchmal unterstützt die Menge die Minderheit der Gewalttätigen ganz bewusst und explizit. Als bei einem Protestmarsch gegen die Todesstrafe einige Demonstranten zivilen Ungehorsam leisteten und deswegen verhaftet werden sollten – das gewaltfreie Gegenstück zur Minderheit der Gewalttätigen –, verstärkten die übrigen Demonstranten ihre emotionale Unterstützung. »Die Leute in der Menge flüsterten einander zu: ›Wenn wir schreien, helfen wir ihnen, standhaft zu bleiben.‹ Und die Menge wurde immer lauter [als Demonstranten verhaftet wurden].«[47]

Den Höhepunkt der Ereignisse bilden die Aktionen der gewalttätigen Minderheit. Die Grundlage ihrer emotionalen Energie – ihres Selbstvertrauens, ihrer Begeisterung, ihrer Initiative – sind die verschiedenen Schichten der Helfer, übrigen Teilnehmer und Zuschauer um sie herum. Die Schichten der Menge bilden in ihrer räumlichen Anordnung gewissermaßen einen riesigen Kegel, einen gewaltigen Resonanzraum, der den Lärm zum Zentrum hin immer weiter verstärkt. Durch diese gleichgerichtete Aufmerksamkeit der Umstehenden wird die Energie gebündelt, die die Konfrontation in ihrem Brennpunkt erst ermöglicht.[48] In der Phase der Pattsituation sorgt die

---

zu Polizeigewalt kommt – obwohl nur ein kleiner Teil der Menge sich an den Gewalttaten beteiligt.

47 Summers-Effler, »Humble Saints«.

48 Zahlen von verschiedenen Krawallen liefern einen Anhaltspunkt für den jeweiligen Anteil der verschiedenen Schichten im Kegel. Bei den Watts-Unruhen 1965 in Los Angeles gaben 5 bis 10 Prozent der erwachsenen schwarzen Männer im Ghetto an, sich an den Unruhen beteiligt zu haben, und weitere 33 bis 40 Prozent hegten Sympathien dafür (Ransford, »Isolation«). Einer anderen Umfrage unter Bewohnern zufolge waren 15 Prozent bei den Unruhen aktiv, weitere 31 Prozent waren »Beobachter aus nächster Nähe« (Inbert/Sprague, *Dynamics*, S. 2f.). Nach den Unruhen in Detroit 1967 bezeichneten sich 11 Prozent als Teilnehmer und 20 bis 25 Prozent als Zuschauer (Kerner Commission, *Report*, S. 73). Diese Rassenunruhen gehörten zu den schwersten und gewaltsamsten der 1960er Jahre in den USA. Was Krawalle im Rahmen von Zechgelagen und Feierlichkeiten betrifft, so nahmen 3 Prozent der 30000 Studenten einer Campus-Universität an Ausschreitungen nach dem Sieg des Universitätsteams teil. Viele davon waren Zuschauer, und die Menge, die ausgiebig randalierte, schmolz auf etwa 300 oder 1 Prozent zusammen (Quellen siehe Kapitel 8). An einem anderen Krawall nach einem Footballsieg im Staat Ohio beteiligten sich im Jahr 2002 zwischen 4000 und 6000 Studenten (8 bis 12 Prozent der Immatrikulierten). Die meisten davon schauten nur zu, wäh-

Menge für den Aufbau von Spannung. Wenn die Umstände (in der Regel irgendein Zeichen von Schwäche auf Seiten des Gegners) dazu führen, dass diese Spannung sich entlädt, geschieht das in Form von Gewalt, die von kleinen Gruppen verübt wird. Ohne die vorangegangene Konzentration von emotionaler Aufmerksamkeit in der Menge könnte diese gewalttätige Minderheit nicht in Aktion treten.

Gewalt ohne Publikum: Profikiller und Gewalt im Verborgenen

Wenn Gewalt dieser Argumentation zufolge dadurch befeuert wird, dass sie das Aufmerksamkeitszentrum einer emotional aufgeladenen Gruppe besetzt, bleibt eine offensichtliche Ausnahme zu erklären: höchst kompetent und allein ausgeübte Gewalt ohne Publikum. Am besten dokumentiert sind diesbezüglich Profikiller.[49]

Die gängigste Methode besteht darin, unerwartet und schnell zuzuschlagen. Der Killer wartet in seinem Wagen an einem Ort, den das

---

rend eine kleinere Gruppe Autos umstieß und Müllcontainer und Sofas in Brand steckte. Siebzig Personen wurden festgenommen (etwa 1,2 bis 1,8 Prozent der Teilnehmer). Bei den Ausschreitungen im Anschluss an das Woodstock-Festival 1999 beteiligten sich von 155000 Besuchern etwa 200 bis 500 (circa 0,1 bis 0,3 Prozent) aktiv an Plünderungen und Randale, während einige tausend (etwa 1 bis 3 Prozent der Konzertbesucher) sie anfeuerten. Vierzig Personen wurden verhaftet, etwa 10 bis 20 Prozent des harten Kerns der Randalierer (Vider, »Rethinking Crowd Violence«). Von den 97 Prozent der Umstehenden schauten die meisten einfach nur ratlos, eingeschüchtert oder verängstigt zu.

49 Die situationsbezogenen Details im folgenden Abschnitt sind entnommen aus: Fisher, *Joey the Hitman* und *Hit 29*; Hoffman/Headley, *Contract Killer*; Mustain/Capeci, *Murder Machine*; Dietz, *Killing for Profit*; Anastasia, *Blood and Honor*. Diese Bücher basieren hauptsächlich auf autobiographischen Angaben von Killern und Aussagen von Komplizen. Außerdem stütze ich mich auf ein vierstündiges Interview mit einem mutmaßlichen Killer. Nach eigenen Angaben hatte er für das organisierte Verbrechen gearbeitet und keine schlechter bezahlten und weniger angesehenen Auftragsmorde für »Zivilisten« ausgeführt. Wir haben nicht über konkrete Morde gesprochen, sondern über das Vorgehen und die Interaktion in Gewaltsituationen. Die meisten Informationen beziehen sich auf amerikanische Spitzenkiller, die zwischen 1950 und 1990 aktiv waren. Es gibt auch weibliche Profikiller, aber die wenigen, von denen ich gehört habe, gehören nicht zur ersten Garde. Ich verwende in den folgenden Beispielen für Opfer und Killer die männliche Form, weil sich bis auf wenige Ausnahmen alle Beispiele in meinen Quellen auf Männer beziehen.

Opfer gewohnheitsmäßig aufsucht, möglichst in einer dunklen Straße ohne Passanten. Sobald das Opfer ins Auto ein- oder aus dem Auto aussteigt, nähert sich der Killer schnell und schießt. Oder das Opfer wird zu einem Treffpunkt gelockt und erschossen, sobald es den Raum betritt. Oder es öffnet die Haustür und wird sofort erschossen. Profikiller versuchen ihr Opfer möglichst allein anzutreffen und arbeiten am liebsten ohne Partner. So minimieren sie das Risiko, dass es Zeugen gibt, die Polizei Informationen von Passanten bekommt oder Komplizen sie verraten. Vor allem hat der Killer dadurch alles selbst in der Hand. So kann er jegliche Ablenkung vermeiden und sich mit kühlem Kopf – dem Schlüssel zu seinem Erfolg – auf seine Technik und auf die emotionale Manipulation konzentrieren.

Ein solches Vorgehen erfordert sorgfältige Planung. Der Killer muss sich Informationen über die Gewohnheiten des Opfers geben lassen oder durch Recherche und Beschattung selbst in Erfahrung bringen. Im Regelfall vergewissert er sich, ob die Informationen seines Auftraggebers korrekt sind. Die Auswahl möglicher Orte, die Ausarbeitung der Details und das Testen der Waffen kann Tage in Anspruch nehmen. Oft gibt es eine lange Phase heimlicher Vorbereitungen – also dessen, was Strafverfolger und Medien als kaltblütige Berechnung bezeichnen. Gerade die vielen technischen Details ermöglichen die emotionale Distanz. Der Killer konzentriert sich ganz auf eine Abfolge vieler kleiner Handgriffe, die er mit äußerster Sorgfalt ausführt. Seine Gedanken beschäftigen sich weder mit der Tatsache, dass das Opfer ein Mensch ist, noch mit den emotionalen Aspekten der bevorstehenden Konfrontation. Manche Killer wollen gar nicht wissen, was dem Opfer vorgeworfen wird oder weshalb der Mordauftrag erteilt wurde. Es handelt sich um einen rein technischen Vorgang, bei dem ihre eigenen Emotionen außen vor bleiben.[50]

---

50 Dietz, *Killing for Profit*, S. 79, zitiert einen Killer aus Detroit: »Wir sind nicht die Richter, nur die Henker.« Sowohl »Joey« (das Pseudonym des Killers in Fisher, *Joey the Hitman*, und *Hit 29*) als auch Tony Frankos, genannt »der Grieche« (Hoffman/Headley, *Contract Killer*), begründeten ihre Taten im Nachhinein damit, dass ihre Opfer ganz üble Typen gewesen seien – und da sie sich in der Regel im Milieu des organisierten Verbrechens bewegten, mag das durchaus zugetroffen haben. Mein Interviewpartner sagte spontan das Gleiche. Außerdem merkte er an, dass er zwar ein Patriot sei und die Anschläge vom 11. September rächen würde, wenn er könnte, dass er aber aus rein technischer Sicht das umsichtige, verdeckte Vorgehen der Flugzeugentführer anerkennen müsse.

Manche Auftragsmorde sind weniger gut geplant, meist weil das Opfer auf der Hut oder schwer ausfindig zu machen ist. Gut vernetzte Berufsverbrecher, die einen Auftrag angenommen haben, sehen manchmal plötzlich eine Gelegenheit, wenn sie einen Hinweis auf den Aufenthaltsort des Opfers bekommen, zum Beispiel weil sein Wagen vor einem Restaurant oder einem Kasino gesichtet wurde. Das Vorgehen selbst bleibt jedoch das Gleiche: Man wartet, bis das Opfer allein herauskommt, nähert sich ihm unbemerkt möglichst nahe und drückt sofort ab, wenn man in Schussweite ist. Falls es unmöglich ist, das Opfer allein zu erwischen, kommt unter Umständen eine andere Taktik zum Einsatz. Wenn er weiß, wo das Opfer in einem Restaurant sitzt, geht der Killer hinein, nähert sich möglichst schnell und schießt sofort. Oder er geht zur Toilette (wenn sich diese hinter dem Opfer befindet) und schießt ihm auf dem Rückweg in den Rücken oder in den Kopf. Ein Killer merkte hierzu an, dass er zwar normalerweise einen Schalldämpfer verwende, damit vom Schuss nur ein harmloses »Pfftt« zu hören sei, in einem voll besetzten Restaurant aber eine große, laute Pistole. Der Knall sorge dafür, dass alle potenziellen Zeugen in Deckung gingen und ein Durcheinander entstehe, in dem man problemlos flüchten könne.[51] Außerdem mache er sich den psychologischen Effekt zunutze, dass eine hohe Zahl von Zeugen zu einer Vielzahl unterschiedlicher Personenbeschreibungen führe, so dass man ihn unmöglich identifizieren könne.

Als wären sie sich der Schwierigkeit bewusst, zielgenau zu schießen, bevorzugen Profikiller eine möglichst geringe Entfernung, häufig ein Meter oder weniger. Durch diese Nähe ist es eine erhebliche Herausforderung, die Konfrontationsanspannung zu überwinden – ein Grund, warum Profikiller ihren Opfern am liebsten von hinten in den Kopf schießen. Noch wichtiger: Der plötzliche Angriff minimiert das Risiko interaktiver Verstrickung. Der Killer steht plötzlich und unerwartet vor dem Opfer, und es bleibt keine Zeit, etwas zu sagen oder auch nur den Gesichtsausdruck des anderen zu sehen. Das plötzliche Zuschlagen dient nicht nur zur Überraschung des Opfers, das so schnell unmöglich reagieren kann, sondern auch dazu, emotionalen Problemen aus dem Weg zu gehen, die dem Killer in der Interaktion auf der Mikroebene erwachsen könnten.[52] Zusammenfassend kann

51 Fisher, *Joey the Hitman*, S. 57.

52 Profikiller feuern normalerweise höchstens drei Kugeln ab. Hier liegt ein deutlicher Unterschied zu Soldaten, Polizisten und Privatpersonen, bei denen es häufig zu einer Vorwärtspanik und einer Vielzahl von Schüssen, dem Overkill, kommt.

man sagen, dass sowohl die Phase der heimlichen Vorbereitung als auch die Plötzlichkeit des Überfalls dem Zweck dienen, die Konfrontationsanspannung und -angst zu überwinden.

Gelegentlich lässt sich aber auch bei einem Auftragsmord eine längere Konfrontation mit dem Opfer nicht vermeiden, zum Beispiel wenn das Opfer gezwungen wird, in ein Auto zu steigen, um es an einen abgeschiedenen Ort umzubringen, oder wenn es zu einem angeblichen Treffpunkt gelockt und von mehreren Komplizen umringt wird, die sich als seine Henker erweisen. Wie überwinden Killer in solchen Fällen die Konfrontationsanspannung? Die bevorzugte Technik scheint darin zu bestehen, das Opfer zu beruhigen, indem man es im Glauben lässt, dass es gar nicht getötet werden wird. Diese List hilft dem Killer nicht nur, das Opfer zu kontrollieren; sondern erlaubt ihm auch selbst, ruhig zu bleiben, indem er für sich selbst ebenfalls die Täuschung aufrechterhält, dass er niemanden umbringen wird. Es handelt sich dabei um eine Vorderbühne im Sinne Goffmans, aber in diesem Fall macht der Darsteller sich selbst ebenso wie dem Opfer emotional etwas vor. Wenn es schließlich zum Mord kommt, dann ganz abrupt. Man hält möglichst lang den Anschein von Normalität aufrecht, bis diese plötzlich von einer Gewaltepisode unterbrochen wird.[53]

Hier kommt ein zweiter Faktor ins Spiel: In den meisten Fällen längerer Konfrontationen, zu denen interaktive Details bekannt sind, umringt eine Gruppe von Entführern ein einzelnes Opfer. Die Killer finden in der Gruppe Unterstützung und stehen damit nicht vor dem Problem der allein verübten Gewalt, um das es mir hier geht. Noch deutlicher wird das bei den wenigen Fällen, in denen Profikiller ein Opfer foltern, bevor sie es töten. Meist geschieht das, um eine Botschaft zu übermitteln, Rache zu üben oder die gegnerische Gruppe in Angst und Schrecken zu versetzen. Durch die Folter erreicht die Konfrontationsanspannung ihren Höhepunkt, wohingegen das normale

---

53 In einem sehr ungewöhnlichen Fall, bei dem das Opfer eine Frau war, erhielten zwei junge Männer aus dem Mafiaclan um Roy DeMeo den Auftrag, die hübsche 19-jährige Freundin eines Mafiamitglieds umzubringen. Sie und ihr Freund wussten über die Aktivitäten der Mafia Bescheid und standen im Verdacht, die Polizei informieren zu wollen. Während ihr Freund im Klubhaus der Gruppe mit Schalldämpfer erschossen wurde, flirtete der eine Killer durch das Autofenster mit dem Mädchen, während ein zweiter sich aus dem anderen Fenster lehnte und plötzlich abdrückte (Mustain/Capeci, *Murder Machine*, S. 152f.).

Vorgehen von Killern sie auf ein kurzes Zeitfenster beschränkt. Folter ist offenbar fast immer das Werk einer Gruppe, und im Mittelpunkt steht dabei deren emotionale Dynamik in der Gruppe.[54]

Die Methoden, die einen erfolgreichen Killer auszeichnen, sind psychologischer und interaktiver Natur. Profikiller sind daher oft nur mittelgroß und nicht unbedingt besonders kräftig.[55] Das liegt nicht nur daran, dass sie ohnehin immer Schusswaffen einsetzen. Alle Killer

---

54 Ein Beispiel hierfür findet sich bei Hoffman/Headley, *Contract Killer*, S. 105–107. Zu den sozialen Aspekten von Folter siehe Collins, »Three Faces«, und ausführlicher den Folgeband zu diesem Buch sowie Einolf, »Fall«. Die wichtigste Ausnahme zu meiner gesamten Argumentation stellen Serienmörder dar, die in der Regel Einzeltäter sind und ihre Opfer misshandeln, bevor sie sie töten. Das ist die seltenste aller Gewaltformen. Bezüglich der Planung im Verborgenen und der Entwicklung ihrer Methoden gehen Serienmörder ähnlich wie Killer vor. Allerdings sind sie ausschließlich im eigenen Auftrag tätig und lassen sich emotional viel mehr auf ihre Opfer ein, während Killer jegliche emotionale Interaktion vermeiden. Es gibt verschiedene Typen von Serienmördern, die sich nach der Art der Gewaltausübung und nach den Methoden unterscheiden, mit denen sie ihre Opfer auswählen. Die Serienkiller mit der höchsten Opferzahl sind jedoch meist diejenigen, die nichtkonfrontative Techniken anwenden, indem sie beispielsweise Patienten vergiften oder Herz-Lungen-Maschinen abschalten (Hickey, *Serial Murders*) – ein weiterer Beleg für die These, dass nichtkonfrontative Gewaltformen am leichtesten anzuwenden sind.

55 Tony der Grieche war mittelgroß und wog 70 Kilo, »Joey« war relativ klein, aber kräftig gebaut. Harvey Rosenberg alias »Chris DeMeo« war 1,65 Meter groß und eher schmächtig. Roy DeMeo war rundlich und unsportlich, wenn auch kräftig. Joey Gallo, der 1957 den Mafiaboss Albert Anastasia umbrachte, als dieser auf dem Friseurstuhl saß, und später einen Krieg gegen einen anderen Clan entfesselte, war 1,60 Meter klein und dünn. Joe Sullivan, genannt »Mad Dog« (der über 100 Menschen umbrachte und von Tony dem Griechen für den besten Killer überhaupt gehalten wurde), war 1,80 Meter groß und 80 Kilo schwer (Hoffman/Headley, *Contract Killer*, S. xxii, S. 92, S. 96, S. 133, S. 154 und S. 236; Fisher, *Joey the Hitman*, S. vii, 198; Mustain/Capeci, *Murder Machine*, S. 28–37). Tony trieb auch Schulden für Kredithaie ein, wobei ihn manchmal ein 135 Kilo schwerer Kerl begleitete, der den Opfern Angst machte und sie schlug. Er erwähnt noch mehrere andere zwischen 110 und 135 Kilo schwere Eintreiber. Solche bezahlten Schläger unterscheiden sich allerdings grundsätzlich von Auftragskillern. Sie sind auf Einschüchterung mit begrenzter körperlicher Gewalt spezialisiert. Das organisierte Verbrechen braucht Kunden und Mitarbeiter, die leistungsfähig sind und pünktlich zahlen – tot nutzen sie wenig. »Fast jeder, der im Geschäft ist, kann seine Muskeln spielen lassen«, sagt »Joey«. »Wie stark man ist, ist nicht das Entscheidende. Allerdings: Je robuster einer aussieht, desto seltener muss er beweisen, wie robust er ist. Aber mit einem Baseballschläger oder eine Eisenstange zuschlagen kann fast jeder« (Fisher, *Joey the Hitman*, S. 82).

haben sich früh in Schlägereien bewährt, sei es in Jugendbanden, zur Verteidigung ihres Reviers im organisierten Verbrechen, oder im Gefängnis. Alle Killer, von denen ich gelesen habe, waren stolz auf ihren Ruf, niemals einer Auseinandersetzung aus dem Weg zu gehen und alles zu tun, um zu gewinnen. Einige eigneten sich ein Repertoire gemeiner Kampftaktiken an oder psychologische Tricks wie den, zu lächeln und sich ganz passiv zu verhalten, um dann plötzlich zum Angriff überzugehen.[56] »Joey« begann seine Karriere als 15-jähriger Laufbursche für ein Wettbüro an einer Straßenecke in New York. Als drei ältere Jungs verlangten, er solle ihnen einen Teil seiner Einnahmen abgeben, ging er ins nächstbeste Geschäft, kaufte einen Baseballschläger und ging ohne Vorwarnung zu einem Angriff über, bei dem zahlreiche Knochen in die Brüche gingen.[57] »Mad Dog Sullivan« perfektionierte die Technik, einem Gegner den Daumen in die Augenhöhle zu bohren und den Augapfel herauszudrücken.[58] Im Lauf der zwischen harten Jungs üblichen Schlägereien entwickelten diese Männer psychologische Techniken und Interaktionstaktiken, die jeden Gegner in die Defensive drängten. Sie spezialisierten sich darauf, in Gewaltsituationen mit solcher Plötzlichkeit, Entschlossenheit und Skrupellosigkeit die Initiative zu ergreifen, dass die anderen nachgaben.

Killer entwickeln sich zu Experten für die Steuerung von Gefühlen, ihren eigenen ebenso wie denen anderer. Und das sowohl in kurzfristiger wie in mittelfristiger Hinsicht. In der unmittelbaren Konfrontationssituation konzentriert sich ein Killer kaltblütig auf seinen Auftrag. Er nimmt jede gefühlsmäßige Regung an seinem Opfer wahr. Wenn er ihm von Angesicht zu Angesicht gegenübertreten muss, registriert er Anzeichen von Angst – nervöse Augenbewegungen, die schweißglänzende Stirn, zitternde Hände. Indem er sich auf solche Details konzentriert, vermeidet er Verstrickung und umgeht so die normale Barriere der Konfrontationsanspannung. Tony der Grieche, ein genauer Beobachter von Schlägereien zwischen Gefängnisbanden, spricht davon, wie ein Knäuel von Körpern in der Hitze des Gefechts den charakteristischen Geruch von Anspannung und Angst verströmt (seine Beobachtungen weisen eine bemerkens-

56 Mustain/Capeci, *Murder Machine.*
57 Fisher, *Joey the Hitman*, S. 11.
58 Hoffman/Headley, *Contract Killer*, S. 276.

werte Ähnlichkeit mit denen des in Kapitel 10 zitierten SWAT-Polizisten auf).[59]

In den meisten Fällen versucht der Killer sein Opfer zu überraschen und der direkten Konfrontation ganz aus dem Weg zu gehen. Aber das ist nicht immer möglich, und manchmal erhält ein Killer den Auftrag, einen sehr schwierigen Gegner auszuschalten, vielleicht sogar einen anderen erfahrenen Killer. »Joey« versucht abzuschätzen, wie zäh sein Gegner ist. Jemanden, der nur im Einschüchterungsgeschäft tätig ist, große Worte macht und eine Show abzieht oder seine Kraft gegen Schwächere einsetzt, ist für Joey kein echter Gegner, selbst wenn er vorgewarnt ist und eine Waffe hat.

> Ich hab mir darüber nicht groß Gedanken gemacht. Wenn ich schnell sein würde, hätte er gar keine Chance, sie einzusetzen. Menschen, die es nicht gewohnt sind, mit Waffen umzugehen, schießen, wenn überhaupt, nur sehr zögerlich. Und wenn man noch nie jemanden umgebracht hat, dann denkt man zweimal nach, bevor man abdrückt. Ich wusste: Egal, wie viel Angst Squillante haben mochte, wenn er sah, dass ich es bin, der auf seinen Wagen zugeht, würde er einen kurzen Augenblick zögern ... Und während er noch nachdachte, würde ich ihnen töten.

Wie sich herausstellt, richtet das Opfer zwar eine Pistole auf ihn, ist aber wie benommen. Joey beruhigt ihn mit seiner ruhigen Art und redet auf ihn ein, zu einem anderen Ort zu fahren. Als Joey schließlich seine Pistole zieht, erstarrt das Opfer völlig.[60]

Auch ein Killer hat Gefühle, aber er hat gelernt, mit ihnen umzugehen. Während er in seinem Versteck darauf wartete, dass der Zeitpunkt für einen Mord näher rückte, spürte Joey die Aufregung und ein Gefühl von Macht in sich aufsteigen: »Das Adrenalin strömte durch meinen ganzen Körper, so dass meine Sinne aufs Äußerste geschärft waren ... Ich konnte Geräusche hören, die andere nicht hören und die auch ich normalerweise nicht wahrnehmen konnte. An irgendeinem Punkt setzt das Denken aus, und alles ist nur noch Bewegung und Reaktion. Auf diesen Punkt habe ich hingearbeitet.«[61]

---

59 Siehe S. 572f.; außerdem Hoffman/Headley, *Contract Killer*, S. 125 und S. 133. Ähnliches berichtet »Joey« von einer Situation, in der er sein Opfer bei einem Rachemord in die Ecke drängte: »Ich konnte die Angst riechen. Wenn Sie sich jemals gefragt haben, warum ein Hund jemanden angreift, der Angst vor ihm hat: Es liegt daran, dass die Angst aus allen Poren kommt und einen charakteristischen Geruch hervorruft. Ich konnte es riechen« (Fisher, *Joey the Hitman*, S. 68).

60 Ebenda, S. 169f., S. 193 und S. 199.

61 Ebenda, S. 179.

Abb. 11.9 Auftragskiller. Links: »Mad Dog« Sullivan in Handschellen auf dem Weg zum Gerichtssaal, wo er sich wegen Mordes verantworten musste (1982).
ddp images/AP
Rechts: Joey Gallo, der unter anderem den Mafiaboss Albert Anastasia getötet haben soll (März 1972).
ddp images/AP

Nachdem er wegen einer Störung den Schuss verschieben musste, so Joey, »war ich nicht mehr in Tötungsstimmung, ich entspannte mich. Und dann, als wir uns dem Restaurant näherten, baute ich sie wieder in mir auf.« Er konzentrierte sich auf einen Punkt am Kopf des Opfers, auf den er zielen wollte, überprüfte noch einmal den Schalldämpfer und suchte nach einem dunklen Parkplatz für seinen Wagen. Kurz bevor er abdrückte, sagte er: »›Bis dann, Joe‹, und es klang unwahrscheinlich laut.«[62] Diese akustische Spielart des »Tunnelblicks« ist das gleiche Phänomen, von dem in Kapitel 10 Polizisten berichteten, die im Augenblick der Konfrontation jedes kleinste Detail wahrnahmen.

Manche Killer haben Angst, vor allem wenn es um einen gefährlichen Auftrag geht, bei dem sie einen anderen Berufskiller umbringen. Es ist vor allem die Angst vor dem Scheitern und vor einer schwierigen Konfrontation. Tony der Grieche erklärt: »Ich war mittlerweile einer der besten Auftragsmörder [...] und genoss bei den verschiedenen Clans Respekt. Und tief im Inneren hatte ich Angst, das alles zu

62 Ebenda, S. 199.

verlieren, vor den unausweichlichen Folgen, wenn ich nur ein einziges Mal zögern, die Nerven verlieren oder ganz einfach Mist bauen sollte. Jedes Mal, wenn ich einen Auftrag ausführte, musste ich mich innerlich aufputschen, meinen ganzen Mumm zusammennehmen und mich in eine innere Raserei hineinsteigern.« Er ist sich seiner Gefühle bewusst und macht sie sich zunutze, indem er die Angst vor dem Gegner in Wut auf den Gegner verwandelt, was ihm den nötigen Schwung verleiht, die Sache durchzuziehen. Kurz vor dem Überfall pflegte er sich selbst zuzureden: »Der Vorteil ist auf deiner Seite [...] Die Initiative liegt bei dir, Grieche. Schnapp ihn dir. Lautlos und schnell.«[63]

Es kann also sinnvoll sein, ein wenig Angst vor dem Bevorstehenden ins Bewusstsein dringen zu lassen und dann mit ihrer Hilfe Wut auf den Ursprung dieser Angst heraufzubeschwören. »Joey« erinnert sich, dass er zu Beginn seiner Karriere in ein Zwiegespräch mit sich selbst eingetreten sei, in dem er sich vor Augen führte, dass der Mann, den er umbringen sollte, im umgekehrten Fall keine Sekunde zögern würde, *ihn* zu töten.[64] Dieses Muster trifft man auch unter Polizisten, die in Schießereien verwickelt wurden, extrem häufig an. In den meisten Fällen, über die subjektive Details vorliegen,[65] hielt sich der Polizist vor Augen, dass sein Gegner damit gedroht hatte, andere Polizisten oder Zivilisten zu töten.[66] Es ist in den letzten Jahrzehnten eine Art Konstante bei Schießereien, in die Polizisten verwickelt waren: Der Schütze handelt in der Überzeugung (egal, worauf diese sich stützt), dass sein Gegner geschworen hat, »ein paar andere mitzunehmen«, wenn es mit ihm zu Ende geht. Vermutlich ist das eine Art Selbstmanipulation, mit der der Polizist sich nicht nur moralisch rechtfertigt, sondern einen Wutausbruch heraufbeschwört, der ihm die Kraft gibt zu handeln. Letztlich impft er sich auf diese Weise inmitten eines kühlen, überlegten Vorgehens selbst eine kontrollierte Dosis rasender Wut ein.

Manche Killer nutzen Wut als ein Werkzeug. Joey Gallo, der für die Mafia als Einschüchterer und Killer tätig war, übte möglichst furchterregende Mienen vor dem Spiegel. Wenn er jemanden verprügelte, dann steigerte er sich in einen solchen Hass hinein, dass er lange und bösartig zuschlagen konnte. »Joey« dagegen behauptet, er habe

---

63 Hoffman/Headley, *Contract Killer*, S. 9f.
64 Fisher, *Joey the Hitman*.
65 Artwohl/Christensen, *Deadly Force*; Klinger, *Kill Zone*.
66 Siehe die in Kapitel 10 zitierten Fälle, S. 572–576.

im Lauf seiner Karriere die Fähigkeit zu hassen verloren (möglicherweise deshalb, weil er sich darauf spezialisierte, aus dem Hinterhalt zuzuschlagen). »Mad Dog« Sullivans Spitzname rührte daher, dass er in seinem Gesicht im Augenblick des Angriffs eine unglaubliche Wut aufblitzen lassen konnte. Normalerweise war er höflich und konnte andere mit seiner angenehmen Stimme sehr gut manipulieren. Um sich für einen Auftragsmord in die richtige Stimmung zu versetzen, rief er sich gezielt demütigende Kindheitserlebnisse in Erinnerung. Um sicherzugehen, dass das Opfer tatsächlich tot war – manchmal erzielt man mit Kugeln nicht den gewünschten Effekt –, schnitt er ihm die Kehle durch, nachdem er es erschossen hatte. Da er sich zu einer besonders grausamen Form der Konfrontation zwang, die andere kühle Killer vermeiden, brauchte er zusätzliche emotionale Kraft, um seine übliche Prozedur zum Abschluss zu bringen.[67]

Die emotionale Distanziertheit eines Killers zeigt sich auch im Gefolge der Tat. Er hat es vermieden, dass sein Adrenalinspiegel unkontrolliert ansteigt, und muss sich daher (anders als Leutnant Caputo in Kapitel 3) nicht durch wildes, ausgelassenes Verhalten abreagieren. Auch macht er sich keinerlei Vorwürfe. Er kann einfach nach Hause gehen, sich ins Bett legen und seiner Frau versichern, dass alles in Ordnung sei.[68] Oder sich umziehen und eine Hochzeitsfeier besuchen. Möglich wird das unter anderem dadurch, dass er nach dem Mord eine Routine einhält, die ihn psychisch stützt. Er konzentriert

---

67 Fisher, *Joey the Hitman*, S. 198; Hoffman/Headley, *Contract Killer*, S. 97 und S. 275. Das ist eine Variation der Methode, die eigene Wut anzufachen, um sich zum Kämpfen zu motivieren. Sportler wie Boxer oder Trainer in Kontaktsportarten greifen alles auf, was der Gegner getan oder gesagt hat und was man als Beleidigung oder Affront interpretieren kann, um vor einem Aufeinandertreffen die Wut auf den Gegner zu schüren. Gewaltspezialisten können daher Erinnerungen an Demütigungen regelrecht horten oder bewusst einen Groll gegen jemanden hegen. Man sollte hier nicht nur unbewusstes Verdrängen oder übergangene Scham am Werk sehen, die als Wut an die Oberfläche kommt. Damit will ich das Modell von Scheff, *Bloody Revenge*, nicht grundsätzlich in Frage stellen, aber es gibt auch komplexe Fälle von emotionaler Selbststeuerung, bei denen Emotionen aus der Vergangenheit bewusst als Ressource eingesetzt werden, um sich in einer gegenwärtigen Konfrontation einen Vorteil zu verschaffen.

68 Das mag gefühllos erscheinen, aber es gleicht dem Verhalten des deutschen Flieger-Asses Erich Hartmann, der auf einem Feindflug um 3 Uhr morgens mehrere russische Flugzeuge abschoss, sich dann kurz schlafen legte und um 6 Uhr noch ein paar Flugzeuge vom Himmel holte (www.acepilots.com [24. 9. 2010]; Fisher, *Joey the Hitman*, S. 56 und S. 63).

sich ganz auf praktische Fragen: Das Auseinandernehmen der Pistole und des Schalldämpfers, das Deponieren der einzelnen Teile, so dass sie unauffindbar sind,[69] und auch das Entsorgen der Leiche (sofern das zum Plan gehört) nehmen seine ganze Aufmerksamkeit in Anspruch. Diese kompetent ausgeführten Routinehandlungen führen zu einem sanften Hinübergleiten in die emotionale Normalität.

Die Entsorgung der Leiche wird in der öffentlichen Meinung oft als weiterer Beweis für die moralische und charakterliche Abartigkeit von Profikillern angeführt. Betrachtet man diesen Vorgang jedoch als Teil der Soziologie ihrer Arbeit – und genau das tun diese Killer –, so ist alles nur eine Frage von praktischen Überlegungen. Manchmal lassen Killer die Leiche offen liegen, vor allem, wenn dadurch eine Botschaft übermittelt werden soll – eine Drohung, eine öffentliche Bestrafung für Fehlverhalten oder der Beweis, dass ein bestimmter Mafiaboss tot ist. Alternativ kann die Leiche auch beseitigt werden, um das Risiko der Aufklärung zu minimieren. Im Lauf der Zeit erkannten Killer, dass eine in einer Baugrube deponierte Leiche wegen des Verwesungsgeruchs in der Regel entdeckt wird, wenn man die Leiche nicht mit Kalk bedeckt, und dass eine in einen Fluss geworfene Leiche schließlich an die Oberfläche kommt, wenn man nicht die Lungen durchbohrt. Das Grausamste an solch routiniertem Vorgehen nach dem Mord ist seine Durchdachtheit. Die Mafiosi-Gruppe um Roy DeMeo, die in den 1970er und 1980er Jahren in Brooklyn aktiv waren und zwischen 72 und 150 Opfer auf dem Gewissen hatten, entwickelten die Methode, Leichen zu zerstückeln und die Einzelteile gesondert zu entsorgen.[70] Sie entwickelten raffinierte Techniken: So wickelten sich die Killer bei der eigentlichen Tat ein Handtuch um, um sich vor Blutspritzern zu schützen; sie durchbohrten das Herz mehrfach, damit es aufhörte zu schlagen und möglichst wenig Blut vergossen wurde; sie warteten fast eine Stunde, ehe sie die Leiche zerstückelten, damit dass Blut bereits geronnen war und möglichst wenig austrat. Zwei der sechs Gruppenmitglieder waren gelernte Metzger.[71] Mit diesen Techniken verschaffte sich die Gruppe einen furchteinflößenden Ruf, der sie sogar von den Mafiaclans absetzte, mit denen sie zusammenarbeitete. Allerdings bin ich der Meinung,

---

69 Siehe z.B. Fisher, *Hit 29*, S. 206.

70 Mustain/Capeci, *Murder Machine*, S. 222f.

71 Ein weiteres Beispiel für einen Metzger, der später Killer wurde, findet sich bei Hoffman/Headley, *Contract Killer*, S. 240.

dass ihr Verhalten nach dem Mord in emotionaler Hinsicht nichts Neues oder Ungewöhnliches war. All diese Handgriffe schienen dazu beizutragen, dass sie ruhig und planmäßig handelten, genau wie bei anderen vielfachen Killern. Ungewöhnlich war die Gruppe um Roy DeMeo insofern, als sie all ihre Morde als Gruppe ausführte. Wahrscheinlich aber versetzte der Rückhalt der Gruppe sie überhaupt erst in die Lage, ihrer makrabren Leichenzerstückelung kaltblütig und professionell nachzugehen. Individualistischere Killer dagegen zogen es vor, ihre Opfer einfach liegen oder die Leichen von anderen beseitigen zu lassen. »Joey«, der 35 Auftragsmorde im Alleingang verübte, sagte von sich, Beerdigungen und Leichen seien ihm ein Gräuel.[72]

Langfristig ist das wichtigste Gefühl eines Killers sein Stolz. Manchmal kommt ein gewisses Hochgefühl dazu, das jedoch nichts mit den ausgelassenen Feiern zu tun hat, die für viele andere Gewaltformen typisch sind, etwa beim Sport oder unter Soldaten. Einige Killer beschreiben dieses Hochgefühl als gemäßigte, aber kontrollierte Begeisterung, die vom Abenteuer des Mordens und dem Gefühl der Überlegenheit herrührt. Das ist ein typisches Beispiel für die Steigerung der eigenen emotionalen Energie durch die Beherrschung von Opfern, die an emotionaler Energie verlieren. Dazu »Joey«: »Wenn man einmal erfahren hat, wie schnell und einfach es geht [jemanden zu töten], dann gibt es nichts Vergleichbares [...] Man sieht sich mit anderen Augen. Man hat das Gefühl, irgendwie beschützt zu sein, dass gar nichts schiefgehen kann, dass man etwas Besonderes ist. Es ist ein wunderbares Gefühl, wenn man damit umzugehen weiß.«[73] Im Weiteren erklärt er, dass dieses Selbstvertrauen, das man aus dem Augenblick des Tötens bezieht, nicht die Planung und detaillierte Vorbereitung im Vorfeld beeinträchtigen dürfe. Der Reiz ihres Berufes scheint für Killer nicht nur in der Bezahlung zu liegen, sondern in der Action und dem damit verbundenen Status. »Joey«, der sich von allen Killern, mit denen ich mich beschäftigt habe, am besten unter Kontrolle hatte, erklärte, legale Geschäfte langweilten ihn, und selbst seine regulären kriminellen Aktivitäten (vor allem Glücksspiel, Kreditwucher und Schulden eintreiben) würden ohne gelegentliche Mordaufträge schnell zur Routine.[74]

---

72 Fisher, *Hit 29*, S. 8.

73 Ebenda, S. 34.

74 Fisher, *Joey the Hitman*, S. 48 und S. 106; siehe auch Hoffman/Headley, *Contract Killer*, S. 214.

Vor allem sind Killer stolz auf ihre Technik, ganz besonders auf ihr Geschick im Verbergen. Wie »Joey«[75] ließ sich auch mein Informant ausführlich über die Kunst aus, ein Doppelleben zu führen: nach außen hin als ganz normaler, berufstätiger Bürger mit Familie zu leben, während man seine illegal angehäuften Reichtümer versteckt. Er erzählte Geschichten von den Helden seines Berufsstands, Attentätern, die durch clevere Tarnung jede Sicherheitskontrolle austricksten und nach dem Mord unbehelligt von dannen ziehen konnten, indem sie Wachleute mit ihrer Gelassenheit in die Irre führten. Man könnte das als Freude an der Kunst der Verstellung bezeichnen.[76] Verbrecher, die bewaffnete Raubüberfälle ausführen und sich stark damit identifizieren, beschreiben eine ähnliche Kluft zwischen Beruf und Alltag: »Nach außen hin bin ich ein ruhiger Mensch, ein guter Nachbar. [...] Wenn ich arbeite, gelten andere Spielregeln. Außerhalb der Arbeit bin ich nie in Gewaltsituationen verwickelt. In der Arbeit dagegen war ich schon immer sehr brutal.« Ein anderer sagte: »[Ein bewaffneter Raubüberfall] ist keine große Sache. Du gehst los und machst deine Arbeit, und abends kommst du nach Hause zu Frau und Kindern.«[77]

Auf die Frage, wie er jemanden in einem Restaurant umbringen würde, antwortete mein Informant, er würde die Pistole samt Schalldämpfer unter einer Serviette verstecken, aufstehen, als müsste er auf die Toilette, an mir vorbeigehen und sich von hinten meinem Stuhl nähern, mich in den Hinterkopf schießen und dann ganz normal weiter- und zur Tür hinausgehen, ohne sich umzudrehen. Listig sein, so tun, als wäre alles in Ordnung, und geschickt den Schein wahren: Daraus bezieht ein Killer den größten Stolz. Daher haben Killer, so unterschiedlich sie ansonsten sein mögen, manche Persönlichkeitsmerkmale gemeinsam. Sie sind fleißig, gewissenhaft und akribisch genau, was die Details angeht, zumindest in Bezug auf ihren Beruf. Manche sind ruhig und zurückhaltend, ja geradezu puritanisch, andere verbringen ihre Freizeit in der Unterwelt, bei Glücksspiel, Drogen und

---

75 Fisher, *Joey the Hitman*, S. 70.

76 Die meisten Menschen sind keine guten Lügner, weil sie die paralinguistischen Signale nicht im Zaum halten können, die sie verraten. Und selbst in den Gesichtern der wenigen, die gut lügen können, findet man Hinweise auf das, was Ekman »das Vergnügen, jemand an der Nase herumzuführen« nennt – die Freude, mit einer Lüge durchzukommen.

77 Morrison/O'Donnell, »Armed Robbery«, S. 68.

käuflichem Sex, immer hedonistisch auf Action aus.[78] In dieser Hinsicht ähneln sie den weiter oben beschriebenen gewaltbereitesten Polizisten. Sie alle sind Meister ihres Fachs und haben es in einem stark von Konkurrenz geprägten Berufsstand an die Spitze geschafft.

Fassen wir zusammen: Meiner Argumentation zufolge beruht die Ausprägung einer Gewaltelite darauf, dass sie den emotionalen Rückhalt einer Gruppe von Unterstützern hat. Doch wie ist das möglich, wenn die Mitglieder der Gewaltelite im Alleingang agieren? Ein Teil der Antwort liegt in den Methoden zur heimlichen Vorbereitung des Mordes und zur Vertuschung danach, die diese Killer meisterhaft beherrschen und die ihre Aufmerksamkeit bannen, so dass ihnen keine Zeit bleibt, über die Konfrontation nachzudenken; im in der Regel sehr schnellen Vorgehen, um den Augenblick der Konfrontation auf ein Minimum zu reduzieren; im Bewusstsein ihrer mikrointeraktiven Fähigkeiten, das ihnen auch in den wenigen Fällen, in denen die Konfrontation länger andauert, zu Selbstvertrauen und Kaltblütigkeit verhilft.

Der gewichtigere Teil der Antwort liegt jedoch im sozialen Umfeld. Auftragsmörder genießen in kriminellen Kreisen hohes Ansehen, unter anderem wegen ihrer Effizienz und Zuverlässigkeit. Aber auch aus moralischen Gründen, so seltsam das von der Warte der konventionellen Moral aus auch klingen mag. »Joey« und Tony der Grieche unterstreichen beide, dass sie bei der Ausführung von Aufträgen absolut redlich sind. Wenn sie das Geld nehmen, dann führen sie den Mord auch aus. Da ihr Job oft darin besteht, Angestellte oder Kunden krimineller Geschäftemacher zur Verantwortung zu ziehen, die ihren Chef betrügen oder Kredite nicht zurückzahlen, muss ein Killer in dem Ruf stehen, sich streng an die Regeln des kriminellen Milieus zu halten und unter keinen Umständen die Polizei zu unterrichten. Im Gegenzug erwartet er, dass sein Auftraggeber ihm mit legalen und illegalen Mitteln zu Hilfe kommt, falls er gefasst wird. Ein solcher Killer genießt den Ruf einer Professionalität, die ihm nicht nur zahlreiche Aufträge einbringt, sondern auch Respekt verschafft. Er gehört daher in mehrfacher Hinsicht einer Elite an. Er ist unter allen harten Jungs der härteste, der sich nicht nur gegenüber der Polizei behauptet, son-

---

78 Fisher, *Joey the Hitman*, S. x; Hoffman/Headley, *Contract Killer*, S. xxv–xxvii. Mein Informant machte einen nachdenklichen und ernsten Eindruck auf mich. Er konnte sich besser artikulieren und war weniger unbeherrscht als andere Männer, die man typischerweise in Kneipen antrifft.

dern auch gegenüber seinen Rivalen. Zugleich steht er an der Spitze einer Hierarchie der Gewalt – er übt nicht nur nominell oder aktiv, sondern kompetent Gewalt aus.

Ein Killer agiert in der Regel zwar im Geheimen und ohne unmittelbaren sozialen Rückhalt, aber im Hintergrund gibt es eine Gemeinschaft, in der er bekannt und geschätzt ist. Seinen Namen kennen nur wenige Eingeweihte. Daraus erwächst eine spezifische Form des Stolzes auf den eigenen Ruf, wie sie nur in einer Gemeinschaft denkbar ist, die durch eine Hierarchie aus Verschwiegenheit und Prestige strukturiert ist. Ihr höchstes Ansehen – und damit ein Höchstmaß an Spezialisierung und Können – erreichen Killer dann, wenn das Verbrechen in der Hand einer mächtigen Organisation ist, die eine Schattenregierung bildet.[79] Killern fehlt das institutionalisierte Prestige eines Mafiaclans mit seiner Hierarchie vom »Boss« über den »Unterboss« zu den einfachen Mitgliedern, aber dafür haben sie keinerlei Verpflichtungen (wie in Bereitschaft zu sein oder einen Prozentsatz ihrer Einnahmen abzugeben). Sie sind angesehener als einfache »Schläger« und gewöhnliche Mafiamitglieder, obwohl auch Letztere gelegentlich Mordaufträge ausführen. Mit seinem ersten Mord erwirbt sich ein Killer einen Ruf. Dann bekommt er weitere Aufträge angeboten, immer schwierigere, bis er sich an die Spitze der Rangordnung vorgearbeitet hat. Er steht sozusagen für das Prestige reiner, kompetenter Gewaltausübung und der damit verbundenen professionellen Standards, ungetrübt von anderen Pflichten, über die andere kriminelle Rollen definiert sind.

»Ich war jetzt einer der am meisten beneideten Verbrecher, ein kaltblütiger Killer, und tagtäglich konnte ich meinen neuen Status am respektvollen, ängstlichen Blick der anderen erkennen.« Tony der Grie-

---

79 Um einem weitverbreiteten Missverständnis zu begegnen: Das organisierte Verbrechen besteht nicht aus einer einheitlichen Bürokratie, sondern aus mehreren locker miteinander verbundenen Organisationen. Überwölbt werden diese von einem Zusammenschluss bewaffneter Gruppen oder durch einen entsprechenden Friedenspakt, mit dessen Hilfe Einflussbereiche abgesteckt und Revierstreitigkeiten auf ein Minimum reduziert werden. Eine andere Ebene des organisierten Verbrechens stellt der Handel mit illegalen Gütern und Dienstleistungen wie Drogen, Wetten, überteuerten Krediten und gestohlenen Autos dar – dieser wird nicht von den Clans selbst betrieben, sondern von Personen, die von ihnen protegiert werden. Die Clans der amerikanischen Mafia waren genau genommen illegale Regierungen, die eine Reihe von gesetzwidrigen Geschäftszweigen unter ihre Fittiche nahmen und, wie Weber sagen würde, nach dem Prinzip des Patrimonialismus funktionierten.

che definiert sich durch Abgrenzung von minderwertigen Gewaltformen: »Ich rede hier nicht von diesen Schlägertypen, diesen dämlichen, fußlahmen Kolossen, die ältliche Opfer von Kredithaien zu Tode erschrecken können, sondern von Typen, die vor niemandem kneifen. Die vor keiner Schießerei weglaufen. Als Fahrer des Fluchtwagens nicht die Panik kriegen. Die Menschen umbringen können, ohne geschnappt zu werden.«[80]

Auch auf ganz normale Ganoven und auf Amateurmörder, »die in hysterischer Wut ihre Frau erschießen und so was«,[81] blicken sie verächtlich herab. Außerdem besteht unter den Profikillern selbst eine Hierarchie. Killer, die für das organisierte Verbrechen arbeiten, nehmen in der Regel keine Aufträge von »Zivilisten« an, sprich: von Leuten, die keinem Clan angehören und die ihre Frau umbringen oder Geld von der Lebensversicherung einstreichen wollen.[82] Die Gründe erklären Joey und Tony so: Zivilisten sind zu unzuverlässig und allzu leicht von der Polizei einzuschüchtern, so dass sie ihre Kontaktpersonen verraten. Solche Aufträge werden von weniger angesehenen Auftragsmördern übernommen, die dafür auch nur rund 5000 Dollar bekommen, während für prestigeträchtige Aufträge 20000 Dollar und mehr gezahlt werden, je nach Bedeutung des Opfers. (Bloße »Schläger« dagegen bekommen ein Festgehalt oder zum Beispiel 250 Dollar pro Fall.) Geld steht hier nicht nur für eine höherwertige Dienstleistung, es ist auch ein Symbol für den jeweiligen Status. Dem entspricht die Tragfähigkeit des jeweiligen sozialen Netzes. Wenig angesehene Killer – wie Verbrecher außerhalb der Mafia generell – knüpfen Kontakte eher zufällig und aufs Geratewohl. Sie kommen sehr viel schlechter an Informationen über die Gewohnheiten ihres Opfers, und ihre Kontaktpersonen werden leicht zu Informanten der Polizei.[83] Die wichtigsten Netzwerke des organisierten Verbrechens sind enger verknüpft, und jeder hat ein Auge auf den anderen. Dadurch finden sie leicht einen guten Killer, wenn sie einen brauchen, und der Killer arbeitet effektiver (bringt er doch meist jemanden um, dessen Gepflogenheiten in Verbrecherkreisen bekannt sind). Die Mitgliedschaft des Killers in einer Elite beruht auf seinem Ansehen in einem

80 Hoffman/Headley, *Contract Killer*, S. 51 und S. 91, siehe auch S. 13 und S. 103. »Joey« beschreibt ähnliche Erfahrungen und Einstellungen in Fisher, *Joey the Hitman*, S. 48f. Siehe auch Dietz, *Killing for Profit*, S. 77.

81 Fisher, *Hit 29*, S. 33.

82 Hoffman/Headley, *Contract* Killer, S. 194; Fisher, *Joey the Hitman*, S. 50–52.

83 Siehe z.B. Magida, *Rabbi*.

Milieu, in dem jeder jeden genau beobachtet. In diesem weiteren Sinne tötet ein Profikiller zwar im Alleingang, aber er agiert innerhalb einer sozialen Gemeinschaft, deren Respekt ihm wichtig ist. Seine elitäre Identität spielt dabei in seinem Bewusstsein eine große Rolle, wenn er seiner Arbeit im Verborgenen nachgeht.[84]

Terroristische Taktiken der Konfrontationsminimierung

Wenn man Gewalttäter nicht nach ihren Beweggründen und ihrer Weltanschauung, sondern nach ihren Methoden klassifiziert, so stellt man eine gewisse Ähnlichkeit zwischen Profikillern und bestimmten Terroristen fest. Besonders deutlich tritt diese Ähnlichkeit bei Selbstmordattentätern zutage, die bis kurz vor dem Augenblick, in dem sie zuschlagen, bestens getarnt vorgehen. Genau wie Killer täuschen sie Normalität vor, um möglichst nahe an ihre Opfer heranzukommen, so dass sie das Ziel kaum verfehlen können. Beide bedienen sich der Taktik des plötzlichen Überfalls auf ahnungslose Opfer, um den Moment der Konfrontation auf ein Minimum zu reduzieren. Diese Methode führt nicht nur zu effektiver Gewaltausübung, sie gibt dem Killer auch psychologisch Rückhalt. Indem er anderen etwas vortäuscht, täuscht er sich selbst etwas vor. Der getarnte Killer nähert sich seinem Opfer nicht in wütender, angespannter Stimmung, so als handle es sich um eine Konfrontation, sondern so, als wäre alles in bester Ordnung. Der Profikiller kommt nur ganz zufällig vorbei, der Terrorist fährt einfach nur mit der U-Bahn oder trägt eine Einkaufstasche nach Hause – bis im letzten Moment die Pistole hervorgeholt, die Bombe zurückgelassen, der Zünder ausgelöst wird. Die Konfrontation wird nicht nur durch das verdeckte Vorgehen minimiert, sondern auch durch die Beschränkung der Gewalt auf ein ganz kleines Zeitfenster. Der Killer schießt dem Opfer im Idealfall in den Hinterkopf, sobald es aus seinem Wagen ausgestiegen ist. Wenn alles gut läuft, kommt es nicht einmal zum Blickkontakt. Selbstmordattentäter steigern diesen Vorteil bis ins Extrem, weil es keinen Augenblick gibt, in dem sie einem anderen Menschen gegenübertreten und ihre Feindseligkeit offen zu erkennen geben. Damit können sie jene Schwelle der Konfrontations-

---

84 Aus dieser Argumentation folgt, dass weniger angesehene Killer weniger kompetent sind. Da sie nicht in ein dichtmaschiges Netz eingebunden sind, haben sie weniger emotionalen Rückhalt.

anspannung und -angst umgehen, die bei jedem Gewaltakt überwunden werden muss. Und diese spezielle Taktik ist insbesondere für einen Einzeltäter nützlich, der ohne die Unterstützung oder den Druck eines Publikums auskommen muss, von dem die meisten Gewalttäter im Moment des Zuschlagens ihre emotionale Energie beziehen.

Das Spektrum dessen, was gemeinhin als Terrorismus bezeichnet wird, ist natürlich sehr viel breiter, selbst wenn man den Begriff auf Terroristen beschränkt, die eine Regierung stürzen oder eine Besatzungsmacht treffen wollen, und gegen Zivilisten gerichtete Einschüchterungsmaßnahmen staatlicher Behörden außen vor lässt.[85] Alle Formen von Terrorismus durchlaufen eine Phase der heimlichen Vorbereitung und Annäherung an das Ziel, aber sie unterscheiden sich darin, wie intensiv die Konfrontation ist, wenn der Augenblick des Anschlags gekommen ist. Am einen Ende des Kontinuums finden sich länger andauernde Konfrontationen wie Geiselnahmen und Entführungen (einschließlich Flugzeugentführungen), vor allem, wenn es dabei zu Einschüchterung und Folter kommt. Diese Taktiken werden fast immer von kleinen Gruppen angewandt, die gemeinsam handeln, nicht nur, weil sie allein schwer durchführbar sind, sondern weil die Täter sich auf die emotionale Solidarität der Gruppe stützen, um die Konfrontationsanspannung zu überwinden. Sie können sich nicht auf die Täuschung nebst gleichzeitiger Selbsttäuschung verlassen, dass keinerlei Gewalt im Spiel sei. Am anderen Ende des Kontinuums stehen Selbstmordattentate, die psychisch am leichtesten auszuführen sind, zumindest was die Konfrontationsanspannung betrifft, da man sich keine Gedanken darüber machen muss, wie man auf der Flucht

85 Jeff Goodwin, *Theory*, definiert Terrorismus als Angriff auf Zivilisten, die mit bestimmten militärischen oder politischen Machthabern konform gehen, mit dem Ziel, den Rückhalt in der Bevölkerung zu untergraben oder die eigene Seite zu einem Aufstand zu bewegen. Das umfasst auch die Aufrechterhaltung der eigenen Moral durch einen lokal begrenzten, aber spektakulären Sieg. Ein Guerillakrieg hat mit Terrorismus die heimliche Vorbereitung gemein und das Untertauchen in der Zivilbevölkerung nach einem Überfall. Allerdings greifen Guerillakämpfer militärische Ziele an, Terroristen dagegen zivile. Ein weiterer Unterschied besteht darin, dass eine Guerillerataktik typischerweise längere Konfrontationen mit dem Feind vorsieht (zumindest Minuten oder Stunden, während Terrorangriffe in wenigen Sekunden stattfinden), und dass der emotionale Rückhalt wie bei Soldaten durch kleine, gemeinsam kämpfende Gruppen gewährleistet ist. Diese unterschiedlichen Strategien zur Überwindung von Konfrontationsanspannung und -angst deuten auch auf Unterschiede bei den Rekrutierungsmethoden und Organisationsstrukturen im Einsatz hin.

nach der Tat den Zuschauern gegenübertritt. Am gleichen Ende des Kontinuums liegen Bomben mit Fernzünder und Sprengfallen (die, am Straßenrand deponiert, seit 2004 für einen großen Anteil der Verluste im Irak verantwortlich sind[86]), wobei diese weniger verlässlich sind, wenn niemand vor Ort dafür sorgt, dass das Ziel auch getroffen wird.[87]

Auf ein Minimum beschränkt wird die Konfrontation auch bei gezielten Attentaten, die sich gegen bestimmte Einzelpersonen richten und nicht gegen eine zufällige Ansammlung von Zivilisten aus der Zielgruppe. Dabei gehen die Täter oft vor wie Profikiller. Sie nähern sich dem Opfer verdeckt und schlagen plötzlich zu.[88]

Die meisten Untersuchungen über Terroristen konzentrieren sich auf ihre Ideologien und Motive, in jüngerer Zeit außerdem auf Netzwerke und die Organisation der Rekrutierung, Ausbildung und Finanzierung.[89] Über die interaktive Dynamik auf der Mikroebene, durch die Terroristen es schaffen, ihren Opfern gegenüberzutreten, ist vergleichsweise wenig bekannt. Aber egal, wie sehr angehende Terroristen ihrer Ideologie verpflichtet sind und wie stark sie durch ihr Netzwerk unterstützt werden – sie können nicht erfolgreich sein, wenn sie die Konfrontationsanspannung und -angst nicht überwinden können.

---

86 www.icasualties.org [23. 9. 2010].

87 Es gibt keinerlei Schätzungen, wie oft Bomben mit Fern- oder Zeitzünder ihr Ziel verfehlen. Ein spektakuläres Beispiel für ein fehlgeschlagenes Attentat ist die Verschwörung vom 20. Juli 1944, der Hitler vermutlich zum Opfer gefallen wäre, wenn der deutsche Offizier, der die Bombe platzierte, einen Selbstmordanschlag verübt hätte, anstatt die Aktentasche mit der Bombe abzustellen und den Bunker zu verlassen, bevor sie detonierte. Es wird geschätzt, dass Selbstmordattentate 10 bis 15-mal so effektiv sind wie andere Terroranschläge. Weltweit machten Selbstmordanschläge 3 Prozent aller Terroranschläge zwischen 1980 und 2001 aus, verursachten jedoch 48 Prozent der Todesfälle (Pape, *Dying to Win*; Ricolfi, »Palestinians«).

88 Folgendes Beispiel aus der Zeit der Religionskriege in Frankreich zeigt, wie die Vermeidung der Konfrontation im Detail aussehen kann: Am 1. August 1589 schickte der protestantische französische König sich an, Paris anzugreifen, das fest in katholischer Hand war. Ein katholischer Mönch begab sich zu dem Haus in einem Pariser Vorort, wo der König sich aufhielt, und gab vor, er habe ihm einen Brief auszuhändigen. Während der König den Brief las, rammte ihm der Mönch, der in der typischen Haltung eines religiösen Bittstellers vor ihm kniete, einen Dolch in den Bauch. Beide waren durch den Brief getrennt – das Attentat erfolgte also ohne Blickkontakt (*Cambridge Modern History*, Bd. 3, S. 5 und S. 47).

89 Sageman, *Understanding*; Gambetta, »Can We Make Sense«; Pape, Dying to Win; Davis, *Martyrs*; Stern, *Terror*; Geifman, *Thou Shalt Kill*.

Stellen wir uns folgende Frage: Was geht einem Terroristen kurz vor einem Anschlag durch den Kopf? Steht zu erwarten, dass er ein Zwiegespräch mit sich selbst führt, das etwa so abläuft: »Allahu akbar! Tod den Ungläubigen! Rache an den Juden, die mein Flüchtlingslager zerstört/meinen Bruder umgebracht haben et cetera«? Mit Blick auf die Mikrointeraktion würde ich sagen, dass ein derartiger innerer Dialog es vermutlich erschwert, den Anschein von Normalität zu wahren, der für den Erfolg seiner Mission ausschlaggebend ist. Er würde Emotionen anfachen, die Spuren in Gesichtsausdruck, Haltung und Bewegungen hinterlassen. Dadurch würde es nicht nur schwieriger, der Entdeckung zu entgehen, sondern auch, sich innerlich auf die vor ihm liegende Aufgabe vorzubereiten. Wenn wir uns vor Augen halten, was wir über die mentalen Prozesse von Killern vor der Tat wissen, dann dürfte sich ein Terrorist in Gedanken eher darauf konzentrieren, möglichst ruhig zu bleiben und nicht aufzufallen.

Was auf der Mikroebene abläuft, lässt sich manchen Fotos von Selbstmordattentätern in Verbindung mit Augenzeugenberichten und Dialogauszügen entnehmen. Zunächst zu zwei Bildern von Selbstmordattentäterinnen im Rahmen der palästinensischen Intifada. Das erste entstammt einem Propagandavideo, das kurz vor einem Anschlag entstand.[90] Das Gesicht der Frau ist völlig ausdruckslos – keine vertikalen Falten zwischen den Augenbrauen, keine verkrampften Augenlider und kein starrer Blick, die auf Wut, keine Stirnfalten, keine hochgezogenen Augenbrauen und kein offen stehender Mund, die auf Angst hindeuteten.[91] Keine zusammengepressten Lippen, die von Entschlossenheit und Anstrengung zeugen, wie wir sie auf den oben abgebildeten Fotos von Straßenschlachten gesehen haben (zum Beispiel auf Abb. 11.8). Ihre kämpferische Einstellung drückt sich ausschließlich in ihrer Kleidung aus – einem Kopftuch und einem karierten Schal, die sie beim Anschlag selbst nicht trug – sowie im Koran, den sie in der Hand hält. Das zweite Foto (siehe Abb. 11.10) zeigt eine 18-jährige Frau in westlicher Kleidung. Das kurz vor ihrem Tod aufgenommene Porträt war für ihre Familie bestimmt. Auch hier ist das Gesicht völlig leer – sie lächelt nicht, aber sie zeigt auch keinerlei Anzeichen von Wut, Angst oder Entschlossenheit. Sie hat wie die andere Frau ein Pokerface aufgesetzt.

90 Reuters, 22. 4. 2002, o. Abb.
91 Ekman/Friesen, *Unmasking*, S. 63 und S. 95f.

Abb. 11.10 Eine Selbstmordattentäterin posiert im März 2002 kurz vor dem Anschlag für ein Foto. Ihr ausdrucksloses Gesicht ist Teil einer Strategie der Tarnung und Konfrontationsvermeidung.
ddp images/AP/Handout

Ihre letzen Stunden sind von doppelter Geheimhaltung geprägt, da die Frauen ihre Absichten nicht nur vor der feindlichen Staatsgewalt verbergen, sondern auch vor dem eigenen Familien- und Bekanntenkreis. Die 18-Jährige hat am Vorabend des Anschlags mit ihrem Verlobten darüber gesprochen, dass sie im nächsten Sommer heiraten würden, sobald sie ihren Schulabschluss gemacht habe. Am nächsten Morgen macht sie sich auf den Weg zum Fahrer, der sie zu dem israelischen Supermarkt bringen soll, wo sie ihre Bombe zünden wird. Als sie eine Klassenkameradin trifft, sagt sie nur »Hallo« und geht weiter. Der Fahrer sagt, sie habe im Wagen mit ihm geplaudert und ganz ruhig gewirkt, obwohl in der Tasche zu ihren Füßen eine Bombe war. Fünf Minuten bevor er sie aussteigen ließ, fragte der Fahrer, ob sie einen Rückzieher machen wolle. Sie sagte, nein, sie habe keine Angst, sie wolle Menschen töten und sei bereit zu sterben. Wenige Minuten später hatte ihre Bombe sie selbst, eine junge Israelin und einen Sicherheitsbeamten umgebracht.[92]

Eine dritte Selbstmordattentäterin, die vor dem Anschlag von einem Journalisten befragt wurde, sagte: »Man denkt nicht an den Sprengstoffgürtel oder daran, wie der eigene Körper zerfetzt wird.«[93] Der Journalist schreibt, sie habe zwar wegen des Interviews nervös gewirkt, aber mit zwei Palästinenserinnen gescherzt und gekichert, die sie beim Hereinkommen begrüßt hätten. Ihr Begleiter dagegen sei ein Leibwächter mit grimmigem Gesicht gewesen. Die Attentäterinnen wirken ruhiger und gefasster als die Ideologen, die den Anschlag letztlich gar nicht ausführen werden. Terrororganisationen suchen sich ruhige, reife Persönlichkeiten aus. Sowohl bei der Intifada als auch bei Organisationen wie Al-Qaida werden viele Bewerber abgewiesen.[94]

Nicht alle Terroristen, die einen Anschlag verüben sollen, halten durch bis zum Schluss – ein unbekannter Prozentsatz steigt in letzter Minute aus. Der oben erwähnte Fahrer erzählt, er habe einmal eine 20-Jährige in der Nähe eines viel besuchten Einkaufszentrums abgesetzt. Eine Viertelstunde später meldete sie sich über ihr Handfunkgerät und bettelte, er möge sie abholen: »Ich will zurück nach Hause. Hol mich ab.«[95] Welcher Wandel in ihren Gefühlen und ihrem inneren Zwiegespräch könnte der Auslöser gewesen sein? Könnte es sein,

---

92 *Los Angeles Times*, 12. 6. 2002.
93 *USA Today*, 22. 4. 2002, S. A1.
94 Sageman, *Understanding*.
95 *Los Angeles Times*, 12. 6. 2002.

Abb. 11.11 Vier Selbstmordattentäter zu Beginn ihrer Mission. Sie schauen einander nicht an und lassen, als wären sie ganz in sich versunken, keinerlei Verbindung erkennen. Das Foto ist 90 Minuten vor dem Attentat auf die Londoner U-Bahn im Juli 2005 entstanden.
ddp images/AP/Metropolitan Police

dass ihre Gedanken zu ihrem Zuhause abdrifteten, anstatt sich ganz darauf zu konzentrieren, wie eine Einkäuferin zu wirken?[96]

Weitere Fotos, die verdeckt operierende Terroristen zeigen, stammen von Überwachungskameras, die im Zusammenhang mit den Attenaten auf Londoner U-Bahnen und einen Bus am 7. Juli 2005 ausgewertet wurden. Eines dieser Bilder (siehe Abb. 11.11) zeigt alle vier Attentäter, wie sie auf dem Weg nach London einen Bahnhof betreten; die Bomben stecken in ihren Rucksäcken.[97] Die vier Männer gehen in geringem Abstand voneinander, aber nichts lässt darauf schließen, dass sie – im Sinne goffmanscher Zeichen – miteinander verbunden wären. Sie haben keinen Augenkontakt, und ihre Aufmerksamkeit hat keinen gemeinsamen Fokus. Sie schauen zu Boden oder voneinander weg, als wären sie ganz in sich gekehrt. Durch Blickkontakt würden sie einander an ihre Mission erinnern und eine kommunikative Ebene

---

96 Schätzungen zufolge schlagen 5 bis 10 Prozent der palästinensischen Selbstmordattentate fehl (Ricolfi, »Palestinians«, S. 79).

97 Scotland Yard, 17. 7. 2005.

eröffnen, die nicht zu ihrem unauffälligen Vorgehen passt. Es geht in dieser Phase weniger darum, dass sie sich gegenüber Außenstehenden verraten könnten (auf dem Bild ist niemand anders zu sehen, und bis zu den Anschlägen vergeht noch über eine Stunde), sondern darum, sich darauf zu konzentrieren, vor sich selbst den Anschein von Normalität zu wahren – eine emotionale Selbsttäuschung, die Voraussetzung dafür ist, ruhig zu bleiben. Für eine Gruppe, die gemeinsam vorgeht, ist es schwieriger, sich unauffällig zu verhalten, als für einen Einzelnen, da die Kommunikation zwischen ihnen immer etwas von ihren geheimen Absichten durchscheinen lässt.[98]

Nahaufnahmen von dreien der Männer, die entstanden sind, nachdem sie sich getrennt hatten, zeigen kaum Gefühlsregungen. Keiner von ihnen drückt Angst oder Entschlossenheit aus. Einer hat ein starres Lächeln aufgesetzt; es ist kein spontanes Lächeln, das Augenfältchen auftreten lässt. Ein anderer hat die Augenbrauen leicht hochgezogen, und dazwischen ist eine kleine Furche zu erkennen, eine leichte Andeutung von Angst. Die untere Gesichtshälfte ist ausdruckslos, sein Blick vermutlich leer. Das Gesicht des Dritten ist völlig ausdruckslos.[99] Auf sechs weiteren Einzelaufnahmen ist eine andere Gruppe von vier Männern zu sehen, die zwei Wochen später bei einem ähnlichen koordinierten Anschlag auf U-Bahnen und Busse scheiterten, weil ihre Bomben nicht explodierten.[100] Drei der Gesichter sind ausdruckslos und leer, die Stirn ist glatt, der Mund geschlossen, vielleicht mit einem Anflug von Traurigkeit. Keiner der drei schaut die anderen Passagiere in den U-Bahnen oder Bussen an, sie blicken alle zu Boden oder an die Decke (siehe Abb. 11.12). Der vierte, der mit geschultertem Rucksack einen Gang entlangläuft, wirft einen Blick über die Schulter, der wohl von Nervosität zeugt (Augenbrauen und Stirn sind von einer Mütze verdeckt). Dieser Vierte wurde von einem anderen Passagier angesprochen, nachdem ihn die fehlgeschlagene Explosion zu Boden geworfen hatte. Dem Passagier zufolge wirkte er verwirrt, benommen, aufgewühlt, doch im nächsten Augenblick sprang er hinunter auf die Gleise und rannte weg. Auf einem späteren Bild sitzt er nach erfolgreicher Flucht in einem Bus, sein Ge-

98 Ein ähnlich gelagerter Fall sind, wie wir oben gesehen haben, Profikiller, die am liebsten allein arbeiten, um zu vermeiden, dass Komplizen sie aus ihrer Konzentration auf sich selbst reißen.

99 Scotland Yard, 20. 7. 2005, o. Abb.; vgl. Ekman/Friesen, *Unmasking*, S. 112 und S. 63.

100 Scotland Yard, 23. 7. 2005.

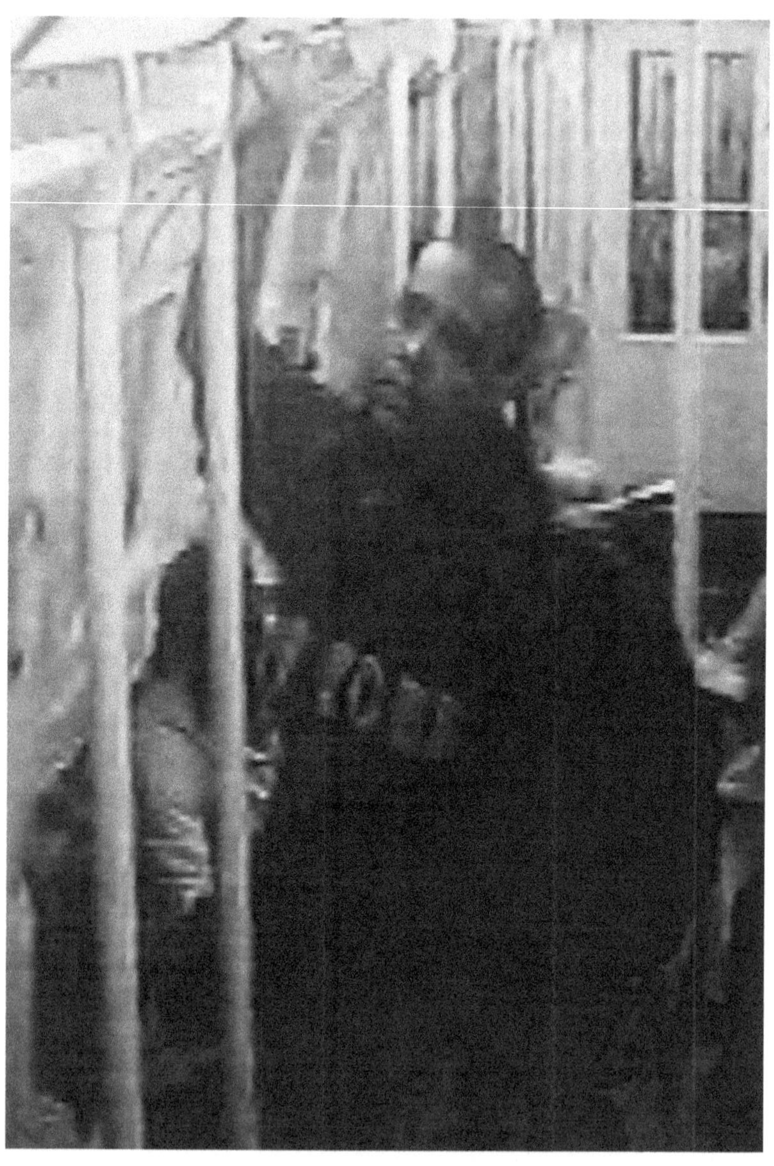

Abb. 11.12 Selbstmordattentäter auf der Flucht nach einem gescheiterten Anschlag auf die Londoner U-Bahn im Juli 2005. Er hat sich von den anderen Passagieren abgewendet und blickt ausdruckslos an die Decke.
ddp images/AP/Metropolitan Police

sicht wieder ausdruckslos, die Augen halb geschlossen, eine kleine Furche (der Angst?) auf seiner Stirn. Einer der anderen wurde fotografiert, als er nach dem gescheiterten Anschlag einen menschenleeren unterirdischen Gang entlangrennt, den Mund ganz oder fast ganz geschlossen, das Gesicht nach wie vor ausdruckslos. Alles in allem passen die Bilder zu der Interpretation, dass ihre kognitive Taktik darauf ausgerichtet ist, sich in sich selbst zurückzuziehen und an nichts zu denken als an die unmittelbaren praktischen Erfordernisse. Niedergeschlagenheit, eine kleine Andeutung von Angst – das ist bei Menschen, die vor einer tödlichen Konfrontation stehen und jeden Gedanken daran vermeiden, wenig überraschend. Selbst nachdem die Anschläge gescheitert sind, wirken sie weitgehend gefühllos und legen eher eine unauffällige Ausdruckslosigkeit an den Tag als starke Emotionen, die mit Aggressivität und Anstrengung einhergehen.

In einem anderen Fall bringt ein Selbstmordattentäter Wut zum Ausdruck – die Ausnahme, die die Regel bestätigt. Ein junger Mann schart vor einem Rekrutierungsbüro der irakischen Armee eine Menschenmenge um sich, indem er eine laute Rede hält und wütend gegen die Arbeitslosigkeit und die Korruption wettert. Dann zündet er eine Bombe, von der neben ihm selbst 22 Zuhörer in den Tod gerissen und 43 weitere verletzt werden.[101] Hier setzt der Attentäter den Ausdruck seiner Wut als Mittel ein, um seine eigentlichen Absichten zu verschleiern und seine Opfer nah an sich heranzulocken, um sie mit größerer Wahrscheinlichkeit zu töten. Seine grundlegende Motivation mag durchaus Wut sein, aber sie ist überlagert von einer weiteren Schicht aus Wut, die er nach außen hin darstellt. Die Wut auf der Hinterbühne ist versteckt hinter der wütenden Darstellung auf der Vorderbühne.[102]

Bei den meisten Anschlägen aus dem Hinterhalt schotten sich die Terroristen dagegen lange vor der Tat von der Wut auf der Hinterbühne ab. Wenn der Zeitpunkt des Anschlags näher rückt, schalten

---

101 *Los Angeles Times*, 11. 7. 2005.

102 Zu dieser komplexen Manipulation von Emotionen gibt es einige Analogien bei Profikillern. Ein Killer legte sich für die Öffentlichkeit (sprich: in Verbrecherkreisen) ein bestimmtes Image zu, indem er so tat, als wäre er ständig wütend und habe sich selbst nicht unter Kontrolle. So verleitete er seine Opfer zu der Einschätzung, dass er gar nicht über die kühl kalkulierte Technik verfüge, um eine ernsthafte Gefahr darzustellen (aus dem oben in Anm. 49 erwähnten Interview entnommen). Im kriminellen Alltagsgeschäft, etwa bei Erpressung und Schuldeneintreibung, kommt es ebenfalls vor, dass berufsmäßige Schläger so tun, als wären sie wütend, oder sich absichtlich in ihre Wut hineinsteigern, um das Opfer zum Zahlen zu bewegen.

sie ihre Gefühle ab und verlegen sich stattdessen aus Taktik beziehungsweise aus psychischem Selbstschutz auf eine Leere, als wären sie in Trance.[103] Augenzeugen, die Selbstmordattentäter kurz vor einem Anschlag erlebt haben, sagen häufig, er oder sie habe benommen und wie in Trance gewirkt.[104] Der Schlüssel für den Erfolg verdeckter Anschläge liegt in der emotionalen Selbstkontrolle.[105]

Die Entwicklung und Verbreitung von Anschlagstaktiken, die die Konfrontation auf ein Minimum reduzieren, hat in der Geschichte des Terrorismus seit den ersten Bombenanschlägen in den 1880er Jahren eine bedeutende Rolle gespielt.[106] Dabei geht es nicht nur dar-

---

103 Die Mutter einer 19-jährigen Libanesin, die einer Widerstandszelle im Untergrund angehörte und eine Selbstmordattentäterin wurde, erinnert sich rückblickend: »Manchmal sahen wir mit den Nachbarn fern, und sie zeigten etwas zur [israelischen] Besatzung [des Libanons], und ich führte hitzige Diskussionen mit meiner Nachbarin darüber. Aber Loula sagte kein Wort dazu. Sie schaute uns einfach nur an und lächelte. Heute wissen wir, dass sie Größeres im Sinn hatte« (Davis, *Martyrs*, S. 79). Wenn man sich so weit beruhigen will, dass man Gewalt aus dem Hinterhalt ausüben kann, muss man offenbar auf die Technik der langfristigen emotionalen Selbstkontrolle zurückgreifen. Ganz ähnlich konzentrierten sich auch die an ihn selbst gerichteten Ratschläge im Abschiedsbrief von Mohammed Atta, einem der Attentäter vom 11. September 2001, darauf, sich selbst zu beruhigen, nicht nervös zu erscheinen und in einem inneren Dialog immer wieder den Namen Gottes zu wiederholen (ebenda, S. 87). Letzteres hat nicht nur religiöse Bedeutung, sondern hilft, die Konzentration zu steigern.

104 Merari, »Readiness«, sowie Gambetta, »Can We Make Sense«, S. 275, der einen Tagungsbeitrag von Merari zitiert.

105 Eine alternative Interpretation der Videos von palästinensischen Selbstmordattentätern besagt, dass es sich dabei um einen Mechanismus handele, der die Attentäter zu einer öffentlichen Verkündung ihrer Absichten zwingt, so dass sie nicht mehr zurückkönnen (Gambetta, »Can We Make Sense«, S. 276, der Merari, »Social« zitiert). Das erklärt jedoch nicht, weshalb sie nach außen hin ruhig und nicht leidenschaftlich sind. Und auf Videos, die Selbstmordattentäter in Aktion zeigen, findet man den gleichen Ausdruck wie in den Propagandavideos.

106 Ricolfi, »Palestinians«, weist darauf hin, dass Flugzeugentführungen, das wichtigste Terrorinstrument der 1950er bis 1970er Jahre, in den 1980er Jahren zusehends von Selbstmordanschlägen abgelöst wurden. Beide Techniken garantieren ein hohes Maß an öffentlicher Aufmerksamkeit für ein politisches Ziel. Aber während Flugzeugentführungen einfach nur eine Form von Erpressung sind, erhebt ein Selbstmordattentäter, zumindest bei einem bestimmten Publikum, Anspruch auf Märtyrerstatus. Ich würde dem hinzufügen: Sobald die Methode Verbreitung gefunden hatte, war die Rekrutierungsbasis für Selbstmordattentäter viel breiter, da es sich um eine Technik zur Minimierung der Konfrontation handelt. Flugzeugentführungen liegen genau am anderen Ende des Spektrums und laufen auf eine längere Konfrontation hinaus.

um, wie man Bomben und Zünder baut, sondern auch um die Aneignung mikrointeraktiver Techniken, verstanden als soziale Technologie, die es möglich gemacht hat, dass ideologisch motivierte Terroranschläge von Frauen und Männern aus der Mittelschicht ausgeführt werden, die keinerlei Erfahrung mit der Ausübung von Gewalt oder Verbrechen haben. Grundsätzlich kann man sagen: Je verdeckter die Gewalt verübt wird und je stärker sie auf die Vermeidung der Konfrontation ausgelegt ist, desto häufiger sind die Täter ehrbare Leute aus der Mittelschicht, und zwar vor allem die Angepassten und Wohlerzogenen.[107] Der Terroranschlag ist sozusagen die Gewaltform der Sanftmütigen.

Gewaltnischen im Aufmerksamkeitsraum von Konfrontationen

Wo wir auch hinschauen, bei jeder Form geht das Gros der Gewalt auf das Konto einer kleinen Anzahl von Personen. Man könnte dies als eine Reihe individueller Prozesse betrachten. Die Minderheit der Gewalttätigen besteht aus denjenigen, die sich Methoden aneigneten, um in bestimmten Situationen Gewalt ausüben zu können. Wie ich gezeigt habe, ist die entscheidende Voraussetzung für erfolgreiche Gewalt weniger der Umgang mit Waffen an sich als vielmehr die Fähigkeit, in Konfrontationssituationen mit anderen fertig zu werden; dazu muss man vor allem mit den eigenen Gefühlen fertig werden, während man sich die Gefühle der anderen, Unterstützer wie Opfer, zunutze macht. Warum kann nicht jeder diese Methoden erlernen und sich der Elite der Gewalttätigen anschließen? Diesen Ansatz verfolgen Militärpsychologen[108] und Ausbilder von Soldaten und Polizisten, die aus Nichtkämpfern Kämpfer zu machen versuchen. Das gleiche Prin-

---

107 Pape, *Dying to Win*, findet bei Selbstmordattentätern kaum Hinweise auf einen kriminellen Hintergrund; vgl. auch Sageman, *Understanding*. In der Tat würde die mit wüsten Drohungen verbundene Konfrontation im Stil von Verbrechern die Durchführung eines Selbstmordattentats enorm erschweren. Ein vermutlich typischer Selbstmordattentäter (der im August 2001 in einer Jerusalemer Pizzeria 16 Israelis umgebracht und 130 – darunter auch Kleinkinder – verletzt hat) wird als schüchterner, »wohlerzogener junger Mann« beschrieben, »der niemals in eine Rauferei verwickelt war, nicht einmal mit seinen Brüdern« (Davis, *Martyrs*, S. 106).

108 Grossman, *On Combat*.

zip könnte man auch auf jede andere Form von Gewalt übertragen: Wären die Methoden hinlänglich bekannt, könnte demnach jeder, der möchte, ein Killer, Terrorist und so weiter werden.

Ich behaupte, dass das nicht möglich ist. Zwar gibt es diese Interaktionstechniken zweifellos, und man kann sie analysieren, lehren und sich aneignen. Sie sind nicht einfach angeborene Prädispositionen. Zwischen der in den Genen angelegten Fähigkeit, wütend oder aggressiv zu werden, und kompetenter Gewaltausübung liegt ein weiter Weg, zumal angesichts der großen Bandbreite spezialisierter Gewaltinteraktion, die ich hier untersucht habe. Aber der Umstand, dass die Zahl derer, die aktiv Gewalt ausüben, und vor allem derer, die dies kompetent tun, begrenzt ist, tritt bei so unterschiedlichen Gewaltsituationen auf, dass man daraus nur schließen kann, dass wir es hier mit einem Merkmal von Interaktionsstrukturen, nicht von Individuen zu tun haben. Als Soziologen kehren wir den Ansatz um: Die scheinbar rätselhafte Tatsache, dass manche Individuen über bestimmte interaktive Techniken verfügen und andere nicht, kann man auch als die Art und Weise betrachten, wie soziale Interaktion funktioniert. Es gibt einen Prozess, durch den die Gewalttätigkeit der Mehrheit begrenzt wird, und dabei handelt es sich um den gleichen Prozess, durch den die Gewalttätigkeit einer kleinen Minderheit hervorgebracht wird. Die emotionale Erregung einer Gruppe, die sich in einer Konfrontationssituation befindet, fließt von einigen Teilen der Gruppe weg, hin zu anderen. Die kollektive Wallung der gegenseitigen Verstrickung differenziert sich nach emotionaler Qualität und Intensität. Einige sind relativ passiv, empfinden mehr Anspannung und Angst und verlassen sich eher auf andere in der Gruppe, die den Ton angeben und aktiv werden, während diese an Initiative, Selbstvertrauen und Begeisterung gewinnen. Letztere sind deshalb in ihrer Zahl begrenzt, weil sie von einem Mechanismus profitieren, der die emotionale Kraft der Gruppe konzentriert und in ihnen bündelt.

Das ist keine bloße Metapher. Was ich hier behaupte, lässt sich unmittelbar verifizieren, indem man die interaktiven Merkmale gewaltsamer Interaktionen auf der Mikroebene analysiert und dabei auch die Zuschauer einbezieht.

Gewalt ist interaktive Könnerschaft in einer Situation, die durch Emotionen strukturiert wird. Die dominierenden Gefühle in Situationen gewaltsamer Bedrohung sind Konfrontationsanspannung und -angst. Wie wir in diesem Buch immer wieder gesehen haben, fällt Gewalt nicht leicht, sondern schwer. Unabhängig von den situativen Bedingungen – Motiven, Groll, unbeherrschten Gefühlen, materiellen Anreizen oder kulturellen Idealen – werden die meisten Gewaltsituationen abgebrochen. Es gibt Imponiergehabe, Drohgebärden und Konfrontation, aber meistens ziehen sich die Beteiligten mit symbolischen Gesten zurück oder lassen es im Höchstfall zu kurzer, ungeordneter und inkompetenter Gewalt kommen. Damit Gewalt ausbricht, muss die Situation zumindest einigen Beteiligten einen Weg eröffnen, auf dem sie die Konfrontationsanspannung und -angst umgehen können.

Solche Wege lassen sich generell in zwei Typen einteilen: hitzige, emotionale Gewalt und kaltblütige, technische Gewalt. Hitzige, unbeherrschte Gewalt entspringt in der Regel dem emotionalen Fluss in einer Menschenansammlung, deren Aufmerksamkeit, sei es als Mitstreiter, Zuschauer oder Gegenspieler, sich auf einen ganz bestimmten Punkt konzentriert. Das typische Beispiel für ein »hitziges« Gefühl ist Wut, aber es gibt weitere emotionale Varianten und Mischformen. Das können sich aufstauende Anspannung und Angst sein, die sich plötzlich in einer Vorwärtspanik entladen, oder auch Begeisterung und Überschwang, wie man sie von ausgelassenen Festen, Veranstaltungen und Sportereignissen kennt. In all diesen aufgeheizten Situationen werden große Mengen Adrenalin ausgeschüttet, das durch die versammelten Körper zirkuliert. Ich möchte noch einmal daran erinnern, dass das Hochkochen von Emotionen allein nicht ausreicht, um erfolgreich Gewalt auszuüben. Die hitzigen Gefühle müssen innerhalb der Gruppe so konfiguriert werden, dass die Konfrontationsanspannung und -angst überwunden wird.

In eine andere Kategorie gehören die Spielarten kaltblütiger, technischer Gewalt. Hier bedienen sich die gewalttätigen Aktivisten Techniken, mit denen sie ihre eigenen Gefühle in den Griff bekommen und sich die emotionalen Schwächen ihrer Gegner zunutze machen. Und da es sich bei diesen Kategorien um Idealtypen handelt, findet man bei bestimmten Gewaltformen Kombinationen aus hitzigen und kaltblütigen Methoden.

Somit gilt es zu erklären, warum Gewalt auf eine kleine Zahl von Aktivisten und kompetenter Eliten beschränkt ist – zunächst in Bezug auf hitzige Gewalt, dann in Bezug auf kaltblütige, technische Gewalt. Ersteres liegt auf der Hand: Hitzige, emotionale Gewalt innerhalb einer Gruppe ist ein Interaktionsritual im großen Stil, bei dem die Menge zu einer emotionalen Einheit verschmilzt, indem sich alle auf eine einzige Konfrontation konzentrieren. Und dadurch entstehen Gefühle der Begeisterung und Solidarität, aus denen ein kleineres Segment von Kombattanten seine Energie bezieht. Der Übergang zur Gewalt ist dann am leichtesten, wenn sich die Menge selbst nicht an der Auseinandersetzung beteiligt, sondern nur zuschaut und anfeuert, wie bei Sportereignissen oder bei einem ausgelassenen Publikum in Feierlaune, das Schlägereien als Spektakel betrachtet. Ähnliches gilt für fair inszenierte Kämpfe zwischen Helden oder innerhalb einer heroischen Elite: Hier gibt es den Sonderfall, dass, wie bei vielen Duellvarianten, die Kombattanten unter Umständen gar keine hitzigen Gefühle empfinden, sondern vom emotionalen Druck der Masse zum Kämpfen gedrängt werden sowie vom Stolz auf ihren Status, den sie sichern wollen. In solchen Arrangements, bei denen die Kombattanten in der Regel von einem Kreis von Zuschauern umringt sind, hilft die Anwesenheit der Zuschauer den Gegnern, ihre Konfrontationsanspannung und -angst zu überwinden. Die emotionale Unterstützung fließt nach innen, zu den wenigen in der Mitte des Kreises.

Problematischer ist die Überwindung der Konfrontationsanspannung und -angst, wenn die größere Gruppe selbst in die Auseinandersetzung eingreift – auch wenn es nur nominell geschieht, ohne echtes Engagement, aber doch so, dass sie sich einem konkreten Gegner entgegenstellt, der sie angreifen könnte. Manchmal bietet sich der Menge eine günstige Gelegenheit, etwa wenn eine Zone geschaffen wird, über die die Staatsgewalt keine Kontrolle hat, und die Randalierer gegen unbewegliche Symbole der Gegenseite vorgehen können, zum Beispiel durch Plündern und Brandschatzen. Auch in solchen Fällen stratifiziert sich die Menge, wie wir gesehen haben, nach Anführern, bereits existenten Banden und Gruppen und einer größeren Masse von Amateuren, die sich im Laufe der Zeit von Stimmung anstecken lässt und dabei sein möchte. Doch selbst die zuletzt genannte Gruppe umfasst nicht mehr als 10 bis 15 Prozent derer, die theoretisch mitmachen könnten. Ähnlich bei feierlichen Ritualen angesichts der Leiche eines Feindes: Obwohl keine Gefahr einer echten Konfrontation besteht, sind es nur wenige, die die Leiche schänden, und selbst in solchen Situationen gibt es eine kleine Speerspitze von Leuten, die zu demonstrativen Extremisten werden wie jene, die in Falludscha die Brückenträger hochgeklettert sind, um die dort baumelnden Leichen mit ihren Schuhsohlen zu schlagen. Selbst die Aktivisten stehen nicht alle in gleichem Maße unter Strom, denn die Mehrheit von ihnen beschränkt sich auf bloße Gesten.

Die höchsten Beteiligungsraten werden erzielt, wenn eine ganze Gruppe in eine Vorwärtspanik gerät. Die Energie stammt in diesem

Fall aus einer Pattsituation oder einer Verfolgungsjagd und entlädt sich plötzlich, wenn sich die Gruppe einem schwachen Gegner gegenübersieht, der sich aus der Konfrontation zurückzieht. Wir haben das auf dem Höhepunkt von Schlachten gesehen, nach Verfolgungsjagden der Polizei und als typisches Muster bei ethnischen Unruhen. In diesen Fällen steht die Gruppe so stark unter Strom, weil sie ihre Konfrontationsanspannung und -angst als Erregungsquelle benutzt. Anspannung und Angst sind Gefühle, die, anders als Wut im Angesicht eines leibhaftigen Gegners, leicht hervorzurufen sind. Diese Variante ist gewissermaßen die natürlichste Art und Weise, mit einer gewaltsamen Konfrontation umzugehen. Die Konfliktphase, in der Anspannung und Angst sich mit zunehmender Dauer immer weiter steigern, dient dazu, die Gruppe emotional zusammenzuschweißen, solange sie in ihren Reihen eine strenge soziale Organisation aufrechterhält und nicht in kleine Grüppchen zerfällt, die in unterschiedliche Richtungen streben. Wenn beim Gegner plötzlich der Widerstand zusammenbricht, geht die emotional aufgeladene, zusammengeschweißte Gruppe zu einem unkontrollierbaren Angriff über, der in wilde Raserei und Overkill münden kann.

Auf den ersten Blick scheint eine Vorwärtspanik eine Ausnahme von der Regel darzustellen, dass stets nur eine kleine Anzahl aktiv und eine noch kleinere Zahl kompetent Gewalt ausübt – in dem Sinn, dass sie den Gegner erfolgreich außer Gefecht setzt. Uns fehlen detailliertere Beschreibungen, um zu beurteilen, wie breit die Beteiligung an einer Vorwärtspanik ist. Bei Verfolgungsjagden der Polizei, von denen es Aufzeichnungen gibt, führt nur ein kleiner Teil der anwesenden Polizisten – selten mehr als 20 Prozent, außer in ganz kleinen Gruppen – die Vorwärtspanik aus, gewissermaßen stellvertretend für die ganze Gruppe. Bei Beispielen einer militärischen Vorwärtspanik haben wir weniger detaillierte Angaben. Wie es scheint, stürmen alle vor, und vermutlich beteiligen sich viele Soldaten daran, die gestürzten oder kauernden Feinde zu töten (wie auf dem Schlachtfeld von Azincourt) oder die Hütten von Zivilisten in Brand zu stecken (wie in Vietnam). Aber wir wissen nicht, wie viele in solchen Situationen mit Erfolg getötet oder gebrandschatzt haben und wie viele nur aufgeregt herumgerannt sind und den anderen vielleicht durch ihre Schreie emotionale Unterstützung geboten haben. Ähnliches gilt für Massaker an ethnischen Minderheiten, bei denen die aufgebrachte Menge über demoralisierte Opfer herfällt. Die hitzigen, aufbrausenden Emotionen der Aktivisten scheinen von den meisten geteilt zu werden. Aber diejenigen, die tatsächlich einbrechen und töten, sind möglicherweise nicht dieselben, die sich an rituellen Zerstörungen beteiligen, während wieder andere vielleicht nur lautstarke Unterstützung beisteuern.[109]

Wenn unbeherrschte Gewalt das Produkt einer Menschenmenge ist, die ein einziges, konzentriertes Interaktionsritual ausführt, dann ist kaltblütige, technische Gewalt ein Bündel von Verfahrensweisen, die auf den ersten Blick individuell zu sein scheinen. Dazu gehört: (1) ruhig zu bleiben, während bei anderen die Emotionen hochkochen: Kämpfen wie in Trance, während die Gegner von der Gefechtsbenommenheit erfasst werden; (2) sich ganz auf die technischen Details der eigenen Waffen und des eigenen Vorgehens zu konzentrieren (wie z.B. Scharfschützen); (3) die eigenen Gefühle zu manipulieren (z.B. Wut hervorzurufen, indem man sich an demütigende Situationen erinnert); (4) die Gefühle der Opfer zu manipulieren; (5) Tarnungen anzuwenden, die die Konfrontation minimieren; (6) seine Opfer sorgfältig auszuwählen, wie es Straßenräuber, bewaffnete Räuber und, extremer, Serienmörder und Serienvergewaltiger tun; (7) seine Opfer zu »erziehen«, wie es in langfristigen Beziehungen zwischen Opfern von Quälereien und ihren Peinigern sowie in jener Form häuslicher Gewalt geschieht, die ich als »terroristisches Folterregime« bezeichnet habe. Kurz: Die Kompetenz von Spezialisten in kaltblütiger, technischer Gewalt ergibt sich aus einem ganzen Bündel von Methoden. Das Rätsel, vor dem der Theoretiker steht, gilt für alle gleichermaßen: Wie kommt es, dass diese Methoden auf allen Konfliktfeldern jeweils nur von einer kleinen Anzahl der nominell Gewalttätigen praktiziert werden?

---

109 Beim Peterloo-Massaker in der Nähe von Manchester ritt 1819 eine Kavallerietruppe (von vielleicht 200 Mann) mit ihren Säbeln in eine Menge von Demonstranten hinein, die lautstark eine Reform des Wahlrechts gefordert hatten. So furchtbar das gewesen sein muss – da es bei 50000 Demonstranten nur zwölf Tote und 40 Verwundete oder (zum Beispiel durch Pferdehufe) Verletzte gab, scheinen nicht alle Soldaten effektiv Gewalt ausgeübt zu haben (*Cambridge Modern History*, Bd. 10, S. 581). Ein Augenzeuge berichtete, dass ein Teil der Truppe sich darauf beschränkte, die Transparente an der Rednerbühne niederzureißen, also nur symbolisch und nominell Gewalt verübte (Lewis, *Eyewitness*, S. 358ff.). Befohlen hatte den Angriff der Magistrat, der durch Gewaltausbrüche in Frankreich und anderswo sowie durch Sprechchöre der Menge wie »Freiheit oder Tod!« und ähnlich drastische Rhetorik beunruhigt war.

Für die Formen unbeherrschter, rasender Gewalt haben wir diese Frage bereits beantwortet: In der Regel ist die gewalttätige Elite von der emotionalen Unterstützung einer größeren Gruppe und von der Konzentration der emotionalen Aufmerksamkeit in einem Prozess abhängig, bei dem die Gruppe ihre Gewaltenergie an einige wenige abgibt. Im Fall der kaltblütigen Methoden jedoch stellt sich die Frage: Warum kann nicht jeder diese Methoden erlernen? Man könnte den Einzelnen Atemtechniken beibringen, mit deren Hilfe sie ihren Adrenalinspiegel auf mittlerem Niveau halten können, und am Schießstand ihren Schießreflex so lange trainieren, bis er in Konfrontationen automatisch ausgelöst wird.[110] Sie könnten lernen, das Menschliche an ihren Opfern auszublenden, indem sie sich darauf konzentrieren, ihre Waffe zu kalibrieren, durch Minimierung der Konfrontation die Effektivität ihrer Gewalt zu steigern oder sich selbst und ihre Opfer mit Techniken der Gefühlssteuerung zu manipulieren. Ein Gedankenexperiment: Stellen wir uns Psychologiekurse an Universitäten oder vierwöchige kommerzielle Seminare vor, in denen es nicht um den Umgang mit Wut oder sentimentale Gefühlsduselei geht, sondern in denen gelehrt und eingeübt wird, wie man ein guter Schütze wird, Raubüberfälle verübt, Menschen umbringt, ohne Aufmerksamkeit zu erregen, die Konfrontation minimiert, Opfer auswählt und so weiter. Diese Gedankenexperiment zwingt uns zu der Frage: Gibt es eine Obergrenze dafür, wie viele Menschen Gewaltexperten werden können?[111]

---

110 Grossman, *On Combat.*

111 Um Missverständnissen vorzubeugen: Meine Frage lautet nicht, warum nicht die Mehrzahl der Menschen Profikiller, »Cowboy Cops« etc. werden. Die schlichte Antwort darauf wäre, dass die meisten Leute das aus moralischen Gründen ablehnen. Allerdings kann jeder Gelegenheiten zur Gewaltausübung finden, egal, auf welcher Seite des Gesetzes er steht und welche moralische Sichtweise er vertritt, und viele Gewaltformen unterliegen einem Ehrenkodex, der sie in den Augen der Täter sanktioniert. Meine Frage lautet: Wie kommt es, dass die meisten Menschen, die in eine bestimmte Konfliktsituation geraten – Soldaten, Polizisten, Kriminelle, Menschen, die sich zu einer Menge zusammengetan haben, um aus ihrer Meinung nach moralischen Gründen gegen einen Gegner vorzugehen –, nicht Teil der kleinen Minderheit derer werden, die aktiv, oder der noch kleineren Minderheit, die kompetent Gewalt ausübt? Meiner Argumentation zufolge ist das nicht nur eine Frage der Motivation. Auch wenn viele Menschen einer dieser Eliten von Gewalttätigen gar nicht angehören *wollen* – die Zahl derer, die das möchten, ist zweifellos größer als die Anzahl derer, die Erfolg damit haben. Der entscheidende Faktor ist nicht die grundsätzliche Motivation von Menschen, Gewalt auszuüben; ausschlaggebend sind vielmehr soziale Beschränkungen der Möglichkeiten, sich entsprechende Techniken anzueignen und sie zu praktizieren.

Ich behaupte, dass eine solche Obergrenze existiert. Selbst wenn mehr Menschen die Gelegenheit hätten, diese Methoden zu erlernen, würde die Zahl innerhalb eines gewissen Rahmens bleiben. In jeder beliebigen Gruppe von nominell Gewalttätigen läge der Anteil derer, die kompetent Gewalt ausüben, nach wie vor bei etwa 10 Prozent oder darunter. Das möchte ich zunächst anhand einer theoretischen Analogie aufzeigen, um dann die entsprechenden Mechanismen zu erläutern. Die Analogie stammt aus der Welt der Intellektuellen. Im Lauf der gesamten Weltgeschichte lag in nahezu jeder Generation, in deren Lebensspanne es zu ideengeschichtlich einflussreichen intellektuellen Entwicklungen kam, die Zahl der bedeutenden Philosophen zwischen drei und sechs.[112] Nach diesem »Gesetz der kleinen Zahlen« werden die Nischen in jenem Aufmerksamkeitsraum verteilt, den die Gesamtheit der Intellektuellen bildet. Wenn zu viele Intellektuelle für sich in Anspruch nehmen, wichtige neue Denkrichtungen zu entwickeln, dann finden einige von ihnen keine Nische. Sie haben nur wenige Anhänger, und ihr geschichtliches Andenken verliert sich.

Die Aufmerksamkeitsräume für Intellektuelle und für Gewalt werden von Konflikten strukturiert. Kreativität beruht in der Welt der Intellektuellen darauf, dass man etwas Neues aussagt. Das beinhaltet nicht nur die Negierung dessen, was zuvor kam, sondern auch die Negierung der Positionen von Rivalen, die ebenfalls um Anerkennung ringen. Kreativität wird durch Konflikte vorangetrieben; Kreativität beruht niemals auf einer isolierten Auflehnung gegen die Vergangenheit, sondern auf konkurrierenden Neuformulierungen vorherrschender Wissenskonzepte. Die kreativsten Intellektuellen beantworten nicht nur offene Fragen, sondern werfen neue auf und lösen Diskussionen aus. Genau wie die Elite der Gewalttätigen erwerben sich Star-Intellektuelle einen Ruf, indem sie Unruhe stiften. Ähnlich wie Berufsverbrecher, Hooligans, Flieger-Asse und »Cowboy-Cops« suchen sie die Konfrontation, anstatt, wie die meisten Menschen, davor zurückzuschrecken.

Kreativität lebt vom Aufmerksamkeitsraum. Dabei geht es nicht nur um überlegenes kulturelles Kapital, sondern um die Verteilung der emotionalen Energie. Innerhalb intellektueller Netzwerke bilden die herausragenden Denker jeder Generation meist die bedeutendsten Denker der nächsten Generation aus. Doch Star-Professoren haben viele Studenten, und denjenigen, die sich als die kreativsten erweisen,

---

112 Collins, *Sociology.*

wird von ihren Lehrern und Mentoren das gleiche kulturelle Kapital mit auf den Weg gegeben wie vielen anderen. Allerdings wissen manche das ererbte kulturelle Kapital aggressiver zu nutzen als andere. Sie werden zu dem, was ich *energy stars* nenne, eine Persönlichkeitsstruktur, die dadurch entsteht, dass jemand sich eine ausbaufähige Nische geschaffen hat und sich bis zum Äußersten in die Arbeit stürzt. Sie entwickeln eine rege Publikationstätigkeit, die oft über das Gebiet hinausgeht, auf dem sie berühmt sind. Subjektiv arbeiten solche intellektuellen Alphatiere unabhängiger als andere und vertiefen sich über längere Zeiträume hinweg ganz in ihre Arbeit, ohne Kontakt zu Kollegen. Doch sind sie keineswegs von der wissenschaftlichen Gemeinde isoliert. Sie beginnen ihre Laufbahn im Zentrum sozialer Netzwerke derer, die bereits hoch kompetent sind. Sie messen sich an den beschlagensten Konkurrenten ihrer Generation. Und sie sind sich ihrer Stellung im größeren Aufmerksamkeitsraum des Publikums bewusst, das ihre Vorträge hört und ihre Publikationen liest.

Kreative Köpfe bekommen von ihren Vorgängern nicht nur einen kulturellen Grundstock an die Hand, sondern lernen von ihnen auch Methoden, wie man denkt, wie man erfolgreich gegen andere argumentiert, wie man Chancen wittert, eine neue Theorie oder einen neuen Schreibstil zu entwickeln. Protegés lernen von ihren Mentoren Techniken, mit denen man im Kampf um die Kontrolle des Aufmerksamkeitsraumes Schlachten für sich entscheiden kann, wenden diese Techniken auf neue Situationen an und treiben neue voran. Kreative Intellektuelle haben ein Gespür für die Loyalitäts- und Konfliktlinien in der intellektuellen Welt verinnerlicht, in der sie sich bewegen. Sie können schneller denken als ihre Konkurrenten und Ideen so miteinander verknüpfen, dass das Publikum beeindruckt ist. Dieses scheinbar intuitive Erfassen eines Gebietes beruht darauf, dass sie alle Ideen und Denkmethoden internalisiert haben, die Ausweis der Zugehörigkeit zu den einzelnen intellektuellen Strömungen sind. Ihr Denken ist unangestrengt und unbefangen, weil sie sich währenddessen des Ranges bewusst sind, den sie auf ihrem intellektuellen Gebiet im Verhältnis zu anderen einnehmen. Sie argumentieren nicht entweder gegen Personen oder gegen abstrakte Ideen, sondern gegen beides gleichzeitig. Ihr Denken beruht darauf, in Gedanken Koalitionen zu schmieden, während sie überlegen, mit wem sie sich anlegen – Koalitionen und Frontlinien, die sich in den jeweiligen Interessengebieten der intellektuellen Gemeinschaft zuverlässig wiederfinden lassen. Die Elite der Kreativen hat ein verinnerlichtes, automatisiertes Gespür für

Positionen im Feld, sowohl in Bezug auf ihre Unterstützer als auch auf ihre Rivalen.

Die Elite der Gewalttätigen hat ebenfalls die gleichen Ausgangsbedingungen wie viele andere, die aus der gleichen Kultur beziehungsweise dem gleichen Milieu stammen. Anstatt ihre Herkunft als Hinderungsgrund für eine Karriere im Sinne der Mittelschicht zu sehen, könnte man sie auch als kulturelles Kapital für eine Karriere als Gewalttäter und Verbrecher betrachten. Doch nicht nur die spätere Elite der Gewalttäter kommt aus armen Verhältnissen, Problemvierteln, zerbrochenen Familien und so weiter. Weil wir so oft von der abhängigen Variable ausgehen und uns in unseren Forschungen mit jenen befassen, die später der Gewaltelite angehören, entgeht uns, wie viele aus den gleichen Verhältnissen stammen, aber als Gewalttäter erfolglos geblieben sind. Genau wie die Karriere bedeutender Intellektueller in Netzwerken begann, die ihnen ein großes kulturelles Kapital mitgaben, begann auch die Karriere der Stars unter den Gewalttätern in Netzwerken, von denen sie eine ausgeprägte Kultur der Gewalt geerbt haben. Die Frage ist, warum einige andere mit derselben kulturellen Erbschaft überholen und zur Elite aufsteigen. Sie erben die Gewalt nicht einfach, sondern müssen sich gegen andere mit gleicher Herkunft durchsetzen.[113]

Eine weitere Analogie besteht darin, dass auch die Gewaltelite emotionale Energie benötigt, damit sie mit ihrem kulturellen Kapital wuchern kann, anstatt es nur passiv als etwas Gegebenes hinzunehmen. In den Biographien von Killern kann man nachverfolgen, wie sich die emotionale Energie aufbaut, sobald die späteren Profikiller im frühen Jugendalter den Einstieg in kriminelle Kreise finden. Sie setzen sich gegen Konkurrenten durch, die ihren Gewinn bei kriminellen Geschäften zu schmälern drohen, so klein er zu diesem Zeitpunkt auch sein mag. Einer schlägt Rivalen, die seine Gewinnspanne dezimieren wollen, mit einem Baseballschläger in die Flucht, ein anderer trainiert verbissen seine Muskeln, indem er sich bei seinem Job als Pa-

---

113 Jankowski, *Islands*, zufolge sind Bandenmitglieder keine Konformisten, sondern aufsässige Individualisten. Sie gehören demnach nicht einfach der Kultur einer bestimmten Gruppe an, sondern versuchen innerhalb dieser Kultur aufzufallen. Analog könnte man bei Intellektuellen unterscheiden zwischen jenen, denen es genügt, die Bücher anderer zu lesen oder zu imitieren, und jenen, die originelle Bücher schreiben – sie alle gehören der intellektuellen Subkultur an, aber mit der einfacheren Variante, sich der Kultur anzupassen, kann man sich keinen herausragenden Ruf verschaffen.

ketwagenfahrer immer mehrere Pakete auf einmal auflädt.[114] Obwohl die kriminelle Gewaltelite in gewisser Hinsicht faul ist – sie sucht den kurzen Weg zum Erfolg und verachtet die Routine in gewöhnlichen Berufen –, muss sie trotzdem sehr hart arbeiten. Ein krimineller Unternehmer muss täglich die Runde machen, sein Geld abholen, nachprüfen, ob ihn jemand betrügt, sich regelmäßig blicken lassen, damit die anderen wissen, dass es ihn gibt, und wenn nötig mit Drohungen oder Schlägern arbeiten. Selbst dass er seine Freizeit in Kneipen oder Spielhöllen verbringt, ist gewissermaßen obligatorisch – er muss Präsenz zeigen, um im Geschäft zu bleiben. Den eigenen Ruf zu wahren ist ein Fulltime-Job.[115] Obwohl es also im Milieu der Mafiosi und dergleichen die Ansicht »Arbeit ist was für Dumme« geben mag, sind auch hier die Faulen gegenüber den Rührigen und Engagierten im Hintertreffen. Das sollte man nicht nur als individuelle Eigenschaften betrachten, sondern als ein Muster, das über die Verteilung an emotionaler Energie in einer Gesellschaft Aufschluss gibt.

Das Gleiche gilt für andere Gewaltfelder. In der Welt des Verbrechens mag der Wettbewerb besonders mörderisch sein, aber es gibt Hinweise, dass dieses Muster auch bei der Gewaltelite unter Soldaten, Piloten, Polizisten et cetera auftritt. Flieger-Asse hassen Bürojobs. In ihren Biographien tauchen massenhaft Vorfälle auf, in denen sie sich Befehlen widersetzen und heimlich fliegen. In allen Bereichen, in denen Gewalt ausgeübt wird, sind die Energiegeladensten und Engagiertesten zugleich die Erfolgreichsten.

Die dritte Analogie zu Star-Intellektuellen besteht in einem höheren Maß an Selbstsicherheit und der Bereitschaft, längere Phasen der Abgeschiedenheit auszuhalten. Das zeigt sich ganz deutlich bei Killern, die viele Stunden damit zubringen, ihren Opfern aufzulauern, jede ihrer Bewegungen festzuhalten und auf eine gute Gelegenheit zu warten. Scharfschützen beim Militär sind ein Paradebeispiel für Geduld und Stille. Diebstähle und Raubüberfälle werden ebenfalls häufig allein ausgeführt, von manchen Verbrechern viele hundert Mal. Es macht ihnen nichts aus, allein vorzugehen, ja sie scheinen es sogar vorzuziehen, weil sie es als eine Kraftquelle betrachten. Natürlich ist

---

114 Fisher, *Joey the Hitman*; Mustain/Capeci, *Murder Machine*, S. 30.

115 Jankowski, *Islands*, stellt fest, dass Bandenmitglieder wenig schlafen. Er sieht darin einen Grund für ihre Reizbarkeit und Unberechenbarkeit, aber es ist auch ein Hinweis darauf, wie hart sie arbeiten und wie gefährlich es ist, sich eine Pause zu gönnen.

die Elite der Gewalttäter nicht ständig allein – von Zeit zu Zeit mischen sie sich unter ihresgleichen, damit sie nicht in Vergessenheit geraten. Aber das ist bei Intellektuellen ja nicht anders: Sie verbringen zwar viele Stunden allein am Schreibtisch, bleiben aber auch mit Kollegen in Kontakt. Am größten ist die Fähigkeit zur Eigenmotivation in der Gewaltelite bei jenen, die die kaltblütigen Gewaltmethoden am besten beherrschen. In der weniger kompetenten Schicht der aktiv Gewalttätigen, die unbeherrschte Gewalttaten im Schutz einer Gruppe begehen, ist diese Selbstsicherheit sehr viel schwächer ausgeprägt.

Die vierte Analogie ist das Netzwerk. Bedeutende Intellektuelle gehen aus Netzwerken hervor, in denen innovative Theorien entwickelt wurden, und gestalten das Netzwerk so um, dass weitere Innovationen möglich sind. Für Intellektuelle hat diese Abhängigkeit von einem Netzwerk einen vertikalen und einen horizontalen Aspekt: Die Stars der neuen Generation sind meist Schüler der kreativen Stars der vorangegangenen Generation, und die neuen Stars formieren sich häufig zu kleinen Gruppen, die gemeinsam neue Wege gehen.[116]

Um nur ein Beispiel zu geben: In Jugendbanden scheint es relativ häufig vorzukommen, dass Gruppen gemeinsam aufsteigen; sie stellen hier eine kriminelle Speerspitze dar, die sich von den anderen, die in der Bande nur Schutz und Abenteuer suchen, abgrenzt. Der Aufstieg auf eine höhere Ebene erfolgt häufig nach einem Gefängnisaufenthalt. Dort wird die »Spreu« der jugendlichen Trotzköpfe vom »Weizen« jener getrennt, die wirklich bereit und in der Lage sind, Gewalt auszuüben. Das geschieht durch Kämpfe, in deren Verlauf sich die Gefängnishackordnung herausbildet, mit Cliquen, die an der

116 Inwieweit diese Analogie auf die Gewaltelite zutrifft, ist noch nicht geklärt. Dieses Buch behandelt eine große Bandbreite von Gewaltformen. Bei manchen sind Beziehungen zu einem Netzwerk erfolgreicher Gewalttäter vielleicht wichtiger als bei anderen. Einiges spricht dafür, dass solche Beziehungen für eine Karriere im Bereich mafiaartiger krimineller Organisationen oder als Terrorist von Bedeutung sind – aber gilt dies auch für Flieger-Asse oder »Cowboy-Cops« oder bewaffnete Räuber? Da wir über zwei Arten von Netzwerken sprechen, wäre die Beantwortung dieser Frage ein aufwendiges Forschungsprojekt. Die (intergenerationellen) Ursprünge und die (horizontale) Ausbildung von Netzwerken mögen je nach Gewaltform ein unterschiedliches Gewicht haben. Gibt es innerhalb der Gewaltelite Mentoren oder Rollenvorbilder, an denen sich Aufsteiger orientieren? Fängt eine neue Generation als eine Gruppe von Ehrgeizigen an, die untereinander von ihrer Energie und Entschlossenheit profitieren und so gemeinsam in die Gewaltelite aufsteigen?

Spitze der lokalen Gewalthierarchie stehen. Nach der Entlassung verlegen sich diese Cliquen auf schwerwiegendere – kompetentere – Formen von Gewalt. Tony der Grieche beschreibt, wie sich aus Kontakten innerhalb eines Netzwerks Grüppchen bilden: Da er von der New Yorker West Side her irische Gangster kannte, wurde er in eine knallharte irische Gefängnisbande aufgenommen, als er mit 20 seine erste Gefängnisstrafe verbüßte. Im Gefängnis, so Tony, gebe es eine »Klassengesellschaft«: »Die ›Guten‹ haben niemanden verpfiffen und konnten sich in Schlägereien behaupten. Die ›Bösen‹ haben nie zugeschlagen und hatten keine Kontakte. Die Guten konnten die Bösen nach Belieben verprügeln und erpressen.«[117] Bis dahin war Tony ein Drogendealer und Schläger gewesen. Kurz nach seiner Entlassung aus dem Gefängnis verübte er seinen ersten Auftragsmord: Im Auftrag einer Prostituierten, die er mit Heroin belieferte, brachte er einen Zuhälter um. Da die Prostituierte unter dem Schutz des »Kapitäns« einer Mafiafamilie stand, wurde die Genovese-Familie auf Tony aufmerksam, und er erhielt weitere Aufträge, die er erfolgreich ausführte. Das war der Beginn seiner Karriere. Vergleichbare Gefängnisbanden, die die kriminelle Identität ihrer Mitglieder stärken, beschreibt Martín Sánchez Jankowski[118] auch unter Schwarzen und Hispanics. Dem ist in diesem Kontext hinzuzufügen, dass ein Ausleseprozess hinzukommt, durch den einige in die Spitze des Netzwerks aufsteigen, während andere an den Rand gedrängt werden, weil sie sich in Kämpfen als weniger kompetent oder weniger engagiert erweisen.

Ähnliches gilt für die Ausbildung von Netzwerken. Wenn man mit Verbrechen Geschäfte macht, hat man Gelegenheit, Leute kennenzulernen, die einem das Ausüben von Gewalt auf einer höheren Ebene ermöglichen. Autodiebstahl ist ein minderschweres, meist gewaltfreies Verbrechen, aber wenn ein Autodieb es im großen Stil betreibt und sich mit Leuten zusammentut, die Autos ausschlachten und die gestohlenen Teile weiterverkaufen, dann kommt er unter Umständen mit bewaffneten Verbrechern in Berührung und über diese mit der Mafia, und schließlich wird er Mitglied einer Truppe von Auftragskillern.[119] Ein solcher Vorgang wirft zahlreiche empirische und analytische Probleme auf. Es genügt nicht, Kontakte zu einem Netzwerk zu knüpfen, man muss auch die Spreu vom Weizen trennen können.

---

117 Hoffman/Headley, *Contract Killer*, S. 45.
118 Jankowski, *Islands*.
119 Mustain/Capeci, *Murder Machine*.

Nur wenige, die Kontakte mit Autoschiebern haben, schließen sich später einer Gruppe von Killern an. Die theoretische Erfassung dieses Ausleseprozesses ist ein zentrales Problem der soziologischen Beschäftigung mit Netzwerken von Gewalttätern.

Wer auf einem bestimmten Gebiet der gewaltsamen Konfrontation ein Fachmann ist, ist dies nicht unbedingt auch auf anderen. Das liegt daran, dass Gewaltmethoden spezialisierten Nischen zugeordnet sind. Man kann nicht ohne weiteres die Nische wechseln, nur weil man eine bestimmte Methode beherrscht, denn dazu müsste man sämtliche Techniken, wie man sich eine Nische erobert, von einem Gebiet auf das andere übertragen. Manche Killer haben in der Armee gedient, sind an der Front aber stets auf Nummer sicher gegangen,[120] und »Mafiasoldaten« schauen verächtlich auf Kriegsveteranen herab, weil sie offenbar der Meinung sind, dass sie eine ganz andere Einstellung zur Gewalt haben.[121] Tony der Grieche und Joey Gallo waren zwei berüchtigte Schläger und Killer, doch als es in ihren jeweiligen Gefängnissen zu Häftlingsrevolten kam, nahm keiner von ihnen an den eigentlichen Kämpfen teil. Beide handelten in der Hitze des Gefechts ruhig und besonnen: Tony verhandelte mit den Aufsehern, und Joey sorgte für die Freilassung eines Aufsehers, den die Häftlinge als Geisel genommen hatten, um seine eigene Freilassung zu beschleunigen.[122] Wollte man sich über ihr scheinbar feiges Verhalten in diesen Situationen lächerlich machen, so würde man ihnen von außen ein anderes Wertesystem überstülpen. Beide blieben ruhig und machten für sich das Beste aus einer schwierigen Situation, und genau so hatten sie Karriere gemacht.

In der Welt der Intellektuellen führt die Netzwerkstruktur tendenziell zur Reproduktion des Musters, dass es immer nur wenige Stars gibt, weil sich erstens in den aktiven Zentren nur wenige Gruppen und Seilschaften herausbilden, und zweitens diejenigen im Zentrum Konkurrenten von außen ausschließen und demoralisieren. Analog dazu begünstigen Netzwerke, in deren Zentrum die Gewaltelite steht, ein Muster, bei dem es für jede Form von Gewalt nur wenige Spitzenleute gibt.

Damit kommen wir zu den Mikromechanismen, durch die einige wenige sich als Elite etablieren, während andere, die mit denselben

---

120 Fisher, *Joey the Hitman*, S. 12.
121 Mustain/Capeci, *Murder Machine*, S. 22.
122 Hoffman/Headley, *Contract Killer*, S. 150–156.

Chancen und Zielen antreten, auf der Strecke bleiben. Die kreative Elite baut die emotionale Energie auf, die für ein bestimmtes Gebiet auf der intellektuellen Landkarte charakteristisch ist – Philosophie, Mathematik, Soziologie, Malerei und so weiter, alles, was sich als in sich abgeschlossener Aufmerksamkeitsraum darstellt. Innerhalb dieses Raums gibt es eine Konkurrenz um einige wenige Nischen, um Positionen, die mit Anerkennung verbunden sind. Generell drückt sich emotionale Energie als Begeisterung, Zuversicht und Tatendrang aus. Im Fall von Intellektuellen, die es mit abstrakten Konzepten zu tun haben, ist es eher das Gespür, dass Ideen Erfolg, ja Großes versprechen. Intellektuelle haben Spaß an ihren Methoden und schöpfen neue Energie aus ihnen, weil sie zu ihrer Position innerhalb ihres Fachgebiets beitragen. Durch die Anwendung dieser Methoden bringen sie einen Instinkt für die Interaktion mit ihrem Publikum zum Ausdruck, der ihnen in Fleisch und Blut übergegangen ist. Nach dem Denkmodell, das ich in Kapitel 5 meines letzten Buches dargelegt habe,[123] praktizieren diese Intellektuellen innere Interaktionsrituale, Schleifen der emotionalen Selbstbestätigung, aus denen sie Selbstvertrauen für ihr Tun und ein Sensorium für ihre Identität innerhalb des Felds ihrer Konkurrenten und Anhänger beziehen.

Wie Daniel Chambliss in Bezug auf Schwimmwettkämpfe festgestellt hat,[124] haben Siegertypen sich ganz kleine Techniken angeeignet, von denen sie sich einen Vorteil über ihre Konkurrenten versprechen. Dabei entsteht eine Schleife positiver Rückmeldungen, weil sie sich mit diesen Techniken identifizieren und sie gern üben. Ihr Einsatz im Training verbessert nicht nur ihre Fähigkeiten. Das bloße Ausüben ihrer Fähigkeiten verschafft ihnen eine herausgehobene soziale Position, definiert sie gegenüber dem Rest des Feldes als eine Elite – selbst dann, wenn sie scheinbar allein und ihre Gegner nur implizit gegenwärtig sind. Wer solche Techniken praktiziert, bewegt sich in einem Kokon des Selbstvertrauens, den Chambliss als »Alltäglichkeit der Spitzenleistung« bezeichnet – mit einer Gelassenheit, die Gegner zu ihrem eigenen Nachteil mystifizieren. Kleine, marginale Leistungsunterschiede werden immer größer, weil die Siegertypen immer mehr Auftrieb erhalten, die Verlierer dagegen immer weniger. Ganz ähnlich üben manche Polizisten auf dem Schießstand mit geradezu fanatischem Eifer und entwerfen vor ihrem geistigen Auge ständig Szena-

---

123 Collins, *Interaction*.

124 Chambliss, »Mundanity of Excellence«.

rien, in denen sie in eine Schießerei auf Leben und Tod geraten,[125] während andere Vorbereitung und Konfrontation herunterspielen. Bei anderen Gewaltformen wissen wir darüber weniger, aber einige Soldaten nehmen gern an Schießübungen teil und suchen nach Gelegenheiten, ihre Waffen einzusetzen, während andere früher oder später nachlässig werden, je nachdem, welchen Feinden und Kameraden sie begegnen und ob diese sie an Engagement übertreffen oder unterbieten. Und um ein guter Straßenkämpfer oder bewaffneter Räuber zu sein, genügt es ebenso wenig, sich im Gewaltmilieu zu bewegen. Manche vervollkommnen ihre Gewaltmethoden bei jeder Gelegenheit, während andere sich mit sporadischen Alibikämpfen zufriedengeben, die gerade eben ausreichen, um ihren Ruf zu sichern. Straßenräuber und Einbrecher, die sehr häufig Straftaten begehen (also öfter als einmal am Tag), achten stets darauf, überall ihre Finger im Spiel zu haben und auf dem neuesten Stand zu sein. Weniger erfolgreiche riskieren seltener einen Raubüberfall oder einen Einbruch und verlegen sich schneller auf andere Tätigkeiten. Was Anderson den Kodex der Straße nennt, ist für die einen eine gekonnte Darstellung, für die anderen nur Show. Erstere sind diejenigen, die sich ganz an diesem Kodex orientieren, deren Identität und Energie ganz in ihrer Darstellung aufgehen, weil sie darin am erfolgreichsten sind.

Die emotionale Energie der intellektuellen Elite erneuert sich in einer Aufwärtsspirale permanent selbst. Da ihre Mitglieder mehr Energie als andere haben, können sie sich schneller in Spitzenpositionen etablieren. Dadurch bekommen sie mehr Anerkennung, was wiederum ihrem Selbstbild, ihrer Zuversicht und dem Zufluss von Energie förderlich ist, mit der sie weitere Projekte realisieren können. Derselbe positive Rückkopplungseffekt findet sich in der Regel auch auf materieller Ebene, in Form eines leichteren Zugangs zu Publikationen, Forschungsmaterial, Geld, Stellen, die ihnen den Freiraum verschaffen, sich ihren intellektuellen Interessen zu widmen, und so weiter.

Ähnliche Rückkopplungseffekte erleben auch die, die hinter den Spitzenleuten zurückbleiben, allerdings mit negativem Vorzeichen. Sie erhalten keine Anerkennung und müssen feststellen, dass sie zu spät kommen und ihre Erwartungen sich nicht erfüllen. Auch die materielle Unterstützung fällt weg; manche Möchtegernintellektuelle müssen einsehen, dass sie von ihrem Beruf nicht leben können, genau

125 Klinger, *Kill Zone*, S. 37f., S. 42 und S. 85; Artwohl/Christensen, *Deadly Force*, S. 64 und S. 150.

wie manche Möchtegernverbrecher zu dem Schluss kommen, dass ihre Straftaten zu wenig einbringen. Wenn der Abstand zwischen ihrem Ruf und dem der Spitzenleute unverkennbar immer größer wird, stehen Möchtegernmitglieder der Elite vor der Wahl: Entweder sie kämpfen weiter um Anerkennung, obwohl sie ständig an den Rand gedrängt werden, oder sie geben ihren Anspruch auf und finden sich damit ab, ein Anhänger der Position eines anderen zu sein. Manchen kommen ihre Begeisterung und ihre Identität gänzlich abhanden, und sie kehren der Wissenschaft den Rücken. Dieses Modell über die Welt der Intellektuellen erklärt, warum es auch im Bereich der Gewalt nur wenige Berühmtheiten gibt – durch Prozesse, die gleichzeitig in der aufsteigenden Elite und in der im Aufstieg scheiternden Nichtelite ablaufen.

Neben dem Prozess des Aufstiegs findet auch einer des Abstiegs statt, und für Personen, die innerhalb desselben Aufmerksamkeitsraumes unterschiedliche Positionen innehaben, ist der eine die Kehrseite des anderen. Dasselbe gilt für den Aufstieg einer Gewaltelite und den Abstieg derer, die scheitern. Die Elite hat sich nicht nur bestimmte Techniken angeeignet, die Höchstleistungen ermöglichen. Sie hat diese Techniken durch die Konkurrenz mit anderen gelernt. Ihre Begeisterung für diese Techniken und das entsprechende Training entspringt unmittelbar der Anerkennung, die sie von ihrem sozialen Umfeld bekommt.

Die Anerkennung in der Welt der Wissenschaft, die einem berühmten Intellektuellen entgegengebracht wird, findet ihr Gegenstück in der Welt des organisierten Verbrechens, in der manche dafür berüchtigt sind, knallhart zu sein, und einigen wenigen Respekt entgegengebracht wird, weil sie Killer sind. In legitimen Bereichen wie dem Militär wird beispielsweise Flieger-Assen ein enormes Maß an institutionalisierter Anerkennung zuteil, und in der Welt des Sports ist die Bekanntmachung von Ranglisten natürlich ein zentrales Element. In all diesen Bereichen erhalten diejenigen an der Spitze Auftrieb (und steigern durch die Konzentration auf ihre Methoden ihr subjektiv positives Identitätsgefühl), während diejenigen, die den Aufmerksamkeitsraum nicht erobern können, nach einigen Versuchen demoralisiert werden und in ihren Methoden nachlassen.[126]

---

126 Ted Williams, der von allen herausragenden Schlagmännern beim Baseball den kühlsten Kopf bewahrte und über die beste Technik verfügte, ist 39 Kriegseinsätze als Kampfpilot geflogen, hat dabei jedoch kein einziges

Ganz ähnlich verhält es sich mit der Anerkennung, die man von der unmittelbaren Gruppe von Unterstützern bekommt. So suchen in einer Gruppe von Polizisten, die einem SWAT-Team angehören oder die sich freiwillig für schwierige Einsätze melden, anfangs alle voller Energie die Konfrontation. Trotzdem werden bei jedem konkreten Zusammenstoß einige wenige an vorderster Front zu finden sein und die Hauptlast der Gewalt tragen. Dadurch werden sie immer erfahrener, während sich andere immer mehr auf sie verlassen. Genauso stellen im Krieg die zunächst Übereifrigen am Ende fest, dass sie zufrieden damit sind, anderen den Vortritt zu lassen. Für kriminelle Gruppen haben wir keine verlässlichen Daten, aber in der Welt der Jugendbanden scheinen diejenigen am häufigsten in Auseinandersetzungen verwickelt zu sein, die sich Zugang zu einer Bande verschaffen oder in der internen Hierarchie aufsteigen wollen.[127] Wenn sie sich einmal bewiesen haben, ruhen sich viele auf ihrem Ruf aus. Das Gesetz der kleinen Zahlen sorgt für eine Obergrenze und trennt selbst unter denen die Spreu vom Weizen, die ihre Laufbahn und ihr idealisiertes Selbstbild nach dem Modell der Gewaltelite entworfen haben.

Die emotionale Energie und die Methoden der Gewaltelite bauen sich auf oder nutzen sich ab, wenn sie auf die Probe gestellt werden. In jeder gewaltsamen Konfrontation gibt es einen Gewinner und einen Verlierer – oder es entsteht eine Pattsituation. Von diesen drei Alternativen ist Gewinnen die einzige Möglichkeit, die Aufwärtsspirale der emotionalen Energie einer Gewaltelite zuverlässig in Gang zu halten. Man könnte geneigt sein zu glauben, dass man einmal erlernte Techniken kaltblütiger Gewalt sein Eigen nennen kann wie einen persönlichen Besitz. Doch die Empirie spricht eine andere Sprache. Ein Beispiel: Ein hoch angesehener Killer erhält den Auftrag, einen Kollegen zu töten. Tony der Grieche nähert sich verkleidet seinem Rivalen. Er überrumpelt ihn, indem er seine Waffe zückt und sich als Straßen-

---

feindliches Flugzeug abgeschossen. Im Laufe seiner Ausbildung stellte Williams bei einem Schießwettbewerb einen Rekord auf, aber er konnte das nicht auf seine Einsätze im Krieg übertragen. Als sein Ansehen (nach seinen ersten acht bis zehn Einsätzen in Korea) unter Kampfpiloten dramatisch gesunken war, wurde er immer häufiger krank und litt an Erkältungen, die allen ärztlichen Behandlungsversuchen trotzten – vermutlich eine psychosomatische Reaktion auf die Belastungen. Nach seiner Entlassung jedoch wurde er schnell wieder gesund und erbrachte im Baseball erneut Höchstleistungen (www.tedwilliams.com [24. 9. 2010]; Thorn/Palmer/Gershman, *Total Baseball*).

127 Jankowski, *Islands*.

räuber ausgibt. Dann hält er sich an seine gewohnte Taktik und fährt mit ihm an einen Ort, wo er ihn unbemerkt umbringen und die Leiche entsorgen kann. Der andere Killer, der selbst vermutlich ähnliche Methoden anwendet, durchschaut, was geschieht, und ist trotzdem unfähig, etwas dagegen zu tun. Schließlich gibt er auch emotional auf und fällt auf die Taktik herein, das Opfer durch Täuschung zu beruhigen – eine Täuschung, an die keiner der beiden Killer wirklich glaubt. Er zeigt ungewohnte Anzeichen von Angst, feilscht und bettelt um sein Leben. Der emotionale Kontrollverlust geht so weit, dass er sich sogar in die Hose macht – wie viele Polizisten und Soldaten unter Beschuss.[128] Selbst Gewaltmethoden, die ein Mitglied der Elite ausmachen, können zu Energieverlust führen und verlernt werden.

Pattsituationen zwischen Eliten schaden deren emotionalen Energie und Vertrauen in die eigenen Methoden vermutlich weniger, aber sie tun ihnen sicher nicht gut. Es spricht einiges für die Hypothese, dass Eliten, die keine Siege davontragen, ihre überlegene Position einbüßen.

Auf den meisten Gewaltfeldern erwirbt die Elite sich einen Ruf, indem sie schwächere Opfer angreift. Ihr Geschick liegt darin, ihre Gegner dort anzugreifen, wo sie verwundbar, nicht dort, wo sie stark sind. Gewalteliten vermeiden es daher in aller Regel, gegeneinander zu kämpfen. Das steht im Widerspruch zu dem, was wir aus der Mythologie – etwa der »Ilias« – und der langen Tradition fiktionaler Gewalt kennen. In der realen Welt der uneingeschränkten Gewalt würde eine Vergrößerung der Anzahl von Personen, die als Individuen über elitäre Gewalttechniken verfügen, früher oder später zu häufigeren Konfrontationen zwischen Mitgliedern dieser Elitegruppe führen. Meiner Argumentation zufolge würde ein Teil dieser Elite durch derartige Konfrontationen seine Energie und seine Fähigkeiten verlieren.

Der Sport stellt in ebendieser Hinsicht eine künstliche Welt dar, denn er sorgt für turnierartige Auswahlverfahren, in denen die Besten gegeneinander antreten müssen. Sport ist eine Form eingeschränkter Gewalt mit reichlich Unterstützung durch das Publikum und das eigene Team, um die Konfrontationsanspannung zu überwinden. In Sportarten, in denen »Mann gegen Mann« gespielt wird, erleben selbst diejenigen Höhen und Tiefen, die inmitten der Aufregung einen kühlen Kopf bewahren können. Solche Glücks- beziehungsweise

128 Hoffman/Headley, *Contract Killer*, S. 9–142, sowie ein weiteres Beispiel auf S. 105–107; siehe auch Grossman, *On Combat*.

Pechsträhnen haben Sportler und Trainer bis heute nicht ausschließen können, obwohl sie mittlerweile ausgiebig mit entsprechenden Methoden arbeiten, die auf Erfahrungswerten oder sportpsychologischen Erkenntnissen basieren. Langfristige Leistungstrends in Sportarten, die auf Angriff und Verteidigung beruhen, deuten darauf hin, dass das oben beschriebene Gedankenexperiment, dem zufolge jeder die Techniken der Gewaltelite erlernen könnte, die vom Gesetz der kleinen Zahlen vorgegebene Obergrenze nicht drastisch erhöhen würde.

Die Methoden, mit denen die intellektuelle Elite ihre Konkurrenten hinter sich lässt, vermitteln ihr auch einen Überblick über ihr Fachgebiet. Ähnlich verhält es sich mit den Methoden der wenigen, die erfolgreich und kaltblütig Gewalt ausüben. Die Methode ist erfolgreich, weil sie ihnen ein Gespür für die Positionen auf dem Gefechtsfeld vermittelt: Sie können ihren Gegner einschätzen, nicht nur als Individuum, sondern auch im Kontext der verschiedenen Schichten auf der Gegenseite, können ohne nachzudenken beurteilen, wer unbeherrscht und wer beherrscht ist, wer nur Drohgebärden macht und wer es ernst meint, wer zur Speerspitze gehört, wer zur Gruppe der Unterstützer und wer zu den Mitläufern. Das gilt auch für die eigene Seite: Sie können starke von schwachen Unterstützern unterscheiden und können einschätzen, wie sich die Einzelnen schlagen werden. Flieger-Asse geben oft damit an, noch nie einen Flügelmann verloren zu haben. Obwohl sie die Stars sind, ist ihnen die Bedeutung von Teamwork bewusst. Sie gleichen dem Spitzen-Quarterback, der weiß, wo sich jeder einzelne Spieler der eigenen wie der gegnerischen Seite gerade auf dem Spielfeld befindet.

Eine verinnerlichte Technik lässt sich unverzüglich einsetzen; die Gewaltelite agiert, ohne lange nachdenken zu müssen. (Genauso muss auch die intellektuelle Elite nicht darüber nachdenken, wie man denkt. Sie ergreift die Initiative, bevor jemand anders auf den Gedanken kommt.) Mangels eines mikrosoziologischen Vokabulars beschreiben wir dieses Verhalten oft als intuitiv oder natürlich, obwohl es sozial erlernt ist. Wie wir gesehen haben, sind Kampfpiloten häufig lange Zeit nur mittelmäßig, bis sie auf Hochtouren kommen und Flieger-Asse werden. Wer sich in einer Schießerei behauptet, sei es als Polizist, Duellant oder Verbrecher, zieht nicht nur schneller (oder zückt, im Falle des Samurai, schneller sein Schwert), sondern kann in sozialer Hinsicht schneller die Initiative ergreifen, Entscheidungen treffen, ohne zu überlegen, schneller seinen Rhythmus finden als andere. Diese Geschwindigkeit bemisst sich stets im Verhältnis zu jemand anders; mit Schnelligkeit, Unbefangenheit und intuitiver Anpassung an das Tempo eines Kampfes ist immer gemeint, schneller als ein Rivale zu sein. Daher ist es eine Technik, die sich immerzu beweisen muss und auf dem Prüfstand steht. Es handelt sich nicht um individuelle Qualitäten, nicht um unverbrüchlichen Besitz, sondern um eine Interaktionsbeziehung. Bei einer Kette gewaltsamer Zusammenstöße besteht der Ausleseeffekt stets darin, dass die einen aufgebaut und die anderen zermürbt werden. Im Zuge der Verkettung von Interaktionsritualen bauen einige so viel emotionale Energie, Selbstvertrauen und Überlegenheitsgefühl auf, dass sie schneller handeln als alle anderen. Dabei ist jedes Aufeinandertreffen ein möglicher Umschlagpunkt. Die Gewaltelite muss ihre Überlegenheit aktiv verteidigen, sonst verkümmert ihre Technik.

Ich habe aufzuzeigen versucht, warum das Gesetz der kleinen Zahlen nicht nur auf hitzige Gewalt zutrifft, die in der Regel von der Reaktion des Publikums abhängig ist, sondern auch auf kaltblütige Gewaltmethoden, die scheinbar individuell sind. Warum beim ersten Situationstyp die Hitzköpfe die Minderheit der Gewalttätigen stellen, ist leicht zu erklären: Sie beziehen die emotionale Energie, mit der sie ihre Konfrontationsanspannung überwinden, aus der Unterstützung der übrigen Gruppe. Wir haben gesehen, dass in der unmittelbaren Struktur des Aufmerksamkeitsraumes einer Konfrontation ebenfalls das Gesetz der kleinen Zahlen am Werk ist: Wenn Gewalt ausbricht, beschränkt sie sich fast immer auf einen Kampf pro Schauplatz. Wenn es zwischen Betrunkenen eine Schlägerei gibt, dann prägt diese Auseinandersetzung den Aufmerksamkeitsraum, so dass andere Konflikte an Schwung und Energie verlieren. Die Aufmerksamkeit des Publikums wird ganz von diesem einen Kampf in Beschlag genommen, und anschließend beherrschen die entsprechenden Erzählungen das Gespräch und die emotionale Aufmerksamkeit. Wir haben es hier mit einer Mikrovariante des Gesetzes der kleinen Zahlen zu tun. Ein analoges Muster findet sich auf einer höheren Ebene, über einen größeren Zeitraum hinweg, wenn wir die Anzahl von »Cowboy-Cops« zusammenrechnen, die über Jahre hinweg immer wieder in Gewaltsituationen dominieren. Gleiches gilt für Flieger-Asse, Killer, Verbrecher, die besonders viele Raubüberfälle verüben, und Gewalttäter in den meisten anderen Bereichen.

In dem als Analogie gewählten Beispiel der herausragenden Intellektuellen tritt ein Gesetz der kleinen Zahlen zutage, das die Mitgliederzahl einer Elite über den langen Zeitraum einer ganzen Generation hinweg begrenzt. Etwas Ähnliches lässt sich auf den verschiedenen Gewaltfeldern beobachten.[129] Mitglieder der Gewaltelite entwickeln ihre kaltblütigen Techniken in einer Phase des Lernens oder Ausprobierens, in der sie implizit oder explizit in einen Wettbewerb mit der bestehenden Hierarchie eintreten, bis sie einen Punkt erreichen, wo sie all ihren Rivalen überlegen sind. Warum sind das innerhalb eines definierten Zeitraums immer nur einige wenige? Im Grunde laufen ihre Techniken darauf hinaus, sich von der Gefechtsbenommenheit um sie herum nicht beeinflussen zu lassen und die Konfrontationsanspannung der anderen Seite auszunutzen. Ihre Methoden sind ebendeshalb kaltblütig, weil sie darauf ausgelegt sind, sich in Auseinandersetzungen von hitzigen Gefühlen abzuschirmen. Sie machen sich die Gefühle ihrer Gegner zunutze, nicht nur die Konfrontationsanspannung und -angst, die bei den meisten Leuten zu Inkompetenz führt, sondern auch die unbeherrschte Wut oder das Draufgängertum, die ein beherrschter Gegner ebenfalls manipulieren kann.

Über diese kaltblütigen Methoden können stets nur wenige Menschen verfügen. Dieses Muster ergibt sich für mich auf Grundlage der empirischen Erkenntnisse, die uns derzeit vorliegen. Erklären kann man es als eine emotionale Dynamik, die sich aufgrund der Struktur von Aufmerksamkeitsräumen in Konfrontationen entwickelt. Die kaltblütigen Gewaltmethoden sind auf allen Ebenen sozialer Natur: In der unmittelbaren Konfrontation bestehen sie aus der Fähigkeit, schnell und ohne nachzudenken die emotionalen Positionen und Absichten aller Anwesenden wahrzunehmen und im eigenen Sinne zu manipulieren. Das können jedoch nur wenige tun, denn wenn sie diese Methoden erfolgreich anwenden, verlieren die Methoden weniger erfolgreicher Rivalen an Schwung. Im Zuge der Konfrontationsketten, die das Leben eines Gewalttäters ausmachen, identifizieren sich die Erfolgreichen mehr und mehr mit ihren Methoden. Allerdings werden sie dadurch zusehends übersensibel, was ihren Erfolg oder Misserfolg betrifft, und daher im Falle ihres Scheiterns schnell von anderen verdrängt – nicht nur, weil die Niederlage in einem Kampf sie das Leben, sondern weil ein einziger Dominanzverlust oder

129 Hier wechseln die Generationen jedoch schneller: In Jugendbanden tritt mindestens alle zehn Jahre eine neue Generation an, Flieger-Asse halten sich nur wenige Jahre und so weiter. Fälle von Burnout-Syndrom bei Polizisten, die in Schießereien verwickelt waren, deuten darauf hin, dass es auch bei dieser speziellen Gewaltelite Grenzen für die aktive Zeit einer Generation gibt. Das Problem harrt noch seiner Erforschung.

ein Zurückschrecken vor einer Konfrontation sie ihre Überlegenheit kosten kann. Mehr noch: Wenn es zutrifft, dass die Gewaltelite im Zentrum von Netzwerken steht, die auf Ansehen gegründet sind, dann vermengen sich in der mündlichen Überlieferung der Gruppe die Ketten von Interaktionsritualen mit den anschließenden Schilderungen des Geschehens; das Vertrauen einer Elite in ihre Methoden kann nicht nur durch den Ruhm siegreich gewonnener Kämpfe gestärkt, es kann auch untergraben werden, und zwar nicht nur durch Misserfolge, sondern auch einfach dadurch, dass die Gruppe ihre Aufmerksamkeit auf jemand anders richtet. Der Aufstieg eines anderen Schlägers, eines anderen Flieger-Asses, eines anderen Polizisten, der zum Anführer des SWAT-Teams ernannt wird, kann das Gefühl der Überlegenheit schmälern, das die Elite antreibt. Genauso ist es auf dem Gebiet der Intellektuellen, auf dem die Kommunikation darüber, wo die entscheidenden Innovationen stattfinden und wessen Ideen zukunftsweisend sind, eine enorm wichtige Rolle spielt. Wenn die Analogie zutrifft, dann erklärt das auf lange Sicht wirkende Gesetz der kleinen Zahlen, das die Verteilung herausragender Positionen auf dem Feld der Kreativität bestimmt, auch, weshalb immer nur einige wenige kaltblütige Gewaltmethoden beherrschen.

Kapitel 12
Epilog: Schlussfolgerungen für die Praxis

Das Hauptanliegen dieses Buches ist das Bemühen um soziologische Erkenntnisse. Aber es bietet sich an, ein paar praktische Schlussfolgerungen zu ziehen.

Gewalt tritt in bemerkenswert vielen und unterschiedlichen Formen auf. Am Anfang dieses Buches ging es um Infanteriesoldaten und Polizeigewalt, am Ende um Killer, Flieger-Asse und Selbstmordattentäter und zwischendurch unter anderem um Rowdys, Moshpits und Initiationsriten von Jugendbanden. Insgesamt komme ich in diesem Buch auf mindestens 30 verschiedene Gewaltformen. Und viele weitere wurden in diesem Band nicht behandelt, zum Beispiel Vergewaltigung (in ihren verschiedenen Ausprägungen), Folter, Genozid, Serienmorde und Amokläufe in Schulen. Daher kann es keine praktische Empfehlung geben, die sich auf all diese Formen anwenden lässt.

Praktische Empfehlungen sollten sich nicht nur an Regierungen und Parlamente richten. Dieser in politikwissenschaftlichen Studien sehr verbreitete hierarchische Ansatz ist in der Soziologie womöglich nicht der gewinnbringendste. Dieses Buch konzentriert sich auf die Mikroebene von Interaktionen, auf das Hier und Jetzt, in dem wir alle jeden Morgen aufwachen. Seine Erkenntnisse sollten daher nicht nur für offizielle Reden bei förmlichen Anlässen taugen, sondern auf unseren Alltag in der realen Welt anwendbar sein.

Ein Soziologe, der seine Aufgabe ernst nimmt, darf nicht in einseitiges Denken verfallen. Darin liegt der entscheidende Unterschied zwischen seinem Ansatz und dem von gewählten Politikern und Sprechern weltanschaulicher Bewegungen, deren Einfluss auf die öffentliche Meinung davon abhängt, wie gut sie die Dinge simplifizieren und auf eine einfache Formel reduzieren können. Mit Slogans wie »Null Toleranz« oder »Keine Macht den Drogen« werden sich die mit Gewalt verbundenen Probleme niemals lösen lassen, auch nicht mit Forderungen nach Beseitigung von Armut und Rassenvorurteilen, so gut und richtig sie auch sein mögen. Würde man die Armut beseitigen (was unter den gegenwärtigen Umständen höchst unwahrscheinlich ist), so hätte das auf eine ganze Reihe von Gewaltformen keinerlei Einfluss. Gewalt im Rahmen von Zechgelagen, Vorwärtspanik, Sportveranstaltungen oder Auftragsmorden – um nur einige zu nennen – hat nichts mit Armut zu tun. In den vergangenen Jahrzehnten sind Rassenvorurteile spürbar abgebaut worden, ohne dass sich dies bei vielen Gewaltformen in einer entsprechenden Abnahme niedergeschlagen hätte. Wir müssen wirklich über unseren Tellerrand hinausschauen, sprich: uns von den Vorurteilen auf allen Seiten des politischen Spektrums lösen. Dabei ist es natürlich am schwierigsten, unsere eigenen Vorurteile als solche zu erkennen.

Die folgenden Vorschläge mache ich ohne jeden Dogmatismus, denn offizielle Handlungsanleitungen zeitigen meistens unvorhergesehene und unbeabsichtigte Folgen. Und diese Nebenwirkungen sind zum Teil ausgesprochen negativ, vor allem wenn es sich um Programme (staatlicher oder privater) bürokratischer Organisationen handelt, denn Makroinstitutionen entwickeln eine eigene Dynamik. Ich hoffe, dass bei Ratschlägen auf der Mikroebene das Risiko der Irreführung niedriger ist, aber wir sollten trotzdem auf der Hut sein.

1. Wenn Sie Polizisten begegnen, dann seien Sie sich der Gefahr einer Vorwärtspanik bewusst. Es ist Ihre Aufgabe, die Konfrontationsanspannung der Polizisten zu reduzieren. Falls Sie glauben, das verstoße gegen Ihre Würde, dann vergegenwärtigen Sie sich, dass Sie die Situation emotional in die Hand nehmen, indem Sie andere beruhigen. Seien Sie sich dieses Problems erst recht gewahr, wenn die Zahl der anwesenden Polizisten zunimmt.
2. Der entsprechende Rat an Polizisten und Polizeistrategen lautet: Wenn man sich bewusst macht, dass Streifenpolizisten in angespannten Situationen in eine Vorwärtspanik geraten können, kann man leichter gegensteuern. Machen Sie sich klar, dass unabhängig vom Verhalten des Verdächtigen die Gefahr einer Vorwärtspanik beziehungsweise von Polizeigewalt generell steigt, je mehr Polizisten an einem Einsatz beteiligt sind. Bedenken Sie, dass in solchen Situationen rasch Gerüchte die Runde machen, was zu einem Anstieg des Gewaltpotenzials führt. Viele Polizisten wissen bereits, wie man Situationen entschärft, in denen Gewalt auszubrechen droht. Dieses Wissen sollte auch anderen Polizisten zugänglich gemacht werden.
3. Militäroffiziere und Soldaten sollten sich die Gefahr von Vorwärtspaniken ebenfalls vor Augen führen. Und auch Journalisten und

die Öffentlichkeit sollten die emotionale Dynamik zu verstehen suchen, die unter dem Druck der Konfrontationsanspannung in einem Kriegsgebiet entsteht. Anstatt im Rahmen einer Vorwärtspanik verübte Gräueltaten selbstgerecht zu verurteilen, sollten wir besser die Dynamik erkennen, die da am Werke ist, und uns damit befassen, wie ihr zu begegnen ist.

4. Noch ein Ratschlag für Zivilisten: Lernen Sie, mit Drohgebärden umzugehen, auch mit Ihren eigenen. Achten Sie vor allem darauf, wie man Drohgebärden zwischen Antagonisten zu einem ausgeglichen Ritual machen kann, damit es nicht zur Eskalation kommt, weil jeder den anderen übertrumpfen will. Eine drohende Auseinandersetzung wird vermieden, wenn die Drohgebärden repetitiv sind und langweilig werden – darauf sollten Sie hinarbeiten.
5. Eignen Sie sich eine gewisse Sensibilität für den Kodex der Straße an. Lernen Sie zu unterscheiden, ob jemand sich nur aufplustert, um sich zu verteidigen und Sie zu beeindrucken, oder ob er ernsthaft eine Auseinandersetzung provozieren will. Elijah Anderson zufolge geht es in den meisten Fällen um Ersteres. Eine solche Sensibilität könnte erheblich zur Reduzierung ethnischer Spannungen beitragen.
6. Ein ziemlich spekulativer Vorschlag: Gewalt in sozialen Brennpunkten, die sich um Verteidigung der Gruppenehre oder »Respekt« dreht, ließe sich reduzieren, wenn sie durch faire Kämpfe ersetzt würden, die *Mann gegen Mann* ausgefochten werden. Selbst Pistolenduelle wären besser als Bandenkämpfe, die auf der Straße und aus fahrenden Autos ausgetragen werden, so dass oft Unschuldige getroffen werden und weitere Vergeltungsmaßnahmen die Folge sind. Vielleicht könnte man solche Duelle sogar als Boxkämpfe oder dergleichen gestalten. Selbst ausgesprochen brutal anmutende Rituale, bei denen Mann gegen Mann gekämpft wird, sind besser als Vendetten. Ich erinnere daran, dass die Geschichte des Duells eine Entwicklung hin zur Selbstbeschränkung war.
7. Das ist jedoch keine Antwort auf die Gewalt im Drogengeschäft, die sich aus der Notwendigkeit ergibt, das eigene Revier zu verteidigen und Veruntreuung auf allen Ebenen der Lieferkette zu sanktionieren. In diesem Fall liegt die Antwort auf der Hand: Legalisierung des Drogenhandels. Im derzeitigen politischen Klima halte ich das für ausgesprochen unwahrscheinlich. Aber für Sozialwissenschaftler ist klar, dass ein Markt für illegale Waren, der vertragliche

Ansprüche nicht mit Hilfe von Gerichten durchsetzen kann, sich ein eigenes System zur Durchsetzung von Forderungen schafft. Diejenigen unter uns, die sich für eine Beibehaltung des Drogenverbots einsetzen, sind indirekt für Morde im Drogengeschäft mitverantwortlich.

8. Lernen Sie, wie man es vermeidet, die Opferrolle einzunehmen. Durchschauen Sie die Techniken derer, die Sie tyrannisieren, im häuslichen Umfeld misshandeln oder auf der Straße ausrauben wollen. Das ist leichter gesagt als getan, aber es hat nichts mit Ihrer Körpergröße zu tun, sondern mit Ihrer emotionalen Energie und Ihrem Interaktionsstil.
   Ein Beispiel von Elijah Anderson: Er tankte gerade mitten in der Nacht in einem Ghetto mit hoher Kriminalitätsrate seinen Wagen, als plötzlich ein junger Schwarzer vor ihm stand und fragte, wie spät es sei. »Ich schaute ihm instinktiv in die Augen und sagte: ›Was soll das, Mann?‹, als würde ich eine Antwort erwarten. Er sagte kein Wort. Daraufhin sagte ich: ›Ich hab keine Uhr an, Mann.‹ Ich wusste aus meinen Erfahrungen auf der Straße, dass es eine Finte von Straßenräubern ist, einem potenziellen Opfer eine Frage zu stellen, die es ablenkt, so dass es unvorsichtig wird und man es leichter überrumpeln kann. Indem ich fragte: ›Was soll das, Mann?‹ habe ich ihn gezwungen, kurz innezuhalten und seine Absicht zu überdenken. Timing ist bei einem Straßenraub oder einem Überfall alles. Meine Körpersprache, mein Ton, meine Worte in diesem Augenblick – alles zusammengenommen hat ihn möglicherweise aus dem Konzept gebracht und mich vor einem geplanten Überfall gerettet […] Nach den Regeln der Straße geht ein Schwarzer an einem Samstag um Mitternacht nicht auf einen ihm unbekannten Schwarzen zu und fragt nach der Uhrzeit.«[1]
   Das ist ein Beispiel für sorgfältige Mikroanalyse. Ein naiver Beobachter könnte glauben, dass ein überlegener Straßenräuber den Überfall durchzieht, egal, was das Opfer tut. Dem ist nicht so. Selbst diejenigen, die regelmäßig Gewalt ausüben, sind sehr wählerisch, was den Zeitpunkt und die Umstände angeht. Sie versuchen, die emotionale Dynamik zu bestimmen, ihr Gegenüber auf dem falschen Fuß zu erwischen und die Interaktion schon zu domi-

1 Anderson, *Streetwise*, S. 173. Anderson betont, dass er während des Gesprächs eine Hand in der Tasche hatte und es dadurch im Unklaren beließ, ob er eine Schusswaffe dabeihatte (persönlicher Austausch, 2006).

nieren, bevor es zu Gewalt kommt. Wer sich auf der Straße auskennt, weiß, wie man sich auf diese Rhythmen einstellt und sie zur eigenen Verteidigung nutzt.
Um zu vermeiden, dass Sie in die Opferrolle geraten, müssen Sie keine Eskalation herbeiführen und zum Gegenangriff übergehen. Sie können vielmehr subtil dafür sorgen, dass die Situation stabil bleibt und die Emotionen nicht hochkochen. Schließlich kommt es in den meisten Auseinandersetzungen gar nicht zu Gewalt. Unser Ziel ist, dass das so bleibt.

9. Ein Tipp des Militärpsychologen Dave Grossman: Wenn Sie in eine Situation mit zunehmender Anspannung geraten sind, dann merken Sie das daran, dass Ihre Atemfrequenz und Ihr Puls sich beschleunigen. Es kommt zur Ausschüttung von Adrenalin, was Angst, Wut oder zwiespältige Gefühle auslösen kann. Diese Gefühle können gefährlich werden, Ihnen selbst ebenso wie anderen. Sie werden die Situation besser meistern, wenn es Ihnen gelingt, Ihren Puls zu senken. Atmen Sie zu diesem Zweck vier Sekunden lang ein, halten Sie den Atem vier Sekunden an, atmen Sie dann vier Sekunden lang aus, halten Sie den Atem wieder vier Sekunden an, und so weiter. Es kommt nicht nur darauf an, tief durchzuatmen, sondern dass Sie einen Viererrhythmus einhalten und alle Phasen des Atemzyklus verlangsamen.[2]
10. Machen Sie sich den Einfluss der Zuschauer darauf bewusst, ob ein Kampf heftig ausfällt, im Rahmen bleibt oder im Sand verläuft. Als Zuschauer beeinflussen wir Auseinandersetzungen, deren Zeugen wir werden, erheblich, zumindest wenn auf jeder Seite nicht mehr als fünf Kontrahenten beteiligt sind. Die Umstehenden spielen eine wichtige Rolle, weil sie die emotionale Unterstützung zur Überwindung der Konfrontationsanspannung liefern. Bleibt diese aus, verlaufen Auseinandersetzungen meist im Sande. Das bedeutet nicht, dass dann alle glücklich und zufrieden sind, aber wir können die Gewalt auf ein relativ harmloses Maß eindämmen.

Diese Ratschläge durchzieht ein roter Faden: Das Ziel, Gewalt gänzlich auszurotten, ist unrealistisch. Der Versuch, die ganze Menschheit dazu zu bringen, dass sie einem idealistischen Verhaltenskodex folgt, ist zum Scheitern verurteilt – er würde sie lediglich spalten, in jene, die

2 Grossman, *On Combat.*

sich daran halten, und jene, die sich darüber hinwegsetzen. Angesichts der antinomischen Tendenz der Jugendkultur dürften sich viele für Letzteres entscheiden. Vielversprechender ist der Ansatz, die Intensität einzelner Gewaltformen zu reduzieren und schwerwiegende durch gemäßigtere zu ersetzen.

Gegen das Problem der Gewalt gibt es kein Allheilmittel. Unterschiedliche Gewaltmechanismen müssen auf unterschiedliche Weise entschärft werden. Das klingt entmutigend. Aber auf diesem weiten Feld sind durchaus Erfolge zu verzeichnen. In Indonesien galt es traditionell als ehrenhafte Form des Selbstmords, Amok zu laufen, indem man plötzlich mit einer Machete wahllos auf Menschen einhieb, bis man schließlich niedergestreckt wurde.[3] Den Amokläufen wurde ein Ende gemacht, als die Behörden aufhörten, Amokläufer auf dem Höhepunkt ihres Blutrausches zu töten. Anstatt ihnen den Todeswunsch zu erfüllen, verurteilte man sie zu lebenslanger Haft. Damit entfiel der Zweck solcher Amokläufe: ein ehrenhafter Tod. Wenn die Lösung in allen anderen Fällen doch auch so einfach wäre.

---

3 Blacker/Tupin, »Hysteria«; Westermeyer, »Epidemicity«.

Bibliographie

Abbott, Andrew/Emanuel Gaziano, »Transition and Tradition. Departmental Faculty in the Era of the Second Chicago School«, in: Gary Alan Fine (Hg.), A Second Chicago School?, Chicago 1995.
Abbott, Andrew, Chaos of Disciplines, Chicago 2001.
Adler, Peter, Momentum, Beverly Hills 1984.
Allen, James, Without Sanctuary. Lynching Photography in America, Twin Palms, Fla., 2000.
Alpert, Geoffrey P./Roger G. Dunham, Understanding Police Use of Force, New York 2004.
dies., Police Pursuit Driving, New York 1990.
Anastasia, George, Blood and Honor. Inside the Scarfo Mob – The Mafia's Most Violent Family, Philadelphia 2004.
Anderson, David C., »Curriculum, Culture and Community. The Challenge of School Violence«, in: Michael Tonry/Mark H. Moore (Hg.), Youth Violence, Chicago 1998.
Anderson, David L., Facing My Lai. Moving beyond the Massacre, Lawrence, Kans., 1998.
Anderson, Elijah, »The Ideologically Driven Critique«, in: *American Journal of Sociology* 107 (2002), S. 1533–1550.
ders., Code of the Street. Decency, Violence, and the Moral Life of the Inner City, New York 1999.
ders., Streetwise. Race, Class and Change in an Urban Community, Chicago 1990.
ders., A Place on the Corner, Chicago 1978.
Archer, Dane/Rosemary Gartner, Violence and Crime in Crossnational Perspective, New Haven, Conn., 1984.
Ardant du Picq, Charles (1903), Battle Studies. Ancient and Modern Battles, New York 1921/1999.
Arms, Robert L./Gordon W. Russell/Mark Sandilands, »Effects on the Hostility of Spectators of Viewing Aggressive Sports«, in: *Social Psychology Quarterly* 43 (1979), S. 275–279.
Arnold-Forster, Mark, The World at War, London 2001.
Arthur, Anthony, Literary Feuds, New York 2002.
Artwohl, Alexis/Loren W. Christensen, Deadly Force Encounters, Boulder, Colo., 1997.
Asbury, Herbert, Die Gangs von New York. Eine Geschichte der Unterwelt, München 2003.
Athens, Lonnie H., The Creation of Dangerous Violent Criminals, Boston 1989.
dies., Violent Criminal Acts and Actors. A Symbolic Interactionist Study, Boston 1980.
Baca, Lee/William J. Bratton, »Gang Capital's Police Needs Reinforcements«, *Los Angeles Times*, 29. 10. 2004.
Bachman, R./L. Saltzman, Violence against Women, Washington, D.C., 1995.
Bacon, Francis (1625), Essays oder praktische und moralische Ratschläge, Ditzingen 1986.
Bailey, James/Tatyana Ivanova, An Anthology of Russian Folk Epics, Armonk, N.Y., 1998.

Baldassare, Mark (Hg.), The Los Angeles Riots, Boulder, Colo., 1994.
Bales, Robert Freed, Interaction Process Analysis, Cambridge, Mass., 1950.
Baltzell, E. Digby, Sporting Gentlemen, New York 1995.
ders., An American Business Aristocracy, New York 1958.
Barnett, Arnold/Alfred Blumstein/David P. Farrington, »A Prospective Test of a Criminal Career Model«, in: *Criminology* 27 (1989), S. 373–388.
dies., »Probabilistic Models of Youthful Careers«, in: *Criminology* 25 (1987), S. 83–107.
Bartov, Omer, Hitlers Wehrmacht. Soldaten, Fanatismus und die Brutalisierung des Krieges, Reinbek bei Hamburg 1995.
Bayley, David H./James Garofalo, »The Management of Violence by Police Patrol Officers«, in: *Criminology* 27 (1989), S. 1–27.
Becker, Howard S., »History, Culture, and Subjective Experience. An Explanation on the Social Bases of Drug-induced Experience«, in: *Journal of Health and Social Behavior* 8 (1967), S. 163–176.
ders., »Becoming a Marijuana User«, in: *American Journal of Sociology* 59 (1953), S. 235–252.
Beerbohm, Max, Zuleika Dobson or an Oxford love-story, o.O. 1911.
Beevor, Antony, Der Spanische Bürgerkrieg, München 2006.
Berkowitz, L., »Frustration-Aggression Hypothesis. Examination and Reformulation«, in: *Psychological Bulletin* 106 (1989), S. 59–73.
Berndt, Thomas J./Thomas N. Bulleit, »Effects of Sibling Relationships on Preschoolers' Behavior at Home and at School«, in: *Developmental Psychology* 21 (1985), S. 761–767.
Berscheid, Ellen, »Interpersonal Attraction«, in: Gardner Lindzey/Elliot Aronson (Hg.), Handbook of Social Psychology, New York 1985.
Besag, Valerie E., Bullies and Victims in Schools, Philadelphia 1989.
Biddle, Stephen, Military Power. Explaining Victory and Defeat in Modern Battle, Princeton 2004.
Bilton, Michael/Kevin Sim, Four Hours in My Lai, New York 1992.
Bishop, S. J./B. J. Leadbeater, »Maternal Social Support Patterns and Child Maltreatment. Comparison of Maltreating and Nonmaltreating Mothers«, in: *American Journal of Orthopsychiatry* 2, 69 (1999), S. 172–181.
Black, Donald, The Manners and Customs of the Police, San Diego 1980.
ders., The Social Structure of Right and Wrong, San Diego 1998.
Blacker, Kay/Joe Tupin, »Hysteria and Hysterical Structures. Developmental and Social Theories«, in: Mardi J. Horowitz (Hg.), The Hysterical Personality, New York 1977.
Blau, Peter M., Exchange and Power in Social Life, New York 1964.
Bloch, Marc, Die Feudalgesellschaft, Stuttgart 1999.
Block, R., Violent Crime, Lexington, Mass., 1977.
Blood, Robert O./Donald M. Wolfe, Husbands and Wives, New York 1960.
Blumstein, Alfred, u.a., Criminal Careers and »Career Criminals«, Bd. 2, Washington, D.C., 1986.
Boden, Deidre, »The World as It Happens. Ethnomethodology and Conversation Analysis«, in: George Ritzer (Hg.), Frontiers of Social Theory, New York 1990.
Bogg, Richard A./Janet M. Ray, »Male Drinking and Drunkenness in Middletown«, in: *Advances in Alcohol and Substance Abuse* 9 (1990), S. 13–29.
Bond, Michael Harris, Beyond the Chinese Face. Insights from Psychology, New York 1991.
Borkenau, Franz, Ende und Anfang. Von den Generationen der Hochkulturen und von der Entstehung des Abendlandes, Stuttgart 1984.

Boulton, Michael J./Peter K. Smith, »Bully/Victim Problems in Middle-School Children. Stability, Self-Perceived Competence, Peer Perceptions, and Peer Acceptance«, in: *British Journal of Developmental Psychology* 12 (1994), S. 315–329.

Bourdieu, Pierre, Entwurf einer Theorie der Praxis auf der ethnologischen Grundlage der kabylischen Gesellschaft, Frankfurt am Main 1972.

Bourgois, Philippe, In Search of Respect. Selling Crack in El Barrio, New York 1995.

Bourke, Joanna, An Intimate History of Killing. Face-to-Face Killing in Twentieth-Century Warfare, New York 1999.

Bourque, Linda B., u.a., »Morbidity and Mortality Associated with Disasters«, in: Havidan Rodriquez/E. L. Quarentelli/Russell R. Dynes (Hg.), Handbook of Disaster Research, New York 2006.

Bowden, Mark, Black Hawk Down. Kein Mann bleibt zurück, München 2002.

Boyd, Alexander, The Soviet Air Force since 1918, New York 1977.

Brondsted, Johannes, The Vikings, Baltimore, Md., 1965.

Browning, Christopher R., Ganz normale Männer. Das Reserve-Polizeibataillon 101 und die »Endlösung« in Polen, Reinbek bei Hamburg 1993.

Budd, Tracey, »Alcohol-related Assault. Findings from the British Crime Survey«, in: *Home Office Report* 35 (2003), einsehbar unter http://rds.homeoffice.gov.uk/rds/pdfs2/rdsolr3503.pdf [22. 7. 2009].

Buford, Bill, Geil auf Gewalt, München 1992.

Burchler, Gary/Robert Weiss/John Vincent, »Multidimensional Analysis of Social Reinforcement Exchanged between Mutually Distressed and Nondistressed Spouse and Stranger Dyads«, in: *Journal of Personality and Social Psychology* 31 (1975), S. 348–360.

Burgess, Mark, »The Afghan Campaign One Year On«, in: *The Defense Monitor* 21, Nr. 8 (September 2002), S. 1–3.

Caesar, Julius (ca. 48–44 v.Chr.), Der Bürgerkrieg mit den Berichten vom Alexandrinischen, Afrikanischen und Spanischen Krieg, Essen/Stuttgart 1984.

Caidin, Martin/Saburo Sakai/Fred Saito, Samurai!, New York 2004.

Callaghan, Morley, That Summer in Paris. Memories of Tangled Friendships with Hemingway, Fitzgerald, and Some Others, New York 1963.

Cambridge Modern History, Cambridge 1907–1909.

Cameron, Euan, The European Reformation, Oxford 1991.

Cannadine, David, The Decline and Fall of the British Aristocracy, New Haven, Conn., 1990.

Capote, Truman, Erhörte Gebete. Der unvollendete Roman, Wiesbaden u.a. 1987.

Caputo, Philip, A Rumor of War, New York 1977.

Carter, Hugh/Paul C. Glick, Marriage and Divorce. A Social and Economic Study, Cambridge, Mass., 1976.

Cazenave, N./M. A. Straus, »Race, Class, Network Embeddedness, and Family Violence. A Search for Potent Support Systems«, in: *Journal of Comparative Family Studies* 10 (1979), S. 280–299.

Chadwick, G. W., »The Anglo-Zulu War of 1879. Isandlwana and Rorke's Drift«, in: *South African Military History Society Military History Journal* 4 (2006).

Chagnon, Napoleon, Die Yanomamö. Leben und Sterben der Indianer am Orinoco, Berlin 1994.

Chaiken, Jan M./Marcia R. Chaiken, Varieties of Criminal Behavior, Santa Monica, Calif., 1982.

Chambers Biographical Dictionary, Edinburgh 1984.

Chambliss, Daniel F., »The Mundanity of Excellence«, in: *Sociological Theory* 7 (1989), S. 70–86.
Chang, Iris, Die Vergewaltigung von Nanking. Das Massaker in der chinesischen Hauptstadt am Vorabend des Zweiten Weltkriegs, Zürich/München 1999.
Cherlin, Andrew, Marriage, Divorce, Remarriage, Cambridge, Mass., 1992.
Christopher, Warren (Hg.), Report of the Independent Commission on the Los Angeles Police Department, Los Angeles 1991.
Clayman, Stephen E., »Booing. The Anatomy of a Disaffiliative Response«, in: *American Sociological Review* 58 (1993), S. 110–130.
Cleaver, Eldridge, Seele auf Eis, München 1969.
Clum, George A./Jack L. Mahan, »Attitudes Predictive of Marine Combat Effectiveness«, in: *Journal of Social Psychology* 83 (1971), S. 53–62.
Cohen, Lawrence E./Marcus Felson, »Social Change and Crime Rate Trends. A Routine Activities Approach«, in: *American Sociological Review* 44 (1979), S. 588–605.
Collins, James J., Offender Careers and Restraint. Probabilities and Policy Implications, Washington, D.C., 1977.
Collins, Randall, Interaction Ritual Chains, Princeton 2004.
ders., »Rituals of Solidarity and Security in the Wake of Terrorist Attack«, in: *Sociological Theory* 22 (2004), S. 53–87.
ders., »Comparative and Historical Patterns of Education«, in: Maureen T. Hallinan (Hg.), Handbook of the Sociology of Education, New York 2000, S. 213–239.
ders., The Sociology of Philosophies. A Global Theory of Intellectual Change, Cambridge, Mass., 1998.
ders., Weberian Sociological Theory, New York 1986.
ders., »Three Faces of Cruelty. Towards a Comparative Sociology of Violence«, in: *Theory and Society* 1 (1974), S. 415–440.
Conley, Carolyn, »The Agreeable Recreation of Fighting«, in: *Journal of Social History* 33 (1999), S. 57–72.
Connolly, Irene/Mona O'Moore, »Personality and Family Relations of Children Who Bully«, in: *Personality and Individual Differences* 35 (2003), S. 559–567.
Coser, Lewis, Theorie sozialer Konflikte, Berlin 1965.
Coward, Martin, »Urbicide in Bosnia«, in: Stephen Graham (Hg.), Cities, War and Terrorism. Towards an Urban Geopolitics, Oxford 2004.
Crespo, Al, Protest in the Land of Plenty, New York 2002.
Creveld, Martin van, Supplying War. Logistics from Wallenstein to Patton, Cambridge/New York 1977.
Croft, Elizabeth Benz, Police Use of Force. An Empirical Analysis, Diss., State University of New York, Albany, in: *Dissertation Abstracts International* 46 (1985), 2449A.
Curvin, Robert/Bruce Porter, Blackout Looting! New York City, July 13, 1977, New York 1979.
Daly, Martin/Margo Wilson, Homicide, New York 1988.
Daugherty, Leo J./Gregory Louis Mattson, Nam. A Photographic History, New York 2001.
Davis, Allison/B. B. Gardner/M. R. Gardner (1941), Deep South, Chicago 1965.
Davis, Joyce M., Martyrs. Innocence, Vengeance and Despair, New York 2003.
DeKeseredy, W. S./L. MacLeod, Woman Abuse. A Sociological Story, San Diego 1997.
DeVoe, Jill u.a., »Indicators of School Crime and Safety«: 2004, in: NCES Report: 2005002, U.S. Department of Education, National Center for Education Statistics and Bureau of Justice Statistics, 2004.

Dietz, Mary Lorenz, Killing for Profit. The Social Organization of Felony Homicide, Chicago 1983.
Dietz, Tracy L., »Disciplining Children. Characteristics Associated with the Use of Corporal Punishment«, in: *Child Abuse and Neglect* 24 (2000), S. 1529–1542.
Divale, William, War in Primitive Societies, Santa Barbara, Calif., 1973.
Dobash, R. E./R. P. Dobash, Violent Men and Violent Contexts, in: R. E. Dobash/ R. P. Dobash (Hg.), Rethinking Violence against Women, Thousand Oaks, Calif., 1998, S. 141–168.
Dobash, R. E. u.a., »Separate and Intersecting Realities. A Comparison of Men's and Women's Accounts of Violence against Women«, in: *Violence against Women* 4 (1998), S. 382–414.
Dollard, John, Fear in Battle, Washington, D.C., 1944.
Dollard, J. u.a., Frustration und Aggression. Übersetzt und bearbeitet von Wolfgang Dammschneider/Erhard Mader, Weinheim u.a. 1970.
Dostojewski, Fjodor M., Der Doppelgänger, München 2000.
Draeger, Donn F., The Martial Arts and Ways of Japan, 3 Bde., New York/Tokio 1974.
Duffell, Nick, The Making of Them. The British Attitude to Children and the Boarding School System, London 2000.
Duncan, Renae D., »Peer and Sibling Aggression. An Investigation of Intra- and Extra-Familial Bullying«, in: *Journal of Interpersonal Violence* 14, Nr. 8 (August 1999), S. 871–886.
dies., »Maltreatment by Parents and Peers. The Relationship between Child Abuse, Bully Victimization, and Psychological Distress«, in: *Child Maltreatment. Journal of the American Professional Society on the Abuse of Children* 4, Nr. 1 (1999), S. 45–55.
Duneier, Mitchell, »What Kind of Combat Sport Is Sociology?«, in: *American Journal of Sociology* 107 (2002), S. 1551–1576.
ders., Sidewalk, New York 1999.
Dunning, Eric, Sport Matters, London 1999.
ders., »Problems of the Emotions in Sport and Leisure«, in: *Leisure Studies* 15 (1996), S. 185–207.
ders. u.a., Fighting Fans. Football Hooliganism as a World Phenomenon, Dublin 2002.
Dunning, Eric/Paul Murphy/J. Waddington, The Roots of Football Hooliganism, London 1988.
Durkheim, Émile, Die elementaren Formen des religiösen Lebens, Frankfurt am Main 1981.
Dyer, Gwynne, War, London 1985.
Dynes, Russell R./E. L. Quarantelli, »What Looting in Civil Disturbances Really Means«, in: *Trans-Action* (Mai 1968), S. 9–14.
Eamon, M. K./R. M. Zuehl, »Maternal Depression and Physical Punishment as Mediators of the Effect of Poverty on Socioemotional Problems of Children in Single-Mother Families«, in: *American Journal of Orthopsychiatry* 71, Nr. 2 (2001), S. 218–226.
Eberhard, Wolfram, Geschichte Chinas. Von den Anfängen bis zur Gegenwart, Stuttgart 1980.
Eder, Donna/Catherine Colleen Evans/Stephan Parker, School Talk. Gender and Adolescent Culture, New Brunswick, N.J., 1995.
Edgar, Kimmet/Ian O'Donnell, »Assault in Prison. The ›Victim's Contribution‹«, in: *British Journal of Criminology* 38 (1998), S. 635–650.
Egeland, B., »A History of Abuse Is a Major Risk Factor for Abusing the Next Ge-

neration«, in: R. J. Gelles/D. R. Loseke (Hg.), Current Controversies on Family Violence, Newbury Park, Calif., 1993, S. 197–208.
ders., »Intergenerational Continuity of Parental Maltreatment of Children«, in: K. D. Browne/C. Davies/P. Stratton (Hg.), Early Prediction and Prevention of Child Abuse, New York 1988, S. 87–102.
Einarsson, Stefan, Old English Beot and Old Icelandic Heitstrenging, New York 1934.
Einolf, Christopher J., The Fall and Rise of Torture. A Comparative and Historical Analysis, Paper delivered at Eastern Sociological Society meeting, Washington, D.C., 2005.
Ekman, Paul/Wallace V. Friesen, The Facial Action Coding System (FACS), Palo Alto, Calif., 1978.
dies., Unmasking the Face, Englewood Cliffs, N.J., 1975.
Ekman, Paul, Weshalb Lügen kurze Beine haben, Berlin 1989.
Elias, Norbert, Über den Prozeß der Zivilisation, Frankfurt am Main 1978.
Elias, Norbert/Eric Dunning, Quest for Excitement. Sport and Leisure in the Civilizing Process, Oxford 1986.
Elkin, A. P., The Australian Aborigines, London 1979.
Elliott, Delbert S., »Serious Violent Offenders. Onset, Developmental Course, and Termination«, in: *Criminology* 32 (1994), S. 1–22.
English, Kim/Mary J. Mande, Measuring Crime Rates of Prisoners, Washington, D.C., 1992.
Erikson, Kai T., Everything in Its Path, New York 1976.
Espelage, Dorothy L./Melissa K. Holt, »Bullying and Victimization during Early Adolescence. Peer Influences and Psychosocial Correlates«, in: *Journal of Emotional Abuse* 2, Nr. 2–3 (2001), S. 123–142.
Etzioni, Amitai, A Comparative Analysis of Complex Organizations, New York 1975.
Farrell, Michael P., Collaborative Circles. Friendship Dynamics and Creative Work, Chicago 2001.
Farrington, David P., »Key Results from the First Forty Years of the Cambridge Study in Delinquent Development«, in: Terrence P. Thornberry/Marvin D. Krohn (Hg.), Taking Stock of Delinquency. An Overview of Findings from Contemporary Longitudinal Studies, New York 2001.
ders., »Understanding and Preventing Bullying«, in: M. Tonry (Hg.), Crime and Justice. A Review of Research, Chicago 1993, S. 381–458.
Faulkner, Robert F., »Making Violence by Doing Work. Selves, Situations, and the World of Professional Hockey«, in: Daniel M. Landers (Hg.), Social Problems in Athletics. Essays in the Sociology of Sport, Urbana, Ill., 1976.
Fein, Helen, Accounting for Genocide, New York 1979.
Felson, Marcus, Crime and Everyday Life, Thousand Oaks, Calif., 1994.
Finley, M. I., Die antike Wirtschaft, München 1993.
Fisher, David, Hit 29. Based on the Killer's Own Account, New York 2003.
ders., Joey the Hitman. The Autobiography of a Mafia Killer, New York 2002.
Fitzgerald, F. Scott, Zärtlich ist die Nacht, Zürich 2007.
Fox, Robin, »The Inherent Rules of Violence«, in: P. Collett (Hg.), Social Rules and Social Behavior, Oxford 1977.
Franzoi, Stephen I./Mark Davis/Kristin A. Vasquez-Suson, »Two Social Worlds. Social Correlates and Stability of Adolescent Status Groups« in: *Journal of Personality and Social Psychology* 67 (1994), S. 462–473.
Freud, Sigmund, Jenseits des Lustprinzips, Leipzig u.a. 1920.
Friedrich, Robert J., »Police Use of Force. Individuals, Situations, and Organiza-

tions«, in: *Annals of the American Academy of Political and Social Science* 452 (November 1980), S. 82–97.
Frijda, Nico H., The Emotions, Cambridge/New York 1986.
Fritzsche, Peter, Wie aus Deutschen Nazis wurden, Zürich/München 1999.
Fuchs, Stephan, Against Essentialism. A Theory of Culture and Society, Cambridge 2001.
Fukuzawa Yukichi, Eine autobiographische Lebensschilderung, Tokio 1971.
Fuller, J. F. C., The Decisive Battles of the Western World, Bd. 1, London 1970.
Fulmer, T./J. Ashley, »Clinical Indicators Which Signal Elder Neglect«, in: *Applied Nursing Research Journal* 2 (1989), S. 161–167.
dies./T. O'Malley, Inadequate Care of the Elderly. A Healthcare Perspective on Abuse and Neglect, New York 1987.
Fyfe, James J., »Police Use of Deadly Force. Research and Reform«, in: *Justice Quarterly* 5 (1988), S. 165–205.
Gabriel, Richard A., No More Heroes. Madness and Psychiatry in War, New York 1987.
ders., Military Psychiatry. A Comparative Perspective, New York 1986.
Gabriel, Richard/Karen Metz, From Sumer to Rome, New York 1991.
Gambetta, Diego, »Can We Make Sense of Suicide Missions?«, in: Diego Gambetta (Hg.), Making Sense of Suicide Missions, New York 2005.
ders., Die Firma der Paten. Die sizilianische Mafia und ihre Geschäftspraktiken, München 1994.
Gantner, A. B./S. P. Taylor, »Human Physical Aggression as a Function of Alcohol and Threat of Harm«, in: *Aggressive Behavior* 18 (1992), S. 29–36.
Garbarino, James/Gwen Gilliam, Understanding Abusive Families, Lexington, Mass., 1980.
Garner, J., u. a., »Understanding the Use of Force by and against the Police«, in: Research in Brief, Washington 1996.
Gardner, Robert, Dead Birds. Harvard University expedition to Baliem Valley, New Guinea, Carlsbad, Calif., 1962.
Gaughan, E./J. Cerio/R. Myers, Lethal Violence in Schools. A National Survey, Alfred, N.Y., 2001.
Geifman, Anna, Thou Shalt Kill. Revolutionary Terrorism in Russia, 1894–1917, Princeton 1993.
Geller, William A., Crime File Deadly Force, Washington, D.C., 1986.
ders./Michael S. Scott, Deadly Force. What We Know, Washington, D.C., 1992.
ders./Hans Toch (Hg.), Police Violence. Understanding and Controlling Police Abuse of Force, New Haven, Conn., 1996.
Gelles, Richard, »Alcohol and Other Drugs Are Not the Cause of Violence«, in: ders./D. L. Loseke (Hg.), Current Controversies on Family Violence, Newbury Park, Calif., 1993, S. 182–196.
ders., »Through a Sociological Lens. Social Structure and Family Violence«, in: ders./D. L. Loseke (Hg.), Current Controversies on Family Violence, Newbury Park, Calif., 1993, S. 31–46.
ders., Violence in the American Family, in: J. P. Martin (Hg.), Violence and the Family, New York 1977.
ders./J. R. Conte, »Domestic Violence and Sexual Abuse of Children. A Review of Research in the Eighties«, in: *Journal of Marriage and the Family* 52 (1990), S. 1045–1058.
ders./Claire Cornell, Intimate Violence in Families, Beverly Hills, Calif., 1990.
ders./M. Straus, Intimate Violence. The Causes and Consequences of Abuse in the American Family, New York 1988.

Gernet, Jacques, Die chinesische Welt. Die Geschichte Chinas von den Anfängen bis zur Jetztzeit, Frankfurt am Main 1994.
Gibson, David, »Taking Turns and Talking Ties. Network Structure and Conversational Sequences«, in: *American Journal of Sociology* 110 (2005), S. 1561–1597.
ders., »Seizing the Moment. The Problem of Conversational Agency«, in: *Sociological Theory* 19 (2001), S. 250–270.
Gibson, James William, The Perfect War. Technowar in Vietnam, Boston 1986.
Gilbert, Martin, A History of the Twentieth Century, Bd. 3: 1952–1999, New York 2000.
ders., First World War, London 1994.
ders., Atlas of the First World War, London 1970.
Giles-Sim, Jean, Wife-battering. A Systems Theory Approach, New York 1983.
Gitlin, Todd, The Whole World Is Watching. Mass Media in the Making and Unmaking of the New Left, Berkeley 1980.
Glenn, Russell, Introduction, in: S.L.A. Marshall, Men against Fire. The Problem of Battle Command, Norman, Okla., 2000 (Neuauflage).
ders., Reading Athen's Dance Card. Men against Fire in Vietnam, Annapolis, Md., 2000.
Goffman, Erving, Das Individuum im öffentlichen Austausch, Frankfurt am Main 1974.
ders., Strategische Interaktion, München 1981.
ders., Interaktionsrituale. Über Verhalten in direkter Kommunikation, Frankfurt am Main 1971.
ders., Asyle. Über die soziale Situation psychiatrischer Patienten und anderer Insassen, Frankfurt am Main 1972.
ders., Wir alle spielen Theater. Selbstdarstellung im Alltag, München 1969.
Goldstein, Jeffrey (Hg.), Why We Watch. The Attractions of Violent Entertainment, New York 1998.
Goldstein, Jeffrey/Robert L. Arms, »Effects of Observing Athletic Contests on Hostility«, in: *Sociometry* 34 (1971), S. 83–90.
Goode, William J., »Force and Violence in the Family«, in: *Journal of Marriage and the Family* 33 (1971), S. 624–636.
Goodwin, Jeff, »A Theory of Categorical Terrorism«, in: *Social Forces* 84 (2006), S. 2027–2046.
Gorn, Elliot, »Gouge and Bite, Pull Hair and Scratch. The Social Significance of Fighting in the Southern Backcountry«, in: *American Historical Review* 90 (1985), S. 18–43.
Goudsblom, Johan, Feuer und Zivilisation, Frankfurt am Main 1995.
Gould, Roger V., Collision of Wills. How Ambiguity about Rank Breeds Conflict, Chicago 2003.
Grant, Ulysses S., Memoiren des Generals U.S. Grant, Leipzig 1886.
Grazian, David, Blue Chicago. The Search for Authenticity in Urban Blues Clubs, Chicago 2003.
Green, Lynn, Beyond Risk. Sex, Power and the Urban Girl, Diss., University of Pennsylvania, 2001.
Griffin, Sean Patrick, Philadelphia's »Black Mafia«. A Social and Political History, Boston 2003.
Griffith, Patrick, Battle Tactics of the Civil War, New Haven, Conn., 1989.
ders., Battle in the Civil War. Generalship and Tactics in America 1861–1865, New York 1986.

Grimshaw, Allen D. (Hg.), Conflict Talk, New York 1990.
Grinin, Leonid E., »The Early State and Its Analogues«, in: *Social Evolution and History* 2 (2003), S. 131–176.
Grossman, Dave, On Combat. The Psychology and Physiology of Deadly Combat in War and Peace, Belleville, Ill., 2004.
ders., On Killing. The Psychological Cost of Learning to Kill in War and Society, Boston 1995.
Gurney, Gene, Flying Aces of World War I, New York 1965.
ders., Five Down and Glory, New York 1958.
Guttridge, Patricia, u.a., »Criminal Violence in a Birth Cohort«, in: Katherine T. Van Dusen/Sarnoff A. Mednick (Hg.), Prospective Studies of Crime and Delinquency, Boston 1983.
Halle, David/Kevin Rafter, »Riots in New York and Los Angeles«, in: David Halle (Hg.), New York and Los Angeles. Politics, Society, and Culture, A Comparative View, Chicago 2003.
Haney, Craig/Curtis Banks/Philip Zimbardo, »Interpersonal Dynamics in a Simulated Prison«, in: *International Journal of Criminology and Penology* 1 (1983), S. 69–97.
Hannerz, Ulf, Soulside. Inquiries into Ghetto Culture and Community, New York 1969.
Hapgood, Fred, Why Males Exist. An Inquiry into the Evolution of Sex, New York 1979.
Hay, J. H., Vietnam Studies. Tactical and Material Innovation, Washington, D.C., 1974.
Haynie, Denise L., u.a., »Bullies, Victims, and Bully/Victims. Distinct Groups of At Risk Youth«, in: *Journal of Early Adolescence* 21 (2001), S. 29–49.
Hensley, Thomas R./Jerry M. Lewis, Kent State and May 4th. A Social Science Perspective, Dubuque, Iowa, 1978.
Henton, J. R., u.a., »Romance and Violence in Dating Relationships«, in: *Journal of Family Issues* 4 (1983), S. 467–482.
Heritage, John, Garfinkel and Ethnomethodology, Cambridge 1984.
Hickey, Eric W., Serial Murderers and Their Victims, Belmont, Calif., 2002.
Hobsbawm, Eric, Die Banditen. Räuber als Sozialrebellen, München 2007.
Hoffman, William/Headley, Lake, Contract Killer, New York 1992.
Holden, G. W./S. M. Coleman/K. L. Schmidt, »Why 3-Year-old Children Get Spanked«, in: *Merrill Palmer Quarterly* 41 (1995), S. 432–452.
Hollon, W. Eugene, Frontier Violence, New York 1974.
Holmes, Richard, Acts of War. The Behavior of Men in Battle, New York 1985.
Homans, George C., Theorie der sozialen Gruppe, Opladen 1978.
Horowitz, Donald L., The Deadly Ethnic Riot, Berkeley 2001.
Horowitz, Helen L., Campus Life. Undergraduate Culture from the End of the Eighteenth Century to the Present, New York 1987.
Horowitz, Ruth, Honor and the American Dream. Culture and Identity in a Chicago Community, New Brunswick, N.J., 1983.
Howe, Peter, Shooting under Fire. The World of the War Photographers, New York 2002.
Hughes, Thomas, Tom Browns Schuljahre. Von einem alten Jungen, Nürnberg 1892.
Human Rights Watch, Leave None to Tell the Story. Genocide in Rwanda (1999). Siehe http://www.hrw.org/en/reports/1999/03/01/leave-none-tell-story [10. 8. 2009]
Human Rights Watch, We Have No Orders to Save You. State Participation and Complicity in Communal Violence in Gujarat (2002), einsehbar unter http://

www.hrw.org/en/news/2002/04/30/state-supported-massacres-gujarat [10. 8. 2009].
Hutchings, Nancy, The Violent Family, New York 1988.
Ikegami, Eiko, Bonds of Civility. Aesthetic Networks and the Political Origins of Japanese Culture, Cambridge/New York 2005.
ders., The Taming of the Samurai. Honorific Individualism and the Making of Modern Japan, Cambridge, Mass., 1995.
Inbert, Barbara/John Sprague, The Dynamics of Riots, Ann Arbor, Mich., 1980.
Ireland, Jane, »Official Records of Bullying Incidents among Young Offenders. What Can They Tell Us and How Useful Are They?«, in: *Journal of Adolescence* 25 (2002), S. 669–679.
Jackson-Jacobs, Curtis, »Taking a Beating. The Narrative Gratifications of Fighting as an Underdog«, in: Jeff Ferrell u.a. (Hg.), Cultural Criminology, London 2004.
ders., Narrative Gratifications and Risks. How Street Combatants Construct Appealing Defeats in Physical Fights, Paper presented at Annual Meeting of American Sociological Association, 2003.
ders./Robert Garot, ›Whatchu Lookin' At?‹ and ›Where You From?‹ Provoking Fights in a Suburb and an Inner-city, Paper presented at Annual Meeting of American Sociological Association, 2003.
Jacobs, Jennifer E., »Ululation in Levantine Societies. Vocalization as Aesthetic, Affective and Corporeal Practice«, in: *American School of Oriental Research Newsletter* 54 (Winter 2004), S. 19.
Jankowski, Martín Sánchez, Islands in the Street. Gangs and American Society, Berkeley 1991.
Johnson, M. P., »Patriarchal Terrorism and Common Couple Violence. Two Forms of Violence against Women«, in: *Journal of Marriage and the Family* 57 (1995), S. 283–294.
ders./K. J. Ferraro, »Research on Domestic Violence in the 1990s. Making Distinctions«, in: *Journal of Marriage and the Family* 62 (2000), S. 948–953.
Johnston, Lynne, »Riot by Appointment. An Examination of the Nature and Structure of Seven Hard-Core Football Hooligan Groups«, in: David Canter/Laurence Alison (Hg.), The Social Psychology of Crime. Groups, Teams and Networks, Aldershot 2000.
Jones, Nikki, »›It's Not Where You Live, It's How You Live.‹ How Young Women Negotiate Conflict and Violence in the Inner City«, in: *Annals of the American Academy of Political and Social Science* 595 (2004), S. 49–62.
Jouriles, E. N./W. D. Norwood, »Physical Aggression toward Boys and Girls in Families Characterized by the Battering of Women«, in: *Journal of Family Psychology* 9 (1995), S. 69–78.
Junge, Astrid, u.a., »Football Injuries during FIFA Tournaments and the Olympic Games, 1998–2001«, in: *American Journal of Sports Medicine* (Jan.–Feb. 2004).
Jünger, Ernst, In Stahlgewittern, 26., durchges. Aufl., Stuttgart 1961.
Kaldor, Mary, Neue und alte Kriege. Organisierte Gewalt im Zeitalter der Globalisierung, Frankfurt am Main 2000.
Kaltiala-Heino, Riittakerttu, u.a., »Bullying at School: An Indicator of Adolescents at Risk for Mental Disorders«, in: *Journal of Adolescence* 23 (2000), S. 661–674.
Kammer, Reinhard, Die Kunst der Bergdämonen. Zen-Lehre und Konfuzianismus in der japanischen Schwertkunst, Weilheim 1969.
Kan, Sergei, »The 19th-Century Tlingit Potlatch«, in: *American Ethnologist* 13 (1986), S. 191–212.
Kania, Richard R. E./Wade C. Mackey, »Police Violence as a Function of Community Characteristics«, in: *Criminology* 15 (1977), S. 27–48.

Kanter, Rosabeth M., Men and Women of the Corporation, New York 1977.
Kapardis, A., »One Hundred Convicted Armed Robbers in Melbourne«, in: D. Challenger (Hg.), Armed Robbery, Canberra 1988.
Kapuściński, Ryszard, Der Fußballkrieg. Berichte aus der Dritten Welt, Frankfurt am Main 2000.
Katz, Jack, How Emotions Work, Chicago 1999.
ders., Seductions of Crime. Moral and Sensual Attractions of Doing Evil, New York 1988.
Kaufman, J./E. Zigler, »The Intergenerational Transmission of Abuse Is Overstated«, in: R. J. Gelles/D. R. Loseke (Hg.), Current Controversies on Family Violence, Newbury Park, Calif., 1993, S. 209–221.
Kautz, August V., Customs of Service for Non-commissioned Officers and Soldiers, Mechanicsburg, Pa., 2001.
Keegan, John (Hg.), Atlas of the Second World War, London 1997.
ders., Die Kultur des Krieges, Reinbek bei Hamburg 1995.
ders., Die Maske des Feldherrn. Alexander der Große, Wellington, Grant, Hitler, Weinheim/Berlin 1997.
ders., Das Antlitz des Krieges. Die Schlachten von Agincourt 1415, Waterloo 1815 und an der Somme 1916, Frankfurt am Main 1991.
ders./Richard Holmes, Soldiers. A History of Men in Battle, London 1985.
Keeley, Lawrence H., War before Civilization, Oxford 1996.
Kelly, James, That Damn'd Thing Called Honour. Duelling in Ireland 1570–1860, Cork 1995.
Kelly, John E., »Shoot, Soldier, Shoot«, in: *Infantry Journal* 58 (Januar 1946), S. 47.
Kerner Commission, Report of the National Advisory Commission on Civil Disorder, New York 1968.
Kertzer, David I., Sacrificed for Honor. Italian Infant Abandonment and the Politics of Reproductive Control, Boston 1993.
Keuls, Eva C., The Reign of the Phallus. Sexual Politics in Ancient Athens, Berkeley 1985.
Kiernan, V. G., The Duel in European History. Honour and the Reign of Aristocracy, Oxford 1988.
Kimmel, Michael S., »Gender Symmetry« in Domestic Violence«, in: *Violence against Women* 8 (2002), S. 1332–1363.
ders./Mathew Mahler, »Adolescent Masculinity, Homophobia, and Violence. Random School Shootings, 1982–2000«, in: *American Behavioral Scientist* 21 (2003).
King, Anthony, The Word of Command. Communication and Cohesion in the Military, in: *Armed Forces and Society* 32 (2005), S. 1–20.
ders., The European Ritual. Football in the New Europe, Aldershot 2003.
ders., »Violent Pasts. Collective Memory and Football Hooliganism«, in: *The Sociological Review* 49 (2001), S. 568–585.
ders., »Outline of a Practical Theory of Football Violence«, in: *Sociology* 29 (1995), S. 635–651.
Kiser, Edgar/Yong Cai, »War and Bureaucratization in Qin China«, in: *American Sociological Review* 68 (2003), S. 511–539.
Kissel, Hans, »Panic in Battle«, in: *Military Review* 36 (1956), S. 96–107.
Klewin, Gabriele/Klaus-Jürgen Tillmann/Gail Weingart, Gewalt in der Schule, in: Wilhelm Heitmeyer/John Hagan (Hg.), Internationales Handbuch der Gewaltforschung, Wiesbaden 2002.
Klinger, David, Into the Kill Zone. A Cop's Eye View of Deadly Force, San Francisco 2004.

Klusemann, Stefan, Micro-situational Antecedants of Violent Atrocity. The Case of Srebrenica. Paper presented at American Sociological Association, Montreal 2006.
ders., The German Revolution of 1918 and Contemporary Theories of State Breakdown, Masterarbeit, University of Pennsylvania, 2002.
Kooistra, Paul, Criminals as Heroes, Bowling Green, Ohio, 1989.
Kopel, David B./Paul H. Blackman, No More Wacos. What's Wrong with Federal Law Enforcement and How to Fix It, New York 1997.
KR Video/The Philadelphia Inquirer (Produzenten), Somalia. Good Intentions, Deadly Results, Video 1998.
Kreps, Gary, »Sociological Inquiry and Disaster Research«, in: *Annual Review of Sociology* 10 (1984), S. 309–330.
Labov, William, Rules for Ritual Insults, in: David Sudnow (Hg.), Studies in Social Interaction, New York 1972.
Lakoff, George, Women, Fire, and Dangerous Things. What Categories Reveal about the Mind, Chicago 1987.
Lang, A. R., »Drinking and Disinhibition. Contributions from Psychological Research«, in: R. Room/G. Collins (Hg.), Alcohol and Disinhibition. Nature and Meaning of the Link, NIAAA Forschungsband Nr. 12, US-Gesundheitsministerium, Rockville 1983.
Langtry, J. O., »Tactical Implications of the Human Factors in Warfare«, in: *Australian Army Journal* 107 (1958), S. 5–24.
Lau, E. E./J. Kosberg, »Abuse of the Elderly by Informal Care Providers«, in: *Aging* 299 (1979), S. 10–15.
Laub, John H./Daniel S. Nagin/Robert J. Sampson, »Trajectories of Change in Criminal Offending. Good Marriages and the Desistance Process«, in: *American Sociological Review* 63 (1998), S. 225–238.
Leddy, Joanne/Michael O'Connell, »The Prevalence, Nature and Psychological Correlates of Bullying in Irish Prisons«, in: *Legal & Criminological Psychology* 7 (2002), S. 131–140.
Lejeune, Robert, »The Management of a Mugging«, in: *Urban Life* 6, Nr. 2 (1977), S. 259–287.
ders./N. Alex, »On Being Mugged. The Event and Its Aftermath«, in: *Life and Culture* 2 (1973), S. 259–287.
Lenski, Gerhard E., Power and Privilege. A Theory of Stratification, New York 1966.
Levine, H. G., »The Good Creature of God and Demon Rum. Colonial American and 19th-Century Ideas about Alcohol, Crime, and Accidents«, in: R. Room/ G. Collins (Hg.), Alcohol and Disinhibition. Nature and Meaning of the Link, NIAAA Forschungsband Nr. 12, US-Gesundheitsministerium, Rockville 1983.
Lewis, Jon E., Eyewitness Britain, London 2001.
Limbergen, Kris van/Carine Colaers/Lode Walgrave, »The Societal and Psychosociological Background of Football Hooliganism«, in: *Current Psychology. Research and Reviews* 1 (1989), S. 4–14.
Lincoln, C. Eric, The Black Muslims in America, Grand Rapids, Mich., 1994.
Lithman, Yngve Georg, »Feeling Good and Getting Smashed. On the Symbolism of Alcohol and Drunkenness among Canadian Indians«, in: *Ethnos* 44 (1979), S. 119–133.
Little, Roger W., A Study of the Relationship between Collective Solidarity and Combat Performance, Ph.D. Diss., Michigan State University, 1955.
Lloyd-Smith, Mel/John Dwyfor Davies (Hg.), On the Margins. The Educational Experience of »Problem« Pupils, Staffordshire, England, 1995.

Lowry, Richard S., The Gulf War Chronicles. A Military History of the First Iraq War, New York 2003.
Luckenbill, David F., »Generating Compliance. The Case of Robbery«, in: *Urban Life* 10 (1981), S. 25–46.
ders., »Criminal Homicide as a Situated Transaction«, in: *Social Problems* 25 (1977), S. 176–186.
MacAndrew, Craig/Robert B. Edgerton, Drunken Comportment. A Social Explanation, Chicago 1969.
Mackenzie, Compton (1913), Sinister Street, Baltimore, Md., 1960.
MacMullen, Ramsay, Roman Social Relations, 50 B.C. to A.D. 284, New Haven 1974.
Magida, Arthur J., The Rabbi and the Hit Man, New York 2003.
Mann, Leon, »The Baiting Crowd in Episodes of Threatened Suicide«, in: *Journal of Personality and Social Psychology* 41 (1981), S. 703–709.
Mann, Michael, Die dunkle Seite der Demokratie. Eine Theorie der ethnischen Säuberung, Hamburg 2007.
ders., The Sources of Social Power, Bd. 2: The Rise of Classes and Nation-States, 1760–1914, Cambridge 1993.
ders., The Sources of Social Power, Bd. 1: A History of Power from the Beginning to A.D. 1760, Cambridge 1986.
Marinovich, Greg/Joao Silva, The Bang-Bang Club. Snapshots from a Hidden War, New York 2000.
Markham, Felix, Napoleon, New York 1963.
Marrou, H. I., Geschichte der Erziehung im klassischen Altertum, Freiburg i. Br. 1977.
Marsh, P./E. Rosser/R. Harré, The Rules of Disorder, London 1978.
Marshall, M., »Four Hundred Rabbits. An Anthropological View of Ethanol as a Disinhibitor«, in: R. Room/G. Collins (Hg.), Alcohol and Disinhibition. Nature and Meaning of the Link, NIAAA Forschungsband Nr. 12, US-Gesundheitsministerium, Rockville 1983.
Marshall, S. L. A., Island Victory. The Battle of Kwajalein, Washington, D.C., 1982.
ders., Soldaten im Feuer, Frauenfeld 1951.
Martin, Everett Dean, The Behavior of Crowds. A Psychological Study, New York 1920.
Mason, Philip, A Matter of Honor. An Account of the Indian Army, Its Officers and Men, Baltimore, Md., 1976.
Mastrofski, Steven/Jeffrey Snipes/Suzanne Supina, »Compliance on Demand. The Public's Response to Specific Requests«, in: *Journal of Research in Crime and Delinquency* 33 (1996), S. 269–305.
Mauss, Marcel, Die Gabe. Form und Funktion des Austauschs in archaischen Gesellschaften, Frankfurt am Main 1968.
Maxfield, Michael G./Cathy Spatz Widom, »The Cycle of Violence Revisted Six Years Later«, in: *Archives of Pediatric and Adolescent Medicine* 150 (1996), S. 390–395.
Mazur, Alan/E. Rosa/M. Faupel/J. Heller/R. Leen/B. Thurman, »Physiological Aspects of Communication via Mutual Gaze«, in: *American Journal of Sociology* 86 (1980), S. 50–74.
McAleer, Kevin, Duelling. The Cult of Honor in Fin-de-Siècle Germany, Princeton 1994.
McCauley, Clark, »When Screen Violence Is Not Attractive«, in: Jeffrey Goldstein (Hg.), Why We Watch. The Attractions of Violent Entertainment, New York 1998.

McEvedy, Colin/Richard Jones, Atlas of World Population History, New York 1978.
McNeill, William H., Keeping Together in Time. Dance and Drill in Human History, Cambridge (Mass.) 1995.
ders., Krieg und Macht. Militär, Wirtschaft und Gesellschaft vom Altertum bis heute, München 1984.
McPhail, Clark, The Myth of the Madding Crowd, New York 1991.
Meier, Robert F./Terance D. Miethe, »Understanding Theories of Criminal Victimization«, in: M. Tonry (Hg.), Crime and Justice. A Review of Research, Chicago 1993, S. 459–499.
Merari, Ariel, »Social Organizational and Psychological Factors in Suicide Terrorism«, in: T. Bjorgo (Hg.), The Root Causes of Terrorism, London 2005.
ders., »The Readiness to Kill and Die. Suicidal Terrorism in the Middle East«, in: Walter Reich (Hg.), Origins of Terrorism. Psychologies, Ideologies, Theologies, States of Mind, Baltimore, Md., 1998.
Mersky, Peter B., Time of the Aces. Marine Pilots in the Solomons, 1942–1944, Washington, D.C., 1993.
Merten, Don E., »The Meaning of Meanness. Popularity, Competition and Conflict among Junior High School Girls«, in: *Sociology of Education* 70 (1997), S. 175–191.
Mestrovic, Stiepen G., The Trials of Abu Ghraib, Boulder, Col., 2006.
Meyer, Marshall, »Police Shootings at Minorities«, in: Lawrence W. Sherman (Hg.), The Police and Violence, Philadelphia 1980.
Midgley, Graham, University Life in Eighteenth-Century Oxford, New Haven, Conn., 1996.
Miller, William Ian, The Mystery of Courage, Cambridge, Mass., 2000.
Milner, Murray, Jr., Freaks, Geeks and Cool Kids. American Teenagers, Schools and the Culture of Consumption, New York 2004.
Miron, Murray S., Hostage, Upper Saddle River, N.J., 1978.
Moffitt, Terrie E./Avshalom Caspi, »Childhood Predictors Differentiate Life-Course Persistent and Adolescence-Limited Antisocial Pathways, among Males and Females«, in: *Development and Psychopathology* 13 (2001), S. 355–375.
Montagner, Hubert, u.a., »Social Interactions among Children with Peers and Their Modifications in Relation to Environmental Factors«, in: Michael R. A. Chance (Hg.), Social Fabrics of the Mind, London 1988.
Moore, Roy E., »Shoot, Soldier«, in: *Infantry Journal* 56 (Dezember 1945), S. 21.
Morgan, P., »Alcohol, Disinhibition, and Domination. A Conceptual Analysis«, in: R. Room/G. Collins (Hg.), Alcohol and Disinhibition. Nature and Meaning of the Link, NIAAA Research Monograph Nr. 12. Rockville, Md., 1983.
Morison, Samuel Eliot, Three Centuries of Harvard, Cambridge, Mass., 1936.
Morrison, Shona/Ian O'Donnell, Armed Robbery. A Study in London, University of Oxford Centre for Criminological Research, Occasional Paper Nr. 15, Oxford 1994.
Mullen, Brian, »Atrocity as a Function of Mob Composition«, in: *Personality and Social Psychology Bulletin* 12 (1986), S. 187–197.
Murphy, Robert F., »Social Structure and Sex Antagonism«, in: *Southwestern Journal of Anthropology* 15 (1959), S. 89–98.
ders., »Intergroup Hostility and Social Cohesion«, in: *American Anthropologist* 59 (1957), S. 1018–1035.
Murray, Williamson/Robert H. Scales, The Iraq War. A Military History, Cambridge 2003.
Mustain, Gene/Jerry Capeci, Murder Machine, New York 1993.

Myers, Daniel J., »The Diffusion of Collective Violence. Infectiousness, Susceptibility, and Mass Media Networks«, in: *American Journal of Sociology* 106 (2000), S. 173–208.
ders., »Racial Rioting in the 1960s. An Event History Analysis of Local Conditions«, in: *American Sociological Review* 62 (1997), S. 94–112.
Nakane, Chie, Die Struktur der japanischen Gesellschaft, Frankfurt am Main 1985.
Nansel, Tonja R., u.a., »Bullying Behaviors among U.S. Youth. Prevalence and Association with Psychosocial Adjustment«, in: *Journal of the American Medical Association* 285, Nr. 16 (2001), S. 2094–2100.
National Center for Education Statistics, The Condition of Education, 1995, Washington, D.C., 1995.
Ness, Cindy D., »Why Girls Fight. Female Youth Violence in the Inner City«, in: *Annals of the American Academy of Political and Social Science* 595 (2004), S. 32–48.
Nevares, Dora/Marvin E. Wolfgang/Paul E. Tracy, Delinquency in Puerto Rico. The 1970 Birth Cohort Study, New York 1990.
Newman, Katherine S., »No Shame. The View from the Left Bank«, in: *American Journal of Sociology* 107 (2002), S. 1577–1599.
dies. u.a., Rampage. The Social Roots of School Shootings, New York 2004.
Nye, Robert A., Masculinity and Male Honor Codes in Modern France, Oxford 1993.
Oberschall, Anthony/Michael Seidman, »Food Coercion in Revolution and Civil War«, in: *Comparative Studies in Society and History* 47 (2005), S. 372–402.
O'Donnell, Ian/Kimmet Edgar, »Fear in Prisons«, in: *The Prison Journal* 79 (1999), S. 90–99.
dies., Bullying in Prisons, University of Oxford, Centre for Criminological Research, Occasional Paper Nr. 18, 1998.
dies., »Routine Victimisation in Prisons«, in: *The Howard Journal* 37 (1998), S. 266–279.
Okumiya, Masatake/Jiro Horikoshi/Martin Caidin, Zero! The Story of Japan's Air War in the Pacific, 1941–45, New York 1973.
O'Leary, K. D, »Are Women Really More Aggressive than Men in Intimate Relationships?«, in: *Psychological Bulletin* 126 (2000), S. 685–689.
Olweus, Dan, Gewalt in der Schule. Was Lehrer und Eltern wissen sollten – und tun können, Bern u.a. 1995.
Osgood, D. Wayne, u.a., »Routine Activities and Individual Deviant Behavior«, in: *American Sociological Review* 61 (1996), S. 635–655.
Ostvik, Kristina/Floyed Rudmin, »Bullying and Hazing among Norwegian Army Soldiers. Two Studies of Prevalence, Context, and Cognition«, in: *Military Psychology* 13 (2001), S. 17–39.
Overy, Richard J., Why the Allies Won, New York 1995.
ders., The Air War 1939–1945, New York 1980.
Pape, Robert A., Dying to Win. Strategic Logic of Suicide Terrorism, New York 2005.
ders., Bombing to Win. Air Power and Coercion in War, Ithaca, N.Y., 1996.
Pappas, Nick T./Patrick C. McKenry/Beth Skilken Catlett, »Athlete Aggression on the Rink and off the Ice. Athlete Violence and Aggression in Hockey and Interpersonal Relationships«, in: *Men and Masculinities* 6, Nr. 3 (2004), S. 291–312.
Parker, Robert Nash, »Alcohol and Theories of Homicide«, in: Adler/Laufer (Hg.), Advances in Criminological Theory, Bd. 4, New Brunswick, N.J., 1993, S. 113–142.

ders./Kathleen Auerhahn, »Alcohol, Drugs, and Violence«, in: *Annual Review of Sociology* 24 (1998), S. 291–311.
ders./Rebhun, L. A., Alcohol and Homicide. A Deadly Combination of Two American Traditions, Albany, N.Y., 1995.
Pegler, Martin, Out of Nowhere. A History of the Military Sniper, Oxford 2004.
ders., The Military Sniper since 1914, Oxford 2001.
Pellegrini, A. D./Jeffrey D. Long, »A Longitudinal Study of Bullying, Dominance, and Victimization during the Transition from Primary School through Secondary School«, in: *British Journal of Developmental Psychology* 20 (2002), S. 259–280.
Peltonen, Markku, The Duel in Early Modern England, Cambridge 2003.
Perrow, Charles, Normale Katastrophen. Die unvermeidbaren Risiken der Großtechniken, Frankfurt am Main 1989.
Peterson, Mark/Harriet Braiker/Sue Polich, Doing Crime. A Survey of California Inmates, Santa Monica, Calif., 1980.
Phillips, David/Lundie L. Carstensen, »The Effect of Suicide Stories of Various Demographic Groups, 1968–1985«, in: *Suicide and Life-threatening Behavior* 18 (1986), S. 100–114.
Phillips, L. R., »Abuse and Neglect of the Frail Elderly at Home. An Exploration of Theoretical Relationships«, in: *Journal of Advanced Nursing* 8 (1983), S. 379–392.
Phillips, Will, A High School Fight, unveröffentl. Ms., Department of Sociology, University of Pennsylvania, 2002.
Pihl, R. O./J. B. Peterson/M. A. Lau, »A Biosocial Model of the Alcohol-Aggression Relationship«, in: *Journal of Studies in Alcohol* (Supplement) 11 (1993), S. 128–139.
Pillemer, Karl, »The Abused Offspring Are Dependent. Abuse Is Caused by the Deviance and Dependence of Abusive Caregivers«, in: R. J. Gelles/D. R. Loseke Current (Hg.), Controversies on Family Violence, Newbury Park, Calif., 1993, S. 237–249.
ders./David Finkelhor, »The Prevalence of Elder Abuse«, in: *Gerontologist* 28 (1988), S. 51–57.
ders./J. J. Suitor, »Violence and Violent Feelings. What Causes Them among Family Caregivers«, in: *Journal of Gerontology* 47 (1992), S. 165–172.
Pinderhughes, Ellen E. u.a., »Discipline Responses. Influences of Parents' Socioeconomic Status, Ethnicity, Beliefs about Parenting, Stress, and Cognitive Emotional Processes«, in: *Journal of Family Psychology* 14 (2000), S. 380–400.
Piquero, Alex R., »Assessing the Relationships between Gender, Chronicity, Seriousness, and Offense Skewness in Criminal Offending«, in: *Journal of Criminal Justice* 28 (2000), S. 103–116.
Piquero, Alex R./Stephen L. Buka, »Linking Juvenile and Adult Patterns of Criminal Activity in the Providence Cohort of the National Collaborative Perinatal Project«, in: *Journal of Criminal Justice* 30 (2002), S. 1–14.
Piquero, Alex R./David P. Farrington/Alfred Blumstein, »The Criminal Career Paradigm. Background and Recent Developments«, in: Michael Tonry (Hg.), Crime and Justice. A Review of Research, Bd. 30, Chicago 2003.
Polk, Kenneth, u.a., Becoming Adult. An Analysis of Maturational Development from Age 16 to 30, Center for Studies of Crime and Delinquency, National Institute of Mental Health, Washington, D.C., 1981.
Pratt, Michael, Mugging as a Social Problem, Boston 1980.
Preston, Diana, Rebellion in Peking. Die Geschichte des Boxeraufstands, München 2001.

Priest, John M., Antietam. The Soldiers' Battle, Shippensburg, Pa., 1989.
Prinstein, Mitchell J./Antonius H. N. Cillessen, »Forms and Functions of Adolescent Peer Aggression Associated with High Levels of Peer Status«, in: *Merrill-Palmer Quarterly* (Sonderausgabe: Aggression and Adaptive Functioning) 49 (2003), S. 310–342.
Propp, Vladimir, Morphology of the Folk Tale, Austin, Tex., 1968.
Pulkkinen, Lea, »Delinquent Development. Theoretical and Empirical Considerations«, in: Michael Rutter (Hg.), Studies of Psychosocial Risk. The Power of Longitudinal Data, Cambridge 1988.
Quarantelli, E. L., Evacuation Behavior and Problems, Columbus, Ohio, Ohio State University, 1980.
ders., »The Nature and Conditions of Panic«, in: *American Journal of Sociology* 60 (1954), S. 267–275.
Quarantelli, E. L./Russell Dynes, »Property Norms and Looting. Their Patterns in Community Crises«, in: *Phylon* 31 (1970), S. 168–182.
dies., »Looting in Civil Disorders. An Index of Social Change«, in: *The American Behavioral Scientist* (April 1968), S. 7–10.
Radcliffe-Brown, Alfred R., Structure and Function in Primitive Society, New York 1952.
Ransford, H. Edward, »Isolation, Powerlessness, and Violence. A Study of Attitudes and Participation in the Watts Riot«, in: *American Journal of Sociology* 73 (1968), S. 581–591.
Reicher, S., »Crowd Behavior as Social Action«, in: J. C. Turner (Hg.), Rediscovering the Social Group. A Self-Categorization Theory, Oxford 1987.
Reiss, Albert, The Police and Public, New Haven 1971.
Retzinger, Suzanne M., Violent Emotions. Shame and Rage in Marital Quarrels, Newbury Park, Calif., 1991.
Rican, Pavel, »Sociometric Status of the School Bullies and Their Victims«, in: *Studia Psychologica* 37 (1995), S. 357–364.
Richardson, Anna, u.a., »Drinking, Crime and Disorder«, Home Office Report 185 (2003), einsehbar unter http://www.homeoffice.gov.uk/rds/bcs1.html [30. 9. 2010].
Ricolfi, Luca, »Palestinians, 1981–2003«, in: Diego Gambetta (Hg.), Making Sense of Suicide Missions, New York 2005.
Ringel, Gail, »The Kwakiutl Potlatch. History, Economics, and Symbols«, in: *Ethnohistory* 26 (1979), S. 347–362.
Roberts, Julian V./Cynthia J. Benjamin, »Spectator Violence in Sports. A North American Perspective«, in: *European Journal on Criminal Policy and Research* 8 (2000), S. 163–181.
Robinson, Fred Norris, »Satirists and Enchanters in Early Irish Literature«, in: George Foot Moore/David Gordon Lyon (Hg.), Studies in the History of Religions, New York 1912.
Room, R./K. Mäkelä, »Typologies of the Cultural Position of Drinking«, in: *Journal of Studies on Alcohol* 61 (1996), S. 475–483.
Room, Robin, »Intoxication and Bad Behaviour. Understanding Cultural Differences in the Link«, in: *Social Science and Medicine* 53 (2001), S. 189–198.
Ross, Anne, Everyday Life of the Pagan Celts, London 1970.
Rowland, David, »Assessments of Combat Degradation«, in: *Journal of the United Service Institution* 131 (Juni 1986), S. 33–43.
Roy, Donald, »Quota Restriction and Goldbricking in a Machine Shop«, in: *American Journal of Sociology* 57 (1952), S. 427–442.

Rubin, Lillian, Worlds of Pain. Life in the Working-Class Family, New York 1976.
Rubinstein, Jonathan, City Police, New York 1973.
Rudolph, Frederick, The American College and University, New York 1962.
Sacks, Harvey/Emanuel A. Schegloff/Gail Jefferson, »A Simplest Systematics for the Organization of Turn-taking for Conversation«, in: *Language* 50 (1974), S. 696–735.
Sageman, Marc, Understanding Terror Networks, Philadelphia 2004.
Sakaida, Henry, Winged Samurai. Saburo Sakai and the Zero Fighter Pilots, Mesa, Ariz., 1985.
Salmivalli, Christina, »Intelligent, Attractive, Well-Behaving, Unhappy. The Structure of Adolescents' Self-Concept and Its Relations to Their Social Behavior«, in: *Journal of Research on Adolescence* 8 (1998), S. 333–352.
dies./Arja Huttunen/Kirsti M. J. Lagerspetz, »Peer Networks and Bullying in Schools«, in: *Scandinavian Journal of Psychology* 38 (1997), S. 305–312.
Sanders, William B., Gangbangs and Drive-Bys. Grounded Culture and Juvenile Gang Violence, New York 1994.
Scharf, Peter/Binder, Arnold, The Badge and the Bullet, New York 1983.
Scheff, Thomas J., Goffman Unbound. A New Paradigm for the Social Sciences, Boulder, Colo., 2006.
ders., Bloody Revenge. Emotions, Nationalism, and War, Boulder, Colo., 1994.
ders., Micro-sociology. Discourse, Emotion and Social Structure, Chicago 1990.
Scheff, Thomas J./Suzanne Retzinger, Emotions and Violence. Shame and Rage in Destructive Conflicts, Lexington, Mass., 1991.
Schegloff, Emanuel, »Repair after Last Turn. The Last Structurally Provided Defense of Intersubjectivity in Conversation«, in: *American Journal of Sociology* 97 (1992).
Schwartz, Michael, »Terrorism and Guerrilla War in Iraq«, in: Paper delivered at annual meeting of the American Sociological Association, 2005.
Scott, Mavin B., »Semen in a Bullet«, in: Alex Buchman (Hg.), A Night in the Barracks, New York 2001.
Scott, Marvin B./Stanford Lyman, »Accounts«, in: *American Sociological Review* 33 (1968), S. 46–62.
Searle, Eleanor, Predatory Kinship and the Creation of Norman Power, 840–1066, Berkeley 1988.
Senechal de la Roche, Roberta, »Why Is Collective Violence Collective?«, in: *Sociological Theory* 19 (2001), S. 126–144.
Shalit, Ben, The Psychology of Conflict and Combat, New York 1988.
Shannon, Lyle W./Judith L. McKim/James P. Curry/Lawrence J. Haffner, Criminal Career Continuity. Its Social Context, New York 1988.
Shaw, Clifford R. (1930), The Jack-roller, Chicago 1966.
Sherman, Lawrence W. (Hg.), The Police and Violence, Philadelphia 1980.
Shi Nai'an/Luo Guanzhong, Die Räuber vom Liang-Schan-Moor, Leipzig 1974.
Shields, Edgar W. Jr., »Intimidation and Violence by Males in High School Athletics«, in: *Adolescence* 34 (1999), Nr. 135, S. 503–521.
Shils, Edward/Morris Janowitz, »Cohersion and Disintegration in the Wehrmacht in World War II«, in: *Public Opinion Quarterly* 12 (1948), S. 280–315.
Shore, Christopher/Clive Williams, Aces High. A Tribute to the Highest Scoring Fighter Pilots of the British and Commonwealth Air Forces in World War II, London 1994.
Shrum, Wesley M./John Kilburn, »Ritual Disrobement at Mardi Gras. Ceremonial Exchange and Moral Order«, in: *Social Forces* 75 (1996), S. 423–458.
Simpson, Anthony, »Dandelions on the Field of Honor. Dueling, the Middle Clas-

ses, and the Law in Nineteenth-Century England«, in: *Criminal Justice History* 9 (1988), S. 137–162.

Sims, Edward, The Aces Talk. Fighter Tactics and Strategy, 1914–1970, New York 1972.

Sipes, Richard G., »War, Sports, and Aggression. An Empirical Test of Two Rival Theories«, in: *American Anthropologist* 75 (1973), S. 64–86.

Skocpol, Theda, States and Social Revolutions, Cambridge 1979.

Skolnick, Jerome, Justice without Trial, New York 1966.

Smallman, Tom, Ireland Lonely Planet Guide, London 1995.

Smith, Michael D., »Towards an Explanation of Hockey Violence. A Reference Other Approach«, in: *Canadian Journal of Sociology* 4 (1979), 105–124.

ders., »Precipitants of Crowd Violence«, in: *Sociological Inquiry* 48 (1978), S. 121–131.

Smith, Peter K./Paul Brain, »Bullying in Schools. Lessons from Two Decades of Research«, in: *Aggressive Behavior* 26 (2000), S. 1–9.

Smoler, Fredric, »The Secret of the Soldiers Who Wouldn't Shoot«, in: *American Heritage* 40 (März 1989), S. 36–45.

Snook, Scott A., Friendly Fire. The Accidental Shootdown of U.S. Blackhawks over Northern Iraq, Princeton 2000.

Sommers-Effler, Erika, Humble Saints and Moral Heroes. Ritual, Emotion, and Commitment in High-risk Social Movements, Ph.D. Diss., University of Pennsylvania, 2004.

Speidel, Michael P., »Berserks. A History of Indo-European ›Mad Warriors‹«, in: *Journal of World History* 13 (2002), S. 253–290.

Spierenburg, Pieter, »Faces of Violence. Homicide Trends and Cultural Meanings, Amsterdam, 1431–1816«, in: *Journal of Social History* 27 (1994), S. 701–716.

Spilerman, Seymour, »Structural Characteristics of Cities and Severity of Racial Disorders«, in: *American Sociological Review* 41 (1976), S. 771–793.

Spiller, Roger J., »S.L.A. Marshall and the Ratio of Fire«, in: *Journal of the United Service Institution* 133 (Dezember 1988), S. 63–71.

Sprey, Jetse/Sarah Mathews, »The Perils of Drawing Policy Implications from Research«, in: Rachel Filinson/Stanley Ingman (Hg.), Elder Abuse. Practice and Policy, New York 1989.

Stack, Stephen, »Media Impacts on Suicide. A Quantitative Review of 293 Findings«, in: *Social Science Quarterly* 81 (2000), S. 957–971.

Stark, Rodney, The Rise of Christianity, Princeton 1996.

Starr, R. H. Jr., »Physical Abuse of Children«, in: V. B. Van Hasselt u.a. (Hg.), Handbook of Family Violence, New York 1988.

Steinmetz, Susan, »The Abused Elderly Are Dependent«, in: R. J. Gelles/D. R. Loseke (Hg.), Current Controversies on Family Violence, Newbury Park, Calif., 1993, S. 222–236.

Stern, Jessica, Terror in the Name of God. Why Religious Militants Kill, New York 2003.

Stets, Jan E., »Interactive Processes in Dating Aggression. A National Study«, in: *Journal of Marriage and the Family* 54 (1992), S. 165–177.

ders., Domestic Violence and Control, New York 1988.

Stets, J. E./M. A. Pirog-Good, »Interpersonal Control and Courtship Aggression«, in: *Journal of Social and Personal Relationships* 7 (1990), S. 371–394.

Stets, J. E./M. Straus, »Gender Differences in Reporting Marital Violence«, in: Murray Straus/Richard Gelles (Hg.), Physical Violence in American Families, New Brunswick, N.J., 1990.

Stith, S. M./M. B.Williams/K. Rosen, Violence Hits Home, New York 1990.

Stokkom, Bas van, Straf en herstel. Ethische reflecties over sanctiedoeleinden, Den Haag 2004.
Stone, Lawrence, The Crisis of the Aristocracy, 1558–1641, New York 1967.
Stouffer, Samuel A., u.a., The American Soldier, Bd. 2: Combat and Its Aftermath, Princeton 1949.
Straus, Murray A., »Social Stress and Marital Violence in a National Sample of American Families«, in: ders./R. J. Gelles (Hg.), Physical Violence in American Families. Risk Factors and Adaptations to Violence in 8,145 Families, New Brunswick, N.J., 1990.
ders./Denise Donnelly, Beating the Devil out of Them. Corporal Punishment in American Families, New York 1994.
ders./R. J. Gelles, »Societal Change and Change in Family Violence from 1975 to 1985 as Revealed in Two National Surveys«, in: *Journal of Marriage and the Family* 48 (1986), S. 465–479.
dies./S. K. Steinmetz, Behind Closed Doors. Violence in the American Family, Newbury Park, Calif., 1988.
Stump, Al, Cobb. A Biography, New York 1994.
Sugarman, D. B./G. T. Hotaling, Dating Violence. Prevalence, Context, and Risk Markers, in: M. A. Pirog-Good/J. F. Stets (Hg.), Violence in Dating Relationships, New York 1989.
Summers, Harry G., Historical Atlas of the Vietnam War, Boston 1995.
Summers-Effler, Erika, Humble Saints and Moral Heroes. Ritual and Emotional Commitment in High-risk Social Movements, Diss., University of Pennsylvania 2004.
Sun Wu, Die Kunst des Krieges, Frankfurt am Main/Leipzig 2009.
Swank, R. L./W. E. Marchand, »Combat Neuroses. Development of Combat Exhaustion«, in: *Archives of Neurology and Psychology* 55 (1946), S. 236–247.
Taylor, A.J.P., The Struggle for Mastery in Europe, 1848–1918, Oxford 1971.
Taylor, S. P., »Alcohol and Human Physical Aggression«, in: E. Gottheil u.a. (Hg.), Alcohol, Drug Abuse, Aggression, Springfield, Ill., 1983.
Terrill, William/Michael D. Reisig, »Neighborhood Context and Police Use of Force«, in: *Journal of Research in Crime and Delinquency* 40 (2003), S. 291–321.
Thompson, John B., Political Scandal, Oxford 2000.
Thorman, George, Family Violence, Springfield, Ill., 1980.
Thorn, John/Pete Palmer/Michael Gershman, Total Baseball. The Official Encyclopedia of Major League Baseball, Kingston, N.Y., 2001.
Thornhill, Randy/Craig T. Palmer, A Natural History of Rape. Biological Bases of Sexual Coercion, Cambridge 2000.
Thrasher, Frederick M., The Gang. A Study of 1313 Gangs in Chicago, Chicago 1963.
Thukydides, Der Peloponnesische Krieg, Düsseldorf/Zürich 2002.
Tilly, Charles, The Politics of Collective Violence, Cambridge 2003.
Tjaden, P./N. Thoennes, Extent, Nature and Consequences of Intimate Partner Violence, Washington, D.C., 2000.
Toch, Hans, »Mobilizing Police Expertise«, in: Lawrence W. Sherman (Hg.), The Police and Violence, Philadelphia 1980.
Toliver, Raymond F./Trevor J. Constable, Fighter Aces of the U.S.A., Atglen, Pa., 1997.
dies., Holt Hartmann vom Himmel, Stuttgart 1971.
Tombstone Epitaph, Oktober 1881, Nachdr. 1981, Tombstone, Ariz.

Tracy, Paul E./Marvin E. Wolfgang/Robert M. Figlio, Delinquency Careers in Two Birth Cohorts, New York 1990.
Tremblay, Richard E., »The Development of Human Physical Aggression. How Important Is Early Childhood«, in: L. A. Leavitt/D. M. B. Hall (Hg.), Social and Moral Development. Emerging Evidence on the Toddler Years, New Brunswick, N.J., 2004, S. 221–238.
ders. u. a., »Physical Aggression during Early Childhood. Trajectories and Predictors«, in: *Pediatrics* 114 (2004), S. 43–50.
Trotzki, Leo), Geschichte der russischen Revolution, Frankfurt am Main 1982.
Turner, J. C., »Some Current Issues in Research on Social Identity and Selfcategorization Theories«, in: N. Ellemers/R. Spears/B. Doosje (Hg.), Social Identity, Oxford 1999.
Turse, Nick/Debora Nelson, »Civilian Killings Went Unpunished«, in: *Los Angeles Times*, 6. 8. 2006, S. A1 und S. A8f.
Twain, Mark, Zu Fuß durch Europa, Berlin/Damstadt 1966.
Umberson, D., u. a., »Relationship Dynamics, Emotion State, and Domestic Violence. A Stress and Masculinities Perspective«, in: *Journal of Marriage and the Family* 65 (2003), S. 233–247.
Umberson, D./K. Williams/K. Anderson, »Violent Behavior. A Measure of Emotional Upset?«, in: *Journal of Health and Social Behavior* 43 (2002), S. 189–206.
Underwood, John, The Death of an American Game, Boston 1979.
United States Congress, Office of Technology Assessment, The Effects of Nuclear War, Washington, D.C., 1979.
U.S. Air Force, Airman. The Book, San Antonio, Tex., 2006.
Venkatesh, Sudhir, Off the Books. The Underground Economy of the Urban Poor, Cambridge 2006.
Vider, Stephen, »Rethinking Crowd Violence. Self-Categorization Theory and the Woodstock 1999 Riot«, in: *Journal for the Theory of Social Behaviour* 34 (2004), S. 141–166.
Wacquant, Loïc, Body and Soul. Notes of an Apprentice Boxer, New York 2004.
ders., »Scrutinizing the Street. Poverty, Morality and the Pitfalls of Urban Ethnography«, in: *American Journal of Sociology* 107 (2002), S. 1468–1532.
Wagner-Pacifici, Robin, The Art of Surrender. Decomposing Sovereignty at Conflict's End, Chicago 2005.
ders., Theorizing the Standoff, Cambridge 2000.
Waugh, Evelyn, Wiedersehen mit Brideshead, Hamburg 1948.
ders., Auf der schiefen Ebene, Wien 1953.
Weber, Max, Wirtschaft und Gesellschaft. Grundriss der verstehenden Soziologie, Tübingen 2001.
Weinberg, Darin, »Lindesmith on Addiction. A Critical History of a Classic Theory«, in: *Sociological Theory* 15 (1997), S. 150–161.
Weinstein, Marc D./Michael D. Smith/David L. Wiesenthal, »Masculinity and Hockey Violence«, in: *Sex Roles* 33 (1995), Nr. 11–12, S. 831–47.
Westermeyer, Joseph, »On the Epidemicity of Amok Violence«, in: *Archives of General Psychiatry* 28 (1973), S. 873–876.
Westley, William A., Violence and the Police. A Sociological Study of Law, Custom and Morality, Cambridge, Mass., 1970
Whitcomb, Christopher, Eiskalt am Abzug, München 2003.
Whiting, Robert, Tokyo Underworld, New York 1999.
Wikstrom, Per-Olof H., Everyday Violence in Contemporary Sweden. Situational and Ecological Aspects, National Council for Crime Prevention, Stockholm 1985.

Wilkinson, Deanna L., Guns, Violence and Identity among African American and Latino Youth, New York 2003.
Willis, Paul, Learning to Labor, New York 1977.
Wilson, Edmund, The Shores of Light. A Literary Chronicle of the Twenties and Thirties, New York 1952.
Wolfgang, Marvin E./Robert M. Figlio/Thorsten Sellin, Delinquency in a Birth Cohort, Chicago 1972.
Worden, Robert E., »The Causes of Police Brutality. Theory and Evidence on Police Use of Force«, in: William A. Geller/Hans Toch (Hg.), Police Violence. Understanding and Controlling Police Abuse of Force, New Haven, Conn., 1996.
Wyatt-Brown, Bertram, Southern Honor. Ethics and Behavior in the Old South, Oxford 1982.
Yoneyama, Shoko/Asao Naito, »Problems with the Paradigm. The School as a Factor in Understanding Bullying (with Special Reference to Japan)«, in: *British Journal of Sociology of Education* 24 (2003), S. 315–330.
Zillman, D./J. Bryant/B. S. Sapolsky, »The Enjoyment of Watching Sports Contests«, in: Jeffrey H. Goldstein (Hg.), Sports, Games, and Play, New York 1979.

Register

11. September, Anschläge vom 619, 651, 673, 676

Abu Ghraib *259*
Accardo, Tony »Joe Batters« 540, 606, 607
Achilles 287, 288, 291, 311
Afghanistan 96, 100, 101, 384, 579
Afrika 90, 138, 164, 172, 178, 180, 194, 295, 430, 493, 528
Aikido 310
Ajas (Ajax) 287, 288
Alexander der Große 148, 163, 164, 165
Alkohol und Gewalt 173, 259, *302*, 359, 379, 382, 387–389, 392–404, 410–411, 524
Alpert, Geoffrey 195, 569, 570
Al-Qaida 100, 619, 671
Amsterdam 123, 560
Anastasia, Albert 654, 657
Anderson, Elijah 53, 372, 511, 524, 526, 529–534, 537, 548, 554, 692, 702, 703
Äneas 286, 287
Angeberei 22, 260, 345
Angriff, tätlich 12, 29, 56, 275, 277–278
Ankara 645
Anspannung *siehe* Konfrontationsanspannung
Ardant du Picq, Charles 19, 76, 93, 133, 163, 586
Ardennen 76
Argentinien 73, 190, 495
Argonauten 326
Arizona 326, 411, 413
Artest, Ron 463, 467, 468
Artwohl, Alexis 576
Atlanta 636
Atta, Mohammed 676
Aufmerksamkeitsraum 21, 57, 406–410, 415, 421–422, *461*, 463, 464, 502, 503, 523, *566*, 642, 643, 646, 648, 677–698 *siehe auch* Gesetz der kleinen Zahlen
Aufstand *siehe* Massengewalt
Augenkontakt 120, 126, 140, 259, 271, *449*, 672
Australien 74, 105, 270, 579
Ayodhya (Indien) 643
Azincourt, Schlacht von 160, 163, 168, 192, 681

Bacon, Francis 549
Bagdad 113, 474
Balkan 166
Banden *96–99*, 110–112, *114*, 115, 116, 242, 253, 256, *260*, 270, *300*, 329–332, 338, 341, *342*, 344–348, 352–355, *356*, 373, 412–413, 419, 502, 532–535, 537–539, 543, 548, 559, 562–563, 572, 618, 655, *686*, *687*, 688–689, 694, 702
Banditen *327*, 328
Barkhorn, Gerhard 603
Bartov, Omer 156
Baugh, Sammy 616
Beerbohm, Max 378
Beleidigungen 25, 28, 30, 41, 140, 222, 237, 242, 251–253, 293, *294*, 312–314, 317, *324*, 325, 333, 336, 339–342, 390, 400, *402*, 458, 467, 490, 492–494, 512–513, 522–523, 529, 530, 541, 545, 547, 549–551, 553, 555
Belgien 111, 480, 491, 499
Belgrad 100, 191, 640
Belmont (Missouri), Schlacht von 169
Berlin 193, 631
Bettis, Jerome 461
Billy the Kid 325
Biologische Erklärungen für Gewalt *siehe* Genetische und biologische Erklärungen für Gewalt
Black, Donald 38, 331, 518
Blau, Peter 226
Bocksprung-Eskalation 329, 333–337, 352, 396
Bong, Richard 589, 595
Bosnien 124, 470, 471

Bourdieu, Pierre 42
Bourgois, Philippe 338
Bourke, Joanna 104, 105, 106
Boxen 307, 309–310, 328, 431, *432*
Boxeraufstand 72, 106
Brooklyn 384, 660
Brooks, Scott 436
Budd, Zola 430
Buenos Aires 190, 191, 629
Buford, Bill 53, 192, 477, 478, 481, 484, 487, 488, 492, 629
Bulge, Schlacht von 76
Burenkrieg 154
Bushidō 309
Byzantinische Wagenrennen 482

Caesar, Julius 147, 148, 164–169
Calley, William 136, 155, 156
Cannae, Schlacht von 163
Caporetto, Schlacht von 171
Capote, Truman 551
Caputo, Philip 132–136, 138, 143, 144, 147, 182, 659
Chambliss, Daniel 450, 691
Chancellorsville, Schlacht von 95
Chang, Iris 151, 156
Chattanooga, Schlacht von 162
Chicago 268, 302, 424, 431, 534, 537, 540, 562, 563, 616
Chickamauga, Schlacht von 162
China 49, 72, 100, 146, 150, 151, 152, 154, 155, 157, 159, 289, 306, 327, 512, 597, 598, 632
Choderlos de Laclos, Pierre 262
Christopher Commission 559, 568, 573
CIA 101
Clausewitz, Carl von 612
Cleaver, Eldridge 273
Cobb, Ty 140, 141, 142, 144, 145, 175, 176, 466
Collins, Eddie 47, 124, 144
Colt, Samuel 322
Columbine High School 143, 144
Cromwell, Oliver 148, 170

Darius 164
Dead Birds (Film) 64, 65, 84, 121, 524
DeMeo, Roy 653, 654, 660, 661
Detroit, Unruhen in 368, 369, 382, 649
Deutschland 30, 73, 74, 77, 78, 90, 92, 93, 118, 123, 146, 147, 152–154, 158, 159, 171, 219, 307, 308, 313–315, 317–320, 324, 328, 344, 413, 442, 491, 499, 564, 578, 586, 588–590, 595, 597, 598, 600, 603, 614, 644, 659, 668
Diallo, Amadou 172, 175
Dickerson, Eric 448
Diomedes 286, 287
Drangsalieren *34*, 233–245, 247–250, 254, 255–257, 279
Drangsalieren
– in Gefängnissen 250–254
– in Schulen 233–250, 255–258, 276
Dreiser, Theodore 551–555
Dreißigjähriger Krieg 77
Drogen und Gewalt 173, 212, 259, 261, 266, 272, *356*, 401, 402, 486, 541–542
Drohgebärde 22, 23, 28, 31, 94, 111, 201, 382, 390, 400, 414, 416, 441, 509–510, 523–525, 529, 532, 535–537, 543, 545, 547–550, 554, 556, 679, 696, 702
Drogheda, Massaker von 148
Dublin 487
Duell 21, 30–31, 50, 204, 205, *290*, *300*, 305, 307–328, 331, 333, 334, 336–337, 346, 348, 350–352, 358, 396, 413, 442, 443, 445, 462, 476, *549*, 564, 594, 696, 702
Duneier, Mitchell 39, 262
Dunham, Roger 195, 569, 570
Dunning, Eric 481, 482, 488
Durkheim, Émile 117, 128, 180, 242, 359, 372, 376, 502
Dyer, Gwynne 77

Edo (Tokio) 296
Ekman, Paul 107, 245, 662
Elias, Norbert 50, 481, 482
Emerson, Robert 39
Emotionale Energie 35, 57, 88, 208, 228, 238, 241, 246, 252, 258, *262*, 272, 274, 279, 304, 311, 337, 383, 386, 410, 429, 447–448, 451, 454, 458–461, 527, 538, 568–569, 604, 615, 636, 647, 648, 649, 661, 667, 684, 686–687, 691–692, 694–695, 697, 703

England 105, 118, 160–163, 169, 269, 275, 310, 311, 313, 315, 316, 321, 333, 344, 365, 367, 369, 397, 476, 478, 482–484, 487, 488, 490, 491, 493, 496–500, 502, 592, 603, 619, 622
siehe auch Großbritannien
Erster Weltkrieg 49, 76, 78, 79, 83, 90, 91, 92, 95, *101*, 104, 105, 122, 125, 146, *162*, 171, 313, 577, 578, 579, *580*, 581, 587, 589–600, 614, *644*
Ethnische Gewalt *16*, 23, 111, 159, 171, 178–185, 196, 328, 347–348, 363–365, 373, 376, 395, 408, 465, 470, 483, *648*, 681, 702
Euphorie 379, 382, 404, 414, *415*, 476, 477, 485, 486, 493, 495, 499
Europäische Union 634

Falludscha 639, 680
Fangewalt 21, 25, *34*, *56*, 140–141, 144, *332*, *406*, 425, 455, 463–490, 492–496, 498–501, 503
Faulkner, Robert 454
Filme, ungenaue Darstellung von Gewalt in 22, 27–29, 32, 54, 99, 320, *356*, 625, 629
Finnland 577
Fitzgerald, F. Scott 54
Flieger-Asse 105, 108, 564, 566, 568, 582, 587–605, 611, 612, 624, *659*, 684, 687, *688*, 699, 700
Folter *50*, 58, 108–109, 116, 151, 182, 216, *218*, 228, 229, 232, 236, 244, 257, 653–654, 667, 700
– terroristisches Folterregime 214, 224, 229, 232, 682
Fox, Robin 297, 335
Frankreich 19, 73, 76, 78, 90, 93–95, 147, 160, 161–163, 171, 233, 305, 308, 311–313, 315–321, 324, 350, 368, 442, 589, 590, 668, 682
Französische Revolution 111
Frauen
– Gewalt gegen 59, 136, 137, 151–152, 180, 214–223, 262, 379, 393 *siehe auch* Vergewaltigung
– Gewalt von 10, 59, 202, 214, 217–218, 399, 408, 539, *562*, 669–671, 677
– im Vergleich zu Männern 59, 104, 198, 214, 217–218, 237–238, 376, 399, 464, 677
– männliche Gewalt in Gegenwart von *196*
Freud, Sigmund 50, 481, 507
Freude 121, 213, 236, 391, 427, 467, 475, 497, 521, 642
– am Kampf 103–105, 107, 108
Friedrich der Große 94
Friendly fire 19, 79, 85, 93–103, 113, 174, 404
Frustration und Aggression 36, 137, 183, 436, 447, 456, 463
Fukuzawa, Yukichi 297
Fußball-Hooligans 23, 25, 41, 50, *112*, *192*, *365*, 425, 470, 476–491, 493–497, 499–502, *629*, 684

Gallo, Joey 654, 657, 658, 690
Gambetta, Diego 356, 676
Gaugamela, Schlacht von 163, 164
Gazastreifen 68, 628
Gefängnisse 26, 33, 236, 238, 244, 247, 250–254, *259*, 556, 561–562, *566*, 655, 688–690
Genetische und biologische Erklärung für Gewalt 43–51, 121, 277, 678
Genua 187, 629, 630
Gesetz der kleinen Zahlen 57, 409–410, 415, *565–566*, 684, 694, 696, 697, 699
– und die aktiv und kompetent Gewalttätigen 409–410, 475, 558–566, 576, 589–592, 648–649, 663, 677–699 *siehe auch* inkompetente Gewaltanwendung
Gettysburg, Schlacht von 86
Giancana, Sam »Mooney« 540
Gibson, Bob 42, 156
Gilbertinseln 75
Glenn, Russell 75, 80, 82
Goffman, Alice 341
Goffman, Erving 231, 258, 262, 271, 274, 320, 325, 333, 344, 346, 356, 360, 371, 414, 415, 451, 479, 510–513, 516, 518, 520–522, 526, 527, 529, 532, 535, 537, 538, 543, 549, 553–556, 631, 653, 672
Golfkrieg 171, 579
Goodwin, Jeff 667
Göteborg 634

Gould, Roger 338, 340, 387
Granikos, Schlacht von 158, 163, 164
Grant, Ulysses S. 77, 104, 169, 524
Grazian, David 54, 196
Gräueltaten 130–201, 222, 224, 369, 470, 702
Gretsky, Wayne 455
Griechenland 49, 85, 148, 163–166, 168, 177, 285–289, 305, 309, 326, 327, 465, 651, 655, 657, 658, 663, 665, 689, 690, 694
Griffith, Patrick 77, 90
Großbritannien 259, 277, 395, 524
siehe auch England
Grossman, Dave 19, 77, 87, 91, 92, 118, 120, 121, 259, 704
Guadalcanal 615
Gujarat 181
Gurney, Gene 587, 589, 592, 594, 595, 597, 598, 601
Gustav Adolph 91

Halloween 359
Hamels, Cole 28
Hamilton, Richard 463
Hamlet 312, 352
Hannerz, Ulf 366, 367
Hannibal 163
Hartmann, Erich 588, 595, 603, 659
Hass 31, 104, 106, 153, 227, 519, 580, 590, 658–659
– Rassenhass 364–365, 494
Haussa 147
Heckenschützen 87, 134, 143, 144, 368
Hektor 287, 288, 291, 311
Helden 17, 64, 85, 200, 250, 284, 285–291, 304, 305, 326, 327, 331, 352, 355, 427, 469, 477, 500–501, 564, 595, 662, 680
Hemingway, Ernest 54, 310
Hitler, Adolf 491, 668
Hobbes, Thomas 23, 362
Holland 124, 499
Holmes, Richard 77, 95, 146
Holocaust 123, 159, 219
Holyfield, Evandor 302, 303, 432
Homer 54, 138, 144, 286, 289–291, 352, 449
Homophobie 40, 41, *254*
Homosexualität *39*, 236, 249, 254, 274
Honduras/San Salvador, Fußballkrieg zwischen 495
Horowitz, Donald 178, 181–183, 184, 356, 648
Hughes, Thomas 237, 249, 250
Hutu 153
Huxley, Aldous 503

Ibo 147
Ikegami, Eiko 512
»Ilias« 285–288, 305, 695
Indien 111, 159, 178, 181, 182, 328, 643, 648
Indonesien 705
Inkareich 73
Inkompetente Gewaltanwendung 22, 64, 69, 93, 98, 102–103, 107, 112, 114, 215, 278, 338, 353, 358, 383, 390, 510, 565, 587, 604, 615, 617, 679
Interaktionsritual 35, 43, 46, 88, 125, 203, *212*, 231, 334, 394, 419, 429, *448*, 450, 454, 457, 472, 497, 520, 538, 539, 679, 682, 691, 697, 699
IRA 579
Irak 83, 84, 93, 96, 101, 112, 171, 474, 585, 639, 642, 668, 675
Irland 148, 313, 315, 316, 335, 400, 415, 416, 487, 689
Israel 67, 68, 70, 73, 94, 100, 626, 627, 632, 633, 636–638, 671, 676, 677
Issos, Schlacht von 163, 164
Italien 78, 171, 192, 308, 311, 313, 315, 316, 324, 478, 483, 484, 487, 488, 490–493, 563
Iwamoto, Tetsuzo 598

Jackson, Andrew 314
Jackson, Stonewall 95
Jackson-Jacobs, Curtis 53, 411, 413, 415, 490
James, William 133, 151, 228
Jankowski, Martin 260, 344, 345, 353, 686, 687, 689
Japan 30, 32, 73, 75, 77, 116, 146, 150–155, 157, 254, 255, 296, 297, 305, 306, 308, 310, 471, 512, 524, 579, 588, 590, 592, 593, 597, 598, 602, 604, 615, 616, 626, 632
Jerusalem 550, 635, 677
Johnson, M. P. 206, 214

Jones, Nikki *54*, 408, *536*, *564*
Jugoslawien *16*, *96*, *124*, 158, 328, 465, 470
Jünger, Ernst 146

Kafka, Franz 219
Kahne, Kasey 431
Kairo 643
Kalabrien 332
Kalifornien *52*, 130, 131, *548*, *563*
Kämpfe, faire 21, 201, 205, 214, 283–357, 358, 359, 362, 396, 401, 468–469, 533, 544, 554, 680, 702
Kampfschulen 21, 304–311, 350
Karadžić, Radovan 470
Karthager 163
Katz, Jack 54, 213, 273, 274, 336, 345, 346, 492, 517
Keegan, John 16, 19, 49, 76, 78, 95, 101, 158, 161, 164
Keeley, Lawrence 66
Keltische Kriege 289
Kenia 177
Kent State University 55, 174, 176
Kiew 643
Kimmel, Michael 254
Kinder
- Gewalt gegen 9, 136, 202, 207, 213, 214, 216–219, 224, 238, 276, 351, 395, 416, *565*
- Gewalt von 10, 32.33, 44, 115, 234, 240, 242, 256–257, 277, *565*
King, Anthony *53*, 477, 488, 493, 498, 501
King, Martin Luther 370
King, Rodney 13, 137–139, 143, 144, 193–196, 360, 364, 371, 489, 490, 559, 636
Kittel, Otto 588, 603
Klinger, David 572
Klusemann, Stefan 124
Kodex der Straße 57, *307*, 412, *509*, 511, 525, 526–543, 556, 692, 702
Konföderierten Armee 77, *162*, 169, 524
Konfrontationsanspannung 19, 20, 21, 22, 35–36, 43–51, 55–56, 67–87, 110–115, 126–129, 139–142, 203–204, 221, 222, 229, 261, 273, 278, 292–293, 330, 351, 358, 367, 374, 381, 403, 404, *442*, 479, *482*, *489*, 493, *569*, *572*, 603, 612, 617, 619, 621–622, 633, 653, 667, 678, 698, 702
- Überwindung der 36, 39, 48, 51, 224, 226, 231, 259, 273, 285, 291, *301*, 303, 310–311, 329, 350, 351, 358, 403, 416, 439, *482*, 569, 576, 583, 612, 652–653, 667–668, 679, 680–681, 695, 697, 704
- Umgehen von 20, 22, 36, 55, 56, 216, 225, 336, 655, 667, 679, 701
Korea 74, 92, 105, 306, 310, 400, 406, 568, 594, 597, 644, 694
Koreakrieg 79, 81, 558, 587, 597, 599
Korsika 332, 340
Krieg *siehe* Militärische Gewalt
Kriegsgefangene 118, 153–157, 590
Krimkrieg 323, 586
Kultur der Gewalt 41, 510, 686
Kuwait 171

Labov, William 523
Lakoff, George 508
Las Vegas 304, 362
Lewis, Jerry M. 174, 552
Lewis, Sinclair 551–555
Libanon 100, 676
Lien, Robert 142
Lincoln-County-Krieg 325
London 185, 269, 270, 391, 480, 484, 672
Los Angeles 13, 103, 137, 139, 173, 174, 176, 625, 649
Los Angeles Police Department 138, 196, 559, 560, 573
Los Angeles, Unruhen in 194, 360, 364, 371, 376, 408
Luckenbill, David 269, 333
Lufbery Circle 600
Luftwaffe 82, 171, 588–593, 595, 598, 600, 624
Lynchmorde *180*, 197, *200*, 637, 638, 641–642, *648*

Mackenzie, Compton 378
»Mad Dog Sullivan« *siehe* Sullivan, Joe
Madrid 643
Mafia *348*, 351, 354–357, *539*, *540*, *653*, *654*, 657, 658, 660, 664, 665, *688*, 689–690

Manchester United 478, 480, 481, 484, 488
Mann, Michael 51, 644
Männlichkeit/Machismo 40, 336, 430, 454, 490, 510 *siehe auch* Frauen, im Vergleich zu Männern
Mardi-Gras 361, 362, 406, 625
Marseille 489, 490, 498
Marshall, S. L. A. 19, 70, 72–77, 79, 81, 84–86, 105, 114, 120, 146, 169, 402, 523, 559, 568, 583, 587, 626
Martinez, Pedro 500
Marx, Karl 507
Massengewalt 16, 111, 178–200, 358–376, 395, *407*, 465, 496
– und layers of crowd 624–650
Mauss, Marcel 378, 521
May-Day-Demonstrationen 185
Mazedonien 148, 158, 163, 164
McCauley, Clark 429
McNeill, William 49, 84, 85
Menelaos 285–287
Mensur 442
Mercutio 312
Mexikanischer Krieg 322, 524
Militärische Gewalt 13, 16, 19–20, 49–50, 54, 67–96, 99–137, 146–153, 155–156, 204, 227, *259*, 285–291, 395, 544, 681
siehe auch Flieger-Asse; Scharfschützen
Milner, Murray 54, 241, 254, 257, 346, 403, 409, *565*
Milošević, Slobodan 96, 191, 640
Misshandlung
– Folgen der 11, 36, 205–206
– häusliche 36, 202–223
– von Alten und Hilflosen 207–211, 277, 395
– von Ehepaaren 214–232, 395, 396
– von Kindern 9, 11, 32, 202, 211–214, 276, 395
Mogadischu 637, 642
Montagner, Hubert 233, 236, 239, 240, 277
Moralische Auszeit 151, 152–153, 154, *157*, 349, 359, 360–364, 365, 367, 371, 372, 374, 375, 376, 377, 381, *392*, *395*, 475, 481, 484, 485, 486, 492, 495, 497
Mosher 299, 417, 418–423, 502
Moshpit 299, *403*, *407*, *410*, 416–419, *420*, 422, 502, 503, 700
Moskau 471, 626
Moskos, Peter 571, 574
Murphy-Spiel 261
Mut 65, 69, 84, 97, 125, 132, 290, *291*, 332, 352
siehe auch Tapferkeit
My Lai, Massaker von 136, 137, 155, 156

Nanking, Vergewaltigungen in 151, 152
Napoleon 91, 94, 111
Napoleonische Kriege 49, 76, 86, 90, 162
Narrative Gratifikation 413, 490, 492, 500
Naseby, Schlacht von 169, 170
NATO 100
»Nebel des Krieges« 102, 127, 128, 626
Neuguinea 64, 524, 579
New York 24, 112, 140, 141, 172, 263, 335, 360, 373, 376, 443, 459, 464, 473, 496, 500, 551, 552, 566, 655, 689
Newark, Unruhen in 368, 369
Nordafrika 165, 167, 368
Nordirland 579, 627
Nordvietnam 136
Normandie 78, 146, 586
Numider 165

O. K. Corral (Tombstone, Arizona) 28
Oakland, Kalifornien 198, 467, 560, 616
O'Donnell, Ian 251, 252, 269
Ohio State University 55, 395
Olweus, Dan 239, 246
Olympiade 400, 430, 432, 474, 482
Owens, Terrell 460
Oxford, Studenten in 378, 379

Palästinenser 67, 68, 70, 626, 627, 632, 633, 636, 638, 669, 671, 676
Pape, Robert 668, 677

Parker, Robert Nash 393
Party
– als Gelegenheit für Gewalt 342, 347, *349*, 377–387, 389–390, 394, 404–411, 412–415, 461, 469, 490, 564, *625*
– als Potlach 377–382, *392*, 394, 472
Pazifikkrieg 70, 579, 589, 594, 595, 597, 598
Pegler, Martin 578, 580, 585, 595, 614
Perrow, Charles 102
Perser 95, 158, 163, 164, 166
Peru 495, 647
Peterloo-Massaker 682
Pharsalos, Schlacht von 166, 168
Philadelphia 28, 124, 294, 361–363, 400, 406, 455, 464, 524, 525, 536, 625, 631
Philippinische Guerilla 245
Pippen, Scottie 424
Pizarro, Francisco 73
Plünderung 55, 151, 152, 170, 359, 360, 363–377, *382*, *395*, 475, *650*, 680
Polizeigewalt 9, 11, 17, 20, 51–53, 54, 98–99, 103, 108, 110, 112, 123, 130, 137–138, 143, 171–176, 178, 185–186, 188, 191–196, 204, 369, 382, 383, 395, 559–560, 566–576, 634, *649*, 701
Pompeius 166, 168
Prahlerei 115, 260, 378, 413, 504, 509–510, 511, 521–523, 529, 531, 543, 547, 549, 554
Princeton 381
Profikiller *566*, 585, 603, 611, 613, 650–666, 668, *673*, *675*, *683*, 686
Publikum/Zuschauer, Effekt auf Gewalt 21–22, 40, 196–198, 270, 284, 291–304, 348–353, 380, 391, 403, 405, 407, *410*, *415*, 417–418, 554–556, 647, 680, 695, 697

Quälen 229, 233, 236, 237–251, 254–357, 275, 276–277, 326, 396, 682

Rabe, John 153
Ramallah 636
Rasse 10, 11, 36, 39, 178, *180*, 260, 348, 364–370, *373*, 375–376, 493, 494, 526, *649*, 700–701
Rassismus 13, 14, 40, 41, 130, 153, 156, 175–178, *180*, 262, 375, *491*, 493–494, *528*, 542, *568*, 641, *642*
Raub *siehe* Straßenraub
Retzinger, Suzanne 519
Richthofen, Manfred von 589–591, 600
Rickenbacker, Eddie 589, 595
Rikers Island (Gefängnis) 566
Ritual *siehe* Interaktionsritual
Riverside (Kalifornien) 173, 175
Rodman, Dennis 424
Rodriguez, Alex 443
Romeo und Julia 312
Römer 84, 85, 163, 290, 291
Rosenberg, Harvey (alias »Chris DeMeo«) 654
Routine-Activity-Theorie 37–38
Rowdy 234–236, 238–241, 244, 249–250, 275, 277, 278, *302*, *449*, 464, 481, 487, 564, 700
Ruanda 153
Rubinstein, Jonathan 140
Ruby-Ridge-Affäre 103
Russische Revolution 78
Russisches Roulette 322, 323
Russland 146, 471, 628

Saigon 108, 109
Saint-Cyr, Marshal 94
Sakai, Saburo 588
Samurai 30–32, 296, 305, 308–310, 696
San Diego 340
San Francisco 306, 459
Sanders, William 112, 300, 341, 342, 347
Sapp, Warren 461
Sarajevo 470
Sardinien 192
Scham 156, 246, 411, 519–520, *659*
Schanghai 150, 632
Scharapowa, Maria 462
Scharfschützen 90, 91, 103, 105, 401, 564, 566, 574, 577–591, *595*, 600, 612, 614, 624, 682, 687
Scheff, Thomas 156, 519, 520, 659
Scipio 148, 167
Selbstmordattentate *siehe* Terrorismus

Selma, Alabama 188
Serbien 100, 124, 186, 470, 636
Serienmörder 12, 278, *544*, *654*, 682, 700
Sex 44, 45, 103, 105, 125, 132, 151, 180, *196*, 198, *212*, 215–216, 226, 236, 241, 243, 253–255, *262*, 274, 278, 345, 362, 375–376, 379, 383, 396, 419, 491, 492, *536*, 539, 643, 663
Shakespeare, William 54, 219, 312
Shalit, Ben 94
Shiloh, Schlacht von 77
Siegesfeiern 121, 143, *144*, 148, 150, 151–152, 158–160, 163, 170, 406, 470–476, 495, 499, 635–640, *649*
Sizilien 332, 356
Skandinavien 239, 290
Slamdance 417, 419, 422
Slaney, Mary Decker 430
Smith, Michael 465, 466
Snook, Scott 102
Somerville (Massachusetts) 32, 63, 294, 548
Somme, Schlacht an der 90
Sowjetunion 154, 178, 356, 495, 552, 578, 583, 584, 588, 590, 595, 598, 600, 603
Spanien 332, 493, 632
Spanischer Bürgerkrieg 83, 95, 154
Spaß 21, 26, 158, 182, 219, 233, 236–237, 241, 242, 243, 244, 249, 252, 253, 346, 373, 375, 377, 380, 384, 389, 409, *410*, 416, 453, 481, 493, 572, 691
Srebrenica, Massaker in *124*
St. Petersburg (Petrograd) 188, 189
Stalingrad, Schlacht um 49
Stammeskriege 51, 64, 65–66, 85, 111, 165, 171, 289, 524, 525, 634
Stewart, Tony 431
Stolz 106, 116, 199, 209, 266, 273, 378, 486, 521, 643, 655, 661–662, 664, 680
»straight edger« 402, *403*, *423*
Straßenraub 21, 233, 258–276, 278, 396, *402*, 539, 682, 692, 703
Südafrika 90, 149, 430, 578
Südasien 180
Sullivan, Joe (»Mad Dog Sullivan«) 654, 655, 657, 659
SWAT 67, 69, 572, 574–576, 656, 694, 699
Sweeney, Mike 457, 458
Swing-Rebellion 368, 369
Symbolische Gewalt 42–43, 269, 639

Tapferkeit 64–66, 67, 84
siehe auch Mut
Techniken der Gewalt 48–51, 224–232, 250, 266, 272–274, 275–279, 307, 455, 477–490, 495, 499–504, 566, 581–585, 603–619, 651–662, *675*, *676*, 677, 678, 679, 683, 685, 690, 694–699
Terrorismus 123, 184, 153, 204, 585, 666–677, 678, *688*
– »intimer Terrorismus« 214
– Selbstmordattentate 666, 667, *668*, 669–677, 700
Tet-Offensive 136
Teutoburger Wald, Schlacht im 84
Thapsus, Schlacht von 147, 167
Theben, Sieg von 148
Thukydides 85
Tilly, Charles 23, 301, 336, 339, 370, 371, 375, 643
Toch, Hans 560, 568
Tokio, Internationaler Militärgerichtshof in 155
Tokugawa (Japan) 30, 305, 308, 310
Tolstoi, Leo 54, 323
Tony der Grieche 651, 654, 655, 657, 663, 665, 689, 690, 694
Tremblay, Richard 33, 46, 47
Troja 285–288, 291, 326, 327
Tunesien 147, 167
Tutsi 153
Tyson, Mike 302, 303, 304, 432
Tyson-Holyfield-Kampf 302, 304, 432

Überfall 11, 21, 28, 40, 65, 110, 119, 137, 203, 223, 233, 258–276, 329, 384, 396, 490, 541–543, *561*, 553, 658, 666, *667*, 703
Ungarn 78, 319
Unterhaltung, Gewalt als 358–423

Vandalismus 137, 152, 247, 359, 360, 379, 382, 481
Varitek, Jason 443

Vendetta 48, *65*, 96, 290, 329, 332, 337, 339, 352, 353, 357, 358
Verdun 49
Vereinte Nationen 100, 208, 637
Vergewaltigung 10, 12, 43, 58, 137, 151–152, 157, 172, 182, 264–265, 267–268, *273*, 275, 303, 328, 375–376, *561*, *642*, 682, 700
Vertrauen *siehe* emotionale Energie
Vidal, Gore 551
Vietcong 73, 108, 134, 136, 156
Vietnamkrieg 17, 73, 75, 79, 80, 83, 84, 89, 91, 104, 105, 108, 109, 132, 135, 136, 143, 147, 155, 156, 182, 202, 559, 578, 579, 581, 598, 681
Vorwärtspanik 20, 42, *55*, *56*, 105, 110, 122, 126, 129, 130–201, 202, 214–216, 219, 221, 222, 224, 227–229, 231–232, 253, 357, 358, 395, 447, 535, 544–545, 601, 617, 635, 679, 680–681, 701, 702

Warschauer Ghetto 159
Washington, D.C., Unruhen in 367
Waterloo, Schlacht von 90
Watts-Unruhen 360, 649
Waugh, Evelyn 378
Weaver, Jeff 457–459
Weber, Max 51, 305, 664
Wehrmacht, deutsche 74
Widerstandstheorie 39–40
Wikinger 326, 521
Wilkinson, Deanna 112–114, 300, 341, 342, 347, 353, 402, 436
Williams, Serena 462
Williams, Shaun 460
Williams, Ted 693, 694
Wilson, Edmund 212, 218
Woods, Tiger 612
Woodstock, Unruhen in 650
World Trade Center 99
Wut 19, 23, 47, 63, 108, 142, 144, 146, 168, 221, 227, 230, 366, 383, 437, 451, 509, 520, 523–542, 546–550, 613, 614, 617, 658–659, 675, 679, 681

Yakuza 116
Yalu-Fluss 597
York, Alvin 614

Zechgelage und Gewalt 11, 52, 205, 350, 359, 377–416, *519*, 564, 701
Zulu 90
Zweiter Weltkrieg 19, 49, 73.74, 76, 77, 81, 91, 92, 95, *101*, 102, *104*, 105, 146, 153, 155, *162*, *178*, 524, 558, 578–581, *587*, 588–600
Zypern 177